中国巴菲特

中国股市传奇人物北大复旦演讲录

谢百三◎主编

U0833550

南方日报出版社
NANFANG DAILY PRESS
中国·广州

在这个世界上，只有两种东西能让我们的心灵受到震撼：一是我们内心崇高的道德标准，一是我们头顶的灿烂星空。

——康　德

昔之善战者，先为不可胜，以待敌之可胜。不可胜在己，可胜在敌。故善战者，能为不可胜，不能使敌之可胜。故曰：胜可知,而不可为。不可胜者，守也；可胜者，攻也。守则不足，攻则有余。善守者，藏于九地之下；善攻者，动于九天之上；故能自保而全胜也。

——孙　子

任何过程如果有多数矛盾存在的话，其中必定有一种是主要的，起着领导的、决定的作用，其他则处于次要和服从的地位。……要用全力找出它的主要矛盾。捉住了这个主要矛盾，一切问题就迎刃而解了。

——毛泽东

投资的第一条规则就是不要输钱，第二条规则就是不要忘记第一条规则。

——沃伦・巴菲特

毛泽东军事思想指导我们在股海前进

招商银行行长马蔚华（中）为复旦大学金融与资本市场研究中心揭牌并发表演讲

本书主编谢百三教授和复旦大学同学在一起

●本书主编谢百三教授与原证监会主席周道炯在一起

●本书主编谢百三教授与金融大师索罗斯切磋中美股市

●本书主编谢百三教授和他的博士、硕士研究生在一起

目 录

第二篇　世界投资大师的金融思想

第三篇　北大清华学子谈投资理念

第四篇　指数期货及权证运作介绍

第五篇　基本分析篇

第六篇　技术分析篇

第七篇　闲庭信步论股市

第八篇　中国股市深层次问题研究

前言

《十年一个亿》要出新版本了，这件事发生在2007年春天。我相信，它将为喜气洋洋的中国大地增添一分喜色，它的新名叫《中国巴菲特》。

《十年一个亿》是2001年全国经济类畅销书第二名。

从2000年10月到2001年1月，作为交流学者，我在北京大学为金融系97级四年级同学及七个班的MBA硕士研究生上了两门课："证券投资学"与"金融市场学"。面对这些全国成绩最好、最优秀的学生，为了使他们更多地了解中国的投资环境，提高金融意识，在北大光华管理学院及金融系领导的支持下，我们决定请全国最高水平的一批金融证券界传奇人物来北大开讲座。其中有赫赫有名的上海股市排头兵杨百万，有从1 400元做到一亿四千万元的个人战略投资家，有最早的个人投资资深人士陈钢，有在一年时间内从4.8万做到40万的散户高手石开……讲座精彩生动，每周一讲。每次讲座都人山人海，几百人的大教室内座无虚席，走道中、窗台上都坐满了人。笑声不断，掌声不断，可谓盛况空前。很快，这一系列讲座就被人们称作"北大当前最受欢迎的系列讲座"。中央电视台、北京电视台、上海电视台、广州日报、羊城晚报、北京晨报等媒体高度关注这些讲座，分别进行了多次专访。同学们强烈希望将讲稿整理后复印出来。北大光华管理学院金融系的同学们不愧是北大学生中的佼佼者，他们在班长安菲菲、梁志伟的率领下，克服了时间紧、语言难懂等种种困难，竟然用极短的时间将讲稿全部整理出来。

此书一问世，就一次次被抢购一空。北京大学出版社社长彭松健、责编符丹极为高兴，请我吃饭。（后来，由彭社长出题，我又主编出版了《金融市场学》一书。）

后来，在各地出现了很多盗版本，此书就只好不重印了。

六年来，中国经济出现了翻天覆地的变化，每年继续以9%—10%的速度增长；人均GDP达到1 700多美元；GDP总量达到20万亿，约合2.5万多亿美元（而国际货币基金根据购买力平价计算，认为中国2005年GDP总量已超过6万亿美元，位居全球第二）。中国经济像一列高速前进的磁悬浮列车，也带动着地区与世界经济的发展。而一批批优秀的上市公司也发展迅速，成为沪深股市的领头羊。

中国证券市场总体上也出现了巨大变化：证券营业网点已扩散到3 000多个县、市。中国股民投资者已从2000年的5 500万上升到8 000万，深沪两地的上市公司已从2000年的1 060余家上升到1 420多家。上市公司市值已达到10万多亿元，占GDP总量的50%多。2005年5月起，中国对长期侵害中小企业的恶疾股权分置进行改革，现在98%以上的公司已付完对价，搬走了几千万投资者心中的巨石。此外，2005年7月20日，在经历了11年的盯住美元的有管理的汇率制后，人民币汇率机制发生改革，人民币开始升值，已从（$）1：8.28（RMB）升到2007年2月3日的（$）1：7.76（RMB），且上升趋势依然十分明显。这对中国股市、债市等均构成重大利多。

再则，以尚福林同志为首的本届证监会工作出色：追还大股东对上市公司的欠款，打击恶庄，兴利除弊等，做了大量艰苦细致的工作。这一切努力，终于迎来了中国股市的又一个春天，又一个前所未有的牛市，每天四五万城乡居民无所畏惧地踊跃入市，连续多日深沪两市成交额达900亿—1 200亿元，连沪深交易所工作人员也为此目瞪口呆。

在这种大好形势下，很多投资者来信、来电邮询问能否再版《十年一个亿》；他们十分关心、牵挂《十年一个亿》中的传奇人物：杨百万、石开、钱伟、X先生、陈钢、倪勇、安妮、应健中……他们怎样了呢？不少出版社来电称，书店极希望有适合股市新形势的好书。

这样，几经周折，我们决定对《十年一个亿》进行大幅修订，增加内容（做加法不做减法），且传奇人物更多，经验更深刻，更震撼人心。原作者几乎又都新写一文，谈了六年来的投资经验教训。此外，还增加了林园、殷保华、叶国英、文兴、金脉等广受沪深投资者尊敬的传奇人物。

笔者和自己的博士生、硕士生在学习研究他们的文稿时，常常讨论到深夜，受到了深深的震撼与鼓舞，想到他们怎么投资这么成功，在漫漫四年大熊市中，他们的资金依然在成功增值，而进入新一轮牛市时，又做得这么好。他们的经验有多条，其中最重要的一条是：重社会调查研究，重上市公司基本面和潜力，重价值发现，做价值投资。

如林园为了方便调研贵州茅台的基本面，竟然在当地买了套房，结果是将70%资金投入这个“投入极少、产出极大”的公司，贵州茅台股价从30元涨到500多元（复权后）。这种投资理财方式、研究，岂有不成功之理？书中这种例子很多。——这不正是中国的巴菲特吗？

边阅读，边学习，深深感到，我们对中国证券市场的研究还是太落后了，十分惭愧。我对这些文稿已是爱不释手，只希望新书早出，我相信此书中的传奇人物的一些经验、名言警句，也一定会成为很多读者的座右铭。

价值发现，价值投资，这就是巴菲特思想的精髓，本书的作者就是生活在我们身边的巴菲特，这就是本书新名《中国巴菲特》的来源。

本书基本上保留了原书的结构。前半部分增加了一篇序——《牛市：中国经济高速列车来到十字路口时的唯一的最佳选择》。这篇文章比较全面完整地论证了中国股市形成牛市的原因，论证了这是中国经济高速列车来到十字路口时无奈的、唯一的，也是最佳的选择，论证了牛市形成的必然性。

后半部分增加了一些分量较重的新内容：

第一，增加两篇研究、介绍世界著名金融投资大师巴菲特、索罗斯的论文，作者分别是复旦大学硕士蔡英明、博士焦巍巍。文章写得十分深刻、表达准确，把两位世界大师的思想精华以简洁明快的文字写了出来。读者如没有时间去读市面上林林总总、连篇累牍的关于他们两人的长篇巨著，那么，读透本书的两文也就受益匪浅了。

第二，增加了北京大学、清华大学、北京航空航天大学等北京一些著名大学博士、硕士研究生的论文，胡虎、张锴、卢姐、胡波等同学的文章写得好极了；笔者是深夜阅读他们的文章，他们对黄金及其他有色金属价格走势的判断，他们对巴菲特、索罗斯、格雷厄姆、彼得·林奇、菲舍尔以及巴契里耶、法马、马柯维茨等代表的学院派，对哲学、对现实调研派，以及对毛泽东哲学军事思想的学习、研究可谓深入扎实、入木三分。文章不长，寓意深刻，观点一针见血，语言犀利、透彻，读了令人荡气回肠。这样实实在在而又高水平的研究，股票怎么会做不好呢？笔者极力向读者推荐这些来自北京著名大学的博士生、硕士生的好文章。

第三，笔者本人近两年的文章又选了两篇。笔者与杨筱燕合写的《日元、人民币升值对两国宏观经济及股市影响的比较研究》一文，是花了我们很多心血的，对人们理解中国股市的形势会有重要作用。关于“中国处于5000年来又一盛世”的观点，尽管争议极大，但笔者坚信是对的，历史将会证明一切。

第四，增加了复旦大学一些博士、硕士研究生对中国证券市场深层次理论问题的研究论文：如马众钰写的《中国B股问题研究》，沈强写的《中国股市股权分置若干问题研究》，陈旭鲁写的《中国证券市场开放相关问题研究》，沈文莹、赵明勋写的《中国企业海外上市问题研究》等等。这些论文，中心突出，层次分明，史论结合，从一个个侧面深入地分析总结中国证券市场，对于企业与个人都会有启迪和参考作用。

第五，增加了孙建平博士编写的《如何做股指期货》与蔡文洁博士编的《怎样做权证》这两篇关于金融衍生品的文章，以使读者能在新形势下与时俱进、运作自如。

应该指出的是，本书有关“证券市场对外开放”等文章、内容也是复旦大学文科科研处金穗推进项目资助的研究成果。

本书出版过程中还得到了南方日报出版社尊敬的丘克军社长、周洪威副总编和刘志一博士的全力支持。在此笔者一并致谢。

另外，本书编撰过程中得到了我的博士生、硕士生的大力帮助，他们是赵明勋、焦巍巍、沈文莹、蔡英明、陈旭鲁、马众钰、孙建平、陆梅婷、蔡文洁、陈小明、李云飞、刘岩、聂倩倩、陆虹、李格、卢高文、汪军红等。尤其是博士生吴秀波做了大量具体、琐碎的工作，挑灯夜战，不辞辛劳。我在这里向大家表示深切的感谢。

荷兰的股市397年了，英国的股市234年了，美国的股市190年了，新中国的股市才迈进第17个年头。但是中国的潜力不可限量：2004年9月27日，《华尔街杂志》对12名诺贝尔奖得主的经济学家进行调查："75年后，哪个国家地区经济总量最大，发展最快——美国、欧洲或中国?"罗纳德·科斯、密尔顿·弗里德曼、劳伦斯·R. 克莱恩、哈里·马柯维茨、威廉·夏普、肯尼斯·约瑟夫·阿罗、罗伯特·索洛等七名大师都选择了"中国"。——笔者也深信，中国经济一定还可以高速增长几十年。

不言而喻，中国来到了五千年文明史上的第五个盛世初期，而中国经济股市处于盛世中的牛市。

正如20世纪初中国革命与建设的先行者孙中山说的"世界潮流，浩浩荡荡；顺之者昌，逆之者亡"，到中国去投资，到中国证券市场去投资，这是世界与中国的大潮，这是势不可当的历史潮流。

——本书主编

复旦大学金融与资本市场中心主任、复旦大学管理学院财务金融系教授

复旦大学产业经济学金融产业与证券投资博士点博士生导师

谢百三

2007年2月13日

序

牛市：中国经济高速列车来到十字路口时的唯一的最佳选择

——评罗杰斯兼答全世界的批评者

复旦大学教授　谢百三

几乎全世界都在批评中国股市，尤其是投资大师罗杰斯，先是七八天前在北京的一次券商宴会上，后来又在中央电视二台上现身说法。但是，他只是指出了似是而非的问题，即中国股市涉嫌有泡沫，却没有提出解决问题的办法。不仅是他，全世界的批评者都这样，走马观花，下车伊始，哇啦哇啦，都会瞎诊断，指出了可能存在的毛病，却开不出一张合适的药方。

一、流动性过剩是牛市的重要原因，但不是唯一原因

过去已经论述过了，中国这轮牛市是下列诸多因素的合力造成的：

1. 这是中国政局稳定，和平建设、高速发展20多年的必然反映。从1980年至今，中国已经历了26年的和平建设和经济高速发展。GDP从3 000多亿元上升到20多万亿元；人均GDP已上升到1 800多美元；上海人均GDP已上升到6 600美元；中国贫困人口从2.5亿下降到2 300万；中国提出建设“和谐世界”的主张深入人心。因此，股市从长期熊市阴影中摆脱出来，是历史的必然选择。看看1995年的墨西哥，前些年动荡的俄罗斯、印尼，它们当时都没有那么好的投资环境。

2. 这是中国政府支持、呵护、关心以及政策发生重大转变所带来的结果。20世纪90年代的中国股市是“高了就砸，低了就救”，完全是一种“限制、利用”的权宜之计政策，对股市只是利用而已，骨子里是鄙视的，连处级干部都不能炒股，但后来，允许部长以下干部炒股了。此外，2003年还在大熊市时，现任的党中央领导同志就非常关心股市，多次指出：中国与外国不同，在股市中有很多退休工人与下岗工人，要把它搞好。2004年春“国九条”出台，这是中国股市政策的重要转折点，表明政府在战略上越来越重视资本市场，并决心全力发展它。

3. 2005年5月9日开始的股权分置改革，使多数投资者受益匪浅。股改大多数对价方案是10送3，即买1 000股股票可以得到1 300股同等质地的好股票。天下有这等好事吗？QFII首先发现了金矿，渐渐形成人们争抢“股改股”的良性循环。更重要的是：这是一场革命，它切除了非流通股长期侵占流通股权益的制度性毒瘤，为2008年以后中国股市的真正市场化、全流通扫清了制度性障碍。这也是这轮股市走大牛的最重要原因之一。

4. 中国证监会作了大量艰苦、扎实的基础性工作，难能可贵。本届证监会是中国历届证监会中思路最清晰，能力最强，工作最扎实，最能抓关键、抓主要矛盾的一届。他们打庄家，严令大股东对上市公司还款，恢复IPO以资金打新股方式，勇敢地进行艰苦的股权分置改革，作了大量艰苦、扎实的基础性工作，使投资者一点点地放下心来。这也是股市大牛的重要原因之一。

5. 城乡居民存款急增，国人投资渠道甚少。1978年，中国城乡居民存款为210亿元；2007年初，这个数字约为16万亿。中国储蓄率之高是世界有名的，布什总统希望中国国民像美国人那样多消费，这是不可能的。中国城乡居民还有几大需求：看病、教育、买房、失业、养老等问题都没有完全解决，故不敢高消费、奢侈消费。而13.3亿国人的直接投资渠道很少，因此只好千军

万马进入股市。此外，中国企业也可以投资入市，这样，个人加企业加金融机构存款实际上高达34万亿。

6. 经济高速发展、低利率的新兴国家股市市盈率可能较高。正如世界各国物价不同，税率、利率不同，各国股市的市盈率也是不同的。如：新加坡1995年的利率为3%；它的股市市盈率为33%左右（我当时很吃惊：新加坡投资者太理性了）。而美国利率为4%—5%，其市盈率就是15—20倍；日本利率0.03%，市盈率为60多倍。（日本一直不愿意接受我国企业去日本上市，担心被募去太多资金）。中国1994—1995年，加上保值贴补，三年以上长期存款利率高达20%—25%，而当时中国股市市盈率仅8—10倍，股指仅325—500多点。（1994年7月22日，青岛啤酒4.23元，中国石化1.55元，比香港低好多。）故股价高低都有经济规律在起作用，决不能套用美国、欧洲的标准，认为"15—20倍"就是普天下之适用标准。

7. 中国确有一批发展很快的好企业。珠江三角洲、长江三角洲，山东、江苏、浙江、福建、广东、广西、新疆，到处都在高速增长，上海市4年出现了4 000多幢高楼。发展很快的企业如：贵州茅台、万科、长江电力、中信证券、招商银行、宝钢股份、烟台万华等等，利润年增长30%—50%，其市盈率何以不能高一些呢？何以美国纳斯达克市场的市盈率一度极高，却没有多人指责呢？

8. 人民币升值导致全世界抢购中国股票及人民币资产。人民币升值使得中国企业到海外及香港市场上市10家9涨。（中国人寿发行仅3.59港元，涨到23港元了）人们无法进到中国大陆来买A股和中国房地产，就只好买B股和香港的H股、红筹股以及美国市场和伦敦市场上的中国股。人民币资产成了人们最热衷抢购的资产。这也促使A股大涨。

9. 会计准则改革。2007年元月开始的新的会计制度准则，必使上市公司的很多潜在的优质资产（如土地等）重新估值，这也造成股价大涨。

10. 股市虚涨。一度大盘股首日上市即计入指数，致使股市虚涨，扣除虚涨因素，目前真正的指数应为2 200点。

11. 两税合一的即将实施，将使2007年中国企业业绩较快增长。

12. 年收入12万元要到税务局申报，将迫使很多人买优质成长潜力股，长期持有，因为虽然账面上涨，只要不买进卖出，就不算盈利，只能算投资。这也促成股市常涨不息。

13. 股指期货的即将推出，激活了大盘蓝畴成长股，激励了更多大资金入市。由于股指期货的推出将可以套期保值，安全性大增，激发了大资金蜂拥入市抢买大盘蓝畴股。像宝钢这么好的股票在4.20元一带伏了五年多。10月24日尚福林讲要推股指期货，10月25日宝钢一跃而起，向其价值回归，现已为9.84元。

14. 流动性过剩。这也确实是导致本次大牛市的最重要原因之一。

二、牛市，是疏导渲泄流动性过剩的无奈的、唯一的、有效的选择

流动性过剩严重目前已成为各界共识，也是中国央行这几年来的一大难题。从2004—2007年，央行频繁使用货币政策三大工具，不仅发行了大量国债、央行票据，还三次加息，四次提高准备金率，但流动性过剩却始终无法遏制住，社会游资越来越多。

中国这两年的流动性过剩除了原有原因外，人民币升值是主要原因。由于人民币从2005年7月21日起，以缓慢渐进方式升值，外资在类似"贸易J曲线"与"赶末班车"紧迫心理的驱动下，以更快的速度涌入中国。我国的外汇储备急剧增加。20世纪90年代每年增加200亿美元，而这两年每年增加2 000多亿美元（外汇），平均每天增加约10亿—12亿美元，与此同时，外汇占款也同比例每天以80亿—100亿元人民币增加。

问题的严重性在于，位列世界第一的、有10 600多亿外汇储备的中国，每天仍在接受10多亿美元绝对量的外汇涌入。格林斯潘曾为中国担心过，这样下去，中国会不会发生通货膨胀呢？

这一难题又该如何解决呢?

众所周知，资金如洪水。无论是大禹治水，还是都江堰的李冰父子治水，都是疏导、渲泄，顺势而为，而不是硬堵、硬截流。

笔者与博士、硕士生们经过分析、研究，认为中国化解这一难题无外乎有以下几种办法：

1. 人民币一步到位大幅升值，但风险很大。人民币汇率与购买力平价的差距很大，这是各国少见的。人民币波动与升值的空间还较大，外资对此预期很高。如采用一步到位大幅快速升值，并宣布5年之内不再动了，则外资及热钱的涌入就会嘎然而止。股市也就会停涨。

然而，这将面临着如下风险：一、外贸出口将迅速大幅度下降。二、外资来华投资将迅速减少。中国经济将迅速冷却，通货紧缩将更加严重。由于中国外向型企业占50%以上，则失业人数会急剧增加。中国目前有三股失业人流汇聚在一起：农村劳动力过剩约为2亿，一年1 000万—1 500万农村人口进入城市，大学生一年毕业495万留城，再加上下岗失业人员，失业问题十分严重。人民币过快升值，将使此问题雪上加霜。这是中国谨慎对待人民币升值的最重要社会因素。

2. 银行大幅度加息8%—10%。按照目前的股市形势，如果加息2—3个百分点，对股市的影响将是微乎其微的。股民不会因加2%的利率就退出一年可以获利50%—100%股市。而加息8%—10%，则对经济伤害很大。首先，通涨在1%—2%之间，何须8%—10%加息？其次，银行存贷差11万亿，还需鼓励存款吗？再次，海外热钱进得将更快，人民币既升值又有高息，为何不进来？笔者已在两篇文章中指出：本币升值、加息是错误的政策，此举实在不宜再用了。

3. 准备金率再提高。准备金率变动是货币政策工具中的重型武器，它有很大的乘数效应，世界各国都慎用。而我国近年来却调高了4次。但实践证明，此举却是最适合中国国情的，因为，它面对的，是一天10亿—12亿美元外汇的进入。我认为，准备金率甚至还可以再提高几次，这对股民投资者，几乎不构成压力。

在其他国家，如此频繁使用这一工具，股市早就大熊了。而中国股市却不为所动，这也从一个侧面证明了中国股市周边游资之巨。

4. 全面的物价上涨——通货膨胀。如果在严厉调控房地产市场的同时再严厉调控股市，则巨大游资很可能选普通商品涨价方式来渲泄，形成全国全面严重通货膨胀，如1985—1986年（+15%通胀）和1994—1995年（+20%通胀），则米、面、水、电、家具、日用品将全面涨价，这种需求拉动型与成本推进型加流通性过剩型的混合通胀必将对中国经济造成强大杀伤力，必将怨声四起。这是各级政府及13亿人民都极不愿意看到的局面。

5. 另外寻找分洪泄洪区——重新启动房地产市场又怎样呢?

日本与我国台湾地区货币升值时，股市与房地产市场都是同时上涨的。台币升值时间，1982—1989年（1美元=40新台币，后来1美元=25新台币，7年升值60%多）台湾股市从1985年7月份的600点涨到1989年的1万多点，出现几年牛市。房地产市场，从1985年到1992年，涨幅达330%。同样，在日元升值时，日本股市涨了3.89倍，房地产指数从100点涨到340点，东京的房地产价格总额可以买下全美国。前些年，在中国房地产热潮时，约有2万亿资金进入炒房市场。目前，中央政府对市场予以严厉调控，房地产已失去流通性，已完全无法投机与炒作了。而如果要让股市降下来，另找渲泄、疏导流动性过剩的地方，又能与股市匹敌的，只有房地产市场。怎么办？重新松绑，将五年的限售期取消，放宽按揭要求与比例，任意借贷？再让房地产市场重新亢奋起来——显然，这与中央宏观调控精神是相悖的。

6. 结论：牛市——是疏导、渲泄流动性过剩的唯一的、有效的选择，是无奈的又是相对最佳的选择。

当我们排除了其他道路后，就会意识到：现在的牛市并不是偶然发生的，而是中国经济高速列车来到多叉路口的唯一有效选择。

股市走牛的好处很多：①可让中国2 000多万家嗷嗷待哺的国企、民企、乡镇企业尽快上市、募资、加快发展。②可扩大直接融资比例，减少银行存贷差，减少银行压力。③可以多收印花税。

④可以化解流动性过剩，化解通胀与房地产涨价压力。⑤可以提高全国人民投资意识，金融意识。

尽管股市加快上涨，存在泡沫之嫌。但什么是“泡沫”呢？谢国忠、罗杰斯也说不清，事实上，谁也说不清。上海的电每度0.61元，深圳的电每度0.68元，而俄罗斯的电每度合人民币0.05元。那么，上海、深圳的电价是否有泡沫呢？香港一碗菜汤面要33港元，而在上海、深圳只要5元；美国波士顿哈佛大学附近的饭店，一碗馄饨（云吞）加税和小费共3美元，仅2只小馄饨，约等于人民币12元一只，而在上海，比它好的“千里香”馄饨3—5元，12只。是否香港的面、哈佛的馄饨都有“泡沫”呢？可见，一切商品价格，一定程度上说，是供求使然。因此，中国股市是否有泡沫，现在还很难说。只不过，32倍市盈率对于2%的实际存款利率来讲，是完全合理的。

还是来学习、研究吴敬琏老师的讲话，从中可以理解领悟出一些真谛：（参东方早报2007年1月17日张照扬、顾已荣：《吴敬琏：央行已力不从心，30万亿热钱在逼加息》一文），吴敬琏日前在香港表示，中国境内目前的流动性过剩，已到了相当严重的地步。中国目前外汇储备超过1万亿美元，合8万亿人民币，而央行只发行了2万亿票据冲销，即还有6万亿资金留在市场，在乘数效应下，等于起码有30万亿的热钱在市场上兴风作浪，这导致去年的房地产热和当前的股市狂潮。央行已然是力不从心，下一阶段加息已无可避免。

好了，退一万步说，即使有泡沫，这与过去的炒君子兰、炒郁金香式的泡沫是有些区别的，与当年击鼓传花式的虚幻式的泡沫也是有些区别的，中国股市的这次牛市是真金白银推上去的。由于人民币渐进式升值引入的外资与海外热钱的巨量进入，加之乘数效应，它对股市的推进不是危如累卵式堆积，也不是偶然井喷，而是实实在在的游泳池的水在一天天地扎扎实实地上涨、推高。

过去，我们曾很难理解何以当年日本、我国台湾的经济学家与当局不去及时制止与捅破股市与房市的泡沫。现在明白了，那都是本币升值时十分无奈的选择。

“几利相权取其重，几弊相权取其轻。”经济学家从来不讲什么是最好或最差的，而讲什么是最佳的选择。当灾难或危险出现时，我们选择损失最小的方式与道路；当幸福与财富涌现时，我们选择收益最大的、幸福指数最大的方式与途径。

因此，股市走牛，是中国经济高速增长28年以来无奈的、唯一的、有效的、最佳的选择，是现实之选择，是没有办法的办法。多发些新股就是了，等2008年全流通后就好了。

至于罗杰斯的话，大家千万不要太较真，虽然他是个投资大师，但他是人不是神，尤其是他是个不了解中国国情的外国人。在中国国内的重大问题上，外国人的话只能作为参考——在红军长征时，极为自信自负的李德导致中国工农红军牺牲了十万人。

最后，听任何大师的话，都只能在结合中国国情的基础上适当作些参考，不能全听，否则就可能吃“药”。事实上，吃过罗杰斯“药”的中外投资者也不在少数。例如，2006年初，罗杰斯在香港、北京等的报告会上到处宣讲：石油价格将涨到100美元/桶以上。他当时还说白糖要涨到60美分/普式耳（当时为19美分/普式耳），很多人做多，结果白糖2007年1月26日还在10.67美分/普式耳，石油还在54美元/桶。很多听他话做期货的人亏损累累，痛不欲生。因此，我认为，对他的话，大家听听就算了。对于一个不完全了解中国情况的外国人，大家没有必要把他的话当作圣经——我估计，这次他判断错误的可能性为90%。

2007年1月26日

第一篇

中国股市传奇人物在北大、复旦的演讲及新作

编者按：2000年8月—2001年1月，笔者到北京大学光华管理学院进行学术交流，并为97级金融班及7个MBA班研究生讲授“证券投资学”及“金融市场学”。我忽然感到应该将中国证券市场的传奇人物请到这儿来办一个系列讲座，让北大这些祖国最好的学子亲自听听有关中国证券界的最高水平的讲座。此意得到北大光华管理学院系、院领导支持，结果从杨百万、钱伟……一直到石开，每周一讲，现场人山人海，挤得水泄不通，就连窗台上、走道里也都站满了人。人们情绪激动，笑声、掌声不断，都反映“太棒了!”

为了让全国投资者都能分享他们的高水平讲课，在北大同学日夜赶班整理讲稿的配合下，我们终于在2001年元旦将书稿全部奉献出来。该书甫一出版，就成为当年的最畅销经济书。6年过去了，应广大读者强烈要求，我们又邀请大多数当年在北京大学的演讲者一一写了近几年来对股市的新感受、新体会，并将之放在各人的篇首。此外，我们还邀请到当今证券市场上的传奇人物，如林园、殷保华、叶国英、文兴、金脉等人参加。可以说，这里每一个人都有一个真实的震撼人心的传奇故事，他们都是我们的好老师，都是我们身边的巴菲特。

林园：从2007年2月起未来三年投资策略

刘志一整理

编者按：2007年2月3日，林园先生在广州接受了本书责任编辑刘志一博士的直接采访，他以很简练的语言谈了他的主要投资策略。

投资是我的终身职业，不像有些人，像小偷，一跌就走，我1989年就赚钱，目前买入全中国最能赚钱公司，与指数涨跌关系不大，股市有风险，我对95%的公司没有研究，很多公司并没有什么投资价值，这就是风险，公司赚钱与其贡献、知名度没有直接联系。

证券市场是一个交易平台，投资是否正确在于盈利水平，买入持有，不会想跌了就卖股票。我始终是满仓，余额200元，满仓无风险，被动把握不好，永远满仓，选好股不会吃亏。我不是做股评的，3年内发生什么，心里有数，不愿意讲，至少看3年，36个月的投资想法，说我神就神，光讲过去没用，关键讲现在应该怎么做。

从现在起，未来对市场的判断，也就是12个月、24个月、36个月，未来牛市将延续3年，没那么快就结束，持续上涨，也有调整，这也非常正常。我个人认为，首先目前是牛市，我个人最主要的投资策略是买入并持有牛市最能涨的股票，投机也有规律，贯穿始终的一定是几个大市值龙头股，无论是初期、中期、晚期，必须是具备高增长的平均20%以上的股票，以招商银行为代表的金融股，银行业在2005年进入高增长，招商银行在2005年增长30%左右，2006年增长50%以上，民生银行、浦发银行都在高增长，延续整个牛市，这是主线。比如招商银行持有，从初期到末期跑赢大盘。

第二类股票，牛市把人的思想放大，各个行业无论在中国还是世界，细分市场中的企业龙头，在未来3年高增长25%以上，2007、2008、2009年确定性重要，品牌要大，股本要小，1亿元以内最易出黑马，能长20倍、50倍也不出奇。国内外都证明，跑赢指数3—5倍下功夫。婴儿股本，巨人品牌，每股持续增加，股本扩张，股本长大的利润也增加，也就是高增长的小企业。如索尼公司，长大了，当年买的现在都是日本大富豪，都是日本最有钱的，每股盈利，股本长大也发财。

第三类股票，对未来市场判断，作为商业投资，制造一些不平等竞争，比别人多下功夫选股。我们是行业标准的制造者，由我创造的，我拉着牛鼻子跑，我说它是黑马它就涨，36个月可以检验，不是教条的，小投入大产出，盈利不是靠投入增加，最好是快速消费品，旅游业有30%—50%的增长，如我个人买的黄山旅游，增长很重要，今后有无风险看两三年利润的放大，如投资每年以30%速度增长的企业，如增长1元，合理价位1元×25，3年涨25块，证券市场有放大作用，选择一定是全中国最能赚钱公司，买入并拥有，即买赚钱机器，轻松赚钱，我主张买高成长、会赚钱的小盘股，以后3年可以证明我的话对不对。

本书主编与林园先生（左）在一起

林园：我的投资经验是寻找最能赚钱的公司

吴秀波编写

编者按：林园，一个受到众多机构投资者、大户和普通股友普遍尊敬的投资高手，在他的事迹被报刊、网站报道后，人们从怀疑到相信、理解，再到学习他。2006 年 12 月 28 日我在广东鹤山与他同台演讲，他作的 45 分钟的报告让我很受启迪。我感到他的经验甚丰富，特向他约稿。本文就是在他提供的资料的基础上编写而成，发表前已经他本人审阅。

一、1989 年凑钱买了 5 股深发展（443 元）

林园 1963 年生于陕西南郑县，父母都是医生，因此他的陕西口音比较重。中学毕业后的 1981 年，林园在汉中市卫校临床专业学习。当时正是改革开放初期。1985 年，父母调到深圳工作，林园跟着一起到了深圳。

1989 年左右，林园在深圳博物馆工作，当时工作比较清闲，有朋友告诉他深圳有股票交易了，让他去交易部看看。那时候交易部很冷清，没什么人。反正他也没什么事，就天天去看，对股市有了初步的认识。

1989 年年底，经一位解放前曾在某上市公司当过纺织女工的亲戚提醒，林园一头撞进股市，以 88.45 元买入了面值 100 元的 5 股深发展。此后，他反复炒卖这一只股票，常常为了 100 块钱的差价，骑着自行车穿梭于不同的营业部之间，几个月下来就赚到了 12 万元。到 1989 年年底、1990 年年初的时候，市场热了起来。深发展拆股，一股拆成 32 股，还涨得很快，一直涨到 100 多元。林园在深发展那里赚到了第一笔钱。随后的两三年，新股发行又给了他机会。他到海南、上海等地买内部职工股，大胆而幸运地收集到了大量别人不愿意要的原野、锦兴、琼民源、深华新等原始股，这些股票上市后均翻了十几倍到几十倍，到 1992 年他持有的股票市值已超过了 1 000 万元。

1993 年春天，中国股市进入第一波熊市。当时流传着一句顺口溜：93 年消灭大户，94 年消灭机构。与此同时，中国的房地产市场却迎来了热潮。幸运的是，林园恰恰在这个时候离开了股市，把资金投入到房地产市场，一去两年，赚了几百万元。

1994 年年底，有朋友拉林园去上海做房地产，他发觉不对劲，钱好像开始向股市回流，于是立马套现，先拿了 1 000 万元入市。1996 年深发展跌到 9 元多一股，跌得太多了。他觉得这是个机会，就不断地买入深发展。他回深圳是在春节前后，没过多长时间，大概 5 月份吧，深发展就涨起来了。1994 年年底至 1996 年间，林园以每股 12 元买入深发展，后来以平均每股 40 元左右的价格卖出。从 1996 年年底开始以 22 元买入四川长虹（600839. SH），后以平均每股 60 元以上的价格卖出。

林园回来得正好。上证指数从 1995 年年初的 500 多点开始，几经反复，拉开了一轮大牛市的序幕，最终在 2001 年 6 月达到历史最高的 2 245.44 点。

2001 年的时候，林园觉得上市公司的股票估值都很高，比如浦发银行每股已经 20 多元了。当时人们炒股疯狂到不看公司好坏，只看盘子大小，当时说一只股票好不好，先要看盘子，盘子小的就是好的，而且市场总的市盈率偏高（40 多倍），几乎找不到可投资的股票。他觉得风险很大，所以把股票卖掉，退出了股市。不过资金一直没有闲着，他拿去做了其他投资，也赚了不少钱。虽然那时他也不能肯定股市一定会跌，但他想那个位置总有一天要套人的，而且股市下跌是必然的。

2003 年的时候，五粮液只有 9 元钱一股，市盈率 20 倍左右，而市场的平均市盈率是 40 多倍。

这么好的有品牌的公司的股票跌到如此便宜的价格，林园认为其中大有机会。

林园选择了五粮液以及同仁堂、云南白药、伊利股份、贵州茅台，它们比五粮液还要有名。通过对比，发觉它们的市盈率都在20倍左右，市场价很低，他就建仓这些股票。开始的时候，他还真没特别注意茅台。不过，有一位林园一直把他当老师的朋友认为茅台的财务指标更好，建议他多加关注。2003年8月，林园就去了一趟茅台酒厂，考察他们的管理层和运营等具体经营，发现情况确实很好。他们公司中有人跟他说，买茅台买对了，因为茅台市值大概90亿元，不包括品牌，只算它的库存就有300亿元，肯定被大大低估了。所以林园下决心不再买进五粮液，剩下的资金全买茅台。最后他的仓位是茅台占了70%，五粮液20%多，其他股票很少。这个组合林园一直持有到现在，并且还要继续持有。

林园买股票通常是以不同账户、几个投资组合的方式来进行操作。每个组合有5只股票，投入资金为1 000万到2 000万元左右。2003年年底，他的资金已成几何级数增加。

从2004年4月开始，股市行情一直处于下跌状态之中。而这却丝毫不影响林园的炒股，大盘涨跌最多只能影响他赚钱的速度，但不管涨还是跌，他都可以挣钱。

熊市的一年多时间里，林园的股票增长率达到了140%。有记者查阅了他的5个账户投资组合的资金对账单，一个名为联合证券深圳地区振兴路营业部账户显示为，2004年1月，林园存入的1 000万元资金，到2005年9月结算时，资金账户达到了2 400多万元。所买的股票有贵州茅台（600519. SH）、武钢股份（600005. SH）、同仁堂（600085. SH）、云南白药（000538. SH）、招商银行（600036. SH）等，其中还有部分配售中签的股票以及前期买入股票的卖出，还有一些股票是分红和派息等。

另外一个账户同样是联合证券深圳地区振兴路营业部的，2004年1月时打入的1 000万元资金，到2004年年底时，资金账户结算时为2 460万元。所买的股票为宇通客车（600066. SH）、中国联通（600050. SH）、贵州茅台、伊利股份（600887. SH）、贵研铂业（600459. SH）、云南白药和东阿阿胶（000423. SZ）、武钢股份、同仁堂等。

还有也是同一家营业部的账户的，2004年1月打入1 000万元的资金，到2004年3月结算时，资金账户证券总市值达到了1 285万元。买入的股票有上港集箱（600018. SH）、贵州茅台、五粮液（000858. SZ）、深发展A、宝钢股份（600019. SH）、招商银行、N两面针（600249. SH）等股票。

从最初的资产8 000元，到2006年年底，股市大牛，林园的资金账号出现井喷，而他依然在实实在在地一家公司一家公司地跑调研。林园确实创造了投资奇迹。这在中国股市由于存在许多先天不足的缺陷，股民平均七成亏、二成平、一成赢的大背景下，尤其难得。林园愿意与大家分享他成功的经验。2007年2月，东方证券广州宝岗大道营业部总经理赵红梅举办了一场报告会，票子被一抢而空，他的精彩报告引发了全场长时间的热烈掌声。

二、林园的投资理念：寻找并长期持有最能挣钱的公司

1. 投资理念最核心的是心态，是他超级平和的投资心态。比如，他敢于在2003年买入贵州茅台，从24元一直买涨到27元，又从27元一直买跌到20元，然后一直持有。这种举动，充分说明他不在乎短线的涨跌，只要他认定的好股票，那么在买入后，他是超脱的。

2. 投资不要过分短视。林园对看好的股票长期投资，他的眼光是长远的。因此，他完全忽略了股价的短期波动。比如，在2003年熊市中，林园在27元以上买入茅台后，茅台又持续下跌了半年，最低跌到了20元附近。按照大多数人的做派，早就气得骂娘，挥刀割肉了。但是，他继续买入，一直持有到现在。

3. 寻找最能挣钱的公司并长期持有之。2006年4月一篇关于林园的报道中，他反复提到招商银行，他认为，“招行涨到15元才是牛市的开始”。林园在投资报告会上也反复提到招商银行。

《林园50万元实盘操作》重仓就是招商银行。林园认为，到2008年，增长性最强的公司将在银行板块中出现。其实这并非空穴来风，他的实地调研结果让广州的投资者豁然开朗：2005年第四季度是银行业的发展拐点，平均业绩增长有25%。以招商银行为例，其北京分行2005年人均利润100万元，江浙地区各分行的人均利润也达到70万元。他总是在努力寻找最能挣钱的公司并长期持有它们。

4．价值投资理念。林园投资的股票有一个共同特点，都是有价值的好股票。他选股会在低市盈率、高分红的绩优龙头股和确定性高的小盘股中选，但是财务指标方面还是有他的一套标准。他有七大财务指标：每股盈利不低于0.3元；净利润不少于7 000万元；毛利率在20%以上；净资产回报率在15%以上；现金流充足（最好账面有十几亿元资金）；预收账款越多越好；派息率在5%—6%之间。林园没有买过有问题股或者概念股，这也是他的成功之处。

三、分析公司基本面：寻找“投入极少、产出极大”的垄断性企业

过去的事实是，最终能够决定公司股价的因素就是你所投资的公司的经营业绩，公司里的故事决定股价走向。多年来，林园一直在寻找“投入极少、产出极大”的垄断性企业，他把投资的主要精力放在公司调研及跟踪上。他一直在调研与跟踪一些公司，并将它们分成两类。

1．无竞争对手的公司

（1）产品的垄断性。如贵州茅台，由于其生产工艺的独特性，除了它别人是无法生产的，而且它本身生产一瓶茅台酒也要花五年的时间才能出厂。就是因为它的这种独有性，林园对它的调研显得非常轻松。茅台酒毛利率都是稳步趋升的，那么只需要知道它的产量及销量，所有各种费用及成本就会变得不那么“重要”了，退一步说，就算这些“费用及成本”他不能搞“准确”，也不太影响他对其利润的测算。

（2）行业的垄断性。别人进入它的“领地”可能性很小。如高速公路、机场等，对于这类公司，就要了解现在的车流量（高速公路每月都公布），离高速公路满负荷有多远，可以计算出来未来增长潜力，也就是说现在跑的车越多，增长空间越小。此外还有维修成本，可以亲自跑一趟看看。

林园认为做“独门生意”的公司是最有竞争力的。这样的公司有定价权，它们的命运是掌握在自己手上的，它们的业绩会持续增长，只要我们用合理的价钱买入这样的公司，按年计是不会亏的。这样的公司股价通常也会年年创新高。

这样的公司有两种：

（1）产品的独有性。如云南白药、贵州茅台、五粮液。它们的共同点是别人造不出它们的产品，造出来也是假货。而且是消费者喜欢的知名产品，品牌号召力极强。

（2）独有资源。如上海机场，它包括上海虹桥和浦东机场。因为不可能有上海机场第二，而且目前估价合理，盈利来源就是航空公司的起落收费，确定性极好，未来增长的确定性也极高，无竞争对手，是高度垄断性企业。黄山旅游、丽江旅游，世界级风景区，随着中国人的生活水平提高，去这些风景区的人肯定也会越来越多，未来增长是可以预见的。

以上公司的共同特点是企业经营非常轻松，盈利能力特别强，而且又是我们消费的“必需品”，它们的盈利只会越来越好，而且它们的盈利增长不需要在进行大规模投入的情况下产生，这样就能使它们的股东享受到由于盈利的持续增长所带来的分红收益。

这样的企业会通过每年各种方法的分红，使我们有超预期的收益，甚至通过分红，几年下来就把买入时的股价都分回来，如贵州茅台、五粮液、云南白药。这样的公司通常现金存款也非常多。股改后，它们也随时有可能用自己的闲置现金回购自己的股票，这样股价也就相对稳定，不会出现大起大落，这也就是国外市场上此类公司股价会持续上涨的理由。

将贵州茅台和上海机场与境外同类公司的市盈率水平来比较一下：

贵州茅台，2005年市盈率30倍，未来三年复合增长20%以上；法国酒，2005年市盈率45倍，几年无增长。

上海机场，2005年市盈率18倍，未来三年复合增长15%；香港上市的首都国际机场2005年市盈率38倍，未来三年增长15%。

在国外，类似于黄山旅游、丽江旅游这样的公司的市盈率也比我们现在的水平高很多，所以林园会继续持有甚至有钱就买入像上海机场这样的上市公司股票，因为他坚信这些没有竞争对手的公司，谁去经营都能经营好，几乎不受人为因素的影响，这样的公司也最“硬朗”，最能赚钱。他每次去这些公司，感觉这些公司不论是普通员工还是高管，他们对未来企业的盈利能力都是信心满满的，这和那些竞争性行业的员工形成了很大的反差。

2. **有竞争对手的公司**

对这类公司，若在它的行业中不处于老大地位，林园就不参与。林园参与的都是那些在各自的行业中已经占据明显优势地位，产品的市场占有率非常高的公司，如瑞贝卡、江中制药、马应龙等。

这类公司的共同特点是“零库存”，林园调研这些公司深刻的体会是，员工对公司的前景“充满信心”。他的做法是，若公司员工说他们公司每天都是加班加点生产，林园就采取“笨办法”，花1 000元/月，在当地请一个人，每天到工厂去转一圈，看看是不是在加班。在全国主要城市让人去商店看一下，他们销售产品的生产日期、售价变化，这样就能知道其产品销售的真实情况。

对于这类公司，还要注意其市场占有率高的原因以及维持的时间长短。如马应龙的痔疮膏，其市场占有率在60%以上，连世界痔疮药老大也不能打入中国市场，其市场占有率在过去数年内一直在稳中趋升，对于马应龙的竞争对手的调研林园也一直在做。他调研的结论是，竞争对手多为广告销售型，生命周期不长。

林园喜欢产品周期长、最好是多少年都靠那么几个产品而且一直活得很好的公司。因为这样我们能简单地把它搞清楚。不喜欢靠出新产品来实现盈利增长的公司，如几天都能够推出一个新产品的公司。因为我们不知道新产品生命周期到底有多长，可能我们还没有搞清楚，它就已经更新换代了。喜欢调研一些股东单一的企业，不喜欢合资企业，因为他发现合资企业多是生命周期不长的公司。

四、调研要讲究技巧

1. **亲自去你投资的企业看看**

亲身感受对投资决策是非常重要的——这也是你和企业“亲密接触”的一部分。通过这些接触，你能够了解到企业经营情况，甚至管理层对企业经营的信心以及未来经营的想法。

林园对企业的调研除了对一些基本的财务指标进行了解之外，还包括调查从企业管理层到普通员工对企业发展的信心。

例如2003年度五粮液的年度股东大会上，面对众多人的提问，王国春董事长说了这样一句话（*大意是*）：我坚信，笑到最后、最欢的就是五粮液的股民。2004年度五粮液股东大会，王董又说：五粮液前几年（*技改*）投入，从现在起，五粮液是到了摘果子的时候了。2006年的股权分置改革大会上，王董又说：现在有很多国外的基金都要来谈控股五粮液事宜，而且都是出高价购买股权，我们都谢绝了。

林园曾去宝钢调研，接待他的人说，他们公司研究投资，研究来研究去，回报都不如买宝钢的股票合算。他又去盐田港调研，接待他的人说，出了他们这个港区去外面投资，要赚100万元都是那么难，竞争行业赚钱太难了。

去江中制药，林园同送他去厂区参观的司机聊天，问他对他们企业有没有信心，他说，当然有。他说江中制药在江西省是数一数二的好企业，他是亲眼看着江中制药怎样一步一步从一个小的校办企业成长到今天的。他举例说，他们的制药设备都是从国外进口的，本来外国人可能想赚取设备维修及配件的钱，但是几年下来，他们并没有赚到钱，原因是“我们的人已经把他们的设备搞透了，能够自己解决问题了，而且搞得比原装的还要好”。

去黄山公司调研，他们的普通员工说，“现在看来，出了山的投资都是不好的”。只要不出山，黄山旅游就没有问题。

林园还记得2001年去山东一个电力公司调研，接待他的人，总是强调现在煤价都在涨，企业成本增加，因此感觉就是他们赚钱不轻松，对企业未来盈利信心不足。

通过和这些企业员工或部门主管的接触，还能亲身体会到一些企业经营上的变化。如2006年上半年去新兴铸管调研时，接触到一个分管产品物流的经理。林园问他，最近你们忙不忙？他说，近来他们特别忙，用户都要让他帮忙，安排运输，同去年下半年情况完全不同。这样林园就能够从他们那里得到企业经营的信息，也算是一种参考吧。

针对中资银行竞争力的问题，林园去了北京、上海、深圳等城市的招行网点办事（也算是调研），他体会到招行的服务热情周到，感受到企业员工的敬业精神。与此同时他到外资银行办事，感觉还没有招行服务好，而且外资银行每次都要收取很高的服务费。通过这些调研，林园想中资银行服务收费也是迟早的事。

为了调查茅台酒公司的经营情况，林园特意去茅台酒公司考察了几个月时间。

有时，上市公司并不欢迎你去了解它的经营情况，这时，就必须想一些办法。例如，为了解深万科的经营情况，林园特意买了一点深万科的股票，这样他就能以股东身份去考察。

到你投资的企业去看看吧，亲身感受对投资决策是非常重要的——这也是你和企业“亲密接触”的一部分。通过这些接触，你能够了解到企业经营情况，甚至管理层对企业经营的信心以及未来经营的想法。再加上一些企业经营的财务指标（最终都是财务指标的反映），你就能够基本上作出这个公司是“买入”还是“卖出”，以及“买入”与“卖出”的量是多少的选择。

2. 调研案例

（编者按：林园特意叮嘱我们提请读者注意，“买入”和“持有”股票是两回事，林园自己由于都是在很低的价位买入，所以现在市场的波动对他没有多少影响，长期持有没有风险；但是，如果读者朋友在2007年2月的价位再购买这些股票，则可能有较大风险。）

（1）云南白药——好

买入时间：2003年5月—2005年8月。

目前状态：基本仓位，持有。

云南白药是林园非常看好的一个公司，因其总股本不大，从上市以来几乎每年都能高速增长，近年来更是加速增长，它也是深、沪股市中不多的几只在股市中融资后，现金分红大于融资额的股票之一，而且，主要产品有非常高的毛利率（30%），并稳中趋升；用户群主要是县以及县级以下的基层医院，产品垄断性强，有自主定价权。股价表现也是每年创新高。

主要产品：①白药胶囊；②白药散剂；③宫血宁；④白药气雾剂。白药胶囊和卫生部成立合作基金推动手术期止血，在外科手术前三四天服用，可减少出血量1/3。每次只需10多元，我国每年有手术病人1 700万人，市场非常大。

两翼产品：①白药牙膏。在白药牙膏的消费者调查中发现，有一半左右的消费者是回头客，今年以来产品销量快速增长。②透皮产品（白药膏和创可贴）。近期要培育产品有护理产品（白药面膜）和白药急救包（主要为机动车配备）。

由于云南白药销售收入超过亿元的产品已经达到7个，因为底子厚了，今后在培育产品的投入力度会加大，主要产品保持稳定增长，新产品推广的速度由过去三年时间培育一个气雾剂，提高到两年培育一个白药牙膏和创可贴。

高管层印象：王明辉：思路清晰、执行有力、务实。（编者按：从2007年1月5日开始，云

南白药股价一路上扬，2007 年 1 月 18 日最高达到 36.18 元，由于股价涨幅较大，读者进行投资需谨慎）

（2）招商银行：很有可能是沪、深两市龙头

买入时间：2005 年 4 月—2006 年 3 月，主要是 2005 年 4 月买入招行转债（相当于 4.00 元/股），2006 年转股而来。

目前状态：持有，基本仓位。

招行是林园为未来三年种的种子，林园认为招商银行很有可能就是深、沪两市的“龙头”，各种财务指标显示，招商银行是中国最好的商业银行，拥有超过 5 000 万户“一卡通”用户，贷款都是大客户，风险相对小，信用卡用户几乎占全国的半壁江山。而且据他的调研，今年银行业业绩已出现拐点，未来三年能够保持 20% 以上的增长。招商银行是没有政府背景支持的股份制商业银行，是在市场竞争中产生出来的强势企业，林园认为后劲更足。

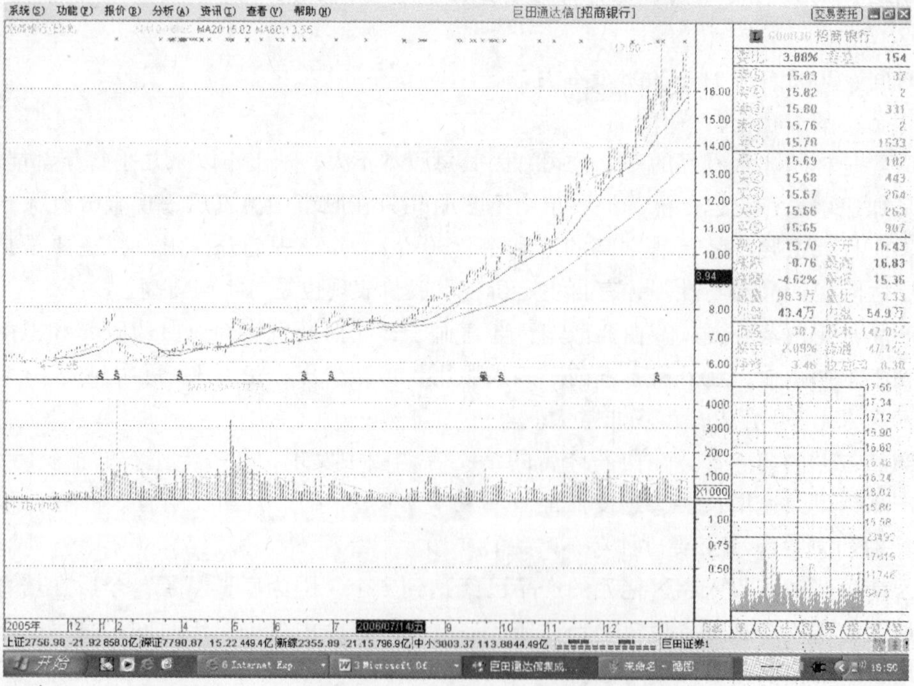

（3）上海机场：拿着、猫着的乌龟政策

现在上海机场的主要营业收入来源是飞机的起降费。起降费是按照飞机的吨位大小来收取的，由于航空公司控制成本，都相继减小飞机的吨位数，上海机场的利润增加与收入增加在2006年第一季度未能同比例增长。但根据林园对上海机场的了解，2006年第二季度的经营业绩应比第一季度好。林园当时预计半年报业绩增长15%是有可能的。另外，浦东机场新建的候机楼及新增加的跑道能使其飞机起降容量增加一倍，这部分容量将在2008年得到实现。

作为一个拥有独门生意的具有高度垄断资源的优质公司，上海机场更具有它的独特性，就是它的收入来源主要是国际航线的收费，约占总收入的60%以上，这是其他机场所不具有的。没有竞争对手的公司才是林园最喜欢的公司。再加上上海机场又有13.6元/股的认沽价，林园坚信买入上海机场风险不大。离8个月的行权期越来越近，上海机场股价波动的风险也会逐步减少。他会继续持有并增持上海机场，并坚信未来8个月就可以看到好的结果。

林园给上海机场未来3年算的账是：2006年、2007年、2008年盈利预测为：0.82元/股、0.96元/股、1.15元/股，按现价买入市盈率分别是2006年17倍、2007年14.5倍、2008年12倍。他认为按上海机场合理估值市盈率应为30倍，那么到2008年应该赚了2.5倍，这是给上海机场量化的结果。

这些账还只是按客流量的自然增长来计算上海机场的增长，并没有算上海机场整体上市、货运资产注入上海机场以及虹桥机场地区在上海市的交通枢纽功能，以上因素实际上都能大大提高上海机场的整体盈利水平。

对于上海机场这样能看到底的股票，林园采用的投资方法就是“拿着”、“猫着”、“乌龟政策”。上海机场这只股票可能在很长的时间内都不涨，但他坚信上海机场具有持续上涨股票的原动力的各种因素，那就是：收入稳定趋升，投入一定，收入能够持续增加，不需要靠投入来增加收入，收入为现金收入，应收账款少，公司盈利总量绝对数量大，公司“硬朗”，账也非常容易算。这样的公司才具备股价不断创新高的条件。（编者按：这是林园在2006年年初的估计，从2006年12月29日起，上海机场股票价格一路攀升，2007年1月16日最高达到25.70元，读者阅读时应注意）

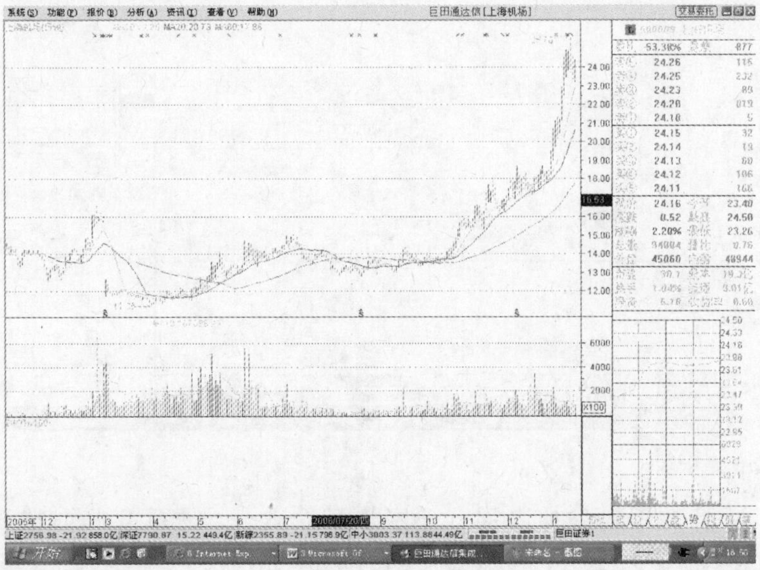

（4）贵州茅台：长期持有

林园为什么要选择买入贵州茅台、五粮液呢？说来话长，还是在1993年的时候，他有一位爱喝白酒的朋友，每次一起吃饭都要喝五粮液（他还清楚地记得当时52度五粮液卖140多元一瓶），五粮液上市后，林园就一直跟踪它，直到现在他还有一些是在刚上市的时候买入的五粮液股票，因为五粮液的销售价格比较稳定，账好算。

贵州茅台当时股价26元，2003年它的每股收益近2元，市盈率是在15倍以内，林园按其未来三年的复合增长18%计算，到2006年市盈率应降到10倍以内。五粮液的财务指标没有贵州茅台好，但考虑到喝五粮液酒的人多，二者又是竞争对手，二者必有一个能跑出来。他最终决定70%的资金买贵州茅台，30%的资金买入五粮液。

当时有很多人建议林园不要买白酒股票，说喝白酒的人会越来越少。是的，听起来他们说得很有道理，但他想几千年来中国人都一直在喝白酒，至少不会很快没人喝白酒了。同时也不排除随着中国逐步富裕，中国人会把中国的白酒文化传播到世界各地，而且它们的售价会逐步提高。既然中华烟能卖得比洋烟高几倍，国酒比洋酒卖得贵也完全有可能。

林园还发现请客吃饭时，假如喝葡萄酒要几瓶才够喝，而白酒可能一瓶就够了，花钱少，喝白酒又上档次，事实上高档白酒市场还是比其他酒大。

2006年4月9日晚，林园拜访了来北京作股权分置改革沟通的贵州茅台公司总经理乔洪及董事会秘书。据乔总介绍：贵州茅台资产净值远不止公布的10.79元/股，目前贵州茅台库存的老酒5万吨，按现价70万元/吨计，价值为350亿元，而过去3年贵州茅台用于技改的投入为30多亿元，加上贵州茅台现有的厂房、土地、办公楼等固定资产合计就有50多亿元，贵州茅台资产净值实际应超过400亿元，这还不算贵州茅台品牌的价值，而贵州茅台总股本现为：47 190万股×62元/股=290亿元，贵州茅台总市值才290亿元，和实际资产净值还相差110亿元之多，严重低估，按实际资产净值计，股改后贵州茅台应涨到85元/股以上才刚刚达到实际的资产净值。所以林园会继续持有贵州茅台股票。由于贵州茅台股票累计升幅太大，林园不会再买入，只会“持有”原有股份。（编者按：在经过2006年5月除权后，贵州茅台股价一路上扬，2007年1月15日已经突破100元大关，复权后相当于480—490元）

（5）伊泰股份

2006年8月24日林园去参加内蒙古一家煤矿企业——伊泰B临时股东大会，伊泰B（900948）2005年业绩1.98元/股，2006年中期为0.64元/股，市盈率只有5.8倍，按2006年1.5元/股计算，市盈率也很低，据他了解的情况是，像伊泰B这样的煤矿企业，过去是靠人工采煤，但政府现在为了提高矿产资源的利用率，要求必须进行“技改”，而技改需要投入资金13亿，这样就导致每吨煤提高成本40元，而伊泰B为了购买煤矿资源以及煤变油、修铁路等项目，在未来2年内投入的资本开支需要近40亿元，这些资本开支公司会通过银行贷款及自有积累、出售部分矿产资源股权的方式来解决，开完临时股东大会后，股东们又坐了7个多小时的车去伊煤的堆煤厂及矿上实地参观，感觉非常壮观，伊煤的矿相对于其他煤矿，煤距地表只有73米深，他们参观的矿区（伊煤的主要矿区）已经完成技改，这个矿从生产到生活设施都很“现代化”，他想这也得益于近年来煤价高给煤矿企业带来超额收益。

伊煤B的盈利取决于煤价，现在煤价仍维持高位的可能性很大，总体感觉伊泰B目前赚钱仍然比较轻松，产品供不应求。关于煤变油：伊泰B总投入该项目18亿元，现在正在搞土建，若国际油价在35美元/桶，这个煤变油项目就能不亏，若在40美元/桶以上就有利润。技术上若不成功，据伊泰B介绍，可用这套设备生产乙醇，这样伊泰B就要损失约6亿元，该项目最大风险对伊泰B是6亿元。若该项目能搞成，将给伊泰B带来非常好的利润。

煤的价格不确定，使得林园对这类公司的估值很难确定，它的盈利主要取决于煤价的高低，但按目前煤价水平，公司的市盈率又很低，总体感觉，买入风险不大，因为从长期来看，矿产资源仍是“稀缺”，这种资源是越来越少。但是，林园很害怕不确定性，因此从伊泰开完股东大会后，他就把本来就不多的伊泰B卖出，买入了确定性高的黄山旅游，对于伊泰B这样的好公司，林园说今后他仍将重点关注。（编者按：伊泰B股也是一支好股票，林园没有选它主要是担心煤价的不确定性，从2006年10月开始，伊泰B股一路上扬，2007年1月16日最高达到2.41元）

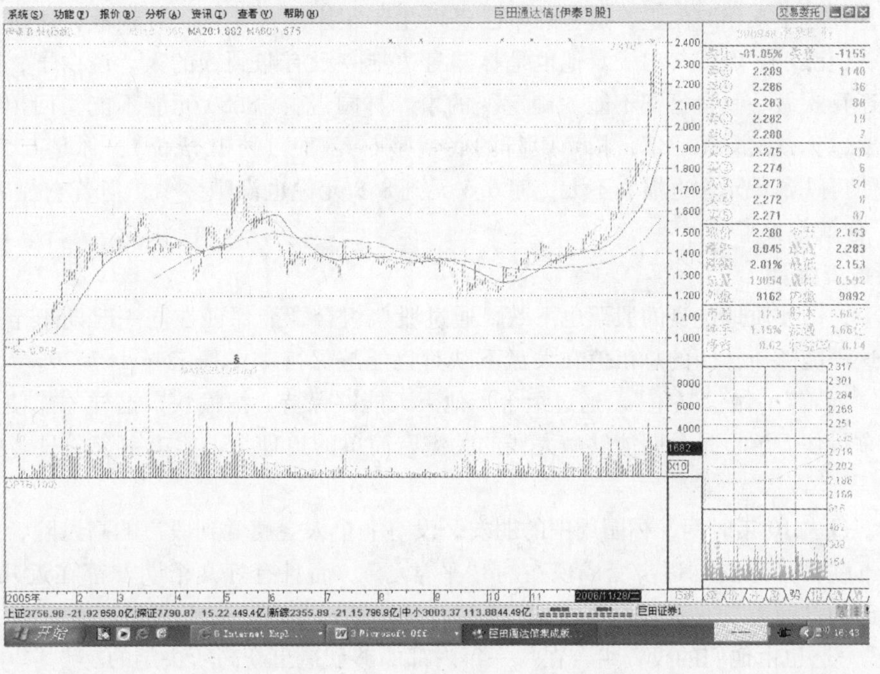

五、投资技巧

1. 公司业绩必须具有确定性

林园虽然也曾经在房地产行业赚过一些钱，但是，他还是更青睐股市。其实，炒股的好处在于，它不同于一般实业，理论上讲它可以做到无限大，不受行业瓶颈的限制。我们只要抓住行业的快速增长周期，选择其中的龙头公司，买入并持有，等行业高速增长后卖出，又选择其他高速增长行业重新介入，这样，事实上我们相当于在跨行业做实业。由于证券市场有非常好的“兑现性”，这样的跨行业操作才能够实现，这是做实业者所不能实现的。

这样的操作就要求我们必须把投资的“确定性”放在首位，如果你的投资是不能够“确定”的，林园认为就未能利用好证券市场这种能让你资产实现“复合式增长”的好处，那么就是一个整天进进出出的炒股者，其结果当然是“未知”的。只有把“确定性”放在首位，才能够实现他追求的复合式增长——这种思维方式的确立，林园认为比一次赚多少钱，或者抓到一匹大黑马要重要得多。

证券市场对于我们每一个投资者来说，要靠时间积累来实现财富几何式增长，所以在证券市场中，年龄对每一个人都是非常重要的。你30岁拥有100万元，和35岁拥有100万元，在其他实业投资区别不大的，但在证券市场上是区别巨大的。因为，在证券市场中，你的钱就是你的赚钱机器，如果你的资产每年都能够实现“快速增长”，那么你的钱就会越滚越多，国外也是这样的。所以说40岁以前，对一个股民来说都是学习阶段。

事实上，在炒股者中，我们也没见到国外有50岁以下的人成为富豪的，但在60岁以上就有很多，所以只要你不犯错，那么在股市上是可以赚大钱的。“不犯错”是股市赚钱的关键，这就要求我们的投资首先考虑“确定性”。

林园所说的确定性包括：（1）企业本身盈利的确定性。（2）我们买入股票时股价是否能让我们盈利，它的确定性。这就要求我们不能投资盈利没有确定性的公司，而盈利有确定性的公司，若股价没有上涨空间也不能投资。

林园的一个好朋友，他是以6.5元/股买入招商银行的，等招商银行涨到8.80元/股时他觉得高了，卖出了，他说等股价跌下来时再买入。林园认为这种做法不可取，你怎么就知道它一定要跌下来？你是算命先生？你也在股市上待了这么多年，连一个基本的思路都没有。

事实上，在这十几年时间里，这样的事已经发生了很多次，茅台、五粮液，这位朋友都是很低价买入的，但涨了一点就卖出了。他也是林园身边唯一没有赚到钱的人。说白了，除了他本身糊涂外，他还喜欢做一些自己都不能“确定”的事。林园说：“8.80元能不能买回招商银行，这件事并不重要，你就没有想一下，招商银行的底就是6元/股（有认沽价），你是6.5元买入的，你怕啥！即使再跌到6元你也损失不大，而6.5元到8.8元你也没赚多少，但若它往15元跑，甚至30元跑，你就亏大了。”

2. 坚持投资组合

在熊市中，即使质地优良的股票也下跌，通过股票组合，能保证在同一时期不至于所有的股票都下跌。这样能够使林园的总市值在大盘下跌时也能够保持基本稳定（小于20%的波动），这时，林园就“猫着”，做“乌龟”。通过组合，他天天能够保持心情愉快，这样才能使他手上的优质股票能够拿得住。这也是林园能够赚大钱的关键，简单的道理是，熊市中资金只“关心”部分股票。

事实上，过去10年时间，林园周围的朋友，没有一个人会感觉到股市的高风险，他们的心态变化都是从下跌时“恐惧”逐步变成现在的“平常心”。而且有好几个朋友都在近几年“结束”或者卖掉自己的“生意”做起专职的“股民”，而且他们总是有一个共同的感受，就是觉得自己的“钱太少”。这也由他们的投资组合在每一年内都能够创造出新高所决定的。

买了股票下跌时，林园认为必须有点“阿Q精神”，股价下跌了、市值损失了“没关系”，反正股票的数量又没有变少。贵州茅台、五粮液跌了，那你就想反正全国人民都在“喝着它”，只算人们每喝掉一瓶酒，按股份比例你能赚多少钱就行。

林园选择的公司，都要给它算未来三年的账，要算清楚。当然能够看得越长越好。就他目前的投资组合来看，按他的买入价计，到2008年最坏的结果就是总市值翻一番，这是一个“量化”的结果，是用数据来说话的。当然一年到三年的过程中，也一定有时赚钱，有时赔钱，波动会有的，道路会非常“曲折”，这也是人们常说的“我们在痛苦中赚钱”。就算明白最后的结果，多数人还是忍受不了其间的这种“痛苦”而退出。

当然，林园的投资组合，特别是每一只股票的量的多少，是根据每一只股票性价比（其中包括风险大小、市盈率水平、未来3年成长性等财务指标的综合判定）来决定的。这些组合只有他自己知道，它是灵活的，因为每月林园会对他持有组合的公司经营情况进行跟踪，按具体情况，他会调整每只股票的组合量。这样的组合，能使他在股市下跌时，总市值不会发生大的缩水，这样更能坚定他对自己的投资组合的持有信心。若出现市值大幅缩水（30%以上），可能他也会担心，他也认为持股信心是在不会大赔的情况下才有的，保持你的总市值相对稳定非常重要。这就要求我们要进行多只股票的投资组合，这样可降低股市波动的风险。

六、牛市投资三阶段法

1. 牛市必须捂股

早在2006年3月林园就说过，牛市中赚到第一笔钱是非常重要的，它将为你以后赚钱打好坚实的基础。因为牛市中要能赚大钱，就是要敢于持有不断创新高的股票。在牛市到来的时候，“胆大”是非常重要的心理素质。

过去的事实告诉我们，牛市中的龙头品种是会贯穿整个牛市中的，它会反复被炒作。过去的经验是这样的：龙头股从启动到相对高位，至少要涨8倍，如1996年的深发展、四川长虹，香港市场的中移动（从9元涨到80元以上）。至于后来经历了下跌，那是以后的事，它们在上升过程中是谁都挡不住的。这种龙头股的上升趋势一旦形成，林园对待它最佳的方法就是“持有”。如现在的招行，就是大牛市中的“龙头”，而且，招行也具备了“龙头”的各种条件。当然，招行在上涨途中也会下跌，但据林园的判断是在未来3年内，它是会不断创出新高的，而且在一段时间内也是会产生泡沫的。其实，在牛市中产生泡沫是很正常的，好公司会随时间的推移使泡沫变小。林园认为，“投资”与“投机”是不矛盾的，“投机”就是在某一个时期，通过你的思维做出的正确决定。抓住时机很重要。

最近还总有人问林园：股市已经到了2 000点，到底高不高？其实，林园说他对股市的高低位置也看不准，但从一些现象看，他判断目前股指还不是顶。一方面是从估值来看，目前市场上的大盘蓝筹股并没有高估。（编者按：这是林园在2006年11月的观点，截至到2007年1月18日，上证指数最高已达到2 870点，说明林园的观点是正确的）

另一方面，林园还发现一个有趣的现象，就是他在北京见到一些演员，他们谈论得多是哪里的房子贵，哪里的房子好，还没有见她们谈论股票。要知道，演艺界人士是最爱关注贵东西的一群人，她们是奢侈品的爱好者，看看香港前些年的“股灾”与“房灾”，高位套住了多少“艺人”？林园认为这也是判断股指是否到顶的一项参考指标吧。

2. 牛市投资三阶段法

林园把牛市划分为三个阶段：牛市初期、牛市中期和牛市末期。

熊末牛初过渡期股市呈现恢复性上涨，大部分股票都会上涨，它是对熊市过分下跌的修正。牛市初期，会产生几只大盘蓝筹股为代表的上涨行情，而且，这些龙头股的上涨会贯穿整个牛市全过程。

行情如果进入牛市中期，市场中会出现一批较为优质的公司上涨，而且市场会给它们轮流上涨的机会，这时换股炒作会变得很重要。

到牛市末期，市场中大多数股票都会上涨。

应根据市场的不同阶段，采取不同的操作策略。

熊市末期和牛市初期时，林园会买入并持有最能赚钱的优质公司（其中含有大市值龙头个股），这期间他会采取“乌龟政策”，只买进不卖出。他的账户基本上会长期不做交易，这样会把利润赚饱、赚足。但这时对一个投资者而言会觉得无事可干，很无聊，林园也一样，因此，他会选择一些休闲方式来打发“过剩的时间”，“玩”也是一项主要的工作。在过去一年中，林园也写了一些东西，来打发时间。总之，这期间林园的痛苦就是时间太多。

接下来，林园判断深沪股市会逐步向牛市中期演变，这可能需要一段时间。他现在需要抓紧调研一批较优质的公司，作为进入牛市中期可能选择的“猎物”。当然，这批公司多数已经进入他的视野多年，林园目前的首要任务就是把这些公司彻底搞清楚，为牛市中期的大决战作好充分的准备工作。

过去的事实是，牛市中后期，才是林园最能赚钱的时期。作为一个“钱迷”，他当然一切以赚钱为最高目标，当有别的事与之发生冲突时，他会选择商业利益为首位。目前他已经在做调研工作，因涉及的公司相对较多，林园已没有时间来完成除了做公司调研以外的事，随着市场的变化，林园已深深地感受到时间的紧迫性。

深、沪股市可能进入牛市初期，我们应该采取什么样的投资策略？

林园告诉我们，首先要满仓。只有满仓，在牛市中才能赚足，要知道，牛市中一开始就赚足对每个投资者都是非常重要的。

过去的经验告诉林园，有很多股民，他们在牛市初期，由于受到过去熊市的影响，一直赔钱，人变得特别小心、胆小，他们这时习惯用少量仓位去买卖股票。而牛市的特征是涨多跌少，他们的仓位也会越来越重，最后可能到了顶点时他们才满仓操作，这样又形成了前面赚的钱还不够后面赔的多，总账可能还要赔钱。而牛市初期就采取满仓操作，牛市中多为胆大的人赚得多，这样形成良性循环，越胆大越赚多。这样才能够踩准牛市的节奏。

牛市初期最能涨的股票应为大市值的绩优龙头股，如现在市场中的招商银行、上海机场等能够带动人气指标的个股，它们会不断地创出新高，使很多人在这批个股中赚到钱。而由于这批股票的总市值比较大，它们的上涨初期会表现得比较慢，甚至不涨，但一旦它们的上涨趋势形成，市场的热点就是它们，市场会反复炒作这些股票也就成为必然。如上波牛市就反复炒作深发展、四川长虹等。这些个股由于业绩能够持续增长，为股价持续上升打好了基础。

牛市中还有一类股票也是最能够表现的，那就是绩优的小盘股，林园选择了丽江旅游、马应龙、千金药业、黄山旅游、云南白药，这批股票的流通量小，它们的股本扩张力强，又容易被市场炒作，股价上涨也是必然的，而且这批股票在牛市中也是最能够产生出“明星股”的，整个牛市下来，它们上涨的幅度可能是我们难以想象的（上涨数十倍也有可能），如上次牛市中的杉杉股份等小盘股。

牛市初期要赚钱，最重要是“捂股”。满仓买好股后，要拿得住才行，这就要“捂股”。牛市初期，不是所有的股票都能够同时上涨的，今天你手中的股票有的上涨、有的下跌，这都很正常，只要你拿的都是有好业绩的股票，你就要坚持“捂股”，不用担心它们短时期不涨，总有一天会轮到你的。当然，这时你会感到很痛苦，这样的感觉林园也经常能体会到，这就是人们常说的“痛并快乐着”。

3. 牛市行情不打新股

最近，新股发行速度加快。很多人从股市二级市场中卖出股票去抽新股，也有人问林园，会不会卖出手中股票去抽新股，他是不会这样做的。

首先，林园已经满仓操作，没钱，他的投资组合已经布阵好了，不会受外来因素的影响，这时他仍然会坚持“乌龟政策”，持有手中的优质公司，等待机会。

事实上，新股和已上市老股对他来说没有本质区别，按他的标准，他只会买一些他认为最优质的公司进行组合。若林园发现新股中有性价比较好的公司，他也会买入，可是近期没有发现新股中有特别好的公司。从目前市场情况看，老股中有一批市盈率在15倍左右，甚至七八倍左右的优质龙头公司去选择，林园认为没有理由去买市盈率20多倍的新公司。比如有招商银行这样的高成长上市银行，为什么要去买市盈率比它高的中行呢？而身处激烈市场竞争行业的国航发行市盈率也有20多倍，而处于垄断行业的上海机场市盈率只有17倍，而且业绩每年都有较高增长。

投机也要有“正确的理论指导”。最终股价会充分体现“企业的盈利能力”，“严重低估”是不会超过12个月的，1年内市场会给予纠正，这已是全世界的“铁律”。

过去的事实也告诉我们，抽新股也有可能赔钱的，新股跌破发行价也是常有的事，而林园买的老股，五粮液、云南白药、贵州茅台、招商银行等个股，却几乎每年都能创出上市新高。这就是他强调的买入优质的“公司”，而不是去买“股票”。扩容只会短期影响他手中持有公司的股价，而不能最终左右它们的股价。

七、如何防范造假账的公司

1. 选公司时最好选一些和我们生活密切相关的明明白白的知名企业，如林园选的贵州茅台、五粮液、云南白药、招商银行、上海机场等，这些都是我们生活中常可以接触到的企业，它们每天都在赚钱，现金流充沛，这些公司都是国有大企业，它们的主营业务突出，企业领导人没有必要去造假，因为造假他们自己也不会有好处。

2. 林园在全国选择三个不同的城市，每个地方请一个人，帮他看要买入公司的财务报表，而且这三个人是相互不认识的，互不联系，这期间他也会认真阅读企业前三年的财务数据。他们看后，他会同他们交谈，通常这三个人得出的结论是不一样的，他会强调，让他们首先通过财务指标给企业挑毛病，然后林园会综合他们的意见。当然，分析师看的不光是林园要买入的目标公司，还包括其他同类的上市公司报表，如林园买五粮液，同时会看茅台；买招行，同时也要看民生；买上海机场，同时也要看深圳机场。若林园想买，最后他会在深圳，让他的老师在财务数据上把关，林园会充分听取他的意见。这么多年，有一个奇怪的现象，林园买的公司，多数都是“隐瞒”（少报）利润，没有发现多报利润的公司。这样往往会有“意外”受益。如林园持有铜都铜业，它的2006年季报中没有体现未卖出的黄金的利润，林园喜欢选择有隐瞒利润的公司。

3. 同有钱的公司打交道。林园喜欢选那些每年都能赚钱，而且账上有大量现金的公司，因为这些“硬朗”的公司没有必要做假账，相反它们的现金还能够让他有意外收益，如茅台股改时的大比例派现。通过跟踪企业，取得相关的经营指标，林园会给企业做报表，这样可以防止公司一面之词。2006年上半年，有传言，上海机场有假账，林园认为那是这些人没有好好看报表，他的结论是上海机场的运行效率高，没有错。（编者按：从已经披露的半年报和三季报来看，上海机场经营正常）

林园认为前些年的确有如“银广夏”、“蓝田”这样一批骗子公司，但大多数公司的账是真实的，现在由于证券法的修改，做假账是要负刑事责任的，今后，造假的人会减少。当然，远离一些主业不清的企业，也是一种比较好的规避风险的方法。

八、如何通过财务指标来选股票

1. 利润总额——先看绝对数

它能直接反映企业的“赚钱能力”，它和企业的“每股收益”同样重要，林园要求自己买入的企业年利润总额至少都要赚1亿元，若一家上市公司1年只赚几百万元，那这种公司是不值得去投资的，还不如一个个体户赚得多呢。比如武钢、宝钢每年都能赚上百亿元，招商银行也能每年赚几十亿元，这样的企业和那些“干吆喝不赚钱”的企业不是一个级别的。它们才是真正的好公司。

通过这个指标，林园选的重仓股就是从利润总额绝对数量大的公司中去选的。

2. 每股净资产——不关心

林园认为能够赚钱的净资产才是有效净资产，否则可以说就是无效资产。比如说有人对一些上海商业股净资产进行重新估值，理由是上海地价大涨了，重估后它的净资产应该大幅升值，问题是这种升值不能带来实际的效益，可以说是无意义的，最多也只是“纸上富贵”。

每股净资产高低不是林园判断公司“好坏”的重要财务指标，他对它不关心。（编者按：2007年1月17日，因为税务机关要收取土地增值税，一批靠地价增值概念升值的股票狂跌，事实证明林园是正确的）

3. 净资产收益率——10%以下免谈

净资产收益率高，说明企业盈利能力强。比如，2003年林园买入贵州茅台时，若除去贵州茅台账上的现金资产，其净资产收益率应该为80%以上，实际上就是投资100元，每年能赚80元。林园通过对招商银行北京分行的调研也发现其净资产收益率高达53%。

这个指标能直接反映企业的效益，林园选择的公司一般要求净资产收益率应该大于20%。净资产收益率小于10%的企业，林园是不会选择的。

4. 产品毛利率——要高、稳定而且趋升

此项指标能够反映企业产品的定价权。林园选择的公司的产品毛利率要高、稳定而且趋升，若产品毛利率下降，那就要小心了——可能是行业竞争加剧，使得产品价格下降，如彩电行业，近10年来产品毛利率一直在逐年下降；而白酒行业产品毛利率却一直都比较稳定。

林园的标准是选择产品毛利率在20%的企业，而且毛利率要稳定，这样他就好给企业未来的收益"算账"，增加投资的"确定性"。

5. 应收账款——回避

应收账款多，有两种情况。一种是可以收回的应收账款，比如新兴铸管，其应收账款都是各地的自来水公司的延期付款，这么多年都能够顺利回收；再如云天化的应收账款也是由于和用户的货到付款形成的，都是能收回的。另一种情况就是产品销售不畅，这样就先货后款，这就要小心了。

应尽量回避应收账款多的企业。

6. 预收款——越多越好

预收款多，说明产品是供不应求，产品是"香饽饽"或者其销售政策为先款后货。预收款越多越好，如贵州茅台长期都有十几亿元的预收款，这个指标能反映企业产品的"硬朗度"。

在过去几年熊市中，很多优质公司的股票，经过持续下跌，其价值被低估，而股改对价使这样一批股票的价格更加"便宜"。但是由于目前市场并不算很好，主流资金只会关注部分股票。如何选择每只股票的介入点、介入时机直接影响投资收益。

九、选股必须关注行业指标

林园是通过以下指标来作出综合判断的，现以他对招商银行的判断和操作来说明。

1. 行业的景气度是否在上升

以银行股为例。林园在2006年年初对银行股的调研发现，招商银行、民生银行、华夏银行等上市公司2005年的经营情况都非常好，盈利增长都在加速，而坏账率在下降，各项财务指标都是历年最好的。2006年1月、2月，它们的经营情况又超预期，如招商银行北京分行1月、2月新增储蓄存款同比每月增加30亿元，而成都分行也比2005年同期每月增加5亿元。银行业经营景气度在快速上升，直接的结果是会使其盈利加速，业绩出现拐点。

2. 各路"诸侯"的想法是否趋同

股票的上涨要靠资金买入推动，市场中的主流资金对公司的认同度也很重要。

林园发现招商银行这样的公司从2005年开始，已经被许多机构及个人关注和跟踪。他和他周围的人都在不断持续增仓买入招商银行股票，林园买入时已经作好长期持有的准备，不会轻易卖出。

林园认为招商银行是中国最良好的上市银行，我们在日常生活中都能感觉到它的优质、便捷的服务，本身都能体会到其管理水平，它也拥有全中国2 500万持有"一卡通"的优质客户群。

林园周围的人都一致认为招商银行是当之无愧的银行第一好股。目前这种对一只股票高度的认同，也是很少有的。好品牌大家都知道好，过去无大表现，目前，大家都关注它，可能带来它的股价慢慢上升，因为许多人心里都有它。一旦股价上升，这时会有更多的人去买入，逐步形成良性循环，大家想法趋同的时候，就是他介入的最好时机。林园决定仍然现价增持招商银行股票。

3. 林园的判断经验

每次林园选的龙头股都会在未来数年内持续上涨数倍，甚至10倍，如1996年的深发展，1997年的四川长虹。林园大量参与的绩优股当时都是领头羊，都是在牛市中最能够表现的品种，也是能让多数股民赚到钱的公司，是明明白白的“白马股”。这次他选中的招商银行，他坚信未来的“明星”就是它，时间也许能够检验他的判断!

林园重仓的品种，都是经过3年以上跟踪的公司，跟踪未来3年盈利确定性强、公司经营清晰的公司。首先会少量买入，然后对其进行实地调研，若觉得没问题就现价买入。对其经营情况每月进行跟踪，并对公司分红政策提要求（这点对一些价值型股票很重要），若未来3年，每年派息率都在6%以上的股票，股价是很难下跌的。

十、除非有无风险套利机会，不要借钱炒股

最近，总有人找林园替别人理财或者成立投资公司，来做私募，他都一口回绝，他为什么宁愿借钱买股票，也不愿意拿别人的钱来赚钱呢？他有以下考虑。(1) 林园喜欢独来独往的生活方式，在过去的十几年时间里，真正生意上有金钱往来的人也只有三个人，他有条做事原则，不知根知底的人，不在生意上打交道，他的合作者都是零负债的人。给别人理财，就会强迫你同别人有联系，这样你就会不知不觉地对股价的涨跌变得非常关心，这样，就有可能受到别人思路的影响。(2) 林园对金钱本来就是“平常心”，赚钱只是能使自己有一种“快乐感”，他就想达到一种境界，那就是他不利用别人的钱也能赚很多钱，看自己有没有这个能力，够不够“硬朗”。(3) 若拿别人的钱，你就可能惹上烦恼，因为，你不知道别人的钱是哪里来的，搞不好他出事会把你也扯进去，何必呢！犯不着。

即使融资也只是发现了市场中的无风险套利机会才会借钱买。林园很少借钱买股票，而且会控制融资比例，在股市中，股票每年的现金分红要能把借钱的利息还上才行，总之，要让命运掌握在自己手上，把握不住的事不做。例如，2005年4月，林园借入资金1.5亿元买入招行转债，最重要的原因是他认为当时招行转债的风险是有限的。由于4年后可以转债，相当于100元保底，最大风险只能是招商银行在4年间倒闭，因此，基本上可以说是无风险的。买入招行转债，而不是招行股票，而且是贷款买，对风险的可控与把握是第一要素。

另一次融资经历是借钱买入上海机场。当时上海机场的股价在11元多，林园从公司董秘处获悉，其认沽权证的行权价是13.6元，行权比例是75%。他认为，这无疑给该股带来了无风险的套利机会。

还有人让林园去参加他们组织的炒股比赛，他觉得做这些是非常可笑的，这和他的思路完全是两回事，林园是要投资一些按他的标准来判定的好公司，他对所投资的公司是能够把握的，过去的事实也证明了这一点，林园认为，股价最终是能够反映公司的好坏，而炒股比赛是不能够把握的，他不会去“赌博”。

十一、买了就跌怎么办

从来没做过一只亏钱的股票，并不意味买所有的股票都是一买就涨。林园也曾有过一买就套、越跌越买的经历。

百仕达控股20世纪90年代在香港上市，上市价1.28元，其资产净值是按百仕达花园的房子每平方米作价5 600元计算的。当股价跌到0.5元时，林园认为，这意味着以每平方米2 800元买百仕达花园，应该是十分划算了。没想到买入之后，公司股价一路跌到0.19元。他一咬牙，越跌越买，一直买进了公司市值的大约30%，而且这些股票在手里一窝就是好几年。当年有一位跟着他买这只股票的股民，中途忍不住煎熬斩仓走了。但是，林园终于笑到了最后：近几年来，这只

股票一气涨了32倍！

为什么能够守住这只股票？林园的经验是，密切关注公司经营情况，只要公司基本面不发生变化就不退出，熬不住了就到百仕达花园里转转，坚定一下持股的信心。由于公司每年坚持8%—10%的派息率，保证了持股能带来一定的稳定收益，仅最近一次中期分红，就带来了当初投资均价一半左右的盈利，这也使得他对其信心不减。

十二、寻找被权证保护的股票

在林园的炒股人生中，他始终把风险控制作为首要的任务，他讨厌风险，在选择买入股票时，他最喜欢的就是无风险套利。

这样的品种目前市场上也经常可以看到，如五粮液股改后，大股东宜宾市国有资产管理局发的认沽权证的行权价是7.96元/股，若所有的认沽权证行权，大股东必须准备20多亿元的现金。

林园在6.5—6.8元/股时借钱买入五粮液股票，因为他认为五粮液的底就是7.96元/股。大股东若要不使行权成为事实，就必须通过各种手段使股价长时期维持在7.96元/股以上，这是林园的基本的判断。而他基于对五粮液公司的认识，五粮液要做到这点是不难的。接下来的事实是，五粮液在市场上的表现是短期内股价已翻番。像这样发认沽权证的公司还有农产品、武钢等。

上海机场也发认沽权证，每10股送7.5份认沽权证，行权期为12个月，行权价为13.6元，现在行权期只剩下9个月，责任人是上海机场集团。林园听后第一反应是赶紧借钱买入上海机场股票，越多越好。因为他想，上海机场集团是不可能拿77亿元现金来行权的，发生行权的可能性很小，而上海机场业绩也不错。他认为13.6元/股就是上海机场的保底价，买入是唯一的选择。

林园判断上海机场股价在9个月内要比行权价高不少，因为上海机场的流通盘很大，被抛到13.6元/股以下很容易。他想那时有人比他还着急！因此“有人”会把股价维持在比较高的位置。有朋友问林园，这样明明白白的东西为什么没人买，他说五粮液当时也曾跌到6元/股多，他也搞不清楚，也许就因为证券市场的这种涨涨跌跌的波动，才给了我赚钱的机会。否则，我也赚不到钱了。

而绩优股在2006年的8月又面临一个机会。当时，管理层发布了股票抵押融资的管理办法，林园想未来绩优权重股的抵押融资比例与其他股票抵押融资比例是不相同的，如香港市场汇丰银行股票的抵押融资比例可以达到市价的80%，而一些小的公司比例只有10%，甚至不给抵押，这样会使更多的投资者购买绩优股。

十三、抓住指标股：未来的价值中枢

林园曾强调，我们购买股票实际上是投资公司，购买好的公司股票是不会吃亏的，这已是全球股市的规律。目前深、沪股市中这批权重指标股，它们都是各个行业的“龙头”，它们的总市值和总利润占沪、深总值的一半以上。按照林园在2006年年初的标准，选出了以下个股：

1. 金融类：招商银行、民生银行。从2005年第四季度开始，银行业的盈利在加快，坏账率在减低。

2. 石化类：中国石化，国家垄断公司。

3. 机场类：上海机场，未来三年有货运资产注入、收费提高、新跑道建成等能够提升其业绩的故事。

4. 钢铁类：新兴铸管、武钢、宝钢。新兴铸管主营业务全球老二，全国第一，财务指标非常好。新兴铸管也是控股股东用现金参与配股的公司。武钢、宝钢财务指标好，现价被严重低估，股价上涨只是时间问题。

5. 化肥化工：云天化，化肥加化工企业。未来三年有玻璃产品扩产，目前其产品供不应求。

未来三年利润有保障，资产被严重低估。

6. 电力类：长江电力。

7. 资源类：铜都铜业、黄山旅游、丽江旅游。铜都铜业有铜矿，铜加工的利润占其利润超过50%，产品销售率100%。

以上个股应随时跟踪它们的经营状况，动态地去判断其价值。简单地说，就是这些优质的公司每天都会给股东“赚钱”，最坏的结果也就是三年后才有好的收益。所以，林园对未来三年股市是很看好的，他会采用“满仓”、“持有”、“贪到底”的投资方法。理由是：

1. 估价合理、甚至严重低估，由于这批“权重股”的盘子都非常大，不利于炒作。其股价在未被激活之前会很不活跃，股价也许今天涨了，明天又跌了，总感觉赚不到钱。其实，这是一种“错觉”。以招商银行为例：招商银行从上市到目前，其股价表现按年看都是优于大市的。

2. 林园相信，未来随着券商融资、融券的启动，这一批优质、低价的权重股会成为广大投资者喜欢的品种。后期资金会不断“买入”这批权重股，因为它们的抵押折扣很小，到时会出现像香港市场中的“汇丰银行”、“长江实业”这样的低流通、高股价、大市值的股票。这就会形成如“招商银行”、“上海机场”这样一批每年股价都能够创新高的股票。

3. 买入这批“权重股”实际上等于买入大盘指数，林园发现大多数投资者按年计，他们的投资收益是比大盘指数要低的。（编者按：以上是林园举例说明，由于近期这些股票涨幅都比较大，因此，读者朋友要动态分析，谨慎投资）

十四、对近期大盘不断创新高的看法

1. 关于股价的高低。林园认为股票市场就是在股东与股东之间建立的股权交易平台，而股票的价格就是公司业绩通过市盈率这个杠杆进行放大或者缩小的反映。好公司股价高的原因就是它通过股票市盈率放大了多少倍，反之则相反。这也就是说，股票市场对优质公司的业绩会给一个相对高市盈率的倍数。所以，股价的高低，最终反映的是公司的经营业绩。

2. 关于涨到“天上”的股票。复权后股价高高在上的股票，到底好不好？林园认为，在上市后股价每年都能创新高的股票，一般都是好公司，而且基本上都是市场中最能赚钱的公司，从一个较长的时间段来看（比如3年），这类公司的风险要远比一般公司风险小。对于这类公司他的操作方法是，若在低位已买入，他会坚决持有；若低位没买，又觉得公司很好，他会进行少量配置（占总资产的3%以内）。

3. 关于股市中的“庄”。记得在1996年，林园在深圳的一家营业部交易，当时，他有一个户头买了一些金田公司股票，从盘面看，总觉得里面有“庄”，就让深金田的人到交易所去打一个单，看看谁在里面“坐庄”，结果人家告诉他：“林园，你就是金田的‘庄’，你买得最多。”从那以后他从心里就不相信什么“庄不庄”的了。现在有人说像贵州茅台、五粮液、云南白药、招商银行等这些股票都是“庄股”。林园认为，对这些大市值股票要“坐庄”是不可能的。比如贵州茅台，现在共有26 000名股东，而有70家机构投资者共持有21%的流通股，怎么去“坐庄”？有谁又能操纵贵州茅台的股价呢？

4. 关于基金减仓。经常有人说，某股票连基金都减仓了，你还不卖？林园认为，真正的好公司，其股价是不会因为谁卖了就该跌的。此外，基金减仓还有一种情况，就是随着股票上涨，市值超过了这只股票的持股上限（10%），那么基金就不得不被迫减持。

5. 股市中赚谁的钱。在股市中赚钱，实际上赚的是你买的公司的钱。像贵州茅台、五粮液、招商银行，这些公司实际上每天都在盈利，股市只是把它们赚的钱通过市盈率放大了。反之，你投资亏的钱，也多半是让你投资的公司给亏掉了。

继续演绎成功散户的真实神话

石　开

编者按：石开淡出公众视野几年来，不断有人打听、关心他的情况。如今，费了九牛二虎之力总算找到了他。他依然充满朝气地活跃在证券市场，而且水平很高。他的报告今天看来依然令人亲切，鼓舞人心，给人很多的启发和教益。

喜气洋洋的国庆节刚过去，我就接到谢百三教授的电话，永远充满热情和激情的谢教授在电话中焦急地说："小石，总算把你找到了，你好难找啊！"他说明了来电之意，2001 年全国经济类畅销书《十年一个亿》要出新版本了，其他的投资者都找到了，并且都完成了稿件，就差我没找到，读者和出版社催得急。

一、成为名人——弊大于利

也难怪谢老师找不到我，2002 年 5 月，我从某大券商辞职以来，淡出公众视线已四五年了。谢老师的这个要求让我挺为难，一是我文笔不行，语言功底较差，写作对我来讲是一个痛苦过程，短短几天让我交出一篇文稿难乎其难；二是我既已淡出公众视线，就不想再出名了，这几年的经历也证明，对我来讲出名是弊大于利。关于这一点，谢百三老师 6 年前就准确预测到了，我是事后才对谢老师的预测佩服得五体投地。但不管怎么说，谢老师的要求是不容拒绝的，一是谢老师在我心目中的崇高地位，他在众多知名经济学家中，是最深入民间、最贴近老百姓的之一；二是谢老师所强调的，我的故事相比书中其他投资者，更具有模仿意义。因为从 4 万多元起步开始进行股市投资，很多老百姓都拿得出，这个过程更有可能被复制。下面我就把这几年投资过程中的甜酸苦辣写出来，如果有不对的地方，还请大家批评指正。为了叙述的方便，我就按时间顺序把这几年的投资经历分为三个阶段。第一个阶段是 2000 年年初至 2002 年 5 月，这期间我应邀加盟某券商，成为一名证券分析师，也就是俗称的"股评家"，这个阶段我的资产基本上是在原地踏步；第二阶段是 2002 年 5 月至 2005 年 5 月，我又重新作为一名职业投资者奋战在股市第一线，在这个我国历史上最长的熊市里，我较好地战胜了市场，完成了初步积累；第三个阶段是 2005 年 5 月以后，直至目前，这个时期，借助股权分置的改革，我国股市出现了持续一年多的大牛市，借助这个天时地利人和的好时机，我的资产也出现了久违的井喷现象。

2000 年年初，牛市正在进行时，科技网络股火得一塌糊涂，上海梅林、综艺股份、海虹控股、振华科技等连连拉涨停，一两个星期股价就翻倍，股市成为老百姓最关心的话题。我，一个小小的股民，借助《证券时报》、《广州日报》等众多媒体对我的宣传，一时间名声大噪，因而也接到了众多机构的工作邀请，有深圳的，有上海的，更多的是广州本地的。当时对我这样一个小股民来说，机构充满了神秘色彩，在我的想象中，机构随时可以翻手为云、覆手为雨，于是，抱着一探究竟的心理，我加入了本地的一家券商。当时我与谢百三教授已经认识了，他到广州来讲课，我就把准备去券商工作的事告诉他，他一听，马上坚决反对，认为肯定会得不偿失，毫无必要。我当时不以为然，已经答应了人家，不好反悔啊。于是，忙碌的两年多的分析师工作开始了，真是忙，"朝九晚五"，电话多得不得了，周末还要忙着赶赴各地去作股评，还要忙着给报纸写稿、上电视栏目。名气是越来越大了，心中也飘飘然，觉得小有成就。但在给人的投资批评建议方面呢，时准时不准的，慢慢也找不到感觉了，建议客户买的股票也有时行、有时不行，当时为各种各样的事所忙碌着，感觉也就不是特别明显。2000 年整年都是处于牛市的氛围中，市场机会非常之多，赚钱应该比较容易，但我这个所谓的"高手"居然所赚不多，大家可能不太理解。其实，事后就好理解了，我非圣人，自然不可能同时把每件事都做好，毕竟人的精力是有限的。我为盛名所累，当时有“三多”，一是股评多，二是电话多，三是应酬多。加上当时自己图表现，希望得到升迁，因而工作也就特别卖力，这也是人之常情。2001 年，熊市开始，股指历经大幅下跌，股价更是腰斩大半，当时一些死守股票的人可就惨了。而我一直建议人们只打短线，不行就跑。两年间，总的算下来，指导客户，可谓平庸至极。事后才看出谢百三老师的先见之明：凡事有得必有失，人只可能干好一件事，必须专心、专业，并持之以恒。就像在股市里投资，如果一个上市公司什么行业都干，主业不突出的话，通常这家公司的股票是不值得投资的。如果说我在券商处工作两年毫无所得，那也不公平，通过在券商处的工作，最起码拓宽了视野，接触的人和事多了，也了解到股市生态中存在的食物链，大致是这样排列的：监管机构——交易所——基金公司——上市公司——证券公司——私募基金——咨询公司——大户——中户——散户，中小投资者处于食物链的底层，成功的比率是非常小的，如果想改变位置，可以把钱交给基金去理财，国外经验证明是可行的。到了 2002 年，股指年初出现一轮次级反弹，上证指数从 1 300 多点上升到 1 600 多点，大约是 300 个点的行情，我当时买什么股票已记不清，这从另一个侧面说明节奏踩得不怎么样。那段时间，我很困惑，也很苦恼：名气是很大，却囊中羞涩，在股市里没赚到钱，在单位里又看不到升职的希望，何去何从？难以定夺，几经衡量之后，最后决定“斩仓”，离开公司，重新创业。于是“五一”节过后，我就快速辞职了。这是我人生的又一大转折。

二、不炒房产炒房股，净挣漂亮一套房

2002 年“五一”节过后，我重新成为专业投资者的一员，当时很兴奋，离开“铁饭碗”背水一战了。有压力也有动力，有压力是因为没有了每月定时发放的工资，要养家糊口就得到市场去挣，有动力是源于对自己仍充满信心。很巧，我一出来，就碰上所谓“6·24”行情，说是 6 月行情，其实 5 月底就开始酝酿，盘面上已经显出“蛛丝马迹”，主打品种就是深圳本地股。“6·24”利好已到高潮，我捕捉到其中一段，虽然没有从头吃到尾，但最丰厚的一段还是抓住了。“6·24”后，市场又开始绵延不绝地下行，一直持续了大半年，但这段时间里，个股机会仍有不少，我采用短线手法，防守反击，看准了，抢进去炒一把就跑，居然甚少失手，“小数怕长计”，几个月下来，获利竟不菲，年底一合计，竟然是一笔可观的利润。赚钱后，首先想到的就是买房子改善家人的居住环境，与家里人商量过后，就在广州的中等地段买了一套房子（不怕大家笑话，我当时名气那么大，又在大券商处工作两年，竟然会买不起房子）。当时买楼，正值楼价处于谷底，我并非是冲着等楼价升值而来的。我是旗帜鲜明地反对炒楼的，炒楼对整个民族是一种伤害，只会让少数特殊利益阶层得益，比如房地产发展商、与土地房市有益的权力阶层等，楼价高企会毁掉整整一代青年的创业之本，2006 年最新公布的胡润百富榜前十大富豪中，有六个是搞房地产的，这本身就不大正常。有多少青年、多少家庭为了一套房子，挣扎在生存线、贫困线上。谢百三老师前不久在一篇文章中提到，不少复旦大学的高材生，才华横溢，在上海工作、生活，为了一套房子，不得不沦为“房奴”：不敢换工作，不敢炒老板。若干年后，成就竟比不上周边城市的一般大学的毕业生，读来令人感慨不已。这几年总是不断有朋友劝我适当参与炒楼，坐享升值收益。我这样说服他们：“与其买房子升值，不如买入房地产股。”就拿广州的房地产来说，从 2005 年年初至 2006 年国庆节，广州的楼价升幅在全国各大城市中，是名列前茅的，我感觉是平均升幅在 40% 以上。与此同时，以广州或广东省为大本营的房地产上市公司，如合生创展、中粮地产、富力地产、万科、雅居乐、招商地产、华侨城、深振业、泛海建设等，股价的升幅在 2—9 倍不等。买入房地产股票除了获得不逊于楼价升幅的收益外，还能省一大笔契税，省去各种繁琐的手续，并且获得较好的资产流动性，如果要紧急用钱的话，只需在股市卖出，一秒钟就可以搞掂。（编者按：注意，这是当时的情况，希望读者不要盲目高位买房股，将来是否买，要看当时情况。）

三、春风又绿江南岸，赚回一辆帕萨特

言归正传，我将房子装修好，乔迁新居后，已到2003年年初，股市每年一波行情的规律又出现了，之所以出现这种现象，并且大多数年份行情启动于1月或2月，这与中国股市的资金供应有关，可以这么说，中国并不完全是西方式的市场经济，而是处于过渡阶段，有着半计划半市场的形式，每年年初各式各样的机构投资者，包括基金、券商、国企、三资企业、私募基金等均会制订当年的投资计划，并且此时账面上现金充裕，这些江湖大佬不约而同往股市调兵遣将，市场产生共振，股市自然而然升腾。2003年1月3日前后，股市又迎来了一波中级行情，这段行情为比较明显的三浪式上升，大致从1 312点升至1 650点，持续到4月中旬结束，可操作性大为改观，以汽车、钢铁、石化、银行、电力为题材的“五朵金花”先后绽放；以基金为投资主角的大戏正式上场，行情声势大、发动范围广、持续时间长，即使指数到顶，很多股票还在升，是赚钱的黄金时段。我顺势而为，先后投资于各个板块，升幅远超指数，十分舒服。当时汽车股炒得火爆，汽车进入中国家庭的话题炒得更热，我与家里人决定购置一辆汽车，5月就买了一辆上海大众出产的帕萨特汽车。我于2002年5月从券商处正式辞职，在这一年时间内，在市场总体仍处于熊市的环境下，我用不多的本钱，赚到一套房子、一辆汽车，并且资金还在增值。作为一个地球人，我不能免俗，心里飘飘然，感觉自己就像武林高手，失去武功后，经过努力重获内功，内心充满喜悦。谁知，正应了那句老话，“虚心使人进步，骄傲使人落后”，一场大风险正向我悄悄走来。

四、机械地倒金字塔补仓，大亏一场

正是这种自满情绪，使我在接下来的半年内，经历了投资史上最大的一次失败，刻骨铭心，终身难忘。2003年6月，我看到股指已处于高位，市场风险正在不断积累，于是想到了一种保值并锁定利润的办法：将资金全部从获利的品种上退出来，投入到股价尚处于底部的品种中去，如果大市继续升的话，这些股票也能升一升，如果大盘见顶跳水的话，这类品种应该跌得少一些，跌得少就相当于保值。而且一旦风水转到这些低价股被人相中，不就可获得意外惊喜吗？我当时相中的品种是000679“大连友谊”，左右端详，“大连友谊”还真合我的意：盘子不大，业绩还过得去，不至于太烂，最主要的是升幅不大，股价尚处于底部阶段。主意已定，就开始建仓，第一批介入大致在6.3元左右，买进去之后，曾经略有上升，但因升幅不大，也就没有想抛出去的想法。不久，大市转淡，逐波下行，所幸“大连友谊”跌幅不大，正是这跌幅不大，让自己放松了警惕，不但没有减仓，反而逢低又买进一些，不知不觉，大连友谊就买多了。人大抵有这种错觉，当你买下某只股票后，你会不自觉地站在“看多”的一方，而忽略了相关“空”的因素。买进越来越多的“大连友谊”后，渐渐感到被动，但仍没想到它的跌幅会这么大。当时市场出现了“一九”现象，即只炒作10%的大盘股，其余90%的股票被边缘化，无人问津，阴跌不止。“大连友谊”也是阴跌不止，如果是急跌的话，可能早就斩仓，而在阴跌情形下，往往让人怀有侥幸心理，心想只要出现一次反弹就全部出局。错上加错的是，当时我还自作聪明地用“尾市拉高”的方法去作尾盘，即在下午3点收市前最后一秒钟，用一两千股去拉高几分钱，使图形好看，这种傻事挺费钱的。不知不觉，越陷越深，大部分的钱都投进去了，想斩仓也难了。当时中关村、托普软件、银广夏、东方电子什么的跌幅竟高达90%以上，连以前的零头都没有，真是不可想象。“大连友谊”我是3.7元左右的价位出去的，亏损接近35%，我以前老强调“10%止损”，但真正买多了却做不到。这一次大败，让我元气大伤，经过很长时间才恢复元气——这是我一生中很悲惨的一段，我日日夜夜痛苦地思考着、反省着，在悲剧中提炼自己的思想方法及炒股手法。（编者按：人非圣贤，岂有常胜不败的，关键是总结教训，反省自己，“不二过”，以后才能东山再起。石开最初的纪律、办法其实是最有效的。）

五、大公司的研究报告每篇必读

2003—2004 年年间，随着基金的崛起，研究报告开始大行其道，估值法、价值投资成为主流。虽然其出发点是抱团取暖，但大家没想到这个东西竟会有这么强大的生命力。西风东渐，随着 WTO 的加入，QFII 的兴起，国外资本市场的一套渐渐在中国生根发芽。前面曾提到“食物链”，研究报告自然也是先看到的人先得益，如果有机会早看研究机构的报告自然好，晚一点看仍有用处，因为股价可能升幅还不大。2005 年的大牛股“天威保变”，就是由某大券商首先调研出来，流传开来，一波接一波地炒上去。我的体会是，这几年，中金公司、国泰君安、东方证券的研究报告比较实用，中金求稳，股票池变化不大；国泰君安讲究前瞻性，想象大胆，在牛市中可能获得暴利；东方证券则是新锐券商，有冲击性。你可以不相信研究报告，但你一定要看，知已才能知彼。基金公司、券商这些大佬是看报告来操作的，股市的真理掌握在谁手里？就掌握在这些有钱的机构手里。如果以后某一天我钱多了，我可能也会转到中金公司这类券商去做，为什么？可以安全又稳健地增值，何乐而不为？

六、股权分置改革迎来大牛市

历史的车轮推进到 2005 年，上半年，股市乏善可陈。整个第一季度，股指波幅仅在百点上下，可操作性大为收缩，并且从 3 月中旬开始，步入下降通道，直逼千点关口。在股市生死存亡之际，党中央、国务院破釜沉舟地提出了股权分置改革的重大举措。开始市场一片质疑，股价跌跌不休，但随着时间的推移，6 月 8 日，上证指数下跌千点的第三日，一条巨量长阳腾空而起，正式宣告了一轮大牛市的开端，从此，中国股市迈入了新阶段。此前，因为股权分置，中国股市还只能算是一个“畸形儿”；此后，中国股市将逐渐成为国民经济的“晴雨表”。起源于 2005 年的这轮牛市，其升幅之大、持续时间之长、可操作性之好，不逊于“5·19”行情。“5·19”行情可以说是资金推动型的，而这次的牛市则是体制促成的，根基更加扎实。我有幸参与到这波澜壮阔的行情中，感到极其幸福。这期间先后涌现各种各样的炒作题材，如有色金属、新能源、航天军工、银行、地产、券商、食品饮料、商业连锁、滨海、奥运、3G、数字电视、机械装备、整体上市等众多主题，这些题材有些我是全力参与，有些是适当参与。做完这个，马上又投入到另外的个股中，资金一直处于高速运作状态，很少是闲着的，新股的申购也很少去参与，虽然打新股毫无风险，但一个新股的资金回报率顶多是 0.5%，比不上持有股票带来的收益。前几年我的资产处于蓄势待发状态，从 2005 年下半年开始，则基本上处于主升浪中。“大牛市才能赚大钱”，冲着这一点，我从心底感谢这一届政府，正是他们的远见卓识，大力推进股权分置改革，才使大牛市终于出现，我们广大投资者才有了这千载难逢的赚钱机遇。由于参与的个股太多，我就不一一详述，只简单讲一下我的操作思路，给长期关心我的股民朋友作参考。

七、牛市操作要大胆做、坚决做、敢重仓参与

1. 用好板块效应。牛市中要大胆做、坚决做、敢追高、敢重仓参与，太过理性，或者太过于瞻前顾后，反而容易失去机会。这两年能够连连拉涨停板的个股实在是太多了，不胜枚举，往往第一根长阳跟进去，后面还接着大涨，不必参与盘整，大大提高了资金效率。这板块效应非常实用，你可以把每个板块最有代表意义的几只个股选来，加入到自选股中，比如电解铝板块是焦作万方、云南铝业、兰州铝业；滨海板块是泰达股份、津滨发展、滨海能源；酒类板块是泸州老窖、五粮液、贵州茅台、山西汾酒，这些主流板块的主流个股要非常熟悉，一旦其中一只异动，马上看是不是一个板块都在联动。

2. 提高资金效率。牛市来了，长线、中线、短线的操作都是可以的，要因人而异，比如你是上班族，那么中、长线肯定比较适宜；反过来，若你是在证券营业部蹲点的，时间、精力都充沛，适当参与短线，可以提高资金效率。短线不可避免要“追涨杀跌”，所谓追涨杀跌，我的理解是要追那种追不上的“涨”，即个股拉高时，一角一角往上跳的，要比五分五分往上跳的好，五分五分往上涨的，又要比一分一分拉的好，如果一只股票你追了几次都没追上，这只股的潜力往往较大，有机会的话还是要追；反过来，若一只个股往下跳水时，你几次报价都没成交，往往意味着后面还有较大的风险。一次短线操作，怎样算比较成功？我是这样定义的：当天买入，当天就脱离你的成本，有浮动盈利或能补偿手续费，这意味着你第二天非常主动，或走或留比较自由；或者是你买入的成本在当天的均价线之下，这表明你比大部分都买得便宜，这也使你处于非常有利的位置。

3. 掌握充分信息。真理永远掌握在少数人手里，这里的少数人是指机构，你若了解机构的大体动向，你就成功大半。当然，机构是不会主动告诉你它的动向的，但我们可以通过多种途径去揣摩、推测，进而得到一个接近真实的答案。现在的信息公示比以前公平、公正，从年报、中期报表、季报里，我们可以获知大股东的变迁以及股东人数的增减变化，进而推断机构是增仓还是减仓；从每日公布的交易所公开信息，我们可以获悉是何方神圣在兴风作浪；借助上交所大智慧第二代高速行情分析系统，可以将报价明细、撤单举动、大单动向、分笔成交等一网打尽，机构是买得多还是卖得多就可以比较容易判断；机构的研究报告，也是一个不错的参考对象，全景网、和讯网、证券之星等网站里，有大量的研究报告可以看到，不要担心你看到报告时可能晚了，经常可以发现这些机构推荐的股票还没有来得及升，或者是升得不多，还赶得上。

4. 了解外围市场走势。随着市场的开放，QFII 投资理念的潜移默化，美股、港股、期货市场的走向，成为重要的参考因素，美国道琼斯指数上升，港股就会高开；香港国企指数上升，国内中国石化、鞍钢新轧、招商银行、中国联通等大盘蓝筹股上升的可能性就大增；若隔夜伦敦市场金属期货大升，国内的金属股当天就可能大幅高开，这类好戏今年已反复上演；美国原油期货下行，就会利好国内的航空股。如果在每日国内市场开盘前，查看一下昨日（或昨夜）外围市场走势，无疑会从容得多。

5. 选择恰当时机。这几年的投资经历中，我感到最困难、最困惑的是介入时机的选择。股市投资无非就是解决两个最基本的问题：选择股票和选择时机。选择股票可以通过各种各样的方法来论证，选择时机就困难多了，俗话说“来得早不如来得巧”，有时候，你辛苦持有某只股票大半年还不如人家持有一星期的收益大。这个问题至今仍未有良好的解决方法，下面一些思路或许可供参考：大的形态的突破，如圆弧底、头肩底、矩形的突破，一般来讲，大形态突破后不会半途而废，因为半途而废的话，机构会得不偿失；等到机构货吃得比较多，处于箭在弦上，不得不发的状态，打个比方，一大桌人围坐在一起准备开饭，这时候你不请自至，大伙也不好硬把你赶出去，让你喝点汤，但能否吃到肉就看你的造化了；火车已开动了，你冒险紧急跳上去，由于火车强大的惯性，一时半刻不停下来，你肯定可以搭一截路，这种方法在操作大盘股时比较管用，因为大盘股惯性也大；拉出第一根大阳线时，若能判断出机构是在大量进货，那么第二、三根通常都可以逢低跟进。

6. 对未来充满信心。市场永远是向前的，2007 年 2 月，上证指数已上摸 2 900 点，这在一年半前是不可想象的。展望中国股市的前景，我充满信心，若干年前，香港股市也是从 1 000 多点起来，现在不也到了 19 000 点吗？我相信，我们的上证指数将来也会有突破万点的机会，只不过是时间长短的问题罢了。

石开——一个成功散户的真实神话

复旦大学教授 谢百三

编者按：本文写于2000年12月，至今仍对初入市者会有启发。

2000年年初，我突然收到一封从广州来的信，打开一看，原来是石开寄来的。里面那厚厚的一叠交割单告诉了我关于一个散户的真实神话：一年多时间从4.8万元升值到40万元。我一页页翻着，很感兴趣，也很感慨，遂立即回电让他去找报社。不久，石开的故事就在报上炸开了；又一年过去了，他又有了很多新故事。从他身上，我们看到了几千万中小散户奋斗不息的身影。石开的故事是值得一读的，因为他的经历能给人们带来信心。

一、13个月时间从4.8万到40万

石开是股市中一个地地道道的散户，从年头做到年尾：牛市在做，熊市也做；一下子全仓吃进，一下子又全仓杀出。结果一年下来，成交量竟超过了1 400多万元，为国家交税10万元；他的资金也从1999年年初的48 356元增值到1999年5月19日的8万元，再到1999年6月30日的15万元多一点，到2000年2月的40万元。从4.8万元到40万元仅用了13个月时间，这不能不说是股市中的一个神话。因为，据了解，股市中的中、小散户不亏的只有60%（其中绝大多数是打成平手的），盈利的只有一二成，盈利的幅度大多数在50%以下，能够翻一番的比较少。而石开1999年的收益率则是8倍。

二、石开的风格：稳、准、狠、短、平、快

石开是他的笔名，写文章时用上了，又被众多散户传开来，他觉得这个名字也很好。慢慢地，人们也就把他的真名给忘了。

石开1991年毕业于湖南大学化工专业，分配到某研究所干了两年，然后辞职。他先是在台湾人办的公司做过进出口生意，后来又帮朋友推销过化工机械。直到1999年年初他才决定全职炒股，因为他觉得自己性格不圆滑，不适宜做生意，同时他又希望能多赚点钱，全家移民新西兰。石开第一次买股票是在1993年，当时“广船国际”发行新股，他买了2 000股，因为朋友们都说，买新股，保证发。可是结果他却亏了，当时“广船”的发行价是6块多，在上市的瞬间曾经高过发行价，但后来却长期跌破发行价。过了一段时间，石开等钱用，没法子就只好斩仓了。拿了一部分钱出来，剩下的他又认购了新股“粤照明”，这回则赚了钱。那几年石开炒来炒去，总的来说还是亏的，但却赚回了经验。有得必有失，不少人是一朝被蛇咬，十年怕草绳，从此就洗手不干了；而石开却不声不响地从亏钱中寻找感觉。他说，学游泳呛了几口水，不学下去就白呛了，一定要学会它。职业股民的生活十分艰辛，他每天起来买报纸，看大势及股评人士的文章，然后自己就坐下来静心细想。他声言自己是专做短线的，按照游击战的打法，打得赢就打，打不赢就走。他炒股的特点是频繁地操作，快进快出，一般只持股三五天，每一次赚一点，积少成多，不期望抓一匹黑马——他认为那是偶然的，靠不住。他的钱不多，因而只有高速运转才能让它迅速增值，正如《史记·货殖列传》中写陶朱公“无息币……终成千金”。而在这个过程中，他的技术越来越好，水平越来越高，成功率也越来越高。

渐渐地，石开形成了自己的操作风格：稳、准、狠、短、平、快。他也一次次喜获丰收：清华紫光每股赚了15元，中原油气赚了10%，浙江医药赚了10%，中国服装赚了10%，焦作万方

赚了5%。当然这中间也有过失败的经历，每失败一次，他就彻夜苦想，最后发现自己的失败基本上是因为贪便宜抄底引起的。比如深科技，它从42元跌到32元，石开想成功抄底，结果当天就套住了，由于一直没有上行的趋势，只好在30元时抛出止损——它最后跌到22元多。石开由此总结出，在弱市中抄底是很难成功的，这是一条教训。

三、个人的力量是有限的，加盟某券商

石开是客家人，性格有些内向，脸上总带着几分微笑，平时谦虚厚道。他重基本分析更重技术分析，爱学习、爱想问题，平时含而不露，内心又夹着几分倔强。1999年他从4.8万元炒到40万元，翻了8倍多，比上证指数、深证指数快了400%。但个人的力量毕竟是有限的，他想加入证券业干一番事业，于是他就向报界、媒体发出了信件，从而告别了默默无闻的日子。某证券公司从报上看到他的事迹后，立即作出快速反应，请他进入该证券工作。于是石开成为该证券的一名职员。石开很快就成了证券营业部里一个引人注目的分析师。客户们尤其是那些屡战屡亏的散户，都希望石开神话能在他们自己身上再现。

幸亏成名后的石开并没有骄傲，他觉得自己的成绩太微不足道了，真是万里长征才走了第一步。他冷静地去感受与化解这种随之而来的压力。后来由于他给客户点的一些股票大都涨了，客户就更加信任他了，整天一见到他就问有什么好股。而石开则总是出言审慎，一则是害怕说得不准；二则考虑到大多数客户不可能像自己那样敢追高，如果操作节奏不够快，不舍得斩仓，就可能会套得很深。石开在年后第一周就及时提醒客户避开风险，顺利出货，从而为客户保住了利润。客户与营业部对他都感到“相当满意”。

石开清醒地意识到：随着时间的推移及应酬的增多，单独思考的时间少了，这是不利于研究股市的；而且股市变化莫测，只有静下心沉住气，不断地做好功课才能跟得上股市的步伐。所以石开的生活还是很有规律地进行着：每天早上7点起床，8点左右到达营业部，然后阅读、上网看信息，8点半开晨会，与同事交流，9点开市以后便盯住电脑，见客户，直至收市下班，晚上看一些有关证券投资的书报。这种一点也不花哨的生活，秉承了他一贯的传统，从而为他铺垫了一块块成功的基石。

四、石开的七点“秘诀”

石开在炒股的过程中，不断地探索、学习、总结经验，最终抓住了市场跳动的脉搏，并总结出了七条操作策略。

策略一，石开制订了“短、平、快”的投资战术。几乎每个交易日都有成交，资金快进快出，以快周转率换取资金规模扩张，追求资金效率的极限。一年下来，交易对账单居然有厚厚一摞，达二十几页之多。

策略二，把握板块轮涨节奏，紧跟强庄股。因为强庄股里是活钱，而这些钱最有进攻性。

策略三，紧密跟盘，时刻关注个股异动，设立了10%的止损、止盈点。当他发现有些个股价量突然发生变化，庄家出逃迹象显现时，都会及时斩仓，避免被套牢。他一天在开盘的4个小时里精神高度集中。别人在弱市里往往心不在焉，打打扑克牌，织织毛衣，他却能在弱市里一边体会市况、总结经验，一边主动出击，结果反而赚得比“5·19”的时候还多。

策略四，利用技术分析结合个股的基本面，再用自己的一套方式分析、整合、筛选有价值的信息，以此判断股票的质地是否优良。石开认为在选新股时，只看招股说明书是不够的，因为有些股票的上市包装是为了高定位而作的形象宣传，不足为信，所以还应观察它的新股定位、流通盘大小、有没有题材、上市前三天的K线图、上市第一天前半个小时的换手率、有无主力收集迹象，再与同一板块其他股票类比，综合起来选择，换手率在5%—20%的股票要重点关注。石开

根据自己的分析方法，在1999年6月底，发现上海、深圳4个指数中走势最强的指数如上证指数开始向下探，5日、10日均线出现死亡交叉后，他判定大盘将走弱，决定及时出货，从而成功逃顶。

策略五，关注资金流向，挖掘成交量背后的秘密。石开认为必须密切留意资金的流向，尤其是要关心热钱，因为热钱是市场里最有活力的、投机的、敏锐的资金。

策略六，实践"高效市场理论"。石开认为股价会及时反映公司变化，市场会揭示问题的实质。许多个股在利好、利空消息传出来之前，股价早就开始攀升或下跌，市场已经反映出即将公开的消息。石开提醒一般投资者，最好不要碰问题股，像那些ST的、惹官司的，他认为，散户很难搞清楚里面的奥秘。作为散户，信息获取一般是慢半拍的，可以依靠的东西很少。石开每天必读《证券时报》、《广州日报》，从中获取可参照的信息，并以此建立了自己的数据库。

策略七，运用β、γ系数来判断个股投资风险大小，是否具有投资价值。β系数是个股与大盘的背离程度，在弱市和调整市中比较有用，但在牛市中却不大适用。计算公式为：β = K ×（个股涨跌幅 - 指数涨跌幅）×100。指数涨幅在1%以上，K为0.9；指数涨幅在1%以内，K为1；指数涨幅超过1%，K为1.2；既可以采用收市价来计算β系数，也可以在交易过程中采用即时股价来得出β系数跟时间绘成曲线图，或者把β系数进行累加。一般来说，β系数越大，个股走势越强，可以推断出庄家的实力越强；但β系数太大也容易发生逆转。γ系数是某个阶段炒作个股的风险程度，是β系数的一种辅助工具。计算公式为：γ = ∑深、沪昨天涨幅前5名今天仍保持强势的个股数目 ÷ 10 × 100%。收出红盘或跌幅在1.5%以内都算作强势。γ系数小于50%，说明昨天的强势个股纷纷落马，这时要十分谨慎，不可轻易介入。

五、石开的目标是让客户的资金尽快增值

有人为石开设想过，他现在有40万元，按照这样的比例炒几年股票就可以变成大款了。对此，石开哑然失笑，他似乎没有如此"信心爆棚"，因为炒股毕竟是一件高风险的事。他说："我的目标是为客户们选股、参谋，让他们的资金尽快增值。"出于这种乐观而审慎的考虑，石开把自己定位成类似股市里的成长股，希望大家伴随着股市一起成长。

石开开始探索长短结合的操作思路，因为他明白自己过去的操作风格也有不足之处，主要表现在大升浪、主升浪出现时，快进快出的操作不能获得超额利润。石开很能认知市场的动态，现在他正在不断积累经验，希望自己将来能够成为一名成功的基金管理人，靠自己的操作，在资本市场上作出一番成就。

石开的家仍然很简陋，他和很多正在奋斗的年轻人一样，不奢求于现实，却憧憬于未来。他相信自己未来一定会成功的。

我的方法是理性投机

主讲人：石开

主持人：谢百三教授

时间：2000年12月16日

地点：北京大学光华管理学院

我从去年1月20日资金4.8万到今年2月16日资金40万，增长比较迅速，今年2月，我加入了某证券公司。由于证券法规定了专业人士不能炒股，于是我就专心于搞研究。

我对自己的资金从去年1月到今年2月16日增长到40万还是感到比较满意的，我现在在某证券公司进行证券分析，主要是谈大势，推荐个股。今年8月8日，公司给我开了一个网站，叫石开网，这和公司主页上石开专栏的内容差不多，这里面主要是一个100万资金的模拟操作，从今年8月8日到现在，收益率30%，最高到达了39%，跟得比较紧的资金有5000多万元，我买入，他们马上同步买入，跟得松散的资金有两三亿。广东大户机构多，资金实力比较雄厚，前些时候我在报纸上写文章推荐股票，后来发现有机构专门和我唱反调，我于是就只做不写。我前段时间介绍的一个股票——0545（红河医药），深圳蛇口的一个股民买入100万股，被庄家知道了，他就反着做，把它打下来，大势涨时它跌，大势跌时它又涨起来了。因此，搞模拟操盘比较难。

股民入市都是为了赚钱，其中一个最简单的方法就是高抛低吸，但高和低都是相对的，没有绝对的。由于我们国家目前股市中99%的股票都是垃圾股，所以我的方法是理性投机。目前，股市中不规范的东西较多，A股和B股价格相差三五倍，长期投资A股是没有什么价值的，像昆明机床、马钢一样有H股，价格相差10倍，但分红时，却是同股同权，深万科B股增发，每股增发价格为4元，而A股为10元，所以理性投机是在中国应该抱有的一种态度。

我从今年2月起，资金每个月拉阳线，去年5月资金到了8万，5月19日—6月30日到了15万，6月30日到年末资金量达到28万左右，到今年2月，资金到了39.4万，基本上以每个月拉阳线的速度往前走。

我想，大家要消除一个误区。现在上海、深圳上市的股票加起来已超过了1000只，我个人认为，这1000多只股票都是平等的，没有好股坏股之分而只有牛股熊股之分，而且牛股熊股也都是阶段性的，炒高之后跌了再炒，连马钢都可以翻番，还有什么股票会比马钢更难的呢？

中国的所有股票只要跌到相对低位，都会有人把它炒起来。

很多人认为我是只做短线的，其实我并不只做短线，有时我也做中线，而且中线收益也不错。去年到今年最牛的股，叫0008（深锦兴，现在的亿安科技），我1999年炒的第一只股票就是它。我当时全仓买了4800股，每股成本10元，2000年2月最高到了126元，我当时买也没有想到以后会有这么大的升幅，后来13元卖出去了。很多人问我后不后悔，我认为，如果靠运气，就不踏实，也不能锻炼自己的水平。还有一只股票，0962（东方钽业），上市第一天我基本上满仓32元买入，52.4元走了，这是资金增长值最快的一次，9个交易日资金增长70%。另外我做了一只中国服装，当时《深圳证券时报》全景网络给我做节目时，我买入中国服装价格大约10.5元，短短半个月价格到了20元左右。我认为，中国目前的股市还不规范，存在一种快速致富的可能性，关键就看你有没有可能发现机会。像过去那样买深发展，买认购证那样的机会是没有的，现在有钱人打新股，一年也有20%左右的收益率，暴富的机会越来越少，但还是存在的。

我选择做短线，和我自身的情况有关。我1991年大学毕业后，在一家国营的机电部广州机床研究所工作，以前是学化工的，在那里做了2年。我是梅州人，客家人，梅州文化氛围好，当年我考北大差一点就上了。北大在我们地区招三名，我考了第四名。1991年毕业之后，我在研究所工作了2年，由于机电行业效益差，在广州上班时，第一年月工资150元，第二年月工资200多元，实在混不下去了，就出去打工。先到了一家台资工厂，搞质量检查，月工资大约是800元。1995年年底，我的一个朋友开了一家公司，请我去管理，在那里混到1998年年底，钱也没有挣多少。我的一个同学在新西兰，他邀请我出国并承诺提供担保，我动了心，就在广州报了“雅思班”（雅思考试为去英国留学的必需考试）。我最早炒股是从1994年年初开始的，但当时大部分精力都不在那里，这主要是一段技术积累的过程。我以前没有学过经济，很多知识都是通过报纸上的文章学到的，于是我就开始白天炒股、晚上读书的过程，后来发现水平还不错，就把出国耽搁起来了。我给自己制订了一个操作策略——短线。移民大约需要10万元，我当时炒股主要是想把移民需要的钱赚到，后来我庆幸自己没有出去，我那时出去也就是做做刷油漆的工作，我觉得出国后事业成功的概率极小，还是等有了钱以后再出去比较好。

我觉得大家要根据自己的情况确定自己的策略，我个人以短线和中线为主，但短线、中线也很难分清，短线适合职业炒股的人，他们一般年龄极小，心理承受能力较强，资金量适中，150万以下；对于上班族、年龄老的人，我建议以中线为主。我做中线的收益也不错，4个月收益30%左右，我国股市是比较投机的，分为淡季和旺季，中线主要在旺季做，其他时间则用来打新股，剩余的时间可以做一个中级行情，30%的收益是比较容易得到的。今年1月2日是黄金季节，网络股收益很不错。但2月以后股民亏损比例很高，据《上海证券报》的统计，2月以后股民亏损的比例很大，50%的股民今年亏损，20%多持平，20%多盈利，能盈利超过50%的人也不多。对那些没有太多精力关注股票的人，做中线也不错，我一般用5日、10日、55日均线。最近的山东百发（音），我11.3元跟进，两个星期之后到了15元，我跟踪了半年，我是学化工的，我知道它的主营情况，它的主业是从海水中提取盐分，制造碱，今年碱的价格从900美金涨到1 300美金，但是由于它的原材料来自海水，所以价格上涨对它而言基本上都是利润，它在10—12元不断放大量，股价不上升，但是又无量跌到10元，在10元附近有一个支撑，突破了55日均线的时候，上涨趋势就呼之欲出。另一个例了是600181（云大科技），前期潜伏着，后来出现小阴小阳，成交量非常大，后来有效突破5日均线，一口气拉到32元。突破5天均线，能量有一个逐渐上升的过程，但是量能也不能过分放大。短线的措施是短、平、快，要求做到眼快、手快。总的来说，热点有4个阶段：热点酝酿阶段、产生阶段、发烧阶段、高潮阶段，最好的进入阶段是在热点产生阶段以及热点发烧阶段的初期，热门股的涨幅大都在20%以上，苏威福（0581）是纳米材料的领头人，纳米热点产生以后，当几十家公司也都宣称自己有纳米概念时，这个热点已经进入了尾声，后来它从15元跌到12元之后，又有一个反弹。

我之所以可以赚钱，可用四句话来概括：

第一，要选准个股。我今年短线成交量比较大，交易量有1 000多万元，光上交国家的税收都有10多万元，我操作上百次，交易持平和盈利的次数占总次数的92%，亏损占8%。我选择的股票主要是强势股，强势股是主要看指标：（1）股票人气指标；（2）刚拉涨停板的股票——主要从人气指标中选择。我每天都有选择地跟踪一些有机会的个股，每天大约30只左右，我研究、设计并提出了一个β系数，这个指数是用来选择强势股股票的，个股的涨跌与指数的涨跌是不一致的。比如说，今年深发展涨10%，大盘上涨1%，它的β系数就是10% -1% =9%。β系数可以衡量哪些股票和大盘不同步，我主要用5天的累加值，取前50名，10天β系数也累加，取前5名，取5天前50名和10天前50名中相重合的个股，它们的概率较大。

第二，要选准时机，炒短线。有时候买了半年却没有上涨，一卖出就上涨百分之几十，买的时机比卖的时机更重要，我用了一个指数来衡量：γ系数。炒短线，热点转换很快，有时候套住了，可以用这个指数来衡量，主要是看热点可不可以持续。看被套住的可能性，具体算法：比如昨天，深圳、上海两市涨幅前5名一共10只股票，今天可以保持强势的股票，强势股是指今天收盘大于昨天收盘价或者是跌幅在1%之内，这个系数大于70%，以上表明市场热点可以持续，如果γ系数为50%，就比较危险，因为我国的交易成本为1.5%，我用这个系数衡量短线操作是很有效的。

第三，重仓出击。在钱较少的情况下，要快速增值，就必须重仓出击，因为一般重仓买入之后，注意力比较集中。很多股民往往由于买得太多，分散持股，一个人持有股票8—10只，结果导致效率较低。比如约有10只股票，今天有1只涨停，资金今天增值1%，但是对于做股票的人，1%是没有意义的，但是，买入之后，一旦下跌，股民出现亏损，就很少会卖了，因为一不小心就会亏10%—20%，许多人如果出现了一个20%以上的亏损，就会舍不得割肉，结果使得资金沉淀，可以动用的资金越来越少。而实际上做股票肯定要冒风险，要大胆。

第四，快速撤退，快进快出。这要分两种情况，盈利时止盈，亏损时止损，我一般不参与股价的调整。遇上股票调整，我们就不参与了，寻找下一个目标。对于止盈，日K线会错过最好时机，我一般用60分钟K线，我用过多次，效果不错。60分钟K线比日K线好，比30分钟K线要迟缓，特别是60分钟K线出现了几个死叉，短线最后卖出以后还会跌5%—10%，完全可以去做另外一只股票。发生死叉时，短线肯定会有调整，止盈我们一般用60分钟K线，日K线用于止损。我做过工业股票，一只叫0021（深科技），5月19日之后，它从42元跌到32元，我去抄底，满仓以32元介入，结果当天被套住，第二天股价到了30元，我发现0021没有明显止损迹象，主力仍是以出货为主，我就果断地割肉，结果股价一直跌到了23元，假如我不止损的话，现在我的资金就只有10万元左右了。亏了6%—7%，我在其他股票上找到了补偿，很多股民在止损上不够坚决，严格止损是做一个成功散户的前提条件，它会保证你不会犯大的错误。我做了一只长江投资（600119），去年9月，五六个交易日从25元跌到16元钱，我自己认为自己短线水平高，在16.5元满仓，当天被套，第二天跌到15元，它继续下跌，我发现不对劲，股票还是以跳水为主，我随后找到了一个拉高出货的机会就割肉走了——结果它在15元徘徊几天之后跌到了11元钱。可以说止损有时候比止盈更重要，因为它能使我们不犯大的错误。

下面几个环节讲一下具体的操作技巧，这方面的股票书太多了，但都是讲起来容易做起来难，我自己比较喜欢以下几个方法：（1）跟强庄，一般来说，庄家实力越强，投入资金越大，目标上升幅度越大，操作周期也越长，强庄股一般都有两三次见顶机会，即被套了也有机会出去。1999年亿安科技、昆明机床、东方钽业、方正科技都有两三次见顶的机会，这就是很好的例子。（2）惯性定理，这和物理学上的惯性定律是一致的，股票市值越大，惯性也越大，一旦有了向上或向下的趋势，可靠性就较高，庄家投入资金量大，庄家在以后的时间里玩技巧的可能性也就较小，我们应该完全按技术分析去做。现在主力越来越喜欢炒大盘股，实力机构也越来越多。永和股份，我7元买进，10元卖出，轻松获利20%，我是在它转配股上市那天买入的。10月23日，我在中央人民广播电台做节目时，我推荐了永和股份，我认为8元，很值得买，结果一直涨到10元。（3）高效市场理论，这是技术分析的前提，市场行为包含一切，存在即是合理的。所有公开的信息都反馈在价格之中。我国在信息方面存在明显的不对称，举个例子，××大学、××大学做得很不规范，××集团从13元涨到62元，中间没有一点消息，没有出公告，也没有重组，结果到了60元时，出现了××收购该公司股份的报告，当我们知道消息的时候，已经炒上去了。90%的股民不知道公众消息，小道消息十有八九是错误的，网上信息大部分是骗人的，消息到股民时已经是最后一批。

下边谈谈如何选择新股问题。

第一，看定位问题。新股的开盘价位，有高开高走、平开平走和低开低走三种。具体来说又可以分为：高开高走，高开平走，高开低走；平开高走，平开平走，平开低走；低开高走，低开平走，低开低走。一般来说，高开高走，平开高走，低开高走的较好。

第二，看K线。如果是新股上市，5分钟后K线出现阳线较多的较好。脉冲判断：一口气拉高，如从16元拉到18元，脉冲幅度较大，脉冲较有力的较好。

第三，看新股的题材，有没有潜在的高科技或独特的题材。

第四，看承销商的实力。比较大的承销商，较有实力，定位会比较高，操作就易成功。如南方证券、万国较喜欢炒新股。

第五，要选后边涨停板的股。新股一上市就涨停板，涨停板的机会比较多，涨停板所需时间越短越好，成交量越小越好，因为这样的表现更有实力。第一天为涨停板，第二天仍为涨停板，第三天还是涨停板。比如，隆平高科，一上市第二天就涨停板，44 元多。新股一上市就连续涨停板，比如600102（莱钢股份），从9.01元，第二天9.68元，成交量很大。第一天判断不出是买盘大还是卖盘大，但第二天就看出来了。我在9.6元买进的，后来一直涨得很高。

第六，市场关注度。一些股评人士，很关注一只股票有多少个股评家关注。在市场较弱时，星期六的报刊，如《中国证券报》等，推荐的人越多，只要引起市场对它的关注，庄家就达到了目的，在星期一就可能对冲减磅出货。若散户已买了该种股票，则最好在星期一出货。庄家不可能在一天全部出货，它需要逐步出货。

第七，不抢反弹。主要关注 5 日均线，10 日均线，30 日均线，空头排列。这些股最好少碰。如20元进了货，跌到18元补仓，跌到15元，再补，最后你的钱就全部套在里面了。这时仍不知什么时候才是真正的底部。所以要一直到了底部后再买。

第八，警惕高位中阴线。当股价炒到高位时，第一根阴线出现时，要提高警惕。这时股价可能就要开始反弹，故应在第一时间出货，即抢先出货，因为后边还有大跌。

第九，观望轻松出头的股票。总原则：小量过大量，后市有希望。指一只股票能轻松地超过前期的高位，且成交量是很小的。例如0823（超声电子），就出现过小量过大量，庄家控股较好。当庄家控制某只股票时，股价超过了前期，而这次创新高的成交量小于上一个高价位时所需的较大成交量，这就是小量跨过了大量。

第十，强市多做，弱市少做。大势很强，尽量早上买入；弱市少做，尽量在下午买入。早上买入赚它的差价，如龙头股。下午买入最好是在下午2：30 以后买入。比如上午可能涨5%，中午跌回，下午又跌5%，则下午买就比早上买多赚了 10%。

第十一，短线好股的特征：

（1）卖盘小、买盘大，股价不跌的股。

（2）买盘、卖盘均小，股价轻微小涨，说明浮筹不多。

（3）放量突破上档重要压力线。这种股票好，因为上面已经没有套牢盘，很轻松。

（4）第一天放巨量上涨，第二天继续放巨量上攻的股票。

（5）大盘横盘时，股价轻微上涨；大盘下跌时，股价却加速上涨。这种股一般短线风险不大，可大胆吸纳。这种股的庄家势力强大，敢于逆市而上。

（6）长时间有规律小幅上涨的股，如银广夏，用很小的成交量就可以天天上涨。这种股就是好股。

（7）遇到利空不跌的股票。

石开先生答学生问：

问：如何看待大盘？

答：中国目前的股市不是投资市场而还是投机市场。短线在 15 天左右。

问：跟着你炒股，成功概率有多大？

答：有 80% 以上。将我的结论登在网上，上网时间可能会慢一点，大概有 10 分钟的时差。

问：民生银行上市的情况如何？

答：民生银行上市的机会比浦发要好，浦发没有炒上来是因为定价太高，而这次民生银行定价不高。

问：中央电视台和北京电视台的股评哪个好？

答：《中国证券报》的机会可能会多一些。我与电视台接触不多，不太了解。

问：创业板上市对主板有何影响？

答：创业板风险大于机会。庄家去二板炒作主要是为了套现，因此小股民进入很危险。

问：如何找强庄股？

答：有6方面内容。因为技术要求太高，在这里我打点埋伏，留点底。

(1) 均线系统判断，用5天、10天均线来判断，斜率越陡，庄家越强。

(2) 脉冲越大，实力越强。比如说，麦科特从15.5元拉到18元，一口气拉到18元再调整。老股新股都是同样地判断这个脉冲。

(3) 放量的大小。比如，一个股放量500万，另一个股放量1 000万，则后一个股实力要大。但这也只是一个相对的概念，不是绝对的，是相对于流通盘大小而言的。

(4) 回档幅度越浅，力度越强；回档越深，主力越小。如，两个股同时涨2元，一个只回调0.5元，另一个回调1元，则回调0.5元的就好。

(5) 整体升幅越大，力量越强。同样的题材，同样的流通盘，炒得越高，升幅越大，力量越大；升幅越小，力量越小。

(6) 庄家控制的筹码越多，力量越强。

石开在北京大学作报告

全球视野下的中国经济

——2004年12月6日在复旦大学演讲

北京大学 钱 伟

编者按： 钱伟，1992年以几万元进入中国股市，他运用“宏观经济学”对宏观经济及股市大波段的把握到了非常精辟的程度。他是中国经济学界学院派与实践派结合得天衣无缝的典型，深受北京大学、复旦大学、对外经贸大学学生的尊敬及欢迎，每次讲座，现场都被挤得水泄不通。他的报告视野宽阔，高屋建瓴。在本文中，他预见到2005年上半年有一个大的机会，结果2005年5月9日股权分置改革一跃而起。

今天我演讲的题目是“全球视野下的中国经济”，内容会涉及一些理论的问题，观察的角度各有不同。

学经济和搞投资的人都知道，最近争论的焦点比较多，主要集中在几个问题上：首先是汇率问题，即人民币该不该升值。这个问题比较核心，美国人也不断地在给中国施加压力。另一个是利率的问题，即该不该加息。中国经济在经过七八年物价下跌的过程后，今年中国的物价水平上涨了5%左右，中国是不是进入了加息周期，中国是不是已走出通货紧缩，而进入了通货膨胀期？还有一个问题是中国的房地产到底有没有泡沫，许多人手中房子的价格已翻了一倍，该不该卖？每个人从自己的角度来理解，争论之大是史无前例的。

大部分学者都是从理论研究的角度来考虑这些问题的。大家各自提出不同的观点，立以新意，求得功名。另一种是政策性研究，作为政府，面对现实的情况必须作出决定，即该不该宏观调控，该不该加息，汇率该不该升值。而我们这些投资人既不搞理论研究，也不搞政策研究，但面对这些实际问题时，同样不可回避，即你在作出投资选择之前，必须有一个清晰的判断，对你的投资组合，对你的风险管理必须有一个合理的资金安排。

这种研究，一个最大的特点是对利益关系的高度敏感性。我们能不能找到一个框架来把这些问题统一在一起？有的，但我们必须改变我们的视野。

今天，我就从一个“全球视野”的角度来讨论这个问题。

全球经济包括中国经济目前的混乱状况是如何造成的？起点应该是美国“9·11事件”，这是一个转折，在经济上则表现为美元的贬值。这会对全球造成什么影响？美元对全球货币的加权指数从2000年的120下跌到目前的80，贬值幅度达到了40%。欧元从诞生时兑美元的100下跌到80，近日涨到了历史新高134，升值幅度则达到60%。

美元的一路贬值给中国带来了什么？本来，美元贬值，人民币应该是升值的。但是，由于人民币和美元名义上紧紧挂钩，美元贬值，人民币相对于其他货币而言也在贬值。这就形成了一个由中美两大国所主导的全球经济重大格局——一个在世界经济中占主体地位的超级大国其货币的贬值和一个在增量经济上占主导地位的国家（本身应该汇率上升的）其货币的贬值——而且贬值的幅度是巨大的。中国经济在2002年后发生了很大的变化，外国的跨国公司全来了，中国的铜、铝价格全涨了。中国的经济增长以及进出口保持着40%的增长，而且对全球的经济资源有着绝对量的垄断。中国的经济发展没有技术优势，无非是一些鞋、帽等简单的进出口加工，为什么一下就起飞了？关键还是汇率的问题。

首先，我们来看大宗商品——CRB芝加哥商品指数。这个指数是美国将主要的商品价格进行加权平均，编成指数，主要是钢材、铝、大豆、牛肉、奶油、金、银等。这个指数随着美元的贬值由90上涨到180多，相当于翻了1倍，大宗商品的价格也几乎都涨了一倍。美国不仅在全球金融市场上占主导地位，在实物市场上也占据主导地位。全球的主要大宗商品都是以美元标价的，比如石油是每桶50美元，黄金是每盎司450美元。美元贬值了，但这些实物并没有贬值，而是在涨价，是标价体系变化了。比如——黄金，美元兑欧元贬值了40%，相当于黄金也贬值了40%多。2002年，我来复旦大学开讲座时提出黄金价格到了历史大转折期，当时黄金的价格在270—280美元/盎司，现在已经是450美元/盎司了。但是，如果我们以欧元来标价黄金价格的话，黄金并没有涨。这是理解这个问题的关键点。在美国人、中国人或亚洲人眼中物价水平的上涨，在欧洲人看来却并没有涨。再比如石油，石油现在每桶价格是50美元，欧元对美元上涨了60%，扣除美元贬值因素的话，石油每桶仅30美元。很多人不能理解，为什么石油、黄金、铜、铝在不停地上涨，是不是有投机的因素？有，但我认为第一轮的上涨因素还是美元的贬值。中美大的格局使全球大宗商品价格翻了1倍。从国际贸易理论的角度来看，一国的汇率贬值有助于本国商品的出口。中国本身已有一个强劲的发展势头，随着货币贬值，成本优势巨大，这对世界经济的冲击实在很大。全球初级产品的50%已经集中到了中国。这些初级产品是钢材、铜、石油、木材、煤屑等。中国的经济以制造业为主，数据显示在进口产品的增量中，初级产品的增量比重已经越来越大了。

衡量这一变动的指数是DBI波罗的海干货运输船运指数，我觉得这一指标也是观察中国经济最灵敏的指标。它把全球干散货运输的定船价格进行加权，编出一个指数。中国在全球干散货运输中占有绝对主导的地位，仅宝钢一家进口巴西的铁矿砂，30万吨的船，一年就要跑好多次。这个指数非常有意思，它从2003年的2 000多点一直上升到今年的6 000点，翻了3倍。但到今年的4月，中国宏观调控一紧缩就使得这一指数一下又暴跌到了3 000点。目前，这一指数又上升到了6 100点。在两周前的《财经》杂志上，周小川接受采访，回答央行监控宏观调控的指标时，除了提及再贷款贴现率、货币量等指标以外，还说到了DBI。这个指标很专业化、学者化。根据我们的研究，这个指标是反映中国经济波动最先行、最灵敏的指标。现在这一指标又创了历史新高，从这一角度来说此次宏观调控的效果并不明显。下一步，石油、钢材等价格还要创一个新高。这是因为船运指数反映的订单可能是三四个月以后的实际业务量。它现在又创新高意味着在今年年底明年年初，这些干散货都将被运进或运出。

现在的第一轮通货膨胀从全球意义上讲并不存在，因为它是在汇率安排下的一个符号的转变。但是，符号转变后，意味着中国和美国相对于全球40%的成本优势，它将进一步地转换为一个真实压力。全球的经济向中国集中后将导致中国拉动全球产品价格的上升。确实，在石油和矿产品价格上，如果剔除美元贬值的因素，其价格也已经开始超出。这将造成通货膨胀的传导。

1995年的通货膨胀很容易理解，油盐酱醋、冰箱彩电都上涨了1倍。但是近几年的这次“通胀”却很特别，消费品不涨反跌。这就引起了一个新的争论：第一，中国是不是进入了通货膨胀；第二中国和美国的投资品翻了1倍，为什么两国的物价水平没有变化，而利率也没有加，依旧处于历史最低水平。一方面投资品涨了1倍，比如石油已经涨至每桶50美元，创了历史新高，而另一方面消费品价格却没有涨。这种“通货膨胀”是怎么回事呢？

对于中国而言，美元的贬值造成了中国固定资产投资的激增。就投资的结果而言，消费品价格并没有上涨，而房地产价格却猛增。房地产市场比较复杂，美国在2001年股票市场NASDAQ指数崩溃以后，利率并没有上涨而开始下降，这时房地产进入了大牛市。中国也一样，房地产市场在上海等地的带动下突然在2002年开始猛涨。1998年亚洲金融危机以后，浦东盖了那么多房子，大家都担心它们将无法被消化，可到了2002年，不但这些房子已经被全部消化，而且需求量还在不断扩大。在2002年和2003年买房子的人现在价格都已翻倍。当然，解释的理由很多，有人说是上海的经济地位，也有人说是海外港台人士及江浙炒房团的需求。这些因素都有，但不是最大理由。最大的理由是中美两国这一轮形成这么大的新格局后，新的投资需求应该在哪里？投资需求从全球意义来看，无非有三个。第一，是固定收益凭证市场，也即债券市场。但是债券市场在一个加息的预期中，并没有多大作为。第二，是股票市场，可中国的股票市场存在太多的问题，未改革前也没有多少价值。第三，就只有房地产市场了。大家不要把房屋理解为消费品的概念，从大的经济循环来看，它更是一种投资品。一个人可以住10平方米的房子，也可以住1 000平方米的豪宅别墅；一个人可以拥有一套房子，也可以拥有两套；你可以在市区拥有房子，也可以在郊区甚至海边、海外拥有房子。房子的基本功能是居住，但现在它已经变成一种金融产品，一种投资品了。从投资品角度而言，它正好符合此次金融膨胀的特点。美国也一样，债券不能投资，股票的泡沫太大，因而只能投资房地产。

在消费品市场还有个特点。随着技术的进步，很多人认为通货膨胀不会起来，产品的供给将大大超过需求。比如手机和电脑随着新产品的更新，老产品在不断降价。大家认为消费品的下跌是因为技术进步，这终将造成通货膨胀的结束。因为通货膨胀是由需求拉动的，而现在供给很快就能满足需求。这种观点具有代表性，但我认为其过于片面。确实，随着技术的进步，一些存在竞争性的产品能够很快满足需求。比如，手机、数码相机、电脑等产品，今年最流行的明年就可能成为最低档的。为什么？因为技术进步，所以消费品价格涨不起来。当全球资本在金融市场崩溃后寻找新出路时，它的第一要求就是投资品可以保值。它不能由于技术进步而太快地更新，它不能复制，它的供给必须是有限的，也必须是垄断的。因此，此轮通货膨胀最基本的特点是，时尚的、高技术的东西在不断地贬值，而古人的，如文物字画等不可复制的东西其价格涨得让你不可思议。在上海博物馆里，一个香港女老板捐赠的花瓶就价值4 000万港币，陆俨少的一幅字画值6 000多万。资金必须往这些不可复制的东西方向投，而不能往高科技、消费品投。但是这些东西必定是有限的，所以还有一部分资金就往稀缺资源方向走。因此，此轮的通货膨胀就从石油、铜、金属等矿产品以及干散货轮开始。一是因为中国的需求，但最根本的原因是这些资源不可再生，即使是囤积也有上涨能力，但一般消费品则没有。CRB指数上涨了1倍，但这个市场相对于100万亿美元的全球资本仍然太小。因此，这些资本又落脚在房地产市场。房地产市场的容纳性是最大的，美国房地产市场的规模远远超过股票市场。房地产首先有使用价值，其次中国正在走城市化，而土地供给是有限的。

因此，房地产市场的垄断性、不可再生性与实物资本和金融投机上找到了一个最佳的结合点。最根本的是，它为大宗交易容纳了大量资本。应从全球资本的角度来理解中美房地产市场狂涨的。汇率变化后，金融市场的资本向实物资本转变，最好的出路只有在房地产市场。而房地产市场又连接了上下两条链条，一是固定投资，它带动了矿产、制造业和老百姓的消费市场，二是金融市场，将货币资本全部吸收了过来。除了居住的房产外，你所拥有的其他住房都有投机的性质。

汇率的变化带来了货币供应量的增长以及进出口的繁荣。中国2004年的出口达到约13 000亿美元。达到10 000亿美元规模后，每年增长40%，以后还可以增长4 000亿，现在中国的出口规模已经超出日本，2005年可能可超过德国。这一现象最大的结果是人民币升值的压力。

第二条线索是利率。

利率和汇率实际是一致的，它们反映的都是货币价格的问题。汇率是一国货币相对于另一国货币的价格；而利率是单一货币本身的价格。这一轮经济的最大特点是格林斯潘只会减息，到最后全球的利率到了前所未有的低水平。低利率和低汇率所造成的结果是一致的，即货币便宜了。低汇率造成了一国货币的成本优势，再加上历史性低利率，该国的货币需求必定扩大。全球的大宗商品价格上涨了1倍，房地产价格上涨了1倍，但利息却没有加。这一轮经济的特点是全球的投资品上涨和消费品下跌造成了客观上CPI指数上涨不高。传统上监控通货膨胀的指数即是CPI，但消费品价格并没有涨。另外，中美已刻意形成的格局是“滞后，不加息”。格林斯潘为了保持美国经济的繁荣刻意将利率保持在低水平。中国的此次加息有多难，4月中国已讨论加息，但到10月才实施。保持这一格局使中国有利于进出口，有利于房地产市场的繁荣，有利于金融市场的繁荣。美国一旦加息，股票市场将垮掉，债券市场将垮掉，房地产市场更要垮掉。支撑美国经济繁荣，吸收最大资金的市场就在于房地产市场。

中美两国，一个在增量资金上保持最大，另一个在存量资金上保持最大，而它们在汇率和利率上又保持优势。第一，低汇率使中国不仅有劳动成本优势，还有低40%的汇率优势；第二，低利率优势导致了资本和高技术在中美两国之间进行了分配。在亚洲，日本、韩国、台湾等国家和地区的经济主要依附于中国经济的增长。欧洲也是这样，前段时间西班牙烧中国鞋就是一例。西班牙人一天工作6小时，温州人24小时工厂开工，卖的东西便宜，欧洲人受不了。中国产品便宜并不是绝对的概念，只要价格低于别人，亏得少，这就是成本的优势。别人赔2元，我赔1元，我还可以继续，但别人就不能干了。这种优势最后所导致的瓶颈是自然资源的匮乏。自然资源的瓶颈是全球意义上的。

中美之间从经济意义上来说，共同点是最多的，合作意义是最大的。

目前，利率的争论很大。首先是该不该加息。如果我们用澳元来衡量黄金和石油，它们的价格实际是下跌的。澳元兑美元涨了1倍是因为澳洲盛产铁矿砂，中国强大的购买力使该国的货币价格翻了1倍。现在投资品价格翻了1倍，但利率并没有上涨。第二，对于国债市场的分歧也很大。通货膨胀是使世界进入了一个加息周期，还是仅加一次就结束了？因为技术进步不会使得需求膨胀。

现在，实际的官方利率很低，拆借市场的利率一直保持在2%左右。即使“通货膨胀”，官方利率也没有上涨。这导致很多人想从中套利。长期国债的实际收益率一度达到5%以上，融入短期国债去买长期国债，还有3%的收益。这是一个基本的投资策略。但这种投资策略会导致重大的失败，我下面还会提到。

我们看到，在中国官方利率保持不变甚至下跌的过程中，中国的民间利率是突然上升的。温州有一个统计，2月份民间的月利率是8.9%，3月份8.9%，4月份8.99%，5月份宏观调控银根紧缩以后，利率一下上涨到了9.58%，6月份是11.97%，7月份12%，8月份是12.06%，9月份是12%。大家可以看到，转折点就发生在4月份。这轮宏观调控的特点是控制投资品过热，但是民间利率却一下上来了，而且整个储蓄规模也在大幅下降。温州从今年2月份起每个月全市存款余额递减20亿，累计到7月份减少100亿以上，而且打破了温州10年以来存款余额月月上升的纪录。中国是一个计划经济社会，民间企业是进入不到商业银行贷款的，此轮宏观调控进一步遏制了民间企业在商业银行贷款的可能性。它无非是把“德隆”打垮，让部分民营企业岌岌可危，而并不是控制国有企业的风险。想借钱的人借不到，不借的人资金充裕，因此，导致了官方利率不升反跌，也导致了资金的体外循环以及民间利率市场的迅速膨胀。温州就是一个重大标志。很多人讨论利率该不该加，因为他们仅仅看到了官方利率而没有看到民间利率，这些数据官方是不公布的。

即使从官方利率来看，现在确也有一个重大的特征。前几周宋国青教授在证券市场周刊发表了一篇著名文章——《居民存款被截7 000亿》。他算了个账，去年1年国家消费品价格指数上涨了5%，而居民存款利率仅1.98%，扣除利息税以后仅1.5%，3.5%的负利率再乘上居民总的资产金额，利差在7 000亿元左右。很多人提出他的算法太夸张，但我认为他的算法实际表明了一种社会重大的利益关系，并不是真的损失了这么多钱。这和股票市场一样，股票流通市值从14 000亿元降到了10 000亿元，如果你不砍仓的话，大多数人没有真实损失，但你的浮动亏损是存在的。因此，居民储蓄浮动亏损7 000亿元是存在的，只要你提钱了，你的亏损就实现了。老百姓只要有些金融意识，他就不愿去存钱，但不储蓄投资股票市场会亏损，那就只有买房子了。可见，此次负利率的一个重要结果是钱从储蓄转移到了能够给它带来保值利益的投资品——房地产中。这一轮最大的得益者是那些能够通过自身的垄断优势获得贷款，然后囤积土地、石油、钢材的人。土地升值要远远高于贷款的成本。它代表了一种利益关系的变化。

国债长短期变异的问题。

这个问题比较技术化。既然长期国债有5%的收益率，为什么我不以2%的利率去融资买长期国债来赚取3%的利差呢？但是，中国经济和美国经济有重大差异。美国的金融市场相对而言比较成熟。根据夏普的资本资产定价模型，你的资产价格是由你的风险决定的。资产价格越高风险越高，资产价格越低风险越低。长期国债由于其时间越长，所以风险也越高。美国国债也是这样的。在加息的过程中，长期国债的利率变化不大，减息的过程中，利率也不动。但中国则不同。中国在前一轮减息的过程中，长期国债的收益率下降得比短期国债还要快。我按照资产定价模型算出国债的价格上涨到一定的时候就做空，当时长期国债的收益率已经由4.26%降到了3%左右。但实际上更大的涨幅还在后面，从113元涨到了120元。反过来也一样，但很多人认为此次加息的过程不会连续，加一次息就差不多了。不过，长期国债上涨时它会超过短期国债，其下跌也一定会超过短期国债，从长远看，这是平衡的。美国有一个很著名的案例，Orange Country，它就是利用短期国债来套长期国债，而最终导致整个财政的破产。

中国和亚洲很怪异。它辛辛苦苦挣了钱之后不会干别的，都只会买美国国债。现在，中国的外汇储备很大一部分是美元。这几年中国通过出口加工、贸易等辛苦挣来的钱可能受到美元资产的贬值的影响。大家可以算算，目前中国的外汇储备大约是5 000亿美元，贬值40%意味着损失2 000亿美元，即16 000亿人民币。

我当时也很迷惑，认为全球金融市场就应该盯着美国国债去卖空。结果，现在的美国国债市场就是不跌。美国已经连续3次加息，为什么美国国债不跌呢？原来是因为日本和中国在不停地买。中国一向认为债券安全，所以它也不会去买美国的股票和房地产。

在加息和减息的过程中，我们也一定要注意存贷差的问题。如果存款加1%，贷款也加1%，这样是公平的；减息也一样。但大家一定注意到实际情况并非如此。此轮的存款利息加0.27%，贷款增加了0.29%，贷款利率只比存款利率多0.02%，这还算比较温和。我记得有一轮减息，贷款利率减1%，存款利率减了1.5%。因此，我们在考虑利率水平时不仅要看绝对水平，也要看相对水平。如果你的贷款加息高于存款加息，你的利息收入实际上可能还是被转移走了。

讲完这一大的框架后，现在我想谈谈我对于一些投资的判断。

第一，这一格局是由美国所主导的。美国财政赤字巨大，美元的贬值有助于美国逃债。中国所看到的好处是贬值有利于中国的进出口，全球资本向中国的集中。现在，让中国加息也很难。对于现代的全球经济，大家应该有一个清楚的认识，它并不是越来越全球化与市场化，国家利益和民族利益越来越起着主导的作用。最早提出人民币升值问题的是日本人，但是中国并不予理睬。从纯粹的经济技术上来考虑，日本的新干线是最适合中国的，它的轨道技术和中国的铁路网络可以衔接。另外它也已运行了30年，而没有出过多少事故。但问题是我们就不能采用日本人的东西，这已不纯粹是一个经济问题，而上升到了国家利益和民族问题了。包括汇率的问题，汇率是中国内部的事，那么多热钱进来，我就不升值。

美国财长一方面强调要保持强势美元的政策，一方面美元在天天贬值。而中国则也就不升值。如果这一格局得以继续保持，石油、铜、铝、黄金、白银、煤炭、钢材、房地产，你就继续做多，如果下跌你就抄入。现在这些商品的价格都很敏感。铜在4月中国宣布宏观调控时出现了历史上的最大跌幅，结果现在又创了历史新高。中国宣布加息后，石油期货价格由55美元跌到了50美元，铜也下跌了几个百分点，但暴跌后又涨了回来。只要弱势美元和低利率格局并没有改变，全球的大商品市场你就去做多。太高了你就适当做空，因为它崩溃起来也很厉害，获利盘太多了。就像现在的上海房地产市场，大家手里都捏了好几套，该不该卖呢？有人在上半年挣了30万后抛了，结果它又涨了30万。但一旦格局发生了变化，下跌起来也一定是很恐怖的。

那么这个格局能够维持多久呢？谁也不知道，但它会有一些迹象。第一，从技术上说，中国可能会迫于内部的压力在汇率、利率问题上作一些局部的调整，但这种调整一定是滞后的、勉强的。这会对全球的金融市场造成短期的震荡，比如对石油、铜、房地产市场、DBI指数的影响。但是，只要这一大的格局保持不变，其价格一定还会上来。

现在这几个市场在保持轮动，石油、铜、黄金的价格在轮番上涨。按我的观点，黄金的价格还是显得低。如果黄金完全反映汇率的话，这一轮欧元兑美元从100：80涨到了100：134，黄金从人民币80元开始涨，到了目前的121元，还相差10元。从相对强度来看，涨幅最不够的还是黄金，连平衡汇率都不够，更别说投机了。所以，你对各个市场作一些平衡性分析后，你就会找到一些局部性、战役性的机会。国际对冲基金很聪明，平完汇率后炒黄金，炒完黄金后炒白银或大豆。但是它的战略是清晰的，那一定是垄断的不可再生的资源，而不是计算机等高科技产品。房地产也一样，上海的房地产炒高了，所以它可能有局部性恐慌被打压一下，但是从总体来说，中国的房地产市场在目前低利率、负利率、美元贬值的情况下，还没有到顶，但你可以说它有泡沫。我是做投资而不是搞研究的，我要清楚的是它可以走到哪里，你才可以控制风险。在20世纪80年代日本经济的大循环中，它的三驾马车都是上涨的，一是汇率，二是房地产，三是股市。但中国的股市为什么不涨反跌呢？确实，此轮美元的下跌给中国带来了历史性发展机遇。人民币有没有升值压力？有，但大家知道所有的经济增长都是有周期性的，中国现在繁荣了，将来也有下跌的时候，中国千万不能轻言升值。因为中国存在着许多制度性的贬值因素。中国一定要抓住机会，将这些制度性的贬值因素对冲掉。按照这一观点，中国没有升值的必要。如同股票市场，为什么中国股市在经济向好，QFII大举进入A股市场后不升反降呢？中国股市从金融市场来看确实有升值压力，但是从另一面来看，中国股市是最早市场化的，它将中国制度性的贬值因素全部堆积起来而将股市打压了下去。这些制度性贬值因素有洗钱、造假、贪污腐败等。A股股价并不会因与香港、美国市场走平后即可起稳，它还有制度性贴水因素。第二，过去中国股市最大的功效是为国有企业服务，国有企业的不良资产被源源不断地卖到股市。有这两个因素的打压，中国股市一时难有起色。如果没有升值因素、QFII与基金的购买，中国的股市早将跌得面目全非。中国的汇率也一样，从封闭体系的角度来看，人民币确实应涨，但为什么我们不趁现在这个机会把这些制度性贬值因素给化解对冲了呢？

有几招简单的方法可以将中国外汇储备的压力给化解。第一，不要再去买美元，而是建立起90天的石油战略储备。只要在全球石油期货市场上悄悄地买入，2年后交割，也不会引起注意，全球石油期货市场太大了。保证金只要几十亿美元，全部交割要500亿美元，中国迟早要做这件事。第二，处置银行的不良资产，央行拿了400亿的外汇储备给建行和中行，这是对的。但这些美元又拿去买了美国国债，结果还是亏损。这些资金应该用来买黄金。中国迟早要将汇率独立化、浮动化。按照外汇储备的惯例，你必须拿出10%的资产储备用来买黄金。但目前中国的外汇储备中只有2%—3%是黄金储备，相当一部分是美元资产。前两天余永定说中国在抛美国资产，其实中国并没有抛，而是美元贬值得太多了。美国现在的外汇储备20%是黄金，欧洲都在10%左右，中国要达到10%的黄金储备大概需要2 000吨黄金，但中国目前只有600吨。欧洲央行天天抛出500吨黄金，中国很容易就可以将这些黄金给接纳过来。这是一个资产储备结构的变化，你不能将所有资产依附于一棵树上。黄金，第一可以规避汇率风险，第二它可以抗通货膨胀。几百年前一克黄金可以买一杯咖啡，现在它也能买这样一杯咖啡。黄金不会贬值但也不会升值，它可以减少人为的操纵度。另外，黄金也可以向老百姓开放。今年上海炒房子，在北京则是炒金。5 000多人排队买鸡年的金条，结果只有300人买到。为什么现在不能开放黄金市场？因为中国的外汇市场还是受管制的。四大商业银行理论上在黄金不够的时候是可以进口的，但是外汇额度不批，而使其无法向国际市场购买。黄金市场向老百姓开放后，金条还可以用来作抵押，银行的中间业务也可以繁荣起来。中国民间的黄金需求有多少？确切的数字不清楚，但我估计在4 000—5 000吨。中国历史上有一个藏金习惯，因为黄金的优点太多了：第一，你征不到遗产税；第二，它没有汇率风险；第三，它可以传宗接代。按我的观点，中国消费1 000亿—2 000亿美元用来购买黄金是没有问题的，但中国并不做这件事。

这两招可以很快减轻中国2 000亿美元的外汇储备压力。还有两招则有些道德上的问题。前两天，中国政府宣布居民合法的财产可以转移到国外。但是，很多问题就难以说清了。首先，你这些财产有没有偷税、漏税。如果你开放让它流出国门，那么中国的外汇压力可以一下子小很多。最重要的是，对于人民币的升值问题我们千万要冷静。我们可以借鉴美国人在20世纪80年代对付日本的手段。20世纪80年代日元一下升值了3倍，日元在全球市场上抢购油画、4 000多万美元购买的油画在经济崩溃后400万美元都没人购买。日本人在20世纪80年代末、90年代初在美国疯狂地抢购好莱坞和帝国大厦。几十亿美元购买的资产最后都是用零头卖出的。中国也是这样。最重要的是我们应从制度上对冲汇率升值的因素。中国目前最大的问题是银行不良资产，全社会的不良资产最终将反映在银行的不良资产上，这些不良资产大致有5 000亿美元左右。从长远来看，这是一个巨大的贬值因素，我们必须把它给对冲掉。我比较反对现在一些人的看法，他们认为中国的优良资产不应拿到海外市场去上市。这是很愚蠢的观点，所有能卖的现在就应该卖掉。最简单的是国家发债券收购银行的不良资产，收购后中国的财政赤字将上升，人民币的升值压力就会小很多。迟早这些不良资产都将转为国债。等到这些银行资产符合国际上市标准后就拿去卖。请放心，现在1元钱的垃圾股票以后必定有跌到1角钱的时候，等到那时我们可以再买回来。美国通过日元升值和资本膨胀将日本的财富狠狠洗了一下，10年过去了，日本经济也没有恢复过来。

贬值和通货膨胀都是为了逃债。中国现在应该主动出击，将这些制度性贬值因素给对冲了。有人认为上海的房地产市场现在8 000元/平方米，将来即使下跌，跌到5 000元应该就差不多了，这是错误的。作为金融市场，要么它继续涨，要么就跌，一旦崩溃它必定跌到你想象不到的地步。大家可以看看日本的情况。日本的房地产市场跌了90%，海南1 000万元的地皮跌到100万元也没人要。在香港很多人20年的按揭付了10多年的利息还是负资产。金融市场没有差不多的时候。金融链条一旦崩溃，它一定跌到你想象不到的地步。

总结一下。第一，你再也不能从一个局部的、国内的、单角度的概念来讨论中国的经济问题，而一定要有一个全球的眼光，不然就会犯战略性错误。第二，你必须站在大的格局中来把握多市场的战略机会。第三，一旦“美元贬值与低利率”这个大的格局发生结构性崩溃时，你不能再对这个市场抱有任何幻想。就像现在的黄金，很多人认为它可以涨到500美元，但实际还早着呢。在20世纪80年代它曾涨到880美元/盎司，加上贬值的因素，应该是更高，可现在才涨了一部分。在一个大的格局没有变化时，你不用去想它会涨到哪里。

我希望大家能够培养出一个思考问题的方法与视野。谢谢！

钱伟先生答学生问：

问：对我国股市后市的看法？

答：我刚才已经讲了大的格局。第一，低汇率、人民币有升值压力；第二，中国的经济繁荣，使中国股市没有理由不涨。但中国股市如同中国足球一样，它最早市场化，所以制度中丑陋的东西全部从中暴露了出来，也由于这些因素，中国股市很难走极端。但是，现在的情况比较微妙，中国的经济这么好，企业经营得这么好，股市凭什么不涨？至少在明年上半年前会有一个比较大的机会。矛盾激发到现在，各方已经不能容忍。

当然，中国股市还有一个周期性的因素，现在可以算一个比较好的建仓期吧。

股市操作大思路

——钱伟先生在复旦大学的讲座

编者按：在这篇讲话中，钱伟表示自己“已完全空仓”了，不看好后市；当时，股市处于5个多月的2 000—2 245点的高位徘徊区，市场还弥漫着一片乐观情绪。半个多月后，中国股市从2 245点的历史高位开始向下大跌，跌了整整5年。他的讲座文章，值得认真学习，反复思考。

在我的投资生涯中，每一段时间总是有一些大的论点在思考。可能在座的许多人都希望我讲讲个股，但我觉得具体的个股操作并没有很大意义。我在这里更想向大家讲一讲投资实战的经历和体验，以及我投资思路的变化。

我个人的投资生涯其实可以分为两个阶段：

第一个阶段：1992—1993年我决定下海，开始了我的资本运作，一直到1995年的国债期货。这个阶段的主要目的是挣钱。涉猎的领域也很广泛，主要做的是国债和产品期货。当时市场上的情况是两大机构多、空对决。从现在看来，这主要由于对我国当时的宏观经济前景的判断上存在重大分歧。众所周知，从1992年邓小平南方谈话开始，我国经济出现一轮新的膨胀。随之引来了1994年和1995年很高的通货膨胀，包括房地产市场的膨胀，这以后1995年、1996年，我国宏观经济走势面临着一个非常大的转折。这一点也在国债市场上有所反映。因为国债的价格主要是资本的价格，取决于利率的走势，而利率的走势又取决于宏观物价走势。因此当时整个国家的宏观经济面临着一个大的选择。从中国政府来说，全国的报告都提出一定要控制通货膨胀。从空方的角度看，一个大的判断是认为经济要开始转折了，物价将要开始回落。从多方的角度看，认为中国的经济的发展有个比较大的惯性，通货膨胀还将有一个更大的抛物线式的涨幅。最后多头的判断符合实际情况，取得了胜利。当时我做的是多。这次经历对我以后的投资产生了重大的影响。第一，完成了原始积累；第二，对宏观经济之研究更深入仔细了。我觉得最根本的分歧不在于哪个坐庄或技术层面的、消息层面的，而是基于对当时整个宏观经济走势的认识和分析，中国的物价到底将向什么方向发展下去，是继续通胀，还是转折回落？如果转折，将对资本市场有何反映？大家知道后来是确实出现了大转折，但比“空头们”预测晚了半年。后来1996年股市的那一轮大的牛市，实际上最大的背景就是宏观经济开始转折，通货膨胀下降，利率下降，中国股市出现从1996—2001年的大牛市。

第二个阶段：1996年、1997年开始，我的投资行为渐渐摆脱了最初的莽打莽撞，而进入一种有序的，以战略判断、战略研究为前导的投资方式，基本从简单的个人挣钱的阶段到以对宏观经济的哲学判断和哲学思考为指导的投资。

从我的投资领域来说，开始是做商品期货，后来又进入国债市场，期、现货市场，1998年才将主要的精力投入股市。

我是北京大学经济系研究生毕业，最早是在国务院机构工作，研究宏观经济政策。当时中国有一个比较大的机会，就是很多保险公司、一些机构收了很多的钱，但又不能去做股票，银行存款利率又太低，因此他们要进行债券的组合和投资。我在这段时间里主要是指导一些机构进行大规模的国债现货操作。这对个人的生活方式而言也是种变化。因为在投资场挣钱，一方面是挣钱，同时也是一种生活方式。本来就是读书人出身，君子爱财，取之有道。通过在投资市场的研究和实战，我发现中国的社会科学研究，包括学院式的研究，有一些比较大的缺陷。两大主要的缺陷，一是所有的现在社会科学的研究都有不可检验性；二是都忽视了对人的研究，而逐步陷入或者教条、或者纯数学模型的陷阱。纯数学模型还非常流行。但我觉得，纯数学模型在证券市场上很难解决实际的问题。在证券市场上，恰恰这两点是最尖锐的。一方面，你的盈亏使得你的认识和判断马上就可以得到检验；另一方面，纯数学模型不能解决你的复杂的投资行为。所以，我开始走向一种以研究来指导投资的策略。

下面我来介绍一下这些年的一些基本的判断：

1. 以宏观经济研究作为商业化投资操作的基本手段

如今的大部分证券投资者以对企业基本面的判断、财务状况的判断作为根据。大家可能觉得，宏观经济研究和直接的商业操作关联性不大，所以其中的商业价值也不大。但由于我本人的教育背景和工作背景的关系，我对宏观经济比较感兴趣。又由于1995年期货市场给我的经验，让我觉得宏观经济研究里其实也存在着巨大的商业价值。

对宏观经济研究的核心有两个，一个是对利率的研究，一个是对货币供应量的研究。

大家都知道，利率背后最直接的是宏观物价走势的变动。从国债期货来说，实际上就是对利率的判断。期货本身有个杠杆原理，而保证金和期货交易则扩大了这种趋势。因为债券本身的变动比较少，就几毛钱，但加上保证金以后，情况就大变了，如果保证金是4%，债券变动2.5块钱，保证金就变动100%。就是这么一个情况。到了1995年国债期货市场关闭以后，我主要从事的是国债现货的交易。可能大家会觉得投资债券市场没有很多的油水，但我在里面做了几年以后觉得，其实不管是我个人，还是其他很多做得好的个人与机构，最大的利润来源就是国债现货交易市场。这里面最主要的还是对中国经济形势的判断。从1996年开始，人家看到全球经济出现收缩，中国的通货膨胀到1996年开始从最高峰下跌，其标志就是农产品价格的下跌。政府首先取消保值贴补率，后来再开始降息，一步步降了8次。大家知道降息对国债价格的影响是反的，就是说票面利率越低，既有国债价格就越应该涨。对于长期国债来说，比如说10年期的国债，短期国债利率降一个点，国债价格变动1%，可能涨100块钱。这个杠杆作用就很厉害了。你通过对利率走势的判断，买入最长期的债券。当时我帮助保险公司调整策略，把短期债券全部抛空，买入长期债券。

还有一点，中国信用抵押制度最发达的是债券市场。因为债券市场是用国家信用作保障的。而通过国债回购市场融资也是中国最便捷、最快速、最便宜的融资方式。国债回购本质是一种抵押。所谓国债回购，就是把债券进行抵押，通过上交所3天、7天、14天或更长时间的债券回购，马上得到资金融入。融入大笔资金以后，再去买入长期债券。短期利率很低，而且一直在降，长期国债票面价格的变动已经远远超过短期利率的成本。所以这里又有一个比较大的收益。我当时计算过，理论上，通过几轮操作，1998年、1999年简单的国债投资收益率可达100%。实际操作后扣除佣金等后要少一些。但我在1998年最高峰的时候，取得了将近37%的收益率。

后来我又发现，债券市场不是一个孤立的市场，因为债券背后反映的是利率。1996年起股市进入牛市后，商品期货市场开始大暴跌。这使我意识到一个很强的规律性，就是货币市场和产品市场存在着很大的关联性。关联性就是说，两个市场并不是孤立的，一个市场的过度繁荣必然导致另一个市场的过度衰退，一个市场的牛市意味着另一个市场的熊市。在研究全球的问题时这样的关系更加显著。

中国从1992年开始的一轮经济周期，以房地产投机繁荣开始，整个产品市场开始繁荣。这个时候，钢材市场、糖市场、原油、煤矿等实物市场全部火爆。而与此同时，资本市场、债券市场却都是熊市，很多债券都跌破面值。1996年开始，产品市场以通货膨胀开始发生了转折。首先，利率开始下降，债券开始上涨。然后，农产品、钢材开始下跌，房地产不景气，房子卖不出去。开始一轮股票市场大的牛市。这当中固然有一些政策的调控因素，但我认为最根本的原因，不在一些政策上，如国有股上市，而主要在于货币市场和产品市场的根本性的关系没有发生改变。我一直在进行多市场操作，发觉各个市场其实都是紧密联系的。目前在一个利率市场不停下降的行情下，总体战略一定是在商品市场上做空，在货币市场上做多。货币市场，一个是股票市场；一个是债券市场（就是国债市场）；一个是汇率市场，也就是人民币兑美元的市场。这三个市场从1996—2001年为止一直很坚挺。在这三个市场上做多的话，总体大趋势上是没错的，而且收益也很可观。而在商品市场上，从1996年开始，大家知道，钢材价格从4 000多元/吨，最惨的时候跌到1 000多元/吨，绿豆等粮食价格也几乎都跌破50%。所以我觉得这个大方向的把握是对脉络的把握。

另外一个方面就是对中国货币量的研究。这个操作性更强一些。我们研究货币量主要从M2开始进行研究。从这个角度来看中国这几年经济的发展，实物经济固然在膨胀，但我觉得最大的一块膨胀是M2的膨胀，也就是货币总量的膨胀。这个速度是非常可观的，到2001年货币量达到10万多亿元。中国的货币总量从20世纪80年代初的3 000多亿元到1万亿元用了10年的时间，而从1万亿元到10万多亿元也用了10年时间。20世纪90年代初，货币量的增长达到每年30%以上，这无疑是非常可怕的。（编者注：2006年末，中国城乡居民存款已为15.6万亿元，加上企业与金融机构之存款为30多万亿元）中国的GDP虽然也在增长，但还不算可怕，最可怕的是货币量M2的增长。2001年中国和美国的GDP总量差距，除去汇率原因大约为8倍。照这样的速度增长下去，再过10年，中国的GDP就跟美国一样，但是产品经济却没有达到这样的水平。所以我觉得这些年对货币量的需求，第一，最早是产品经济的发展；第二个需求来自中国经济体制改革对货币量的需求。中国从产品经济走向货币经济对货币需求的增长，这也是很正常的。这里又涉及对中国股市的一个看法问题。中国股票市场为什么一直处在一个大牛市？当然经济增长本身也有一定的促进，但最主要的得益是中国货币量的增长。这么多的货币没有出路，都涌到股市。所以股价一直跌不下去。有的人，甚至一些决策者，反复强调想取消一级市场，高价发新股。我觉得这存在非常大的危险，可能出现一些灾难性的后果。因为现在证券市场基本上吸收了中国市场热钱的大部分，对中国经济的稳定是非常有益的。在亚洲金融危机的时候，中国为什么汇率没有变，没有大量的外汇流失，实际上就是因为证券一级市场的收益率为20%—30%，无风险的实际收益远远超过美元利率，所以把这块市场给稳定下来。一级市场当时吸收了中国金融机构、企业以及个人的大部分资金，而且无风险收入基本上一度稳定在15%以上。所以说，中国由于货币量的增长而形成的大量热钱主要是由证券市场来吸纳的。而这一块被吸纳的资金主要追求的是一种较高的无风险的收益，中国市场恰恰提供了这样的条件。所以要是打掉这一块，这部分钱没了出路，有可能换成美元走了，有可能去炒房地产，肯定会出问题。据估计，2001年银行业有3 000亿元资产在打新股。从年初起，中国银行业的资产实际上正在好转，一个重要的手段就是新的资金通过各种各样的手段进入一级市场，并且跟企业配合，鼓励企业一起进入这个市场。因为这样做第一没有风险，第二收益率高，第三很难形成不良资产。所以这一块市场给中国银行业的良性循环和改善提供了一个很好的条件。如果取消证券一级市场，第一，将破坏现有的中国社会利益结构；第二，将破坏现有的热钱的出路。这个社会的宏观稳定就很可能出问题，汇率也可能产生波动。所以我认为中国的证券市场从这个角度来说，它的功劳是非常巨大的。（编者按：后来事态的发展完全印证了钱伟的分析。因此，在一度推行了以股票市值配售新股1年多后，2006年五六月又开始了一级市场以资金保证金来申购新股）

中国这几年来M2的增量大部分由股市吸收。如果吸纳不了的话，这些货币量的增长将马上导致通货膨胀的出现。如果没有货币量的增长，没有增量资金的注入，没有利率的下调，那中国的股市本身是没有投资价值的，也就意味着一轮牛市的结束，或一轮熊市或股市崩溃的开始。

这是我要说的第一条：要判断中国证券市场的走向，一个是看利率，一个是看货币量的增长。

2. 对中国社会经济结构的研究和判断

在股市，存在着各种各样的投资方法，包括技术分析、图形、企业基本面的研究等，甚至坐庄。但就我的体会，一方面是我不会，另外我觉得这些研究方法在实际中很难以把握，尤其对比较大的资金来说。因为股市的日常波动，从实践上来说，是无法预测、无法把握的。在中国的证券市场存在着稳定的结构性利益。它的特点是：（1）框架结构比较简单、稳定；（2）存在时间长，利益大家都看得见；（3）利益的差价始终存在。这一点其实很怪。实际上，它的存在反映了市场的无效率。因为按照经济学的理论，在有效率的市场中，结构是不可能存在的：要素的流通将马上把结构性利益填平。而这种利益却在中国市场能长期存在。

我先举个最简单的结构性利益的例子。中国证券市场上打新股一级市场的收益，从风险性的比较来说，应和银行存款利率一致。而且，其风险的流动性和分散性非常好。但实际上，其收益远高于银行存款的利率。一个社会若是不存在结构的话，利润应该平均化，但它就是不平均化。一度，一级市场收益率每年就是15%—20%，而银行存款利率每年却只有2%左右。也就是说，任何一个投资者，从1996—2001年，若天天打新股，资产也已经翻了几倍了。这是在美国等任何成熟的市场不可能发生的。

而更大的结构性利益又在哪里呢？

第一，中国的社会，从宏观的角度来看，这些年存在国民收入的大转移。大转移的基本手段通过利率水平的变化来实现。1992—1993年，中国的那一轮通货膨胀导致名义利率上涨；但是，虽然名义利率超过26%，实际利率却仍是负的。就是说，通货膨胀的速度涨得比利率还要快。老百姓存款是负利率。大家可以回忆一下，当时很少看到银行不良贷款，企业倒闭等现象。因为由于负利率的作用，整个金融体系中，银行贷款最多的企业与个人受益最大。而居民即使是负利率也不得不存银行。这就形成了一种简单的财富转移。那时看到的情况就是宏观经济差，严重通货膨胀，财政存在很多问题；但是企业、银行的日子都很好过。这就是当时社会最基本的财富转移。

到了1996年，开始出现转折，银行问题马上出现，呆账一下子激增到上万亿元。房地产业纷纷破产，企业也都出现亏损，还不了债。实际上，企业和银行都没有发生什么变化，根本原因是货币价格发生变化。那个时候，中国进行8次减息，但8次减息的速度却还赶不上实际商品物价的下降，于是形成了正利率。这就使由原来的银行体系、信用体系享受的收益全部转移到居民储蓄。这样就出现了很多情况。首先银行体系出问题；其次，受银行好处最多的国有企业的问题也纷纷涌现，如下岗、倒闭等。从经济意义上，宏观好了，物价稳定、赤字也减少了；但微观却不好。实际上根本的变化就是财富转移的流程发生了变化。1996年到2001年为止的这一轮转移规模很大，因为中国的GDP规模大了，达到将近10万亿，所以财富转移的规模初步估计也有几万亿。全球任何其他一个国家都不可能像中国有这样大规模的财富转移。从投资和投机的角度来说，其中的机会无疑是巨大的。只要认准了方向，并坚持做下去，一定能有很好的收益。这里涉及到几个相互关联的市场。首先是由利率决定的债券市场；然后是股票市场；还有期货市场，主要是期货为主的农产品、能源等。1996—2001年就要把握大的结构利益，就要在产品市场上全面做空，而在货币市场上全面做多。

第二，中国市场对全球市场增量的影响。中国的存量意义不是很大，但在增量意义上，仅次于美国，全球第二，远远超过德国、日本、法国等国家。由于中国宏观经济的振荡产生的市场变动，对全球市场都有决定性的意义。这里面就带来了巨大的投资机会。由于中国需求震荡、宏观经济的变动而对全球市场的波动起决定性作用，第一是粮食，第二是钢材，原油的一块也有相当的影响。这几年由于整个通货膨胀以及经济周期的变化，引起中国的粮食及钢材价格的上下波动；中国在全球波动意义上的贡献达到50%，使得中国农产品和钢材的波动在全球市场上起决定性的作用。很多国家，像欧美国家，因为存量规模很火，他们的经济相对稳定，经济周期本身震动小，所以没有波动。而中国经济则波动较大，钢价会从4 000多元/吨忽然跌到1 000多元/吨，这在其他市场上是不可思议的事。所以，要做全球的粮食和钢材期货，你了解中国市场就行了。因为在金融投资意义上，存量是没有意义的，主要是把握波动。就像股票是多少钱其实并不重要，重要的是它涨了多少。

再比如说，2000年全球原油价格疯涨，大家都不知道是为什么。后来我看到一个报告，里面说，去年全球的原油需求增量为7 000万吨，其中美国2 000多万吨，中国2 000多万吨，其他国家2 000多万吨。美国的增长是被预测了的，而中国的增长激增，原油的净进口突然大增，从而一下子就破坏了全球原油的供应秩序。中国在这一轮的原油价格变动中实际起了不可预测的决定性作用。

因此可以看出，从增量意义上来说，2001—2011年，甚至更长的一段时间内，中国由于这种结构性利益而产生的投资机会是最大的，也是最丰富的。你要是了解中国的变动趋势，在全球市场上将站在一个比较高的制高点，搏一搏的话应该没有什么大的问题。所以从这一点上看，身处中国市场还是很幸福的。中国的经济政策和经济现象有时很怪异，外国人很难理解，很多经济学的原理也无法解释。但只要你有所认识，能够机敏把握，你就会发现其中非常多有利可图之机会。

也许大家觉得比较空洞，那我现在来讲一下股票市场中存在的一些结构性利益。中国由于资本市场的发展、经济的发展而引起的货币的最大需求，实际上来自中国证券市场的资产证券化。很多公司都竞相上市，形成了比较大的一块需求。在这个过程中，证券市场化不均衡。刚才我讲过，一个长期的不均衡的结构性利益存在于一级市场。一级市场的收益率怎么可能远离均衡点这么多年？用经济学上的原理无法解释。而中国市场就是存在这种超额利润。结构性利益还存在于B股市场和法人股市场。A股和B股的差价，很多人在用很多理由解释，如要素没有流动、美元不可兑换等。但就我看来，我觉得这其实也就是个结构性利益的问题。

获取结构性利益，需要具备的必要素质：

（1）对中国市场的结构性利益要有深刻的哲学认识，要清楚这种市场为什么会存在结构性利益。B股、法人股、一级市场一定要清楚。只有在战略上清楚了，战术上才能简单化。

（2）要有持久的耐心，要能忍受长期的孤独。因为通过结构性利益获利，周期往往很长。

就像我刚才讲的，B股我做了4年，这就太长了，虽然翻了4倍，但我想，我做A股的盈利可能远远超过，像这个法人股，规模太小，你不可能大规模实现这种结构性利益，你要对机会成本进行分析，对结构性利益与入市时机的把握看来是很大的一个关键。B股，你能不能晚一点买，比如说，2000年买，2000年因为实际上在舆论的宣传已经很充分了，就是要解决B股的问题。但入市时机到底如何把握？入市太早了，第一，缺乏流动性；第二，你太孤独了，持有的年数太长了，出也出不来，外国人也不可能大规模入市。所以，我现在也解决不了的，就是看到结构性利益怎么处理？

因为存在结构性利益，大家都知道，你要获得暴利，那肯定就不存在了。还有一些结构性利益我想点一点，就是比如说政策和制度造成的一些结构性利益。中国市场的参与者，大家知道，他们的行为受政策和制度的约束，约束的程度不一样，市场的参与者，他们的出身不一样，大家是不平等的，比如说，银行的资金，它虽然规模大，但它是最脆弱的，每一轮的制度打击首先触动的就是银行资本。其次就是国有企业资本，再次是券商资本，最后是上市公司，仅从政策打击面和规范面上，老百姓的触动是最少的，这里地位是不一样的。每当中国经济股票市场上的波动，首先由于某些政策的调控，比如收回银行贷款或打击恶庄，引起股市剧烈波动下跌，但你在里面的地位是不一样的。下面要讲的就是坐庄的问题。中国的坐庄行为有文化背景。东方人对坐庄采取容忍的态度，老百姓也认为没庄太不舒服了，这是文化道德上的认同。但“庄”实际从制度上来说，第一，他的钱由于没有长期化，而且这些钱是国有企业的，他必须做，要赶紧做。他不做的话，时间会约束他。第二，市场内幕的灰色哲学、黑色哲学的财富他没法实行。跟庄是中国投资行为最普遍的习惯。但我认为，“庄”，从理论上说对大资金的运作是无效的，因为他实际上对这个市场的生态是一种破坏，你要坐庄，你就要扭曲价格，破坏市场既有的价值体系。比如说“中科创”，庄一垮，对整个股票投资的生态是一种比较大的破坏，这里面就有巨大的机会，这就是结构性利益。就是说，任何一个“庄”，他都有死角、有死穴，他进去了，他就有死穴，他进去了，赚了钱，一定要出来，也是死穴，跟他反着做。他做着做着，差不多了，他一定要出货，他出货的过程比他拉升的过程更加猛烈，出货出到最后就不可控制了。你想，比如说“中科创”，你要“做空”，几天下来将“做多”几年积累的都垫上。当时股票没有做空机制，庄有些死角，那你也只能做多跟庄。但也要在做空机制的市场里面捕捉无效率的坐庄的死角，这种结构性利益最有效。在这里面，我打了很多仗，这种钱是赚得最快的。主要是这个市场没有做空机制。

在这个市场上，你要取得成功，你靠什么方法？对我而言，就是捕捉结构性利益，第一，它是存在的，容易把握；第二，简单；第三，相对安全，你只要在结构中找到你相对安全的位置，你获得的利益既是安全的又是巨大的。我后来发展了一套安全边际理论，对我影响最大的是《证券分析》这本书，市场中波动、企业信息是无法把握的，唯一能够把握的是安全边际。比如说，企业破产，如果市场价格低于企业的清算价格，那你就是安全的，你要选择这种股票进行投资。因为首先你是安全的，区分投机与投资就在此。你能保障本金安全，你获利的概率最大。我读这本书不下10遍。这本书的简本《聪明的投资者》在国内已面世。但在中国，你要按他的方法投资是行不通的。因为在中国，股票发行的发行价不知是净资产的多少倍，更找不到股票价格低于清算价格的。但它蕴涵的思想无论如何都是极其深刻的。在这个市场，你首先要保证本金的安全，得确定一个安全边际，简单一句话，在中国这么复杂的结构中，你要做多的话，一定要在这个结构的最下面，你要做空的话，一定要在这个结构的最上面，这样，你是安全的。中国股市是与中国社会政治相结合的，如果这个市场所有人都亏损了，而且亏损到了一定幅度时，你放心进去，相对是安全的，除非这个市场完全崩溃，中国社会完全崩溃，政治体制崩溃。但如果不崩溃的话，你放心，尽管进去，政府和整个社会一定动员力量，把股市拉起来。历次中国几年大的转折都是在整个股市处于亏损，且幅度相当大时，政府采取行政手段，社会动用大的能量把股市拉起来的。如果你在整个社会亏损到相当程度时入市，在一定幅度，你就有安全边际。如果大家都挣钱，而且整个社会都在挣钱的话，你做空一定是安全的，因为人家一有风吹草动全部都跑了，你就赚钱了。这是基本思想原理，但这条安全边际的确定还有一些技术上的办法。在中国，你要确定自己在社会利益结构中的地位，并不是由你的出身、资金，而是由你对这个市场的认识决定的。1亿与1万可以处于同一个地位，资金多并不代表他有结构性的优势，不管你是银行，还是国有企业，并不代表你在社会结构中有优势，根本问题是你有一个思想上的认识。这是我讲的第二个问题。

3. 从产业思维和货币思维来认识中国资本市场的趋势

现在我发现，中国资本市场有两个苗头：产业思维证券化、证券思维产业化。企业家要忙证券，圈钱、炒股票、上市，简单的炒家要和企业结合，玩产业，一度互联网好，他就忙互联网，互联网不好，他就玩别的。总之，跟企业结合，跟产业结合。这里有有利的一面，即对中国证券市场的资金流向的引导有其健康的一面，但也有不利的地方，即这种推动还是圈钱和操纵市场引发的。反过来，我想讲如何从产业思维来认识中国的股票市场。什么叫产业？你要办一个公司，首先要考察你投资的企业的产品，它的销售，它的需求，然后你还要进行财务管理和风险控制。接着你还要通过一系列的生产和销售运营，获得你的利润。这就叫产业思维。那么产业思维的基础是什么？从财富的角度来说，是净资产的概念，如果从这个角度来理解中国股票市场时，我觉得，这个市场好像没有什么投资价值。从产业思维来说，中国股票市场一度太高，包括市盈率一度都上百倍。但反过来，从货币思维来说，中国形成的市场主导的还不是产业市场，更像是一个货币市场，中国这几年货币的转移导致这么一个状况。若从货币思维与证券思维来理解中国货币市场，那就比较简单了。第一，货币，首先是个符号，不代表任何东西。第二，它有成本，其根本就是成本。第三，货币必须赚钱。从货币思维来理解，就比较简单。我有货币，我要保本，我要赚钱，货币还要挣货币的钱。目前，在一个很薄弱的产业基础上建立的一个证券市场是一个由货币推动的市场。那么，这里的游戏规则更像在零和博弈市场。这样，中国市场的很多问题你就明白了。第一，零和博弈意味着你的货币挣的钱是其他人的货币的钱，总的财富没有增加，只是个财富转移。第二，任何博弈都有社会交易成本，那么扣除社会交易成本，这个博弈是个负博弈，交易的话，你要交印花税、手续费，企业还要抽走钱。这三个一扣，市场是一个负和市场，如果你要在负和市场进行博弈并要盈利的话，你一定是社会财富转移的少数人。所以证券市场上越来越多地集中着社会上最优秀的人才、最先进的通讯手段、最优秀的技术分析手段，因为任何国家的市场，包括美国市场，都有产业的发展，也有博弈的特点，但也集中了市场上最优秀的人才。中国市场的这种趋向也很明显。因为这个市场很残酷，更像一个货币市场，你要在这个市场上长期地、稳定地、安全地赚钱、盈利，那么，第一，你是少数人；第二，你一定有非常特殊的才能。

4. **把握证券市场公众心理的缺陷和特点**

我们若要用理性的合法的方法，在理性上，在哲学上战胜这个市场，我们就得采取逆向分析。我们得把握证券市场公众心理的缺陷和特点。证券市场是人性最集中的地方，那么什么是人性？我最近又琢磨了一下，人性是一种无意识的东西。任何博弈到最后不是资金的博弈，不是技术的博弈，而是人性的博弈。人家一般认为，我有消息，我有资金优势。但现代科学技术变化相当快，你是永远赶不上的，也很难把握。但不管怎么变化，人的本性没变，这个最本质、最重要的东西几百年都没变，还是那么原始。我看了一本书，是中央编译局出的，由法国一个心理学家写的《乌合之众》，这本书主要研究法国大革命的群众心理。同样在股市中，你在电脑屏幕中看到的价格波动实际上是公众心理和行为的变化。

（1）分析金融市场上公众的心理缺陷和特点

下面我要讲关于无意识的问题。社会行为学家认为，社会行为大都是有理性的人作出有理性的行为。但社会心理学家认为更有意义、更丰富的人的行为是，由无意识支配的人的心理本性，包括恐惧、贪婪、孤独、冲动。而无意识行为，很多科学都无法解释。比如说，被扎一下针，你就会下意识眨眼。你要跳楼，掉到地上，手会先撑一下，从理性上讲，撑一下的话，人死了，手还得断，但人的这种无意识太奇妙了，科学无法解释。人的很多投资的心理本性，都是由无意识操纵。人的心理本性，几百年都未变，不存在先进不先进，高级不高级，教授、部长、省长的基本行为与街头乞丐也没什么区别，虽然他们有车、有钱、前呼后拥的。所以，在股市中，不要相信基金公司，他不就有钱吗？脱去钱的外壳，他的无意识行为可能比你还要脆弱。所以从这个角度来研究证券市场行为更有意义。《乌合之众》这本书写了公众心理和个体心理不一样，首先，公众心理有简单性、传染性，大家本来也没觉得好，大家你看我我看你，你看觉得好，也就都觉得好了。比如现在好多社会风尚，大家流行穿什么就穿什么，大家流行披肩发，就梳披肩发，出国到底有什么好，他也说不出来，因为大家都在考 TOEFL 和 GRE，所以你说他好，你问他，他也说不出道理来。其次，公众心理有暗示性（心理暗示），你说一个股票好，你说怎么好，他也不知道，反正大家说好，那个专家说好，那个股评家说好，那个基金也买了，然后大家就互相感染，然后乱哄哄地就把股价给炒上去了，真的到了概念破灭，大家一看整个一个垃圾股。第三，公众心理有势不可挡性、盲目性、冲动性。社会公众没有很大的理性，大家想一想“文化大革命”中的一些社会行为，班级的一些群体行为，它的评价一旦形成就是由文化、种族这些东西来决定的，没什么道理可讲，它是一种无意识，是由无意识决定的。许多原来最高贵、最老实的人，平时作为个体由于受到社会规范和社会道德的约束所以看不出来，一旦进入群体行为中他们往往就会变成另一个人，这是因为群体行动具有冲动性和盲目性。第四，公众心理有领袖的主导性作用。这本书大家有兴趣的话可以看看。因为大家都这样，所以这种个性的张扬，有一种爆发性，还有主导性，有的人也这样想，但不敢做，一旦有人这么做了以后，大家一拥而上，这就说到领袖的作用，包括证券市场。有一个人说那个庄家进去了，结果大伙一拥而上就全涨上去了。前两天我和朋友在探讨这个问题，我在做一个股票，叫作国脉通信，我一直看好，结果某基金持有大量的该股，几乎占有整个流通股份的 20%，他疯狂地出货，从 40 元钱一直砸到 20 元钱，跌了 50%。我就不管，我就觉得好，他爱出就出，他不出我们怎么会有这么便宜的价格来买呢？我有一个朋友就想，他为什么要卖？他太权威了！他为什么要卖？一定是这个企业基本面发生了变化，所以他就不敢买。如果是别人出货的话，他就敢买，因为这个基金太有名气了。所以大家都不敢买，实际上他出完了以后，在他的末期，是最好的买点，现在已经涨了 50%，我讲这个例子是说公众心理在证券市场上往往起着很大的作用。你天天坐在电脑面前，但是你通过屏幕，看到的是公众心理的波动，所以说经济学研究陷入对数学模型的研究，最大的缺陷就是忽视了对人性的研究，它是一些无意识的东西，而无意识是不能用一些理论来研究的，这里面包括一些种族、文化的东西。很多书，包括最近的书，很多都难以让人引起共鸣，因为这些共鸣都是从实际的操作过程中产生的，能引起共鸣的都是一些比较老的研究。现在看它们讲的东西都非常切中实际，不管现代技术怎么进步，怎么发达，人的贪婪、恐惧和孤独，都是没有什么变化的。我们现在这种研究恰恰就是忽略了这种东西。而证券市场中首先要解决的不是你的技巧，不是你的方法，而是你的心理精神的把握，就是对人性的把握。

（2）在实际操作中采取逆向思维的操作方式

当一个社会观点、认识、方法、思维趋向一致的时候，也就是市场形成错误的时候，也就是发生转折的时候，这时候你就应该采取行动。你在这个市场中不顺应潮流，而是采取反向的行动，这就叫逆向思维。上次一位老师讲的符合大众心理，领先大众一步，大概就有这个意思吧。逆向思维没有什么理论根据和数学模型的基础，但却是最深刻的。我通过这几年的实际操作，屡屡得手，在重大的转折关头，它需要的东西就是对人性的要求。怎么讲呢？我看了一个医学报告，说是对人身体最大的害处就是人的孤独，人需要有一个群体，如果孤独，高血压等就出来了。为什么大众心理会产生一个这么大的呼应，可能就是因为这个生理上的需求。逆向思维需要做一个反向行动，你的心理压力太大，因为你是孤独的，需要精神的力量；因为要承担孤独的痛苦，与别人采取不同的行动。在逆向思维时，在证券市场上把握公众心理，还须注意舆论宣传。现代社会传播信息主要是通过舆论和宣传、报纸杂志消息等。大家知道宣传对整个市场有操纵和引诱的作用，它有一种维护社会秩序和社会统治的需要。证券市场上出于各种各样的目的，尤其是在还不规范的时候，信息是最快最烂最多的。它有引诱、有控制，有假的，包括企业编造的假报表、假消息，还有庄家散布的各种信息，这是与自然科学最大的区别的地方。自然科学一就是一，二就是二。通过宣传艺术在公众心中造成影响，一个荒谬的东西反复说好几遍，大家也就说好了，谎言重复一千遍，也就变成真的了。此外，还有一些权威人物在里面。为什么讲究权威性呢？中央电视台讲的就和地方电视台讲的不一样。现在科学发展的一个重要标志，就是现代通信技术和电脑技术的发展。但信息却并不是越多越好，也不是越快越好。由于现代通信技术的发展，信息对市场的传染性和引导性越来越强，反而起了一个副作用。到了美国我有一个巨大的感受，就是人好像都变成了一个猿人，美国人几乎一天到晚都坐在电脑前面，弯腰弓背，这不就变成猿人了吗？现代信息技术对市场的影响，信息的差异已经不在于你的快，而是在于预期，在于差异，在于人的心理因素和人性的一些因素。所以我觉得信息是一把双刃剑，信息发展，传播越快，对社会造成的影响和震动越大。我现在再讲一点逆向思维的操作方法。逆向思维是说你在大部分时间里应顺应社会的趋势，因为你不能在大部分时间里和社会逆着干，硬要逆着干，社会潮流会把你碾死的。因此只有在转折的时候出击，而这个时候你就要克服你的心理障碍，因为这个时候你要信息，没有，信息都是相同的。在顶部和底部的时候，信息是统一的，如果是底部的时候，信息一定是恐慌，全是利空消息；如果是顶部的时候，大家一定是疯狂的。这时候你也不是超人，你要战胜你的恐惧，你又没有信息，那么你就只能利用你的精神来战胜你的恐惧。什么时候跌啊，什么时候买啊。你买早了，可能时机不好；买晚了，可能一下子就爆发出来了。1999 年美国轰炸我国驻南大使馆，突然一下市场崩溃，市场一个加速下滑，当时我一直在犹豫，传言政府要护市、护盘，这时我认为时机已成熟。第一，社会心理已崩溃，认为中美之间关系恶化，一旦出现问题，股市必定首当其冲；第二，跌了这么长时间，社会心理承受不了；第三，从技术算，我当时进去，已经在整个社会平均换手成本的 15% 以上，现在我买任何一只股票，在大盘的意义上比他们低 15%。记得当时我东买西买，买了一大堆股票，有一个刚上市的湖南的叫电广传媒的股票。当时我不在场，我打电话，说："你买。"他说："不行，抛盘压力太大了，17 元压了 30 万股，上面抛盘太大。"我说："可遇到机会了，这个是机会，他给你送钱啊，你怎么能买得到。因为在熊市中是没有成交量的，每天才 4.5 亿元，根本买不到东西，赶紧买。""把盘子给买了，后来还有一些机会。"但我没想到这么快，"5·19"一下子就爆发出来。爆发的激烈程度，我是没想到，但建仓的心理是准备了很久。没有什么消息不消息，只是抄底比较多，基本上是基于大的判断。

对当前市场怎么看？第一，我已经全部空仓。为什么空仓？从内心上，是我对中国货币市场感到不踏实。第二，这个市场很怪：①股价从来没跌到成本下太多；②大盘从成本上从来没有创新高；③股市的推动更大意义上由印花税、企业圈钱引起的。为什么大盘从成本上从未创新高呢？因为目前大盘计算误差越来越大。现在大盘的指数计算，按全部股本计，但实际对整个社会资金影响最大的是流通股，因为实际盈亏是由流通股影响，非流通股不影响，但整个股指把非流通股包括在内了。所以大家看从去年2月科技股暴跌以后，大盘国企股便启动了。所费的资金还不如一个小的科技股，但是它对指数的影响非常大。今年启动的主要是小盘股。小盘股，像假小盘股，如上海英雄、食品、轻工机械，总股本5个亿、6个亿，流通股本才2 000多万，计算有问题。我们有一套软件，只计算社会成本和流通股本，发现股指从未创新高。第三，成本推动。大家看好，都不愿出来，佣金，手续费把股市推高。我讲一个最简单的策略：如果一只股票，一年的流通中你不动，你就赚钱，大概10%—20%，什么钱？换手的佣金和手续费算起来大概就10%。你不动，你就赚钱。你有优势，也是一种结构性优势。这个把整个大盘推上去，这样僵住下去，可能有一次机会，但如果这个僵局打不开，我可能就不做，因为我没有结构性优势，无安全边际。我必须等待，但若是中国利率变化和货币量的变化无大的趋势性变化，应该出现大的调整，那就又是一次比较好的机会。但目前你进去，可能赚钱，但你没有安全边际，你的地位很脆弱。

钱伟先生答学生问：

问：美国股市市盈率20倍崩盘，台湾股市市盈率80倍崩盘，马来西亚股市100倍崩盘，我们中国的股市目前的市盈率是79.1倍，即使国家股、法人股上市摊平也只有56倍，请问钱总，如何看待这个问题？

答：这是两个问题。从微观上讲，以市盈率来计算的话，中国现在将近2/3的股票不能流通，如果全部流通以后，可能有个摊薄，但是即使摊薄以后，也有一个高估的问题；但从宏观上讲，问题就非常简单了，中国现在证券市场的价格是由中国宏观经济货币决定的，所以它高也是高，高市盈率从技术上来说是由不流通决定的，流通了可能会降下来，但根本上，高市盈率不是炒作的结果，它是中国货币宏观形式决定的。

问：钱先生，您认为大学生初涉股市要具备哪些方面的知识和素质？最佳投资额度是多少？

答：我觉得，随便炒吧，根据个人能力。但学生入市主要不是为了赚钱，还是应该从里面发现问题，有一些学习的线索，你要挣钱的话，机会太多了，而且也不要影响学习。至于额度嘛，看个人情况。

问：钱先生，您认为中国稳定了两年的利率还能维持多久？看到了向上的拐点了吗？

答：这个问题比较难回答。我现在一直苦恼着，我去年感觉好像差不多出现了拐点，因为我在国债操作上第一次出现了亏损，而且产品也起来了，包括原油啊，钢材啊，但好像底部增大，见底应该是见底了，但是我至少今年从利率和货币量上看不到猛然拐头的迹象，那么这里面可能意味着中国经济出现一个新的趋势，那就是一个比较长的低利率，但经济相对稳定，所以在这个意义上，中国可能在宏观机制上出现一个前所未有的好事情，就是说，通货膨胀相对稳定，但宏观经济相对比较好，但这上面必须进行必要的调整。说拐点还早，但底部可以说，反转现在还看不到。

问：一个成熟的股票市场，比如说，美国，是否还有这种结构性利益，如果没有，应当怎么操作？

答：应该说，在任何一个市场都有。但是，第一，它没有中国市场那么持久；第二，差价不像中国市场那么大。美国有大量的对冲基金，所谓对冲基金，就是套取短期的结构性利益。但它存在的时间是瞬间的，它的结构不像中国那样长远持久地存在，而且整个社会公众都能参与。只有在专业水平上存在一些短期的结构性利益。

问：钱经理，你好，你是如何看待中国证券市场的“黑幕”，以及吴敬琏教授与萧灼基教授的争论？

答：从理性上，我很赞成吴敬琏的看法，但是我们必须生存，要在里面战斗，战斗就要从货币上认识中国市场。在操作上，还得采取适应市场的办法。理论家与投资操作者有很大差异，理论家讲理论、谈理想，但操作家控制风险、要赚钱。股评家还不一样。股评家就说一种判断，说对说错不知道，说对了，我们就说这个股评家水平高，结果很随意，过程非常短，就是一个对错的问题。但是，投资家太复杂，他首先是判断，而最难的还是投资的决策与风险的控制的过程，就是怎么把一种判断转化成投资与控制风险。尤其像我这样进行大波段的操作，这里面所克服的心理障碍和心理波动，我觉得太痛苦了，它不像短线，今天，明天就见分晓，对很多趋势的判断，你要经过漫长的等待，甚至等上半年、一年，但你要赚钱的话，可能很快，可能一两个月，比如"5·19"行情，翻了将近一倍半，但对该行情的判断和等待花了一年多，所以投资操作家与股评家不同，股评家必须天天说，那我可能一年只说一次，干也只一次，卖也只卖一次，所以这个差异就大了。

2001 年 5 月底

“我依然年年高增长”

——复旦大学研究生新访杨百万

聂倩倩整理

我们复旦大学一行6位同学在多次电约后，专程来到杨百万老师的办公室。现在的杨百万已经不需要像当年那样踏遍大江南北寻找套利机会了，他有了自己的办公室和工作人员。办公室里密密麻麻摆着十几台电脑，上面都显示了股市行情，工作人员在紧张看盘、操作和交易。安静的环境里只听到噼噼啪啪的打字声。

虽然已在证券市场摸爬滚打了几十个年头，杨百万依然神采飞扬，锐气不减。他上身衬衣、下身牛仔裤，透出青春的活力。谈及自己心爱的事业，杨百万止不住地神采飞扬。他向我们介绍，多年投资生活使他的作息很有规律。每天早上9点他会准时上班，中午11 :30收盘后回家吃饭休息，中午1点开盘之前则要坐在电脑前开始新一轮工作。下午收盘回家稍作休息就要看新闻，关注这一天来发生的大事，预测政治经济形势变化对股市产生的影响。

“今天听说有复旦大学同学过来，我就先把手头的工作放一下，希望今天的谈话对大家的理财计划有所帮助。”杨百万把我们引到接待室。早已听说杨百万早年叱咤于上海滩的事迹，以为他总会有点架子，但今日一见却是如此平易近人，看来杨百万平民投资家的头衔的确名不虚传。来时路上的顾虑荡然无存，整个访谈在轻松祥和的气氛中开展。

一、指导思想：崇拜毛泽东，在股市中战斗

有人采访，杨百万总是不忘谈上一段自己的发家史。虽然从各方报道中我们都对他的资金原始积累传奇有所了解，2001年版的《十年一个亿》中也作了详细介绍，但是当我们从杨百万口中亲耳听到他对自己的经历娓娓道来，还是颇感震撼。他对我们说：“我是1988年进入证券市场，那时的股市还非常不健全，我做的主要是国债买卖。虽然也是投机行为，但是那是在完全合法情况下进行的，也算是响应了国家号召。”杨百万提到当年往事，口气中总是流露出一种难以掩饰的自豪感。毋庸置疑，这是他赚的第一桶金，如果不是当年果断地砸了自己在国有企业工作的“铁饭碗”，走上了一条与众不同、充满艰辛的奋斗道路，就不会有今天颇具声望的杨百万了。人生中总有属于自己的思想明灯。杨百万说，他心中的明灯就是毛泽东主席的战略思想，对毛泽东的崇拜之情更是溢于言表。他认为《毛泽东选集》是一部很好的可以指导人们在股市中持久生存，伺机取胜的巨著。很多股市中的风云人物都把毛泽东军事思想奉为必读圣经，如同《孙子兵法》之于军事，可以起到“运筹帷幄，决胜千里”的作用。他解释说，之所以感触如此之深，是因为毛泽东曾经说过，环境可以改变人，在上海这个飞速发展、日新月异的大都市中让他不惧怕改变。而也正是这种穷则思变的思想成为他早年离开人人削尖脑袋都要进的国企，走上自己创业道路的动力。从一个仓库保管员到成为一个投资者，这其中的不小的跨度正是有了伟人的思想作指导才能够真正内化为自己的行动。而在进入中国证券市场的近20年里，又是毛泽东军事思想的精髓指导着自己，“以退为进”，“农村包围城市”等等，许多思想都在其投资生涯中经过自己的演绎体会到了真谛，发挥了巨大作用。“毛主席当年熟读《三国演义》指导战争，而我则熟读《毛泽东思想》指导投资的实战。”

二、方法：勤能补拙，书中自有“黄金屋”

杨百万说他相信世界上确实有天才也有蠢材，智商的高低是有区别的，但是市场的敏感度是可以培养的，先天不足可以通过后天锻炼，勤能补拙是良训。他坚定地告诉我们，多看书，多积累、多发现。光想着进入还不够，学习不是一劳永逸的事情，更何况金融市场风云变幻。所以他认为进入市场后仍然要做到勤奋、勤奋、再勤奋。博览群书、触类旁通、自成一体是他学习任何东西的三部曲。“唱对了这三部曲，什么事情都有着落了。”他如是说。

古语云：“书中自有黄金屋。”这一点杨百万更是深有体会。在他看来，现在很多人都是过于急功近利，做什么都想速成，结果反倒事倍功半。罗马城不是一天建成的，想要打好基础，一定要博览群书，这是人生积累和积淀。学到的东西并不是马上就用得上，但是总会有用上的时候。他说，小时候因为家里条件不是很好，虽然自己很喜欢读书却没有什么书可看，当时的历史条件下就只能看苏联卫国战争和反间谍小说，这些书杨百万当年看时倒也乐此不疲。而恰恰是这些战争年代的故事对自己在投资方面产生了重大影响。他还清楚地记得看过的一个故事是讲一次战役中苏军及时粉碎了德军的重大军事阴谋，避免一场恶战，而最令人诧异的是苏军掌握敌方计划的渠道却是德军公开发行的报纸上的信息。从此他相信报纸中不仅有政策、有消息，而且有黄金。他回忆自己当年每天浏览报刊，抓重要消息的习惯就是小时候看书形成的。而连续10多年，有一条消息对自己的发展起了极大作用，那就是看到报上登的国库券可以买卖了，多年来培养的对商机的把握敏感度，使他最终抓住了人生机会。如果当年不进入国债市场，就没有今天的他。

现在，杨百万仍然坚持每天读书看报。而且在互联网上更方便了，他完全可以不用订那么多报纸了。东方财富网、人民网、新华网都是他每天开盘以前必定浏览的网站。“证券投资讲求实效性，政治、经济、政策的任何一点风吹草动都有可能在当天的股市上反映出来，现在《中国证券报》、《上海证券报》这些证券界权威的报纸我也选择在网上浏览，这样我可以在第一时间了解相关信息，作出及时和相对准确的判断。”专业性的书杨百万也会看，比如《漫步华尔街》等等，了解别人的投资方式和理念，用以更好地指导自己的实践。杨百万说，他认为看书并不是从书本到书本，而是要关注理念、技巧。有时候一本书中的一句话就可能受用终生。重要的是要明确书中当时的历史背景及情况，与时俱进是要务。另外要修正、提炼书中符合当年历史特色的精华，从而形成自己的理论见解来指导投资，而不是生搬硬套书本中的东西。股票重要的还是自己分析，触类旁通后的自成一体才是最终的落脚点。

三、关于股市看法：中国股市开始与实体经济趋同

作为中国证券界的开山元老，经历了近20年的风风雨雨，杨百万对于中国股市的沧桑变迁有切身的体会和独到的见解。当我们问及他市场大了，是不是感到中国股市明显不同于往年的时候，他迫不及待地回答了我们的问题。他强调他自己的思想精髓是走一步看一步。因此他认为，现在股市和以前的股市明显不同的地方在于：

1．股市开始走上正规化发展道路

中国的股市开始走上正规化发展的道路。在市场经济逐步步入正轨的前提下，股市上股价已经开始与整个国民经济的基本形态、与行业的兴衰发展、与公司的综合盈利和治理业绩挂钩。他曾经提过的“股票没有好坏”理论已经完全不适用于今天的中国股市了。今天的股市需要寻求符合价值的股票。如果要长期持有，更要擦亮眼睛，紧跟政策和经济发展形势，选取有成长潜力的个股。随着机构投资者的大量进入，大盘股也越来越多，这些都对稳定市场有很大的好处。从而在选股上更加注重企业业绩。如果说以前的股市是“博傻”，那么今天的股市已经有理由大家一起把蛋糕做大，形成“多赢”局面。

2．政府全力支持证券市场

杨百万指出的第二个不同之处是政府的态度发生了重要的变化。这是最鲜明也是最重要的一点。如果说当年政府对股票市场的发展还是持观望利用态度的话，那么现在则是全力支持中国证券市场的发展。2002年、2003年、2004年市场整体没有信心，QFII的进入、减少印花税，在当

年都没有起到预期的效果。证券公司向政府借钱后也难以偿还，纷纷倒闭，其中一个相当重要的原因是政府的支持态度还不鲜明，处于观望状态。而从近两年政府的一些举措来看，已经取得了实质性的突破。2005 年开始的股权分置改革，虽然阻力重重、困难重重，但是政府采用的稳步进行的策略，用向中小股东支付对价的办法让非流通股逐渐成为流通股，在解决中国股市历史遗留问题和大股东侵占中小股东利益的大问题上表现出了积极坚定的态度。这足以表明政府力图培养市场，力求证券市场真正成为优质企业上市筹资、投资及资源合理配置的场所的决心。

3. **民众信心恢复是股市大发展的坚实基石**

杨百万分析，第三个重要的不同之处是民众信心问题。城乡居民是中国证券市场发展的基础。他说，从 2001 年到 2005 年的大跌，从 2 245 点跌到 998 点，跌去的不仅仅是点数，更是民众对证券市场的信心。他回忆当时达到历史最低的时候，自己劝大家大量买进股票，但是没有人相信，人们都还沉浸在被套牢的痛苦之中，有些人忍痛“割肉”，发誓以后再也不进入证券市场。而现在的情况与当年大相径庭。政府的政策条条掷地有声，取得的成效人人有目共睹，加上国家为了刺激内需，解决流动性过剩问题，银行存款利率定得很低，这就在主观、客观上都为民众手中的钱进入股市创造了有利时机。于是开户数量逐渐增多，股市中的资金数量日益增大，成交量不断放大，点数节节攀升……杨百万说，他当时在最低点的时候已经满仓买入，通过分析总结加以技术分析的指导，即使是熊市中每年的投资收益率都达到 30% 以上，而在大牛市中更是受益不菲。

杨百万的言谈举止无不表现出对中国股市未来信心。但是他也理性地谈了一些对股市的担忧。政府的支持态度也许仍将继续，但是否还有新一轮政策的刺激和巩固尚不可知。而且借着现在股市形势的大好，一些股票出现了明显的泡沫。前几天 IPO 的 × × 股，一上市价格就涨了两倍多，已经出现了明显的泡沫。目前军工板块的跌幅超过了 50%，也正是由于前一段市场的泡沫太盛所致。房地产市场泡沫过重，近两年已经自食其果，而资本市场泡沫现象在今后是否可以消除也尚是个未知数。但随着一些大盘股发行，可能一部分流动性资金会被抽走，造成资金分散从而造成大盘点数下跌，也同样是有可能的。“当然”，杨百万微笑着说，“这些还是要静观其变，现在市场变大了，开始融入到国际环境，比以前的市场也难做了。以前是‘博傻’，现在大环境已经有所不同了。一切都须认真、谨慎地研究。”

四、房地产市场还是“杨百万”

谈到当前的房价问题，杨百万又有很多话要说。他对自己现在虽然已经在证券市场摔打十几年了但是还能保持对市场的灵敏嗅觉倍感自豪。前几年房地产开始升温，他也有所涉足。20 世纪 90 年代，他在闸北区买了两套房子，花了不足 20 万元钱，2004 年卖出房子，赚了一笔钱。2003 年，他在彭浦新区买了房子，当时房价也就 1 300 多元，2005 年在房价涨到上万元后又把它们抛出，在房地产上，他也已经净赚了几倍。2003 年的那次房地产投资是他最得意的一次，他说，当年通过对房地产市场的分析，他认为房地产市场已经出现了严重的泡沫，而且房市的发展关乎国计民生，搞得太离谱了政府必定要管，因此，看到房地产已经历了好几年的恶炒，政府肯定会有所行动。于是趁着宏观调控力度还不是很大的时候他就把房子悄悄地抛掉了，“炒房时代已经过去了”，他又开始全心投入到股票投资中来。杨百万说，年初他就预测今年是中国证券市场发展的牛市，冲上新高不成问题，相关媒体也为他的预测作了报道。结果之后的时间里，大盘果然持续上涨，上证综合指数涨幅更是超出人们的预期。杨百万也因为预言又一次应验而再次受到关注。

谈及对中国金融市场缘何可以预测得如此之准，杨百万说他深信一句话，那就是“跌久必涨，涨久必跌”。这么多年总结的经验就是，别人都追风去做的事情他不做，别人不去做的事情他偏偏热衷去做。“房地产和股票投资交替进行投资让我颇有收获。”

五、致力于技术分析和基本分析相结合

2001年以后，凭自己对金融市场敏锐的嗅觉，杨百万知道大势不好，逐渐地从股市中退了出来，但是多年来形成的不知劳累的习惯使他也闲不住。于是，从2002年起，他开始自己摸索着编写有关股票投资的辅助性软件，并且培养广大股民。他始终坚信，坚实的群众基础乃是中国证券市场未来希望之所在。近4年中，他在软件开发上也下了很大的工夫。杨百万说，基本面非常重要，但是技术层面的东西也不容忽视。因为经过了这么多年的摸索，他发现技术分析的很多方面其实体现了基本面一些问题。比如交易量忽然有所增加，那么就是对基本面上利好消息的重要体现。比如，前段时间水井坊涨得好，在这之间软件系统已经自动生成了这支股票的投资价值。他说，自己没有上过电脑学校，就是这样凭借自己对股市和对计算机软件的认识和兴趣，一步一步摸索出来的。“活到老学到老，加上实践出真知，是放之四海而皆准的真理，股市上也不例外。”

股市从2 245点跌向998点的5年中，一度没有多少人敢再涉足股票，而杨百万却一直满仓操作，凭着多年的经验和技术辅助，也收获颇丰。“我在股市摸爬滚打了近20年，什么样的行情没见过!”他自信地说。“技术和基本分析的结合非常重要。”他慢条斯理地进一步强调。

六、股市全流通：让未来更有希望

杨百万预测的准确率如此之高，大家纷纷要求他预测一下股市全流通以后的发展态势。“我认为中国的股市应该逐步放开，很多东西不能只靠政府去养活，还是要自己养活自己的时候才能真正越变越好，如果都要靠外界的力量才能发展起来，那么总有一天要走进死胡同的。而且人们的观念正在发生着变化。”为了说得更加生动一些，杨百万给我们举了一个形象的例子。过去老百姓都想吃白面米饭，而现在大家却认为野菜是纯天然无污染的食品，能吃上一顿野菜那简直是珍馐佳肴。现在胡萝卜的价格也开始高于苹果，已经不同于几年前胡萝卜烂在地里也没有人愿意去捡的时代了。股市也一样，因为支撑面产生了实质性的变化，现在政府表示了明显的支持态度，市场的氛围也随之产生了重要的改变。证券市场的融资通过新股发行解决，路子也越来越宽，股票已经不是烂在地里没人要的“胡萝卜”，而是吃了可以补充维生素，增强体质、抗辐射的“小人参”了。随着市场越来越稳定，机构投资者参与热情的进一步加强，中国股市可以说，在排除了种种不利的条件后是可以大有可为的。

而当有同学让杨百万谈一谈我国尚未允许的做空机制时，他认为做空机制对于市场是有帮助的。股票不抛，而在期货上抛空，通过对冲减少风险。这也对技巧提出了更高的要求。“还是那句话，静观其变，要看一段时间，看形势来决定。”他谨慎地回答。

窗外的阳光照射进来，映在杨百万充满自信的脸上，大大的眼镜后面那双眼睛深邃而充满智慧光芒。这么多年来在中国股市的摸爬滚打，使他形成了对中国股市敏锐的洞察力。而作为一个平民金融投资家，他又始终没有忽视对中小股民的利益的诉求。他指导中小股民参与投资，更是一次次重申股票投资心态的重要性。他正为中国的金融市场培养一批批健康理性的股民，为中国证券市场营造一个多赢的环境尽着自己的一份力量。

当我们一行6人离开他的办公室的时候，大家十分感慨，有一种难以名状的兴奋。只有初中文凭的杨百万之所以有今天，一是对中国股市从不气馁，总是抱有坚定的信心，二是他十分勤奋学习，每一个成功者都是如饥似渴的“学习狂”。这些真正是值得我们学习的。而如果说杨百万一代人是见证中国股市成长的，那么我们这一代人则有幸见证中国股市的繁荣，见证了教科书中“股市是实体经济的晴雨表”在中国的资本市场上逐渐成为现实。在GDP年均近9%—10%的发展速度下，中国资本市场一定会在经济发展的带动下一路走好。未来的资本市场，让人充满期待也充满希望。

2006年10月17日

上海股市排头兵——杨百万

复旦大学教授　谢百三

中国城乡居民存款总额中，农民兄弟占了相当的多数。可是在已经进入21世纪的今天，他们中却很少有人思考过，怎样最合理地使用自己手中的闲钱，怎样当个农民金融家。他们中的绝大多数仍在年复一年、世世代代地过着“盖房子——娶妻子——生儿子——盖房子——娶妻子——生儿子”的贫困生活。而中国的工人、知识分子中的不少人则已经开始明白了，钱能生钱，钱能生息。他们已经开始在思考：怎样最科学合理地指挥手中这支“大军”——有余钱了，或存银行，或买债券，或买国库券，或买股票。不过说实在的，他们大多也都处于初醒阶段。据笔者对20多个省市所进行的观察调查，深圳、上海、温州、珠海、顺德、广州的居民较快地具备了较高的金融意识，而其中的佼佼者，有的简直比北京大学、复旦大学毕业的金融研究生、教师还高明。他们中的一个典型代表，就是赫赫有名的平民金融家——杨百万，他的真名叫杨怀定。

1993年7月的一天，一见到复旦大学学生会贴出邀请杨百万讲学的海报，我就兴冲冲地赶去参加。一进济济一堂的教室，同学们便轰地笑开了，全场齐声鼓起掌来——因为看到自己的老师也来拜杨百万为师了。杨百万，40多岁，胖胖的身材，说一口带上海口音的清晰的普通话。他的演讲生动、精彩，充满着哲理与智慧的火花——两个多小时中，无一人离场。会后，同学们介绍我和他见了面，他谦虚地说：“侬是正宗的教授，向侬学习。”从此，我们就认识了，多次来往，电话不断。

杨怀定是“文化大革命”以前的初中毕业生，曾在上海铁合金厂当过工人，后来又当了仓库保管员。当时由于生活不富裕，他就和妻子悄悄地干起了第二职业，妻子承包了浙江上虞一家乡镇企业的销售业务，他自己也在业余干点推销活儿。由于第二职业收入不错，慢慢竟有了2.9万元余款，这在20世纪80年代的中国，可是个不小的数字，于是老杨便出手大方起来，有时也买上几条外烟请厂里的工友们抽抽。不料这样一来，却引起了工厂保卫科的注意。有一次由于他管的仓库被盗，人家怀疑他监守自盗，公安局竟突然请他“谈话”，他惊呆了。6天后，事情查清了，是别人干的，可这事却深深地刺激、伤害了自尊心很强的杨怀定。他想：我对工厂这么负责、热爱，到头来却不信任我。士为知己者死，不相信我，我就走！在提出辞职时，他写的第一篇经济论文《用活奖金、促进生产》在行业报刊上发表，厂里这时才发现他是块“材料”，遂百般挽留，但为时已晚。就这样，在人们一个心眼往国营大工厂钻的20世纪80年代后期，他却横下一条心，辞职了。这一天是1988年4月21日。“置于死地而后生”——没退路了，怎么办？干个体户，他想过，但却又不甘心。他想读书想学习，“文化大革命”十年使他失去了上大学的机会，他多么想挣一笔钱，第一，将他从40岁辞职到60岁退休这20年的工资挣回来；第二，将他60岁退休到以后和妻子度晚年、照顾儿子的钱挣回来；第三，将他读大学、买书的钱挣回来。但干个体户，能挣回来吗？他不敢相信。于是，他钻进了最有名的上海图书馆，去看报纸，看看报上有什么致富信息。时间一天天地过去了，他的2万余元也在一天天地减少——毕竟是坐吃山空啊！但他还是坚持天天去看报、学习。突然有一天，他眼前一亮，中国人民银行行长李贵鲜的一个讲话赫然映入眼帘：经国务院批准，中华人民共和国境内的公民可以自由买卖国库券——国库券可以由死钱变活钱了，可以流通了！他立即想到了很多很多……在南京路邮局买下了当天的《人民日报》之后，他又兴冲冲地跑到上海一家大银行的金融研究所，一位西装笔挺、戴眼镜的研究员接待了他。当杨怀定问他“什么时候真正可以买卖国库券”时，研究员怔住了：“不行！买卖国库券是非法的！”杨百万笑了，心想：“别看您西装革履的，却原来是位不读书不看报的。”他显得很老实地从口袋里拿出《人民日报》，研究员一看又怔住了：“啊！我们还没接到红头文件呢！”杨怀定于是托他打听：什么时候可以买卖，全国哪些城市可以买卖。研究员十分客气而谦虚地答应了。几天后，杨怀定就弄明白了，全国有6个城市可以买卖，除上海外，最近的是安徽合肥市。怎样才能用最快的时间知道那儿的国库券价格呢？老杨又去查《安徽日报》（他多次讲：我的事业是从看报纸开始的，报纸里边有黄金!），他发现，在上海，100元面值的国库券卖102—103元（因为已过了一段时间了），而《安徽日报》上介绍合肥的同种国库券竟只卖100元（说明当地人民急于兑现，等活钱用）。杨百万眼睛一亮，心里豁然开朗。当天，他和妻子商议后，从银行里取出了全部存款2万元，又从亲友处借了9万元。第二天，老杨换上一身旧衣服，夹着一个旧黑包，买了张夜班去合肥的火车票，一坐就是13个小时，赶到合肥去买国库券。当时，合肥市工商银行接到上级通知，不得不买进10.65万元的国库券，正发愁这笔死钱怎么用活。杨怀定一来，就说："全买下。"女业务员一听吓了一跳，赶紧请来了银行经理。经理说："我们有10万元，不是1万元，你听清楚啦？"杨怀定笑了，将10捆1万元一扎的钱放到了桌上，说："点钱吧。"这样一来，银行乐了，《安徽日报》的记者也赶来采访了。杨怀定只是讲了一通国库券利息高的一般道理，并请他们继续按国家规定收购国债券，然后留下一句"以后我还会来的"就走了。次日，他又一宿不歇地赶到上海去卖掉。辛辛苦苦第一次易地买卖国库券竟挣了1 060元，而来回才两天时间。这在上海工人人均月收入二三百元的年头，可不是个小数字。杨怀定和妻子别提有多高兴了。杨怀定休息了一天，又穿上旧衣服，挎起了旧皮包，再次坐夜车赶到合肥……坐夜班车多累啊，有一次打盹，他的钱箱被一伙小偷提走了，幸亏邻座叫醒了他，他追了几节车厢，才找回来——小偷说"对不起，我们提错了"。这一追把杨怀定吓出了一身冷汗，如果小偷们知道里边有9万元，非死死地抢走不可。他说："如果钱追不回来，我也就不是今天的我了。"人生平时不起眼的某一个成功的或失败的事件都可能大大改变人的一生。但是，从此以后晚上坐车他再也不敢打盹了。这一来他也就更累了，可是杨怀定心里却是温暖的、亮亮堂堂的，因为他知道他正在艰苦而又明明白白地奔向一个大金矿啊！就这样，杨怀定日复一日、月复一月地默默无闻来回于上海与合肥之间，说心里话，他从此对铁路、对安徽都有了感情。正是通过这种理智的易地证券交易，通过这种钱生钱的特殊的长途跋涉，杨怀定皮包里的货币不久就以六七位数计算了。

但是有了钱，杨怀定心里还是不安，这么做合法吗？起先，他怕秘密泄露出去，只敢悄悄地干，但后来，他发现国库券买卖的市场非常大，就是有一二十个杨怀定也不会影响两地的价格。于是，他就不怕泄密地去求教于律师事务所。专门研究经济法的律师听了一怔，说："易地交易国库券？没听说过，待我们研究一下再回答你。"研究的结果，完全合法。律师们说，国家和地方政府，一般总以为是当地买卖，但细细一想，两地买卖亦完全正当、合法，而且这还有利于全国性国债市场的形成。说实在的，今天中国的股票市场、国库券市场如此四通八达，遍及全国400多个城市，其渊源，其实质和杨怀定当时辛辛苦苦地带着钱奔波于两省市间是完全一样的。从这个角度来讲，他真成了中国第一个异地证券交易的勇敢的吃螃蟹者——功不可没。

杨怀定仍是心里不定，他想到了国家，想到了交税。我这么赚钱，该向国家交税啊！可是查遍《中华人民共和国税法》，却没有关于国库券交易要征税的规定。他仍不放心，又怯生生地来到上海市税务局，找到领导同志。领导同志问："您是来补税的吗？""不，我是来问问题的。""您做什么工作啊？一般都得交税的。""但我做的事是买卖国库券，税法上没讲要交税。"领导同志先是一怔，继而又惊喜地说："你是杨怀定吧？早听说你买卖国库券发了财。"他们赶快打开《税法》一一细查，果然，没提这事。杨怀定问："是不是上边忘了？""好，我们请示一下上级再答复您。"几天后，国家财政部税务总局回电：为了促进国库券发行、流通，方便群众，国库券买卖不征税。杨怀定知道后，这才完全定了心。上海市税务局的有关领导很高兴，专门在《新闻报》上发表了一篇题为《公民的纳税意识》的文章表扬他，说："正当不少人千方百计地逃税、漏税的时候，一位不必纳税的同志，却主动来请示税务局，是否要交税，这位同志——就是杨怀定。"从此，杨怀定的大名就在上海的干部、群众中传开了。人们纷纷猜测他有多少钱，有的估计有几十万，有的估计有上百万，于是都叫他"杨百万"——和成都市帐子大王的名字一模一样。杨怀定听到后乐了，他觉得这名字挺响亮的，既然这样，那就叫"杨百万"吧。于是，他在自己的名片上也公然印上了这个名字。久而久之，人们反倒把他的真名都给忘了。

杨百万从此开始变得引人注目起来，但他真正的更高速度的发财，还是从1989年7月14日他买股票开始的。当时，鉴于1988年开始的宏观经济中的治理整顿已取得了成效，而市场上的不少生产资料、消费资料卖不出去，出现了不少工厂停工，工人拿70%的工资下岗，市场疲软的情况——这意味着社会上流通的货币太少了——国家决定再次进行宏观调控：放松银根，将银行的贷款利率降下来——中央电视台一天三次不停地播送这条消息，这就是说：国家在告诉人民，现在你们不必将全部钱存银行了，该去买东西啦，该去搞投资啦。杨百万看着电视，心里想开了：银行利率下降了，流向社会的钱就会多起来，物价就会上涨，钱就会贬值，那么怎样才能更好地保值呢？他想了很久，猛然心里一动，银行利率降了，说明国家鼓励居民这段时间多消费，从而不也就是鼓励工厂多生产商品、多投资吗？这么一来，股票——这种投资证券，不也就会涨了吗？想了一宿，次日早上，他和妻子一商量，说干就干了起来。上午9点不到，他就来到上海唯一的有两间门面的静安证券门市部。不少人一见他，就围了上来："老杨，多日不见了，今天来卖什么？国库券吗？"他笑而不答，排起了队。营业开始，轮到他时，营业员见是杨百万，以为他又要买卖国库券了。不料，杨百万一语惊人："现在还有多少种股票，多少数量待售的？"这一下，门市部轰动了。杨百万听到回答后说："按它们的卖出价计算，我全要了。"他买下了面值100元的电真空股票2 000股（相当于现在的20万股）就走了。也不知是杨百万的举动提醒了人们，还是杨百万看得准，过了不多日子，股票就只有委托买进，而没有卖出的了；半年以后，股市开始猛涨，一下子就摆脱了在100多点徘徊两年多的历史，从此开始了轰轰烈烈的大涨阶段——看，100元的"电真空"涨到2 200元，50元的"飞乐音响"涨到400元、600元……这一下，杨百万可真发了！

但是潮涨总有潮落时，当股市猛涨，大家都在欢天喜地地炒"延中"、炒"二纺机"时，当上证指数达到1 400点时，杨百万看到了股市炒得太高的危险性，不久，就悄悄地抛掉股票又买回了国库券。1992年5月，股市终于从高往下走了。同年11月，上海股市经过5个多月的连续下行，指数从1 400点跌到了392点。有人整天悲悲戚戚；有人则因想不开而自尽了；一批很沉得住气的干部，也被跌怕了，他们派代表到专门研究股市的研究所去请教，几位青年股市分析家告诉他们，大概要跌到200点呢。这批干部听了面如土色——还要跌一半啊——回去后便纷纷"壮士割腕"了。说来也真惨，1 400点不抛，900点不抛，392点了，股价跌去3/5了，损失75%了，倒来抛了——这也正应了那句股谚："股市无专家。"但是股价狂跌到人人都绝望的时候，往往也就是光明即将到来的时候。上海市证交所、上海市委、上海市政府，直至国务院领导都亲自出面，召开上市公司座谈会，希望新上市公司能够拿出1/10的以股票募集的资金来托一下市，并要求股份制公司千方百计搞好内部管理，提高效益，给股民较多的回报……国务院领导一再表示，希望上海股市要稳定……此时，杨百万也正在关注着、思考着这一切，他不是神，他是人，虽然他无法估计股市会跌到多少点，但是他意识到已经跌得很低了，至少离底部已经不远了。于是，他亲自出马，将国库券大笔大笔地变卖成现钱。在股市一片黑暗之际，他驱车来到上海当时最大的也是人最多的交易场所——文化广场，这里有全国各地几十家证券公司的分部，每天都有几万股民进进出出。他魁伟的身材一离开小车，就立即被人们发现了，不少股民跑过来征求他的意见："老杨，还会跌吗？"他笑而不答。保安人员围了上来说："老杨，你有什么事就来个电话，何必亲自来呢？看围了多少人！"杨百万边笑边往广场的舞台上走，大群大群的股民围着他，他们中的大多数都是被套了几个月的工人、干部、退休工人、市民，他们几个月来食不甘、眠不安，做梦都会哭起来，有的亏了几万，有的亏了几千——其中大部分都是平时省吃俭用，一点一点积攒起来的工薪钱！这时，他们都在密切关注着杨百万——这位最著名的平民投资者、平民金融家的一举一动。杨百万走上舞台，当众大声地请工作人员以市价打进1万股"轻工机械"（当时仅4.5元/股）。立时，人群轰动了："杨百万买了1万股'轻工'，杨百万开始买股票了！"——当时，股市天天跌，即便是再大胆的人也只敢几百股几百股地买。在随后的几天里，杨百万又驱车赶到上海很多证券公司买股票。事后，他对人说：当时，不能号召大家买，万一再跌下去，不是害了人吗？所以，只好“身教重于言教——以自己的行动去告诉人们，这差不多接近底部了”。

杨百万是很有悟性的，他的智商很高，又懂得体贴人，懂得人的心理，他知道“榜样的力量是无穷的”。在国务院、上海市领导、深圳市领导的关心、努力下，在各大券商及上市公司的配合下，也许还有杨百万的带动下，上海财政证券公司及一批勇敢的人在股市黑暗之际，大胆地用自己的钱大笔大笔地买进股票。11 月，“氯碱”股上市，5.4 元的溢价竟跌到 4.9 元，绩优股“联农”竟跌到 7.2 元……“氯碱”公司及深圳来的股民与上海股民一起奋不顾身地大胆吃进廉价股票……“世上没有只涨不跌的股市，也没有只跌不涨的股市”，“严冬之后是春天”——就在杨怀定买进“轻工机械”的一周后，上海、深圳股市在经历了 5 个多月的下跌后开始上涨了，上海股市像是报复性地以一天 50 点、100 点井喷式的速度迅速上冲，一浪一浪地上涨，“轻工机械”7 天后涨到 9 元多，并且一涨就涨了 3 个月。杨百万的收入又翻了个倍。杨百万平时非常注意学习，爱看报、看书。有了钱，干什么？他首先想到的就是买书、订报。他不仅买股市操作的书，买国库券交易的书，而且最多时还订了大大小小 118 份报纸，他说：“我的事业，就是从报纸开始的。”我曾经问他：“118 份报纸怎么来得及看？”“我从来不看花边新闻，只看经济要闻。”——看，这就是辩证法，凡事要抓主要矛盾与矛盾的主要方面。有了钱，他买了 5 套房子，这儿住住，那儿住住，因为找他的记者、朋友太多，而他则想安静地学习。时间是宝贵的，为了赶时间，他买了辆夏利小汽车。他致富不忘他人，当听说一位叫罗淑珍的妇女因受丈夫虐待而致残，濒临绝境时，即给她捐款，请了终身保姆。对此，《文汇报》、《新民晚报》、《上海法制报》都作了报道。不过，他又十分反对那种不思进取，不艰苦奋斗，而只想向人募捐的懒汉懦夫。对于成百上千慕名而来的募捐、借款的信件，他以电脑回信婉言拒绝，鼓励他们自力更生，在市场经济中寻找机会，拼搏致富。他认为无论是革命战争年代还是市场经济拼搏年代，那种向他人伸手、向国家伸手的思想都是要不得的。他思维敏捷、头脑清醒，对国家的政治、经济大事十分关心。早在 1993 年，他就预测到 1994 年股市会大跌，有一个大熊市阶段，但他对未来又充满信心：中国股份制改革的前途是非常光明的。而且他还多次响应国家号召买了不少国库券。1994 年，沈阳财经学院聘请他作金融学教授，每个月给他 160 元工资，他高兴又自信地接受了聘请（但这 160 元工资他又委托学院捐赠给了希望工程）——该把自己来自实践和书本的知识传授给同学们了。第一次讲课是在沈阳一个大剧院里，课还没开始，小贩们就炒起票来，一张 20 元的门票炒到 80 元。他问小贩：“为什么这么贵？”小贩们严肃地说：“大名鼎鼎的杨百万来讲课，一字千金啊！再说，票子很少啊！”他们哪里知道，站在他们面前的就是杨百万！

杨百万的事迹在中国 960 万平方公里的土地上传开后，外国通讯社中的很多记者都采访了他，其中就有美国 VOA、日本 NHK 和英国 BBC 等的报道，他们向全世界传播中国改革开放的一个信息，报道一个传奇人物，他们从这儿看到了社会主义中国改革的希望。

1998 年冬，中央电视台为了宣传改革开放而制作的大型连续剧“改革开放二十年二十人”又以浓彩重墨报道了他的事迹。

2000 年 10 月，正在北京大学光华学院进行交流，并为研究生上“金融市场学”、为本科生上“证券投资学”的我，向光华学院提议请杨怀定在北大作报告，同学们十分振奋。当杨怀定出现在北大光华管理学院最大的 101 教室时，这里的走廊上、窗台上都坐满了人，上海电视台、北京电视台也都派人来现场采访。面对着这中国最高学府的最优秀学子的欢迎的眼神，杨百万激动地向大家回忆了自己从下岗工人到百万富翁的成长历程。当天晚上，他在未名湖畔的北大国际交流中心下榻，夜不能眠，想到自己由于“文化大革命”想读书都读不成，今天却来到北大讲学，他深深地感到了蔡元培校长留下的“兼容并包”的教学精神的巨大魅力，更深深地感到了党的改革开放方针的巨大魅力。

他实在是太忙了，一年到头不停地奔波于北京、烟台、青岛、汕头……在全国进行讲学，但他心里却是快乐的——他希望能将自己的金融知识传播给全国千千万万的工人、农民、干部。他要告诉人们一个道理：在人类进入21世纪的高科技时代，金融意识必须强化起来；金融业与工业、农业不同，它不是必须经历一个“资金＋生产＋销售＝新资金”的过程，而是一个从“资金→新资金”的过程，哪个国家、哪个地区的人民金融意识强，哪里的金融业发达，哪里的人民就一定富得快——这是21世纪，进入WTO后中国市场经济的新的一课！

亲爱的读者，您想成为另一个杨百万，另一个平民金融家吗？想一想，学一学，做一做，没准真能成啊！

平民金融家杨百万

风雨沧桑

主讲人：杨百万（杨怀定）

主持人：谢百三教授

时间：2000年10月20日

地点：北京大学光华管理学院

第一讲

其实，领导当得越大，越不可怕。我在上海很有名，因为我敢合法地办事。我经常到市政府去找市长，有的时候，证券公司欺压我，比如说，1989年6月4日的早上，我进证券公司，我从外地拿了大约60万国债，打进去，他说我们成交了，结果到下午风声不对了，他要赖，说早上说的不算。于是，我就跑到市长那里。我说，我是一个国债的投资者，为政府承担着巨大的国债的信誉，我热爱国债，他们嫉妒我。市长很好，答应查一查。后来，我还没有回到家，电话就已经打来了，劝我说，老杨，你不要到处上告了，市长的电话已经去了，让我们马上改正。我说不上告可以，你得把我的钱还给我。现在想想，组织也好，政府也好，只要是在股票交易上，都得听我的，我要卖掉，你不敢不给我卖掉。上证指数冲到了1947点，股票价格涨起来了，你只要卖的价格低于今天收盘价格两分钱，不卖掉，明天就可以起诉他。我说我现在是你的皇帝，也是你的衣食父母，你必须听我的。当时人们的观念还根本没有改变。我到法院起诉以后，在交易所里引起了轩然大波。上海地方一批券商讲："杨百万现在不得了，竟敢告到我们国家头上来了。"当时我很感激北京的一位券商，他就在会上讲了，现在行政诉讼法出来了，券商不代表国家。所以说，现在有很多概念都混淆不清，其实起诉券商并没有什么不可以的。

后来又经过几个回合较量以后，上海券商不大敢惹我，我就从这里面尝到了甜头。不管你社会怎么复杂，总有商机，总有人走的路。1989年，利率逐步上升，我看到报纸上有一条报道，说是银行利率还要调高。我一看，机会来了。说到捕捉自己的机会，我是怎么学来的？还是读书读来的。我小时候特别爱看书，近视眼就是那时遗留下来的。我到现在都认为我是没文凭的有文化的人，和那些经过学院有文凭没文化的人相比，我还是高一点。当时我看到一本间谍小说，说苏联通过对德国公开报纸的搜寻，破解了德军的机密情报。我就喜欢遐想，这也是后来我能做好股市的一个原因。我想，我们那么多报纸，有哪个地方漏出来一条重要消息，我捡到了，我就发财了。所以我当时订了几十种报纸，最多时达到118种。我就从报纸里面找。一度，家里人都说我是个书呆子，除了看报纸不知道干事。我那时候年轻，正处在浪漫和憧憬之中，所以我天天看报，一看到这一条，就赶紧把国债全部抛掉。当时，国有企业的股票，从150元，噔噔噔跌下去，跌到多少，现在说起来，真是天方夜谭，每一股面值100元，最低跌到81元。我买进20万股，其实没想到后来会上涨，仅仅想到自己在国债上已经赚到这么多钱了，应该安分才是。所以我现在很理解中央提的口号，安定团结是第一，对不对？没想到股票买入以后，半年以后升到了850元，翻了10倍。我那时候买股票，只想拿些红利，没想到会升值保值。现在想想，钱一定不能呆着不动，一定要滚动。就像银行的融资，大家都放在银行里不动，银行也不动，这个银行肯定会瘫下去。

交易所成立以后，为了大家在交易所集中交易，上海交易所制订了《上海证券交易所条例》。当时交易所总经理叫尉文渊，我几次跑上门去，把交易所很多漏洞都给他找出来。当时尉文渊就跟我讲了："这么多的漏洞？我们是门外汉！你为什么告诉我？"我说我希望交易所能长治久安，有了交易所我们就都变成投资者了，没有交易所，你看我们被人家说得多凄惨！当时有的报纸就称我"中国的第一黄牛"。对这句话我是在旅游时才有了很深的体会，牛马多苦呀！为什么股民买股票价格下跌叫套住了？你看牛的肩膀一旦被枷锁套住了，就怎么也走不掉。所以说股民的语言是很丰富的。

这个时候交易所实际上极其混乱。有一个例子，你现在去查查 1990 年 12 月 21 日的报纸，那上面登着的。开市的这一天，必须要有成交。所以好不容易，申银证券公司拿出库 1 000 股卖出来，又不愿意落到旁人之手，所以这 1 000 股就卖给了我一半，实际上这是作弊。所以港台报纸，包括美国《华尔街日报》都报道说：作为一个钢铁工人出身的杨百万，在交易的第一天，买进了半数股票。这个股票是带来盈利的。那时候每天有 10% 的涨停板，从 375 元开盘，第一天能涨 37 元 5 毛，第二天又递增，再涨 40 多元。这只股票一直涨，从 1990 年年底一直涨到 1992 年的 5 月，上证指数也由开盘的 100 点涨到 1 426 点，翻了 14 倍。在这一年半里，好多报纸媒体都在登我。好多老百姓，特别是上海的，原来都不敢买股票，这时一看出了个杨百万，这还了得！大伙都买股票去！政府国企的股票不就是老百姓踊跃买去了吗？所以直到现在，每到股市低迷的时候，我们总是参加一系列会议，为政府献计献策，当然自己也会提前了解管理层的一些意图：股市要托市了，要……了。

进入股市以后，我的日子也不好过，没有书、没有读物给我们提供证券知识，完全靠我们自己去摸索。我记得很清楚，美国记者来采访我，我根本不敢跟他谈股票。我跟他大谈改革开放怎么好，他最后问我："你是共产党员吗？你们以前宣传股票是资本主义的产物，现在开放证券交易了，是不是你们认同股票不是资本主义的了？"当时我给他打了个太极拳："我认为，股票是全人类的财产，资本主义能用，社会主义也能用。"但我这句话却惹下了大祸，因为这句话在美国之音上报道了。不断找我麻烦的那家证券公司，他们打了一个报告给市人大常委会、司法局，包括全国人大法制委员会，说杨百万公然向党猖狂进攻，竟然把资本主义的股票说成社会主义也能用。直到邓小平次年 3 月在上海发表谈话以后，我才被重新重视起来。当时在上海，只要股市下跌，满街都是杨百万被抓起来的传言，我成了上海股市的消息库。只要我躲起来一个礼拜不露面，就说我被抓起来了。我们当时真的很可怜。书看来看去，也就是从《子夜》赵伯韬那里学了一点。我知道股票就是这么开始的。然后我很有幸碰到了当时台湾访问大陆的证券代表团。大家现在都知道证券市场是市场经济的窗口，而我又是这个窗口里的一个探索的人物。有的时候外国代表团来，市政府指定我去接待，老外听到我这样说，他也信。然后我自学了好多证券理论并总结了很多书上学不到的东西——自然都是从实践当中总结的。比如说大家现在可以看到，我这里有一个模拟的股市行情，有了它，很多书上看不到的东西就在这里出现了。比如说什么叫股票，股票就是所有权凭证。它的价格该怎么确定？税后利润越高，价格应越高。实际上，并不是这么回事，ST 股票，PT 股票，价格涨得满天飞。这就牵涉到几个理念问题。没有这种理念，进入市场是炒不好股票的。第一个就是价格组成，价格组成并不像书上说的那样，是税后的利润的反映；而是包含盘子的大小，包含概念，包含提成，包含资金的炒作，才组成这个价格。所以进入股票市场首先得有价格的概念。我在上海提出了"股票没有好坏"的理论。只要有资金进去，股票就自然会涨，我们市场上俗称为"有庄家坐庄"。所以股票没有好坏，有庄则灵。股票要想引起庄家入座，就必须要有概念。现在对你们讲概念，你们可能对这个词比较清楚，但是民间老百姓就不知道概念。我曾到过新疆阿克苏，那里留有好多上海人的后代。我去的时候是 1997 年 5 月，那个时候的长虹 48 元，到今天跌到十二三元，他们都被套在里面。我问你们怎么会买这个股票，他们说，从报纸上看到的，说这股票有概念，但是我们搞不清什么叫概念。现在社会上很多老百姓，包括研修班出来的，他们搞不清这个概念，特别是报纸上登的概念。这些概念，股市上会说得活灵活现的，所以你要记住，概念一定是容易使人相信的谎言；但是，你又不能太清醒，比如像今年这个市场，就是越清醒的人越没赚到钱。举个例子，1996 年、1997 年四川长虹从 7 元涨到 48 元，报纸上不断有人评论说，任何时候卖出长虹都是错的。现在看来，那句话是不对的，应该是任何时候卖出长虹都是对的。任何真理，在股市上，都是有相对性的。所以说概念当中包含着大千世界。现在的股民都很聪明，你别看股民没文化，他们可是经过股市这个大学校锻炼出来的。

所以上海每到晚上，广东路等几个地方到处都是马路沙龙，大伙站在那里乐此不疲，讨论国家大事，政治的、经济的、股市的一些事情，最后归根结底就是赢与输。所以大家都把马路沙龙称为马路分校。有理论以后，进入实践，通过股市，可以把好多问题都看得很透彻。所以现在的股民一看到报纸上的利好消息，就纷纷出货。今年3月底4月初，中央电视台请我去，要吹吹中关村。我这个人蛮精的，我很明白这个意图，要利用我在散户当中的一点威信。到电视台直播的时候，我突然把话一变："我坚决不买中关村。"为什么？当时什么价？36元8毛，现在跌到23元。所以我在中央电视台讲这只股票很好，主持人杨平盯着我问："你买不买？"我说："我不买。"我知道自己不应该讲假话。如果我在这上面讲假话，很多人都要上当的。而且我是来自老百姓，没有一官半职，干的是目前中国最自由的一个职业，是一个职业股民，以股票的投资作为养家糊口的来源。

其次，和概念相伴的是题材。什么叫题材？就是未来的预期。比如说某只股票，像ST、PT，预期它什么呢，预期它通过资产重组，改变企业的效益。目前我们的股市，是不具有退出机制的股市。大家都知道，很多股票，比如说ST郑百文，一出来破产申请公告以后，很多老百姓都怕，怕破产以后血本无归。其实这个时候你不要怕，你可以大把地买进，从4元钱涨到十几元，翻了4倍。所有这些都是在题材的背景下面发生的。对于这些题材和概念，有一点要掌握，就是可以信，但是不能信到底。不信，你就不会进来，也就永远赚不到钱。比如今年年初的绩优股，只只都是熊股，只只跌；但也不能信得把自己都骗进去。在这个股市上，实际上也很简单，股票投资很容易的。照我看来，股票炒得好，就是战胜自己，你自己要能够战胜自己。认识别人很容易，认识自己却最难，这就要谈到战胜人性的弱点。人有两个致命的弱点：一个是贪婪，一个是害怕。很多人，包括北京的很多股民，给我写信，说1999年赚了大把的钱。尽管6月27号我在杂志上讲要大跌，但很多人都希望大涨，都在流传，说国家领导人7月1号要到交易所鸣锣，大涨之后我们就抛。我跟他们讲，你们这些人真愚蠢，国家领导人到交易所来敲锣，属于国家机密，走哪条线路都是机密，能让全国股民都知道？绝对是假消息。所以这个股市到了最后，因为关系到集团利益、个人利益，就是钱与钱的博弈。你这个人，个性怎么样，在单位里不一定能表现出来，在股市上却不能伪造。我看过很多人，明明这个股市要跌了，他还挂高两毛钱。结果就差那两毛钱，没有抛掉，就下去了。老手就不一样了，看见22元有人买进，我21元8毛就给你，让你买去。所以这个股市有很多理念，和我们几十年受的传统教育是背离的。谁觉悟得早，谁就会成为赢家。我看到好多股民，都在顶上不肯抛。今天好多股民也一样，到了2 100点，看2 300点，其实都是贪。这个贪，就是不能正确地把握所谓的高与低。很多人贪过了，股市一直下跌，他又害怕了。还有好多好多人性的弱点会暴露无遗。战胜自己说起来容易，做起来难。我在经过这么多年奋斗之后，心态已经变得很平和，能挣就行，因为炒股票绝对不是一夜能够暴富的，你只要心理上不健康一点，股票就绝对做不好。因为我们明天要讲到，技术分析也好，基本分析也好，立足点首先是要战胜人性中的缺点，没有好的人性，对问题的判断就难免会出现偏差。

另外一个，要弄懂股市上的术语，股票今天涨了，没买进，它叫踏空；前两天掉下来，没跑掉，叫套牢。踏空与套牢，很多人不能正确对待，目光短浅。我举个例子，去年套在ST上的，如果忍住了，死猪不怕开水烫，今年都会获得两三倍的利润；去年在绩优股上挣了钱的，不舍得走的，今年就是大输家。很多人不能正确认识踏空与套牢，这是股市失败的根本原因。其实，就像革命不分先后一样，股市也是不分先后的，关键就看谁能把握住时机。我相信你们出来以后，成为百万富翁很容易，股市可以把握的机会多的是。每一次股市大跌，有多少个百万、千万富翁消失了，就会再产生多少个百万、千万富翁，因此要正确对待，挣多少是多少就行。同样套牢也是一样的。我每天都接到全国股民的电话，难过得要命，悲痛欲绝："我套牢了怎么办，你是帮我们散户的。"我告诉你们，没逃永远不成为输，没离开这个股市，也永远不叫赢。这个股市有奇妙的功效，赢了99次，可以1次输掉；输了99次，只要你的本钱在，股票在，你就仍有赢的可能。比如说亿安科技，以前都是输的，最惨的时候5元，套住几年的人今年峰回路转，涨到124元，翻了几十倍。这个股市永远在变。

要研究股市政策，研究领导人的讲话，报纸的文章，要看到精髓里去。所以有句话叫作，炒股票要听党组织和政府的话，政策变了你就得跟着变。比如我举个例子，1997 年以前，管理层的思想没有变，股市一涨，屡屡出利空消息，坏消息，曾经以《人民日报》评论的形式打击股市，从 1 255 点，连跌 5 个跌停板，跌到 855 点。而现在涨到 2 000 多点了，政府认为这个股市好得很。为什么呢？政策变了。这个股市变，你不变，适应得了吗？适应不了。所以我刚才讲，炒股要听党组织的话——政策。

第二讲

今天我感到很难为情，因为还有系主任亲自来欢迎我。昨天我们交流了一下，我看到你们这些年轻的未来的祖国的栋梁，我认为中国未来的希望都在你们这些北大清华的高材生身上。作为有知识的人必须要有钱，有了钱以后社会才会稳定，才会发展。所以我经过斗争，决定把我在股市上的绝招拿出来。今天下午我先给清华的 MBA 同学看了，他们感到很神奇。我发现学校里读书读得挺好的同学却是股盲，他们连简单的 K 线图都不认识，所以我们今天就专门讲一讲有关股市上的话题。

大家都知道，在中国，目前已经有 5 000 多万股民，实际上股民这个称号，对老百姓来讲，是带有歧视和贬义的，我们进入股市以后都应该称自己为投资者。不管怎么说，投资者也好，股民也好，到这个市场上来就是为了追逐利润。而股市表面上看起来很复杂，其实有的时候也很简单。说复杂，因为它是一个综合智力的竞技场。股市上有一个著名的理论，叫“博傻理论”，明知道股票不好，但是不好的就能涨。其实这个所谓的“博傻”，就是你买进去以后，有比你更傻的人来接手，你这个傻就傻得可爱，傻得成功。但是为什么现在的股市经过每一次下跌以后，股民都套牢得很惨？这和许多股民的无知有关。很多股民认为，这是一个赚钱的好地方，把它作为下岗再就业的工程。他们进入股市以后，没有必要的防范意识和技术手段。为什么这么说呢？因为他们缺乏很多必须知道的知识。我决心给同学们讲出我的秘诀，因为大家学了这个本领以后，赚钱就是一件很容易的事。进入股市以后要盈利，你必须要有手段。比如说，今天在座的华夏证券公司的，很多人都看过我写的文章。去年 12 月底我写了：“这个股市到底了，大家不要抛了，明年又是艳阳天。”比如说这两天我一直说要反弹，我前天选了 3 个股票在网上写出来，这两天之内都涨了 3 元。

我们首先进入这个软件系统，这是我们股民当中惯用的分析软件，叫“天生赢家”。实际上股市有规律。大家可以回忆一下自己刚刚入市的时候，刚开始的时候都挣钱，挣了钱以后心就变得贪婪了，他不知道大势的趋势在发生变化，因为他分不清现在是牛市还是熊市。为什么新股民进来以后一般都挣钱，挣钱以后他盘算了，我刚刚入市两万块钱，没几天就挣了七八千，20 万不就赚 8 万了。他不知道大市经过一段时间以后是会逆转的，搬多少钱来，输掉多少钱。正应了一句老话，不到黄河心不死，到了黄河以后还想侥幸地游过去，谁知游到中间就沉下去了。现在留下满地套牢的散户，就是股市的真实写照。现在大家明白，牛市就是不断地上涨。尽管我们今年的牛市并不是因为企业经营业绩好转而创的新高，而是一种资金堆积型的牛市，这是一个大前提。但话又说回来，一旦你决定到股市上来，你就决不能把自己辛辛苦苦赚来的血汗钱随随便便交掉，因为每一个人都是为盈利而来。因此懂得牛市以后，就应该制订一个牛市策略。牛市策略，就是抱着股票别放，等涨到差不多的时候离场。股市不直接创造价值，而是一种金钱的再分配，一种经济利益的转移。但是现在好多股民，因为没有经过系统的培训，有的就在靠运气，在博傻，或者靠听消息。实际上你想过没有，这个消息靠得住吗？靠不住的。你又不是人家的小舅子、小姨子，也不是庄家旁边的小板凳，凭什么人家会告诉你，这是不可能的。事情往往是，在涨了以后，各种媒体，包括不负责任的股评，在那里散布好消息，吸引没有理智的投资者进去。牛市时的投资策略很简单，买只股票抱着。比如说2000年，没有一个股票不翻50%的。好多股民，为了追逐更大的利益，现在一定都输掉了——他不认识趋势。2000年输得最惨的人，就是三、四月追逐网络股，追在高位上的人。比如说，大家看到的综艺股份，在3月的时候，64元，我在杂志上拼命宣传，大家不要拼命追。可他这会儿眼睛已经红掉了，牛眼呀！现在很多中老年股民，每天在唱“东方红，太阳升”，还希望解套。今年三、四月的网络股是第一拨，庄家炒作以后甩给散户，然后炒ST，炒国企大盘股。

第二个策略是前面赚了50%，然后换一只股票，换一只启动股。所以这个软件非常有用。(杨百万打开笔记本电脑，显示出上证指数日K线图)这个K线图，就是把全国股民的心态用这么一根红的和绿的蜡烛一样的线画出来了，它集中了全国股民的心态。股市就是短时间的供求矛盾，买的人越多，抛的人越少，涨；抛的人越多，买的人越少，跌。所以通过K线可以把心理画出来。通过我们这个判断，你就很容易知道现在处在熊市还是牛市。《上海股民沉浮录》中的人物如今就剩我一个，为什么？那个时候不少人有几千万，就拼命地借钱，向证券公司透支，3 000万再借个3 000万。那知道熊市股市谁也看不到底，从500点跌到300点，自己的3 000万就没有了，他们大多牺牲在找底部的时候。后来我总结了一下，熊市“三不一等”，不盲目地测底，不抄底，不抢反弹；“一等”，等什么？我昨天谈到的，我们的股市属于社会主义股市，是为国民经济服务的，过分跌了以后，管理层就会着急。你们想象不到，1994年的时候，股票都发不出去，仪征化纤那时2元2毛都没人要，管理者会着急，会出政策，历史上有著名的1994年“三大救市政策”，此后上证指数三天之内由325点涨到1 050点。涨潮的时候就是牛市，比如说今年从1 342点一浪一浪涨，这一浪一浪就叫股市的中期趋势；涨潮的时候有浪花，现在每天的波动就是浪花。空头市场熊市就是退潮，退潮的时候也有浪花，这个浪肯定比涨潮的时候小。涨潮退潮都是大趋势，浪就是中趋势，每天的涨跌是浪花。所以进入股市以后首先要给自己定位，做长线还是做短线的，或是做中期的。我在股市上给自己的定位是做中期。一个是基于我刚才讲的那些原因，第二个是因为有了一定的技术以后，比较老练了，可以做波段。懂得了趋势以后，最重要的是要有理念，要有纪律，没有纪律，你绝对做不好股票。

懂了中期趋势，进入股市后，首先就要争取利润最大化。利润最大化有两种手段：一是买原始股，二是靠抓黑马。但很多股民一味地以抓黑马为原则，结果却骑到了野马上——这个马跑得太快了，最后不但栽下来了，还被踢了一脚，黑马变成了野马、疯马。那么这个黑马是怎么来的？靠大的基金、机构在操纵，操纵股价。所以我刚才讲了，没有一个庄家机构愿意把他的黑马告诉你，因为那样一来他在抛的时候就增加了对手。他要在高的时候引诱股民进去。所以股市上就引出了一个话题，怎么抓到黑马，怎样才能在底部买进，顶位抛出？

我昨天说过，股票没有好坏，有庄则灵，我就跟庄。他敢买，我就敢买，利用我的软件来捕捉黑马，因为社会上没有一个东西没有蛛丝马迹的。我在10月18日介绍了环保股份、方正科技、河池化工、南方科技、联通国脉，这5只股票80%都在两天以内涨了1.5元以上。这套系统对这些情况都能够提早捕捉到。这里面有10条原则，大家要记住这10条原则。第一条是，这两条线离得越远，越要警惕，警惕不等于马上要你抛。盘面上一旦有下跌的走势，杀出。靠得越近，越是中期的，越是大底。这是一般原则。股票涨得快的，起翘的时候必定伴随着大的成交量。股市靠什么涨？靠资金的堆积。就像牛顿定律，苹果往上抛，一定要用劲；从楼上往下摔，不要用劲。所以股市上有句话，上涨必须有力，下跌可以无力。那么你就要找在低位的时候进去资金大的股票。底部量放得越多，涨的时间就越久。18日我知道这几只股票会猛涨，我早在几天前就盯住它们了，为什么？盘中有大手笔的买单。利用这个指标进入股市的最高境界，抄底逃高，捕捉黑马。比如说环保股份，星期四启动的，两天涨了3元，20%，多舒服。其实我在18日就捕捉到了。我现在有163.net网，指导南方不见面的股民买股票，我总希望，通过合法的手段，中国的有钱人越多越好。人们钱多了，就会拥护改革开放。所以是不管自觉的不自觉的，有钱的人，特别是像我这样通过改革开放富起来的人，坚决拥护党中央。1998年改革开放20年的时候，中央电视台采访我："你为什么不请保镖了？"我说现在这个社会多稳定，有党中央国务院，我还请保镖干什么。我们真的是支持改革开放的。比如说1989年，上海的国库券猛跌，一晚上就跌了几元，我就站出来买国库券，到6月6日把国库券全部买进，过了3天，猛涨十几元，我又把它卖回给银行。但是我买的时候，不是要挣这钱来的，我愿意和我们的社会捆在一起，我曾为了社会稳定而买过国库券。我承担了风险，获得了盈利。

凡是日线、周线、月线都在低位的，这种股票你买回去睡觉，绝对是好股票。讲到这里，就解决了一个找好股票的问题。现在的股票有1 050只，我看到过一个很用功的老股民，他每天晚上戴着老花镜，一只一只选股。你想一想，每只股票看1分钟，1千只股票就1千分钟，什么概念？15个小时。每天3点钟收盘以后，收集资料，然后看15个小时，人就趴下来了，炒不了股票了。这就提出了怎样利用我们这个系统来选股，即把符合条件的股票，通过现代化的手段挑出来。我这个电脑随身带着，到处能找股票。比如说，我自己设定好的，哪些股票在上升途中，我自己找。这样一看炒股票太轻松了。我补充一句，我刚才讲的原则，在空头市场，除过权的大缺口的股票，不要以这个指标去套。因为它是失真的，除过权的。我想通过实战的讲解，让北大光华管理学院金融系的同学和MBA的学员，要接触一下社会。经过实践以后，结合你们这样高深的学历，加上扎实的基础，今后在中国的证券市场将会大有发展。经理位置在向你们招手。我想，今天的课听了有好处，未来的百万富翁、千万富翁都将在你们当中诞生。

十年一百倍：

战略投资家X先生传奇经历

复旦大学教授　谢百三

编者按：X先生是笔者十多年的老师与挚友，他十年如一日，勤于学习，与时俱进，不断地提高自己、完善自己。其金融学水平、经济洞察力远远高于北大、清华、复旦的一些学富五车的金融学教授。几年来依然生气勃勃地活跃在中国资本市场上。

1994年12月的一天，我上菜场买菜，顺路去看了看米的价格，忽觉有人拍了拍我的肩，“你是谢老师吧”。回头一看，见是一个陌生人，我问：“你是谁?”他说：“我姓X，也是做股票的，现在我有100万元了。你昨天报上的文章，有一点不对。”我回去一查，果然如此。从那以后我们就经常在一起进行切磋，久而久之也就成了朋友。

一、从工程师到股民、债友

由于众所周知的原因，X先生不愿说出他的真名，他说：“就叫我X友吧。”他是从工科大学毕业的，搞自动化控制。他为人善良，不善于搞官场与社会交际，对人友好，见了人总是乐呵呵的。几年前与一个美丽温柔的工人姑娘结了婚。他在自己的业余时间里研究起了股票、债券、期货等经济问题，并利用业余时间炒股，搞国债买卖。他起先仅有1 400元本钱，通过到东北做国债现券的异地交易而挣了2万多元钱；接着买了一些股票，通过炒二手股挣了一些钱；后来又买了些1992年的国库券，结果一下子增加了4万元。1992年10月，党的十三大召开前后，当时股市处于600点的位置上，他从一份公开发表的调查报告中计算出，上海完全投身于股市的二级市场的40万股民剩余资金还有40亿元，而此时已公布的股票大部分都已上市，因此，股市虽还在下跌，但X友已开始以倒金字塔方式逐步建仓进货。他算出来，仅股民们这些资金，就可以将股市托起到800点以上，他认为“氯碱”这艘远洋巨轮上市后，股市的恐慌症就会好转、消失，一个轰轰烈烈的牛市就会到来。后来股市一直跌到392点，X友的钱也都已打完了，这时他虽然心里有些不安，但依然乐呵呵地上下班，安慰妻子，他坚信冬天之后就是春天！党和政府一定会来救我们的！果然，氯碱、联农等一上市，股市就呼呼地涨起来了，而且第一波就直冲800点，大家都夸X友算得准。但他却怀疑自己算错了，是不是还有一波。股市到800点后，开始回头，他捂住不跑。股市回到600点停住了，他顿时醒悟过来：这是回档一下，让踏空的股友及新股民加入后续资金呢。果然，股市第二次又冲到800点了，很多人劝他跑，说：“再不跑，又得回去了。”他不跑，说：“一定还有第三波。”果然，股市在大量新生力量、后续资金的援助下，加上“透支盘”的助威，风风火火地冲上了1 500点。X友开始坐不住了，因为他感到市场资金已经用完了，他开始整天都在想着什么时候跑。但他毕竟是人而不是神，1 500点，他没跑，后来股市向下直泻，出现了日振幅200点的奇观。“不好，股市累了，得向下走了!”趁着“申华”配股引起的反弹，当股市又冲到1 300点时，他全数以低于市价的报单，全部撤了出来。从这以后一直到1997年，他再也没有进过股市，他认为：“这个股市从长远来看，还没有到投资价值区，我是靠理性、智慧打仗的，不参加了。”但他很感激股市，因为，他手里有了20万元资金。从此，他就把眼睛盯住了另一个新兴市场——国债交易。

二、从杨百万式的现券买卖到国债期货拼搏

X友刚开始时也是像杨百万那样，来回于东北与上海之间，搞国债的现券异地买卖。那时他的生活也够辛苦的，因为他已经停薪留职了。他三天两头坐船去大连，再换公共汽车、大卡车，有时为了赶时间连饭也顾不上吃。东北出苹果，所以他饿了就买苹果吃，又可解渴，但长年累月吃苹果，还是吃腻了，现在再也不肯吃苹果了。虽然苦，但他心里却像有一盏灯，因为在东北朋友的帮助下，他的存款正在迅速增加，到1993年10月25日，上海证交所开出国债期货交易品种时，他已有了40万元。他以其中的14万元买了保值的金边债券——193（1993年3年期国债现券，后来到期兑付了171.99元），从此就再也没去动过它。“这成了我生活的保险金，如果做期货亏了，亏到只剩14万了，我就金盆洗手了。”他说，“那说明，我不是那块料，那就退出来，用这14万过平常日子。此外，有了这14万，我心也定了，敢于在债市中轻轻松松地去拼搏。”这样，X友真正投入国债期货市场的就是26万元。从那时起到1995年7月，过了17个月，X友26仗全胜，且大多数是大胜。虽然他也有浮动账面亏损，最多一次亏过8万元，但他能总结经验教训，亏不过二，且大多数是赚大钱的。到了1995年5月18日，他已拥有600多万元。他对国债期货市场充满深情，他说：“我是每天读书看报，研究政策，把国债现券、期券市场弄得滚瓜烂熟，靠政策、靠数学、靠理性、靠科学、靠智慧，向市场挣钱。我们不会搞人际关系啊！知识分子，就是得靠自己的智慧去闯!”他向我介绍了其中的几大战役。

三、妻子一席话使他的资金一天翻了番

X先生进入国债市场后，一件最重要的事件就是他到上海图书馆通过1个月的学习、钻研，彻底弄懂、弄通了保值储蓄率、通胀率、零售物价指数、居民消费品价格指数这些与国债期货有关的基本知识。（编者注：磨刀不误砍柴工，这正是我们很多个人投资者比不上X先生的地方。大多数人都是一知半解，以其昏昏、使人昭昭地在瞎子摸象式地操作，又怎么能不亏呢!）这为X先生以后的国债期货运作打下了扎实的基础。他后来之所以能26仗仗仗全胜，概源于此。

有一次，他经过反复计算，发现有一个国债期货品种如果介入，胜算的概率为95%。依他平时的风格，只以10%的资金做国债期货，以90%的资金做风险投资的保证金准备金。但这一次胜算的可能性太大了，他开始变得极度不安起来，在后院的林阴道上来回地走着，长达几小时。午夜3点，妻子找出门来，知情后，说：“算准了，就大胆地干，大不了亏光了回工厂去，我们的名字还在厂里呐，本来就是工人么，我会陪你的。”X先生心里豁然开朗。第二天开盘后，他以全部资金25万满仓杀入，结果当天就涨停板，资金翻了一番。

四、读报学文件发了一次财

1994年10月，1992年5年期国债的对应品种315（1994年12月底兑付的期货品种）走到了118元价格的位置上，这个品种价格与该现货品种（1997年4月1日到期，到期本息152.50元）的票面收益率为13%左右（当时市场对于1992年国债有无贴息问题，还无人议论，可视作无影响），而当时的保值贴补率为6%左右。根据人们的预测，1992年5年期的092现券加上保值贴补率一起，收益率起码有14%—15%左右。而事实上，118元这个价格还远远未到位。此时，315品种开始启动，价格缓缓上涨，当时大多数债友看空，认为价格拉得太高了，“是某北方大机构借了巨额资金在拉抬，瞎搞，拔高出货”。X友不敢轻易作结论，他得去读读报纸、文件。此时，在著名的涌金投资理财顾问有限公司的发起资助下，北京开了个国债问题高级研讨会，财政部国债司司长高坚指出：中国国债市场要实现四化，第一化就是国债利率市场化。这引起了X友的深思：

这对债市意味着什么呢？不久，高坚又在另一场合指出：中国将来的国债、金融商品的市场利率应该以银行同期利率、为全体人民接受的利率为准。此外，X友还发现，高坚还在不同场合多次强调：中国的国债利率一定要走国际惯例道路，国债利率应低于银行同期利率。X友逐字逐句地吃透这些话的精神。还有一件事更是深深触动了X友：当时北京发了一只2年期的“地铁债券”，年利率为14%，竟然被首都人民一抢而空。X友心里一亮：高坚讲了，利率应以全体人民接受的利率为准，那315品种的收益率13%+贴补率6%（当时市场的预计）约为19%，大大高于地铁债券的收益率，这说明315的价格太低。他又查了当时的银行两年期利率约为11%，更加意识到315价太低，收益率太高，不符合高坚传达的国家的精神。经过两三天思考，他不顾大多数债友反对，毅然做多，以50万元在118元价位打进1000口。果然，经过多空一番拼搏后，315价格开始急剧上涨，涨到120元时，X友获价差2元，盈利40万元，遂高高兴兴地平仓了结。X友说：“后来实际上涨到128元，最后混合交收时跌到123元。但当时自己资金不足，怕再跌回去，落袋为安思想较重，回想起来，太可惜了。”X友对这场战斗的三点体会是：（1）不要怕什么大机构、小机构，应坚信真理，无论价格被他们如何扭曲，最后总得以财政部宣布的价格为准。（2）要多看报、看书。他眼睛亮亮地说：“报纸当中有黄金啊！”（3）做国债要算收益率，现货、期货收益率都很重要，比股市中的市盈率还重要。

五、符合大众心理，领先大众一步

1995年1月初，与1992年3年期国债（192）对应的国债期货品种327为146—147元的价格，而与1992年5年期国债对应的319品种价格则为144元左右。当时，中国人民银行总行公布的保值贴补率为9.83%，按照市场一般预测，物价还得上涨，保值贴补率还下不来。恰在此时，上海某大报在头版登了一文，说我国通货膨胀率首次回落，表明我国治理通货膨胀已取得明显效果。这一篇文章，立时在国债市场引起了强烈反应。因为通货膨胀回落对全国人民来说是好事，但对国债市场则意味着保值贴补率可能下降，国债期货与现券价格都得回落，利于空方而不利于多方。X友见报一怔，他仔细对比了上海该报与《中国证券报》，发现《中国证券报》头版报道的国家统计局公布的物价数据中，今年该月与上一年同月的同期物价上涨指数确实比上一个月下降了，但只是涨幅变小了一点点，仍在涨，因这个月的物价比上一个月的月环比数仍上升了1.9个百分点。据此，X友算出的保值贴补率约为10.4%（后实际公布数为10.38%——作者注）。因此，X友与许多惊慌失措，准备第二天去抛空、多头平仓的债友相反，坚信受保值贴补率影响最大的192现券与327期货品种价格应上涨，而不是下跌。327的理论价格应是100元（本金）+28.5元（利息）+10.4元×2（保值2年）=149.3元，而现价146—147元明显太低（可涨2—3元，按当时的结算法，应赚80%—100%多），故可做多。但是，当时他要单独在327上做多，又担心贴补率会不会真的下来，自己会不会算错（上海市场很多人这么认为）。能否套做一下呢？他想，如果贴补率真的下跌，与1992年5年期对应的31系列将会跌得更惨，因为092的现券是两年后的1997年4月到期，到那时贴补率可能会更低。因此，X友决定套做。在327上，他在市场一片恐慌，跌到145.8元时，以50万元坚决做多1000口；在319上，他也以50万元做空1000口。X友是学工程的，因此他用概率论的理论分析了这次战斗。他说，当时的情况有6种可能性：（1）月保值贴补率继续上升；（2）月保值贴补率下降；（3）1992年3年期国债提前兑付；（4）192券不提前兑付；（5）192券补5.48元的贴息；（6）192券公布不补5.48元的贴息。在这6种情况下，只有在公布有贴息时，319以及其他的31系列期券会比192券对应的327涨得更快（327补5.48元，则092券可以补10多元），其他5种情况都是319比327涨得慢、跌得快。那么，如果真的有“5.48元贴息”问题，也只有在3月发新国债前或6月下旬327兑付时这两个时间可能公布，不可能在1995年1月公布，而且更重要的是，全国市场95%以上的人士都不相信贴息，大众心理不信的事，就可以暂时忽略不计。X友说，一定要相信市场，服从市场。“符合大众心理，领先大众一步，就会无往而不胜。”

结果，市场完全按照X友预计的方向发展：327上涨0.6元，319下跌2元，上下共盈利2.60元，时间是半个月。327与319同时平仓，前者盈利12万元，后者盈利40万元，半月收益率52%，年收益率1 248%。X友说，之所以这么快就平仓，还是怕新券发行，真的公布有贴息，因此必须在这之前平掉，将风险降到最小。事后，X友说：“尽管后来真的公布了贴息，但我仍然认为自己的操作方式是对的，因为，市场认同极为重要。这就像电流方向，原本应该是负电荷在流动，但因发明电流时人们就说正电荷在运动，结果一错就错了100多年——那就算了，不必硬扳回来。当然，政策性风险必须考虑，因此，必须抢在政策公布前，领先大众一步跑掉。”

六、掌握好“收益率”这把尺子

1995年3月下旬，市场上出现了一个奇怪的现象，与1992年5年国债（092）对应的期货品种317（1995年6月到期）与319（同年12月到期），两个品种到期时间差半年，但价格却离得很近，317在147元左右，319在154.5元左右，两者有7.5元差距（最近时仅7.1元），即317和319之间的价差形成的年收益率仅10.2%左右。这种局面维持了四五天，是非常不合市场规律的。X友查了一下电脑终端显示屏，发现这时国债R182（即为6个月）的利率（完全是市场竞价）为17%左右，此外，这时193券（1993年3年期国债）价与它在深圳的到期（时差11个月）对应品种6316的套期保值的年利收益率为18%。因此，半年的收益率应在17%左右方为合理，即317与319之间的收益率造成的价差应在12—12.5元。X友经过深思熟虑，当即在317上以147元做空500口，在319上以154.4元做多500口，共投入资金200万元（此时，保证金已按新规定上升为2 000元）。经济规律是不可抗拒的，一星期以后，无论整个市场大势是涨是跌，在剧烈的波动中，317与319二者的价差拉开到13.5元（市场为了纠偏，往往会走过头的）。此时的319已多次触涨停板，而317由于离混合交收的时间相对较近，走势较软，则仅是双向自由成交，这说明319还有上冲余地。X友为了慎重起见，就此平仓，落袋为安。一星期中，赚取差价6.05元（手续费已扣除），获利60.5万元，收益率为30.25%，年收益率为817%。X友满面春风地说：“收益率是市场规律这只看不见的手给我们的一把尺子，应该好好用它。”X友说：“在大势看不清，又无法单枪匹马地与大机构作斗争时，以收益率为尺子，跨品种、跨期套做是最保险的，但多空方向一定要弄准。”他还指出，市场有时是疯狂的，会多次出现价格扭曲。如1994年12月—1995年1月的326与327品种，时差3个月，正常差价应为6元，加之326面临混合交收，压力较大，实际价差可在7—7.5元，但二者实际价差竟只有3元多，二者反向套做，做几千口的巨量都万无一失。后来价差果然拉大了。

七、解套有术，反败为胜

X友说，人非圣贤，岂有不犯错误的，我也曾做错过，最多一次亏过8万元，有一次差点把在市场上的保证金都给打穿了。但在绝大多数情况下，即便是套住了，我们也还是可以想办法自己解放自己的。千万不要惊慌失措，也不要在一时亏损的情况下过于悲伤，更不要自杀——总会有解决的办法的。以最近一次为例，1995年3月下旬，X友在339（与1993年3年期对应的品种，1995年12月到期）上以163.59元做空50口，谁知做了个地板价，结果账面亏得很厉害。到165.20元他又做空150口，但339看来似乎上冲仍有力量。X友一下子吃不准了，觉得不能再以倒金字塔做了，得另想办法。他冷静地观察了一下周边市场，发现深圳与上海339时差2个月的6316品种停在167.2元上，与339只差2元，这是很不合理的。按收益率应差2元左右，加之上海实行混合交收，期货与现券还会倒挂3—5元，因此应差5—7元，显然不合理。X友立即在6316上做多400口（因为深圳每做1口的面值为1万元，上海做1口为面值2万元）。X友想，好了，这下就不怕了，要涨，6316涨得更凶；要跌，339跌得更快。市场的手一定会把它们的价差拉开的。结果，几天以后，到3月31日，二者价差已拉开到4.4元，339为163.4元。X友此时在339上的做空已获成功，平均价有了1元多差价收益；而6316为167.8元，也有了0.4元收益。考虑到差价还可拉开，故X友说，等几天再说吧，它们一定会分开5元以上的，但现在肯定已经反败为胜了……

八、一度在商品期货市场驰骋风云

X先生在1995年5月18日国家决定暂停国债期货市场试验后，一度还曾在商品期货市场上驰骋过一番。由于他多次获胜，他的资金迅速上升到3000万元。但是，由于商品期货市场中不规范的东西更多，X先生有一次终于失手了，他发现自己可能把方向搞错了。当时他在做红小豆期货，他发现开空仓的推理上有错误，而且这些错误的性质是致命的，他当时在外地，遥看上海期货市场，觉得后市的风险控制他已完全不能驾驭了。当时，他想到了止损，斩仓；但这一刀斩下去，他将立刻亏损1000万元，可是如果不斩仓的话，以后则可能会陷入灭顶之灾。想明白后，他就下决心止损。开盘后，他开始开多仓，止损出局，尽管心在痛，手在颤抖，但心里却是明白的。当天出局后一计算，亏损1000万元，保住了2000万元。他彻夜难眠、痛定思痛，从此以后他就告别了商品期货市场，再也不愿进去了，转而进入了另一个相对安全、活跃的股票A股市场。

九、金泰使他的资金上了6800万

1997年，X友又重新回到股市中来。他的特点是不轻易大战，战斗的选择十分慎重，一年选3次品种，有3次大战就足矣。他在拥有3800万元资金时，盯住了一个新型的品种，证券投资基金，尤其是其中较好的一个：金泰基金。他重回股市做的第一笔交易就是金泰基金。他选择金泰基金的原因主要有：第一，当时基金较少，单个基金盘子大，流通性好。第二，根据基金条例，基金有配售新股的权利，收益较稳定。当时X友装成初学者在万国门口询问了800多人，对他们对基金收益的预期进行平均测算，结果为每单位基金的收益可达到0.159元。（编者按：这种社会调查极其重要，连很多大机构都做不到！）按696国债利率上浮1倍，测算出金泰基金的价格可以达到1.93元。X友认为，市场共识就是它的趋势，就是它的定位方法。第三，基金每月要公布一次净值，这相当于国债期货每月公布一次保值贴补率，有公示效应，能引起公众的关注。在金泰基金上市前一天晚上，X先生破天荒地从电话里听了上海10个股评家的168声讯台，想了解一下他们对金泰基金与开元定位的看法，结果除了一个认为1.50元/份以下可以大胆买入外，其余9位都认为应定价在1.30元/份左右，因为国外的证券投资基金都定价在净资产附近。X先生听罢，悄悄地笑了：你们都错了。国外的大基金有中国这么优惠打新股的高收益吗？国外的大基金大多是开放式的，随时可兑现，当然应定在净资产附近。中国是封闭式的，而且只有2家，稀缺资源，而且还不交印花税，手续费又低，庄家必炒无疑。清晨，他给笔者打了个电话，告诉了他的打算，说，我很少满仓介入，今天要满仓介入了（实际上，他仍未满仓介入，他常说，自己很小心，也很胆小，因为中国的证券市场风险很大很大）。我说，何以这么晚才来电话，我都没钱了，否则可以跟一些。他说：我怕你一写文章告诉大家，价钱就上去了（注：其实，如果要求保密的话，我是决不会写文章讲出去的）。开盘后，他先以1.45元买入300万元，越跌越买，一直买到1.30元，用其已有的5000多万元资金中的3500万元对金泰基金进行大规模建仓，建仓平均成本为1.36元。然后，他就带上手机上四川峨眉山旅游去了。后来果然一切都如X先生预期的那样，金泰基金最高到达2.31元，但他却未抛，因为涨得再高些也是很有可能的。

后来，金泰基金与开元基金价格开始快速下滑，他发现直接原因是这两个基金竟然主动放弃了一次新股认购机会。他立即以投资人身份打电话去询问，基金管理公司的人支支吾吾地胡扯一

气，说什么这两个新股有风险。后来，他发现管理层很快又推出了几个基金。X先生认为基金的基本面已发生了重大变化，而且基金以后还会下跌，不能再继续持有了，于是就花了一个星期的时间，慢慢地以2.07元平均价全部退出。他这次投资每个基金收益达到0.71元，从而使得他的总资金也上升到6 000多万元了。

十、“涨停板打开，我要打梅林的。”

2000年到来了，X先生应邀到复旦来参加一次上海股评人士的聚会。他悄悄对我说：“梅林已经几个涨停板了，我追了两天都没追着。涨停板大约在15元附近会打开，我要打梅林的。”我当时只是当他随口说说的，并未在意；不料，第6个涨停板打开后，X友果断介入，大规模建仓（约占资金35%，之所以不敢满仓打入，是怕庄家发现，影响庄家炒作）。X友敢于在已涨了1倍多的15元“高位”建仓的原因是：

第一，可以避免业绩浪的冲击。当时，全国通货紧缩，大部分企业的业绩都不好。加之当时正是年终财务报表尚未出来之时，那些传统股票很容易受业绩浪的影响。而对于网络股在美国的NASDAQ市场的狂热炒作，早已在中国股市中形成共识，而且各大报刊还搞了什么网络股指数来凑热闹。这也就是说，网络股的定价不是根据市盈率，而是根据公众视线流量确定的，这样就可以避免业绩对它的冲击。

第二，上海梅林的85818家喻户晓，公示率高，很容易被人接受。

第三，网络股是潮流，是大趋势。这次炒作网络股是由基金发动的，基金经理人是年轻的管理者，比较容易接受新兴事物，也比较容易追新浪潮，他们是网络的先驱，从而也就必然会投入到这一热潮中去。因此，网络股是中国A股市场的热点，而梅林又是“热中之热”，无疑成了万众瞩目的龙头股。而且，梅林连拉6个涨停板时，一般机构根本无法建到仓；原来的机构要出局，新的机构要介入，一定还会翻一番。于是，经过深思熟虑之后，X友决定重仓介入。

X友在购买了上海梅林之后，他怕自己沉不住气，就又跑到外地名胜古迹去旅游去了，因为参加盘整总是难熬的。盘整了一个星期后，就开始了飙升，最高涨到33元多。但当时X友并未认识到这是一个高点。上海梅林此后开始下跌，其下跌主要是受到美国司法部对微软的肢解的影响。X友从这一信息出发认识到，市场经济是一个竞争经济，电子商务要取得超额垄断利润是不可能的，因此网络的超额垄断利润也将破灭。此外，X友听说经济学家吴敬琏在批评梅林，说梅林不就是个卖水的吗，加了个网，就成了高科技股了？他认为吴敬琏的讲话影响很大，等于将秘密给捅破了。他想不能再等下去了，于是便果断地在25元将上海梅林全部抛出。但即便如此，他每股收益也近10元。

十一、“鞍钢转债太好了，市场全错了。”

从上海梅林获利出来后，X友又选择了鞍钢转债。在仔细阅读了鞍钢转债的《募集说明书》后，他认为鞍钢转债不仅具有它对应的股票——鞍钢新轧的所有功能，而且还有投资风险小、收益高的新功能。跌，至少可得到106元（年息1.2%），而涨则空间很大，极为安全（当时大盘的上下一时还看不清楚）。可转换债券是一种介于股票和债券之间的有价证券，它的风险比股票小，灵活性高于债券。在股市下跌的行情中，即使其价格也随股价的下跌而下跌，它也明显地具有抗跌性，这主要是因为它有保底价值的缘故。其实这个保底价值就是债券本身的价值，是可以为投资者带来有保障的收益的。此外，可转换债券还具有一个可以转换股票的买入期权价值，而它则还有可能使投资者分享到发行公司鞍钢新轧利润的增长，股票价格上涨的潜在价值。

从鞍钢转债的实际情况来看，鞍钢集团是我国中央所属512家重点国有企业之一，风险性小；而且在其《募集说明书》中特别对股票下跌作了说明，从而使它的看涨期权有了保障。从国外股市的一般表现来看，可转换债券中包含的看涨期权通常应有票面价值的10%左右；另外，鞍钢转债可以保证投资者有1.2%的无风险年收益率，再按照当时新股发行方法的规定，它还可以享有打新股的收益，一年下来最低也可达到4%。这样，鞍钢转债的最低收益率也在16%左右。X友在100元附近全线出击，虽然鞍钢转债曾两度竟荒唐地跌到95元附近，但“是金子就总是要发光的”，它的价格本来已比鞍钢新轧低20%，加之鞍钢新轧价格不断攀升，它也扶摇直上。他曾于2000年5月15日受邀到复旦大学管理学院为博士、硕士与大学生讲学，当时的鞍钢转债为95.80元。他大声地对同学们说：“这个鞍钢转债太好了，而整个市场全弄错了。”次日，不少同学及家长都买进了96元的鞍钢转债。一星期后，鞍钢转债走出徘徊一个月的局面开始大幅上涨，一浪高过一浪，涨到120元附近，营业部经理高兴了，让小姐打他的呼机：“X友，你的鞍钢转债大涨了。”他平静地笑笑：“还早呢。”后来，鞍钢转债涨到144元。X友虽未在最高点出货，但却也获利颇丰，这使他成功地成为亿元大户。

十二、个人战略投资者的宽阔胸怀

X友很不愿意人们认为他是个炒股高手，是个被人羡慕的个人大户。他一再说，自己是个个人战略投资者。他十分钦佩毛泽东，说他的哲学思想、军事思想太了不起了，他对毛泽东的《矛盾论》中的许多重要观点都是反复学习，并用于股市实践。他对邓小平也很热爱，说小平给我们带来了富裕的生活。他生活依然简朴，戴着块80元的手表，整天乐呵呵的。在自己手里拥有600万元资金时，他在上海闹市区买了套期房，解决了自己多年房子太小的问题；在资金达到2 500万元时，他又买了套新房；在资金达到8 000万元时，他则买了幢别墅。不知是否因为毛主席过去坐的是红旗牌小轿车，他也买了辆红旗牌小轿车。但事后他却多次说，上海出租车太方便了，这个小轿车投资还是有些不太合算。

他妻子也想炒股，他想了想，只同意她拿2万元去炒炒，说：“多数是亏的，二手股风险太大。”X先生在笔者的说服下，终于同意到复旦大学、北京大学和对外经贸大学等高校来进行讲学。同学们对他那高瞻远瞩的战略分析、精彩的演讲和谦虚、不张扬的奉献精神报以热烈的欢迎。当人们问他有了这么多钱以后干什么时，他说他希望成立一个私人管理基金，希望以后有机会能与索罗斯斗一斗。至于钱么，他说，没有是不行的，但太多了也是没有用的，将来一定是“取之于社会，用之于社会。你们是可以看得到的”。他为人谦虚，依旧与平常人一样，每天高高兴兴地去买报纸，买菜；而且喜欢到祖国各地的名山胜水去旅游。他至今仍不希望过多张扬，而是希望过一种平平静静的生活。

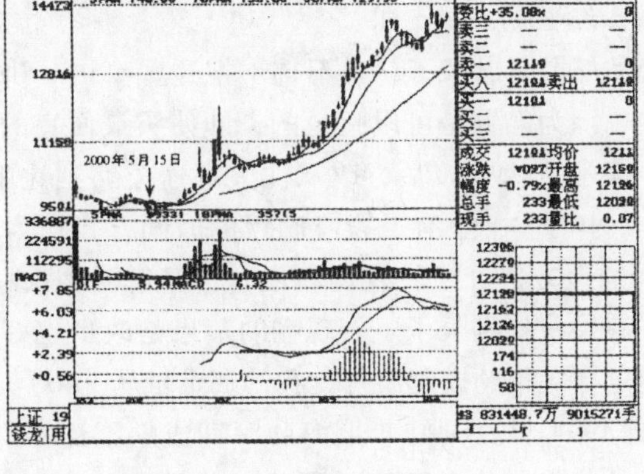

图　鞍钢转债（5898）

注解：如图所示，鞍钢转债（5898）在2000年4月17日（即挂牌上市日）至同年8月8日期间的价格运动日K线图。

2000年5月15日，X先生到复旦大学讲课，此日鞍钢转债收盘价格为95.41元。60天后涨到140元以上。

从一千四到一点四亿

主讲人：X 先生

主持人：谢百三教授

时间：2000 年 11 月 18 日

地点：北京大学光华管理学院

谢百三：我手里拿的这本书里面就有一篇文章是介绍 X 先生的，从 21 万元到 620 万元，成功者案例分析。1995 年的 5 月，他有 620 万元，那么 1997 年他到北大来的时候，已经有 3 700 万元了，今年年初是 8 000 万元。2000 年他做了 3 个重大的动作，一是买了梅林，后来又买了鞍钢转债，101 块买的，昨天是 137 块，现在他又做了一个新的重大的战略行动。现在他有 1.4 亿多元了，反正从 1997 年我认识他到现在，他已经翻了 100 倍。孙成钢提出来是 10 年 20 倍，他是 5 年 100 倍，10 年 10 万倍。而我呢，则是跟在他后面蹒跚学步，但却老是学不像，而且还经常亏损，所以我现在看到他很不好意思。他虽然是理工科大学的学生，但是对金融学却学得很深，而且很扎实。另外呢，你们慢慢就会听出来的，X 先生不仅学金融，学管理，而且他还学哲学，尤其是毛主席的哲学思想，指挥他奋勇前进。下面我们就请 X 先生开始演讲，大家有问题的可以写在纸条上递上来。

X 先生：谢谢大家，刚才谢老师谦虚，其实我有很多理论上的问题都是要请教谢老师的。我今天讲，如果同学们有不同的意见，请提出来，当场举手也可以，递条子也可以，我在学术上喜欢大家争论。

一、我的投资经历。我参与证券市场是从 1988 年开始的，到现在已经有了 12 年的历程。这 12 年的历程，大约可分成三个阶段，第一阶段，从 1988 年到 1991 年，当时资金从 1 400 块增长到 4 万块，主要是参与国债现货异地买卖。当时从沈阳把国库券贩到上海，没有办法，起步阶段，原始阶段，往往都是很残酷的，不可能是阳春白雪。当时坐火车要 31 个小时，我有的时候每周要两次到沈阳。两次沈阳，光在火车上就要花 124 个小时，艰苦程度可想而知。当初经营的特点是资金非常少，非常辛苦。像这样跑，实际上挣的也很少，每一次大概挣个两三百块钱，除去吃的喝的、路费 100 多块钱，也就挣个 100 多块钱，大概这样搞了 4 年左右。

谢百三：据我所知，X 先生现在不喜欢吃苹果，因为他过去多次在那里跑国库券的时候，没有饭吃，就买苹果吃，现在已经吃腻了。

X 先生：你把我这些隐私都揭露出来了，我不得不把这些事讲一讲。有的时候我跑得太累的话，只能从上海坐船到大连，因为船上是可以睡觉的，即使买最便宜的散铺也能睡觉——我常常是坐几次火车，坐一次船。坐船到大连以后，改从沈大高速公路到沈阳。那辆车下午 3 点发车，到沈阳大概是晚上 9 点，6 个小时。下午有一段吃晚饭的时间，当初为了节约起见，我就买几个苹果。由于大连是出产苹果的地方，价格一直比较便宜；又解渴，饮料也不要买，饭也不要买，一举两得。所以长此下去，苹果我就吃厌了——现在的苹果是改良也好，不改良也好，我看到是无论如何都不要吃的。经过这样 3 年的摸爬滚打，我的资金量从 1 400 元涨到 4 万元。

第二阶段，从 1991 年到 1994 年。1990 年上海和深圳成立了证券交易所，进行了电子报价。这样一来，每个地方国库券的价格基本差不多，因此以前异地买卖国库券的生意也就不能做了。1991 年我入了股市，进行了股票投资。当时由于自己对股票的认识比较肤浅，资金基本上是随大市沉浮。在这个阶段让我记忆最深的是，有一年的 6 月左右，大市从 1 500 多点直到 11 月经过 6 个月跌到 300 多点，我的资金也从 25 万元缩水到 7 万元左右，当初我每日如坐针毡，度日如年，非常难受。但我始终抱着一个信念，我认为：股票是国家发的，国家是对人民负责的，它一定会来救市的。这个观点同学们现在听了一定会觉得很荒唐，但当时我就那个水平。抱着这个信念，我一直坚持着，后来到了1991年11月，大市出现反转，我也开始转危为安，资金也从7万元逐步恢复到25万元。就这样在这3年中，我的资金涨涨跌跌，基本上仍维持在25万元左右。

第三个阶段是从1994年到现在，我的资金从25万元发展到现在这个水平，资金量增长了450倍。按复利计算，每年增长2.56倍，在这其中，有一次交易是在我人生中起转折作用的。有一次，在国债期货中，我经过几个月的研究和分析，到市图书馆查阅了有关资料，搞清楚了保值贴补率的计算方法及商品零售物价指数、消费物价指数的定义。通过计算，我认为当时的合约被严重低估，如果做多的话，把握非常大。认真的计算使我信心大增，我决定满仓买入国债期货合约。

谢百三：保值贴补率和物价指数上面每个月都有公布，多数人都因熟视无睹而错过了一次次发财的良机。

X先生：我决定满仓买入国债期货。当时我作好了两手准备，如果成功，那当然很好，如果不成功，我在单位还没有辞职，大不了回单位继续做我的工程师，最多权当潇洒走一回。事实上，这一天国债期货的走势与我的预测完全符合，当天就上扬了两块多。我开仓之前25万元，当天就增值到50多万元，翻了一倍多1点。我当机立断，马上就平仓了，毕竟还是落袋为安。应该强调的是，在我这十几年的经历中，也仅有这一次做国债期货是满仓的，在以后的国债交易中，我基本上保持1/10到1/5的资金量做期货。我认为要取得收益总会要承担风险，关键是你承担的风险跟你取得的收益是否平衡，这是最关键的地方所在。诸葛亮不用空城计不行，但要用多了那么他一定会倒霉的，道理也在于此。讲到这儿，同学们也许会问我，你当初有很多行业可以做，为什么要投资证券市场呢？原因主要有两个：一是，当时证券市场在我们国家是一个新兴的市场，风险大，收益也大，只要你把握得好，就能抓住很多机会；第二，在证券市场里面比较公正，不讲人情，没有欠账，也不要送礼，不像开饭店，要请工商、税务等等，哪方面的关系都要到位，这个比较符合我的性格。在所有投资者当中，我有几点是比较特殊的：第一，我在整个证券投资当中不透支；第二，我从来不打听内部消息；第三，我30元的认购证，买了10张，不像有些人买了很多，但也正因为我只买了10张，所以在这方面才很不幸运。

二、我的投资理念。我认为在股市当中应该看清大市，牛市不抓回档，熊市不抢反弹。我不提倡熊市中抓牛。为什么这么说呢，因为只有看清了大市，才能在牛市中挣到比较多的钱。在牛市中如果我们抓回档的话，你抓住的机会跟你踏空的机会是远远不能比拟的，踏空的机会远远大于抓住回档的机会，这也就是我在前面谈到的风险不能适应。反之，在熊市中抢反弹的话，道理同样如此。此外还有在熊市中寻找牛股的话，我认为这个获胜的概念也是比较小的。因为熊市当中绝大部分股票都要下跌，要想从中找到牛股，难度实在太大，而像我这种人水平是一般的，我估计没有这么幸运，可以找到少得如同凤毛麟角般的牛股，而且上帝也没有对我这样开恩过。

第一点，符合大众心理，领先大众一步。在做股票中，我们讲究的是领先大众一步。如果我们不领先大众，一直随大流，跟在大众的后面，股评家说什么，我们也买什么的话，那就很可能会吃套。因为一只股票即使再好，你把它的优点都发掘出来了，那它的股价本身就已经包含了这些优点，这时如果你再买进去的话，风险就是比较大的。还有我们同时要掌握，只能领先大众一步，不能太领先，太领先有的时候结果也非常悲惨。我们讲在期货里面大势是往下走的，你开空仓，太领先的话它还在往上涨，那你很可能就会被拉爆，或者叫打穿。在我们现实生活中，哥白尼跟伽利略很伟大，他们发明了日心说，但是他们太领先了，结果都很悲惨。有的时候符合大众心理，领先大众一步也体现在我们可以利用大众的错误心理，提前一步了结。怎么说呢？我想举个例子，我们在研究电流运动方向的时候，总是讲正电荷运动的方向，实际上我们知道，正电荷是不运动的，运动的是电子，而电子则是负电荷，因此在这个问题上从发明电流到现在就是错误的，但在很多人都认为错误是正确的时候，你就没有必要去硬扳龙头，硬扳龙头人家就会说你是不懂的。下面我举三个例子来说明我讲的道理。有一点要说明的是，我举例子，有的时候同一个例子会在很多不同的地方用到，因为我本身交易的次数少，大交易我只有七到八次，因而我不可能像有的每天交易多达好多只股票的投资者那样能讲出很多例子。

第一个是金泰基金的例子。当时我买500001金泰基金，发招股说明书的时候，我认真看了，其中有一条，就是讲到可以对基金配售新股。但是由于这一条在招股说明书的条例里面写得很不明显，所以很多投资者当时都没有在意。

谢百三：我解释一下什么是配售新股，比如说我们拿100万元去摇号，摇到多少就直接分给你多少新股，这样基金就成了一种特权。

X先生：我发现这里有一个配售新股的优惠条件而大家都没发现。开盘的第一天，开盘价是1块4毛5分，开盘价实际上是我做的，后来一路下行，最低的时候跌到1块3毛左右，我叫我的助手把我的资金都按1块3毛1分打进去，成交了1 500多万股，价格就往上抬了。后来过了没多久，证监会就落实了这个利好消息。给基金配售了新股，基金的价格也连续上涨，我在2块7分的时候获利了结，当时最高价涨到2块3毛多，当时我没跑，后来下来以后，后面又增发像新华基金等，我认为基金多了影响供求关系，因为商品的价格不仅是投资价值决定，供求关系也起到一定的牵制作用。从这一点来看，我们应该发现别的投资者没有发现的事情。只有领先别的投资者，你才能挣到大钱。

第二个，我要讲的是鞍钢转债。今年3月鞍钢转债招股说明书出来的时候，我也认真看过。我看到其中有一条，就是在转股价下跌30%的时候，上市公司要马上兑付转债，要付给投资者5%的利息。我对这一条信息是这样分析的：当时股市正处在一个基本牛市的状态下，如果鞍钢公司不在近阶段把股价拉高的话，熊市来临的时候，可能股价会下跌，如果下跌30%的话，鞍钢公司是很亏本的，它发行转债就要失败，就要马上兑付，因此我认为，鞍钢公司不会做这么傻的事情，而是会很着急地把股价拉上去，当然，证券法规定上市公司不能影响股票价格，但那是证券法的事情，一般来说，上市公司如果愿意把股价往上涨的话，就总是会有办法的。后来过了几个月，价格确实往上涨了。

第三个例子，就是上海梅林（股份）。梅林在连续6个涨停板，涨到15元的时候，我看了有关报纸，研究了有关信息，发现当时的投资理念是，在电子商务中B2C的商业模式能够取得垄断超额利润，而且，网络股只认第一，不认第二，最著名的就是亚马逊公司。当初我对这些理论是非常的困惑，不怎么懂，但我当时考虑这一波行情本身是由基金发动的，基金里面绝大多数是年轻的分析人员，他们比较容易接受国外的理论，而这些理论当时也正是NASDAQ中最流行的理论，我认为他们是完全有可能按这些理论去操作的，所以我在第4个涨停板的时候连续按照涨停板的价格挂牌，结果在第6个涨停板的时候才给我买入。这里还要补充两点，当初电子商务还有另外一个概念，即B2C；另外一点，配送网络也是一个瓶颈限制。在清华方兴东的文章中，还有中关网的首席执行官谢文都有专文提到这个事。而梅林借助郑广和的送水网络，在上海范围内是比较好的，所以它的概念符合网络股的概念。我在15块多买入梅林，后来一直涨到30多块，我没有跑。后来发生了两件事，一件事是我身边的谢教授跟我讲，吴敬琏老师在一次公开的场合说，梅林这种网络股是假的，也就是送送水。吴老师是我们经济学界的泰斗，他讲的话，在我们整个经济学界是有很大的引导作用的，如果他把这个秘密揭露出来的话，我想很多投资大众也会认识到的。第二点，那个时候，美国司法部要肢解微软，理由就是微软垄断经营，实际上我们查找微软的垄断，也不过就是一个捆绑式销售，也没有什么特别恶劣的地方，从这一点来看，对垄断，政府是不允许的，而且是有法律的，反托拉斯法，不会让你随意地垄断市场。现在亚马逊还没有垄断市场，如果它垄断市场，我相信会有第二个杰克逊大法官把它肢解的。从这一点出发，我认为网络股中只认第一不认第二这个概念应该消除，如果消除了这个概念，那么网络股的超额利润也就不存在了。出于这两点考虑，我就把梅林给平仓了。我举这个例子，主要是说明我买进去的时候也认为这超额利润是错误的。但我认为既然超额利润这样一个错误理论会被大众接受，那么我们就不妨利用起来。要领先大众的觉悟，就是要在大众还没有觉悟的时候提前跑掉，这个就是我在这个理论上的应用。

三、抓住主要矛盾。在现实生活中，总有一个矛盾是起着关键作用的，其余的矛盾都是围着这个主要矛盾转化而转化的，我举两个例子。在319国债期货里，在后期，它的价格远远超过保值贴补率计算的价格，很多人从保值贴补率的概念出发，认为应该开空仓。而在当时的情况下，保值贴补率并不是一个主要矛盾，主要矛盾是国债现货的流通量非常小，多头不管保值贴补率的高低进行逼库，这才是问题的主要矛盾。如果我们不认识事物的主要矛盾，硬看保值贴补率去开空的话，结果就会变得非常可怕。第二个例子我要讲国债回购。我挣钱当中有很大一部分是买入国债现券，然后回购放出，融入资金，再买入国债，再回购放出，这当中挣钱的诀窍就是国债上涨的收益刨除回购的利息，如果收益大于利息的话，我就是盈利的，否则就是亏损的。回购利率的高低在这当中起着关键性的作用。在有一个国债要兑付的时候，抵押国债的多少就是一个主要矛盾，因为如果抵押现券减少，融出资金是不会变的，它不会因为抵押券的减少而不融出资金。这样一来，供应不变，需求减少，价格就要下跌，价格下跌就意味着回购利率的下跌，而回购利率下跌，我的盈利就能增加。

四、战胜自我，忘记成本价。有的时候，很多人会问："你买入的是什么价钱?" 好像买入价很低，获利丰厚的时候，人家就会劝你，该跑了，你已经挣了很多钱了；如果你买入的价格很高，现在的价格很低，他就会说："你套得这么深，还跑它干什么?" 实际上我认为这些东西都是错误的，因为市场不会因为你成本价的高低而改变它的客观规律，我们在做股票的时候只有看后面的形势对你现在的股票的持仓有利跟无利，如果后市发展对你是有利的话，你获利再丰厚，也应该坚持拿着；如果后市发展对你是不利的话，你套得再深，也应该斩仓。我举两个例子，在1997年，我开空仓做商品期货咖啡，当时损失有1 000多万元。那时我总的资金量才3 000多万元，因此损失1 000万元就意味着损失1/3。经过分析，我发现自己当初开空仓的推理中存在一些错误，而且这个错误是致命性的。从这一点来看，后市的发展，风险我已不能驾驭，那么到底该不该斩仓？在当时那种情况下，如果斩仓，心是很疼的，因为毕竟是1/3的资金。但我看到，如果我不斩仓，后市更可怕，也许今后就再也不能进入期货市场了，因为后面的风险还不知道是怎么样的风险，当时我已经觉得失控了。从这一点考虑，我最后还是斩仓了。事后跟我的预测差不多，如果我不斩仓的话，再过两个星期，我将分文不存。第二个例子讲红小豆期货。红小豆我用40万开仓，盈利从100万元、200万元、300万元、400万元，一直上升到700万元，我才觉得，这个价格是正常价格，潜力已经挖尽了，再持有，后市就跟我违背了，于是我才决定平仓。在前面我挣了100万元、200万元的时候，有很多朋友都劝我了，你应该平仓了，你心太黑了。我说在整个股市里，没有心黑心白，只有对后市把握准确与不准确，如果我们心慈手软平仓的话，那会损失很大一块利润。当时我看到后市的发展还是对我有利的，所以我才一直坚持下去。

五、具体问题具体分析，不照搬经典理论。因为经典理论的成立是要有环境的，如果脱离了环境，经典理论就不一定正确，苏联十月革命的胜利是靠城市包围农村，而我们中国革命的胜利则是靠农村包围城市。如果我们照搬苏联的经验，那么结果就可想而知。在做股票中，我们也特别要看经典理论成立的条件是什么。我举一个例子来说明这个问题。还举500001金泰基金。当时金泰刚发行，在预测开盘价及后面的交易价格的时候，很多股评家照搬经典理论，认为基金的交易价格应该在净资产值附近。当时基金的净资产值是1块，开盘价是1块4毛5分，收盘价不到1块4毛，很多股评家都认为这个价格已经很高了。他们认为高的理由是翻了一些书，里面讲基金的价格与净资产值应该靠拢，而当时的情况是基金的供求情况严重失衡，中签率只有1%左右。要知道，一样商品的价格不但取决于它的投资价值，还取决于它的供需。当初供需那么剧烈，我认为它的价格应该远远地超过它的净资产值。当供需比较剧烈的时候，它的价格是应该按照收益来算的。当初696国债收益率大概在4%—5%，我把它放大1倍，到10%，按照配售新股，每年大约取得3毛的收益，当时市场预测基金能够涨到3块左右，实际上这个是被接受的。而当初的情况也正是供需严重失衡，因此我才敢大胆建仓。当初有一个股评家陈先生，他说价格太高；后来隔一天，证监会副主席陈耀先说这个价格基本满意。后来我说陈先生不满意，陈耀先满意，到底是有个"耀"管用，还是没有"耀"管用。

六、抓主流热点，重基本分析，轻技术分析，不要太迷信财务报表。因为我们中国目前的市场基本上是一个投机市场，如果在投机市场里炒作，就不得不考虑炒作的题材，所谓炒作题材，也就是主流热点。这个问题在炒作中是至关重要的，也是我们基本分析特别应该重视的。而技术分析则只是一个局部的问题，很多机构大户都完全有资金实力来画技术参数，你要阴线就阴线，你要阳线就阳线，你要三浪就三浪，你要五浪就五浪，这都是很方便的事情。事物的发展，微观是没有规律的，宏观是有规律的，因为技术分析是一个局部的问题，所以它的规律非常难寻找。在财务报表这个问题上，我认为不必过分看重，因为在我们中国，即使财务报表很好，也不一定有投资价值，原因有两个。比方讲，像东方电子，财务报表非常好，但我仔细查了一下，它从上市到现在，从没有现金分红。如果这种股票是在国外，也许会被投资者所抛弃，其实像这种蓝筹股跟 ST 股又有什么区别，虽然它财务指标很好。另外，有一些财务报表很好的公司，到最后你会发现，它竟是做假的。这是因为我们现在的投资者很难对上市公司进行监督、调查了解，你去调查的话，也基本上是人轻言微，人家也不一定肯正确地答复你，因此你得到的信息也可能是虚假的，从而使自己在这个问题上吃苦头不少。在 1994 年的时候，我买了琼珠江，这只股票我从其历史上的财务报表分析，不管是流动比、速动比、净资产收益率、资产负债率，各项财务指标都近乎完美，我想这种股票投资价值很高，赶快买着长期投资，不怕没有丰厚的回报。谁知过了半年以后，出来的报表却让人大跌眼镜。事后我才搞清楚，海南的股票有的有虚假的成分。

七、不看庄家看股票。有很多投资者，在投资股票的时候总要去打听庄家的消息，想与庄家共舞。我认为这个不可取，一则，庄家的行踪不是你这样道听途说能打听得到的，庄家的行踪是一个商业机密，他怎么会随便地公示于人呢，而且打听本身就是件很困难的事情。第二点，庄家坐庄也不一定成功，如果庄家坐庄都会成功的话，那么每一个大资金都会去坐庄的，如果坐庄总是成功、散户总是失败的话，那散户为什么还要参与股市呢？所以你即使跟上了庄，也未必就一定能成功。有的人问了，不看庄家，你怎么操作呢？我认为我们只要研究股票的质地。你这只股票的质地，是不是适宜坐庄，如果这只股票的质地适宜坐庄，今天没有庄家，明天也会有庄家，申银万国不来坐庄，华夏证券也会来坐庄，因为它股票的题材适宜坐庄，庄家也是有头脑的，他们也是会进行认真的分析的。实际上我们看树林里有没有鸟，我们不要去数树林里的鸟，只要看这个树林的生态环境，如果生态环境是很好的话，今天没有鸟，明天鸟也会来的。在“文化大革命”的后期，中国出了王张江姚“四人帮”，那个时候由于我们国家的民主与法制建设受到了极大的破坏，即使不出现王张江姚，也可能出现赵钱孙李，即使不出现“四人帮”，也可能出现“三人帮”。宏观事物的发展是有规律的，我不能说明天的天气比今天热还是冷，但我可以说半年以后的今天气温肯定比今天高，因为地球跟太阳的关系发生了改变，这是一个宏观规律。

八、做自己熟悉的行业，不盲目投资。现在一般都讲不把鸡蛋放在一个篮子里，而我的操作则与此恰恰相反，基本把鸡蛋放在一个或两个篮子里，很少分散风险，我认为这样风险非但不是扩大，反而是缩小了。在我们市场经济充分发育的今天，各行各业竞争非常剧烈，而人的能力是有限的，不可能熟悉每一个行业，当你投资你不熟悉的行业的时候，你在这一行业的竞争中就处于劣势。处于劣势还能盈利？这个我是很难想象的。我们只有在优势行业中才能盈利。当然，做自己熟悉的行业也不是说要你固步自封，不去开发新的行业，如果 19 世纪你专门从事马车业，那你可就苦了，因为那是个没有发展前途的夕阳产业。我们就是要不断开发新的产业，但在新的产业没有成熟的时候，我们不要投资，或者只花少量的钱进行投资，在取得经验，熟悉了以后再转到这个行业大规模地投资。

第三个方面，我对现在证券市场的一些看法。（1）中国的宏观经济与股市的关系。一般经典理论认为，宏观经济改善，企业效率上升，盈利增加，股票价格上涨，股票指数飙升，宏观经济与股票指数是一个正相关的过程，而这个理论我认为在我们中国基本上不适应，因为我们现在的平均市盈率在 60 倍或者比 60 倍更高的程度，而且这里面还包含着很多虚假、关联交易。那么在这么高的市盈率的情况下，宏观经济发生了一点改变，市盈率就有所下降，如果下降 10%，市盈率就从60倍下降到50倍。60倍没有投资价值，50倍也没有投资价值，我们现在上市公司的所有的盈利还不够交一年印花税，这种上市公司的投资价值由此可想而知。而且即使有少量下降，也无济于事，也不能变成一个投资市场。如果投资价值没有改变，你这只股票上升的基石又在什么地方？第二点，我们现在的上市公司基本上是由国有企业改制而来的，而这个改制又是轻改制，重筹资。我国股市今年资金供给大大增加，这是有目共睹的，才促使了这一轮行情的发生。(2)中国证券市场最需要迫切解决的问题是股本结构不合理。我们现在的上市公司是国有股一股独挡，结果带来了很多弊病。第一，优化资源配置无法进行。第二，国有股一股独挡，使得收购、兼并都不能进行。既影响了优化资源配置，又对上市公司领导人缺乏约束力，同时还很容易产生与某公司进行关联交易的问题，因为它缺少监督。第三，它不能体现股东民主参与。国有股一股独挡，他根本用不着理会中小股东的建议。听你的，他是董事长；不听你的，他也是董事长。还有，我们现在国有股的法人地位不明确，产权关系不清晰，也阻碍了现代企业制度的建立，从而带来了很多深层次的问题。(3) 外资的进入对中国证券市场的影响。现在，每当公布要建立中外合资基金引入外资的时候，人们总是欢呼雀跃，以为外国的资金要来抢购我们中国的股票，好像我们的股票指数要大大地上升，我们就要挣大钱。我认为这是一种误导。如果证券市场对外开放，结果会恰恰相反。为什么这么说？如果证券市场对外开放，所谓对外开放是双向的，外国投资者可以买中国股票，中国投资者也应该允许买外国股票。而中国的股票与外国的股票相比较，我们现在的市盈率是60倍或者更高一点。而外国的像美国的市盈率30倍，投资价值显而易见。而且大家也都知道，资金有一个追逐利润最大化的本能，很水性杨花的，不会盯着中国这些投资价值低的股票忠贞不移，会有一些冷静的投资者购买外国投资的，而我们中国股票的投资价值，实际上外国投资者已经作了一些表态，在香港股市上，H股的价格只有A股的几分之一，香港是世界上几大金融中心之一，外国投资者购买H股应该不是困难的事，如果很有投资价值，我相信一些大的机构投资者是不会看不中这样的投资机会的。

X先生答学生问：

问：X老师，以你目前的资金量、人生阅历以及市场的号召，你以后会做以下选择吗？第一，成立一个投资咨询公司；第二，成立一个对冲基金；第三，像李嘉诚先生一样，做实业，做出一个大的实业公司来。

答：我要选择第二项，这个是我的目的。我可以很坦率地告诉大家，如果在半年前的话，我就不可能来上课，也就不可能接受新闻媒体的采访。我是比较趋向于隐蔽的态度。现在我的态度之所以会发生转变，也是由于看到中国即将加入WTO，金融开发步伐将会进一步加快，有可能再过若干年就可以成立个人管理基金，像巴菲特一样。如果成立投资基金的话，你就需要把你的投资理念推销给广大投资者。那么我有这个愿望的话，我就要学着推销自己，这一方面是我以前一直忽略的，所以我也比较重视在这一方面的锻炼。我的最终目标是要成立自己管理的投资基金，到国际市场上跟索罗斯较量一番。这个是我的终生夙愿（长时间的热烈鼓掌）。

问：炒股票是不是应该借钱？是不是一定不能借钱？

答：对借钱这个问题，好像没有规定一定不能借钱，现在有一个比较时髦的名词叫资本运作，好像跟借钱差不了很多。还有，做期货本身就是借钱。国外的融资都是被法律所允许的，所以借钱没有什么不可以的。

问：请你谈谈对B股市场的看法。

答：B股我没做，回答不了。考虑到B股的流通性不好。

问：你的冒险性格是怎样形成的？与你的家庭、教养有关吗？

答：所谓冒险是相对的，实际上主要的是对风险的把握能力，这才是关键。有的人看我很冒险，实际上我认为自己很稳当，像买入梅林这只股票，6个涨停板之后再买入，外人看起来很冒险，实际上我对它是有研究的，我认为这只股票风险不大。正像走钢丝的人，你看他很危险，实际上他本身并不觉得有很大的危险，因为他有高超的技巧，能把握风险。

问：X先生，谢百三教授的金融意识也很强、理论水平也比你高，为什么他发不了大财，你却可以成功？

答：这个问题这么问不妥……谢教授还要搞学问、搞研究，要分心。你们说他的复旦大学博士研究生导师含金量有多少！我多次对谢教授讲过，叫我X工程师，我很高兴，叫我X老板，我就听了不舒服。如果给我一个博士生（真才实学的），我立即分给你5 000万。

问：X先生，你有了这么多钱，以后怎么处理？

答：最后一定是取之于社会，还之于社会。

X先生的演讲在北大引起同学们的极大兴趣，大家纷纷提问。

试论新一轮制度性的牛市

资深人士 陈 钢

编者按：陈钢是中国最早参与沪深股市的资深人士。他的最大特点就是无论在大熊市还是大牛市中，都对中国股市抱有充分的信心，对中国股市从来不灰心、不气馁，虽然在大熊市中也吃过一些苦头，但由于他选股正确（如前几年一直持有大牛股烟台万华），大多转危为安。在2005年6月以来的大牛市中，他的情况又上巅峰。他崇尚巴菲特，崇尚价值投资。陈钢是成功的，无论在股市、爱情、生活及朋友圈子中，他都是成功的，我们由衷祝福他。但是，笔者要提醒大家的是，股市毕竟是股市，风险很大，任何时候都应理性、冷静，不能因为是大牛市就乱冲乱撞，还是要选好个股。防止赚了指数赔了钱，居安思危才能永远立于不败之地。陈钢的文章，我们主要从宏观上、战略上去学习、理解。

一、上次讲座6年来的市场回顾

2000年10月底，我应谢百三教授之邀，在北京大学光华管理学院给700多名MBA工商管理研究生作了一场关于对10年股市总结性质的报告，后来成文选入2001年中国经济类畅销书《十年一个亿》这本书。迄今已经过去6年整了，回顾当时的讲话，我认为最大的一个成绩是：在中国权威的股评文章著作中，我算是较早明确提出“10年牛市的一个历史性的大顶正在形成之中”的一个人。是不是当时的股坛发出这种声音的第一人不敢说，但类似“估计还有半年左右的行情就会出一个10年的大顶”——这些原话原文自己至今看了，仍感惊心动魄。2001—2005年这整整5年，是中国证券市场15年以来最大最长的一场杀戮和洗劫，仅仅是股票市场流通股东的财富就从2.8万亿元减少到只剩下7 000多亿元，将近75%的财富大缩水呀！不要光看沪综指从2 245点跌到998点跌幅55%，深综指从670点跌到235点跌幅为65%，这是不够准确的统计方法和数据，只有用流通股市值缩水的数字来计算，才能客观准确地反映出流通股东的财富损失的惨烈程度。

对于当年曾经敏感地准确预测“10年大顶”应该总结些什么呢？我整理有下面几点：

第一，对于全身心参与经历过10年多的股市投资者来说，对自己关于市场的总的感觉和判断要异常珍惜和重视。在遍地股市消息和股市言论思想充塞的时空里，人的思维和思想一定会受到来自许多方面的影响和干扰，所以，珍惜自己内心深处的声音，显得异常重要，如果你身经百战，又已经在这个行业浸润多年，那么，这种“市场感觉”也许会胜过所有理论和权威。

第二，一旦作为行业多年的全身心参与者，对市场产生了强烈的“大顶”或者“大底”的“市场感觉”，要冷静下来，用理智的数据和事实，对“市场感觉”进行理性分析。2000年10月有“造大顶之感”，那么，只要用市场平均市盈率、市净率，还有一些常用的技术指标和形态表现，就可以比较容易印证这种感觉了！2000年10月，市场平均市盈率已达50倍了，泡沫已经很大啦。

第三，如果“市场感觉”和理性分析得出的结论是一致的，就要毫不犹豫地行动起来。要制订出切实的操作计划，要坚决地执行出货和入货的指令精神。股市操作是一个相当独立而自成体系的系统工程，光有“感觉”和理性分析，而没有坚定有力的行动和措施来执行和落实，是没有用的，甚至比“没有感觉”还要令人悲哀。我们周围有太多这种“知”而不“行”的人，股市上要能做到“知行一致”那是非常困难的！回顾自己这几年在大熊市中的操作，主要还是“知行”不能达到一致，熊市的损失还是比较大的。

在这方面，比较欣慰是，2005年9—10月，我的“市场感觉先生”告诉我：一轮新的制度性大牛市已经开始诞生了。千点大底不仅是政策底，也是市场大底、价值底。多少次的沉思：是真的吗？真的吗？——所有来自内心深处的回答都是肯定的。面对这份久违的市场感觉，我从理性上也对市场作了分析，从平均市盈率、市净率、股市常用指标和型态……等技术面上的内容进行研究；基本面上，对我国人民币升值，我国国民经济与上市公司的高速发展的情况，也进行了一定的研究，从而得出结论："市场感觉先生"与市场冷静理智研究的结果是一致的。于是，我尽己所能，把大部分的固定资产和所有的流动资产，悉数投入了中国的 A 股市场，至今收获颇丰，个人资产的收益率跑赢了大盘。索罗斯强调"要想获得成功，一定要在理性的投资分析之后"，但我要说，对于有年头的投资者来说，理性分析一定要与市场感觉结合起来，成功几率更高。

回想 1996 年年初，我也有"世纪性大底"、世纪性的赚钱机会已经来临的市场感觉和认识，但当时调动所有的资源来参与那轮史无前例的大牛市的理智和激情、措施与行动，都没有 2005 年年底和 2006 年年初来得更完全和更彻底。

第四，不管牛市、熊市，投资股市的选股理念始终位于根本性、决定性的重要位置。6 年前的报告我举五粮液为例论述选择股票要注意"绩优性和成长性"，认为这是股市投资的关键所在。现在看来，正是自己一直坚持了这种投资理念，才使自己避过了几轮熊市的打击，即使是这 5 年最严重的持续性下跌的重大打击，最终还是"从死人堆里爬了出来"，坚持到大牛市的曙光出现。而且，入行 17 年来，自己第一次可以对自己说，今后不管股市出现什么情况，都会胸有成竹地去解决它和把握它。

以上几点认识是重读 6 年前的旧文所产生的感觉，今后自己会把它们作为自己战胜自己的金科玉律来执行。虽然别人可能会觉得很肤浅，但我非常珍惜。

二、新一轮制度性大牛市的成因、规模、深度、广度

先定义一下什么叫"牛市"。到现在为止，国内还没有比较权威的关于"牛市"定义的说法。国内最好的基金公司一位老总曾经在 2006 年 3 月作报告说"牛市来了"，但到了 6 月又说"没想到牛市上升这么猛"，说明他对牛市的理解还不是心里特别有底。牛市，我的理解是它必须包含两个要义才能称之为牛市，否则，就一定不是牛市，而只是反弹，或 X 浪或 B 浪等的反弹。第一要义是它的高度必须是大创历史新高，至少比上一浪的浪顶高出 50% 以上，例如深综指 2001 年的 670 点就比 1993 年浪顶的 368 点上升了差不多一倍；沪指则比 1993 年上升近 50%。所以，这一轮升势如果它是牛市，就一定要上升到沪指 3 100 点之上。第二要义是它的周期一定要比前一轮周期长，例如 1996—2001 年的牛市是 5 年半时间；而 1991—1993 年的牛市只有 17 个月，从这个角度说，这一轮的牛市，它的时间跨度至少是 5 年半的 1. 382 倍，即 7 年半以上吧（从 2005 年 6 月到 2012 年年底）。（编者按：陈钢先生对大牛市时间之长的这一分析仅供参考，而且牛市中还有多次大中调整，读者要切切冷静。）

对目前市场升势性质的定性是极为重要和关键的。记得 1996 年的"五一"节期间，当时深交所的领导召集深圳、广州的股评人士开会座谈，领导问怎么看市场的上升，我当时说："是一轮新牛市的诞生与起步。"广州一位股评人士说："先看成一段上升趋势吧。"我反驳说："反弹也是上升，反弹完后必创指数新低；牛市上升，是要大创指数历史新高的。"现在我们也同样面对这个问题，要非常明确市场升势的性质。即使都是牛市，性质与特征还是会有很多的不一样。那么，这一轮新牛市与前面 1991—2001 年的牛市相比，内在本质的区别与最大不同的特点是什么呢？我认为这一轮牛市是"制度性牛市"。"交易性牛市"与"制度性牛市"的异同比较，应当可以作为一项重大的科研课题吧。

"制度性牛市"应当有比较严格的定义和范围。首先，"制度性牛市"是针对过去 2/3 非流通股不能流通而言，针对性极强。全流通股票的市场制度是对 2/3 不能流通股票的市场制度的根本性变革，这种制度性的变革把一个畸形的不能体现自由资本意志与能力的股市还原成一个与国际股市制度接轨的，能够较好地体现资本意志的比较成熟的股市。其次，“制度性牛市”体现在比“交易性牛市”有更多透明的制度；上市公司信息披露更透明公开的制度，更好的法人治理结构的制度；投资机构包括国内外的投资机构、个人投资者，有更多与国际惯例接轨的进出股市制度的支持与约束……因此，从这个意义上来说，重新变革创造的新的“制度性市场”而孕育出的“制度性牛市”，它具有更多的真正股市本色的新特征，它对杜绝出现黑庄、内幕交易、公司腐败等等负面的市场因素，已经起到并将会起到更大的作用和意义；它当然不是神丹妙药，会杜绝一切的市场丑恶，但它至少比原来的“交易性市场”提供了更多确定的透明的，公开、公正、公平的良好制度支持。这种良好的系统的全面的制度支持，引发出一轮较之于“交易性牛市”更健康、更持久、更有效的牛市，难道不是天经地义、顺理成章的吗？

“交易性市场”最大的特点是牛、熊市的出现更多地体现在资金进入与退出股市的周期波动，更多地体现为在牛、熊市中所有的股票都会大涨大跌，股票基本上是齐涨齐跌的格局；而“制度性牛市”最大的特点是股票的上涨更多地体现在上市公司的基本面上，上市公司基本面成为决定股价的根本性、决定性的因素。这一点从2005年6月到2006年9月底，沪综指从998点上升到1 750点，指数升幅接近75%（编者按：本书出版时，上证指数已到过2 900点以上），但还有几十家股价仍然低于998点时，可以有所证明，相信还会有类似数量更多的业绩差、亏损的上市公司的例证出现。以此推理，在第一大浪的“制度性牛市”推向波峰结束之后，依次出现登场的主角是熊市，但这个熊市也会是“制度性熊市”，应当是这样熊市的性质与定义，它的表现也一定远不同于1993—1996年、2001—2005年的这两轮“交易性熊市”的市场表现，很可能最优质股票的下跌空间只是一个一般性的20%—30%为下限的波动区间，而基本面不好的上市公司依然会出现70%—90%的下跌空间。

当然，我们现在谈论这一话题还远不到时候，因为这一轮大牛市才刚刚起步，它的时间跨度、指数高度、个股的上升空间，都应当是历史上没有出现过的、无法比拟的。我们从2005年6月至2006年9月用了15个月的时间，只是确认了新一轮牛市的成立，确认了这一趋势的形成而已。它是巨大的海潮刚刚掀起第一排雪白的浪花，是满园春色即将到来时树芽儿发出的第一株嫩绿……

1. 新一轮制度性牛市的成因主要由以下方面因素构成：

（1）振兴股市，让股市长期走牛，已成为重大的国家战略。这几年国家在治理整顿证券市场上已投入几千亿元巨资；而股权分置改革，国家更是让巨利于民，才迎来今天的多赢格局；国有商业银行、大型国企上市，保险资金、社保资金、企业年金等巨资入市，更是将国家的经济命脉放到了股市上。

（2）我国股市改革的成功，是一系列改革的成功：股权分置成功了；清理整顿券商成功了；上市公司清欠接近成功了；引入外国投资者制度成功、引进大型机构入市制度成功；大盘新股上市指数不跌反涨，新的发行上市制度成功；市场指数大幅度上升，投资者大部分获利成功……股市的系列性成功，为我国在20多年高速发展后，各行各业再度深化改革提供了成功的典范与光辉榜样。今后，在医疗、教育、住房，甚至于各行业，都将有必要学习仿效“股市的深度改革”，股市改革的成功对各行业的深度改革有着重大的现实和长远意义。

（3）国家经济持续高速发展，股市作为经济晴雨表，一定要反映经济的情况。

（4）中国综合国力已经名列世界前茅，GDP总值已名列世界第四，但我国股市市值与我国GDP相比，与国民个人储蓄、企业储蓄、社保基金、保险资金、企业年金等规模巨大的可以流入股市的资金量相比，实在是太小了！深交所总经理张育军在2005年12月全国基金年会上预测：我国基金业的规模，到2020年将高达100万亿元！2005年12月我国的基金总量仅约5 000亿元。那么，2020年的中国股市市值会达到多少万亿元呢？从这个角度看，未来15年，我个人看法是国家没有什么大的行业能够在这个时间段中，达到股市市值翻多番的倍数增长。

（5）人民币的长期升值，必然推动我国股市的上升。

（6）我国的人口红利进入高速增长发展的最后10年。

（7）我国由于经济发展程度不一，人口众多，沿海一线城市、中部二线城市、西部三线城市，还有“建设社会主义新农村”，城市反哺农村……这些都使我国经济比外国有更强大的内生性与广大的国内市场，从而也使我国经济的高速发展有着比外国更坚实的基础，从而也使我国股市拥有着更广大而持久的牛市空间。

（8）解决了股权分置，将使大小股东利益一致，上市公司大股东将由过去“往里掏”改为“往里装”，注入优质资产，促使上市公司业绩回报转好，推动股价上升。

（9）解决了股权分置，股市开始出现真正的购并、兼并，从而产生更多强大的上市公司。

（10）上市公司期权激励机制的普遍形成，会使大量上市公司包括国有上市公司焕发出巨大的激情和创造出持续而巨大的经济效益。

（11）新的公司上市制度的实施以及牛市上升，使市场承接新股能力增强，不仅国内所有品质好的公司会上市，国外也会有优质公司加盟我国股市，我国股市会从投资者队伍到上市公司队伍，越来越显现出国际性的大型股市特征。

（12）从世界各国股市尤其是美国、日本、香港、台湾股市看，伴随着国家和地区的经济高速增长，在二三十年的资本市场发展过程中，一定会出现一大批代表了这个国家和地区的绩优成长的大蓝筹股群，像美国的微软、日本的丰田、香港的汇丰、台湾的台积电等等，这些大蓝筹股、大成长股在过去的30多年中，给予了投资者上百倍乃至于1 000多倍的丰厚回报。我想，中国股市同样会出现这样高成长、高回报的大蓝筹股。这些大蓝筹股，今后不仅会为我国的机构和个人长期买入持有，也会吸引全世界的机构和个人投资者长期买入和持有……还有，这一点我相信是我个人的独有看法，我国还没有过一次全国普及性的持久性的大牛市，还没有真正让全国人民在股市“疯狂”一回，因此，从这个意义上来说，这一轮“制度性大牛市”尤其是牛市主升浪，应当是涨幅极为惊人的……我认为，这轮“制度性大牛市”的主要成因就由此构成。目前市场正在体现上述的特征和要素，今后会更多地体现，也还有更多的新的内容和要素诞生并表现。

2．新一轮“制度性牛市”的规模

上述谈新牛市成因时已经涉及到这个问题。新一轮“制度性牛市”的规模，我想，任何与过去牛市峰值的市值规模比较都没有必要。需要强调的是，作为一轮制度创新的大牛市，除了经济因素外，大家要更加重视由重大经济事件引起的重大政治影响。2005—2006年这两年的中国股市，无疑将在今后的中国历史上留下极为重要的一笔。股权分置改革的成功，为政府在各行业、各部门进行“深化改革”树立了信心和榜样；股权分置改革的成功，使中国的几大国有商业银行成功上市，为化解国家金融问题作出了重大的贡献。几大国有商业银行的上市，标志着我国股市走向成熟发展、永远不可逆转之路，这一点是极为重要的，因为一直到2005年全年还有重要官员撰长文向中央建议取消股市。今后，维护中国股市的相对稳定，就同维护中国的国家金融安全联系在一起。而随着代表了国家经济命脉的国有商业银行，已跻身于国际重量级大型企业的国企在A股市场的登陆，国家级的大规模资金，诸如国家社保、商业保险、企业资金、企业储蓄资金，甚至地方社保基金等，也将随之入市买入并长期持有，还有像美国、新加坡、香港等一些国际型大机构的资金也将入市，我国股市市值的超常规的巨大增长膨胀将不可避免。

现在，香港的约11万亿元港币的市值排在世界第六大证券市场之列，而据我和我的朋友估测，也许，到2008年，最迟不超过2010年，我国A股市值就将超越香港股市市值而一跃上升到世界第四或者第三大的证券市场，正好与我国GDP总量在世界的排名相当。

3．新一轮“制度性牛市”的高度和时间跨度

牛市的高度，包含两方面的意义。一是指市场的整体上升幅度的高度，例如1991—1993年17个月的牛市，深综指从最低45点升到368点上，升了7倍；1996—2001年的牛市，上海从512点升到2245点上，升3倍多，那么，这一轮从沪指998点起步的牛市，它的升幅会有多大多高呢？下文将进行讨论。牛市高度的第二层意义是指个股的上涨幅度，尤其是龙头股和主流牛股群体的上升幅度。像1996—1997年仅两年不到的时间，深沪龙头股深发展、四川长虹就上升了15倍左右；二线绩优股一般也有七八倍的涨幅。目前市场中涨幅最大的是××股票，从2004年7月上市至今，升幅已达7倍，是大盘70%升幅的10倍。

由于中国工商银行的上市，今后还有中海油、中国人寿等大市值重量级A股登陆，中国A股市场的指数波动会趋向于相对过去15年更稳定，波幅会缩小，会更趋向于美国纽交所的道琼斯指数的波动状态，但由于总体市值与美国股市相比，仍然较小，因此，总体的波幅也会加大。美国近40年来股市的年均上升速度为9%左右，其中在1964—1981年的17年里股指才上升了一个点，但随后便在19年里从最低点600多点一路涨升至12 000多点，指数上升了近20倍。我国股市会不会出现一轮美国式的1982—2000年大牛市呢？值得我们期待。美国前面17年的不涨，但国家综合实力和上市公司的业绩是在大幅度增长的，结果出现美国股市横了17年，猛涨了19年的壮观景象。我们的股市从1992年至今，从1 400点至1 700多点，也已横了14年。从指数与综合国力对应关系来看，1992年沪指数高点在1 400点上方时，当年我国的GDP总量仅有26 000多亿元；到2006年我国GDP总量约20万亿元，最迟到2009年，GDP总量应会达到26万亿—27万亿元。在全国经济规模、财富规模扩大8—10倍的基础上，经过重大系列性的制度改革成功，我国股指会怎样表现呢？我个人倾向于认为，从现在的2006年10月开始，我国股市牛市出现加速持续上涨的可能性加大了，甚至出现类似美国式的持续上涨也是可能的。至于上升的高度，看来只能套用一句股市谚语就是“熊市不言底，牛市不言顶”。

新一轮制度性牛市的时间长度，应当是大家非常重视的问题。我自己的看法是：仅仅是一个从无到有的交易性的国内A股市场便走出了一个1991—2001年的10年大牛市；那么，现在是一个从国内走向世界性的制度性的中国股市，至少，它的牛市周期也应当很长。值得注意的是，还有一个更大的牛市周期规律的现象：美国1899年道琼斯指数从45点涨到1929年386点，走了30年的牛市；日本从1958年指数的400点涨到1989年1月的3 890点；我国台湾则是从1967年的100点左右涨到1989年的12 500点左右；香港特区从1967年的100点左右涨到1997年的17 600点。只有台湾是20多年的，其他三个国家和地区基本上是用30年走完一个大型牛市周期。现在再看美国，仅仅用了6年时间的整理，股指又创历史新高了，香港股市也将很快创出历史新高。在这种牛市的时间周期中，看来决定性的因素主要还是经济发展和上市公司的业绩状况，如果宏观、微观经济状况发展良好，牛市当然会加速上升，牛市周期当然也会继续延长。

我个人倾向于认为从长周期看，我国股市将有相当长一段时间持续向好，属于大一浪和大三浪的主升波段。当然，这并不意味着这些年就都是涨，中间还会有大的调整，甚至不排除会出现两年以上周期的中级调整，但总体看，以主升段为主。

4. 新一轮“制度性牛市”的广度

牛市广度是市场操作上一个极为重要的课题。举例来说，在1996年仅10个月的操作时间，就有优秀投资者赚到20倍利润，具体操作是：在2月6元多买入深发展；5月深发展30元左右卖出，赚了5倍左右；再买入当时的二线股粤电力这样的股票，到9月翻番出局；10月后全仓介入三线股深宝安、津劝业之类，再次翻番出场，资金已翻20倍。当然，还有更神奇的民间投资大师，从1993年的3万元或1996年的2万元起家，至今已经赚到数亿元的，这些不显山不显水的人物，比起目前号称“中国股神”的××一点不逊色。要补充一句：我认为××的投资理念也是很好的，是真能赚大钱的投资理念。

上述这番话想引出的主题是：牛市的广度对于所有的市场参与者来说是非常重要的，它使大部分的股票形成了上升的趋势，使大部分的投资者都能分享牛市上升的较好回报。牛市的广度，对于善于轮炒个股、善于捕捉热点的投资者来说，获利会相当的惊人。2005年中至2006年中，我国开放式基金最高涨幅为101%，这个开放式基金是××基金的×××操刀的，其操作风格与理念是轮炒市场热点个股，敢于重仓股进出。从上述1996年20倍盈利的个人投资者到现在大型的开放式基金，为什么能取得惊人的股市回报，应当说都与牛市的广度有关。

牛市的广度，主要应当是牛市牛股的增多，市场获利的机会比熊市、平衡市、箱形市要好许多。现在的“制度性牛市”比之于以前的“交易性牛市”，显然，上市公司壳价值更值钱，由于全流通了，由于市盈率放大套现的效应，实业资本往股市发展的冲动将更为迫切。所以，在这一轮新牛市中，极可能涨幅最大的牛股不是来自透明白马大蓝筹股，而来自装进了优质资源且持续产出高效益的重组股。总而言之，在一轮制度性牛市中，目前市场已经涌现并且一定还会涌现更多的以前牛市中没有的新鲜事物，我们应该以更开放、更宽容、更积极、更进取的态度与行动去接纳与操作……

5. 面对这轮制度性的新牛市我们应该怎么做

我个人认为，这一轮新的制度性大牛市，其上升高度与时间跨度都将是历史上前所未有的，这里面的机会也将是巨大的。过去10年有过两段重大的历史性财富高速增长时期，其一是1996—2001年的沪深牛市，增长了1.5万亿元的财富；其二是2001—2005年上海的房地产市场，也增长了约1.5万亿元。现在，中国股市面临前所未有的重大发展机遇，它又会给我们带来多大的财富机会、财富人生呢？持什么样的态度和怎样行动将决定一个人、一个单位在未来十几年的股市收获如何。在这样一个历史性的重大机会面前，谁能认识深刻且行动有力而持久，谁就将成为时代的胜者。我们应当全心投入、全力投入。在投资配置中，股市配置应占第一位，应占压倒性的绝大比例配置。我们应该把精力放到对牛市个股的高度与广度的深度研究上，放在对龙头股与牛市主流牛股群体的研究与把握上。在1996—2001年的5年半大牛市中，其实是两轮不同的牛市，1996—1997年完全是价值型的牛市，龙头股深发展和四川长虹，升幅都在15倍左右；其他的价值型二线股如粤电力、深万科也有7倍、8倍以上的升幅；但绩差股的升幅就很小。而1999—2001年这两年牛市，主要是网络概念、重组概念股的牛市，是绩差股大涨特涨，这些股票大都有5—7倍的升幅，但上述的一线、二线价值股基本上都没有什么升幅。（编者按：本文写成后不久，2005年10月25日起宝钢、万科、招商银行等大盘蓝筹股开始急剧上涨）过往的市场历史提醒我们，要关注不同阶段的不同市场热点，当然，我坚信，拥有巴菲特、彼得·林奇投资观念的投资者，最终会成为市场最大、最持久的赢家，也是全面人生的最大赢家。

请容我在最后的篇幅中谈谈对“全面人生最大赢家”的看法。在改革开放至今的追求人生财富成功的历程中，有太多的名人和普通人由于不能做到“君子爱财，取之有道”，从而毁灭了整个的人生。物质财富肯定不是人生幸福的最核心内容，最终，中国五千年来的人生核心价值观“五福说”，将成为全人类的终极人生目标。“五福”指的是“平安、富贵、施善、长寿、善终”，我理解：在所有的人生福气中，平安是第一位的，是基础性、前提性的，没有平安，所有的福气都将不存在；健康长寿是人生福气最实际最中心的内容；在健康长寿的人生过程中，自己富裕了，应当主动回报社会、施善于人；善终则是对一生完整的总结和交代。我们现在已经很震惊地看到：世界首富比尔·盖茨，世界第二富巴菲特，他们已把自己几百亿美元的财产捐给了慈善基金，华人首富世界第十富李嘉诚也已捐出1/3的财产给慈善基金。这正是“全面人生的最大赢家”！在此，殷切希望所有的朋友，都拥有美好的“五福”，拥有无悔的高贵的人生历程。

十年磨一剑

——中国股市发展与个人投资者的命运

编者按：早在20世纪90年代初，当多数人为连续十几个月阴阴下跌的股市坐卧不安时，陈钢很有信心地看到了中国股市从1990年起将经历一个长达约10年的大牛市。他学习政策、法规认真仔细，对基本面、技术面分析有独到见解。复旦大学《金融市场学》课程就请他讲过课。北大举办的系列讲座中，我们又多次请他，遗憾的是，他来北大开讲座时，我又正好在昆明调研，于是由热情的同学们主持接待，结果反映热烈、评价甚高。

主讲人：陈钢

主持人：安菲菲（北京大学金融系四年级班长）

时间：2000年11月4日

地点：北京大学光华管理学院

一、如果聘我做顾问，君安公司可多赚30亿

感谢大家，我很高兴有这样一个机会跟大家在这里进行交流。我过去是在一个地区师范学校大专班读的书，然后再脱产读了两年本科，现在正在进修有关金融学方面的硕士研究生课程。我是1977年恢复高考后的第一批大学生，总共做过8年中学教师，最大的成就是担任自己妹妹的班主任，培养她考上了北京大学。她在北京大学获得了硕士学位，今天她也来到了这里听我作报告。北京大学一直是我心中神圣的殿堂，而我自己能在北京大学讲一些东西，心中真的是只能用诚惶诚恐来形容。我说这句话不表示我的谦虚，我是一个比较自信的人。在1996年我曾经对当时一些拥有十几亿资本的机构老总说，你们根本不懂市场，不知道现在这个大牛市。1996年2月，中国最大的券商之一君安的财政状况已十分困难，在深圳准备破产了，但在当年的大牛市中它却翻身解放，到了1996年9月它已经动用了大量资金炒股，1996—1997年连续两年是中国最大规模、最赚钱的券商之一，但1998年这家券商的一、二把手就犯事下台了。当年君安炒得最大的股票就是深发展。但深发展却并不是他们主动做的，而是因为1994年被套住了，后来才不得不做的。正好深发展当时是中国最具投资价值的股票，1996年1月只有6元钱，5月到6月，我在北京作演讲的时候，已经涨到18元钱。我当时对所有北京的投资者说，深发展虽然已经涨了两倍，仍然能够涨到60元。他们说怎么可能?！结果一年之后它从18元涨到98元。我觉得自己有一点成就，之所以有勇气站到北大讲台上谈股，就是因为当年我是第一个站出来说深发展会大涨的人士，结果它确实在一年半的时间里从6元涨到98元。

我为什么说这些呢？就是因为很多同学有疑问，中国股市能赚钱吗？不是坐庄，机构陷害，基金黑幕吗？我们不是都白做甚至亏损吗？NO，完全是NO，中国的股票市场是最能赚钱的市场——除非你当初不努力、不学习，没有充分的股市知识准备，那么股市对你将是最冷酷无情的——如果说这样的市场还是不能赚钱的话，一定是偏见。我做了10年股票，我做股民的时候全中国还不到10万股民，现在约为5 500万。上面说的当时君安为什么要在深发展涨到30元，即10送10除权后的15元左右卖掉1.2亿股的深发展呢？主要原因是他们觉得涨得够多了，已经净涨4倍了，不得了了。他们不懂牛市，不知道牛、熊市的发展规律。熊市里股市会跌得你不敢相信，牛市也一定会涨得令你发愣。如果把1.2亿股深发展捏住的话，将挣得更多，1997年君安净赚7亿元，可是如果聘请我当投资顾问的话，能够多赚30亿元。想一想，哪里去找赚30亿元的机会啊！牛市就是这样，不需要你坐庄，只要在那里看着它涨，直到市场开始狂涨的时候再从容出货。

大牛市发作的时候，就是盛大节日来临的时候，就像50周年国庆大庆时天安门前的焰火一样，绚烂升空，让股票也这样绚丽升空，然后就可以OK，BYEBYE了，等待下一个机会。君安可能觉得他们的出货已经很高明了，但是真理往往就掌握在少数人的手里，虽然它不把我这样的散户放在眼里。

虽然我曾经叱咤于这些几十亿、上百亿的机构之中，但我仍要对北京大学表示心中的景仰。北京大学所起的作用太大了，因为没有北京大学，很难想象中国的历史会如何发展。没有北京大学就不知中国共产党什么时候诞生，北京大学出了李大钊、陈独秀，毛泽东也在北京大学图书馆工作、学习过；北京大学发起了五四运动……所以说，北京大学的思想在中国历史上的制高点，是其他高校所不能比拟的。我个人认为北京大学对中国的历史、对中华民族的发展所起的作用是独一无二的。而且北京大学还将继续给全中国指明方向，所以我要说，感谢北京大学。

现在我要开始正式的演讲，十分钟的开场白不算太长。我刚才做了一个调查，有些同学想知道股票的历程，有些想知道戏剧化情节，有些想知道做股票的心态，有的同学还想知道坐庄。你坐过庄吗？没坐过庄，但总了解和研究过一点吧。我在中国股市做了10年，要生存发展，不研究一点坐庄也实在说不过去，坐庄的事情有善庄、恶庄之分。像这两天的××股，明显是一个恶庄，这两天要出货了，就连拉三天阳线，接着大跳水，今天庄家至少出了几百万股，行家知道庄家至少还对冲了1 000万股。1996年我走遍中国35个城市，分析了很多恶庄、善庄的故事。那什么是善庄呢？就是跟着公司的业绩慢慢地走，长期持有它的股票，你跟着他就可以看见很好的风景，跟着获利——过一会儿我们就会讲到的。不过我现在还是想先对中国股市进行一下回顾，也是对我自己10年投资生涯的一点回顾。

二、十年回眸点滴

我1990年入市的时候，深圳只有5家股票，深发展、深金田、深万科、世纪星源（那个时候叫深原野）和深安达，流通市值几十亿元吧，到今天深沪两个市场已有1 050家了，市值则达到15 000亿元，这充分说明了股市的发展，这是第一。投资者也发展到5 500多万人，一个人拿出1万元就是5 500亿元。香港股市指数现在是15 000点左右，香港也就是200多万股民，而中国大陆显然还有大规模发展的可能，股民未来可能发展到两亿户，这是第二。第三就是机构投资者队伍有了长足的发展。第四，从指数来看，1991年3月深综指诞生点位为100点，今天的收盘为603点，回想1991年9月，深综指从3月的100点跌到45点，就像刚出生的婴儿，开始时有10斤重，养了半年却剩下了4斤5两。当时没有证监会，深圳市政府自己决定救市，从人行深圳分行拿出两亿元决定买深发展，决定在14元左右天天打。当时深发展从83元钱掉到13元，中间有一次除权，那是中国第一次股灾，当时除权后应该为20元，开始还是以25元钱开盘，但开不出来，20元没有接盘，19元没有，18元没有，17元没有，直到15元。当时深圳4个交易大厅鸦雀无声，眼看着10万元转眼就没有了6万元。记住，那是1991年，物质还没有极大丰富的时候，后来开始救市，深发展一下子就从13元涨到了17元，再走走到了36元。我们当时都不做这么高的股票，都做四五元的，我告诉大家，我是如何第一次做牛市的。1991年9—11月，股指从45点涨到136点，指数涨了两倍，现在股指要涨两倍难上加难，那时候股市两个月就能涨两倍。我们3.7元买入深宝安，一下子变成6.5元，赶快卖出，又涨到9元，赶快买入，又涨到11元，赶快卖出，又涨到13元，赶快买入，又涨到14元，赶快卖出，又涨到16元，再买入吧，结果一下子就套住了。

为什么我只讲深综指呢？因为它最能代表市场的本质波动。我在1992年12月时就说深综指会创新高，结果真的在第二年涨到360点以上，宝安从3元涨到了30多元，深金田也是从4元涨到50元。深圳的市场化程度是比较高的，而当时上海则是计划性较强一些，这是当时两个市场的本质区别。深圳市场能够反映最本质的波动，跌起来义无反顾，跌到哪里？1994年7月，跌到94

点。现在的中关村当时的琼民源从23元跌到2元，深发展跌到了多少？从62元跌到8元。1994年7月底，朱镕基副总理召开了国务院证监委会议，当时证监委与证监会是分开的，与证监会、人行决定出台“三大救市措施”，暂不上新股，组建中外合作基金，建立基金入市。1个月之后，上海股指涨到了1000点以上，其实其中的措施并没有完全实现，像中外合作基金到现在也没有成立。那是1994年7月，股市猛涨上去但是很快又回去了，深圳又回到100多点，深圳是市场化很高的，跌起来也让你不相信。中国第一只庄股是什么时候出现的呢？它就是琼能源，从12元涨到46元钱，但是这个公司是亏损公司啊，是个躯壳，庄是这样做出来的：14元涨到18元卖掉，22元再买回来，26元卖掉，30元买回来……是股市上的年轻人什么都不懂就做出来的。那时我们总结出一个问题：只要公司能够有发展，就要长期持有，比抛出抛进做短线的好得多。但从1996年开始——请注意我现在讲的这些话，如果你做股票就要记住，因为1996年12月之后我就没有股评的机会了，因为没有去考股评师的资格，当时规定做股票就不能做股评，我当然要选择做股票了。

三、最厉害时享受刘德华那样的待遇

1996年我的出场费可能是中国股评人士中较高的，20分钟解盘给我2000元，最高的一次是给我开价两场10万元，但我不去，给价太高了！快赶上当年的毛阿敏了！最厉害的时候还曾享受过很多像刘德华那样被追捧的待遇。最轰动的一次股评是在福州，一些防暴警察被弄伤了，本来决定讲到5点，结果4点半就被迫结束了，因为外面的人太多，窗户都快承受不住了。所以刚才有同学问我能不能讲点有震撼力的事情，这就是有震撼力的事情啊！想想看，这么多同胞为了这个股市发达的机会这样疯狂来听股评报告，真的是投资饥渴狂。当时我就觉得中国的大牛市是真的要来临了，中国人从来没有在股票上赚过大钱，不知道什么是大牛市赚大钱！这对我是一个很大的震撼，因为一个小小的股评家算得了什么呢！作为个人来说有什么了不起呢！人们追逐的是一个新时代的新理论，是对自己命运把握的热情与勇气啊！

1996年所谓中国第一股评人士可能就是我吧。1996年5月我在中央电视台股评节目中预测——深圳综合指数当时在170多点，我预测深综指在这一轮升浪中能涨到540—560点，后来1997年5月涨到520点。那时不要说520点了，在170点的时候，连368点都不敢想会破。而我是在中国第一个提出这种论点：“破368点为买入信号。”当时很多人说陈钢吹牛，我颇不以为然。看看香港股市，3000点一破，涨到12000点；美国道指3000点一破，直升到当时的5000点。他们根本就不懂什么是牛市，也不懂道氏理论，阻力位一破就是支撑位。所以在股市中很多人不用心思考钻研，这本来是件很明白、很浅显的事情。《证券市场周刊》那时有个栏目叫“下周走势专家预测”，我那时提出要在1996年春节前“至少买入深发展，四川长虹半仓过年”，长虹当时只有2.35倍市盈率，每股2.6元的收益，居然跌到了7.5元还没有人买，真是想不到吧！我是经历过牛市的人啊，这样的股票居然不买？后来深发展、四川长虹都涨了15倍左右。刚才我一直要大家注意的是，从1996年起至今，中国一直是牛市，如果有机会的话，我会专讲中国股市牛熊交替的规律。这是股市运行中最重要的一条内在规律，是可以决定股市所有投资者命运的生死之律。

我现在要把最主要的话奉献给你们，会炒股的人一定会告诉你，从1996年至今，一直在走大牛市，这意味着什么呢？这意味着，我认为1996年以后才入市的投资者、股评人士，严格来说都称不上是完全成熟的投资者、股评人士，至少是经历市场不完整的人士。我不知道这么说会不会得罪一些人，但股市的实情就是这样：你不经历过完整的牛市、熊市，你就肯定不是一个完全成熟者。跌个10%就承受不了了，这叫什么跌呀！从20元跌到2元那才叫跌呢！所以要熟悉股市的规律：牛市会涨得你看不懂，熊市也会熊得你不敢相信。我们将来会不会有熊市呢？回答是肯定的。什么时候熊市会降临呢？现在还不是时候吧！我们现在还生活在牛市明媚的春光中。从技术形态上看，还要有一段发疯冲顶的过程，一日不发疯冲顶，一日就平安无事。这是我对现在、今

后一段时间内中国股市走势的大局观。

我觉得现在很难有做了10年股票，又做了多年股评的专业人士。我坐在自己的轿车里，司机有时开电台的股评节目让我听，我多数不听，叫他赶快把叶倩文的歌放出来听。有时，倒有闲心看看中央电视台的“证券之夜”的节目，女主持人罗晓芳原来在深圳电视台做股评节目主持人，出了名后上调到中央台来的。前几天她主持讨论了深发展的问题，问的问题十分到位，但是邀请来的两位专家嘉宾的回答却有些问题，说是今后不会再出现深发展涨起来股市就涨起来的情况，国外基本没有这样的情况。我认为这种说法不妥。请问：1998年香港股市从年前的16 800点跌到8月6 600点，香港政府出面救市是靠谁救起来的？董建华靠的是哪一支舰队打垮国际投机势力，打垮老虎基金的？靠的就是汇丰银行，这只股票从200多元跌到80元，然后让它涨到350元去，主要是靠这支大蓝筹股，才把港股托了上去。那么，深发展怎么就不能带动大市大涨呢？罗晓芳后来问我：陈钢，你什么时候有股评资格来讲一讲？我说不太可能了吧？——我不太可能会放弃股票去做股评。现在我来谈谈中国10年里头股市里最重要的一只股票，要知道中国股市的过去、今天和明天就一定要弄明白弄懂的这只大股票——深发展。

四、深发展——一度的传奇故事

从1990年起，深发展就领导着深沪市场，直到1999年全年。它在整整10年的股市经历中，完全是一个领袖股、龙头股、指标股、绩优股、蓝筹股、高成长股等多种概念混合组成的第一股。在这10年中，我们只要看看它对指数的影响，我们就知道该股在股市中占据着一个何等举足轻重的位置。1991年3月深综指问世100点，当时深发展在56元左右，1991年9月深发展跌到13元，深综指跌到45点；深发展从13元涨到63元，深综指涨到1993年2月的368点；深发展从63元跌到1996年1月的5.86元，深综指跌到104点；深发展从5.86元一直涨到1997年5月的49元（复权计98元），深综指从104点涨到520点；深发展从49元跌到1999年5月的12元，深综指跌到308点；1999年深发展在“5.19”行情中从12.1元升到29.5元，深综指从308点升到500点；深发展从29.5元下调到1999年12月底的17元，深综指跌至393点。由是观之，从1991年有指数的时候开始，深发展的升跌史就是深沪股市的上升、下跌周期史。只是从2000年起，深发展“牵一发而动全身”的功能、地位开始有所削弱，但它对大盘的功劳贡献仍然是极其重要和巨大的。可以说，如果不是深发展的下跌空间基本已被封死，大盘绝不会如此轻轻松松就可以不断创新高。

深发展2000年完成了极其重要的配股工作，募集了30多亿元的资金，按照它的净资产收益率，明年将给深发展带来5.89亿元左右的利润，要比2000年翻一番。现在它的市盈率高达70倍，但配股资金迅速到位后，明年利润比今年翻番的话，市盈率就一下子可以降到30倍去了。这样，它的成长性和绩优蓝筹股的特点就会再度凸现出来，它的上升空间也将再度打开。有人说深发展不行了，盘大绩差，我说NO，业绩上面说过了，有人说盘大，那真是太无知了。深发展现在股本仍不足3亿美元，世界上哪家股市的银行股有这么袖珍的呢？深发展的流通市值现在只有200多亿元，而汇丰银行流通市值高达上万亿港元。从股票增值来看，深发展原始股在1988年到1997年最高峰时大约升值了1 500倍，全世界找不出第二家来。比尔·盖茨的8年增值最高峰时也到达过1 000倍，现在下去了，只有500倍左右吧，但深发展也还有800倍左右升幅。真是好股票呀！知道吗？1996年9月我在深圳电视台做股评时总是推荐深发展，主持人说就叫你“陈钢发展”吧，我觉得很好。

想想我自己股市投资生涯的起家就是从买50股深发展起来的。当时只有2 300元钱，借了1 500元，才凑够了买78元一股的50股深发展。此后便一发不可收拾地做起股票来，到1993年已经做到了100多万元，然后开始大量透支，就是借证券部的钱来炒股，不知道有多少大户就是被这样的透支炒作所打穿，我也同样不能幸免。到了1996年1月，我清点了一下战场，其中有个盘仅剩下247万元，但却要还600万元的本金，250万元利息，整整欠人家600万元呀！我只有247万元的市值了！我想，这个盘欠的债可能是一个跨世纪的还债行情了。但实在想不到的是，多亏了深发展，这个盘重仓买入深发展，到了1996年11月，还清了证券部所有的本金、利息，还剩下了400多万元，10个月整整涨了5倍净利润。这还不是传奇？告诉你们一个真人真事，是深交所当年的同志告诉我的：1997年深发展涨到10送10的40多元时，一个上海70多岁的老人打电话来问，他儿子1988年给他买了2万元深发展还在吧？现在值多少钱了？接电话的同志都不敢告诉他，怕把老人家吓坏了，反复问他是怎么买的，怎么10年都不过问？老人家说当年他儿子、女儿都去日本发展了，觉得买什么都不太好，就买了2万元的深发展股票给老人放着。多少钱？3 000万元哪！今年年初报道过一个老太太买了1万股深锦兴（即现在的亿安科技）放着变成了150多万元，大家羡慕得不行。其实你羡慕个啥呀，要是买上1 000元深发展原始股，高峰时你也可以有150万元！总而言之，对于深发展，过去我曾经有过这么个看法，现在也还保留，这就是：10年前深发展从一个农村信用社发展成为一个地方性上市商业银行公司，它给予了投资者1 000倍的回报，那么在接下来的10年，深发展成为一个全国性的上市商业银行公司，它仍然有可能给予投资者比较好的回报；它还有一个较巨大的上升空间。所以，如果是以10年为周期轮回的话，现在，我觉得深发展的业绩、价位，与当年45点的情况差不多，深发展目前有可能正处于一个长期性的历史大底部中，从长时间来看，它值得引起我们关注。

五、讲业绩——抓住做股票的命根子

这10年股市发展变化的格局基本就是这样了。当前中国的投资者，尤其是机构投资者这几年发展得很快，但我总觉得传媒不适当地夸大了机构和基金造市的功能。其实基金哪有那么大的功能，没有。现在整个机构投资者队伍占有市场的份额也就10%左右。因此，现任证券会主席周小川说，要超常规培养机构投资者，真的是迫在眉睫的事情。为什么全球创业板市场只有美国纳斯达克市场是成功的呢？这是因为它第一有坐市商制度；第二坚持淘汰制，每年上市1 200家左右，淘汰五六百家出局。我们的创业板市场以后也应会有淘汰制，也会摘牌，投资者也可能会血本无归，由于创业板市场风险很大，所以更要谨慎。我们的主板市场现在问题很多，主要是对垃圾股不动真手术，老是保、保、保，一家都不淘汰，这怎么得了！国有企业不裁员能办得好么？"郑百文"债务高达25亿元了，还不摘牌，还让它在那里害人。只有赶快摘牌，绩优股才会上去，股市才会健康发展。现在，很多股票20倍市盈率都不涨，甚至还跌。因此就有许多人说，不能买这些绩优股，我不同意这种看法。绩优股虽然一时半时不涨，甚至还跌，但它就像鹰一样，有时比老母鸡飞得还低，但一飞冲天时，无限风光的蓝天就是它的世界了！做股票最要紧的是企业命运、业绩好坏，这是古今中外永远不会改变的铁律。只要认准了这一条，盯住绩优股，总有让你赚得笑不拢嘴巴的时候，但你一旦犹豫动摇了，就很可能会栽倒在股市中起不来了！比如说业绩最好的股票五粮液（0858），2000年上半年每股收益1.13元，目前市盈率20倍左右，它又是独特的品牌名酒，有极强的产品核心竞争力，现金流量是排名第一，各种财务指标极度佳，但它就是不涨，有的投资者拿着一年两年都不涨，心烦，说这股票不好。其实，这是一个时机问题，时候一到，涨的时候照样牛得要命！

有人说，现在的绩优股、蓝筹股股盘子太大了，很难做得起来。其实关键在于业绩好坏与成长性强弱。你看深发展什么时候涨得最厉害？从100亿流通市值涨起来的时候最厉害，5个月涨到340亿，净涨两倍多。所以，股票不在于有没有庄、盘子大小等等，关键还是在于有没有投资价值。1998年9月起我一直说粤电力（0539）9元的价格太低了，合理定位应该在25元左右，别人根本不信，我自己也有些犹豫，好了，现在跌得一塌糊涂，还在25元左右。所以呀，股票有没有投资价值是命根子的事，有，而且投资价值很大，就是天塌下来也不要动它。我觉得机构的作用肯定被夸大了，很多人埋怨股市不赚钱，是庄家设陷阱所致，我认为这样有点以偏概全。再看

文学上，写小说、电影、电视连续剧，一写就是庄家、陷阱、骗子等等，全错。写股市的作家、编剧，自己大多是不做股票的，或者做了也是亏损的，因此乱写一气。他们心态不好。而心态是做一个优秀股民、优秀投资者的第一要求。心态好，要求自己长期耐得住性子，长期沉得住气。不可以道听途说买股票，一定要经过自己深思熟虑，选了又选的。选定了，就买；买了，轻易不出来。否则，你倒来倒去，折腾来折腾去，很快老本就都会做没的。

你们看看我的身体有没有什么异常？好像有点异常，我总感觉到这条腿好像有点问题，为什么呢？就是因为看盘的时候要一边靠前一点，那么总是有一条腿不靠椅，所以一边的腿好像小一点。有时，我也遐想过伟大导师马克思在大英博物馆看书能在水泥地留下脚印，我小小的陈钢做了10年股票，也把腿给坐小了一块呢。现在我天天走路锻炼，似乎正在越来越好起来——真的没有办法！所以说10年寒窗，不管你是埋头苦读也好，你磨砺成才也好，你在某个专业上一定要有10年非凡的专注和坚韧，你才会有成功的机会。所以这个心态一定要有长期的准备，很多股票都要长期持有。为了找到有说服力的证据，我从证券报上找到了《百姓投资报道》这个栏目，那上面说有一个人，1993年入市2万元已经变为几百万元，他的耐心是这样的：3年才做一只股票。还有一个人，他总是关注两个市场的最强者，他总是长期跟踪，然后一旦发现有启动迹象，就满仓打入，跟踪的时间都很长。所以，我说做股票最重要的一点就是要沉得住气，如果一跌就叫，如果没有那种看风云变幻而不动声色的气质，那就不要做股票。早上9点开盘，你8点起床都没有问题，下午3点一收市，晚上就没有别的事情了。看起来职业股票投资很轻松，但是一旦你进入股市大厅，那就是另外一种生活了。我现在的助手总说我为什么早上总磨蹭啊，不想去啊，真的，有时候是不想去那个地方。我也想换种生活方式了。这10年来，每天睡觉，股票都会跑到梦里来，就好像一条条蛇，从四面八方钻进你脑子里，这个涨了，那个跌了……有时很爱股市，有时又觉得这是一种长期的精神折磨。10年来，虽然在做股票与事业上有所成功，但也确实付出了一些辛劳和代价，不过冷静想想还是值得的。

我们再来谈股市。也有人或机构长期拿一只股票，不看涨跌捂着。作为小股东，其实应该想办法协助把公司搞好，这才是正道，但要这样做也比较困难，因为要找很多的人，要重组，要找项目，要审批等等。与其这样，还不如在市场上选择几个好股票长期持有比较好。你如果老是炒来炒去，也不好，天天都要炒，肯定炒不好。借钱炒股票更不好，压力会非常大。第二个素质呢，就是不断地学习、探索的精神，这点非常重要，有时甚至是压倒性的重要。我认为中国知识分子的地位在中国几千年历史上，直到改革开放前，都是十分可悲的。从孔夫子开始，到屈原、李白、文天祥，再到谭嗣同，一直到“文化大革命”，多少知识分子都是悲壮而死，就像一场梦，亦步亦趋。但是改革开放之后，很多知识分子都开始改变了。邓小平的论断是十分伟大的，科学技术是第一生产力。中国人的聪明才智在世界上绝对是第一流的，那么为什么知识分子会长期受到压抑呢？就是因为没有经济地位。我很相信现在的中国股市最适合有勇气、有智慧的知识分子进去，而且它也欢迎所有的人进去。在股市中，只要你肯勤奋学习，深入钻研，你就一定能够赚到钱，改善经济地位，成为自己命运的主人！股市对懦夫、懒汉大声说不，但对正直、勤奋、坚韧者却充满了敬意爱戴！愿我们都成为受爱戴的人！北大的学子是中国第一流的学子，我相信你们中将来会出现许多中国各行各业挑大梁的人物，包括在中国证券界。希望我今天的演讲能对你们未来的宏伟事业起到抛砖引玉的作用。谢谢大家。

炒股需要炉火纯青的技术分析

编者按：倪勇是复旦大学的本科、硕士、博士生。其硕士、博士都是我指导的。他极聪敏、干练，思想活跃又不张扬，平时沉默寡言，但上起课来则逻辑清楚，口才极好，常常赢得满堂喝彩。他精于技术分析，十分娴熟，但又十分尊重基本分析。每临大事总来电切磋。几年来，无论是爱情、生活、投资、理财他都硕果累累。真为他高兴。

主讲人：倪勇博士

主持人：谢百三教授

时间：2000 年 12 月 19 日

地点：北京大学光华管理学院

今天谢老师让我介绍一下技术分析的有关情况，我在这里只想告诉大家技术分析作为一项专门的技术，它覆盖的内容是非常广泛的。就我个人来讲，我不可能把技术分析中所有的东西都介绍给大家，而且我也不可能有这方面的能力。我今天来是给大家介绍一下，在我 9 年多的股市实战中，在我七八年对股市的研究中，以及在我上“证券分析”这门课中所得到的一些经验和体会。

今天我把我掌握的东西介绍给大家，但首先我想说明的一点是，我所介绍的东西只是我认为非常有用的东西，至于在座的各位认为是不是有用，我个人认为完全要看你对这些技术分析的方法是怎么领悟的。因为技术分析从某种意义上来讲，它不是一门科学，而是一种艺术。因为它需要悟性，对同样一种技术形态，悟性不同的人的感觉是不一样的，对它的理解也是不一样的。这样就造成了不同的人对技术分析的理解、看法也有所差异。但是根据我多年来的实战经验，如果不懂技术分析的话，就不可能在股市中获得重大的成就。

讲到技术分析，我个人认为，首先最重要的是要掌握波浪理论。为什么这么说呢？根据我多年的实战经验，我个人认为，只有在你了解了波浪理论之后，你才可能抄大底、逃大顶。换句话说就是，只有抄大底、逃大顶的人才可能赚大钱。如果你不懂技术分析，那么你就不可能抄大底，即使偶尔能凭运气抄到大底，也不可能 99% 的大底都能抄到，你只是凭你的运气在赚钱。

那么怎样来理解这个波浪理论呢？实际上，这个理论是非常简单的。它认为股市的上涨、下跌方向是有规律的，即认为股价的波动一般是遵循上升 5 浪，下跌 3 浪这样一个基本的规律。

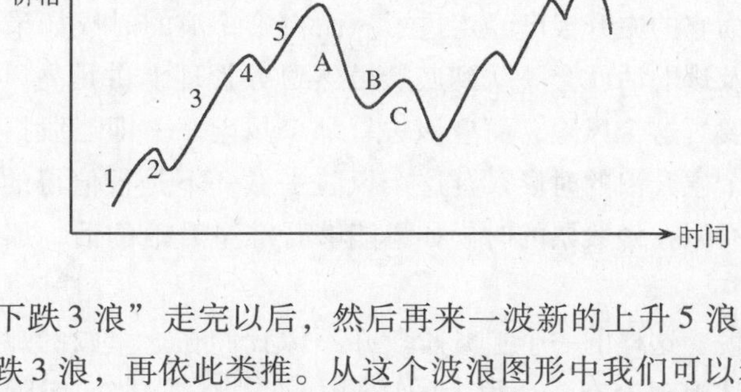

在一个“上升 5 浪下跌 3 浪”走完以后，然后再来一波新的上升 5 浪，等新的一波上升 5 浪走完之后，再来一波下跌 3 浪，再依此类推。从这个波浪图形中我们可以看到，随着证券市场的发展，股价指数总是不断往上涨的。其上涨是曲折中的前进，前进中的曲折，但最终都是往上涨的。为什么呢？因为我们知道，一个股价的上涨，不仅仅是视野上的股价上涨，其上涨的背后反映了这个股票所代表的公司的价值和财富的增加。一个企业的价值随着它的发展壮大不断增加，其股指也不断往上涨。在这里我要更正一句话。记得杨百万先生在这里讲课的时候说“要把亏损留给人家，要把盈余留给自己”，这句话实际上是把股市看作一种零和游戏。事实上，从短期来看，是的；但从长期来看，股指的上涨是受到整个国家经济发展的影响，长期来看不是零和游戏。

所以“要让亏损留给人家，要把盈余留给自己”这句话是比较片面的。下面让我们来接着看看这个波浪理论。对于这个上升5浪来讲，怎么来数呢？要数这个浪形要掌握一点，一般我们是把上证指数看作为一只股票，以时间为横轴，以价格为纵轴，把每天的收盘价用连线连起来，就形成了一条曲线。如果说某一天收盘价低于前一天的收盘价，那么波浪的波段就会发生变化。在上升的波形中，都是某一天的收盘价高于前一天的收盘价。只要那一天的收盘价低于前一天的收盘价的时候，波形就会发生变化。以此类推，往下走的时候也是这样的。这里要注意的是，我们使用的是收盘价，以每天的收盘价作平滑曲线。一般来讲，一波比较大的行情，其上升是一个上升的5浪，3个上升波段，2个下跌波段。为什么会是这样的呢？我想有一点是可以帮助解释的，就是说，这样的图形的变化从某种意义上来讲，是和人的心理波动规律有关的。我们知道，股价的走势是和投资者的投资行为有关的。从行为心理学角度来说，B = f（P，E）（B = Behavior，P = Personality，E = Environment）。这也就是说，一个人的行为是他的个性心理品质和所处的环境相互作用的结果，这个大家都是比较清楚的。大家知道，一个人的心理品质要受到人的高级神经活动的影响，而人的高级神经活动则是有规律的。我举一个简单的例子来说明一下这种规律的体现。中国有句话叫“一而再，再而衰，三而竭”，这说明一个人的精神状态并不是始终都处于高度集中的状态中的。所以我个人认为在这里就是“一而再，再而衰，三而竭”。就是说，当上升5浪走完之后，就是下跌3浪。对投资者来讲，如果能够把握这个规律，能够在1处买进，在5处逃掉的话，获利将是非常丰厚的。不要说不可能，只要你花的工夫越多，你的悟性越足，你赚的钱也就会越多。

接下来我们再来看一下怎样来判断这个上升5浪走完。对投资者来讲，如果在1处买进，2处没有逃掉的话，一般来讲问题不大。因为后面还有一个很强的上升，而在第5浪的时候（*我们称之为逃命浪*）就必须逃掉。为什么呢？因为如果这个浪不逃的话，下面的下跌是非常厉害的。我举个简单的例子，像这样的下跌，上证指数曾从1 550点下跌到300多点。所以在第5浪出来的时候，就要引起高度的警惕。如果你在这时候被套住的话，就应该割肉。在现实中有许多股评家都劝人不要割肉而要长期投资，其实这个观点是错误的。割肉从某种意义上来讲，是盘活你的资金的最好的手段。我们可以看到，许多商店都在清仓大拍卖，在亏本削价出售，因为他们要盘活资金。盘活资金就是我们这里的割肉，当然并不是要盲目地割肉。要不要割肉，什么时候割肉，这也是一门学问。那我们来看看怎么来判断这个时机。首先，在上升的5浪中，其中有3个波段是上升的（1、3、5），一般来讲，这个第3个波段是最长的，至少不是最短的，即上升的幅度是很大的。因此对于投资者来讲，在买股票的时候，一定要注意这个主升浪（*即第3浪*），跟在它之后是一个比较大的回落，然后再走一个第5浪。因此我个人认为，在做股票的时候千万不要买涨幅已经很大的股票，因为它的主升浪已经走过了。而在第5浪的时候如果你不留神的话就会被套住，一套住如果你来不及逃的话就会一跌到底。虽然财务管理上讲是高风险、高收益，但我希望大家在冒风险的时候不要冒这个风险，而应该去冒那个风险——即当股指刚刚上来，众人对大势都不明了而你认为这是个主升浪的时候，冒这个风险去做一下是很值得的——在主升浪过后再去冒风险是很不明智的。所以在做股票的时候如果能够看准主升浪的话，那么这个投资就会是相当成功的。

但从另外一方面来说，这样的一个上升阶段并不像我们在这里画的那么简单，许多人认为波浪理论很难，他们认为波浪理论有一个很大的局限，即“浪打浪”。实际上，我们上面所画的各个浪本身也会走一个小5浪，这样一来事情就很复杂了。其实浪形的复杂正是股市的魅力所在，也是有些人能够赚大钱的机会所在。那我们怎么来区分哪些是我们所说的大浪以及其中的小浪呢？一般来讲，我们以时间段来讲，小浪是对小段的，小浪持续的时间是比较短的，而且线段是很细的。从时间跨度上来讲，这个小的上升5浪和小的下跌3浪在时间上往往是对应的，这里有一种图形上的美感。所以我们说股市投资不是一种科学而是一种艺术。有时候凭感觉，看上去就是非常美的。同样道理，这个小浪从时间、图形上来讲我们是可以判断出来的。同时，从钱龙软件上的K线图上来看，把这个浪形的最高点和最低点分别连起来的话，我们可以看到两条靠得很近的平行线，是很细的浪形，由此我们可以判断这不是一个大浪。根据我的经验，一般来讲，第5浪出现小浪的概率很大，而且形态会比较多，因为大机构要在此处逃掉，但又不愿意引人注目，所以会不断地让指数上上下下迷惑众人。

但是仅仅通过数浪，我们成功的概率还只有一半，接下来是要提高你的判断能力。除此以外，我们还应该灵活地运用指标法，将两者结合起来。那么如何来选择指标呢？我个人认为，最简单的是最有效的。大家知道，KD指标是最简单的。一般而言，KD指标也会上升5浪，下跌3浪，当KD在80以上的时候，波浪就进入了这个区域，第5浪往往也就在这个区域，此外，当第3浪走完之后，KD指标达到最高点；然而，第5浪股价创新高的时候，在KD指标图上一般是低于第3浪时的KD指标，这就是所谓的“顶背离”。在出现“顶背离”的时候，要保持高度警惕。除了KD指标以外，还有一个RSI指标，它的判断方式和KD指标是一样的。还有一种叫威廉指标。这些都是常规型指标，它们之间没有什么特别大的区别，只是威廉指标的顶是0，底是100。

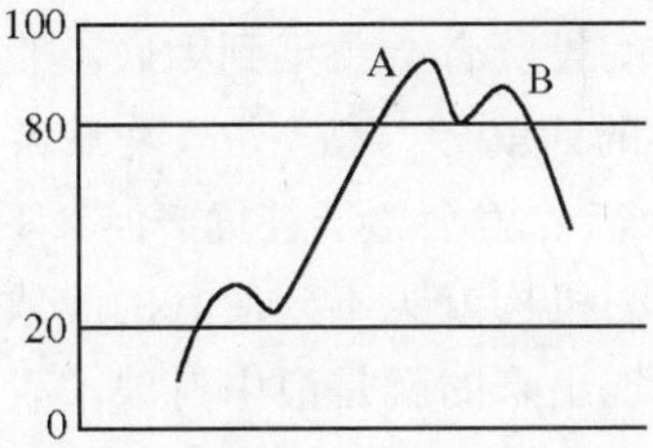

A——上升的第3浪时的KD指标

B——上升的第5浪时的KD指标

A > B，出现“顶背离”

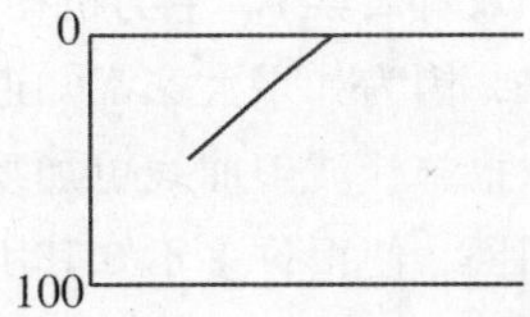

当威廉指标达到顶的时候，一般来讲，股价（股指）会有个回荡。当你数浪形的时候，在第5浪时，威廉指标碰顶的时候，这时候要毫不犹豫地全部卖掉。一般来讲，在对股市的分析中，威廉指标的敏感性是非常强的。当然此外还有许多其他的指标，每个人使用的方法都是不一样的，我个人认为，不需要那么复杂，简单点就可以了。

以上所说的是一种判断的方法，还有一种方法是从时间的周期来看的。一般来讲，有一系列的数字，如1，2，3，5，8，13，21，…，n（后面的数字等于前2个数字之和），我们称之为“时间之窗”，也就是说，当时间之窗在打开的时候，在这段时间里上升或下降的趋势就要发生变化。举个简单的例子，我们从上图中的起点开始数天数，一般来讲，如果天数与这些数字相接近的话，股指趋势发生变化的可能性就比较大。根据我的经验，在上海股市中34是个非常重要的时间之窗。如果你作波浪分析，那么在你对波浪作出判断时，同时从下面开始数，当接近32、33天的时候，股价还在上去，而其他指标已经走下的时候，这几天就要引起高度警惕。上海股市中这种情况比比皆是，到了这个时间往往就发生了变动。因此对这些现象我们要特别重视。

以上我们讲的都是上升的情况，下面我们来讲讲下跌的情况。

下跌三浪A、B、C中我们画得也是比较简单的。一般来讲，A浪也要走小5浪，而且速度非常快。整个A浪走完之后，再走比较平缓的浮动的B浪。整个A、B浪走完后，接下去就是C浪，C浪中会有许多小浪，而且C浪持续的时间有多长谁也不知道，只有当C浪走完出来的时候才知道。当然先知先觉者知道，就是那些具有雄厚资金实力的、对政策和经济形势的变动非常敏感的大机构。他们一旦发觉整个宏观经济形势政策面等发生变动的蛛丝马迹，就会对股指下降的趋势进行干预，即在别人都在抛股票的时候他们在下面接收，这样就会使浪形发生某种变化——当这种变化出现的时候你就要引起警惕了。

下跌5浪走完之后，大底就到了。那怎么来找这个大底呢？一般来讲，它也有其规律可循，这和逃顶的规律是一样的。首先数浪形，接着看指标。

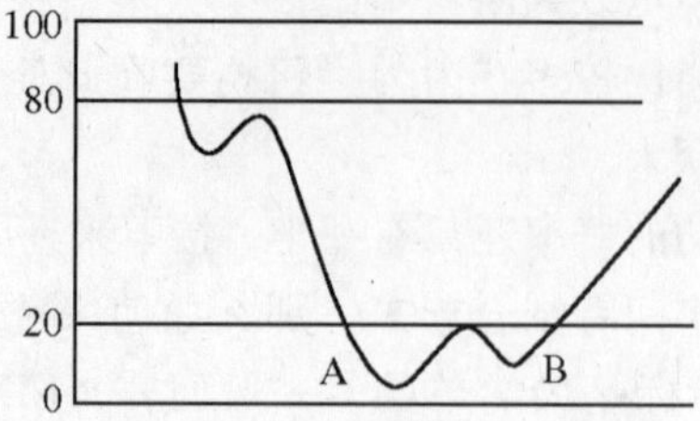

A——下跌第 3 浪的 KD 值

B——下跌第 5 浪的 KD 值

A < B，出现“底背离”

股指下跌时，KD 图也是下跌的。在日线图上第 5 浪的底低于第 3 浪，而在 KD 图上，KD 指标却没有创新低，这时候就出现了所谓的“底背离”。当出现“底背离”的时候，一般来讲，大底出现的可能性就比较大。这里还要注意一点，即先知先觉的投资者会预见到大底。股市在不断往下跌，成交量每天在减少，大机构认为如果不再买进股票的话就会“踏空”（即股票往上涨的时候自己手中没有股票）。主力机构知道不久大势就会发生反转，就会急于进货，但又不希望让其他人察觉出来，因为如果大家都知道了就都会买进，这样主力机构就买不到便宜的股票。这时大机构就会采取措施让波浪曲线更加复杂，这样在日线图中表现出来的就是浪中有浪。股价便上上下下，来来回回，使得许多不知其所以然的投资者的心态时好时坏，几个回合之后，就会认为股价上去后总会下来的，反弹结束后就会暴跌。所以这时候许多投资者就会割肉退出。而在第二天往往就是一个艳阳天，因为这时候大底已经到了。所以大家在这时候一定要精神高度集中，有机会就要毫不犹豫地全部买进。这种大底在上海股市中也是比比皆是。

这里还要注意一点，即当股价下跌的时候，还会有一个均线位置的变化。如 5 天均线就是算出 5 天的收盘价的算术平均值，在坐标轴上以时间为单位，把这些值连起来就形成一条 5 天均线。以此类推，10 天均线、30 天均线也是这样。一般来讲，当股指不断下跌的时候，每天小阳线、小阴线、小阳线、小阴线，天天往下跌一些，成交量非常小。突然有一天出现一个大阳线，而这个大阳线一般来讲就是 C 浪中的第 4 浪，一般来讲它会碰到 10 天均线，然后再开始不断反复。这时投资者中就会出现两种意见，一种是认为大势即将反转，另一种是认为反弹结束后将是大跌。这时候就要注意了，这很可能就是 C 浪中的第 4 浪了。

除了这个特征外，还有一个比较大的特征。我们可以从图形上清楚地看到，A 浪往往是快速下跌，上去下跌的波动非常快，往往短短一两个星期就会完成。举个简单的例子，上证指数在 1994 年的时候从 325 点升至 1 050 点又跌到 547 点，只用了不到两个星期的时间。而 C 浪的速度非常慢，每天跌一点，成交量逐渐萎缩。C 浪又被称为发财浪，不管是大盘指数还是许多个股，都会有这种情况。A、B、C 浪走完之后要马上进去。对于 C 浪来讲，我们在这里要保持高度警惕。

以上我们所讲的曲线都是把每天的收盘价连起来分析浪形，但事实上我们现在的证券市场上的投资机构已经发生了巨大的变化。原先机构投资者由于其资金总量相对较少，在证券市场上出货进货幅度比较大，速度较快，因此在作行情的时候，往往是以每天的日线图来进行操作，一波行情的持续还是以天数计的。但是现在的投资机构已经发生了实质性的变化。现在的机构投资者不仅仅只是证券公司，还包括投资基金，还包括来历不明的海外资金，以及企业资金，资金的数量非常庞大。他们会拉长周期，以周线、月线而不是以日线来做行情，即把每周或每月的收盘价连起来分析。这样，一波行情过去是以三五天来做，而现在则是以三四周来做了，这样就可以有足够的时间来进货、出货了。

因此，如果这个星期买了股票，下个星期就想赚钱就有问题了，千万不要急着这样去做。你作差价是可以的，但是也不要这样去做。因为在现在这种情况下，你的内心越是着急的话，一旦做错，心态越坏，操作就越糟，大家可以看得很清楚。大家都看到了，1998 年的股票，当时是 3 元，现在什么价？15 元。那么在这个过程中，我们看得很清楚，上上下下来回不知道多少次了，而这么长时间了，你去慢慢找，它发生的是上下上下，你找也找不着，把它忘掉了，它就慢慢悠悠地到了 15 元。那么在这种情况下我们怎么做呢？很简单，以日线作波段的差价，以这个日线，日 K 线它只要上升到这里，我们就可以作出它的上升 5 浪，它这个上升 5 浪，很有可能在周线里面只是一个小浪。所以对我们来讲，我们只要在日 K 线里面到它上升 5 浪出现后出货，然后等它下来调整了一段时间以后，我们就可以进货了。所以说，你做股票用不着选很多只股票，你只要盯着一两只股票就够了。一般来讲，按照这种波段来做的话，相对来讲，你对它的走势非常熟悉的话，就应该有钱赚，因此长线是金是有一定道理的。可以这样讲，从去年开始到现在为止，在证券市场上，还有很多投资者是赔钱的。我们知道，去年，1999 年，四五月的时候，上证指数是多少点？最低点 1 040 点吧。那么今年最高的时候是多少？2 125 点。换句话说，去年 1999 年三四月的时候，到现在为止，这个股指是翻了一倍，但是很多股民，你去问问他们，他们账户上的资金是不是翻了一倍？不是，甚至亏损的也有。为什么会这样？很简单，就是说他们没有认识到，现在这个市场上的投资队伍发生了很大的变化。主力机构在做盘的时候并不是很急功近利的，而是在做跨年度的行情。你只要在去年三四月买了一只好一点的股票，价钱稍微低一点的股票，你买进以后将它一直放到现在为止，一般来讲，一个周期以后，赚钱就会变得很轻松，关键是要认识到这一点。往往在这个过程中，你要是根据它的周 K 线、月 K 线找波段的话，你赚的钱就会更多。这一点是非常重要的。单纯地从技术上，从我们的这个 5 浪模型来看，要根据市场结构的变化，不断地修正你的技术分析。利用修正后的技术工具，来提高你的操盘的水平。原先我们看盘很简单，日线就可以了，而现在不行，现在要放长线，但放长线也并不是要你买入后一直持有不动，这是不对的，当日线里面上升 5 浪出现的时候，该逃的还是要逃。但是，当你在这个顶部把这个股票逃掉了的时候，你脑子里还要有个印象，什么印象呢？在这一个波段逃掉，它只是周 K 线里面的第几浪？可能是第一浪，也可能是第三浪。这时候，你的脑子里应该知道一点，知道等它下去以后，我们随时随地要把它抓回来。意思是说，在作这个技术分析的时候千万不要被你原有的思维方式所困扰，我原先怎么做，现在还怎么做，这不行。你要根据市场结构发生的变化，随时调整自己的思维方向，但这样调整自己的思维方向，实际上也并没有脱离这样一种技术分析的条件。在这里希望注意这样一点。其实这也就是说，现在我们做股票，就要按照这样一种方法把时间周期往后拖长一下。

接下去我们再简单介绍一下图形法。

什么叫图形呢？一般而言，就是说当各种浪形出来了以后，它会出现很多标准的形态。这种标准的形态实际上有很多，比如说“头肩顶”，什么叫“头肩顶”？比如说，它这里的上升 5 浪，是这样一二三四五上去然后回下来，当这个情况出来了以后，我们可以看到，这里起了个三角，像什么图形？这里起来一个“头”，这里再起来一个“右肩”，然后下面，我们就把它称作“头肩顶”。这是一个“头”，这是一个“左肩”，这是一个“右肩”。那么这是什么呢？这是“左肩”，一般来讲，这里放的量比较大；而在这里（“*右肩*”），成交量比较小。当“头肩顶”出来的时候，一般来讲，它下跌的幅度都比较大，它下跌的幅度是多少呢？一般而言，它下跌的幅度是这样的，从它的这个头开始到底的垂直距离，然后它从这里突破，下跌幅度至少一倍，甚至会更多。所以当它的“头肩顶”出来了以后一般来说，你要少买入，要看一看，这也是非常重要的，意思是说，大家在做股票的时候，它跌下去以后，接下去的几天它慢慢往上爬的时候，大家一定要注意，不要给后面一个比较大的 C 浪给套住了。至于这个 C 浪，它也会出现一个“头肩底”，这是一个“头”，这是一个“左肩”，这是一个“右肩”。一般来讲，当这个“头肩底”的形态出现以后，这里指标配合的时候，就要毫不犹豫地满仓买入。这时候一分钱都不要留，全部买入。为什么？浪形已经看了，“头肩底”已经开始突破了，“头肩底”是不是在这里也出现了？但是，一般来讲，在我们中国股市里面，单纯的“头肩底”出来了以后，后面就是一个非常大的上升，很长很长的上升，所以在这里只要“头肩底”出来了，就一定要毫不犹豫地进去。

另外我们在这里作技术分析的时候，还要关注一下成交量的变化。对于这个成交量，不同的投资者往往有不同的理解。有的人认为，当这个股价上升的时候，成交量的放大是比较好的现象；股价下跌的时候，成交量的下跌是一个好的现象。但我认为这种看法是比较片面的，那么怎么来看待成交量的问题呢？一般而言，对于成交量，我们是这样认为的。如果说成交量在股价上涨的时候是温和放大的——什么叫温和放大呢？也就是说，成交量放大的速度比较均衡——那么这个时候就可以说，股价上涨得到了市场上大多数投资者的认同，属于常态分布。这时，股价的上升速度，为多空双方力量正常的分布。但在上升的时候，如果有一天突然放大，这就说明在这个市场上有人对你的这个上升持相反态度。反之，股市下跌时，成交量温和缩小，这种温和的缩小表明得到了大多数人的认同。但如果有一天，成交量突然放大，则说明有人对股票的下降趋势又持相反态度。底部放量是见底的重要指标。技术分析就是把我们原先做股票的一种不确定决策转成风险决策。换句话说就是，原先我们买这只股票，什么时候买进，我对未来是心中无数的，但是我用了技术分析以后呢？虽然我不可能像确定性决策一样，每只股票的结果我都知道，但至少概率我是知道的。这种形态出来了以后，我抄到底的概率是多少，我心中是有数的。因此在这里要注意一点，就是我们搞技术分析，不可能是100%的确定，不可能的，世界上没有这样完美无缺的技术。但是至少在作了技术分析之后能够使你的决策不确定性大大降低，使你在作决策时能够控制你的风险。

接下去还要讲一下浪形的判断，它在对应大盘的指数时，一般来讲研判正确性比较高。为什么对大盘指数研判准确性比较高呢？这主要是因为在这个市场上，投资结构已经发生了非常大的变化，任何一个超级机构，它要操纵大盘的难度都非常大，因此像波浪这样一种完全反映人们的投资心理状态的走势，它就可以很好地反映出来。因此用这样一种波浪形态来研判走势是比较好的。但要注意，用波浪形态去研判个股时往往会打一点折扣。为什么？因为我们国家现在的证券市场，可能只是一个半强有效市场。大家都知道，证券市场可以分为三种：弱的，半强的和强的有效市场。在弱的有效市场里面，投资者通过对公开信息及时作出反应，就可以获取比较大的利润。同时，他只要能掌握内部信息，也能获取比较大的利润。在半强的证券市场里面，对于投资者来说，他只有获取内部消息，才能获取超额利润。而在强的市场里面，你就是获取了内部消息你也不能获取超额利润。我们国家现在是哪一种呢？不同的人有不同的理解。但不管怎么说，现在我们国家还存在不规范的地方，虽然比例非常小。而且就是因为这一点点，当然这也正是我们的证监会现在要花大力气解决的问题，还有一些实力比较强的公司、机构或者是大户凭借他们自己的资金实力来控制某些个股的走势。而这样一来，他就完全可以把这个图形的走势按照他个人的意愿来进行策划。因此，一般来讲，对于这种个股的走势，准确性要打点折扣。但是即便如此，我们也仍可以从中找出蛛丝马迹。现在有很多个股的走势还是按照波浪来走的，特别是周线和月线。一个操盘的人，相对来讲，他要控制周线和月线难度就比较大，因为周线和月线，它的收盘价与开盘价之间的这种差距相对来讲比较大。所以你作为一个资金实力比较强的庄家，不可能在1个小时之内或者最后5分钟内把这里面的差价给缩小很多。比如说，开盘价是12元，收盘价是15元，假如说我是个庄家，我不想让人家看出我的市场价是15元，我想把这个市场价在收盘前5分钟内砸到13元比较难。为什么？他在往下砸的时候，下面还会有很多接盘的阻力；他在往下砸的时候，很有可能要耗费掉很多的资金。因此，想做周K线、月K线比较难。但是对日K线来讲，相对就比较容易一点。往往在做这个图形的时候，它可能在最后5分钟，用50万股、100万股使这个股价涨一块钱或跌一块钱，这种情况比比皆是。不过周K线、月K线虽然也可以控制，但难度要大得多。因此，我们在作这个技术分析的时候主要看周K线。这是对个股的分析。

讲了这么多技术分析以后，我们还要讲一下现在的大盘。大家往往都会有这样一个体会，就是赚了指数，亏了钱袋。什么意思呢？比如说大盘指数在1 500点，这时候他看好了这个波浪变化，他就买进股票。想不到，大盘指数它涨到2 100点，这只股票他25元买的或者27元买的，没想到这只股票跌到21元5毛，有没有这种情况？有的。像浦东发展银行，今年1月，大家去看一下，它的股价是多少？27元。然而当大盘指数上涨到2 100点时，它的股价却跌到21元。这种情况还是比较多的。因此在今天这种行情里面，有的人会问，怎么指数涨了很多，而我却亏钱了？道理就在于大盘与个股不同，不能根据大盘看个股。那么，怎么来看个股呢？实际上，看个股的方法有很多。而我个人则认为现在主要应看周线和月线，这是最主要的。我刚才已经讲过了，各种股票的K线、日K线，庄家都是可以任意控制的，今天涨，明天跌。而周K线、月K线，控制的难度就比较大。因此，你要抓住个股的行情，首先必须从它的周线和月线入手。周线应该怎么入手？也很简单，主要也是看它的上升的浪形。这里要注意一点，一般而言，个股的周线和月线的上升浪形不会走小五浪。它上升的一浪就是一浪，就是一根大阳线。下跌的时候是什么呢？比如2浪，它最多就是一浪回调，然后再上升一下，再回调一下，然后就上去了。周K线、月K线，一般而言，它不像日K线那样，在这里面还调整啊，有小五浪。所以一般而言，对于个股，我们一般是从它的周K线来数它的浪形。对浪形比较明显的股票，一般来讲，一逮一个准，很准很准。为什么我给学生上课的时候，学生都赚钱了？就是这个道理。介绍他们一个，他们就赚钱。为什么？也就是我讲课讲的东西。你们自己去领会。

接下去还有一点，请大家注意一下，就是要注重个股的上升趋势。一般来讲，个股以时间为横坐标，纵轴为它的股价建立坐标图，我们把它每天的最高价和最低价、开盘价和收盘价都在这个图上标示出来的话，就可以得到一个K线图，这大家都知道。如果我们把它每天的K线图都画出来，把它每天的最高价用一根线连起来，把它的最低价用一根线连起来，我们就会发现一个上升的趋势。而股价在这几天里就会来来回回在这里上下，这里要注意一点，不管它上升下降，不管它是阳线还是阴线，只要它不跌破它下面的支撑位，你就根本用不着害怕。为什么？因为它整体的趋势还是上升的。日K线为什么要这样做呢？它为什么要这样上上下下这样来回走啊？因为庄家要骗你！他要走出一浪的时候，在这个时候他就要捡筹码。捡筹码，他不想让你知道，那怎么办呢？他就每天上上下下来回做。今天阳线，明天跌下去，今天升上去，明天跌下去，很多人很害怕，今天涨3毛钱，明天又跌掉2毛5分钱，两天算下来就赚了5分钱，手续费都不够，割肉算了。等过了一段时间以后，可能就涨了一元两元，这都有的。你看日线看不清楚，但你看了周K线、月K线以后，一般来讲是比较清楚的。一般趋势出来以后，一般微小的变化都跟它没什么关系。同样的道理，股价往下跌的时候，它也有这个趋势，你把它的最高点、最低点连起来，它也有这种关系，只要这个趋势它在下降，它在下降的时候最高点没有被顶破，我们浪形没有数出来，它还会继续地往下走。这也是我们在研判个股的时候应该注意到的一点。

另外，怎么在研判个股的时候抓黑马？抓黑马是要有“悟性”的。我做股票一抓一个准，为什么？我做股票一般来讲，只做总盘子是1亿左右的，什么叫总盘子？包括流通股，包括国家股，包括法人股，全放在里面。那么流通盘大概多少呢？4 000万左右。为什么买这样一些股票呢？因为这样的股票，我们给它统计过了，上海和深圳加起来，超过了100多家，我们作过了分析，绝大多数这样的股票，股价都是在15元以上，现在在15元以下的非常非常少。我是在去年给我的学生介绍的，当时10元以下的股票有5家，我就说这5家股票你任意去买吧。当时我介绍他们去买一个兰陵陈香（600735），当时什么价买的？9元5毛。我是9元5毛买的，后来19元多跑掉的。

那么当时为什么这样做呢？我当时作过统计，当时在上海股市里面，这种加起来100多家总盘子在1亿左右，流通盘在4 000万以下的，绝大多数股票都是在10元以上的，而且很多股票都是在15元到30元之间，20元以上的比比皆是。那么为什么会是这样呢？我就分析了，其实道理很简单。现在我们大盘里面，大家最担心的是什么东西啊？国家股、法人股的上市，大家都担心死了。既然国家股、法人股你们都认为是一个利空，那么我就要根据这个利空来选择我的股票。大家知道，现在在我们上海股市里面有一个叫“三无板块”。什么叫“三无板块”？没有国家股、没有法人股、没有内部职工股的股票。这种股票有延中、小飞乐、兴业房产和小爱使。这些股票现在是什么价？一般都是15元的居多，25元的也有。而且这些股票它们现在的盘子已经2亿多了，也有在1.5亿到2亿之间吧。这些股票它们没有国家股、法人股上市对它们的影响，它们能够维持在15元到20元之间。那么这些小盘股票即使国家股、法人股上市，上市以后国家股、法人股全部都流出来的话，总盘子是多少？1亿。相比之下，相差50%到100%的流通盘，既然三无股的股价能够涨到15元到二十几元，那么小盘股的股价也应该能够涨到二三十元。我们就是根据这样的思路进行选择的。第二点，对于这种小盘子来讲，它有个比较大的好处，什么样的好处呢？总盘子是1亿，这个公司获取1 000万利润的话，每股税后利润就是0.1元。获取2 000万利润的话，税后利润就是0.2元。如果把我的优质资产送进去，假如原先是亏损1毛，我现在送给你好的资产，每年赚4 000万的利润。那么你今年的利润是多少呢？每股净利润是0.4元，变成金子了！结果很简单，原先净利润为负0.1元，股票价格为9元，现在净利润正0.4元，股价该是多少呢？20元。我在市场上9元买下3 000万，20元赚了多少啊？3个亿，而我这里只亏了多少？4 000万，却赚了3个亿。亏小钱，赚大钱。这也是我国资产重组这么火的主要原因。这也就是说，作为小盘子来讲，它里面有很多机会，而大盘股就不行了。比如说马钢，它的总盘子是多少？20亿还是有的。你送给它4 000万利润，它每股税后利润是多少？0.02元。公司整个的经营状况根本没改善。因此，从这方面来讲，我们做小盘股票的话，它资产重组的可能性比较大。这也就是我们很多小盘股能够一天一天涨上去的原因，不过这不是最主要的。就像刚才我所讲到的那样，这里可能有暗箱操作，是违法现象，我们放在一边不考虑。我考虑的主要是什么？从现在来看，我们国家股票的股价不可能绝对上涨，要想上涨只有靠股本的扩张、配股、送股，这是最重要的。那么怎样通过配股、送股能让大家感到它的股价得到了上涨呢？很简单。关键还是你这只股票，它能够送得出、配得出。因此我们在找股票的时候，一般就找总盘子比较小、未分配利润和资本公积金比较高的股票。你买了以后，就可以等着，让它配股、送股，而股本又没有很大的扩张。这也就是我做股票主要找一些小盘股的主要原因。当然，业绩要好，这是一个最主要的原因。

当我把这个坐标位找到以后，也就是把我到底要投资哪些股票确定了以后，接下去要做的就是要关注它的图形，技术图形。看这些股票中哪些股票的技术图形表明有庄家进去，或者说有实力的投资者一直在吸纳这只股票。我为什么买兰陵陈香（600735）呢？主要原因就在于去年10月、11月，我在把这些股票进行总结后看它们的K线图时，我忽然发现这只股票在11元左右的时候一路跌，连着两个跌停板，莫名其妙地两个跌停板跌下去，跌到9元多，现在又回上去。我当时以为是除权了，感觉又没有除权嘛，打电话到他们公司去问。我说你们公司为什么会出现两个跳空缺口，他说这不是跳空缺口，这是两个跌停板，我说为什么有跌停板啊？他讲了一点，原先我们提出了10送7的送股方案，但在股东大会上却被大股东给否决了，然后它就这样一路跌下来。我听到这个消息以后，看到股价是9元多，再结合原先的那个10送7方案，我就认为这只股票的股价完全被低估了。把电话一放，我就进去了。也就是说，我们在分析技术图形的时候还要增加其他的修正因素，这样你才能在作技术分析的时候使你的不确定性大大

北大同学陪同倪勇老师畅游圆明园

降低。这也是我们在这里要注意的一点。但是大家知道在作技术分析的过程中除了这种分析方法以外还有很多很多方法。其实我个人感觉还有一点很重要，就是对这样一种个股的图形分析，它说明了什么问题？在给了你一种技术图形以后，你要知道它说明了什么问题。举个简单的例子，宜宾纸业，它的月K线上曾出现过这样的图形，从去年到现在为止，一年多了，它一直是这个样子，大盘在这一年多的时间里股指翻了一倍，它这个股价就横在这里，天天就在这里走，这说明什么？是有人在进货还是有人在出货？大盘指数涨了一倍了，它还在这里来回走，是吸货还是出货？当时股价是13元左右，如果说是出货的话，它有没有必要这样做？根本没有必要。唯一的解释就是它这只股票有很好的东西在里面，但是庄家可能又拿不到筹码，怎么办？那就可能在大盘涨的时候，它就不涨。大家都知道股民有一种期待心理，股指涨，我的股票也应该涨。你不涨，我就把手中的股票逃掉，我去买涨的股票去。而你逃掉以后，它可能天天涨。我在2000年国庆节前到外面去调研的时候曾关照过我的学生，我说你们赚学费的东西来了。这时候是13元多，国庆节一过，17元多，两天就涨上去了，然后再跌回来。你应关注这个图形，你应这样来进行分析，在这段时间里面，谁在进货，它的总盘子是多少呢？总盘子是1亿500万，流通盘是3 300万，2000年中期亏了0.04分，前几年都是盈利的。那么，像这种股票有没有名堂呢？我也不知道，就买进算了。不知道明天星期一这只股票还会怎么样。我今天讲的话有奇怪的作用。你说要涨嘛，庄家就砸给你看。这样就不好，所以做股评家很难，就难在这里。你一讲它好，庄家就不做了，砸下去。那么，我在这里为什么讲呢？主要是想提醒大家，搞技术分析有的时候要靠一种悟性，要靠自己的分析判断。再比如说，底部放量是一个好事情，的确是这样。亚通股份，10月9日的时候，它的转配股2 700万股上市，原先的流通股是多少呢？原先的流通股是2 500万，换句话说，它的转配股要多于它的流通股。那么，这一天上市以后，我们看得很清楚，这个亚通股份砸到12元多，收盘是13元8分，后来涨上去了。在这之前，去年“5·19”行情到现在为止，它就在13元到14元这里盘整，大盘涨，它都不涨。到了转配股上来前几天它就开始跌了，转配股上来这一天开始放量。前一段时间不放量，这段时间放量在干什么？是出货吗？不是。最大的可能是吸货。前两天到了18.58元，昨天是17元多。因此从这里来看，这个分析是对了。这里要注意，我们搞技术分析并不仅仅是靠技术分析，并不是某种方法在这里占主导地位，这里面包括浪形的分析，技术指标的分析，还包括图形的分析，很多很多，关键一个还有成交量。

还有一个就是持仓成本的分析——整个市场的持仓成本的分析。整整一年，亚通股份一直在13元到16元之间波动，换句话说就是，整整一年这个股票市场平均成本都在13元以上。大盘指数在往上涨，它现在在往下跌，指数在往上涨的时候一般是没有人会逃的，但它却往下跌了，说明什么？说明整整一年所有买进它的人全部都要割肉，有没有这样的可能性？我看是没有的，十有八九是空头陷阱，只能是庄家震仓吸货，而且唯一的解释也就是这个。我今年5月还买了人福科技（600079），什么价买的？24元5毛。它的盘子是多少呢？总盘子是9 000万，流通盘是3 000万。为什么买它呢？我是这样看的。它是从11元2毛一直涨上去，涨到30元，突然又发现它跌下来，跌到24元5毛，我还以为是庄家出货，但又发现不像，后来它出了一个公告，在这段时间里面，它的内部职工股上市，多少股呢？好像是780万股。你在这个时候想一下，这只股票它能够涨到30元，它能涨到这么高，说明持有这只股票的机构，它持有的数量非常非常大。现在有780万股的内部职工股上市，它若是在30元进的话，对它来讲成本比较高，它就要把股价调低，在职工股上市的那一天，它就开始放量接货。大机构25元敢接，我为什么不敢接呢？我也接。到了32元的时候，10股送9股，我是在什么时候逃掉的呢？19元多逃掉的，折回去应该是37元多。24元买的，37元多，还可以吧。这也就是说，技术分析并不是一种绝对的方式，在这里面还有很多其他的因素。因此我们在进行技术分析的时候，我个人认为不要用技术图形分析很绝对地去硬套。

这里面靠的是悟性，这一点非常重要。我今年最后悔的是原水股份，在它的转配股上市那一天，我叫我的学生去买的，学生都去买了并且多半都赚了钱。那天开盘价为7.98元，而它最低跌到7.92元，然后就涨。我的心比较黑，我填7.68元，没有买到。为什么推荐它？道理很简单，这只股票一直没有好好涨过，在转配股上市之前，最高涨到10元多以后，庄家为了捡低价的转配股，又把它砸下来，又跌到7元多。庄家的意图太明显了，它的成本也就在8元左右。这是我今年做股票最后悔的一次。

哲学硕士成了证券理财专家

主讲人：金脉

主持人：谢百三教授

时间：2002 年 3 月 30 日

地点：复旦大学三教 3209 室

谢百三： 今天我们非常荣幸地请到我们复旦的校友——金脉来给我们做讲座。金脉校友非常了不起，他是哲学系的同学，读的是西方哲学，偶然的一次机会，他来听了我的课，并由此开始对金融市场学产生了浓厚的兴趣。后来，他成功地将哲学和经济学天衣无缝地结合在一起，现在他已经是一名非常成功的证券专业投资人员了，资金已经达到了相当大的数字。我们一方面听一听他的经历，他的创业过程，另一方面我们也应该学习他的奋斗创业精神。金脉是了不起的。如果我们学习了他的精神，他的经验，我可以断言，我们复旦大学的每一个同学都可以像他一样成功。现在请金脉校友给我们讲讲他的心得。

大家好！我是 1987 年到复旦来读硕士研究生的，当时读的是西方哲学史。那个时候谢老师在我们这儿开了个公共选修课——《中国当代经济政策与理论》，我有幸去听了他的精彩讲课，受益匪浅。1987 年时，股份制作为金融制度还没有开始。首先是谢老师的一位老师厉以宁教授在北京大学大力宣传它，然后，谢老师又得到厉老师的真传，把火种传到了复旦大学，这非常好。1992 年，中国改革开放的总设计师邓小平南方谈话之后，股份制在我们国家得到了大力推行，这样我们的改革又走了 10 年顺利的路。厉以宁老师和谢老师居功至伟！国务院曾对一些专家进行重奖，湖南省的科学支柱袁隆平被奖励了 100 万元，我认为给宣传股份制的经济学家奖励 10 亿元也不过分啊！（笑声）

一、多读书、多思考

复旦大学是一个纯学术的殿堂，我来的时候就单纯地想把哲学学好。本科我读的就是哲学，硕士读的也是哲学。可能有些懂一点哲学，还有些人可以谈一点。但是有谁是在青年时期或在求学过程中就一心一意把哲学学好的人，据我所知是很少的。我就觉得 20 世纪 80 年代在有关“国家到底往哪儿走”这一个重大方政策上一直是摇摆不定的。那时候我们的政策，也是“摸着石头过河”的。那么“这河往哪流，这石头往哪去”，其实我们是不清楚的。我当时就对这些问题十分关注，因为只有把这些问题学好，才能把我们国家经济上、法律上的问题看清楚，我们才会有一定的措施。我在本科研究生阶段搞的就是哲学研究，到了 20 世纪 80 年代末，我自己就感觉在哲学上确实想通了一些问题，然后，下面的工作就到了经济操作层面上了。所以当时谢老师和厉以宁老师大力宣传的股份制，对国家的经济改革和社会改良都提供了很明确的方向，非常了不起。实际上我接触经济学方面的东西，应该说非常早。我在 1981 年读高中时，高中课本里就有政治经济学这门课。后来到复旦大学跟谢老师学习，才使得我对经济问题深入思考。

对我们这些有知识、有准备的人来说，这个年代就是为我们准备的，我们每个人都是老板。这么多年来，我就有这么些体会：

1. 永远不要认为自己生不逢时。我可以明确地告诉你们，将来的时代就是为你们准备的。只要你能够花足够的工夫，你就一定能成功。我感觉这个时代太好了。待会儿我就想给大家讲几个在中国股份制改革中几次大的盈利机会。我可以告诉你在这几次大的盈利机会中，好多人就是根本没有文化的，何况你们有那么多文化呢。

2．特立独行，绝对不要随大流。我觉得我这么多年能够支持过来，就是靠这一点。如果你满足于老师教你什么，能够得到100分就够了，你这个人肯定没有出息。如果你能从老师所讲中的找到很多想不通的东西，那就是个人才，一定能够做大事。除非你想通了，你才能去想另外问题；如果你没有想通，你就一定要想这个问题。一定要坚持，很多人坚持不了，就是因为他们迫于某种压力，而不能特立独行。如果你想成功，想成为一流的人物，你就必须在工作中，学习中有自己的见解，这一点非常重要。

3．有必备的知识，简单说就是勤学。不仅不满足于课本中所学习的东西，不满足于一般的观点，而且还要天天学习。如果你哪天觉得学得差不多了，那你也就完了。就拿我们的毛主席来说，他天天学习。他的床头上的书有几摞，如果有个不重要的政治会议，他就不去，叫秘书写个假条，他躲在家里看书。知识是无涯的，人生是有涯的。这个世界只有那些最聪明、最勤奋的人才能够成功。如果谈到证券这块，例子比比皆是。譬如说去年网络股的崩溃和中科恶炒吧。中科系的炒作方式就是庄家买了股票之后拿到银行去抵押，把抵押来的钱去买股票，循环往复，等他几乎把这只股票的流通股都买光了，这只股票也就上去了，价格就飞到天上去了，从10块钱涨到100块。当时很多人就觉得奇怪，甚至有些庄家也跟着学。这些庄家是不学无术的，这种事件在国外证券历史上早就是做过的，小儿科的事情，居然在我们这里还能够炒得成功。对于这些投机者、庄家，我们就不谈了，等待他们的是监狱——有的人已经进去了，有的人在等待进去。但对于我们跟风者来说呢，10块钱涨到100块，又后来跌到10块钱。当初他们这么搞的时候呢，就有很多人告诉我，咱们也可能这样搞，或者是说这只股票很好，可以买。我说他们是缺少基本的证券知识，依照美国和香港的证券历史，这只股票照目前的情况看肯定会跳水，或者叫作跳票。跳票就是股票没有人买，于是价格就往下跳。跳票的结果就是银行或证券公司的倒闭，很多人锒铛入狱也是这个原因。如果你进去能盈利出来那还算好，如果进去了出不来那就只能自认倒霉。如果你的资金不是很多，或者说不是很宽裕，那你就会死在里面。这种股票我们是不能进去的，而且如果进去就等于我们对这种恶劣炒作的支持。所以我们要支持的是合理的股市，而不是恶劣的股市。那时候我就坚持没有参与这只股票。果然不出所料，半年后这只股票几乎每天跌停板，又跌到10块钱。当中也有过一段时间的盘整，但没有成交量，也没有人买，因为它的价格已经严重脱离实际了。股票跌到10元，庄家也跌到进监狱去了。就是这么回事，所以我前面说充分的准备不是仅知道基本面、技术面就可以了。我们还要研究证券发展史。除了证券这块你还应该了解政治学、法律、社会学以及最主要的——哲学（哄笑）。应该广泛去学习，而不应该仅满足已有的知识，譬如说书摊上的，《长线是金》、《短线是银》等等。应该多学习，永远不能满足。要挣钱就应该勤奋，尽自己可能学习更多的知识，你才能在这个社会，在这个行业站得住脚，成为佼佼者，所以，谁如果已经成功了，而且长期能够保持自己的财富，这必是学习的结果，而绝对不是靠运气能够得到的。你要想谋取这个财富，然后保有这个财富，必须永远学习。如果谁想搞经济，搞证券，我觉这几点是比较重要的。

另一个比较难一点的就是投资与交往。许多人到现在为止应该说已经成功了。他们用技术分析的手段炒短线，或者是通过某种特别的机遇赚了钱，这种做法可以成功一时，将来肯定要失败的。因为经济工作主要是人与人的工作，一个交往的工作。你要了解信息源，了解资金源，了解制度本身，广泛地和人打交道。而怎么才能和别人打好交道，这又是一个哲学问题了（哄笑）。不要认为你把经济学读通了你就能成为一个了不起的经济学家，了不起的企业家。我们还应该用哲学来指导我们的行为方式。交往对于经济工作和投资工作是致命的，我就这么几点，大学可以参考一下。

刚才我谈了很多，谈了证券，又谈了哲学。而且，我是先学哲学，加上学经济学，才能够知道经济怎么搞的，目前为止也作了一些大的成绩。我们搞经济工作的，特别是搞股市的，要了解市场，如果你把哲学搞通了，就会感到很简单。一旦你把你的知识积累到一定程度之后，你想亏钱都做不到（笑声）。

二、运用《道德经》指导股市操作

就我个人的经历而言，我学的是西方哲学，但在复旦也读了不少中国哲学。中国哲学和西方哲学是两个不同的系统，我唯一读懂的，感到自己已经深入理解的，就是老子的《道德经》，其他的书我只能说是一知半解。但能够读通这样一本书，也已经能够做不少事了。借着股市我们简单地讲一下这个问题。

1. 道可道，非常道。股市里面没有常规，没有常理。作为短线法宝也好，长线法宝也好，没有一种法宝可以让你永远地获得成功。你从书上学的东西，凡是已经印到书上的，其实它已经过时了。股评家的评论也一样，一讲，它也就过时了。一定要跳出书，跳出股评家的评论，加上自己的领悟，才能知道证券怎么投资。包括所有其他的投资，这些都是通的，没有常理，没有常规。经济世界是瞬息万变的，怎么样的瞬息万变呢，每个人都是一个点，每个人都是经济人，每个人都想盈利，不想亏损，光想挣钱，不想亏钱。这里面会有什么规律呢？这里面不可能有规律。所以说如果有规律，你目前掌握了这条规律，而其他人也在学这条规律，那大家都赚钱，这可能吗？不可能，股市是通常所谓的“零和游戏”，即最终有人赚了，有人亏了，加起来是零。所以这里面是不可能有规律了，《道德经》的第一句话，是“道可道，非常道”，太奥妙了。凡是股市里面，我们不说自然界，人与人的关系——没有任何规律。如果你能够把这条规律讲个明白，那它就不是常道了。道不是经验能把握的，它是超经验的，先验的东西。所以你们在将来或者现在，想摸索经济市场或者具体来说证券市场的规律的时候，这书要读吗？要读的，而且要尽可能多地读。但要注意，书上教你的东西是不可以照搬的，一定要用自己的脑子从书里悟出另外的东西。所以人家说股评家没有把赚钱的方法总结出来，但那已经是过时的了。这又有点像物理学里边的测不准原理。你要推测股市中的规律，也是永远测不到的。金融市场的第一点就应该注意这个东西。不要被书蒙蔽了，不要照搬书本，一定要超出书。读了再多的书没超出书也没有用的。

2. 大音希声，大象无形，大器晚成。证券市场上最重要的问题是股票涨的时候怎么办、股票跌的时候怎么办、不涨不跌的时候怎么办，这取决于你的选择。股市中有哪几种走势呢？譬如说某种股票的走势是这个样子的，这样几个阶段中（上涨、整理平台、下跌）你采取怎样的措施？譬如说别人买，你买不买？大家都卖，你卖不卖？大家都不动，你怎么办？这就是个人与投资群体的关系。这一点非常重要。如果大家都买，股市肯定是涨了，如果你不买，你不就是踏空了吗？如果大家都抛你不抛，你就套牢了，很简单。所以在股市里面呢，你要成熟。用通俗语言说，叫成熟，另外一个意思就是保持和老百姓一致，你就在服从市场，与市场同步。在一定的时候你要从众。这个东西在《道德经》的前几章就出现过。譬如说“大音希声，大象无形，大器晚成”。为什么希声，为什么无形，它就是把自己隐在一个芸芸众生里面，就是要跟老百姓保持一致。就是这个概念。你了解不到老百姓的心态，你一个人在那里瞎想，那是没有用的。首先要把握大家是怎么样想的，这点也很重要。“大音希声”、“大象无形”是指最大的声音、最大的形体也是看不见的形体。将自己融于老百姓之中，掌握老百姓是怎么想的，在《道德经》的前三章中已经讲了这个问题。

3. 大曰逝，逝曰远，远曰返。如果你仅仅知道市场，仅仅跟从市场也不行。你还应该战胜市场，克服市场，有时应该跟市场反过来。譬如说在股市跌得很深的时候（这个股市很奇怪，有时会超出它的合理界限），像在1993年3月1 500点一路跌，跌到325点。一开始时，还有一部分人认为不会跌，多头与空头的比例也是在不断地下降，但当走到底下的时候呢，就没有一人想买股票了。记得在325点的时候，我在证券公司，在沈阳国际信托公司做股票，给他们操盘。在往年的夏天，总有一些老头老太会到证券公司去吹冷风消夏，但在那一年，连老头老太也不愿去证券公司了，他们说一看到股市就烦。有一天我特地到证券公司去找人聊一聊。我问一个老先生，你认为这股票好买吗？他说这股票哪能买呢！我说股票都从1 500点跌到现在了，怎么还不能买呢？

他说经济要崩溃了。股市跌到一定的时候，就会发生非理性的恐慌。他就会想到经济要崩溃，政治要崩溃，世界末日就要到来，人们的理性到了这种时候就会这样。许多人在1 500点的时候手中还有1 500块，但在325点的时候手中就只有300块了。那个时候发财还很难，从1 500块到300块一下就只剩1/5了，很多人很难受。另外还有一批人，他1 500块的时候借钱，如果借了两倍，到了325点的时候，他等于亏了别人1 200多块了。不但自己亏钱，还欠了别人1 200块，结果这些人天天就只能想跳楼了。他们的脑子就非理性了。我们在证券市场中要学会逆向思维，就是要战胜市场的精神。要战胜市场，要战胜大众确实很难，因为每一个人都会有一种从众心理，你要想跟所有人都相反，谁能做得到呀？只有英雄豪杰，所以你们搞市场的，无论是金融市场还是证券市场，想要成功，首先就要把自己当作英雄豪杰。唯有有了这种精神，才能在股票跌到325点的时候决定要买。但也不是大众怎么想，你就要和别人反过来想。你应该客观去考察，企业会不会垮，政府会不会垮，这个世界会不会大乱，都不会你怕什么呢？所以加强自己的知识，加强自己长期以来培养出来的与大众相反的精神，这个时候你才敢去买，这个时候敢买的人也就成功了，上海早几年的一个南汇的成功农民企业家，他就在人人都不看好的行情中敢于打进，结果这个行情一下就使他盈利5 000多万元。现在他的资产已达5亿元，列入中国500富之中，著名的中路保龄球馆就是他投资建造的。如果比读书，他肯定没你们读得多，他的成功就是敢于和大众相反。当然这也是一种天赋，不是每一个人都能够做到的。钱就是这么赚的。这点在《道德经》中有吗？有。“大曰逝，逝曰远，远曰返”。所谓掌握道的人就是要离开大众，而且越远越好，方可战胜大众，但最终又要返回大众，你就是英雄。这不只在金融证券市场，做到这一点，在各行各业，你都会成功。所以这“返”字在证券领域中是非常有道理的。

三、股市中大的暴利机遇

下面我从1992年交易所成立开始分析几个股市中大的暴利机遇，听完后相信大家会有自己也可以成功的感觉。

1. 认购证是绿色黄金。1992年发行了第一批个人认购证，绿底金边，每张30元，只有那些被摇中号码的认购证才可拿去买股票，当时我每月的工资才200多元，别人买认购证时我去买哲学书，如果100张认购证全买股票，可以赚得60万元回报。股市中第一批大户、暴发户就是从买认购证开始的。而当时又是什么人在买认购证呢？银行里买认购证的人很少，证券公司里买认购证的人很少，教授就更不用说了。（谢百三：当时工商银行的行长劝别人不要去买，因为这个认购证的成本只有1块钱，后来这个行长就遭到了很多人的指责。）当时的3 000元可以赚60万元（当然你买股票的时候，你还得借几万块钱去买股票）。而银行、证券公司里的人都不去买，这又说明什么问题呢？并不是说买认购证的风险很大，而是我们不了解这个市场。相反，什么人去买认购证呢？就是那些上海人称为“打桩模子”的人。我们在路边、交易所、银行门前可以经常看见的那种站在银行外面换外币、国库券和自行车券的人。他们可以说是中国最早接触市场的人了。在认购证之前，买不到股票，而买到的股票又涨得很厉害。所以一旦发行了认购证了，他们就去买，因为他们看准会有高额差价。倒是我们这些有知识的人，反而没有意识到这问题。所以这也说明了两个问题，一是我们学东西绝对不能把自己局限在书本上，你应该去学习经济的各个成分，包括“黑色经济”你也要去了解，只有了解“黑色经济”，你才能了解“白色经济”。但是，“磨刀不误砍柴工”，这个机会没赚到，下面赚钱的机会还有很多。反过来说，那些没有知识而是靠这个发财的人现在又怎么样了呢？有一项统计说，除了杨怀定（杨百万）现在还行以外，别的都早已经不在股市里面了。杨怀定也说，我之所以可以依然在股市中立足，靠的就是读书。其他人早已倾家荡产，好几个现在还在监狱里面呢！我给你们举个例子，我们楼下有一保安，他听说我是搞证券的，就和我聊，说我能不能给他介绍一个好一点的地方工作。他说当时自己也是做股票的，有100张认购证就赚了60万元，但现在那些钱在二级市场已经亏得差不多了。现在老婆也下岗了，自己也没活干，只能窝在这里当保安。每月只有400块钱，能不能让我给他介绍一个500块钱的工作。你看一个60万元的大户就到了这个地步。我说你也不用换地方了，以后我有一个有把握的投资，你到时候还有多少钱就跟大家一块做一下。你们一定要注意当时的60万元是一个典型的概念，所以不要担心没有机会。

2．“一级半”市场遍地珠玑。有好多人，尤其是我们知识分子，容易搞什么规范操作，那些不规范的操作他们不敢去做，因为他们认为那是下九流干的。但是经济不分上九流和下九流，所谓的“一级半”就是当时历史留下来的问题——定向募集公司。这些公司的员工买了很多自己公司股票，而有很多家公司都不知道公司股票何时能上市（上海还好一点，外地的公司的员工就更不知道股票什么时候能兑现了）。当时上市的过程都在紧锣密鼓地进行中，有些公司甚至再过两个星期就可上市，但是老百姓都不知道。他们把手中1块钱的股票卖了3块钱，两个星期以后，上市的股票开盘就可以卖30块钱，这就是“一级半”市场。你按常规天天走到内地去收购这些东西，就像杨怀定当初到内地去收购国债一样。老百姓为了变现，80块钱就卖给你了，但到上海却能卖105块。其中相差20块到30块，这就是一个地区差。内地的一些辛辛苦苦的工人同志们当时1块钱买的，3块钱卖的，他们觉得挺好，谁知不久就可以涨10倍的价钱呢。还有另外一个概念叫作“职工股”。这些定向募集公司的职工股，很多都以很低的价钱在卖，而且没人要，这又给上海的一些家伙抓住机会了。职工股有一个要求，就是3年之后才可以上市，当时那些人拿着，觉得我要等3年，3年以后公司的股票变成啥样也不知道。内地的信息不灵通，对整个经济形势不了解，加上手中又没有钱，所以急于变现。这些职工股就以很低的价钱卖了出来，一旦上市，这些职工股也以好多倍的价格上了出来，有一批人就通过这种方式（一级半）而赚了很多钱。而这些买认购证的人就变成大户了。然后就每天在二级市场把腰板挺得很直，等了几年就没钱了。也有一些人去搞“一级半”发了财的，在这其中已经有一些知识分子了，包括一些搞经济研究的专家、学者都已经进去了。但第二个赚钱机会你没有抓住没有关系，还有第三个赚钱机会。我当时第二个机会也没有抓住，因为当时还不了解。但这种“一级半”市场在1998年竟然还有。1998年的时候我以9元的价格买了阿成钢铁（后来转成了科利华）。当时那些钢铁公司的职工还说：“要公司的股票干啥呀？居然上海人都会来买，他们都不知道咱们工厂都惨成啥样了。”我们当时就知道它会转成科利华，所以就大胆买进。1998年8月我以9元的价格买入，到了1999年的3月股票就以30元的价格卖出，前后还不到5个月呢，翻了两倍多。所以你得动脑子，要敢于打破常规。一定要有这种精神。你不要看这些操作虽然是不规范的，其实也是规范的。各种各样的操作都要去了解，光从书本上是学不到真本事的。

3．国债期货算准了可以巨变。国债期货只要付2.5%的保证金，相当于用2块5毛就可以买100块钱的国债，这是1994年到1995年的时候。那时候好多人包括证券公司的专业人员都不知道怎么算，很多人学都学不会，其实这里面有一套很严密的计算方式。根据现有的物价水平、银行利率来计算就行。当然，简单计算也是算不出来的，必须投入所有精力，收集所有资料，像谢老师《十年一个亿》书中的老陶就是这样。大家都去找这条规律，有的人没有找着，有的浅尝辄止，有的人花大工夫就找到了。这是那种“打桩模子”的人所不能够的，只有那种有知识、有文化的人才可以成功。这个赚钱也非常厉害。陶先生就从25万元变成了625万元，这是个了不得的利润呀。这时候，我还不行呢！

4．转配股。第四个大的盈利就是转配股，就是刚配股的时候，法人单位通常不愿意配股，如果有社会股东愿意配股，它就转给你，你也可以从中赚一个差价。当然这些股票当时是不能上市的，什么时候可能上市呢？没有人知道。所以许多人就放弃了。但是有许多人就秉着前面所说的那种精神，别人不买的时候去买。等到1998年转配股就上市了，当时他们的配股价格都是非常低的，例如东方明珠的配股价只有5块5毛钱，上市后有49块钱，也不过就放了3年吧。这是多么大的一个盈利空间呀，就是看你自己是不是花工夫去找了。

5．2001年年初的B股。B股截止到去年为止，譬如说上菱B股，去年为US＄0.09，现在涨到了 US＄1.6，这是多少倍呀，你自己算算。B 股和 A 股的差距相当大，A 股的价格是 20 块钱，B 股的价格是 US＄0.09，也就相当于 8 毛钱，而 B 股的净资产就有 6 块钱呢。B 股从开市以来一直就是熊市，一直熊到去年。从 140 点开盘一直熊到去年的 20 点，好多人害怕，不敢买，但是去年我国决定加紧加入 WTO，一旦加入了 WTO，就必然面临一个外汇自由兑换的问题。什么时候自由兑换，目前还不清楚，估计也就 5—10 年。A、B 股的并轨也在 5—10 年，但是市场是非理性的，一旦决定加入 WTO，B 股的价格就会飞起来。梁定邦是我国证监会的首席顾问，他允许境内人可以自由买卖 B 股，而这在过去是做不到的。A、B 股的差价实在太大了。一家公司拍卖了，净资产还有 6 美金呢，而它的股票只有 US＄0.09。我买得也比较晚，我在 US＄0.6 的时候买进的，现在也能翻 1 倍以上。股市蕴含了许多盈利机会，应该值得大家好好去把握。现在大家都应该有这个印象了吧，不要以为自己生不逢时。机会有很多，而且将来的机会更多。

还有一种就是我们财金专业的同学经常遇到的。他们出来以后，容易到投资银行、证券公司、保险公司或者是上市公司去工作，做的往往是投资银行业务。一些很差的企业，你通过资产重组就变成好的企业；或者是经营不善的企业，通过加强经营管理，并寻找到新的投资方向，开拓市场，也能够把企业搞好；或者换一新的股东，重新资金融资，也能够把企业变成好的，这种种方法就叫作投资银行业务。一旦操作好了，一个垃圾股就变成了绩优股，所以这里面也是很赚钱。因为你把企业搞好了，你也就会有相应的回报了，所以这一块也是很重要的。

更多的机会现在还说不清楚。当然在这个市场里只要你肯用心，各种各样的机会就会来告诉你。有的人会打电话告诉你这样的机会那样的机会，判断的前提就是要好好学习，包括书本里面的和书本外面的。从我个人来说，我并不是一个商人，我在进入股市之前一直都在发表哲学的文章，我认为我是一个中低层次的哲学专家。我很高兴我可以把我的文章发表出来，哪怕有几个人去读读，我也会觉得很好。圈内的朋友也在，比较好评价。我也没有想到自己也会搞这种东西。从我的本性里我并不是搞这个东西的，但是我肯花工夫。然后归结到刚刚我所讲的交往这个问题了。这是一个大问题。人在这个社会里面要学会交往，而且不是简单的客气。要以诚相待，跟别人达成患难之交，你这种朋友越多，经营的路子就越宽，盈利的机会也就越大，所以一个人要在社会经济上做好，在“交往”这个问题上，尤其要下工夫。

谢老师曾经对他的学生有一个心愿，就是在我们退休的时候能做到两个“一百万”，一个是家里的存款有“一百万”，一个是发表的叙述论文字数有“一百万”。那看来我还得在后者上继续下苦功了。

绿色的认购证掀起第一阵金融狂飙

资深人士　应健中

编者按：应健中是上海滩受人尊敬的金融市场公众人物，他主办的《壹周投资》曾启蒙了上海市整整一代投资者；在1996年12月16—17日股市出现两个跌停板时，他在电台中坚定地要人们"手中有股，心中无股，调整到位，越跌越买"，稳定了大家的情绪，事后大家都很感激他，因为那确实是当时的最低点。后来他又当上证券公司的总经理。我们多次请他到复旦大学讲学。

在我们分享高科技金融的21世纪，我们应该回味一下股票认购证的故事。在20世纪90年代初特定的历史时期中，是它促使股票相对公平地发了出去，并造就了上海股市中的第一代投资者。

一、兴业房产发股差点挤出人命

20世纪90年代初，上海证券交易所刚成立，股票严重地供不应求。为了缓解供求关系，上海有关方面决定发行兴业房产（600603）股票。

由于在交易所交易的"老八股"有行无市，无量上扬，根本买不到股票，所以求股发财心切的市民就只得将购股的目标全部扑到了新股认购上。

记得那时发行的主承销商是当时著名的万国证券公司，发行方式为每个居民身份证可领取预约券，然后根据预约券进行编号抽签。这种预约券大概就是上海最原始的股票认购证了。

所谓预约券，印制简单得很，在一张小纸片上盖个章、编个号而已。消息一出，离发行时间还有两天，地处上海人民广场旁的主承销商万国证券公司广东路营业部顿时就被围得水泄不通。从全市各地汇聚而来的市民，收集了亲戚朋友的身份证带着躺椅、毛毯到这市中心的弹丸之地，安营扎寨，准备熬个几天几夜，志在必得那个被称为"兴业房产"的股票。

面对这来势汹涌的购股热情，上海市政府果断决定，将预约地点放到上海北面城乡接合部的江湾体育场内。而万国黄浦门口，购股心切的人依然不散，晚上不得已只得出动警察予以劝导疏散。

沉寂已久的江湾体育场顿时彻夜沸腾，好多市民嫌自己带的身份证不够，竟然打起了民工的主意，出几十元钱雇一个民工帮助排队，从而打起了一场认购股票的"人民战争"。

天还没亮，面对这汹涌的人潮，为了防止出现人身伤亡事故，管理部门决定提前发预约券。开始还好，后来慢慢地秩序大乱，后来者生怕自己领预约券落空，拼命往前挤，不顾一切地向前冲。据当时在现场工作的万国证券公司员工回忆：那个时候，才感觉到人潮有多可怕，自己手中拿着一大叠预约券，看着远处汹涌而来的人潮，脑子中只有一个念头——"逃"，于是就翻窗逃了出来。在场的工作人员，包括警察，纷纷后撤，落荒而逃。（大笑）

反正经过一阵阵折腾，印制粗糙的预约券总算谢天谢地发出去了。那时也没法讨论公平还是不公平，不出人命，不出大乱子就算万幸。实际上当时也只能那样了。

人潮退去，留下的是几个被踩伤的伤员。工作人员在事后清场时，光踩落的鞋子和丢失的生活用品就装了好几箩筐。

二、认购证30元1份

兴业房产新股发行遭受如此波折，深深刺激着上海市的管理部门，当时主管上海证券市场的是中国人民银行上海分行，为了保证安全地将以后更多股票发出去，他们将安全放到了首位。于是，管理部门在与经济学家们共商之后决定实施股票认购证发行方案。

由于兴业房产发的是预约券，所以那么多人不花成本踊跃认购，而新的认购证必须是有成本的，这形成了管理部门与市场参与者的一种共识，至少花钱可使相当一部分人望之却步。但在定价上却是仁者见仁，智者见智，如2元1份，那等于无偿，大多数人会花点小钱来挤热闹，当时拟定的方案有5元、10元、20元、30元、50元，甚至还有想出100元的，但太便宜等于不搞，太贵将大多数人吓退，那也有悖初衷。最后选定的方案为每份人民币30元。

1992年的股票认购是值得载入中国证券市场发展史册的。认购证印制得极为精美，就像邮票中的小本票，封面烫金，封底印着“股市有风险，入市需谨慎”的字样，内有一式四联可复写的凭证。在说明栏里，写明这30元1份的股票认购证，不是股票，而是可以买股票的凭证。并注明，1992年全年的股票发行就靠这本认购证摇号，认购证发行扣除成本的多余资金将全部捐给上海福利会（此话曾使很多人产生逆反心理而不愿去购买）。30元1份发行股票认购证，试图用这种方式吓退一大批盲目买股票者。人们开始精打细算，这30元1份的认购证，如果不中签那等于将钱捐给了福利会，如果中签了，也只能买新股30股（面值10元1股，后来统一拆细为1元1股，即300股）。这样认购证成本就摊到了这些中签的股票上了。如买10份只中1份，那每股就要增加1元。根据当初的判断，买几份其功能相当于买彩票，碰碰运气，而要保证中签，最好买联号的100份或1 000份，这在当时可是一笔不小的数字。

习惯于算小账，并没赚过大钱的上海人，当时全被这高价的认购证吓退了。更多的人搞不懂，这30元1份的认购证怎么比股票的价格还要高，1元1股的股票发行价才6—8元，可认购证却要30元，这无疑等于去看场电影，电影票才5元1张，而买电影票的预约券却要30元1张。

最早失去信心的是银行的推销员。当时发行认购证，上海各大银行的储蓄所全都被动员起来，成了代销点。银行工作人员除了柜台零售外，信贷员还到自己管辖的工矿企业去进行推销——当时规定每推销1份认购证，可以提成1%的佣金，即提成0.30元的小钱——虽使出浑身解数，但还是战绩不佳，因为大多数人都认为，上门推销的绝不是好东西，多少有点骗钱之嫌。而银行工作人员见推销难度如此之大，也认定这不是个好东西，所以，很少有人想到自己也买一点，而当时法律却没有禁止工作人员购买认购证和股票。

也许正是最初这种冷落的销售局面，才使以后得以证明这世纪性发财机遇的来临是如此地神速——过了若干年以后股市的冷与热才为大多数人所领悟。

有这样一个真实的故事。有一位李姓教师在认购证购买的最后一天的最后一小时，经过反复测算，也经过反复思想斗争，终于鼓起勇气带着6 000元钱迈进银行储蓄所，准备买200份，刚站到认购柜台前，只听里面一位小姐对旁边一位男青年说：“又来了一个‘冲头’（上海话傻瓜蛋的意思）。”自尊心极强的李老师听后火冒三丈，拔腿就走，这一走，李老师留下了世纪性的遗憾，将近100万元的财富与李老师失之交臂，这一痛楚使李老师刻骨铭心而终身难忘。

1992年上海股票认购证的发行过程，给保守的上海人平静的生活投入了一块巨石，掀起了一阵阵难以平息的波涛。

上海人的小聪明也在此后开始充分地显现了出来。

三、207万份认购证造就了很多富翁

如今，新股申购都有一个中签率——在高度自动化的交易机制中，中签率的计算一瞬间即可完成。然而，1992年购买认购证时，聪敏的买家就开始计算中签率，计算发行总数——这个发行总量和中签率与获利程度息息相关，只不过这种发行总量和中签率的计算其手段是十分原始的。

刚开始人们从各种渠道了解到1992年上海大约要发10只股票。于是，那些买家就到报上登载的认购证发行地点去观察认购情况，了解认购证发行的编号数，并且观察每笔认购的平均数额，了解一个营业员做每笔业务的时间是几分几秒，然后算出最多一个营业部卖出的平均数量。

对于这个认购证能否购买，购买多少，怎样的购买策略、购买方案为最佳方案，当时上海的《新闻报》在中国第一家开设的“市场专栏”上还曾开展过专题讨论。最后有人专门撰文，认为买 100 份联号的认购证为最佳组合方案。

为了捕捉这个大机会，上海一批早期的市场参与者，还自发地成立研究小组，然后大家专业分工，分地区去观察认购证认购情况，每天晚上汇总，研究对策。

管市场是几个人的脑袋设计出来的方案，而在市场中捕捉机会的人则是成千上万个脑袋，因此管市场的人脑子再好，也抵不过有利益冲动的市场中的人。可以说，这种发行方式很快就被市场中的人剖析得清清楚楚。

到发行结束前一天，民间的统计结果为 200 万份左右。而且当时认购证编码还没到 200 万这个数字，于是买家仍在最后一刻作出判断，买了绝对赚钱。

最后公布的结果与民间的统计也几乎吻合，207 万份。这 207 万份认购证的持有者，成了沪上第一批，也是改革开放以来致富速度最快的人。

不是通过出国打工，不是通过出卖体力、脑力，出卖知识产权，出卖智力成果，而仅仅是下了一个赌注，买还是不买，从而改变自己人生的一种决策，这在建国以来的市民们还是第一次碰到。

207 万份上海 1992 年股票认购证，使上海人原本悠闲地生活在一种固有生活模式中的生活，出现了一次大波折，形成了一阵金融狂飙——人们做梦也没想到，财富会如此失之交臂。也许正是大多数人做梦没想到，才使得这 207 万份认购证的拥有者成了沪上的宠儿。

四、黑市交易油然而生

1992 年股票认购证发行完毕之后，这 207 万份认购证成了封闭的摇号范围。由于原定发行额度定为发行 10 种股票，后因改革开放的力度加大，股份制改革迈开大步伐，在 1992 年中发行的股票达 30 多种，但因为在认购证上明明白白地载明这份认购证可申购全年发行的股票，也就是说话已说死，只要是在 1992 年中发行的股票就全部以这种方式发行，这就导致一时认购证成了争相觅宝的对象而“洛阳纸贵”，整个上海为之而震撼。黑市交易也油然而生。

1992 年，上海股市中股民的集散地由原来的西康路 101 号转到西藏路广东路的万国证券公司，认购证被黑市炒起来之后，万国黄浦营业部边上的饭店便成了上海炒家云集之地。100 份联号的认购证被称为一本，100 份为黑市交易的一个单位，原本 3 000 元的 100 份认购证，发行截止时就被炒到 1 万、2 万、5 万元——后来最高炒到 30 万元。根据当时规定，认购证发行必须是记名的，但由于当时人手条件不够，加上证券公司中的“猫腻”，大量不记名的空白认购证流向市场，美其名曰证券公司来不及写，大家回去自己填得了。于是，黑市交易中记名的和不记名的就有两种价格，不记名的称为“白板”，黑市价格明显要贵得多，至于记名的，这些炒手用 50 元 1 份去打点原发行银行营业部的工作人员，也能帮助改过来。

随着 1992 年股票全年发行的数量要增加 1 倍，全年分 4 批发行 30 多种股票，认购证持有者的身价大增。据最后统计，买 100 份认购证花 3 000 元，认购资金在 2 万元左右，上市一个抛掉一个作滚动认购，全年可赚 50 万元左右。这批敢于“吃螃蟹”的人终于成了上海证券市场中的第一批大户。

最初，是整“本”的认购证交易，价格随着新股招股书的刊登而随行就市。最初原始认购证的持有者，当黑市炒到获利一两倍时，想想钱来得那么容易就脱手了，看到后来几十倍、几十倍地炒了上去，后悔不迭，痛恨自己捡了芝麻而丢了西瓜。

等第一批摇号开始后，中签的认购证又开始在黑市炒了起来，炒手们似乎有了专业分工，各炒一段。

等第一批摇号完毕之后，剩余的认购证黑市上又炒了起来，由于后面还有多少股票可发，市场一直处于猜测之中，这就给黑市交易带来了朦胧的题材，认购证黑市价格也因此而产生了很大的波动。

记得当时有件事曾引起市场的剧烈波动。有一天《新民晚报》上刊登上海人民银行负责人谈话，称今年股票认购证用到第三批发行完毕之后全部结束。这一下便影响到许多人的切身利益，特别是高价入货者顿有套牢之感，于是，当天晚上许多人将《新民晚报》报社围得水泄不通，要求说明情况。

第二天，《新民晚报》再出面澄清，强调有关部门遵守诺言，1992 年全年股票凭认购证认购的规定不变。市场又一次哗然，许多认购证黑市割肉者又上门来吵，继续要说明理由，结果弄得有关部门左也不是，右也不是，非常被动。

一直到第四批新股发行完毕，认购证的使用寿命到此结束，黑市交易才算寿终正寝。

五、过了此村还有那店

认购证的狂潮带来了新的投资和投机的冲动，然而，随着市场的快速扩容，原本十分脆弱的市场开始出现供求失衡，上证指数一路下滑。到了第四批新股发行之时，指数已跌去一大半，因此到认购缴款之时，很多人都放弃了这种认购机会，一是市场已熊气弥漫，生怕新股认购了也是套牢；二是前三次认购，认购证成本已忽略不计，早已赚足了，不在乎这第四批股票赚多少钱。

第四批新股认购中，原水股份、申能股份、沪昌特钢出现了无人认购的状况，这种情况在股市中还是第一次出现。上市公司求钱心切，与承销商商议，采取任何对号认购证，只要中签都能申购，不必苛求名字。于是，有人就看中了这种千载难逢的机会。

上海一位姓马的股民，买了好几条“红双喜”香烟，在认购点门口，向那些放弃申购的中签持有者说好话，只要将中签凭证给了他，他就送人一包香烟，既表示感谢，又富有人情味，还避开了黑市收购的嫌疑。

几天下来，这位马股民竟然收了好几百份中签单，他将股票悉数认购了下来。而发行价 3 元不到的原水、申能股票，等到上市之时正好遇到股市强劲反弹，开盘价竟高达 20 多元，每股可净赚七八倍。这样一个别人想象不到的怪路子，竟然使马先生快速致富。由于这笔钱来得合情合理又不违法，所以虽然马姓股民没有买 1992 年股票认购证，但却在这把认购证行情的尾声中狠狠地赚了一笔——错过了认购证的机会，却抓住了后面更大的行情，而且赚得更多。

六、认购证掀起了上海第一阵金融狂飙

过去人们只知道华尔街的老板会骗人，只知道金融市场风险大，谁人知道高风险伴随着高收益？这份绿色的认购证确实掀起了上海市民中第一阵金融狂飙，但无数悲悲喜喜的故事也应运而生。一不小心成了百万富翁，这也许是天方夜谭的故事，然而在 1992 年股票认购证的热潮中，这确是一个个真实的故事。

有一位姓方的老太太，儿媳要上班，托老太太将 6 000 元人民币拿到银行去办一下一年期的定期存款。到了银行，工作人员正在向客户宣传买认购证的好处，劝老太太买认购证，这比老太太将钱存一年合算，当然，银行也是为了在发行最后一天能多推销一点，老太太将信将疑，就买了 200 张认购证。

儿媳回来后，老太太将银行工作人员对其说明的话向儿媳重复一遍，不料儿媳却听不进这些话，大怒，要老太太退掉。

老太太第二天去退货被告知，认购已经结束，不能退还。老太太横想竖想，为息事宁人，只得将自己未到期的存款取出，用 6 000 元给媳妇办了一张一年期存单。

等到后来认购证成了社会的一大热点，老太太的身份一下子变成了百万富婆，媳妇知道了事

实的真相，又一次反目，为争夺这200份认购证的归属权，又一次与老太太吵得不可开交，以致最后走向法庭。

本来大家穷日子、苦日子过惯了，家里倒也和睦相处，平安无事，而突然间其间一人发了横财，打破了原有的利益平衡，于是矛盾、裂痕便渐渐显露出来，于是有人说，钱多了也害人。还是老子说得对，在远古时代“民各甘其食，美其服，安其居……老死不相往来”，太平得多。

七、终点又回到起点

以后的故事也在说明老天爷是公平的，好运并不永远都会给人带来好运。相反，股市的新机会仍在变着戏法呈现在人们面前，考验着每个人的胆量、魄力、智慧和心态。

8年过去了，这批认购证大户如今又安在？如果不及时学习，提高金融意识，他们依然在股市中活得滋润的就已不多了，哪里来回哪里去，终点回到起点，到现在才发觉，这不仅仅是一首歌中所唱的，而是一个个刻骨铭心的事实。

有一姓林的女工程师，毕业于上海名牌大学，有一份安逸而又稳定的工作。其先生在国外打工，当时就有一份不薄的积蓄，其人生的最大目标是将其掌上明珠送到国外去读书，根基立稳之后，全家定居国外以安度晚年。

上海认购证发行之后，她有了一个博弈的机会，当时能拿出10 000多元买认购证的人并不多，而对她而言，这点钱还不心疼，于是就花了12 000元买了400份。后来认购证热起来之后，一下子她的身价上升到了200万元，想来想去这钱来得那么容易，赚来全不费工夫，心里乐滋滋的。

为了能快速致富，早日达到送女儿出国，全家定居国外的目标，她干脆辞去了公职，做专职股民。当时上海一大批大户都挤在上海大厦中做股票，刚开始还赚了点钱。但人心总是不足，总想赚得再快点、再多点，而要快速赚钱，就要将资金放大。看着别人1：2、1：3透支赚钱，她也开始心动了，于是她就以10%的年利率1：2透支400万元。不料股市开始调头下行，在1 500点到380点的下降行情中，先是“立正”（即全线套牢）而无法动弹，后被券商强制平仓出局。这位小有名气的中年女工程师，从此也就在上海股市中消失了。

这位女工程师在股市中真是白忙了几年，原本有个安逸的家庭，稳定的工资收入，可到最后却一无所有。

人生一世，也做过了百万富翁，这种曾经有过的经历，更会使人刻骨铭心，终身难忘。

八、集体致富的故事

1992年靠买认购证致富并发迹的人的命运神话当时时有所闻，然而这都是发生在一个人或一个家庭里的故事。

这里有个集体致富的故事。上海西北地区有所学校，一个教研室12个教师，当时教师待遇很低，每月只几百元工资，报纸上天天呼吁要提高教师的生活待遇，教师利用业余时间赚外快也赚的是小钱，每节课只有几块钱，一个月也只有几百元的灰色收入。

认购证开始发行之后，这个以企业管理教学为主业的教师群体，都本能地关注着这个发行市场，最后，在教研室主任的带头下，每个教师都买了100份认购证，这12个教师的这个一致行动使每个人的身价都达到了50万元以上，这无疑在学校中炸开了锅。

教师这个低收入行当，一直是社会关注的话题，记得当时还曾讨论过“先富口袋还是先富脑袋”，有文化的教师为自己口袋空空如也而脑袋学富五车而感到自卑，如今这每人50万元自己给自己发奖金无疑给教师队伍作了个榜样，要致富还得靠自己。

原本这个教研室工作中磕磕碰碰常有，人际关系也是一般，大家同时致富后，办公室天天欢歌笑语，相互关系也特别融洽，在完成教学工作之余，教研室成了一个自发的股市沙龙，沉闷的教研室开始活跃，教师们的思维方式也大大活跃。

当然，以后的结局也是各奔东西。学校也难以管束这帮富起来的教师，教师间巨大的经济落差，形成了距离感，后来一个个很难在学校里待下去而纷纷跳槽。

九、申购新股：中国股市的独特一景

曾经有洋顾问建议提高一级市场发行价，像美国那样，一、二级市场基本接轨，但是不行。中国股市不行，居民存款6万余亿，而上市公司又明显不值60倍市盈率，肯定不能以60倍市盈率高价发行。因此，还得演绎一幕幕新股高收益的童话，好在很多人在新股上赚的钱，大多又亏到二级市场上来了。因此，认购证的基本原理现在还得继续。回忆起来，股票认购证改变了人们的生活方式，提高了上海人民的金融意识，是第一次全民性的启蒙课，同时股票认购证也为证券市场的设计者、管理者提供了新的课题。

从上海1992年发行了股票认购证之后，全国各地纷纷仿效，2元1份、3元1份、5元1份的用花花绿绿的纸张印制的股票认购证充斥市场，这从如今的认购证收藏册中可见一斑。

8年前的故事已随着时间的推移逐渐被人遗忘。尽管我们可以举出许多理由来证明当时的市场是如何的幼稚和不足，然而客观地讲，当时的这些方法也许是最好的方法，管理者只能如此操作，从而相对公平地完成了股票的发行。尽管这在当时造成了社会心态的不平衡和使一部分人“不劳而获”地快速致富，但还是应该看到，这种发行方式造就了一代大户，而这批大户赚了钱后最终还是将钱留在了市场，取之于股市，用之于股市，还之于股市。

如今，新股发行已充分利用交易所先进的电脑系统进行上网申购。这种方法是到目前为止最先进、效率最高、成本最低的方法，尽管这个方法仍算不上是十全十美，但比起8年前的认购证却有天壤之别。但是如果没有8年前这种开创性的工作，也就不可能会有今天高度发达的发行市场。

中国股市，生生不息，永远向前。

绝非杜撰的七个传奇故事

资深人士 应健中

编者按：本文令人忍俊不禁。中国股市已有20个年头了，造就了一代枭雄，很多人通过股市改变了人生轨迹，完成了资本原始积累。我们从那些千姿百态的股市群像中来截取一些真实片段，从中来领悟出一些致富的道理。感谢应健中老师文采飞扬的故事。

一、"黑市"交易：在政策的空白处暴富

在1990年上交所成立前，有一段长达5年多的柜台交易历史。那时，在上海西康路、南阳路口的西康路101号开办了一家营业部，它的全称是中国工商银行上海信托投资公司静安证券交易部，这个上海第一家证券营业部是利用静安体育馆的看台下方的空间改建的，营业部不大，但在上海滩上闻名遐迩。鼎盛时期的场面用2006年春节晚会上的一句台词来形容就是："红旗招展、人山人海、那场面是相当壮观。"

那时，做股票和买国债的人都叫那家营业部为"西康路101号"，要买卖股票带好图章，股票的背面有出让方和受让方一栏，买卖双方盖了章才算成交。拿了股票的一方还有一张"息折卡"，上面记载每年领红利的情况。国债买卖那更为热闹，都是实物交易，你拿多厚的钱去买，基本上能拿回来同样厚度的国债实物券，开始时，这种柜台交易很有秩序，但随着市场因素的变化，固有的交易方式就不适应了，于是黑市交易应运而生。

最早出现黑市交易的是国债买卖，由于当时国债买卖渠道不通，而市场又有很强的流通欲望，私下交易形成了规模就变成了黑市。记得有一次，我拿了2万元去买柜台上挂牌的1986年五年期国债，到期还有两年，我算好剩余年份的年利率有15%，刚要准备买，横里插上来个小伙子，他跟我说，他手里有1988年三年期国债，与1986年五年期券同一天到期，年利率可达22%，我想哪有这等好事，算了几遍后，的确如此，只不过一个已经挂牌上市，一个还未上市而已，我毫不犹豫就买他的货了。后来与这小伙子混熟了，我就上他家里去买了，他家在长宁支路的棚户区里，前段时间我路过那儿，这棚户区早已拆除，那时他告诉我他技校毕业，在一家玻璃厂工作，现在混病假出来赚些辛苦钱，他在黑市贩子中是级别最低的，上海人叫"打桩模子"，他是卖掉后抽头，自己没有资金，他要到两道贩子处去拿货。前几年我在马路上还碰到过这小伙子，矮矮的、瘦瘦的，很机灵的样子，他告诉我现在工厂已倒闭，他现在就是在家赋闲，炒炒股票，兼带着做点生意，从他的样子来看，昔日的"打桩模子"现在活得还算滋润，他的原始积累毫无疑问就是靠当年站马路倒国库券赚来的，至于我当年从他手中买进的2万元1988年三年期国库券，当然赚头也不小，买进后没几个月，1988年国库券就上柜交易了，我马上抛出，仅仅3个月年利率高达50%以上，尽管当年本钱少，但集腋成裘、积小赚为大赚，那个年代交易并不像现在那么发达，但赚钱的机会还是很多，也很容易的。

20世纪80年代后期，正处于计划经济和市场经济的交汇点，国家发了大量的国债，但交易渠道极不通畅，这就给自发形成的黑市交易提供了一个很大的舞台。上述故事中的小伙子只是在黑市交易中最底层的一个环节。在黑市交易网络中再高一个级别的是两道贩子，在两道贩子中我认识一个大家都叫他"老宁波"的老张，60多岁的一个退休职工，他天天穿着一件大衣，直到有一天，我要到他那儿去买点东西，他将我领到北京路和陕西路交界处的一栋公寓楼，走进一栋公寓楼的楼梯下，打开大衣，哇！看得我一愣，这哪是大衣啊，简直就是一个缝制得整整齐齐的流动"橱柜"，从上到下在一个个口袋里密密麻麻地装着不同年份和不同面值的国债和现金，老张进行的是大数交易，如果你买5万元券，他就给你5大叠券，对熟人交给他的钱，他也不点数，

银券两讫，靠的是信用。实际上那些“打桩模子”手中没多少券，他们拉到客户后，谈好价格后就到像“老宁波”那样的两道贩子手中拿货，成交后两道贩子就会给“打桩模子”几十元的辛苦费。老张还是比较遵守游戏规则的，有一次，我一手交钱，他一手交券，买了3万元国库券，回家后一点少了一张50元面值的券，第二天我去找他，他二话没说，马上抽一张给我并再三道歉。做二道贩子的人自己都有点实力，一般自己要垫付几百万在券上，能发出去就赚差价，发不出去就自己吃下来，将其当作中、长线投资的品种，一般而言，这样的操作几乎没有风险。在当年没有证券知识的普及、没有健全的交易制度、还没有基本的信息传播，甚至于当年将这种交易行为视为黑市交易、交易者被视为“黄牛”、当年的《中华人民共和国刑法》还立有“投机倒把罪”的社会背景中，民间爆发出如此巨大的交易风潮，这是一种什么力量？这是一种自发的市场力量，正是这种力量的推动，才使日后的中国证券市场加快步伐发展了，如今看这些行为是那样的幼稚和好笑，但那些敢于第一个吃“螃蟹”的人在这个原始萌芽的市场中掘得了第一桶金。

时隔15年多了，不知那个“老宁波”老张还健在吗？老张的那件大衣不知还在吗？我想如能拿出来，可以放到博物馆去，这是历史的见证呢。

西康路101号门口的股票黑市交易的盛行时期是在1989年年底，当时深圳的一批炒手在炒高了深圳市场后转战到上海，由于当时流行买卖双方自己谈妥了价格后可一起到柜台上去办理交割手续，所以人们就不理会场内挂牌的价格了，人们在马路上摆起了摊子，自己将股票明码标价，当时市场有一个叫孙鼎的大户比较活跃，他制作了一个大木盒挂在头上，其样子有点像卖烟的小贩，样子很滑稽，在大木盒里面放着一叠叠股票并标清价格，我有时问他，他都懒得回答，说自己看、自己看，当年我们看那些大户是仰视的，他们的身价以及出手的交易数额如此的大，让我们感到自卑。可是造化弄人，当年活跃在黑市的大户，如今大多数在一轮轮的行情中被市场无情地消灭了。

西康路101号门口的黑市交易当时弄得管理层很头疼，多次采取行动派警察和工商人员去取缔，但都没有效果，在执法过程中才发现，对这些黑市行为的处罚很难，人抓来了，处罚却没有依据，于是管理层意识到与其堵倒不如疏，就在这样的背景中，上海加大了筹建证券交易所的力度。交易所成立后，由于在相当长的时间中股票依然供不应求，到1992年发认购证时，黑市交易仍然猖獗，而且手续不全的还分什么“双枪双须”和“单枪单须”分别明码标价。在当时长达四五年间，我花了比较多的时间调查和研究了各种黑市交易，并且分别在当时的《上海证券报》、《中国证券报》、《新闻报》上发表了许多关于整治黑市的文章，也算是对市场作了一点小小的贡献吧。随着市场的飞速发展，到1993年，上海的证券黑市交易才彻底退出历史舞台。

但是，在这种政策的盲区使上海滩上许多敢于冒风险的人在这个市场的边缘地带大赚一笔钱，并成了中国股市的第一批大户，实际上当年这个机会对所有人都是公平的，你敢做就赚了钱，当然，前怕虎、后怕狼，那就与这种机会失之交臂了。

二、股票认购证点金传奇

1990年底上交所成立后的1年多时间中，当时上市交易的只有8只股票，“老八股”唱独角戏，有价无市，于是管理层就想到了市场扩容。当时在江湾体育场发“兴业房产”新股，发财心切的老百姓提前两天就去排队，股票最后是发出去了，但面对差点出人命的混乱秩序，管理层头疼了，因为在1992年还要发10多只股票，怎样平安地发出去，就成了管理层考虑的头等大事。

当时主管市场的是中国人民银行上海市分行，在无奈之中想出了一个可以载入中国股市史册的好主意，先发股票认购证，凭认购证摇号认购股票。但问题又来了，认购证价格太便宜，如2元1份，老百姓当彩票买，认购还是人山人海；价格太高，100元1份，大家不买，股票还是发不出去，在这种管理层与老百姓博弈中，管理层比较聪明，根据当时的物价水平以及大众心理，最后确定为股票认购证30元1份，并告诉大家认购证在1992年内分4次摇号，共发行10多只股票。

决定一出，所有人都蒙了，搞不清楚该买还是不该买。

1992 年上海股票认购证设计得极为漂亮，封面是烫金印刷，内芯是四种不同颜色的碳写复印纸，这是当时最新的印刷技术，在封底上印着大字“股市有风险　涉市须谨慎”，当时在 10 天的发行期中对所有人的心理是一种考验，当时柜台销售并不踊跃，工商银行的员工还有推销义务，每销出 1 份可提 3 毛钱的奖金。

当时我已是一个有 7 年股龄的“老股民”了，也是一个业余舞文弄墨对市场发表评说的写作人，当时在股评领域还有一个老朋友童牧野比较活跃，他在深圳的《股市动态分析》是写专栏，而我在贺宛男老师主编的《新闻报》上经常发表文章，当时我和童牧野的观点比较一致，认为认购证值得买，我们的分析依据是股市发展的大方向以及从认购证的编号、各销售点的发行速度、不同发行量的认购股票的盈利计算等来算出投资回报，为此我们都写了一系列的文章，这些文字记载成了历史。

在认购证销售的日子里一切都平安无事，最终的发行量与我们的测算相差无几，共发行了 207 万份，扣除印刷和销售成本，约 6 000 万元的收入全部捐献给了社会福利机构，1992 年上海股票认购证的奇迹发生在认购证全部销完之后。由于改革开放的春风迅速吹起，邓小平南方谈话坚决支持股市。股份制改造需提速，原定的发行额度大大增加，1992 年全年要发行近 50 只股票，于是，认购证成了当时的稀世珍宝，以 100 份为单位，花 3 000 元的投入，并花几万元作为认购股票款，滚动操作大概可赚 50 万元，可以说 1992 年的上海股票认购证造就了上海股市的第一代大户，一大批人通过认购证完成了资本的原始积累。

1992 年认购证产生了令人目眩的社会效应，坊间流传着大量“一不小心”改变人生轨迹的故事，我可以给大家讲两件我亲身经历的事：

那时我在学校工作，在我的鼓动下，我所在的教研室老师每个人多多少少买了一点，少则几十份，多则上百份，那时作教师没多少钱，白扔 3 000 元买 100 份认购证真的要下很大的决心，有一个老师在最后一天掏出 3 000 元给我看，说他还是下不了决心，我跟他说，这样吧，你先去买，买好后如后悔了就算我的，他在关门前半小时买进去了，这一买，改变了他的人生轨迹和他的生活方式。从此，他完全脱贫致富。

我有个好朋友在上海的《文汇报》作记者，他当时准备买 200 份认购证，最后一天下午他带着 6 000 元到工商银行，刚走到销售窗口掏出钱来，只听到营业员小姐跟坐在旁边的小姐窃窃私语：“又来了一个‘冲头’（上海话傻瓜的意思）。”这个朋友一下子自尊心起来了，收起钱说了一句“不买了”，拂袖而去，这一赌气，财富与其失之交臂。

10 年前，我跟童牧野先生交换了一张各自收藏的 1992 年认购证，当时童牧野的名字叫张卫红，上面完整地记载着姓名、住址、身份证编号、股东账户编号等事项，这是一种历史的记载，有时候拿出来瞧瞧，是很有味道的。本书的第一、二版都以这份认购证作封面，我认为是非常合适与相称的。

三、只有怪招才能在股市中制胜

在股市中，人人都是为了赚钱才到这市场中来的，赚钱靠的是什么？简而言之，靠的是大思路。人们常常说要理性投资，问题是何为理性投资？实际上在股市中人们最挂在嘴上的所谓理性投资，也没有什么标准，股市是一个很讲究实际的市场，说得再好，到最后检验是否理性的标准只有一个，那就是看你赚钱了没有，赚钱才是硬道理，而在相当大的程度上，与众不同的怪招才能让人们赚钱。

在 2001 年大熊市中，中国股市的平均利润为负 20%—30%，一年股票做下来，到年底结算，个人资产缩水三成的不算什么稀罕的事，可有一个人们叫他“老魏”的人却在这一年中个人资产翻了 1 倍多。

老魏是个退休工人，从1993年就开始做股票了。10多年下来，他的个人资金卡上的数字已经是7位数了，头位数为3，也就是300多万身价。老魏平时不喜欢坐在证券营业部大户室中炒股票，尽管营业部给他在大户室留了个位置，他却隔三差五地往楼下散户大厅里钻，他说要与群众打成一片。

在2001年，上海有一家老上市公司要退市，那可是中国股市有史以来第一家退市的上市公司，这家公司的名字叫PT水仙，PT的代号是当时最高级别的警示信号，市场很幽默地将其叫作"扑通"，意思是一个个将"扑通、扑通"地跳进水里了。当PT水仙将要"扑通"退市时，管理层真着急啊。因为退市后，这个股票有可能跌到一无所有，这在国外是常有的事，但在国内还是首次。当时为了作好安定团结工作，为了安抚退市后将血本无归的投资者，管理层要求全市各证券营业部进行前期调查，谁持有PT水仙股票，以便有针对性地作好工作。

上海虹桥地区有家证券营业部，在按管理层要求进行前期调查中发现，那个老魏的账户上竟然有6万股PT水仙股票，哇！这一下将营业部经理吓得不轻，连忙向上级部门紧急汇报，老魏持有的PT水仙数额巨大，如果PT水仙一退市，不得了，根据老魏的买入价，老魏的将近40万元个人资产可能化为乌有，营业部为此压力不小。于是，根据有关部门的要求，营业部经理将老魏叫到办公室谈心，为防不测，还安排了保卫和医务上的充分准备，毕竟这都是老百姓的血汗钱啊。

老魏姗姗来迟之后，营业部经理给老魏既倒茶又点烟的，说了一大通诸如"要炒股就会有牺牲、打爆的事是经常发生"的话，大有"要化悲痛为力量"的劝慰，以作善后。

老魏听了哈哈大笑，不仅没流露任何一丝的痛苦，反而讥笑营业部经理大惊小怪，老魏说："我还以为找我有什么事呢？无非是我的6万股PT水仙没了，没了就没了，有这个必要大惊小怪吗？"

这一说，把营业部经理说得愣了，干了那么多年的证券业务，形形色色的客户也见得多了，心态那么好的客户还真是头一次碰到呢。

老魏倒反过来劝营业部经理了："谢谢你们对我的关心，但你们不必为我犯愁，也不必来安慰我了，咱是老股民了，也是股市中的老同志了，对不对？无非是赔了40万元嘛，咱这钱本来就是从股市中赚来的，对不对？现在赔了，这也算是取之于股市，用之于股市嘛，对不对？"

这一说，将证券营业部的一些员工说得乐了起来，他们原先还准备了一系列措施，如果老魏情绪激动了怎么处理，如果老魏伤心了怎么处理，现在看来这一切准备都是多余的了。

这老魏啊，见大伙儿乐了，他的情绪更好了："告诉大家，说出来你们别吓出毛病哦，我这300多万资金全部满仓了，买的全部是你们都见到躲之不及的PT股票。"

大家"哇"地叫了起来，七嘴八舌地说道："老魏啊，你这样全买PT股票，如果摘牌一个个摘下去，你不要倾家荡产啊。"

"魏师傅，你真是神经搭牢了，你不看看报纸，天天给投资者警示，要注意投资风险。"

"老魏啊，你没听说过吗，什么叫PT？就是一个个垃圾股'扑通、扑通'跳水栽进去的谐音啊。"

"老魏，PT还有一个谐音叫作'怕它'，这种股票人家躲都来不及，你怎么会买了满仓呢？"

证券营业部的几个小青年一个个讲得头头是道，可老魏在边上夹着香烟猛抽，心里暗暗好笑："你们还算是读过书的有理性的人，靠你们这种思路在股市算不赔钱才怪呢，还谈什么赚钱呢？"

等大伙儿稍稍安静之后，老魏娓娓道来："这PT股票啊，实际上就像臭豆腐干，闻闻臭而吃吃香呢。我现在全部买进的都是PT股票，一共买了6个品种，PT水仙只是6个中的1个，你们想一想，这6个PT股票如果全部摘牌，这可能吗？不可能的，如果摘牌了2个就意味着剩下的4个就要资产重组了，4：2，那我就赢定了，而如今只摘牌了1个PT水仙，那我就是5：1，一朵水仙凋谢了，五朵水仙挺立起来了，我岂不大赢特赢了啦！以前我们经常政治学习，一直强调要团结、教育、改造，打击一小撮、挽救一大批，这做股票的道理跟这个相比，不也是一样的吗？我坚信政府不会让所有PT股票都退市的。"

老魏这么一说，将那些证券从业人员听得目瞪口呆。2001年的大熊市中，任何一个被当作专家的基金经理，没有一个有像老魏那样的怪思路。后来，上海市领导批示："再也不能发生'水仙'事件了，其他的股票要一一重组救起来。"老魏的战略成功了。后来，巨亏过的"农垦商社"、"商业网点"等全部重组救起，全国各省市一起救。这些股票有的涨了几倍甚至十几倍。如今，老魏的资金卡依然是7位数，不过，他的第一位数已经不是3，而是6了。

突然想起，有个伟人曾经说过，"卑贱者最聪明，高贵者最愚蠢"，用到股市上，也是这个道理。所谓理性的投资者，最后衡量的标准，只能是看他是否赚钱。

四、"透支"——使他在"生死线"上走一遭

中国股市中一些如今身价高大的人，活得都体面了，都不大愿意回顾过去在"资本原始积累"时的种种故事，似乎将这些陈谷子烂芝麻抖搂出来有损于自己如今富人的形象。其实，将其中那些真实的故事讲出来，对如今那些刚有发财创业之心的人以及那些在股市中还未真正吃过苦头的人，还是有好处的。

邱先生早年在西康路101号的证券营业部和万国证券公司黄浦营业部那儿是比较有名的。盛夏季节，那时的小邱身着汗衫背心、短裤，脚趿一双拖鞋，就这样天天在证券营业部门内、门外可以泡上一天，那时营业部中无论大户、散户全认识他。

邱先生没读过什么书，甚至也没有在一家单位中工作过，在10年、20年前，这样的人属于主流社会之外的边缘人，也许正因为如此，他有着一种本能的觅财能力。有一个朋友说，这小邱从事过的行当无一个不与"倒"字联系在一起的。

最早的时候，小邱倒过电影票，据说"割肉"这个如今股票的常用词最早就是在倒电影票的行当中叫开来的，那个年头，电影票便宜，花上1元钱就可看场电影。小邱1元收进的电影票在开场前半小时卖给那些谈恋爱的人，一张票可赚上1—3元，但这种火候把握很重要，如果在电影开场前5分钟将票发出去，那就得"割肉"了，随着时间的推移，如果还不能以8毛、7毛、6毛"割肉"出手的话，那电影票就烂在手中了，这笔买卖就血本无归了。这种在倒电影票中练出来的"割肉"技术，使小邱日后在股市中身手不凡。

小邱倒过的东西很多，倒过邮票，倒过纪念币，也倒过电话卡，但倒了一阵子就退了出来，他说，这种东西倒起来没劲，流通性太差了，而且假货太多，"你想想，现在的人连假钞都敢印，更何况邮票、纪念币了"。小邱从邮币卡市场退出来后，还倒过粮票、布票、汽油票，后来倒的人太多，他又退出不倒了。

在小邱的"倒爷"生涯中最辉煌的战役要数"倒《数理化自学丛书》"，20世纪70年代末和80年代初，社会恢复了高考，那时考大学的场景真是壮观，千军万马的青年人为改变自己的命运都挤上高考这条独木桥，似乎不能进入大学门，人生将被列入主流社会之外的另类。小邱深知自己无缘跻身这个社会潮流，但却做起了为淘金者送茶水的生意。那年，由于一时爆发的高考潮流十分汹涌，连书籍都供应不上，小邱看到机会来了，他囤积了大量当时书市中"洛阳纸贵"的《数理化自学丛书》，每门学科一套四册，价格翻倍倒出，生意好得出奇。当大家都抢着去富脑袋的时候，小邱却在边上数钱，口袋先富了起来。

正由于这种超出常人的经历，小邱一进入股市，就是一个令人刮目相看的大户了。到证券市场来之后，小邱的操作行为依然离不开一个"倒"字。先倒国库券，将那些还未上市的国库券从民间收来，加价卖给那些期望获得高利率的投资者，后来倒股票认购证，将那些已经中签的或者还未摇号的认购证加价售出，再后来倒"一级半"市场的股票，走南闯北在全国各地倒来倒去，再后来中国证券市场逐渐规范了，就没有值得倒的东西了，于是小邱就乖乖地坐到了证券营业部的大户室里来了。

那时的大户室简直就是一个小社会，大户室的分割只认钱不认人，各色人等在金钱面前人人

平等，小邱在百万级别的大户室中，那些百万富翁们天天盯着电脑炒来炒去，市场平静的时候，大家情绪还算正常，市场跌宕起伏大了后，那些百万富翁们都被搞得神经兮兮的，那时就要看个人的心态和操作技巧了。

小邱在百万富翁们的大户室中是有名的“割肉”大王，他在当年炒电影票时练就的“割肉”技术在炒股票中有了用武之地，他的理念很简单，买进的股票三天不涨就坚决割掉，其道理跟电影已经开场了一样，只不过电影票割肉损失的是蝇头小利，而股票割肉的数字如果用日常生活的商品价格来比较，则割得心头太痛了。

在平静市道中，小邱赢多输少，他的“割肉术”倒使他资金数字慢慢地膨胀起来，到后来专家们指点迷津说，这叫作“止损理论”，又有人总结出什么：“不会割肉的股民不是成熟的股民。”

自我感觉一好，小邱就开始期望自己一口吃成胖子了。那个时候，市场监管比较松，证券公司争夺客户的主要手段就是让客户透支，小邱的“割肉术”在业内比较有名，而这种“割肉术”最适合做短线，跑进跑出追涨杀跌，各家券商都拉小邱到自己这儿做，小邱选择了一家名气较大也比较厚道的大券商，他也开始透支了。

开始的时候小邱是以1∶1进行透支，后来胆子越来越大了，最高透支到1∶3，正当小邱“追涨杀跌”炒得不亦乐乎的时候，股市开始暴跌了，这种跌势现在的股民绝对没有看到过，从1 500点跌倒了380点，小邱在这种跌势中也不断地“割肉”补仓，但每割一次其资金的缩水是放大的，三下两下，跌到500点时，小邱“立正”了，在当时满市场都是“立正”的人，所谓“立正”即指透支炒股已经不能动弹了，股票不能抛出，一旦抛出就彻底“打穿”，自己一分钱都没有，光屁股回家，还要倒欠证券公司钱。“立正”和“打穿”的区别在于，就是要看证券公司平不平仓，券商硬要平仓，客户就彻底“打穿”，如果不平仓，仅就“立正”而言，以后还有翻身的机会。上海当时有几家券商做得很绝，当然，放到台面上来讲也很规范，一旦证券公司利益受损，就毫不留情地平仓，一个个大户就从此消灭在上海滩人流的汪洋大海之中。那时，上海滩有三家著名的券商，海通证券、申银证券和万国证券，在一片跌势中输得一塌糊涂的大户们将这三家证券公司用上海话戏称为“喊痛”、“呻吟”，最后一个个到“万国殡仪馆”报到。小邱在这场跌势中“立正”了差不多一年，那时，小邱也算是大户，但不是资金大户，而是股票大户，已经属于负资产阶级了。好在他所在的证券公司还比较厚道，能够通融，证券公司和他一起熬过了最艰难的那段时间，小邱坚信，人哪，在哪儿跌倒只能在哪儿爬起来，就这样，熬到最后的人成了胜利者。

一年后，行情又卷土重来，行情一好，小邱就资金加码重新杀了进去，没隔多久，小邱又成了股市中的一条好汉。而那些被强行平仓的大户，由于两手空空，连赚钱的本钱都没有了，连透支的资本也荡然无存了，就彻底地离股市而去。有个别人想不通，跳楼、上吊自杀了。总之，不规范的信用交易，使小邱在巨富与赤贫，生与死之间的边缘线上走了一遭。想想，真令人无限感慨。

现在的邱先生士别三日，当刮目相看了，人家现在发达了，前阵子我在好几家上市公司前十位股东名单中看到了他的名字，据说邱先生的身价已经达到了9位数，成了亿万富翁。当然，他的生活方式同样不入流，仍旧与10多年前那样，独往独来，属于主流社会之外的另类人，很滋润地消失在上海滩茫茫的人流之中。

五、股市革命不分先后，不赚钞票赚股票

老祝错过了上海发行的使人暴富的1992年股票认购证行情，心头留下的是永远的痛。当时他想好要买100张的，在股票认购证发行的最后一天，他怀揣着3 000元，在工商银行储蓄所呆了近两个小时，看到销售认购证的柜台前依然门庭冷落，在最后一刻他又怀揣着3 000元回了家，毕竟在那年头3 000元也是一笔不小的数字。

以后股票认购证的神话故事让老祝心痛了很长一段时间，好在老祝心态还算平和，相信这是命，“谋事在人，成事在天”。老祝相信这股市不会“过了此村没那店”的，坚信在股市中“革命不分先后”。

老祝家境还算是比较好的。老爷子在“文化大革命”中被抄家的财产，“文革”后落实政策都补发回来了，几个子女一分，老祝分到6万多元。再加上自己一辈子的积蓄以及帮几家社办企业进行技术指导所赚的外快，老祝账上的现金有25万元左右，那是1993年末老祝作个人财产年度报告时的数字。

老祝也做点“小股票”，因为家里老太婆有空搓点“小麻将”，老祝就戏称自己做点“小股票”，不多，拿5万元做做差价，赚了、赔了，1994年和1995年两年下来，精力花了不少，最后还是赔了，到1995年年底作家庭财务报表时，这5万元投入变成了市值只有3.5万元了。

不对，不对，股票不能这样做，老祝开始总结经验了，跟着市场，跟着老百姓相同的操作思路，是赚不了大钱的，老祝要赚什么呢？老祝心气很高，要么不赚，要赚就赚它个8倍、10倍以上的收益。

不久，老祝就开始注意一个叫“转配股”的东西了。当年，上市公司要配股，但法规规定国家股股东不能放弃“配股权”，而国家股股东又掏不出钱也不愿意掏钱，于是，就将配股权卖给个人股股东，这个暂时不能上市的“配股权”就叫作“转配股”，那时，转配股是很便宜的，在配股价上加两毛钱就能轻易买到。

老祝就这样开始了使他成为战略性投资者的操作，对这种操作，老祝称之为“不赚钞票赚股票”。

老祝的操作手法是这样的，比如，一个股票价格为15元，当时的上市公司还是比较有良心的，配股价一般不高，在5元左右，而转配股的转让费加两毛，也就是5.20元1股。如果一个上市公司的配股方案为每10股配3股转3股，老祝就花15万元在配股的股权登记日之前买进1万股，又花了1.5万元买进3 000股配股，再花1.56万元买下3 000股转配股，这样总投入为18.06万元，获得16 000股，其中的13 000股股票在配股完成后就可抛掉，而剩下的3 000股转配股就成了当时不能上市的“关棚”股票，配完股除权之后，老祝只要在13.89元左右的价位上将这13 000股可流通股票抛掉，则等于白拣了3 000股转配股，而且持股成本等于零。

就这样老祝按照自己既定的思路乐此不疲地一只只股票做下去，从1995年做到1997年，老祝个人资金卡上的数字几乎没有增加，却增加了不少关在棚里不能上市的转配股。

老祝的这种怪思路在股民中引起了不少人的嘲笑，特别是在1996年和1997年这两年中，中国股市走出了一个大牛市，上证指数屡创新高的时候，很多人在半年内就将个人资产翻了一倍，而老祝却拿了一大堆被判“无期徒刑”的股票。尽管老祝有自己的主张，但看着市场上那么大的诱惑，心里还真有点不踏实，毕竟这股市看别人赚钱比自己赔钱还难受。特别是家里老太婆“小麻将”不搓了，也要来凑热闹做“小股票”了，老祝却拿不出大把的现金，心里还是有点忐忑不安的。

就这样，在那个年头，人家股民在忙着赚钱，而老祝却忙着赚股票。三年下来，老祝共持有了16家上市公司的转配股，少则几千股，多则几万股。那个时候的上市公司不像现在那些上市公司那样一毛不拔，那个时候流行分红、送股和资本公积金转成股本，几年下来，股票生股票，“股子股孙”一大堆，老祝每年从上市公司中领取的红利就上万元，更有意思的是，几年下来，老祝手中的转配股已经有20多万股了，而持股成本则已经接近零了，几年中老祝钱没赚多少，但每年年底作个人财务报告时一核计，老祝也会乐上一阵子。

到世纪之交时，老祝的这些原本打算作为遗产传宗接代的转配股，可以上市交易了。关了5年的转配股在党中央、国务院领导的亲切关怀下终于“刑满释放”了，老祝收获的季节到来了，老祝按着自己理清楚的顺序，按报纸上规定的日期，一只只股票像放生似的让它们回归股市。到放完最后一只，老祝心里还是有点疼，毕竟辛辛苦苦将这些股票养育了5年多哪，对这点股票多少还是有点感情的。

等所有的转配股全抛掉后一合计，老祝资金卡上的数字已经达到365万元了，老祝看着这些数字有点犯迷糊了："这钱难道就这么来了，真是我挣的吗？"

六、借鸡生蛋，借钱生钱

10多年前，小龚还是上海东北角那个大型钢铁厂的工人，炉前工，上班是"四班三运转"，也就是上两天早班、两天中班、两天晚班、然后休息两天，生物钟没有规律，好在小龚年轻，还扛得住。

由于小龚白天大多数时间无事，8天中只有两天早班需要占用白天，其余时间闲逛，小龚家住静安寺附近，不久就成了上海滩有名的西康路101号的常客。那时候，西康路热闹啊，股票、债券全部实行现货交易，一手交钱，一手交货，银券两讫。小龚开始仅仅是一个看客，没看多久，小龚就看出里面的门道来了。

于是小龚就开始做起了上海人说的"打桩模子"，即帮那些国库券贩子去钓客，成交后能在那些贩子手中抽些头，赚点小钱。慢慢做熟后，小龚就开始自己做了，本钱没有，就向亲戚朋友借了10万元，每天猫在马路上拉客，在国库券上倒进倒出。那时银行利率比较高，国家规定的一年期储蓄存款利率就高达10%左右，国库券的利率就更高了，会算的人很容易赚到差价的。不过，小龚在黑市交易的网络中属于级别最低的，"大鳄"们都躲在后面呢。

小龚就这样做了一两年，靠亲朋好友的借款小龚赚了10多万元钱，这在当时已经是很富裕的了。后来国库券市场慢慢规范了，小龚也就断了生路，于是他就转到了股票市场，好在小龚这两年的马路生涯，在西康路营业部里已经混了个"脸熟"，做起股票来也就不陌生了。尽管小龚已经算是有钱的人了，但公职还是不敢辞去，反正"四班三运转"股市白天也就开四个小时，小龚还是做到了上班、炒股两不误。

小龚在证券市场中的成功记录，得到了已经尝到甜头的亲朋好友们的信任，大家将已经分到手的钱再追加投资又送到了小龚的手中，那时，小龚的家真是门庭若市，谁能傍上这个大款、能将钱送进去，那就是一种荣幸。早期的股票还是很好做的，那时只要一有本钱、二有胆量，敢冲进去的都是赢家。即便套牢也不像现在那样套得死去活来的，那时套住的股票一般只要放上个一年半载的，不但能解套，还能赚一把出局。最典型的例子就是在20世纪90年代初，上海发生一起炒股票套牢6 000元，股民自杀的案例，那个股民也就是借钱买了"延中实业"股票，账面上亏损了6 000元而已，最后以身殉股了，可这个股民自杀后仅仅隔了3个月，行情来了，延中股票不仅解套了，还有盈利呢。又过了几年，延中收购案爆发，这位股民当时的这点股票，起码可赚10倍，正是由于这种市场的财富效应，股市才造就了一批大户，当然也造就了小龚。

用上海话来说，小龚是很典型的"空麻袋背米"发起来的人，他用别人的钱养肥了自己。行情好时，亲戚的亲戚、朋友的朋友都将钱交给小龚来打理，小龚像财神爷似的。当然小龚玩的"雕虫小技"也是大家看不懂的。比如，早期买股票要抢跑道，小龚将抢到的有盈利的股票算自己的，而抢进去套牢的则算别人的。又比如，帮朋友买进股票后大赚了，自己就提成一大块，买进股票套牢了叫朋友不要结账，过一年、两年总有解套机会，到时候他又跟人家分成了。就这样，小龚的资金规模越搞越大，他自己号称有8 000万身价，但圈内人都知道，他是将个人管理的总资产当作个人的净资产了。

随着股市的林子越来越大，小龚对管理这样规模的资金已经力不从心了，主要是在股市行情好的时候，送钱进来的人越来越多，而一旦行情调头向下时，这些亲戚的亲戚、朋友的朋友，就以各种理由来讨钱，真是防不胜防，更主要的是，这些人已经逐渐悟出了小龚赚钱的门道来了，人人感觉到自己也可以成为"股神"的，何必这样将自己的钱让别人玩呢？于是，这个类似民间私募基金的炒股合伙就这么散了。将后事料理完毕之后，小龚一盘算，个人资金超过了1 000万元。于是，小龚告别了“四班三运转”，成立了一家注册资本为1 000万元的投资管理公司，自任董事长，在上海虹桥地区高档写字楼里租了一个单元，雇了几个伙计，当起了小老板，主营业务当然是炒股票。小龚称一个人应该干自己最熟悉的活，小龚最熟悉什么？借钱炒股票嘛，如此而已。

小龚的目标是到了身价1个亿就洗手不干了，说来好笑，10年前倒国库券时，小龚也跟人说过，如果自己有100万元就洗手不干了。这几年，小龚的胆子大得不得了，到处融资，到处拉资金进行所谓的“委托理财”，一个资本金只有1 000万元的小公司竟然托管着2亿元的资金，而借来的资金成本在8%以上。好景不长，小龚将2个多亿的资金满仓持股已经有1年多了，套牢深度在30%左右，一旦清仓，小龚的公司要破产6次。

不过，小龚的心态还是蛮好的，他经常将自己与那个做“中科创业”的庄主吕梁比，觉得还是“小巫见大巫”。他逢人便说：“以前欠人家200万元的时候，心理压力挺大的，现在欠人家2个亿了，呵呵，就什么也不怕了。”他还神经兮兮地唱道：“东风吹、战鼓擂，现在世界上、究竟谁怕谁……”有点像鲁迅笔下的祥林嫂了。

这股市，真是“山不转水转”。2005年5月9日起股权分置改革开始了，加上当年7月21日人民币升值的强烈预期，股市从此走入大牛市。小龚的股票价值大部分翻了番，有的还涨了几倍，他又挺过来，又胜利了。

七、集腋成裘，积小赚为大赚

章老师是一位退休中学老师，以前当教师时教高中数学，白天他是股市中的章老师，晚上他也做家教，是高三毕业班的章老师。

章老师一直自称是中国股市中最保守的投资者，不敢冒任何一点风险，他说：“我从小到大一直是‘食利者阶层’。”

此话何讲？原来章老师的父亲在旧社会开有一家门面颇大的百货商店，开在霞飞路，也就是现在的淮海路上。公私合营那年，章老师的父亲将店交出去了，他家就靠股息过日子，那日子倒也过得殷实富裕，但以后历次运动让章老师的青春年代过得刻骨铭心。“剥削、不劳而获、食利者阶层”，这样的词语，给年轻时的章老师打下了深刻的烙印。

章老师的思维是程式化的，数学老师的职业习惯使章老师对什么事情都精打细算。文化大革命结束后，家里落实政策，退回了一大批抄家财产，章老师的父亲也补发了好多年的股息和工资。作为家里的独子，章老师又成了这些财产的唯一继承人。那时，章老师管着一大家子财产，并且拥有好几十万现金，那个年头有几十万绝对是个大数目，为了使这些钱保值升值，章老师就琢磨怎样存钱是最划算的。是“一年一年存”还是“三年五年存”，这里面是有点诀窍的，那时章老师用数学方法研究出“存八年”的最佳存法，还写成文章登在当时的《新闻报》上呢。

章老师介入证券市场很早，1986年他就开始买国债。章老师有条雷打不动的“章氏定律”，所谓“章氏定律”也很简单，所投资的项目只要比同期银行存款的利率高就值得投资，不确定收益的事情坚决不做。按这条定律，章老师踏进证券市场的第一步就是买国债。那时一年期银行存款利率为8%，那国债就可达到10%，他就将存在银行里的钱全部取出，都买成了国债。

国债二级市场交易开始了，章老师感觉到这里面有很大的学问，他开始研究国债走势的规律，买二级市场的国债，一年的收益率可达到12%，如果把握好买进卖出的时机，年收益率还可做得更高。在自己投资的同时，章老师还将这种把握时机的方法，研究出一套操作技巧，写成文章登在报纸上，与投资者共同探讨投资问题。这种投稿对章老师而言是件很得意的事情，他自诩教了一辈子的书，还没发表过文章呢，如今将赚钱的心得写成文章，既赚钱又出名，这是一件多好的事情哪。

20世纪80年代后期，国债交易不太规范，黑市交易十分流行，当柜台交易一年期国债年利率可达12%之时，黑市交易的国债年利率可达17%—18%左右，章老师怕犯错误，不敢买。他说，还是规规矩矩地到柜台去买吧，赚钱要赚得睡得着觉。

章老师投入证券市场的第二把行情就是买认购证，根据章老师对上海发行的1992年股票认购证进行测算，章老师认为赚头是蛮大的，所以一下子花了1.5万元买了500份，这一买，章老师的财富像“爆米花”那样膨胀起来了，赚了多少？只有章老师自己心知肚明。据章老师讲，那时他的父亲已经奄奄一息，为了让老爷子高兴，章老师将自己赚钱的事情告诉了老爷子，老头开心得合不拢嘴，只说了一句，我在淮海路上开了一辈子店，也没赚到过那么多钱。第二天，老爷子就咽气了。

章老师很严谨，基本上不做二级市场股票，称搞不懂就不做，只做自己熟悉的东西，只要求有比存银行利息高就行了。前几年，他只做一级市场的新股申购，开始做的时候，岂止比银行利率高：1996年新股申购翻了1倍，1997年赚了70%，1999年赚了30%……就这样做到新股申购停止，章老师也就不干了。

2004年，我问章老师：“你那么多钱不到二级市场去做做，岂不浪费？”他回答我说：“有什么浪费的，放银行不也是收入吗？”我问他是什么原因使他的操作如此保守，他说了一套怪思路给我听，听得我一愣一愣的：“这世界连存银行的收益都那么低，你还能做什么呢？做什么亏什么，所以在银行利率往零靠拢之时，在投资上我不赔钱就是一个赢家了。”

说得真是在理，在2004年的市场中，看看市场走势就能找到答案了。

当时，我问章老师：“您现在做什么？”他说：“每天赚点葱姜钱，做做国债回购，每天也就是2%的年收益率，去掉手续费，没赚多少钱，一天也就是200多元的收入，”他说，“好啊，比钱放在证券公司每天只有活期利率要多1倍呢，现在是微利时代，赚钱不论多少，只要不赔，就是上上大吉了，而且做做回购，资金始终处于待命状态，一旦行情起来，这活钱就可派上用场了。”这一说，我倒无话可说了，真是个食利者分子，赚钱不论多少，有赚即行，积小赚为大赚，这章老师也真会算计。

上述七个成功的实例绝非杜撰，主人公都生活在我们周围，也是我在中国股市摸爬滚打了近20年之后，从成功的投资者中提炼出来的。而且在这些栩栩如生的人物之中就有我的影子。可以说，中国不缺股神，不缺索罗斯与巴菲特，他们就在我们身边。在股市中倒霉的人其结局都是一样的倒霉，但成功的投资者却各有各的成功，成功者难以复制，因为中国股市已经时过境迁，市场的背景不可能重现，市场的机会也是稍纵即逝的，但有一点是肯定的，那就是从那些成功者的身上可以悟出一些道理，而这些哲理性的东西可以使人受益匪浅，能帮助投资者去实现新的成功。

2006年10月

中国股市的昨天、今天、明天

——应健中复旦演讲录

15年前，在对面的校园里我曾应谢老师的邀请讲过证券市场。1年前，在一个高层会议上，有两个人找应老师，是两家基金管理公司的经理，掌管着几十亿的资金。原来他们在当年谢老师举办的讲座上听过应老师的讲座。

昨天中国股市

难以忘怀将近20年的证券市场。当时自己也有所参与，当时杨百万倒国库券的时候，我也在做，只不过当时杨百万是大户，而我们当时都要仰视他。自己是散户，只有两三万。

20年走过来，我从1985年开始参与买第一张股票，当时通宵排队，在西康路口静安证券营业部买小飞乐股票。在股场上摸爬滚打20年。同学们幸运，年轻是最大的资本。

一、前20年市场的发展形势

昨天市场分为两大块，以1990年为界。1990年以前是无序的柜台交易市场。1990年以后是有证券交易所交易的市场。

今天上证指数收盘1 810点，上证指数的由来就是以1990年12月19日，上海证券交易所成立以来当天设立指数为100点。16年以来就是从100点到1 800点。1990年以前为柜台交易。最早的柜台交易场所在上海西康路1812号，只有3平方米，六七只股票和一些国债。纽约交易所总经理华尔林来参观过交易柜台，说了一句耐人寻味的话：“世界上最大交易所的总经理，参观了世界上最小的交易所。”就这一句，成为中国证券市场的经典话语，因为参观完之后他到北京，邓小平送给他一张股票：上海小飞乐股票，面值50元，具有纪念意义。这实际上表明了政府的态度：这个市场有很大潜力。

原来的柜台交易看起来有点土，报纸不允许登股市行情，上海的柜台也就是两三个，但当时遍地是黄金。只要敢买股票，任何时候都是赢家。因为在1989年6月4日前，股票都是有形交易。后面有股东签名。我保存了当时第一次交易的13种股票，保留了一套。当时第二任经理离任的时候，把一些托管的股票做成了纪念册。其中看起来品相好的，没过户交割的、没有盖过章的，做了100本纪念册，送给了国家主席、国务院总理、上海市市长和市场人士。我有幸就是其中一个。我一直不卖，因为它是一种历史纪念。

可以说从1990年以来，当时的参与者都是赢家，大约有20 000人，都是上市公司的职工。社会交易者很少，参与交易的也就是10 000人。我有幸在萌芽中参与，20世纪90年代以后成为市场的评论者。从市场评论到写小说，最多的时候，一天写10 000字。一星期向30多家报纸杂志投稿。我作为最早的参与者一直走到现在。

二、20年股市给中国带来了什么

30年以前的中国，出行要布票、油票、粮票，户口固定，每人收入三四十元工资，整个社会就像朝鲜今天的生活状况。改革开放带来了巨大变化，但是所有的变化都不如股市变化，股市完全改变了中国市场经济的结构，改变了生活方式、思维方式，也改变了意识形态。我就是看着这个市场走过来的。我写的第一部小说《股市中的红男绿女》是看了《编辑部的故事》，受到了启发，作品也就是《大股市的故事》。表现了股市中的人生百态。物以类聚，人以群分。原来不同人的交往方式不同。现在不同人交往方式改变了，为了共同的目标走到一起，那就是金钱面前人人平等。十几年以前，30 万元以下的人坐在大厅里面，30 万元以上大家可以聚在一起。100 万，可以 5 个人一个房间。1 000 万，1 个人坐，几个人服务，自己只要动口，别人动手。在一个大股市里有大学教授、有曾犯过罪的，大家都可以因同一个目标坐在一起讨论问题。这在 30 年前不可思议。这是证券市场给大家带来的变化。股市对中国市场经济带来的影响。首先，对股份制上市公司带来较大的影响；其次，对市场架构等影响大；再次，股市的言论最自由。股评，牛市好看一些，熊市的时候再差也没人管。球市、股市最自由。球市联系不到社会黑暗的东西，股市和黑暗的东西联系多。

三、通过中国股市十年发展，财富重新分配

上海衡量穷人富人看区域。很多穷人靠证券市场改变命运，靠证券市场发家。当时工资 30 多元，有 2 万元，认为这辈子就够了。但是现在这样就是穷人。如果这些年没有找到投资理财的方法，就是穷人的一类。股市带来的社会财富的重新分配是前所未有的。对中国社会发展来说，以 2006 年 10 月 27 日中国工商银行上市为标志，并且随着明天中国移动、中国人寿、中石油等的回归，股市将是经济的晴雨表。16 年作了很多铺垫和牺牲。

一是诸侯经济在股市领域中，通过股市得到了很好的分配。中国经济历史上是地区割据的局面。（中央国资委卫星遥感技术看到了郑州大学城、上海 F1 赛车场等，表现了诸侯经济。）但是股市打破了诸侯经济。而当时股市也是诸侯经济。当时上市公司的资格是分配的，中央有各部委，地方有各省市。上海额度大。现在有些上市公司为什么这么差，就是因为当时分到额度就可以上市。松辽汽车是总后勤部生产吉普车的单位。拿到了额度，报批的时候，企业的领导是少将，带着警卫，走进中国证监会，敬礼报告。证监会看到来的人得罪不起，就这么上市的。现在成为 ST、PT，负责人被抓进去了。中国证券市场的问题就是诸侯经济的遗留。弊病和问题都表现了中国经济的烙印。

二是权力经济。在市场经济体制下，经济的很大特征就是和权力联系在一起。张荣坤等被抓进去了。张荣坤就是把权和商联系在一起的红顶商人。权力经济在股市表现得更加典型。股票欺诈行为可以打官司，中国有很仗义的律师。严义明、薛伟华等是很优秀的律师，做代理人，提出起诉。但最后是受理了不立案，立案了不起诉，起诉了不判决，判决了不执行。从道义上讲我同情严义明，但是从判决来讲官司可能要输。诸侯经济和权力经济是中国股市两大烙印。

三是中国证券市场造就了很多资本人物。有些钻政策的空子、法律空子。现在老鼠有很强的免疫力，有些甚至原来是猫，现在做起了老鼠。中国证监会出任何的规定下面都会有应对的方法。16 年股市的发展显现出了这一点。

四、中国证券市场造就了一代枭雄

中国证券市场演绎了许多资本故事。有的企业改变了自己的面貌。海伦宾馆、新锦江大酒店是上市公司庆典的集散地。海尔上市的时候请了 3 桌，张瑞敏是典型的鲁商，在上市的庆典上说："不好意思，在上海滩上当了个懦夫，我们是个小企业，青岛也是个小地方。"他当年本来是带工作组去整顿该冰箱厂，由于管理很乱，开始时他不得不在工厂约法十章，其中重要的一条就是："不能破坏公物，不能随地大小便。"用了不到 10 年的时间，现在的海尔把企业搬到美国去了。说实话，能做大到现在也是股票资本市场给他一根杠杆。当时上市的时候可能也有假的财务情况，但是经历了这么久以后，还是一句话：英雄不问出处。

江苏悦达，现在上海也有房地产公司，当时上市也是在海伦宾馆。除了有两桌的人认识，其余的都不认识。原来其余的参加庆典的都是红军老战士。因为江苏盐城是新四军根据地，当时很多老红军战士。胡友林当时靠的是偷煤。火车经过这里，依照铁道游击队作风，从一个地方跳上车，把煤铲下来，然后从另一个地方跳下来。再就是搞运输，自己运煤，租船，现在开始生产奇瑞汽车。

幸福集团上市的时候，动员所有的老红军去证监会游说。湖北幸福村，老总周作亮是残疾人，拥有5部缝纫机。现在建立了幸福集团。想造铝厂、电厂，输变电工程、煤、公路，没钱用信用社集资，最后崩掉了。但是股票还在。类似的故事在十几年股市中很多。好多人发了财，但更多人从哪里来又回到哪里去了。

总结了一下，取得利益的人总是有怪招的人。证券市场上并不是高学历的人赚低学历的人的钱。极端的例子，如，国家发新股，1996年，股票账户摇号。有个朋友发现电脑不能识别地区。一个身份证申请一个账户，一个账户摇中了可以申购1 000股。而且一个账户40元，开了4万个账户，花了160万。打中两个新股就可以把钱全部赚回来。而打新股的钱则是由券商融资。现在交易所清理账户就是这些情况。如，上海张荣坤的钱不是自己的钱，是社保的钱，是贷款。

上海新利益投资公司，刘一千，倒认购证。他原来是出租车司机。当时是在“一级半”市场倒卖，买还没有上市的股票的认购证，一上市翻几倍。他做了一件所有人不敢做的事。5年以前转配股的时候把所有的资金买了法人股，成了现在中国股份制改革的最大受益者，当时买进9 000万股，1.1元买的，每年分红。成本只有两三毛钱，买得最多的是湖北百科药业，成了第一大股东，成了董事长。和地方政府合作，又进行改制，请专家合作，当地政府把它当作税收的大户。他成了股份制改革最大的受益者。搞大了，想小也小不下去了。

股市的今天

股市一句话：不可重复，不能复制。现在市场时过境迁。台湾股市名言：“股市没有昨天，只有今天和明天。”过去的买入价格、成功，都忘记，重新开始。

2006年10月30日，对中国股市有历史意义，是中国股市继往开来的大转折市场。标志是星期五的工商银行上市，A股和H股同时上市。转折表现在四个方面：

一、上市公司的结构重大变化

1. 中国股市正在走向全流通。

中国股市本来只有30%的股份可自由流通，其余70%则不能流通，这被称为股权分置。即通过对价方式使中国股市最难办的事情即股权分置问题闯关成功。在股指1 300点时达到完成90%的计划，现在是公司名称为S的表示没有改革。有重大疑难问题的，如S东方航空。2006年闯关中，上证从1 300点到1 800点，国家与市场大胜。国家也动用了1 000多亿元的资金启动。当时叫作神秘资金。这批神秘资金现在已经全身而退，1 600点时就退了。以商业银行给证券公司的同业拆借方式，买卖股票。以一年为限，各家证券公司到一年期满时已经以赢利的方式退出。全流通带来了个股行情。可以流通和愿不愿意流通是两个概念。有些股东一旦流通上市就套现，有的做长期投资者。

《证券市场周刊》捅了一家公司。广西两面针，业绩不怎么样。上市时买的现在还在套牢。每股净资产6.7元，每股资本公积4元多。但是有一个盈利增长点，持有9 000万股中信证券法人股。投资入股时1.5元钱买的，现在15元，带来很大的利润。总股本很小，只有1.5亿。恶劣行为是2004年股改风声出来，把4 000万法人股卖给上海一家投资公司，转让交易价格2.5元。理由是当时市场不好，需要资金，而且也是盈利的。记者经调查发现，该投资公司就是在做这笔交易的时候成立的。1 000万的注册资本，3个股东高管人员组成的。花1亿买法人股不合理，也不符合会计法则。流通后输送了5亿元利润。捅出来以后大幅降价，9元到7元多。资本市场就像是游戏，利益输送很容易。600249，这件事情捅出来可能也是串通，降价以后自己接住，再做行情。

结论：全流通市场下大股东成为决定市场的重要决定力量，关注深圳中小板块，002板块。未来中国的财富板块，上市的就是几十个。大部分私人企业，自己做经理，都是自己的决策。往上往下都可以，可以天天出利空消息。蓝田吹牛，老总瞿兆玉把业绩夸大了很多。中央财大的刘姝威，把这件事公布曝光，银行一逼债就倒了。

严介和，南京的资本人物，是继德龙唐万兴之后的一个最吸引眼球的人物，最近麻烦不断。上市公司成为大股东操纵的时代，这是一个最本质变化。

2. 上市公司出现了兼并收购的萌芽。

一流企业家做品牌，二流企业家做企业买卖，三流企业家做牛做马（严介和所说）。股票市场收购兼并，已经出现了雏形。现介绍中国股市两大系：宝钢系、三一系。

宝钢只做好的东西。宝钢炒股不是秘密，它控股华宝信托，还有联合证券。活动能量大。但原来比较散，和主业无关。现在这些系有一个很大特征，做自己熟悉的行业。钢铁股板块表现突出。由于收购时第一次收购量超过5%就要公告，以后超过2%就要公告。通过资本市场上的产业整合，实现优势互补。

三一重工。当时股改大家有意见，对价太少。董事长梁稳根说了一句："大猪拱猪槽里的食，小猪才能吃，结果小猪还嚷嚷，早知道不拱食了。"遭到一片骂声。副董事长向文波处理危机，是吴敬琏的学生，在中欧国际上过课，开新闻发布会时说："我代表董事长向全国人民道歉，这是农村的一句土话，因为老板是农民出身，喜欢猪，把自己当作大猪。"大家一笑了之就算了。三一重工做工程机械的，收购徐工的案例炒得比较厉害，现在炒股票炒得也比较厉害。股权分置改革以后公司可以收购自己的股票了，以前是不可以的。可以减持、增持。现在三一系，做上游下游的股票。这两大变化是市场的重要的变化。

二、投资者结构发生变化

中国投资主体分为几个阶段：

百姓散户：自己当时就10 000元以下。当时就是20 000人主宰股市的阶段。

第一阶段：大户阶段，几个联手就可以把股价炒上去。10 000元可以把股票炒上去，然后派发。草根经济很讲游戏规则。做黑市交易。成都红庙子黑市，股票和人民币就放在那里，没人抢，没人偷。本能的信用维持。

第二阶段：庄家坐庄。中国最典型的为吕梁（还没逮住）。把企业、亲戚等的钱集合起来，坐庄炒一只股票，搞大了然后消失。我原来有个朋友是经济学博士，原来为中国证券报写专栏，期货做大了，然后消失了。华尔街的名言：智者不言，言者不智。庄家结果要么yes，要么no。8年以前这个时代已经结束了。

第三阶段：券商。基本上前三四年也结束了。

第四阶段：证券投资基金。成了市场的中流砥柱。

第五阶段：QFII，经过批准的合格的境外投资者。有规定的数额、品种、时间、买卖方式。政府监管下的一个渠道，这个渠道的力量越来越大。未来三年中国证券市场就是QFII天下。因为中国的资本市场规模太小。上海和深圳市场股票市值全部加起来，比不上美国纳斯达克市场上微软交易的零头；把证券公司、基金管理公司资金全部加起来，不如摩根一家的资金。市场太小。感觉原来混乱的局面渐渐离去。散户靠自己的判断做股票的局面渐渐远去。让百姓买基金。食物链哪一环节也不能少。大鱼吃小鱼，小鱼吃虾米。虾米死了，小鱼也死了，小鱼死了，大鱼也死了。所以每个投资者都应该在市场有自己的生存空间。市场正处于这样一个转折时期。不规范市场慢慢离去，散户直接投资空间变小。散户直接入市改为间接入市，进入专家理财的市场。

三、指数和个股发生变化

上证综合指数脱口而出。政府尽管不断推出新的指数，但是还是改变不了上证指数在人们心中的地位。实际上股票走势的好坏与指数相关性越来越弱。前天我在《新民晚报》上写了篇文章：《个股指数的“二八现象”》。20%的股票占了80%的权重。明年中国移动、中石油回归后可能出现“一九现象”。可能上证以后不动了。1 800点是牛市。工行今天3.28元，发行价3.12元。工行跌破3.12元的可能性非常小。为什么？提出了一个绿鞋机制，当股价跌破3.12元，承销商的资金全线买进。香港3.08港元，要是低于3.08港元则全线买进。所以大盘被压住，跌不下去，有机会全线买进。市场耐不住寂寞，个股行情可能炒得天翻地覆，但是大盘可能不涨。大盘和个股背离，没有相关性。今后要不断变化自己的思路。这个市场正处于转折的关口。今天谈很有意义。

四、操作理念变化

目前操作理念变化表现方面：技术分析越来越难以分析失真的指数。很多人喜欢数浪，数理统计方法得到运用。但是，按照这个思路分析不一定合理。倒过来数正确，但是往前面看谁也说不清楚。浪越数越多，钱越来越少，人越数越傻。操作理念就是盯住大股东，盯住市场背后的故事，因为市场是人做的。大股东有绝对的话语权，决定了自己的产业资本、金融资本，也决定了自己的股价，决定了自己的信息披露。未来分析思路就是寻找物有所值、有长期发展价值的公司。

股市的明天

融合世界股市之林的市场。中国股市在向世界发展道路上越来越近。世界股市发生的任何事情就可能在中国股市发生。有几个方面：

一、单向交易市场转为双边

现钱不会生利。要赚钱只能买股票。股票跌就赔钱，不做跌的行情，今年都赚钱了。前两年2 200点到998点，看谁亏得少。接下来，不需要多少时间，中国股票市场就成为双向市场。标志：上海金融期货交易所成立，开出股指期货。这星期开始全网的模拟买卖。分配金额。模拟一个品种，测试交易机制是不是磨合、规则投资者是不是熟悉，会不会发生技术错误、电脑运行状况。证监会主席表态今年年底明年年初会尽快推出股指期货。事先规划好的，但是都不开。就是在等工行上市。第一个是沪深300指数。可以搏涨跌。做多，股票涨了，则放大了赚钱。跌了就要斩仓或者是追加保证金。快速的跑道上完成喜怒哀乐。指数期货倒计时，指数涨跌让做多和做空者都有赚钱的空间。中小投资者都可以参与，最低保证金3.5万。但是要注意风险，只要不透支就不会消失。股市名言：“横过来有多长，竖起来就有多高。”怎么跌下去就怎么涨上去。

一个姓邱的人，原来倒卖电影票。“割肉”本事很大，开场5分钟以前必须出货。还倒卖过教材、复习资料、数理化图书。从新华书店买进囤积在那里。加1倍、2倍、3倍等“你们富脑袋，我富口袋”。透支的大户在申银消灭，在万国全部活过来。万国老总是管金生，申银老总为阚志东（*后来去南方证券*）。国债期货，万国做空。类似地方军和中央军打仗，中央军是财政部，中金开掌握资源，国债利率怎么走，只有财政部知道。当年万国做空，中金开做多。最后财政部出了消息：利率加保值贴补率。当年恶性通胀。那时银行利率可以达到25%，就这样把做空的万国打倒了。后来管金生损失二十几个亿，判了17年，定罪与3·27事件没有关系，现在保外就医出来了。期货出来不知道还会发生什么，因为中国的猫少老鼠多。现在老鼠都是具有强大免疫能力的老鼠。刚才姓邱的“割肉”不行，给外号“立正”，不能动了。股票跌掉一半，市值只有1 500万，证券公司借了2 000万，所以不能动了。上海两个处理不同：申银的阚志东，保守做法，给他平仓，让他跟自己打官司，把2 000万收走；而管金生则让大家一起扛着，经过两年抗战，扛到了大牛市来临。胆子大，一看可以再借给你2 000万。就这样，姓邱的人很滋润地活着。

二、竞争越来越激烈：证券公司和上市公司

中国已经加入WTO，承诺5年内资本市场开放。现在外资开始看好中国资本市场，在中国安营扎寨。上海100多家金融机构，将来可能是他们的天下。高级写字楼、五星级宾馆，都是外资的办公室。代表处做的工作：调研、公关、搜罗汉奸、带路者。只有投入，没有回报，作研究，目的就是顶住中国政府承诺的开放的中国市场的行情。把行情打上来的就是这些外资。看到报道上说QFII持仓量98%，看好5年、10年以上。只研究值不值得买的股票，是不是物有所值。未来市场的发展就是这样，通过上市公司控制中国经济命脉就是未来发展趋势；而且是通过资本市场控制。控制的是银行、基础建设行业、电力水电煤等垄断行业，就是收租的企业、机场等，命脉性的企业，类似牌照类的垄断性行业。对外资是未来市场中值得关注的行业。除了上市公司，还控制券商。现在还未达到控股地步。控制了券商就是控制了交易的命脉。未来资本市场想象空间很大。我曾经研究过香港、台湾股市，美国、英国市场和我们差距比较大，与中国股市相近的有人认为香港市场。但是交易体系不同，法律制度不同。与我们股市最相近的是台湾股市，交易所第一任所长尉文渊，成立证交所时考察，发现台湾股市最像中国大陆股市。台湾生活方式和大陆很像。台湾七八点时全是股评，指标体系、分析语言和大陆很像。QFII也是跟台湾学的。

中国股市已经融入了国际市场。我在《证券市场红周刊》上写人物故事，深刻理解资本市场人物。上海新黄浦公司吴明烈，现在被抓起来了。黄浦区房地局原局长张荣坤失足在什么地方，分析他的性格。我曾经婉转地提醒过他，但是他太率性了。股市就是这样：肥了一批人，瘦了一批人，监狱当中多了一批人。人生重新排列组合就是在股市。我对行情关注度越来越小，对人物、故事关注度越来越大。

本书主编和应健中老师（右）在一起

结语：最近市场行情板块值得关注

三个领域：

1. 掘金板块：做中长线，中小企业板块。股票七八元，流通股1亿股以下，流通股很小，价格低，三五年可能翻3—10倍。股市永远是一个喜新厌旧的市场。选股如选妻的说法是不对的，妻子不能经常换，要从一而终。选股应该选大众情人，大家说好的。中小板块可能成为未来大众情人。股票挣钱靠分红、靠差价、靠股本扩张，这是最具有爆发力的。现在上市公司流通股可能只有5 000万，以后可能有3亿。股本扩张靠送股，以后可能会涨。000001深发展，十七八年以前，1元钱买1股。一个老太太买了1万股放在什么地方忘记了，后来找到了，不知道送了多少股，涨了1 000倍。股票就是靠这个赚钱，最具有爆发力。青岛海尔也是涨了很多。小企业资本公积金丰厚，因为股票都是溢价发行。1元1股，以7元发行，剩余的记入资本公积金可以计入股本。

2. 短线：封闭式基金。寻找机会两类：大盘和小盘。一年内到期的都能买。大盘的2014年到期，小盘的快到期了。东方财富网基金净值，折价率都可以查到。基金折价率都在15%左右。就是基金1元，净值1.15元。到期不管怎么处理，15%收益率都有，行情好了可能有20%。这个是套利的好机会。胆子小的套近利，大的套远利。存银行也就2%收益。

3. 买基金：开放式也可以，证券公司理财产品，有人分钱是福气。

四个忠告：

第一个忠告：人人赚第一个100万很困难。原始积累，有了N个100万，操作就上了一个台阶，可以借外脑，可以有足够的专家帮助打理。

第二个忠告：投资靠的是学识、智慧、勇气、果断。

第三个忠告：现代人不仅需要智商，还要有情商（与人交往），还要有财商。

第四个忠告：你不理财，财不理你。现在已经成为《理财周刊》的广告语。

2006年11月

文兴谈股市，文兴怎样了

资深人士　文　兴

编者按： 文兴可是上海股市中的老股民了，与应健中齐名。当年，编者曾每周骑车十余里赶去"金都汇"听他上课，无论是炎炎夏日还是狂风暴雨。近几年，大家都很关心他，寻找他。

有幸参与本书的创作，除了还老友之情，也有不少新朋友想知道我现在除了证券市场外，还在关心些什么。不过如今的一切，离不开以前的事情，还是先说说"很久"之前的事吧。

我的证券投资之路是和股评相连的，出名也是因为做股评，它让我认识了证券世界以及为此忙碌的人们。股评现在的声誉不太好，但在早期做股评（也即证券分析和研究）者被人们冠以"家"的称呼，这是当时投身于此的我们所始料不及的，而其中有些事，今天回想起来还是蛮有意思的。

市场预测之作——777

有的老股民还记得1993年上证综合指数777点的事情，而现在有些券商营业部新经理则是在上海证券交易所的培训班中才知道此事。回想起来，我已经少了当时的骄狂，多了几分冷静：股市底部的预测成功实际上也是种豆得豆的结果。

事情是这样的。

1993年的上海股市流传着财富的神话，股票认购证一夜之间使成千上万的上海人成为万元户。那年的2月16日沪股首创1 558点，中国股市疯一把后开始进入漫长熊市。国民经济的治理整顿并没有使刚刚拥有财富的人们冷静下来，几个大户凑在一起就能控制一只股票的涨跌。《一周投资》周刊的一位编辑首先提出"浦东概念"并得到市场的响应，浦东金桥率先成倍上涨，但整个市场则从1 500点上方回到了900点、800点，市场人气极度受压。

7月22日，《中国证券报》发表了我的《敢问沪股底在何方》一文。文中用技术分析中的形态理论分析了上海股市的趋向，最后得出一个结论：上海股市的777点是一个铁底，不久就要跌到底了。分析的理论是最简单的，但却是一针见血的。

文章发表后，跌势依旧，根本没有要止跌的样子。7月27日，789点开盘后，跌势依旧，780点破了，下午指数便慢慢探到了777.73点，然后似有神助，股指不再下探，而是慢慢回升：780、790、800点，最后收在791.62点。

收市后正在电视台做节目的一批同行打电话问我，777点有效吗？我肯定地说，有效！当晚的电视、广播全都提到此事，市场便议论声一片，舆论也对新生不久的技术分析方法评头论足。有人认为当时在券商工作的我可能利用资金优势制造这一点数，也有人认为是碰巧而已。第二天、第三天收盘分别在799点和800点。技术分析确认底部成立，不久指数再度重见千点。3个月后，股指再度回落，10月25日盘中最低为784.97点，以后777点被市场认同为一个重要点位：在其上其为底，在其下其为顶。这一结论维持了多年，1996年9月19日之后便再也见不到777点了。

上面这段历史被称为上海技术派的一段佳话，而由此引发的技术分析大讨论则是后话。

有人说文兴是以777点预测而成名的。事实上，1992年我同智麟、金颖等一批技术分析人士就曾与上海第二工业大学等联合举办过技术分析培训班，每期人数在80—100人，在当时股评主要讲内幕消息的环境下，我们的出现无疑给市场带来了一股清新的理性投资之风。一些知识分子、科技人员、老师和记者成为培训班的主角。我又被《青年报》报道为"电脑杀手"，同时也是多家证券公司的自营顾问，这种影响力是现时的一些同行所不能比的。而股市众多技术分析追随者，也对777的预测成功起到关键作用。

现在回忆起777，我想说这是市场力量在发挥作用，我个人只是发挥了影响力。

影响深圳股市的群英会

另一件值得一说的旧事是一次深刻影响了深圳股市的群英会。由于长期从事证券投资，主持盛名远扬的黑马俱乐部，同时又是影响广泛的《亚洲证券》的主笔，我在较短时间内与影响股市的各方都有了交往。当然，他们的目的各不相同，有的是想利用我的影响实现自己的打算，有的是想通过我结交一些实力人物，更有的是想通过我的嘴与笔来传达看法。我十年如一日地为《一周投资》、《亚洲投资》、《上海证券报》、《劳动报》撰写股评文章，而这些报刊的覆盖面在上海是相当广的。因此，通过这些报纸，我认识了一些企业家，并保持着长期的友谊。

1995年年底，由一家证券公司赞助，我出面召集了一个全面性寻找股市战机的研讨会，主题是大资金运作经验交流。

会议在上海南汇的汇丽会务中心举行，为期两天。到会的主要有两类人物，一类是各大证券公司老总或负责自营的老总、机构投资者或被称为“庄家”的人，另一类是市场上著名的来自全国各地的股评家。我当时是上海亚洲商务投资咨询公司（简称亚商）的副总经理，担任会议主持人。深圳来了余昌力、安妮、野岛等人，上海来了应健中、洛文、林川、近水、智麟、简直，亚商的董事长陈琦伟作为主办单位负责人也出席并发言。市场人士代表有“杨百万”、“邬医生”等，“327国债期货事件”的主要参与方也都到了场，一些媒体也都敏感地赶来参加会议。这次会议事后被舆论称为群英会。

由于是大资金运作的交流，会上会下都是机会，又由于是寻找大战机的群英会，会议开得十分热烈，会议的议论焦点变成了深圳市场会不会是下一步的热点。当时深圳股市成分指数只有1 000点上下，且数年冷寂，被称为“死亡股市”。与会人员渐渐从分歧趋向一致，得出深圳股市可能有戏的结论。其中一位刚从美国回来的某大券商研发部总经理表现十分突出，他虽然在刚开始时感到投资理念相差太大，但到后面却连连表态回去后要专题研讨深圳股市。

会议过后的一个月，深圳股市成分指数便从935点快速上升到4 480点。随着时间的推移，渐渐发现与会的机构几乎都是深圳牛股的催生者，其中部分与会者成为我国首批基金经理。

后来1996年开始的“沪深大战”（即上海证券交易所与深圳交易所争夺股票市场份额）我也卷入其中，为沪深孰强孰弱奔走于大江南北。虽然对那次群英会知者不多，但知情者心中明白，深圳牛市的第一把火是从哪里点燃的。

股市沙龙和“雨中情”

谈到上海的股市沙龙，那真是全国出名。自从万国证券公司黄浦营业部成立后，靠近人民广场的广东路上便挤满了股民，每到股市动荡之际，更是人山人海。当然这已成昔日旧景了。

我作为咨询公司老总也在上海创办了一个大户股市沙龙，还冠名曰“黑马俱乐部”，定期在外滩一家名叫金都汇的酒家举办，为投资者解惑释疑，提供一个互相交流的场所。

1996年“深沪大战”开始，我除了在黑马俱乐部中、证券报纸上宣扬投资上海股市的好处外，还在全国各地举办大型投资报告会，其中在上海市工人文化宫举办的报告会令我至今难忘。

1996年4月28日星期日，名为“四大名家纵论股市”的报告会在舆论宣传中火爆地开场。听众挤满了上下两层的工人文化宫影剧院，报告会开始前聚集在万国证券公司黄浦营业部门口的马路沙龙自发地移到一路之隔的工人文化宫影剧院门口，入场券出现了炒卖。

四大名家是应健中、林川、顾铭德和我，股民们在我们滔滔不绝的分析评论推测中，不时地掀起阵阵掌声。

报告会临近尾声时还发生一段插曲：在会场楼上栏杆处有一位股民几乎把大半个身子悬空举手要求提问，我赶紧拿着话筒说当心不要摔下来，引起哄堂大笑，原来他要求我们台上四大名家每人仅推荐一只股票。

看到会场上热情似火的股民，会场又响起不愿散会的掌声，我们四个人商量了一下便每人推荐一只股票，最后报告会在热烈的掌声中结束。我冲出股民们的包围后对助手说，明天我们所推荐的股票可能暴涨。

第二天，1996年4月29日，我所推荐的成都量具跳空0.20元开盘，并迅速价量齐增，报告会的效果极为明显。当日该股股价冲高到6.28元，比上一交易日3.82元的收盘价上涨了64.39%，收盘为6.09元，也有59.42%的惊人涨幅，当日成交1 737万股，而前一交易日仅391万股。

虽然当时是T+0交易，大涨的个股常会出现，但像只因一句话便引发59%以上的涨幅这种情况还是很少见的。

回想往事，我和其他同行一样，都为当时股民的热情所感动，而现在已很难再见股民们的似火热情了。

讲到股民的热情，不能不讲到武汉的一次广场报告会。那次也是应健中和我应邀作报告。主办者把报告会会场安排在一家证券公司门口的广场上。应健中先讲，在他的动人演说下会场气氛已达亢奋。在我发言的中途，不料竟下起雨来，先是小雨，后来越下越大。我同主办单位商量是否暂停一下，让大家避雨，不料广场上的股民一致表示宁愿淋雨而不要报告中断。我在主席台上虽淋不着雨，但心中十分感动。动情演讲加上热情听众，在雨中举行股市报告会，这一幕成为次日武汉报纸的一大新闻，有条报道的题目就叫“雨中情”。

不管岁月渐去多久，像武汉的“雨中情”此类场景却无法从记忆中消去，因为这些不仅是我个人的体验，更是证券市场发展过程中的一个个侧面，而从这些侧面中，我看到了投资者的成长，也看到了自己前进的脚印。

“龙虎榜”与“猎狗队”

1993年上海股市曾出现一件大事：宝安集团收购延中实业，当时的报纸对“宝延风波”作了大量报道，延中的股价也飙升异常，并引起管理层的注意。从“宝延风波”中直接获利者不在少数，一些新的超级大户因此而诞生，自然也有一批超级大户因此被消灭。

这是在T+0时代，现在不少投资者不知道T+0交易方式的利害，它可以使你一夜暴富，也可以将你“打穿”，倒欠券商后直接回家。

在T+0时代里，看盘功夫自然十分重要，因此培养出了一些以技术分析为手段的快枪手。我在研究T+0操作技巧的同时，利用专业所长与证券部电脑开发人员共同合作，开发出了“龙虎榜”，即利用当时DDN网络截取其他证券营业部的成交回报信息，精心进行分析，而这种分析必须长期累积，从而弄清各种交易席位、股东账号、什么人常用哪些账号以及股票品种的库存。我每天都要分析到很晚，而我们当时的营业部配备了性能很好的电脑。因此，统计出有规律的交易再由我配合K线来判断这些个股的未来走势，成为我当时的重要工作。

我用“静波”的笔名为“龙虎榜”作了分析报告并提供给有关的机构。由于宝安收购延中前，我们便从一些特定账号持续进货中发现了异常，因此资料除了我们自己作为操作参考外，还应某公司要求提供给了延中实业公司，因为其中违规太明显。

一段时间内，上海一批热心“龙虎榜”的发烧友集中交流，互相提醒动向，其中一部分人创办电脑公司，开发和经营证券分析软件，一部分人创办专业投资机构。用现在的话来讲有点类似“网络黑客”。“龙虎榜”的资料我不时地用于黑马俱乐部，因此使俱乐部的吸引力大增。

几年前，沪市曾有一批人称“猎狗队”的投资者，他们分散于各个证券营业部。由于当时资讯有限，他们集中一批资金在一天或两天内猛攻一只股票并放风影响市场，由此获利不菲，但因此也打乱了一些机构的计划。对此，有一次一家机构专门找我合作，目的是提高“龙虎榜”的运作速度，使之能动态反应，操作时凡是“猎狗队”集中买入的股票，也参与买入，利用T+0做低股价，使之无利可图，几个回合下来，妨碍机构坐庄的“猎狗队”便宣告解散。

我是理工科出身，喜欢寻找规律，“龙虎榜”是我们的创造。当然，电脑操盘坐庄模型我们也曾设计过，但这是后话。

我从个人投资者、证券咨询人员到机构投资者，“龙虎榜”在中间起过不少作用，它让我辨明了信息的真伪、朋友的真假，只是随着时间的推移，我在“龙虎榜”中发现许多新面孔、一些大鳄，于是我便不再依赖“龙虎榜”了。

从本质入手，行价值创造理念

时代在进步，投资理念也在不断深化。

在亚商工作时，从董事长陈琦伟老师身上我学到不少东西，从价值发现到价值创造，使我大胆地迈向新的领域——投资银行。

有件事较为典型。1997年我应邀在重庆参加一场股市报告会。这种活动以前几乎每周都有，它使我几乎走遍了全国各地。

在这个报告会上，一位深圳的同行以“高举绩优股的大旗”为题作报告，而我的报告标题为“在垃圾股中淘金”。两者的差别，自然引起到场股民的兴趣，因为1996年“深沪大战”后，深圳和上海的同行常会闹出一些言语不和，把上海股评家统称为“亭子间文化”便是一例。报告会最终热烈非凡，结果当然也是我对了，上海上市公司的资产重组方兴未艾，其他地方的壳资源利用达到一个高潮，而我恰好从技术分析转向较为深层的价值评判中来，整个1997年、1998年，资产重组成为市场焦点，就像曾经的网络热一样，“从垃圾中淘金”，自然是找出一批打着滚上涨的股票了。

现在投资者早已不分深圳、上海了，而以前连投资理念都不一样。上海讲概念，深圳讲业绩，价值发现时上海的同行慢于深圳，而到价值创造时上海人的脑筋却快过了深圳人。以前人们都问有黑马吗，有主力吗，而现在问的是有好项目吗。

西安黄河是我曾花大力包装、宣传的个股，证券报上整版的投资价值报告就可证明。从争取挂账免息到呆坏账的处理，从它在陕西省的地位到未来的科技项目等洋洋洒洒上万字，我都参与过，当然该股股价也从4元多涨到9元上方，公司名称也改为黄河科技。不过现在的股价与我无关，那是新的一轮价值创造。

我从实践中认识到，股市是存在泡沫的，消除泡沫的方式有两种：一种是打压股价使之与业绩相符，不过许多投资者因此受伤；另一种是帮助上市公司提高业绩或丰富概念，使之与高企的股价相符。我赞成后一种做法，而且不仅是这样说，也是这样做的。

现在我不做大众咨询了，已转向企业咨询、财务顾问，也成为机构投资者。几年的成功实践，使我看到证券市场优化资源配置作用正在凸现，现在不但股价已高的庄家找我要项目，连股价较低的上市公司也找我合作。但与以前相比，大家很难见到我的原因是我已不做电视台股评节目的特邀主持了，也不再搞黑马俱乐部了。

往事如烟，现在回想起这些陈年旧事，颇有些感慨。我国证券市场在这10年中发生的变化实在是太大了，它已经壮大起来，如果有人或机构再想利用自己的影响力来左右市场，那几乎是不可能的事情了。现在证券市场更多的是遵循着自身的规律在运行，掌握规律、顺势而为显得更有意义。

过去的事如今回想，蛮好笑的。但它是历史，是如今成熟市场的过来之路。因此，也没有什么好笑的，所以在享受现在的同时，我还不时地回味旧事和老友。

和我相熟的朋友，知道我歌唱得不错，如今，我的摄影技术又大有长进，至少比做《财富人生》时上了几个台阶，一些值得摄影创作之地都留下我的足迹。当然开车的技术也进步不少，不太有交警找我，自己也作为车友一族中知名人物被自驾车朋友提及。当然在车友这个天地中，我的名字不是文兴。同样在摄影圈中，被人提到的名字也不是文兴，在一些旅游散记的文章中，我也不用证券界知道的名字。

不再担任电视台财经报道特邀主持后，而以普通人的身份享受生活时，自己想想还是很有意思的。

一叶知秋品股市

资深人士　叶国英

编者按：叶国英是上海几百万股民心中特别尊敬的老师。多年来，他和我们一起历经股市沧桑，在熊市的急风暴雨中摸爬滚打，感悟股市人生真谛，他在《上海证券报》、《金融投资报》上开的“一叶知秋”专栏寓意深远，语言诙谐幽默，成了很多投资者必读之作。这次他花了多日写了这篇力作，谈及自己成功的投资理财之道，水平很高，对于股民朋友会有相当的启示和帮助。

股市，使我从一个门外汉成为一个享誉股坛的闻人；股市，使我从一个工薪族成为一个“五子登科”（房子、车子、票子、妻子、儿子）的自得其乐人士；股市，使我跳出柴米油盐酱醋茶的锅台，去体味琴棋书画诗酒花的意境。

在我家的客厅正墙上挂着一块匾，上面有我的一首自题诗《品味人生》：人生百味，能品几何？少小磨难，历尽坎坷。布衣粗食，餐风宿露。股海博浪，始得方舟。闻鸡起舞，岂敢蹉跎。东篱归心，感慨回首。名耶、利耶，何乐之有？知音伴侣，体泰家和。青山不老，童心依旧。此中性情，夫复何求。这首诗是我爱妻46岁生日时题写的。每当我品味股市人生时，咏读此诗，如品香茗，终能感受到无穷回味和万千感慨。

2002年8月，在熊市时又诞生了我的儿子，使我终于解脱了“不孝有三，无后为大”的古训。更重要的是，股市给了我一个施展才华的天地，一个体现自我价值的机遇。15年间，我先后发表了数千篇文章，编著出版了《上海股市纵横》、《上海股市日志》、《家庭投资理财指南》、《中国B股投资大全》、《大势与热点》、《我的炒股经》、《进入21世纪的中国股市》等著作。我常常从品味股市中去品味人生，又从人生的品味中品味股市。与所有的成功人士一样，成功不是一种恩赐，而是一种努力；成功不是结局，而是起点。在感受成功喜悦的时候，将更多地品味为成功所付出的勤奋、艰辛、智慧、气度、勇气及毅力，这才是成功的核心和精华。我的成功没有七彩，只有本色，因此我诚愿将我的成功之道奉献给能够真正品味股市和品味人生的友人们。

股市是一块神奇的土地，开垦者均想致富，但是成功的概率始终局限在七亏二平一赢之中。因此，提高成功的概率成了所有投资人梦寐以求的。那么成功究竟靠什么呢？靠技术分析的法宝？靠基本分析的诀窍？靠未卜先知的八卦？靠功能超前的软件？世界300年的证券史表明：股市中没有万全宝书，没有灵丹妙药，再先进的电脑也不能替代头脑。股海如战场，任何尖端武器都需要人去掌握。佛说，一切全在我。并告诫人们：“佛在灵山莫远求，灵山就在尔心头，人人有座灵山塔，早白灵山塔下求。”可见，了解自我、战胜自我、修炼自我、关心自我，是成功的关键。我的炒股经从本质上说，便是要念好股市的心态经。

一、炒股从本质上讲便是要念好股市的心态经

1．了解自我——从股盲到名家

股市之门向人敞开，但不是人人均可以入门的。你必须了解自我，对自己有个合理定位。如果你是骏马，你就该适应草原；如果你是银鹰，你就该适应天空；如果你是蟋蟀，你就得适应小盆。我早年丧父，家道中落，我在背上书包的同时也担起了家庭的重荷，不足10岁便能生煤炉、买菜、烧饭，做些小本生意。母子相依为命的艰辛生活锤炼了我不贪、不沾、不借、不求，养成自尊与自立的品性。古语云，性格决定命运。我生来坦诚、执著、刻苦、勤奋的个性，决定我不

能成为侥幸的投机者，而只能成为一个实在的拓荒者，我一生中与“奖”无缘，但是只要辛勤付出却必有所获，因此，我必须一锄一锄地开垦，一颗一颗地播种。而股市给了我发挥才华、展示个性的用武之地。股市无需学历，无需资历，不受权势的倾轧，不受年龄的限制，不必为内耗勾心斗角，不必为小利脸红耳赤，不必仰人鼻息，看脸色行事，不必为迟到早退请假、请示。无论是就职、下岗，无论是奖励、处罚，全由自己处置。在这个市场中，我可以集中精力和智慧，可以无怨无悔地反思成功与挫折，在每时每刻经受盈亏考验的同时，也享受着掌握自己命运的喜悦。因此，我潜心研究，从一个股盲逐步成为一个名家，我对大势分析的准确程度受到了市场的广泛认同。1992 年 11 月在上证指数从 1 500 点跌至 400 点时发表的《“谷底”在哪里?》，1995 年 5 月在上证指数从 1 765 点跌至 1 047 点时发表的《跨世纪大底》，2006 年 7 月在上证指数从 2 245 点跌破千点之后发表的《历史大底》，成了我正确预测大势的谷底三部曲。我作为专家参加了上海市政府关于股市扩容的课题研究，我的文章被翻译成英文转载港澳报刊，我被不少投资机构、基金、上市公司聘为高级顾问，也先后担任相关机构、企业的经理职务，但是有谁知道我的不少享誉市场的文章产生于一间 5 平方米的陋室之中，有谁知道为赴演讲，我曾骑着自行车从杨浦区赶到徐汇区、带着干粮去调查研究，又有谁知道我为了加快原始积累、为节省车费曾晕倒在公交车上。孔圣人曾说过，天将降大任于斯人也，必将劳其筋骨，饿其肌肤。一切成功都必须付出代价。我夜半而息，闻鸡起舞，才有了自己的经验积累，才有了自己的独到研究，才有了适合自己的投资策略。因此，股市是我最能适应、最能舒展的地方，更是我可以体现人生价值的地方。

了解自我不仅是了解自身的优势，更要了解自己的缺点，我不是科班出身，没有博士、硕士文凭，所以只能笨鸟先飞，我年过半百，在思路反应上已没有初生牛犊的灵敏和闯劲，所以我只能选择中长线投资。我没有举债经营的才华和以小搏大的胆魄，所以我不热心期货。在权证推出之后，我也克制冲动，绝不参与。我没有官场的应酬能力，也缺乏磨嘴皮子的耐心，所以我不适合担任行政管理。我习惯于多头思维，所以我十分重视空头的分析。我判断底部的能力远超过判断顶部的能力，所以我特别留心高位的风险。我对黑马与劣马均缺乏足够的耐心，所以我止盈也止亏，积小胜而成大胜。我是传统型的男人，所以我特别留意新思维的创新，我是个有决断、有自信的汉子，所以我要格外提醒自己三思而后行；我也是个急性子的人，所以我常常告诫自己要谨慎和稳重。知不足而思进取，不仅是为人之道，也是投资之道。

2. 战胜自我——克服人性两大弱点

股市的魅力在于紧紧抓住了人性的两大弱点——贪婪与恐惧，而贪婪与恐惧也不是轻易能克服的。处于每时每刻的金钱诱惑之下，处于大小波动都直接牵动资本盈亏的走势变化之下，处于情绪随红盘绿盘上下浮沉的气氛之中，要想镇定自我，处惊不变，需要一种定力。古诗云：“咬定青山不放松，任尔东西南北风。”便是对定力的高度概括。我不轻信各种消息的干扰，不轻信各种技术骗线的引诱，当我认定走势向下已成趋势时，任何反弹均不参与。当我认定大势向上已成定局时，任何回调均为满仓。这是对顺势而为的一种定力。2005 年 4 月，当上证指数从 2 245 点经过四年调整跌至 1 300 点时，不少投资者认为已至底部，终忍不住纷纷抄底。然而，指数却继续下滑，跌破千点，结果造成累累亏损。虽然只有 300 点的落差，却造成 30%—50% 的跌幅，我当时经过反复分析，发表了《半夜鸡叫》及《半夜鸡叫续篇》二文，明确表示这仅是一种短线反弹，不具备“雄鸡一唱天下白”的行情气势，从而避免了一次“中锋在黎明前倒下”的悲剧。“任凭风浪起，稳坐钓鱼台。”我始终相信自己的眼睛而不是耳朵，此所谓耳听为凭，眼见为实，这是对消息判断的一种定力。2001 年在银广夏股价升至 35 元的时候，我受邀到风沙弥漫的宁夏考察，亲眼目睹了沙漠地上种植的麻黄草和植根于贺兰山麓的酿酒葡萄，亲听了广夏公司董事局代主席张吉生关于《集中顶级头脑推动西部开发》的演讲，也出席了关于银广夏年利润从 1. 28 亿元翻至 4. 17 亿元的推介，然而，我没有被这些顶级头脑的顶级宣传所迷惑，完全不相信“点沙成金”的传奇。所以我始终紧捂口袋，一股也未买。果然，事隔三月，银广夏东窗事发，虚假财务报表露馅，股价高台跳水，跌至 1 元多。

人非圣贤，孰能无过？我也曾经被套，也曾亏损，也曾误听消息而掉入陷阱，也曾在庄家的洗盘中清仓割肉。2004 年 4 月“大商股份”股价在 9.70 元时我开始买入，此后不断补仓，但最后跌至 7.50 元时终于忍不住割肉清仓。不久后它返身向上，我只能眼睁睁地看着股价一路攀升至 40 元以上。吸取这一教训后，我在 2005 年 2 月买入哈空调时就有了定力，在股价 6.70 元时我开始建仓，因为我经过多方了解和深入分析，了解到该股具有较强的增长潜力，价值被低估，存在较大的上升空间。因此，在此后的大幅震荡中，不仅继续持有并再度补进，结果该股在震荡之后再现强势，股价一路攀升至 13 元以上，使我获益匪浅。

定力是种自信。在风云变幻的股市中，缺乏自信就可能左右摇摆，举棋不定，因此自己的钱必须靠自己的头脑去指挥，决不能迷信所谓顶级头脑、专家头脑、高手头脑、庄家头脑、分析师头脑、董事长头脑，甚至是官方的头脑。在这个充满陷阱和假象的市场中，所谓“借腹生子”都是不现实的。有段时期证券投资者基金成为市场的主力，他们凭借资金优势、信息优势、技术优势和人才优势，掌握着行情的主动权，基金所持股票纷纷走强，市场出现“月亮走我也走”的盲目跟风现象，然而，我发现在银广夏的大股东中也有基金持股的情况，在一些面临资金链断裂的各派系个股中，同样不乏基金的身影，可见，基金也不是万能的。000682“东方电子”曾是安顺、安信、景宏、景福四家基金共同持股的对象，该股在持续三年 10 送 8 的股本扩张下，连续五年保持 0.50 元以上的每股收益，这种增长率以当前的行业背景，能继续保持吗？且以 30 元以上的市价 6.02 亿的流通股与当前市场的大势能相称吗？我经过分析判断，作出不跟风交易的决定，果然，该股不久疲态毕露，持续走软，基金也被迫清仓。

定力是一种素质和品性，是一种成熟与练达。缺乏定力就难免产生失误，而定力必须锤炼，必须修身养性，才能逐步达到境界。谁也不能忘记 2004 年股市的烽火连天，堪称金戈铁马的德隆系梁柱坍塌，青鸟系、鸿仪系债台高筑，习惯跟庄的玩家，玩得倾家荡产，心灰意冷，当年的“双鹤药业”在 21 元高位盘整了九个月后惊现 6 个跌停板，6 个交易日资产缩水 52.2%。正当人们跌得晕过去，斩仓割肉时，股价又连续出现 7 个涨停板，紧接着，当人们怀疑重新从地狱回到天堂时，股价又持续下跌，创出 7.41 元的新低。显然，股票玩的是心跳，但不是人人可以玩的，有些股票不是人玩的，人玩了会死的，有些股票是玩人的，就像猫戏老鼠，多数股票是因人而异的。在这个充满高度诱惑的市场中，要经得起涨的诱惑和跌的考验，没有定力是难以生存的。

3. 修炼自我——必须从“舍”字做起

佛教的精神是“舍”。一些有道的佛家住持在圆寂之后，其骨灰中会产生一颗石子，称为“舍利子”，受善男信女的供奉。其实股市的精神也是“舍”。不少人认为股市就是赚钱，是“得”，其实“舍”是“得”的前提，没有付出，何来收获？古语云：“欲以取之必先予之。”意思就是要想取得，必先付出。所以股市中人修炼自我，必须从“舍”做起。15 年来，我之所以能从一个门外汉成为一个成功人士，一个重要原因便是不断修炼提升“舍”的精义。我舍去休息，舍去娱乐，舍去饮食的调理和服饰的更换，为了学得更多的知识，积累更多的经验，为了吸取有益的教训，见识更多的实例，我会舍去自己的资金和精力，在这个以经济利益为基础的市场中，利益从来都是对等的。在研究上要舍得花心血，在调查中要舍得花精力，在操作上更要舍得花代价。在具体交易中，止损时要舍得割肉，止盈时要舍得余利，红盘时要舍得留有余资，绿盘时要舍得被套的煎熬，在波段操作时要舍得放弃时间，在每分每时的股价变化中要舍得闭目养神，在个股精选中要舍得弃弱留强。客观而言，沪深股市除了 1996 年之外，很少有从年初升至年尾的行情，所以完全可以舍去一段时间，抓住主升段获利了结。真正的赢家一般全年只炒作五个月，却获“事半功倍”的收益。既不需一年忙到头，天天跟着行情走，又可以有张有弛，磨刀不误砍柴功。其实在股市中，无论是信息、个股，还是行情、资金，都有一个舍的问题。吃甘蔗要舍得扔根梢，缝衣服要舍得零布线脑，小“舍”不愿，大“舍”不甘，只能在无“得”中无奈。“舍”不仅是指资金、精力、智慧，更是一种精神、道德、心态。凡违法之利，不义之财，即使再大诱惑也必须舍去。此所谓“君子爱财，取之有道”。我舍去过“透支”，舍去过为庄家借贷，舍去过报道不实新闻的红包，舍去过有损自尊的高薪，舍去过言过其实的吹嘘，所以无论牛市熊市，无论盈利亏损，我均能泰然处之，安然入睡。鱼和熊掌难以兼得，西瓜与芝麻不能一揽全收。初入股海我也曾舍去许多业余爱好，舍去了旅游、体育，甚至天伦之乐的机会，但是，却得到了更多时间去钻研股市学识；在实际操作中我舍去了从底到顶全部升幅的妄念，舍去了上升中的部分升幅，获得了最安全的盈利，避免了高位被套的风险；选股中我舍去了“杂货铺”的投资组合，获得了精品、名品的高价收益，避免了“偷鸡不成蚀把米”的遗憾。“舍”就是放弃，“舍”看似现象或方法，其实是种心理素质。在一个人有限的生命中，真正得到的只有大千世界中十分有限的小部分，而生命本身只是沧海一粟。所以要愿舍、会舍、懂舍，舍去财物资源、信息资源、物质资源、精神资源中不属于自己，不适应自己的东西，才能获得真正属于自己的东西。

4. 关心自我——做股票就是做人

股市操作是一项复杂劳动，股市之所以称之为市场经济的最高形式，是因为在这个市场中充满着高度的诱惑，高度的竞争，高度欺诈和机谋，因此必须付出高度的智慧，高度的精力，高度的忍耐，必须承受高度的压力，因此，股市中人一般容易心力交瘁，容易未老先衰，而且股市中人是直接与钱打交道的人，所以常在河边走，难免不失足。那种不进法院就进医院的现象，似乎司空见惯。在这个没有救世主、没有上帝的股市中，不可能因你的一往情深而财源滚滚，也不会因你的痛哭流涕而将你扶上牛背，所以一切全靠你自己。股谚云：做股票就是做人，不会做人就不会做股票。做人不只是会赚钱，还得会花钱。不只是工作，还得会休闲。不仅是拼搏，还得会养生。不仅要了解自我，战胜自我，修炼自我，还得会关心自我，关心自己的身心健康。在钱与生命之间，生命无疑高于一切，玩股票绝不是玩命，所以良好的心态是健康的保证。在巨大亏损和深度套牢时，切莫悲悲戚戚，寝食难安，切莫心浮气躁，牢骚满腹，切莫怒发冲冠，悔恨交加。千万要克制冲动，放宽心胸，要坚信潮落必有潮涨，月缺必有月圆。古诗云：草不谢荣于春风，木不怨落于秋天，万物兴衰皆自然。钱财身外物，贫富无常事，股市始终是风险与机遇并存的市场，没有常胜将军，没有盈亏鸿沟，只要健康地活着，就会有失而复得，有重执牛耳的希望。在股海生涯中我也有失误，也会被套和亏损，但是，我始终记住一个信条：钱可以输，操作也容许失误，但是意志和信心不能输，智慧和镇定不能输。曹操在80万大军被消灭的赤壁之战中，依然笑对挫折，从而东山再起，而周瑜在赤壁大胜的情况下，却因嫉妒孔明而吐血身亡。显然，面对输赢必须保持“不以涨喜，不以亏悲”的胸襟，才能保持健康的身心。同时，在这个充满钱财的实际中，必须知足常乐，既不要羡慕大户，也不要轻视散户，比上不足，比下有余，该是你的总是你的，不该是你的，有了也会失去。堪称资本运作高手，曾列入百富榜的牟其中、仰融、吴志剑及周正毅，均成了昙花一现的人物。各种形形色色的庄家，也曾风云一时，富压群雄，结果往往穷途落魄。凡是不义之财，不但害人也害自己。记住一句股市名言——不比谁的钱多，只看谁活的命长。钱换不来生命，而生命却可以挣钱。因此，在关注股市时千万别忘记了关心自己的生命。

做股票就是做人，做不好人也做不好股票。在人与股票的关系上，我严格遵循着四项原则：一是股票无情人有情，不能因为股票而使夫妻翻脸，朋友断交，亲戚绝情。既为亲友，套牢时应分担忧愁，盈利时，应共享喜悦，迷惘时相互探讨，转折时互相提醒，此所谓股票有价情义无价。二是股票是仆人是主，人不能被股票牵着鼻子走。眼、耳、鼻、口、舌，情、思、礼、义、念，如果全被股票所左右，那么不仅成了股票的仆人，甚至成了股票的奴隶。股票只是人赚钱的工具，应该永远是听候使唤的仆人。你可以凭估值决定买卖；可以凭兴致短线进出，烦闷时可以置之不理，疲惫时可以暂离股市，千万别受股票的诱惑而颠倒主仆关系。三是股票无常人有常。以平常之心，对反常股票，就像以常人之心，对万千世界，不贪不惧，泰然处之，这既是为人之道，也是为股之道。四是股票有价人无价。股票的价格是由价值决定的。不要人为地让股票的价格脱离价值，凡是人为的炒作，遮盖事实的虚假，看似玩股，实则玩命。一旦真相暴露，必将人、股两亡。所以做股票就是做人，这是股市生涯的经验之谈，是高品位的成功人士从股海生涯中所领悟的真谛。众所周知，沃伦·巴菲特与索罗斯是国际公认的投资大师和天才人物，前者拥有420亿美元的个人财富，后者建立了一个在20年中资产增值300倍的量子基金。两位大师的成功除了各自独创的投资原则之外，更重要的是两者的人品和素质，以及两者共同信奉的关于“做股票如做人”的道理。作为国际巨富的巴菲特，日常生活均自己动手，既无保镖，又无随从，更无仆人，自己开车，很少休假，居住于普通的房子，心情悦达，朴素坦诚。作为国际股市中叱咤风云、一掷千金的索罗斯，过着与常人同样朴素的生活，这位童年时颠沛流离的天才投资家，每年将从基金中所提取的20%的经理人报酬，继续投入基金内，使自己与基金持有人保持着共同的目标。可见，财富只是两位大师成功的表象，而真实的内涵便是大师的人品和素质。

二、心智篇——选好股票的十大条件

所谓心智便是理念，便是指导思想，买股票买的是什么？是价值而不是价格。价格是表象，价值才是内在的实质。价值由两种因素组成，一是投资价值，二是投机价值。所以我选股的理念便是第一是价值，第二还是价值。股票的价值在哪里？用股票术语回答便是买股票就是买企业潜质，买股票就是买董事长，买股票就是买品牌资源。将这三句话细分，便可以列出以下内容：

- 价值
  - 投资价值
    - 企业潜质
      - 1. 行业景气度
      - 2. 持续增长性
      - 3. 市场广度与深度
    - 董 事 长
      - 4. 管理机制和经营机制
      - 5. 领导班子人才素质
    - 品牌资源
      - 6. 品牌著名度
      - 7. 资源垄断性
  - 投机价值
    - 长期超跌
      - 8. 跌破净资产
    - 资产重组
      - 9. 优质资产注入
      - 10. 整体上市

总体而言，我始终依据这十大条件进行股票选择。在十个条件中前七个是基本标准，只有在具有投资价值的前提下才考虑投机价值，没有投机价值并不重要，而没有投资价值是万万不能的。无论是牛市强股，还是熊市牛股都离不开以上条件。贵州茅台之所以熊市走牛，因为其不仅符合投资价值的前7个条件，也具有新的题材。类似的伊利股份，招商银行，七匹狼，福耀玻璃，大商股份等等，都是如此。当然价值是变化的，因为企业的基本面与宏观经济面都处于变化之中。

对股票的选择，个人往往比不上机构的优势，无论是精力、财力，还是人才、信息，在调研的深度与广度上均逊于机构，因此我们可以借助机构的力量，在各证券投资基金公布的季度报告和各基金的相关资料中去查阅基金的持仓股，在各基金的持仓股中，再挑选符合自己选择标准的个股。从台湾股市及近两年沪、深股市中的实际情况看，QFII的选择相对准确率较高，QFII在选股的时机和选股的内容上都优于国内机构，所以QFII的资金收益率均超出内地机构，因此，我往往将QFII所选的个股作重点分析，并加以跟踪。如QFII的重仓股民生银行、宇通客车、中牧股份、安琪酵母、广州药业、瑞贝卡等在市场走势上平均升幅均超过周期大盘升幅，当然，我也不迷信QFII，对个股的选择可以变化，但选股的理念始终不变。正因为此，我15年来从未与假账公司挂钩，与业绩滑坡公司挂钩，从未踩上公司的业绩地雷，如我中、长期选择的盐湖钾肥、振华港机、民生银行、云天化、新世界等个股都为我带来较好的收益。

沪、深股市15年来在股票的理念上大致可以分为三个阶段。第一阶段即1990年12月至1995年12月为捂股，此阶段最能获取收益的是以飞乐音响、爱使股份、申华控股、飞乐股份为代表的“四小龙”，而获取的最直接的表现便是大比例的送股、配股，所以只要捂住“四小龙”股票，就能从股本扩大中通过除权、填权获得较大收益。第二阶段即1996年1月至2001年1月为炒股，买股的收益主要来自炒作。上海石化从2.22元炒到8.73元，四川长虹从7.48元炒到28.24元，申能从3.71元炒到16.25元，陆家嘴从14.31元炒到48.99元，尤其到了2000年，网络股的炒作达到了巅峰，一网就灵成了时尚，只怕想不到，不怕炒不到。亿安科技现更名为宝利来，可以从8.14元炒到126.31元，所有个股只要与网络股沾边股价就插上了翅膀。第三阶段即2001年6月至今为品股，股票的收益靠捂，靠炒已难以获取丰厚收益，对股票选择必须精挑细选，从品味的角度去选择有品位的个股，而有品位的个股，必须具备一定的条件，才能经得起持续性的增长，才能经得起市场的激烈竞争，随着股价的上升，始终体现出价值的存在。应该说，在投资基金和QFII资金逐步成为市场主流的今天，中国股市已不是以前局限于江河湖海中的那种潮涨潮落，航线的开阔，视野的拓展，将风险与机遇提上了一个全新的品位。因此，品股不仅是对上市公司提出的要求，也是对投资者提出的要求，只有高品位的投资者才能品味出高品位的个股，而只有高品位的个股，才能有效地提高投资收益。

黑格尔曾经说过，一个10岁的儿童和一个50岁的长者同喝一杯茶，同时赞叹一声“好!”尽管是同一个“好”字，但其中含义却大不一样，前者只是从直接的解渴中发出赞叹，而后者却包含着数十年对茶品味的经验中所表达的评价。因此喝是一个口，品是三个口，要想品到有品位的股票，必须首先成为一个有品位的人，必须对股票的研究分析、调查考察花精力、花工夫、花代价，中国股市已今非昔比，中国股市的赢家也必须是高品位的投资人。

三、心机篇——炉火纯青的大势分析法

所谓心机便是机巧，便是捕获机遇的能力，股谚云：涨时看势，跌时看质。显然，股票的涨跌，主要在于势和质这两大因素。在心智篇中，我已经概括了“质”的因素，主要指的是选股的理念。而关于势的把握，便是市场运作的大趋势。股谚云：选股不如选时。可见在股市中赚钱除了注重“质”的把握之外，更必须注重“势”的尺度。势可分为两大部分去审度，一是大盘运作的趋向即所谓大势，二是个股运作的轨迹即所谓小势。就大势而言，最重要的是逃顶与抄底，我的投资思路中多头情结相对较重，所以对底部的预测胜过对顶部的判断。以上海股市为例，从1992年至今主要经历五次大底，我均以自己独特的判断作出正确的预测：

第一次，1992年11月20日上证综指386.85点发表《谷底在哪里?》和《谷底究竟在哪里?》；

第二次，1994年7月29日上证综指325.89点发表《沪市近期四大缺口的启示》；

第三次，1996年1月19日上证综指512.93点发表《沪市走出低迷的条件及征兆》；

第四次，1999年5月17日上证综指1 047.8点发表《跨世纪底部与跨世纪行情》；

第五次，2005年12月26日上证综指1 074点发表《历史大底》。

正因为我以大势分析见长，所以也以大势分析享誉股坛，我始终认为股市在具有随机性的同时，也具有可预测性，就像天气预报、地震预报一样，任何事物的突发性质变，都是从常态性量变转化而来的。“微风燕子斜，细雨鱼儿出。”著名诗人杜甫早就从事物细微的变化中，寻求规律性的演变。“月晕而风，础润而雨。”风雨的产生可以从月色的昏晕和台阶的湿润中首先发现征兆。因此，顶部与底部的形成同样可以从各种因素中获取预测的依据。我是以综合分析来判断底部的，具体如下：

- 综合分析
  - 基本分析
    - 1. 经济周期
    - 2. 国际金融形势
    - 3. 国际政治经济局势
    - 4. 股市政策
    - 5. 上市公司总体业绩趋向
    - 6. 行业景气度
  - 市场分析
    - 1. 供求关系（资金面）
    - 2. 平均股价及市盈率
    - 3. 机构动向
    - 4. 公众心理
    - 5. B 股、债市、期市的联动性
  - 技术分析
    - 1. 周期
    - 2. 形态及指标
    - 3. 成交量变化
    - 4. 缺口

股谚云：看大势赚大钱。具体而言便是顺势而为好赚钱，抄到底部赚大钱，逃在顶部抢大钱。所以，正确判断底部与顶部，实在是投资人的大心机、大本领、大功夫。

在把握大势之后，在具体操作上还必须留意小势，留意个股的买卖时机，这就需要技术分析。从世界各国股市的技术分析要义而论，各种指标基本上十分类似，或是随机指标，或是趋向指标，或是量能指标，大同小异，而主要区别在于参数。各国的国情不同，各投资者的心智不同，所选的参数也不同。在上千种的参数中，在上万种的波浪数法中，并不是越复杂越正确。眼花缭乱的“花拳”中看不中用，不及“一指禅”，五颜六色的糕点中看不中吃，不及一块饼干。我从自己的实践中总结出一套简单的方法，真实而具有价值，简易而具有效率。俗语说：简简单单就是真。股友们不妨作为参考。我将此取名为：

1. “日月相晖，周线贯通”——买入信号。

（1）选取日 K 线、月 K 线、周 K 线。

（2）日 K 线的参数为 5 日、10 日、20 日、90 日。

月 K 线的参数为 3 月、5 月、8 月、13 月。

周 K 线的参数为 7 周、14 周、21 周、34 周。

（3）日 K 线 5 日上穿 20 日，并同时抵达 90 日均线为初露买入信号。

月 K 线 3 月均线开始出现上穿 8 月均线的去向为初露中线持有信号。

周 K 线 7 周向上穿越 14 周并同时与 21 周发生金叉为中长线买入确认信号。

凡符合以上条件可以先在日 K 线与月 K 线发出买入信号时，建仓 1/3 然后至三者符合时建仓 2/3，余留 1/3 可以伺机而动。

2. “破线减半，出轨清仓”——卖出信号。

（1）选取日 K 线、月 K 线、周 K 线。

（2）日、月、周 K 线参数不变。

（3）5 日 K 线向下穿破 20 日均线，20 日均线走平则为卖出信号。

周 K 线 7 周均线下穿 14 周均线，14 周均线开始走平，坚决卖出。

5 日 K 线与 20 日均线均向下穿破 90 日均线全部清仓。

以上从技术分析中所发出的买入与卖出信号已在绝大多数个股中得到验证，成功概率达 85% 以上。当然，在实际操作中，还可以结合其他技术指标及基本面、市场面的变化而定，但这一方法确不失为一个简便有效的实战技巧。

沪、深股市进入 2006 年以后，从我的综合分析研究出发，确认本轮行情将是沪、深股市历史以来，时间最长、力度最强的牛市，将跨越年度、超越高度，因为本轮牛市具有前所未有的五大条件：

（1）股权分置改革使沪、深股市完成了制度性的改革，实现了全流通。

（2）人民币升值已形成一种趋势。

（3）经济周期处于上升周期，GDP及上市公司整体业绩保持持续性高速增长。

（4）经历五次大调整，股市处于合理估值范围。

（5）全球流动性过剩商品牛市推波助澜，资金宽裕。

除此之外，2008年奥运会及2010年的世博会都是促进国内经济的重大动力，因此，必须抓住难得机遇，借鉴周边地区的经验，重点关注金融、消费、食品饮料、机械制造、通信软件、品牌资源类行业的个股，尤其在期货即将推出的时期，关注蓝筹群体，对那些行业前景转好，股价及市盈率双低的大盘蓝筹权重股必须占自己投资组合的一定比重，将看势与重质用到实处，那么你将以高品位的素质，享受牛市中高品位个股带给你收获的喜悦。

四、一切皆流——顺势而为享受股市人生

“一切皆流”是古希腊辩证法奠基人赫拉克利特的一句名言，也是我从人生、从股海中品味出的真谛。以一切皆流的思维去理解股市，顶部与底部是流动的，风险与机遇是流动的，投资与投机是流动的，超买与超卖是流动的，天量与地量，天价与地价，死亡板块与热门板块，绩优股与绩差股，黑马与瞎马，均处于变化发生之中。同样，大户与散户，赢家与输家，巨富与赤贫，专家与常人，一切皆无定数，欢笑与悲伤，得意与懊丧，庆幸与追悔，也常在角色互换，我认真对待每次交易，每个股票，每次分析，但我又不看重每次涨跌，每次得失及每次对错，此所谓手中有股，心中无股，眼中无势，心中有势。我自省既不是股精，也不是股圣；既不会因股成仙，也不会为股而疯，因此，我感到股市的成功者不仅是钱的增值，而且是人生的升华。

将品味人生与品味股市自然地联系在一起，从波动的股价走势中品味出曲折的人生道路，并从中领悟生活真谛与股海真谛的人，才是高品位的投资者。

事物发展都有一定的规律，都讲究一定的平衡，有涨必有跌，有输必有赢，饭得一口口吃，山得一座座爬，飞来横财，一夜暴富，不是人人都可奢求的，资本积累只有聚沙成塔、集腋成裘才能心安理得。我真诚地希望股友们稳稳当当地挣钱，实实在在地做人，在这个风云变化的市场中，活得充实、活得滋润、活得长久。

资深人士叶国英

我是怎样在一年半内从3万元变成18万元的

复旦大学硕士 陈小明

编者按：我是反对大学生炒股的，它会影响学习。研究生可以少量参加。

2005年9月22日，这一天是值得我终生纪念的，经过近一年的股市扫盲阶段后，抱着向市场学习的态度，我兴致勃勃地加入中国股市大家庭，成了“第四代股民的先行者”。一年多以来，同大多数刚入市的股友一样，心态上我也经历了“兴奋、迷茫、懊恼、麻木、倘然”这一过程，也尝尽了股市的酸甜甘辛咸：在市场走势和自己的预判相一致后成就感倍增；在割肉止损时心如刀割；在未能抄底逃顶时又后悔不已……可以说，入市以来唯一不变的就是对股市的痴迷和热爱。证券市场每天都在变化，每天都有新的事情发生，永远保持新鲜感，吸引你不停地去学习、去分析，让人乐此不疲。

坦白说，一年多股龄的经验不足为道，充其量不过是成长中的小体会，具有很大的不稳定性。但是，我发现身边的同学朋友中，很多人投资都很盲目，缺少自己分析，有的人甚至只是看到股指上涨，在没有丝毫准备的情况下就盲目入市，误认为股市就是摇钱树。因此，仔细斟酌之后，我觉得还是有写点东西跟大家交流的必要，或许对年轻的大学生股友也有些指点迷津的作用。值得一提是，在我有缘加入股市的过程中，有幸领略到几位在当今中国称得上是投资大师的前辈的风采，他们的经验、投资理念使我少走了许多弯路，一生受益。因此，在谈及我的盈利模式前，我想先跟大家分享一下这几位投资大师的经验。

一、向中国的索罗斯、巴菲特学习投资理念——风险控制

索罗斯、巴菲特作为当今世界金融投资界的投资大师，有着无数的信徒。看他们的著作多少会有点启发，但又让人感觉有点遥远，毕竟我们中国的证券市场还不够完善，很多情景无法对号入座。很荣幸，在我身边，我遇到了“中国的索罗斯、巴菲特”——他们都是中国证券市场元老级的人物，久经沙场，已经练就了一身武功。在他们的指引下，我逐渐熟悉中国特色的证券市场，探讨合适的盈利模式。

首先，不得不提及钱伟老师，钱伟老师视野非常开阔，高屋建瓴。听他的演讲就是一种享受，如沐春风。在听他讲“全球视野下的中国经济”的时候，我仿佛就被拉离地球，站在巨人的肩上，听他指点全球资金的流向，这种感觉就像我们俯视蚂蚁搬家，它们的线路我们一目了然。再者便是陶老师，陶老师看问题的角度总是与众不同，总能抓住问题的主要矛盾。印象最深刻的一次是他指导我说：“资产泡沫化的根源是什么？（流动性过剩）那它为什么选择在有色金属上爆发而非农产品如玉米、大豆等？（价值储存功能不一样）那相比之下，为什么铜的涨幅又远大于铝？”循序渐进，每句话都直指要点。

以上两位都是毛泽东思想的追随者，深谙中国传统哲学思想。在与他们的接触中，我学到了很多东西。在实际股票操作中，他们风险意识非常强，分析问题必是抓主要矛盾。

懂得风险控制是学会投资的首要任务。“投资的第一条原则是永远不亏损，第二条是要永远牢记第一条”。我的导师谢百三老师常提醒我们说，他在熊市中之所以能够保存有生力量，就是因为懂得及时止损。他给自己设定的止损位是7%，并严格遵守这条纪律。而来自北京的钱伟老师更是把对风险控制的理解运用到极致，善于抓住低风险高收益的潜在机会。例如他成功地在6毛多的时候买入邯钢权证（580003），短短一个月就被炒到3.6元，在2006年上半年整个钢铁板块走势远远落后于大盘的情况下，他却在钢铁上赚得最多。在一般人看来，大资金操作权证是很冒

险的事，需要的不仅仅是魄力。让我们看看他是怎么度量风险与收益的。

2006年3月17日，邯郸钢铁的股改投票结果显示中国钢铁巨人上海宝钢大举介入。宝钢的横空出世，使G邯钢的股本结构可能发生重大的变化：9.257亿份权证如果全部行权，可获得占总股本33.49%的股份，邯钢集团大股东的地位就受到挑战。对宝钢来说，通过在二级市场购买权证再去行权进而达到控股的目的，这种途径是非常可取的。首先，权证的杠杆效应极大降低了它的收购成本。不同于股票二级市场，如此大比例收购持股要通过多次举牌实现（那样股价早就被拉上去，收购成本上升），而对于权证，中国法律上并未作出这样规定，这样宝钢完全可以在权证市场上短时间内大量购进权证。其次，券商可以不断创设权证，这样宝钢就完全可以跟券商形成利益共同体，利用券商之力达到绝对控股。相比之下，由于法律限制，大股东邯钢集团不能购买权证，只能去购买正股。随后，邯钢集团确实摆出架势，三日内抢购1.559亿股，3亿股的承诺很快就用完。然而当时市场并未对这种微妙的关系作出反应，4月28日权证的价格最低跌到0.661元，2.8元的行权价，二者加起来还不及邯钢的每股净资产3.8元。在这种情景下，钱伟老师果断介入邯钢权证。在他看来，邯钢股价随着大股东的增持、券商的创设，下跌空间已被封住，然而上涨的潜力却是无限的。随后，在这次探底后，邯钢正股跟权证便开始双飞，短短一个月分别上涨了100%和500%。

在这些投资大师的熏陶下，我从一开始就非常注意风险控制，分析股票首先是看它的安全边际。也许有人会说，小资金“船小好掉头”，应该激进点。但是，资金从5万到10万需要100%的涨幅，再回到5万只需要50%的跌幅，资金上涨慢下降快，这是众所周知的道理，一招失误就有可能抹去前面所有的收益。因此，不管大资金还是小资金，一定要养成风险控制习惯。

二、我的小资金的盈利模式

第一次接触到“盈利模式”这个词还是从一位股友那里听到的。他当时问我说，你的盈利模式是什么。我一时无言以对。之后很长时间里我就开始不停地问自己这个问题，从而开始总结自己过去的盈利模式。的确，这问题非常关键，做任何事情除了要有战略眼光，还得有自己的战术，没有你自己稳定的盈利模式，你的投资收益就不能长久。

除了风险控制外，我选择股票更加注重基本面的分析（技术面也会看看，主要是用来参考介入时点）。对于小资金来说，由于我们人力、财力有限，很难像机构那样对行业、公司作认真翔实的调研分析，很多投资决策往往只能凭经验，因此我们必须经常总结自己的得失。一年多以来，我的投资收益主要集中在一些个股上，对这些个股的分析经常用到以下几种分析方法，也即我的盈利模式。值得一提的是，我个人的风格是喜欢买入一只股票后窝着待涨，而不喜欢去追涨，错过了宁愿让它错过，这样比较容易控制好自己的心态。当然，发现了机会却没赚到钱还是很失意的。

1. 要特别注意比价效应

对于中小投资者来说，我们无法准确挖掘一些潜力个股、市场上资金新的流向，因此比价效应是一种相对简单有效的分析方法。比价效应的概念可以是很广的，它不单单是同类股票间的比价，也可以是行业间、板块间的比价，甚至可以是不同市场间的比价，比如同在香港跟内地上市的公司。运用比价效应，我是屡试不爽，比如对兰生（600826）、G锌业投资机会的把握。

G兰生——略感失意的一只股票，喝到了汤却丢了大肉。

谢老师听了我讲完G兰生的分析后，把它称作“被遗忘的明珠”。从我5月12日介入后就走得很强劲，可惜到6月7日在大盘大幅调整的带动下，主力也借机打压，最终我还是被震出来了，从3.2元到3.6元，也只获得10%多一点的收益（目前兰生已经涨到11元以上了，每每有股友提起我当时推荐的兰生，我就心痛不已，都不忍心去看它，只能安慰自己跟它没缘分）。当时对它的分析是这样的：券商概念股无疑是牛市行情里的领头羊之一，最具想象空间，先前的G中信、G

敖东、G成大股价均以翻番，然而G兰生似乎是被市场遗忘了：（1）券商概念。公司投资2.78亿参股海通证券6.67%的股权。海通证券作为国内十大券商之一，在牛市里没有理由经营不好。其次，2.78亿意味着什么？总资产的17%、净资产的50%左右。这比G敖东、G成大、G华茂的比例都要高得多。（2）业绩。现在的市场已经呈现出强者恒强、优胜劣汰的局面。然而，尽管G兰生自身的主营业务——外贸，在整个进出口贸易受打压的环境下，表现得并不好，但是公司的业绩仍旧是可以“做”上去的。据公开的信息显示，2006年4月，公司以2 487万元转让子公司兰华制球52%的股权，该部分资产账面价值仅1 300万元左右；以4 600万元出售金苑楼地产，产生利润900万元左右。对于总股本仅2.8亿的兰生来说，这两笔交易即可带来每股收益7分多。如果再加上海通证券的投资收益，那公司第二季度的业绩就更好了。事实上，公司第一季度的季报已经显示出长期投资资产的大幅增值。在熊市里，公司在海通证券上已经累计计提减值准备达1.17亿元。（3）安全保障。股改中，大股东兰生集团承诺未来坚持价格为4.5元，大大高于当时3元的股价。基于以上的分析，当时在3.2元左右我便大举介入，之后兰生完全走出独立行情，大盘调整时它仍旧在顽强上涨。

G锌业——短期收益率最高的一次“游击战”。

这里有段小插曲。很多刚入市的朋友都喜欢问：“你是怎么选股的？”的确，刚开始我也一直被这个问题困扰。可惜我现在还是没法说出固定的选股套路，或许我可以这样回答：当我们对市场熟悉了，我们自然而然就会有敏感性，就会对某些信息产生兴趣，然后再钻进去看是否有机会。G锌业就是靠这种偶然的机会捕捉到的。当时在看LME金属交易情况时，偶然间看到一则葫芦岛供应多少吨锌锭的消息。当时金属走势非常强劲，吸引着广大投资者的眼球。我便上网一查，发现葫芦岛锌厂就是G锌业的大股东。我想金属期价走得这么好，公司今年的业绩肯定不错的。没过几天上证报刊登了G锌业管理层的采访报道。我一看，管理层对公司未来的经营情况非常有信心，心想有戏了。对锌业的综合分析是这样的：（1）看好金属行业，虽然它自身没有矿产，但从比较效应看，整个金属板块的走强，它也绝对不会表现太差；（2）新一届的管理层让人看到希望；（3）风险极低。按股改前收盘价3.6元，10转增6.6股计算，股价自然除权是2.17，而公司的每股净资产摊薄后仍旧达到2.52元，在金属板块成为领头羊的情况下，这显然是被低估的股票。这样我在股改前一天便果断介入，不过当时介入G锌业时手上可动用的资金并不多，但是非常看好，于是还向师姐融入一点钱，果断参与。复牌前天晚上，自己心里预期的开盘价位是3元，不过股友告诉我说他亲戚想集合竞价4块去参与，弄得我兴奋了一晚上。在金属板块、整个大盘走牛的带动下，第二天复牌后便开出3.6元，开盘后不停上冲，单笔甚至有4.8元成交的，成为股改复牌后复权涨幅最高的个股（超过120%），我在4.4元时挂单全部出掉。

2. 风险/潜在收益分析要时时进行——关于投机、关于权证

对于权证的投资，许多投资者喜欢充分利用其T+0的优势，利用技术分析，频繁地来回操作。这其中投资者收益的高低往往差别很大，经常听到股友抱怨一天几次T+0下来最后都给券商打工了。我个人是不喜欢做这样的交易的。因为许多权证价格相对较低，又是T+0，大资金更容易操纵价格，盘中价格波动的弹性非常大，所以技术分析反倒不一定有效；而且单单盯盘观察大单的买进卖出，往往容易被蒙蔽，真正的买入卖出很难观测到。

对于权证，格雷厄姆与多德在他们20世纪30年代出版的投资圣经——《证券分析》一书中就已涉及，其中总结了3条最具价值的权证特点：一是低价；二是平价附近，即正股处于行权价附近；三是到期时间长。我是把权证分投资与投机两方面来理解的。投资型权证，其判断标准还是看其正股的投资价值跟它的行权价。就比如对于处于价内的认购权证，如果我看好它正股未来的走势，我就会介入跟股票一样持有，充分享受权证的一定的杠杆放大作用。当然前提是我已经考虑好权证的溢价及到期时间约束。网上经常看到网友总结的权证投资经验，经常看到说“权证不留夜”。这多是基于权证品种还不多的时候，许多权证的溢价过高而提出的想法。对于投资型的权证完全可以长线持有。对于投机性权证，是指那些已经深度价外，完全一文不值的权证。在这里，我承认交易价值这种说法，这类权证虽然内在价值为零，但它可以在市场上交易，玩击鼓传花游戏。对于这类权证（在当前市场上主要是那些认沽权证），我的策略是回避，偶尔少量资金参与，小赌怡情。参与的前提便是价格跌得足够低，在牛市里可以利用大盘的调整做一做认沽权证的反弹。因此，在过去的一年多里我多半是在做认购权证。当然除了它的投资价值外，分析这类权证也经常涉及到一些投机的思维。以下就举个邯钢权证的例子来说明。

由于风险往往是很难量化度量，因此这种方法成功的前提是要作好很多相关的信息整理工作，不然看上去就像只是在"赌"。下面举个2006年8月11日我写的关于宝钢权证临近行权对邯钢权证的影响的例子来说明吧。

邯钢权证——权证当作股票做

邯钢权证是操作比较顺的一只股票，在先前炒它收购概念上赚到一波，可惜也就只有20%左右，也是喝了点汤丢了大肉。主要是因为动员太多朋友一起介入，在大幅上涨时压力增加，心里有点慌，便让大家一起出，不过关键原因还是自己头天晚上功课做得不够，对各种可能出现的情况没有分析到位。随着宝钢权证的到期，邯钢权证又出现了机会，分析如下。

随着宝钢权证、万科认沽权证的到期，权证板块出现大幅的价值回归，在大盘出现大幅调整的情况下，权证市场并未出现已往的跷跷板效应。目前，整个板块差不多跌出"投资、炒作"机会了，不得不提前高度关注。

毫无疑问，万科认沽权证的确是一张废纸了。但是宝钢权证是否也是这样呢？

关于宝钢权证临近到期会出现什么变化，市场上有各种猜测，大多数人还是想当然地把它视为一张废纸。理论上，宝钢股价低于行权价4.2元是没人会去行权的（当然考虑到行权后的扩容，即使高于4.2元，若溢价太低也未必有人会去行权）。考虑到目前宝钢的股价比较接近行权价，各种情况都有可能出现，宝钢权证或许也存在巨大的炒作机会。这里我要强调一下宝钢股价是处于随时上攻的状态，下跌空间已被封死。也许有朋友会说宝钢集团为了不行权会故意打压股价。理论上股价低于行权价就有这种作用，那还存在打压股价的必要吗？相反，它倒是有可能随时上攻。一方面，如果宝钢权证到期很少人行权，那过后其股价上涨的概率就非常大，要知道宝钢集团曾自掏腰包40亿元增持G宝钢，平均增持价接近其权证行权价。另一方面就要谈到宝钢股票是否具有投资价值。这里机构的分歧可能就比较大。领导层一个劲地鼓吹要抑制投资过热，使他们对钢铁、水泥等行业都比较看淡。且不谈宏观调控对钢铁行业实质性的影响有多大，个人认为钢铁股具有很大的投资价值。这不单单是当时很多钢铁股跌破净资产，一个不可否认的事实就是：随着钢材市场的回暖，国家对过剩产能的调控以及国内外的强劲需求，第二季度钢铁企业的业绩已出现明显的提升（铁矿石的连年涨价一定程度上通过产品的提价转嫁到下游去了），钢铁企业已经公布的中报已经证明了这一点。

对于宝钢公司的基本面我想更不用怀疑，随着国内钢铁企业的兼并收购，国家鼓励大型钢企做强做大，这些对宝钢来说都是利好。此外，公司湛江项目的投产将进一步提升它的竞争力。因此，如果看好钢铁股，就不能把宝钢权证视为一文不值。其理由是：如果宝钢权证大幅下跌，机构完全可以收集大量筹码去行权。也许你会说那不如直接在二级市场上买？二级市场要大量购进宝钢成本就一定低吗？假如宝钢权证跌到0.1元，0.1元+4.2元=4.3元，相比4.1元的股价，这种浅套是可以接受的。因此，机构若看好钢铁股（至少钢铁股是非常好的防御品种），这是一个不错的吸筹方式。因此，如果宝钢权证提前快速价值回归（比如说到期前两三天跌到两毛钱以下），我们就应该积极关注是否有大资金介入，有可能最后宝钢正股跟权证提前一起拉一波，当然有可能只是为了吸筹，权证还可能进一步下跌，正股等到行权期过后再做（触发事件是2006年8月30日中期财务报表）。

尽管宝钢权证存在暴利机会，但其风险也是无限大的，大机构适合联合做，中小投资者要想通过行权降低风险，杠杆比例实在是太大了。那么，相比之下，邯钢权证就是非常安全的品种。同样，受宝钢权证价值回归的影响，邯钢权证也是上涨乏力，这两天跟其正股存在一定的背离现象。首先，宝钢跟邯钢的收购与反收购之战还未结束，这里面一定还有戏可做（先不讨论）。邯钢集团每天频频爆出大单在增持。公司8月7日公告称邯钢集团已经增持公司6 635.78万股，这还远远低于集团6月2日的公告承诺：增持不超过7亿股，增持资金不低于15亿。大股东的增持一定封住了股价的下跌空间。其次，8月19日公司公布中报，从上表其他钢铁企业的中报看，估计邯钢的中报也不会差。从这两天集团的增持行为看，中报甚至有可能成为公司股价上升的触发事件之一。再者，邯钢权证的1.2元左右的价格非常适合炒作，又没有包钢、武钢碟式双权证的束缚。此外，不管宝钢权证及其正股出现什么情况，对邯钢权证都是有利。若宝钢权证出现大量行权，其前提必是有人提前拉抬正股，宝钢正股的上涨带动钢铁板块上涨，对邯钢权证是有利的。若宝钢权证很少人去行权，则事后宝钢股价上涨的可能性是非常大。一旦宝钢权证到期的负面影响过去，权证板块必将出现报复性的反弹。

在宝钢权证刚刚谢幕后，邯钢权证成了钢铁认购权证的新龙头，走出了一波像样的反弹，从不到1.2元涨到1.6元以上，涨幅接近30%。

3. 视野要开阔，宏观要把握

以上介绍的两种思路都是属于被动的投资策略。事实上，要想赚大钱必须有主动策略，视野一定要开阔，高瞻远瞩，看清大方向，对宏观经济要深刻理解。这方面是我一生所要修炼的方向。在这波行情中，我赚得最多的还是在金属股G宏达（600331）上面，从股改前7元多介入到最高21.7元出来，持有半年多，且仓位一直保持在60%以上。不过逃顶确实是有很大的运气成分。之所以换仓，主要是看上了G兰生，当时觉得后者的上涨空间要比前者大，相对安全。这里要讲讲我对时间、空间的理解。传统的“不要把鸡蛋放在一个篮子里”的组合理论实际上是针对大资金而言的，对大资金来说，它要考虑到系统风险，要考虑到股票池的深浅。对小资金来说，没有必要太分散，太分散了观察不过来反倒容易操作失误。但是传统的理论忽视了时间概念，投资收益要看一段时期后的情况，对小资金来说，倒不如集中投资，提高个股选择的准确率，这里就是要考虑到股票的成长空间。我们要充分利用自己的灵活性，该换仓时果断换仓（当然不是频繁换仓，前提是你作了详细的分析比较后才作出抉择）。

G宏达——牛股是靠捂出来的

看好宏达主要是看好有色金属尤其是锌的前景。当时，我认为商品牛市仍将继续。金属期价的走势决定于两大因素：一是美元走势，国际金属期价以美元标价，因此不得不看美元的走势；二是金属自身供需情况。

先看美元。说到美元，就不得不提到流动性过剩问题，与其说2002年以来的金属牛市是由供需矛盾形成的，不如说是由于全球流动性逐渐过剩造成的，美元贬值，有色金属等具有保值功能的资产就大受追捧。那么流动性过剩问题是否随着美联储的加息而解决了呢？美元作为世界货币，美联储货币政策具有很强的独立性，其加息与否主要参照国内的经济运行数据，尤其是通胀数据。世界各个国家也都是如此，总会是出于自身利益考虑，而多半不会在乎自己国家货币是否在贬值，这是毫无实际意义的。在外汇市场，尽管美联储的加息对提升其货币价值有一定的作用，但市场上更在乎其双逆差等数据是否改善。对美国来说，作为世界上最大的债务国，美元的贬值反倒给它带来巨大的好处，何乐不为，在我看来这是酿成全球流动性过剩的主要原因之一。因此，随着美联储加息的结束，美元贬值与否的主要矛盾又回到其双逆差上面。这样，在美元贬值对其有利的情况下，双逆差问题就解决不了，美元的长期弱势也就支撑了金属牛市。其次，金属自身供需情况。供需不平衡成了推动金属期价上涨的根本原因。从LME市场的库存报告可看出，2005年年初以来，金属库存逐渐下降，尤其是锌，从年初的40万吨左右下降到日前的9万吨不到，还不及全球一周的消费量。这里，主要原因是中国、印度等国经济的持续高速发展，对这些基本金属形成巨大的购买量。中国已是世界第一的铜消费国，50%的铜要靠进口。值得一提的是，人民币几乎面临着单边套利的境地，升值乃大势所趋。从矿产出口国来看，人家也可以利用这个因素作为谈判的借口，进一步推高金属的价格。

总之，中国经济作为世界经济的一部分，受到世界市场的影响，也反过来深深地影响着世界市场。我的牛刀初试成功，只是将这种影响具体到部分有色金属股上去了。不久以后，中国证券市场在指数期货即将推出的吸引力下，又轰轰烈烈开展了以大盘蓝筹股——宝钢、招商银行、长江电力、万科等为代表的运作浪潮。中国股市又翻开了崭新的一页。

股市彻底改变了我家族的原始贫困

资深人士 殷保华

编者按：殷保华是上海股市中一位出身贫寒，经过股市摸打滚爬的自学成才的资深人士。他对技术分析的研究尤为精深，累次准确预测了股市的“底部”，受到上海电视台采访。现将他的自传编于此，以飨读者。后面发表的上海电视台采访录供大家研学。

应复旦大学著名教授谢百三先生之邀，花了多日，写下此文，以飨读者。

由于我国人口众多，均衡发展困难，相当部分的百姓生活维持在较低水平，有的至今仍处于贫困之中。10年前我也曾处于贫困一族行列，而命运走到最无奈之时我却抓住了一个看上去不可能的机会，闯入了这一低文化水平似乎难以胜任的市场——资本市场，在这凝聚着巨大风险的行业中，我边学习边搏击。“老天不负有心人”，经过3年多的探索，我总结出较为准确的看盘技术，先后16次成功预测出大盘的阶段性大底和大顶，而其误差很小，在行情前的数天、数周、数月甚至数年前发表刊登在《国际金融报》、《新民晚报》、《新闻晚报》、《上海理财周刊》、《青岛财经日报》、《深圳股市动态》之上，特别是在上证指数998点大底前7个月的2005年1月7日，我在《文汇报》上发表《顺股市规律而动——今年我们怎么做股票》一文，对中国股市的预测之精确（几乎是机构计划书的原稿），震惊股坛。10年来，我靠自己的百倍努力彻底改变家族之原始贫困，认真指导上海股民投资者取得重大收获，引起证券界重视，被多家知名媒体誉为“民间股神”。

1951年10月19日，我出生于江苏常熟非常贫困的农村，8岁随父母来到上海读书，一家三口常年挣扎在贫困线上。1967年刚上初中又被“文化大革命”送回了老家常熟插队入户，家庭经济雪上加霜。1972年我参军去河南，本以为生活水平能改善一点，结果“屋漏偏逢连夜雨”。1975年河南“千年一遇”的特大洪水，将我3年用部队津贴积攒起的积蓄冲了个精光。我挣扎生活在贫困中，直到我国改革开放出现了证券市场，一个不经意的单位“职工股”事件把我引入充满神奇故事的证券市场，成为职业投资人。我愿意把我的成功经验、特别技术告诉各位读者，更希望能得到有专业特长的朋友们的指正。我深知“山外有山，天外有天”之真谛，因为资本市场中的“真理”至今还没有人完全领悟，市场上的经验和技术有用与否，见仁见智。

历史证明，世界上只有资本市场才能在最短的时间里赚到最多的钱，我国短短的十几年证券历程造就了无数百万富翁，也使我彻底改变了家族的原始贫困，我从口袋中仅有74元的穷人到现在可以捐献给上海红十字会、上海慈善基金会、上海50名优秀而又贫困的近视眼学生、上海虹口区十名贫困小学生及民族剧目、越剧戏曲等单位和个人数十万甚至上百万元人民币的上海慈善市民，我想这是最好最现实的例证，它证明了资本市场确实能够创造“奇迹”。

努力和奋斗是我们一切事业成功的必备条件，你必须做到谦虚好学，一要从专业书本汲取专业知识，二要到市场中的高手处拜师学艺，实地去考察高手（预防受骗），仔细分析高手（是否值得学习），然后模仿高手们的技术和方法，再利用你在学校学到的知识举一反三地过滤糟粕做到“青出于蓝而胜于蓝”。因为市场不断在变化，不断在前进，特别是在期货市场，它可以“以小搏大”，特别适用于想快速盈利、本钱比较少的初学者。我将10年的经历告诉读者，使大家对这神奇的资本市场有个初步认识，用笔者的经验“举一反三”到市场中去运用、去学习、去超越、去彻底地改变自己的命运。“命”是父母给的，无法抗拒；“运”是自己走的，可以把握，相信大家都能成功。以下作一自我介绍：

一、殷保华小贴士

1. 入市时间：1996年上海新亚股份上市，跟随当时流行的“职工股”而被动入市。穷则思变，甘冒“48岁高龄停薪留职”之险进入资本市场专职投资业，至今已有10年。

2. 投资成绩：人生改变，并能助人为乐。

3. 投资策略：顺股市规律而动。

4. 投资铭言：信天信地信自己。

5. 投资技巧：研究使用《江恩八线》。

6. 投资定律：“殷氏定律”线上阴线买，买错了也要买；线下阳线抛，抛错了也要抛！

二、各种美誉来自多次测准大底

上海投资者给予我有太多的美称：“把握股市脉动的人”、“小若查丹玛斯”。他们认为一点也不过分。一位投资者对记者说：“法国的若查丹玛斯在400多年前曾准确地预测出汽车的出现，全球乘飞机旅游热的兴起，以及希特勒的出现，原子弹的爆炸促使日本投降等，其预测准确率达99%；而殷老师能在半年前预测大盘运行的点位，误差仅千分之三，这也是个神话。”这位投资者讲得一点不假，而且我4年来预测行情的一切言行，均有文字记载，有案可查。

大家可以到《文汇报》网站去看一看。2005年1月7日，上海《文汇报》和1月8日的青岛《财经日报》证券版头条新闻都刊载了一篇由我撰写的带有全年指导性的文章——《顺股市规律而动——今年我们怎么做股票》（见图1）。我在该文中明确指出：“我国股市属国际证券业中较为年轻的市场，有着与国际市场接轨后的转机，而在接轨之前我国的证券业面临婴儿出世前母体的阵痛，那就是大扩容造成短期的负面‘失血’。后市仍有一段较长的下跌期，其重要支撑位有三个：1 200点（月16号线）、1 133点（江恩箱体论极限）、1 004点（1994年9月6日收盘价）。这三个点位只要没有政策刻意干预，一般是正规的理论跌幅。按江恩箱体论提示，跌破1 133点为空头陷阱，此处应是大资金建仓区。”文章发表之日，上证指数为1 244点。之后，果然，大盘下跌，10天后在1 200点一线获得支撑后反弹，最高点摸到1 328点（2005年2月25日）。这时，人们都说2005年的大行情来了。但我却认为这仅仅是反弹，大盘还将下行。果然，后市的行情完全按我的预测在运行。大盘一路下跌，直至在2005年6月6日这一天瞬间破千点达998点。（最低点和我预测的1 004点仅差6个点。）而我正是在6月6日这一天带领我的学员全线满仓杀入。他

14

经济观察

文匯 证券

大盘风向标

机构——一半看涨

散户——看空居多

评论：

殷保华在党报《文汇报》一月十七日测出大盘最底为1004点半年后7月行情最低点为1004点震惊股坛

2005/1/7/ 五

顺股市规律而动

——今年我们怎么做股票

图1

们的交割单，曾多次在上海各大影剧院的大幕上打出，数以万计的投资者都曾亲眼目睹。更难以让人置信的是，2005 年 7 月 12 日、7 月 19 日，上证指数最低点都神奇地打在我测算的 1 004 点上，一点不差，然后开涨，上涨后的走势又与文章中的预测相符，超过 1 800 点，甚至更高。（编者按：本书出版时，中国上证指数已到 2 500 余点）

2003 年大盘自年初一路下跌，人们沉浸在焦虑失望之中。但 10 月 10 日、10 月 22 日、11 月 4 日在盘中耸起的三根中阳线，点燃了人们的希望。许多股评人士大呼“大底到了，行情来了”。但我却按兵不动。在指数于 2003 年 10 月 30 日击穿 1 344 点之后的第 6 天，当大家再次陷入迷茫之时，我却一反常态，于 11 月 14 日写了一篇题为《如何应对底部区域》的文章刊发在上海的《理财周刊》上。文中呼吁“上证指数在两个月内，甚至就在近期有可能形成大底，所以处于焦虑中的股民不要再过分失望，相信不久就会出现曙光”，而且，从不轻易推荐股票的我破天荒地在文中推荐了 4 只股票和一个板块。4 只股票为宁夏恒力、川投控股（现称川投能源）、安塑股份、天目药业，行业板块为科技股板块。谁料到真的是功到自然成，杂志发行后仅隔三天的 11 月 20 日，科技股爆发性地全线涨停，我推荐的 4 只股此后涨幅均接近 100%。一位南汇区的股民按我的指点，全仓买入宁夏恒力获利 80% 以上后打电话给我报喜，连说谢谢。那些天，我的电话都被打爆了，电池都不够用，因为看我文章受益的人实在是太多了。能为大家致富出力，我感到很幸福。

三、一度“报国无门”——报刊拒登我的文章

现在，从黄浦江畔到渤海之滨，从天堂苏杭到齐鲁大地、南国之都，到处有我的身影，争相邀我去讲课，许多媒体为我辟专栏，我成了大忙人。每天从早到晚，日程表都排得满满的。我所到之处，受欢迎的场面，前所未有。

然而，谁能想到我曾经在几年前却“报国无门”。那是 2001 年五六月间，也正是中国股市处在如火如荼的季节。股指爬上 2 240 点之后，中国股民的心都是热的，媒体的温度也在逐日增高，预测 2 500 点、3 000 点，甚至很快要向香港、美国看齐，冲向 10 000 点。谁的口气大，谁就是英雄。但是我却感到大盘隐藏着很大危机，我按世界投资大师江恩的测算方法测出大盘很快会有崩盘式的大跌灾难。当时，我找到两家著名媒体，想写一篇《大盘将有崩盘下跌》的文章提醒投资者。记者接受了我详细解释后的观点，但总编却冷冷地问：“他是谁？”没看内容就搁到一边。但随后不到一周，股票市场真的暴跌了，那位理解我的记者内疚不已。2001 年 12 月 22 日（星期六），在全国发行量最大的上海《新民晚报》上，以“我——一个技术高手的成长历程”为题，整版详细地把我介绍给上海广大的投资者（几乎打破了晚报纪录），我不负众望，成功指导上海部分投资者。

“真理”往往掌握在少数人手里。我经常站在“少数人”一边，忍受着孤独的“痛苦”。而我的成功，也正是在这种逆境中得到多数人认可。上海的投资者都不会忘记，2001 年 6 月 1 日，B 股首次对中国境内投资者开放，人们群情激昂，都认为在这重大利好消息刺激下，B 股市场会迎来暴涨翻倍行情，然而我根据市场中的一句名言“利好出尽利空现”的道理认为 B 股气数已尽，接下来就要大跌。我在《理财周刊》上撰文警示人们 B 股不能再投资了，同时声明我不再对 B 股作出走势分析，以明显表示 B 股巨大风险的来临。果不其然，B 股在 6 月 1 日上摸最高点后，一路下跌，直至 50 点，回到了大行情起点。这一成功预测，更让人开始对我这个名不见经传的小人物刮目相看。

然而，让我在上海滩真正成名的“佳作”，当属 2001 年 8 月对顶部的成功预测。当时，大盘从 6 月的 2 245 点的高位整整狂跌了两个月，于 8 月 6 日下探到 1 867.86 点后，终于引发了一波反弹。而就在这时，股市一场声势浩大的“激战”在上海滩展开。国内一家名气很大的投资机构首先隆重推出《大盘上涨的理由及建仓的计划》，随即，在长期牛市惯性思维的左右下，一篇篇“鼓舞人心”的文章似冲锋号一般，见诸报端：什么《冷酷见底，1 800 点!》、《全面反攻气吞山

國際金融報

1887 点前还有最后一次机会

2001.9.1.

國際金融報

图 2

河》、《买个黄金套，暴涨即将开始!》，数浪的人大呼《1 800 点就是中期底部，可以主动买套了》，“金手指”、“银手指”更是推波助澜，一篇篇“大涨”的套红标题文章燃得人心沸腾，股评报告会场上的一幅幅巨幅标语，蛊惑得“让人如痴如醉”。而就在这时，“小人物”我却不识相地著文《警惕大盘 8 月份再破 1 887 点红色警戒位》，提醒投资者，大盘一旦破了 1 887 点将要加速下跌。9 月 1 日，我又著文《1 887 点前还有最后一次机会》（见图 2）。文章发表后，很少有人相信，而相信者也遭到了严厉抨击，查看当年 9 月 12 日的报刊，当时就有人撰文《周三抛空者，我为你悲哀》，说“现在是做股票的最佳时机”。但具有讽刺意味的是，就在这篇文章刚发表后，周一一开盘，大盘就应声而落，开始了漫长的阴跌。而我于 8 月 31 日预测“1 887 点是最后一次逃命机会”的文章发表后第三个交易日，大盘在 9 月 5 日反抽 1 888. 90 点（与我预测的点位仅差一个点），就一路向下再也没回头。至今，上证指数运行的轨迹中，仍真实地记录着 1 888 点是当时的一个最后的逃命点。这一成功之作，使我击败了众多“股市预言大腕”，开始名扬上海滩。

四、坚持真理遭围攻

2001 年 10 月 22 日，上证指数最低探到 1 514 点。次日，管理层叫停国有股减持。大盘以迅雷不及掩耳之势猛烈反攻，一扫市场的恐慌情绪，人们心头再次燃起希望之火。可就在这时，我又一次发出不和谐的音调。11 月 10 日，我在靠近上海证券市场最有影响的“黄万国”楼上的工人文化宫作讲演，斩钉截铁地说此时大盘不是底，并预测要跌到 1 361 点。甚至口吐“狂言”，说中国股市将来会跌到 999 点，一些股票将会回到它的原始价格，到时跌得面目全非，甚至会出现 8 毛钱的股票。话音刚落，会场上一阵骚乱，有的哈哈大笑，但更多的是愤怒不已，报告没完，四五十人就把我围了起来，什么难听的话都说了出来。“1 514 点是政策铁底，侬咋个这么讲?”并骂我是“戆头”“神经有问题”。是啊，面对中央刚刚出台的红头利好文件和反攻开始的转暖行情，善良的股民谁愿接受如此“冰冷的”预言？但事实是无情的，大市并没有按照人们的良好愿望走，反弹很快夭折，股指再次一路下滑，至 2002 年 1 月 22 日，大盘收于 1 358. 69 点，离我在《国际金融报》上白纸黑字的预测误差不到 3 个点，之后大盘方始拉升上涨，当初围攻我的股民此后也都成了我最忠诚的学生。

生性坦诚的我就是这样，心中始终有个主心骨，坚持真理，从不为任何“势头”所动。人们还记得，2002 年 6 月国有股不通过国内证券市场减持的消息出台后，“6 · 24”行情迸发，市场信心大增，很多人认为这下大盘即使上不了那 2 000 点，1 800 点至少是马上可以看到的。但我却非常清醒，立马著文质疑“美餐过后谁买单，花轿坐满何人抬”，认为在股市向好成为共识时，庄家是不可能拉抬股价的。众所周知，“6·24”行情形成的点位成了2002年的最高位。

2003年4月16日大盘创出1 649点新高之后，我在18日（周五）又撰文明确指出大盘已“做顶”。我在警示投资者时言辞非常“刻薄”吓人，说：“此后行情只要一跌就难以再让你有逃命机会，而此种高位乘凉，一乘就要数月数年。”当晚，我的文章在网上一挂，便引来众多人的嘲弄，要我“下课”之声不绝于耳。此时上海、北京、深圳一些电视台、报刊的朋友看了此文，担心我坏了自己的名声，都纷纷打来电话：“股老师，这次你可能说错了，据可靠消息传，国家可能要出重大利好消息，要做大行情了”，好心地劝我下次写文章话要写得“圆滑”一点，为自己留点后路。可我直到现在还是做不到这一点，有啥说啥，从不肯像许多股评人士那样，为自己留下左右均可逢源的后路。可是这一次我真的失眠了，三天三夜没睡着觉，这些来电话的朋友都是全国重要媒体和证券界有头有脸的人物，但我毕竟是根据自己的技术在预测，并非胡说。18日（周一）开盘，当天就收了一根大阴线，周二，又是一根小阴，周三，一根中阴再立盘中，接着，周四、周五又相继收出一根大阴线和一根中阴线。当本周的周K线扎扎实实收出历史上最大一根大阴棒（正好跌在我的江恩9号线上，这是后话），确定一波跌势来临时，我既为无数盲目乐观之投资者难受，又看到技术分析的威力，此后睡觉就很踏实。

五、做过插秧能手、反扒英雄和神炮手

现在我在上海滩成了名人，每周的报纸杂志只要没有我的文章，编辑部的电话和所有工作人员的电话就会被投资者打爆。弄得他们直抱怨：“你可把我们害苦了。”我甚至成了炒股的“博导”，一些硕士生、博士生都上门拜我为师。我对上门采访的记者说，我只上过初一，相当于小学文化。我真不敢相信一个只有小学文化的人，会如此成功，但事实确实如此。

我从小就喜欢钻研，但我生在一个特殊的年代，生活没有能给我出人头地的机会。17岁，我刚刚上初一，席卷全国的上山下乡风潮，就把我卷到了苏州乡下种田。我比较勤快又善于动脑筋，所以很快学得一手插秧本领，秧插得又快又好。在一次插秧比赛中，我竟然勇摘桂冠，胜过乡里屡次夺冠的“老黄忠”。后来，我又拜师学了整套裁缝手艺，经我手做的衣服服帖、细巧，乡亲们都爱找我量体裁衣。1973年，我参军到部队当上了一名炮兵。由于我领悟能力较强，测算射击方位又快又准，连里很快把我从装弹的三炮手“提升”为瞄准射击的一炮手。有一年，驻地发大水，部队出门抗洪救灾时，都把背包放在高高的台桌上，而我带领全班战士却把背包架在房梁上，晚上，汹涌的洪水淹没了营房，连里其他的背包都泡在水里，只有我们班的背包架在高高的房梁上安然无恙，班长直夸我机灵。部队开展体育训练，我的身体灵巧加上好学，很快我就成了一名出色的体操教练，在全师一万多人参加的体操大赛中，我这个个头小小的“新兵蛋子”，竟和师首长一同坐在主席台上指挥全师方队。这在等级森严的部队里，是很荣耀的事。

1976年，我退伍回到上海，在建国招待所当了一名服务员，但我不满足于整天抹桌子扫地，抽空利用业余时间苦学电工。等到后来我调到新城饭店工作时，已经是个经验老到的“超级电工”了。从宾馆的空调、冰箱，到家里的电视机、录音机，我都很快掌握了原理和修理技术。我干什么都行，有一年被借调到市公安局反扒队抓小偷，很快，我掌握了一套发现小偷和逮小偷的技术，只要我往人堆里一站，眼睛一“放电”，哪个是小偷，便一目了然，最多时，我一天能抓四五个小偷，成了反扒英雄、小偷的克星，《解放日报》曾三次登了我的事迹。

我还有许多小故事，颇耐人寻味。早在过去大家都还在用火柴点燃煤气炉时，我就给自家的煤气灶装上了自己设计的自动点火装置。我家安装的自动窗帘，会在天亮时自动打开，在天黑或我出门时会自动关闭。20世纪90年代，助力车开始流行，有一个朋友对我说，这种车好但是蛮费油的。说者无心，听者有意，我在改进助力车上动起了脑子。我把自己关在屋里好几天，终于设计出了一个助力车节油器，给人试后居然很管用，于是我到一些修助力车的地摊上推销并帮人

安装。一只100元，很多人抢着买，没几天工夫就赚了好几千元。其实，这东西成本几乎是零，只是动动小脑筋罢了。后来，我又琢磨着鼓捣了一个防盗报警器装在自己的助力车上，连在自己的BP机上。一次到商场买东西，我的BP机发出信号，知道有人在偷我的车，我立马赶到，把盗车贼抓个正着。后来，朋友有时找不到我，就去推一下我的助力车，就找到我了。

此后我在股市的博弈中能很快走向成功之路，并在技术分析中能创造发明了21条神奇无比的“线”，以及那一个个独特的操盘绝技秘招，也就不足为奇了。

六、无意之中踏入股市浩瀚大海

我是拽着1996年年末的“牛尾巴”入市的。那是上苍给予我的一次良机，使我在46岁时在人生道路上发生了重大的转机。

那是1996年的10月31日，上海新亚集团（现锦江酒店）上市。正是这一天，我作为新亚集团的员工，被拖进了中国股市的漩涡。那天一大早，我就和工友们兴高采烈地涌向证券公司的门口等候。我分到了900股内部职工股，今天可以上市交易450股。那时的我和千千万万的中小散户一样，对股市盲目、冲动、无助。一开盘，我见新亚股份的股价在12元，是当年1.3元钱原始股的10倍，便急急地填单子抛了，顿时，5000多元轻松地装进了口袋。我兴奋极了，觉得股市真是一个好地方，小钱生大钱，而且赚得这么容易。

终于，我喜欢上了股市，天天一有空就往股市里跑。站在那红红绿绿、变化无穷的图表前，我看得着魔，有时连饭都不知道吃。很快，我买进了第二只股票“飞乐音响”。睡了一夜，就赚了200多元钱，我再也关不住欲望的闸门，决心大干一场。1996年12月10日，我听人说“原水股份”这只股票放量了可以买，当时对技术一无所知的我，盲目跟进了，哪想到，买入1小时不到，就给套住了。之后几天，就赶上人民日报发表评论员文章，12道金牌，让火热的股市骤然暴跌，“原水股份”从买进时的9.5元，一下子跌到6.66元。从未想过炒股亏钱的我吓坏了。第二天，我听别人说原水不行了，还得跌，我越想越害怕，一狠心在7元左右全部割肉了结。

那天，当我拿着交割单，看到自己亏损4000多元的记录，心如刀绞，刚强的我，眼里的泪花在闪动：那年，我离了婚，按照协议，房子和儿子归我，而家里的所有钱财都给了她。从此，我既当爹，又当妈，生活的重担全压在我身上，最难时，口袋里只有74元钱。我要养家糊口，挣钱供儿子上学，难啊。为了多挣钱，我下班后去给人家装空调，有时累得晕倒过去。一个夏天终于挣了5000多元，没想到冒着生命危险挣得的一点血汗钱，就这么几天，一下子说没就没了。我感到对不起自己，也对不起嗷嗷待哺的儿子啊。

我不肯服输，于是，我再次杀入股市。由于钱不多，我不敢再买高价股，专挑电真空、华源制药等便宜的股票买。然而，对技术一窍不通、盲目操作的我，一切的努力均是徒劳。我账上的资金被我三折腾二折腾，越来越少。“股市是陷阱，是个大骗子，阿拉惹不起，躲得起！”我，一个无助的散户，含着怨和恨在这年的冬季，无奈地离开了股市。

七、股评家轻蔑地看着修空调的我

人间的事情常常富有戏剧性。也许上天不想断我的财路，就在我离开股市不久，命运之神再次把我引上了股市这风雨之舟。

当时，上海世基投资等公司成立了一个黑马俱乐部，每周六下午都要在新城饭店举办证券研讨会，参加者均是一些券商和机构操盘手。一次，研讨会所在的4A房间的空调坏了，要我去修。我修完后，也情不自禁地坐在旁边听。研讨者都是股市里的精英，我入市以来头一次听到这些叱咤风云的行家里手对股市的高谈阔论，我完全被吸引住了，由衷地钦佩他们。会后，我壮着胆子走到其中一个有名的股评家跟前，怯生生地向他请教：“什么是60分钟的55天线？”这位股评家只是轻蔑地看了看一身污渍、背着电工包的我，头也不回地走了出去。

多少年过去了，我仍旧忘不掉那屈辱的一幕。那轻蔑的一瞥和那个高傲离去的背影，像刀子一样刻在我的心上，我愤怒不已，咬咬牙从股票账户上取出了5 000块钱，立马到街上买了台组装电脑，接收股市行情的通视卡和一大摞技术分析的书，开始不分昼夜地研究。

我如饥似渴地饱览中外证券名著，香港、台湾、华尔街操盘高手的实战炒股经验我看了一遍又一遍，功夫不负有心人，我很快就掌握了一些重要技术指标的运用。例如江恩的趋势线、黄金分割、波浪理论、顶底背离，还有如CCI向上突破性100可以买进，向下击穿100，是卖出信号等等，我都一一弄个明白，很快，那些看似杂乱无序的K线图，在我眼前变得清晰起来。虽然家里有电脑可以看行情，可我喜欢热闹，习惯到散户大厅里去扎堆。几个月的刻苦钻研使我的看盘功力大长，行情的演变屡屡被我说中。渐渐地，我的身边每天都围上不少人。过去，我个子小，在散户大厅看电脑，老被人挤出来，后来，因为行情老被我讲准，股民们就把我从后面请到电脑前听我分析。不是我脑子好，那是知识给我安上了透视股市的千里眼。

随着我技术的提高和名气的增大，故事也越传越神，有人说我有鬼才。有一天，两个大户找到我，开出每月2 000元的工资，条件是每天为他们技术解盘。我非常乐意地接受了。我进了大户室，有6台电脑随我用。我如痴如醉，用各种不同的分析方法在6台电脑上反复对照研究，从周一到周五，每天都要呆到下半夜。1998年6月，我成功地预测了领涨股四川长虹在7日到达37.2元后将进入下降通道，但当时市场上有谁愿意相信像我这样的无业游民？许多人后来都在该股上跌了大跟头。而我这次预测成功，却使我技惊四座，名声大振。

八、父亲去世，相恋八年的美丽女友失望而去

也许是我的功力还不够，尚未达到炉火纯青的地步，前进的路并不平坦，我后来对股市的预测没有再起波澜，一次次开始大失水准，曾经被捧上了天的我又掉落到了地上，人们开始对我冷眼相待，那些原来围在我身边的崇拜者渐渐离去。我苦闷、困惑，以至于听到萨克斯《回家》(电视台播放股市行情的背景音乐)，就浑身发抖，我像逃避瘟疫一样逃离股市。

然而，祸不单行。就在我极度无助的时候，我失去了两位亲人。我的父亲去世了，为我操劳了一辈子我还没来得及报答，对我的打击极大。不久，我交往了8年的女友又离我而去了。一天深夜，我和记者围坐在庭院的滴水观音树下，讲起这段往事，我禁不住泪水直流："都怪我，对股市太痴迷了，忽略了她，她几次约我出去吃饭和逛街，我都没时间去。有一次她让我陪她去买衣服，我一直集中精力在看盘，把这事全忘了，没想到她就在证券公司门口等我，从下午3时收盘一直等到晚上9时多，最后她失望地离去了，再也没有来找我。后来，我知道，她跟别人走了。"

那段日子我的心里很苦。因为当时不仅在生活上受到了打击，在工作上也遇上难以想象的困难。我曾在"实战日记"中的一页上面写有一个大大的"哭"字，它记录着这样一件事：2000年春节前，一位有3 000万元资金的超级大户找到我，要我辞去工作，当他的操盘手，开出的工资是每月底薪3 000元，赚钱部分按10%提成。我痛苦地思考了两天两夜，终于决定一搏。春节过后，我辞去原来的工作，成了一名专业操盘手。我根据指标分析，于2000年3月10日买进30万股大庆联谊，可雇主说这是个问题股，把我骂了一整天；3月13日我又买进30万股马钢股份，可又被责问到究竟在为谁托盘；后又买进9万股三峡水利，又被说成都是些"贫农股"。结果，这些2000年的大牛股，全被雇主硬抛了，有的甚至还是亏钱抛的，而我可谓骑在牛背上，又被活活地拽了下来，夜里，忍无可忍的我痛苦地在日记上写了一个大大的"哭"字，第二天便离开了雇主。

九、如醉如痴研究，终于编成软件，一举成功

挫折并没有击倒我，反而更加激励着我在股海奋力搏击，在通向股市成功的坎坷路上如醉如痴地学习、研究。

我长期潜心地研究中国的周易、世界著名投资大师江恩创立的神奇逆向螺旋理论，从中发现许多神奇的数据在股市中起着奇妙作用，根据这些数据操作屡试屡胜、神奇无比而且不可思议。我兴奋极了。我决心用自己的心血和技术，撬开股市的财富大门。我开始废寝忘食地工作，几个月下来，人消瘦了一圈，但我终于拿到了开启财富大门的钥匙。我利用深圳汇天奇公司设计的《分析家》股票分析平台，汇集了周易和江恩时间周期中的神秘数字及大机构操作的密码，编制出了一套自己独特的炒股软件——江恩线理论。这套软件共有12个指标，分两大系。第一系列为《江恩八线》（1—8号），称为小黑马、中黑马、超黑马、魔黑马等；另一大系列为《底部三绝》，共有三套操盘指标，主要揭示股票操作中的神秘买点。

2000年12月，市场给予我一次机会。我被几个亏得一塌糊涂的超大户请到了浙江，做起专业操盘手。我开始运用自己独特的技术分析到实战中，在准确判断大盘走势之后，我买入了自己看好的“望春花”、“三峡水利”、“大庆联谊”等股票，连战连捷，大获全胜。这次成功的操作，使我获得了双丰收：不仅使我的名声再次大振，此外，仅提成就有300万元。

2001年5月，我感到股市过热，返回上海，准备休整一段时间。这时，我从报上看到上海易坛信息公司要招奇才操盘手，月薪10万元，便去应聘。老总戴鹏（后化名为“叶家利”）一眼看中了我，聘我做了副总经理。我利用这个平台，竭力发挥自己的潜力，给人讲课并出售自己的技术分析软件。但不久，总经理戴鹏突然失踪，公司雇用的操盘手工资没人付了，四散走人，而更苦的则是委托理财的客户们。受骗的投资者向法院提起诉讼，于是爆发了著名的易坛信息公司委托理财案。有人说，戴鹏的失踪不仅是骗了众多投资者的钱财，更重要的可能与我那神秘的软件有关。

我作为一个受骗者和受害者，在这一事件爆发后离开了易坛。在这个纷乱的股市沙场上，我渴望拥有自己的一片蓝天，一块“田园”。

我注册了自己的投资公司——上海天胜，自任总经理，开始打造自己的品牌。我以诚信的服务和过硬神奇的技术分析，很快享誉上海滩。

十、“股氏定律”简单明了

常听饱受股市煎熬的投资者抱怨说，股票市场是世界上最复杂、最让人看不懂的，是一道永远无解的难题。它风雨无常，涨跌难测。然而，在我的眼里，股市的运行却是那么清晰有序，简单明了。多年来，在我的苦苦寻觅中，我终于发现了股市运行的规律，找到了在股市里可以轻松赚线的“秘密武器”——那就是上海投资人都知晓的著名“股氏定律”。

“殷老师，殷氏定律保密吗？能否谈谈它的详细内容？”采访中，记者问我。

“不保密。上海许多投资者都知道，而且从中受益匪浅。”我在电脑上打开一个图表给记者介绍道：“股市里有许多所谓的高人总喜欢把股市讲得很复杂，常常把1说成100，而我多年来一直追求的是简单实用，目的是把100变成1。你看，我的这个定律非常之简单，甚至浓缩到用‘一根线’便知股市春秋，可准确预测出大市未来的运行轨迹和股票的涨跌幅度，一只股票何时买、何时抛，清清爽爽，一目了然。若用一句话来表述此定律，即线上阴线买，买错了也要买；线下阳线抛，抛错了也要抛！”（见图3）

“的确，这个图表看上去真是一目了然。这么说，线上和线下主要是显示一个买点和一个卖点吗？”

“是的。线上阴线买，是强调的一个买入点，是我们买入股票赚线的最佳介入时机。而线下阳线抛，则是我们获利后如何止盈卖出保卫“胜利成果”和假若操作失误（买错了）如何止损的问题。”

“这种定律我看权且叫它‘一根线操作法’吧。它在实战中果真管用？能否举几个案例？”记

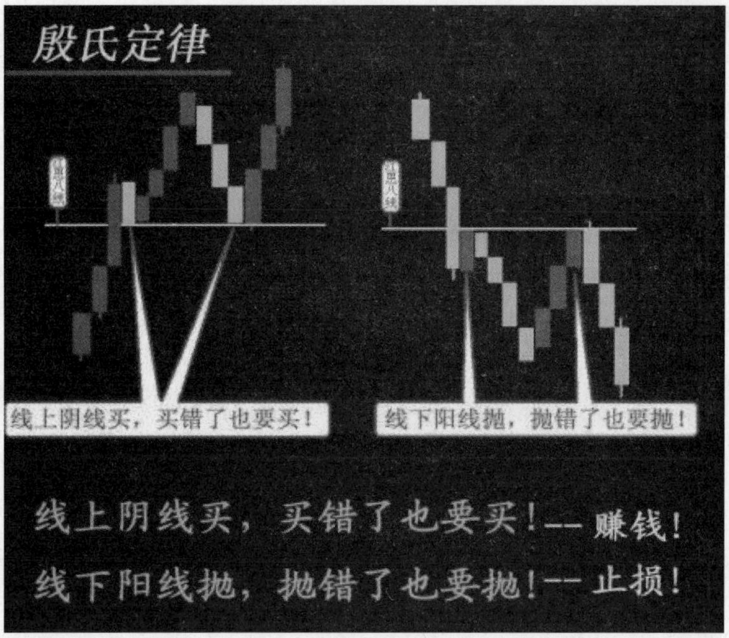

图 3

者对我说。

“可以。几年来，我运用这种定律于实战中，成功的案例真是举不胜举，就讲几个上海投资者记忆犹新的案例吧，那都是有文字记载、无法编造和作假的事实。”我坦承。

案例 1：2002 年 6 月 25 日成功逃顶。

众所周知，自 2001 年 6 月大盘暴跌不止，2002 年突发的“6 · 24”行情，点燃了人们心头的希望火种，但它是那么短暂，随即又把多少投资者套牢在“高山顶”上。而我在这一事件发生的两个半月前，就根据我的“一线操作法”准确计算出大盘在绵绵下跌途中一定会反抽 40 月线 1 748点。我的这一预测，发表在上海世纪出版社麾下的《理财周刊》上，那是我作为此刊专栏作者撰写的颇有影响的处女作。在文中，我非常明确地指出上证指数会反抽 40 月线，这对投资者又将是一次最佳而且是最难得的逃命机会。事情的发展印证了我的预测。在此文发表以后，大盘在运行了 85 个交易日后，于 2002 年 6 月 25 日上午 10 时，不差一点地准确到达 40 月线（1 748 点），然后便向此线“挥手告别”，继续暴跌 400 点……（见图 4）

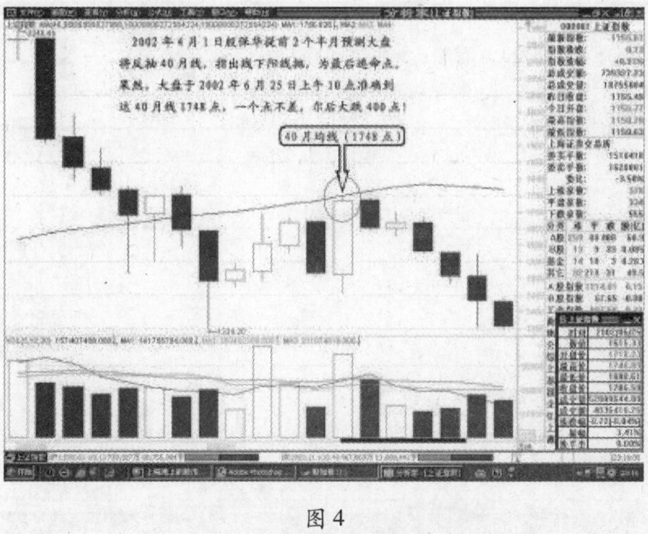

图 4

查阅这一案例的“历史档案”，记者还看到当年一位读者写给编辑部的一封感谢信：“感谢编辑部发表这么重要的一篇指导性文章，使我逃过了股市的一大劫难！”

案例 2：操作深宝安（000009），两战两捷。

2000 年，深宝安这只股票的 K 线运行，在 3 月 29 日站在我设置的江恩 7 号线上，当时是阴线，殷氏定律发出最佳买入信号。我当天以 5.15 元买入后，该股便连续拉升，12 个交易日后，该股股价达 7.18 元，涨幅为 39.4%。此后回调，至 5 月 15 日，该股 K 线再次回调到江恩 7 号线上，当日为阴线，再次发出买入信号。当天最低价为 5.07 元，之后，股价一路飙升，经过 19 个交易日，股价最高拉升至 9.65 元，涨幅高达 90% 以上。（见图 5）

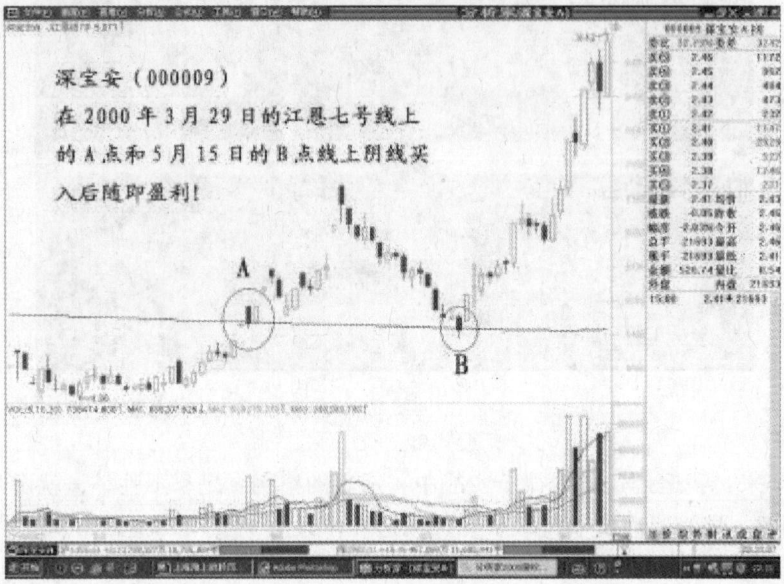

图 5

案例 3：把握大势，果断出击 2005 年夏季反弹行情。

在采访中，当记者要我举一个我们最新操作的实战案例时，我打开深成指的 K 线走势图对记者说："2005 年 6 月 6 日大盘破千点大关，我们于当天介入，当时的交割单在国际影院的天幕上打出，你也看到了，一波反弹行情就此拉开序幕，但这波反弹行情的最佳介入点，是在 7 月 25 日。这天，指数成功地突破并站上江恩线，以阴线报收，收盘点位为 2 758 点，发出买入信号。此后，一轮反弹行情展开，历时 15 个交易日，深成指创出 3 147.56 点的新高，涨幅为 14%。在大盘这种涨势中，你不论买什么股票，收益都应该很丰厚吧！"（见图 6）

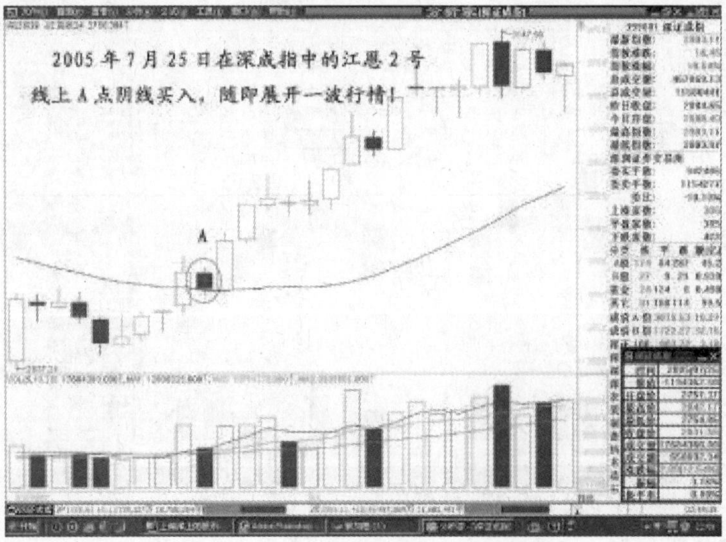

图 6

十一、神奇的“生命一号线”

在多年的潜心研究中，我针对股票价格变化的规律，利用世界投资大师威廉·德尔伯特·江恩的理论，结合中国市场特有的时间周期、价格周期及鲜为人知的资金周期，创出了神奇的“江恩八线”操作法。而在我所设置的均线系统中，其中有一条线被我视为“生命一号线”，不言而喻，它至关重要，主宰着股市的生命，是牛市和熊市的分水岭。这条线就是181周线。

我告诉投资者：在电脑上的任何证券软件中的周K线中，设一根181周的移动平均线。（注意：要在K线设定为“不除权”的情况下进行！）

如果股价（或指数）在该线下运行后突然向上突破该线，后几周中必会有一回调期，往往收盘价或下影线正好打到该线的一刹那，如果此时正好属于“线上阴线买”，你可从容地加0.5%—1.5%的价格买进，此后，用我老师的话便是“除了赚钱，就还是赚钱！”若不信，请从沪市的600601到600899，再从深市的000001深发展开始到所有个股及大盘指数进行验证，无一例外。

搏杀在“生命一号线”的案例精选：

（1）先看600601方正科技。该股在1997年2月向上突破181周线后，待回调到该线处阴线买入，无不获暴利！

（2）再拿600602广电电子为例。那是我在股市淘得第一桶重金的股票。我在该股于1999年1月突破181周线，之后回调这条生命线时以5.70元的价格买入该股，此后这只股一口气涨到近18元，成为当时最耀眼的一匹大黑马。（见图7）

图7

同样是该股，2001年6月始随大盘暴跌后，于当年11月16日在181周平均线下反抽该线股价11.99元，一分不差，此时应作“线下阳线抛”，止损出局，后市该股暴跌，跌幅达60%以上。而有人在该股反抽181周线时听信有的股评家极力鼓吹和推荐此股，不抛反买，那可就惨了，最后该股一直跌到了2.93元。（见图8）

（3）用上证指数的历史走势图验证。从1995年至1996年中国证券市场开始进入计算机时代后的1996年7月5日、1996年9月13日、1999年“5·19”均回调到181周平均线上（图9中的A、B、C三点），操作上按“线上阴线买，买错了也要买”，买后均有相当大的涨幅，事实证明没有买错过一次！

（4）个股案例：银广夏（000557）的启动。人们都不会忘记银广夏在中国股市中红极一时的

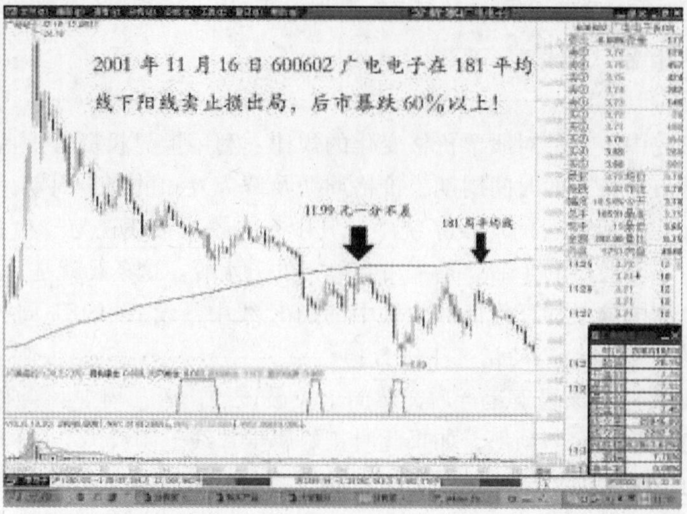

图 8

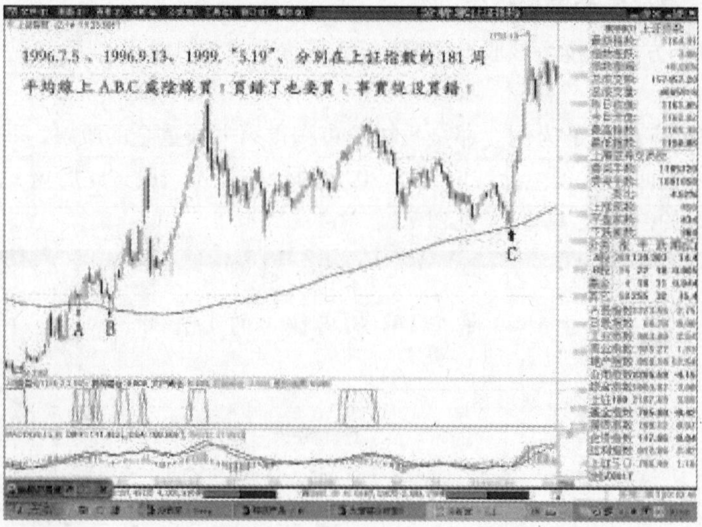

图 9

时刻。它的股价从 2 元多一直冲到 70 多元（复权）。然而，翻开它的“发家史”你会惊奇地发现，这只大牛股的启动点，正是在 181 这根神奇的“生命一号线”上。那是 1999 年 4 月，银广夏给了所有人一次极佳的买入机会。已经牢牢站在 181 周平均线上向上拉升的银广夏，这时正在展开一轮回调。4 月 16 日，股价准确地回落在 181 周平均线上，以阴线收盘，我的均线系统发出最佳的买入信号。我的许多学生听了课后买入该股，获益都在 100% 以上。（见图 10）

（5）B 股 2000 年 6 月的进军点和 2003 年 6 月的抛出点。我至今仍真切地记得 5 年前的 6 月 2 日那天 B 股交易状况：那是个周五，当天 B 股以近 20% 的涨幅突破 49. 78 点的 181 周平均线收盘。6 月 9 日，出现线上的第一根阴线，是最佳买入点。那几天，我不停地呼吁和指导上海投资者“线上阴线买，买错了也要买”。一周后 B 股回调，打到接近 181 周线的 50. 20 点后，便掉头向上，开始大涨，一直涨至 241. 61 点，涨幅高达 382%。在我指导下获大利的上海投资者无不赞叹我看盘的功底和独到的“绝技”。（见图 11）

2003 年 6 月疯涨了的 B 股股价急速回落，于 6 月终于跌破了 181 周线开始下行。有的投资者没听我“疯涨过的股票不能买”的建议，在下跌途中买入。针对这一“错买”行为，我讲课时给出的答复是不要杀跌，在反抽 181 周平均线时止损出局。7 月 18 日，B 股放量冲高到 117 点，与我预测的点位真是一点不差，此时作“线下阳线抛”，便会避免此后的巨大跌幅。（见图 12）

我对殷氏定律的介绍，着实让记者感到它的神奇。但同时，记者也把心中的一个疑问提出：“线下阳线抛，是最后的逃命机会，但若是破了线，它要是不再反抽这条线呢？”

图 10

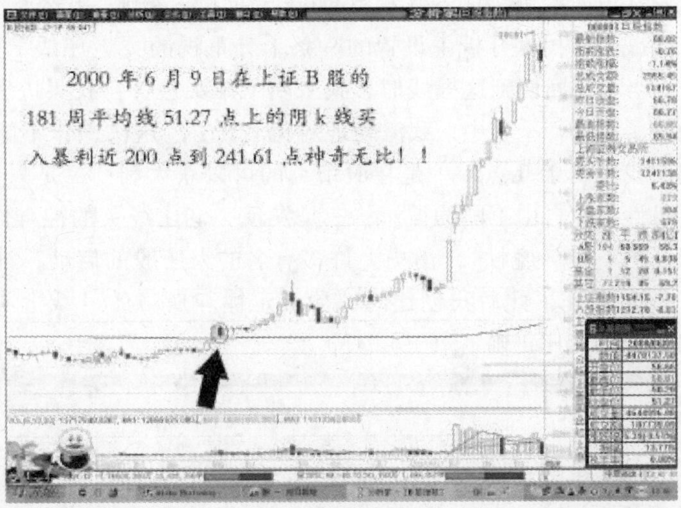

图 11

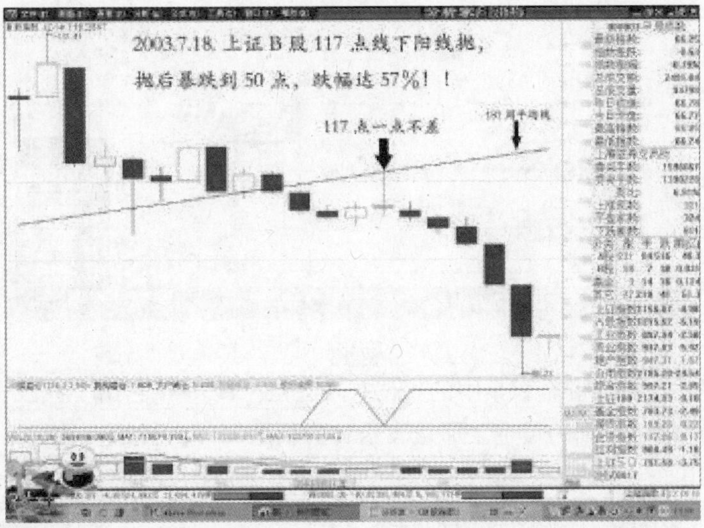

图 12

“这个问题的确提得好，也很重要。对于这个问题我曾在讲课时多次讲到，一般来说，击穿这根线，都会有个反抽，因为庄家出货不可能一次性地出得那么干净，他们会借反抽制造再次向上拉升的假象引诱投资者抢进之时出货逃跑。但也的确有破了线没有反抽这根线的。这种情况一般是前期放过天量，庄家出货出得比较干净，后市它不再需要回抽出货，那就只剩下破线后一直跌下去了。”

十二、“老庄线”助我捕捉“黑马”

股市是淘金者的乐园，更是一个看不见刀枪炮火的战场。既然是战场，就要懂战略和战术，还要有与敌搏杀的过硬作战本领。多年来我孜孜以求，掌握了股市决胜的“十八般武艺”，不仅具有神奇的“殷氏定律”和“江恩八线”，更有许多鲜为人知的博弈法宝。记者在1个多月的采访时间里，发现我有许多“作战”的“独门暗器”。我当过兵，性格豪爽，是个“大方的上海人”，不藏不掖，有些记者听不明白，我还亲自写出来，绘出图来给记者展示。现择其中我教投资者常用的几种看盘操盘技艺，以飨读者。

我在股市鏖战的10年历程中，靠我的智慧和精湛的技艺打了不少漂亮仗，但能让我铭刻在心的，当属连抓“小飞”6个涨停板的操作。虽然当时我的资金不多，操作这只股票也只买了区区200股，但这次操作给予我的启迪一直延续至今。

1998年9月7日，一开盘我就关注着我看中的600651飞乐音响。果然，不出我所料，小飞这天真有不俗的表现，突破了我技术分析中设置的一条十分重视的“老庄线”，即140天移动平均线。第二天9月8日，当小飞回调到这根线时，我果断下单买进。自我买进后，小飞连拉了6个涨停板，让我狠狠地赚了一票。采访中，我激动地对记者说：“这次操作不能单从赚钱多少来衡量，更重要的是，它向我证明了几点：一是在股市真的可以获大利；二是只要掌握了一定技术，就会逐渐从操作的盲目性走向自由王国的彼岸；三是发现‘老庄线’的神奇作用，它可说是捕捉黑马尤其是中级大黑马的一根‘魔杖’，历史上许多有名的大庄股的启动，都是以这根神秘之线作为‘起跑线’的；四是验证了此后我创建的“殷氏定律”所言的‘线上阴线买，买错了也要买’的这一实战操盘铁律的无比正确。”（见图13）

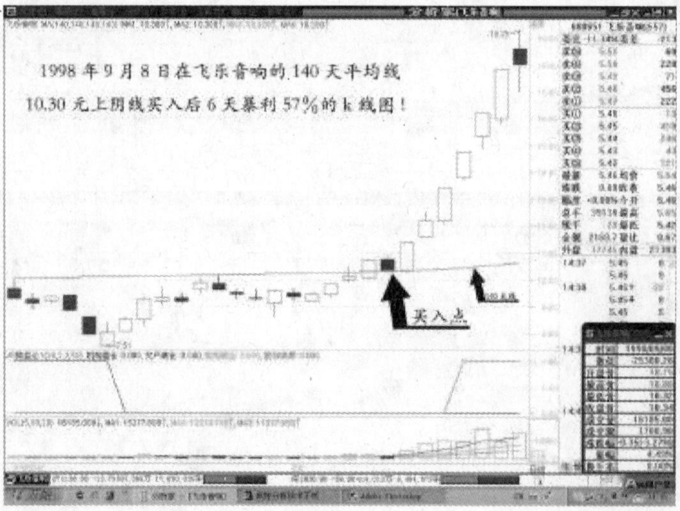

图13

我告诉记者：“小飞是我资金积累中的一位有功之臣。1998年它给了我投资理念上一个启迪，2002年它则给了我一桶金灿灿的黄金。那是飞乐音响最大的一次行情，让我给逮住了。这并不奇怪，当时我正是运用了‘老庄线’套住这匹大黑马的。翻开当时的战地日记，清楚地记载着：2000年2月17日，飞乐音响从140移动平均线（13.80元）上‘起飞’，之后一直暴涨到43.60元，创造了熊市中的一个‘神话’。”（见图14）

十三、“工作线”：掌控股市四百万人“上下班”

这又是一条神秘之线。

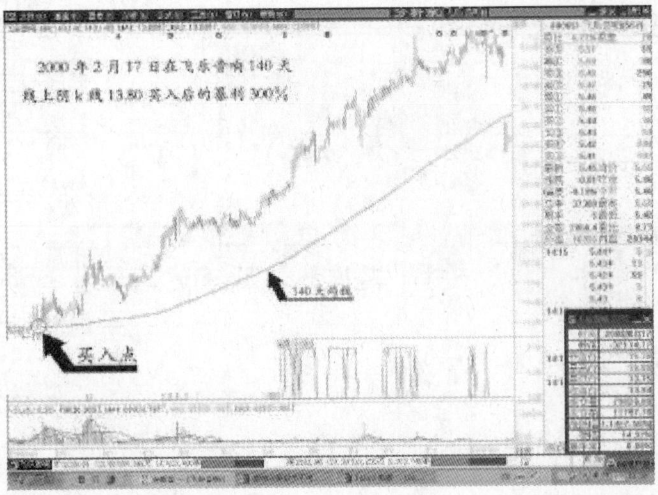

图 14

这是我多年来专用的一条股市“工作线”。

我说：“所谓‘工作线’，顾名思义，就是工作线上‘上班工作’，工作线下就‘下班休息’。虽然简单，但它绝妙管用，可以说它是掌控股市操作的一个‘司令官’，它能让你在第一时间进入股市和退出股市，躲开风险，尽享盈利的快乐。”

我说：“不论是大盘还是个股，只要站在‘工作线’上你就大胆在阴线买入持股，便可轻松赚钱。”

采访中，我让记者随意在电脑上挑一只股作验证，记者打出了600123兰花科创的走势图。用我设定的工作线一看，果然，在工作线的阴线买入后，该股就毫不懈怠地开始“积极工作”，一口气将股价拉了个翻番。（见图15）

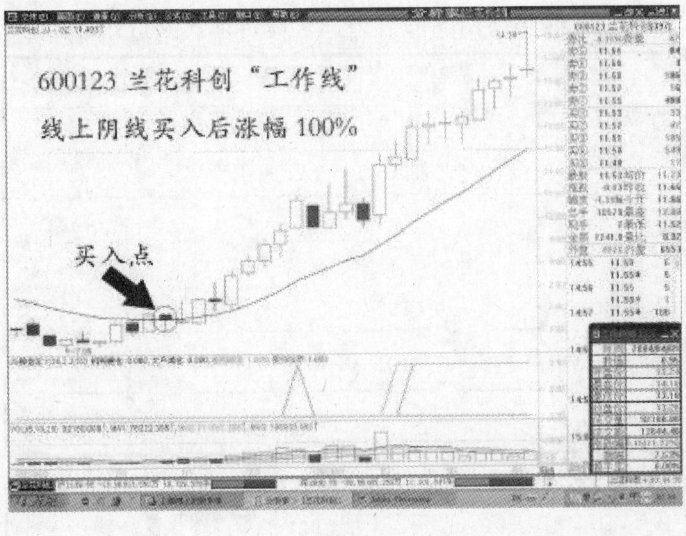

图 15

上海的投资者都记得，股市低迷的日子，我在上海许多影剧院作报告，常听我说这样一句话：“大盘和个股只要是在工作线下，大家就停止‘工作’，有钱请飞到香港去，没钱请跑到乡下去！”一再呼吁大家远离股市，好好地去“享受享受”。而在2005年7月25日，我却在上海《理财周刊》上发表文章，呼吁大家“尽快返回到证券公司‘上班’”，因为股指短线突破了“工作线”，不能再在局外“贪玩”了。果然，只用了8周时间，股市一波就上涨了200点（见图16），我准确地指导上海投资者在股市博弈，更使我的名声大扬。

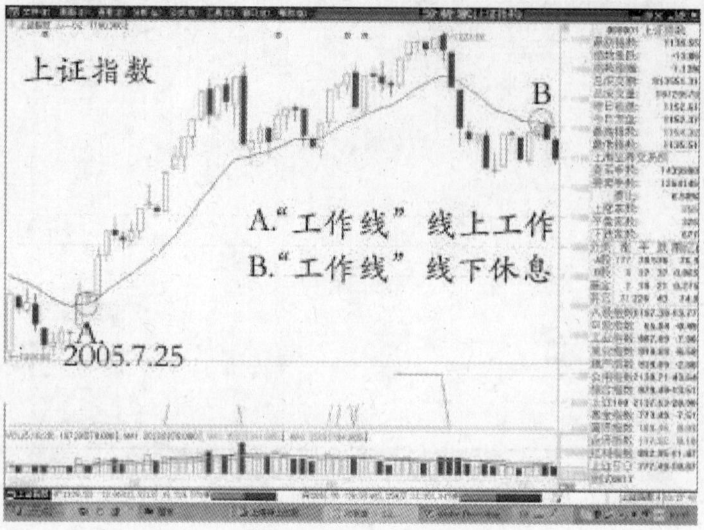

图 16

十四、战胜自我，K 线图形倒着看

从散户成长起来的我，非常熟知股市散户的最大人性弱点就是喜欢追涨杀跌，这是他们在股市惨遭失败的主要原因。既然有这一习惯，又一时难改，我就为他们想出了一个好办法：操作时把 K 线图倒过来分析。具体操作的方法是：用电脑中的画图板上的“垂直翻转”技术，将 K 线图头底倒置，你仍按习惯的追涨杀跌的心态去操作。而最终结局却会令你喜出望外：你会一改过去的“追在山巅上，杀在地板下”，而变成“杀在最头部，追在最低处”。这样在盈利几次后，你会在“不知不觉”中，逐渐把人性追涨杀跌的“劣性”改掉而恢复自我。（见图 17）

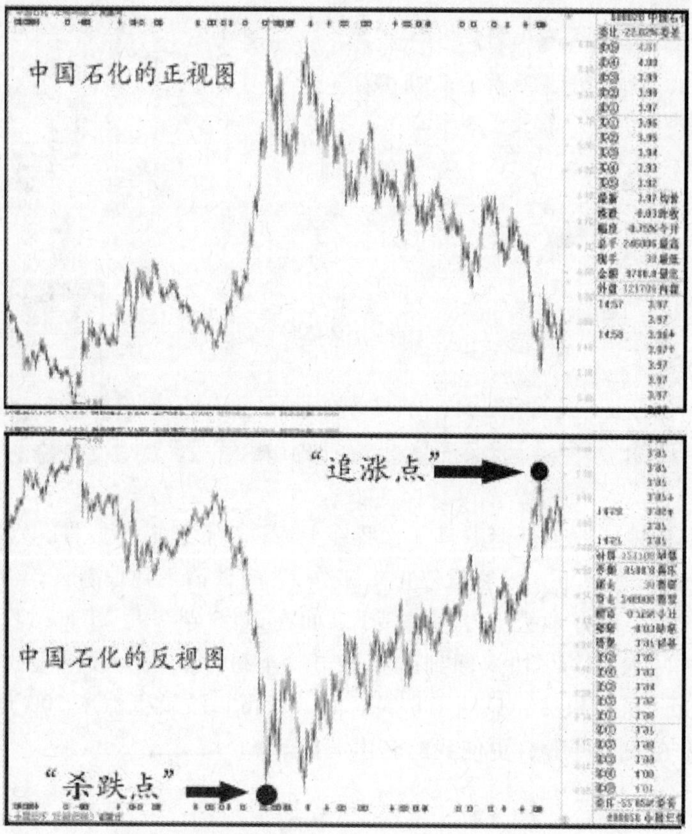

图 17

从上面的反视图中可以看出，如果你在“杀跌点”上杀跌抛出，实盘中将是卖了一个高点；而如果在“追涨点”上去追进买入，正好会买到一个最低价。

我说：“股市中要战胜市场，首先要战胜自己，这是在股市制胜的最主要的一个要素。K线图形倒着看，只是帮助投资者‘改邪归正’的一个分析技巧罢了。”

十五、布林线口，巧判涨跌

这是利用布林线口的“变化”，来判断后市涨跌的一种技巧。

指标设置：20日布林线。

判断方法：一波行情结束后，开口后的布林线会逐步“收口”。而收口处，则往往是至关重要的一个变盘处。一旦收口时K线先去碰下轨，后市以涨为多，那你就买。而一旦K线先去碰收口处的上轨，后市最多涨两周后大跌也就在后面了。

实战案例1：

下图是广电电子的一段走势图（见图18）。在收口处，股价先碰布林线的上轨，后市便是一波跌势。

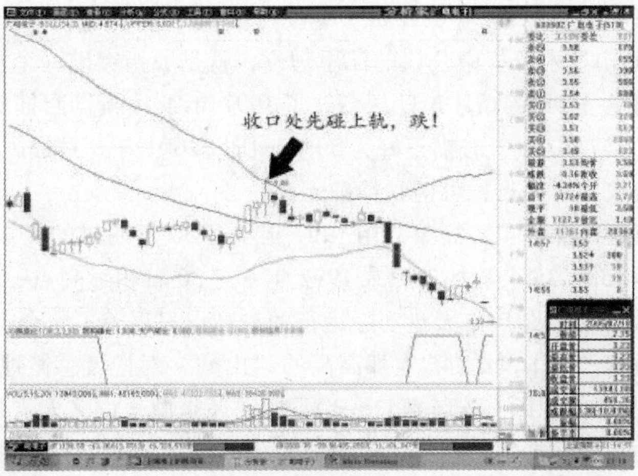

图18

实战案例2：

下图是ST兴业（600603）的一段走势图（见图19）。在图上可以清楚地看出，股价在收口变盘处先去碰下轨，后市便产生了一波涨势。

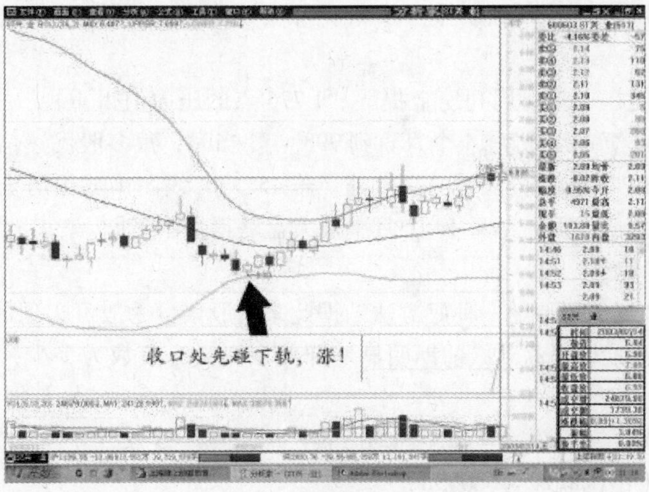

图19

十六、神奇公式，精算理论涨跌幅

我在实战中，经常用一种简单而神奇的公式，精算出大盘和个股的理论涨跌幅，其准确率奇高。

我说："其实，这是应用江恩法则的 1/2 理论来测算后市的阶段性反弹高度和下跌底部。用这种方法测算大盘和个股的涨跌幅，方法简单实用，有时简单到用公分尺在电脑屏幕上量即可得出粗略的高低幅度。"

1. **测算反弹的理论高度。**

方法是用最高点减去最低的反弹点所得的余数再除以 2，然后再加上最低的反弹点，即为最后的反弹理论高度。

其计算公式可表述为：X（理论涨幅）＝D（最低点或最低价）＋［H（最高点或最高价）－D（最低点或最低价）］÷2。

实例 1：2001 年大盘高点的预测

1996 年 12 月 1 日开始，上证指数进入了计算机时代，也开始进入基本正规化的计数时代。在月 K 线图上看，从那天收盘的 536.24 点开始，一波行情做到 1997 年 4 月 30 日收盘 1 393.74 点，涨了 857.50 点。世界股市技术分析中公认的江恩理论，就是股指突破一个重要的高点后，那将再涨 50%，所以上证指数在 1999 年 6 月 3 日，突破了 1997 年 4 月高点回抽确认后，一路直奔理论点位 2 250.24，又涨了 857.50 点，涨幅正好为 50%。所以 2001 年 6 月最高点为 2 245.43 点，5 年内实际涨幅与理论涨幅仅差 4 个点，可谓是精确无比！

若用计算公式计算理论涨幅也很简单，用 1997 年 4 月 30 日明显的高点 1 393.75 点减去 1996 年 1 月 31 日的明显低点 537.35 余数加上原来 1997 年 4 月 30 日明显高点，数字公式是 1 393.75－537.35＋1 393.75＝2 250.15，距后市大盘实际运行的最高点只误差了 4 个点。

我指着已在历史轨迹上留下的 2 245 点那高高的"山巅"对记者感慨地说："这就是我那年在 2 100 点开始全线抛出股票的原因，连续数日，除了抛，还是抛，许多人看到行情那么好，说我做反了，包括当时来采访我的记者都不理解，但我非常清楚此时离大盘见顶的日子已不多了。直到现在，当人们回过头再来，才理解我当时的做法是何等明智。"

实例 2：2004 年大盘反弹高度 1 178 点的计算：

X（大盘反弹高度）＝1 307 点＋［2 245 点（最高点）－1 307（最低点）］÷2＝1 776 点。

通过计算，2004 年的理论反弹高度应为 1 176 点。而 2004 年 4 月 6 日的最高日收盘点位实际为 1 777 点，仅与 2 245 点至 1 307 点之间 1/2 理论涨幅计算出的结果差 1 个点，其精确程度，显而易见。

当时我曾提前数周在《理财周刊》上提醒"1 776 点的压力值得重视"。结果，实际走势与预测仅仅差 1 个点，后市便一路暴跌 14 个月直到 998 点。当时，很多股民迷信基本面内容，根本听不进我当时提出的"1 776 点理论涨幅的高点处，若 45 天 K 线图中放出历史天量，那么后市将下跌无期"的劝告，而持股不抛，结果 14 个月中被大盘跌得血本无归。

2. **下跌低点的测算。**

我说："这是低位买入股票的一种好方法。据此来买股票，一般可买到最安全的最低价区。"

其计算方法是用前期明显高点减前期明显反弹低点两次，负数为多少，就是它的理论跌幅的最低点或最低价。

用公式表示为：X（买入价）＝H（前期高点）－低点－低点

实例 1：低点买入中国联通（600050）

时间：2002 年 11 月。

中国联通于 2002 年上市后在 2002 年的 11 月 5 日有一个明显的高点 3.09 元，后下跌到 11 月

27 日最低价为 2.85 元。这是反弹留下了一个低点。后来，该股在 12 月 26 日再度跌破 2.85 元的低点，此时一个买进公式成立：用最高收盘 3.09 元减去前期低点 2.85 元的余数再减一次 2.85 元得数为负 2.61 元。那么，你就在 2.61 元处上 3 分钱全线满仓。实际上联通跌到 2.62 元后，于 2003 年 1 月 7 日开出阳线，8 日近涨停后一路拉升至 5.36 元，净赚 204.5%。当时，我培训室全线在 2.62—2.67 元处满仓，并通知了我圈内朋友一举成功。（见图 20）

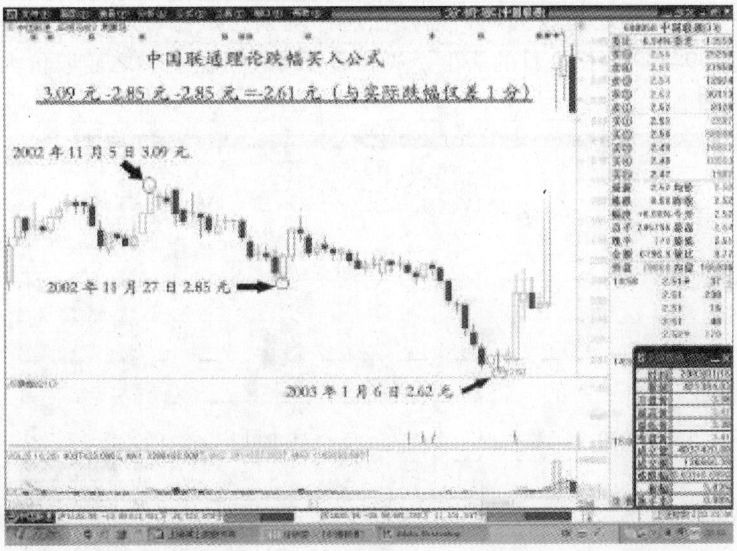

图 20

实例 2：买入招商银行（600036）

操作时间：2002 年 5 月 30 日。

买入价格：8.52 元。

计算方法：2002 年 4 月 9 日，该股上市当天股价最高价为 10.88 元，4 月 20 日破位下行，当天最低价为 9.70 元。计算它的理论跌幅，就是用 10.88 元 - 9.70 元 - 9.70 元 = - 8.52 元。把负号去掉，它的绝对值 8.52 元就是理论跌幅的最低点，也就是最佳买点。该股实际运行结果与预测分毫不差。（见图 21）

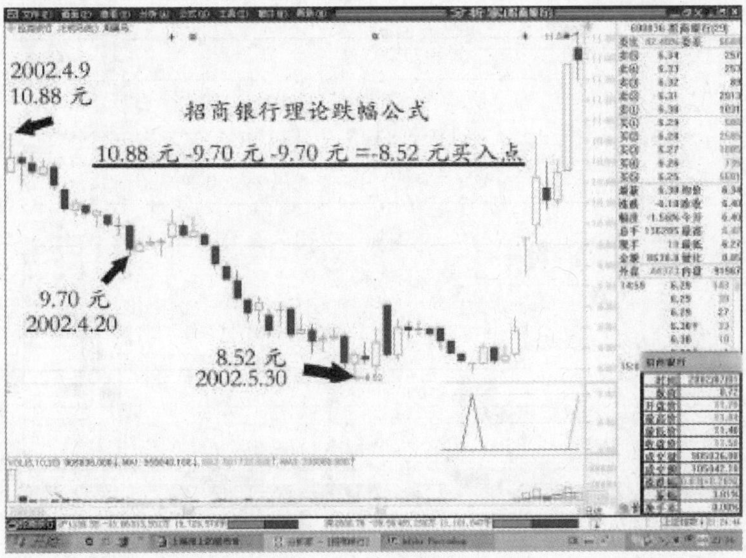

图 21

十七、脚踏头涨，头顶尾跌

这是判断大盘和个股是否能涨或跌的一种比较常用的技巧。脚踏头涨和头顶尾跌，是一种形象的比喻。

1. **脚踏头涨。**

这是讲一只股票在上升途中回调时一般总要回调到前面的高点。这就形成了一只“脚”从上面踩到前期高点的这个“头”上。即这只股票在上升途中回调的极限，此时买进，必定大涨。

此种形态的例子很多，就拿600602广电电子来说，每次上涨回调到前期的头部，后市都会有一定的涨幅。不论是短周期还是长周期，都存在这种现象。如它的月K线1999年12月30日的脚，正好踏在前期1998年6月30日的头上，买入后便可轻松盈利。之后股价大涨12元之多，涨幅高达150%。(见图22)

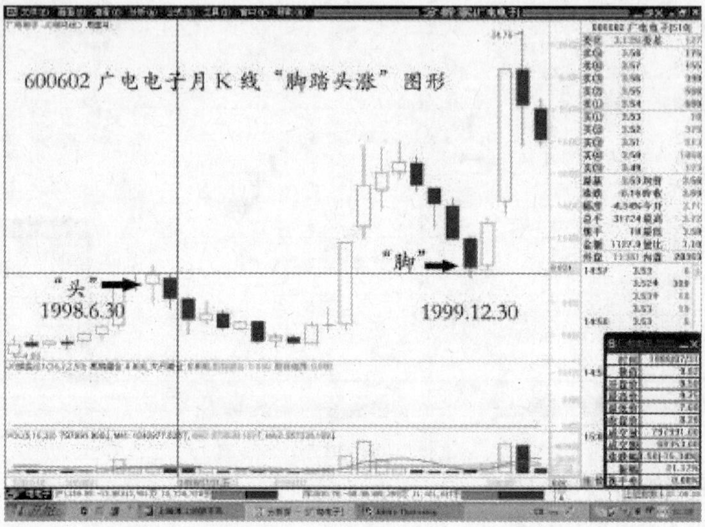

图22

再拿上证指数为例。1993年4月30日上证指数月K线中的收盘为1 358点（图23中的A点），而1999年12月30日收盘为1 366点（图23中的D点），正好踏在1993年4月的“头”上（仅差8个点）后一路拉升了879点。而2002年12月31日收盘1 357点（图23中的E点），也正好踩在1993年4月30日1 358点（只差了1点）后大涨300点。(见图23)

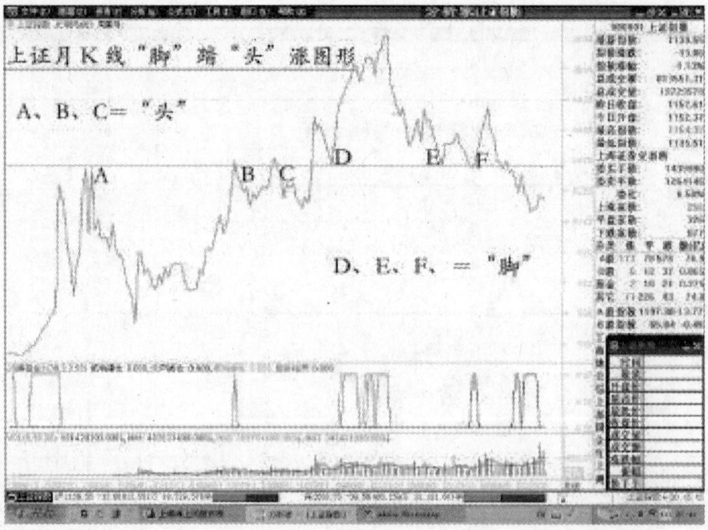

图23

2. **头顶尾跌。**

大盘或个股在下跌途中，一旦跌破了前期的一个低点，那么，前期的这个低点便成为后市的一个压力点了。此后的反弹只要上升的“头”顶到这个“尾”，往往就会跌。

仍拿上证指数的月K线为例。2004年12月31日，上证指数收盘破1 300点后下行，此点便成了后市的压力点。2005年2月28日当上证指数的月K线再反抽到1 300点这个“尾”时，就开始大幅下跌至1 000点。特别是深证指数，2005年的大反弹每次向上反抽深证历史上的三个周K线大底：2003年9月30日3 054.89点（图中A点）、2004年9月10日3 059.29点（图中B点）、2005年1月7日3 035.59点（图中C点）就掉头向下，这就是“头顶尾跌”这一股市运行规律所致的缘故。（见图24）

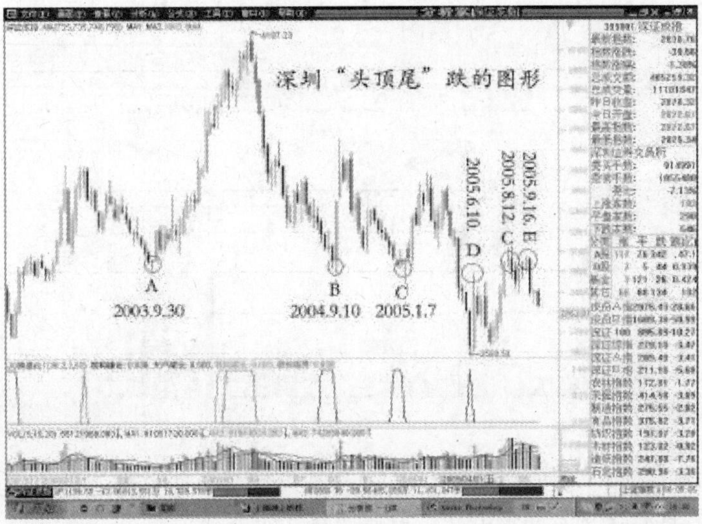

图24

十八、如何捕捉“天量”中的机会

我在授课中经常说：放天量是股市中的一个致命杀手。它往往是主力出货的最主要的象征。所以，遇到天量首要的是先逃命出局观望。但世上的事情也都不是绝对的，有时一些股票放出天量，照涨不误。那么，该如何分辨哪些天量可以跟进，又如何去把握放天量之中的机会呢？

我讲了这样一种简单易行的方法：在天量那天（或那周、那月）K线的收盘价和最高价处画两根平线，若后市在这根线下运行，决不要轻举妄动。因为天量的风险极大，一定要等股指和股价有效突破该线数日或数周盘整再回调到该线时方可果断介入。

实战案例：

打开上海汽车（600104）的K线走势图，你会发现在2003年1月14日该股放出了一根单日天量。在这根天量所对应的最高股价5.30元（a）和收盘价5.07元（b）处画两根平行线，便可一目了然。

4天后，该股的20日下影线打到5.09元处，这时，你可加几分钱买一点，但不能满仓。等到7月24日收盘有效突破天量最高价5.30元后，你应该在后面几次碰5.30元处逐步进仓，后市就一路上涨。所以，我们跟庄者只有看到这根量被股价踩在脚下了，基本上才能够确定这根天量才是拉高快速建仓的量，才能去“乘轿子”，否则，就不必去冒这个天量险。（见图25）

同样，大盘在2005年的8月放出了一根天量。那么如何判断后市是涨，还是跌？操作方法可按样画葫芦，照上海汽车的方法去做，在8月的月收盘1 162点处及最高点1 201点处画两根平行线，若后市能真正地翻上这根线，才能谨慎介入，否则只能观望休息。尤其是大资金操作更要慎重。翻不上去决不能轻易做多，要时刻牢记我们是跟庄者，千万不要以赌的方法去买卖股票。

十九、5分钟EXPMA通道之上，巧买新股

在我的操盘技艺中，还有一个对新股的操作技巧令人赞叹。每次新股上市，上市开盘后，什么时候买，什么时候卖，我都能测算得比较精确。过去用总申购资金来计算开盘价和开盘价的定

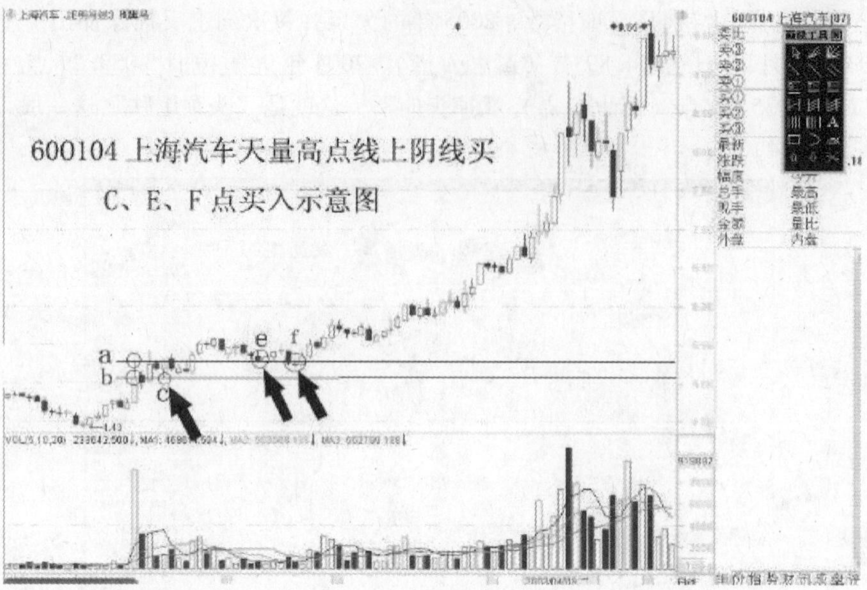

图 25

位就可马上操作，而现在这个方法被配售打乱了，筹码无法集中在某些大机构手中，要达到精确计算就比较难了。但是，还是有两种方法，对新股操作很有效。

第一种是超短线操作法：这种方法是在新股开盘后不要急于作任何操作，而是到 5 分钟之后第二个 5 分钟看 K 线是否在 EXPMA（平滑移动平均线）两根线的上方，如不在上方，不要买而是先卖；如果在 EXPMA 二线之上，则实施阴线买入，这是超短线买新股的方法。

第二种是日线中的短线买卖法，也可先用 EXPMA 的线上阴线买、线下阳线抛的理论。只不过要加一个 1/2 的理论涨跌幅计算。这在前面已讲过，不再赘述。

二十、拨开迷雾，揭开庄家做盘秘密

在激烈博弈的股市沙场上，博弈的一方是中小散户，另一方则是主力庄家。然而，每一次的博弈结果都是以中小散户的惨烈失败而告终。

“为什么在这个博弈的市场上中小投资者老是赔钱？失败的老是他们？症结到底在哪儿？”采访中，记者曾不止一次地就这一问题向我讨教。

“我认为最主要的原因在于中小散户太不了解对手，”我回答，“常言说，知己知彼，才能百战不殆。中小散户对主力如何做盘、如何欺骗他们的种种手法和伎俩知之甚少，当然在双方博弈中，无疑便成最大的牺牲者了。”

“听说你多次与大机构合作过，跟过庄，也坐过庄，你能否介绍一些主力做盘的常用手法和如何蒙骗投资者的内幕秘密？”记者试探着问我。我只是笑了笑，因为我从散户艰难走过来，所以对中小投资者心中的痛也是最了解的。

1. **股市宛如一个故事。**

上海《新民晚报》曾发表过我写的一篇题为《股市就像一个故事》的文章。文中这样写道：“股海无边，每天的涨跌，红绿相映的数字牵动了成千上万股民的心。赚钱的欢天喜地，输钱的沮丧万分。股市宛如一个完整的故事，一部精彩刺激的电影。电影开始前电影票（股票）可以在电影院门口大翻票价（股价），电影开场后随着故事情节的展开一步步地吸引观众，而股市中消息逐渐兑现，股价随之涨升也一步步地吸引着股民，等故事情节发展到高潮（股价到了最高峰），是最激动人心的时刻，也是最忘情的一刻。然而，一切很快过去，电影结束，则股价归于平静。可想，电影票还会值钱吗？那股票价格呢？同样也会随之下跌。有所不同的是股票在下一次‘电影’开场还可以继续使用，但要等到下一次‘故事情节’的展开才又一次值钱。投资机构（所谓庄家）每次操作一只股票前都先要编一部完整精彩的故事，在股价低位时故事情节相当悲惨，这家上市公司如何绩差而又官司缠身，更甚者传言发生了天灾人祸、家破人亡、妻离子散，吓得散户夺命而逃，此时庄家笑纳了你抛下的低价筹码后，股价就一步登天（典型的例子如大庆联谊）。但往往是股价到了天价后，‘故事情节’将会达到高潮，什么这家上市公司绝处逢生又逢贵人相助，什么业绩有翻倍可能，更有大礼可送（高配送）。喜得散户争先恐后，蜂拥而至，而庄家又像一个个大慈善家将高价股票施舍给每一个散户（一根天量）。还没等散户定神，股价就如断线风筝，散户资金账户快速缩水，欲哭无泪。

“反思自己没有能搞清整个股市中每个‘故事’的规律，故事的情节可能大同小异，但违反了‘故事’发展的规律，其结果就是两个字——‘输钱’。散户输小钱，大户、投资公司输大钱。”

2. 鲜花下的陷阱是这样布设的。

采访中，记者听我讲述了一个庄家在鲜花下布设陷阱的真实故事。那是恶庄横行的年代，一个庄家悄悄地找到他们猎击的一家上市公司进行“考察”。这是一家经营很差，人们都瞧不上眼的企业（庄家往往选择这样的“目标”给市场以出其不意）。为了相互的利益，“条件”很快谈好。

“故事”从此拉开序幕。随即，该公司经营不善，产品滞销的“消息”很快发布，该股迅遭市场抛售，股价顿时下跌，坐庄者趁机轻松捡取大量廉价筹码。

当坐庄者肚里吃满了货，股价便开始悄悄拉升。有意思的是，随着股价的逐步攀高，这家绩差的上市公司头顶的“花环”越来越多：什么“外资准备并购”、什么产品销路打开了国际市场，一时间，把不明真相的投资者头脑搞晕了。在一片“欢呼声”中股价翻了两番，接近20元时，主力准备派发，需要“基本面”的有力配合。可是，上市公司却为难地说：“产品都堆在仓库里卖不出去，利润做不出来。”

怎么办？故事既然上演了，就得精彩地演下去！这个恶庄毕竟久经沙场，终于想出了一个“金点子”：他们自己掏腰包，花4 000万元“买”下仓库中的所有积压货品。于是，在F10中，该公司业绩大增的信息披露，股价又上一个台阶，人们开始追进。没多久，又一利好隆重公布：该股将实施10送8的分配。为了掀起“故事”的“高潮”，上海、北京相继召开大型的新闻发布会，正式宣布与国外大财团联手，共创未来，企业前途一片锦绣。各大媒体争先报道，一顶顶“花环”，五彩缤纷，耀人眼目。同时，股价天天被“做出”阳线，20元、30元的目标位给人以极大的诱惑，善良的人们终于被“感动”了，掏出自己的血汗钱买下了这只高山上的“花环”，终于落套！

带有讽刺意味的是，当这个恶庄赚了4亿元准备潇洒离去时，上市公司突然想起他们花4 000万元买下的那批货还堆放在仓库里呢，问他们怎么办？赚足了10倍钱的庄家这时大方地说：“送给你们去处理吧”，尔后甩手而去……

3. “故事”背后的深刻启迪。

讲述着庄家一个个骗人的故事，我感慨、冷静地说：“其实，所有的庄家他们的运作手法基本上大同小异，而且非常简单，只是所编的故事不同罢了。”

“那么，散户们为什么那么容易上当呢？”记者问。

“原因很简单，他们没有识破庄家做盘的洞察力，也不懂技术，他们获得市场上信息的唯一来源是电脑里的F10，其实，电脑里个股的基本资料，大都是上市公司根据庄家的意思编排的。每个散户都去看F10，在没有任何教学场所的股市，只要有刊登有关股市的报纸、杂志、电视、广播，都成了散户追逐的对象。庄家也就利用这一点，在各大报纸、电台、电视台大力推荐他们要出货的股票，特别是一些权威性的证券报纸，他们更是不惜以重金刊登出货股票，一切真真假假的所谓利好，蒙骗广大散户盲目追进吃套。”

故事和悲剧之后的启迪是令人深思的。为此，我在上海开免费股市分析会时，每次都提醒投资者要擦亮眼睛，逃避这种圈套。特别是我编的一个顺口溜，形象地反映了散户听电台、看电视、读报纸的后果。记者摘录如下，给投资者以警示：

听广播买股票，一天之后被深套。

看电视买股票，二天之后无路逃。

看报纸买股票，三天之后没头脑。

听股评买股票，四天之后要上吊。

信自已买股票，从此天天满腰包。

记者问我："如何才能使散户逃避开这种骗人的圈套？"

"非常之简单，不要去看F10和报纸相关的个股介绍。如果实在忍不住，那就多看看炒股技术性的书和一些反面教材，如'青山纸业'（见图26），当年这只股在出货时几乎动用了所有媒体及'著名'股评人士的嘴，竭力'鼓励'散户入瓮，导致广大的江、浙、沪一带股民惨遭损失，他们怀着极大的愤怒上诉到证监会，要求立案查处发布虚假消息的劣性股评家。其实，股民细想一下就应该明白，世界上没有免费的午餐，世上除了雷锋外，没有人会拿着自己的钱去帮别人赚钱的。这种拿血泪换来的教训是多么深刻！"

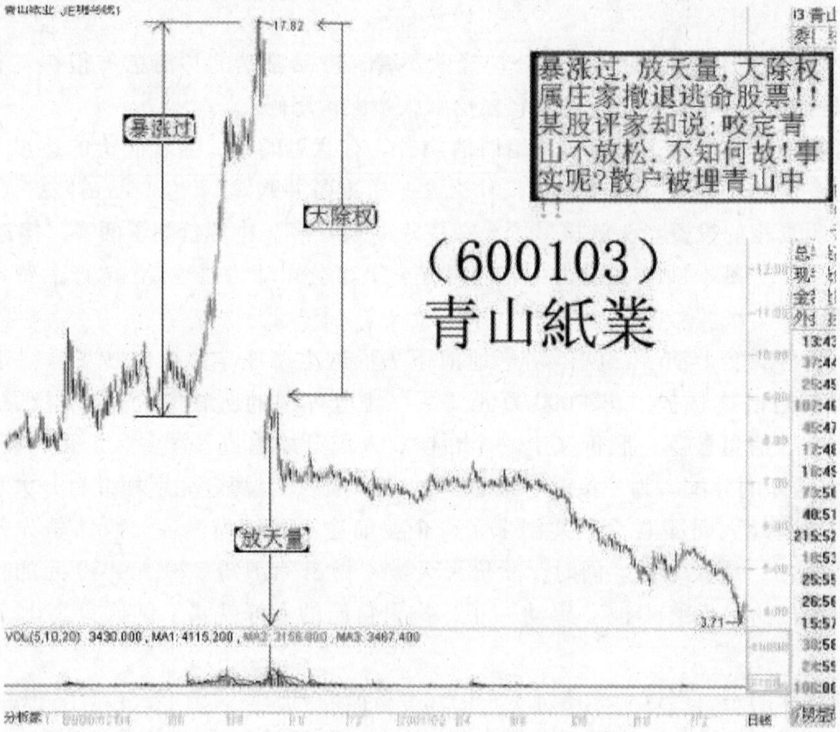

图26

二十一、操作铁律：股票坚决"七不买"

为了让投资者远离庄家设下的骗局，我总结了市场中被庄家运作过后暂时"弃庄"的七种股票。我多次告诫投资者在炒股操作上一定要坚决遵守和执行股票"七不买"的铁律：

1．放过天量的股票，坚决不买。

所谓放天量，即单日成交值达到总流通市值的6%—8%以上皆为天量。世界上的炒股高手什么都不怕，就怕天量。特别是在没有做空机制的中国市场，高位放量不做顶的只有6‰。反过来说，5分钟放量5分钟跌，15分钟放量15分钟跌，日线放天量日线跌，周K线放天量中期顶部，月线放天量长期顶部。只要你打开电脑中任何股票软件来看成交量与蜡烛图，无量的为山沟，放天量的就是山顶。（如图27中的四川长虹）

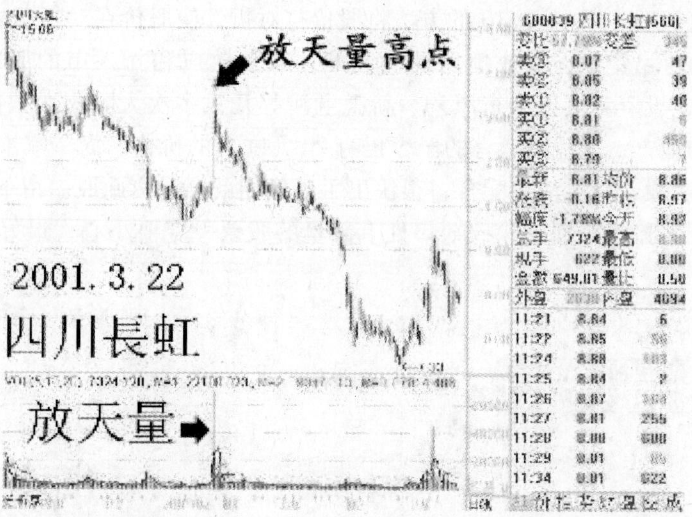

图 27

可以说，一幅画能抵千言万语，一看就会明白。而任何放天量的一天，总有特大特好消息的伴随，最绝的是消息具有地方性，什么地方出的消息多，那什么地方被大套者就最多。因为散户炒股最喜欢听“消息”，而且这种“热衷”难以改变，前赴后继，永无止境。当年，600103 青山纸业的“庄托”就在江苏、浙江、上海等地宣传得最多、鼓吹得最热烈、“最生动”，所以江、浙、沪一带股民套得最多！被套者最不能忘记的一句名言就是“咬定青山不放松”，最终是谁咬定谁牺牲，而且牺牲得“非常惨烈”，该股从高山之巅，跌落到深山谷底，造成多少投资者全军覆没。

“这是最典型的一次放天量大跌的例子。”我说到这，打开青山纸业的 K 线图给记者看，当年那恐怖凄惨的一幕又好似重现眼前：那是人们难忘的 2000 年 9 月 11 日，该股主力借除权之际放出天量逃逸，却让无数“咬定青山不放松”的投资者永远埋葬在了“青山”之中（见图 26）。

大盘指数也不例外。2004 年 2 月 23 日在 45 天 K 线图中放出历史天量后，当时，我在媒体上发表了我的看法，说此次下跌周期不会很短（见当时出版的《上海理财》和《证券市场研究》），事实验证了我的观点，大盘指数从 1700 点左右一直跌到 998 点，我的预测震惊了上海股评界。（见图 28）

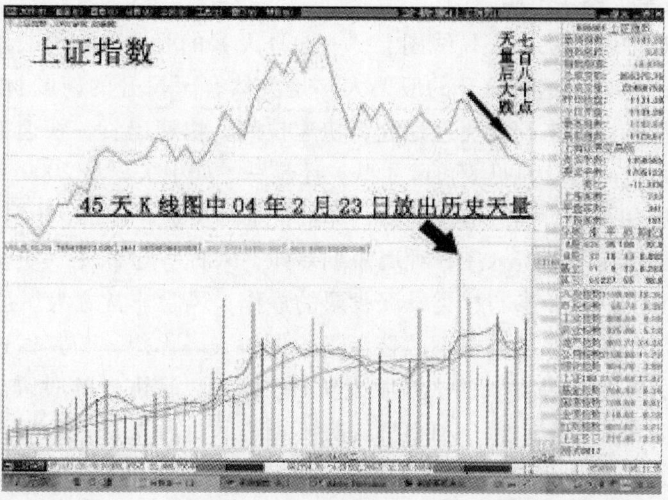

图 28

“所以说，无论大盘或个股，一旦放天量，就得十分小心，最起码在短线不是涨停的一天先退出是绝对理智的。”我强调说。

2. **大除权的股票，坚决不买。**

除权是中国庄家运作股票中吸引散户的另一种方法。庄家炒作某只股票前就先与上市公司合谋好，等股价炒到高位后，用10送10的方法将股价打对折，使股价在对折后立马降“一半”，利用除权前和除权后的价格错觉，并放出所谓的利好，欺骗散户和新入市的股民追入这种“便宜股”。这种例子很多，投资者可把山东黑豹、新疆屯河等几只多次大除权股票的K线图在缺口处剪下来接到除权前的地方，这些股票有的至今仍有20元左右的价格。而庄家不断除权，原1股变成了2股，2股变成4股，只要消息配合，很快出手后他们就会远离此股。留下的，只是众多中小散户的懊悔。所以，大除权特别是除权缺口处有天量的股票一定要小心，最好不要碰。（见图29中的中纺投资）

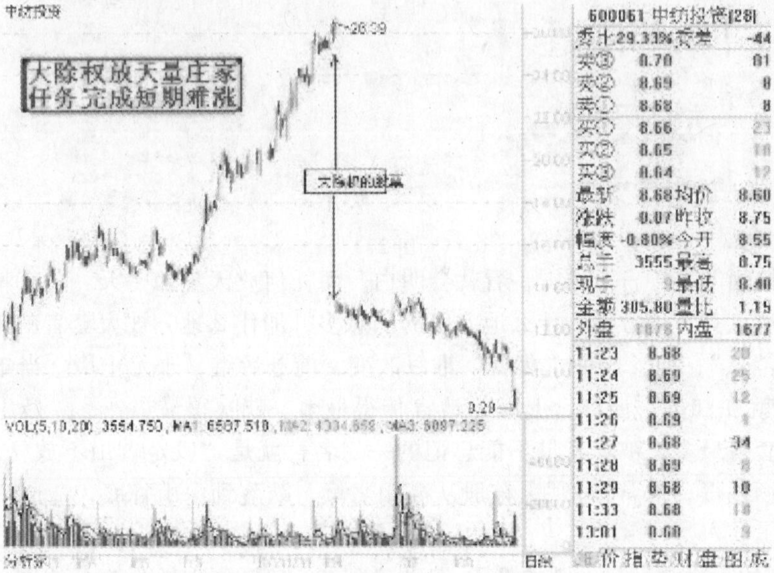

图29

“当然，在市场中除权的股票也有填权的。”我说，“但它们一般都有后续题材，而且往往不放量。如宏达股份就是其中的一只。它历史上一直是除权不放量，再涨，再除权。算下来，此股的价格实际上已在‘天上’运行。2005年近一年来该股都在放量减仓，数次的除权送股，早已把庄家口袋撑破了。现在主力正利用该股往年的‘好形象’迷晕各路投资者。因而，后市风险很大，大家可以拭目以待。”

3．暴涨过后的股票，坚决不买。

暴涨过的股票不难理解，就是从K线图上“一步登天”的股票。这类股票一般在数天数周内股价快速拉升100%—300%。这种拉升的股票大多是突然有了拉升的新题材，而又是一次性的，坐庄资金一步到位，从各方面来配合快速建仓，快速拉高，快速出货，快速撤退。这一切，还没等投资者看懂，盲目跟进之后，只见股价除了跌，还是跌。如中关村从2000年年初暴涨之后就走上了漫漫不归路。谁若在头部听消息追进的话，那就很难翻身了。（见图30）

另外，还有一种暴涨是有外资入庄，纯属短期炒作，人称“过江龙”资金，捞一把就撤，一旦成功，永远不再回头。所以，参与这类暴涨股票的炒作，风险非常之大。被“过江龙”资金暴炒过的股票，最大的后患是后市的机构不敢接盘，怕做轿夫。你想，与其做这种股，还不如进庄那些没有暴涨，看上去还是“处女”的次新股或新股。因而，暴涨过的股票往往被人一次次地遗弃，凡买入者除了深套还是深套。散户和小机构决不可进入这种暴涨过的股票。要记住：暴涨的股票其题材、资料全是庄家与上市公司联手“做”出来的，千万不可作为买卖股票的依据。

4．有大问题的股票，坚决不买。

大问题是指直接受证监会及证券管理部门严肃处理的股票，而且在媒体上被公开谴责或处理过的股票。这种股票一般机构不会再去炒作，原因是它们在散户中的影响不好了，如果刻意去拉抬，到了预定目标，让散户接盘很难。

另外，因为这类股票市场影响不好，但一旦突然被快速拉升，就会有一种顶风作案的感觉。

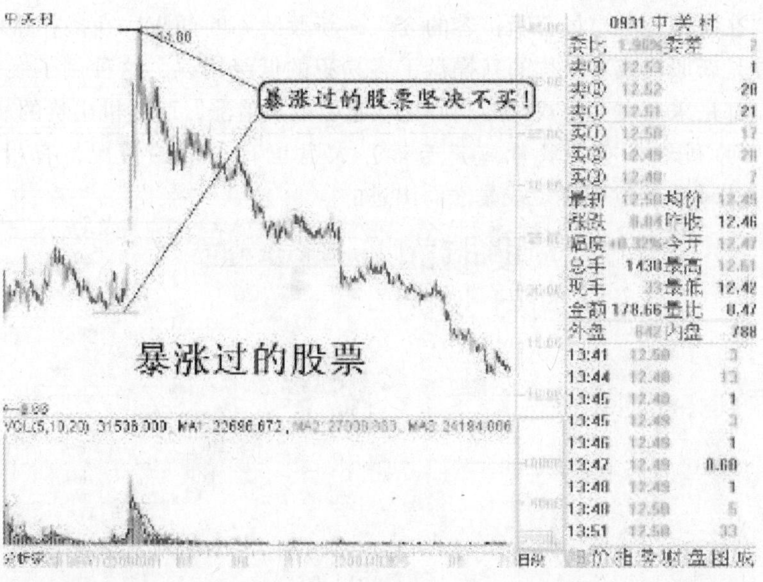

图 30

所以，一般来说任何机构都不会去冒这种不必要的风险去炒作一只有大问题的股票。此类股票比较有代表性的是银广夏（见图 31）和 ST 生态。它们的每次反弹只能当作是老庄自救行为，一旦被套老庄无力自救，那就犹如汪洋中失去动力的小船，覆灭的时刻随时都会出现，为什么我们非要站在危墙之下呢？

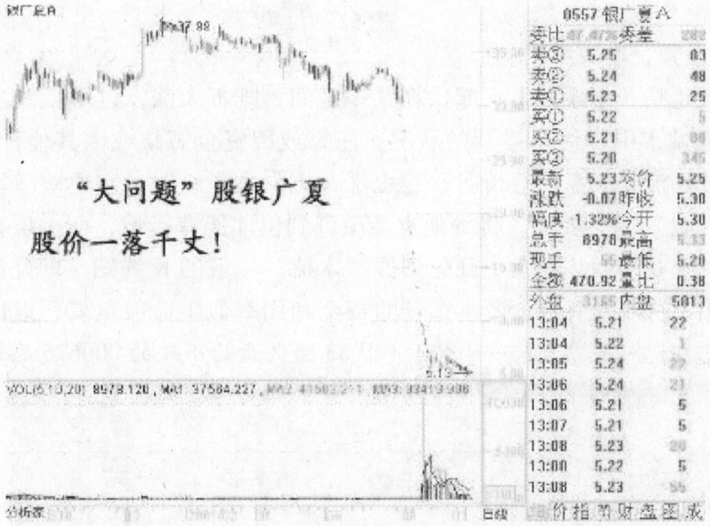

图 31

更残酷的是，一些有大问题的股票有被停牌上市的危险。假若你投资了它，你不光在股市随之“下岗”，还将会血本无归。因而，对待这类股票万不可听信市场传闻，特别是一些被处罚的股票在跌停板中放过天量的，后市的下跌将会遥遥无期。如果上市公司无实力恢复上市，那么，几十亿资金就会随之蒸发，而又没有一条理由和政策让你通过法院追回这种损失，这无言的苦果，会让你痛苦和后悔一生。

5. 利好公开的股票，坚决不买。

在中国的证券市场，利好是股票上升的一种动力。而利好一旦公开和兑现，就会像人们常说的那样：“利好出尽是利空”，股价就失去了上升的动力，开始下跌。因而，对利好公开的股票，不可介入，如果前期买入的，应在利好公开之际短线退出。因为利好的出现，常常是庄家利用散户分析能力差而又热衷于听消息的效应，骗散户接盘的一种手法。最常见的利好无非以下几种：①业绩大增；②高送配，什么 10 送 8、10 送 10；③被收购或被举牌，一旦被收购，公司的业绩会突然因注资而变好……许多投资者不去看这种股票是否大涨或已暴涨后发的消息而盲目杀入，往往接了最后一棒。在我国证券市场不断扩容的今天，新股民不断涌入，在操作中听到利好就争先恐后抢盘的，往往是新股民或新机构的新操盘手容易犯的低级错误，这种例子屡见不鲜。如大庆联谊、方正科技，都是采用文字游戏式的利好把戏吸引散户追涨，而趁机出货的。（图32所示为：大庆联谊10送10的利好公布后股价应声而落）大盘也有类似的情况，有目共睹的2002年“6·24”行情，主力就是通过利好短线暴涨而出逃的。

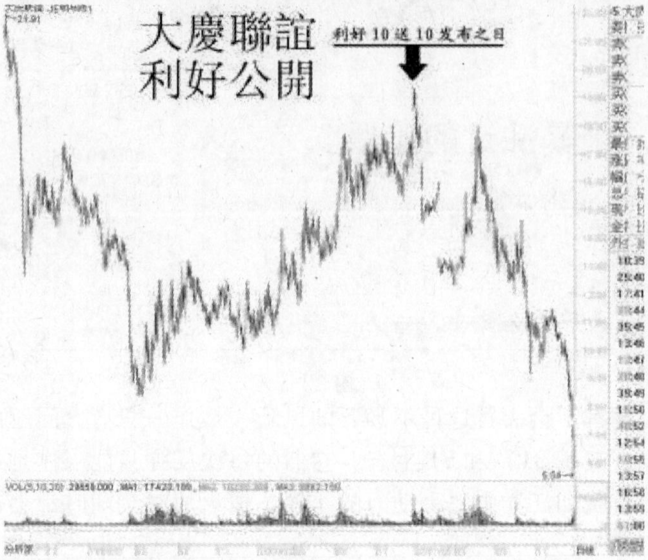

图32

6. **长期盘整的股票，坚决不买。**

长期盘整的股票是指长年累月上下起伏在某一区间，既不大涨，也不大跌。这类被一时“弃庄”的股票，有点像城市中“烂尾楼”的状况，庄家或因资金短缺或因其他种种原因骑虎难下，进退两难，只能随波逐流，大盘做行情时，它也涨一点，大盘跌时，它也跟着跌一点。因庄家已满肚子股票无意“控盘”了，要涨，得等他重新融资到位才能有行情，而一般投资者都无法知道他何时能筹集到新资金。所以，在盘中凡见到像“木梳”一般的K线图，即此类长期盘整股票的最大特征，应该退出，决不能犹豫。资本市场的资金利用率似生命般重要，退出后找出与大盘共生存的股票，要比捂在这种股票上强一万倍！（图33为久盘后下跌的000676思达高科）

图33

7. **基金重仓的股票，坚决不买。**

我对记者说，此条如你没做过运作股票的操盘手是无法理解的。基金的资金属于“似机构非机构，似散户非散户”性质，大都是跟庄盈利而自己一般不坐庄。既然不坐庄就存有一定风险，而有风险最好去坐庄，可基金的账户是不能隐蔽的，不但不能隐蔽而且每季度还要公布持仓情况，包括所持个股的股数，都要大白于天下。这就违背了股市运行的自然规律。你想，如果市场人士主张去购买基金关注的股票，其结果是必输无疑。因为市场中有一句名言谁都知道，“利好绝不是利好”，当所有人都认为具有专业水平的基金所买的股票都是好股票，都去抢进时，后果是肯定的，只有一个字：输！绝没有第二个答案。除非基金操作时能保密好其账户，那将另当别论，但在当前是不可能的。2005 年基金操作输钱的事实就是最好的例证。

其实，真正的原因还不仅仅在此，更深层的原因主要是基金大规模进入了某只股票，会干扰甚至会赶走原先内在的庄家。道理很简单，一旦基金重仓进入某只股票，两周后持仓情况一公布，散户又进入一大批，这可就为难了老庄家，用自己的钱为基金抬轿子决不会甘心，只有往下砸，若能走，三十六计走为上计。就这样，往往好端端的一只股票被基金的进仓赶走了庄家，股票变成像没有娘的孩子一样无人照看，最后结果是不管什么蓝筹股也好，明星股、成长股也罢，全是“三个和尚没水喝”，死路一条。这是非常简单的道理，除非管理层对基金的管理网开一面，放松一些监管条款，让基金有更多的发挥空间，这样才能对股票市场的运行有一定的帮助。否则，基金越多，个股麻烦越大，指数越难涨。

此外，基金重仓股还有一个严重弊端，则是基金内部管理上的短处所造成的。这就是基金选股理念上的缺陷：只能买所谓的绩优股，一般什么“ST”亏损股他们是不能碰的。任何基金的高层、中层、低层的负责人谁都不敢担责任去买有一点瑕疵的股票，所以众多的基金全部“挤”到市场上仅有的几只绩优蓝筹股里。最后，这些股票的命运和下场是可想而知的。最绝的主要是在这些绩优股上输钱，其最后的“责任”都不会落在选股人身上。

当前，在基金遍地的我国证券市场上炒股越来越难，坐庄更是难上难，随时要准备一笔庞大的资金去接基金随时要兑现的股票，保护 K 线图形不受破坏。庄家的护盘之苦言语难表，从利润上讲，他们与基金合作坐庄所得是少之又少的，因此，他们最终只能弃庄。所以，散户、小机构万不可迷信满仓被基金重仓的股票。投资者可查一下刚上市就被基金重仓的大唐电信、亿阳通信（见图 34）等股票的走势，上市至今几乎让散户无人盈利过，非常之可惜。因此，投资者只有耐心等待市场对基金现状的改变，或待基金在运作中想出应对的策略，那时你再跟着基金走，否则一切结果都是枉然。

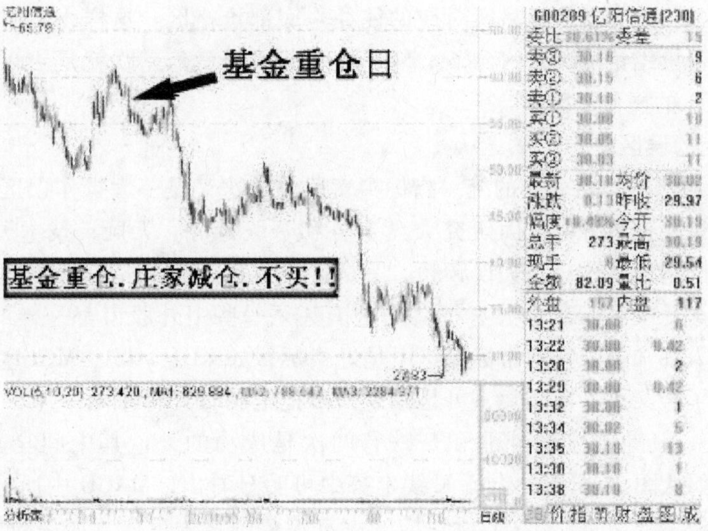

图 34

二十二、转变理念，走出股票操作误区

证券投资在国际上已有数百年的历史，它的故事车载斗量。由于它具有高风险、高收益的特性，又会神奇地改变整个人生的命运，从而吸引了全世界70%的投资者。

股市是座有80%含金量的金矿，它造就了无数的百万富翁、千万富翁和亿万富翁，但同时，也使不少淘金者从富翁又沦为“乞丐”，成为南柯一梦。

“那么，人生这种戏剧性改变的原因是什么呢？”交谈中，记者问我。

“我作过一个仔细的调查分析，”我回答，“最主要的原因是在投资理念上有很大的盲目性和在股票投资技术上存在着很多误区。操作股票是一种技术性很强的事情，而我发现绝大多数散户从不作投资分析，不管是基本面还是走势技术分析，都一无所知。以为只要进入证券市场就会发财，因而盲目投资，结果事与愿违，造成亏损累累。这是必然的规律。”

“你认为他们怎样才能在股市中改变失败的命运走向成功呢？”

“转变理念，克服盲目性，走出股票投资技术的误区。”我说。接着，我谈了在实践中总结出的投资者投资股票的六大误区：

1. **成交量上的误区。**

初入市就听说，什么指标都可骗人，就是成交量不会骗人，什么放量跟进，大多股评人士有这样一句话：放量即有大资金进入。几乎每天“地毯式的轰炸”总是在大家的耳边回响：“大盘没量，不好”、“这个股票没量，不好”。现在只要到股市中走一走，就会听到有不少的股民会跟着那些分析人士一起喊“今天没量，不好”。

其实，成交量是现在股市中最会骗人的一种办法，对倒造量骗散户就是庄家发牌最好的办法。所谓市场上流行的“股票没量就没戏”，这纯属一个极大的误区，“没量才能做底”。打开电脑看周线，任何股票哪一天天量不是顶？坐庄的人只要用20万股，自己买进自己卖出，对倒20分钟，就足以吸引大户室能看到电脑上走势的股民去追涨，效果特好。另外，他们还常常利用撮合竞价的伎俩，先挂5笔大卖单，再挂1笔小买单，最后在电脑上显示出的则是“主动性买盘”，以蒙骗投资者，掩盖其真实目的。查看新疆天业（600075）的交易，1999年3月9日、2001年6月28日的成交量，分时成交明细表上基本每笔都显示主动性买盘，骗人没商量。

有一个通过量来判断顶底的方法。你只要打开K线图，把上面的K线部分拿纸遮掉，只剩下成交量的柱状图，然后你观察一下，哪个地方是天量，哪个地方是地量。最后，你再把遮住K线图的纸拿掉，看看你所记录下的日子，天量所对应的当天股价是不是近阶段的最高价、长期的最高价或是在下跌当中。而无量或地量所对应的往往是底部价格区。这样，不用计算，只用眼睛看看就能辨别真假，得出结论。2002年“6·24”放了一根天量，一跌就是400点。所以，决不可走入“放大量跟进”的操作误区。

2. **技术分析上的误区。**

“跟着技术走”，严格按照公开的统一指标买卖股票。这又是一大操作误区。许多股民多年来在股市非常用功，想从技术分析上面研究大盘走势和个股走势。无疑，技术分析是极其重要的，但都照前几年流行的指标去做必是失误频频。一是软件中有70%的指标皆是随机指标，什么金叉买、死叉卖，几乎全是反的。二是大家都套用全国甚至一些中外股市都一样的指标，能赚钱吗？因为谁都知道，人人都知道的技术指标那绝不是好指标，如KDJ、RSI、MACD等。市场中初入市的股民几乎都学会了金叉买，死叉卖，可是你今天再把电脑打开仔细看一下，一整波大行情往往只有两次是对的，一般除了真的开涨和开跌有两次是成功的外，其中间全是反做的，特别是MACD更明显了。如从图35所示的上证K线走势中可明显看出，MACD中所标示的a、b、c、d、e点即“金叉点”和“死叉点”，它们所对应的大盘走势图皆为反向，如果投资者“按图索骥”，必陷迷途。

3. **“逢低买入，越跌越买”的误区。**

逢低买进，越跌越买，许多市场人士多年来一直这样“教”散户的。的确，买入股票的最佳时机是逢低买入，那是指一只股票或大盘已真正运行到了底部而实施买入，但有的股票已形成破位之势，在下跌途中，如当年的亿安科技股价从126元的高峰跌落下来，到100元、80元，许多

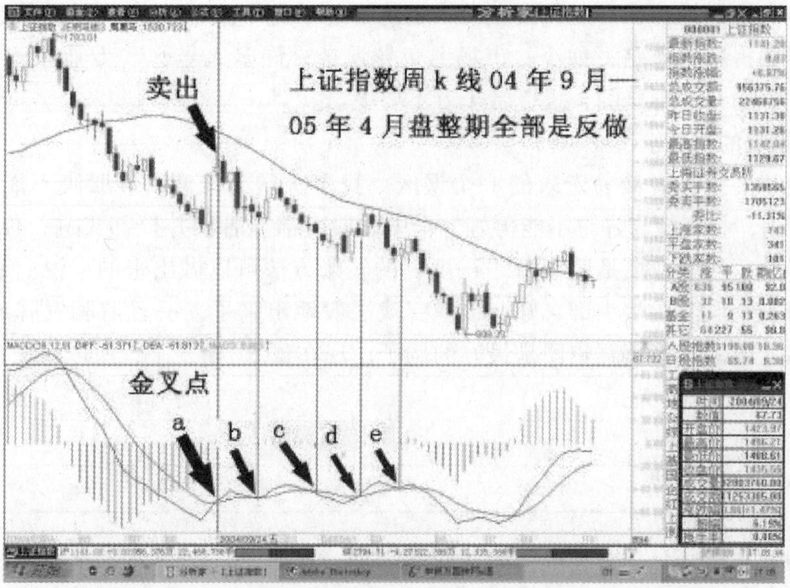

图 35

人就喊“补仓”，后来，拦腰一半，跌落到60元算已经很“低”了吧，其实结果呢？成了中国股市跌得最惨，让投资者损失最大的一只股票。还有许许多多类似的股票，明明开跌之势已锐不可当，可一些市场人士不是去让在高位套牢的人们立即止损出局，而是“鼓励”他们越跌越买，美其名曰“摊低成本”，其结果是越“摊”，陷得越深，到最后粮尽弹绝之时，股价还在跌！

我有一个大机构的朋友正是陷入了这个“逢低买入，越跌越买”的误区之中。当银广夏破位下行之时，我一再劝他立即止损出局，但具有亿万身价的他，怎么也不甘心就如此败北，硬撑着，想凭靠自己的实力重登赢途，便采取越跌越买的策略，最后随着银广夏股价一落千丈，他赔上了一生心血，也终没挽回败局。

4．消息面误区。

许多投资者尤其是中小散户平时炒股最爱听消息，迷信消息，由于散户交际少，技术分析差，自己没有看盘的本领，只能打探消息，打听哪只股票是黑马，结果却常常是丢掉了黑马却骑上了死马。市场上有这样一句名言：“谁都知道的好消息，绝不是好消息；谁都知道的利空，绝不是利空。”因为市场上的庄家做盘，他要讲故事给散户听，你想他会说真话吗？底部建仓时，他会告诉你他建仓了吗？到了顶部，他会告诉你他要发牌吗？当然，如果你舅舅在坐庄，事情就另当别论了。你想，你听到的消息会是真的吗？再说，经济上的动向属国家机构一级机密，等到你知道了基本是过期的了，市场上散布的“消息”，有许多是庄家为在底部建仓造成利空满天吓唬你把手中的筹码交给他，而当股票炒到一定高度准备发牌时，他们又利用网络、电台、电视台、报纸发布的假利好消息骗散户接盘。在股市中听消息亏得血本无归的人已不计其数。

5．大除权价格上的误区。

在“股票七不买”中已谈到大除权的股票坚决不能买。因为它正是利用人们喜欢贪便宜买低价的视觉上的错觉，比如一只股从3元炒到20元，很少有人去接盘，但它要10送10除权后就只有10元，价格低了一半造成了价格低的错觉。有的股票经多次反复除权，最后使“原来的模样”面目全非，你都认不得了，而一见此股价格不贵，有的甚至只两三元钱，挺便宜的，不管三七二十一就买入，实际上你已走入庄家精心布设的大除权价低的误区。投资者要牢牢记住，除权后市场并没有改变。常言说“股道千条路，何必就这家”，要时时擦亮眼睛，免陷误区受害。

6．市场股评的误区。

市场的分析人士大多出于学校或是某投资公司聘请的“专业人士”，没有经过大资金实战运作，对股市凭想象而评论，常常是非常荒唐可笑的理论也会出现在电台、电视台节目上。他们缺乏重要的实战炒股经验，有的在电视台只是拉会员赚钱，从来不顾大盘走向，4年能天天唱多，涨的好的股票皆是他们推荐，甚至在大盘暴跌之前都还乐此不疲地推荐一只只股票，结果许多股民听了这种误导输得惨不忍睹，如今，市场上鱼龙混杂，许多人号称“专业人士”，但他们只会收昂贵的会员费，输钱是不赔的，投资者千万不要上当。

7. **基本面情况的误区。**

这是我反复讲的投资者最易走入的一个误区。我多次撰文强调，炒股决不能看所谓的业绩，F10人人都能看到，业绩就算好得不能再好，全中国股民都能看到并全部买进，你想谁能赚钱呢？机构？大户？散户？何况业绩是庄家用“正规”的转账方法可以做出来的，说白了就是可以人造的，而且往往都在个股阶段性头部，好业绩像变戏法般地出来了，一旦欺骗发牌成功撤庄后他就死人不管了，刚上市的黄石康赛集团是最好的例子，现在戴ST帽子了，所以历史证明听消息者输得最惨。

二十三、八大输钱定律

我除了总结散户听广播，看报纸炒股输钱的“顺口溜”外，我还总结了在市场中输钱的另外八大定律：

1. 夫妻共炒家庭资产，输钱输情。
2. 股友之间共炒资金，输钱输谊。
3. 同事之间合资炒股，输钱输信。
4. 联合职员协作炒股，输钱输誉。
5. 委托人商讨来炒股，输钱输尽。
6. 工作繁忙时做时停，输钱输时。
7. 不懂技术自以为是，输钱输名。
8. 喜欢扎堆总听别人，输钱输心。

二十四、授人以渔，走出上海滩让全国投资者受益

1. **遵循股市规律，不办工作室，不搞会员制。**

住在我家采访的记者，耳闻目睹了我的忙碌和辛苦：有时到了深夜，我的电话仍不断，有请教大盘第二天的走势分析的，有欲找我合作的庄家和机构，还有全国慕名的投资者希望加入我的“会员”的，但我一一婉言谢绝。

我对记者说：“我不搞工作室，也不搞会员制。”

“为什么？”记者想到市场上有不少高手、股评家、投资咨询公司，都在开办工作室，甚至千里招会员的情景，不解地问我。

“是的，市场上所谓一些高人的‘工作室’可说是到处可见。什么‘白金会员’、‘钻石会员’……形形色色的投资公司，热情万分地拉客、诱人的广告、优惠的待遇，其结果还是两个字：输钱！这个问题我早就想奉劝投资者，不要去参加什么‘会员’、‘工作室’等投资理财。这是一个极大的误区，我研究过这种会员及工作室的运作模式。某个‘有名’的工作室，有几百个人，工作室负责人推荐一只股票，每人打1万股，一打就是几百万股。你想，你要是做庄家，后面能如何运作？我想读者不言而明了。更甚的是现在有传真电话，会员成千上万，大都是有钱而不懂技术的股民，传真一发，每人就算打1000股，你想后果又会是怎样？牛市中其实只要买股票谁都能赢利。一到熊市，你们看到没有，这些签过合约的投资咨询公司消失的消失、失踪的失踪，甚至被股民推上了法庭。为什么有这样的结果呢？其根本原因就是它违反了股市中的内在规律，打乱了庄家的运作。我曾不止一次说过一句话：没有一个庄家会用自己的钱去帮别人赚钱的。我至今不办工作室，也不搞会员制，更不推荐股票，就是感到这些做法只能帮助股民解决一次或一时，

而不能从根本上帮他们解决长远的炒股难题。只有授人以渔，教他们实盘操作的方法，才是真正的为善之道。”

2. 授人以渔，桃李满天下。

为了把自己多年来在实战中所积累的独到的看盘操盘方法传给更多的投资人，我走过了4年的艰辛路。

我深深感到，授人以渔，把炒股制胜的方法教给大家，才是最重要的。为此，我从2001年始开始举行大型的股市分析报告会，每个星期六、星期日，我都在上海的大剧院、电影院自掏场地费免费为投资者授课，整整4年，风雨无阻，听我课的人已达数十万人次。

我用心血辛勤地浇灌着上海滩这片股市热土。一次我累倒了，被送往医院，甚至当时的病危通知书都发了，我的许多学生得知后，都焦急地赶往医院去看我，到处帮我寻医问药，还给我做了许多可口的饭菜送来，希望我早日康复，能为投资者继续很好地服务。我向记者说起这一切，十分动情地说：“4年了，上海的投资者离不开我，我也离不开他们。”就在我出院不久，尚未痊愈，我便不顾家人的劝阻，急匆匆赶往报告会场，要把自己对大盘运行的最新预测结果告诉大家……

我是个诲人不倦的老师。每次听完课，许多人总是“殷老师”长、“殷老师”短地围着我问个不停，有好几次都把我带去讲课的手提电脑和投影仪挤到了桌子下。而我总是耐心细致地为他们解答他们炒股中的难题，一遍一遍，从不厌烦。有一回，我家的一只苏格兰牧羊犬被街头的一只小狗引回了家，当我寻狗来到这家时，看到这家的主人夫妇俩正在犯愁。一问，才知是在股市被深套而损失惨重，我几次到他们家，免费为他们安装了自己的软件，手把手地为他们讲解怎样看盘，怎样在股市逃避风险，感动得夫妇俩无以答谢，最后带上他们家刚生的一只漂亮的小狗崽，还买了许多礼品上门要送给我，我谢绝道：“你们能学到一些炒股技术，在股市减少些损失，就是我最大的心愿了。”

3. 走出上海滩，让更多的投资者受益。

近年来，随着我在上海滩的名气越来越大，全国许多省市的证券营业部、投资机构和广大投资者频频向我发出邀请，请我去传授经验，我的日程被安排得满满的，我除了上大课，每周还举办两次小型培训班。尽管这样，我还是尽量满足投资者的愿望，不辞劳苦，奔波于大江南北，我的足迹不仅踏遍了上海滩的每个角落，还留在了山东、江浙等地。

如今，我真正地从当年的大操盘手变成了一个股市“教练员”。一年365天，我没有星期天和节假日，我把全部心血都倾注到对股民的传帮带上。有时连陪伴和照顾自己85岁老母的时间都牺牲了。一天深夜，正在备课的我对同学道：“太累了。我真想呼呼大睡它几天，可是不行啊……”

我深知，投资者在我心中的位置。股市瞬息万变，投资者都在期盼我的指导哪！

当中国新一轮大牛市到来时，我决心走出上海滩，为全国更多的投资者服务，我要把自己的智慧和汗水，永远洒在中国股市这块充满希望的沃土上，把投资技术传给更多的投资者！

殷保华接受上海电视台纪实频道采访录

2007年2月7日 星期三 13：30—14：00

主持人：中国的股市在2006年可以说是整整向前飙升一年，于是呢，股市又成为大家关注的焦点。今天来到我们《往事》作客的是一位职业的投资人，殷保华先生，您好！

殷保华：您好！

主持人：很多股民把你称作“民间股神”，还有一句话更有意思，说是“认识殷保华就是认识人民币”。那你对这些称呼是怎么看的？你喜欢这些称呼么？

殷保华：喜欢是挺喜欢的，因为这是我的成就，为什么呢？我就是对股市作了一些研究，研究之后在重要的媒体上，也发表了一些我的看法。这些看法都是未卜先知。

主持人：你从2001年一直到2006年，连续5年，把（大盘指数）大顶大底全都准确地预测到了？

殷保华：对了。

主持人：你是一个技术分析派，假如说从5年的数据来看的话，你（预测的）的误差在多少？

殷保华：平均在3‰内。最绝的有大概七次，一个点都不差，而且都是大顶大底。可以查阅上海的《理财周刊》、《文汇报》、《国际金融报》，还有《天天证券》，我都有白纸黑字留在上面。所以有个深圳读者，他到上海来专门把5年的《理财周刊》买到深圳去，查阅下来，没有一次错误。所以他佩服得赶到上海来，拜我为师。

主持人：我知道现在股民对你相当地推崇。但是我曾经听说过这样一种说法，说股市无法把握，说他真正了解股市的人，都是骗人的。

殷保华：对。

主持人：那你了解股市吗？

殷保华：我了解了。

主持人：那你是在骗人吗？

殷保华：我不是在骗人，因为我有事实证明了我这个数字的精确性。国际上完全是按照这个理论涨幅的，包括中国银行，就是最高点减最低点的余数，再减一次，就是3.27元。我就在《理财周刊》上说，3.27元是中国银行的买入点。想不到一个月涨了75%以上。

主持人：你是通过数据分析来告诉大家股市的一个走向，同时也用数据来说话？

殷保华：对，用数据说话的。我没有像股评家一样的，什么大概的、可能的，而且我在《文汇报》上都写，必到，必然的必，就是必到，一定会到，从来不会写左右，墙头草的这种。

主持人：我听下来真的是挺神的，可以预测到一个点都不差，假如说真的能够把握股市的起起落落，你能不能透露一下，从你1996年入市开始到现在，你从股市当中获得了多大的收益？

殷保华：这个也可以说一点。我有自己的种种原因，当时口袋里是没有钱的，我现在已经做到，打个比方说可以做慈善事业。就是去年，我已经能够捐献100多万人民币给红十字会、慈善基金会、杨浦区的贫困小学生，还有全上海的重度近视眼的贫困学生，确实挣了，也可以说是对我来说是天文数字。因为我们过去是工人，现在基本上能过很舒适的生活。

主持人：你从股市当中获得了财富，同时也在通过股市当中获得的财富去改变别人的命运，去做一些善事。

殷保华：对，做很多的善事。

主持人：听了这些，观众肯定把你当作一个从股市当中获得成功的这么一个标榜。可能对你以前怎么入市，对你在股海当中的这些经历非常感兴趣。我们回到你第一次入市的那个时间，1996 年。

殷保华：对。

主持人：是一个牛市的尾巴。当时是一个什么样的机缘让你进入到这个市场？

殷保华：事情也很巧，因为我是新亚集团的（员工）。那时有一个新亚股份上市，过去上市每个股票都有一个叫职工股。我有 900 股职工股，那么 1996 年正好新亚股份上市。我 1 块多钱买进的，等到上市是 12 块，我抛掉了，就觉得股市这么好挣钱。

主持人：以前对于股市是没有概念的？

殷保华：不但没有概念，而且是很反感的。因为单位里很多人比我炒股票炒得早。他们一谈股票，我就觉得股市都是假的，因为就像赌博，你也挣钱他也挣钱，那么钱从什么地方来？所以我很反感。自从新亚股份让我挣了第一笔钱之后，我觉得这个倒很神奇的，1 块多钱买进，到 12 块钱卖了，这个钱好像是暴利的性质了。

主持人：几千块钱，差不多 5 000 多块钱。在 1996 年，就是这么一转手，就有了。当时拿到这笔钱的时候，心里什么感受？

殷保华：感觉这个钱一定要去参与这个资本运作。赢到这么多钱很兴奋的，因为我单位工资只有 1 000 块钱左右。后来进去以后买了飞乐音响，第二天挣 200 块钱，那我就激动了，把所有工作的钱，就是包括装空调，帮人家修电视机、录音机，这种小钱合起来的大钱，大概有 20 000 块钱不到一点。我全部投入股市，当时还是万元户，想不到（操作股票）技术还不行，也可以说一点不懂的时候就投入了，买了一个叫原水股份，9. 5 元买了，10 分钟就套牢，3 个跌停板，在 7 块钱抛掉了。

主持人：那个时候肯定心里备受煎熬。

殷保华：输掉钱，一下子从天上掉到地上。突然感觉到股市有风险，一下子把钱输剩 1/3，睡觉都睡不着，天天想着这个股票怎么办，怎么办。

主持人：当时一个工人月薪，您刚才说了，也就 1 000 多块钱，那一下子在股市当中输了那么多钱，会不会对自己的生活有影响？

殷保华：很大影响啊，家里的爱人，还有家里的正常生活。因为我输钱输了很多，她就觉得我做错事情了，所以我在家里老是引起不高兴。到最后，就是大家分手了。

主持人：它给你的生活带来了很大的打击。你还有孩子，当时还要供他念书。没有这些钱，你怎么办呢？

殷保华：所以我很焦急的，我就每天把别人不会装的空调，硬揽下来，因为我自己很会动脑子，就包括十几层的高楼的那个空调。

主持人：非常危险！

殷保华：对，很危险，人家不敢装，我来装。

主持人：股市和股票深深伤害了你。那你有没有在自己心里说，以后我再也不碰它了？

殷保华：当时想过的，我再也不敢进去了。我就停止操作了很长时间。就是说，算了，不能玩了，好像都是空虚的，这股票都是假的。我很后悔当时进了这个股市。

主持人：可我知道后来你又进去了。

殷保华：进去也是一个机会。就是有一个黑马俱乐部，在新城饭店开会的。我原来都是回避的。有几次回避不了，那里空调坏了，让我进去修。

主持人：之前你回避是眼不见心不烦，也不去听了。

殷保华：钱也输了，我也不听了。正好一边修，一边听他们讲讲，这个也奇怪，因为我觉得他们好像这么热烈地在讨论股票，我觉得股市应该说大概有机会了。所以又有一点点希望了，去听他们的课。

主持人：是不是在课上，我看了相关的材料，你提了一个问题，那个问题好像还蛮专业的？

殷保华：我很认真地说，我说，老师，什么叫60分钟的55天线？想不到他看看我之后，头一转过去，没有回答我一句话，就走掉了。当时有很多同事都看着我，很难堪的，很尴尬的。把我留在这个新城饭店的大厅里面，我一下子就想找个地洞钻下去。

主持人：自己满怀热忱地去问这个问题，遭到了严厉地拒绝，而且是无声的拒绝。

殷保华：那么我就这样一羞辱之后，我觉得要去学，一定要去学。

主持人：你从来都是一个喜欢动脑筋的人吗？

殷保华：对。

主持人：包括你在做空调技师的时候，也不希望自己的工作只是把空调装上去，而要动脑筋和别人做的不一样。

殷保华：对了，所以呢，我觉得这个股市，我还可以去试试看。当时输剩5 000块不到一点的钱，我最好的决定就是把这个5 000块钱从账户里取出来，去买了一台电脑。所以我现在对电脑是最崇拜的。电脑是帮助人工作的。如果没有这台电脑，我怎么能看得到走势。

主持人：我知道您自己的学历本身不高，那这个学习的过程应该会非常非常地痛苦？

殷保华：对，包括电脑，包括哪个键我都不是很熟悉。我当时已经48岁了，那么我就是每天到证券公司，去看人家怎么打电脑，打什么键，打开什么走势图，那么我真是从头一点点开始学的。

主持人：刚才通过您的这些讲述，感觉你学习能力特别特别的强，特别愿意动脑筋，年轻时候是你身上的一个个性吗？

殷保华：不管什么事我都很喜欢研究，各式各样的，只要想做好这件事，我就是做得最好的。

主持人：您也当过兵，在部队里也是这样吗？

殷保华：在部队里，特别是射击，我是炮兵，但是我也很刻苦地学步兵的射击，我们炮连和步兵连比赛射击，我得了第一名，而且还掉了一颗子弹，就是少给我一颗子弹。我的环数都超过他们。我很喜欢研究，就是有一种竞争性的技术。

主持人：您今年是57岁？

殷保华：57岁。

主持人：您也赶上上山下乡了？

殷保华：对，当时我是知识青年，还不是水平很高。但是乡下一些农民，他对你就有点歧视，就像股票的歧视一样。那我也很想把这个事情做好。我学到后面，我插秧，跟我们那生产队里面一个最来劲一个老农民（比赛）插秧，到最后，也赢了他。当时的农民，对我也刮目相看。

主持人：您把自己的天性和天赋全都用在了股市上。当你经过了艰苦的学习，你认为自己已经掌握了一定股票知识储备之后，再次入市的时候，产生了什么样的情况？

殷保华：那就产生了神奇效应了。当时我也是预测，就是（2001年）大盘跌了400点，2 245点跌了400点。到1 817点的时候，我在《国际金融报》上发表了一篇文章，我说最后逃命的机会是1 888点，也就是说，还要涨70点，有个回抽，是最后的离场点。想不到，最高的这个点跟我预测的1 888点就差一个点。

主持人：在股市，你不光是在中小散户当中有一定的名气了。一些大户也开始注意你？

殷保华：对，有一次正好碰到一位超大户，有7 000多万资金的超大户，他请我去工作了。

主持人：这个时候你面临一个选择，当时新城集团，不管它薪水多少，但是在当时的人看来，它是一个铁饭碗。

殷保华：对，这个是我的一次生死选择，三天都没睡觉。

主持人：当时你们订立的协议是什么样子的？

殷保华：这个协议很简单，他先给我3 000万资金，只要挣10%，就可以给我提成10%。就是说，3 000万能挣到300万，就给我提成10%，就是30万。所以这个协议当时对我来说，感到吸引力太大了。所以当时我就把工作辞掉，去帮他操盘。但是这个失败了。因为这个老板的性格，他违反了“用人不疑，疑人不用”的原则。

主持人：他经常会和你在判断上产生一些冲突？

殷保华：截然相反的，他家里人都说他思路不对的。既然碰到这么高的高手，你还不信，还把我气走了。到最后我真是气走了。

主持人：你一天大概有多少时间是在研究股票的？

殷保华：那时候太多了，我记得晚上，我记得那时候最严重的失眠，一直到下半夜一两点钟睡觉，早上一般总归是四点半就醒了，最多睡两个小时。

主持人：因为股市，后来你自己很喜欢的一个女朋友也离你而去了？

殷保华：对，特别是有一个很喜欢的女朋友。

主持人：她是一个什么样的人？你们俩合得来么？假如没有股市的话。

殷保华：没有股市，很合得来的，好像还是关系很好的。就是我后来一个女朋友，真的是我疏忽了。每次她让我去买衣服，我（在电脑前）一坐就坐过头了，等到再想起来，商店都关门了。当时特别是钱少，要到七浦路去买衣服。那时七浦路四点多钟就关门了，我一坐就坐到七点钟，天已经很黑了。在这几次打击之下，把人家的积极性，感情确实是……

主持人：女人最在意的是男人要重视她。

殷保华：对，重视。

主持人：而且你重视股票比重视她还厉害。然后她有一种非常大的失落感，你忽视了她。

殷保华：这是我一辈子，也是很难再弥补的一个错。真的每次想到，每次都是眼泪汪汪的。真的，很难受的。

主持人：作为操盘手，你第一次成功，给你带来成功感受的是什么样的一个经历？

殷保华：就是后来帮第二个老板操作了“望春花”。

主持人：还是做这个？

殷保华：还是做这个。因为我离开了他，马上就去找了几个个人老板，他们都是做企业的，没有时间做股票。那么我就帮他们做了，想不到非常成功。望春花一路暴涨，而且大盘在暴跌开始望春花暴涨。所以我在这个股票上帮这个老板挣了很多钱。当时他答应我，按数字分成45万，后来他也多给了我很多。

主持人：那是哪一年？

殷保华：2000年。

主持人：2000年，45万对你来说是一笔巨款了？

殷保华：天文数字了。

主持人：当时你怎么数，怎么点这45万元？

殷保华：当时由于2000年点钞机也没有，特别是在浙江，没有点钞机。我就叫老板不要数了，随便给我一点。但是他想出来一个办法，他说我称，大概是多少，你称一称。后来称了一下，称了九斤。当时拿了这个钱都不敢留在浙江，当晚马上就坐火车到上海来。

主持人：你怎么带呢，这笔钱？

殷保华：当时就放在很破的那个蛇皮袋里。看上去也没什么，好像是农民工打工的那个行李，放在地上踩在脚下。一路到上海，脚都在颤抖。

主持人：然后肯定是一刻都不敢合眼。

殷保华：一点不敢合眼，还算好，路程比较短，四个多小时到了上海。这个是难忘的，一辈子都很难忘的。

主持人：在股市里那么长时间，从股市当中也获得了非常丰厚的回报。股市对你来说，它最吸引你的是什么？

殷保华：现在对我最开心的，倒不是利润。因为我挣了确实很多的钱，我觉得就是我把这个技术搞通，而且还可以跟人家交流，这是我最快活的事情。我现在就是瞄准国际上的超级大师。

江恩过去那种预测的点位也是相当神奇，特别是现在国际市场上有巴菲特、罗杰斯和索罗斯。我要超过他们所有的预测。我已经在圈内朋友之间，跟他们说了一下，谁能找到超过我殷保华的精确度或者时间度。我奖赏10万，我很自信的。

主持人：现在你的目标已经瞄准了那些国际上的大师？

殷保华：大师，他们的操作思路和操作精确点位。但是预测的精确点位，我好像还找不到目前能超过我，因为我有白纸黑字的证据。很想去申请吉尼斯世界纪录，不知道是不是可以。

主持人：1996年入市，今年已经是2007年，11年过去了。你在这个市场中，这些年摸爬滚打，起起落落。你觉得股市给你带来的最多的是什么？

殷保华：确实是改变了我整个家族的命运。

主持人：同时也让你获得了更多的尊重。

殷保华：特别是在上海，几乎在社会上活动的人，几乎都知道我殷保华三个字。

主持人：你是少数掌握了市场规律的人。那应该对自己这套技术非常非常地珍视，生怕别人知道才对啊。可是你为什么要频繁地举办很多的讲座？把这些操作的方式告诉普通的股民呢？

殷保华：后来我觉得在我朋友中间，在上海的股民中间，也有很多跟我过去一样的，那种没有方向的股民。那么我现在只是拿出我10%—20%的操盘技术。

主持人：讲座我知道很多会放在电影院，这样的一个场所，股民的反应怎样？

殷保华：上个星期星期天在国际电影院，又有人打110了。有一次来了14辆警车，正好是关键的时间。

主持人：大家都想来听；都想认识殷保华；都想和人民币走得近一点。是这样么？

殷保华：呵呵，这是他们说笑话。

上海电视台采访殷保华（右）

从女记者到投资公司老总

——记安妮的投资生涯

陈　霆改编

编者按： 安妮从女记者到职业投资人的传奇经历，很值得还在计划经济历史遗迹和市场经济中的“计划经济思维”的朋友们反思。她的后一篇演讲也很有思想，一并奉上。

安妮小于新中国几岁，出生在风景如画的太湖湖畔一个医生之家。她曾就读于著名的无锡市辅仁中学，插过队，对文学有着瑰丽的憧憬和相当的天赋，后与一位志同道合的文学青年结为连理。和多数同龄人一样，她的青春岁月有着太多的时代烙印。然而，安妮从未安于现状而停止奋斗，她通过自学考试获得南京大学和南京师范大学的中文系毕业证书，当过会计、电视台编辑，出版过散文、小说，导演过电视剧。她说：“如果人生都在意料之中，都被算计好，什么时候发达，什么时候倒霉，什么时候老死，那活着还有什么意思?”潜伏在她血液和灵魂中的渴望冒险和拼搏的基因悄悄地萌动起来，她内心产生了一种强烈的希冀和冲动。1990 年，安妮毅然放弃了在电视台的优越工作，选择了风险性极大的人生定位——下海。1991 年 5 月，她只身来到举目无亲的深圳，迈出了“改写人生”的关键一步，从而开始了她那充满挑战、富有传奇色彩的证券投资生涯。

一、从第一桶金到有产阶级

安妮凭着一种直觉，感到新兴的股市充满了机会与诱惑，感到其中既可能会遇到重大的风险，也会得到很大收益，这种刺激感将比贸易与做实业大得多。1991 年，她南下深圳，准备进入资本市场。

为了进入这一行，安妮事先已经作了充分的准备：重新学习经济学全套课程，将中外股市理论书籍搜索过来认真拜读。就这样从 1991 年 6 月到 1992 年 9 月，她在股市外整整徘徊了一年多。1992 年 9 月股市渐热，安妮开始买入她的第一只股票。当时深圳股市只有六只股票，大多为房地产股，而发展股已在 20 元上下，万科、金田、安达均在 10 元以上，最便宜的是宝安，仅 9 元左右，由于当时资金较少，她就选择了最便宜的宝安买入。但实际上这是犯了新散户入市时最容易犯的一个毛病，价位成为第一选择，这也使散户在钱未出手时就已经站在了对自己不利的败方。因为在当时，大户和机构选股靠质地，凭理性，价位只是其中相对不太重要的因素，这样他们买入之后才可能较长时间地持有，最后形成这些绩优股持续上涨。而散户选择的股票往往是“垃圾股”、“乌合之众”，众人追捧时无理性地飞涨，一旦树倒猢狲散，其股价可以一落千丈。而宝安股恰恰是相对较差的一只股。

1992 年国庆节后开市第三天的 11 时 20 分，安妮在排了三天队后，终于买到了 700 股宝安股票，价格为每股 13. 70 元，总金额 1 万左右。但当日下午宝安股在往上短暂地蹿了一下后便直线下跌，当天从最高位跌了 1. 70 元左右，安妮立即被套牢了。接下来的日子漫无边际而又痛苦，仅有的 1 万元钱被套住了。1992 年 11 月过去了，12 月又来临了，股市萧条肃杀，毫无起色。安妮曾期望股价能稍微上来一点，哪怕亏一点点，也坚决斩仓出来，但股市却像泄了气的皮球，怎么拍打也不肯起来。当时报纸上的股评家鼓励投资者不要害怕严冬，并且充满信心地说：管理层不会袖手旁观，决不会见死不救的。这也为安妮增强了信心，认为国家既然试验开辟股票市场，大胆搞改革开放，哪有不付出代价的道理？为有牺牲多壮志，敢教日月换新天！因而最终决定持股不抛。熬到春节后，正逢邓小平视察南方，银根也已有明显松动，经济已有回暖迹象，但久盼回升的股市却仍纹丝不动。有好几次安妮都冲动地想要卖了这700股宝安股，但新股民的不肯割肉的心态，使她忍了又忍，终于一股未卖。从2月底开始股市终于跃跃欲试，鲲鹏将飞了。安妮也在对股市的信息收集中，发现了一些机构的账户每天都在大笔买进，而且只买不卖。安妮意识到这一信号，并在一位女友的建议下，离开深圳想方设法去筹钱。当她回来时，宝安股人气急升，已升到20元以上，每股赚了7元钱！落袋为安，安妮痛痛快快地卖掉了宝安股，拎回了她在中国资本市场上的第一桶金——人民币5 000元。她看到熬了5个月的成果，既想哭，又想笑，终于大大地舒了一口气，倒在桌子上睡着了。

从证券市场上拎回第一桶金后，安妮将国库券全部卖掉并想办法从其他渠道共筹集到12.3万元。这时的安妮特别刻苦与用功。当时没有电脑分析软件，白天在太阳底下仰着脖子，能看到的只是跳跃着的行情，没有盘后分析，没有技术指标。安妮为了迅速切入市场，成为专家，决定手工绘图，人工计算各项技术指标的参数。安妮在买了绘图需要的图纸后，第一件事便是画K线图，作计算，KDJ线、MACD、RSI、OBV等等。所以从介入股市开始，安妮就是地地道道的技术派。由于当时懂技术分析的人寥寥无几，有心得的人更是稀少，安妮的首先投入使她首先受益，并在以后的操作中成为极有权威的“神秘武器”。

安妮用她筹集到的资金买了2万股金田股，每股价格为12.80元左右。买入后一段时间，金田股总是趴着不动，突然有一天，离收市还有半个小时，大量的买单10万股、20万股地买入金田股，一下子让它上蹿了2元多，并以最高价收市。第二天、第三天金田股天天暴涨，转眼已过了17元大关，每股赚了5元。有些人劝她获利了结吧，入袋为安，在这些人的劝告下，到第五天安妮终于决定抛售。但当她填好18.80元的卖单时，股票跳水了，金田股一下子跌去了0.90元，再想卖时，买单为零。这次股票大跳水是因为深圳的一家人行主办的报纸刊出了一篇《大暑大寒》的文章，欲叫股市不要这么火爆，结果投资者望风而逃，这也说明中国初期股市上政策及舆论干预的力量的强大。安妮由于当时没有注意到这一问题的严重，吃了这一次苦。从此以后，她做功课做得更加周到，将当时深圳上市的股票都进行了研究。在经过了一个多月的多空较量后，金田股又到达了18.80元的价格。为了使自己不再重蹈覆辙，她开始每天1 000股、1 000股地抛售金田股，2万股的金田股抛了一个月，从18.80元一直抛到22.30元，平均价为21.50元，凭着2万股金田股，安妮赚回了20万元，终于成为一名新时代的有产阶级。

二、巨亏是最能教育人的

由于在股市上顺利地拎回了自己的第一桶金、第二桶金……安妮对自己越来越自信，对市场越来越掉以轻心，危险的陷阱开始向她逼近……和很多人一样，没有大亏过的人，总会对股市丧失警惕。

当时安妮选择了深达声，她认为大市很好，而且这只股票是与深振业一起上市的，有几年的滚存利润，而且它已决定10送5。当时准备10送10的振业股价从40元炒到了60多元，而深达声此时仅32元1股，安妮决定在这一价位购入1万股。一个月后深达声仍在40元以下徘徊，安妮判断这只股票应到40元以上，因为这只股票所持有的概念非常多，如小盘、绩优、含权等。并且此时她已有了“大牛市赚大钱”的概念，虽然深达声曾一度冲到40元附近，但安妮觉得一股赚不上10元钱似乎就不过瘾，因此一直持有而未出手。（注：这是非常忌讳的，很多新投资者往往自己设了一个整数位，如：非要赚到10万元再抛，而不去顺应市场，不去客观地按市场给予可能的高位去抛，结果从盈利到微盈，终于大亏。）但天有不测风云，此时深圳市政府决定开始第二次大规模发行新股认购抽签表，结果使得大部分资金都聚集到一级市场中，二级市场一下子变得门庭冷落。即使有投资者涉足二级市场也是只出不进，市场像泄了气的皮球日益疲软。指数逐级盘下，个股面目全非，正应了一句古诗：“无边落木萧萧下，不尽长江滚滚来。”深达声的股价也一路下跌，从32元到24元，再到18元，一直到了16元。在深达声跌到24元时，安妮曾有过犹豫，但在牛市中长大的她尚没学会斩仓，更没有止损的概念，因此她也就一次一次地放弃卖出的念头。但在深达声跌至16元的时候，在老资格的股评家的劝说下，她终于咬咬牙，狠狠心，忍着泪水将1万股全部卖出，亏损50%。

这一次教训对安妮来说是第一次，她也希望这是最后一次。在以后的操作中她务求稳健、小心，把防范风险放在第一位。同时安妮也从中总结出一条经验，即对于有能力翻本的人而言，最要紧的是抓住机会，其次才是本钱；而对于无能力翻本的人而言，最要紧的是本钱，其次才是机会。这里面最大的区别就是：冷静、聪慧、钻研及投资理念的正确与否。安妮虽然在深达声上亏损50%，但她也学会了在资本市场上捕捉机会。深达声亏损是坏事，但这一役却是她在投资市场上的转折点，使她从一名普通的股民向专业投资者演化，她明白了止损的重要性。

三、试做股评家

记者出身的安妮，在炒股的过程中总结了很多经验，同时也深感市场上缺乏有关资本市场的理论书籍。于是在大市调整时她开始选择了另一种生活方式，她在1993年牛市过去之后出版了《股市通宝》丛书的第一本——《股票投资权威理论》，这本书汇集了美国、日本及中国香港、中国台湾当代最权威的股票投资理论、经验和技巧。随后又出版了这一套丛书的其他三本，分别是：《看盘与操盘》、《寻找最佳买卖点》、《股票投资技术分析方法与应用》。在著书的过程中，为了不脱离市场，应深圳《证券时报》之邀，安妮还在国内开辟了第一个股评专栏《大户室的谈话》，用对话形式来描摹市场、评价行情，刊出之后收到了意想不到的效果。此后，她又在《中国证券报》上开设《说股道经》专栏，在《上海证券报》上开设《安妮看盘》专栏，并在《深圳特区报》、香港的《文汇报》、《商报》上分别开辟了专栏。

除了撰写股评外，1994年安妮还在深圳开设了自己的电话咨询热线。她的声讯电话不到三个月话务量就跑到第一位，又过了三个月，其话务量超过原来前三名的总和。安妮能在这么短的时间里取得成功，原因是她紧紧抓住了听众的心理，首先在声讯电话中推出了对个股的评介，将股评重点放在选股上，推出"不看指数做个股"的理念；并在声讯电话中对宏观经济加以评述，对政策导向及时报道或预测。她在1994年7月底提早预测熊市中管理层可能推出利好政策，而事实上在8月1日媒介就公布了"四大利好"。这样一来就使她的股评更受欢迎了。此外她还首次推出了早、中、晚三档声讯节目，早晨在开市前，中午在收市后，下午在全天结束交易时，作最及时、最准确、最全面的评述。

但久而久之，安妮开始感到十分劳累和厌倦。于是从1996年开始她逐步停写在海内外开设的六大专栏，1997年1月又停止做声讯电话，逐步地从"股评人士"的队伍中解脱出来，潜心提高操盘技巧及证券投资理论水平。从此，她开始了另一种相对平静的生活。然而，勇于挑战的基因，又使她的内心不平静起来。于是她又转而开始了另一种生活。

四、大风大浪练本领

1996年12月，安妮已从《人民日报》上的一篇短评中看到了中央对证券市场的不满。此外，管理层一是在市场上广泛进行风险教育；二是12月9日，中国证监会发出加强风险控制的通知；三是12月14日公布涨跌停板制度。安妮决心响应党的号召，12月1日狠下决心帮所有的客户平仓，但二、三线股依然疯涨。她们终于沉不住气了，决定以19.70元买入深发展。

但在12月15日，在北京图书馆举行的大型股评会上，沪、深人士还认为大势上涨趋势不可逆转，只有北京一位小伙子上台就说：股市将大跌，大家一开市就坚决卖出，不要错过最后的机会。此话引得全场震惊。安妮当时也以为他只是哗众取宠。谁知当晚《人民日报》评论员的文章

《关于目前的股市形势》就发表了，文章批评股市充斥着投机之风，已经丧失了理性，并指出，目前中国股市20倍市盈率才较合理。安妮通宵未眠，她意识到会有三四个跌停板，于是让客户们在跌停板上全面出货，但结果大部分都未成交。

幸亏安妮持有的是深发展和琼民源，结果琼民源连升7元，股价上涨到19.80元，直冲到26元。安妮她们迅速地补回了损失，并有意外收获。

1997年2月28日，由于媒体批评琼民源的日渐增多，她们以“君子不立危墙之下”的精神，中午召集客户经理开会，让大家分头通知客户，指出下跌风险已大大超过上涨空间。自己的账户大部分安然撤退。

几年来，安妮在中国股市的狂风巨浪中苦练着运作本领，不断地学习、进步。

五、从操作室到咨询公司再到投资管理

安妮不仅仅是一位较成功的投资家，还是一位愿与他人分享成果与快乐的人。在向那些需要帮助的人传授投资知识、技巧中，她有着无穷的力量，享受着无尽的乐趣。金钱并非生命中的一切。1994年10月她着手开办中国第一家“短线培训实战操作室”，地点设在建设路中银大厦。当时股市十分低迷，但安妮提出了一个口号：风暴中心是安全的。这中心就是基金及权证两大孤岛，当时的深圳市场各大机构为了维持生计，不得不依靠自营赚取手续费，由于基金及权证都不缴税，手续费相应低廉，往往一分钱就能打平，所以基金和权证也就成了大家“埋地雷”和“吊篮头”的最好目标。早晨，他们和客户一起在买盘上埋一个低价地雷，同时又在卖盘上挂一个高价篮头，下跌时“地雷”炸了，上升时“篮头”中了，一天下来价差三四分，如果买10万股、20万股就有3 000—6 000元的收入。这使操作室里的成员都有收获，特别是一家机构派来的三个年轻人，100万的资金炒到180万，时间不超过三个月，使他们的老总大吃一惊。此外安妮还先后在深圳、上海、广州、武汉、天津等地，开办了30多期高中级培训班，参加培训的达万人以上。

1995年12月20日，为了把《股海信息飞船》继续办下去，安妮投资咨询有限公司开张了，当时客户只有12个。为了让客户多起来，安妮他们决定将《股海信息飞船》改为《安妮证券市场传真》，将原先的期货版删减，大量增加股票市场的内容，尤其突出个股推荐，每天沪、深两地各推五只股票，供客户充分选择；并在此基础上积极出外联系，发展新客户。由于成功地抓住了市场机会，找到了诸如深振业、南山基金、深发展、黔轮胎、蓝星清洗、青岛双星、华意压缩、国际大厦等多匹黑马，公司资金由开业之初的普通大户增长了几百倍。

伴随着中国股市的成长与发展，安妮投资咨询有限公司也已逐步转变为如今的安妮投资管理服务公司。他们以“理性投资、长期收益”理念为旗帜，以专业投资决策和多样化投资为手段，在投资策划、资产管理和资本运营、咨询服务等方面进行全方位的服务。公司业务涉及投资管理、资产委托经营、资本联营、投资策划、项目评估、并购重组、产权交易、公司理财、发展战略设计、核心能力设计、企业形象设计、经营业绩诊断、企业管理评价、个人理财、融资渠道安排等。

安妮女士发挥女性敏锐、理性的感觉，凭借社会学、投资学、政治经济学、文学、心理学、民情风俗学等多种知识，从全面的视角观察资本市场，在中国证券市场上已经成为一个风云人物。

但从2000年起，她已退出了股评队伍，专门办公司去了。

经营证券就是经营人生

编者按：安妮这篇对复旦同学的谈话既谈了人生，也谈了股市，充满哲理与智慧，如她对B股的判断完全正确。

主讲人：安妮

主持人：谢百三教授

时间：2001年5月下旬

地点：复旦大学3108教室

各位复旦的同学，你们好！今天到复旦来，是因为欠了谢百三教授一个人情，已经从上一个世纪欠到了这一世纪，不还不行了。我今天刚好到上海书城来为我的新书签名售书，晚上就有机会到这里来给大家开讲座。在座的都是复旦的学子，也是我们祖国的未来。复旦是中国乃至世界上一所非常有名望的学校，我到这里来应该更多地向同学们学习，向在座的大学本科生、硕士、博士和老师们学习，而不是到这里来给大家上课。

一、人生需要经营

谢老师跟我讲复旦的学生都比较喜欢听人生哲理。在我们中国，可以说，改革开放是近20多年的事，资本市场是10多年的事，而大学生要开始自己找工作是这几年的事，所以对每一个大学生来讲，我觉得可能最主要的不是在学校里就想怎么去赚钱，或者去开什么公司，而是找准自己的人生定位，这是人生战略考虑。去年暑假的时候，我周围很多家长的孩子要考大学，大人个个都很犯愁，说为什么中国升学率和新股中签率一样低呀？这肯定是我们中国的传统计划经济一个弊端，没有把教育当作产业来办，而仅仅把它当作一种公共事业来办。好像是政府给你的一种福利，至于福利享受多少是政府给你的恩赐，而不是一种社会的需求。直到现在，学者提出要把教育变成产业，但实际上在办学的过程中还是有很多的条条框框，这使得许多真正想投资教育的人就不能进入，就像我，我想投资复旦，但是复旦肯定把门关上。你是何方人士啊？但在国外就不是这样，你想投资，符合它的产业政策，那就OK。

现在高中生会考不上大学，大学生会找不到工作，这都是社会问题。我在《证券市场周刊》发表过一文，大意是高中生考不上大学，大学生找不到工作都别着急，不要紧，可以在证券市场上岗。自改革开放以来，这是最好的一个职业，而且至少可以兴旺10年。大家可能会不相信，我下面可以举一些具体的数据，现在中国的资本市场，A股的投资者是7 000万，7 000万对于我们13亿人口来讲比例还是较低的，和美国43%的比例，和新加坡的比例，和日本的比例相比，是最低的。我们有8亿农民，小城镇的政策一旦开放的话，8亿农民中就有2亿人可以变成城镇居民。但是城镇居民很多是没有工作的，是无业游民，这2亿人不可能都去搞那种洗头洗脚什么的服务行业。服务行业就有向高层次发展的需求和趋势。高层次的发展我们知道，就是银行、证券、金融、保险等行业，需要的是高智商、有学问、有人格的人才。而在这三者当中，我觉得人格是最重要的。去年，全球500强企业的总经理开了一个总裁会议，在会议上讨论什么样的员工是最好的。我开了这么多年公司，我觉得品格好、诚实诚信的员工，是最好的。学历也好，智商也好，都是可以培养、可以造就的。但是人格是受你父母、教育、社会背景等影响而长期造成的，不可能一天把它反转过来。不像股市，说反转就反转了，熊市变牛市，人格需要经过长年的熏陶。自己要进行主动的修炼，如果不修炼，即使有比较好的学历，但是你老是觉得人家亏欠你、辜负你，这是因为你的立足点不对。对问题的处理在于我们看问题的方法和立场。譬如说我是一个大学生，现在口袋里只有1元钱，有的同学就会想："哎呀，我好穷啊，只有1元钱，今天吃了两个面包明天可能就没饭吃了。"但是有的同学——如果他是农村来的——就会想：很好，我还有1元钱，我还能生存，至少我还有今天晚上的机会。这是一个例子，还有一个例子：有一个香港作家，他经过努力以后买了一辆很新的奔驰车。这辆车他放在一个停车场，才买了两天，不知道谁把他的车划了一个大口子。当时他很心疼，很棒的车给人划了一道，他很不舒服，想找人吵架。可是过了几天呢，他朋友把他这辆车借走了，后来汽车翻了，车都翻烂了，但是他朋友却死里逃生，这时候他就想，虽然我的车坏了，但是他的人还好，车坏了没事，没问题，我那朋友还活着呢。所以非常重要的是你对这个问题的看法，而不是问题本身有多严重。

有一次有位记者问我，"如果用一句话，来告诉你的读者朋友，你觉得你人生的最大教诲或者格言是什么?"我说那很简单，我就说一句话："人生是需要经营的。"企业需要经营，产品需要经营，人生更需要经营，你就是你自己这个人生的董事长，出了事你得负责。所以我觉得一个学生走进大学校门的时候，只是开始自己人生的第一步。人生经历，逆境也好，顺境也好，对我们来说是多么大的无形资产，这就是财富。所有的同学都不要以为，爸爸妈妈给你的，或者自己挣到的钱是财富。我觉得这些都是很外在的东西，是既会流失也会失去的东西。只有你个人的经历才会完全属于你。有一位香港大学的老师，给我们举的例子很清楚：在大学生中做过一项统计，老师讲的你能够终身记住并对你的人生有作用的，只是7%；通过老师讲的，或者是同学说的，或是经过你自己头脑思考的东西，你再讲述给别人听，你能够保留的是23%；但是你人生经历过的东西，记住的可以达到90%。所以我也跟我自己的小孩讲，我们动员你到国外去是让你吃苦头的。当初外国大使馆批准他去国外读书的时候，他开心得蹦起来。我跟先生笑着说："你正中了我们的计了。"去了之后，他才知道留学不是一件很容易的事情。

我们心目中所想象的好东西，并不一定像我们想的那么好，也并不像我们想的那么坏。我不知道同学们是不是有过这种经历，也许同学们已经很沧桑了。我觉得现在年轻人有一个优点就是他不单纯不幼稚，而且他会动脑筋，有自己的结论，不像我们这一代，"文革"期间毛主席挥挥手我们就跟着走。看起来那时我们很豪迈，其实我们个人生命能够发挥的东西是很少的，也没有这种氛围，因为你发挥你就成为反革命。

我想提一句话，就是佛经里的"逆来顺受"，我们再把它推而广之叫作"顺来逆受"。其实各位现在都处在顺境中，也许你现在有很多不容易，像在单位里、学校里、宿舍里你可能会有各种各样的矛盾不快。但是你和全国13亿人民比起来，各位都是最幸运的，因为各位考上了全国最著名的大学，有那么好的教育条件，你要把顺境当作逆境来承受，在顺境中找苦吃。但相反，如果你以后碰到逆境，你就要逆来顺受。中国文化传统，很多来自佛经，很多人不知道逆来顺受在佛经里的意义，其实在佛经里，指的是真正有信仰的人把人间的各种磨难、逆境当作佛祖对自己的一种恩赐，因为你只有经过了这种磨难、挫折之后，你才会知道自己在这个社会上的作用。就像我儿子，他首先知道自己作为一个男人有多难，其次他也知道作为一个男人有多光荣。要不然他只是一个中学生，他不会像一个男人那样前进。在我们的文化里既有伟大领袖毛主席的教诲，也有老祖宗留下的教诲，还有一些宗教哲学的东西，我们应该从各种东西里面吸收养分。可能有些人觉得我比较狠心。曾经有一个记者写过一篇《安妮教子》的文章，很多人看了后都哭了，他们说你的心真狠啊，我说这不叫狠。爱子，你就要反着做。如果你现在很溺爱他，什么都顺着他，那么他很可能以后会弱不禁风，不能面对社会上成堆的问题。

二、学会寻找机会

下面我们来讲第二个问题：怎么样"逆来顺受"？你可能会想，我们还没有大学毕业，我们应该怎么做？其实在顺境中发迹的深圳人，有几个就是所谓"少年得意"的人。他们在很年轻的时候就成了亿万富翁，但大都没有很好的归宿，在中途夭折了。现在有很多北大、清华毕业的小青年学硅谷搞公司，我和很多青年发明家接触以后，发现他们的管理意识是非常薄弱的，根本没有人事管理、财务管理的概念。他们只知道往前闯，弄一笔风险投资回来，然后就拼命干。至于这些钱用到哪里去了，只有他们的财务人员知道，他们自己搞不清楚。到后来钱也没了，东西也不知道搞到哪里去了。这说明什么呢？中国有句话叫作“大器晚成”，和美国相比绝对是两个概念。在美国是主张少年就创业的。这两种不同的文化冲突，不存在孰优孰劣，因为文化是从土壤上生长起来的。在美国“少年创业”是与他们的教育有关的，而在中国“大器晚成”则与它的制度有联系。美国学生从小学一二年级起就开始在电脑上工作，三四年级就开始做思考题，而不是灌输知识。高中的学生就开始跑上市公司，对企业进行财务调查。到了大学，学生已经能和老师平起平坐地讨论问题了。哈佛有一句名言：“在这里你学习的不是知识，而是思考问题的方法。”我觉得这种教育模式与中国完全不同。知识确实可以从校内、校外的任何一方得到，不一定要在大学校园里学习。但是思维的培训，我想只有在著名的大学里你才可以学到。思维的培训是一个人最基本的东西，学会思考以及思考的方法，是很多中国人所缺乏的。我现在也在读博士，因为我永远觉得有很多课程对我是新的。

我本来是电视台的，我有一本书是《安妮投资生涯路》。我在电视台搞文艺，自己本身是学中文的。我到了深圳准备下“股海”也是经过反复思考的。我是1990年5月去深圳的，开始在电视台，后来调到北京中国文学基金会，那儿也是一个很有钱的地方。我的工作是在南方开一个办事处，一方面看看海南回来的作家，另一方面看看投资机会。我到了深圳就觉得股市的机会非常大，因为当时在股市中的人很少，不到1万人。证券部也很少，只有三个证券部。但是我觉得只有人们不懂的东西里面才会有较大的机会，这也是我的人生经验告诉我的。我插过队，下过乡，后来又做过会计、记者、文艺编导，后来又跑到深圳开公司，什么都做过。我曾经说我是工、农、商、学、兵（红卫兵），都做过了。在这些行当中，我就觉得别人不懂、不愿意做的东西才会有机会。别人都愿意干的事情恐怕就不会好。因为中国人口比较多，中国的竞争激烈，所以中国的哲学主要讨论的是人与人的关系。外国的哲学主要讨论人和自然的关系，他们环保意识比较强，而中国人的人情意识比较强，关系学比较强，所谓的《厚黑学》比较盛行。所以你在和别人竞争的时候要避开一些东西，至少要避开别人都擅长、都熟悉的东西。我到深圳去首先是考察市场，发现这市场非常好，因为它很小很乱，不成形。真正的英雄都是乱中取胜来的，有序的市场环境中产生不了英雄，只能产生一般的管理者、白领。梁山泊的英雄个个都是乱中取胜，在秩序中不可能走出伟大的领袖。所以毛主席的哲学是先破，破中取胜。这非常符合他的性格，也符合他的经历。例如在处理朝鲜战争问题上，我就是不理你美国，我就是要帮朝鲜，我穷我怕谁！首先要打破这个秩序，不是维持这个秩序。股市也是这样，你在计划经济框架下想出一个别人不明白的东西，奇怪的东西，这里面就存在很多的机会。很多人把它说成资本主义的草。很多老干部参观完深圳去参观证券市场，痛哭流涕：“啊呀！中国变了，中国腐朽了，中国倒霉了，我们打下的江山付诸东流，给资本主义霸占了。”一种新东西出来后你要敏感，就是我们说的创新精神。在学校里人要学习的是新的学科，学到的是最新的思想方法。咱们既要学习老祖宗留下来的有效的东西，也要学习外国人留下来的行之有效的东西，这样我们的民族才会很快发展起来。我们在踏出校门时首先要靠自己，而不能苛求他人与环境。当年我到深圳的时候，没有找工作，而等工作来找我，因为我的一些深圳电视台朋友问我是否想到深圳来干，我说我出了电视台的门就不想回来。我走时电视台台长说了这样一句话：“这个世界是属于胆大者的，不属于胆小者，你这样出去对我们来说是一个不小的冲击。我可能出不去了，我有老婆孩子，又有位子、房子、车子，我是五子登科了。”这五子既是好事，也是坏事。后来我们的广播电视局请我回去在大的报告堂作讲座，他们都来了。新闻部部长后来在敬酒的时候说：“我当初就是太早五子登科，不思进取，你看我现在还是一个新闻部部长。你这样开辟了一个新世界，而我却守一个旧摊子一辈子。电视台的待遇不错，但我明显感到出去的人和不出去的人是不一样的。他们的心态，他们所谈的话题非常老，除了电视台和孩子就没有别的事情了。”我说：“你自己这样担心孩子的健康学习，你自己又往前走多少呢?”他说不瞒你说，我还是老样子，就这样维持着。并不在于做多大的官，而在于你的心态，在生活中你保持了怎么样的心态，你在生活中是进取呢，还是守旧。我们大多数人为了维护秩序选择守旧，但也有很多人为了使社会发展选择了进取。

三、具备创新思维

大学生有一个很重要的任务，就是要创新。中国改革走到这一步，如果它的制度创新跟不上就很难成功。如果你给企业带去的不是创新而是一份十分简单的劳动，那么你也很快会被淘汰。因为会有很多更年轻、更有学问、更有冲劲的人代替你。这让我联想到了美国、日本、中国的人才政策的问题。美国式的人才政策是榨汁机，不论资排辈，只要你有能力，什么位子你都可以坐，也许两个月后你就成为副总裁了，它让你每一分钟都想怎么为公司工作，为公司赚钱，当然你也赚钱。在日本企业是比较传统的，有的人甚至是终身留在一家企业里。员工很听话，也很守纪律，但是没有创新意识。我们中国的企业有点“四不像”，既不像美国，也不像日本。有的企业是家族式的，它很稳定，像浙江宁波等地的企业。它的员工永远没有新人加入，是近亲结婚。它的第一代、第二代是没有问题的，由于各方面的因子比较稳定，所以它暂时也是很好的。但是它的第三代、第四代会出现问题。还有一些是国有企业，在用人方面没有什么选择权。进去后，你的职位也许比较稳定，但是人事关系比较复杂，周围的牵制比较多。因为国有企业的职位不是靠努力和业绩上去的，特别是上层职位，靠的是关系。你越努力，越容易碰壁而得不到赏识。因为你越成功越出色，上司的位子就越得不到保证。大学生在国有企业会找到一份稳定的工作，但你会发现，你可以发展的空间较小。在金融行业里，我觉得它的人事制度是最活跃的，也是最革新的。

四、有危机感

以前我们的券商不要求开发客户，等客户上门开户，然后我给你拉单，查查电脑就完了，因为他不求客户。但是随着市场的平均化，有些券商已经产生危机了。好一点的券商就提出半年里把所有的操作员变成经纪人。这就给原来的交易员压力，你必须有客户，而且你的客户也必须有成交量。这时候就产生了真正的竞争，也就有了很大的人才空隙。我觉得新一代的大学生就面临很好的机会。据统计，整个证券市场的从业人员有100多万人，而大部分的人都是在旧体制下成长起来的。他们的职能就相当于以前银行的柜台小姐。现在银行已经开始裁员了，证券部由于发展迅速暂时还不用裁员（中国有全球最高的手续费），证券业能够维持它。但是在未来的3—5年的时间中，股票不是上网认购，而是要你上门推销了。买了以后不一定能赚钱，基金也不是50亿元了，也得你推销。在国外，证券从业人员非常敬业，譬如说有人要炒H股，我们这儿的很多人无法到香港去开户。我就随便给某个经纪人打个电话，叫他星期天来给我们客户开个账户。那个人非常高兴，说太谢谢你了，怎么你现在还想着我呢。我说你上次不是和你的总裁一起来看过我的吗？我的印象比较深，所以就叫你来了。我约他星期六早上九点钟见面。星期六一早九点差五分，我请他进办公室。他进来以后我大吃一惊，他是由他太太扶着进来的。他的整条腿根本不能走路，全部都歪了，拄着两条拐棍，蒙着纱布，一跳一跳进来的。哎呀！我说早知道你这样我就不叫你来了，换一个人不就行了吗！“老师，”他说，“你不知道我们现在香港人需要快快努力呀。你们上海、深圳不得了。你们的市场在发展，我们的市场在走下坡路呀。我们不努力就没有饭吃了，你给我这么好的机会我怎么能放弃呢！”后来，我们请他吃饭，他说：“不用了，我们经纪人有规定，不能随便让客户请客。而且我还得搭亲戚的直通车回家。”这就给了我一个很深的印象，我们一些证券商的工作态度根本不能与他相比。我国数一数二的证券商，他们哪有这种敬业精神呀！恰恰相反，三点钟一收市，他就在那儿打乒乓球了。然后B股一开市，就在那儿埋怨我们忙得累死了。我说你不应该这样讲，累了是好事，不累你没人上门，你才难受呢！他们没有这种危机感，再等两三年就没活干了。我们现在大都在网上做，是网上交易，不在你证券公司大户室里做了。这样成本又低，不用去证券部上班，人又自由，我把证券部里的大户室比作牢房，每天对着电脑很难受，很多同志长久呆着都生了病，钱是赚到了，人也倒下了，这不值得。我们现在办公室里上网交易，这是趋势。而且网上交易成本很低，即使是散户他都给你打五折，资金大可以打四折，甚至还可以谈，最后券商答应只赚20%的手续费就可以了。如果到那天，证券部还可养活你们那么多人吗？那么高的工资和房租。在台湾，现在的证券部都改得很小了，香港的证券部只有十几平方米，没有大户室，也没有散户在看屏幕。但中国的证券业刚起步，台湾、香港都有二三十年历史，要把那么多农民变成股民还有一个漫长的历史过程。有眼光的券商已经到农村去开服务部了，这样的话，他才会有客户。在上海这种地方，券商实在太多了，他没有了发展前景。

五、证券从业人员人格很重要

到农村去开证券部，条件更差，奖金更少，但你必须为这些人服务。所以大量的人会去网上交易，证券部对人格的要求也会越来越高。有些人认为做交易人人格不是很重要。但我为大家列一个数字：第一代的红马夹，现有27个人呆在监牢里。为什么会产生这种情况？就是面对巨大的资金，我可以很容易把别人账户的钱放到自己账户里来做，而且不被发现。如果T+0成功了，钱赚到了，这钱就是我的。赚不到，这钱越积越大，就形成了一个窟窿。所以当时的第一批红马夹大概有147个人，有27个在里面呆着，你看看比例有多高，20%多。不是说这些人不好，而是说明你在面临巨大的诱惑时，你的品德就会面临巨大的考验。这一大笔钱垂手可得，很多聪敏的人，特别是一些年轻的小伙子会去拿的。如果你要进入证券市场，你就要经过一个很大的人格挑战，也许你现在认为人格是不重要的，认为成绩是最重要的。但是，你要知道，在股市当中，也许最重要的就是这一点，在股市当中你会被套牢，也许你亏损会很多。有很多记者就经常问我入股以来最大的一次挫败是什么，最难受的一次经历是什么。我说是我在入股半年以后，购买的一只叫深达声的股票，当时它是一只小盘股，它出了一个公告，送股。我想这很好，有了一个送股的题材，一定能涨，于是我就买了。买了以后，它就下跌，从18元一直跌到12元，这时候我就急了，想这个题材怎么这么没有用呀？送股这总是件好事吧。那时的市场震荡得很厉害，就像现在的B股，一跌就跌掉了。于是我再也忍不住了，在跌了一半的时候，我说我不行了，再不斩仓我就睡不着觉了。炒股票不是为了买难受，我还是把它给卖了。卖掉的结果很明白，一卖它就涨了，因为很多人和我一样睡不着觉嘛。后来从这件事我就觉得有些经验是可以总结的。第一就是，往往在你最痛苦的时候，你不要去作什么决定，你应该等待。因为在最痛苦的时候，你的决定很容易受你情绪的影响，很容易不理性。“文化大革命”的时候很多人因为痛苦就去自杀了，其实你只要熬一熬他们就会给你平反。但那时候就有很多人会受不了。第二就是股市里的题材，不一定会有你想象的那样有效率，而是股市当中的趋势相当重要。但从那个时候起，我们的股票就很少有50%亏损这样的情况。我买的时候会非常谨慎，卖的时候也会非常谨慎，有很多错误的决定来自一念之差。“文化大革命”中很多著名的作家、演员、艺术家选择了结束生命，受不了精神的折磨。我以前学中文，也是一个比较感情型的人，写了很多小说、散文，导演过电视剧。但是在市场上，当你经历了很多事情，你就会慢慢地变理性。而理性往往使人痛苦，和自己过不去。有人说心字头上一把刀要忍，对于这个忍字，有很多种不同的解释。我认为，这个忍上的一点，是要你放到下面去，叫你不要锋芒毕露。当你受不了时，当你愤怒时，你要把这种锋芒埋下去，这才叫忍。到适当的时候，你可以来发挥它，因为真正有力量的东西，你要相信它是压不住的，而真正没有力量的东西，你要扶也是扶不起来的。

六、不怕人生有波折

其实在人生道路上，我的波折也比较多。在“文化大革命”时，我只有15岁，就代表我们造反派上北京，找国务院、找中央军委告状，要把我们师的冤情都平反过来。所以我可能从学校起就比较张狂了，我读初二时就当上了学生会主席，15岁时就成了一帮造反派的头头了。然后又带了一帮老干部，市委书记、市长等等把他们藏起来，怕别人来迫害他们。结果，“文化大革命”平反后，他们都恢复原职。他们来找我说我很厉害，带着他们到处躲藏。我说我们是保皇派，保住了他们，江山就有了。从年轻时，我就一直比较活跃。但活跃的问题是，“文化大革命”一结束，搞“五一六”的人就开始找我了。我成了“五一六”重要的策划分子。他们又都不信，说一个16岁瘦瘦的女孩子怎么可能那么厉害，于是我就装傻，说了些幼稚的话来蒙混过关。这时候我家里的情况也不好，家里都进了学习班，我一个孤苦伶仃的女孩子只有在乡下好好干活。好在贫下中农也很照顾我，叫我做些轻活。我会拉小提琴，给他们带来一些精神的愉快，我挺能混的，他们也就给了我工分，让我带着宣传队给他们拉小提琴跳舞。我又会写毛笔字，到处写毛泽东思想万岁，整个队给我搞得是歌舞升平。当时我还提出我可以给你们致富，为什么呢？我发现每一次发水，队里抽水机的任务就很重，每天要很多劳动力，花一个月的时间，从早到晚地搞不停。我说我有一个办法，我去给你们搞一个柴油机，柴油机一抽水，一洒就行了。大队进行了讨论，说我这小妞说得对，问我能不能搞到。当时买柴油机要走后门，而我又和市领导很熟，“文化大革命”结束后他们都上来了。我给他们打电话，说无论如何要给我搞到一台柴油机，他们批了条，将柴油机作价60%就卖给了我们。这柴油机确实给他们带来了财富，他们不但自己打水，而且还将它租给别的大队。这大队后来赚了10万元，而我以后也基本上不用劳动了。所以我在插队时就总结了这样一条人生经验。我们队里的一些女同志非常苦，她们每天去插秧劳动，问我为什么不用，我就说，我告诉你们，人不是靠双手活的，人要靠脑袋活。这些女生一直很羡慕我，说我多舒服，不用劳动，又第一个回城，回城后又考入电视台，后来又去炒股票了。她们问我为什么永远是那么舒服呢？又不用劳动，又富有，别人对你又很好。其实道理很简单，人是要动脑子的。为什么你很辛苦，你也很省吃俭用，但生活质量老是不行呢？这就是人生的定位了，我们又回到原来的问题。你是拉小提琴的也好，你是刷标语的也好，你是插秧的也好，你要看看你最适合干什么。其实我在为大队买了柴油机以后，我根本改变了我的人生。大队长到处说我好，后来其他的几个大队也托我买，我就成供销员了，不幸的是我也就在那时候感染上了黄疸肝炎。我的父亲也死于肝病，那时候我才19岁，当时我父亲的后事是我一人料理的。我父亲是反动知识权威，什么病都不给他看，也不给他用药。我天天盯着工宣队队长要他给我父亲看病施药。工宣队队长说我是一个黑五类子女，怎么还这么凶，我当时豁出去了，我是小女孩怕什么。我天天被叫去汇报思想，而我也就趁着汇报思想时叫他们给我爸爸用药打针。他们觉得这小女孩很难缠。在人生那么多的痛苦和经历以后，我的人生态度变得十分积极进取，就要去改变这些环境，要去化解这些问题。有问题不要躲，就要迎着问题上。当时有一个工宣队队员非常恨我，认为我凶，抢了他的风头。于是，他逼我和我姐姐承认我父亲听敌台，否则就天天去坐飞机。我姐姐被训得受不了，说不如就认了吧。我说坚决不行，越说别人越整你。在“文革”的极“左”环境中，是“坦白从宽，牢底坐穿；抗拒从严，回家过年”。于是，我就到总工会，向总工宣队的领导告状，说要揭发重要敌情，工宣队的队长逼我们红卫兵听敌台，坑害祖国的花朵。如果你说要听，你陪我去听。后来，工宣队队长把我骂了一顿，也就不敢来找我了。（全场大笑）

七、不要害怕不稳定

即使你很小，或是你的地位很卑微，没有问题，这一切都没有问题。但你要对自己有很大的信心，首先你要想我不输过你，第二你要想我可能还会胜过你，第三你要想总有一天我还会统治你。只有这样，你才会对自己定位在一个很高的层次上。你也许会在家庭的经济压力下，大学毕业后找一个很稳定的工作，但你也必须知道，稳定的工作会有很多的竞争对手，稳定的工作也许是最不稳定的。举个例子，10年前，我从电视台跑出来，那时候，我们吃国家的，靠国家，很稳定。但是，10年后，我回去一看，很多像我这样的人都已经退休了，不是因为年龄到了，而是因为岗位没有那么多，所以，稳定当中也许包含着不稳定的因素，而不稳定当中，也许也有着极大的机会。不是让你们去冒险，找不痛快，只是人生不如意者八九，不如意的事情会在很多你意想不到的情况下发生。那时候我们炒国债期货，当市场初设定时，很多人不愿进去，为了刺激市场，深交所和上交所把保证金定得很低，只有2.5元，而且只要用5%的资金，你就可以买95%的国债现券。这时候，就有很多人被吸引到了国债市场。但由于市场管理不足，管理者没想到百姓会抢着买，国债市场炒得很快。期货由80多元炒到了180多元。180元的概念意味着你的盈利有整整95倍。由于市场是零和的，做多的人得到的钱是做空的人丢掉的。我就看见一对工程师夫妻2000万元做空，打爆掉以后，他们两人就坐在地上，人像棉花一样，硬拉拉不起。万国证券错误地估计了形势，认为保值贴补率不会那么高，因为国家可能舍不得拿出40亿元来补贴利息，自以为是地去做空。我们公司是一直看多的。我剖析美国的债市，认为美国在通货膨胀时债券涨了97倍，我国的情况汇报和他们极其类似，我国的国债不应该没有它高，而且国家正大量需要钱，一定是讲信誉的，因此国债就很高，所以我们大量看多。而一些国债现货的单位，反而看低看空，所以亏了很多。但期货是我们国家没有搞过的，所以我担心这样做反而会过犹不及。当国债炒到了170多元的时候，我们公司的人就在考虑，其中可能会有风险，这么多人赚了这么多钱。我们中就有几个人从3万元起家，这时候已经有了2 700多万元。当时炒国债是可以融资的，有很多人是以1∶10的比例融资的，那资金就像膨胀了一般。很多人说开始我们是抱着热水袋温和上升的，后来我们就是抱着炸弹、原子弹、火球睡觉了。每天我们不知道会发生什么，就来预测可能会发生的五种情况，我们想到可能会发生转型，但我们没有想到一点，就是政府会宣布暂时关闭市场。这时候，有很多人的仓位还很高，他们就天天看着我们来操作，在后面笑呀哭呀闹呀的。我们每天都疲劳，回家以后不想吃，不想说话，都变成疯子了。我说你们把钱拿回去吧，你们这样大呼小叫的实在受不了，而他们自己操作又实在不敢，1∶95的比例放大，一分钱就意味着一元钱的亏损和利润。为了能平仓，多头决定少赚30%的利润。而那些高位进仓、高比例融资的人财富急剧紧缩，空头的人账户也一下多了30%。

八、克制贪欲

在这种大喜大悲面前，你很难保持冷静，而这时纪律也体现了它的重要性。今天我在做讲座的时候也提到了，当B股创了新高，我们一定平仓出局，因为这又是一条纪律的牵制，在你已经赚了很多的时候，你要克制自己的贪欲、野心。（编者按：安妮谈这些问题时，B股已近240点历史高点；2001年6月1日后，又以几年时间一路狂跌到80多点了。）你要觉得自己是一个平常人，有着一颗平常心，留点钱给别人赚，不要一个人把钱赚完了。这时候也许是比较痛苦的，因为你想你的股票还可以上涨，你的成本很低，你还可以等，但是如果没有这种铁的纪律性，你在资本市场上就很难做到什么了。规范自己，克制自己，拿自己的贪念来开刀。就像我前面说的那一对老夫妻，他们退休了，完全不用拿2 000万全部来做期货。他对我哭着说，为什么别人赚了那么钱，我们一进来就亏呢？市场公平就公平在你在尾巴上进来的，你就只能作牺牲了。市场总需要人来作牺牲的。凡是你在市场上、社会上失误时，你先不要怨恨别人，你要从自己的身上找找原因。

九、有博大的胸怀

有些同学可能没进人股市，对市场不甚了解。但是我想在你以后的人生道路上会有很多曲折，有些人会对你曲解，对你中伤。你越成功，也许中伤也会多一点。我觉得这时你需要有一种博大的胸怀来宽容他们。香港是一个很自由的地方，经常会有人来批评董建华，批评香港政府，也有一帮狗仔队跟踪报道那些演员。一位高官就说过一句很好的话，记者问她怎么对待小报上的各种对她的攻击与指责，她笑得很灿烂地说，作为一个高级行政长官，我认为这是我的特权。我认为这个女人很了不起，她把别人对她的谩骂、指责，哪怕是恶意的中伤都认为是特权。我很高兴每天在报纸的第一版上看到关于我的报道。就因为你是名人，你的隐私才有价值，你没有身份谁来报道你呀？所以如果有这种包容的心态，你就会把很多问题化解掉。在人生道路上你会碰到很多小人，这时你是去对打还是跟他对着干呢？我们要去化解，否则会越搞越臭。如果我不搞股市，我不会那么宽容，我以前也很好胜，我们都是在奋斗的哲学里成长起来。"与人奋斗，其乐无穷"，毛主席的这句话概括了中国的哲学。但是，这种办法也不是解决问题最好的办法，如果讲哲学，我要讲到道家，道家的精髓在于"阴阳合抱，阴阳相融"。中国哲学非常重要，许多外国哲学无法解决的东西，最后都要靠中国哲学来解决。因为纯粹的一就是一、二就是二的东西，无法解决我们人生的许多问题。我也相信复旦的学生在思想宝库里一定会有很多新的贡献。谢谢大家！

安妮女士答学生问：

问：安妮老师，可否为我们谈一些金融方面的问题，例如信息不对称分布对中国股票市场的影响等？

答：这个市场信息不对称的问题的解决取决于制度的改革，而不是股民的良好愿望。如果国有体制在资本市场还有很大威力的话，信息不对称还是会在相当长的一段时间内存在。比如说资产重组，在我国是一个政府行为，在美国是市场行为。既然是政府行为，就只有政府里的人才知道，公众就无法知道了。市场行为由市场来推动，因此它就是公平的，一致的。对金融市场的估计，大家不要信心过高，但也不是在信息不对称市场里赚不到钱了。相反，如果信息都是对称的，信息将反映在价格中，价格就不大会有多大变化，你也无法有多大差价，只有长线投资那点利息了。

问：你对B股有何评价，6月1日后的B股会有什么大波动？

答：许多人都把眼光盯在了6月1日，但我认为太多人关注的问题基本没有价值。因为真正有本事的人早就有各种办法进入了股市而不用等到那一天。没有钱、没有办法的人是弱势群体，弱势群体对整个股市不会造成太大的影响，所以大家都看好的东西，你应该反其道行之。

问：请问大学生应该炒股吗？现在中国股市的二级市场的机会大吗？

答：我想大学生首先抱着一种实验的心态参与股市未尝不可。美国现在有7%的大学生参与股市，而且他们的结果也不错，因为大学生比较注重调查研究。这是理性投资的开始，反过来也帮助了你们对经济学的学习。现在的二级市场的机会较小，大约在10%—15%，比我那时的要小，但这并不意味着没有机会可赚，中国现在股市的机会来自上市公司，上海的市盈率是60倍左右，意味着你要60年拿回成本，这显得比较虚脱。机会小并不意味着你选择好股票的机会小，哪怕现在60倍的平均市盈率中，还有6家股票市盈率在20倍左右。

问：作为一名成功女性，请对未来女性的事业发展作一些诚恳的评价。

答：我认为女性在21世纪里，最适合的职业是行政长官，因为第一，女性的品德比较高尚；第二，责任心比较强；第三，人缘比较好；第四，处世的方法符合新经济。所以我希望在座的更多地出现类似吴仪副总理的人才。

问：请问你有什么长期投资成功的理念？

答：那当然，在我们公司一进门就有8个大字"理性投资，长期收益"。这不仅是一个投资的标准也是一个做人的标准，所以，我们的公司至今虽然有风险，但是总的来说，这几年来的投资还是盈大过于亏的，甚至说是比较可观的，我现在的资产已经是10年前的很多倍了。

问：安妮老师，我从小到大都是一帆风顺的，因此缺少你小时候的那段宝贵经历，请问我怎么才可以磨炼自己的意志呢？出国读书吗？

答：出国留学你将面临的一个最大的问题是孤独。中国人的一个最大的缺陷就是害怕孤独，凡事依赖家人、领导、国家。这种人在稳定的环境中可以生存，但在动荡的环境中则不行。一句话叫作“性格造成命运”。你要把顺境当作逆境来对待。在国外对一些期货的操盘手的训练是很残忍的，就是每天早晨5时起来跑步，先赤着脚跑4 000公尺，再练习攀岩，打坐，把你折磨得死去活来。很多美国很有钱的操盘手都参加了这种训练，叫作花钱买罪受，美国就有一名成功的女性操盘手，别人信任她很大的一点在于她始终如一地坚持长跑的习惯。中国的《菜根谭》有一句话叫作“圣人如常，真味是淡”。你要从平淡的生活中找到真味就是最好的了。

知青时代的安妮

广州证券界的赚钱女神——赵红梅

李　洋

编者按：在广州证券界有一个美好的传说，赵红梅经理经常会出其奇招，在股市低迷时给人以信心，给人以黑马；在股市一路上扬时，提醒大家注意风险。所以她已被广州投资者亲切地称为我们身边的赚钱女神，编者为此想采访她。2007年2月6日，恰逢中国股市从2994点经过11天的调整，跌到2612点，赵红梅经理对编者说，股市今天就会止跌，我打算招商银行跌破15元去买。当天下午，中国股市已涨到2675点。编者亲身验证了赵红梅经理对股市的悟性和预测的相对准确性。

1996年、1997年中国股市波澜壮阔，赚钱效应吸引了不少股民，赵红梅虽然在大学工作，也免不了这种诱惑，从给报社写证券方面的文章开始，渐渐地赵红梅也爱上了股票。1997年赵红梅32岁了，尽管在学校她的“前途是一片光明”，正处风华正茂之时，但赵红梅还是于1997年离开了工作过10年的学校，踏上了证券这一行列。刚到证券公司，赵红梅仅仅是一名不起眼的综合管理部经理，但在每次组织客户活动中她了解到客户最需要的是使自己在证券公司的资产增值，其他的服务比如派发报纸、提供午餐、什么五星级服务等等，都是次要的。“增值”这个概念，说起来容易，做起来就不是那么简单了，许多从事证券工作多年的人士和炒股多年的投资者都明白这一点。

赵红梅虽然是一个女性，但性格却很刚强和坚韧不拔，敢于挑战自我，不达目的决不罢休。当她知道了客户的主要需求后，暗下决心，今后只要是干证券这一行，就一定要把自己炼就成证券分析能手，并要形成一套自己的特色，首先要让本营业部的客户和自己的亲朋好友能赚到钱。一年修炼不行，那就两年，两年不行，那就三年、五年，总要“杀出一条血路来”，因为容易做的事也轮不到自己了，事上无难事，只怕有心人。从此赵红梅只要有时间就不断学习证券投资知识，向书本学，向同事学，向客户学，并不断地与客户进行交流，将自己的每次预测讲给客户听，并不断地修正自己的判断。在对技术面分析的基础上，赵红梅偏重于每只个股的基本面，对大盘的宏观分析是赵红梅的主要功课。因此，她经常为了了解和捕捉各方面的国家经济和政策方面的信息，不管工作有多忙，不管多晚，每天上网、看报纸、听新闻那是不可少的。所以，她总结说，“炒股一定要听党的话”，只要国家兴旺发达、政策面不变的话，大胆持股就没错。起初客户将信将疑，但接触久了，渐渐地觉得赵红梅的判断虽然有点超前，但回过头来看，大部分还是准确的。因此有一些客户开始相信赵红梅了，赵红梅就这样有了一批铁杆股民，在业务上有了一定的群众基础。为了寻找一个更能施展自己手脚的平台，赵红梅于2000年辞职去了另外一家证券公司，在追随她的许多客户的大力支持下她坐到了营业部总经理的这个位置。她觉得她应更好地回报客户，办法就是自己必须更加勤奋地学习和研究，让追随和支持她的客户赚到更多的钱。

到了2003年年底，可以说赵红梅的修炼取得了初步的成效，她的判断让客户获利不少。早在2003年10月赵红梅预感股市会走好，而且科技股会有不俗的表现，并果断地让几个客户卖掉其他股票，分批买进上海梅林。当时两个客户7元多买，不到几天工夫，该股就跌到6元多，赵红梅仍然坚持让客户继续买进，越跌越买，买的人都冒汗，但赵红梅的镇定和自信，让客户似乎看到了希望。终于上海梅林在跌到5元8角附近止跌了，并于几天后发起了反攻，连续两个涨停后，在调整的当天客户说要卖出，有点微利，赵红梅将他们阻止了。1个月后，该股的价格达到了10元钱，客户对赵红梅佩服得五体投地，他们高呼“万岁!”这次有惊无险的经历，让赵红梅独特的分析和判断力上了一个台阶，赵红梅也就更有自信了。而且赵红梅刚到这个营业部做总经理时，当时在广州的排名在30名左右，到2003年12月30日已在广州市排在第3名了，这与赵红梅的为人和做事能力是分不开的。作为营业部要想做强做大必须通过让客户资产增值来吸引客户已不是纸上谈兵的事了，赵红梅此时，已经比其他营业部总经理早有心得、先走一步了。

要让客户在熊市中不亏钱，也是一件不容易的事，但跟随赵红梅多年的许多客户却比其他客户幸运。由于赵红梅的指点，他们不仅没亏，反而还有5%以上的盈利。其中有一个叫王某的客户就是例子。从2004年开始至今，王某就一直跟着赵红梅，赵红梅去哪，他也就到哪。2000年他听说股市很好赚钱，就终止了手头上所有的生意，成为一名职业股民。当时入市的资金达800多万元。但到2003年年底，他炒得只有200多万元了。正想弃股从商，重新回到他熟悉的实业中去时，在一次偶然的机会他认识了赵红梅。只有短短的1个小时，他被赵红梅的热情、诚恳、智慧，尤其对股市的独到的见解所打动，尽管他与原证券公司的营业部总经理既是酒友也是牌友，但他觉得更需要的是一个能把他从股市中拯救出来的“良医”。他很快就将股票转托管到了赵红梅所负责的营业部。2004年、2005年这两年，所有在这时炒过股票的人都知道，这两年的股市越来越难炒了，动不动每天就有几十只股票跌停，有的还连续跌停，真是卖也不行，不卖更不行。社会上还流传一句：“要想害人，最好是叫别人炒股！”大家谈股色变，所有证券公司的工作人员也都是灰头土脸的，郁闷得抬不起头来。赵红梅这时也觉得别扭，但她不是那么容易被困难所吓倒的人，她潜心研究、仔细分析个股，重点辅导王某。王某在她的精心指导下，尽管大市不好，但他的市值还是在一天天地增长，到2006年3月，他的资产已达到了580多万元，王某的信心也回来了不少。2006年4月，赵红梅觉得大盘该反弹了，会有一波强劲的行情到来，而酒类、地产和金融板块会有大作为，所以他让王某持有了3只股票，贵州茅台、万科、招商银行，而且一直捂到年底。到2006年年底，王某的资产达到2 000多万元。王某的感谢之情无法用言语表达，他庆幸自己遇到了贵人，否则那时他出去做生意的话不知何时才能收回本钱？

就这样，赵红梅在“让客户资产增值”理念的指导下，业务越做越大，名声也越来越响，认识和忠诚她的客户也越来越多。2006年3月，她到了一家创新类证券公司在广州开设的一家营业部做总经理，去时该营业部的各项指标在公司内部几乎都排在倒数第几名，但截止到2006年12月31日，只有9个多月的时间，该营业部的各项主要指标均排在了该公司的前几名。这靠的是什么？就是让“客户资产增值”！赵红梅也越来越感觉到这种理念的重要性，只要成功了，就会收到事半功倍的效果，因为既可以扩大营业部的影响力，增强客户的忠诚度和稳定性，又可以更直接地增加营业部的托管资产，一个1 000万的客户如果让他的资产增长50%，那就等于又开发一个500万的客户，反之，营业部的资产也就减少了500万，而且保不准该客户剩下的500万会不会转走。尤其在现在证券行业竞争激烈的情况下，营销一个大客户实属不易，如果管理不当，丢失的也就更容易了。

赵红梅越认识到“让客户资产增值”理念的重要，也就越觉得自己身上的责任重大，对此，她更加刻苦和勤奋了。为了能给客户准确的信息，增强自己的判断力，她经常晚上应酬完了，还要做“功课”到深夜。十年磨一剑，赵红梅正如岩石上绽开的一朵梅花一样，“千里冰霜脚下踩，三九严寒何所惧？”赵红梅终于成长起来了，这也是跟随她多年所有客户的福音。在2007年2月4日营业部乔迁庆典午宴上，证券业一些知名人士应邀参加了庆典，他们都不无感叹地说：“股海无情，这几年的熊市将多少有志之士淘汰出局，赵红梅却能在逆市中成长，实属不易，值得佩服！”

作为一个女同志，赵红梅能做到今天这样不容易，这与她让客户资产增值的理念取向和勤奋是分不开的，正如她办公室的一副对联：宝剑锋从磨砺出，梅花香自苦寒来。横批：天道酬勤。但愿赵红梅通过她的勤奋和智慧，能给客户带来更丰厚的回报。

边教学边研究边投资——其乐融融

复旦大学教授　谢百三

编者按：出版社编辑硬要我也写一篇。实事求是地说，自己股票做得并不好，在本书前边的投资大师们面前，实在汗颜。但还是硬着头皮写了一文，本次新版时，略作了修改。

我是从北京大学研究生毕业后分配到复旦大学管理学院工作的，其间曾有两年调到清华大学经管学院工作。这些年来在领导和老师们的关心下，在同事们的关照下，事业上有所长进。出了10多本书（其中一本是英译本，一本是在国外出的），发表了200多篇论文。

此外，几年来我给政府写的经济报告也曾多次得到胡锦涛、朱镕基、黄菊、项怀诚等的批示。1999年我被评为博士生导师，目前带了8名博士，1名硕士生。虽然工作很忙，但也常常投身股海实践，虽然至今资金进展缓慢，但每年也都有所收获，资金的成长性也要比银行利息高。虽然与本书辑录的传奇人物们绝不能相比，但自己已很知足。我经常提醒自己：事业高于一切，钱没有是不行的，钱够用也就行了。此外，我牢记理论联系实际，既将课本上的知识拿到实践中去检验，又将实践中的案例用于教学。丰富的案例使我开的几门课“中国当代经济政策及其理论”、“西方经济学”、“金融市场学”、“证券投资学”、“企业税务”等成为较受复旦大学同学欢迎的课程。2007年还受邀为北京大学中国经济研究中心开一门“金融学”课。

经常有朋友让我也谈谈对股市投资的看法。我想了一下，觉得主要有如下几点看法。

一、要把事业看得很重，高于一切。同时兼顾投资

俗话说：“男怕走错行，女怕嫁错郎。”男子就要以事业为重，否则会平平庸庸，虚度一生。当事业与投资发生矛盾时，则要始终以事业为重。这些年来，我坚持搞研究、搞事业，不计较小事。我1986年开始在复旦工作；1987年出版了两本书；1988年1月《中国青年报》、中央电视台、《人民日报》、《解放日报》、上海电视台等20多家海内外媒体以《复旦大学出现谢百三热》为题报道了我的一门课“中国当代经济政策及其理论”受到欢迎的情况。1988年7月13日，当时还是上海市长的朱镕基总理邀请我为他与市政府30多位经济部门领导讲课；1988年12月被评为副教授，1995年被评为教授；1999年被评为博士生导师；2006年又被学校任命为复旦大学金融与资本市场研究中心主任……回忆起来，领导和复旦大学同事对自己还是很关心，很好的。而我对自己的事业也是抓得很紧的。例如：1999年5月17—18日，北京一朋友来电话：“近日可能有大行情，我们已经开始建仓了。”但我丝毫不为所动，因为当时我正在忙于申报博士生导师，又有不少研究工作要做。直到6月3日，10多天后，我才在再三考虑下，全线买进22元的上海贝岭(600171)，后来在38元抛出；虽然没有北京那朋友们做得好，倒也自得其乐。有时两者确有影响也没关系，因为机会还是比较多的，一年只要抓住两三次机会实际上就应该知足了。机会是无限的。

二、要像关心自己的小弟弟、小妹妹那样对待自己的资金和股票，资金就是自己的子弟兵

虽然事业是第一位的，但这丝毫也不是说在你买了股票、国债后就可以毫不在乎了。实际上，它的重要性仅次于事业。有些人以工作忙为由，买了股票就不去管它了，除了少数大牛股，对绝大多数股来说这样做都是有危险的。在今天的社会，对于很多人很多家庭来说，如果没有一笔稳定的积蓄，如：没有个几十万元，以后就会弄得很狼狈，比如买房子，结婚，养孩子，上大学和

读研究生（自己和孩子），看病等等，就会十分拮据。

因此，在北大给MBA同学上课时，针对社会上出现的越来越高的离婚率现象，我曾不无揶揄地说："有时想想，有一笔稳定的积蓄还是很重要的。比如说爱情吧，人家对你好时，是真心爱你，人家对你不好时，也是真心不爱你了。而那笔存款，却会忠实地陪伴着你。"（北大MBA同学对此报以掌声。）1999年，我给复旦大学退休老师组织了个30万元的小基金，20多名老师每人出一两万元，结果后来打新股打了四个月，收益11%，大家都很高兴，但这个基金后来还是解散了，因为有件事深深地刺激了我。一位60多岁的老伯伯中风偏瘫了，其两年前新结婚的妻子以帮他看病要用钱为名，先从我这儿要回去了2万元合伙投资的本金，临出门时她还说了声："我中彩了。"当时我心里还直纳闷，直到两天后老伯伯的儿子来要钱我才知道，这位"新老伴"见老伯伯中风，就拿走了仅有的2万元存款回自己原来的家去了，并提出离婚，要分一半家产，连一个水泥水斗也要折价分。原本就是工薪阶层，父亲又中风不能讲话，靠子女们服侍的家一时间真是雪上加霜。后来还是由居委会阿姨们出面对那位"新老伴"进行了一番严肃的批评教育后，这件事才算缓解下来。也许这也仅仅是在贫困工薪阶层再婚的老人中才会发生的事，但钱在很多家庭中，还确实是十分重要的。2000年秋冬，我来北京大学作学术交流，听说黑龙江鹤岗考来的一位同学，一人考上北大，要整个家族团结起来支持她读书；而一名山东女生状元则将全家仅有的1万元钱拿来读书用了。亲耳听了这些事后，真是让人感慨不已。因此，对钱还是要当一回事的，对待投资、股票等也还是要经常想着它。打个比方，就像自己有个小妹妹或小弟弟，你不会整天去管他们，你也不会整天跟着他们走，但你心里得想着他们。我们与资金、股票的关系就也是这种关系。你不会因为牵挂着小妹妹、小弟弟而不去搞事业吧，但万一小妹妹、小弟弟夜不回家，几天不见，你会不全家出动去找?！所以说，永远不要因为工作忙而轻视投资，尤其是在证券市场上或你所运作的板块、个股发生大的转折关头（如大跌、大涨前夕）。资金就是你的子弟兵，你要关心与善待它们，把它们派到最安全、可能发展最快的地方去，只要它们能年年壮大你就可以放宽心。如果部队年年在缩小，那就不好了，那就说明你的投资策略出了问题。它们真的是你的子弟兵啊！

三、尽可能做中线，买进可以放一段时间的较安全的品种

回忆起来，这几年凡是较有收益的都是在比较安全的点位买进有较大潜力的投资品种。例如1995年我将去新加坡讲学，2月，我算出来1993年发行的三年五年期国债上涨空间极大（当时为120多元），就全买了三年期品种，后来7月去了新加坡国立大学讲学，这个国债一直涨个不停——在新加坡可以看到前四天的《中国证券报》——而每涨1元，自己也就多了一两千元，后来到1996年4月兑付时，它已涨到171.99元。虽然我当时身在异国他乡，但心里却真的是感到中国太好了，研究讲学也十分安心。

此外，1997年年初以6元买第四制药（上海医药的前身），后来涨到20多元；1999年买贝岭和东大阿尔派；2000年以10元多买重组概念股ST黄河科技等等，也都是这种情况。

四、正视自己的缺点、短处，寻找适合自己的投资策略与手法

由于我既不是那种辞了职搞专业投资的，也不是那种像个人战略投资者X友那样，跌30%—40%还可以沉得气的人——我知道自己身上还有很多缺点——所以我慢慢就发现，自己一度比较适合做小盘股，而不适合做大盘股，比如延中、申能、中原油气、特变电工就总也做不顺手，而对物贸中心、厦门大洋、亚通这些小盘股就较顺手，因而后来我就尽量避免介入大盘股，而多留意小盘股，最好是市值不超过五六亿的小盘子。

1998年年初，股市走势不明朗，很多人说要跌到780—830点一带。我研究了很多资料，认为

亚通股份资产重组的可能性很大，于是我就在9.8—10元一带用1/4资金买亚通，当时我最坏的打算是，万一大盘真的再100点、100点地跌下去，我就再1/4、1/4地买下去，这个股至多跌到8元，就下不去了。

事实上，9.8元一带就是它当时的最低点，后来它涨到十五六元。

此外，X友告诉我，鞍钢转债时，他发现它是能涨不能跌的好品种：跌，106元一定会还你的；涨，不知涨到何处。于是我也就跟着他买了一些，可惜没有满仓打进。这一点真的觉得比不上X友，差距太大。

当然，这也得与时俱进，当证监会决定在2007年春开设股指期货时，一下子宝钢、招商银行等大盘股开始启动，不断上涨。这时我也买了一些大盘股。

五、止盈止损原则很中用，也很重要

我发现止损、止盈原则对我很适合。我这几年来的实践证明，一定要画资金曲线，一旦上去了，就不能让它坐电梯回到原起点去。1999年出现“5·19”行情时，6月30日是最高点，当时我没跑，但7月1—5日，天天下跌，我发现自己的资金曲线很快就降下去，跌破了总盈利的10%—20%—30%—40%，此时我才突然醒悟过来，必须止损保住另外60%的成果了（其实按止损理论应更早跑）。第二天我早早赶到股市，20分钟内便把所有股票全抛了，最后总算保住了50%的成果。虽然与前几天（6月30日）比少了不少钱，心里有些难过，但当我看到一两天后股市跌得更低时，就发现自己这么做还是对的，并使自己1999年的资金又上了一个小台阶。止损、止盈的观点就是牺牲小部队，掩护大部队撤退，中国革命史上，多少战役都用过。它是悲壮的、痛苦的，但在全局上赢了，是值得的。抗日战争中用过多次。不会止盈的人绝做不好股票。我的一个亲戚以3万元开始学做股票，1999年赚了9 000元，7月5日我劝她快跑，她当时已只剩下6 000元了，她却不肯跑；后来剩下3 000、1 000元，到只剩下赚1 00元时，她打来电话问我该怎么办，我说还得跑，权当锻炼了一次，但她还是有些不甘心，最后反过来亏了2 000元。止盈止亏的办法，使我自己的资金每年都可以一步步向前增长。经过比较，我觉得石开主张的跌10%止损似乎多了些，有朋友主张跌5%止损又少了些，因为有时跌5%—6%又涨上去了——像新中基，就是跌5%—6%我止的损，最后又反过来涨了5元，令人有几分懊恼——因此我认为，从最高点下跌7%左右就止损似较合适。（在特大牛市中，在大势及个股基本大势不变时，这个止损比例及要求可适当放宽一些。在熊市及牛皮市中要严格执行。）

六、要算总账，不要过于计较个股的得失

有时，某一个股套住了，亏了几千元，有的人死活不肯割，结果资金全套死了，成了几个月、几年中的一块心病。我也是经过一段时间的摸索才慢慢明白过来，如果买在大势或个股的头部上，狠狠心也要割；如果是平时，就采取割一半的办法——这样如果另一半涨上去，亏损就补回来了；如果跌下去，也不怕，反正还可以有另一半钱抄底。大势、个股在向下跌，跑一半一般是正确的策略，可以进退自如。1998年我的一个老同学25元买了方正科技6 000股，22元我劝她先跑了再说，跑了4 000股，留2 000股；她照办了，当时账面亏了2万元左右，我们心情都不好；后来方正跌到10元（复权后的15元），她倒吸了一口冷气；但等到2000年方正涨到33元，复权后等于57元多时，她却跑了个天价，结果反过来又挣了6万元，扣除1.2万元损失，实际还盈利4.8万元。此外，一半一半割肉，心态也较好。同样，一只股票涨得很好，但可能已到头部了，也可一半一半跑，万一上去了，还有一半。在股市里，心态是至关重要的。此外，在自己有的两三只股票中，如有一只上涨了几元，跑出来时，则要将另一只亏的一起跑掉——要算总账，总账拉平，就可以平仓——不要只跑盈利的。亏的不跑，那部分会像癌症一样越亏越大，最终会使自己处于

很狼狈的位置。只要总资金不亏，就可以退出来，从头开始。红军长征30万人剩下2万人都重新壮大起来了，而你还保了个本呢。

七、在具体操作时不要过于崇拜名人权威，“股市无专家”这话有道理

每一个在股市的人都亏过钱，每一个名人、权威都可能会使你有意无意地“吃药”。记得有一位名人第一次给我出主意，我听了照办，结果当天就亏了4 800元。另一次，一位朋友说，这位是这儿水平最高的。听了他的话，结果买了个某个股的最高价，后来亏了5万元还是狠狠心跑出来了。其实，他丝毫不会也不可能来骗你——都是真心对你好——只不过是适合他的打法，不一定适合你。因此，我建议多听听大家的建议。但对于听了他的话多次受益的朋友的意见，就必须重视了。因为他的理论、手法可能会比较适合于你。在很多好友中，有三四位的意见，我是极为重视的，因为跟着他们似乎较顺利。

八、每天学习，锲而不舍，不要舍不得买报刊

每天我都要看上几份报纸，像《中国证券报》、《上海证券报》、《证券时报》、《参考消息》等，到周末则又增加了《证券市场周刊》、《金融投资报》。平时花上40分钟到1小时，周末花上半天一天时间，就既知道了证券市场乃至经济界的最新动态，又学习了很多东西，真是个一举数得的好办法。一年算下来花个2 000—3 000元在报刊上，其实还是很值得的。有的朋友股市里一亏几千几万不心疼，买报纸一两元就是舍不得，这就是因小失大了。事实证明，不看报刊是会失去大机会或闯大祸的。比如2000年11月的一天，中国证券会发言人发表关于加强监管的讲话，必定会引起股市中有“猫腻”者的恐惧，加之点位在高处，股市也必定会跌一场，因此应该先跑一下，但是如果未看报，一点也没抛，那就可惜了。此类事多次发生。有一次央行行长向记者讲，如果通胀严重，可能会考虑加息。早上赶着上课，没细细研究，当时手里全是国债，犹豫了一下，结果没能通知报单小姐跑。一天之间市值少了好几万，很痛心。所以看报学习太重要了。

九、坚持基本分析、政策分析为主，坚定地站在中小散户一边，说真话

有几份报纸约我写稿，我一般都是先写好，附在最后边的“一周市场分析”的内容，是最后

谢百三教授重回北京大学主持系列金融讲座

写好后统一加上去的。

曾经有上市公司约我写宣传文章，我问：能先来贵公司看一看吗？回答说来不及了，那我就坚决不写。你给再多报酬也不写，不了解情况，怎么宣传你啊！我的原则是决不说假话，坚定地站在中小散户一边。我认为股市的全部动力就在于全国人民16万亿存款。中国股市与美国股市不同，在相当长时期内，是银行居民存款大搬家，不是产业利润增长出来的。我坚决反对高价配股，高价增发新股。我认为对中国股市，与其用美国股市、香港股市的理论、经验来分析，不如用专门研究社会主义经济的大经济学家亚努什·科尔奈的理论来分析研究——他对国有企业及社会主义的了解入木三分，而很多留美归国人员至今还在死搬硬套美国模式。我是从来不点个股的，刚开始时有一次我因为点个股而让一些朋友给套住了，当时我心里很急也很难受，就拼命给这家公司的大股东所在单位的第一把手写信，发传真，将大家的意见转告给他（党委书记），前后共发过18个传真。他们后来也有压力，就积极想办法，慢慢地利润上去了，后来则全部解放，而且股价还翻了个倍。但从那以后我就再也不肯点个股了，因为个股的基本面往往与市场反映是背离的。

十、该休息时就休息，该满仓时就满仓，尽量持半仓

我一直对那些上证指数以后要涨到几万点的说法持怀疑态度，因为进入WTO后，与国外市场一融合，2001年时60多倍市盈率的A股是上是下一目了然。因此，这种由供求关系形成的股市，从本质上来看其风险是很大的。所以，我该休息时就休息，有时甚至一下子休息几个月。尤其是中国股市中无论是上市公司还是券商都是国企，奖金、分红是封顶的，很多单位完成了利润就不想做了，因此每年冬天都有个冬眠期。一般年头，在冬天，起码有两三个月就不能入二级市场了。此外，一般不要满仓，而要半仓，小半仓。这样下去了，还可再补；上去了，资金曲线慢慢往上爬，虽然这样增长慢一些，但心很定，不会影响工作与学习。满仓了，整天心理压力很大，即使赚了钱，人的健康却大受影响。

十一、成本推进型牛市中的策略

前已叙及，中国股市中很长一段时间主要是低利率引起的银行存款大搬家，是成本推进型牛市，因此，一定要从成本角度来考虑。个股也一样。东方钽业，主力在31元建的仓；亚通转配股上市，主力在十三四元建的仓；隆平高科上市在42元主力建仓，以后都有一段涨幅，一般可涨25%—30%，否则主力退不出来。

十二、细心领会政策精神，要为人民鼓与呼

1992年10月，当股市从1 400点向500点、392点泻下去时，我通过新华社上海分社高级记者向中央发了一个动态清样（高级内参），反映了股市的悲惨情况，指出：股市暴涨固然不好，但无限下跌也不好，一是影响中国改革开放的形象，二是易使股市失去筹资功能，三是会使大批工人、农民、知识分子股民对党和政府有怨言……新华社很重视，逐字核对，立即发出。后来他们还复信，将内容的复印件寄给我，上写："此件发到朱镕基一级。"后来，中央领导看到了这份内参，多次给有关部门打电话，最终促成了1992年11月沪深政府、上交所和深交所想了多项办法救市之举。

1995年10月下旬，我从新加坡向朱镕基副总理写信，又引起他的重视，信批给了财务部部长刘仲黎与中国证监会主席周道炯。在那封信中，我建议，股市不应跌破500点。后来股市果然累次在500点止跌。

1998年8月18日，股市在亚洲金融危机的影响下，出现直线下泻，跌到1 046点一带。这一

天，我又给朱镕基总理写了一封信，指出股市已跌破年线，一年来投资股市的人全部套牢。如果再继续跌下去，相当多的人就会对中国金融市场失去信心，转而抢购黑市美元，而黑市美元的涨价，则又会强化人们对人民币贬值的心理预期，从而出现更多的骗汇、套汇与远期结汇等事件。信中还对股市中存在的几点问题一一进行了反映与批评，如高价配股、高价增发新股；如红光等欺骗行为。朱镕基总理于9月9日亲阅了此信，并批给中国证监会周正庆主席阅研。

总之，作为一个研究证券市场的学者，我要永远心系8 000万股友。

有些中青年经济学者与学者看不起股市，认为这里面黑幕太多，市盈率太高，因此不屑于研究股市，也不写股市文章。而我则认为中国经济的枢纽之一就在这儿，中国改革的成败就在这儿，因此，我仍坚持写文章，搞研究，我要让历史来证明这样的研究方向对不对。

荷兰阿姆斯特丹的股市已经有了400余年历史，美国股市也有200年历史，而中国股市才刚刚经历了10年的风风雨雨。在这10年的风雨中，它的变化与进步是巨大的，但其不规范，其缺点也是很明显的。它是个在不规范设计方案中迅速成长的还有点残疾的可爱的孩子，尽管它长得很快很快。中国股市的真正规范应是，人民币在资本项目下可完全自由兑换、股权分置改革真正完成、全流通之后，而且也只有到了那个时候中国股市才会真正完全健全起来。

总之，几年来，我边工作边教学边投资，虽然进步不大，倒也其乐融融。对于本书前边那些传奇人物的讲话记录，我要好好学习，认真研读，他们每一个人都是我的老师，我要真心诚意地向他们学习，争取事业与投资双丰收。

第二篇

世界投资大师的金融思想

沃伦·巴菲特的金融投资思想与管理实践研究

复旦大学硕士　蔡英明

编者按：蔡英明，复旦大学管理学院研究生毕业，在香港一家基金管理公司工作，投资理财极为出色，经他操盘的基金在一年半时间投资收益曾达到1 000%。对巴菲特极为尊崇，本论文是在我指导下完成的。文章写得相当好。他把巴菲特的投资理念精髓抓住了，也写得很清楚。如果投资者很忙，没有时间去看市面上林林总总的关于巴菲特的书，那么认认真真学习这一文，真正学好了，也就够了。蔡英明能因此理好财，我们何以不能。

引　言

沃伦·巴菲特，一位极富传奇色彩的金融投资奇才。他从一名普通的金融投资者成长为令全世界瞩目的金融大师，并于1999年被评为20世纪最杰出的基金经理。他所经营管理的波克夏公司在2002年《财富》杂志的一项调查中，成为美国最受人尊敬的10家公司之一，而在20世纪60年代波克夏公司不过是一家濒临破产的纺织厂。在巴菲特的精心运作下，波克夏公司净资产从1964年的2 288.7万美元，增长到2003年底的1 620亿美元；公司股价也从每股7美元一度上涨到9万美元。巴菲特无疑为信任他的投资理念的几十万股东创造了上万倍的高额回报。

要探求波克夏公司成功的管理秘诀，就必须研究巴菲特的金融投资思想。投资是巴菲特管理波克夏公司的一项重要工作，投资与管理早已成为一种你中有我、我中有你的不可分割的关系，融进了巴菲特金融理念的血液中，打造了波克夏公司的命脉。

因而，可以认为，巴菲特不仅是一位成功的投资家，更是一位优秀的企业管理者。一方面，波克夏公司的所有投资实践无不淋漓尽致地运用了他的金融投资思想；另一方面他每年都在波克夏公司年报中给股东一封信，从挑选经理、选择投资目标、评估公司，到有效地使用金融信息等，这些信的总和事实上构成了一部难得的优秀的管理学教材。

本文从分析巴菲特金融证券投资的理论出发，通过追寻其投资理念的思想渊源，将巴菲特的金融投资理念与载入世界证券投资史的几位重要金融投资家的观点进行比较分析，并结合巴菲特的投资管理实践，从更广阔的视野，以更加深刻、更加透彻、更加全面的角度探究了巴菲特金融投资思想的精髓。最后通过对中国证券市场现状的分析，揭示了巴菲特金融投资思想对中国证券市场发展的借鉴意义，并创建性地提出了中国证券市场发展的战略选择。

第一章　巴菲特的金融投资理念

一、对现代证券投资理论的简要回顾

1958年，托宾（J. Tobin）发表了《针对风险的流动性偏好行为》一文，创立了资产组合理论，成为现代证券投资理论（Modern Portfolio Theory，简称MPT）的先导。马柯威茨（Harry M. Markowits）于1952年发表的里程碑式的论文《证券组合选择》以及1959年出版的同名专著，则是现代证券理论的起源，为现代证券理论的建立和发展奠定了基础。而后在20世纪60年代该理论得到了经济学家的进一步发展，成为金融证券学的主流理论。下文主要从三个方面介绍现代证券投资理论的主要内容：

1. **证券价格的随机游走**

随机游走（Random Walk）是数学和统计学上用来描述数列上相互独立的，一系列元素随机的和不可预测的运动过程的一个术语。1953 年 Kendall 对股票价格的历史变化研究①结果表明，证券价格具有随机游走的特性。即证券价格的变化是相互独立的，每次价格的上升或下降与前一次的价格变化毫无联系，对下一次价格变化也毫无影响。就像人们抛掷硬币一样，哪面朝上哪面朝下，完全是随机的。这种关系可表述为②：

$$f(\Delta P_{j,t+1}/I_t) = f(\Delta P_{j,t+1})$$

式中：f 表示证券价格变化的概率密度函数；

$\Delta P_{j,t+1}$ 表示股票 j 从 t 时刻到 $t+1$ 时刻发生的价格变化；

I_t 表示 t 时刻所有已披露的与证券价格相关的信息。

上式表明：①证券价格反映了所有已公开发表的有关信息；②证券价格的变化是相互独立的；③证券价格变化的概率密度函数与时间无关。

证券价格的随机游走说明人们无法通过某种既定的分析模式或操作来预测证券价格的变化以期始终获取超额利润。

2. **效率市场假说**

在证券价格随机游走的基础上，产生了效率市场假说（Efficient Market Hypothesis），包括三个基本命题：①价格反映信息。在效率市场中，任何时间内所有投资者可获得的信息都能够很快地在证券价格中动态地得到充分的反映。②证券价格围绕其证券内在价值随机波动并总能达到均衡。证券价格的进一步变化只依赖于新的信息披露，且对内在价值的偏离会在最短时间内得到纠正。③零超额收益。由于效率市场中，证券价格能够在很短时间内充分地反映所有可获得的信息，从而价格与内在价值的偏离很快消失，证券价格不存在套利空间，且新的信息披露所引致的价格变动完全是随机的，所以投资者无论采取何种分析方法和投资操作策略，都不可能长期反复获得超额收益。

3. **资本资产定价模型**

在效率市场的假说下，W. Sharpe 和 M. Miller 等人提出了资本资产定价模型（Capitalasset Pricing Model，缩写为 CAPM）。这一模型阐述了风险资产的均衡市场价格如何决定的问题，将证券理论由以往的定性分析转向定量分析。

该模型表示如下③：

$$E(R_i) = R_f + \beta \cdot (E(R_m) - R_f)$$

式中，$E(R_i)$ 表示证券投资的预期收益率；

R_f 表示无风险利率；

$E(R_m)$ 表示市场组合的预期收益率；

β 系数反映的是单一风险证券与市场组合之间的关系。

该模型认为一项投资的期望收益率等于无风险收益率加上该证券的系统风险所要求的风险报酬，通常可以认为是一种风险补偿。

由于该模型具有极简便的可操作性和较强的可检验性，从 20 世纪 60 年代提出至今一直在现代金融理论中占据着核心地位，得到了广泛的应用。

---

① M. G. Kendall, "The Analysis of Economic Time – Series, Part one. Prices", Journal of the Royal Statistical Society, 96 (1953).

② 参见曹凤岐主编，《证券投资学》第六章，北京大学出版社，1995 年。

③ 参见谢百三主编，《金融市场学》第十五章，北京大学出版社，2004 年。

二、巴菲特金融思想与现代证券投资理论的分歧

巴菲特对现代证券投资理论并不完全赞同，归纳起来，他的金融思想在以下三个方面与现代证券投资理论产生了分歧：

1. 反对效率市场假说

效率市场假说有三个核心命题：①投资者是理性的，因此他们能理性地评估证券。②即使有一些非理性的投资者，他们的交易是随机的，可以相互抵消，不会影响价格。③即使有一些投资者的非理性方式相同，他们在市场上也会遇到理性的套利者，因此非理性投资者的交易对价格的影响会被套利者的交易消除，非理性投资者最终也将被市场所淘汰。

然而现实经济社会中存在着大量效率市场假说无法给予解释的市场现象，这就对效率市场理论进行了有力的反驳。正如巴菲特所说，"效率市场理论的倡导者们似乎从未对与他们的理论不和谐的证据产生兴趣"。这些现象[①]包括：

●一月效应：股价在 1 月上涨的趋势。

●内幕效应：指公司内部人员向证券交易委员会披露购买信息后，股价会上升；反之披露抛售信息后，股价会下跌。

●价值线效应：指有高度评估价值的股票的价格会超出市场平均水平。

●分析者效应：分析者数量少的公司的股价会高于有大量分析者公司的股价。

●月末效应：股价有在月末和月初上涨的趋势。

●周末效应：股价在周一表现差，而在周五表现较好。

巴菲特认为效率市场理论不堪一击的主要原因有三：（1）投资者不总是理智的；（2）投资者对信息不能正确分析；（3）业绩杠杆强调短期业绩，这使得从长远角度击败市场的可能性不复存在。巴菲特认为效率市场理论没有为那些全面分析可得信息并由此占据竞争优势的投资者提供任何成功的假设前提。

巴菲特对此作了如下总结："我们要正确地认识到市场只是经常有效而已，并不像效率市场理论的支持者们所认为的那样总是有效的。这两种观点之间的差异就如同白天和黑夜之间的差异。"

2. 价值投资观

巴菲特反对效率市场假说，而接受本杰明·格雷厄姆的价值投资观。这种认可价值偏差存在的观点，是基于与现代投资理论市场有效性假定不同的哲学观。巴菲特认为由于市场经常是无效的，市场价格围绕其内在价值在波动。在证券市场里，人类本能情绪的波动、忽视与误解会导致某一证券常常低估；而过度狂热与操纵又常使某一证券高估，因而存在大量可被证实的价格与内在价值不符的地方，这正是证券投资所要从事的工作领域。

所谓证券投资是指"根据详尽的分析，确保本金安全和满意投资回报的操作，不符合这一标准的操作就是投机"[②]。可见，投资需要确保某种安全性，而投机则只是在价格波动中博彩。投资行为必须出于经自己理性而全面的研究，分析起决定性的指导作用；而在投机中，分析仅仅起次要的作用，运气才是最重要的。

3. 辨析证券分析与技术分析

基于价值投资观，巴菲特认为建立在效率市场假说之上的资本资产定价模型（CAPM）不过是一种技术分析，β 等用于测量与定义市场风险的指标，是用货币符号游戏来取代其符号背后企

---

① 参见〔美〕劳伦斯·A. 克尼厄姆著，王庆等译，《向格雷厄姆学思考，向巴菲特学投资》，中国财政经济出版社，2003 年。

② 摘自〔美〕本杰明·格雷厄姆著，邱巍等译，《证券分析》，海南出版社，1999 年。

业实质经营及盈利能力变化的真正风险。这种看似高深复杂的数学工具实际上是在用形式代替真实，给投机加上投资的欺骗性伪装。在股票市场中，数学方法越复杂深奥，从中得出的结论就越具有投机性。因而他反对证券分析的数学化，认为证券分析的目的并不是精确地确定某一证券的价值，而是只需搞清楚其价值是否足够，只需要一个大概的数值范围就可以。

而真正的证券分析是通过预先建立的某种价值标准，通过发展一套客观化统计化的分析方法，寻找市场的无效性，来判断与决定证券的投资行为。证券分析的目的就是在客观真实的价值标准上，来区分各个证券的价值差异，找到价值低估的证券或区分某种证券较其他证券更有吸引力的证据。

证券分析与技术分析不同之处在于，技术分析试图根据历史来预测价格，而证券分析试图通过寻找某种“安全边际”来保护自己。技术分析在市场本身的电脑屏幕上搜索结果，而证券分析则在市场之外的屏幕背后找寻根源。正如格雷厄姆反复强调的，证券分析首要的任务是放在防范不幸事件上，这种防范就是必须坚持价值的安全边际，而不是猜测市场的价格变化结果，也就是说，要在保证本金安全的基础上去谈收益，安全在己，赚钱在天。这与两千多年前中国孙子兵家思想完全一致，孙子曰：“昔之善战者，先为不可胜，以待敌之可胜。不可胜在己，可胜在敌。”

三、巴菲特的金融投资理念

1. 巴菲特的风险观

风险概念是证券投资理论的基石，不同的风险观导致不同的投资理念。

现代证券投资理论把风险定义为由不确定性造成的市场波动性，波动性成为其风险控制的主要目标。波动性被视为风险或收益的同义词，并由此发展出一系列金融投资分析、测量、控制的数学模型与技术。

而巴菲特则认为把投资寄望于市场波动是一种投机行为。他指出，不能用价格波动因素来定义风险，只有按证券背后的内在价值标准来衡量所购证券价格的高低，这样才能真正地度量风险。他提出了两点理由：

第一，风险与市场波动的关系，有时有联系，有时并没有。如果市场波动的价格低于购买成本，而投资者不得不在这时被迫出售，这时风险才是真实的。如果市场波动只是一个可能的下跌，这种下跌可能是周期性或暂时的，投资者并不被强制出卖股票，这时市场波动并不是真正的风险。在证券市场上，市场每时每刻都在波动，时大时小，有相当一段时间内在购买成本之下，任何投资者不可能总处于市场价格的最低价。在证券市场上，价值并不能决定全部与每时的市场价格，而市场价格则能时时体现价值高低。因而，市场波动并不是市场风险的真正根源，投资对象内在价值变动才是风险根源所在。

第二，市场价格波动对投资只是一种可有可无的信号。有，则意味着必须关注重要的价格波动，但这种关注并不是预测价格波动的方向，而是判断它与内在价值的差异，以此作为判断价值的外部依据，在某种水平上价值是被高估的，在某种水平上又被低估，市场价格成为价值高低的标尺。无，即是说投资者大多数时候可以对市场波动不予关心，更不必因市场大幅跌涨而惊慌失措或得意忘形，只有当市场价格符合自己的价值标准时，它才有意义。价格波动更多的时候只是给投资者一种误导和心理的折磨，市场波动对真正的投资者只有一个作用，就是在价格大幅下跌时，提供廉价购买的机会，在价格大幅上升后，提供卖出机会，而其他多数时间，投资者要忘掉市场，把注意力转向背后公司真实的商业运作上。因而，最极端的说法就是，对于市场波动，在心理上把自己当成非上市公司股权持有者，由于股权不能上市也不存在价格的日间波动，因而公司的经营业绩、发展潜力及分红才是股东全部注意力所在。上市公司股价日间波动带来的公众关注度的增减，只会彻底扰乱投资者的心智，使自己的地位本末倒置。

基于上述分析，巴菲特沿袭了格雷厄姆的风险观，把风险定义为价值的损失，这种损失或由于实际低于成本被迫出卖所造成，但更重要的是由于股票公司的实质地位发生下降，或者在市场的波动中以远高于其内在价值的市场价格购买股票，这才是真正的风险。

2. **安全边际——巴菲特金融理念的核心**

(1) 安全边际概念的提出

风险控制是任何证券投资理论所要解决的首要问题。与现代证券投资理论分散化、概率化的风险控制技术不同，巴菲特沿袭了格雷厄姆以证券分析为手段寻找证券安全边际的风险控制思想。

安全边际是巴菲特证券投资思想的核心，是理解巴菲特金融思想的基本点。

安全边际是指证券价格低于证券内在价值的一个差额，即经计算的价值超过市价的余额。这种余额越大，以远低于价值的价格持有证券的投资者就有越充分的余地和时间来抵冲风险，并且这种余额能消化企业未来的一些不利变化，使投资者有回缓的余地。

一个债券的安全性取决于一个企业的债权债务相抵后的净资产，净值越高，其安全边际也越高。用企业的总价值减去债务量即可简单地得出一个债券的安全边际，高于债务的多余价值量可缓冲企业经营变化的偿债风险。因而一个债券的安全性由这个企业资产负债结构所决定而不是由其票面利率高低决定。进而可以认为证券的无风险收益即是一个证券的安全边际，在不确定中找到确定，这种确定又是所有证券所共有的。这种分析思维，给证券投资带来革命性的理念。

从这一思想出发，用于固定收益类证券投资的安全边际概念，同样可以延伸到股票中。股票由于价格不确定性及在资本清算中法律地位的脆弱性，人们难以用固定收益思维来分析。因而股票与债券一样可以获得一个好的安全边际，这种安全边际与债券同样坚实有据。这就破除了常人对于股票的理解——股票的价格是炒作出来的，没有什么安全性可言。

股票的安全性不取决于它的名称、形式、法定权利或未来前景，而取决于它所包含的现实价值。建立在这样一种安全边际基础上的投资，所买的股票也许并不让人赏心悦目，或破破烂烂，或偏僻冷门，但从长期来看本金却能得到保障。由于有一个确定的价值支撑，股票具有无风险收益的特征。在无风险基础上，市场的变化则能获得进一步的超额利益。而那些有良好预期而无安全边际的股票得到的只不过是不确定的市场收益，却失去了无风险收益。

具体来讲，企业的账面价值即净资产是指企业资产价值扣除债务后的净额，而速动资产则是扣除固定资产后的价值。对于实业投资来说，投资兴办一个企业与市场股价无关，必须真实地购买机器、厂房、土地及配备企业正常运转的流动资金。因此股票的安全边际实际上就是净资产或速动资产与股价的差额。

如果证券市场的股价低于兴办这种企业所需的真金白银，在市场收购兼并则是产业投资最简单有效的行为。如果股价进一步低于企业的速动资产，厂房、设备等资产则是没有标价的免费品，也就相当于一个企业立刻清偿解散时各个股票持有者放弃固定资产索求而得到的真实清偿价值，从散伙分钱得到的安全边际具有终结的意义。

(2) 两个案例分析

下面通过格雷厄姆投资的两个事例来更好地说明和理解股票安全边际的思想。

案例一：哥根海姆公司是一家拥有多家铜矿股权的矿业开发公司。由于种种原因，该公司宣布解散，其股价停板在68.88美元的价位上。格雷厄姆立即仔细研究这家公司的资产状况，发现该公司有大量的不为人知的隐蔽性资产，并准确地判断出该股票的市场价格与其实际价值之间的差额。哥根海姆公司每股的价值，应该等于该公司所拥有的铜矿公司股票的市值，再加上该公司的其他资产之和。但问题在于哥根海姆公司是一家交叉持股公司，它还拥有其他多家铜矿公司的股权，而每一家的股价和资产额又各不相同，因而没人去详细分析和计算哥根海姆公司的真正资产额。

按照格雷厄姆的计算，哥根海姆公司股票的价值显然被市场严重低估了，其交易价格68.88美元与其实际资产价值每股76.23美元之间，有一个巨大的价差空间。这种空间对于每一个投资者来说都是最希望找到而难以找到的。如果哥根海姆解散，在分配资产给股东时，每股的差额利润为7.35美元。如果上述各项指标均不发生变动，那么投资哥根海姆公司的股票将带来丰厚的回报。

这实际上是一种套利行为，而每种套利行为总会伴随相应的风险。就该股的现状而言，其风险体现在两个方面。其一，如果该公司的股东们不同意解散该公司，那么将通过法律来决定该公司的前途，该公司可能陷入漫长的诉讼中；其二，由于该公司多头持股，清算之前其他公司的股票还存在大跌的可能。

综合各方面的因素，该公司具有足够的安全边际，于是格雷厄姆悄悄大量买进哥根海姆公司的股票，在随后的公司正式解散中实现套利，投资回报率高达18.53%，大概有20万美元。

案例二：在20世纪20年代，石油运输已不再单独以铁路运输完成，一批以管道将石油运输到炼油厂的公司应运而生。从成本和效率上来讲，早期的管道运输要大大优于铁路运输，而当时所有八家石油管道公司，都是从洛克菲勒的美孚石油公司分离出来的，由于业务的关联性，每一家输油管道公司，都拥有数量可观的投资性铁路债券。分离后公司都较小，出现了有些公司所持债券的价值竟然超过了石油管道公司本身市值的怪异现象。这些数额颇大的铁路债券都作为隐蔽性资产而存在于这些公司内，无人发现，所以市场也未对此作出反应，因而这些公司的股价都大大低于其实际价值。相对于这些公司微小的营业额与毛利率，它们持有那样多的铁路债券是毫无道理的，其投资潜力极为巨大，而且其安全边际非常之高，几无风险可言。

格雷厄姆的首选对象是北方石油管道公司。北方石油管道公司当时在股市上的市价只有280万美元，而它所持有的铁路债券就有360万美元，显然，它的投资价值被严重低估了。一方面是由于没有人发现那笔庞大的隐形资产，另一方面是由于当时在铁路运输上，运输技术有了较大的发展，大型油罐车的出现使石油管道公司面临了新的挑战，其前景被普遍看好，相应地石油管道公司的前景则被看淡。

北方石油管道公司的固定资产和持有的铁路债券数额，其真实价值应该在每股95美元以上。于是，格雷厄姆立即动用资金，在70美元左右的价位上买到了北方管道公司5%的股票，其持股比例仅次于占该公司总股本23%的洛克菲勒信托投资公司，成为该公司第二大股东。并随机以股东身份建议公司卖掉这些债券，作为股利分发给股东。经过一番斗争，公司终于卖掉债券，每股分红70美元，不仅如此，格雷厄姆还从股价的上涨中获利甚丰。北方石油管道的股价推升到了每股近百美元的价位。

（3）小结

综上可知，巴菲特和格雷厄姆金融思想的核心，在于把安全边际纳入无风险投资收益的概念中，把债券风险思想贯彻到股票市场来。在投资中首先把自己放在一个无风险地位上，立于不败之地，然后再等待市场波动来获得超额利润。充分低的价格，可以将劣质证券转化为优质的投资机会，在市场认为不值得投资的许多企业，经过安全边际的筛选后就可以成为可靠的投资工具。

四、巴菲特的金融投资策略

在上述金融投资思想的指引下，巴菲特形成了自己独特的不同于现代证券投资理论的一套金融投资策略，主要包括：

1. 绩优企业策略

所谓绩优企业策略是指：所选择投资的企业必须具有相当优良的品质。这些品质主要包括：（1）绩优企业应属于自己熟悉的具有稳健发展态势的通常为传统行业的领域。这是因为：首先，这些领域中的企业业务相对简单，通过一定的学习都能够很好地理解，甚至成为行业内的专家；其次，这些企业的未来业绩和成长性是比较容易测定的。（2）企业财务稳健，具有较高的毛利率，资本支出少、现金流量充裕。巴菲特对那些固定资产收益率的公司很不感兴趣，认为它会大量侵蚀企业的现金流。（3）企业的管理经营者应具有理性、忠诚的优秀品质，并始终以股东利益为先。

2．低价位介入策略

由于巴菲特秉承价值投资观，这反映在投资策略上就是要始终以企业的实质价值作为投资的首要标准。市场往往会因为投机的原因而出现股价出现偏离价值的现象。如果认为企业优秀就不计成本买进的话，显然达不到投资的目的。巴菲特认为当股价偏高时，所要做的就是耐心地等待，并继续进行跟踪，直到股价进入他认为合理的范围才开始介入。在1988年美国的股灾时，巴菲特以相当便宜的价格购买了大量的可口可乐公司的股票。以相对低的价格购买股票与资金的回报率要求也有相当大的关系。在进行一项投资时，应对所投资企业的未来价值有一个预估，并由此而折算出投入资金的回报率。如果买入时价格过高，资金的回报率必然受到影响，而要是预估的资金回报率低的话，显然等待更为合适一些。因而对于巴菲特而言，熊市才是他最佳的买入时机。

3．集中投资组合策略

所谓集中投资组合策略是指采取有目的地将注意力集中在几家有选择的公司上，并尽可能地对其进行密切的研究，掌握其内在价值，寻找时机进行集中投资组合，并长线持有以获取较佳的投资回报。巴菲特反对和批判多元化投资组合理论，他认为："多元化只是起到保护无知的作用。如果你想让市场对你不产生任何坏作用，你应当拥有每一种股票，这对于那些不知道不懂得如何分析企业情况的人来说是一种完美无缺的战略。"从许多方面，现代投资理论保护了那些不知道也不懂得如何评估企业的投资者，但这些投资者也没有获得满意的收益。

4．长期持有策略

绩优企业良好的发展前景以及近年经济状况的满意度（主要是连续的年度收益率），能够降低风险，赢取较佳的收益，因此巴菲特主张对股票投资长期持有，而不要因为平时股价的波动而对自己所持股票的价值产生影响。巴菲特认为只要社会和市场总的趋势是向好的方面发展，就应选择长期投资的方式。因而他根本不在意股价平时的波动。他认为股市的价格波动只是"市场先生"的游戏而已，它所能提供的是在"市场先生"情绪低落时给出的令人满意的报价，在股价大幅回落时大量买进自己所了解的公司的股票。而在购买了股票之后，哪怕证券市场关闭数年，也应该集中地、长期地持有。他认为，没有什么时间值得把优质的企业卖掉。由于投资之前着眼的就是企业的未来价值，那么，仅仅因为股票出现了差价就把它卖掉将是相当愚蠢的行为。对像可口可乐公司的股票，他认为，卖出的时间是永远。正如巴菲特自己所说："如果你没有持有一种股票10年的准备，那么连10分钟都不要持有这种股票。"

五、巴菲特的管理经营原则

巴菲特从经营波克夏公司的投资实践中总结出了14条管理经营原则①，并于1996年出版成书，送给波克夏公司的所有者，以便让波克夏公司的股东能够更好地了解波克夏的整体管理运作思路。这14条原则如下：

1．投资企业而不是投资股票

股份制企业的股东之间实质上是一种合伙人关系，是所有者的伙伴，也是管理者的伙伴。不管持股多少，股东都将控制着合伙人。公司这种形式本身不是资产的最终所有者，而是公司股东拥有这些资产的一个媒介。股票持有者不应只把股票看作是一张价格变化的纸片，并总想着当经济或者政策波动时将它卖出，而应把自己看作是在不确定性存在情况下放心将资产交给公司管理的生意合伙人，并早已作好准备将股票保持一生。

比如，巴菲特是可口可乐和吉列公司的所有者，他在这两家公司实现长时间的盈利，而不是

① 参见〔美〕沃伦·巴菲特著，劳伦斯·A. 坎宁安编，陈鑫译，《巴菲特致股东的信》，机械工业出版社，2004年。

每月之间的价格波动。他不担心其股票几年没有交易，或者价格变动。他认为只要有良好的预期，短期价格的波动是没有意义的。

事实证明大多数波克夏的投资者也遵循了坚持长期合作的理念。每年波克夏公司股票的换手率只是其他美国主要公司股票换手率的一个很小的比例，即使把巴菲特本人持有的股票排除在外也是如此。

2. 将鸡蛋放在同一个篮子里

公司应树立以所有者为本的观念，把大部分收益重新投回公司，分享公司自己的劳动成果。即巴菲特常说的“我们吃自己做的蛋糕”，而不必担心将“鸡蛋装进一个篮子”。

3. 最大化每股收益的变化率

公司长期的经营目标应是最大化公司每股收益的每年变化率，这种收益得益于内在的商业活动。不要用公司的规模来评价公司的表现，而用每股的进展来评价。巴菲特指出：“我们可以肯定的是每股盈利的增长会下降，因为一个很大的基数必然会瞻仰。但是如果你的增长率小于美国平均公司的增长率，我们将会很失望。”

4. 股价下跌是好消息

投资者可通过两种方式来实现投资的利润目标，一是通过持有不同领域的能够产生现金流和盈利持续超过平均水平的公司股票，二是拥有类似企业的部分股权，通过自己的保险公司购买有市场价格的普通股票。尽管通过购买已发行股票公司的股票要比通过谈判购买整个公司容易，但是巴菲特仍然倾向于购买100%的股权。这样，股票价格、可能的公司以及保险资本就决定了每年资金分配的情况。

因而下跌的股票市场将从以下三方面为投资者提供更好的机会：第一，股价下跌可减少购买整个公司的费用；第二，下跌的股票市场使得自己的保险公司更容易购买优质企业，包括以较低的价格增加已有公司的股权；第三，一些优质企业，他们的买家是他们自己，这就意味着投资者可以和他们一起以更低的价格购买到这些公司的股票。

正如巴菲特所说：“波克夏和它的长期持有者从下跌的股票市场中得到的，远比一般消费者买便宜食品得到的更多。所以当市场快速下跌时，既不用惊恐也不用伤悲，这对波克夏公司是好消息。”

5. 关注报表中的重要数据

由于上述提到的购买公司的两种截然不同的方式，以及通常会计报表的限制，合并报表可能不能反映公司真实的经营表现。但是报表中的一些数据连同公司的有关信息，比如公司的盈利情况等，仍会从整体上对投资者的决策有所帮助。

6. 注重公司的潜质而非会计结果

投资者不应让会计上的结果影响到自己的经营或资本分配决定。如果所购买的费用是相同的，投资者应该更愿意购买在标准会计准则下无法显示但是盈利2美元的公司，而不是在报表中显示的盈利1美元的公司。因为如果长时间相加，无法显示的那部分利润可以通过资本利得完全反映到投资者的价值投资上。

以巴菲特的波克夏公司为例。将其投资的未分配利润合计后，对公司带来的好处和已分配利润带来的好处是一样多的。因为波克夏投资的大多数是相当优质的企业，他们可以使用增加的资本带来更大的好处，或通过把它投入到自己的经营中，或通过再次收购自己企业的股票。每一次资本的投资并没有对波克夏股票的持有者带来好处，但是从总体来看，这比留下1美元所带来的价值要高得多。因而巴菲特指出：“长远地看，我们的分配利润实际上描绘了每年我们从经营中可以得到多少。”

7. 谨慎借款

巴菲特非常谨慎地借款，他“拒绝利息盈利的机会超过资产负债表”；即使借款，也会建立在长期固定利率的基础之上。波克夏公司使用的是两种低成本、无风险的杠杆方式：延期税和浮存金。延期税是指美国税法规定的投资者在进行长期投资后，若在退休后卖出股票，则收取较低的税收，故延期税的负债是没有利息的。浮存金指的是保险企业持有的基金，由于保险公司收取保费先于支出，因而其成本几乎为零。这两种方式的借款都没有合约和期限的限制。

8. 对股东负责

巴菲特在给波克夏公司股东的股东手册上指出："我们不会忽视长期的经济前景而在一个被操纵的价格上购买企业。我们只会像对待自己的钱一样来看管你的钱，全面衡量你在股票市场直接购买股票能够得到的价值。我们关心的是那些我们相信可以提升波克夏股票内在价值的企业。我们的薪水和办公室绝不会和波克夏负债表的大小成正比。"

9. 定期评估

波克夏公司每5年衡量一次持有盈利是否明智，是否持有的1美元为股东带来了至少1美元的价值。如果公司到了无法用盈利创造更多的价值时，公司将把盈利付给股东，让股东自己处置这些资产。

10. 适时发行新股

巴菲特坚持只有在公司得到的比付出的多的时候，才发行新的普通股。这条原则适合各种形式的发行，包括合并、公开发行、转债、股票期权以及可转换证券等。他承诺不会出售公司的某一部分，这就意味着波克夏公司公开发行股票的总和与整个公司的价值是相等的。

11. 勇于承担责任

巴菲特从不回避自己的投资失误。他说："我们不会出售波克夏所拥有的任何优秀资产。只要我们预期公司的不良资产能产生现金流，只要我们对所经营的公司的经理和员工关系有信心，我们就不会轻易卖掉它。我们不希望一错再错，我们会加倍小心以恢复资产的质量，从而使其产生满意的收益，我们会接受惩罚不使自己陷入有负罪感的管理情境之中。"

12. 开诚布公

巴菲特十分强调要以坦诚的态度编写报告，并强调在提升商业价值的活动中的损益。即使公司的处境不妙也要坦陈事实，不能隐瞒。作为拥有主要信息的公司一方，如果公司违背标准，而不去准确、平等、清晰地传递信息给各方，那是不可原谅的。作为一名管理者，坦诚才会使公司获益；误导公众的CEO，同样也会迷失自己。

13. 遵纪守法

巴菲特指出："我们将仅在法律允许的范围内讨论我们的活动。一如好的产品和好的并购主张一样，好的投资想法是珍贵的、有价值的，它关系成败。因此，我们很少谈论我们的投资观点，即使对我们已卖出的证券也如此。"

14. 与赢家一起工作

巴菲特注重和行业中最优秀的人员一起共事，并挑选这些优秀人员作为其下属公司的管理人员。巴菲特认为，要想成为赢家，就必须与赢家一起工作。他以棒球打比方，指出"能够把棒球掷出多远并不重要，而关键在于能否与棒球精英们建立联系。在波克夏，我经常把棒球掷给那许多在美国商业界里最好的击球手。"

第二章　巴菲特证券金融理念的思想渊源

一、凯恩斯投资思想对巴菲特的影响

英国著名经济学家约翰·梅纳德·凯恩斯不仅是一位伟大的宏观经济思想家，也是一位杰出的投资家。具体来讲，凯恩斯的投资思想对巴菲特的影响主要体现在以下几个方面：

1. **集中投资、长期持有**

凯恩斯是一位集中投资家，他的这一投资思想构成了巴菲特集中投资、长期持有策略的雏形。具体来讲，凯恩斯的投资基本原则是：

（1）对几家投资进行仔细选择，考虑他们相对于今后几年的实际和潜在内在价值是否便宜，同时还要考虑其他可供选择的投资。

（2）对这几家大手笔投资稳重持股，绝不动摇，直到几年后投资收益稳操胜券或此投资证明是错误时方可放手。

（3）建立一个平衡的投资地位，尽管个股持股量大，风险却是多种多样的，如果可能只有相对风险的话。

凯恩斯否认多元化投资可以分散风险的说法，他认为投资者按照固定比例将资金投在其他项目上，例如1/3股票、1/3债券、1/3房地产这种机械式做法，根本不能称作投资，它只会损害投资者利益。因为真正的投资艺术是根据实际情况随时调整投资的变动，而股票的流动性比房地产要好，适应于随机应变调整投资的需要，因此专事一种流动性较好的投资风险要比多元化投资更小。

2. **投资自己熟悉的行业**

凯恩斯认为，投资者必须熟悉其投资项目，而一般人很难有精力和能力清楚很多公司情况，这时拥有股票种类越多，风险可能越大。例如一个人将鸡蛋分放在不同篮子里，但又没有精力和能力去检查每一个篮子里是否有裂口，则风险必然不小，凶多吉少。因此，选择几个鸡蛋放在一个好篮子里，然后细心看护是最为安全的做法，他坚信"一只绩优股比十只绩差股安全"。

凯恩斯在1934年给商业同行的信中写道："通过撒大网捕捉更多公司的办法来降低投资风险的想法是错误的，因为你对这些公司知之甚少，更无特别信心……人的知识和经验都是有限的，在某一特定的时间段里，我本人有信心投资的企业也不过二三家。"①

3. **做投资而非投机**

凯恩斯认为："在交易周期的不同阶段，掌握股票的系统移动规则，适时买卖股票，的确可以使投资商占有很大优势，但人们还未能证明自己占有这一优势。基于这些经验，研究整体股价移动的想法是不切实际的，也是不可取的，原因多种多样。多数人企图低价买入、高价卖出，但总是晚一步，并经常发生低价卖出、高价买入的情况。长此以往，必将损失惨重并造成心事重重、投机心切的心态。如果这种心态蔓延开来，不但会产生严重的社会问题，更会加剧市场波动幅度。"

二、巴菲特对费希尔投资思想的继承

菲利普·费希尔是对巴菲特影响最深的人之一，巴菲特曾说自己有15%像费希尔。巴菲特的绩优企业投资策略以及长期持有战略在很大程度上都源自费希尔的成长型投资理念。具体说来，成长型投资理念主要包括以下几方面的内容：

1. **投资真正杰出的企业**

费希尔认为寻找真正杰出的企业应主要考虑以下15个问题：

●这家公司的产品或服务有没有充分的市场潜力，至少几年内营业额能够大幅成长？

●管理阶层是不是决心继续开发产品，在目前富有吸引力的产品线成长潜力利用殆尽之际，进一步提高总销售潜力？

●和公司的规模相比，这家公司的研究与开发工作有多大的效果？

---

① 参见〔美〕罗伯特·哈格斯特朗著，江春译，《沃伦·巴菲特的投资组合》，机械工业出版社，2002年。

●这家公司有没有高人一等的销售组织？

●这家公司的利润率高不高？

●这家公司做了什么事以维持或改善利润率？

●这家公司的劳资和人事关系是不是很好？

●这家公司的高层主管关系很好么？

●这家公司管理阶层的深度够么？

●这家公司的成本分析和会计纪录做得好么？

●是不是有其他的经营层面，尤其是本行业较为独特的地方，使得投资人能够得到重要的线索，明白这家公司相对于其他同业竞争能够有多突出？

●这家公司有没有短期或长期的盈余展望？

●在可预见的将来，这家公司会因为成长而必须发行股票以取得足够的资金，使得发行在外股数增加，现有持股人的利益因预期中的成长而大幅受损？

●管理层是不是只向投资人报喜不报忧？

●这家公司管理层的诚信正直态度是否毋庸置疑？

2. **长期持有战略**

费希尔认为一旦选择了真正杰出的企业，就应该“抱牢”它们的股票，长期持有直到：①公司的特质从根本上发生改变；②公司成长到某个地步后，成长率不再能高于整体经济。他特别强调，绝对不要因为短期原因，就卖出最具魅力的持股。具体来讲，除非有以下三点理由，才可卖出普通股：

第一，选错了股票。所买进的股票的实际状况显著不如预先想象的那么美好。这种情况的处理，主要靠投资人在情绪上自制，要能够坦诚地面对自己。如果能尽早认清并接受所犯的错误，不管有任何损失，应会远低于买进错误的股票仍长期抱牢的损失。更重要的是，这些套牢在不利状况中的资金可以释放出来而用于购买其他的好股。

第二，所持股的公司发生了根本性变化，不再与当初买进时一样。投资人必须一直提高警觉，应关注公司相关业务的发展。通常公司经营业绩下降的原因有三：管理层管理不善，公司产品的市场份额缩水，公司从成长期步入衰退期。

第三，投资人确定有其他更好的投资机会。

三、巴菲特对格雷厄姆金融思想的扬弃

本杰明·格雷厄姆是现代证券分析和价值投资理论的奠基人，被称为证券投资的教父，其著作《证券分析》被视为投资者的圣经。作为格雷厄姆的学生，巴菲特自称有85%像格雷厄姆，在巴菲特的投资活动中，人们始终能看到格雷厄姆的身影。因而比较分析巴菲特与格雷厄姆投资理念的差异，有助于更好的理解巴菲特的金融投资思想，从而更全面透彻地把握巴菲特证券投资策略的特点。

归纳起来，巴菲特与格雷厄姆在某些投资手法上存在的重大差异主要体现在以下两个方面：

1. **关于有形价值与无形价值**

格雷厄姆注重企业内在价值的数量与物质特性，强调企业的价值必须是有形的，且有真实的财务统计作为依据。他认为加入越多的无形东西，企业的价值就越不牢靠；对企业成长预期越多，就越可以随心所欲地规定股票的价值。而一个企业的无形资产的价值是根本不可能准确计算出来的。如果商誉或未来盈利能力在价值分析中所占因素越大，企业的真实资产就越不确定，股票就内在地更具投机性。

而巴菲特则在坚持企业有形价值基础上，加入了许多无形价值的识别。即认为安全边际的计算可以包括无形价值的因素：特许权、商誉和管理者。

（1）特许权

巴菲特在购买企业时特别看重企业的特许权价值。他认为特许权能使企业长期具有垄断经营优势，从而获得一个超额利润。

例如，1963 年巴菲特在收购美国运通时，从财务资产上看，运通公司并不能满足格雷厄姆的安全边际。运通公司不是有大量固定资产的制造业企业，而是具有庞大网络体系的服务性企业。但美国运通的价值在于其特许权价值，特许权将旅行与货币支付结算联结在一起，这就意味独占市场的权利。事实上，美国运通在全美独占旅行支票 80% 的市场，在几十年内获得稳定的超额利润。因此，巴菲特认为如果加上特许权价值，美国运通的真实价值就被低估了，因而它同样具有可靠的安全边际，值得投资。

又如，巴菲特在收购美国华盛顿邮报时也主要考虑其特许权价值。华盛顿邮报对华盛顿地区主要广告的主导和垄断地位可以比作是一个收费桥梁，即任何人过桥都要付过桥费，这种过桥费使其业务保持垄断性、价格具有稳定性。“收费桥梁”是巴菲特判别企业价值一个独到标准。这种衡量标准在格雷厄姆眼里不能称之为科学的证券分析，因为它只能个性化而无法客观化。但是巴菲特认为客观化与数量化必然会成为大众化，而一旦大众化就意味着不能长久获取超额利润。

（2）商誉。

巴菲特十分强调企业的品牌或专利商誉的作用。

例如巴菲特最大的一笔投资——可口可乐，用格雷厄姆的方法无论如何都不具备安全边际。但是在巴菲特看来，如果考虑专利与名牌的价值，可口可乐同样具有可靠的安全边际。因为巴菲特发现可口可乐其实并不是在卖可乐，而是在做非常简单的生意，就是提供具有垄断专利的浓缩糖浆，并拥有全球独一无二的品牌。凭借这两个优势，它以低成本垄断或无限扩张，潜力无穷。在大众消费领域内的品牌及企业拥有分配方式连锁管理专利，其价值远远大于其有形资产的价值，而这些价值在财务报表中并没有显现。商誉的价值其独到之处就在于，只要良好的商誉持续不坠，就有不断强化的杠杆作用，可以使企业以较高的定价而带来更高的收益。这样，巴菲特实际上把格雷厄姆的安全边际的概念作了延伸。

（3）管理者

在投资企业时，格雷厄姆只做统计财务分析而不与企业接触，因为他认为主要符合财务统计上的安全边际即可投资。但巴菲特却认为必须对企业管理层有深入了解与良好的沟通，否则不予投资。这种沟通的重要性在于，一个低价绩优企业必须掌握在有才干的管理者手中，同时通过沟通能及时监控企业的变化，从企业的变动而不是市场的波动来监控真正的风险，同时必要时去影响改组企业。这是巴菲特在没有卖出策略的情况下，所独有的风险控制技术。这使得巴菲特更像外交家，而格雷厄姆则是学院教授。

2. 关于分散化与集中化

格雷厄姆主张应将投资分散组合化。他认为只有购买一组分散化的价值低估股票才算投资，而单独购买其中任意一种都是不安全的，要达到投资的安全性标准，必须分散化以降低单个证券的风险。这样，格雷厄姆安全性标准实际上是两个——安全边际与分散化。

分散化在格雷厄姆投资中被提到必不可少的高度，只有成组购买经证券分析挑选的有安全边际股票才符合格雷厄姆的投资真正标准。在这里格雷厄姆运用了与现代投资理论一样的保险原理，即通过分散化来抵冲单个股票不能预知的变化带来的毁灭性结果。格雷厄姆担忧的是，一个单独证券投资即使有价值安全边际保护，但其地位仍然是脆弱孤立的。因为安全边际只能保证获利机会要大于损失机会，但不能保证不损失，尤其是毁灭式的损失，因而决定单个企业命运的不仅仅是资产的安全边际，且若到了资产清偿阶段，费用与资产变化往往也难预料，有时会迅速侵耗企业的速动资产，使安全边际不复存在。但多个证券组合，将使利润大于亏损的概率增加，并最终获得一个总体上确定的超额利润。为强调组合化投资，格雷厄姆在他晚年 1974 年，提出一个简单操作策略，即假定股票投资组合初始组成为标准普尔指数成分股，在组合基础对股票进行更换。

即有确信的证据表明所换进的股票其内在价值要高于被换出的股票，不断换进有更高安全边际的股票。

而巴菲特则强烈反对分散化，强调集中化持股策略。

集中化投资策略的要点是，选择少数可以长期从实质经济中产生高于平均收益的股票，将大部分资金集中投资于这些股票，不管市场价格的周期性或暂时性波动，长期持有。即“少即是多”的投资策略，坚信：最优秀的股票极为难寻，低价买入的机会也极少。因而，一旦遇到这种难遇的机会时，唯一的选择就是集中资金大举投资。巴菲特把这种策略比喻为计时卡打洞：他认为进入股市，就像持卡进门，一个人只能在卡上打20个洞，打完为止，没有再多。这时一个投资者只能筛选最棒的点。因而他认为分散化只起到保护无知的作用，正如现代证券投资理论只适合于不知道如何评估企业的投资者一样，分散化是一种最好的偷懒策略。巴菲特挖苦道：“现代投资理论只会计算平均值。”

然而，由于集中投资是组合投资的极端，从风险收益角度来看，这种投资策略最有机会在长期内取得超额利润；但另一方面，由于人类无法预知的不确定性又最有可能带来毁灭性风险。确定性与投资数目呈反比，完全确定的东西，就不存在分散的必要。因而这种投资策略成功依赖一个最根本的条件，就是所投资的对象在本质上稳定，可以完全把握而不是不可预知的。这种可知不可能是市场的价格波动——投资组合就是为了抗拒个体股价波动而采取的一个平均化、均衡化投资策略，组合的最好结果就是平均化——那么，可知只能在市场之外。因而，巴菲特坚信市场的风险在于证券符号背后所代表的企业；且在长期内，企业的价值一定会补偿任何短期的市场价格波动。

因此，以长期本质稳定抹平短期随机波动，以集中个股持仓超越分散的平均化，这种集中化战略的核心在于对企业的选择。即股票的选择决定了投资的全部命运。巴菲特选择的企业往往是难以改变消费习惯的垄断型大众消费品企业。从巴菲特2002年年报中可以看到，在其283亿美元的庞大股票市值中，美国运通、可口可乐、吉列、华盛顿邮报等8家企业股票市值竟占230亿，高达80%，且这些企业股票都是他在几年甚至几十年前购买的，至今一直持有。

四、巴菲特与索罗斯金融思想的比较

被称为“金融大鳄”的乔治·索罗斯与巴菲特同列为20—21世纪的金融投资大师。两位大师的投资理念有不谋而合的方面，但更多的则是截然相反的观念。因而，通过对两者投资思想的比较分析，有助于以更广阔的视野、更透彻更深入地理解巴菲特金融投资思想的特点，从而更好的认清其局限性，以挖掘出可以借鉴的价值，获得更有益的启示。

1. 索罗斯的主要投资思想

索罗斯的金融投资思想主要有两个核心：

（1）偏见的概念

所谓“偏见”是指，在大多数情况下市场的实际进程与市场参与者的预期认识是不一致的，结果与预期的不符反映了人们认识的差错。偏见不仅在市场中时时存在，任何人在投资结束之前必须根据预期来决策，且一旦这种有偏见的决策作出又影响市场现实，因而，偏见成为金融市场投资的关键。

（2）反身性理论

反身性理论指的是参与者的思想和它们所参与的事态都不具有完全的独立性，二者之间相互作用、互相决定，不存在任何对称或对应，甚至在人们活动的政治、经济、历史等领域中，也普遍地存在着这样一种反身性的关联。具体而言，反身性有两层含义：目前的偏向会影响价格；在某种情形下，目前的偏向会影响基本面，而且市场价格的变化进而会导致市场价格的进一步变化。

索罗斯认为，人的思想对于事态发展所带来的不确定性与量子力学中的不确定性十分相似，如同量子力学中的"测不准原理"，对于微观客体的任何一次测量都不可避免地包含宏观仪器的影响，因此不可能同时准确地测量微观粒子的坐标、动量、时间和能量，但这并不意味着人们不可能准确地掌握微观过程的客观规律。对金融市场来说，即是在承认参与者影响的前提下，还是有可能获得历史过程事态的客观信息的。在思维者参与的事态中确实有某种可以客观化并加以正确预测的成分。主流市场经济学理论系多是忽视"有思维参与的历史过程的不确定性"这一因素而导致有根本性缺陷。因此，索罗斯称自己的理论是反身性理论。

反身性理论的市场含义是：就市场价格表达未来偏向的含义而言，市场总是错的。因此，要寻找市场的大反转点。但是失真在两个方向上起作用，不仅市场参与者的预期存在着偏向，同时他们的偏向也影响着交易活动的进程，这有可能造成市场精确预期未来发展的假象。不是目前的预期与将来的事实相符合，而是未来的事件由目前的预期所塑造。

2. 巴菲特与索罗斯投资理念的相同点

（1）反对效率市场假说

巴菲特反对效率市场假说，认为市场不总是有效的。索罗斯则更极端地认为"市场永远是错的"，且是在盛衰循环中运行的，故所有投资机会就是从这种可错性中寻找。

（2）以不变应万变的投资哲学

现代经济学与现代证券投资理论一个基本假定就是人的理性及理性预期行为，由此推导出市场有效性与均衡性的结论。但是心理学与市场实践表明，理性仅仅是人们行为的一部分，非理性更大程度地支配人们的心理与行为，这导致社会科学与自然科学最大不同之处。理性只是自然科学的研究假定。更重要的是具有独立意义的社会心理与个体心理有着重大区别。

当许多人为着某种目的或以某种组织方式聚集在一起的时候，就会产生若干不同于个体或在个体完全没有的心理特征，这种新的心理特征伴随着这个群体而存在，具有独立的意义，于是某种社会心理就产生了。

在金融市场中，不管人们来自何方，年龄、收入、性别、种族等千差万别，但都为了一个共同目的——投资获利，这一点就形成一个没有严格组织边界但却无形鲜明存在的群体心理。群体心理某些方面与个体心理类似，但它不是个体心理的简单叠加，大部分群体心理与个体心理完全不同。这种不同之处在于，无意识的本能行为在群众心理中比个体心理占据更大部分甚至起主要的作用。如果理性对个体行为还起一定作用的话，无意识以及它所表现出来的神秘而巨大的盲目力量则支配着群体的行为。

技术创新千变万化、日新月异，人们很难预知一个经济的技术进步与产业变迁过程。但是人的行为模式及其心理具有某种亘古不变的基本本能特性，这种变与不变的矛盾及其反射互动使得人可以在更稳定与简单的意义上来把握市场某些本质，而不被市场缤纷变化的外表所迷惑。

这就是为什么巴菲特可以超越市场之外、无视股价的波动而坚持长时期地持有股票，也是索罗斯能够逆潮流而动、投资并不被市场看好的股票却屡屡获得成功的原因所在。技术在变，人性不变，以不变应万变，是巴菲特和索罗斯共通的投资哲学。

3. 巴菲特与索罗斯投资理念的不同点

（1）风险观

从前文可知，巴菲特把风险定义为内在价值的损失，高于内在价值的市场价格才是真正的风险。而索罗斯则在反身性理论的基础上，建立了自己独特的市场风险观。他认为风险在于人们认知能力的局限性与可错性。由人们永远不能完备的认识与所参与的现实市场互动，使市场变得不可预测，不可确定。市场能极少验证个人的预期，即使验证也是短暂的。任何投资决策都不得不建立在永远超出人们理解力的基础上，偏见与无法绝对认识的现实相互影响，使金融市场的不确定性成为内生变量，这种内在不确定性才是市场风险所在。因而，风险既不源于独立于人之外的企业内在价值，内在价值的大小与变化源于人们认知确定的价值标准；也不存在独立于人之外的市场价格波动，市场价格波动正反映了人们认知能力与心理波动所引致的买卖行为变化。

在这样两种不同的风险观下，产生了不同的投资战略。巴菲特主张集中组合投资，认为放弃内在价值极高的绩优企业而分散化于其他投资反而会增加风险。而索罗斯则认为分散化组合是为回避人们认知能力局限性而采取的风险控制手段。如果人们能全部理解市场波动的理由与方式，投资将是集中与唯一的，分散化组合将不需要。但是由于人们的认识和能力的相对有限性，不确定性始终存在。认识能力越低，不确定性越大，风险就越大，投资集中度就应越小，收益才能越高。因此，分散与集中应是灵活运用的，投资组合的方法在兴衰运动与人的认知反射不同的过程中有所差异。

（2）价值观

风险观是投资理论的基石，投资价值观建立在风险观的基础上，因风险观的不同而相差异。

巴菲特奉行价值投资观，依靠安全边际来评判投资的价值。而索罗斯则认为，若当社会所有人都按照巴菲特的企业净值，视速动资产高于股票价格为价值低估时，这种价值已往往不存在。他认为价值是在不同历史条件下某种社会流行观念的产物，在某种社会观念支配下，价值是市场参与者在自由交易中愿意支付给他人的货币数额，且这种支付有利润最大的预期。正是这种价值观念支撑整个金融市场的存在与波动。因而价值不是既定与静止的而是反射与历史的，不能把某种东西视为永恒的价值。

不同的价值观反映在投资策略上，即是巴菲特更关注个别企业的投资价值，强调的是个股的安全边际，投资的关键是发现或等待这一价值的到来，是以静制动。而索罗斯则更注重经济宏观走势的判断，在社会观念变动的可错性中寻找投资机会，是以动制静。

（3）对金融衍生工具的看法

索罗斯所带领的量子基金和对冲基金实质上做的就是利用抵押信用获取高杠杆效用的金融衍生工具投资。而巴菲特则认为金融衍生工具“是时间炸弹，对参与它的人和经济系统都是这样”，因而他只投资他所熟悉的传统企业，而对新兴的金融衍生品市场退避三舍。他甚至在波克夏公司2002年年报中这样说道：

“衍生物交易的范围只由人们的想象力限制（*有些时候是疯狂的人*），比如安然，新闻纸和宽带的衍生物交易，数年后交易，这已经写入了书本。或者说你可以指定一个预测2020年Nebraska州双胞胎出生的个数的一个交易，没问题，你会很容易找到一个交易对象。

“事实上，在1998年，利用杠杆和巨大的衍生品交易的对冲基金，长期资本管理，使得联邦非常紧张，组织了一系列的挽救措施。在后来的国会陈述中，联邦官员承认，如果他们不加干涉，LTCM这样一个不被公众了解，仅仅有几百人的公司，可以摧毁美国市场的稳定性。LTCM使用的衍生品交易工具之一是全返回互换（total－returnswaps），这种合约在不同的市场上用100%的杠杆，包括股票市场。例如，A部分与银行的合约，用所有的钱买股票，而B合约，不投入任何资产，可能得到收益，而损失是由银行承担的。换句话说，联邦干涉的原因是他的领导人非常害怕LTCM的多米诺骨牌倾倒的话，会对其他金融机构造成打击。这样一个事件，即使它使得固定收益的市场瘫痪了好几个星期，但是这并不是最糟糕的场景。”

（4）哲学观

综上，从本源上来看，巴菲特与索罗斯投资理念的差异根源是两者在哲学观上的差异。

巴菲特终身坚持一种价值观，用最简单的方法逃避了市场的复杂。他强调静止的客观的内在价值标准，以静制动，以不变应万变，是一种带有宗教意味的投资理念。他所信奉的企业内在价值观不仅是现实中存在这样的机会，更重要的是他相信价值投资是最好的致富手段，这种毕生信奉的价值宗教对现实投资产生巨大的影响。例如20世纪90年代网络的兴起，和美国所谓的“不要盈利只要未来”的新经济，曾对巴菲特的理论产生很大的冲击。但在2001年、2002年网络经济破灭后，他的这种信念又再次得到了肯定。因而可以认为，巴菲特的成功最重要的并不在于他的价值投资标准，而在于他始终不渝坚持与信奉的过程。

而索罗斯宣扬的则是通过人的主动性主动地驾驭世界，激发人的激情和创造性。他不同于巴非特清教徒式的、从一而终的清苦生活，他接受波普的哲学理论的影响，勇于认识错误和揭示错误。因为他认为成功投资者不是每次都看对，而是要根据事物不断地进行调整，承认错误的。索罗斯在运动中避险求生，他认为思维永远落后于现实，认识永远不可能包含所有的现实。金融产品的现时价值也是人们认知认同的产物，不存在永恒静止的东西。他甚至带有唯心主义色彩。比如他曾说道，你投资黄金，是正因为你买了黄金，所以大家都认为应该投资黄金，于是金价就会上涨，如果社会全都质疑黄金的价值，黄金就会下跌，甚至一文不值。一种东西的价值，不仅要有现实的理由，更重要的是要有社会普遍的主观认同。这是典型的“我思故我在”的论调。

第三章　巴菲特的金融投资及管理实践

一、波克夏公司的金融投资实践

波克夏公司是巴菲特证券金融投资的媒介。38 年间，没有一个 CEO 选择离开波克夏公司，公司里有 6 个经理超过 75 岁。对此，巴菲特的信条是：“教一只小狗学习杂耍是很难的一件事。”从这一点，波克夏公司骄人的经营业绩以及巴菲特卓越的管理才能便已可见一斑了。

1. 波克夏公司的经营业绩

波克夏投资公司自巴菲特于 20 世纪 60 年代管理经营以来，公司的每股股本净值由 19 美元到 4 万多美元，每年以 23.6% 的复利保持增长。即使在股市大跌的 2000 年，各家公司资产纷纷缩水，波克夏的股本净值还是保持了 6.5% 的年增长率。

表 1：Berkshire's Corporate Performance vs. the S&P 500

Annual Percentage Changein Per – Share in S&P 500

Book Value of with Dividends Relative

Berkshire Included Results

			变化百分比		
年份			每股账面值	S&P 500	差值
1965	…………	………….	23.8	10.0	13.8
1966	…………	………….	20.3	(11.7)	32.0
1967	…………	………….	11.0	30.9	(19.9)
1968	…………	………….	19.0	11.0	8.0
1969	…………	………….	16.2	(8.4)	24.6
1970	…………	………….	12.0	3.9	8.1
1971	…………	………….	16.4	14.6	1.8
1972	…………	………….	21.7	18.9	2.8
1973	…………	………….	4.7	(14.8)	19.5
1974	…………	………….	5.5	(26.4)	31.9
1975	…………	………….	21.9	37.2	(15.3)
1976	…………	………….	59.3	23.6	35.7
1977	…………	………….	31.9	(7.4)	39.3
1978	…………	………….	24.0	6.4	17.6
1979	…………	………….	35.7	18.2	17.5
1980	…………	………….	19.3	32.3	(13.0)

（续上表）

年份			变化百分比		
			每股账面值	S&P 500	差值
1981	…………	…………. .	31.4	（5.0）	36.4
1982	…………	…………. .	40.0	21.4	18.6
1983	…………	…………. .	32.3	22.4	9.9
1984	…………	…………. .	13.6	6.1	7.5
1985	…………	…………. .	48.2	31.6	16.6
1986	…………	…………. .	26.1	18.6	7.5
1987	…………	…………. .	19.5	5.1	14.4
1988	…………	…………. .	20.1	16.6	3.5
1989	…………	…………. .	44.4	31.7	12.7
1990	…………	…………. .	7.4	（3.1）	10.5
1991	…………	…………. .	39.6	30.5	9.1
1992	…………	…………. .	20.3	7.6	12.7
1993	…………	…………. .	14.3	10.1	4.2
1994	…………	…………. .	13.9	1.3	12.6
1995	…………	…………. .	43.1	37.6	5.5
1996	…………	…………. .	31.8	23.0	8.8
1997	…………	…………. .	34.1	33.4	0.7
1998	…………	…………. .	48.3	28.6	19.7
1999	…………	…………. .	0.5	（21.0）	21.5
2000	…………	…………. .	6.5	（9.1）	15.6
2001	…………	…………. .	（6.2）	（11.9）	5.7
2002	…………	…………. .	10.0	（22.1）	32.1
2003	…………	…………. .	21.0	28.7	（7.7）
		平均复合收益	22.2	10.4	11.8

注释：

·资料以历年制为准，1965年及1966年系至9月30日，1967年则为至12月31日的15个月。

·从1979年开始，会计原则规定保险公司持有的股权投资必须采用市价法取代原先的成本与市价孰低法，在本表中，1978年以前的资料已依照该原则重新调整，除此之外，其他的数字皆依照该原则的结果未作更动。

·S&P500指数系以税前为准，而Berkshire的数字则属于税后，如果Berkshire直接投资S&P500并依此课征相关税负，则当S&P500的报酬为正时，Berkshire的表现将不如S&P500，相反的若S&P500的报酬为负时，Berkshire的表现将优于S&P500。就长期而言，Berkshire额外负担的税负成本将使得中间的差异日益扩大。

资料来源：摘自波克夏公司2003年年报，http：//www. berkshire hathaway. Com。

2. 波克夏公司的主要投资

表2总结了波克夏公司在过去20年中的主要投资。由于巴菲特总是在交易完成之后很久才披露其交易细节，因此只能对1999年的数据进行估算。首先根据巴菲特出售股票的价格区域并确定其平均售价。到1999年，表中所列出的14只股票为波克夏所带来的税前利润合计约为340亿美元。这14只股票在波克夏的账面价值及巴菲特的净资产的增长中有着重要的作用。从税后利润来看，这些股票所产生的收入占波克夏公司1999年账面价值的40%以上。如果没有这些普通股，波克夏公司的股价将远远低于其现值。

表 2：波克夏公司至 1999 年前的主要投资

股票	股票数量	基本成本（美元）	税前利润（百万美元）
可口可乐公司	200 000 000	6.50	11 700
美国运通	50 536 900	29.09	5 775
吉列公司	96 000 000	6.25	3 360
弗雷第·马克公司	60 298 000	5.11	3 300
维尔斯·法戈公司	63 595 180	6.16	2 535
GEICO	34 250 000	1.33	2 348
所罗门/旅行者公司	Sold in 1998	25.47	1 400
投资天地/ABC/迪斯尼	51 202 242	5.49	1 311
华盛顿邮报	1 727 765	6.14	930
美洲航空	Sold in 1998	38.74	550
通用动力公司	7 693 637	18.00	450
加内特公司	4 261 300	24.45	300
M&T 银行	506 930	79.00	235
PNC 银行	Sold in 1995—1997	25.86	150
投资总计			34 344

资料来源：〔美〕蒂默西·韦克著，刘磊等译，《巴菲特怎样选择成长股》，中国财政经济出版社，2002 年。

从表 3 中可以看出，波克夏所收购的这些公司都具有以下共同特征：

●商业结构简单的盈利公司。

●能够产生大量的现金流，以供巴菲特进行再投资。

●在各自领域内都是相对较大的企业，能够维持自己在领域内的地位。

●有稳定的管理者。

●这些公司的价格对于增加波克夏的账面价值具有经济价值。

表 3：波克夏公司 2002 年持有的全资企业

保险业	GEICO，波克夏再保险公司，通用再保险公司，国家理赔公司，塞普莱斯保险公司
金融服务业	BH 财务公司，司科特·菲茨财务公司，波克夏人寿保险公司，波克夏信托公司
制造零售服务业	世界图书公司，西部实业公司，斯塔赫公司，乔丹家具公司，国际乳品王后公司，司科特实验室及医疗器械公司，科比公司，蓝片邮票公司，布法罗新闻……

资料来源：波克夏公司 2002 年年报。

二、两个经典的投资实例

1. 案例一：投资可口可乐公司

巴菲特十分看重企业的无形价值，他认为可口可乐公司就本质而言是一个品牌公司，其次才是一个传统行业的生产经营企业。事实上，可口可乐公司品牌价值的建立经历了漫长且曲折的过程。

可口可乐公司于 20 世纪早期尝试性地向一些地方性企业授予装瓶和销售经营权，逐渐建立一个全国性的生产销售网络，体现了特许装瓶系统的雏形。第二次世界大战后通过向全球各地区扩大生产和销售，建立起操作规范和内涵丰富的特许经营网络，使可口可乐系列品牌在当地茁壮成长，取得品牌的飞速发展和扩张。

20世纪70年代可口可乐的利润集中体现在罐装环节，在与瓶装商的永久合同中，瓶装商取得了绝对的主动，锁定了浓缩液的进货成本。当时可口可乐的主要销售通路集中在食品零售店，而随着大型超级商场、连锁店在美国本土兴起，软饮料购买方式发生重大变化。可口可乐赖以成功的固定浓缩液价格，品牌授权特许的商业模式，已开始不适应新渠道变革。罐装商独立产品销售，有不同的成本结构和利润追求，造成零售价格混乱，不同销售区域具有不同价格表现。这种混乱的价格状况与连锁店、超级市场的定价策略及竞争力背道而驰，可口可乐的经营模式成为新兴商业渠道流通障碍。

可口可乐公司在认清这一问题后，决心减弱瓶装商对产品渠道的战略控制能力，实现对瓶装厂利润控制渗透。同时可口可乐实验室开发出高糖玉米浓缩液（HFCS）作为原浓缩液低成本替代品，这成为可口可乐改变与瓶装商关系的契机：

第一步，取消浓缩液固定价格。以利用新浓缩液生产产品节约20%成本为诱饵，降伏瓶装商，取消浓缩液固定价格。

第二步，兼并收购。可口可乐认为浓缩液固定价格取消后，仍不能控制瓶装商支持可口可乐增长战略，只有收购瓶装商股份，参与产品销售，才能使瓶装商销售策略与可口可乐发展战略保持一致。1981年可口可乐购买了菲律宾可口可乐瓶装股份，同时开始回购特许权，购买控股权。1986年可口可乐成立了可口可乐瓶装商控股公司，专门对大型瓶装商进行收购控股，公司的业绩取得了惊人的改善。

如今可口可乐公司在全球180多个国家和地区销售其碳酸饮料系列产品，其品牌价值已达700多亿美元。

巴菲特正是看到了可口可乐公司品牌价值的成长发展过程，认为其具有较高的投资价值。他于1988年，在观察可口可乐长达50年的成长后，用波克夏公司股票市值的1/4左右即10.23亿美元买入“可口可乐”股票，并持有至今。事实证明巴菲特的这项投资是极其成功的：1988—1997年的10年间，可口可乐的业绩是正常市场的2倍，平均年收益高达34.7%，而市场是18.8%；至2003年，波克夏公司所拥有的可口可乐公司股票的市值已高达87.68亿美元，为巴菲特和波克夏公司带来了丰厚的利润。

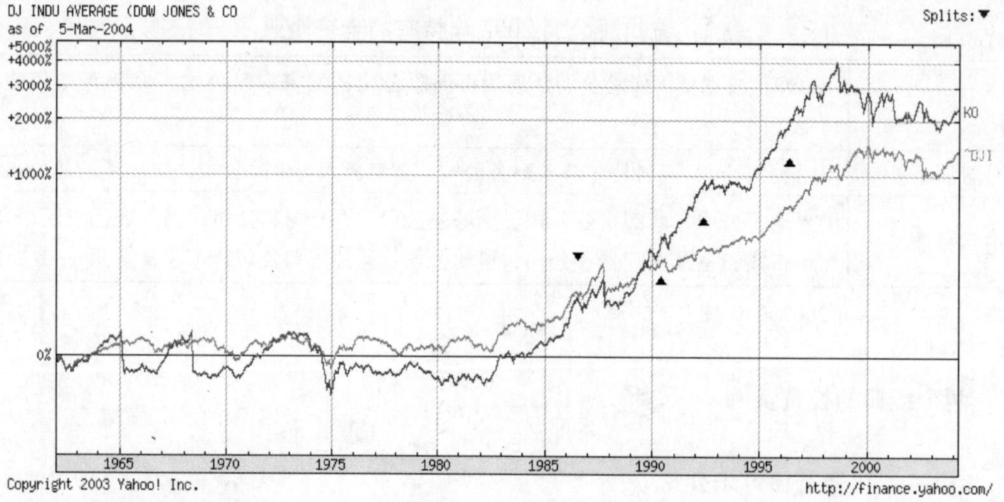

2. 案例二：投资中国石油

中国石油于2000年在香港上市，同时在纽约交易所发行存托凭证。中石油的母公司中国石油集团这家原来中国最大的石油、天然气上游公司在经过1998年与中国石化集团的资产置换后，与中国石化一起成为国内最大的两家上下游一体化的石油集团公司。但是在重组的过程中，由于两家集团公司对原油的控制南北分治，拥有北方主要油田的中国石油仍然是最大的原油开采和提供者，中国石化每年所需的原油有15%须向中石油购买。

2003年4月9日至24日，巴菲特通过波克夏公司耗资14多亿港元，以每股1.65港元左右的平价将其所持“中石油”（0857. HK）流通股的比例由6.71%增至13.35%，总持股量增为23.477 61亿股，占中石油总股本的1.33%。

石油能源业是一个资源不可再生的行业。从2002年起巴菲特就开始介入能源业，他手中持有全美石化业8%的股份，包括在美国本部收购一些能源企业，如原来安龙公司下属的一些子公司。他表示还将在今后几年内陆续增大能源股份额。尽管在波克夏公司一年一度的股东大会上，巴菲特并没有透露增持“中石油”的具体原因，但从巴菲特投资的公司一般具有以下的特点——能看懂的（Companies that he understands well）；有稳定的经营历史（Have consistent track record）；商誉较佳（Strong economic goodwill）；管理素质良好（Good management quality）；能带来不错的股本回报率（Decent ROE）——来看，中石油具有以下几个特点：

●中石油是一家高派息的公司，它的派息能力更是超过了很多美国公司。2003年4月24日，巴菲特最后一次也是一次买入最多中石油股票的日子，恰是中石油除息日，每股派人民币0.069 951元，加上中石油年中派息，去年全年派息197亿元，每股0.12元。再加上不到7倍的市盈率，无论是和香港其他H股公司相比还是跟美国的能源公司相比，中石油都可以被看作具有投资价值的个股。

●中石油具较佳的品牌。中石油集多项中国和亚洲第一于一身：亚洲最赚钱的公司。在《亚洲周刊》推出的“亚洲企业1000”排行榜中，中石油以56亿多美元成为亚洲纯利最高的公司。此外，该公司还是中国净资产最大的企业，是世界人口最多、GDP增长最快的国家最大的能源商（显然，石油消费与人口、GDP增长率呈正相关关系）。

●中石油的股本回报率高。中国内地在香港上市的股票平均市盈率为9倍，中石油为8倍，股息收益率为6%，而美国股市的平均股息收益率还不到2%。

●中石油具有高度的成长性。中石油的成长性主要体现在国内整合和海外扩张两个方面，以及中国总体经济状况。中石油的国内整合包括延伸产业链，除整合采油、炼油业务外，还计划大肆收购加油站，争取占到全国30%的市场份额。海外扩张是指未来数年里对海外业务的积极拓展，通过并购、联合、参股等方式，在俄罗斯、利比亚、叙利亚、阿尔及利亚、伊朗、缅甸等地区收购开发油田，进行风险勘探和石油贸易，力争到2005年海外合作油田产量达到3 500万吨。

归纳起来，中石油其一身处其看好也能看懂的能源行业；其二在香港、纽约上市，具有一定的透明度；其三商业模式简单，业绩稳定。近3年来，中石油每股收益保持在0.26港元以上。巴菲特在股东大会上的一句话颇能印证中石油的这些特点：“我不了解中国，所以不会对中国做出什么样判断，但我明白的是石油行业在中国前景会好。”

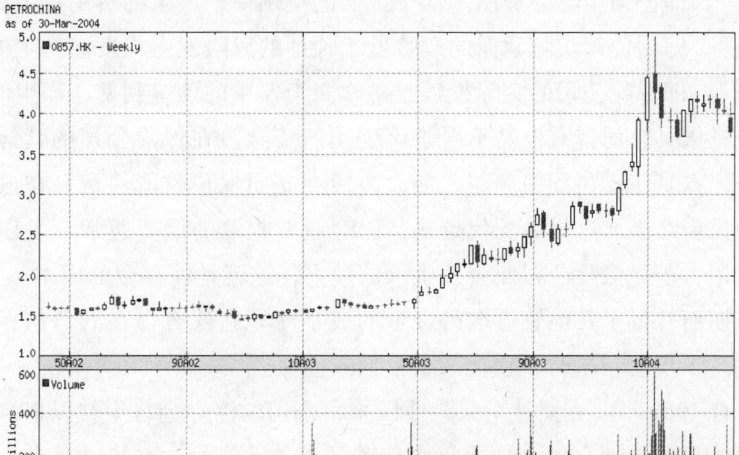

三、巴菲特在保险业的投资理念与实践

1. 保险业投资理念

巴菲特自20世纪50年代开始独立投资以来，其启动资金仅有10万美元。按照波克夏公司2002年年报披露的情况来看，其每年的平均复合收益为22.3%，如果按照这个递增比例以50年计其资本金也只能递增23 513倍；按照10万美元计，波克夏公司的市值是无法增长到现在的1 800多亿美元（截至2003年12月31日）的。

表4显示的这几家公司是波克夏公司投资组合中的长期持股对象。根据公开的资料来看，持有数量基本没有变化，也是波克夏公司在普通股投资中占有较大的权重及获利较好的股票，对于衡量该公司的证券投资收益具有代表性。数据表明，这几家公司的年复合获利并不非常高，一般在15%左右，和一般的实业投资的增长率是相符合的。

这说明巴菲特还从其他途径获取了大量的资金来进行投资，而其中最主要的来源就是保险公司GEICO，即政府雇员保险公司和通用再保险公司。所以保险公司的投资收益才是波克夏公司的主要收益来源。

表4：波克夏公司几个主要投资对象的投资回报情况（2003年） 单位：百万美元

								2003年12月31日
公司	持有比例	成本	市值	赢利额	赢利率	开始年份	时间（Y）	年复合获利
可口可乐	8.2	1 299	10 150	8 851	681%	1989	15	13.6%
吉列	9.5	600	3 526	2 926	488%	1989	15	11.2%
华盛顿邮报	18.1	11	1 367	1 356	12 327%	1973	31	17.5%

原始资料来源：波克夏公司2003年年报，投资时间根据其他公开资料查得，复合增长率为根据复合增长模型求得。

一家公司的获利能力取决于：①资产报酬；②负债的成本；③财务杠杆的运用（即运用负债而非股东权益来配置资产取得的程度）。波克夏资金成本之所以可以压得很低，主要是由于公司用很有利的条件取得“保险浮存金”。

保险公司收益来源主要有三：

一是“费差益”，即公司实际的费用率低于预计的费用率，产生的费用盈余；

二是“死差益”，即因公司实际承保的风险低于预计的风险发生程度而产生的盈余；

三是“利差益”，即保险公司的实际投资收益率高于保单的预定利率，产生的投资利润。

而保险浮存金是指某公司持有但又不属于该公司的资金。在保险公司的营运中，浮存金产生的原因在于保险公司在真正支付损失理赔之前，一般会先向保户收取保费，在这期间保险公司会将资金运用在其他投资之上。这样做的代价是，保险业者收取的保费通常不足以因应最后支付出去的相关损失与费用，于是保险公司便会发生承保损失，这就是浮存金的成本。“当一家公司取得浮存金成本，就长期而言低于其他管道取得资金的成本时，它就有存在的价值；一旦保险事业取得浮存金的成本远高于市场利率时，它就像是一颗酸柠檬。”

从表5可知，自1967年波克夏进军保险业以来，公司的浮存金每年就以20%多的复合成长率增加。2001年底浮存金是355亿美金，去年底已增至412亿美元。这些浮存金大部分时候的成本为零，甚至是负的。2002年，波克夏的浮存金成本也只有极低的1%。

表 5：波克夏公司各保险类公司年终浮存金数

年终浮存金数（单位：100 万美元）

年份	GEICO	通用再保险	其他再保险	其他保险	总计
1967				20	20
1977			40	131	171
1987			701	807	1 508
1997	2 917		4 014	455	7 386
1998	3 125	14 909	4 305	415	22 754
1999	3 444	15 166	6 285	403	25 298
2000	3 943	15 525	7 805	598	27 871
2001	4 251	19 310	11 262	685	35 508
2002	4 678	22 207	13 396	943	41 224
2003	5 287	23 654	13 948	1 331	44 220

2. 波克夏公司的再保险业务实践

再保险商作为一级保险公司的保险人，是一种提供分散风险至关重要的途径。再保险商的存在使得一级保险商得以承保数额巨大的保单，因为再保险商同意支付由这些保单引发的部分索赔。如果再保险公司不支付索赔，一级保险公司仍需承担责任。因此，对于一级保险公司的利润来说，最关键的因素是再保险公司支付赔款的能力和意愿。

再保险业务的思路与集中投资理念是十分相似的。集中投资策略是低发生频率、高发生效果事件环境的典型范例。集中投资者很少下注，一旦下注就押在高概率事件上。如果管理得当，集中证券投资的失败频率较低，但失败真的发生了，后果将是惨重的，证券投资会遭受高于平均水平的重创。巨灾再保险也是这个道理。再保险商不能仅凭过去的经验推断。例如，如果“全球变暖”真的发生，灾难发生的概率就会改变，因为气象条件的每一丝细微变化都会对天气情况产生巨大影响。巴菲特曾介绍：“最近几年，人口的膨胀使海岸保险的价值剧增。沿海地区是最易受袭击的地区，而飓风又是巨灾的罪魁祸首。20 年前，由飓风引起的 X 美元的赔偿现在很容易成为价值 10X 美元的赔偿。”

巴菲特多次介绍过波克夏公司再保险业务的三项竞争优势：第一，波克夏在任何情况下都可以让保户得到百分之百的立即的理赔。第二，当一件大灾害发生后，保险公司最迫切需要重新办理投保时，可能会发现很难再找到新保单，而波克夏保证绝对可以提供任何服务。第三，波克夏能够提供别处得不到的单一最高的投保上限。上述优势只有在再保险市场萧条的时候才能充分发挥，因为这时“廉价”的保单对客户不再有吸引力。他们会寻求与最强的再保险商打交道。

“大家一定会问在保单有效期间我们最后真正必须支付理赔的概率到底有多大？老实说我们实在是不知道，而我们也不认为用电脑运算出来的程式可以帮我们什么忙，基本上电脑做出的预测根本就是垃圾，它们反而会让做决策的人误以为得到某种确定的假象，从而使得他们犯下大错的机会大增。过去不管是在保险或投资业，这种离谱的情况屡见不鲜，看看投资组合保险在 1987 年股市大崩盘时所造成的惨况，有人开玩笑说，当时应该要跳楼的是电脑而不是那些被它们所愚弄的人。”

巴菲特认为，虽然波克夏无法准确地评估风险到底有多大，但只要作好心理准备，把 90% 的保费收入花在损失理赔与相关费用之上，公司仍可以合理地接下保单，并慢慢找出定价的合理性。

3. 保险业投资案例分析

GEICO 公司是一家通过邮件、电话和互联网来销售汽车及船只保险的企业，是波克夏公司除通用再保险公司外最大的保险子公司。

GEICO 创建于 1936 年，公司的主要特色是：第一，公司的客户是政府雇员，尽管汽车事故比较频繁，但政府雇员作为一个整体，驾驶汽车出事的概率要比其他人低得多。第二，公司的产品直接通过邮寄直销而不是通过保险代理商来销售，这样可节省保险费的 10%—25%。

1948 年，巴菲特的老师格雷厄姆以自己投资公司的名义用 72 万美元买下了 GEICO 50% 的股份。但美国证券交易委员会按照“投资公司法”的规定强迫格雷厄姆投资公司将持股比例下降 10%，格雷厄姆只得把股份转让给雇员。后来当 GEICO 发展成了一个拥有十几亿美元资产的公司时，那些员工都成了百万富翁。巴菲特是受益者之一。1951 年他自己分四次买进 GEICO 股票，总共持有 350 股，成本为 10 282 美元。1952 年，巴菲特以 15 259 美元卖出。

巴菲特对保险业的偏好没因抛出这一股票而停止。他投资过堪萨斯城人寿保险公司和马萨诸塞州人寿保险公司等保险业股票。波克夏公司在 1967 年 3 月出资 860 万美元购买了奥马哈的两家头牌保险公司——国民赔偿公司和火灾及海运保险公司的全部流通股。至此，波克夏公司抛离了原本的纺织主业，而开始了保险帝国的营造。

20 世纪 60 年代后期，保险业本身就是个相当赚钱的行当。仅 1968 年，国民赔偿公司保费收入 2 000 万美元，税后利润达到 220 万美元。而巴菲特又利用了保险公司稳定的现金流进行证券投资组合操作。波克夏公司在 1967 年收购上面所说的两家保险公司时，它们拥有 2 470 万美元的债券和 720 万美元的股票，两年后，该组合的价值就达到 4 200 万美元。

整个 60 年代也是 GEICO 公司的黄金时代。但 70 年代初期，由于管理阶层的一连串严重的错误，使得公司股票的价格从 1972 年的历史最高点每股 61 美元跌到 1976 年的每股 2 美元。此时巴菲特便大量买进 GEICO 股份。到了 1980 年底，巴菲特总共投入 4 570 万美元取得该公司 33. 3% 的股权。在往后的 15 年内，巴菲特并没有再增持股份，但由于 GEICO 不断地回购自家公司的股份，波克夏的持股比例逐渐增加到 50% 左右。

1996 年巴菲特全面收购了 GEICO，当时获取的保费是 29 亿美元，2002 年这一数字上升到 69 亿美元，该公司 2002 年的税前承保利润达 4. 16 亿美元，几乎是 2001 年 2. 21 亿美元的 2 倍。

第四章　巴菲特金融投资思想对中国证券市场的启示

一、巴菲特金融投资思想的局限性

1. 从微观角度分析

巴菲特投资思想的形成基本在 20 世纪五六十年代，当时美国投资基金还没有得到很大发展。但是到了 80 年代，美国证券业发展有了重大飞跃，由传统的个人交易方式向机构交易方式转变。因此，尽管巴菲特管理的资金庞大，但它带有浓厚的个人交易者特点。具体体现在：

首先，巴菲特管理的波克夏公司类似一个封闭的交易基金，不存在赎回，没有流动性压力，使长期集中持有策略得以实行。而现代基金业作为独立的金融产品大都是大规模的开放式基金，流动性是其得以存在发展的一个必备条件，巴菲特的策略难以施展。

其次，波克夏实际上是一个合伙人家庭作坊式的投资公司，它靠巴菲特家长式个人努力与独断在运营，从来不送配。这种完全依赖于一个人的基金具有浓厚的封建性，完全依赖于个人的健康与寿命周期，十分脆弱。巴菲特已经七十多岁了，像历代封建王朝一样，继承人的问题令人担忧。巴菲特却依然固执保守，他在 2002 年年报中说道，38 年来他所投资的公司 CEO 没有一个人离开，他公司六名主要管理人员已超过 75 岁，巴菲特本人已 72 岁，巴菲特还得意地宣称：“教会一只新狗玩老把戏实在太难了。”他只和他的那些老头们来往而拒绝培养徒弟。这种封建作坊的管理显然很难适应现代庞大基金管理的需要。

2. **从宏观角度分析**

巴菲特投资的成功在很大程度上依赖于一个良好的社会历史背景。

战后，美国政治经济的长期稳定和持续上升发展，为巴菲特提供了一个客观的长期正偏向系统性利润背景。在这一基础上，他的投资策略得以有效发挥，进一步获得超额利润。但是在一个人平均只有20—30年的投资生涯中，如果处在一个衰落的国家经济背景中，巴菲特的投资策略是难以奏效的，并不是因为在别的国家没有人有类似巴菲特的投资策略，而是没有美国这样一个投资背景。例如像日本这样一个连续14年的熊市市场，股市创50年新低，巴菲特任何强大的非系统利润，恐怕都将被系统性熊市所吞噬。巴菲特的老师格雷厄姆就曾预见性地指出，他的投资策略奏效必须建立在一个大的假设上，即“一个国家经济发展过程中某些基本的早已形成的规律仍一如既往地可靠。它们包括：①整个国家福利与盈利能力将继续增进；②这种增进本身反映在重要的公司企业在资源和利润方面的增长”。巴菲特就是在这样一个极有利的历史背景下，将长期集中投资的效果发挥到极致。

因此，学习和借鉴巴菲特的战略投资思想与投资方式、方法，绝不能简单模仿或照搬照抄，也不能局部、片面地理解，而是要对现实市场和市场现状有一个全面的、深刻的、理性的了解并把握，同时要对市场的各种信息和方法有自己独到而有效的选择。在此前提下才能学习、借鉴、吸收和消化巴菲特的战略投资理念，并在投资实践中有效整合巴菲特的方法而成为自己的投资策略。

二、中国证券市场的现状分析

1. **关于中国证券市场的争论**

20世纪末21世纪初，全世界都承认中国经济是世界经济的亮点。但是，世纪之交的中国股市却跌宕起伏、充满变数，证券市场10年的沉疴并发了。中国股市发展过程中所淤积的问题不断爆发，引发了关于中国股市内在结构的缺陷和发展现状的大争论。相对于“亮点”和“幸运”，中国市场经济的最典型市场即金融证券市场所迸发的问题，恰恰体现了转型市场迈出了走向成熟的第一步。

面对新世纪，面对全球经济一体化，面对WTO，中国以转型过渡为特征的市场（包括金融证券市场）出现了结构性转变的拐点，“怎么拐”是一个绕不开也不能绕开的问题。关于证券市场的争论从2001年1月14日吴敬琏先生在中央电视台的《对话》节目中首先提出以来，不仅牵动了学术界的厉以宁、董辅乃、肖灼基、许小年、吴晓求、刘纪鹏、韩志国等，还扩展到了证券监管部门、金融证券机构、上市公司、媒体、股民、政府官员等广泛的市场领域，直至引发了股票市场的巨大波动。证券市场的种种黑幕和违规频频被媒体曝光，证券市场的“赌场论”、“婴儿论”、“成绩论”、“发展论”、“光明论”、“老鼠会”、“体制病”等等观点相互争论。面对证券市场的各种问题以及不同的认识，中国证监会为了规范证券市场，加强了监管的力度，一年之内相继出台了100多项证券监管措施、办法和条例。

中国证券市场发展至今的现状及所存在的问题引发的争论，归纳起来主要有四种观点：

（1）悲观论或完美论：认为中国证券市场的诞生就存在着严重的先天不足，运行至今存在严重的内在结构问题，必须“推倒重来”。

（2）洞悉现实忧患论：认为中国证券市场的现实是成绩和问题并存，为了立足现实、解决问题、抓住机遇、更好发展，就应该充分认识到机遇源自于对挑战的应对。市场现状还不足以自满和欢庆，必须以负责任的忧患意识，洞悉问题，正视问题，加倍努力去应对挑战，解决问题，才有可能在未来相互关联的国际市场竞争中求得成熟的心态和理念准备。

（3）肯定现实光明论：成绩是首位的，问题是存在的，发展是光明的。

（4）乐观唱颂论：取得的成绩使人感到振奋，对现实和未来充满乐观，并仍唱颂着面对未来和发展。

本文认为要在洞悉成绩和问题的基础上，正视市场的公平、信用和效率状况，正视国外优势成熟市场和资本的竞争压力。只有正视了这些，负有责任感才会有忧患意识。WTO 后的中国市场，全球的竞争已成必然。中国的证券市场要抓住机遇就要应对挑战，机遇和成功是在正确、有效应对挑战中获得的。中国证券市场的战略投资同样面临着机遇和应对挑战的问题。

2. 中国证券市场的现状

归纳起来，目前中国证券市场的现状是：

●中国证券市场是政策调控与市场自身调节相互的动态求均衡。

●中国证券市场中信息不对称的弱者急需信息的透明、公平。

●中国证券市场从严重机会不均等转变到机会仍较不均等的状态。

●中国证券市场仍然处在以投机心态、理念和行为为主体的状态。要发展成为以投资心态、理念和行为为主体的市场状态，仍需时间和努力。

●中国证券市场的投资品种基本上不具备长期投资价值，多数品种只具有短期投资价值，只有少数品种具有中期投资价值。

●中国证券市场经历十年的发展，获得了发展初始期的经验和成功，但仍然处在发展的初期，属于不成熟的证券市场。中国证券市场起始遗留的问题，如国有股独大、未流通股份太大等等问题依然存在。

●证券市场交易仍然存在太多的公平、信用、成本的问题。因此，证券市场法制、证券市场监管、证券市场规范、证券市场自身秩序和证券市场结构的建立还需要很长时间的努力和演进。

●中国证券市场变数多、关联多、潜力大、吸引力大和诱惑力大，是充满需求和机会的市场。WTO 后，外来资金和资本对中国证券市场将产生更大的变数和机遇。

三、中国证券市场对巴菲特证券投资理念的借鉴

1. 中国证券市场运用巴菲特投资策略的难点

如果按照巴菲特的投资策略，中国证券市场首先必须提出以下的问题：(1) 对市场的总体判断，我国的证券市场是一个对流通股股东公平的市场吗？(2) 如何判断流通股的股价被低估？(3) 上市公司的控股股东和他们所选择的管理团队是不是值得流通股股东长期信任？

具体来讲：

第一，中国目前的流通股股票市场，或者说二级市场，是一个对流通股股东的利益处置不公平的市场。其深层的原因是目前我国资本市场的价格双轨制。我国经济中的价格双轨制指的是对同值的标的物实行不同的定价机制，这是从计划经济走向市场经济的过程中的特殊产物。资本市场的价格双轨制运行的结果，从一开始就造成上市公司在“同股同权”的前提下存在非流通股股东和流通股股东的利益不公平和股份的不等值，这导致了低认股价的非流通股股份可以控股高价认购的流通股股份，从而可以在股东大会上通过对非流通股股东有利同时对流通股股东进行剥夺的公司再融资和现金分红等等方案。

第二，流通股股东最基本的权利——投票表决权和分红权还没有得到充分的尊重。西方的公司制度已实行了几百年，不管是大陆模式还是英美模式，股份公司股东的最核心权利表现为投票表决权和分红权。我国的《国家体改委股份有限公司规范意见》、《公司法》和《上市公司治理准则》等法律文件也把投票表决权和分红权作为股东最基本的权利之一。但是，翻开所有的上市公司股东大会的决议公告，人们能够发现有几起公告中，有流通股股东参与了表决？在流通股股东参与了表决的个案中，又有多少次他们的意思表示得到了非流通股股东的尊重？前一段时间，有关媒体关于轻骑一小股东赵刚征集股东大会提案权的报道引起强烈反响。根据《上市公司股东大会规范意见》，“年度股东大会，单独持有或者合并持有公司有表决权总数百分之五以上的股东或

者监事会可以提出临时提案”。按照ST轻骑公司的股本计算，持有百分之五股权要达到4 900万股。4 900万股可不是一个小数目，要有4 900万股的表决权才能够具备临时提案的资格，一般的中小流通股东的意志怎么可能不被忽略？

第三，整体上看，上市公司的非流通股控股股东和他们所选择的管理团队是不是值得流通股股东长期信任？这个问题包含几个意思，一是非流通股控股股东无偿占用了上市公司的利益或者出现“掏空”上市公司的现象是不是一种比较普遍的现象？二是上市公司重大决策（包括融资和分配等）是不是考虑或者兼顾了流通股股东的利益？三是非流通股控股股东和上市公司管理层对待流通股股东，是把他们作为融资圈钱的对象还是作为公司的平等的股东来对待？从大量的数据反映，相当数量的上市公司的表现对是否值得流通股股东长期信任做出了事实上否定的回答。(1) 一种比较普遍的现象是，公司在分红时是全部股东参与分配，而再融资的时候却往往只有流通股股东参与配股。(2) 根据2003年7月30日有关媒体的资料，2002年下半年以来，在1 175家上市公司的公开的信息中，有57.53%的上市公司（676家）存在被大股东占用巨额资金的现象，被占用资金合计高达966.69亿元，超过2002年市场一年的首发新股融资额度560亿，平均每家被占用资金1.43亿元。(3) 最近出现了新上市的民营资本控股公司的高比例分红套现的情况，这种情况对流通股股东严重不公平。例如2001年上市的用友软件公司，上市后两年连续推出高额派现，有人估算其控股股东王文京仅此就可以收回全部原始投资。这种上市当年就分红套现的公司有一部分是有民营或个人资本的背景。

第四，如何判断流通股的股价被真正低估？这是一个重要的价值判断标准。国外许多投资机构是把市盈率作为主要的标准，所以可以认为这是这一个绝对的标准；巴菲特的标准是，长期关注好的公司，在熊市的末期去判断是否值得购买，所以他的标准是一个相对的标准。国内的机构如何判断股价被低估？到目前为止，这个价值判断标准是比较混乱的，有不同的标准，例如市盈率标准、市净率标准、AB股的比价标准、AH股的比价标准等等，不一而足。现在还有一个非市场化的标准，一个人为的因素在无形中影响和左右着市场的价值中枢，这就是一级市场的发行价市盈率。在此基础上，人们还是把二级市场的价格跌破发行价作为不正常的事情来看待。以至于人们开始不理解中国石化跌破发行价套牢社保基金这样的典型个案。其实，这是市场在对发行市盈率的人为价值判断进行无情的纠正。只有跌破发行价成为一种市场的常态，才能证明这个市场在走向成熟。由于有非流通股的高比例存在，把发行市盈率和以流通股价作为计算基础的动态市盈率标准是没有什么意义的。最重要的标准只有一个，那就是非流通股和流通股的价差标准。这是衡量中国股市长期投资和短期投机的基本价值判断。只有解决了非流通股的问题，解决了资本价格双轨制的问题，才会出现真正判断股价有没有长期投资价值的标准。

第五，巴菲特的集中投资理论的长期投资特征能否在我国二级市场得以实现，目前还不能做出肯定的预测。从集中投资理论所必要的持股时间来看，基金经理们会不会对已经重仓的股票作5年以上的长期投资，现在仍是一个不确定的问题。中国资本市场的系统性风险是任何机构都无法回避的：其一，中国资本市场价格双轨制已经造成了权力结构和利益结构的严重扭曲，累积了无法回避的系统性风险。其二，目前在我国资本市场投资还缺乏基本的回避系统性风险的投资工具。那么，在长期投资理念无法确立的情况下，我们能否退而求其次，寻求中期的投资理念的定位？最近，中国证监会党委召开证券监管系统兴起学习贯彻“三个代表”重要思想新高潮活动动员大会上，尚福林主席的讲话已经引起市场的高度关注和思考。如果站在广大流通股股东投资者的角度、站在证券市场研究者的角度，可否有以下的提问和理解：第一，在“三个代表”重要思想的指导下，证券市场的规范发展是不是应该把过去被严重忽略了的广大的流通股股东的利益放在应有的位置？第二，证券市场的规范发展有赖于市场规则的完善，通过《证券法》的修改，为解决当前证券市场存在的问题打下良好基础。这是不是从以行政为中心向以法治为中心的监管思路的转变？第三，“善于进行理论思维和战略思维，树立与时俱进的监管理念，用发展的办法解决存在的问题”。这是不是从规范中发展向从发展中规范的思路选择的转变？如果以上问题的回答是肯定的，那么，1—3年的中期投资理念的重新定位就显得非常有意义了。

综上，中国证券市场目前还不具备长期投资理念的产生条件，也就不具备条件产生巴菲特式的投资者，更不能把巴菲特的战略投资理念直接照搬到中国证券市场中来。

2. 巴菲特投资理念对中国证券市场的借鉴意义

尽管在中国证券市场全面运用巴菲特金融投资理念具有若干难点，但是巴菲特战略投资理念思想的精义对中国证券市场的投资仍然有着深刻的价值。

根据巴菲特的投资分析方法和理念思想，联系中国证券市场的实际情况，中国证券市场可借鉴以下五个方面的投资战略：

（1）政策与市场要素。相对于欧美成熟的证券市场，中国的证券市场还比较明显地是政策市场。欧美证券市场政策调控和监管所占的权重不超20%，而证券市场本身调节的权重在80%以上。目前中国的证券市场政策调控与市场本身调节的权重大致各占50%。因此，战略投资必须考虑政策与市场的二元因素，即更多的不确定性因素的影响。

（2）信息不对称、机会不均等带来风险。虽然说信息不对称、机会不均等是任何市场普遍存在的现象，而中国股市历经十年的培育和发展，严重的信息不对称和机会不均等已得到大大改善，但目前的中国股市依然存在着较严重的信息不对称和机会不均等问题。因此，战略投资必须考虑由机会不均等和信息不对称所带来的风险。

（3）信用、收益与业绩。虽然说中国股市历经十年的培育和发展，依然较普遍存在着上市公司和市场行为缺乏信用的现象，但是随着股市暴利时代的结束和依法监管的加强，企业以自己的业绩给投资者带来收益的时代已经初现。因此，战略投资不仅要分析股票的市场价格，还要分析企业的收益，并且要逐步转向以企业收益分析为主的投资决策。

（4）投资与投机。中国证券市场十年的发展过程，证券投资基本上是以投机为主的，因此市场恶炒、爆炒、坐庄、庄家连炒盛行，各种黑幕、各种违规层层交织。但是随着2001年股市问题大讨论和总爆发，政府监管力度加强，股民自觉意识加强，投资机构的大量引入，加入WTO后的竞争压力，以及市场自身调节和上市公司的自律，使得中国证券市场出现了投资与投机并重的新现象。随着证券市场的发展，必将形成以投资为主体的证券市场和市场行为。因此，战略投资可以在中国证券市场逐步实施并培育了。

（5）投资战略与战术。战略与战术是相互整合的关系，战略表现为方向性、长期性、稳定性、协同性、整体性和竞争性。战术表现为短期性、效率性、目的性、策略性和竞争性。再好的战略也是由一系列的战术单元构成的，战略离不开战术的连续支持；再好的战术也是为战略服务的，不能因为一个或几个战术成功，陷入自满而忽略或忘记了战略。巴菲特的战略投资理念在中国证券市场的借鉴和应用，其精义在于对战略时间跨度的界定。巴菲特战略投资理念在美国证券市场以5—10年长期持有甚至终生持有为战略时间跨度。而在目前中国证券市场，战略的长期性最多界定为3年以上，1—3年界定为中期，1年以内为短期，这样我们的投资战略便是：立足中期投资，抓住短期机会，着眼长期投资的战略组合。

四、巴菲特投资思想启示下中国证券市场的策略选择

巴菲特的投资理念是建立在价值投资理论之上的。通常理论界将格雷厄姆和巴菲特的价值投资称为绝对价值投资。而相对价值投资，则是与绝对价值投资相对应的一个概念。通过上文对巴菲特金融投资理念在我国证券市场运用的启示分析，笔者认为目前中国证券市场的最佳投资策略应是相对价值投资理论。

1. 价值投资理论的实质

从总体上看，如果排除掉信息不对称的影响，市场的输家有两种，一种是试图预测股价变化的人，一种是跟随市场大众行为的人。技术交易者、杂讯交易者（指依靠各种小道消息买卖股票

的人）、短线交易者属于这一类型，市场的诱惑也很容易让投资者进行类似的决策。这些交易者的通病是不断地试图预测股价，并且急于从市场中掘出金子。市场的平家有一种，是根据随机漫步理论，采用被动投资方式的人。指数型基金就是最好的代表，他们从市场的整体成长性中获益，是稳健的选择。随机漫步理论经过统计学、计量经济学的严格证明，也经历了时间的考验，是真正具备现代科学特征的投资方法。但是，随机漫步理论本身有个很特别的推论，虽然其理论科学严谨，但最后选择这种理论来进行投资的人，或者说不试图战胜市场的人永远是相对少数。

市场的赢家也有两种。一种是能够预测市场大众心理变化的人，如凯恩斯就运用“空中楼阁”理论成功进行了投机活动。预测出大众心理变化才能领先市场大众采取行动、获得收益，而追随市场大众行动的人则是最后埋单的倒霉蛋。不过那些真正能够洞悉人心的智者又往往志向高洁，对凡夫俗子的追求不屑一顾，凯恩斯进行投机活动的主要目标是为其管理的剑桥帝王学院捐赠基金获取足够的活动经费，而不是为了追求金钱。第二种赢家，而且真正让我们看得见摸得着的，就是价值投资者。沃伦·巴菲特是其杰出代表。

价值投资者本身是一个中间派。在选股方面，价值投资者是积极主动、科学严谨的，他们使用大量的数学方法科学评估一家公司的内在价值，并在价格大幅度低于价值时买入股票；在价格的变化方面，价值投资者则是被动的，他们不会去预测股价一朝一夕的变化，而是静静等待这个价格向价值的回归，即使是由于随机漫步造成的上涨也不会伤害他们的自尊心。在选股时，价值投资者兼顾了风险和收益。他们同时使用低风险的自由现金流量指标和风险较高的成长性指标；如果合理设定各种系统风险溢价，这些超额风险是具有相应的收益补偿的，价值投资者的内在价值评估方法可以运用在任何一个证券市场。

2. **相对价值投资理论**

在国外的成熟证券市场中，投资者采用的往往是绝对价值投资方法。比如巴菲特就根据公司的自由现金流和成长性来测算公司股票的内在价值，然后在股票价格被大大低估的时候买入，一旦市场对该股票重新进行正确评估时，价格就会上涨从而获得收益。由于这种股票估价的方法非常复杂，一般投资者可采用简化的方法，当市盈率在10—15倍且公司具有较高的成长性时考虑买入股票。如果按照绝对价值投资的估价模型，中国股市中没有任何一只股票具备绝对投资价值！2001年，推倒重来论、赌场论甚嚣尘上，都是由此而发。但是存在的东西必然有其生存的理由，1990年栽下的中国股市的幼苗不但没有因此枯萎，反而茁壮成长，必然也有自身的道理。

而相对价值投资理论很好地解释了中国证券市场的上述现象：

首先，新兴证券市场相对于成熟证券市场普遍存在着发展溢价。这是因为新兴市场国家的发展速度和发展空间高于相对成熟的发达国家，上市公司将普遍从这种高速发展中受益。就如同成长性高的股票具有较高的市盈率一样，新兴市场国家股市的整体市盈率也必然较高。

其次，中国股市股权结构割裂，大部分股票不能流通，大大限制了股票的供给，形成供给不足溢价。2001年中国国有股减持政策引起市场急跌，就是因为市场担心供给不足溢价将消失的结果。

再次，公司发行股票受到严格的行政控制，这不但加大了股票供给的不足，而且使已上市的公司具有了较高退出溢价。壳资源和ST股票的炒作就是这种溢价的表现。

最后，中国金融市场发展不平衡，投资者能够选择的风险投资品种几乎只有股票，这造成了市场的需求过度溢价。时至今日，发行核准制、退市机制、债券市场加速发展这些新举措正在逐步减小股票的溢价幅度，但即使如此，在很长一段时间，中国股市的各种溢价依然会存在。而回到2000年初，如此巨大的溢价幅度必然使中国股市只能采取相对价值投资方法。也即是，在根据价值投资理论选择投资对象的时候，应首先扣除各种溢价，然后评估投资对象是否具有投资价值。

参考文献：

1. 曹凤岐主编，《证券投资学》，北京大学出版社，1995年。

2. 〔美〕本杰明·格雷厄姆著，邱巍等译，《证券分析》，海南出版社，1999 年。

3. 〔美〕乔治·索罗斯，《金融炼金术》，海南出版社，1999 年。

4. 〔美〕菲利普·A. 费舍，《怎样选择成长股》，海南出版社，1999 年。

5. 〔美〕本杰明·格雷厄姆著，王大勇等译，《格雷厄姆投资指南》，江苏人民出版社，2001 年。

6. 〔美〕罗伯特·哈格斯特朗著，江春译，《沃伦·巴菲特的投资组合》，机械工业出版社，2002 年。

7. 〔美〕蒂默西·韦克著，刘磊等译，《巴菲特怎样选择成长股》，中国财政经济出版社，2002 年。

8. 〔美〕劳伦斯·A. 克尼厄姆著，王庆等译，《向格雷厄姆学思考，向巴菲特学投资》，中国财政经济出版社，2003 年。

9. 谢百三主编，《金融市场学》，北京大学出版社，2004 年。

10. 〔美〕沃伦·巴菲特著，劳伦斯·A. 坎宁安编，陈鑫译，《巴菲特致股东的信》，机械工业出版社，2004 年。

巴菲特的好老师格雷厄姆对我们的启示

复旦大学教授 谢百三

在《十年一个亿》中的一位作者的提议下，复旦大学的研究生们将著名投资大师沃伦·巴菲特的伯克希尔哈瑟葳公司2002年的财务报表以及72岁的巴菲特亲自写给所有股东的信译成中文，人们终于有机会更直接地一睹巴菲特这位世界级大师的投资风格与风采。

巴菲特极其尊敬他的导师格雷厄姆，巴菲特说自己的思想有75%来自于他。格雷厄姆的宝贵思想又来自于1929年的巨大股灾，他的个人财产在股灾中近乎打穿、破产；灾难是最好的大学，从此他小心翼翼，居安思危，他提出了著名的“证券分析”思想。“证券分析”最主要的是：①全面分析；②确保安全；③满意的回报。而目前我国流行的则是技术分析。证券分析是确定一些理性简单的原则，而投机则是讲运气，认为炒股是博傻，玩扔硬币的游戏。格雷厄姆到晚年时，谈了对数学运用的看法，他认为：“数学公式越来越复杂，越来越深奥，预测越来越准确，实际上是给投机加上了欺骗的外衣越严重。”“关键是要寻找价值与价格差距，而这种偏差在市场上是经常存在的。”并指出：“人们常常受到心理影响，使证券价格高估或低估，找到它们，在市场中找到它们，这就是证券分析工作的核心。”许多红极一时的大师（如诺贝尔经济学奖获得者默顿、斯考尔斯）；过于相信深奥、繁琐的数学推导与技术分析，追涨杀跌；这可以成功于一时，红透股市，但顶不住大风险事件，最终迅速被市场淘汰。如默顿与斯考尔斯二人则将自己所指导的火箭科学基金损失90%，迫使美联储主席格林斯潘动员银行界出来援救他们。甚至影响了诺贝尔奖后几年的评审，之后一年的经济学得主竟是纯文科研究的福利经济学研究者。

格雷厄姆极其重视风险防范，他认为任何市场都面临着一些重大的风险。而证券投资的第一任务就是防范风险。有的人过于注重市场的波动性，上下追逐，这实际上是一种投机。只缠绵于市场的波动之中，绝大部分人是赚不到钱的，甚至总体上是亏损的。必须寻找证券的内在价值。在美国股市，风险与市场波动有一定关系，但是最大的风险在于：①公司、股票的内在价值下降了；②以远高于实际价值的股票价格购买股票（评：注意，在股权分置的中国股市最大的风险是政策性、系统性风险，这是中国的国情所致）。

格雷厄姆与巴菲特都欢呼股市的下跌，因为越跌，一是他们越可以买到便宜的、物美价廉的股票，二是股市越接近它的真实价值，越安全。而股市上涨时，他们则把股票卖掉。证券分析实质上就是对内在价值的基本分析。格雷厄姆还认为购买股票与企业时，有一个安全边界问题，即经过计算，一个证券价格有一个低于价值的余额，这个余额就是可以盈利的部分。格雷厄姆十分重视债券的分析，并且将债券的分析经验用于股票。他并不认为债券的利率越高越好，有时越高，其安全性越差，因此债券的价格及质地取决于它的净资产多少。他认为股价是有波动的、不确定的，股份有限责任公司有时也是靠不住的，而对债务分析的方法完全适用于对股票分析。

格雷厄姆在1918年悄悄地大量买进哥本海默公司，大量买入价格远远低于价值的法人股，后来获利颇丰。而对于没有预期的企业，他坚决不碰。

巴菲特非常崇尚格雷厄姆的思想，并有所创造。前些年，当“新经济”的网络股风靡美国，纳斯达克指数从1 000点直冲5 000点时，年近七旬的巴菲特坚决顶住了这股几千倍的“市梦率”的天方夜谭式的怪潮流，宁可被人骂为“愚蠢”，“不入流”，“固执”，但是也坚持自己投资实业的思想。现在，一些基金和个人在这场纳斯达克从5 000点跌回1 200点的股灾中消失了，而巴菲特的公司这一年则盈利10%（大势跌了20%）；72岁的巴菲特重新赢得了全世界投资者由衷的崇敬。

中国的情况有所不同，但是格雷厄姆及巴菲特的很多思想都是可用的。例如：①全面分析中国股市所处的环境、背景。②确保安全性。如近日机构大炒可转换债券，而只要在到期本息收益之内，就极为安全。③满意的回报。在所有安全品种中，寻找最好的回报。例如民生转债与钢钒转债，谁的上升空间大，可作一下比较，就一目了然。

近几日，《十年一个亿》书中提到过的一位高手在复旦大学讲学，谈到了上述体会与思想，赢得了博士、硕士与大学生们的热烈欢迎。何等震撼人们灵魂的报告啊。

——每一个成功者都是勤奋的学习者。

开放社会与开放的金融市场

——索罗斯在复旦大学的演讲

编者按：投资大师索罗斯来复旦大学演讲受到复旦大学管理学院同学的热烈欢迎。笔者将《十年一个亿》送给他，他很惊讶地笑着问："中国也有人股票做得这样好吗?"与笔者多次合影并赠新书签名留念，握手言别。

此次，我的中国之行是来参加由中国外交部举办的"中国未来经济研讨会"的，同时，我还带来我的新书《开放的社会》（OPEN SOCIETY），来介绍给中国的许多对这一课题感兴趣的领导人和学者。到了中国后，我才知道我在中国非常有名……甚至比在美国还有名。我想这可能与我这次在东南亚金融危机中所造成的"神话"有关。而今天，我想来说说我的一些在哲学方面的思考，并想听听你们的意见与建议。

我 1930 年生于德国一个小城镇。由于我是犹太人，所以我的父亲不得不伪造了我们全家的身份，才得以生存下来。到我十七岁时，我便离开了我所厌恶的环境，独自一人来到伦敦政治经济学院学习经济。在那里，我一下子就被一本由卡尔·波普写的书所深深吸引，也就在那时，我开始形成对金融市场的哲学思考，并用它们来指导我的金融实践。同时，我还开始着手于我的经济学创作，至今已经出版六本专著。现在就由我来说说我的这些你们最感兴趣，也深深影响我的哲学思想吧。

卡尔·波普是一个科学哲学家，他对于人类的贡献在于他界定了自然科学和人文科学的区别：为了建立某种理论或学说，自然科学家们必须找到足够多的证据来证明他的理论。只要事实存在，他的理论就能够成立。而社会学或人类学则不然，任何一种学说、理论都无法改变事实。这是因为，任何学说，任何现实都有其不确定性。这两者是双向联系的，既是指现实的不确定性，也是指学说的不确定性。

我们不妨来解读一下我们的历史：误解、暴力和破坏被一次次引到我们的历史中，如果我们无法避免这些袭击迫害的不确定性的话，我们又为什么不能用理性来避免这些灾害呢?

这些理性哲学的思想散见于各种学术著作之中，如果它们被强权所掩饰的话，这个社会就是封闭的社会；相反，如果一个社会意识到它们的重要性，并接受它们的话，我们就称之为开放社会。我是开放社会的积极拥护者。

金融市场往往是社会基础的一种折射和反映，它的形成在于市场中的人怎么去界定它、预测它。它的存在不是固定的，它依靠的是社会大众怎么来估计它。社会对它的估计与判定往往又会改变它的基础。就像某种东西，往往由于大家极度疯狂的看好直至丧失理性之时，或者极度为大众所唾弃轻视之时，而呈现出一种由繁荣到毁灭的一个最好例证，并且这种例子一直都在发生。

每一种经济体制都有它的弱点与缺陷，经济学家研究这种体制，并寻找出它所存在的问题，有时候你能成功，有时你会失败。

我在 1992 年的欧洲金融市场取得成功，并在马来西亚、泰国等地造成不小的影响，因此，有人称我为金融大鳄。我在股票、外汇等市场赢得了不少的财富，现在，我又成立了一个基金，来推广"开放的社会"这一理念。因为"开放的社会"意义重大，这是我建立这个基金的初衷。我很高兴我的这本新书能够在中国出版，因为"开放"对中国的意义也同样重要。中国有着非常成功的经验，中国也应该全力创造一个永久性的开放环境。为了得以成为全球经济的一部分，中国必须为此做好充分准备。

复旦作为一个大学应该为金融市场提供各种信息与自由的言论，这是一个市场得以存在的基本条件。让我们来看看亚洲经济，像韩国、日本到底发生了哪些错误问题。日本的经济发展非常成功，在彻底打开它的市场前日本作了很多的研究与努力。但是在真正面对世界游资和全球市场的时候，它的这些功能与条件并不能很好地运作起来。因为问题没解决所以造成很大的困难。

类似的问题在中国同样存在，并且这些问题在中国更具有紧迫性。中国有一个很强的政治宏观调控机制，但是中国在向世界打开市场之前，还必须在国内先形成永久开放的市场，中国已经有股票市场，但是它还年轻不够强大。诚如我们所知道的，在你对世界开放之前，你还应该使自身更开放。我并不想告诉你们说怎样才是一个真正的开放社会，因为开放的社会的含义必须由你们自己来定义、努力。“开放的社会”的意义我很难用语言在这短短的演讲中表达清楚，在我的那本书中有很多例证，希望有空一读。谢谢！（掌声）

索罗斯先生答学生问：

问：中国这几年一直保持着7%—8%的增长率，您认为中国能在本世纪中叶赶超日本吗？

答：任何国家的经济都不可能走直线式的发展方向，它必定是曲折的、有起有落，中国经济的发展也不能例外。亚洲四小龙在当时的发展比中国现在的速度还要快，但因为体制本身的问题，使它在外来的冲击面前不堪一击。

问：你怎么看待你在香港阻击战中的失败？

答：我经常失败，包括我过早地就把美国的网络股抛掉，我没想到它后来会涨那么多。

问：如果中国打开了它的金融市场，成为你所说的开放社会的话，它又如何来保护自己，使自己不受外来游资的袭击呢？

答：需要更强的银行体制……

索罗斯的投资实践、投资思想及其对中国的启示

复旦大学博士　焦巍巍

编者按：总有人鄙视与巴菲特齐名的另一名世界级投资大师索罗斯，称他为“金融大鳄”。其实，他所做的一切都是合法的，在法律范围内投资理财。他实际上也是个价值投资大师，如果你英镑币值高估，我就做空，冲垮你。关键是你价值高估。他的“可错性”和“反身性”理论，他对现代投资理论的无情的批判，他对传统投资方法的批判与分析，读了都令人为之一震，他的思想十分深刻。他到复旦大学来作的演讲极受欢迎。在复旦大学同学的热烈掌声中，他非常高兴与感动。与笔者交流合影并签名赠书。完全没有世界级大师的架子。

第一章　索罗斯的投资实践

“时势造英雄”，投资大师的成长离不开客观条件的推动或制约，而投资思想的形成和演变更是与个人的经历密不可分。让我们先把索罗斯和他的投资思想放入历史，看看索罗斯的成长历程。

一、终生受益的“风险管理课”

1930年，乔治·索罗斯（George Soros）出生在匈牙利布达佩斯一个犹太家庭。父亲提瓦达·索罗斯是一位律师，乔治从父亲那里继承了精明和自信。母亲伊丽莎白是一位富有艺术气质的家庭妇女。索罗斯从母亲那里不仅继承了棕发、蓝眼，而且得到了哲学思辨和语言能力的熏陶。

1939年9月，德国法西斯对波兰不宣而战后，匈牙利政府沦为德国的仆从，它颁布了排犹法令：要求将犹太人从政府部门逐出，限令犹太人在5年内迁离匈牙利，对犹太人经商及从事其他工作进行严格限制。此时精明的提瓦达早已将自己的部分不动产变卖，作好了应变准备。1944年3月，德军开进了布达佩斯。提瓦达主动出手，贿赂了一位非犹太的匈牙利官员，请他做索罗斯的教父，还为全家伪造了身份证。经过父亲的策划，全家竟有11处可以栖身的庇护所。

1945年4月，匈牙利全境解放。在纳粹占领期间，仅布达佩斯一地就有40万犹太人被害。而索罗斯一家的幸免，全赖提瓦达的智慧和胆识。索罗斯从父亲那里学会了在复杂险恶环境下生存的本领，这是他人生第一堂风险教育课。索罗斯得到的教训是：第一，期待出乎意料的事情发生并做好应对的准备；第二，敢于冒险，但冒险时千万不要孤注一掷。在日后的投资生涯中，索罗斯一直恪守这两条原则。

二、伦敦经济学院的哲学训练

1947年，17岁的索罗斯只身来到英国伦敦，靠打工谋生。他干过农活，做过油漆匠，还曾向慈善机构乞讨。索罗斯不堪忍受底层生活的煎熬，决心以知识改变命运。

1949年，索罗斯考入伦敦政治经济学院，得以聆听约翰·米德和冯·哈耶克等大师讲课。他用两年时间完成了本科学业，在第三学年选听大哲学家卡尔·波普的课程。波普的“证伪主义”哲学和“开放社会”理论使索罗斯的思路豁然开朗，并鼓励他思考世界运行的方式，这激起他推动人类知识的发展的热情。

索罗斯思考的是哲学领域的基本问题：思维和存在的关系问题。后来索罗斯在《金融炼金术》中回忆道：“自从我意识到自己的存在，我就有去理解它的强烈激情。并且我把对自己的理解作为需要被理解的中心问题。”但索罗斯经过认真思考后竟然发现人们无法客观地认识自己！

"一个人所思考的东西是他的思想的一部分。因此，一个人的思想缺乏独立的参考点——缺乏客观性。"因此，"从根本上说，我们对于世界的所有观点，在一定程度上是有缺陷的，被扭曲了的。"

尽管此时他还没有把哲学与金融投资联系起来，但上述结论成了指导他未来投资实践的明灯。

三、跨国套利市场的上下求索

索罗斯本想成为凯恩斯或波普那样的知名学者，但他学习成绩不够优异，只好放弃自己的学术梦。1953 年大学毕业后，索罗斯几经周折才在一家投资银行求得一个培训生的机会，他的金融投资生涯从此开始了。但日常的琐碎工作非索罗斯之所长，他连换了两个岗位，仍不能得到上司的赏识，每周只能拿到 6 英镑的微薄薪水。

不甘寂寞的索罗斯在一位美国客户的建议下，决定到纽约去碰碰运气。1956 年，索罗斯带着 5 000 美元来到纽约，成为 F. M. 迈耶公司的一名套利交易员。当时美国人只限于利用纽约和伦敦市场间同一证券的微小差价谋得一点小利。欧洲煤钢共同体（Coaland Steel Community）的诞生引起了欧洲股票热，索罗斯凭借其欧洲背景，一下子成为华尔街少有的欧洲证券专家。

1959 年，索罗斯转入维特公司。1960 年，索罗斯经过研究发现，由于德国安联保险公司的股票和房地产投资价格上涨，安联公司股票的市场价格与其资产价值相比大打折扣，于是他向摩根担保公司和德累福斯基金推荐安联公司的股票。后来安联公司的股价上涨 3 倍，索罗斯从此名声大振。

1961 年，索罗斯加入美国国籍。但肯尼迪总统上任后修改了利息平衡税法令，限制美国人投资外国股票，这对索罗斯从事的业务是一个沉重打击。

在逆境面前，索罗斯经过短暂的犹豫后重新回到华尔街。1963 年索罗斯加入爱霍德·布雷彻尔德公司，专门从事外国证券分析。在这里他发挥了会讲法语、德语等欧洲语言的长处，利用了在欧洲金融界的关系网，业绩斐然。1967 年，37 岁的索罗斯升任公司的研究部主管。1968 年索罗斯说服了公司的老板，以公司的一个户头为基础成立了"第一雄鹰基金"（First Eagle Fund），由于"第一雄鹰"业绩不俗，索罗斯萌生了自己投资创立基金的念头。

"山重水复疑无路，柳暗花明又一村"。尽管在 20 世纪五六十年代套利业务还微不足道，但 70 年代"布雷顿森林体系"的解体使套利业务焕发出勃勃生机，80 年代日本、德国的崛起和美元的走低给跨国套利带来无限商机，而 90 年代"冷战"后的全球经济一体化浪潮更是把套利交易推向国际金融舞台的中心地带。

从某种意义上讲，索罗斯在 20 世纪五六十年代的上下求索正是为 70 年代后的一系列"出乎意料的事件"做好了充分准备。更为重要的是，索罗斯的投资实践正好为他的哲学思考提供了应用和检验的场所，他开始反思自己在伦敦经济学院接受的经济学知识。反思的结论是：经济学不可能是客观的，市场很少处于均衡，而且所谓"效率市场"是不存在的。

大思想家卢梭曾经说过，每个人思想成长的过程中都要经历一个"呕吐"期——把以前接受的东西统统吐出来，逐一检验其合理性。当索罗斯"呕吐"完毕后，他就可以耳聪目明、轻松上阵了。

四、笑傲股市的"黄金搭档"

1969 年，索罗斯募集股本 400 万美元，在爱霍德公司建立了"双鹰基金"（Double Eagle Fund）。就在此时，索罗斯遇到了另一位金融奇才——吉姆·罗杰斯（Jim Rogers）。随着双鹰基金的壮大，索罗斯与公司业务的冲突越发严重。1973 年他和罗杰斯一起辞职，并把"双鹰基金"改名为"索罗斯基金"，此时基金规模已有 1 200 万美元了。

起初索罗斯基金的成员只有三个人：索罗斯、罗杰斯和一个文员。索罗斯是经纪人，罗杰斯是市场调研员；罗杰斯擅长分析，索罗斯善于判断。两个人配合默契，打了很多漂亮仗。1971 年把 1/4 的资金投向当时尚不成熟的日本股票市场，盈利 100%。1972 年购买能源股，结果在 1973 年的“能源危机”中大获其利。最令他们得意的是投资了美国银行业和军工企业。

1929 年大危机后美国银行业受到了严厉管制，银行类股票在华尔街被弃如敝屣。但索罗斯经过研究发现，高等商业学校的毕业生已成为新一代银行家，他们正在寻找银行业陷入低谷的原因，并对银行内部加以整顿，一场伟大的变革正在酝酿之中。1972 年，第一国家城市银行举办了规模空前的股市分析家展览活动，这使索罗斯敏锐地觉察到“突变”即将发生，他于是悄悄买进银行类股票。不久银行股开始上涨，索罗斯从中获利 50%。

1973 年 10 月，埃及和叙利亚武装部队进攻以色列，以色列由于军事技术已经过时而损失惨重。这使罗杰斯想到美国，美国的军事装备业自越战以来长期无人问津，会不会存在同样的问题？美国国防部会不会有所反应？为了得到更确切的消息，罗杰斯到华盛顿和国防部的官员周旋，又找美国军工企业的承包商谈判，结果他对自己的判断更有信心了。于是，索罗斯基金公司开始购买诺斯罗普公司、联合飞机公司、格拉曼公司、洛克洛德公司等握有大量国防部订货合同的公司的股票。1974 年中期军工企业股大涨，索罗斯斩获颇丰。

整个 20 世纪 70 年代华尔街的大部分证券商都不景气，而索罗斯基金的资产却从 1969 年的 400 万美元飙升到 1979 年的 1.78 亿美元，创造了 10 年增值 44.5 倍的奇迹！

“奇迹”的背后是索罗斯坚持独立思考的投资方式——“我们是从这一假设前提入手的：股市通常是不可信赖的，因而，如果在华尔街地区你跟着别人赶时髦，那么，你的股票经营注定是十分惨淡的。华尔街地区的大多数股市分析家只不过是公司经营的宣传者，从公司的年度报告或其他人的报告中抄袭出自己的投资报告，报告能揭示多少有价值的东西呢？”

事实上，索罗斯正是通过发掘市场定价的无效成分来获取超常回报的，经过 10 年的股市投资，索罗斯越来越坚信“市场非理性”，以至于在 1979 年把“索罗斯基金”改名为“量子基金”。德国物理学家海森堡在研究核外电子运动轨迹时发现，无论采用何种实验设备也无法消除测量电子轨迹时的不确定性，也就是说在量子力学中，要准确预测核外电子的运动轨迹是不可能的。在金融投资领域，索罗斯认为存在类似的情况：金融市场总是处于不稳定的波动之中，每一次投机都是一个历史过程，股市上从来没有重复出现过两次完全相同的事件，因此所谓“理性预期”其实是不可能的。

五、在“广场协议”中初露峥嵘

随着索罗斯基金公司的不断壮大，他与罗杰斯的完美组合出现了危机，原因是公司需要增加人手，但罗杰斯不想接纳其他人。1980 年 5 月，罗杰斯离开量子基金公司，带走了 20% 的利润——1 400 万美元，剩给索罗斯 80% 的利润——5 600 万美元，索罗斯开始独自掌管量子基金。

由于个人精力有限，索罗斯放弃了许多案头准备和检验程序，完全凭直觉和判断力来操作。但是在 1981 年夏天，由于在美国公债市场上操作失误，量子基金亏损 8 000 万美元，利润下降 22%，1/3 的合伙人撤资，基金资产缩水近 1/2。索罗斯面临空前的危机，心力交瘁。1981 年 9 月，索罗斯开始把基金分包给其他经理人管理，自己充当监督者，但这种做法并没有取得很好的成效。

1984 年，索罗斯重新回到投资事业中来，并开始了“即时试验”，即以日记的形式把自己每天认识市场机会、形成决策、操作实施与成果检验的全过程真实记录下来。十分可贵的是，这次“即时试验”正好赶上国际货币史上极为重要的“广场协定”。

早在 1981 年里根总统上台时，索罗斯就透过里根政府的政策看到了新一轮“盛衰循环”：巨额财政赤字和紧缩性货币政策必将导致利率高企、美元走强，这又将严重影响美国的出口和经济，因此这些政策是难以持久的。1984 年美国大选之后，美国的财政货币政策必将发生变化，削减赤字和放松货币成为共识。1985 年，美国贸易赤字和财政赤字快速扩大，OPEC 的一度解体使油价大幅波动，更增加了美元贬值的压力。索罗斯感到“里根帝国循环”就要走到崩溃环节了，从 9 月初开始索罗斯持续买入了 8 亿美元的马克和日元。1985 年 9 月 28 日，西方五国财长签署了“广场协议”，美元被要求贬值。一夜之间，日元对美元升值 4.2%，仅在日元上的投资就让索罗斯赢利 4 000 万美元。除了汇市外，索罗斯在外国股票（做多）和美国公债（做空）上的交易也获得了巨额利润。这使得量子基金的资产从 1984 年底的 4.5 亿美元上升到 1985 年的 10.03 亿美元。

1987 年，在总结整理从 1985 年 8 月至 1986 年 11 月的“试验成果”的基础上，索罗斯关于金融投资的扛鼎之作——《金融炼金术》（The Alchemy of Finance）出版了，索罗斯开始搭建自己的投资思想体系。在这本书里，索罗斯投资思想中的核心概念“反身性”（Reflexivity）被明确提炼出来。“人们的思想也可以反映现实，这就是所谓认知功能。但在另一方面，人们作决定，而这些决定不但可以影响现实，而且这些决定不是根据现实作出的，而是根据人们对现实的注释而作出的，我把这种功能称为参与功能。这两种功能从相反方向运作，而且在某种情形下还会互相干扰。但它们也互相起作用，它们的互动方向，我称之为反身性。”正是由于认识过程中这种微妙的“反身性”关系的存在，所以主体的认识是不完备的、可错的，这也是市场不稳定性的根源所在。

必须指出的是，从 20 世纪五六十年代算起，索罗斯在国际市场上已经磨砺了 30 来年。《金融炼金术》的完成标志着一个货币投机家的投资思想已渐趋成熟。如果客观条件具备，那么索罗斯必将走向更加广阔的国际金融舞台。

六、英镑、墨西哥比索和泰铢：国际货币市场的“三大战役”

1988 年，索罗斯终于为量子基金找到了合适的经理人才——斯坦利·朱肯米勒，索罗斯终于可以退身幕后了。在 20 世纪 90 年代，索罗斯指挥“量子军团”，打赢了“三大战役”，一跃成为世界级的金融投机家。

1992 年的“英镑之战”是索罗斯的成名作。1990 年，英国加入了欧洲汇率体系（European Rate Mechanism，简称 ERM）。索罗斯认为英国犯了一个致命的错误。因为加入 ERM 实质上是把英镑与核心货币德国马克钉在了一起。但是“柏林墙”倒塌之后，为了帮助东德重建，德国联邦预算赤字激增，为了抑制通货膨胀，德国联邦银行不断加息。而英国经济正在经历衰退，英格兰银行急需降息，但降息势必扩大英、德两国的利差，使英镑贬值。为了把英镑保持在 ERM 内，英国正在付出昂贵的代价，但德国把统一视为头等大事，对英国的利益不予考虑。索罗斯警觉地注视着欧洲货币的动向。1992 年 2 月 7 日，欧盟 12 个成员国签署了马斯特里赫特条约，就建立欧元区提出了具体时间表，但时间不长，一些欧洲国家便很难协调各自的经济政策。英国经济持续不景气，降息的呼声越来越高。在与德国联邦银行行长的一次交谈中了解到德国毫无降息之意后，索罗斯下定了做空英镑的决心。1992 年 9 月 15 日，英镑对马克的比价已经从 2.95 跌至 2.80，索罗斯调集了 100 亿美元的头寸放空英镑。尽管英格兰银行频频加息，英国政府也动用了价值 269 亿美元的外汇储备，但英镑还是冲破了 2.778 的底线，被迫退出了欧洲汇率体系。而索罗斯不仅在投机英镑中获利 10 亿美元，而且赢得了“英格兰银行征服者”的美称。

1994 年，索罗斯又率领投机集团，发动了对墨西哥比索的攻击。1994 年 1 月 1 日，美、加、墨三国签订了《北美自由贸易协定》。墨西哥加入北美自由贸易区后，在外资大量涌入的同时，本国的工农业遭到巨大冲击；与此同时，墨西哥财政赤字和贸易赤字不断扩大，国民经济增长速度开始放缓，不堪忍受失业煎熬的人们开始进行恐怖活动，投资风险空前加大，外资准备撤离，墨西哥比索贬值的压力越来越大。墨西哥政府却执意维护固定汇率，不惜动用大量的外汇储备干预市场。于是索罗斯等人以美元作抵押，从墨西哥银行借出大量的比索，然后在外汇市场抛售比索、换回美元。在投机势力的联合打压下，外汇储备有限的墨西哥政府只好认输。1994 年 12 月

19日，墨西哥财政部长宣布比索将自由浮动，12月20日比索贬值20%，索罗斯等人再以贬值的比索偿还当初的贷款。墨西哥政府损失了50亿美元的外汇储备，索罗斯等人获取了巨额利润。

1995年9月，一本由索罗斯口述的对话集《走在股市曲线前面的人》出版了。在这本书中，索罗斯介绍了他的"盛衰周期"理论，他把金融市场上占主流的偏见称为"流行偏见"，当流行偏见与市场价格、基本趋势三者之间形成了彼此加强的正向反馈关系时，市场便进入繁荣阶段；当市场价格与基本趋势背离得如此之远，以至于人们对此趋势的持续产生了严重怀疑时，相反的运动便发生了，市场走向崩溃。于是索罗斯得出结论——"潮流大部分时间都是一股助力，不过追随者到了潮流发生转折或改变时就会受到伤害。大部分时间我追随潮流，但我自始至终都了解自己也是'众生'之一，也有可能受到伤害，因此我随时留意转折的出现。……我走在指数曲线的前面，小心留意潮流快要走不下去的征兆。然后和其他随波逐流者分道扬镳，再寻找新的投资主意。有时，我觉得潮流走过了头时，就会考虑逆流而走，但只有在转折出现时，才会得到好处。"

1997年初，一直在等待时机的索罗斯开始关注泰铢币值的变化。索罗斯注意到：第一，泰铢长期钉住美元，而20世纪90年代美元不断升值，使泰铢背离了它应有的价值；第二，银行呆账、坏账剧增，部分金融机构破产，泰国金融形势不稳；第三，国际收支状况恶化、外债水平急剧增高，外国投资者的信心开始动摇。5月间，索罗斯联合其他投机商，集资60亿美元，在短时间内大量抛售泰铢。泰国政府苦撑了一段时间后，不得不宣布放弃泰铢与美元的固定汇率制，实行浮动汇率制，7月2日泰铢贬值了20%。有资料说，仅在这场泰国货币危机中，索罗斯就赚了20亿美元。索罗斯乘泰铢贬值之势，横扫东南亚其他国家，而韩国、日本等地也受到严重影响，一场亚洲金融危机爆发了。

七、世纪之交，退出江湖

1998年以后，索罗斯频频失手。

1998年，索罗斯看好俄罗斯股票市场。他先向俄罗斯电信投资公司投资9.8亿美元，又出资10亿美元购买俄罗斯石油公司的股份。不料同年8月份俄罗斯出现金融危机，卢布大幅贬值，俄罗斯股价受到拖累，索罗斯损失惨重。为了挽回损失，索罗斯在香港攻击港元的联系汇率，却在中国香港特别行政区政府及其属下的基金的有力反击下再遭重挫。结果，1998年成为量子基金自成立以来的第二个亏损年，亏幅达20.15%。

"百战归来再著书"，1998年11月，他的《全球资本主义的危机》一书出版了。在此书中，索罗斯警醒地指出全球资本主义危机的两大根源：一是金融市场的内在不稳定性；二是社会的发展未能与经济发展同步，政治的失败、道德的侵蚀、拜金主义的盛行，是对全球资本主义的更大威胁。索罗斯还把全球资本主义体系看作一个巨型循环系统：全球大部分金融资本被吸纳到系统中心的金融市场和金融机构，而后又通过各种信贷、投资组合或跨国公司直接投资等方式输送到体系的边缘地带。亚洲金融危机爆发后，资本开始向中心地带回流，这看起来似乎对中心地带有利，但却是以边缘地带的极度痛苦为代价的，一旦边缘地带因不堪忍受而退出全球资本主义体系，中心地带金融市场就可能面临崩溃。但是这场"崩溃"（2000年的互联网泡沫破灭）却姗姗来迟，而亚洲"四小龙"很快复苏，中国、印度两个大国增长势头不减，索罗斯的预言有点夸大其词。

1999年欧元启动，索罗斯看好欧元走势，但是由于美国发动索马里战争，资金纷纷逃往美国，欧元币值缩水24%，索罗斯基金损失10亿美元。与此同时，索罗斯预言美国已经出现了和日本20世纪80年代后期完全相同的资产泡沫，美国将发生一次大的经济危机，于是他看空美股和美债。但美股首季升幅一成多，美债价格也是一直升到4月底才回落，结果到1999年7月量子基金缩水20%。为了挽回败局，索罗斯宣布对他的对冲基金组织进行改组，把追随自己10年的朱肯米勒从行政岗位上解脱出来，专心从事资金管理。朱肯米勒在第三季度大举购买科技股，卖空传统经济股，到年底盈利总算达到35%。

2000年初索罗斯预测到“新的一轮金融危机将从全球资本市场的中心地带爆发”，但他不能确定爆发的时间。结果2000年4月头两个星期内纳斯达克科技股急转直下，量子基金未能做好准备，亏掉30亿美元，索罗斯的重振计划再次幻灭。

2000年5月，以朱肯米勒为首的高级经理相继出走，索罗斯“众叛亲离”。索罗斯终于作出一个十分无奈的决定：将量子基金重组并更名为量子慈善基金，该基金今后不再进行高风险性投资，以确保对其慈善活动的资金支持；而执掌量子捐赠基金的大权暂交给他的儿子罗伯特·索罗斯。

“烈士暮年，壮心不已”。2002年，72岁的索罗斯的新书《开放社会——改革全球资本主义》出版了。在该书中，索罗斯对时下流行的“市场原教旨主义”——新自由主义经济学理念——进行了不遗余力的批判，并入木三分地指出：“全球资本主义体系已经造就了一个非常不公平的世界，贫富差距越来越大。这是很危险的，因为一个不能为失败者提供任何希望和援助的体系，很容易被绝望的行动所破坏。”最后，索罗斯得出了“不能对金融市场完全自由放任”的结论。“……市场机制本身也需要一个试验和犯错误的过程来矫正自己。中央银行尤其适合担当这一任务，因为它与金融市场打交道并接受反馈，这使它能够纠正自己的错误。”

美国“9·11”事件之后，面对美国在证据不足的情况下悍然发动伊拉克战争，索罗斯的反战热情高涨。他认为布什总统正在把美国引向一条与“开放社会”理念完全背离的错误道路。在2003年出版的《美国霸权的幻想》中，他谆谆告诫世人：小布什所谓“你不和美国站在一起，你就是美国的敌人”的反恐言论，与当年希特勒的谬论如出一辙。由此可见，这个当年在德国纳粹统治下辗转逃亡的人，对霸权主义是多么深恶痛绝！

第二章　索罗斯的投资思想

索罗斯尽管写了不少著作，但是没有一本书完整反映了他的投资理论体系。在《金融炼金术》、《走在股市曲线前面的人》、《全球资本主义的危机》、《开放社会——改革全球资本主义》几本书中，他的哲学、经济、政治、社会思想交织在一起，笔者试图把他的投资思想提炼出来，使之形成一个较有条理的理论体系。

一、索罗斯的投资哲学

约翰·梅纳德·凯恩斯曾经说过，“讲求实际的人们自认为他们不受任何学理的影响，可是他们经常是某个已故经济学家的奴隶。”如果把这句话中的“经济学家”换成“哲学家”不仅同样适用，而且更显贴切。一个人的现实观点，常常来源于他的哲学观点；而面对复杂多变的金融市场，人们更需要从哲学世界中获取营养和支持。索罗斯在学习和体验哲学的过程中，看到了哲学世界与金融世界的种种联系，这使他的投资思想拥有了丰厚的哲学底蕴。

1. 从卡尔·波普继承来的科学哲学观

卡尔·波普（Karl Popper）是20世纪西方科学哲学界的一位大师，在30年代他凭借《科学发现的逻辑》一书跻身于国际学术界，他的其他重要著作有《猜想与反驳》、《客观知识》、《开放的社会及其敌人》、《历史决定论的贫困》等。20世纪四五十年代，当他的科学哲学思想正在风行的时候，索罗斯恰好进入波普执教的伦敦政治经济学院求学，从此两个人结下了不解之缘。

索罗斯的投资思想带有浓厚的哲学色彩，却没有严密的哲学分析和推理，在很多场合下，索罗斯直接把波普的结论拿来作为自己推论的起点。因此，要理解索罗斯的投资哲学，首先要了解波普的哲学观点。索罗斯说，“我受到波普很大的影响，不只是受他《开放的社会及其敌人》这本著作的影响，他的科学哲学对我的影响更大。”因此我们着重考察波普的科学哲学观。

波普的科学哲学思想一般被称为“证伪主义”，其核心观点是：科学理论不能“证实”，只能“证伪”，应以“可证伪性”来划分科学与非科学；彻底反对归纳法，因为即使看到一千只白天鹅也不能肯定所有天鹅都是白的；科学思考的起点只能是暂时接受的科学假说，大胆假设，严格检验、批判是获得科学知识的可靠途径。

波普的科学哲学观是索罗斯哲学思想和投资思想的源头。索罗斯的“可错性”理论可以说直接来源于波普的“可证伪性”；索罗斯的“先投资，再调查”（Invest First，Investigate Later）的做法，正是波普“先假设，再求证”的翻版；索罗斯把主流经济学理论视为暂定的假说，大胆提出批评和置疑，更把自己的投资方案视为假说，时刻留意出乎意料的事情发生……这表明索罗斯不仅从理论上，而且在实际行动中都吸收和贯彻了波普的哲学观。

2. 索罗斯的“可错性”理论

索罗斯的哲学理论首先要解决的是思维和存在的关系问题，但并不涉及本体论，而是直接指向认识论，即思维能否把握存在，认识的主体能否准确无误地反映被认识的客体。索罗斯在这方面思索、研究的成果即“可错性”理论。

索罗斯的“可错性”理论有一强一弱两个版本。他的弱式“可错性”意指：“……人们对世界的理解本来就是有欠完整的，有些状况我们必须先行理解，而后才能作出相应决定，但事实上这些状况往往受到我们作决定时的影响，当人们参与某些事时，他们所怀有的期望本身就会和这些事的实际情况不一致，只是有时差距很小，可以不必理会，但有时差距很大，足以构成影响这些事件发展过程的重要因素之一。”由此可见，弱式（weak－form）“可错性”是由于认识主体和客体的相互影响而产生的（这一点将在后面的“反身性”哲学范畴中详细展开），举一个不太恰当的例子可以帮助理解这种“可错性”产生的缘由：认识主体好比驴子，认识客体好比挂在驴子头上的胡萝卜，不管驴子采取怎样的办法去接近胡萝卜，却始终够不到它——因为随着驴子的移动，胡萝卜也被移动了。也就是说，认识主体永远无法找到一个“阿基米德支点”对客体进行无偏颇的观察，这样认识过程就失去了客观性。

索罗斯的强式（strong－form）“可错性”又称“彻底可错性”：“所有人类心灵的建构，不论建构局限在我们思维深处或表现为各种学科、各种意识形态或各种体制，都是有缺陷的”。由于“彻底可错性”假定人类的认知结构存在根本缺陷，所以对于这种“可错性”是人类无法检验的——既不能证实，也不能证伪——这个命题本身是一个悖论。索罗斯进一步指出，承认了“彻底可错性”并不意味着我们无所作为了，事实上“可错性”有着有利的一面，“这两种观点加起来——所有人类心灵建构都是有缺陷的，只是其中有些是有利的——就是我的彻底的可错性论的核心所在”。因为“彻底可错性”实际上为我们开启了批判性思维的大门，暗示着我们对客观实在的认识有着无限广阔的空间。

“彻底可错性”的意蕴相当丰富。从投资角度讲，任何制度安排都存在缺陷，找到其中的缺陷也就发现了商机；市场定价总是出错，找到别人不曾留意之处，就可以获取超额回报；每个人都会犯错误，以此来警示自己，就会在市场疯狂时依然保持清醒，走在指数曲线的前面。

3. 索罗斯的“反身性”哲学范畴

如果说“可错性”观念继承自波普，那么“反身性”哲学范畴恰恰是索罗斯的创见。从学理角度看，索罗斯正是从“反身性”出发，对人类认识的“可错性”做出了自己独到的解释。在此之前，机械的唯物论或唯心论，总是把物质和意识割裂开来，要么是物质决定意识，要么是意识决定物质；辩证唯物主义注意到了意识对物质的反作用，主体对客体的能动性，却没有对主体作用于客体的细节进一步展开。从实践角度看，“反身性”现象出现于金融市场的情形并不少见，许多金融投机家已有意识地运用它来解释市场价格的波动，但是将这一现象视为市场本质特征并以此形成主要分析方法的大概是从索罗斯开始的。

索罗斯的“反身性”哲学范畴包括抽象和实践两个层面。

在抽象的方面，索罗斯首先分析了自然科学领域和社会领域的不同。自然科学可以假定要解释的客观实在与人类思维得出的命题是严格分开的，人们把命题与客观实在相对照，检验其真伪，检验结果重塑人的思维，在此基础上发展出新的命题。在上述过程中，人类的思维方式并未改变客观实在。然而在社会领域，人类的思想总是来自于具体的社会环境，而且每个人根据自己对社会环境的独特认识来参与社会变革，这种变革活动又改变着社会环境。“在这种情况下，虽然结果也是事实，但它却不能作为判断参与者的思想是否正确的独立标准，因为它依赖参与者想什么和做什么。”于是，我们看到两种截然不同的因果链：在自然科学领域，不管试验者是谁，炭在氧气中充分燃烧都要生成二氧化碳；然而在社会科学领域，即使给定相同的初始条件，由于参与主体的不同，最终结果也会迥异。“如果在事实和认知之间存在某种对应（Correspondent）或等价关系，这当然不至于会产生任何难以克服的障碍，不幸的是这种假设无法成立，因为参与者的认知所涉及的不是事实，而是一种本身取决于参与者认知的情景……”于是，索罗斯发现了存在于社会参与者的思维和实在之间的一个普遍关系——反身性。

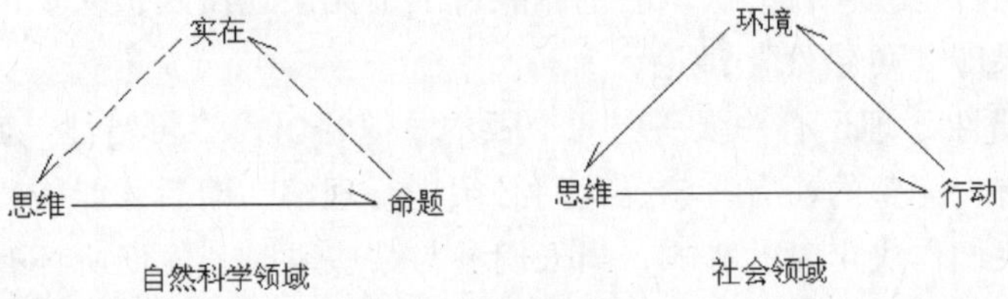

在实践方面，索罗斯认为任何一个金融投资者在面对金融市场时都呈现出两种功能：一方面，具有思考能力的投资者试图理解他所参与的市场，索罗斯称之为认知功能；另一方面，投资者按照他对市场的理解参与到真实的市场环境中，并进行交易，索罗斯称之为参与功能。用函数关系表示即为：

认知功能函数：$X=f(Y)$

参与功能函数：$Y=g(X)$

其中，

X：投资者关于市场情景 Y 的认知；

Y：由投资者参与塑造的市场情景。

上述两种功能相互作用，导致了市场的不稳定性和波动性。上述分析只是静态的，如果从动态联系的角度来看，把两种功能放在一个连续的时间序列上，又可以得到下列两个函数：

$$Y_2=g[f(Y_1)]$$

$$X_2=f[g(X_1)]$$

由此可见，过去市场的情景（Y_1）通过投资者的认知功能（f）和参与功能（g）塑造着未来的市场情景（Y_2）；投资者对过去市场的认知（X_1）通过其参与功能（g）和认知功能（f）影响着投资者对未来市场的认知（X_2）。这说明，投资者所要认知的不仅仅是市场情景，还包括他的认知本身，因为市场情景中已经包含了投资者的认知——索罗斯称这种关系为“反身性”。

由于“反身性”的存在，市场情景和人的认知总在不断的推移之中，这正是导致市场不确定性的根源。不过，尽管“反身性”无时无刻不在发挥作用，却未必导致人的认知与客观实际的过分偏离，原因之一是时间的流逝有时能在认知功能和参与功能之间起到绝缘作用，从而削弱了“反身性”的作用强度；原因之二是认识的偏差只有当引起基本趋势的变化时才能被强化，若无基本趋势的支持，偏差将被修正——索罗斯称上述的情形为“日常事件”。但是在重大的“历史事件”中，“反身性”发挥着举足轻重的作用，至于具体的作用过程，将在“盛衰周期”模型中详细展开。

在索罗斯的投资哲学构架里，“可错性”是基石，而“反身性”则是核心；“反身性”哲学范畴是索罗斯的创见，是理解“可错性”原理的锁钥，也是索罗斯与波普思想分歧的源头。在“可错性”和“反身性”的基础上，索罗斯又演绎出社会经济“三态”理论和“盛衰循环”理论。

二、索罗斯的宏观投资思想

索罗斯在和罗杰斯搭档时期，主要投资于股市。尽管在股市投资方面有不少闪光的思想，如不看华尔街流行的股评文章，寻找别人意识不到的“突变”，在同一行业选择最好和最坏的两只股票等，但这些并非索罗斯投资思想中最令人注目的部分。真正使索罗斯独树一帜、成为世界级投资大师的，是他的“宏观投资”（macro－investing），因此笔者主要研究索罗斯的宏观投资思想。

1. 索罗斯对社会科学和主流经济学方法论的批判

所谓“宏观投资”，就是针对宏观政治经济形势而进行的投资，其投资范围涉及债市、股市、汇市、房地产及其他实业，其分析视角跨越政治、经济、社会、心理等诸多层面，除非对一国、一地区乃至全世界发展大势有透彻明晰之洞见者不能为。索罗斯在国际金融市场上纵横驰骋，凭借的是他独特的世界观和方法论，其世界观在前面已经述及，而他的独特方法论的建立则发端于他对现有社会科学和主流经济学方法论的批判。

索罗斯扬弃了波普关于自然科学和社会科学方法论统一的思想。在前面的论述中已经看到，在自然科学领域，思维与实在是严格分离的；在自然现象中，事件甲和事件乙的因果链条是紧密衔接的，这一点并不因研究者思维方式的不同而有所改变；因此检验自然科学假说的标准只有一个——看命题与事实是否相符。然而在社会领域，由于有思考能力的人参与进来，并基于“反身性”和“可错性”原理，社会运动中事件甲和事件乙之间的因果链条被割断了，从而表现为“事件甲——参与者的认知——事件乙……”的时间序列；由于参与者的认知方式千差万别，所以即便给定相同的初始条件，也难以得到完全相同的事件序列，因而社会历史的演变不是决定论的，而是充满着不确定性的。最后，索罗斯得出的结论是：“社会科学”这个名词本身是一个错误的比喻，在社会领域根本不存在跨越时间限制的“自然法则”，在自然科学领域适用的法则不应被机械地搬运到社会领域中来。不过，承认社会科学的限制不等于放弃对真理的追求，索罗斯的努力方向正是在“可错性”、“反身性”等哲学理念的基础上，建立一套全新的方法论。

索罗斯对西方主流经济学——新自由主义——的批判，不是在具体知识或技术层面，而是针对其基本假设和方法论的。

首先，索罗斯批判了新自由主义经济学的基本假设——市场均衡论。“均衡”一词来源于牛顿的经典物理学，而市场供求均衡与牛顿力学中的均衡状态十分类似。其实，在自然科学领域，经典力学的均衡观早已被打破，爱因斯坦的相对论、海森堡的测不准原理、最近产生的混沌理论等，都表明不均衡、不确定才是物理世界的常态，而牛顿力学描述的均衡状态只有在十分有限的范围内才发挥作用。而一味模仿自然科学的经济学却大大落伍了，事实上索罗斯根据他的“反身性”和“可错性”原理，已经论证了市场的内在不稳性和波动性本质。在现实世界中，任何人都无法给出一个确切的均衡标准，因而均衡就成为一种不可检验的状态。不过在大量的日常事件中，在常规和习惯的作用下，人们已经形成相对稳定的认知，从而“反身性”的作用不为人们所察觉，市场处于一种近似均衡的状态。然而在重大历史事件中，人们的认知与市场环境发生强烈的双向反馈，均衡状态被彻底打破了，不确定性得到了明白地呈现，这时主流经济学就只能以“市场失灵”之类的遁词来敷衍了。于是索罗斯得出结论：“波动”和“涨落”才是市场的常态，而所谓“均衡”只是新自由主义者一厢情愿的幻想而已。

其次，索罗斯批判了经济学上流行的实证主义方法论，这种方法论的典型模式为：先提出一系列的假设条件，再进行逻辑（数学）推导并得出确定性的结论，最后用统计手段加以检验。问题的关键在于，要使实证主义方法成立，其逻辑推理过程所依赖的“通用法则”必须是超越时间限制的。索罗斯已经证明，社会事件是历史的、不可逆的、不确定性的，因此所谓“通用法则”并不存在，而对同一社会现象的重复试验也是不可能的。

2. **索罗斯的社会经济“三态”论**

索罗斯在否定社会科学和经济学方法论的同时，构造了自己的社会经济分析模型，针对主流经济学的静态均衡观，索罗斯把社会经济的运动状态分为三种：近似均衡、静态不均衡和动态不均衡。

近似均衡，是一种无法达到均衡但与均衡又不会相差太远的状态。在这种情形下，参与者与社会、市场之间的“反身性”联系相对稳定，人们通过经验或常识即可达到对社会经济状况近似准确的认识，而且社会及市场内部有一套机制对人们的认知与客观实际之间的偏差予以矫正，这种内在机制索罗斯称作“开放社会”。在现实中，索罗斯所说的近似均衡状态可以与经济学中的均衡状态相对应；但从概念角度分析，两者有着本质的不同，前者认为波动性才是社会经济的常态，而后者是一种静态的均衡观。

静态不均衡，是人们的偏见根深蒂固或者被体制长期固化，从而表面上呈现出稳定甚至超稳定的状态。在这种情形下，参与者的观念与事实相去甚远，僵化的社会体制又不能给两者的互动提供必要条件，观念甚至试图把现实强行纳入它的解释框架，结果两者南辕北辙、越走越远。但思维与实在的这种偏离终究无法超越一定的限度，一旦矫枉过正，社会经济立即处于极度动荡之中。索罗斯把古埃及和苏联的社会运行归入此类状态。

动态不均衡往往出现在社会经济状况急遽变化的情况下，人们已有的认知经验无法解释变化了的现实，于是一种偏见开始出现并在人们中间流行开来，而社会经济的运行也出现了迎合这种偏见的倾向，于是思维和实在之间出现自我强化的互动，最终演变成一场“盛衰循环”。20 世纪互联网经济泡沫的繁衍和崩溃就是一个生动的例子。

索罗斯把上述三种状态比喻成自然界的三态——液态、固态和气态，并进一步指出，三种状态之间没有不可逾越的鸿沟，它们可以相互转化，关键还要看“反身性”过程如何发生作用。

3. **索罗斯的“盛衰循环”理论**

索罗斯的“盛衰循环”理论也可以理解为一种周期理论，但是它与传统周期理论的最大差别在于它的理论基础——“可错性”和“反身性”。

在“盛衰循环”模型中，有三个关键的解释变量：市场价格、流行偏见和基本趋势。根据“可错性”理论，每一个市场参与者都存在某种偏见，但是当把所有的偏见（通过价格形式）加总后，会有一种占主流的偏见，索罗斯称之为“流行偏见”。“基本趋势”即通常所说的“基本面”，人们会设定一些指标对之加以衡量，比如对股票而言，有每股盈余、股息、资产价值等；对于一国的货币，有短期外汇借款与出口贸易额比例等；对于金融机构的风险价值，有 VaR 指标等。

根据“反身性”理论，三个解释变量的相互关系如下：市场价格是基本趋势和流行偏颇的综合反映，它反过来又影响着基本趋势和流行偏见。三者之间的相互影响又可分为两种类型：当变量之间相互发生正向影响时，称之为趋势的自我增强（Self - reinforcing）；当变量之间相互发生负向影响时，则称之为趋势的自我修正（Self - correcting）。当三个变量在一个较长的时段上持续地自我加强，最后终于难以为继，不得不强行修正时，便出现了“盛衰循环”。

一个典型的“盛衰循环”需要经历如下几个阶段：（1）市场的基本趋势尚不明朗，但流行偏见已逐渐形成；（2）基本趋势逐渐被市场辨认出来，并在流行偏见的推动下不断加强，价格的变动趋势日渐明显，但三者之间的反射关系还不稳固；（3）流行偏见和基本趋势成功通过市场测试，反射力量进一步加强，价格开始无阻力加速运动；（4）现实与观念之间的偏离越拉越大；（5）三个变量之间偏差充分展示，张力达到极限，价格开始剧烈波动；（6）基本趋势开始回头，流行偏见随之发生逆转，价格反方向猛烈回弹；（7）三个变量加速向反方向运动，市场走向崩溃。

索罗斯还补充说，现代金融制度的缺陷（如每日盯市的抵押清偿制度）以及政府决策的错误（如固执地维护不切实际的固定汇率制度）夸大了市场震荡的幅度，使“盛衰循环”更容易形成。

三、索罗斯的投资操作思想

作为一名投资实践家，索罗斯把抽象的投资哲学和理论模型转化为实际行动，并且在实践层面上“有破有立”，形成了自己的投资操作思想。

1. 索罗斯对现代投资理论的批判

现代投资理论是在20世纪50年代发展起来的，包括有效市场理论和金融资产定价理论两大分支。有效市场理论研究市场价格能否及时、充分反映各种相关信息的问题，经济学家提出了弱式、半强式和强式三种有效市场假设，并进行了大量的实证检验，最后结论是：发达证券市场大都具备很强的弱式效率，并在很大程度上具备半强式效率，但没有任何市场具有强式效率。有效市场理论在华尔街演变为一句名言：“市场总是对的。”金融资产定价理论以有效市场理论和理性经济人为两大假设前提，并以严密的数学推导得出了金融市场均衡时各种风险资产的价格，这一理论不仅在学术界取得了极大成功，而且成为众多基金经理的操作指南。

索罗斯抱着“任何理论都是假说”的批判态度投身市场，很快发现自己被经济学理论所愚弄。有效市场理论其实是均衡理论在金融市场（特别是股票市场）上的延伸，索罗斯却指出：“经济理论从需求和供给开始，实现均衡只是需要找到可以使需求和供给相等的一个唯一的价格。但是，当价格变动本身改变了参与买卖者在特定的价格水平的意愿时，如价格下降会使他们预期价格在不远的将来会下降更多，这会造成什么结果呢？这是金融市场和技术进步迅速的产业中常有的严酷现实，但是，这种现实的可能性却被经济学家们假设掉了。”而市场总能准确定价的假设，则是以理性预期为大前提的，索罗斯又反驳道：“市场似乎常常能够准确地预测未来。这并不是因为事件的发生符合理性预期，而是因为预期能够影响应由其贴现的所谓基本面。理性预期理论认为，按照定义，市场总是正确的；但我认为，金融市场几乎总是错误，只不过在一定的限度内它有自我验证的能力罢了。理性预期理论断言，长期而言，不可能使业绩优于市场的平均走势，个别参与者的业绩偏离平均水平是随机的。这一结论显然是错误的，我为在自己的实践中证明了这一点而感到高兴。”既然有效市场理论和理性经济人的假设都存在根本性错误，那么在这些假设基础上发展出来的金融资产定价模型就变得毫无意义了。

2. 索罗斯对传统投资方法的批判性分析

除了现代投资理论之外，市场上还流行着两大传统的投资方法——基本分析和技术分析。索罗斯运用自己的哲学思想和理论模型对基本分析方法和技术分析方法作出了批判性分析。

技术分析的实质是通过对过去的价格、成交量等指标的分析来预测未来市场价格的运动方向，它的一条基本假设是“历史可以重复”。索罗斯的经济“三态”理论已经表明，历史重复再现的假设只是在非常有限的条件下才近似成立，而金融市场处于不断的扰动变化之中，投资者的认知与市场环境之间很难形成稳定的“反身性”关系，因此技术分析的适用性就非常有限了。

基本分析方法假定，金融资产（以股票为例）有其“内在价值”，尽管股价每天都在不停地波动，但是股价归根结底取决于股票的“内在价值”；二者的一致性在短期内或许不能呈现出来，但从长期看来却是非常明显的。因此基本分析法舍掉股票价格的短期波动，采取在低点买入并长期持有的策略。至于股票“内在价值”，则要透过宏观政治经济分析、行业分析、公司基本状况分析、财务报表分析等手段来确定。

索罗斯对于基本分析方法不是全盘否定的，事实上他在进行“宏观投资”的过程中也要采取与基本分析相类似的一些步骤。但是索罗斯从他的“反身性”哲学出发，指出了基本分析法的一个重要缺陷：基本分析假定股价与基本面之间是一种单向决定关系，它把股价对基本面影响作用完全排除掉了。在索罗斯的“盛衰循环”模型中，关键的解释变量有三个：市场价格、流行偏见和基本趋势。当流行偏见开始推动股价上涨时，上市公司为了迎合这种流行偏见，会努力改变公司的业绩指标（如市场规模、信用等级、产品的市场形象、管理信赖度等），以取得公众的认同，而公众收到来自上市公司的积极反应信号后，会对自己的偏见深信不疑，于是股价被进一步推高，“盛衰循环”的前一个阶段被顺利启动了。

从这个意义上，索罗斯说：“我不接受股价是其基本价值的被动反应，也不接受其反应会对应于基本价值的说法。我主张市场评价总是被扭曲的……该扭曲现象会影响基本价值。”“我以下面两个陈述取代‘市场永远是正确的’的观念：①市场在方向上永远具有某种偏颇。②市场能够影响它所预测的事件。”

3. 索罗斯的“非理性”投资理念

西方的主流意识形态和价值观念是理性主义的，而索罗斯的整个思想体系都是和理性主义对抗的。正因为索罗斯认为市场的本质特征是非理性的，所以它主张成功的投资理论不是科学，而是一种“炼金术”：“炼金术就是暗示某种干预、操纵、物质的改变”，“炼金术士设法以念咒的方式把低级的金属变成黄金，当然是缘木求鱼的事。对于化学元素，炼金术可能起不了作用。但在金融市场则可能行得通。咒语能够影响左右事情发展的人的决定。”

索罗斯和波普一样，反对归纳法而推崇演绎法。但由于索罗斯看到了自然科学与社会科学的本质差异，甚至否认“社会科学”的科学性（而称投资理论为“炼金术”），所以他仅仅利用了科学演绎法的“瓶子”，而在“瓶子”里面装入了不确定性、非理性主义的内容。索罗斯说：“我是对特定事件的过程有兴趣……真正重要的是特定状况下会发生什么事情。同样的原理在历史过程中甚至更适用，我不能就历史事件做出可靠的预测，只能形成若干假设性的情境，然后可以拿实际的事件过程和假设过程比较，这种假设没有科学上的正确性，但有相当的实用性，能够为现实中的决定提供基础。我不能根据普遍正确的通则预测事件的过程，但是可以设计出一种一般的架构，协助我根据经验预测和调整我的期望。”在索罗斯“大胆假设，小心求证”的过程中，存在着很多“非理性”因素：假设的确立不单单依靠理论模型，还要借助于理念、直觉等；假设的形式不是一组严密的条件或公式，而可能仅仅是一两个想法、念头，或是几种不确定的情形；在检验自己的认知与市场是否相符时，也不仅仅凭借周延的推理，还有一种个人体验的成分。但这对索罗斯来说不是什么遗憾的事情，因为他在投资时所追求的，不是科学，而是成功：“我的架构只是协助我用不科学的方法应付不确定状况。这一点是很重要的差别，用科学标准来判断，我的理论毫无价值，不能产生确定性或概率性的预测和解释……本来就应该这样，因为我认识到，有思考能力的参与者的状况，基本上和科学观察者的状况不同。”

此外，正是因为索罗斯认为社会领域不存在“通用法则”，所以他时时留意“非常规”的事件，比如他对新经济评价如下：“现在，投资者已经失去了对基本面的信任，认识到这个游戏的目的只是为了赚钱，而不是支撑股价的价值。许多屡试不爽的股票评价标准已经被抛弃，恪守这些标准的人被相信‘新经济’的人打得溃不成军。”索罗斯也注意到投资者心理对市场价格影响：“经济学理论告诉我们，价格上升往往会使需求减少，供给增加。股票市场就不是这样。价格上升会增强购买者的紧张心理，反之，价格下降则会降低购买者的紧张心理，从而导致从众行为的出现。”“当股价开始下跌时，跌势会助长跌势。”

如果说约翰·梅纳德·凯恩斯的《就业、利息和货币通论》把宏观经济学从“萨伊定律”的教条中解放出来，那么乔治·索罗斯的“反身性”、“可错性”、“盛衰循环”、社会经济“三态”、“非理性”投资等重要思想对于当下流行的哲学、经济和投资观念等也应起到类似的革命性作用。不过索罗斯的思想尚未形成一个完备的体系，而且“破坏有余，建设不足”，还有一部分思想是“只可意会，不可言传”的，加之其表达方式晦涩难懂，这就大大限制了索罗斯在学术界的影响力。

第三章　索罗斯投资思想的启示

索罗斯的投资思想和投资实战是紧密结合在一起的，因此索罗斯的投资思想不仅在学理上给人耳目一新的感觉，而且对于投资实战有着很强的指导意义。

因为金融实战如同军事战争一样，具有极其相似的对抗性、危险性、复杂性和不确定性。下面的几节就是从投资实战的角度，在索罗斯投资思想库中提炼出防守、初战、进攻和退却四个方面的策略。

一、投资中的防守策略

《孙子兵法》有云："昔之善战者，先为不可胜，以待敌之可胜。不可胜在己，可胜在敌。故善战者，能为不可胜，不能使敌必可胜。"如何处理进攻和防守的关系，《孙子兵法》已经给出了明确的指导原则。在投资中也存在同样的道理，投资的第一原则是不亏钱，在这个基础上才能谈如何赚钱。索罗斯在投资中的防守策略主要表现在以下几个方面：

第一，保全本金。索罗斯是敢于冒险的金融投机家，但是他同样关注本金的保全，因此他对复杂的衍生金融工具敬而远之，而喜欢采取几种最简单的投资方式，这使索罗斯躲过了几场因衍生工具而引发的股灾。此外，索罗斯还持有大量的短期证券，既保持了高度的流动性，又十分机动灵活，随时可以调整资产配置结构，迅速捕捉获利机会。由此可见，索罗斯的防守是积极防守，寓攻于守，表面看波澜不惊，实际上蕴藏着巨大能量。

第二，妥善处理风险和收益之间的关系。风险和收益总是相伴相随，但是通过一定的控制手段可以把既定收益下的风险降到最小。索罗斯最常用的方法就是对冲，而具体的情形大致有三种：(1) 同一金融品种在现货市场上买入（卖出）的同时又在期货市场上卖出（买入），从而把时间风险对冲掉；(2) 在购买同一行业的股票时选择业绩表现最好和最差的两只，从而把行业风险对冲掉；(3) 跨品种对冲，比如在卖空港元的同时卖空恒生指数期货，从而把可能的损失降到最低。

第三，忍受寂寞。根据统计经验，几百年来众多投资者平均下来只能得到一个市场平均的投资收益率，尽管无数投资者一直期待着跑赢大势、打败市场。这个铁的事实告诉我们：如果随波逐流、人云亦云，最多只能和大势打个平手；要想取得超额回报就必须做到与众不同。而投资者作为人类社会的一个个体，有着天生的从众心理——只有和大众保持一致自己才有安全感，特立独行者就必然要忍受孤独所带来的寂寞。由于索罗斯选择了与市场对抗，所以他常常要忍受身心的痛苦。"我知道自己可能会出错的心态让我缺乏安全感，缺乏安全感使我随时处于奋战状态，因而随时提高警觉以应付错误。"这种危机感加上繁重的工作，使索罗斯常常背痛发作，这通常是一种信号，提醒他其仓位有风险，一旦索罗斯检验其投资思路并找出应对良策后，他的背痛就不治而愈了！

第四，高度自制。华尔街有一句格言：靠别人的愚蠢和自己的克制赚钱。自制是投资大师的共同品质。索罗斯能够保持高度自制的原因有二：一是他的可错性理念。索罗斯在把自己与罗杰斯对比时曾经说过，"我们都认为市场会出错，但我认为自己也会出错"。他还解释说："对于其他人来说，犯错是羞耻的渊薮，而对我来说，意识到我的错误是骄傲的源泉。"相信自己会出错，就会把自己摆在一个适当的位置，时刻保持冷静与自制，不断检查自己思维构架中是否存在纰漏之处。这一点在趋势发生逆转时尤为重要，因为崩溃多发生在轰轰烈烈之时，多一分冷静与克制会使你提前发现繁荣背后隐藏的危机，免于遭受潮流逆转的伤害，"走在曲线前头"。相信自己会出错，给索罗斯带来的另一个好处是，他认为做成一件事情可以有多种截然不同的方法，这使索罗斯能把不同类型的人才网罗到他的基金公司，而不像"独行侠"罗杰斯那样过分高估自己。二是他的金钱观，索罗斯渴望财富，但绝不贪婪，这大概与父亲对他的教诲有关，所以他常常是"不以财喜，不以己悲"。事情往往是辩证的，越是患得患失，越不能做出准确判断；越是克制自己的欲望，反而成就了自己，这就是"圣人无私，故能成其私"的道理。

然而，索罗斯的政治野心又使他不能保持完全的冷静和自制。他推崇波普的"开放社会"理念，并在东欧、俄罗斯、亚洲一些国家建立了大量的慈善基金会，旨在推动他所谓的“封闭国家”走向开放。在投资运作中由于不能把自己作为商人和社会活动家的角色截然分开，索罗斯也会犯下重大错误。比如，1997 年横扫东南亚后，索罗斯又把下一个目标瞄准刚刚回归社会主义祖国的香港。当时香港的股市和楼市尽管存在一定的泡沫，但香港经济的基本面非东南亚“小虎”或拉美金融危机中的墨西哥、阿根廷可同日而语；香港作为全球最大的金融中心之一，其金融管理当局有着丰富的危机管理经验；香港的联系汇率制度与普通的固定汇率不同，港元的发行有充足的外汇储备为基础，而且更有外汇储备雄厚的中国大陆充当“最终贷款人”。索罗斯此举的胜算并不大，结果他走了一步臭棋。与索罗斯相比，另一位投资大师沃伦·巴菲特一贯保持低调，投资不抱政治偏见，在 2003 年中国非典最严重的时期，巴菲特斥资 10 亿港元、接连四次买入“中国石油”H 股，获得了巨大的成功，这一点值得我们认真学习。

二、投资中的初战策略

索罗斯在风险极高的金融市场上投资运作，在每次投资之前只有做好充分的准备，才有可能赢得胜利。《孙子兵法》上讲，“胜兵先胜而后求战，败兵先战而后求胜”，为了在战前取得“先胜”的态势，索罗斯的每一步行动都非常小心谨慎，这主要体现在以下几个方面：

首先，根据市场环境确定投资基调。索罗斯十分留意游戏规则的变化，并随之调整自己的投资风格。量子基金自 1969 年成立以来，其投资风格有三次大变：在量子基金刚成立的 10 年里，各国金融开放程度还较为有限，货币操作的空间不大，索罗斯主要投资于股票市场；1985 年“广场协议”时索罗斯就预见到一个有管理的浮动汇率时代来临，而“冷战”后各国金融市场加速开放，全球金融资本的迅速壮大给货币投机提供了广阔空间，于是索罗斯增加了债券和外汇的比例，开始所谓的“宏观投资”；在 1997 年亚洲金融危机后，加强对金融风险的监管以及对国际投机势力的防范成为各国的共识，加上索罗斯自己判断的失误，量子基金连连遭到重创后，索罗斯又把量子基金改组为量子慈善基金，基金的投资目标更加注重安全性。

其次，了解世界政治经济金融形势。“不虑全局者不足以谋一隅”，当今的金融市场浓缩了一国、一地区甚至全球的政治经济信息，对于索罗斯的“宏观投资”而言，了解世界政治经济金融形势就显得至关重要。索罗斯从来不在研读股票分析报告上花费大量时间，但他每天阅读报纸，大量接触方方面面的人物，他的社交圈子里有学者、实业家，更有世界各国的权威人士，这使他时刻保持消息的通畅。此外，量子基金的最低投资额为 100 万美元，基金的股东非富即贵，这也为索罗斯搭建了一个四通八达的情报网络，使得索罗斯在决策前已经比其他投资人提前获得信息并做好了准备。索罗斯不仅广泛接触信息，还善于分析这些信息背后的真实含义，他能从各国金融领导人的公开讲话以及他们作出的决定中，敏锐地分辨出市场的发展动向和节奏。在 1992 年的英镑之战中，透过德国联邦银行行长的谈话，索罗斯觉察到德国不会为欧共体其他成员国的利益而让度本国的利益；透过英国首相和财政大臣的态度强硬的讲话，索罗斯预见到英格兰银行的色厉内荏。这些都帮助索罗斯作出了大量卖空英镑的决策。

再次，善用“可错性”与“反身性”理论。通过对世界政治经济形势的分析，索罗斯已经确定了投资的大致方向，但投资的精确目标和时点还不能明确。于是索罗斯根据“可错性”理论和“反身性”理论来判断市场的波动是否出现了将要“突变”的苗头，以及市场价格、流行偏见和基本趋势三者之间的互动关系究竟处于“盛衰循环”的哪个阶段。在这个过程中，索罗斯力图保持超然物外的态度。他承认自己的特长不在于分析，而在于评判。他不仅以第三者的态度评判市场，而且以同样的态度评判自己。索罗斯认为投资者越是埋头于无休止的数学计算、技术分析，业绩反而越糟；因为还要了解别人以及自己所扮演的角色，投资者的思路不能深陷于具体事物当中而不能自拔。这正是“不识庐山真面目，只缘身在此山中”。

最后，“先投资，再调查”。在明确了投资目标和投资时点之后，索罗斯还不肯全线出击。因为他把自己的判断视为假说，还有待市场的检验。于是他派遣一支投资小分队，亲自感受一下市场氛围。索罗斯曾对他的经理说，“我如果想买 3 亿美元的股份，一开始我只会买 5 000 美元”。在这个过程中，索罗斯要站在交易对家的角度考虑问题：如果要买进，先假设自己是抛售者，看看能否顺利出手，如果抛售很容易，索罗斯才决定购买；如果难以抛售，索罗斯决不会购买。在新兴市场上，这种测试性投资还有一个好处，就是看市场规则对他的交易是否存在限制。索罗斯注意到，有时事情会出一下轨，随后又重新回到轨道；因此，如果预期与实际情况有出入，索罗斯也不会马上放手，他要重新研究自己的假设，设法找出错误并调整想法，如果发现有些外力作祟，他甚至有可能扩大自己的头寸。

经过上述四个阶段的充分准备，胜利的结局呼之欲出了，于是索罗斯全力以赴发动进攻。

三、投资中的进攻策略

对比一下索罗斯的量子基金与巴菲特的伯克夏·哈瑟维公司可以发现，尽管两者都是华尔街出类拔萃的基金，但其操作风格却大相径庭。哈瑟维公司的回报率相当稳定，几乎每年都超出标准普尔指数十几个百分点，且从未出现过亏损，人们称之为“宽敞舒适的大棚车”；而量子基金的回报率存在若干不及大市的年份，甚至在 1981 年和 1998 年两度出现严重亏损，但在较长的时间跨度内量子基金能保持高额平均回报率，原因就在于它存在若干暴利的年份，姑且称之为“充满刺激的冲浪板”。

兵法云：“善守者，藏于九地之下；善攻者，动于九天之上。”量子基金正是凭借着“动于九天之上”的进攻策略，多次以“闪电战”的方式，在一两个月内获取数十亿美元的暴利。

第一，“顺风撑足帆”。索罗斯说，每个人都有做对和出错的时候，问题的关键是你在判断正确时赢了多少。此言可谓一语中的，市场上有很多盈利机会，可是十次有九次错过了，市场上也有很多亏损的陷阱，难免被你碰上了，索罗斯这样的投资大师也不例外；但索罗斯的超常之处在于把握住 1/10 的盈利机会，“顺风撑足帆”，充分利用借贷和抵押杠杆，把投资放大若干倍，以收到“决积水于千仞之溪，转圆石于千仞之山”的效果。比如在 1992 年“英镑之战”时，量子基金的总资产 60 多亿美元，总经理朱肯米勒决定建立一个 30 亿美元的仓位买空英镑，但索罗斯建议他把仓位放大到 100 亿美元，因为这样做的好处有二：其一，不用重炮就不足以摧毁对手，甚至可能败北；其二，不敢投入巨资，就无法获取超常收益。索罗斯在这场战役中盈利最丰，这也是对其大智大勇的褒奖。

第二，多品种、跨市场、套作投资。游击战中有一句格言：“东方不亮西方亮，黑了南方有北方。”多品种、跨市场投资使索罗斯有了更宽阔的视野，不仅拓展了盈利机会，也为自己留下了更多的回旋余地。索罗斯把自己的投资方式概括为“宏观投资”，即投资于宏观经济走势；与此相配合，索罗斯把自己的资产配置结构称作一个“三维立体结构”，即以公司股本为基础，同时投资于股票、利率和汇率，例如在“英镑之战”中索罗斯不仅仅抛空英镑购入马克（和少量法郎），而且还购入英国股票和德、法债券，并卖空他的德国和法国股票。此外，索罗斯还擅长对冲操作，例如在卖空港元的同时卖空恒生指数期货，因为假设香港金管局通过加息来支撑港元汇率，必将导致香港股市、楼市（从而带动房地产股票）下跌，通过上述操作可以有效化解利率风险。对冲操作不仅能对冲掉多余的风险，还拓宽了操作的时间和空间，因为不论牛市熊市，只要存在差价就可以进行套利；而根据“市场总是出错”的理论，这是完全可能的。

第三，业绩型基金。与华尔街众多的“管理型基金”的报酬机制不同，量子基金经理人的报酬与基金业绩——利润——紧密挂钩，因此他的经理人不仅关心基金规模，更要关心基金的利润。不仅如此，基金管理人员还把按基金业绩所得的酬金再投资于基金，索罗斯本人就是基金的重要持股人。这样，管理人与持股人的利益是一致的，经理们不仅与股东同甘苦，共命运，而且在寻觅“战机”、投入“战斗”时就必然全力以赴。

第四，利用自己在金融市场的影响力。索罗斯自己管理的资金最多时约220亿美元，但是与全球数万亿美元的交易量相比，他的量子基金还只是其中的一小部分。为了发挥自己的作战威力，索罗斯不仅利用杠杆融资，而且还利用自己在全球金融界的影响力。在1992年“英镑之战”中成名后，索罗斯被投机者们视为金融市场的“风向标”，他发出的言论对市场有着巨大的冲击力，这无疑有助于他的投资。1993年4月，索罗斯预测黄金价格将持续攀升，于是量子公司以每盎司345美元的价格购入了价值200万—300万美元的黄金。他又投资4亿美元收购了新蒙特矿业公司13%的股权。当这项投资被交易商发现后，大量的跟风行为使黄金价格飞涨，很快就达到每盎司350美元。1993年夏天，索罗斯悄悄获利了结。1993年6月，索罗斯发现英国房地产公司的价格被低估，于是出资7.75亿美元收购了英国土地公司4.8%的股份。当其他投资商发现了索罗斯的投资踪迹后大量跟进，这导致英国土地公司的股价疯涨了6.67亿英镑，索罗斯一下盈利520万英镑。

四、投资中的退却策略

索罗斯不仅在进攻时“顺风撑足帆”，在退却时同样有壮士断腕的勇气。因为每个人都有判断失误的时候，索罗斯也不例外，所以他一直强调“投资的关键在于懂得如何自救”。当由于市场的突然波动或是自己的疏忽而出现损失时，索罗斯的做法是：仔细盘查，承认错误，果断止损，保存实力。

1987年华尔街“股灾”中索罗斯的及时止损就是一个经典案例。1987年，日本股市出现了严重的泡沫，许多日本的银行和保险公司大量购买其他日本公司的股票，有些公司甚至通过发行债券来融资炒股，当时日本股市的市盈率已经高达48.5倍，索罗斯认为日本证券市场即将崩溃。当时美国证券市场的市盈率仅为19.7倍，索罗斯认为美国股市还处于安全区间，于是在9月份索罗斯把几十亿美元的投资从东京转移到华尔街。然而，日本股市依然强劲，华尔街却首先崩盘了。1987年10月19日纽约道·琼斯平均指数狂跌508.5点，在接下来的一个星期里，纽约股市一路下滑。索罗斯察觉到自己的错误后，不惜以每日损失2亿多美元的代价，把自己手中几个大的长期股票份额全部抛出。据报载，索罗斯在这次崩盘事件损失了6.5亿—8亿美元。事后，面对记者的提问，索罗斯平静地承认了自己的错误，并表示“仍然很开心”，因为他已经找到了错误的原因——美国债市在1987年春天就开始逐步下降，在这种形势下股市不可能继续健康发展——而且他预计美国股市将继续下跌，及时撤出市场是为了把损失降到最低。

当然，索罗斯的退却不是盲目的逃跑主义，他说：“如果你的表现不尽如人意，首先要采取的行动是以退为进，而不要铤而走险。而且当你重新开始时，不妨从小处做起。”可见，在退却的同时索罗斯已经做好了下一次进攻的准备。

1997年的“港元之战”中，索罗斯就表现出一定的“败中求胜”的本领。1997年7月2日泰铢贬值之后，由于“多米诺骨牌”效应，东南亚国家的货币纷纷贬值，港元面临巨大压力。7月12日，索罗斯等进入香港市场，但香港的金融当局已调集巨量美元严阵以待，结果投机集团发动了几轮冲击都未能撼动港币市场，突袭以失败告终。7月18日在伦敦金融市场抛售港元再次受挫后，索罗斯意识到香港金融当局的实力不可小视。在总结了轻敌的教训后，他决定变换手法，同时打压港股和港币。另一方面，香港两次金融保卫战的成功大大激发了投资者的热情和信心，股市出现了狂涨。7月下旬，恒生指数上升到16 365点，到了8月上旬，香港股市又上升到16 820点的新高度。索罗斯于是联合国际炒家大量抛售香港股票，致使香港股票市场恒生指数从8月中旬到9月初累计下跌2 000点；索罗斯等人又乘机吃进，使指数反弹1 000多点。通过股市上的高抛低吸，索罗斯在投机港币中的损失又得到了不少补偿。

总之，尽管索罗斯也痛恨亏损，但他能够心平气和地承认错误。因为根据他的“彻底可错性”理论，人的认知结构的缺陷是与生俱来的，他不因自己犯错误而感到伤心丢脸，反倒以找出错误并纠正错误而引以为豪。“留得青山在，不怕没柴烧”，在退却后经过一番歇斯底里的盘查后，索罗斯发现了错误，从而使自己变得更加坚不可摧，等到卷土重来时，索罗斯又站到了一个全新的高度。

五、索罗斯投资思想的指导意义

索罗斯的投资思想是一个复杂的体系，既包括哲学层面的，又包括基础理论层面的，还包括实战层面的；因此索罗斯的投资思想就具有多方面的指导意义，哲学家、经济学家和投资家都可以从索罗斯的投资思想中得到启迪。在此分别从一般意义和投资实战的两个角度，总结概况索罗斯投资思想的指导意义。

1. 索罗斯投资思想在一般意义上的启示

第一，批判性思维。金融市场是一个复杂多变的场所，金融投资要求高度的智慧性和对抗性，因此任何投资者的发展壮大都离不开批判性思维，这也正是索罗斯成功的锁钥。当然，批判不等于全盘否定，索罗斯把自己最富创见的“反身性”哲学称作“黑格尔与马克思的综合”。可见任何批判性成果都是站在前人肩膀上取得的，关键是我们要有超越前人的魄力和勇气。

第二，根本性思考。我们生活在一个物质观念和技术工具盛行的时代，过细的专业分工使得人们一旦跨出自己熟知的领域立即成为盲人瞎马。然而世界的各个部分是相互联系的，现代金融市场更是全球政治、经济、社会形势的全息照片。在这样的环境下，如果缺乏对世界的根本性思考，就很难做好自己的专业，对于现代金融投资者而言尤其如此。

第三，方法论的革新。当今大学讲堂上流行的经济学和投资学，其方法论还停留在经典力学的范畴内，而当代自然科学的发展早已带给人们一种全新的世界观和方法论，其中最大的进展之一就是突破了宇宙决定论的束缚，引入了不确定性和历史性的观念。当今的经济学还在传统宇宙决定论的框架内，把不确定性和小概率事件排除在研究范围内，孰不知不确定性才是世间万物的常态，而小概率事件恰恰创造了历史。所以投资研究的静态方法论必须革新，代之以不确定性研究法。

第四，纠正过分数理化的倾向。大哲学家康德说过，这个世界上足以震撼人的心灵的有两样东西，一个是天上灿烂的星辰，再一个是我们的内心世界。社会科学的任务就是研究人类的内心世界，而现代经济学和投资学以简单的假设代替了人类复杂的心理活动，以冰冷的数理模型代替了思维与存在之间生动活泼的双向互动，这不能不说是一种失职。因此，经济学和投资学今后关注的重点不应是那些技术细节，而应是研究对象、基本假设和方法论的调整。

2. 索罗斯投资思想对中国投资者的启示

（1）宏观投资。索罗斯特别关注利率、汇率等宏观变量，并以善于洞察政经大势而著称。且不谈他在国际货币市场上的“三大战役”，在人民币升值对美元长期看涨的大势下，索罗斯再次增资海南航空，就是意欲博取人民币资产升值的好处。在经济全球化时代，每一个投资者都应该具备宏观投资的战略眼光。在大宗商品牛市的带动下，沪、深两市的资源股在2005年翻番上涨，如果投资者抓住这一趋势勇敢下注，必然会大获其利。

（2）乱局即大局。索罗斯说过金融市场天生具有不稳定性。市场越乱，跌得越深，就越可能出现大行情。但事情往往是：市场乱，投资者也跟着乱。乱局对冷静的投资人来说，正是天赐良机，因为这可能是大捡便宜货的机会，也是财富再分配的时候。2005年6月上海A股市场跌到1 000点附近，恐怖气氛十分浓重，市场上盛传700点才是大底。当时第一批股权分置改革方案已经推出，按照10送3的平均送股比例，1 000点除权后也就700点，投资者还有什么放心不下的呢？

（3）倾听领导层的声音。各国领导层的重要谈话，都隐含了相当的深意，而差别在于听者能听懂几分、又能执行几分。而索罗斯就善于听出弦外之音。1992年德国央行行长发表讲话时提到："如果投资人认为欧元是一篮子固定的货币，那就错得离谱了。"索罗斯听罢，认为其中别有文章，德国行长可能在影射虚弱的意大利里拉，于是索罗斯立刻放空里拉，大赚3亿，随后攻击英镑，又大赚10亿美元。中国股市因其功能定位和制度结构的原因，"政策市"的特征尤为明显，恰当解读管理层的真实意图，必然是投资者的一项重要功课。2005年中期以来牛市行情的政策背景是：国务院高度重视，管理层空前团结，利好政策频频出台，股市制度基础不断夯实，资金供给源源不断。

（4）留得青山在，不怕没柴烧。索罗斯在《金融炼金术》的导论中说："如果我必须就我的实战技巧做个总评，我会选择一个词：存活。"例如：1987年，索罗斯观察到日本股市市盈率高达四五十倍，而华尔街的市盈率仅20倍左右，于是他放空日股、做多美股。但是他看到的华尔街突然崩盘，而放空的日本市场反而走高，双重打击使他受到重创。他并没有执迷自己的判断，而是立刻认赔止损。待他调整好节奏后卷土重来，终于在年底获得了14%的盈余，也为他留下日后大战的筹码。相反，我国很多投资者不能在2001年的A股市场上果断止损，结果在4年熊市中把本钱损失殆尽，想东山再起，谈何容易？

（5）对待融资，慎之又慎。索罗斯的几次重大胜利都是由于借助了融资的力量而倍显辉煌，但是索罗斯非常了解融资的风险，他对融资确立了以下原则：一是通常不会融资炒股，他的融资行为一般发生在指数期货、国债和外汇领域；二是融资数额一般不得超过自己的净资产，以防资不抵债的情况发生；三是太危险的不碰，索罗斯认为商品期货风险较其他市场要大，在没有太大把握的情况下，不敢轻易以高杠杆方式操作；四是只有顺风才会加码，索罗斯在自己的看法得到市场印证时，才会大手笔投入。中国市场上股票权证推出以来，很多投机者看重其杠杆功能，将其价格炒到合理价值的数倍之上，结果宝钢、万科等权证最终以几厘钱收盘，最后接盘者的代价可谓惨重。面对即将推出的股指期货，希望大家保持警惕。

（6）独具慧眼，披沙拣金。索罗斯对冷门的东西特别感兴趣，例如在套汇交易还是一项冷门又无聊的工作时，他把套汇研究得很透彻，一跃成为套汇理论大师兼操作大师。在1960年推荐的德国安联保险、1972年购入的能源股、1973年买下的军工股，一度被市场弃如敝屣，但索罗斯具备披沙拣金的慧眼，所以能有成倍的获利。

（7）亲自了解，而非道听途说。索罗斯订了三十几种业界杂志，也阅读一般性杂志，四处寻找可能有价值的社会或文化趋势。他遍览群书的目的，就是要从资料中发现商机，以便乘隙切入市场。单是阅读资料，索罗斯尚嫌不够，在他有地位及影响力后，更是通过实地考察，深入了解投资对象。

（8）找准自己的定位。索罗斯的成功，使很多人开始遵从所谓"自上而下"的投资策略，即不管投资对象的基本面如何，只从整体经济面入手，来决定资金的投向。但是要知道每个人的成长经历不同，索罗斯一开始就接触套汇，加上他特殊的欧洲背景，促使他在套汇领域勤加钻研，终于修成大师。但是一般人在这方面毫无优势可言，模仿索罗斯的结果只能是邯郸学步，南辕北辙。近年来的中国A股市场上，"二八"现象十分明显，即使大市向好，个股仍会下跌，所以奉劝广大投资者要学习索罗斯思想的精髓，而舍弃那些表面的皮毛。

第三篇

北大清华学子谈投资理念

编者按：本篇发表的是北京大学、清华大学、北京航空航天大学等北京一些著名大学博士、硕士研究生的论文，胡虎、张锴、卢妲、胡波等同学的文章写得好极了；编者是深夜阅读他们的文章，他们对黄金及其他有色金属价格走势的判断，他们对巴菲特、索罗斯、格雷厄姆、彼得·林奇、菲舍尔以及巴契里耶、法马、马柯维茨等代表的学院派，对哲学，对现实调研派，以及对毛泽东哲学军事思想的学习、研究可谓深入扎实、入木三分。文章不长，寓意深刻，观点一针见血，语言犀利、透彻，读了令人荡气回肠。这样实实在在而又高水平的研究者，股票怎么会做不好呢？笔者极力向读者推荐这些来自北京著名大学的博士生、硕士生的好文章。

从技术分析、基本分析、学院派到哲学现实分析派

北京大学博士　胡　虎

编者按：这是笔者迄今为止看到的对技术分析、基本分析、现代投资理论及现实哲学分析分析得最好的文章之一。作者既客观又理性，既尊重前辈又实事求是，指出各自的成就及不足，分析很透彻，读了令人耳目一新，深有同感。北大风格跃然纸上。最后竟得出一个近乎荒诞又非常真实的结论：如果毛泽东愿意从事证券投资的话，他多半会成为中国的股神。值得一读。

市场是我们这个时代的图腾，而证券市场是最能展现智慧与心力的舞台。几百年来，无数投资大师以其不朽的思想化作熠熠星光，为后继者驱赶黑暗迷瘴。诚然，各人有各人的投资风格，不同的形势下有不同的投资策略，但千变万化的手法中体现出的基本思想却也寥寥可数，正所谓万变不离其宗。本文所要讨论的投资理念，体现的正是投资者关于市场、关于机会和风险的基本思想。正如牛顿所说，“我能看得更远是因为我站在巨人的肩上”。所以，我们首先需要理清投资理念发展、演变的基本脉络，然后提出我们的一点“新解”。下面还是从证券投资的主战场美国说起。

一、技术分析——从严肃的艺术到不严肃的科学

技术分析派的三大理论基础是：市场价格变动已经包含所有信息，价格变动具有趋势，历史会重演。技术分析理念的发展经历了两个阶段，即比较主观的图表技术分析阶段和相对客观的计算机化技术分析阶段，下面分别简述之。

技术分析派的开山老祖应当是查尔斯·道（C. H. Dow，生于1851年），这位没受过什么正规教育的记者兼分析师的一生有两大贡献，其一是首创股票市场平均价格指数（后来衍生为道指），其二是创立了道氏理论。该理论的核心思想其实就是技术分析三大理论最早的、也是最好的总结：股市是经济生活的晴雨表，股票平均价格已经包含一切信息；股市具有三类趋势——主要趋势、次要趋势和短期趋势，依次比喻为大海的潮汐、浪涛和波纹；熊市的三阶段是失望——悲观——绝望，而牛市的三阶段是怀疑——乐观——疯狂。道氏理论虽然主要是一些定性经 验的总结，但其含义博大精深，相信大家在读了汉密尔顿将其发扬光大的《股市晴雨表》一书后也会有同感。

继查尔斯·道之后，两位技术派大师又将技术分析推进了两大步。威廉·江恩（W. D. Gann），这位虔诚的基督教徒第一次将时间因素引入技术分析之中。在江恩看来，时间周期是第一位的，其次是比例关系，再次才是形态。江恩运用他的天文和数学天才创立了独特的技术分析理论，主要包括时间周期理论、波动法则、江恩角度线、江恩多边形等等。可能是源于对圣经的理解，江恩坚信市场运动有着不以人的意志为转移的客观规律，并且能够用精确的数学方法加以描述。在实践上，江恩曾创造了一月获利92倍的奇迹，并且成功预言了1929年的大崩盘。关于江恩虽然仍有不少争议，但他对技术分析的巨大贡献却是有目共睹的（可参阅《江恩：华尔街四十五年》等）。相对于江恩的青年得志，另一位大师艾略特（R. N. Elliott）却是大器晚成。干过多种工作的艾略特在50多岁退休时才开始系统地研究股市，并在其生命的最后10年里提炼出波浪理论，至今仍有巨大的影响。用艾略特的话说，“我们的社会及经济进程的发展都遵循一条规律，这就是使它们在相似的和不断再现的波浪系列中或确定的数字及图形下重复自己”。艾略特认为股市遵循着一种周而复始的节律，完整的牛市周期由8浪构成，先是5浪上升，随之有3浪下跌。波浪理论的数字基础为费波纳奇（Fibonacci）数列，即1，1，2，3，5，8，13，等等，以至无穷。波浪理论首先强调的是形态和比例，其次才是时间（侧重点正好与江恩相反），并且认为股价在

时空中最稳定和最和谐的扩展方式就是按照费波纳奇数列的形式进行（可参阅《自然法则：宇宙的秘密》等）。技术分析发展至此，已经形成了比较完整和系统的理论体系，此后的技术分析理念再也没有重大的突破。

此后，技术分析派又涌现出不少英才，如图表专家葛兰维尔、波浪专家柏彻特等等，但都是在辉煌几年之后如流星而逝。进入20世纪七八十年代，随着计算机在美国得到日益广泛的运用，技术分析家们基于计算机技术发明了各种各样的客观化分析指标，代表人物有发明相对强弱指数（RSI）等指标的韦尔德，集合10多种指标来测市的格莎雷莉等等。进入20世纪90年代后，大批自然科学家涌入华尔街，开发出了无数的技术分析指标及指标系统，并且运用统计手段加以优化，同时也涌现出一批杰出的技术分析家，如约翰·墨菲、马丁·普林格等等。技术分析由此进入了一个更加"科学"的时代。

我们认为，技术分析理念实际上经历了一个从严肃的分析艺术演变到计算机化的分析科学的过程，不过，这种科学是不严肃的科学（但也不是伪科学）。而早期的分析艺术，却是源自对自然和人生的较深刻体验，因而是严肃的，也具有较多的借鉴价值。道氏理论阐释了技术分析的真谛，给投资者更多的是哲学上的启迪和投资艺术的熏陶；波浪理论则是技术分析艺术的集大成者（可惜被后人所歪曲，用来为市场"算命"），艾略特是将对自然和人生的感悟融入到对市场的判断之中，中国先哲所言之"天人合一"其实最能代表这种境界；江恩理论则开始以数学手段描述其所理解的"自然法则"，主要是时间周期的判断和计算，带有很强的神秘色彩，但的确有独到之处。三位大师之后的技术分析者借助计算机科技的发展，加速了技术分析向分析科学的转型，但是，这种科学不像数学和其他自然科学（严肃的科学）那样具有决定性规律，像数学定理具有逻辑必然性，像物理和化学规律具有客观必然性，这些都是决定性的，不以人的意志为转移的规律，所以能够比较准确和精确地加以描述。而技术分析科学只能依靠一些不稳定的统计规律。证券市场本身就是投资者博弈的载体，必然是以众人的主流意志为转移。既然人的意识不是"自然法则"所决定的（是人们自己决定了"自然法则"的真实性），加上了现代科学包装的技术分析又如何能够从"客观"的角度把握市场的运动？我们相信，技术分析将越来越成为战术性的操作手段，因为它特别强调对风险的控制和时机的把握，在战术层面具有无可替代的优点，但若要作为一种战略性的理念，除非你能够具有持久和准确的艺术感悟力，或命中注定具有江恩那样的传奇色彩，否则，你在证券市场的"寿命"就不会很长。

二、基本分析——从沃伦·巴菲特到彼得·林奇

基本分析的开山祖师是本杰明·格雷厄姆（B. Graham，1894年生，又译作格拉姆），他于1934年与戴维·多德合作的《证券分析》成为了影响几代投资者的"圣经"。在书中，格雷厄姆提出了"安全边际"的概念（在《聪明的投资者》中也有阐释）。他认为每种证券都是一种商品，具有其内在价值——以资产、收益、股息、明确的前景等为根据的价值，而证券价格只是围绕价值上下波动，但趋势是向内在价值回归。所以，只要判断出内在价值的底线（边际），就能根据价格的低估程度（安全空间）作出买卖决策。例如，30年代的大萧条使当时华尔街上许多股票的价格低于其净资产，而格雷厄姆认为以低于净资产2/3的价格买入是"安全"的，这就是一个安全边际。当然，应当灵活地理解内在价值的概念，使之适用于不同的情况。正是这种"灵活理解"，导致基本分析产生了两个最重要的分支，其一是以沃伦·巴菲特为代表的价值型投资理念和以费利普·费舍及彼得·林奇为代表的成长型投资理念。

沃伦·巴菲特（W. E. Buffett）绝对是最成功的投资家之一，他的名字也成了价值投资的代名词。巴菲特自称其投资理念85%源于格雷厄姆，15%源于费舍，而他也确实将格雷厄姆的投资理念发挥到了极致。巴菲特坚信，即使市场会暂时忽视一家公司的基本面情况，但最终它仍会给予公司的财富以相应的价格。对此，巴菲特有一个著名的比喻，即"市场先生"，他认为市场先

生比较容易情绪化，经常在悲观时给出过低的报价和在乐观时给出过高的报价，作为投资者应该冷静地面对市场先生的表演，绝不能被它的表演所感染而行动，而应根据基本的内在价值和高、低估的程度作出理性的决策。巴菲特并不认为有任何资料能借以准确判断宏观经济走势，并称就算联储主席将未来两年的货币政策告诉他，也不会改变他的投资决定（即使在金融恐慌时期，他也采取了重大投资行动）。巴菲特最关心的始终是企业的基本面情况，像销售、盈利、股息、管理层和普通员工素质等等，特别是经营长期稳健、有特许权或其他特殊优势的公司。巴菲特一生都坚持集中持股和长期投资，每买一只股票都像买下一家企业那样谨慎。在我们看来，巴菲特实际上是一位杰出的企业分析家，并且具有罕见的理性与耐心，正是这些不同于一般投资家的特性使得他出类拔萃，成为基本分析追随者们心目中的“教皇”。

作为基本分析的另一分支和最重要的补充，费利普·费舍（P. Fisher）于20世纪50年代提出了“成长股”（至少在未来连续的5年里能以高于通货膨胀和市场平均利润率的速度增长，而且增长的动力主要来自公司内部）的概念，并在《怎样选择成长股》中归纳和阐释了选择有成长潜力股票的15条要点。而将成长型投资理念真正发扬光大的是麦哲伦基金的传奇经理彼得·林奇（P. Lynch）。林奇主要也是根据企业的基本面来投资，但侧重于其增长潜力的判断，而这种判断主要是根据他在生活中的观察得出。林奇说道：“寻找10倍潜力股的最好地方是在你家附近，或者在你上班或购物途中碰巧发现的线索，这通常比在华尔街得到的消息早得多。例如，对病人来说，最好的药是能永远根治疾患的药，而对投资者来说，最好的药是病人必须不断购买的药。”林奇在投资中一般遵循买小不买大的原则，因为大公司的潜力一般不如小公司。与巴菲特只集中买入最好的公司并长期持有不同，林奇认为每个行业都会有杰出的公司，甚至暂时经营困难的公司也常常有可能复苏，所以他经常同时交易大量的股票，持股时间和比例都非常灵活，视高估和低估的情况而定。

我们认为，基本分析的核心思想都是围绕“价值”来展开：价值型投资理念侧重于分析证券目前的价值，而成长型投资理念侧重于估计证券未来的价值（贴现），但都是根据价格与价值的背离程度作出买卖决策。基本分析其实是把证券当作普通商品，具有价格与价值的双重属性，而且价值决定价格。但是，以这样的理念来投资需要面对以下的困难和风险：第一，信息的准确性问题，如果像财务数据这样的重要信息都不能保证准确，价值就不可能计算清楚；第二，计算方法的问题，特别是对成长型投资理念，因为它是“建立在预测基础上的预测”，如果根据以往业绩增长来估计未来增长，那么有什么理由能够保证业绩能一如既往地平稳增长而不是跳跃式增加或减少呢？如果是根据一些想象中的美好前景（概念）来计算价值，其结果更是千差万别；第三，价格向价值回归的时间问题，即使按照保守的价值型投资理念，也常常出现证券的价格长时间低于基本价值的情况，如果碰巧遇上经济萧条就更不妙了。而成长型投资理念往往遭遇价格早已反映成长潜力（如果有的话）的情况，因为真正的好股票总是在众人明白之前其价格就已经高高在上了。还有就是价格“一步到位”式地迅速向价值回归，使绝大多数人都来不及在非常有利可图的价位买入或卖出。基本分析实际仍然是一种“均衡”的理念，即价格与价值的均衡。不过，证券市场普遍存在着不均衡，所谓“价值”不是一个可以放心依靠的基础。证券代表着一定资产的所有权，确实具有一定的基本价值，但这样的基本价值是不可能准确计算的（特别是股票）。价值是不能与价格割裂开来单独加以考察的，从长期看价值决定价格，但价格也能决定价值，因为价值实际上取决于人们的心理偏好和行为（都受到价格的显著影响），而不是取决于像万有引力那样实实在在的东西。对投资者而言，更有意义的是把握价格与价值相互决定和变化的运动过程（在这方面，乔治·索罗斯给了我们最好的启示），而不是守株待兔似的盼着价格向计算好的价值回归。如果坚持基本分析的教义，除非拥有巴菲特的企业分析能力和超人的理性与耐心，或者拥有林奇把握成长股的灵感，否则，你在证券市场也不会非常快活。

三、学院派——理想主义者的理解

学院派主要是指那些在高等院校、研究机构里的理论研究者。1900年，杰出的法国数学家巴契里耶（L. Bachelier）以一篇名为《投机理论》的文章作为他的博士论文，从而吹响了学院派从象牙塔向证券市场进军的号角。巴契里耶最早运用了概率统计方法研究证券市场，其主要论点是市场收益率是独立的、具有相同分布的随机变量。巴契里耶的研究是革命性的，但由于太超前，遭到长期埋没。直到五六十年代，随着效率市场假说（EMH）、资本资产定价模型（CAPM）等研究成果的涌现，学院派才进入了第一个黄金时代。

1965年，法马（Fama）将自巴契里耶以来的学术研究成果归纳为著名的效率市场假说（EMH）。该假说又根据市场信息的不同层次，划分为可实证检验的三种形态：弱式效率市场假说认为当前的证券市场价格已经充分反映了当前全部市场信息，证券市场当前价格与未来价格相互独立，不存在任何关联，这实际上是对技术分析理念的否定；半强式效率市场假说认为证券市场价格能迅速反映全部新产生的公开信息，包括公开的市场信息和非市场信息，这实际上是又增加了对基本分析理念的否定；强式效率市场假说认为证券市场价格能迅速反映全部信息，包括公开的信息和非公开的信息（内部消息），这实际是连内线交易（庄家）都加以否定。需要说明的是，效率市场假说不是指利用技术分析、基本分析和内线交易不能获利，而是指不能靠这些方法获得超过证券风险水平所对应的合理收益之上的超额收益，这是一种长期的和平均的规律，违反这种规律的情况属于小概率事件（发生的概率小于5%）。所以，学院派认为最好的投资策略就是买入并持有，因为没有什么途径能保证长期获取超额利润。此后，大量学者对各种形态的效率市场假说进行了实证检验（主要对美国市场）。弱式效率市场假说首先得到压倒性通过。到70年代中期，半强式效率市场假说已经被学术界和投资界普遍接受。但强式效率市场假说尚待进一步检验。同时，基本分析之父格雷厄姆在他临死之前，宣布放弃基本分析的理念而投向效率市场一边。他认为随着基本分析方法的普及和信息传播的加快，已经难以持续地获取超额收益。这样，效率市场理论就完全确立了其统治地位。

1952年，马柯维茨（Markowitz）把可能的收益率的分布，以其方差为度量，用以衡量资产组合的风险，从而开创了现代资产组合理论。方差在这里是一个衡量实际收益率相对平均收益率偏离程度的指标，方差的使用要求收益率是正态分布的，这样方差才是有限的。马柯维茨认为方差越大，风险也越大，在给定的风险水平下，理性的投资者会选择收益率最高的资产组合，或者在给定收益率的的情况下选择风险最小的资产组合，即投资者是风险回避型的，追求的是均值/方差有效性（相当于收益/风险）。此后，夏普、利特纳、莫辛将效率市场理论和马柯维茨的现代资产组合理论数学模型相结合，建立起一个以一般均衡框架中的理性预期为基础的投资者行为模型，即资本资产定价模型（CAPM）。该模型认为，对于所有投资者，最优资产组合都是市场资产组合和无风险资产的组合。投资者可以通过增加无风险资产以减少资产组合的方差（风险），或通过以无风险利率举债购买市场资产组合来调整风险水平。模型表明，高风险的资产应为高收益率所补偿，不过，该模型假定不存在交易费，任何人都能够以无风险利率借贷。而最核心的假定也是投资者是理性的，即风险回避型的，追求的也是均值/方差有效性。进入20世纪70年代，布莱克和斯科尔斯创立了期权定价模型（OPM），罗斯创立了比资本资产定价模型更加广义的套利定价理论（APT）。到20世纪80年代，恩格尔创立了自回归条件异方差模型（ARCH），对市场的易变性加以描述并修补了前人的模型。至此，学院派的理论体系已经相当完善，这是一个建立在线性范式和正态性基础之上的理论体系。

然而，这样一个看似完美的理论大厦却面临着倾覆的危险。20世纪80年代以后，一批走在时代前沿的自然科学家通过对复杂性的研究，逐步建立起一套非线性范式的方法论。混沌理论即为最好的代表。此后，非线性方法论在自然科学领域得到了迅猛的发展，并逐渐渗透到社会科学领域。进入20世纪90年代，随着越来越多的证据对效率市场假说和线性方法论发出挑战，学院派的精英们开始逐渐转向以非线性范式来描述证券市场。而我们认为，学院派也即将迎来他们的第二个黄金时代。芒德勃罗、彼得斯等人考察了自20世纪20年代以来的美国证券市场收益情况，发现收益率分布并非正态，而是呈现尖峰胖尾的状态，芒德勃罗称之为稳定帕雷托分布，它代表的意义是存在趋势和循环，同时也有突然和不连续的变化（投资者以累积的、非线性的方式对信息作出反应），但是方差是无限的或无定义的。正态分布代表着收益率是彼此独立的，而且是线性地变化（投资者迅速消化信息，并线性地对信息作出反应），但这实际上只是稳定帕雷托分布的特殊情况。彼得斯等人的研究令人信服地揭示了证券市场的复杂性和非线性实质，并且通过非线性统计分析（R/S分析）发现了美国股市48月（平均）循环的现象（观测期40年）。学院派的非线性论者相信证券市场总体上是存在着趋势和循环（秩序），但局部是无序的（如正态分布所揭示的那样），用非线性方法才能发现市场运动的内在秩序，同时也避免被一时的无序所困扰。

我们认为，学院派不可避免地带有理想主义者的色彩。这里的“理想”有两层意思。其一是他们建立模型必须抽象掉很多因素，构造一个比较理想的世界，而这是非常危险的做法。我们研究证券市场时，忽略掉万有引力也许问题不大，但效率市场假说和资本资产定价及套利模型等经典理论显然是忽略掉了许多关键性因素。其中，最致命的是关于“理性人”的假设，即人们应该在相同收益的情况下选择风险低的资产（风险回避），而在相同风险时选择收益高的资产，同时，理性人还需要足够聪明，能迅速消化所有信息并设定准确和无偏的主观概率。然而这一切与现实严重不符：人们经常追求风险，特别是当他们认为不赌一把就必然受损的时候（金融行为学家特韦尔斯基和卡亨曼等对此有详细的论述）；人们通常对自己掌握的信息过于自信，从而不能准确和无偏地设定主观概率（实际上大多数人在投资时脑子里的“概率”是模糊的）；在趋势完全确立以前，人们一般看不出趋势，也不作出反应，只有趋势持续一段时间以后，人们才把过去忽略的信息考虑进来，而不是像理性人那样能立即消化新信息和即刻作出调整（人们往往不容易改变自己的预测，除非看到明确的反转信号，但往往已经太迟了）；另外，没有什么证据支持人们作为总体和作为个人都能保持同样的理性，相反的例证却数不胜数（可参阅勒庞的《乌合之众》）。所以，学院派总是面临两难的境界：如果考虑太多的因素，就难以用模型来比较精确地加以描述；如果要建立比较精确的模型，就必须作出许多苛刻的假设，而且往往与现实相差甚远。

“理想”的第二层意思是学院派们都有着过于远大的志向，无不希望揭示证券市场的终极规律（这也许与学院派的领袖多半是自然科学家有关）。学院派在接受了自然科学家的混沌理论之后，也希望能在证券市场上一统江湖。然而，需要再次强调的是，证券市场是人们博弈的载体，不可能有终极规律，如果有的话，这种游戏就没办法玩下去了。如果非线性理论真的发现了某种固定的循环趋势，人们的行为也将把这样的循环趋势打破；而如果循环是不固定的，这种理论对于投资者来说又有什么帮助呢？

四、矛盾分析——革命者的选择

以上主要是我们对证券投资理念（其生长的土壤是美国）的简要回顾和一些自己的思考。虽然那些往圣前贤们为我们提供了取之不竭的思想宝藏，但是，中国有中国的特点，中国社会、经济和证券市场演化的轨迹也与其他国家没有太大的可比性（但启发肯定是有的），所以，如果要在中国的证券市场上有所作为并且“健康长寿”的话，就一定需要有自己独到的投资理念，与中国社会、经济和证券市场的演化趋势相适应。我们的投资理念可以用“矛盾分析”来概括，它是中国特定历史环境的产物，同时也是一个不断进化的开放体系。

在我们的投资理念中，首先要强调“矛盾”。中国社会、经济中的主要矛盾决定了证券市场中的矛盾和趋势。在美国，证券市场的运动主要受经济性矛盾的支配（即经济系统自我演化所内生出的矛盾，如经济周期、技术进步等），而在中国最主要的矛盾是制度性矛盾（主要是政治、经济制度与社会、经济发展之间的矛盾），而不是经济性矛盾（经济性矛盾对债券市场的制约作用比较大，但显然不是造成股票市场主要趋势的根源）。中国证券市场10年来的主流理念就是坐庄和跟庄，技术分析和基本分析（中国人对基本分析有更“灵活”的理解）都成了手段，“有庄则灵”却成了最高信念。管理层也是，必然是该出手时就出手，而市场上坐庄（最“识时务”的选择）的机构、总想圈钱的上市公司以及跟庄（也是最“识时务”的选择）的中小投资者也就闻风而动，一次次演绎出内容常新、模式照旧的活剧。所以，只有抓住这个最根本的矛盾，才有可能真正理解和把握中国证券市场的运动。当然，这只是矛盾分析最基本的要求，我们还需要更细致地考察各种矛盾及其变化。随着中国加入WTO，中国长期封闭的证券市场与开放的全球资本体系产生了新的矛盾，外部矛盾的激化必然促使内部矛盾发生显著变化。无论政府、上市公司还是大大小小的投资者，都将在基本的制度性矛盾运动的制约下，根据各自利益的变化，在证券市场上变换新的玩法。

其次，矛盾分析特别需要强调“博弈”，而且是现实的博弈而不是理论推导的理想博弈。证券市场是政府、大机构、上市公司、中小投资者共同博弈的场所，而趋势就是这些行为主体共同作用的结果。很多人认为，决定市场运动的就是资金，也设计了很多模型（为了精确计量，模型必须是线性的）来跟踪资金流动的趋势。但是，资金流动又是由什么决定的？操作过大资金的人都会理解，有意义的资金流动绝不是线性的，而是当矛盾发展到一定程度后突然以非线性的形式爆发，而且证券市场与货币市场、实物市场也是环环相扣，枯荣相生，等到确认规律和趋势存在的时候往往就是去接最后一棒。所以，资金是表象，而不是本质。决定资金流动的终究是人，是不同的人（无论他是在银行还是在散户大厅）出于各自的利益状态、心理状态以及主观估计的（根据所获取和接受的信息）其他人将采取的行动，所发出的“指令流”形成了真实资金的流动。中国证券市场往往是政府调控，而大机构和上市公司则会起哄，中小投资者跟风和买单。而政府到什么地步（利益结构的边界）才会采取果断调控行动？上市公司、大机构和中小投资者的响应方向和程度会怎样（利益状态）？哪些证券将最有可能遭到追捧或抛弃（群体心理）？这些关键问题都需要通过博弈分析来判断。

此外，矛盾分析还需要强调“直面现象，保持开放和进化”。我们不能在作出判断前就受到某些模型或定式的影响，从而丧失了对真实本质的直觉洞察力。科学哲学大师波普尔、现象学大师胡塞尔、海德格尔等都为我们的投资理念提供了有益的哲学元素。同时，历史告诉我们，只有保持开放的心灵和不断进化的能力，才能在竞争中生存和发展。证券市场每一次大的趋势都是一场革命，我们投身其中就是为了预见和把握它们，取得革命的成功。我们不可能把握所有趋势，但如果把握不住具有战略意义的关键性趋势，就必将被市场淘汰，而这样的战略趋势，必然有致使其发生的本质性矛盾和直接的矛盾，这些矛盾隐藏在市场内外纷繁复杂的各种现象之中，而且不断演化、发展。作为投资者最需要面对的是真实现象，而不是理论，这样才能找到线索，发现矛盾，把握住矛盾的运动。矛盾分析其实最适合具有真正的革命者气质的投资者，如果毛泽东愿意从事证券投资的话，他多半会成为中国的股神。

2002年3月23日

黄金中国

北京大学博士　胡　虎

编者按：作者发表本文时，山东黄金的股价仅为6、7元；而2006年，它则上了30元。（其他有色金属股情况也雷同）可见理论学习，研究的极端重要性。

随着中国黄金市场的逐渐开放和发展，以黄金作为一种重要的资产配置方式在国内将日渐成熟，中国国民黄金拥有量的大幅增加也将成为必然，而这不仅是资本资产运动的合理选择，也是与国家兴衰的历史规律相符。中国必将为世界黄金市场增添异彩，而黄金也定能有助于中国之强盛。

一、中国央行增加黄金储备势在必行

纵观近代历史，凡在某一时期取得全球政治经济霸权的国家（叫帝国更恰当一些），其官方黄金拥有量总是全球最多，而一个帝国的衰落也总是与黄金储备的减少同步而行。远的不说，就看从西班牙到英国，再从英国到美国，随着黄金资产的流动和重新配置，国力的兴衰也完成了一次次的转换。拿离我们最近的美利坚帝国来说，也可以通过黄金流动划出一条国家的生命曲线。在二战后的几年里，美国在全球的政治经济影响力达到了历史顶峰（其他国家基本上还仍是一片废墟），而同期的美国黄金储备也处于历史最高，达到两万吨以上，独占了全球央行黄金储备总量的70%。但随之而来的美苏争霸，包括越战等重要事件，使美国的综合国力逐渐消耗，黄金资产储备也骤降到1972年的8 600吨左右。在此后的30年里，美国的黄金储备只有5%左右的减少，此间美国政治经济的发展虽然多有波折，却也仍然保持了其超级大国的地位，但其在世界政治经济体系中的影响力已经远不能和二战后的美国相比（如果考虑美元高估的因素就更加明显）；而美国主要的竞争对手苏联却随着黄金资产的日益消耗，终于在20世纪90年代初分崩离析，至今俄罗斯也远未恢复元气（官方黄金储备只有约400吨）。可见，黄金对于一个国家而言，其意义已经超越了一般的资产，即使是纸币等信用货币取代黄金成为主要的交易媒介之后，黄金作为储值手段即财富配置的作用也并没有受到削弱，反而由于其具有的信用货币所缺乏的实物属性而在乱世之中更显珍贵。归根结底，黄金代表着一种更基本和更具有终极意义的信用与保障，这种信用与保障是构成一个国家综合国力的必备要素。

根据中国人民银行的公开资料，截至2002年12月底，我国的外汇储备已经达到2 864亿美元①，居世界第二（仅次于日本），而黄金储备只有600吨，处于世界第八位。以每盎司350美元计算，中国的黄金储备只占全部储备总值的2%。

从图1可以看出，GDP总量居于世界前列的国家，其官方黄金储备量一般也居于世界前列。中国目前的GDP总量在世界排名第六，而且以现有速度发展，20年后很可能成为世界第三的经济大国。与此相适应，中国的黄金储备也应进入世界前列，以完善国家财富结构和增强信用保障。大致在2005年，中国经济总量就能超过意大利，跻身世界五强。而目前意大利的官方黄金储备量为2 452吨，排名靠前一些的德国和法国持金都在3 000吨以上，中国在黄金储备总量上的差距显而易见。从黄金储备结构上来看，经济规模和黄金储备总量居前的国家，其黄金储备占储备总值的比例大多在30%以上。经济规模与中国可比的意大利和法国的这一比例都超过了50%，与中国

① 注：2006年，中国外汇储备1万多亿美元，世界第一。中国GDP总量已进入世界四强；而按照购买力平均价计，国际货币基金认为已处于世界第二。——编者

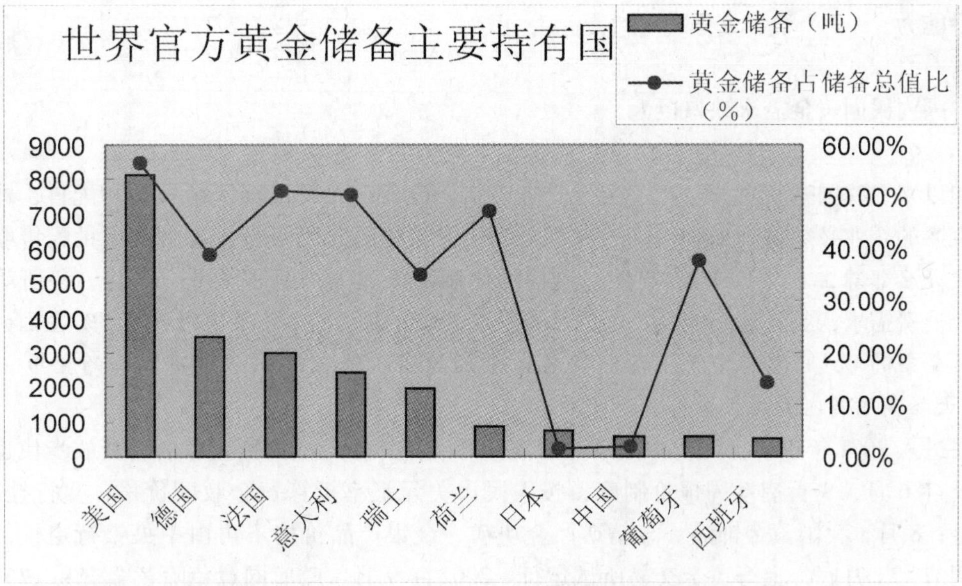

图 1 世界官方黄金储备主要持有国（来源：IMF）

（注：数据至 2002 年 12 月，未包括 IMF 和 ECB 的持金）

2% 的黄金储备结构也形成了鲜明的对比。

也许有人会问，日本既是世界第二经济大国，又拥有世界第一的外汇储备，其黄金储备总量和结构为何也和中国相近？这其中有诸多因素：首先，如果放宽国家的概念，将民间黄金投资（主要是金条和金币，不包括黄金饰品）算入国家黄金储备，则日本目前的私人黄金投资存量已经超过 2 500 吨（居世界第三，而且近年增速全球第一），加上 765 吨的官方储备，日本国家黄金储备总量就可以稳稳地排在世界第五的位置，与其经济规模大体相应；其次，不能排除日本政府对美国和美元资产在经济上的依赖，同时美国和日本之间的特殊政治关系也与美国之于欧洲和中国不同，日本在政治和军事上都更需要美国的护佑，所以也只能和美国靠得更近，这从美国屡次干预日本的重大金融政策（特别是汇率政策）能够得逞就得到了佐证；此外，日本除了经济规模大之外（尚不考虑挤压泡沫之后的真实规模），在国际政治舞台上也远远算不上一个“大国”，在这一点上，日本对于中国既不可比，更不可学。

再从更现实的国家储备保值增值的角度分析，中国央行增加黄金持有量也是利在长远。由于中国的官方储备几乎全是外汇，而外汇储备中美元占了绝大部分，因此美元汇率变动对于外汇储备的实际价值就具有了重要影响。2002 年，美元汇率指数（美元与其他主要货币的加权汇率）下跌了 15%，中国央行的美元资产（特别是美元存款）可说是损失惨重，虽然央行的美元很大部分是以美国国债（约 800 多亿美元）的形式存在，但 2002 年美国的长期国债即使是在美联储连续降息的推动下，也只取得了 11% 的涨幅，尚不能弥补美元贬值的损失，更何况一旦美国经济反弹或通胀抬头，目前的低利率势必抬高，这对于美国长期债券可就是巨大的风险。反观黄金，在 2002 年取得了 25% 的涨幅，远高于欧元等主要外汇储备相对于美元的升值。即使是美国经济在 2003 年迅猛反弹，黄金消费需求的回升也将支撑金价，而如果国际形势紧张加剧，或美国经济仍不见起色，甚至陷入“滞胀”的境地，那么黄金受投资需求的推动，就还会有更好的表现。因此，面对不确定性越来越大的未来，中国央行目前吊在美国这一棵树上的储备结构远远达不到规避重大政治经济风险的要求（更何况一旦中美之间发生摩擦冲突，那可就悔之晚矣）。而根据 2002 年底 IMF 的统计，总体来看，全球央行储备总量之中黄金所占的比例仍然达到了 11%，说明世界各国还是很看重黄金的作用。如果外汇储备不变，中国央行将黄金储备提高到接近世界平均水平的 10%，那就意味着央行还需要增持 2 400 吨的黄金，使黄金储备总量达到 3 000 吨左右。这时，中国的黄金储备才能大致与其在世界政治经济体系中的地位相符，同时也大大提高官方储备的质量和抗风险能力。

二、国内民间黄金需求缺口巨大

建国以来，我国一直对黄金产业实行严格管制，黄金由人民银行统一收购和配售，即国内从事黄金生产的企业必须将开采和冶炼的黄金全部交售给中国人民银行，再由其审批配售给用金单位（主要是金银珠宝零售行业）。显然，这样的体制不仅大大抑制了工业、医疗、科研等用金部门的黄金消费需求，更远远不能满足国内私人黄金投资的需要。（每年国内只有5%左右的黄金是以金币或金条的形式出售，由于限量和销售体制的原因，造成了一个极高溢价的金币“二级市场”，大大抬高了国内黄金投资和流通的成本。）

好在进入2001年以后，随着中国日益融入国际经济体系，国内黄金市场的开放步伐也大大加快：2001年6月，央行启动周报价制度，按人民币美元汇率折算黄金收配价格，实行挂牌收购、配售黄金；8月，我国黄金饰品、金精矿、金块矿、金银产品价格不再由中央银行定价，而是实行市场调节；11月底，上海黄金交易所试运行。2002年9月，政府同意免除黄金交易17%的增加值税，为黄金交易所的成立排除了最主要障碍；2002年10月30日，上海黄金交易所正式开始交易，中国黄金业从此掀开了新的一页。

按照中央的规划，国内黄金业的开放将遵循“三先三后”的原则，即先开放现货市场后开放期货市场，先开放有形市场后开放无形市场，先对内开放后对外开放。黄金市场开放将分为三个阶段：第一阶段筹建黄金交易所，中国人民银行逐步放开黄金的收购与配售，由黄金交易所完成生产与流通环节衔接，国内黄金市场价格由交易所确定，基本保持与国际市场一致；第二阶段是在完善市场机制的同时，全面放开国内市场，允许居民个人持有黄金投资产品，并参与黄金买卖；第三阶段是与国际市场全面接轨，逐步取消黄金进出口和个人投资的限制，真正成为国际黄金市场的一个组成部分。

虽然国内黄金业的开放不会是一蹴而就，但根据一些基本的事实，我们就可以判断，中国黄金业将迎来前所未有的“黄金时代”，并必然对世界黄金市场产生重大而深远的影响。

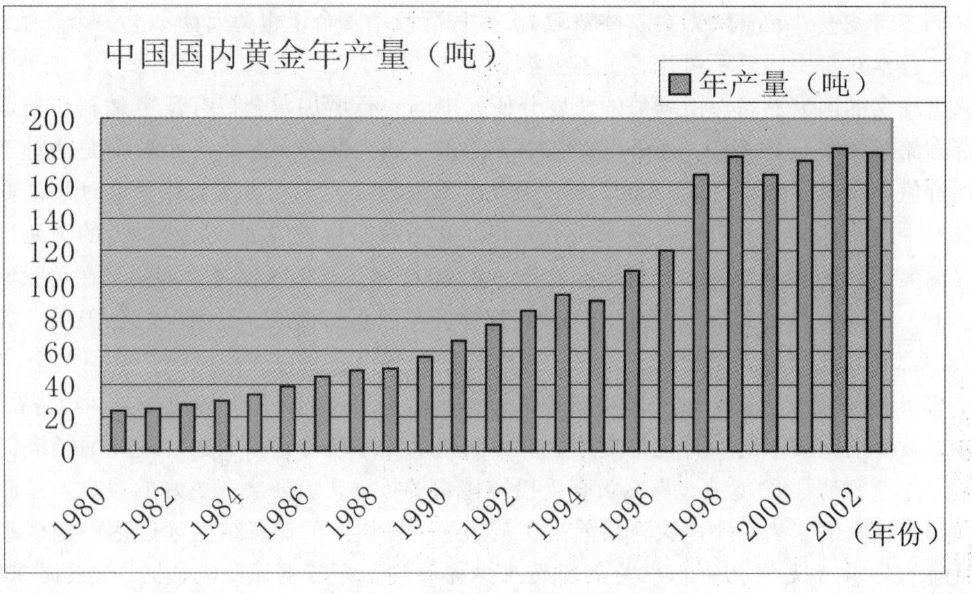

图2　中国国内黄金年产量（来源：中国黄金协会）

由于国内的黄金需求一直是以消费需求为主，而消费需求中绝大部分又是黄金饰品的消费，工业、医疗、科研等行业的黄金需求占消费需求的比重较小，因此黄金市场的开放对消费需求不会有剧烈的影响，但会随着中国经济的发展有稳定的增长，并且取得高于世界平均的增长速度：目前国内人均金饰品占有量只有2克，人均黄金年消费量只有0.2克，与港台地区和西方国家的水平差距悬殊，离印度人均黄金年消费量约1克的水平也有很大距离。（阿联酋是世界上人均年消费黄金最多的国家，达30克。）而与此同时，随着中国日渐成为世界制造业中心，电子、机械等工业部门随着规模的扩大必然对黄金有更多的需求，再加上人口结构变化和保健意识增强，以及科学研究投入的增加，这些都将支撑国内黄金消费需求保持强势。

而最重要的是，一旦黄金市场完全开放，国内的黄金投资需求将产生爆炸式地增长，并随着中国社会经济的发展和国民财富的积累而经久不衰。

目前，中国国内的黄金总存量约为3 000吨，其中绝大部分为黄金饰品，流动性高的金币、金条等黄金投资品所占的比重约为10%。从增量来看，由图2可见，目前国内的黄金年产量约180吨，而且近6年来的产量都波动不大，可见要迅速大幅提高产量的空间已经不大（黄金产业的“十五规划”也只是要求在2005年达到约220吨的黄金年产量）。中国国内的黄金探明储量为4 000—5 000吨，约占世界探明储量的10%，以现有开采速度还可维持22—28年。以每盎司400美元贴现值计算，国内黄金资源价值可以估计为4 200亿—5 300亿元人民币。

如果我们采取最夸张的假设，即今后国内新开采的黄金储量全部用来满足投资需求，再加上已有的投资存量，则国内黄金作为投资品的总盘子大约价值5 000亿元人民币（取4 500亿与5 600亿的平均）。这看似一个很大的绝对量，但相对于现有的居民储蓄和家庭财产却是十足的“小盘股”，是相对稀缺的资源和资产。

据央行的统计，2002年底中国城乡居民储蓄余额已达到86 911亿元人民币，即使分配其中的10%投资于黄金（与全球央行黄金储备的平均比例接近），国内可供投资的黄金资源也远远满足不了需求。更重要的是，从货币到黄金资产的配置可能只需要几天就可以完成，而黄金的存量却只能在二三十年的时间里逐渐积累。

再看人民币储蓄存款以外的居民外汇存款，目前也已经达到了800多亿美元的规模，并保持着两位数的增长速度。在外汇存款中，90%以上是定期存款，可见中国居民对于自己的外汇资产几乎没有盈利性的要求（这也和国内缺乏相应的投资渠道有关），只要能保值就行。然而不幸的是，仅2002年美元汇率的下跌，就使中国居民的外汇资产实际价值缩水超过100亿美元，占了中国全年进出口顺差的1/3还多！可见，规避国民外汇资产贬值的风险刻不容缓，而黄金无疑是最好的手段。假设中国居民将每年外汇储蓄的增量即90亿美元左右用来投资黄金，以每盎司400美元计算，这就需要700吨的黄金来满足需求，相当于世界黄金年产量的30%，国内黄金年产量的近4倍！

在完成了从“肚子”到“房子”，再从“房子”到“车子”的相关消费与投资结构逐渐升级之后，中国下一个长期的消费与投资热点之一必然就是“金子”（金条）。中国黄金需求的潜力无限，国民黄金持有量的不断增加不仅是大势所趋，更是人心所向，日益开放和发展的中国黄金市场也必将会成为世界黄金产业最亮丽的一道风景！

2003年1月18日

黄金变局

北京大学博士　胡　虎

编者按：《黄金变局》与《黄金中国》这两文，曾公开发表，引起我国金融界广泛关注。文章成功地、令人信服地分析了黄金处于牛市之中的原因，并进而使人们理解何以类似黄金、有色金属等类的股票还会出现大幅升值的道理。

一、黄金之金融地位的沉浮

黄金之所以在人类文明史上占有极其重要的地位，首先在于其发挥的金融功能。由于相对储量少，开采成本高，单位价值大和容易分割等自然属性，黄金理所当然地成为了畅通无阻的世界货币，而近代的金本位制度也是以此为基础建立起来。在金本位制度下，各国发行的金属货币都是按其含金量计算相对价值，从而实现汇兑，而黄金储备也就成为国民财富和经济实力的主要标志。即使是到了第一次世界大战以后，随着国际结算的增多，各国政府都逐渐过渡为使用信用货币，但当时的信用货币仍是以金币为本位货币，银行券等各种信用货币都可以自由兑换成黄金。

在经历了20世纪30年代的社会和经济动荡，特别是第二次世界大战的重整以后，美国成为了继英国之后的世界政治经济霸主，积累了大量的黄金储备（像1945年美国官方黄金储备即达17 848吨，占当时全球官方黄金储备的63%）。而金本位制实际在1929—1933年的世界经济危机期间即已瓦解，世界经济的重建迫切需要建立一个稳定而统一的货币汇率体系，以实现庞大而频繁的跨国资本运动。就如同当初世界选择了黄金一样，这次世界又理所当然地选择了美元：1944年7月，当二次大战胜利在即，世界新一轮经济建设高潮曙光出现前夕，世界主要国家经济界领袖在美国举行的“联合国货币金融会议”上，最终确立了一种新的货币汇率体系，即布雷顿森林体系。在布雷顿森林体系之下，美元直接与黄金挂钩，确立比价为35美元兑换1盎司黄金，其他货币都与美元或黄金定出比价，并可作适当的调整。这样，黄金就从前台退到了幕后，美元实际上成为了国际金融和贸易的基准货币。

然而，建立布雷顿森林体系时并没有估计到美国也会出现巨额的国际收支逆差和严重的通货膨胀。随着战后德国、日本等国经济的迅速发展，美元通过国际贸易不断在海外积累起来；而美国又由于越南战争等军事开支和美国跨国公司在海外投资的增长，国际收支形势持续恶化，大量的逆差又加剧了美元的通货膨胀，这些都使得美元的含金量和相对价值大大降低。而这时美国即使想维持原定的汇率也是不可能了，因为其他国家也不傻，纷纷以35美元1盎司的价格从美国购进黄金，仅德、日两国的黄金储备就从1945年的几乎为零分别增长到1970年的3 537吨和473吨，在此期间瑞士、法国、荷兰三国的黄金储备也都分别增长了1 000吨以上；而美国的黄金储备在1949年达到最高值21 828吨以后，到1970年只剩下9 839吨（见图1）。不得已，1971年8月，尼克松总统正式宣布，不再允许外国政府与中央银行将美元换成黄金，不再正式规定美元与其他货币的比价。布雷顿森林体系也就此瓦解，世界金融进入了以浮动汇率体系为主的发展阶段。

布雷顿森林体系的崩溃至少让当时的人们明白了一件事，那就是曾经无比强大的美国和无比坚挺的美元都可能蕴含巨大的风险。美元资产的贬值和造成的痛苦与人们曾经对其的信任和偏好程度无关，而是盛极必衰的历史宿命。

美元与黄金的脱钩凸显了黄金的储备价值，也成就了20世纪70年代到80年代初的黄金牛市。由图2可见，其间美国和世界经济的数度衰退，以及居高不下的通货膨胀构成了黄金走强的宏观基础；而随着苏军入侵阿富汗，伴之以伊朗扣押美国人质等事件造成的国际形势极度紧张，终于使得黄金市场陷入疯狂，在1980年创下每盎司850美元的天价。当时的850美元经过通货膨

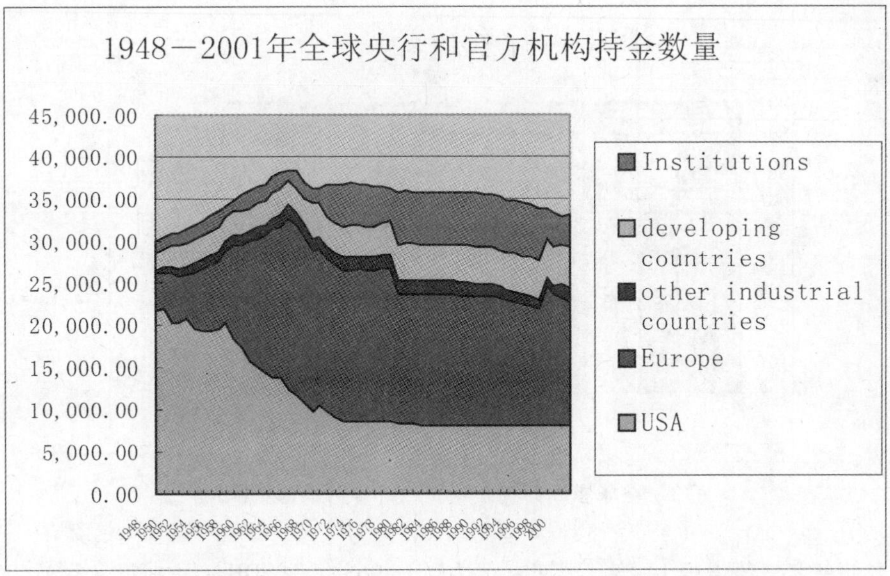

图1　1948年以来全球央行和官方机构持金（资料来源：IMF）

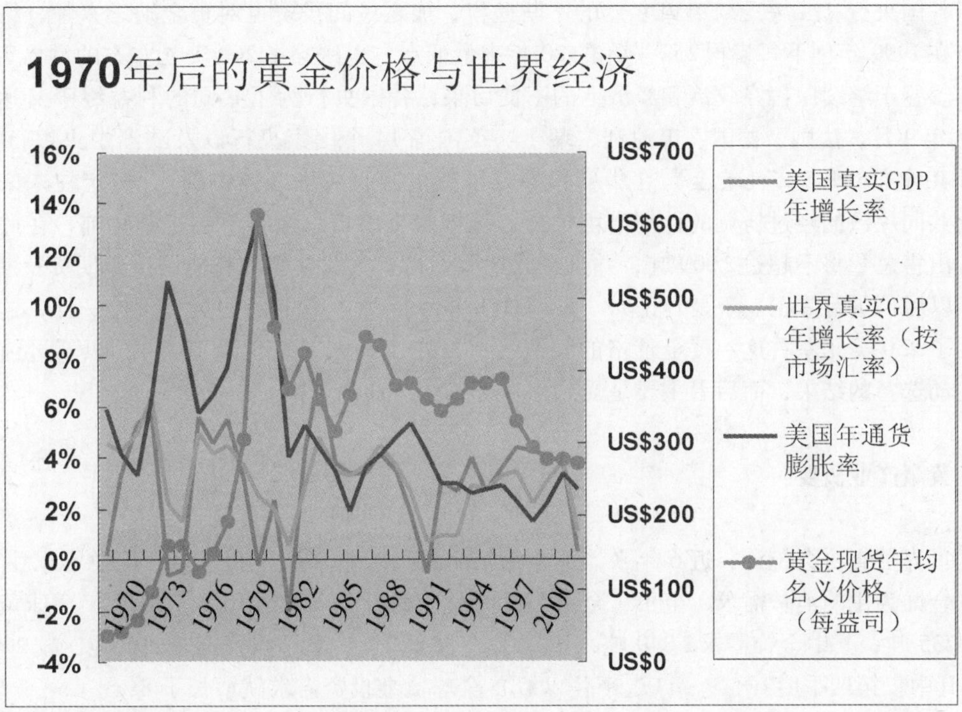

图2　1970年后的黄金价格与世界经济（资料来源：IMF）

胀调整后，相当于2001年的1 824美元！而即使是以1980年的平均价格615美元计算，也相当于2001年的1 320美元！

然而，又有谁会想到，10年黄金牛市的代价竟是持续20年的漫漫熊途，而其间最重要的背景就是美国逐渐在与苏联的争霸中胜出，又一次成为全球政治经济的唯一主宰。进入20世纪90年代以后，苏联的解体和欧洲的动荡，使得美国成为全球资本最安全的去处。巨额的外国资本流入美国，不仅成就了其新经济，也制造了空前的金融泡沫。由于黄金不能生息，在这样一个金融资产急剧膨胀的年代无疑就成为了被抛弃的对象，而这一点在各国央行身上体现得尤为明显：由图3可见，自20世纪80年代以来，黄金在全球官方储备中的比重急剧降低，而1971年至2001

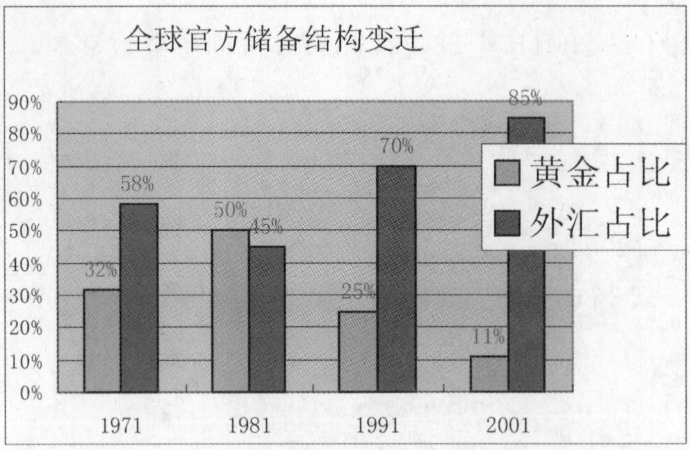

图3 全球官方储备结构变迁（资料来源：IMF）

年，全球官方储备名义值增长14倍，至期末已达到18 965亿份SDR（特别提款权），而同期黄金储备价值换算成SDR只增长了4倍，期末价值为2 033亿份SDR。在外汇储备中，美元又占据了主导（1991年底，全球外汇储备中美元占51%，而2000年底美元已经占到68%）。

由于各国央行（主要是欧洲国家）的不断抛售，加之民间投资也对黄金缺乏兴趣，终于使得黄金价格在1999年创下每盎司252美元的20年来最低点，也跌穿了260美元左右的世界黄金生产平均成本。鉴于继续抛售在政治和经济上的不良后果，各国央行为了共同的利益终于又达成了一致：1999年9月，法国、德国、奥地利、瑞士、英国等14个国家央行以及欧洲中央银行（15家央行当时共持有约1.5万吨黄金）在华盛顿签订了黄金行业《华盛顿协议》，规定在未来的5年内将通过共同一致的经过协调的计划出售黄金，每年黄金出售总量将不超过400吨，在此期限内黄金储备出售总量将不超过2 000吨；并且在此期间不再扩大黄金租赁和使用黄金期货及期权；该协议5年以后再进行修正。于是，正如一系列政治事件促成了1980年的黄金天价一样，这一政治事件探明了250美元左右这一黄金价格的底线（用股市里的话讲就是政策底），只不过前者是国际资本主动选择的结果，而后者主要是受到来自于黄金产业的支撑。

三、黄金产业概要

根据世界黄金协会统计，近6年来，黄金每年的总需求量都大于开采量，但总需求中的90%左右是以金饰为主的消费需求，金币、金条等投资用金的需求只占约10%。2001年全球黄金总需求量为3 235吨，其中金饰需求2 840吨，比2000年降低2%；黄金投资需求395吨，较2000年增长4%，其中仅第四季度（“9·11”事件以后）全球黄金投资需求就增长了8%。

世界现查明的黄金储量约为5万吨，以现有速度开采，还可维持19年。世界黄金查明资源量（远景储量）约为9万吨，估计可维持36年。南非约占世界查明黄金资源量的50%，占世界储量的38%；美国约占世界查明资源量和储量的12%。除南非和美国外，主要的黄金资源国和生产国还有俄罗斯、中国、澳大利亚、加拿大、巴西等，而黄金的主要消费市场是印度、美国、沙特和中国。假设每盎司黄金的贴现值为400美元，则世界黄金储量价值约为6 400亿美元，远景储量价值约11 600亿美元。（中国国内黄金探明储量为4 000吨—5 000吨，以现有开采速度还可维持22—28年。以每盎司400美元计算，国内黄金资源价值约为4 200亿—5 300亿元人民币。）目前世界黄金生产的平均总成本约为每盎司260美元，远远高出银和铜铝等重要金属。正是由于黄金作为商品在相对的稀缺性和生产成本上的特征，构成了其信用的基础，因而能够作为一种金融资产发挥作用，而世界经济金融的发展势必将把黄金这一重要资源重新定义和评估，使其建立在商品属性之上的金融属性得以更充分地展现。

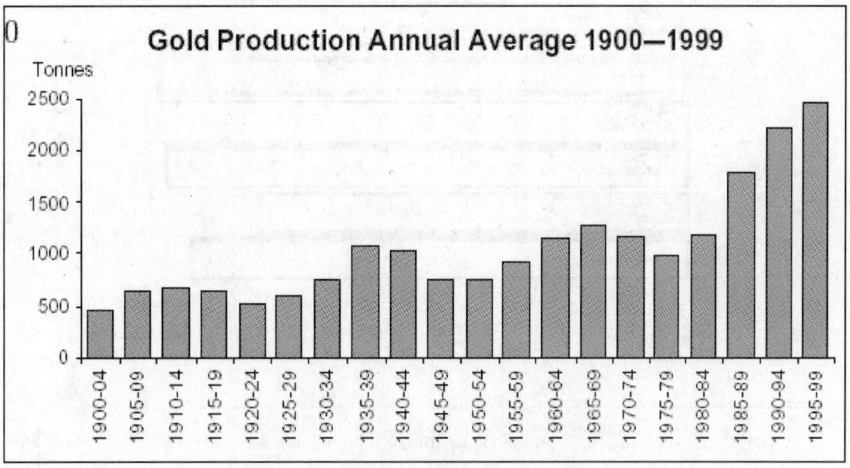

Source: *Central Bank Gold Reserves*, Timothy Green; Gold Fields Mineral Services

图 4　世界黄金年均产量（资料来源：Central Bank Gold Reserves）

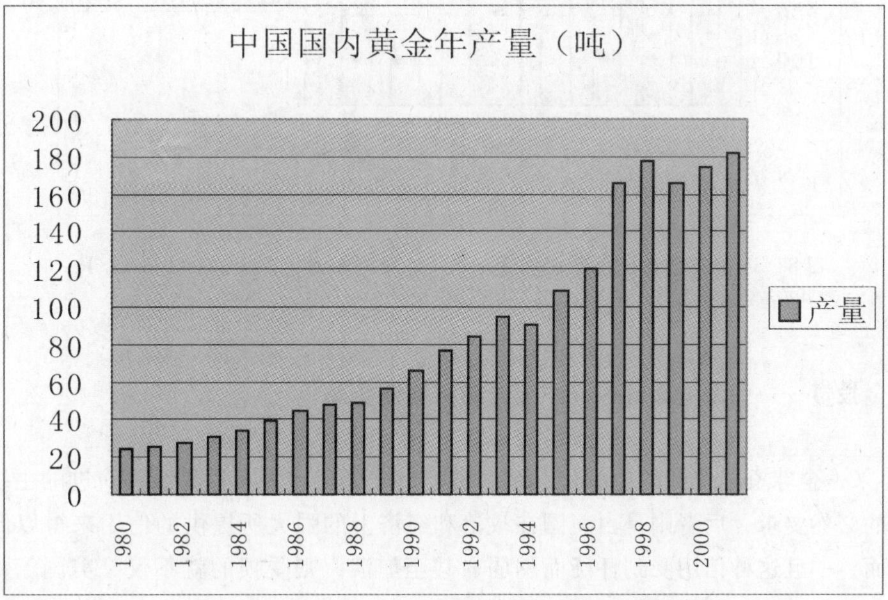

图 5　中国国内黄金产量（资料来源：中国黄金协会）

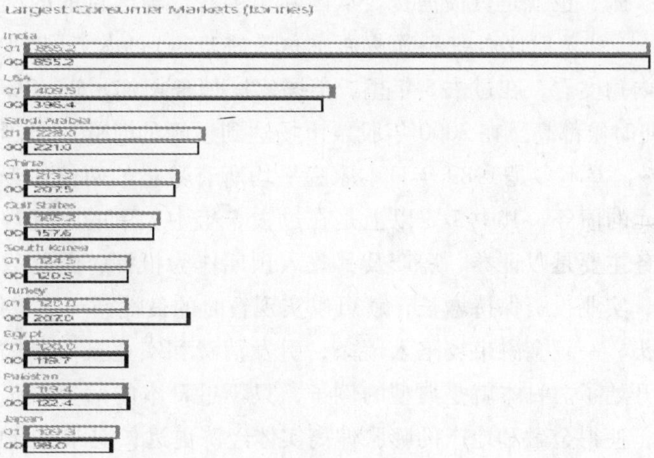

图 6　黄金的主要消费市场（资料来源：World Gold Council）

图 7　近年全球首饰用金需求量（吨）（资料来源：World Gold Council）

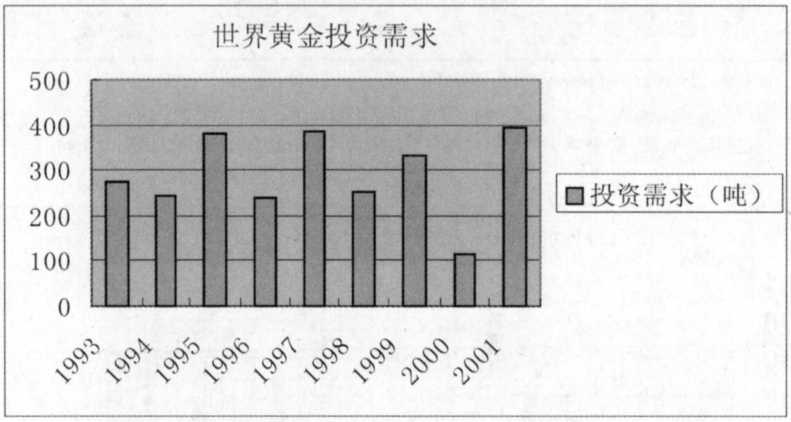

图 8　近年全球黄金投资需求量（吨）（资料来源：World Gold Council）

四、黄金投资——引发全球资本资产配置的结构性变动

近 20 年来，全球资本资产的金融化、金融资产的美元化成为了世界经济演进的主线，而前者是资本运动的必然要求，后者则是由美国在政治和经济上的强大所提供的信用来得以保证和自我强化的。然而，一旦这种信用受到怀疑而削弱、甚至崩溃，则受损的就不仅是美国了，还得包括通过直接和间接的方式与美元挂钩的全球资本。

众所周知，保持美国经济热度的是外人看起来不可思议的国内消费，而促成这种高消费的主要因素之一就是信贷的扩张，也就是负债消费。从国际角度看，美国目前的国家总负债已经超过 6 万亿美元（国家总负债，就是财政赤字和贸易赤字积累的总和），占美国 GDP 的 60% 以上，而且还在迅速增加。从国内角度看，在过去 5 年里，美国家庭债务增加了近 60%，总数达到约 6 万 5 千亿美元，比以往任何时候都高。在 2000 年股票市场达到顶峰的时候，美国家庭所有的股票达到其可支配收入的 175%，差不多是 1989 年日本家庭平均所有数量的两倍！美国的非金融公司已经欠下了 4 万 5 千亿美元的债务，其中 2/3 以上是在过去 5 年中欠下的。这样巨大的债务总是要偿还的，但由于这些债务主要是以证券、房产及其收入预期作为抵押，因此只要金融市场保持繁荣，消费信贷得以扩张，实业投资保持增长，就可以实现暂时的良性循环，将债务隐患推向远期。

然而好运总有个尽头，一旦金融市场陷入萧条，引发消费和实业投资萎缩的连锁反映，则一个痛苦的恶性循环也就开始了。日本就是典型的例子，只不过日本的信贷扩张主要被用于金融和地产的投机而不是消费，使得金融和地产的膨胀偏离实体经济更远，泡沫成分更大而已。

如果从国际政治经济的角度来看，则美国信用的风险又得加大。对于美国这样一个孜孜不倦地谋求全球霸权，以最大化其经济利益的国家而言，中东是必争之地，而伊拉克只是一个开始：

石油和天然气的战略意义不言而喻，但美国国内的石油和天然气探明储量分别只占世界探明储量的2%和3%，相比而言，海湾地区却占了世界油气探明储量的67%和35%，其中沙特又独占了世界油气探明储量的25%和4%；而潜在的对手俄罗斯在这一点上也极占优势，油气资源分别占世界探明储量的5%和32%。因此，美国在中东的一切政治军事行动最终想实现的结果就是改变能源受制于人的局面，当然最好是以民主与合作的名义。伊拉克不仅油气资源可观（分别占世界探明储量的11%和2%），而且又落下诸多把柄，当然也就成为美国最先捏的“软柿子”。但美国在中东的涉足最终会有直接面对沙特的一天，不仅因为其资源和既得利益，也因为其与恐怖主义分子割不断的联系。只要美国出于经济利益的扩张和干涉不停止，作为反作用力，恐怖分子以宗教信仰为号召的针对行为就不会罢休，并且与美国的行为强度成正比。更麻烦的是，一旦决裂，海湾国家以证券和地产等形式留存于美国的上万亿石油美元撤出美国的话，对美国的影响都太大了。因此，美国如果陷入中东和恐怖主义这个泥潭，将远比60年代陷在越南更痛苦，对美国经济和信用的伤害也将更大。

显然，全球资本都需要一种可以普遍接受的方式来规避美国的信用风险，至少是减少其影响，以保障资本的安全，而黄金则是完成这样一个历史任务的最佳之选。

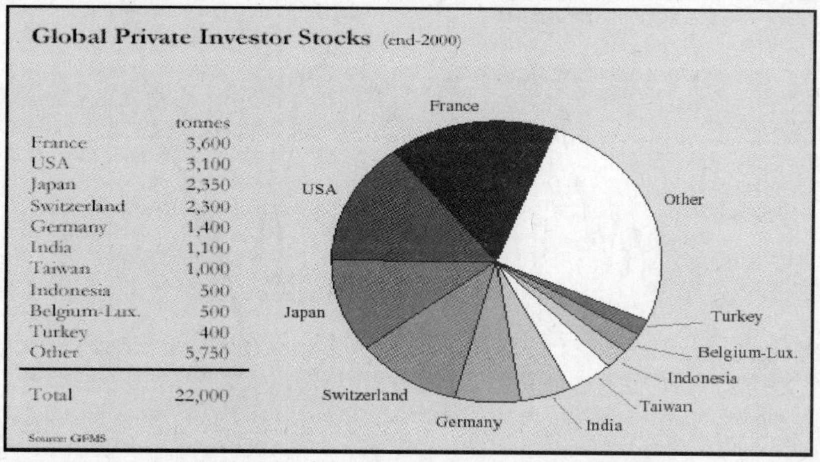

图9　2000年底世界黄金私人投资存量国家分布（来源：GFMS）

1950—2000年，全球黄金存量增长1.2倍，目前已达15万吨左右，但官方持金的变化并不大，新增的黄金主要以金饰和私人投资的方式被收藏于民间。而在1950年，欧美之外的世界其他地区只持有全球私人黄金投资存量的12%（1 300吨），而2000年底这一数字变为44%（9 700吨）；尤为明显的是1993—2000年，世界黄金投资需求2 227吨，欧美之外的世界其他地区就占了2 140吨。对照图9就不难发现，正是由于欧美诸国在近代的世界经济中领跑，黄金的大量积累正是与其资本资产的增长相伴（按人均占有量计算就更加明显）；而近20年来随着以日本为代表的亚洲经济快速崛起，黄金又更多地流向亚洲资本圈，这种资产配置的变化不仅是经济实力使然，也与东方文化对黄金的偏好有关。

在全球80多万亿美元的民间财富之中，债券、股票、地产是存款以外的主要构成，而黄金的现有存量和远景储量使其相对于上述资产显得格外稀缺，但相对于古玩、字画、邮票等收藏品黄金又更具有流动性，而黄金所具有的跨越时间和国界的认同感更是多数资产所不具备的，这种认同感不仅源于黄金产业的支撑，更是黄金历史的积淀。

对于挂钩于美元的全球资本资产而言，最大的风险莫过于美元的贬值，而任何有损美国信用的因素最终会通过汇率得以反映。虽然各种复杂的金融衍生工具有助于规避汇率的风险，但这不可能是大众普遍采取的避险方式，远不如通过购买黄金来得直接和简单。20世纪80年代后期通过持有黄金来补偿美元大幅贬值的损失是绰绰有余。

就相对价值的角度而言，由于不同币种的黄金能够及时反映市场汇率，因此投资于黄金也能够规避其他货币相对美元贬值的风险，保证与等量黄金所对应的美元的购买力。由于全球经济对美国的依赖，一旦美国陷入低谷，恐怕大多数国家也很难独善其身，因此防范非美元货币的贬值对于那些经济基础脆弱的发展中国家或新兴市场而言就显得尤为重要。

正如在20世纪70年代的人们难以想象通货紧缩一样，现在的人们也很难想象再有剧烈的通货膨胀，虽然这在历史上一再发生。但既然大家都认为温和的通货膨胀最有利于经济增长，那么在目前这样低迷的经济形势下，各种刺激经济的政策措施就必将接踵而至，一旦过度，则通货膨胀就会重演。如果全球性的通货膨胀发生，则即使货币汇率变动不大，金融资产的价值也会打折，而投资于黄金却可以规避通胀的风险。在通货膨胀严重的时期，黄金的真实价值都能得以保持，甚至在20世纪70年代还有显著的升高（不过当时的金价暴涨是多种因素共同左右的结果）。

从道琼斯工业指数与黄金价格比价指数（D/G指数）来看，目前的股票市场处于历史高位，而黄金价格正处于历史底部。

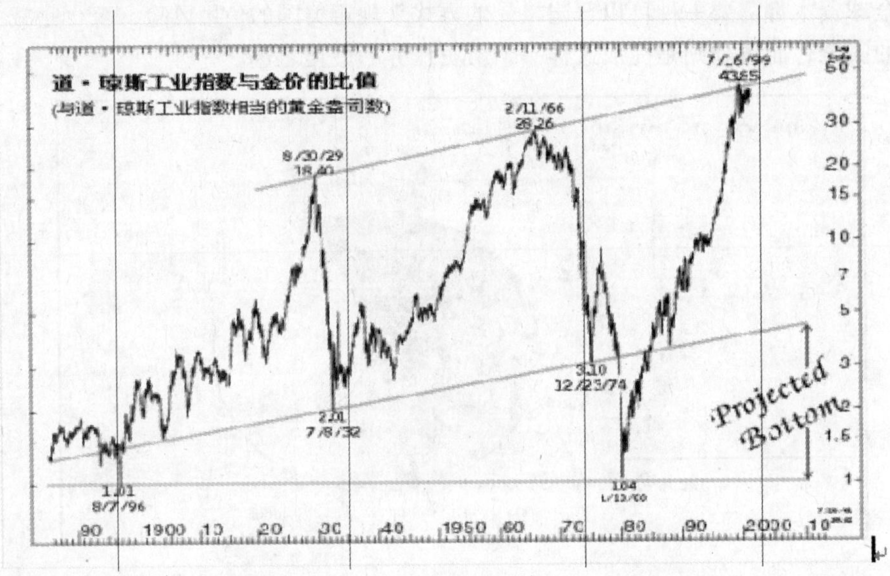

图10　D/G指数（资料来源：World Gold Council）

虽然黄金作为资产的收益性远不能和股票相比，但其价格的波动性却低得多，并且每每在股市走熊时受到追捧。对于投资者而言，在资产组合之中合理搭配股票、债券、黄金的比例，就可以相对于单纯持有债券和股票处于更优的收益/风险状态，从而实现持续稳健地增值。

这是那句老话，“是金子总会发光的”。面对一个更加不确定的世界，黄金作为金融资产的优越性必将得以更充分的体现。随着黄金在全球资本资产的配置中变得愈加重要，黄金市场的投资和消费结构也会相应发生剧烈的变化，黄金投资将成为其需求增长的主要动力，而以海湾诸国、日本、中国、印度等为首的亚洲国家将是黄金市场的主要变数。不仅如此，以黄金为主线，过去10余年来以美元和新经济为导向的全球资本资产配置方式将向着多元化和基础化的方向发展，从而引发全球经济和金融市场的深刻变革。从这个意义上讲，好戏还在后头，就让我们拭目以待。

2002年10月9日

读《乌合之众》与《非同寻常的大众幻想与群众性癫狂》有感

北京大学博士　胡　虎

编者按：本文谈到了群体心理，真正的理财大家往往都能“理解大众心理，领先大众一步”。在狂热的股市泡沫破灭前夕，成功逃顶；在众人绝望地抛售之中，成功抄底。胡虎所在的研究所，成功地于2001年6月上旬全部从股市撤出，避免了漫漫4年多痛苦的股市桎梏，不能不归功于平时的努力学习。

暑期读了两本关于大众心理及行为的名著，一本是古斯塔夫·勒庞（Gustave Le Bon）所著的《乌合之众》，其中对群体的心理特征及影响因素进行了深刻剖析；另一本是查理斯·麦基（Charles Mackay）所著的《非同寻常的大众幻想与群众性癫狂》，其中记录了从11世纪到18世纪发生在欧洲的种种群体性非理性行为。这两本著作都是成书于19世纪中后期，而国内只是到了2000年1月和2000年5月才出了中文的第一版。当时能够读到这两本书的人应该是幸运的，因为这即使不能使他们预见到2001年的股市崩跌，也足以使他们在其间和其后比股市中的大多数人有更深刻的认识和更多的感悟。下面就介绍一下两书的核心思想与个人的一点体会。

一、群体的心理特征及影响因素

1. 群体的定义与特征

在《乌合之众》一书中，勒庞所研究的群体是所谓的“心理群体”，即“聚积成群的人们（并不一定要同时出现在同一个地方），他们自觉的个性消失，感情和思想全部转到同一个方向”。可见，勒庞是以研究对象的一般特征对其进行定义，而后，作者辅以实例，描述了群体在心理的各个方面所具有的典型特征。

群体一旦形成，勒庞发现，即使是原本冷静机智、知书达理的个人，也都会和其他成员一样，回归到原始人的心理状态和行为模式：一方面，群体很情绪化，容易冲动和急躁，并随着刺激因素的不同而变化无常。无论其成员智力水平如何，他们作为群体却只具有拙劣的思考和推理能力，他们只能接受简单明了的观念；另一方面，群体形象化的想象力不仅十分强大和活跃，而且还非常敏感，只有鲜明的形象才能吸引和吓住他们。正因为如此，群体通常是以狂热的宗教式的方式来实践他们的信仰和观念。群体既可杀人放火，残暴地摧毁一切，又往往能够表现出不计名利、勇于牺牲、甚至慷慨赴死的极高道德，而这些都是群体中绝大多数成员作为单独的个人所绝不可能作出的举动。

对于如此奇怪的现象，勒庞的解释是：与人类精神生活中的无意识因素相比，有意识因素只起到了很小的作用。我们有意识的行为，是主要受遗传因素而形成的无意识的深层心理结构的产物。不同的人在智力上（主要受大脑影响）有巨大的差异，但却具有非常相似的本能和感情（主要受脊柱神经影响）。当人们形成群体后，首先，即使从数量上考虑，群体的成员也会感到一种势不可当的力量，而且，群体是个无名氏，这样就使总是约束着个人的规范制度和责任感消失了；其次，在群体中，每种感情、观念和行动都具有了强大的传染性，因而也就使其成员受到暗示而处于一种无意识的状态（这种状态下，群体的行为和原始人就很相似了）。

2. 影响群体意见和信念的因素

勒庞认为，决定群体意见和信念形成的因素可以分为间接因素和直接因素：间接因素包括种族（至关重要）、传统、政治社会制度、教育、以及时间等；而直接因素包括形象、词语、套话、幻觉、经验等。因此，一个政治家或群众领袖要想说服和领导群众，就必须要学会运用断言、重复和传染“三大法宝”。作出简洁有力的判断，不理睬任何推理和证据，是让某种观念进入群众头脑的最可靠办法之一。而且，这些断言还需要不断重复，这样就能使这些观念进入人们无意识的深层区域，而人们的行为动机正是在那里形成。同时，由于人类具有模仿的天性，领袖要通过树立榜样等方式，使某种观念、感情和信仰在群众中传染开，最终形成势不可当的力量。对于领袖自身，勒庞认为，他们往往没有敏锐的头脑和深谋远虑的天赋，因为这种品质一般会使他们犹疑不决。那些神经有毛病的、好兴奋的、半癫狂的即处在疯子边缘的人中间，尤其容易产生群众领袖（希特勒应该是最典型的例子）。他们虽然往往暴露出惊人的性格弱点，但他们都具备一种极为罕见的、极为强大的品质，那就是不畏一切艰难的、持久的意志力。此外，领袖的说服力还与他们的名望直接相关。名望的产生与若干因素有关，但其中成功永远是最重要的一个因素。每个成功者，仅仅因为成功这一事实，便不再受到人们的怀疑。正因为成功是通向名望的主要阶梯，因此，成功一旦消失，名望几乎也总是随之消失。

二、不可思议的群体行为

在《乌合之众》一书中，勒庞例举了许多发生在法国大革命期间的事件，像平常老实本分的厨子如何在攻占巴士底狱的群众中成为了杀人不眨眼的刽子手，以及原本籍籍无名的野心家如何迅速成为万人之上的领袖等等。而真正让人得以在更宽广的历史界限里观察群体行为的，则是查理斯·麦基所著的《非同寻常的大众幻想与群众性癫狂》，简称《幻想与癫狂》。在书中，作者以史诗般的视野，运用凝练幽默的笔调，将远至10世纪、11世纪之交的十字军东征，近至17、18世纪的郁金香狂潮、南海泡沫、密西西比事件，以及其间的圣物崇拜、占卜、预言、炼金术及至决斗的风行等等人类所干的无奇不有的蠢事娓娓道来，给人以极大的精神享受和思想警示。

在这些事件中，给我印象最深的是十字军东征和决斗的风行。10世纪、11世纪之交开始的十字军东征，印证了勒庞所说的“信仰的力量是无穷的”这句话。前后历时两百多年的十余次东征，其理由只有一个，就是从异教徒（穆斯林）手中夺回远在千里之外的基督教的圣地——耶路撒冷。明眼人可以很容易看出，这样劳民伤财的战争，除了对教会有益之外，对任何人都没有好处。然而，在传教士们投其所好而又激情四溢的演说鼓动下，人们为宗教信仰、为荣誉而战的信念迅速席卷整个欧洲大陆。怀着对圣城的虔诚和对异教徒的仇恨，憧憬着功成名就的荣耀和天国生活的美好，上至高贵的国王、桀骜不逊的贵族，下到普通百姓，包括妇女和流浪汉，都加入了十字军的行列。毫无疑问，几乎每次东征都是对沿途所经国家和巴勒斯坦地区的浩劫。而十字军们最值得称道的几次胜利，却都是在人员装备处于极度劣势的情况下取得的，当时支撑他们的只有信念和信仰，这也确实令人感叹。当两百多年过去，当时间（而不是成功或失败）将激情渐渐熄灭，群众对教会再次东征的鼓动无动于衷的时候，东征才真正偃旗息鼓，而此时欧洲已经为此失去了200万人的生命，耗费了难以计数的财富，而耶路撒冷在几代人的血腥争夺中，得而复失，失而复得，最终也没有从异教徒手中彻底解放出来。

而决斗的风行则更富有戏剧性。欧洲最早关于决斗的记载始于公元878年，而到了1000年后的19世纪才基本被人们所摒弃。到14、15世纪，人们已经彻底废弃了宗教神裁，而倾向于用决斗来解决一切争端，但大多数决斗仅仅是为了某个莫名其妙且毫无价值的理由，例如一句口角，一个不礼貌的举动等等。决斗风行之时，无论贵族还是普通平民，见面的头几句话就是“你知道昨天谁跟谁决斗了吗?”或者“这几天你准备去决斗吗?”，如果某人参加决斗而没有邀请他的朋友作为护卫参加的话，将被视为对朋友的轻视，这也往往成为决斗的理由。自然，无数宝贵的生命因为毫无意义的理由而牺牲在了刀剑下。而欧洲的主要国家的政府也早就意识到了决斗的危害，像英、法等国在16、17世纪就制定了严厉的法令来禁止决斗，但是社会风气和大众信念已经根深蒂固，况且王公贵族自己还参与决斗，这样的法令自然难以奏效。此后，法令越来越严厉，甚至规定凡是参与决斗的人统统处死，但很多人还是偷偷地进行决斗，因为参加决斗的人并不怕死，或至少他们有这样的心理准备，他们真正难以抗拒的是世俗的偏见和虚名。如果拒绝决斗，将使一个人终身饱受耻辱，而决斗获胜不仅赢得巨大的荣誉和他人的尊敬，还能令对手信服；即使决斗失败，人们也不会加以谴责。到了18、19世纪，各国政府将凡是参与决斗的人都以极不名誉的方式处死，并加以示众，才逐渐消除了决斗的社会风气。

至于像郁金香狂潮、南海泡沫、密西西比事件等典故，由于他人记叙已多，本以为是老生常谈，少有新意。然而这些篇章中的翔实史料和作者严谨中立的笔调，使我得出了另一番认识。事实上，事后来看这些投机事件，会觉得当时的人们很愚蠢，然而当时连最理智冷静的人也投身其中，这就绝不是用几个诸如“非理性、泡沫、投机”等词语所能概括的了。这几次投机虽然都造成了一定的资源浪费和财富的损失，但最主要的结果还是造成了社会财富的重新分配，即使得大众变穷，而少数人得以暴富。无论是郁金香的价格，还是南海公司的股价，都是经过了长时间甚至数年的上涨，其间虽有起落，但人们几乎每一次买进不久后都能赚钱，而每一次卖出都被迅速证明是错误，那么当时买进肯定就是理性的。不过，当在舆论渲染和举国上下乐观情绪感染下，你如果也成为这样一个心理群体的一员，就必定不能再理性一次——及时卖出套现。这几次（现在也如此）大行情的末尾，其下跌都是极其迅速的，而且导火索都是微不起眼的个别事件，却造成了大众信心的崩溃和恐慌，这时候要脱身就很难了（流动性障碍）。我们可以看到，这几次投机狂潮中损失惨重的主要是那些只想赚钱，除了价格其他的都不怎么关心的一般百姓，甚至一些以理性著称的科学家，而他们损失的财富大部分流进了极少数嗅觉灵敏的，在大跌之前及时脱身的商人、政府要员等人的口袋。除了利用特权牟利的那些官员之外（通常最终也没有好下场），另一些人则是利用了别人的错误而盈利，我认为这是无可厚非的，而且也是他们应得的。

三、一点体会

在人类思想史上，像勒庞这样作出巨大的原创性贡献的人物是少见的。然而，应当看到，他据以立论的事件主要都发生在法国大革命时期，在当时血与火、生与死的考验面前，人们自然更容易回归本能和本性，表现出一些在比较极端的条件下才能显现的心理规律。对勒庞的理论运用最多的也都是诸如列宁、希特勒这样的政治家，因为他们有和书中完全相似的客观环境和主观条件。

勒庞发现的这些规律即使不完全是真理，但至少也离真理不远了，而我更希望学习他超然物外的冷静和与众不同的视界。我们应当做的，就是将勒庞的理论扩展（若能深化更好），探索在和平的信息化时代，群体心理的规律和表现形式，以及影响群体信念的因素。时代在变，人类的本性不变，变的将是表现的形式和诱导的因素。

投资是既需要理性，也需要艺术的事业，而且需要二者结合得恰到好处。每一次投机狂潮，都是一次社会利益结构重整的过程，对于那些出身平凡的人们来说，既有改变命运机会，也有血本无归的风险，而在转型时期的中国，风险就更大。控制风险，主要依靠理性，对于这些由难得的诱因（无论是郁金香还是网络）所导致的大行情，对于事件的前因后果，必须有理性的判断，必须时刻清楚局势的进展、资产的真实底价和重要的指标，以及反转的迹象（往往会出现传言、价格震荡等）和自己的出路，绝不可人云亦云；而获取收益，则需要艺术性地把握大众心理，估量大众行为的定价，相机而动，抓住难得的机会。因此，投资的过程需要艺术性的操作，而前因后果的分析决断（即战略性的买和卖），则需要理性。而投资（投机也是一样）的真正困难就在于，大多数人是将艺术与理性的在投资或投机中的位置倒置，或者只能单一地以过于艺术或过于理性的方式贯穿投资或投机的始终。自然，他们难以成为真正的赢家。

2002年8月28日

读《证券分析》有感

北京航空航天大学硕士　卢　妲

编者按：此文写得极好，将格雷厄姆的主要思想分析得清清楚楚，对“投资”的界定，寻找安全边际，证券分析的要素等等，论述十分透彻。读完，便感到格雷厄姆如雷贯耳，难怪巴菲特称自己的思想85%来自于格老师。如果你能真正学透做到，人生必定巨富。

格雷厄姆是证券投资中价值学派理论的鼻祖，是现代证券分析和价值投资理论的奠基人，他所倡导的价值投资理论对证券界的许多投资大师都产生了深远的影响。格雷厄姆所著的《证券分析》一书被视为投资者的《圣经》，而他本人被誉为证券分析之父、华尔街教父。

一、证券分析的主旨——区分投资与投机

证券市场的多变性与复杂性，使得市场中存在各种关于投资的理论与学说，对投资品种的评判与选择的方法也多种多样，市场中对投资与投机的理解也不尽相同。而格雷厄姆的价值投资理论从证券分析的角度出发，对投资与投机作出了简单而又深刻的划分。

格雷厄姆对投资所作的定义如下：投资是指根据详尽的分析、本金安全和满意回报有保证的操作。不符合这一标准的操作就是投机。投机是在价格波动中博彩，而投资则须确保某种安全性。科学的证券分析是基于投资的基础发展起来的。

证券分析是为投资服务的，分析在整个投资的过程中具有决定性的指导作用，通过证券分析对证券市场价格与内在价值进行对比，找到证券的安全边际，这样的一系列操作才可以称之为投资。证券分析家通过某种安全边际来保护自己，通过完整的证券分析确定证券的内在价值，将证券的内在价值与市场价格进行比较，从而判断得出买入卖出的时机。

而投机则不需要分析，往往凭借的是运气和直觉，投机者之所以购买股票是因为他觉得股票要上涨了，而不是经过细致的分析认为股票便宜，内在价值远远高于股票价格；而投机者卖出股票的原因就是因为他觉得股票要下跌了。

通过对投资与投机的对比，格雷厄姆奠定了《证券分析》这部投资巨著的服务主旨——证券分析是投资者进行投资活动的重要环节，是为广大投资者而不是投机者所服务的。市场中的每一个参与者都应当首先明确自己参与证券市场的目的：是通过运气和直觉、通过对证券价格走势的判断来赚取低买高卖的差价；还是通过缜密的分析，确定证券的内在价值，在保证本金安全的情况下获得满意的投资回报。如果你是后一种人，那么证券分析将对你具有重要的意义。

二、证券分析的目的——寻找安全边际

在《证券分析》一书中，贯穿证券分析全过程始终的是对安全边际的寻找和确认，无论是对于债券、优先股、普通股，还是对于其他一些衍生金融工具——如可转换债券、认股权证而言，价值分析的根本目的就是找出那些具有较高的安全边际，能够给证券持有人提供充分保护的投资品种，而不管这些品种究竟是以股票、债券或是其他的形态存在。证券的安全性并不取决于名称、形式或法定权利，而是取决于其所代表的价值。

安全边际实际上就是证券的内在价值与证券市场价格的相对关系，进行证券分析的目的并不是要确定某一证券的内在价值到底是多少，对证券内在价值的评估只需给出一个近似的、大体的范围。这一点有别于现代投资理论中使用复杂的数学公式对证券的内在价值进行的精确计算。考察证券的安全边际的大小，只需确定其内在价值是否足够充分，换言之，就是证券的内在价值与

市场价格相比是否足够高，内在价值高出证券市场价格的幅度是否足以给投资者购买债券或股票的行为提供保障。

格雷厄姆对安全边际的阐述为投资者提供了在品种繁杂、数量众多的投资工具中进行投资选择的基本准则——投资者应当将注意力集中到那些价值被低估的证券上来，那些通过仔细的分析而发现它们的市场价格仍然低于内在价值的债券和股票。这条基本准则代表了一种稳健的态度，一种有效的保护手段。

三、证券分析的要素

证券分析可以从以下四个基本要素来着手：证券因素、价格因素、时间因素和人的因素。

人的因素是指证券购买者的具体情况，包括其财务能力、风险的好恶等等。时间因素主要是指当前时期的经济和金融形势，当前金融市场、证券市场的具体情况。这些因素显然不是证券分析的决定因素。

价格因素在证券投资中往往被忽视，因为人们往往会过多地重视企业的经营状况的好坏，而对价格因素不作过多的考虑。其实证券的市场价格是与内在价值进行比较从而确定安全边际大小的重要依据。对于无经验的人而言，无论条件怎样，他们认为都不要把钱投资在不良的企业上。而对于证券分析家来说，几乎每一种证券，都会在某些价位上显得很便宜，在另外一些价位上显得过于昂贵。证券分析就是要找出这些便宜货。

证券因素是证券分析中最重要的因素，证券因素的分析既包括对证券条件的分析（主要指证券的条款、证券的保障条件以及其他附加条件等等），也包括对发行企业特点的分析（主要指企业的盈利能力、发展前景等等）。在证券分析中，证券的自身条件和企业的特点都具有非常重要的作用，经营状况较好的企业所发行的证券的获利前景并非一定高于经营状况较差的企业所发行的证券，证券的自身条款具有非常重要的作用。目前市场中几只可转换债券的市场表现可以充分地论证这一点，由于银行担保的存在使转债的具有债券性的价值底限，而转债条款的优厚性则直接决定了转债的附加转股权的价值的大小，雅戈尔转债、钢钒转债的市场价格高于水运转债、燕京转债，并非是因为前者的企业经营状况明显好于后者，而是因为前者的转换条款和转换价格要明显优于后者。可见，可转换债券的条款优厚的重要性要远远高于企业经营状况好坏的重要性。

四、证券分析的方法

为了详尽地阐述对证券因素进行分析的方法，格雷厄姆将证券分作三大类分别介绍证券分析的具体方法。这些方法归根结底，都是为了寻找到证券的合理安全边际。

格雷厄姆根据证券的风险——利润特征，对证券作出如下分类：固定价值类证券、变动价值类高级证券和普通股类型的证券。

1. 固定价值类证券

固定价值类证券，在《证券分析》一书中是以优质债券和优先股为代表的，不太可能行使转换权的安全性非常高的可转换债券也被归为这一类。在我国证券市场中，国债可以归到这一类里。

格雷厄姆所提出的固定价值类证券投资的选择原则，对我们的债券投资具有很重要的指导意义：

首先，他提出证券的安全性不是以特定留置权或其他合同权力来衡量的，而是以证券发行人的履行所有义务的能力来衡量的。留置权不能保证资产的价值不受侵蚀，一只无担保的信用债券，只要其发行企业实力雄厚，能够充分的履行其金融义务，应该与其他有抵押品的债券具有同样的吸引力。对于国债投资来说，我们认为国家还款付息的能力是毋庸置疑的，因此可以不用考虑这一点。对于企业债而言，这一原则对于我们的指导意义在于，发债企业的履约能力的重要性要高于债券抵押品价值的重要性。

其次，他认为对公司履约能力的考察，应该更考虑到在萧条期的情况，而不是繁荣期。对于各类行业，不应划分为是否受到经济萧条的影响，而是应该划分为受到的影响程度的多少。这一点原则，体现了格雷厄姆的居安思危的思想，对安全边际的考虑应当尽可能充分。

再次，他认为非常高的利率并不能弥补安全性的不足，以安全性为代价追求收益率是得不偿失的。收益与风险之间不存在数学关系，因为投资风险不是在各个时点上均匀分布的，而是集中于一段时期，即在整个经济形势的萧条期间。所以典型的投资风险类似于寿险或火灾险种不可计算的例外因素——流行病或大火灾。这一点原则对我们的指导意义在于，投资者不能将收益和风险进行平衡，进行平均化。投资不是数学游戏，平均收益是可以通过数学计算的道德，但在现实中是不太可能实现的，一次的损失可能会颠覆全局，因而投资的安全性才是最重要的。

最后，他指出挑选任何债券作为投资，都应该遵循排除性的原则。好的挑选程序应该是从能接受的最低安全等级开始，被选的证券至少都在这个底限之上，从明确的底限出发向上搜寻。而不应该从最安全但又难以接受的证券开始，漫不经心地向下搜寻，这样做极有可能丢失自己的安全边际。

以上四点原则无疑不体现了格雷厄姆谨慎的投资风格，在债券投资中，安全边际也是必不可少的，那些认为只要是债券投资就必定安全、就必定比股票风险小的看法是极端错误的。

在具体的安全边际的计算上，格雷厄姆采用了收益覆盖率（利息保障倍数）和公司的资产价值等指标来描述安全边际。在计算中他时刻提醒投资者，要以最保守的估计来衡量安全边际：收益中要扣除偶生利润和折旧、摊销等，资产价值不能虚增，不能以母公司的实力来衡量子公司的还款能力，不能过分迷信担保品的价值等等。

安全边际的考察不仅仅存在投资选择的最初阶段，投资者应每隔一段时期就对其所持有的证券进行安全性的检查，以认定它们是否仍然具有十足的安全性，并进行必要的调换。对投资证券的选择力求尽善尽美，安全边际必须远远超过所推荐的最低标准。

2．变动价值类高级证券

变动价值类高级证券既包括安全性较高且有获利可能的证券（以优质可转换债券为代表），也包括一些安全性不够高的证券（以劣质债券或优先股为代表）。在我国债券市场中，可转换债券属于这一类型的证券。

这类证券是具有投机特征的高级证券，债券被赋予分享普通股收入流的权利，这些权力包括可转换权、参与权（参与股息的分配）、认购权。凭借以上3种特权条款之一，一种高级证券便具有了企业的普通股所享有的所有的获利机会，它们结合了最大的安全性和无限的资本利得机会，在所有证券中是最具有吸引力的。

一种售价接近面值或比面值更高的附权高级证券，必须要么满足纯粹的固定价值投资的标准，要么满足纯粹普通股投机的标准。投资者必须严格按照这两个标准之一来决定是否购买，不能抱着双重目的来购买。如果债券价格高涨，现期收益率将跌到一个毫无吸引力的水平。此时如果把债券转换成股票，通常可以获得可观的利润，但是与此同时，持有人却放弃了对本金和利息的无条件的优先要求权，而这正是他购买债券的初衷。如果在实施转换之后形势发生了不利的变化，他所持有的股票的价值可能会跌落至购买债券的初始成本之下，这时他损失的不仅是利润，而且还包括一部分的本金。投资者从一个债券投资者变成了一个股票投机者。可分离的认股权证是一个例外，他可以使持有人在保持原来的投资地位的同时获取投机利润成为可能。

对特权进行分析的要素有三点：首先要考虑每一美元投资所包括的利润分享利益或投机利益的大小，如果债券对应价格低、数量多的股票，其所带来的投机利益，要比对应于少量高价股票所带来的投机利益更有价值；其次要考察购买时特权与可实现利润的接近程度；最后要考察特权的存续期。

这部分内容的学习可以帮助我们较好地理解我国市场中可转换债券的波动特性。可转换债券的持有人必须充分了解可转换债券特性的转变：当转债价格在面值附近时，转债具有债券的特性，持有人是债券投资者；而当转债价格远远超过面值时，转债就具有了股票的特性，持有人选择继续持有该债券，那么他的角色非常接近于一个股票持有者。可转换债券持有人在将债券转换成股票时，必须清醒地认识到，他从此放弃了对本金和利息的无条件的优先要求权，今后如果形势发生了不利的变化，他所持有的股票的价值可能会跌落至购买债券的初始成本之下，他将不再有债券性的保护。

当一种可转换证券以相对于普通股的转换平价出售时，它比后者更有价值，因为它同时附有债券性的保护和赚取投机利润的机会。当市场走下坡路时，可转换债券的价格的贬损程度通常没有普通股那么剧烈。

3．普通股类型的证券

普通股的投资应当遵循如下原则：投资应被视为一种组合性操作，风险分散措施是获得令人满意的平均结果的保证；具体证券的选择应采用与固定价值投资选择所采用的定性和定量检验措施相对应的检验措施；对比债券选择而言，更为重视对所考察证券前景的分析。

对普通股进行考察的具体因素，包括对股息率及其记录的考察、对公司盈利能力的考察、以及对公司资产价值的考察。

公司盈利能力的考察主要是通过对损益表的分析来进行的，损益表的分析处处体现了格雷厄姆的稳健的投资风格，对偶生利润与亏损的分析、对子公司或附属公司的经营情况的考察、对折旧储备是否计提充分的研究，其主旨都是在考察公司损益表所反映的盈利能力是否真实可靠，是否被高估或低估。同时格雷厄姆提出，只有在得到对企业的定性调查结果的支持的前提下，量化的指标才是有用的，对企业性质的考察是确定盈利能力具有内在持有性的必须环节。

格雷厄姆还分析了资本结构对每股收益能力的影响。对任何企业来说，最优的资本结构中应该包括高级证券，其规模应以能够安全地发行以及能够被当作投资品购买为准。资本结构如果头重脚轻，债券的超大规模发行会导致不安全性，但同时由于普通股的规模与高级证券相比较小，因此利润的波动对普通股的影响将成倍放大，普通股股东所获得的利益是以高级证券持有人的利益为代价的。在不景气的背景下，投机性资本结构（高级证券的相对规模较大、普通股规模较小）将导致高级证券和普通股的市场价格发生不利的变化，可能会导致对整个企业的过低估价。

对公司资产价值的考察通过对资产负债表的分析来进行。可以通过计算账面价值、清算价值、流动资产价值、现金资产价值来确定普通股的安全边际。如果普通股具有以下性质：（1）售价低于资产清算价值；（2）显然无资产损失的风险；（3）以前曾表现出强大的相对于市价的获利能力。那么在低价位上，这类廉价股票真正享有高度的安全性，即股本损失的风险较小。

普通股的购买价格必须合理：只有当内在价值与所支付的价格相称时，一种证券才是具有吸引力的。因此，对价格因素的考察是所有投资决策的重要环节。从投资的角度看，当证券不再具有吸引力的时候，或者因为它的品质退化，或者因为价格上升到了与价值严重脱节的水平，这是应当果断地将其卖出。普通股的投资将在市场中占据一个中间位置——它介于两种证券之间，即由于品质成问题而具有投机性的低价证券和虽然质量很高，但由于高价格的原因也具有了投机性的证券。

五、证券分析的适用条件以及对现实的指导

证券分析并不是万能的，格雷厄姆在书中谈到了证券分析有效发挥作用的基本假设：这个国家的经济发展历程中的某些基本的和早已形成的规律仍一如既往的可靠。它们包括：整个国家的福利和盈利能力将继续增进；这种增进本身反映在重要的公司企业在资源和利润方面的增长；这种增长主要是追加资本的投资和未分配收益的再投资的正常过程所带来的。

如果经济遵循美国市场在1927—1933年的狂乱模式运行，那么证券投资将没有任何基础可

言。证券分析的作用的有效发挥是以经济的发展和前进为前提的，这是我们应用该理论所必须注意到的前提条件。

格雷厄姆的价值投资理论对于当前我国市场中的国债投资、转债投资和股票投资都具有重要的指导意义，帮助我们发掘那些具有保护作用的投资品种，寻求安全边际的庇护。诚然，如果严格按照格雷厄姆的安全边际来衡量我国的股票市场，我们似乎找不到真正具有安全边际的个股，市价低于净资产的股票绝无仅有，更谈不上低于清算价值或现金资产价值。但是，我们可以在一个相对的范围内，寻求安全边际较高的个股进行投资，那些市净率相对较低、且收益表现比较稳定的个股无疑是安全边际相对较高的选择。

2003 年 5 月 1 日

《多市场技术分析》一书读后

清华大学博士 张 锴

编者按： 这篇文章研究了美国多市场之间的关系。中国的情况也十分类似，2001 年 6 月到 2005 年 4 月房地产市场一片狂热；资金大量进入，股市怎么也救不起来。而 2005 年 4—5 月，国家调控房地产市场后，尤其是人民币汇率升值松动后，股市一跃而起，终于成就一轮牛市。

《多市场技术分析》一书是美国人 Murphy 于 1991 年编写出版的，该书主要介绍了股票、债券、期货和货币市场的互动研究以及交易策略。以下介绍该书的主要思想并讨论该思想应用于目前中国证券市场的可行性。

一、不同市场是相互联系的

作者在 19 世纪 80 年代发现所有市场都是互相联系的，无论是金融和非金融，还是国内和国外。美国的股票市场受着债券市场很大的影响，而债券价格又与原材料市场有很大的关联性，同时该市场的趋势又决定于美元的走势。

海外市场受到美国市场的影响，同时又影响着美国市场。过去 10 年的时间证明了市场并不是孤立的运动。因此技术分析应该包括多市场互动的研究。

作者在进行多市场分析之前，有以下几个前提：所有市场都是有联系的，市场并不单独运动；多市场工作提供了重要的背景资料；多市场分析运用外部数据，而不是内部数据；技术分析是可行的方法；研究的重点是期货市场；要运用到期货市场技术预测方法。

有一点需要注意的是，多市场分析提供的是背景信息，而不是主要信息。传统的技术分析在交易的过程中还是据主导地位。但当技术分析和多市场分析发生矛盾的时候，还是可以互相印证，保证交易更接近于正确的方向。

由该书的图表和分析可以看出，多市场互动效应在美国市场得到很好的体现，但由于美国市场是高度发达的证券市场，与之相比中国市场相当不成熟，因此该书中的结论是否可以应用到现今的中国证券市场还有待考察。书中多次强调期货市场和债券市场的相关性，但由于我国期货市场极不发达，国债市场又没有统一的指数，因此该理论分析中国市场的行为尚有一定困难。

二、原材料价格指数和债券

在所有多市场关系中，原材料市场和国债市场的关系是最为重要的。原材料—国债的联系是其他相关性的支点。作者发现原材料市场（*以原材料研究局期货价格指数反映*）和国债价格走势明显相反。

问题的关键在于通货膨胀率。原材料价格之所以如此重要，是因为它可以提前预测通货膨胀率。作者发现原材料市场可以比常用的消费者价格指数（CPI）和生产者价格指数（PPI）提前几个月预测通货膨胀率。

本章最主要的前提就是原材料市场的走势与国债的收益率走势同向，与国债价格走势反向。

作者给出的经济学解释是这样的：在经济扩张期，对原材料的需求和对货币的需求同时扩大，结果使得原材料的价格随之上涨。上涨的原材料价格加大了财政当局对通货膨胀的担心，因此有必要调高利率来避免通货膨胀。相反的过程亦然。

本章是该书的重点，与其说作者是发现了一种多市场的行为规律，倒不如说是找出了对利率预测更为提前和准确的指标——原材料价格指数。在后面的章节中对该指标还有更为详尽的介绍。由于在美国该指数可以用 CRB 期货价格指数反映，因此可以做到每日、每月跟踪，并且可以反映出真实的市场价格，具有很强的参考价值。但在中国并不存在这样一个市场，让我们可以找到原材料价格指数随时的走势，而由国家统计局提供的数据又有一定的延时，并且不一定反映真实的市场价格，但从一定的角度讲还是有参考价值。下面是商品零售价格指数走势图。

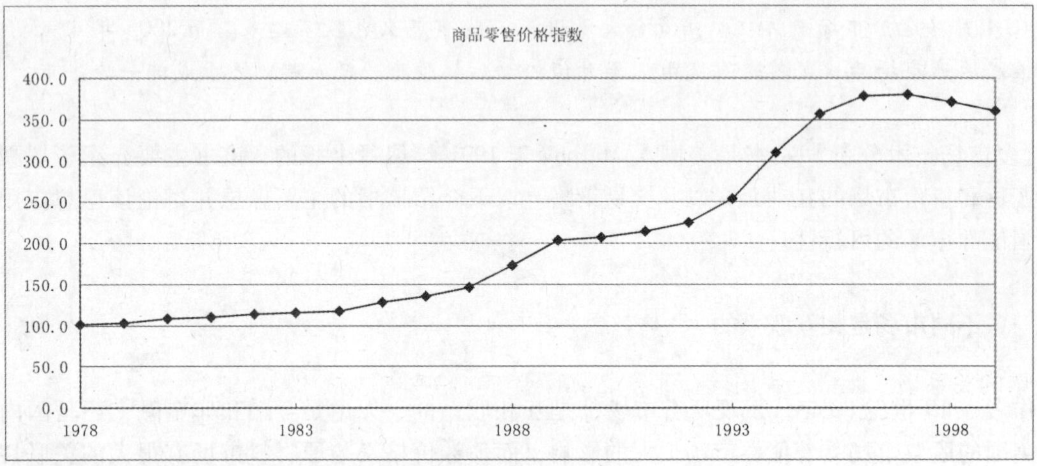

下图为消费价格指数走势图和平均指数走势图。

消费价格指数走势

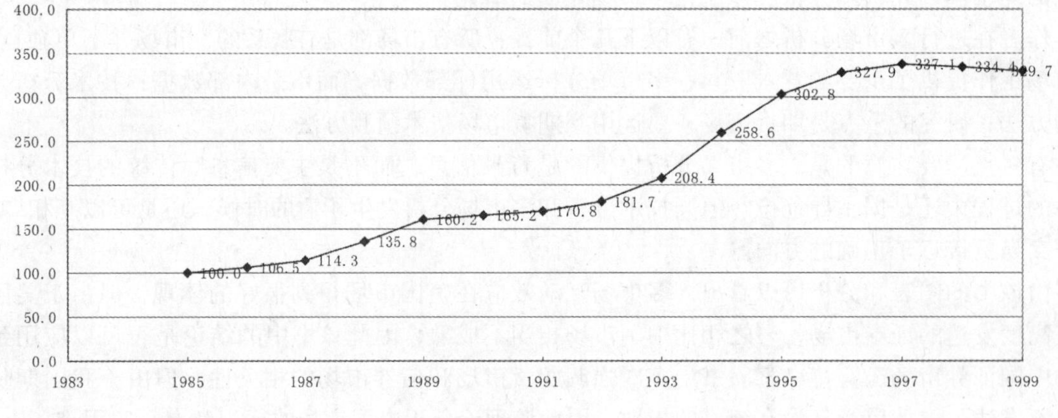

平均指数走势

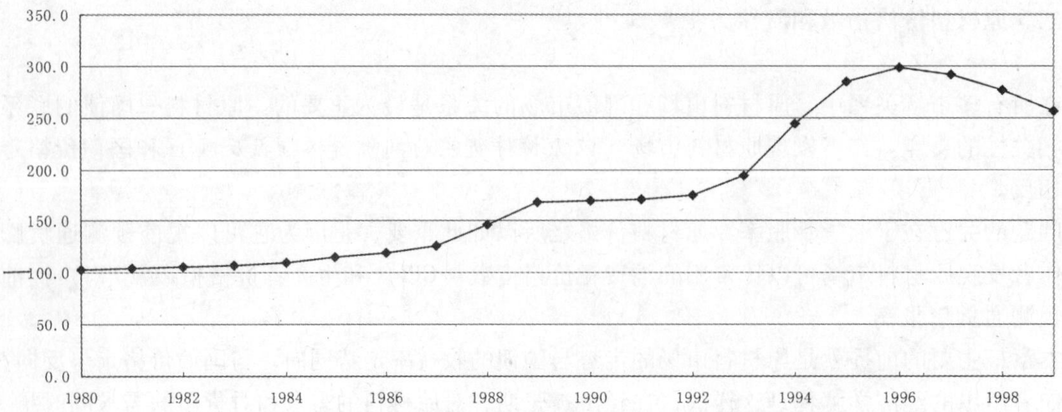

从书中专门介绍 CRB 指数一章可以知道，上述三个可以收集到的指数中，平均指数最为接近作者所引用的 CRB 指数。CRB 指数包括 21 种，6 类原材料期货市场价格组成，包括肉类

(14.3%)、金属类（14.3%）、进口类（14.3%）、能源类（9.5%）、粮食类（28.6%）和工业类（14.3%），由原材料研究局制定，每小时随期货市场价格变动而变动。

作者指出，CRB指数与国债指数有良好的相关性，相关度优于消费价格指数和工业消费价格指数，最为关键的是它可以提前预测出利率的变化。作者研究发现该指标要早于消费价格指数和工业消费价格指数4个月左右。以上3幅图均以年为单位，因此很难看出平均指数是否优于另外两个指数，而且我国3个指标是同时由国家统计局公布的，不可能做到实时变化，因此如何使用该指数还要进一步研究。但有一点可以肯定，该指标对未来宏观形势预测，对利率走势判断都有重要意义。

三、国债和股票

影响美国股票市场的因素非常多，作者认为最重要的两个因素是通货膨胀率和利率的走势。由于国债与利率的走势有着密切的关系，因此国债与股票市场也有相关性。一个下降的债券市场，通常而来的是股票市场的熊市。

而我国十分不成熟的股票的市场还与利率的变化的关系不是很紧密，因此从利率走势看国债和股票的关系还不能指导我国现在证券市场的操作。但我国国债和股票的市场还是有联系的，目前只能从投资者的趋利性和资金流动性看两个市场的互动关系。例如目前股市低迷，而国债市场相对火热，这只能从资金趋向角度考虑。因此我认为有必要考察两个市场总资金的运动和资金流向的分配，通过编制资金总量指标、各市场资金流动指标以及各市场内部收益率变动指标来分析国债和股票市场的相关运动。

四、国际市场

作者将美国股票市场放到世界范围内去考察，他同时对美国股票市场和世界另外两个重要的股票市场——伦敦和东京股票市场进行分析。世界范围内的通货膨胀和利率走势会影响到世界权益市场的变化。

从1985年至1989年三个市场的走势可以看出来，世界股票市场的走势的趋势是相同的。这和一个国家内的股票市场相同，每一个股票都随整个市场运动，在世界层面上也是同一个道理。通过比较三个市场的走势，作者发现：三个股票市场都在1987年大跌；伦敦市场最先见顶，东京市场最后。

毋庸置疑，中国权益市场与世界经济和其他国家金融市场走势有着密切的关系，而随着市场化的进行，这种关系将日益显著。但目前这种关系有多大的相关性，还没有深入的讨论。我计划将美国、日本和香港的市场的走势与中国市场进行对比，并从中找到中国市场随其他市场运动的规律。

2001年12月12日

巴菲特与索罗斯两位大师带来的遐想

清华大学博士　张　锴

编者按： 作者对巴菲特、索罗斯两位大师的评价言简意赅，后边的遐想也发人深省，值得一读。

遐想——也可以说是瞎想，在读过黄总对当世两位投资大师的投资理念的深入理解之后。

忽然觉得投资世界与传说中的武侠世界是惊人地相似。巴菲特与索罗斯两位投资大师也类似于武侠世界的高人，让后人不断学习和领悟。而我们类似于刚刚进入这个光怪陆离的世界的一个辈分低微的弟子，也梦想着有一天可以成为这个领域大师一样的人物。说这两个领域相似，并非无稽之谈。他们确实有着诸多相似之处。首先，他们都是高度竞争的世界。任何一个想进入这个世界的人，都没有实质的障碍。其次，这里都是各门各派林立，任何已有的派别都是经过市场的考验，有着自己的独门绝技，这里既有坚持走正路的所谓名门正派，例如海龟派、学术派，又有靠一些邪门功夫立足的小门小派，例如各种各样的股市秘籍，这些人都在这个市场厮杀着。最后这两个世界都是大量英雄诞生和消亡的地方，每天都有可能有投资英雄的出现，每天也有可能有人身败名裂，这与幻想中的武侠世界非常类似。

这样进行了类比，我就从这个角度来理解两位投资大师的投资艺术。

巴菲特可以说是历史悠久的名门大派，经过了长时间的市场洗礼，任何进入这个世界的人，都无法忽视他的存在，每个人都对他和他的方法给予了充分的尊重。他有如泰山北斗，达到了非一般人所能企及的高度。他称雄市场的方法并非投机取巧，而是至真至纯的简单招数，但是需要长时间、刻苦的修炼，因为真正能做到这点的人少之又少，这也使得能做到的人堪称大师。这有如郭靖或少林高僧所走的路子，自身条件可能并非高于常人，甚至被认为有点迂腐，但自己的方向一旦确定，就至死不渝，心无旁骛，不断地勤加修炼，终于达到了大师级的水准。因此他们的理论看似简单明了，但是能真正做到的人却不多，大多因为幻想着一夜成名，或是得到什么秘籍而没有坚持下来。

索罗斯则有所不同，他和他的理论更像一个天马行空、恣意挥洒的世外高人。他的方法没有固定的招数，没有给出一个可操作的公式或是模型，正所谓无招胜有招，你能对这个理论掌握多少，完全看你的悟性，而具体如何运用，也看你自己的理解如何了。这有如一门极其高深的武功，如果自己能理解，则大为收益，如果无法理解则毫无用处，甚至于对自己反倒有害。因此这不是一般人能够轻易掌握，即使把所有理论诵读几遍，如果理解力差或者半知半懂的话，也是徒劳无功的。

由此看来，大师不是轻易能当的。必须有超人的意志或者超人的智慧才能称得上大师，而大多数人好逸恶劳，幻想能找到成名捷径，因此多数是碌碌无为或是被市场无情吞噬。

经过这个类比，给我们的启示也是很多的。

1. 一定要练好基本功。投资也是一门很高深的学问，但任何人又都能随口说上那么几句，但如果从一名职业的投资者来说，闲谈的那种水平则远远不够，必须有扎实的基本功。这些基本功包括宏观经济、公司财务、交易规则、技术分析等，如果这些还是一知半解的话，则很难有深入的提高。

2. 真正的高人在精不在多。现在各种理论，各种方法多如牛毛，如果每个都了解一点又不是非常精通则到头也是一个万事通而不是一个投资家，只适于闲谈而不适于实战。一定要把适合自己的理论发挥到极至，才有可能做到战胜市场。

3. 投资也需要每天的修炼。要修炼自己的基本功，提高自身的认识水平，如果有丝毫的懈怠，则有可能被市场淘汰。

4．一定要找到适合自己的理论和方法。这有如让郭靖练独孤九剑或是让令狐冲练降龙十八掌一样，他们可能最后都无法做到令自己满意。巴菲特与索罗斯的投资风格也一样是由自身背景决定的，因此每个人的投资风格应该是不一样的。当然风格还要与大背景相适应，如果让巴菲特的理论放到日本去，结果可能就是相反的。但无论何种方法，必须是要超于常规的，或是自己有超人的毅力，或是有高深的理解，总之这个市场通常也是少数人才能胜利的市场。

5．无论哪种方法归根到底还是对心的修炼。这可能是非常高的境界了，以前以为自己能够理解，后来才发现这必须是在有大量的经历之后才能真正理解的，这里不过是对自己的一个期望吧。这正如有一个内心邪恶的人是无法修炼到最高深的武功一样，我想这是有道理的。大勇需要大智，在崩溃的时候敢进，在疯狂的时候敢出，并非人人都能做到，这最终是由这个人的本质来决定的，贪婪的一定被套，而胆小的人一定没法抓住大机会。

2004 年 7 月 1 日

读《操盘华尔街》有感

清华大学博士　胡　波

编者按： 此文太好了，不仅适合于中国基金、券商自营盘的操盘手，也值得中小投资者借鉴。如将亏钱的股尽快抛掉，将盈利的股尽量放着；尽可能在强势股中操作；一定要没有损失，执行铁的纪律。

《操盘华尔街》一书由20世纪80年代末赴美攻读经济学的谭健飞先生撰写。他闯荡美国15年，终于成为美国为数不多的、能稳定获利的股市电子即日操盘手的成功经历。书中还描写了作者在美国生活奋斗的艰苦经历与轶闻趣事，以及在华尔街操盘的成长经历和经验教训。

电子即日操盘主要指的是在同一天之内，通过先进的与股市直接相连的电脑网络进行股票交易。一个即日操盘手极少或者完全不将他的股票留过夜，一般都在同一天结束所有交易，这样即使股市收市后发生什么巨大的变化，也不会对他的操盘结果有什么影响。由于电子即日操盘的交易成本相当低，通常每股不到半美分，所以只要股价有波动，就可操作股票赚到利润。

电子即日操盘是上个世纪80年代末90年代初在美国逐渐兴起的。电子即日操盘的出现和兴起归功于高科技的迅速发展，随着先进的通讯技术的应用，以及股票交易成本的大幅度降低，使得即日操盘成为现实，并以爆炸性的速度向前发展，现已成为美国最新、发展最快的行业之一。最鼎盛时全美国有几百家电子即日操盘公司，后来因管理与经营方面的竞争，现在大型的电子即日操盘公司则只有十几家了。

一些统计数字显示，在这些电子即日操盘公司中工作的专业操盘手，全美国有近1万人。80%以上的操盘手，需要经过1年左右的时间才能成为一个稳定盈利的操盘手。职业操盘手在大股量的操盘交易中，平均只有53%的交易是赚钱的。但是由于他们有良好的风险控制技能，包括资金管理以及良好的心理控制能力，使得他们在刚过半数的交易中，赚到大量金钱。而在另外快一半的赔钱买卖中，将损失控制在较小范围，这样平均下来，他们依然能够为公司赚取较高的利润。

作者认为，随着网络科技特别是高速互联网的发展以及金融市场的巨大变化，电子即日操盘手不仅是今天最热门的行业之一，它也将在今后获得更大的发展。这一行业目前只是处于它的初始发展阶段，这个行业将继续以日新月异的速度向前发展，而且对整个金融行业带来非常巨大的冲击。

要想成为电子即日操盘手，则要经过淘汰率相当高的初步筛选阶段，只有能够稳定盈利者才会得到公司的正式雇用。在初试的前半年，大概有80%被淘汰出局，后半年又将淘汰10%，一年下来，大概只有10%的初试人员能在电子即日操盘中稳定获利，这个概率让人想到股市中流传的说法，即10人炒股有7人赔两人平1人赚钱。大多数有经验的操盘员从买进到卖出平均时间不到5分钟。

作者在开始学习操盘时，有良好的写作交易笔记的习惯。他通常记录下自己每一笔交易，并把每一次交易的分析、心得记录在一起，每隔一些日子就回顾总结一番。作者发现，在他看过好几十本书后，对他帮助最大的反而是反复阅读分析自己写的操盘笔记。作者在操盘笔记中不仅记录了自己每笔交易的成败，也记录了对成败原因的分析，还有对当天股市动态的记录和分析，以及所有会对操盘有帮助的讯息。这些也提醒我们做操盘笔记的重要性。

在初学操盘时，公司管理鼓励多做盘，多动手，但每次动用资金要少，以控制风险。就像学开车，唯有多开车，才能成为一个好司机。

常言道：成功 = 奋斗 + 机遇。作者每天总是第一个到公司，最后一个离开。作者经历一年的奋斗，从一股市门外汉，成为一名能稳定获利的股市电子即日操盘手，受雇于美国第二大即日操盘公司。并在2000年中列公司操盘手业绩第25名，年收入50多万美元。这也是他所在的公司第一次有华人进入前100位。

作者为了提高自己的能力，还自主研发了辅助操盘软件，可以自动发送买卖指令，同时方便地买卖大量股票。这也提示我们研发自动报盘系统的必要性。

作者认为要成为一名成功的操盘手，要具有下列素质：

第一条，就是要学习学习再学习。

第二条，必须学会独立思考。

第三条，操盘必须从实践中学习。

第四条，必须学会控制自己的心态。纪律性是操盘手最重要的原则。操盘股票说到底最简单的一条就是当你赔钱的时候，要尽量减少损失，将赔钱的股票尽快卖掉，而当你赚钱时，要尽量让赚钱的股票为你赚到更多的钱，不要把在为你赚钱的股票过早地卖掉。这听起来非常简单，但实际做起来却有困难，谁也不愿意认输。凭作者7年的操盘经验，发现几乎百分之七八十操盘失败的新手都是因为这条没有做好。

第五条，开始学习操盘时不要急于求成，从小规模的操盘开始做起。

第六条，要顺着股市的大趋势走，不要和股市作对，如果股市在上升，我们要买进，如果下跌，我们就卖出。

第七条，学会控制好情绪波动。只有好的情绪，思维才会敏捷迅速，而不容易发昏出错。

作者在书中提到过很多华尔街高手，以及他们的操盘心得。比如：

一位年收入几千万的股市奇才的操作理念：只操作具有相对强势的股票。我的理解就是只操作在操盘时段内，能超越大盘涨幅的股票。

一个好的操盘手是一个没有观点的操盘手。意思就是说，对于操盘手来说，每时每刻都能作出正确的推测是很困难的，永远正确的只有市场本身。因此，顺势而为，具有敏锐的洞察力，永远最快速、最灵敏地跟随市场节奏进行买卖，则是一个高手应该具备的素质。

如果常受一些突发事件的诱惑而偏离自己的操盘原则的话，那么早晚会玩火自焚。

让赢钱的股票尽量发挥潜力，把赔钱的股票尽快脱手。

做一个好的操盘手最重要的素质不是学习具体的操盘技巧，而是学会纪律性。

你工作越努力，你的运气就会越好。

不要期望机遇随时会出现，但要随时做好机遇来临时应对的一切准备。股市情况千变万化，谁都很难做出非常正确的预测。在各种情况发生变化时，作出事先准备好的相应对策，是一个优秀操盘手应该具备的素质。

操盘手情绪不好时应该及时调整自己的心态，最好暂时停止操盘。我也有些感觉，做错以后，急忙出击想挽回损失，往往会损失更多的钱。股市机会多多，不顺时停停手，休息休息，思考思考，不失为上策。

暂时的挫折绝不等于最终的失败，一定要愈挫愈勇，坚持到最后成功。

我们除了努力努力再努力，还必须要学会忍耐和创造机遇，无论境遇如何，都不要轻言放弃。

作者在书中比较了他的三位同事，其中一位同事原来的操盘业绩与作者几乎一样，但经历了几年后作者则远远超过他这位同事，最大的原因就在于作者不停的学习，向更高的目标攀登，而他的这位同事则过起“知足常乐”的快活日子。

另一位同事，原来被认为是公司很有希望的新秀，但后来却被公司开除，其中最大原因则是他在出现做盘的错误行为时，拒绝听从公司风险管理的指令，不及时更正错误而毁掉在操盘行业的前程。因此，要成为一个成功的操盘手，光学习专业知识和技能是不够的，良好的心理素质和严格的纪律性也是同样重要的，而这些方面很难由别人教会，需要平时多加学习与磨炼。

还有一位同事，则天生具有很敏锐的思考能力，面对复杂的股市情况具备较强的判断力，做事大胆果断，不拖泥带水，喜欢冒较大的风险，做大笔交易，操起盘来丝毫没有战战兢兢的心理。初期也犯一些错误，但在管理层的监管下，能认错改正。在后来的刻苦学习下，取得巨大成功，两年后成为公司操盘业绩第三名，他年收入达300多万美元。

美国做过一次对全美即日操盘手的调查研究。当即日操盘手被问及从事这项工作最吸引人的地方时，他们列出了以下四点：第一是工作自由度大；第二是该行业非常具有挑战性；第三是没有必要和老板或者雇员甚至顾客等打交道，完全凭自己的本事赚钱，少了很多人际关系的纠缠；第四是有更多的时间享受自己喜欢的生活方式。

在问及操盘手自身最大的优势是什么时，他们绝大多数人的回答是自己耐心，有纪律性，在操盘中不追求在一笔交易中赚取非常多的钱，而且控制风险，追求比较稳定的操盘业绩。

只有热爱一行，才能在一行成功。最终获得成功的操盘手也都是那些真正热爱这一工作的人。

第四篇

指数期货及权证运作介绍

如何进行股指期货运作

复旦大学博士　孙建平编写

编者按：鉴于不久之后，中国证券市场将要推出股指期货，它将极大地影响证券市场，我们编写了以下文章。

一、股指期货的概念及特征

股指期货也称股票价格指数期货、股价指数期货、期指，是金融期货的一种。期货交易是指交易双方通过买卖期货合约并根据合约规定的条款，约定在未来某一特定时间和地点，以某一特定价格买卖某一特定数量和质量的标的物的交易合约。期货交易的最终目的往往不是标的物所有权的转移，而是通过买卖期货合约，规避现货价格风险。股指期货是以货币化的股价指数为标的物的期货合约。

1. 股指期货的特征

和其他期货交易一样，股指期货具备合约标准化、交易集中化、对冲机制、每日无负债结算制度和杠杆效应等特征，但是，相对于商品期货、股票现货和股指期权，股指期货还是有自己的特征的。

（1）股指期货与商品期货交易的区别

股指期货与商品期货交易的区别主要体现在标的物、交割方式、合约到期日的标准化程度、持有成本、价格波动等方面。

①标的物不同。股指期货的标的物为特定的股价指数，不是真实的标的资产；而商品期货交易的对象是具有实物形态的商品。

②交割方式不同。股指期货采用现金交割，在交割日通过结算差价用现金来结清头寸；而商品期货则采用实物交割，在交割日通过实物所有权的转让进行清算。

③合约到期日的标准化程度不同。股指期货合约到期日都是标准化的，一般到期日在3月、6月、9月、12月等多种；而商品期货合约的到期日因商品特性的不同而不同。

④持有成本不同。股指期货的持有成本低于商品期货。股指期货的持有成本主要是融资成本，没有实物存储等费用，有时所持有的股票还有股利，当股利超过融资成本时还有持有收益。商品期货的持有成本包括存储、运输和融资成本等。

⑤价格波动程度不同。股指期货对外部因素的反应比商品期货更敏感，价格的波动更为频繁，波动幅度更大，因此也可以说股指期货比商品期货具有更强的投机性。

（2）股指期货与股票现货交易的区别

股指期货与股票现货交易的区别主要体现为杠杆效应、卖空机制、交易成本和结算方式等方面。

①杠杆效应不同。股指期货实行保证金制度，具有杠杆功能，即投资者只要用少量比例的保证金就可以进行大量数额交易。保证金比例越低，杠杆比率越高。股票现货交易是全额交易，没有杠杆效应。也正因为如此，股指期货比现货交易具有更强的投机性。

②卖空机制不同。股指期货的一项重要功能是提供做空机制，当看空市场时，可卖出期货合约进行避险，没有任何限制条件。但是股票卖空交易有一个先决条件，就是手头必须有股票，包括从他人手中借到一定数量的股票。在国际上，股市卖空机制一般都有比较严格的限制，我国股市即将放开融资融券，但实施之初融券规模较小，融券品种也仅局限于少数证券。

③交易成本不同。股指期货的交易成本约为股票交易成本的1/10，远远低于现货的交易成本。股指期货交易成本包括交易佣金、买卖价差、用于支付保证金的机会成本和一些可能税项。

④结算方式不同。股指期货是现金交割，交割时只计算盈亏而不转移实物，在交割期投资者不必为完成合约义务而买入或者卖出相应成分股来履行合约义务，因而不会导致股票现货价格的显著波动，而现货股票的买卖对市场将会产生显著影响。

(3) 股指期货与股指期权交易的区别

股指期货与股指期权交易的区别主要体现在交易的权利义务和杠杆效应上。

①权利义务不同。股指期货赋予持有人的权利与义务是对等的，即合约到期时，持有人必须按照约定价格买入或卖出指数。而股指期权则不同，股指期权的多头拥有买入的权利而不承担义务，股指期权的空头拥有卖出义务而不享有权利。

②杠杆效应不同。股指期货的杠杆效应，主要体现为利用较低保证金交易较大数额的合约，期权的杠杆效应则体现为期权本身定价所具有的杠杆性。

2. 股指期货的功能

股价指数期货最基本也是最重要的功能在于：投资者利用它对股票现货投资进行套期保值，规避系统风险。当一个投资者投资某股票时，投资收益主要来自两块：一块是股票价格随上市公司业绩上升而上涨，从而获得长期的资本利润；另一块是通过上市公司净利润分配获取分红收益。但是，股价的决定因素是多方面的，当股市出现突发事件等系统风险时，公司股价还是会受到负面影响而下跌，从而导致投资者利益损失。当股市出现剧烈波动时，投资者都预料股价将下跌，若没有卖空机制，即使投资者非常看好该公司，他们也会加入抛售股票的行列，由此便出现股价非理性下跌的连锁反应。而股指期货为投资者提供了一个规避市场系统风险的场所和机制，其原理是根据股价指数和股票价格变动的同方向趋势，在股票现货市场和股价指数期货市场上作相反的操作来抵消股价变动的风险。这样在市场可能出现波动的时候，投资者可以不用卖出股票，而是通过股指期货对其投资进行保值，从而起到稳定市场的作用。

此外，同其他期货交易一样，股指期货还具有如下功能：首先，股指期货具有价格发现的功能，股指期货市场更多地关注宏观经济、股市走向以及对股指期货标的指数权重股的走势，所以对价格反应更为灵敏和及时。其次，股指期货给投资者提供了一种新的投资工具，不论投资者还是投机者，都可以同时参与股市和期货市场，也可以通过直接参与股指期货市场而间接投资股票市场。再次，股指期货同其他期货产品一样，实行保证金制度，投资者不用投入大量资金就可以参与（杠杆率一般在10—40倍），交易成本通常也比股票交易小。这些特性使得股指期货产品除了满足投资需要外，还具有投机功能。

二、股指期货的交易规则和定价

1. 股指期货的交易规则

(1) 交易单位

在股指期货交易中，合约的交易单位以一定数量的货币金额与标的指数的乘积来表示，这一定数量的货币金额是由合约所固定的。因此，期货市场只以该合约的标的指数的点数来报出它的价格。例如，在CBOT上市的主要市场指数期货合约规定，交易单位为250美元与主要市场指数的乘积。因而若期货市场报出主要市场指数为410点，则表示一张合约的价值为102 500美元。若主要市场指数上涨了20点，则表示一张合约的价值增加了5 000美元。

(2) 最小变动价位

股票指数期货的最小变动价位（即一个刻度）是由交易所规定的行情变化的最小值，通常也以一定的指数点来表示。如标普500指数期货的最小变动价位是0.05个指数点。由于每个指数点的价值为500美元，因此，就每个合约而言，其最小变动价位是25美元，它表示交易中价格每变动一次的最低金额为每合约25美元。最小变动价位较小，将降低对投机者的影响力并降低合约流动性；最小变动价位较大，则期货合约价格难以反映市场的真实走势。一般而言，最小变动价位的确定可视合约乘数大小和交易成本而定，乘数越小，交易成本越小，最小变动价位也相应较小。

（3）每日价格波动限制

自1987年10月股灾以后，为控制价格大幅波动和市场操纵，限制单日内过大的交易损失，减少违约事件的发生，绝大多数交易所均对其上市的股票指数期货合约规定了每日价格波动限制，但各交易所的规定不同。这种不同既表现在限制的幅度上，也表现在限制的方式上，有的交易所只用一种，有的交易所同时使用两种限价方式。

（4）结算方式

现金交割与结算是股指期货不同于其他期货产品的重要特征。在现金结算方式下，每一个未平仓合约将于到期日自动冲销。也就是说，通过比较成交及结算时合约价值大小计算盈亏，进行现金交割。关于股指期货合约的最后结算价，主要股指期货市场采取两种确定方式。一种是以合约最后交易日次一日的开盘价作为合约的最后结算价，如美国、日本。另一种是以最后交易日一段时间内价格的平均数作为最后结算价，如英国、法国。

2．股指期货合约的定价

股指期货定价是投资者买卖该合约的重要决策依据，股指期货的价格实际上可视为该指数所涵盖的股票所构成的投资组合的价格。同其他金融工具的定价一样，股指期货合约的定价在不同的条件下会出现较大差异，但是，由于市场套利机制的作用，期货的真实价格在长期中还是与理论价格保持一致。

假设投资者既进行股票指数期货交易，同时又进行股票现货交易，并假定：（1）投资者首先构造出一个与股市指数完全一致的投资组合，包括组合比例、股指价值与股票组合市值等都完全一致；（2）投资者可以在金融市场上很方便地借款用于投资；（3）卖出一份股指期货合约；（4）持有股票组合至股指期货合约到期日，再将所收到的所有股息用于投资；（5）股指期货合约交割日立即全部卖出股票组合；（6）对股指期货合约进行现金结算；（7）用卖出股票和平仓的期货合约收入来偿还原先的借款。

根据套利保值原理，股指期货合约的定价公式为：

$P = I + I \times (R - D) = I \times (1 - R + D)$

其中：P：股指期货价格；I：股市市场指数；R：金融市场贷款利率；D：股市股息收益率。

由此可见，股指期货合约的定价主要取决于股市指数、金融市场贷款利率、股市股息收益率。上面公式给出的是在前面假设条件下的指数期货合约的理论价格。在现实生活中，由于上述假设很难完全满足，所以实际股指期货价格会偏离理论价格。但是，在成熟市场中，这种偏离也总是处于一定的区间内。例如：美国标普500指数期货的价格通常在其理论值上下0.5%的幅度内波动。

三、股指期货的产生和发展

股指期货产生的根源是股票市场规模的扩大以及投资者进行风险管理的内在要求。它的出现，被称为“股票交易中的一场革命”，但其发展也并非一帆风顺，而是经历了诞生、起步、低迷、繁荣多个阶段。

表1　全球主要股指期货

著名交易所	标的指数	推出时间
堪萨斯市期货交易所（KCBT）	价值线指数	1982年2月
芝加哥商品交易所（CME）	S&P500指数	1982年4月
纽约期货交易所（NYBOT）	NYSE综合指数	1982年5月

（续上表）

著名交易所	标的指数	推出时间
芝加哥交易所（CBOT）	道琼斯工业平均指数	1997 年 10 月
芝加哥交易所（CBOT）	主要市场指数	1984 年 7 月
伦敦国际金融期货与期权交易所（LIFFE）	FTSE100 指数	1984 年 5 月
泛欧交易所巴黎公司（Euronext Paris）	CAC40 指数	1988 年 8 月
欧洲期货交易所（Eurex）	法兰克福股票指数	1990 年 11 月
悉尼期货交易所（SFE）	S&P/ASX200 指数	1983 年 2 月
香港期货交易所（HKEx）	恒生指数	1986 年 5 月
新加坡交易所衍生品交易有限公司（SGX－DT）	日经 225 指数	1986 年 9 月
大阪证券交易所（OSE）	日经 225 指数	1988 年 9 月
韩国证券交易所（KSE）	韩国 KOSPI200 指数	1996 年 5 月
新加坡交易所衍生品交易有限公司（SGX－DT）	MSCI 台湾指数	1997 年 1 月
台湾期货交易所（TAIFEX）	台湾证券交易所资本市场加权指数	1998 年 7 月

资料来源：国泰君安研究所。

1. 股指期货的诞生和起步阶段

20 世纪 70 年代，布雷顿森林体系瓦解、石油危机加剧，西方主要国家先后从固定汇率制度转向浮动汇率制度，汇率、利率波动非常剧烈，股票市场价格大幅波动，一种可以实现有效规避风险、实现资产保值的金融工具在股票投资者中拥有非常大的需求，股指期货正是满足这种避险需求的金融工具中的一种创新产品。

股指期货的发展是从美国开始的。1982 年 2 月 24 日，美国堪萨斯市期货交易所（KCBT）率先推出价值线指数期货合约，受到市场的热烈欢迎。自此各种类型的股指期货品种在美国和世界各主要金融市场上迅速涌现。1982 年 4 月 2 日，芝加哥商品交易所推出标准普尔 500 股票指数期货合约；随后的 5 月 6 日，纽约期货交易所推出纽约证券交易所综合指数期货合约；1983 年 8 月，芝加哥期货交易所推出主要市场指数期货合约。

由于满足了市场需求，股指期货在美国迅速获得成功，世界其他国家和地区随即陆续推出了自己的股指期货。1983 年 2 月，悉尼期货交易所（SFE）推出澳大利亚证券交易所普通股价指数（ASE）期货交易；1984 年 1 月，多伦多期货交易所（TFE）推出多伦多证券交易所 300 股价指数（TSE300）期货交易；1984 年 5 月，伦敦国际金融期货与期权交易所推出了 FTSE100 股价指数期货交易；1986 年 5 月，香港期货交易所推出恒生指数期货交易；1986 年 9 月，新加坡交易所衍生品交易有限公司推出日经 225 股指期货交易；1988 年 9 月，大阪证券交易所推出国内日经 225 股价指数期货交易。从 1982 年到 1987 年末，股指期货交易在全球迅速发展起来。

2. 股指期货的低迷阶段

1987 年 10 月 19 日，华尔街股市大崩溃，道琼斯指数暴跌近 25%，并引发全球股灾。Brady 委员会报告（1988）提出股指期货的组合保险和指数套利是造成股灾的罪魁祸首（又被称为瀑布理论）。为了尽快出清所持有的资产头寸，使用组合资产保险策略的机构在期货市场上大量抛售股指期货合约，大量抛售行为导致股指期货合约价格明显低于现货市场对应的价格，指数套利者由此而利用期货与现货之间的基差进行指数套利，即买进股指期货合约并卖出相应股票，使得期货市场的价格下跌导致现货市场价格下跌，并引发了恶性循环。1987 年的股灾导致美国和世界股指期货受到较大冲击，股指期货的发展陷入了低迷。此后为防范股票市场价格的大幅下跌，世界各主要证券交易所和期货交易所均采取了多项限制措施，如采用“断路器”、限制程式交易、每日价格限制等。

3．股指期货的繁荣阶段

20世纪90年代后，全球经济和股票市场进入繁荣阶段，全球经济一体化趋势加快，投资者利用股指期货进行风险对冲和套利的需求显著增加，各国股指期货由此复苏并迅速发展。为提高本国证券市场的竞争力，许多新兴证券市场陆续推出了股指期货。例如：在亚洲，1986年5月，中国香港期货交易所开设了恒生指数期货交易，韩国于1996年6月开设了KOPSI200股指期货，台湾期货交易所于1998年7月推出了台证综合股价指数期货。

根据2006年美国期货业协会（FIA）发布的调查（*Annual Volume Survey*），2005年全球期货、期权交易量达到近99亿手，其中，金融期货、期权为91.39亿手，占到91.31%。股指期货、期权的交易量达到了40.80亿手，占到了金融期货、期权交易量的44.64%，总交易量的41.21%。在2005年交易量居世界前10位的合约中，有3个为股指期货或期权。由此可见，股指期货、期权已成为交易量最大的品种，占据了全球期货期权交易的主导地位。

除了交易量，股指期货的品种也相当丰富。有资料显示，截至2004年底，在加入国际交易所联合会（FIBV）的237家证券交易所中，在34个国家或地区有39家交易所至少有一个股指期货或股指期权品种挂牌交易，共计有188个股指期货品种。股指期货品种创新也层出不穷，例如，为满足中小投资者的需求，香港交易所（HKFE）推出迷你型恒生股指期货。

四、股指期货的功能

股指期货的产生并迅速发展，与其在金融市场上的经济功能密切相关。由于在价格发现、套期保值、套利和投机上的重要作用，股指期货交易成为金融市场体系完善的必然选择。

1．价格发现功能

股指期货的价格发现功能是指股指期货交易以集中搓合竞价的方式产生未来不同到期月份的股指期货合约价格，反映对股票市场未来走势的预期。股指期货价格领先于股票现货价格，两者趋于同一，前者能够在一定程度上反映未来整个股票现货价格总水平，成为股票现货价格走势的风向标。期货交易之所以具有价格发现的功能，主要源于三个原因：第一，股指期货交易的参与者众多，有助于价格的形成；第二，股指期货交易的参与者有丰富的投资知识和广泛的信息渠道以及一套科学的分析、预测方法，由此产生的价格能够接近地反映市场供求变动的趋势；第三，期货交易的透明度高，竞争公开化、公平化，有助于形成公正的价格。

2．套期保值功能

股票投资风险中的非系统性风险能够通过分散化投资而消除，但系统风险却无法规避。股指期货则提供了对冲股市系统风险的途径，通过现货和期货市场上的对冲操作，使现货和期货市场的收益（损失）相互抵消，达到锁定成本和确保利润的目的，这就是股指期货的套期保值功能。套期保值功能的实现是因为同种标的物的期货市场价格和现货市场价格变化趋势相同且随着合约到期日的临近，二者趋向一致。套期保值是股指期货市场上最基本、最重要的功能，包括多头套期保值和空头套期保值。

（1）多头套期保值。采用多头套期保值的交易者主要是希望在将来买入股票的投资者，为了避免因未来股价上涨而造成损失，交易者在股指期货市场上买入股指期货合约。这样如果未来股价真的上涨，投资者能够以期货市场的盈利来冲抵现货市场的损失；如果价格下跌，则可以从现货市场的盈利来补偿期货市场的损失。也就是说，通过买入股指期货合约，未来股价无论上涨还是下跌，投资者都能达到套期保值的效果。

（2）空头套期保值。空头套期保值交易的主体主要是已持有股票的投资者，他们预测未来股市将下跌，为了避免因股市下跌而带来损失，可以采用卖出股指期货合约来进行套期保值。

如果未来股市真的下跌，投资者可以通过在期货市场上卖出股指期货合约而获利来弥补由于股市下跌在股票现货交易中所遭受的损失；如果未来股市不跌反涨，投资者一样可以用现货市场的获利来冲抵期货市场的损失。这样，投资者就可以实现保值的目的。

3. 套利功能

理论上，由于股指期货和现货指数具有相同的标的，因此两者应具有相同的价格走势。但两个市场的实际价格经常会产生一些偏差，从而出现两个市场之间的套利机会。当现货指数与股指期货之间的价格偏差大于套利交易的成本时，就会出现股指期货程序化套利交易，从而抑制两市价格之间的过度波动。套利交易的盛行，已成为股指期货交易中的一大特色。套利活动的结果是使现货价格和期货价格趋同，套利机会逐渐消失。套利交易包括跨期套利、跨市套利和跨品种套利。

（1）跨期套利。跨期套利是利用不同交割月份的股指期货合约存在的价差，买进某一交割月份股指期货合约的同时，卖出另一交割月份的该股指期货合约以谋取利润的交易行为。其实质是利用同一市场股指期货合约的不同交割月份之间的差价的相对变动来获利。正常情况下，当股指期货合约价格趋于上升时，近期合约的价格上涨幅度要大于远期合约价格上涨幅度，反之亦然。因此，如果投资者认为未来股指期货价格将上涨，则可以买入近期合约，同时出售远期合约。反之，如果认为未来股指期货价格将下跌，则可以进行相反的交易。

（2）跨市套利。跨市套利是交易者利用同一股票市场指数在不同交易所的期货价格的不同，在两个交易所同时买进和卖出该股指期货合约以谋取利润的活动。当同一股票市场指数变动在两个交易所中的价格差额超出两个交易所的建仓的总费用时，就存在跨市套利的机会。

（3）跨品种套利。跨品种套利是利用两种不同的但相互关联的股指期货合约之间存在的价差而进行的套利交易行为。即买进某一股指期货合约的同时，卖出相关的另一种股指期货合约。跨品种套利必须具备两个基本条件：一是两种股票市场指数之间应具有很强的关联性；二是交易价格受一些相同的因素的影响。

4. 投机功能

股指期货投机交易是投资者根据自己对期货价格未来走势的判断，做出买进或卖出股指期货的交易行为。如果投资者认为未来股指期货价格将上涨，则买进股指期货；反之如果认为股指期货价格将下跌，则卖出股指期货。如果对未来的判断与市场价格走势相同，投机者可以通过平仓而获取投机利润；如果预期错误，投机者将承担较大的损失。投机者与套期保值者的交易目的正相反，套期保值者是为了规避风险，而投机者则是为了追求风险，套期保值者将股市的大盘风险转嫁给股指期货市场的投机者。适度的投机交易可以增加股指期货市场的流动性，促进股指期货市场的价格发现功能。股指期货的投机交易包括多头投机和空头投机。

（1）多头投机。多头投机交易是投机者预期未来股市将上涨，为了从股市上涨中获利，买入股指期货合约而持有股指期货多头，当未来股市行情上涨到一定高度时，通过卖出股指期货合约而获利。

（2）空头投机。空头投机交易是投机者认为未来股市将下跌，为了从股市下跌中获利，卖出股指期货合约而持有股指期货空头，当未来股市行情下跌到一定价位时，通过买进股指期货合约而获利。

五、中国开展股指期货交易的影响分析

随着我国股票市场交易规模的不断扩大，机构投资者增长迅速，形成了包含中小投资者和机构投资者的多元化投资格局。2005 年正式推出具有良好市场代表性的沪深 300 指数，我国发展股指期货的条件正在逐渐成熟。发展股指期货，最大的挑战在于股指期货所带来的风险问题。

1. 股指期货市场对股票指数波动性的影响

关于股指期货市场是否会导致股票指数波动性增加的研究可追溯至20世纪80年代，大多数实证结果表明，股指期货的存在通常情况下并不会增大股指价格的波动。在某些情况下，因为股指期货具有价格发现功能，改善了现货市场对市场信息的反映模式，所以会加大股指的波动，但是这种波动是正常的，有利于提高股市效率。

此外，股指期货合约在到期时，股市可能也会有一些异常波动，这种波动被称为“到期日效应”。国外研究表明，股指期货的确存在“到期日效应”。有人认为，我国股票价格普遍波幅较大，市场波动性高于发达国家，如果再开设股指期货，会进一步加大股票市场的波动性，甚至造成股市动荡。但从国外实证研究结果来看，股指期货对股市波动性的影响是不确定的。股指期货一方面会通过套利交易和到期日效应增加股市波动，另一方面则回避了股市的系统性风险，减少了大盘下跌过程中的恐慌性抛盘，起到了平抑股市波动的作用。而且，根据国外的经验，只要股指期货合约和制度设计合理，股指期货的“到期日效应”也可以被弱化。这些制度包括：采用某种平均价格（如最后交易日每分钟报价的算术平均值）来代替合约收盘价作为结算价格、增加交割月的保证金制度、严格持仓限制等。

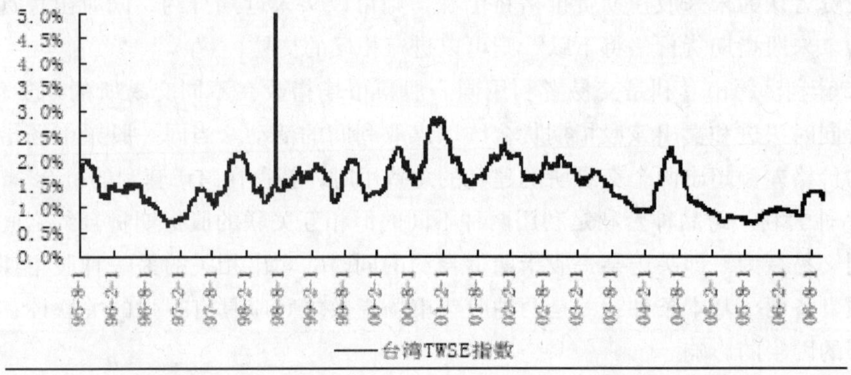

图1　台湾TWSE指数期货上市前后现货市场波动率走势（1985－08－01——2006－09－22）
（数据来源：国泰君安证券研究所）

2. 股票市场缺乏卖空机制对股指期货的影响

与发达国家不同，我国股票市场没有卖空机制，而股指期货交易可以卖空也可以买空。因此有人认为两者之间不对称的市场机制可能会造成股指期货价格与现货价格的偏离，股指期货交易功能难以发挥，甚至引发大量的市场操纵行为。

实证研究表明，股市卖空机制确实有利于期货市场中的套利交易，促进股指与期指走势同步；但与此同时，卖空机制也会增加股市的投机性风险，特别是方便机构投资者利用期货和股市两市的联动效应操纵股指，牟取暴利。目前国际上很多开设股指期货的国家都没有设立卖空机制，原因在于：首先，有无卖空机制只对卖出股票、买入期指的套利交易有影响，而不会导致单向的套期保值。其次，当市场参与者特别是机构投资者事先拥有大量股票头寸时，卖空机制对套期交易没有影响。我国机构投资者拥有大量的股票，卖空机制的影响将十分有限。再次，建立卖空机制需要一定的条件与过程，从国际市场的实践看，我国香港、韩国等开设股指期货时均没有卖空机制，我国可以借鉴这些国家地区的做法，在股指期货推出之初先不要设立卖空机制，避免在市场不成熟时加大股指期货运行的风险。1998年香港金融保卫战中，国际投机资金就曾经利用卖空机制卖空股票以打压恒指。当然，随着股指期货的发展与条件的成熟，应该逐步建立卖空机制以提高股指期货的效率。

3. 股指期货对股票市场资金总量的影响

短期来讲，开展股指期货交易可能导致股票市场资金总量的减少，但从整体与长期角度来看，股指期货交易的开展只会促进股市交易的活跃与价格合理波动，从而使股市更加健康地发展。从国外经验来看，推出股指期货以后，由于吸引了大批套利者和套期保值者的加入，股市的规模和流动性都有很大的提高，并且股市和期市交易里呈双向推动态势。虽然，股指期货的市场规模可能超过现货市场，但这主要是场外资金大量流入造成的，对股市的发展具有长期推动的作用。

我国股市经过十多年的发展，交易规模较以往已有了明显的提高，特别是近年来随着基金等机构投资者的壮大和股市进入牛市阶段，场内资金和场外潜在资金都比较庞大。但是，由于股市缺乏规避系统性风险的有效工具，所以导致投资者在从事股票买卖时非常谨慎，并且只能做多。投资者的这种操作策略和股市交易制度显然影响了股市的交易规模。股指期货推出后，投资者可以利用股指期货规避系统性风险，把握股票指数和个股的更多投资机会，提高资金使用效率，最终增加股市的交易规模。香港期货交易所在 1986 年推出恒生指数期货后，股票交易量当年就增长了 600%，并且此后的交易量不断增加，带来了香港金融市场的空前繁荣。

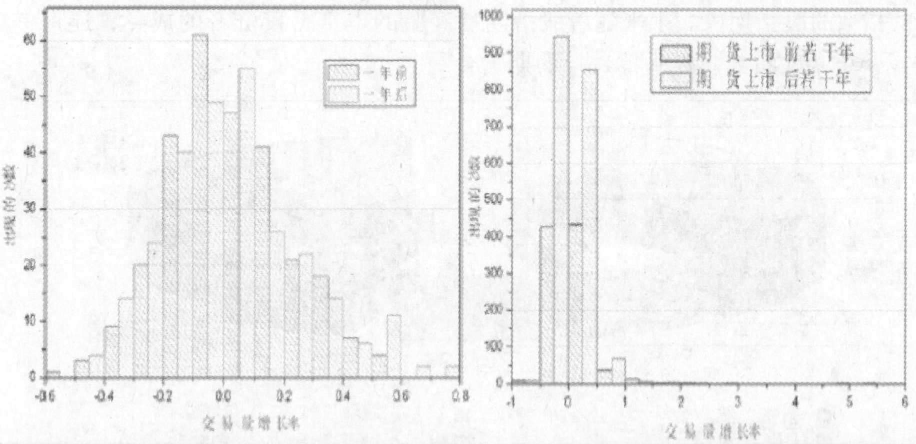

图 2　台湾地区 TWSE 指数期货引入前后现货市场交易量增长率的分布

（数据来源：国泰君安证券研究所）

4．股指期货是否会导致“股灾”

从美国的“黑色星期五”、东南亚金融风暴、英国巴林银行事件以及中航油事件，人们很容易将股指期货同金融风险以及股市灾难联系起来，认为股指期货会带来金融混乱和股灾。事实上，实践和大量的研究成果表明，股指期货并不是股灾的直接原因，造成股灾的根本原因在于这些国家经济本身存在严重隐患，给违规操纵者以可乘之机。股指期货市场的意义在于：为金融体系创造一个价格发现机制，避免金融泡沫过大；将经济运行中存在的泡沫和风险经常性转移和化解，避免风险积累，最终导致金融危机。开展股指期货交易后，由于期货价格对宏观经济形势变化反应比现货市场价格更为敏感，所以股市风险很有可能首先在期货市场上显示，从而引起人们的关注。美联储前主席格林斯潘曾经提出，“期货市场是信号而不是股灾的根源，防止股市风险事件的根本途径是消除经济泡沫与完善制度和监督机制”。

总之，股指期货作为金融衍生品，必然存在风险，但其对股票市场带来的负面影响总体上是有限的，而且，这些负面影响可以通过完善产品和制度设立、建立严格的风险管理等一系列措施来加以防范和控制。因此，股指期货的推出不会对股票市场造成大的冲击，我国开展股指期货的时机也已基本成熟。

六、中国股指期货前景和实际操作

1. 以沪深300指数期货为起点，逐步推进我国股指期货的发展

虽然目前我国发展股指期货仍然存在一定的风险和制约因素，但是已具备了推出股指期货的初步条件。2004年11月26日，上海证券交易所宣布成立股指期货研究开发项目小组，标志着中国股指期货发展提上具体日程，关于股指期货推出时机的讨论画上圆满句号；2006年10月23日，中国金融期货交易所发布了股指期货四项相关规则的征求意见稿，即《沪深300指数期货合约》、《中国金融期货交易所交易细则》、《中国金融期货交易所结算细则》、《中国金融期货交易所风险控制管理办法》（征求意见稿），表明推出股指期货的进程加快；2006年10月30日，沪深300指数期货仿真交易正式推出，目前管理层正在进行紧张筹备，2007年上半年股指期货即可以上市。根据海外市场的经验，如果沪深300指数期货在推出后一年左右运行平稳、态势良好，则可推出基于同一标的指数的股指期权。未来随着股指期货经验的丰富、投资者的成熟，还可考虑推出基于其他指数（如小盘股指数、行业指数）的期货合约。

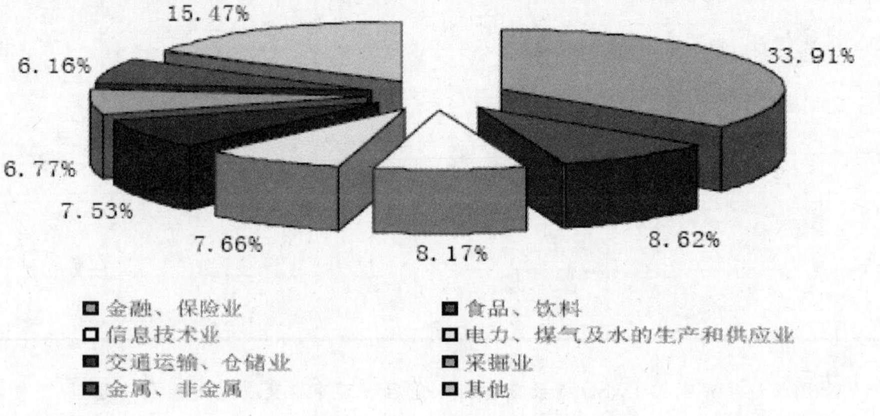

图3　沪深300指数前30大权重股的行业配置（2006－09－22）
（数据来源：国泰君安证券研究所，Wind资讯）

根据四项征求意见稿，沪深300指数期货的主要交易规则如下：

（1）沪深300指数期货合约

表2　沪深300指数期货合约

合约条款	规定
合约标的	沪深300指数
合约乘数	每点300元
合约价值	沪深300指数点×300元
报价单位	指数点
最小变动价位	0.1点
合约月份	当月、下月及随后两个季月
交易时间	9：15—11：30，开市前5分钟为集合竞价，13：00—15：15
最后交易日交易时间	9：15—11：30，开市前5分钟为集合竞价，13：00—15：00

（续上表）

合约条款	规定
价格限制	涨跌停板为上一交易日结算价的正负10%，熔断价幅度为上一交易日结算价的正负6%
合约交易保证金	合约价值的8%
交割方式	现金交割
最后交易日	合约到期月份的第三个周五，遇法定节假日顺延
最后结算日	同最后交易日
手续费	30元/手（含风险准备金）
交易代码	IF

（2）交易与结算

表3　沪深300指数期货的交易与结算规则

交易及结算	规定
每笔交易数量	每次最小下单数量为1手，每次最大下单数量为500手
当日结算价	某一期货合约最后一小时成交价格按成交量的加权平均价
当日盈亏	∑［（卖出成交价－当日结算价）×卖出量］+∑［（当日结算价－买入成交价）×买入量］+（上一交易日结算价－当日结算价）×（上一交易日卖出持仓量－上一交易日买入持仓量）
当日结算准备金余额	上一交易日结算准备金余额+上一交易日交易保证金－当日交易保证金+当日盈亏+入金－出金－手续费等
交割结算价	最后交易日标的指数最后两小时的算术平均价

（3）风险控制

风险控制制度主要包括：①保证金制度。②价格限制制度。③限仓制度。会员和投资者的股指期货合约持仓限额具体规定如下：对投资者单个合约单边持仓实行绝对数额限仓，持仓限额为2 000手（此前仿真交易中确定为2 500手）；某一合约总持仓量（单边）超过10万手的，结算会员该合约持仓总量（单边）不得超过该合约总持仓量的25%；获准套期保值额度的会员或投资者持仓不受此限。④大户报告制度。⑤强行平仓制度。⑥强制减仓制度。⑦结算担保金制度。⑧风险警示制度。

本次征求意见稿对合约条款进行了明确规定，但交易、结算规则、风险管理办法等仍存在尚需进一步细化的方面。例如：套期保值管理尚未有针对具有不同现货头寸以及交易方案等的投资者的具体额度，大户报告标准尚未规定投资者具有多大仓量需要向交易所进行报告等。此外，对于方向性交易、套期保值、跨期套利等是否会考虑制定不同保证金水平以及交易费用，股指期货推出初期进行这种区分在时机上可能还不太成熟，但是在期货交易进入平稳运行阶段可能会考虑。根据细则，股指期货投资者类型包括个人与法人投资者，这对前期市场对个人投资者能否参与股指期货交易的争议给出了明确回答。但对于可以参与期货交易的投资者类型（券商、基金、保险、社保等）、不同投资者可以进行的交易类型（如套期保值、方向性交易等）、头寸大小（金额或比例）等，尚需要证监会、保监会等管理层在相关规定中进一步明确。

尽管征求意见稿还需要进一步修订，但可以肯定的是，我国股指期货的推行已经迈出具有历史意义的第一步，股指期货在我国的全面展开必将促进我国金融市场的发展。

2. 操作实例分析

例1：某投资者甲现在持有A股票10 000股，股价10元，B股票20 000股，股价15元。甲担心3个月内央行加息，导致股价有下跌风险，但现在甲又愿意继续持有一段时间股票而不卖出。此时，投资者甲可以选择股指期货做空头套期保值。

操作方法：

假设现在沪深300指数为1 500点，则一份沪深300指数期货合约价值为1 500×300 = 450 000元。投资者甲现在持有的股票市值为10 000×10 + 20 000×15 = 400 000元。由于担心股指下跌不利于股票上涨，所以投资者甲应该在股指期货市场做空，即卖出1份3个月的沪深300指数期货。

若3个月到期或到期前一段时间央行果然加息，股指下跌，股票也下跌。沪深300指数下跌300个点，跌到1200点；A股票的股价跌幅20%，下跌到8元，B股票跌幅20%，跌到12元。股指期货到期时，投资者把所有股票清仓，同时买入1份沪深300指数期货作为反向交割平仓，期货合约价值为1 200×300 = 360 000元。

投资者此时的股票市值为10 000×8 + 20 000×12 = 320 000元，股票投资收益表现为320 000 - 450 000 = -130 000元（亏损），收益率为-28.9%。在期货市场，投资收益表现为450 000 - 360 000 = 190 000元（盈利），收益率为52.8%。最终总投资收益为190 000 - 130 000 = 60 000元。由此可见，股票市场的下跌风险及其亏损被股指期货的空头套期保值收益对冲掉了。

例2：某投资者甲现在计划买入A股票10 000股，股价10元，B股票20 000股，股价15元。但甲由于各种原因现在手头没有这么多资金，但又不愿意错过低价购买A股票和B股票的时机。投资者甲可以借助股指期货市场实现自己的投资计划，由于投资者甲担心将来股价和股指上涨而不能在将来低成本买入A股票和B股票，所以可以选择股指期货做多头套期保值。

操作方法：

假设现在沪深300指数为1 500点，则一份沪深300指数期货合约价值为1 500×300 = 450 000元。如果投资者甲现在购买A股票和B股票，则买入成本为10 000×10 + 20 000×15 = 400 000元。由于担心股指上涨导致股票上涨，所以投资者甲应该在股指期货市场做多，即买入1份3个月的沪深300指数期货，合约价值为1 500×300 = 450 000元，假设沪深300股指期货是8%的保证金交易，所以只要450 000×8% = 36 000元就可以买入1份期货合约。

若3个月到期时，国内股市和同期香港等境外市场股市一起大涨，沪深300指数从1 500点上涨到1 700点，同期A股票上涨10%，涨到11元，B股票上涨6.7%，涨到16元。此时，投资者已经有足够资金买入A股票和B股票，买入成本为10 000×11 + 20 000×16 = 430 000元。同时卖出1份沪深300指数期货作为反向交割平仓，期货合约价值为1 700×300 = 510 000元。

在股票市场，投资者因为股指和股价上涨买入A股票和B股票时，增加的成本支出为430 000 - 400 000 = 30 000元。在期货市场，投资收益表现为510 000 - 450 000 = 60 000元（盈利），收益率为13.3%。由此可见，通过股指期货，投资者即使未来才能买入计划购买的股票，并因此而增加成本30 000元，但是通过做多股指期货，最终投资者还是获得了30 000元的总投资收益。

例3：1998年香港金融保卫战中股指期货市场的表现和作用。

1998年亚洲金融风暴中，香港也难以独善其身，成为国际炒家的投机攻击对象。国际炒家攻击香港金融市场的操作思路是：国际炒家首先在外汇市场上大量抛售港元，导致港元贬值机会大增；在香港联系汇率制度下，香港特区政府为了维持即期市场上港元汇率的稳定，金融管理局必将全力抬高利率；而利率上升，股市将下挫，恒生指数下跌，恒生股指期货也会同步下滑，国际炒家便在股指期货市场以极低的价格平盘，获取巨额利润。1998年8月14日之后，香港金融管理局和国际炒家的投机与反投机斗争进入高潮阶段。在该阶段，香港金融管理局并没有像以前那样，依靠加息一招应对，而是直接进入金融市场，在汇市、股市和期市与国际炒家直接对垒。

国际炒家的投机操作思路是：在股票市场，抛售股票打压恒生指数，特别是通过制造"香港联系汇率制度将不保”、“港元将大幅贬值”等流言，吸引大型基金和中小投资者加入卖出股票行列，股票成交量急剧上升，卖出股票总额达到790亿港元。在期货市场，抛售恒生期指，导致8月未平仓合约（即8月份到期恒生期指）达到90 624张。

香港政府及其金融管理局的应对策略是：在股市上，在国际炒家大量抛售篮筹股等股票打压股指时，动用外汇基金大量接纳，阻止恒生指数下降，甚至推高指数。在宣传上，政府与金融界、媒体和政党人士频繁接触，解释直接入市干预的必要性，甚至游说中资金融机构和大户入市接货。与此同时，政府还动用了非常厉害的一招，就是要求公营机构和信托公司不要借股票给国际炒家，从而使得国际炒家无法通过融券获得打压股指的筹码。在期货市场上，政府连续10个交易日在期货市场上买入8月恒生指数期货，推高指数期货，逼迫国际炒家平仓或者转仓到9月，但同时政府卖空9月恒生指数期货，使得8、9月恒生指数期货差价从不到100点扩大到829点，导致国际炒家转仓成本大增。从8月14日到28日，政府和金融管理局强力干预，动用1 008亿港元外汇基金，恒生指数上涨8%，合计1 169.3点。8月28日收盘时，8月恒生期指为7 829点，9月恒生期指为7 200点。国际炒家被迫清仓离场，投机攻击宣告失败。美国国际大炒家索罗斯在中国香港汇市和股市的投机炒作中，损失约8亿美元。一年以后，香港恒生指数回升至14 000点以上，2001年原财政司司长曾荫权宣布，经过大约32个月的努力，香港政府不仅已收回当时投资的1 100多亿港元，而且目前还持有1 000多亿港元的股票。香港金融保卫战获得圆满成功。

美国股指期货

复旦大学博士　孙建平编写

一、美国股指期货的产生过程

1．股指期货产生的经济背景和市场背景

1982 年 2 月 24 日美国堪萨斯农产品交易所推出了以价值线为基础的股票指数期货交易，宣告了股指期货的诞生。股指期货的推出是有其深刻的经济和市场背景的。

就经济背景而言，从 20 世纪 70 年代开始，世界经济格局发生了深刻的变化。两次石油危机加速了布雷顿森林体系的彻底崩溃，浮动汇率制度代替了固定汇率制度，以美国为首的西方发达国家因长期增长而积存的通货膨胀压力进一步增加，汇率和利率的波动幅度和波动频率加大，导致经济活动的不确定性和经济运行的风险随之增加，公司、金融机构、投资者、投机者都想方设法要用新的手段来减少汇率、利率风险。与此同时，各国原有的金融管制在新式金融工具面前失去效果，管制开始出现松动，如英、法、加、丹麦等国取消贷款等业务的利率限制，废除金融机构跨行业经营的限制，以及放松国际信贷管制等。此外，计算机、远程通信设备和信息处理技术的快速发展及其在金融领域的运用，缩短了全球市场的经济距离，降低了交易成本，简化了计算过程，加快了运作速度，使复杂的衍生工具不断被创造出来，并在世界各地和各领域广泛运用。

就股指期货产生的市场背景而言，第二次世界大战后，美国股票市场飞速发展。不仅股票的发行数量不断增加，市值也迅速膨胀。以纽约股票交易所为例：1980 年纽约股票交易所的交易量为 3 749 亿美元，比 1970 年增长了约 3 倍，是 1960 年的约 20 倍。

随着股票市场的规模不断扩大，市场中投资者的结构也发生着变化：20 世纪 50 年代以来，以养老基金、信托投资基金、共同基金为代表的机构投资者逐渐在市场上占有越来越大的比例而居于主导地位。这种以机构投资者为主体的市场结构，使得市场交易行为更趋于理性，也使市场价格能够比较合理地反映各种信息。组合投资虽然能够帮助机构投资者分散个股的非系统性风险，但是对于对整个市场都发生作用的系统性风险却无能为力，因而机构投资者对创造和交易能规避系统性风险的金融工具的要求越来越强烈。

与此同时，美国股票交易手段也在不断地发展进步。1976 年，纽约股票交易所推出了指定交易循环系统（DOT），该系统直接把交易所会员单位的下单房和交易池联系了起来。此后该系统又发展为超级指定交易循环系统（SDOT），对于低于 2 099 股的小额交易指令，该系统可在三分钟之内成交并把结果反馈给客户。与指定交易系统几乎同时出现的是：股票交易不再是只能对单个股票进行交易，而是可以对多种股票进行“打包”，用一个交易指令同时进行多种股票的买卖即进行程序交易。程序交易是高度分散化的一篮子股票的买卖，其买卖信号的产生、买卖数量的决定及交易的完成都是在计算机技术的支持下完成的，它常与金融衍生产品市场上的套利交易活动、投资组合保险以及改变投资组合中股票投资的比例等相联系。伴随着程序交易的产生，股票管理者很快就开始了“指数化投资组合”交易和管理的尝试。“指数化投资组合”的特点就是股票的组成与比例都与股票指数完全相同，因而其价格的变化与股票指数的变化完全一致，所以其价格风险就是纯粹的系统性风险。在“指数化投资组合”交易的实践基础上，为适应规避股票价格系统性风险的需要，开发股指期货合约就成了一件顺理成章的事情了。

2．股指期货的产生过程

1977 年，美国堪萨斯城商品交易所（KCBT）成立了一个专门的委员会来创立一种新的期货合约的可能性。该委员会还聘请了斯坦福大学教授罗格 · W. 格瑞博士为高级顾问。经过一番精

心的研究，该交易所决定创立一种以某一种股票指数为基础的期货合约，并认为这将为其带来巨大的经济效益。考虑到有众多的股票需要套期保值（总价值约1.5万亿美元）和潜在的3 000万股票投资者的参与，这种新合约取得成功的可能性简直不容怀疑。

该年10月，KCBT正式向美国商品期货交易委员会（CFTC）提交了开展股指期货交易的报告。在报告中，KCBT提出要以道琼斯30种工业平均指数为基础创立自己的股指期货合约。1978年10月，CFTC在华盛顿举行了关于股指期货的听证会，引起了公众的极大关注。然而在能否利用道琼斯指数作为合约的标的这一关键问题上，KCBT与道琼斯公司却未能达成一致，报告未获通过。1979年4月20日，KCBT将其期货合约的标的改为价值线综合指数，并再次向CFTC提交了报告。由于商品交易委员会与美国证券交易委员会（SEC）在股指期货交易管辖权上存在争议，该报告也迟迟未获通过。直到1981年，新任CFTC主席菲利普·M.约翰逊与新任SEC主席约翰·夏德达成夏德/约翰逊协议，明确股指期货归CFTC管辖，KCBT报告才于1982年2月16日被通过，比最初提交时晚了四年多。1982年2月24日，KCBT推出了价值线综合指数期货合约的交易。交易推出当天市场就非常活跃，成交近1 800张合约。

另两种股票指数期货合约紧跟着在另外两家交易所上市交易。1982年4月20日，芝加哥商品交易所（CME）提交的关于开设以标准普尔500（S&P500）股票指数为基础的期货合约交易的报告也获得了CFTC的批准。21日，S&P500股票指数期货合约上市交易，当日成交量达到了3 963张。5月4日，纽约期货交易所（NYSE）也被获准开办以纽约股票交易所（NYSE）综合指数为基础的股票指数期货，6日开市第一天的成交量就高达6 162张。

1983年，芝加哥交易所（CBOT）与美国股票交易所（ASE）签约，被获准使用后者的主要市场指数（MMI，由ASE的20只蓝筹股组成）。1984年7月，CBOT的“主要市场指数期货”也被获准上市交易。

二、股票指数期货推出过程中遇到的主要问题

股指期货的产生并不是一帆风顺的，期间出现过的、有代表性的问题如下：

1. 管辖权问题

按照美国的《商品交易法》（C. E. A），CFTC应该对股票指数期货等金融期货有完全的管辖权，即使它在批准新的金融期货品种时需征求其他管理机构的意见。但是，SEC和国会等机构中的一部分人认为SEC应对与股票及股票指数有关的衍生产品享有管辖权。于是，关于股票指数期货管辖权的归属问题便产生了争议。在管辖权争议尚未解决之前，CFTC不能决定其是否可以批准股票指数期货合约上市，这就严重影响了股票指数期货的适时推出。最后，还是在夏德/约翰逊协议里得到了解决。主要内容如下：SEC负责监管所有证券的期权交易，CFTC负责监管股票指数期货交易、各种期货的期权交易以及各种非证券的实物期权交易等。1989年，美国联邦法院就CFTC与SEC之间的争端公布了一项裁决。在这个案例中，法院裁定：尽管指数交易是从证券交易中衍生出来的，一直在证券交易所交易，但它属于期货，因而要受CFTC的独立监管。这一判决更加明确了CFTC对股票指数期货的监管权。

2. 政府参与保证金设定问题

所有在商品交易所参与买卖的期货合约者为了确保合约如期、正常的履行，都必须按规定交付保证金。在美国，与股票市场不同的是，期货保证金的设定一直是由交易所来进行，而不是由CFTC来决定的。股票指数期货出现后，包括国会议员在内的许多人认为应该赋予CFTC对股票指数期货合约保证金的规定权，以减少违约风险。20世纪80年代，美国国会对《商品交易所法》进行了一系列修订，强化了CFTC对保证金的干预，政府开始参与对期货交易的保证金水平的设定。实践中，CFTC很少直接规定保证金水平，而是侧重于对保证金制度的执行情况进行监督，通过公开劝说的形式为保证金制度提供宏观上的指导。

3．以现金交割的期货合约是否属于赌博（CASINO）的问题

在1981年以前，CFTC从未批准过以现金结算的方式来交割的期货合约，而许多州的法律也因为期货交易最后大都要求用实物来交割而把期货交易同赌博行为区分开来。但按照这些法律，如果期货交易最后以现金方式交割，则肯定属于赌博而被视为违法。由于美国的《商品交易法》没有明确界定以现金结算的方式来交割的期货交易属赌博行为，因而有很多人便以联邦法的适用优于州法律的理由认为以现金结算进行期货交易并不违法。由于股票指数期货是以现金结算为唯一交割方式的，这一法律纠纷的解决结果便对其有着直接的影响。1974年，有关禁止现金交割的法律条文，为商品期货交易委员会的联邦管理地位所替代。由于没有禁止赌博的联邦法律，期货市场的现金交割就成为可能。1981年12月，CFTC批准了三种以现金交割的欧洲美元期货合约，这为股票指数期货的随后推出铺平了道路。这里我们需要强调：股票指数期货交易具有很多经济功能，如价格发现机制、信息的传递和规避价格风险等，而相反，赌博对经济的发展没有任何的贡献。另外，金融期货发展的最初动力来自对价格风险暴露的保值，投资者（或投机者）在承担风险时有其客观基础，而赌徒所承担的风险是没有任何客观基础的。

4．股票价格指数的使用权问题

股票指数期货设立之初必须首先选取某一股票价格指数作为其基础，股票价格指数的选取的成功与否将直接关系到该品种的交易情况。因而起初各交易所都倾向于在市场上知名的股票价格指数，如道琼斯指数、标准普尔等。但围绕这股票价格指数的使用权，却引发了很多的争议和纠纷。例如最著名的道琼斯与芝加哥商品交易所（CBT）之间的纠纷。道琼斯指数公司一直将股票指数期货这一新的金融工具看作是为迎合市场投机而创造出来的，因而拒绝将自己的指数用于股票指数期货的交易。并且，道琼斯公司早先就曾拒绝过堪萨斯商品交易所使用自己的道琼斯30种工业平均指数来开办股票指数期货的建议。但1982年3月，CBT却向CFTC递交了开办以自己编制的30种工业指数（类似于道琼斯30种工业平均指数）为基础的股票指数期货交易的申请报告。在此之前，CBT也曾提议使用道琼斯指数而遭拒绝。该报告被披露后，CBT与道琼斯公司展开了一场旷日持久的诉讼大战。有三个不同的法院分别受理了这场纠纷，分别是伊利诺伊州地方法院受理CBT诉道琼斯案，纽约联邦法院受理的道琼斯诉CBT案以及华盛顿联邦法院受理的道琼斯CFTC案。诉讼的结果是道琼斯赢得了胜利，CBT推出股票指数期货的方案落空。直到1984年，CBT才最终推出自己的“主要市场指数期货（MMI）”，这使其错过了和其他交易所竞争的大好时机。

三、股票指数期货在美国的发展及影响

股票指数期货在美国的发展非常迅速。以标准普尔为例，其在上市五年内成为世界第二大期货合约交易品种。在1987年10月的股灾前，该品种的成交量逐月攀升，最高时每日成交高达100 000张。按当时的价格计算，标准普尔500指数的点位大致在320点上下，合约每点的价格为500美元，则每日成交额约有160亿美元，远远超过了当时纽约证券交易所的股票总市值。

股票指数期货在迅猛发展过后，也曾经历过一段停滞期（1988—1990）。1987年10月19日，美国华尔街股市单日暴跌了近25%，从而引发全球股市重挫，这就是著名的“黑色星期五”。对于当时的恐慌性抛压众说纷纭，股票指数期货也一度被认为是“元凶”，致使股票指数期货的发展在那之后进入了一个停滞期。其实，连事后发布的著名的“布莱迪报告”也无法确定期货交易是唯一引发恐慌性抛盘的原因。事实上，更多的研究报告指出，股票指数期货交易并未明显地增加股票市场价格的波动性。

为了防范股票市场的价格大幅下跌，各证券交易所和期货交易所均采取了多项限制措施。期货交易所制定出股票指数期货合约交易的每日波幅限制，借以平静市场发生异常时恐慌或过热情绪。这些措施在1989年10月纽约证券交易所的股价“小幅崩盘”时发挥了异常重要的作用，指

数期货从此再无不良记录。

20 世纪 90 年代至今，美国的股票指数期货又进入了蓬勃发展的阶段。各种关于股指期货应用的争议逐渐消失，投资者行为更趋于理性，而各发达金融市场国家继美国之后也纷纷推出自己的股指期货交易，使得股指期货的运用更为普遍。

四、美国股指期货的监管体系与法规简介

美国是世界上最早开展股指期货及其他各种金融期货交易的国家。在长时间的交易过程中，美国在对其市场监管及法规的建设方面进行了不断的尝试和总结，因而有一些成熟的经验可供我国参考。但是在研究中我们也注意到，美国的股指期货交易是受金融期货交易法规规范的，而金融期货的法律法规又是受期货交易法规范的，这和美国的悠久的期货交易历史是分不开的。实际上，单独考察美国法律对股指期货的规范是非常困难的，在这里我们也只是选择了一些我们认为可能对中国有所帮助的东西。

1. 监管体系——三级管理体制

美国的金融期货市场管理体制分为：政府监管机构、行政协调组织、期货交易所自我监管的三级管理体制。该体制的目标就是：实行统一的金融期货管理制度，建立监管、协调及操作完整有序的金融期货市场结构；统一市场法规，建立一套合理、公正、完善、可行的金融期货交易准则；统一金融期货交易程序，控制市场价格涨落幅度，提供准确的价格信息；统一管理金融期货市场的风险，防止期货交易中的市场垄断、假冒、欺诈及不公平竞争等妨碍市场效率的行为。

（1）政府监管

美国政府设立商品期货交易委员会（CFTC）作为全国统一期货市场的最高权力机构，受政府部门直接领导，拥有独立的决策权。它的任务有：通过对包括金融期货在内的所有商品期货买卖进行审核和监督，以保证交易人员及其日常交易行为的合法性，并防止垄断和欺诈等行为的发生，从而维护竞争机制，使期货市场能够正常地运行。它所拥有的权力包括：监管、管理和指导各期货交易所及行业组织，制定与期货交易有关的各项法规，管理期货市场上各交易主体的交易行为，各种交易机构的注册、审核和批准。

（2）美国期货行业自我管理

美国期货行业的自我管理主要是由半官方、半民间组织对期货市场行为所进行的监管。

①全美期货协会（NFA），是一个非营利性的会员制行业性协会组织，是美国唯一的期货行业自律组织。其主要工作有：

A. 登记。负责商品期货交易委员会（CFTC）规定的期货经纪商资格登记。

B. 执行法规。NFA 内部制定了一系列的规则，如经纪公司和自营经纪人对用户业务关系准则、会员财务活动规则、会计和交易报告制度等，在实施前需要 CFTC 的特别批准文件。

C. 仲裁。根据 CFTC 的授权，NFA 享有部分司法裁制权，会员的纠纷可由 NFA 所设立的仲裁程序裁定，判决结果对双方均具有同法约束力。

D. 审计与监督。NFA 根据商品期货交易所委员会的规定，每年对其会员进行一次审计，并要求期货经纪商为其提供真实的资料，以保证审计的全面和公正。

E. 宣传和教育。NFA 负责向其会员及公众普及遵纪守法教育和宣传期货交易的基础知识。

②期货产业协会（FIA），是美国的一个期货民间组织，其主要业务包括每日期货合约成交量及未平仓合约的正式统计、双月刊的 FIA 业务报告以及一年一度的期货业大展，此外还提供相关的教育及推广服务。

③全国期货顾问协会。它成立于 1980 年，其目的与一般民间组织相同，提供统计数据、推广及代表工作。

（3）期货交易所的自我监管

期货交易所内部的自我监管，是美国期货市场监管中最重要的一环。美国各交易所实行的规则，主要包括保证金制度、会员之间发生纠纷时的调解制度，对经纪商的最低资金限额要求、完备的交易记录和交易程序、客户订单管理、内部惩罚制度等。

2．法规简介

这里我们将重点介绍一些于中国当前有现实意义的法规。

（1）股指期货合约的法规约束

由于股指期货交易具有极大的投机性和交易风险，因此，美国期货交易所对合约品种的审查比较严格，申请指数合约的获准，应满足下列条件：

A．合约的结算或交割是用现金和除了证券转让和接受以外的其他方式进行，但依 1982 年《商品期货交易法》生效日实施的 1933 年《证券法》第 E 条或 1934 年《证券交易法》第三条（a）款第 12 项规定应受豁免权的除外；

B．合约的交易不应轻易地受到这种合约价格操纵的影响，也不应能被轻易地用于操纵合约担保证券的价格、此种证券的期权价格及证券指数和某组证券的价格；

C．这一组证券或这一证券指数应主要由互不关联的发行者发行的证券组成，并被大量发行及能反映所有公开交易证券、债券或其市场的情况，并能与该计量单位相比较。

（2）对过度投机的法规约束

美国规范过度投机行为的主要法律是《美国商品期货交易法》（最近一次修订是 1986 年 11 月 10 日），具体包括：

①通过对期货合约交易量和持仓头寸的限制来抑制过度投机。

A．在美国期货交易法中，过度投机的判断标准是：期货合约的买卖导致了突发的或不合理的价格波动，并且这种价格波动对州际商品贸易造成了非法的和不必要的负担。

B．对过度投机的抑制途径：一是由商品期货交易委员会以细则、条例或裁定的形式对可能产生过度投机的期货品种的交易量做出限制；二是针对具体的期货合约交易限制持仓头寸。

C．商品期货交易委员会有权根据交易的不同情况做出不同的交易量限制和持仓头寸限制以及不同的交易限制。例如在确定交易限制时，把交易者直接或间接控制的由他人完成的交易和持有的头寸以及两人或多人协议进行的交易和持有的头寸将视为单人交易来处理。这些严格而细致的法规一方面严格限制了过度投机发生的可能性，另一方面对监督水平也提出了更高的要求。

此外，该法还规定，在同一营业日内，如果交易者的交易量超过了商品期货交易委员会规定的交易量限制，也属非法行为。

②过度投机应承担的法律责任。

《期货交易法》第四条（a）款第五项规定，任何人违反了交易量限制或持仓头寸限制，均被认为是违反本法的行为，将承担相应的法律责任。由于过度投机所侵害的主要是期货市场运行的正常秩序，因此其法律责任主要是刑事责任和行政责任。但因过度投机给他人造成财产损失时，亦应承担损害赔偿的民事责任。该法通过对过度投机者处以刑罚，损害赔偿和建立市场禁入制度，对过度投机行为加以规范。

亚洲国家和地区股指期货的发展

复旦大学博士　孙建平编写

美国是最早推出股指期货交易的国家，其股指期货的产生发展得益于这样几个方面的因素：一是20世纪70年代初期由于美国持续两位数的通货膨胀导致股市暴跌，出现了对现货市场避险工具的需求；二是1974年美国国会通过的《退休收入保障法》要求退休基金管理人遵循“谨慎人原则”管理资金，严格分散和规避市场风险，进一步强化了其避险需求；三是20世纪80年代初期券商承销收益和佣金收入大幅降低，迫使券商进行金融创新，努力寻求新的盈利模式；四是1974年商品期货交易委员会的设立及其后对《商品交易法》管辖范围的扩大为股指期货的产生扫清了法律障碍。但是美国的情况并不能解释一切，尤其是20世纪90年代以来亚洲国家和地区如日本、韩国和我国台湾地区股指期货的产生和发展。这些国家和地区股指期货市场的产生和发展与其证券市场的对外开放尤其是QFII制度是密切相关的。

表1　亚洲主要股指期货上市时间

上市时间	指数期货名称	所在交易所
1986年5月6日	香港恒生指数期货	香港期货交易所
1986年9月3日	日经225股指期货 Nikkei225	新加坡金融期货交易所
1996年5月3日	韩国综合股票价格指数 Kospi200	韩国证券交易所
1998年7月21日	台湾证交所加权综合指数期货	台湾期货交易所

一、香港恒生指数期货合约的产生与发展

香港恒生指数期货合约交易始于1986年5月6日，该股市指数期货合约是根据恒生指数及其四项分类指数——地产、公用事业、金融及工商而定。合约分为4个月份，即当前月、下一月以及后两个季月，当前为4月，则合约分为4月恒指、5月恒指、6月恒指、9月恒指。4月合约现金交割之后，则合约变化为5月合约、6月合约、9月合约、12月合约，之后循环反复。合约价值则等于合约的现行结算价格乘以50港币。恒生指数期货合约的产生和发展大致可以分为三个阶段，即香港股指期货的产生及其迅猛发展阶段、体制改革阶段及其稳步发展阶段。

第一阶段：1986年5月至1987年10月，即总结为指数期货的产生、迅猛发展和交易危机。1982年至1987年，世界股票价格指数正处于蓬勃发展时期，在世界股指期货大发展的良好背景下，1986年5月份，香港期货交易所成功推出恒生指数期货交易。在恒生指数期货合约挂牌上市后的短短一年多时间里，期货交易火爆，发展势头迅猛，当年5月份日均成交量为1 800份；到了1987年10月，成交量突破25 000份；1987年10月16日成交量破纪录放大到40 000份。1987年10月19日，美国华尔街股市单日暴跌近25%，并由此引发全球股市重挫的金融风暴，即著名的“黑色星期五”。1987年10月中下旬，香港股市同样无法避免历经四天的严重股灾，股指期货出现首次交易危机。由于香港期货交易所应付对手风险能力不足，加之当时期货保证公司保证服务欠缺，恒生指数暴跌420多点，香港期货交易所不得不增加保证金和扩大停板价幅，期货指数迅速跌至停板。很多会员由于大面积亏损需要及时补充履约保证金却无力支付，导致保证金不足以支付结算额，欠款额高达数亿港币。1987年10月20日，纽约道琼期指数暴跌，鉴于不少恒生指数期货合约拖欠债务，香港股票交易所及期货交易所宣布休市四天。

第二阶段：香港期货交易所被迫改革。1987 年 10 月，美国股市暴跌引发了全球股灾，香港股市历经四天惨跌，股指期货交易出现严重危机。为了应对当时庞大的保证金不足引发的严重债务风险，特别是为防止日后期货交易可能出现的潜在交割危机，香港期货交易所着手对结算和保证制度进行大刀阔斧的改革。

香港期货交易所推出股指期货合约时最早结算任务完全是由结算所承担，结算所管辖会员的买卖，并监控会员可能发生的交易风险；而会员则管辖其客户的买卖，负责监控客户交易风险，会员执行结算所的可靠程序，但并不负有履行其保证的功能或义务，即不能保证客户能支付任何未平仓合约保证金。1987 年 10 月出现交割危机之后，结算制度的改革要求提上日程。1987 年 10 月 26 日，香港期货交易所作出一个拯救期货市场的决定，即由香港政府出资 50%，主要银行和经纪出资 50%，筹措一笔 20 亿元港币的备用贷款给予香港期货保证公司（之后增至港币 40 亿元），增强其抗风险能力，保证香港期货交易所所有期货合约的履行。之后，保证公司动用了约 20 亿元港币的备用储备来处理未能履行合约经纪会员的 18 亿元未平仓合约。但之后政府规定该笔贷款将通过追讨未履行责任的会员欠款及期货合约和所有股票交易的特别征费来偿还。通过征收特别征费来偿还交割债务，无形中将该笔拯救贷款转嫁到了投资者身上。

随后期货交易所继续进行了一系列改革，加强其抗风险能力，并且使其监控市场风险的功能得到加强。改革内容主要有以下三点：其一，将会员分为四种等级，只替自己买卖的经纪划为第一类经纪会员，代表自己及交易所会员客户进行交易的经纪划为第二类经纪会员，代表非会员客户进行交易的经纪划为第三类经纪会员，有包销权的经纪则划为第四类经纪会员。交易所依据承受风险的大小相应提高交易经纪会员的股本要求。通过此次改革，每一类经纪会员被要求对其顾客的财务状况进行不定期监察，且会员还负有承受客户可能拖欠保证金的风险。其二，通过改革成立 2 亿港币的储备基金，代替以前的保证公司，期交所结算公司可以利用该笔基金直接支付经纪会员拖欠的保证金，及时化解市场交易、交割风险。其三，改革的另一结果是对结算所进行重组。为了更严格地保证经纪会员存放发展押金的安全性和流动性，通过此次重组，将结算公司并为期货交易所的附属公司，完成日常交易和交割的结算任务，更便于期货交易所及时控制风险和应对危机。

第三阶段：交易所改革后至今，金融期货市场的规范和发展。经过系列改革，香港期货交易所的交易活动逐渐稳定，投资者重新恢复对股指期货交易的信心。市场体制和各项制度在这个过程中得到完善，市场秩序更加规范，交易量不断上升，并且为我国内地的股指期货建立和日后建设提供了借鉴和可行性经验。

表 2　香港恒生指数期货合约

相关指数	恒生指数（由恒指服务有限公司编纂，计算及发放）
合约乘数	每点港币 $ 50.00
合约月份	现月，下月及之后的两个季月［立约成本：被结算公司登记的恒生指数期货合约的价格（以完整指数点计算）］
立约价值	立约成本乘以合约乘数
最低格波幅	1 个指数点
持仓限额	无论长仓或短仓，以恒生指数期货、恒生指数期权及小型恒生指数期货所有合约月份持仓合共 delta 10000 为限，并且在任何情况下，小型恒生指数期货的长仓或短仓都不能超过 delta2000，计算持仓限额时，每张小型恒生指数期货的仓位 delta 为 0. 2

（续上表）

相关指数	恒生指数（由恒指服务有限公司编纂，计算及发放）
开市前时段	（香港时间）上午9时15分至上午9时45分（第一节买卖）及下午2时正至2时30分（第二节买卖）
交易时间	（香港时间）上午9时45分至中午12时30分（第一节买卖）、下午2时30分至4时15分（第二节买卖）
最后交易日的交易时间	（香港时间）9时45分至12时30分（第一节买卖）、下午2时30分至4时（第二节买卖）（由于现货市场的收市时间有可能随时更改，期货市场的收市时间必须根据现货市场收市时间的改变而自动做出相应的调整）
交易方法	电子自动化交易
最后交易日	该月最后第2个营业日
结算方法	以现金结算
最后结算	恒生指数期合约的最后结算由结算公司决定，并采用恒生指数在最后交易日每5分钟所报指数点的平均数为依归，下调至最接近的整数指数点

二、日本股指期货的产生与发展

日本股指期货的发展经历了较为明显的三个阶段：

第一阶段：20世纪80年代初期到1987年，股指期货在外界因素的推动下从无到有的初步试验阶段。日本于20世纪80年代初期即已开放了其证券市场，允许境外投资者投资境内股市。但是，其股指期货合约却首先出现在海外，1986年9月3日，日经225指数期货在新加坡金融期货交易所（SIMEX）交易。按照日本当时的证券交易法规定，证券投资者从事期货交易被禁止。所以，当时的日本证券市场并不具备推出股指期货交易的法律条件。而且，按照当时的证券交易法，日本国内的基金是被禁止投资SIMEX的日经225指数的，只有美国和欧洲的机构投资者利用SIMEX的日经225股指期货合约对其投资于日本的股票进行套期保值。本国的机构投资者明显处于不利位置。基于这样的原因，1987年6月9日，日本推出了第一种股票指数期货合约——50种股票期货合约。受当时证券交易法禁止现金交割的限制，50种股票期货合约采取现货交割方式，以股票指数所代表的一揽子股票作为交割标的。

第二阶段：1988年到1992年逐步完善的过渡阶段。这一阶段，通过修改和制定法律，国内股指期货市场逐步走上正轨。50种股指期货刚刚推出的前几个月，交易发展缓慢，直到1987年股市暴跌后交易量迅速发展起来。1987年10月20日上午，日本证券市场无法开始交易，卖盘远大于买盘，由于涨跌停板的限制，交易刚开始即达到跌停板。当时50种股票期货合约实行现货交割，所以，境内投资者也无法实施股指期货交易。而在SIMEX交易的境外投资者却能够继续交易期货合约。受此事件影响，1988年日本金融市场管理当局批准了大阪证券交易所关于进行日经指数期货交易的申请。1988年5月，日本修改证券交易法，允许股票指数和期权进行现金交割，当年9月大阪证券交易所开始了日经225指数期货交易。1992年3月，大阪证券交易所50种股票期货停止了交易。

第三阶段：对股票指数进行修改，股指期货市场走向成熟。日经225指数采用第一批上市的225种股票，以股价简单平均的形式进行指数化。针对这样的情况，大阪证券交易所根据大藏省指示，开发出了新的对现货市场影响小的日经300指数期货以取代日经225，并于1994年2月14日起开始交易。此后，日本股指期货市场便正式走向成熟。

新加坡国际金融交易所（SIMEX）首开先河，于1986年推出了日本的日经225指数期货交易，并获得成功。而日本国内在两年以后才由大阪证券交易所（OSE）推出日经225股指期货交易。1990年，美国的芝加哥商品交易所（CME）也推出日经225指数期货交易，形成三家共同交易日经225指数的局面。而在竞争中，由于新加坡推出较早已形成了一定优势，所以一直保持领先地位。直到1995年初英国皇家巴林银行期货交易员尼克里森因在投机日经225指数中的违规操作而导致巴林银行倒闭事件发生后，市场对SIMEX的日经225指数产生了信心危机，资金才又开始回流日本市场，OSE便趁机夺回了主导权。从某种意义上说，巴林事件的发生也是OSE与SIMEX市场竞争的结果。为了争夺OSE的市场份额，SIMEX不惜放松对市场的监控，在巴林银行持仓已明显偏高的情况下，不作及时的处理，直接导致了巴林银行的巨额亏损。如果SIMEX采取有效办法展开市场竞争，并充分利用自己的优势，那么新加坡完全有可能在日经225指数期货市场一直占据主导地位。但是总的来说，日本在本土推进日经225股指期货交易时长期处于尴尬地位。从2005年的数据来看，全球日经225指数期货市场中，日本本土只占有55.05%的份额。2005年新加坡的日经225指数期货价格严重影响着日本本土的日经225指数价格，新加坡的日经225拥有了很大程度的定价权。

表3　日经225指数期货合约

交易所	大阪证券交易所（OSE）
合约大小	1 000倍×日经225股价指数期货
代号	JNI
合约月份	3月、6月、9月、12月之中最近的五个月份
最小跳动点	10点 = 10 000日圆
时间（台湾）	上午8：00—10：00，下午11：30—14：10，半日8：00—10：10
保证金	采取SPAN保证金制度（请参考本公司之通知）
最后交易日	各合约月份第二个星期五之前一个交易日（假日提前一天）
最后结算价	依最后交易日的翌日早上，日经225指数的225支成分股开盘价来计算。
停板幅度	2万点以下1 000点； 2万点以上3万点以下1 500点； 3万点以上4万点以下2 000点； 4万点以上2 500点

三、韩国股指衍生品市场经验探索

1. 韩国股指衍生品交易概况

韩国证券期货交易所期货市场分部主要交易五类产品：利率产品、指数产品、股票产品、外汇产品和商品产品。指数产品有三个品种：Kospi200期货、Kospi200期权和Kostaq50指数期货、Kostaq50指数期权。其中，成交量最大的是Kospi200期权。2005年，Kospi200期权的成交量比上年增长0.54%，达到年交易量25亿3 520万张合约（Kospi200期权合约在2003年曾达到28亿张合约的历史高点），是全球成交量最大的期货/期权合约。而且，其成交量远远超过成交量第二大的合约（CME欧元期货合约），是后者成交量的5倍多。Kospi200期权的成交量也因此占到韩国证券期货交易所2005年总成交量的97.77%，而其他交易品种的成交量的总和仅占该交易所的2.23%。

根据美国期货业协会的数据，从全球期货和期权交易所的成交量来看，韩国证券期货交易所2005年成交量达到2 593 088 445张合约，而欧洲最大的交易所Eurex的全年成交量不过1 248 748 152张，不到韩国证券期货交易所期货/期权成交量的一半。这很大程度上要归功于Kospi200期权合约的成功。以下是笔者从韩国股指衍生品的产生和发展、合约设计、市场投资者结构以及市场投资氛围等多角度发掘该品种取得巨大成功的原因。

2. 韩国股指衍生品的发展路径

Kospi200指数是韩国综合股票价格指数（Korean Composite Stock Price Index）的缩写。Kospi200指数包含韩国股票交易所上市交易的最大且最具流动性的前200只股票。该指数以市值为权重，因此，市值相对大的股票对市场Kospi200指数的影响也较大。Kospi200指数，是作为股价指数期货和期权的交易对象而开发的股价指数，1994年6月15日开始运行，以1990年1月3日为基期计算。

为了进行期货交易，规范市场发展，1995年12月，韩国政府开始着手制订《期货交易法》（FTA），并于1996年6月正式颁布。1996年5月3日，韩国证券交易所正式开始Kospi200指数期货交易，1997年6月又推出了Kospi200指数期权交易。按照《期货交易法》，期货交易应该在期货交易所进行，但是由于牵涉利益的重新分配，直到2004年，在韩国证券交易所进行的Kospi200指数期货、期权交易才被移至KOFEX（韩国期货交易所）。2005年，韩国交易所又进行了一个规模空前的整合运动，将韩国证券交易所、创业板市场（Kosdaq）以及期货交易所合并成为韩国证券期货交易所。2005年1月19日，韩国证券期货交易所正式成立。该交易所由五大部门组成，分别是行政后台服务部、股票市场分部、Kosdaq市场分部、期货市场分部、市场监管分部。其中，期货市场分部主管各种衍生品交易。

自1997年推出Kospi200期权合约之后，该合约的交易量年年以超常规的速度发展壮大。2003年之前Kospi200期权合约一直保持着高速的发展，此后处于高位平衡阶段。期货合约相比期权合约交易量要小，但是2004年之前均处于世界期货合约交易量的前20名内，成绩斐然。

3. Kospi200期货期权合约的特色及交易特点

市场规则对于Kospi200期货合约价格波动剧烈时的限制条款是：当最近合约价格达到前一交易日收盘价的5%持续1分钟，而且当前价格与理论价格偏离3%或3%以上，那么所有合约都停止交易5分钟；在接下来的10分钟内可以下单，提供给市场流动性，通过配对单一价格成交。“熔断机制”在许多期货市场上都得到充分利用，一方面避免了价格大幅波动引发市场风险，另一方面，在限制价格的同时也提供了一定的流动性，避免由于停止交易而使有离场意愿的投资者不能成交的现象出现，这对于控制市场风险也是至关重要的制度设计。

Kospi200期权合约相对于其他国家的期权合约最大的不同就是其为欧式期权。在Kospi200期权推出之前，全球的期权主要是以美式期权为主。美式期权与欧式期权不同就在于欧式期权只能到最后到期日才能行权，而美式期权可以在到期日以及到期日之前的任何时间行权。而在交易过程中，虚值期权的交易量远远大于实值期权的交易量也是韩国衍生品交易的一个特色。当期权权利金报价在3以上时，权利金最低变动幅度为0.05个点，乘数是10万韩元，那么每变动一个0.05点，就相当于5 000韩元；权利金报价不到3时，最小变动幅度为0.01个点，那么变动一个0.01点（乘数10万韩元），就相当于1 000韩元。从韩国交易所的期权买卖状况来看，虚值期权的价格都较低，普遍低于3，而且执行价格离现货价格越远，权利金价格越低，最低价格为0.01，虽然处于虚值，但是成交量却远远高于实值期权。

以小的成本来博得未来也许1%的获利可能性，是投资者参与市场买卖虚值期权的主要动力。韩国投资者对于期权这种金融衍生品的特性有着基本了解，散户投资者一般是期权的买入方，成本小，但如果未来能够获利，则相对于成本而言收益率将非常可观。1 000韩元的成本相当于买彩票，期权获利的可能性也许还要高于彩票的中奖率，成交量因此得到保证。仅以2006年7月7日为例，上午11时现货Kospi指数为165.23，与此同时，期权执行价格为165以及165以下的均为虚值期权，权利金价格从0.01至2.22变化不等，当天截至上午11时的成交量合计达到3 615 087手；而价格165以上的（实值期权）卖权权利金价格为3.7到35.15不等，而成交量则只有12 079手，虚值期权成交量约为实值期权成交量的300倍左右。虽然取样有可能出现偏颇，但是从这个数据也可以基本看出韩国期权交易的大致状况。

4. 韩国股指衍生品市场交易者结构分析

根据韩国交易所的统计数据，2006年1月至5月30日期间，韩国交易所成交量中各市场参与者的参与状况如下：

市场的参与者主要包括八类：FCMs（期货佣金商）、证券公司、银行、ITC、保险公司、个人投资者、外国投资者以及其他投资者。其中，证券公司、个人投资者以及外国投资者占到了交易量的绝对比重，这些参与者是支撑市场的主力军。而各个投资者所青睐的投资对象结构也基本相似。对Kospi200期权的投资交易占交易量的95%以上的比例。

从市场的流动性角度来看，净买入/净卖出的交易量分布非常符合角色分工。FCMs（期货佣金商）、证券公司、ITC以及保险公司等作为合约成交量的净卖方提供了市场流动性，合约的净买方则为个人投资者、外国投资者、银行，这部分投资者往往需要衍生品工具提供保值的作用。合约的净买方中，个人投资者占主要份额。从总交易量来看，外国投资者的交易量占到个人投资者交易量的43%左右。而从净买单量来看，外国投资者看来更加均衡，净买单量只占个人投资者净买单量的15%。对比所有的市场参与者，买卖单量最为均衡的则为FCMs（期货佣金商），其次为银行。该市场上分工相对明确，而且市场没有像发达国家市场那样依赖机构投资者，这是韩国股指衍生产品成功的一个非常重要的因素。

从绝对量来看，个人投资者一直在交易量中起到擎天柱的作用，不过占比由2001年的70%左右降至2005年的40%左右，虽然比例下降了将近一半，但是绝对量上仍然处于绝对的优势。而证券公司、外国投资者的交易量从2001年到2005年一直保持着递增的态势，这对该市场的活跃、规范起到了很大的促进作用。

5. 韩国股指期货期权的发展环境

2001—2005年间韩国股市走势情况如何，对证券公司、个人投资者的交易量存在怎样的影响呢？从1997年开始，韩国指数波幅巨大，2003年Kospi200股指期货交易量达到历史高位，而现货股票市场中，恰恰是股市下跌低迷时期，股市的动荡和低迷激发投资者运用股指期货对股票投资进行套期保值以及通过股指期货进行卖空投机以弥补现货市场不便卖空获利的缺点，这对股指期货的繁荣和发展也起到了至关重要的推动作用。

表4　韩国 Kospi200 指数期货合约

相关指数	韩国 Kospi200 指数
市场名称	（KSE）
报价	0.05 数点 = 每张合约 25 000 元
立约单位	500 000 元 X 指数
合约月份	3月、6月、9月、12月
每月之最后交易日	合约月份第二个星期四
交易时间（香港时间）	08：00—14：15 电子交易（08：00—13：50 最后交易日）
保证金要求	基本保证金：5 800 000 元 维持保证金：24 000 日元

四、台湾地区金融期货期权市场的发展简况

近年来，亚太地区一些新兴股指期货市场发展风起云涌。继新加坡、韩国之后，台湾期货交易所荣获《亚洲风险》（*Asia Risk*）杂志2004年“亚洲风云交易所”的称号。

台湾期货市场历史相当短暂。1997年，在芝加哥商业交易所（CME）与新加坡交易所（SGX－DT）推出台湾指数期货之后，为了避免岛外交易岛内股指期货对台湾金融市场产生不可意料的影响，台湾当局加快了岛内期货市场的建设。1997年9月9日，台湾期货交易所成立。1998年7月21日推出了第一个股指期货合约——台湾证交所加权综合指数。在短短的七年时间内，台湾期货市场发展十分迅速，2004年台湾期交所所有合约成交量达59 146 376张，是1999年的60倍。成交量的飞速发展、产品的不断创新以及制度的不断变革使台湾期交所荣获了此次殊荣。

1．台湾金融期货市场发展沿革

20世纪90年代，我国台湾地区为了积极推动各项自由化、国际化的金融政策，促进经济发展，将期货市场建设列为重点一环。1997年美国CME与新加坡交易所SGX－DT推出台指期货加速了台湾期货市场的建设进程。

台湾期货市场发展经过了三个阶段，分别为地下期货、岛外期货与本地金融期货。

第一阶段：地下期货（1981—1991）

台湾期货交易始于1981年，当时“中央信托局”依重要物资境外期货交易管理办法，邀请美国美林证券来台设立第一家期货公司，并准许交易良好的厂商，就规定的商品，经申请核准从事境外期货交易。尔后，港商大举去台，设立非法期货地下公司，1986—1990年间全盛时期，全台湾地下期货公司多达400余家。台湾主管机关眼见期货公司与客户之间纠纷不断，便展开大规模治理整顿。同时也考虑到要健全资本市场体系，必须提供合法的避险场所，于是就积极建立合法期货交易的完整法律体系。

第二阶段：岛外期货（1992—1997）

1992年4月台湾通过了岛外期货交易法。1993年底，台湾主管机关核准了大华、元大、金鼎、中信等14家专业期货商。上述期货商于1994年分别开业，受托从事经主管机关核准的境外交易所的部分期货合约交易。

第三阶段：本土金融期货（1997年迄今）

1997年美国CME与新加坡交易所SGX－DT推出台指期货，台湾政府当时的第一反应是不向指数服务商提供台湾股票市场数据及信息服务。但后来考虑到这些指数服务商都是大型国际性金融集团，政府得罪不起，不得已之下，当局决定禁止岛内投资者参与岛外台股指数期货市场。但由此产生了另一个问题，那就是台湾投资人在股票市场风险管理工具使用方面沦为了“二等公民”。因为此时的台湾股票市场已经向QFII开放，也就是说QFII可以在台湾股票市场投资也可以在CME或SGX股指期货市场进行保值。而在此之前，台湾已经成立了期货交易所筹备处，因此这一事件加速了台湾股指期货推出的进程。1997年3月4日台湾“立法院”通过了《期货交易法》。根据第8条规定，经台湾地区证期会核准，台湾期货交易所股份有限公司成立，同年9月9日取得公司执照。1998年4月19日，期交所举办开幕仪式。5月28日《期货交易税条例》通过立法程序。7月21日期交所正式开业，推出了第一个合约，即台湾证交所股价指数期货合约。从此开始，台湾期货市场进入快速发展的通道：1999年7月21日推出了电子类股指价指数期货与金融保险类股价指数期货，2001年4月9日推出了小型台股指数期货，2001年12月24日推出了台股指数期权，2003年1月20日推出股票期权，2003年6月30日推出台湾50指数期货，2004年1月2日推出十年期公债期货，2004年5月31日推出三十天期利率期货。

2．当前期货市场商品种类及交易情况

目前在台湾期货交易所上市交易的品种共有九个，分别是台湾证交所股价指数期货、电子类

股指价指数期货、金融保险类股价指数期货、小型台股指数期货、台股指数期权、股票期权、台湾50指数期货、十年期公债期货、三十天期利率期货。如表5所示。整个市场的成交量从1999年的1 077 672张增长到2004年的59 146 376张，增长了近60倍。开户数由1999年的22.6万户增长到2004年前11个月的100.5万户。表6是各商品的日均成交情况。从表中可以看出，目前成交最活跃的是台指期权，其次是台指期货。

表5　台湾期货交易所上市品种

商品名称	时间
电子类股价指数期货合约	1999年7月21日
金融保险类股价指数期货合约	1999年7月21日
小型台股指数期货合约	2001年4月9日
台股指数期权合约	2001年12月24日
股票指数期权契约	2003年1月20日
台湾50指数期货合约	2003年6月30日
十年期公债期货	2004年1月2日
三十天期利率期货	2004年5月31日

表6　各商品历年日均成交量

台股期货	电子期货	金融期货	小型台股期货	台指期权	股票期权	台湾50期货	公债期货	三十天利率期货	合计	
1998	2 233									2 233
1999	3 653	714	155							4 522
2000	4 944	1 512	654							7 100
2001	11 659	2 807	1 596	2 334	856					19 252
2002	16 661	3 367	1 479	4 210	6 316					32 033
2003	26 163	3 979	4 526	5 288	87 229	851	31			128 067
2004	35 445	6 274	9 022	7 773	175 298	1640	25	—	—	235 476

从市场参与者结构来看，法人机构投资者的成交量逐年增大，占总成交量的比例由1999年的5.59%增长到2004年（前11个月）的35.49%。

股指期货合约的主要内容

复旦大学博士　孙建平编写

一、合约规格（价值）

合约规格是由相关标的指数的点数与某一既定的货币金额乘积来表示，这一既定的货币金额常被称为乘数。合约价值的大小既与标的指数的高低有关，也与规定的乘数大小有关。比如S&P500指数在1994年之前最高不过400多点，即使当时乘数为500美元，合约价值也不超过20万美元。而近几年S&P500指数一直在1 400点左右，尽管乘数已降为250美元，但合约价值仍高达35万美元左右。又如，香港的恒指期货于1986年5月推出，当时的指数没有超过2 000点，乘数为50港元，意味着每张合约价值不超过10万港元。然而现在恒生指数已是在15 000点甚至更高的水平上运行，这样，每张合约的价值就上升到75万港元。正是鉴于指数上升导致合约价值过高这一原因，CME才在1997年11月将原乘数500美元缩小为250美元，以求降低合约价值的作用。在之前的同年9月9日，CME又推出了Emini S&P500指数期货及期权交易，它们与原有的S&P500指数期货及期权合约之间的差别就在于前者的乘数仅为50美元，也就是说，其合约价值只是后者的1/5。同样，香港期货交易所在2000年10月9日也新推出小型恒生指数期货合约交易，该合约的乘数为10港元，其合约价值也是恒生指数期货合约的1/5。我国沪深300合约目前合约乘数暂定为300元，保证金暂定为8%。若按照2006年9月18日沪深300指数的收盘值1 375点计算，该合约目前价值为412 500元，投资者的保证金为33 000元/张。考虑到投资者不可能满仓交易，若自有资金50%开仓，则投资者的自由资金需要6万元以上。而此之前，市场普遍预期合约乘数为200元/点。根据上海证券交易所的统计，我国85%的投资者的资金量都在5万元以下。这样一来，大量的中小投资者被挡在门槛以外。管理层之所以调高合约乘数，是出于中小投资者抵御风险能力较弱，市场稳定发展优先的考虑。但中金所的负责人表示不排除将来对合约内容调整的可能。

交易所通过合约乘数大小的不同规定，可以达到有效控制合约价值大小的目的。

二、最小跳动点（变动价位）

股指期货合约交易的报价是按照指数点进行的，其价格必须是交易所规定的最小价值的整数倍，指数期货中的最小变动价位通常比基础指数的实际最小变动价位来得大。比如，S&P500指数在现货市场上的最小变动量是0.01点，故当我们看到S&P500指数行情表上出现1 354.67或1 354.71时毫不奇怪。但是在期货合约买卖时，我们不能报出1 354.67买进或1 354.71卖出，因为S&P500指数期货合约的最小变动价位是0.1点，只有报1 354.60或1 354.70买进才是合乎规定的，同样，卖出方的报价也必须是1 354.60或1 354.70这些0.1点的整数倍。由于S&P500指数期货的乘数为250美元，因而一个合约的最小变动金额便是0.10×250美元=25美元。再来看恒生指数期货合约，尽管恒生指数的行情表上最小变动量是0.01点，会出现15 080.35这种指数，但作为期货交易，由于最小变动价位是1个指数点，故报价时根本用不到小数点。恒生指数期货合约的乘数为50港元，故一个合约的最小变动金额便是1×50港元=50港元。沪深300指数期货合约最小跳动点为0.1点，最小变动金额即30元人民币。

三、每日价格波动限制

为了防止市场发生恐慌和投机狂热，也是为了限制单个交易日内太大的交易损失，一些交易所规定了单个交易日中合约价值最大的上升或下降极限。这个极限通常是与前一交易日的结算价相联系的。假如价格达到极限，随后的交易只允许在极限内进行，或者暂停交易直到下一交易日。在停市的情况下，当天的结算价等于前一交易日的结算价加上或减去当天的涨跌幅极限。比如，新加坡交易的日经225指数期货规定当天的涨跌幅极限是前一交易日结算价的12.5%。请注意每日价格波动的限制并非是所有交易所都采用的，譬如，香港的恒指期货交易、英国的FT－SE 100指数期货交易都没有这种规定。在这方面，CME相应的规定可谓是最为复杂，它不但规定了每日价格最大的跌幅（注意上涨没有限制）为20%，而且还规定了在达到最大跌幅之前必须经历的一系列缓冲阶段及如何执行的程序。该程序称为“巡回断路系统（circuit breakers）”，是1987年股灾后的产物。沪深300指数期货合约的每日价格波动限制为10%，并采用熔断机制。熔断机制是指对某一合约在达到涨跌停板之前，设置一个熔断价格，使合约买卖报价在一段时间内只能在这一价格范围内交易。沪深300指数期货合约的熔断价格为前一交易日结算价的正负6%。当市场价格触及6%，并持续一分钟，熔断机制启动。在随后的10分钟内，卖买申报价格只能在6%之内，并继续成交。超过6%的申报会被拒绝。10分钟后，价格限制放大到10%。设置熔断机制的目的是让投资者在价格发生突然变化的时候有一个冷静期，防止作出过度反应。

四、持仓限额

一些交易所对交易者规定了最大持仓限额，制定最大持仓限额的目的是为了防止少数资金实力雄厚者凭借掌握超量持仓操纵及影响市场的企图。有些交易所为了及早发现与监控大户的动向，还设置了大户持仓申报制度，如香港的恒生指数期货合约就有这方面的规定。

对会员与客户持仓限额的具体数量，各交易所不尽相同。如巴西的BM&F和法国的MATIF，设置为总持仓的一个相对百分比，这意味着没有具体数量。而CME的S&P500期指合约与香港的恒生指数期货合约对最大持仓限额的规定是有着具体数量的，那就是2万张和1万张。但要注意，CME指的是净多或净空，而香港指的是多或空，两者的含义并不一致。另外需注意的是两者都是指包括所有月份合约，而且还包括了相应的期权合约，因为持有相应指数的期权合约与持有期货合约有相同的作用。香港的恒生指数期货合约中有“经delta调整”的字样，指的就是如何将期权调整计算为相应的期货合约的方法。沪深300指数期货合约的单月单边持仓限额为2 000张。

五、结算方法与最后结算价

股指期货交易中，大多数交易所采用当天期货交易的收盘价作为当天的结算价，CME的S&P500期指合约与香港的恒生指数期货合约交易都采用此法。也有一些交易所不采用此法，如西班牙股票衍生品交易所的IBEX－35期指合约规定为收市时最高买价和最低卖价的算术平均值。我国沪深300合约采用每日交易收盘后的结算价格为当日最后两小时的成交量加权平均价。

最后结算价是期货合约的最后清盘价。在最后结算日，不仅仅是所有的未平仓合约必须按逐日盯市方法结算，即按最后结算价结算盈亏，而且还意味着所有的未平仓合约已按照最后结算价全部平仓了。显然，这最后结算价如何确定是至关重要的，如果采用每日公布结算价的制定方法，按期货交易的收盘价确定，极易被人为操纵。为避免这种情况发生，股指期货的最后结算价都是依据现货指数确定的。CME采用最后结算日S&P500现指开盘价为最后结算价；香港采用最后交易日现货恒指每五分钟报价的平均值整数为最后结算价；而法国的MATIF在CAC40期指交易中，采用最后交易日相应现指在下午3时40分至4时的所有指数值及4时后第一个指数值的算术平均值为最后结算价。我国沪深300合约到期日沪深300指数最后一小时所有指数点算术平均价。

六、主要股票指数期货合约

1. 标准普尔500（S&P500）指数期货合约

标准普尔500股指期货由在纽约股票交易所上市的400家工业企业、40家公用企业、40家金融企业和20家运输企业的股票组成，企业的股票价值占纽约股票交易所上市股票总价值的80%左右。

标准普尔500股指期货是美国最成功的一只股票指数期货。在该合约推出的第一天，成交量达3 963手。紧接着的5年后，它已发展成为世界上交易量第二大的期货合约。

表1 标准普尔500指数期货合约

合约名称	S&P500
符号	SP
合约规格	250美元×S&P500期货合约
价格波动限制	按上一交易日结算价的5%、10%、15%和20%的跌幅逐级放开，细节详见价格限制规则
最小跳动点	0.10个指数点（每张合约25美元）。套利交易为0.05个指数点（每张合约12.50美元）
合约月份	3、6、9、12月共8个合约
交易时间（中部时间）	场内：周一至周五，上午8：30至下午3：15 GLOBEX：周一至周四，下午3：45至次日上午8：15；周日或假期，下午5：30至次日上午8：15
最后交易日	合约月份第三个周五之前的周四
最后结算日	合约月份第三个周五
头寸限制	净多或净空20 000张（所有月份合约合计）
交割	现金交割

2. 道琼斯工业平均指数期货合约

道琼斯工业指数期货合约由芝加哥期货交易所推出。它的期货合约标的物为世界上最早的股价指数道琼斯工业指数。该指数于1884年创立，初期只有12只股票；1896年起，由华尔街日报主编；1928年至今，道琼斯指数以30只成分股作为指数组成元素。

表2 道琼斯工业平均指数期货合约

交易所	合约价值	合约月份	本地交易时间	最小价格变动	最后交易日	交割方式
芝加哥期货交易所（CBOT）	$10 ×道琼斯指数	3、6、9、12月	人工：20：20—04：15 电子：09：15—05：00	1点=$10	合约当月第三个星期五的前一个交易日	现金结算，结算价格根据合约月份第三个星期五特别报出的道琼斯指数成分股的开盘价确定

3. 香港恒生指数期货

目前国际证券市场上存在美国模式、香港模式两种主要的股指期货合约交易模式，其中以香港的股指期货合约模式更有特色。

虽然美国模式在世界上广为采用，为主流交易模式，但是香港的股指期货合约的交易模式比较有特色。香港股指期货的日常交易的合约同样为四个，分为当前月、下一月以及后两个季月，如当前为4月，则合约分为4月恒指、5月恒指、6月恒指、9月恒指。4月合约到期则进行现金交割，则合约变化为5月合约、6月合约、9月合约、12月合约，如此循环往复。

股指期货的主要成交量和持仓量均在近月，而且占有比例在总额中占有绝对优势。以当前为例，美国最活跃的和成交量、持仓量最大的为6月合约，其他远期合约则成交清淡，持仓稀少。股指现货市场和股指期货市场的时间越接近，其相关性就越强，其避险和对冲需求也就越高。因此，也就造成了股指期货和其他商品期货的不同。商品期货是离交割月越近，成交和持仓就越少，远月活跃则利于发现价格。股指期货和股指现货的时间相近，则有利于投资者进行避险和对冲交易。

比较两种交易模式，香港模式更利于避险、对冲、投资，如在当前月的合约上，可以参照现货指数的波动情况买卖当前月的期货合约。从实质上讲，这是一种以期货方式交易现货指数的交易行为，是积极和成功的金融创新。香港恒指期货合约的空前成功，其独特的模式设计功不可没。

表3　恒生指数期货（HSI）合约表

相关指数	恒生指数（恒指）
合约价值	成交指数×50港元
合约月份	当月、下月及最近两个季月（指3、6、9及12月）
最小变动价位	一个指数点（每张合约50港元）
每日价格波动限制	无
持仓限额	任何人持有恒指期货及期权以所有合约月份计，经delta调整后的多头合约或空头合约不能超过10 000张
大额持仓申报	每一会员公司账户及每一客户账户，任何合约月份多头或空头持仓超过500张时便须申报
交易时间	分两节，第一节为香港时间上午9时45分至中午12时30分，第二节为下午2时30分至4时15分
最后交易日交易时间	第一节由上午9时45分至中午12时30分，第二节由下午2时30分至4时正
最后交易日	该月最后第二个营业日
最后结算日	最后交易日之后的第一个营业日
结算方法	以现金结算
最后结算价	最后交易日恒指每五分钟报价的平均值，除去小数点后所得的整数指数点
保证金	由交易所制定并公布

4. 韩国Kospi200股指期货

1996年5月，韩国股票交易所推出Kospi200的股指期货交易。次年7月，又推出股指期权交易。2000年时，韩国股指期货与期权总交易量为9 714万手，比1998年高出93.48%。1999年4

月，为加强期货交易的专门管理，韩国政府成立了韩国期货交易所，并于2004年把Kospi200股指期货与期权交易从韩国股票交易所移到韩国期货交易所。现在韩国股票交易所与期货交易所也已合并，这进一步促进了韩国在国际金融衍生品交易中的地位。

表4　韩国Kospi200股指期货合约

合约标的	合约大小	合约月份	最小价格变动	每日价格波幅	最后交易日	交易所手续费	交割
Kospi 200	500 000韩元 × Kospi200	3、6、9、12月	0.05个指数点 = 25 000韩元	上一交易日收盘价的±10%	合约到期月份的第二个周四	合约价值的0.001 8%	现金结算所有持仓头寸

5．沪深300指数期货合约（暂定）

沪深300指数期货合约将由2006年9月8日成立的中国金融期货交易所推出，目前的合约为试运行阶段的暂定合约。

表5

合约标的	沪深300指数
合约乘数	300元
合约价值	沪深300指数点×300元
价单位	指数点
最小变动价位	0.1点
合约月份	当月、下月及随后两个季月
每日价格波动限制	上一个交易日结算价的正负10%，详见交易细则
合约保证金	合约价值的8%，交易所有权根据交易规则进行调整
交易时间	上午9：15—11：30，下午13：00—15：15
最后交易日交易时间	上午9：15—11：30，下午13：00—15：00
到期结算方式	以最后结算价格进行现金结算
每日结算价格	每日交易收盘后的结算价格为当日最后2小时的成交量加权平均价
最后结算价格	到期日沪深300指数最后1小时所有指数点算术平均价。特殊情况交易所有权调整计算方法。
最后交易日	合约到期的最后一个工作日
最后结算日	合约到期的最后一个工作日
手续费	10元/张（含风险准备金）
交易代码	IF

股指期货风险管理

复旦大学博士　孙建平编写

一、市场结算中心风险管理

为了控制交易客户违约给结算中心带来的风险，各个结算中心都建立了风险管理机制。这主要包括：(1) 结算会员制度。(2) 保证金制度。(3) 建立财务安全保障制度，降低违约风险引发的流动性压力，确保有充分的资源能够弥补结算会员违约带来的各项损失，保证合约正常执行。(4) 处理违约行为的一般程序。本节主要对结算会员制度和保证金制度进行分析介绍。

结算中心结算会员制度比较海外股指期货市场结算会员和交易会员一般有所区别，结算会员是交易会员，而交易会员可能不是结算会员。结算会员资金实力和信用等级较高，抗风险能力较强。结算会员和交易会员分离，有利于结算中心建立多层次风险管理体系。

美国 CFTC 规定结算会员应满足期货经纪商所应达到的财务标准。即期货经纪商的调整后净资本额最低应大于客户分离账户资金的一定比例，这主要因为期货经纪商收取客户保证金某种程度上类似于银行吸收存款。客户存放的分离资金是期货经纪商对客户的负债，对客户负债越大，当期货经纪商破产时，对客户的损害也越大。除此之外，没有对结算会员提出额外要求。但 CFTC 同时说明，为了防范结算会员的违约风险或其他结算会员的违约风险，结算中心可以要求结算会员必须向结算中心交纳结算担保基金（security deposit）。

英国证券投资委员会（SIB）规定结算会员财务标准应满足：基本需求，交易部位风险需求，交易对手风险需求。

基本需求主要为了确保公司有充分的流动资本，在公司收入减少或没有收入时，维持公司的正常运作。同时基本需求也保证了公司应具有的经营规模。

交易部位风险需求是价格逆向变化时对公司交易部位的资本需求。对于期货和期权交易来讲，交易部位风险需求是期货和期权交易时初始保证金需求。

交易对手风险需求表示某些客户或交易对手无法履行合约要求而使结算会员面临的资金需求。

结算中心的保证金制度结算中心的保证金制度主要包括三个方面：确定保证金水平，设定保证金结算频率，确定保证金资产的流动性。

1. 确定保证金的水平。保证金是确保股指期货交易双方履约的一种财务担保。合理确定保证金水平不仅可减少交易双方违约的可能性，同时也可以保持交易的活络性。因此，确定保证金水平就成为股指期货交易过程中结算中心关注的一个重要问题。下面以美国芝加哥商品交易所（CME）为例进行说明。

(1) 结算保证金基本类型。CME 的结算保证金可以分为两类：初始保证金（Initial Margin）和维持保证金（Maintenance Margin）。初始保证金是结算会员最初执行期货买卖指令时必须存入其保证金账户的一笔款项。维持保证金是结算中心对从事交易的结算会员所持保证金的最低要求。如果结算会员存入的保证金低于维持保证金的水平，结算会员必须将其保证金补足至初始保证金水平。

(2) 结算保证金的计算方式。CME 保证金或更确切地叫 CME 维持保证金的计算方式采用标准组合风险分析（Standard Portfolio Analysis of Risk，简称 SPAN）。初始保证金一般高于维持保证金 10%—40%。SPAN 是由 CME 在 1988 年研制开发的。目前海外许多股指期货市场都采用 SPAN 计算保证金。

CME 履约保证金小组根据过去 1 个月、3 个月、6 个月的样本区间中合约价格波动性，确定维持保证金水平，以使维持保证金应以95%的可能性涵盖在上述天数中最大波动性所对应的单日合约的最大损失值。

（3）SPAN对投资者风险管理的影响。投资者可以利用SPAN系统对未来市场变化时其交易部位保证金需求进行分析，以此对其交易风险进行提前防范。

2. 设定保证金结算频率。许多结算中心都采取每天结算一次，收盘后，根据未平仓合约对保证金进行结算，资金划拨将在第二天开盘前进行。最近几年许多结算中心采取了盘中结算，根据交易过程中结算的情况，在交易过程中对结算会员追缴保证金。

自1988年3月起，CME每天会有一次盘中结算，依据当时价格试算出结算会员所有未平仓合约的损益，结算会员应于当天补足所需交纳的保证金。在价格剧烈变化时，CME结算中心有权对所有的结算会员未平仓合约随时进行测算，并要求结算会员立即补足所要求的款项。伦敦结算公司（LCH）每日结算一次，但规定当价格波动超过正常风险参数时，结算中心将在盘中追缴保证金。在盘中结算时，结算会员未平仓合约根据前一天收盘时结算会员的未平仓合约确定，追缴的单位合约保证金数额根据现在的保证金水平来确定。

3. 确定保证金资产的流动性。海外股指期货市场结算会员存放的保证金种类根据结算中心的不同而有所不同。美国CME规定，结算会员交纳的保证金可以为现金、市政债券、国库券、证券、CME指定银行发行的信用状等。每天计算证券、债券和国库券的价值，其价值将根据资产的流动性进行折扣。LCH规定结算会员交纳的保证金可以为现金、国库券、银行担保、证券、银行存单等，其价值将根据资产的流动性进行折扣。新加坡交易所规定，结算会员向结算中心交纳的保证金可以是现金、国库券、银行信用状，结算会员也可以接受客户的存款单、黄金证书、指定的证券等作为保证金。根据上述资产的流动性，结算中心和结算会员会对资产的面值进行折扣。台湾期货交易所不允许用证券抵缴保证金。

二、股指期货市场风险管理

（一）股指期货交易市场价格稳定措施的比较

1987年10月19日的股市暴跌，使人们看到了投资者对市场信息的过度反应和交易指令的暂时非平衡对市场的冲击，促使许多海外股指期货市场建立了稳定市场价格的相关措施，这主要包括断路器和涨跌停板。

在实施价格稳定措施方面，股指期货市场存在着一定的差异，这主要表现为：一是有些市场的涨跌停板采取单一比例限制，如韩国Kospi200指数期货的涨跌停板为前日收盘价的10%。有些市场涨跌停板采取多阶段比例限制，如美国S&P500指数期货和新加坡NIKKEI225指数期货。二是涨跌停板比例不是固定不变的。三是并不是所有的股指期货市场都采用了市场价格稳定措施。如英国既没有采取涨跌停板限制，也没有采取断路器制度。它们认为做市商能够及时调整市场价格，重大事件不会对市场价格产生破坏。在英国，当交易所认为市场出现极端变化，报价无法在当前价格范围内成交时，做市商可以按照快市原则（Fast Market Rule）在报价范围以外进行成交。

（二）股指期货市场对市场操纵行为的防范

股指期货交易与股票市场的交易息息相关，这使得股指期货交易中的违规行为常常涉及到股票市场，其影响面较广，手法也比单独股票市场上违规行为更为复杂。因此，在建立股指期货市场后，为了维护现货市场和期货市场公平交易，股指期货市场都将防范市场操纵行为作为股指期货市场风险管理的重要工作。股指期货市场采取了多项措施，对股票市场和股指期货市场之间市场操纵行为进行防范。这些措施归纳起来可以分为：一是加强股指期货合约的设计，减少市场操纵者利用合约设计中的不足之处，实施市场操纵的可能性。二是加强市场监察，及早发现可能扭曲市场价格的各种交易行为和交易状况，并针对这些交易行为或交易状况采取各种措施，确保市场各种功能的实现。三是加强股票市场和股指期货市场跨市场之间的信息共享和协调管理。本节仅对第二项和第三项措施进行分析介绍。

1. 证券、期货管理机构对市场监察具体内容的要求

（1）美国 CTFC 规定市场监察的内容包括：①价格动向。②现货市场和期货市场相关性对价格变化的影响。③未平仓合约和未平仓合约的变化。④结算会员持仓的集中度。⑤交易量和交易量的变化。⑥交易的流动性和相继的价格变化的幅度。⑦交割（个别结算会员的交割部位是否比较集中）。⑧市场新闻和传言。

（2）英国证券投资委员会规定交易所应建立市场委员会，按照金融证券法的要求，实施有效的市场监察。英国证券投资委员会将对交易所市场监察的情况进行监督。

（3）日本证券交易所每天进行有关市场和交易的监察，并将监察中发现的问题上报证券交易所监察委员会。

2. 加强股票市场和股指期货市场跨市场之间的信息共享和协调管理

股票市场和股指期货市场间的市场操纵行为由于涉及跨市场交易，因此相对单一市场来讲更难以预防或侦查。为了保护投资者，维护市场的交易秩序，股票市场和股指期货市场加强了市场之间信息共享和协调管理。

为了降低套利者的交易成本，发挥套利者在矫正股指期货市场价格方面中的作用（即如果股指期货价格高于理论价格，卖空股指期货买入指数中的股票；如果股指期货价格低于理论价格，买入股指期货卖空指数中的股票），许多股指期货市场推出股指期货交易后，相关的股票市场也随之推出了程序交易。程序交易的推出，方便了套利者的交易，降低跨市场操纵行为对股指期货市场价格的影响。

怎样做权证

复旦大学博士　蔡文洁编写

一、权证的概念及其构成要素

权证是指由特定发行人发行的，约定持有人在规定期间内或特定到期日，有权按约定价格向发行人购买或出售标的证券，或以现金结算等方式收取结算差价的有价证券。

从上面权证的定义可以看到，作为一种专门设计的金融衍生产品，权证的构成要素主要有标的资产、执行价格、权利金、兑换比例、到期日、执行方式及特别条款所组成。如赎回权条款：规定在特定情况下发行人有权赎回其发行在外权证。

标的资产：权证持有人行使权利时，购买或者出售的资产相应称为权证的标的资产。权证的标的资产种类涵盖广泛。在国外的权证市场中，权证的标的包括以下各项：有价证券，如股票、债券等；指数，如股价指数等；指标利率，如外币、利率等；商品，如贵金属等；衍生工具：如期权、期货等；以上各项之任何组合。以上各种标的所衍生出的权证种类，通常被冠以该标的的名称，如标的资产是股票的权证叫做股票权证，标的资产是债券的权证叫做债券权证，标的资产是外币的权证叫做外币权证，标的资产是指数的权证叫做指数权证，其中以股票权证占大多数。虽然由于其标的物的不同，以及特殊的交易方式和交易场所，以上各类权证在产品的特性等方面会有所差异，但它们都具有权证产品的共同特性。例如：目前市场已经推出的宝钢权证和长电权证的标的资产为单只股票，而几家知名券商如国泰君安、光大证券拟推出的 ETF 权证的标的资产为上证 50ETF，是由上海交易所上市的 50 只蓝筹股票组成的一篮子股票组合。

行权价格：行权价格也叫做执行价或者行使价，是权证发行人在发行权证时约定好的价格，权证持有人在选择行使权利时以这个价格向发行人购买或者出售标的股票。一般来说，行权价格是固定不变的，但是当标的股票有增发、配股、股票合并、股票分拆、派送红股、分发股息等行为时，要根据交易所权证管理办法或者权证发行人的约定条款对行权价格进行调整。

有时发行人会在发行条款里面事先做出约定，在一定的条件下改变行权价格。如有一种重设型权证，它在标的股票价格达到预先设定的上涨价位或者下跌价位时，可以重新设定行权价格，如同可转债转股价格的调整一样。

结算方式：权证的结算方式非常灵活，一般有实物结算、现金结算或者现金结算但可选择实物结算等形式。其中实物结算是指权证持有人行使权利时，发行人有义务按照行权价格向权证持有人交付或者买入股票。如现在上市的宝钢权证就是实物结算，也就是说，2006 年 8 月 30 日，如果宝钢权证持有人行使权利，发行人宝钢集团有义务以每股 4.50 元的价格向投资者出售宝钢股票。现金结算是指权证持有人行使权利时，发行人有义务按照约定向权证持有人支付行权价格和标的股票结算价格之间的金额。现金结算但可选择实物结算是指权证持有人行使权利时，发行人有义务按照约定向权证持有人支付行权价格和标的股票结算价格之间的金额或者发行人有义务按照行权价格向权证持有人交付或者买入股票。从实务中来看，由于现金结算的便捷性，权证结算方式采用现金结算最普遍，也最受投资者欢迎。

行权比例：行权比例是指每张权证可以购买或者出售标的股票的数量，一般表示为行权比例 1∶1、10∶1、1∶100，或者表示为行权比例 1、0.1、100。如行权比例为 1∶1，表示每份权证可以买/卖一股标的股票；行权比例为 10∶1，表示每 10 份权证可以买/卖一股标的股票；行权比例为 1∶100，表示每份权证可以买/卖 100 股标的股票。

权利金：权证的权利金就是指权证的价格，是权证购买人为了获得相应的权利而付出的代价。

到期日：到期日是指权证行使权利履约的最后一个交易日。权证到期后按照权证条约进行清算交割并中止契约。

二、权证的分类

权证的分类标准包括权利内容、标的资产、执行时间、执行价格以及执行价格是否设上下限、是否可调整等。

1. 按照权证的权利内容进行划分。权证可分为认购权证和认沽权证两种。认购权证，指持有人有权利在某段期间内以预先约定的价格向发行人购买特定数量的标的证券，其实质是一个看涨期权；认沽权证，指持有人有权利在某段期间内以预先约定的价格向发行人出售特定数量的标的证券，其实质是一个看跌期权。

2. 按照权证的标的资产进行划分。标的资产是指权证发行所依附的基础资产，即权证持有人行使权利时所指向的可交易资产。权证标的资产的种类是极为广泛的。理论上，凡有明确估价且在法律上为可融通物，如股票（单一股票或是一揽子股票）、股价指数、黄金、外汇或其他实物商品等均可成为权证标的资产。不过最常见的标的资产则是股票，对于股票型权证来说，又可分为单一型权证、组合型权证和指数型权证。单一型权证标的资产为单一股票，组合型权证标的资产为多个股票组合，指数型权证则以各种股价指数为标的资产。

3. 按照权证执行时间进行划分。认股权证亦分为欧式和美式认股权证。美式认股权证允许持有人在股证上市日至到期日期间任何时间均可行使其权利，而欧式认股权证的持有人只可以在到期日当日行使其权利。目前我国主要是欧式权证。

4. 按权证的执行价格进行划分。执行价格是指权证持有人于权证行使时间买进（卖出）认购（售）权证的标的资产所支付（收到）的价格。执行价格的确定一般以权证发行时标的资产收盘价为基础，上浮（适用于认购权证）或下调（适用于认沽权证）一定的比率。一般情况下，权证按既定价格执行，但权证发行人通常会特别约定，当出现标的资产除权、除息等情况时，权证执行价格、执行比例要按约定公式进行相应调整。按执行价格的不同，可将权证划分为价内权证、价外权证和价平权证三种。标的资产市价高（低）于执行价格的认购（售）权证，为价内权证。价内权证一般风险较低，但权证发行价格通常较高。标的资产市价低（高）于执行价格的认购（售）权证，为价外权证。价外权证一般风险较高，但权证发行价格通常较低。标的资产市价等于执行价格的认购（售）权证，为价平权证。

5. 根据执行价格是否设上下限，权证可划分为价差型权证和非价差型权证。价差型权证设有执行价格上下限，又可分为上限型权证和下限型权证。一旦标的资产价格达到执行价格的上下限，视同权证到期，以现金交割履约，这是一种投资人获利有限、发行人风险有限的新型认购权证。

6. 根据权证执行价格是否可调整，权证又可划分为固定型和重设型两种。固定型是指权证发行时即确定执行价格，存续期内不作调整；重设型是指权证在重设期间内，股价达到重设条件即调整执行价格。

三、影响权证价值的六个因素

决定权证价值的主要因素有：标的资产价格、标的资产价格波动性、权证期限及其执行价格、市场利率以及现金股利等。

1. 标的资产价格：由于权证是以标的资产为基础而产生的衍生产品，标的资产价格也就成了确定权证发行价格及其交易价格走势的最主要因素。标的资产价格越高，意味着认购（沽）权证持有人执行权证所获收益越大（小）。因此标的资产价格越高的认购（沽）权证，其发行或交易价格往往越高（低）。

2. 权证执行价格：与标的资产价格相反，权证所约定的执行价格越高的认购（沽）权证，其发行或交易价格往往越低（高）。

3. 权证有效期：权证有效期越长，权证的时间价值越高，因此权证发行价格或交易价格一般也就越高。

4. 标的资产价格波动性：标的资产价格波动性越大，标的资产价格出现异常高（低）的可能性越大，那么权证处于价内的机会也就越多，因此权证发行价格或交易价格一般也就越高。

5. 无风险利率：无风险利率的高低，决定着标的资产投资成本的大小。无风险利率越高，投资于标的资产的成本越大，因而认购权证变得较具吸引力，而认沽权证的吸引力则相应变小，故认购（沽）权证的发行或交易价格就会越高（低）。

6. 预期股息：我国权证管理暂行办法中规定，标的派息将调整行权价，调整公式为：新行权价格＝原行权价格×（标的股票除息价/除息前一日标的股票收盘价）。

四、权证的创设和注销

权证的创设是指权证上市交易后，由有资格的机构提出申请的、与原有权证条款完全一致的增加权证供应量的行为。如上海证券交易所于2005年11月21日颁布的《关于证券公司创设武钢权证有关事项的通知》，就允许获得了创新试点资格的证券公司创设武钢权证。通知要求“创设权证与武钢认购权证或武钢认沽权证相同，并使用同一交易代码和行权代码”。

权证的创设流程是怎样的？假如有一家创新试点券商准备创设武钢认购权证1亿份，则须同时开设权证创设账户和履约担保账户，并将1亿股武钢股票存放在履约担保账户里，然后向上海证券交易所提交创设申请。获准后，其权证创设账户就得到1亿份武钢认购权证，此时市场中武钢权证的流通总量就增加了1亿份；如果他准备创设1亿份武钢认沽权证，那么应当将3.13亿元存放在履约担保账户，创设申请获准后他将得到1亿份武钢认沽权证。

权证的注销是指创设人（即创设权证的证券公司）向上海证券交易所申请注销其所指定的权证创设账户中的全部权证或部分权证。申请获准后，履约担保账户中与注销权证数量相等的股票或现金也相应解除锁定。上海证券交易所要求同一创设人申请注销权证的数量不得超过他之前所创设的数量。假如有一家创新试点券商在创设出1亿份武钢认购权证后，卖出后又从市场上买回8 000万份武钢认购权证。申请注销获准后，其履约担保账户中将有8 000万股武钢股票解除锁定，武钢认购权证的流通总量也就将减少8 000万份。

五、权证的交易

投资者买卖权证前，应在其券商处了解相关业务规则和可能产生的风险，并签署由交易所统一制定的风险揭示书。只有在签署风险揭示书后，投资者才能进行权证交易。

与股票不同的是，权证实行T+0交易，即当日买进的权证，当日可以卖出。

而且权证的涨跌幅不是10%的比例，而是有具体的计算公式：

权证涨幅价格＝权证前一日收盘价格＋（标的证券当日涨幅价格－标的证券前一日收盘价）×125%×行权比例

权证跌幅价格＝权证前一日收盘价格－（标的证券前一日收盘价－标的证券当日跌幅价格）×125%×行权比例

权证买卖单笔申报数量不超过100万份，申报价格最小变动单位为0.001元人民币。权证买入申报数量必须是100份的整数倍，卖出申报数量则没有限制。

投资者还应该注意，权证具有一定的期限，到期终止交易。权证持有者应该通过权证发行说明书、上市公告书、权证发行人发布的提示性公告等各种途径及时关注和了解权证的存续期限，以避免到期没有卖出权证或没有行权而遭受损失。

六、权证的杠杆效应

权证杠杆效应是由权证产品特性所决定的。为了便于投资者理解，举个例子来说明：假设标的股票目前价格为10元，标的股票认股权证执行价格为12元，认股权证市价（假设权证兑换比例为1:1）为0.5元。投资者如果购买一张认股权证，相当于用1元的代价来投资12元的标的股票，如果今后标的股票上涨到15元，则其报酬率（不考虑交易成本）为：

投资认股权证报酬率 =（15 - 12 - 0.5）/0.5 = 500%

若投资者直接投资标的股票，则其报酬率 =（15 - 10）/10 = 50%

由于权证具有杠杆效应，如果投资人对标的资产后市走势判断正确，则权证投资回报率往往会远高于标的资产的投资回报率。反之，则权证投资将血本无归。当然，投资者如果将原本买入标的资产的数量，改为以买入标的资产认购权证的方式买入同样的数量，其余部分则以现金方式持有，则风险是较小的，因为投资者最大损失也只是并不太高的权利金。

第五篇

基本分析篇

宏观政治经济形势对股市的影响

复旦大学教授　谢百三

第一节　基本分析与技术分析的关系

股票投资的分析方法有很多种类，但最主要的可以分为两大类，即基本分析与技术分析。有很多人主张，任何时候都应以技术分析为主。确实，技术分析十分重要。不懂技术分析的人是做不好股票的。但在中国，基本分析的重要性应绝不逊于技术分析。在我日常接触的人当中，凡成为千万、亿元富翁的，都是基本分析做得相当好的人。而且基本分析做得好、技术分析稍差点的人，在战略上还多是胜利者，因为他们能够高屋建瓴，高瞻远瞩，不计较一时一势的暂时得失。反之，如果只重技术分析、技术指标，只重MACD而忽略基本分析，你可能会避免很多小的亏损，但也可能会因为不注意基本面上的崩溃而犯大错误，或者说会失去很多战略性的大机会。笔者认识的投资者中就正好有两个不同派别的典型，甲先生是完全的基本分析派，也稍懂一些技术分析，而乙先生则是纯粹的技术分析派，几乎不关心基本面变化。1995年5月18日国债期货暂停时，他们的资金均为1 000万元左右。五年过去了，甲先生不计一时得失，注重于基本分析，选好个股，选好国债品种，密切关注政策面与宏观经济的变化，屡战屡胜，现在已成为了亿元富翁。而乙先生过于在细节上注重技术分析，虽也有收获，但进展缓慢，加上几次大的意外失误，现在竟只有600多万元，等于白辛苦了五年，还亏了近50%。后来变到仅剩50万元时，将钱交给一个坐庄的公司，参加炒一个百元股票，最后变得一无所有。当然，这只是一个真实而又很极端的例子。事实上，技术分析炉火纯青，又很关注、重视基本分析，二者结合成为几千万、上亿成功的人还是有不少的。

因此，应该高度重视基本分析。但在中国，基本分析又绝非美国、日本式的成熟股市的基本分析，中国有自己的特殊国情。无数的事实证明，只有对具体问题具体分析、具体处理的人，才会获得成功。

在通常成熟市场经济的情况下，基本分析主要是通过对国际政治经济发展趋势、国内政治经济形势与货币财政政策、个别行业前景、发行公司业绩与利润成长等种种状况的分析，来决定买进或卖出股票的时机以及决定买进或卖出何种股票。

要进行基本分析就必须掌握影响股市的各种信息，这些信息既包括宏观方面的信息，如国际政治经济环境信息、国内政治经济发展趋势、现阶段国家所采取的货币政策、财政政策、现阶段的货币发行量、利率与汇率走势、通货膨胀情况以及证监会的有关政策、国债的发行、股市扩容速度和压力、股市历史遗留问题的解决情况、股市周边国家地区金融市场如期货市场的情况等；也包括微观方面的信息，如国家的产业政策、行业政策导向、原材料价格的变动、资金流向、公司的竞争力和发展前景、盈利能力、财务状况、公司的管理效能、分红派息方案等等。这些信息种类繁多，它们对股价的影响力也不一致：宏观方面的信息影响面广，将影响到整个股市的走势；微观方面的信息影响层次较小，但是直接，其时效性较强，将对个股产生较大影响。

第二节　宏观政治形势的分析是基本分析的首要任务

相当多的投资者都是只注重经济而不注重政治。其实，政治是经济的集中表现。我们反对唯政治论，但对政治形势的分析，确实是基本分析中的重中之重。

以中国股市为例，国家安定团结是股市发展的基石。邓小平晚年时，中国股市处于波动之中。

当时，最关心国家政治形势及小平身体健康的就是2 300多万股民。邓小平的病情牵动着亿万人民的心，也常常成了股市多空双方操作的重大依据。1996年秋，笔者到北京调研，专门请教了在中央、国务院工作的几位同学。“万一小平同志百年之后，中国会乱吗?”他们回答我的都是一句话：“不会。”“以江泽民为核心的党中央得到了解放军与人民坚定的支持和拥护。”我心中有底了。1997年2月19日，一代伟人邓小平与世长辞。清晨四点，我起来写作，从中央电视台中看到这一悲痛消息，心里很难过。一时坐在床边，怔怔地想了很多，很久。一个小时后，在北京工作的老同学来电告知：中央决定股市照常运作，不停市，而且要全力维护股市稳定，以此维护社会的稳定。

此时，我突然想到了上海证交所于前一天将当时股市的最大蓝筹股四川长虹的年报与分配方案推出来。四川长虹1996年年报相当好，每股收益2.07元，以当时26元的股价来计算，其市盈率仅13倍（比美国股票还便宜），而且还有很好的分配方案，即10:6送股，10:3配股，配股价为9.8元/股。这个年报与分配方案在紧要关头的推出，意味着沪深两市政府与两地证交所将坚决执行党中央、国务院的指示，以四川长虹等为杠杆全力护盘，借以稳定股市、稳定社会安定团结——四川长虹在股市中权重很大，号召力很大。

清晨，股市正常开市。小平同志与世长辞的消息使全国人民陷入悲痛中，也使很多人对中国政治经济形势产生了严重的担心与忧虑。沪深股市股票全部大跌，相当多的股票处于跌停板状态。

我密切关注着深市的深发展与沪市的四川长虹。几分钟之后，这两个股票在跌停板附近出现巨大的底部买盘，我想到了北京同学的电话，知道深沪证交所正在组织力量全力护盘。于是我就果断地站起来，要报单小姐为我全部打进四川长虹。我一站起来，周围就有人叫起来：“谢老师买股票了。”大户们一窝蜂冲过来，也要求报单买股票。二十几只手压在我的手上面。当我买到四川长虹时，它已从底部涨上来6%—7%了。以后的形势证明那天的投资决策完全正确。小平同志虽然离开了我们，但他留下的改革开放大业已不可逆转，他留下的安定团结局面已不可能改变，党和政府的力量是强大的，中国的宏观政治经济形势是稳定的。一个21世纪强大起来的中国已不可阻挡地出现在世界的东方。后来四川长虹一直涨到60多元，上海股市也从900多点涨到1 500点。这一事例足以说明对宏观政治形势的准确判断对金融市场运作的重要性。

与此相反，凡是处于政治局势不稳定时期的国家，其股市、债市都会大跌一场。如1995年的墨西哥，由于其执政党主席被暗杀，30多个乡镇爆发了农民武装暴动，国内外投资者惊慌失措，纷纷抽逃资金，结果股市一泻千里，墨西哥货币也大幅度贬值，一场席卷全国的金融危机随即爆发了。

在2000年宏观政治形势不稳造成股市大熊市的典型案例就是我国台湾地区的股市，下面我们就以它为例来作一说明。

台湾股市在1999—2000年初，大部分时间在1万点附近运行。原国民党主席李登辉为了搞“两国论”，“弃连保扁”阴谋得逞，使一贯坚持“台独”立场的民进党领导人陈水扁当上了“伪总统”。

当时，支持“台独”的少部分人着实欢呼了一阵子。但是几个月后，他们就叫苦不迭了，因为从此以后，在台湾民众心目中占有很重分量的股市就走上了一条一路下跌的不归之路。由于台湾老百姓几乎是家家都炒股，结果很多人都亏了50%—60%，让人为之心痛不已。台湾股市下跌的原因主要有以下几点：

1. 陈水扁、吕秀莲政府顽固坚持“台独”立场，坚决不肯接受“一个中国”的立场，并且宣扬什么1992年没有达成“一个中国，各自表述”的共识。这就使得两岸关系陷入二十多年来的最低点。我人民解放军在党中央、国务院的领导下，在全国人民的支持下，在台湾海峡保持了强大的威慑力量。党中央、国务院台办、人民解放军领导多次讲话，坚决反对“台独”、“一中一台”、“两个中国”等任何分裂祖国的行为，表示解放军将不惜一切代价，为维护祖国领土的完整与统一而战斗。中国最高领导人也多次讲话，表示只要坚持“一个中国”的原则，什么都好谈。

如果要分裂，那就意味着战争。更重要的是，为了反对“台独”，人民解放军已进行了多次演习，从而对“台独”势力形成了巨大的压力。

在这种战争阴云密布、危机四伏的形势下，台湾人民还会有什么心思去投资股市呢？因此很多人都抽资离市而去。

2. 扁上台以后在停建“核四”案上一意孤行，与在野党形成尖锐的对立局面，加上绯闻案曝光，台湾“朝野”上下出现了一片要求陈水扁下台的呼声，台湾政局十分动荡。

3. 经济发展的瓶颈之一就是北部电力严重不足，“核四”一停建，水电基础供应立即没了保障，企业的投资信心丧失严重。多年来，台湾当局用“戒急用忍，行稳致远”、“根留台湾”的政策限制大中型企业到大陆投资，致使很多台湾大企业都错过了投资大陆的最好时机。加之两岸即将加入世贸组织，而且大陆的投资环境、投资政策、投资服务越来越好，相当多的企业将资金抽离台湾，无论上市与不上市公司，均从股市大量抛股兑现。从陈水扁 2000 年 5 月上台到 2000 年 12 月，由于众叛亲离，台湾股市不断下跌，从 1 万多点跌到 5 000 点（最低达到 4 889 点）。虽然台湾当局以各种方法护盘、托盘，无奈股市一路下跌，结果出现了极为严峻的熊市局面。由此可见，政治形势对股市的影响是何等之大。如果在 2000 年 5 月初人们能预见到陈水扁上台后会坚持搞“台独”，政治形势会恶化，作为一个台湾的投资者就应该立即清仓退场才对（当时为9 000—8 000点）。又如，2004 年 3 月 22 日，由于发生了“3. 19”枪击案，陈水扁十分蹊跷地侥幸地再次连任了台湾“总统”，这对于两岸“和平统一”无疑是一个重大打击，也将会再次造成台湾政局的长期动荡。因此这一天开盘台湾加权指数几乎在跌停板上横躺，个股绝大部分跌停；到收盘还跌 6. 7%，接近 7% 的跌停板。由此可见政治影响之大。

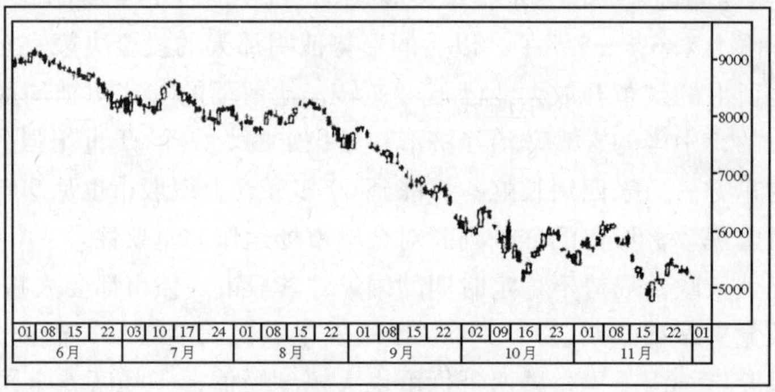

2000 年 11 月底台湾加权指数

此外，我们还可以用美国纳斯达克股市的情况来说明这一问题。美国以高科技、高风险创业板为主的纳斯达克股市从 2000 年 5 月的 5 000 多点最高峰狂跌到 2 500 点一带，其主要原因如下：（1）股指炒得太高，泛滥严重，有的股价市盈率高达 2 000—3 000 倍。（2）一些高科技股上市半年后，其大股东出现集中抛现的情况。（3）高科技公司中的相当一部分业绩滑坡。（4）支持高科技产业的克林顿政府已卸任在即。这样，在政策上比较支持传统产业的小布什与在政策上比较支持高科技产业的原副总统戈尔之间的竞选大战，也就每天都在影响着美国股市的走势。由于二人的票数极为接近，凡是媒介传出有利于一方的消息，就会引起道琼斯和纳斯达克指数的一阵巨幅波动。随着佛罗里达州人工计票结果越来越有利于小布什，美国的纳斯达克指数终于从 5 000 点跌到 3 000 点，后来更是狂跌到 2 500 点一带，出现了几个月的熊市态势。

因此，投资股市一定要高度重视宏观政治形势，注意天下大势风云变幻。在这里，只重经济，不重政治，只重技术分析，不重基本分析，都会犯下根本性的错误。

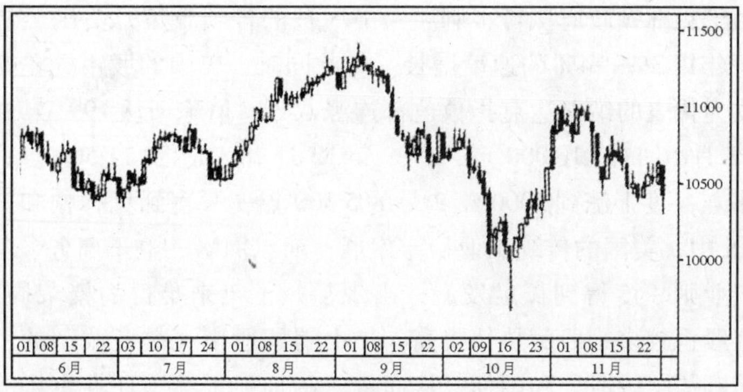

DOWJONES

2000 年 12 月道琼斯走势图

说明：由于小布什当选总统的可能性非常大，以传统产业股为主的道琼斯工业指数勉强可以维持平行。

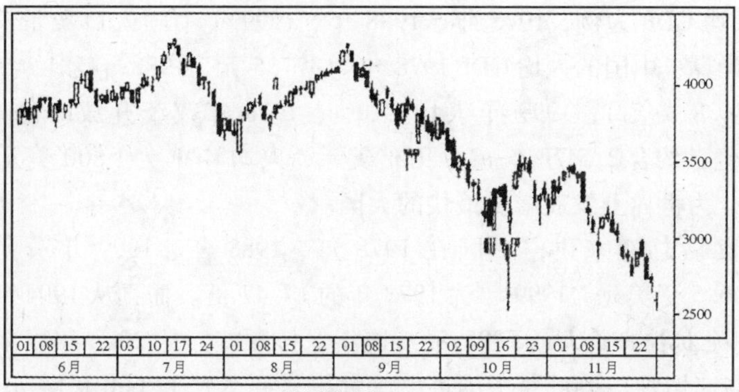

NASDAQ

说明：由于政策上较支持高科技产业的戈尔当选总统的希望较小，美国以技术板块为主的纳斯达克市场出现狂跌，从最高点跌掉50%以上。

第三节　宏观经济形势是基本分析的基石

一、通常情况下宏观经济形势对股市的影响

通常情况下，在成熟的市场经济国家里，宏观经济形势的好坏与股市的关系十分密切。俗话说股市是宏观经济的晴雨表，就是这个道理。例如美国 1929—1933 年的经济大危机，由于资本主义基本矛盾的极度尖锐化，通货紧缩日益严重，各家企业产品均严重地处于供过于求，结果出现大量的裁员、失业；而工人失业又导致了消费市场购买力的极度萎缩，造成了企业的歇业、倒闭、破产。1929 年，受美国大危机冲击最大的是金融市场。美国倒闭破产的银行在 1929 年多达 659 家，到 1931 年更是多达 2 294 家，整个金融市场包括股市一片混乱。与此同时，美国私人投资也由 1929 年的 160 亿美元减至 1933 年的 3. 4 亿美元，工业生产 1933 年比 1929 年下降 50%；国民收入由 1929 年的 878 亿美元降到 1933 年的 402 亿美元，下降了 54. 22%。股市中的上市公司由于业绩下降，根本分不出红利，股民们大批加入抛股兑现的行列，股市狂跌，出现了长达四年之久的股灾；这又反过来加剧了整个经济危机的破坏性。由于美国是资本主义经济的领头羊，美国经济大危机影响到除苏联以外的欧洲各国，从而引发了一次世界性的经济危机；英、德、法各国均无一例外地出现了股灾及大熊市。这次大危机持续了很多年，给人民带来了许多灾难性后果。

同样是美国，由于克林顿政府执行了刺激经济增长的各项政策，美国经济在克林顿执政八年中连续增长，GDP 每年以 3%—4% 的速度增长。与此同时，美国的股市无论是纽约的道琼斯工业指数，还是以高科技为代表的纳斯达克指数也都连涨八年：道琼斯从 1991 年 4 月 17 日的 3 000 点一直上涨到 1999 年 3 月 16 日的 10 000 点，1999 年 12 月 28 日达到 11 500 点；而纳斯达克指数则从 1998 年的 2 000 多点一度上涨到 2000 年 2 月的 5 300 点——直到克林顿卸任时为止。在经济持续近 10 年的高速增长中，美国的传统工业稳定发展，而以网络、电子商务、基因工程、高新技术材料为主的高科技产业则一度得到长足发展，出现了几十年来难得的繁荣局面。在这种情况下，上市公司送红利、红股也较多，股民热情很高，加上美国股市又是开放型的，其他国家的很多资金又可以兑换成美元购买美国股票和国债，从而进一步加强了美国证券市场的大牛市气势，并且使美元牢牢地保持了强势地位。

在中国，从中长期看，中国经济也处在不断崛起的强势之中。中国从 1978 年改革开放以来，经济一直保持着 9%—11% 的增长速度，即使在通货紧缩及受亚洲金融危机严重影响的 1997—2000 年，也保持了 7%—8% 的增长速度。以国内生产总值（GDP）为例，1978 年、1988 年、1999 年分别为 3 624 亿元、1.49 万亿和 8.21 万亿，1999 年中国的 GDP 总量是 1978 年改革开放时的 22.65 倍。再以人均 GDP 为例，1978 年、1988 年、1999 年中国人口数量分别为 9.6 亿、11.1 亿和 12.6 亿，以此计算，中国的人均 GDP 1978 年为 377.5 元，1988 年为 1 342.3 元，1999 年则为 6 515.8 元（约合 786.8 美元），1999 年人均 GDP 是 1978 年改革开放时的 17.26 倍。2006 年，GDP 总量超过 20 万亿，约合 2.5 万亿—2.7 万亿美元，人均 GDP 为 1 800 美元左右，是 1978 年改革开放时的 50 多倍，为世界上发展增长最快的大国。

从中国进出口贸易总额来讲，中国在 1978 年、1988 年、1999 年分别为 206.4 亿美元、1 027.9亿美元、3 606.5 亿美元，1999 年为 1978 年的 17.47 倍。而且从 1994 年起（即使在条件极为困难、受亚洲金融危机冲击最大的 1998 年）连年保持顺差。从 2002 年以来我国进出口贸易以不低于 20% 的增幅高速增长，2006 年中国进出口贸易总额达到 17 606 亿美元，按官方汇率计算，是 1978 年的 85 倍；是 1999 年的 3.8 倍。这些数据都说明中国经济保持了相当强劲的增长势头。

由于政治局势的稳定与经济的稳步增长，中国城乡居民的储蓄总额连年增长，1978 年为 210 亿元，1988 年为 3 822 亿元，1999 年为 5.9 万亿，2006 年末为 15.9 万亿。1999 年为 1978 年的 281 倍，2006 年为 1978 年的 757 倍。扣掉物价上涨因素及人口增长因素，城乡居民的实际国民收入及储蓄都有大幅度增长，人民生活水平有了明显的提高。

总之，无论中国经济出现什么中短期的波动，从中长期来看，它始终都在健康、稳定与高速地增长。这就和中国政治局势高度稳定一起构成了中国股市的两大长期利好因素，保证了中国股市能在一个相对较宽松、较良好的环境中成长壮大。而也正是因为政治稳定，经济高速增长，参与股市投资的人才会越来越多，股市才能由小到大发展起来。

二、中国宏观经济形势的发展对股市的影响十分独特

但中国股市与宏观经济形势的关系与美国及其他发达国家的情况却又很不相同，即中国股市的涨落与宏观经济形势的好坏并未呈现出正相关关系：要么是没有直接联系，要么是呈现一种奇怪的负相关关系。例如：1992 年邓小平视察南方发表了鼓舞人心的讲话，上海股市于 1992 年 5 月迅速上冲到 1 400 点一带。在这同一个宏观经济背景下，同年 11 月，上海股市跌到 392 点。而到了 3 个月后的 1993 年春节，上海股市却又重回 1 500 点。这一年之中的大起大落都是在完全相同的宏观经济环境及背景下发生的。由此可见，中国股市与宏观经济形势的直接关系并不密切。

其次，我们还可以看到，中国股市的走势与中国经济的走势也未表现出直接的正相关关系。

在我国经济高速增长，GDP 总量增幅最快的 1993—1995 年，上海股市却处于 833—325—550 点的大熊市之中，即使中间有救市反弹，总体上也仍处于跌多涨少的熊市之中。与此相反，当

1999 年、2000 年我国处于通货紧缩严重，下岗工人多达 2 500 万—3 500 万，98% 的消费品供过于求，60% 以上的国企困难重重，GDP 增幅明显放缓时，中国股市却一跃而起，以“5 · 19”为契机，出现了一场轰轰烈烈、波澜壮阔的大牛市，指数分别上冲到 1 756 点与 2 125 点（2000 年以 12 月 10 日为止）。

由此可见，中国股市与宏观经济的关系不像国外成熟股市那样是一种正关联关系，要么关系不密切，要么与实体经济呈反向关系，即实体经济萧条了，工、农、商、贸各业都亏损了，大家干脆都到股市中去炒一把——资金涌入股市越来越多，反而使股市火爆起来。

中国股市何以会出现这种与国外股市迥然不同的局面呢？这主要与中国股市的几个特点有关，其中主要特点就是：（1）中国股市长期以来是股权分置的，仅 33% 是流通的，而 66% 左右的国家股、法人股是不能流通的；这样社会上大量的资金及有限的股票供求关系失衡，股价虚高，中国大陆股价长时间是美国与香港地区的三四倍。实体经济怎么发展，却抵不上价格虚高向下沉的压力，故常态是牛短熊长。（2）中国上市公司大多数不分红，既不分红利又不送红股。因为大多数公司不分红，所以大家买股票就不是冲着分红来的，而是冲着股票在二级市场的波动、低吸高抛投资获利来的。这样，当宏观经济形势不好，企业没有效益甚至亏损时，相当多投资者就会本着“坏消息出尽就是好消息”的理由捂住股票甚至买进股票。（3）这还与中国股市的其他特点，比如中国股市是一个政府调控能力很强的、政策导向性很强的、封闭的、不开放的、没有指数期货的、不能做空的、上市公司以国有企业为主的特殊股市有关。（这种情况一直延续到 2005 年 5 月股权分置改革开始之后。）

那么，究竟什么因素对中国股市的影响最大呢？

第四节　政府的政策导向对中国股市影响最大

新中国股市于 1990 年诞生，由于其市值刚开始较小，加之各级政府、各级管理层对证券市场的看法不同，因此，政策取向本身的波动性很大，而这种波动又对股市起了极大的干预作用。故人们对中国股市有“政策市”之说，当时一句很有名的股谚就是“炒股要听党的话”。下面我们就以近十年中最有名的三个案例来加以说明。

案例一：1993 年 11 月，为推销国债而暂时压抑股市

1997 年 8 月以前，管理层对中国股市的态度是矛盾的，既想利用股市为企业融资、募资，又担心股市涨得太高，泡沫太多，会危害整个国民经济；而在股市与债市（主要是国债市场）中，又将债市放在大大高于股市的地位上，如 1993 年 11 月就曾为加快国债发行而明显地压抑了股市。

1993 年 7 月，全国经济会议确定了宏观调控的总方针，银行收紧银根，从银行体内循环、体外循环流出去的大量资金开始从股市、房地产市场渐渐回流，北海市及海口市的房地产随即开始降温，股市也开始下沉，但股市的下沉却是一波三折的，因为许多高位套住的主力机构总是在想方设法地利用一次次的反弹机会出逃。

1993 年 11 月中旬，笔者应汕头大学之邀参加一个国际经济研讨会。在此期间，股市在一波强劲反弹后开始调头向下，这是再一次冲高 1 000 点后向下调头的。多数股评家仍看好后市，但一位有独到见地的股票技术分析专家在一次群众股评会上却逆着众人的高昂情绪尖锐地指出，这次真的将深幅下调了。很多人对此论嗤之以鼻，对他喝倒彩。在汕头参加国际研讨会的许多香港代表纷纷为自己的香港股票上涨及恒生指数的连创新高而欢欣鼓舞，而内地代表及股民们则忧心忡忡地注视着股市一天天一点点无情地下沉。会议最后一天是周五，从上海来电中，我得知一个惊人的消息，上交所、深交所新闻发布会发布了三大利空消息：（1）在马上要到来的 12 月这一个月中，全国将发行、上市 10 个亿新股。（2）所有上市公司的配股不可以超过 10∶3。（3）今后，不到 5 000 万流通股（公众股）的公司不能上市。这三条中，最令人震惊的是第一条，一个月发行上市 10 个亿新股。当时深沪两市总计仅几十家上市公司，这将是过去整整一年发行上市的总额啊！而只允许10:3配股，这对上海炒得炙手可热的“四小龙”（爱使、申华等）高高在上的股价也是一个沉重打击。不能配股、送股，人们会立即抛掉它们。

消息公布后，上海股民一片悲哀。闸市区黄浦万国证券公司门前广东路约300米的地段上，挤满了黑压压的惊恐万分、议论纷纷的股民。人们打听着、探讨着、惊讶着、咒骂着。一些人讲起话来声音都是颤抖的，因为人们不知道为什么要这样做。忽然一辆出租车按着喇叭想从人群中经过，在平时，人们会迅速让开，但今天却无人肯让。出租车要强行通过，引起了人们更大的愤怒，人们敲打着推着汽车，最后将车灯也砸坏了。此时，有几位在旁暗中采访的记者，悄悄地给上海市委、市政府打电话反映了这一紧急情况。

“三大利空”消息对一些看好后市仓位较重的大户冲击最大。当时四川中路“金喇叭”餐厅每周六下午举办一次股市沙龙，那个周六下午讲课的老师被大户们紧紧地围住，一位叫杨勤的青年大户哭丧着脸打听政策出台的背景，另一位女青年拉着讲课老师的手，哭求着他：“老师，能不能向中央反映一下，把钱还给我们，我们不做股票了，我们退出股市，不做还不行吗？”那悲痛欲绝的哭声真让人揪心。

周日，会议结束，我飞回上海，与一名股评家通了电话，他说：“问题不大，至多跌50—60点。”我则感到会跌100点以上，因为这简直是晴天霹雳！次日，果然不出所料，股市跳空低开，从900多点一下子跌到820点，且仍是抛盘汹涌，上证指数如洪水直泻，很快跌到750点。所有的技术支撑点，全部毫无阻挡，一冲即溃。几乎90%以上的投资者都绝望地卷入了割腕大军，真是血淋淋地惨不忍睹。市场上除了恨恨的骂声，就是算账声：“亏了3万……又亏了2万。”“好的，这股市肯定要跌到500点以下去。”正在此时，突然，场里红马夹传出了一位上交所领导的话：“大家不要慌，快看看申能！”人们一看怔住了，申能以8.18元的价格，出现了无数个8888888……的承接盘（实际上是无穷大）。由于申能流通股仅1个亿，而未上市的国家股、法人股高达20多亿股，在股市中它的权重很大，地位十分特殊，因此申能稳住，大盘即可立即止跌回稳，人们顿时松了一口气，割肉的不割了，骂娘的不骂了，说：“不怕，上海市政府管着呢。”股市终于以V字形缓缓上升了。

后来我才知道，这是上海市委的一位负责人收到黄浦万国门口的记者告急电话后，立即给上海证交所经理们写了一个纸条，上边赫然几个大字：“稳定、稳定、再稳定!!!”于是，上交所经理们连夜想办法，千方百计稳住股市，其中有一条，就是让浙江证券公司等大券商尽一切力量托住申能。

在随后的半个月，上海的主力大军又披荆斩棘，带领上海几百万股民将股市拉回到900点，补齐了那个跳空缺口，使很多人得以解套。但自此以后，股市就一步一步地向1994年7月的325点迅速地滑了下去。到底为什么要公布这“三大利空”消息呢？这是我一直百思不得其解的问题。后来经过反复思考，我才慢慢想明白过来，这极可能是上边担心股市涨得太高，泡沫太多，影响1994年新国债的发行。1994年国债发行规模之大是史无前例的，共发了四期：1月25日发50亿半年期的；2月7日发行100亿1年期的；4月1日又同时发了2年期的238.7亿与3年期的500亿——共发了933.7亿新国债（号称千亿国债）。显然，如果让股票一两天涨个10%，年息仅12.24%，那13.86%的国债又如何会有人去购买呢？非得让人们认识到股市风险之巨大，盈少亏多，才能保证国债市场的发行活跃。

国债与股市彼长此消，它们都是领导层手里掌握的调控宏观经济的两大砝码。每年国债即将发行时，股市总要大跌一场，而到国债发行得差不多的七八月份，股市又会悄然上涨，新的一波行情又开始了。这种情况一直维持到1995年，中央决定国债以滚动方式发行，一年四季均发，每一两个月发一次，发行期可长达整整一年。这样一来，它对股市的影响反而变小了。

案例二：1996年年初年末方向相反的两次调控

中国股市从1993年春节的1 500点起，实际上以后一直处于下跌之中，虽然1994年7月出现过“三大政策”救市（那是中央政府一级的有力的调控与干预），但很快又步入漫漫的大熊市之中。1995年11月，正在新加坡国立大学讲学的我，从报上看到我国A股市场正处于长时间持续下跌过程之中，已经跌到550点一带了，很是着急与忧虑。经过再三测算，我于10月下旬给负责经济的常务副总理朱镕基写了一封信，在信中对我国的国债发行问题及A股市场存在的问题提了建议。在信中，我明确建议道，在目前的宏观经济状况下，股市跌得太低，也是不好的，至少上海股市在500—800点区域运行是比较合理的。由于是在国外，匆匆忙忙用一个晚上写的，信也未能打字，就从新加坡寄往北京国务院了。但我当时完全不知道朱副总理能否收到此信。

1996年1—2月，上海股市在512点一带止跌，我已回国，发现在512点附近，始终有大资金在悄悄护盘。随着时间推移，尤其是保值储蓄的取消，中国股市竟在512点一带蓄势一段时间后返身向上，由慢到快，坚定地向上蠕动，最后则发展成一场轰轰烈烈的大牛市。

1996年4月下旬，国务院办公厅突然发了一个传真给我，这正是1995年10月下旬我给朱镕基副总理的信的复印件，只见朱镕基1995年11月11日亲笔批示道："请仲黎、道炯同志阅研。"（仲黎，即刘仲黎，时任中国财政部长。道炯，即周道炯，时任中国证监会主席。）

朱副总理还在我用钢笔草写的信上的一些重要句子下划了杠杠。我还记得在"至少上海股市在500—800点区域运行是比较合理的"一句话下边也划了一道粗粗的杠杠。

我当时一下子明白过来，股市从512点止跌向上前进，正是证监会领导坚决遵照国务院领导同志指示办事的结果。我立即意识到，从1995年11月中旬开始，中国股市一轮大牛市在政府的调控下开始了。为此，当时我写了一篇短文：《犹犹豫豫奔向大牛市》。

但是，中国股市也不能涨得太高。如果涨得太高，管理层会担心出现泡沫经济而加以干预。

1996年，当股市冲到1 258点时，中央竟通过《人民日报》评论员文章《关于目前的股市形势》来严厉平抑股市。其实，早在一个多月前，《人民日报》就曾发表过一个短评《严禁利用股市牟取暴利》；而《人民日报》的评论员文章，是必须经过中共中央政治局同意才能发表的，即中央对当时一浪高过一浪的股市上涨深表忧虑。因此于12月16日用大篇文章来平抑股市，而且文章的口气十分严峻，态度甚为坚决。文章发表时，上海街头行人顿时稀少、安静下来。起码有50%做股票的上海居民，家家在收听中央电视台、中央人民广播电台关于平抑股市的评论员文章。文章批评有一些机构与大户勾结起来操纵股市，一些垃圾股也鸡犬升天等等很多缺点。很多重仓持有股票的人都吓得面如土色。我身边的电话也一个接一个地响起来，人们很担忧地来打听文章发表的背景。

当晚10：30，我拨通了北京中国证监会一位领导的电话。我问他："上边为什么要发这样的文章，股市涨上去，国家不是可以多收印花税吗？"他说："中央别无选择，多次警告，还是往上涨，泡沫越来越大。"又说："股市多收了点印花税，但大家不搞生产，全来炒股了，我们会少收很多增值税。珠江三角洲有些地方开了拖拉机进城炒股，田也不种了。"我说："银行利率不停地降，资金必然进入股市、邮市、坟市（当时苏州的坟墓一个从1 000元涨到5 000—6 000元），在所难免——这是货币现象。"

他很重视此话，了解了邮市也大涨的情况。不久之后，开始整顿邮市，是以禁止买卖人民币的名义进行整顿的，从此邮市也进入长达几年的大熊市。估计这与邮市不征印花税有关。我当时指出："你们还在此时搞了涨跌停板，估计会连跌三个跌停板。""真会这样吗？我们是怕跌得太深，才搞涨跌停板的。如果真的这样怎么办？"他又急起来……

此后，股市真的连续两个跌停板，这完全出乎管理层意料，也非调控者的本意，如果再狂跌下去，必会酿成股灾。这又使管理层着急起来。于是，深圳证交所总经理庄心一、上海证交所总经理杨祥海一起出来讲话，《中国证券报》又发表了《稳步发展，长期不变》的文章，因此，第三天，一些大机构在管理层的授意下又进入股市救市，不少股票又出现了涨停板，整个股市强劲反弹了一天。但这却又使管理层担忧起来，这个股市会不会再涨上去，创出新高又出现泡沫经济呢？于是又授意大机构暂停救市，于是股市又开始迅速下跌，最后在871点一带方才停住……一位重要的领导同志在一次全国性经济会议上谈到此事时说，这一次深沪股市的调整是完全应该的，不过调得有点过深了，现在这样可以了。于是股市就在这一带停了下来。

案例三：1997年与1999年方向相反的两次调控

1997年春，由于银行利率的不断下调，游资继续涌入股市，股市渐渐又攀上新高，上证指数最高达到1 510点。加之海外有人扬言，这一次香港股市给它炒到2万点，上海股市给它炒到2 000点，然后香港回归后，让它一起往下跌。由于香港是个自由港，我国政府又不具体治理，因此无法调控，但对内地股市却是有把握调控的。管理层为了防止发生香港、国内股市以后出现一起狂跌的局面，自己主动坚决地平抑股市。从1997年四五月份开始，当时一共采取了十项“组合拳式”的措施，如：宣布提高印花税率；对1996年追加50亿新股发行额度；1997年新股发行额度猛增到300亿；对继续上涨的东大阿派、深能源、河北威远、泸州老窖四只股票予以临时停牌；处理申银证券公司在1996年操纵市场等问题；宣布国企、国有控股公司、上市公司三类企业不准入市；宣布银行资金不得违规入市，一个月内必须退出来……第十项措施是：香港回归前一天，6月底，深沪两地10只新股一起上市。这使得深沪股市终于低下了倔强的牛头，从1997年5月的1 500点一直跌到1997年9月的1 025点，而香港股市从1.8万点开始也迅速回跌，一直向6 600点方向泻去。

虽然这一次深沪股市的下调使很多投资者因亏损累累而感到很伤心，但它实际上却在客观上为我国后来防御亚洲金融危机的冲击作了充分的准备，使得危机真正到来时，中国国内保有一片可贵的绿洲。当然，当时向下调控时，任何人是不可能有此预见的。

1997年8月以后，由于一批经济学家从美国考察回来，向中央汇报，美国的股市对美国经济贡献很大，美国经济与股市互相支持，交相辉映，造就了美国经济长达10年之久的繁荣；加之朱镕基总理也从国企形势最困难的东三省视察回来，管理层对证券市场的看法发生了根本性的变化，由过去的限制、管理、干预，不希望它涨得太高，变成了支持、呵护、鼓励，制定一系列政策，支持股市发展与走好。中央、国务院还召开了多次会议，制定了一系列有力政策，使股市出现了一个轰轰烈烈的大牛市，甚至发表了鼓舞人民入市的《人民日报》评论员文章。当时我真是十分感慨，其中“解铃还须系铃人”的暗示是十分清楚的。股市从1999年5月的1 056点一跃而起，到2000年12月已涨到2 126点，出现了前所未有的万民持股的场面。

尽管新任中国证监会领导多次提出“市场的问题，应该由市场来解决”，但实际上，即使在2000年中，政府的政策调控仍是相当多的。如股市涨得较高时，新股就密密麻麻地发行上市了。反之，跌得较深时，新股就持续半个月不发行。总体上的呵护态度仍是十分清楚、明确的。

汇总以上案例，我们可以看出，中国股市由于市值小，仅4万余亿元，其中真正的上市股更少，仅1万多亿元，为美国股市的1/80；因此，政府不仅敢调控它，而且也完全有能力很好地调控它。（其实，连美国、新加坡这种股市较成熟的国家，国家对经济尤其是股市的调控都是很有力与经常出现的。这也是凯恩斯宏观经济学中的精髓之一。）

第五节　供求关系是中国股市涨跌的原动力

前已述及，由于中国股市没有指数期货，只有做多没有做空机制，只能拿新股发行、上市来做空，这就使得中国股市的股价往往偏高。而且企业大多不肯分红利，分红股，因此，股价的高低与企业业绩关系不大。这样，股市的涨跌就主要跟供求有关系，即货币供应量大，投资多时，股指就上涨。反之，新股上得太快，资金进得慢，股指就跌。

在中国，供求关系一则看供给一方，即新股供应量多少；二则看资金进入股市的快慢。而资金进入的快慢又与通货膨胀及利率密切有关。现对之作一分析：

一、通货膨胀对股市影响

在发达国家成熟的股市中，通货膨胀对股价的影响主要有两个方面：一是通货膨胀影响经济景气，股价会反映景气变动；二是通货膨胀导致投资者产生保值心理，购买股票，股价自然上升。即在通胀时期，存银行是保本保息不保值，买股票是不保本、不保息，但是保值。

通货膨胀会使一般价格水准上涨，如此一来，靠固定薪水所得维生的人，货币所得不能随物价上涨而增加，其实际所得势必因通货膨胀而相形减少，蒙受损失。当然也有些人得到了通货膨胀的好处。譬如，大部分工商业者以及领取股利的人，他们的所得增加的比例较物价或生活费用的上涨要来得高。因为一般来说，产品价格比成本价格涨得快，获利增加，可分配盈余增加，股息自然提高，从而亦使股价上升。

通货膨胀的走势与经济发展情况密切相关，它可反映出一个国家整体经济发展的好坏，对国家经济政策的制定具有决定性的影响，因此它也与股市息息相关。就中国而言，保持较高的经济增长速度和抑制通货膨胀始终是难以解决的一对矛盾，在将来也会如此。经济增长过快则通货膨胀压力加重，而要抑制通货膨胀则又不得不牺牲经济发展速度。尤其是中国正处在由实施了几十年的计划经济模式向市场经济模式过渡的关键阶段，因而问题也就更多更复杂。其中政府的调控手段仍发挥着至关重要的作用，所以我们可以根据对通货膨胀情况的分析来判断政府可能推出的措施，并由此判断我们的买卖时机。

一般而言，在经济发展过程中，若通货膨胀上升过快，物价飞涨，政府为保持经济的健康发展和维护社会稳定，首先推出的措施往往就是提高利率、紧缩银根——对股市而言这无疑是一个沉重的打击。因为提高利率的结果会使相当一部分资金因为在股市中拼杀还不如存银行来得收益好而退出股市，而紧缩银根又会使一部分有心炒股的人力不从心。尤其是中国股市，升升跌跌主要看机构大户，而这些机构大户对国家信贷资金的依赖性则是显而易见的。因而一旦政府紧缩银根，限期还贷，就会造成抛股套现压力，而且这部分资金在一段相当长的时间内也会一去不回头，这种只出不进或出多进少的效应必然会造成股市的下滑和低迷。因此我们很有必要在国家推出强硬的紧缩政策之前有所预见，唯此才能避开大的风险。一般来说，当通货膨胀不断严重，已经成为经常见诸报端的新闻热点并已经引起政府重视时，股市的上升空间已经不多了，应以减磅了结为上策。比如 1993 年 3 月，正逢我国新一轮经济发展的高峰期，但通货膨胀压力却日趋严重，如果这时就能离开股市当然很好。如果此时未走，那么等政府开始采取一些较为温和的调控措施时，就应该十分清醒了——那时深沪两地虽然已经自 368 点和 1 558 点回落下来，但股市交易依然活跃，人们对再创新高充满信心，所以那时再走也还不算太迟。但是如果此时还不走，那么一旦有更为严厉的措施推出，再想全身而退可就难了。事实上，由于 1993 年 7 月保值贴补储蓄的恢复，股市就节节下跌，一直跌到 1994 年 7 月的 325 点。

反过来讲，当通货膨胀见顶回落甚至出现通货紧缩时，政府为促进经济发展就又会推出如放松银根盘活企业的一系列措施，而这则正是股市新一轮起飞的起点。就如 1999 年的“5・19”上升行情，如果大家能够对当时股市极端低迷时的通货紧缩情况加以了解分析，就不难看出新一轮经济热潮的预兆。那时启动股市的可能性是很大的。

二、利率变动对股市的影响是相当大的

从宏观经济分析角度来看，利率的波动反映出市场资金供求的变动状况。在经济发展的不同阶段，市场利率有不同的表现。在经济持续繁荣增长期，资金供不应求，利率上升；当经济萧条市场疲软时，利率会随着资金需求的减少而下降。除了与整体经济状况密切相关之外，利率还影响着人们的储蓄、投资和消费行为，利率结构也影响着居民金融资产的选择，影响着证券的持有结构。随着市场经济的不断发展和政府宏观调控能力的不断加强，利率，特别是基准利率已经成为中央银行一项行之有效的货币政策工具。

一个国家、政府制定的利率政策主要是根据其经济发展状况。当整个经济处于萧条时，为了恢复和刺激经济发展，政府通常会采取降低银行存款利率的政策，降低的幅度往往视经济发展的

状况而定，一般是逐步实行而很少一步到位；而当经济发展过快，通货膨胀较高时，为了防止经济过热和抑制通货膨胀，政府就又会采取调高利率的措施。这种以利率为杠杆调节经济发展的手段是市场经济的重要组成部分。同样，利率的总体走势对股市的影响也是非常大的。因此了解利率走势及利率走势与股市波动的关系也就成为进行基本分析，确定中长期股市走势和选择股票中长期买卖时机的必修功课。

如何根据利率走势选择股市的买卖时机呢？简单地说，从大趋势上来看，利率走势与股市走势呈相反方向运行。当银行存款利率上调时，也就意味着将钱存在银行的回报率提高，投资股票的价值相对来说就会减少，股票的吸引力也会相应变小，资金会流出股市，造成股市“失血”；反过来，当银行的存款利率降低时，则表明存钱收息的回报率降低，股票的投资价值相对提高，因而人们也就更愿意投资股市了，从而资金会涌入股市造成股市充血价格高涨。所以，一般而言，利率上调则股市下跌，利率下调则股市上升。

在我国，利率的高低对股市的影响极大。除了政府的政策调控外，利率是股市牛熊的第一位因素。比如，前已述及，我国1993年由于通胀日益抬头；7月份起，央行决定恢复已停办了两年的居民保值储蓄；财政部也于7月10日通知，对1992年、1993年起发行的三年以上国库券实行保值贴补。由于通胀越来越高，保值贴补率也越来越高，从保值贴补率1%逐渐上升到6%，最高时达到13.96%；加上原来的银行利率（三年期为12.24%），故居民实际利率达到20%—26.1%。加上有近几百亿国债是随时可以在市场上买卖兑现的，这就等于市场上存在着一种“活期存款”——国债，其利率也是20%—26%之高（从国债回购率来看，也确有这么高）。这就使得很多居民、企业将钱宁可存银行，买保值国债，得20%的利息，也决不肯进入高风险的股市。例如民生银行的总经理当时就曾明确讲道：“只买国债，不买股票。”而股市随着保值贴补率的节节上升，退市而走的人越来越多，就逐步进入一个大熊市。前已述及，上证指数从1993年春天的1 558点一直跌到1994年7月的325点；在7月底的“三大救市”政策下，股市一跃而起，一直冲到1 052点，但由于当时的通胀和利率实在太高了，人们一解套就立即退出股市，去存银行或买保值国债。“三大救市”政策只是有效了两个月，然后股市又飞快地跳水而下，并开始了长期阴阴下跌的过程，一直跌到1996年初的512点。这说明政府向上调控在高利率的情况下也是难以成功的。

1996年3月，一批经济学家从国外考察回来向中央汇报指出：过高的利率实际上也不好，因为它提高了银行的贷款利率及企业的资金成本，造成物价居高不下。海外也有国家和地区先搞一下负利率，结果通胀反而下去了，而经济仍发展健康。中央、国务院很重视这一意见，经过审时度势，果断决定从1996年4月1日起停办居民保值储蓄（当时保值贴补率还有6个百分点），等于一下子降息6个百分点。先观察一个月，结果物价应声而下。中央又决定从1996年5月1日起降低银行存贷利率，1996年8月23日宣布第二次降低利率……银行利率的下降，立即促使大批居民将一批批三年到期的存款（三年以上的存款才保值，因此我国居民存款中80%是三年以上存款）投入股市，这样，从1996年4月起，一轮波澜壮阔的大牛市就应运而生了。但是由于我国股市的管理层在对股市重要性的认识上一直存有分歧，对越涨越高的股市采取了一次次的平抑、调控，因此牛市一直是在犹豫、徘徊、曲折中发展的，但股市的顽强走牛却也是不可抗拒的。

1998年5月28日，江泽民主席作了重要指示：“搞证券是现代经济中的一门复杂的学问。各级领导干部、企业领导干部和证券工作者，务必勤学之，慎思之，明察之。”1998年7月1日，美国总统克林顿访问中国，要去参观上海证交所，恰好中央决定银行第七次降低利率，其中可能寓意深远。1999年，中央又决定征收利息税，使一年期存款利息的收益从2.25%下降到1.8%的低位。此时，中央、国务院对中国股市的态度越来越坚定，抱着热情、爱护、坚决支持的态度，在1999年“5·19”行情启动不久，发表了鼓励股市上涨的《人民日报》评论员文章，指出这是一波“恢复性行情”。这样，在低利率的驱使下，全国居民投身股市的人越来越多，从1996年12月的2 200万人，发展到2000年底的5 200万人。进入股市的资金也越来越多，而中央希望的将居民储蓄进行分流，将间接融资（即通过银行先向居民借款再向企业贷款）变成直接融资（企业直接从股市融资）也基本实现。2000年我国居民储蓄竟一度出现绝对下降的态势（从6.5万亿下降到6.2万亿），这是十多年来的第一次。

低利率再加上中央一系列的政策，使得股市节节上升，到2000年上证指数竟上涨到2 126点（到12月10日时止）。

由此可见，在供求关系中，银行利率的高低对资金进入股市的影响作用最大。只要利率处于低位，即使发行、上市新股再多，股市也照样会顽强上行。中国股市中的上市公司，在1990年只有几家，到1998年7月为800家，到2000年为1 070家，股市一直处于大牛市之中。这就是利率促使居民存款分流的巨大作用。综上所述，通胀与利率在中国股市的供求中起着极大的作用。

三、国家股、法人股减持即股权分置问题处理严重影响股市

前已述及，由于历史原因，中国股市建立之初就存在严重的制度性缺陷：股权分置问题，而国家股法人股终究要全部流通的。如何化解它呢？2001年6月，财政部及有关部门决定从新股首发中让10%国家股直接上市，以新股股价变现，用以充实社保基金缺口。最早试行的是贵州茅台与烽火通信。消息一出，股市从2 245点狂泻而下。因为这一方案是十分不合理的，有“一平二调”之嫌。

后来，上边每硬减持一次国家股，股市就大跌一次。一直跌到1 500点一带，国务院才决定停止从新股首发中减持国家股。股市当时就反弹100多点。因此，从2001年6月到2005年初，国家股减持始终严重影响着中国股市。一直到2005年5月9日，新一届证监会在国务院七部委支持下，实行大股东先向公众股付对价（约为10股付3—3.5股）；并分2—3年后分批减持、全流通的股权分置改革，加之人民币开始升值；中国股市才开始止跌企稳，人们信心恢复，股市才出现了新一轮牛市。可见，这一问题是中国股市制度性的一个大事，对股市走势影响极大。

四、国家政策也从供求关系方向来影响股市

实际上，中国从1996年起的大牛市，到2000年还不断迭创新高。除了通缩、低利率外，我国还颁布了很多政策来解决股市原来一度出现过的供大于求的局面。下面我们就来分析一下自1999年5月以来我国政府制定颁布的有关股市的新政策：

1. 1999年7月29日，中国证监会发布《关于进一步完善股票发行方式的通知》，允许股本在四亿元以上的公司采取向法人配售和对公众上网发行相结合的方式发行新股，并同意在新股定价方面发行公司和主承销商可以制定一个发行价格区间。——这一政策对减缓大盘股对股市的一次性冲击具有重大作用。

2. 1999年9月8日，中国证监会发布《关于法人配售股票有关问题的通知》，规定注册登记在半年以上的国有企业、国有资产控股企业、上市公司所开立的股票账户，可以运用其合法、合规资金参与配售股票，也可参与投资二级市场的股票，但在二级市场买入又卖出或卖出又买入同一种股票的时间间隔不得少于六个月。——这与1997年禁止“三类企业”入市的通知十分相似，但当时强调的是不能入市，这次强调的是可以入市。尽管两次都规定必须持股 六个月以上。

3. 1999年9月16日，中国证监会颁布《中国证券监督管理委员会发行审核委员会条例》。为保证股票发行工作的公开、公平、公正，提高发行审核工作的质量和透明度，中国证监会设立发行审核委员会（简称“发审委”），依照法定条件审核股票发行申请，以投票方式对股票发行申请进行表决，提出审核意见；中国证监会根据发审委提出的审核意见，依照法定条件核准股票发行申请；核准程序应当公开，依法接受监督。——此举有利于提高上市公司的质量。

4. 1999年10月26日，国务院批准保险公司购买证券投资基金间接进入证券市场，但入市资

金比例不得超过保险公司总资产的5%，主要通过两种方式：一是在二级市场上买卖经中国证监会批准设立的已上市证券投资基金，二是在一级市场上配售新发行的证券投资基金。——由于我国有几千亿保险基金，所以它们的入市又使股市资金大增。

5. 1999年11月，中国证监会发布《关于进一步做好证券投资基金配售新股有关问题的通知》，提高了证券投资基金的新股配售比例。——证券投资基金是从1997年开始募集的，这是管理层在供给方面作出的最实际有力之举，两年后已达到几十家。

6. 1999年10月12日，中国人民银行颁布《基金管理公司进入银行间同业市场管理规定》。为进一步发展货币市场，拓宽基金管理公司的投资渠道，允许经中国证监会批准成立的基金管理公司进入全国银行间同业市场，从事购买债券、债券现券交易和债券回购业务，并接受中国人民银行的监管和动态检查。——允许基金管理公司进入银行同业拆借市场，是一个很实质性的大利多，有利于基金资金量的增加。

7. 1999年12月12日，中国人民银行颁布《证券公司进入银行间同业市场管理规定》。为进一步发展货币市场，适当拓宽证券公司的融资渠道，促进货币市场与资本市场的协调发展，经过中国人民银行批准，符合条件的证券公司可以以法人为单位申请成为全国银行间同业市场成员，进入全国银行间同业市场从事购买债券、债券现券交易和债券回购业务，并接受中国人民银行的监管和动态检查。——证券公司可以直接从银行同业拆借市场，将大大增加股市的需求及资金供应量。

8. 2000年2月22日，中国证监会发布《关于向二级市场投资者配售新股有关问题的通知》。为进一步完善股票发行方式，促进证券市场的稳定健康发展，在新股发行时，将一定比例的新股由上网公开发行改为向二级市场投资者配售，投资者根据其持有上市流通证券的市值和折算的申购限量，自愿申购新股。——专门打新股的大军一直被称为二级市场的“提款机”，投资者对其意见很大；而直接向二级市场配售——这是世界各国股市中没有的，是一项创造——则将有利于提高二级市场投资者的信心。

9. 2000年2月22日，中国人民银行、中国证监会联合发布《证券公司股票质押贷款管理办法》，允许符合条件的证券公司以在证券交易所上市流通的自营股票（A股）和证券投资基金券作质押向商业银行借款，股票质押率最高不超过60%，股票质押贷款期限最长为6个月。——以股票质押贷款在欧美日各国均已搞了几十年，中国过去不允许，现在终于可以了。它不但大大增加了进入股市的资金量，而且减少了股票的流通比例，对股市又是一个大利多。

10. 2000年3月，经过中国保监会批准，平安保险、新华人寿、泰康人寿和华泰财产等四家保险公司将入市比例由5%提高到10%；同年6月，中国保监会批准太平洋保险公司将其入市比例进一步提高到15%；同年8月，中国保监会又批准太平洋安泰、友邦广州、安联大众等三家外资保险公司将其入市比例由5%提高到10%。——此举又促使大量资金入市。

11. 2000年7月23日，中国证监会发布《关于规范上市公司重大购买或出售资产行为的通知》。为规范上市公司重组行为，支持上市公司通过资产重组提高资产质量，维护投资者的合法权益，该通知对上市公司重大购买或出售资产行为制定了新的规范，明确界定了“重大购买或出售资产行为”，规定了上市公司实施重大重组行为应履行的程序。

12. 2000年7月24日，中国人民银行颁布《企业集团财务公司管理办法》，强调今后将允许财务公司发行中长期债券，开展同业拆借业务，以及进行有价证券、金融机构股权及成员单位股权投资。——这是对企业集团财务公司的一次大松绑，有利于更多的资金流入股市。

13. 2000年7月25日，中国人民银行颁布《金融租赁公司管理办法》，强调今后将允许金融租赁公司进行有价证券和金融机构股权投资。——这对股市又是一个增加资金供应的利多政策。

14. 2000年8月22日，中国证监会发布《法人配售发行方式指引》。为规范向法人投资者配售新股行为，规定新股发行价格必须通过向法人投资者询价产生，发行量在8000万股以下的新股原则上不使用法人配售；授权中国证券业协会成立“法人配售审核小组”；战略投资者的家数原则上不超过两家；配售过程应当由公证人员出具公证文书。

综上所述，我国在1999—2000年促使股市发展、壮大的重大政策中，绝大多数是从增加资金供给一方去制定的。这些金融政策在欧、美、日等国早已普遍实行，我国只是在补课、完善而已。但由于补课、完善刚刚开始，加上面临近十多年来最低的1.8%的银行存款收益率，巨大的资金流源源进入股市，股市就以不可抗拒的惯性向上冲去。——总之，在中国股市中供求关系是决定一切的。至于每一个个股的业绩、实际状况，则往往反而变得不重要了。只要股市中资金多，什么题材都会创造出来。例如在企业业绩普遍不好的2000年初，中国股市跟着美国炒市盈率高达2 000倍的网络股，梅林可从7元炒到33元，2000年年中又炒起国企大盘股，2000年年尾又炒资产重组股及上海本地小盘股。而2005年7月人民币升值引起流动性严重过剩的局面，游资极为充沛，加之其他七八个利多因素后，中国股市出现了大盘股也大涨的局面。——实际上，这一切都是货币现象。

第六节　人民币汇率问题及周边国家、地区市场对我国市场的影响

一国本币币值是否稳定对于股市的涨落往往起着决定性作用。如果本币要贬值，则没有人敢长期持股，股民们必然会争先恐后地抛股兑现，将本币换成美元或其他坚挺的世界货币。这种股灾情况，我们在1998年的亚洲金融危机中已经见到了很多，泰国、马来西亚、印度尼西亚、日本、俄罗斯以及我国的台湾地区均发生过本币大幅贬值、股市狂跌的情况。因此，中国的投资者在基本分析中必须弄清楚人民币是否会贬值这件大事。

所谓汇率，又称汇价，即用一国货币表示的另一国货币的价格或比率。其实质是两国货币之比。这里有几个重要概念需要弄懂：(1) 均衡汇率，即使美元供需相等的汇率。(2) 汇率与贸易J曲线。通常，出口数量都是在事前几个月在一定的汇率水平下以合同方式规定好了的。本币如升值后，在新的出口合同还未签约前，出口的数量依旧按旧合同规定履行，当出口品的美元价格升高以后，一国的出口金额自然也就增加了。但由于本币升值，意味着本国出口商品涨价，新合同的出口量必然减少，一国的出口金额就开始减少，并将最终减少它的出口金额或经常性收支状况。反之，当本币贬值时，情况则刚好相反。这种运动轨迹呈现J字的形状，称为贸易J曲线。如下图：

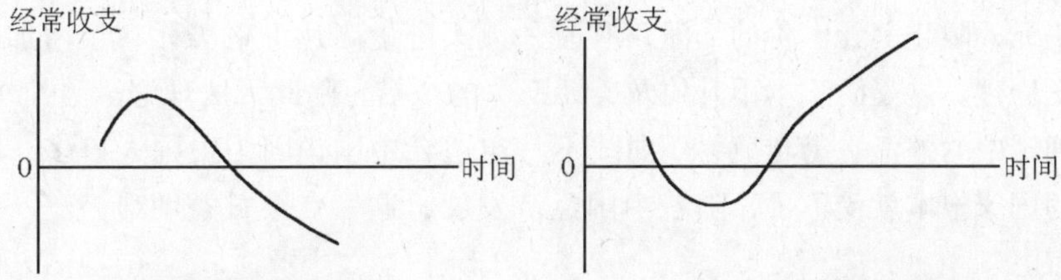

(a) 本币升值时的状况　　(b) 本币贬值时的状况

在亚洲金融危机十分严重的1997—1998年，日元、韩元、卢布、印尼盾、泰国铢及马来西亚币、新加坡元均纷纷出现严重的货币贬值状况。很多人对中国政府承诺人民币不贬值感到不可理解，认为是出于政治影响的需要。实际上，这是中央根据实际情况审时度势作出的十分正确的决策，它后来被世界银行专家们称为世界一流的可以打100分的货币政策。金融危机时笔者曾多次在《证券市场周刊》上撰文指出，人民币决不会贬值，其中影响最大的是1998年初发表的《我爱中国，我爱人民币》一文（见后附文）。而且早在1994年1月我就曾在《万科》的周刊一月号上指出：人民币已是世界上超强势货币，不存美元。人民币不贬值是各种经济力量较量、均衡的结果，其原因是：

1. 购买力平价（P. P. P.）证明，1美元在美国可买到的商品，在中国绝不需要8.28元人民币去购买。早在1992年时，中国物价便宜，加拿大的戈登和美国的一些经济学家在对我国的市场

价格进行过调查后，发现这个比例应是1∶1，这个数字后经美国兰德公司肯定，又为国际货币基金组织所接受。后来，复旦大学一批教授、学者又作了一番调查，认为应是1∶2.5左右（注：经过多年的通胀，现在的比例还应高，但仍不会到1∶8.3）。因此出过国的人都有同感，在国外忘记1∶8.3的汇率后就敢花钱了。例如猪肉在我国为7—9元/斤，在欧洲为50元（人民币）/斤，绝大多数商品，包括劳动力成本（工资）、房租等均是中国低得多。一个美国工人的工资相当于10个身强力壮的中国小伙子的工资。

2. 人民币于1993年实行官价与调剂价并轨时，已从1∶5.7贬到1∶11（后上升到1∶8.9—1∶8.3），实际上已一步到位先主动贬过值了，故其内在含金量很高。

3. 中国经济在1978—2000年，基本上保持了每年以8%—11%的高速增长，现为7%—8%，仍是世界上最高增速。对这种刚刚崛起的经济大国来说，其货币坚挺是有基础的。

4. 在相当长时间里（1993—1996年初），人民币利率比美元利率高，如果按保值贴补计算，则会更高（由于当时保值国债是可以随时买卖的，等于活期存款利率也高达15%—20%）；存人民币买国债或打新股的收益远比存美元要高得多。

5. 中国货币贬无可贬，相当多的商品由于太便宜而被外国法院认定为倾销，如自行车、彩电等均多次被拒之门外。外国人无法理解，何以这么便宜，很好的一辆自行车仅20—40美元！对于纺织品的便宜更是感到不可思议，他们诬我们是劳改犯（不用发工资）生产的。因此如果人民币再贬值，出口反而会变得更加困难起来。

6. 中国外债结构与外汇储备比例合理。到2000年中国外汇储备1 600亿美元，外债仅1 400亿美元（其中85%—87%为长期债务）；即1年内的短期债务占外汇储备的比例为1∶7—1∶8。而俄罗斯在1998年发生金融危机时这一比例则为8∶5，故中俄两国迥然不同。

7. 中国经济增长最快的东南沿海各省有大量的“三来一补”生意，来料加工会因人民币贬值，造成进口原材料涨价，这样一来，如果贬10%就等于只贬了5%，一半作用都因进口来料涨价而抵消。正作用不大，副作用不小，会引起外商投资者的恐慌。

8. 由于1993年人民币已主动贬过值（从1994年起，中国外贸连年顺差），因此中国大部分物价、工资都处于世界最便宜状态，贬无可贬。如再贬，必造成多米诺骨牌效应，东南亚、东北亚国家货币也贬，最后还是等于没有贬。

9. 自1993年以来，中国一直在以人民币买进美元（这是外汇储备急剧增加的重要原因）。实际上是通过买美元，阻止美元汇价的下滑，有时一天买进量高达1亿美元，年增加外汇200亿美元。按照经济学原理，这是防止本币升值及美元贬值的举措，除此无法理解。

10. 经典理论中的外汇平衡与贸易J曲线不一定适合中国，因为中国人口多，国家大，人民币一贬值，别的国家根本就受不了，随着中国经济发展，这一点会日益明显。——经典理论往往适用于中小国家。

11. 从1999年起，中国允许一年中多次因公出国的人多次换平价外汇（过去一年只能换一次，一次为2 000美金）。此外，2000年，我国又承诺，允许三资企业通过中国银行购买外汇，以保持企业的外汇平衡。这两点都是中国外汇储备充裕的表现。

12. 据专家介绍，亚洲金融危机以前，人民币与世界13种货币的加权平均比价为100∶117；危机最甚时为100∶133；而现在则已降为100∶113，因此比过去也就更安全了。

综上所述，人民币不贬值是经济发展的必然结果。因此，人民币在相当一段时间内不会贬值，甚至有升值的压力，因此目前在中国做股票还是比较安全、可靠的。

2005年7月中国经济宣布对人民币汇率机制实行改革，实际上是开始升值。到2007年1月已从盯住10年的1∶ 8.28上升为1∶ 7.77。根据购买力平价的情况，这一升值态势将是缓慢长期的，这将对中国股市构成长期向好的推动力，形成一个大牛市。（详见笔者与杨筱燕合写的《日元、人民币升值对两国宏观经济及股市的影响之比较研究》一文。）

第七节　周边国家地区市场对中国股市的影响

1997—1998 年亚洲金融危机风暴席卷全球时，中国与世界各国的股市、经济均受到了不同程度的冲击。日本股市跌到 10 年来的最低点 128 000 点；韩国跌到几年来的最低点 360 多点；俄罗斯、印尼、马来西亚均大跌一场；香港跌到 6 600 点，并导致港府用政府基金与国际投机资金在股市及汇市上进行了一场惊天动地的大战，世界与中国为之震撼。股市多次暴跌，1998 年 8 月跌到 1 026 点；1998 年 1 月香港百富勤清盘，中国几百家上市公司中的一半以上都跌到跌停板。

实际上，从一个中期时间来看，世界各国经济是互动的，比如亚洲各国在危机中竞相货币贬值，导致中国出口商品因相对升值而受阻，对国内经济造成很大冲击。由于我国已是一个改革开放国家，GDP 中 40% 是外向型经济创造的，故危机对中国经济在客观上从一个中期来看是有很大影响的。但从当时的近期来看，实际上的影响主要是心理上的，因为中外经济中有一堵“隔火墙”，那就是我国的人民币在资本项目下是不可以自由兑换的。所谓资本项目就是指所有资本在国际间的流动的项目，如直接投资、证券投资、银行贷款、债券销售、政府贷款、贸易信贷等等不可自由兑换，故外国资金无法直接进入中国股市、债市及基金市场，一旦偷偷换成人民币进入，就被视为违法。外国人一般法制观念很强，很少有人干这种事。这样，中国就决不会发生像 1995 年墨西哥那种因为外国人从“A”股市场抽逃外资而引起金融危机的事。而且索罗斯等国际炒家也不可能进入中国资本市场，即便进来了他也出不去。

因此，从危机严重时的每一个“近期”来看，每一次周边市场的狂跌，进而引起国内股市的狂跌，主要都是心理上的冲击，因为这都可能是一次抄底的机会。1998 年香港百富勤清盘引起深沪股市大跌时，笔者曾在《中国证券报》等报刊上撰文《周边市场风波会否殃及内地》、《外边下雨下雪，里边下金下银》等文撰述这一道理，后来都被实践证明是对的。凡抄底的均获大利。

2005 年，中国内地出现大牛市，由于人民币尚可能自由兑换，国内流动性过剩严重，又出现了内地一些股股价远远高于香港 H 股的现象（如工商银行、中国人寿等）。可见，海内外是分割开的虽有影响，但又完全不同的市场。

第八节　台湾海峡局势对两岸股市的影响

台湾海峡的局势一向为两岸人民与世界华人与国际社会所关注。台海局势的关键是“台独”与“统一”之争。只要出现实际的“台独”行动及外国势力的插手，战争就会一触即发。台湾 2 000万人中确有少部分人有“台独”倾向，这一点从 2000 年 5 月的台湾大选中就可看出来。但中国大陆 13 亿人中，100% 的人坚定反对“台独”，尤其是百万人民解放军，全军上下早已义愤填膺。当然，只要还有一线和平统一的希望，我们就会全力争取用和平方式。我们将与国民党、亲民党等台湾在野党与全岛各界人民建立广泛的统一战线反对“台独”势力，这是中国共产党及政府当前一个很重要的战略。尽管有美国等势力插手干扰，台湾与大陆的统一仍然只是一个时间问题，早晚会像东西德一样完成统一的。

但是台海局势一旦紧张，就肯定会立即影响到两岸的股市和经济。

一、台湾受台海局势影响极大

只要“台独”分子或主张“台独”的民进党施政、得势，就意味着“台独”势力得势，就意味着战争的危险加大，台湾股市也就必将大跌一场。如台湾新领导人于 2000 年“520 就职演说”发表当天，“台独”分子们一片欢呼时，台湾股市就下跌 299 点，跌幅达 3.28%（主张“两国论”的李登辉当“总统”时，台湾股市也当天下跌 246 点，跌幅达 4%）。由于民进党主政，坚持

"台独"，不肯接受"一个中国的原则"，加之新领导人"政策混乱"，对"九二一台湾大地震"灾区重建毫无进展，加之"八掌溪事件"（被海水所围几小时的人员在媒体注目下，无人抢救，被活活冲走、淹没），"停建核四事件"（台湾能源短缺，民进党在极端的环保意识下，不顾在野党反对，突然决定停建核四发电站），两岸关系陷于多年来的最低点。与此同时，企业界、金融界也都因对台湾局势失去信心而纷纷减少在台湾岛内的直接投资。2000年5、6、7月，陈水扁上台后，民间在台湾重大投资项目金额仅是上年同期的12%—15%。而台湾投资环境的恶化，又进一步加速了台湾资金的外逃，大量资金从股市与实业中撤走。因此，发表在英国《经济学人》上的一篇文章预测，台湾可能会发生"本土性金融危机"。

历年来台湾股市大跌的情况与背景

时间	剧烈波动时间	指数变化	技术线型变化	大跌的背景
1995年7月20日—8月15日	1个月	从5 116点跌到4 591点（跌幅10.27%）	首次跌破5 000点大关	由于李登辉访美，中国人民解放军在台湾海峡进行导弹试射
1998年9月2日—10月30日	2个月	从8 619点跌到7 073点（跌17.94%）	首次跌破年线8 659点	亚洲金融风暴最严重期间
1999年7月13日—8月7日	1个月	从8 204点跌到6 771点（跌17.46%）	跌破8 000点关卡	李登辉发表"两国论"
2000年8月28日—10月19日	约2个月	从7 845点跌到5 074点（跌35.32%）	跌破8 000点后就一路下行	陈水扁上台，极力坚持"台独"立场，两岸关系十分严峻，执政不当，台资纷纷抽走
2000年11月20日以后		从5 000点首次跌到4 889点	跌到5年来最低点	陈水扁坚持"台独"立场，停建核四案发生，政策混乱，有可能爆发本土性金融危机

二、大陆受台海局势的影响很奇特、很微妙

1. 如果真的爆发中国人民统一战争，则台湾的所有军事设施、机场、发电厂、交通枢纽有可能全部瘫痪。但台湾的反击力量也可能会影响我福建、浙江、上海的建设（但人民解放军防空导弹部队早有充分准备），而且对大陆经济与股市也肯定会有所影响。但其影响将明显小于对台湾经济与股市的影响，因为大陆地大物博，人口众多，共有31个省、市、自治区。

2. 在未发生战争、中国大陆以文攻武慑方式反对"台独"期间，台海局势之紧张，在一定程度上反而促进了大陆经济的发展。据2000年台湾媒体调查，台湾老百姓向外移民最多的第一是美国、加拿大，第二是澳大利亚、新西兰，第三竟是中国大陆。真令台湾当局不寒而栗！总之中国大陆成了台湾产业资本与金融资本的最安全的避风港。陈水扁上台后，台湾商人为避台湾之乱，纷纷向大陆投资，2000年1—10月，投资总额达20.1亿美元，比1999年同期增长98%。其中以电子电器业为主，占总投资额55.2%，金属制造业占7.16%，塑胶制品业占6.17%，服务业占

5.79%，化学品制造业占4.77%。而中国大陆各地政府也都对台胞的投资抱着极其热情欢迎的态度。

台湾塑胶大王王永庆在第二次赴大陆勘察投资环境后，很有感慨地说："那边的政府真的是在服务人民，台湾却变成在修理人民。"称赞大陆"搞经济"的大动作。他表示，在企业发展的立场上，大陆是不能错过的地方，台湾企业"不走不行了"。

台湾奇迹已成为过去，它的资金正在一天天地流失，有人在其基础上将砖一块块地搬走。台湾一些人说"心在痛，血在流"，流到何处？——流向中国大陆，这已是一股世界性的历史的潮流。

3. 通常情况下，中国大陆股市不理会海峡对岸的混乱。

在通常情况下，由于人民币资本项目下的不可兑换，大陆股市处于封闭、安全的环境中，因此，往往完全不理会台湾的混乱。大陆股市从1999年5月起资金充裕，"5·20"陈水扁演讲前，大陆股市曾小跌几天；演讲当天，股市就以"坏消息出尽是好消息"为由一跃而起，一周内上涨100点，不断创出历史新高。

而且即使是在1995年7—8月人民解放军进行导弹试射期间，大陆股市也不仅未与台湾股市一起暴跌，而且还微微上涨。1999年8月28日，李登辉发表"两国论"，大陆股市仍未受任何影响，反而再进行一次反弹（9月9日反弹到1 697点）。与台湾股市的大熊市相比，自2000年5月以来中国大陆股市从1 600多点一直涨到2 125点，一直处于大牛市中。

各种消息表明，确有台湾同胞将台币、美元换成人民币参与了大陆A、B股市场的炒作，这对中国大陆股市实际上构成了相当的利多。因此，台湾局势对大陆股市的影响复杂与微妙。

第九节　突发事件对股市的影响

"天有不测风云，人有旦夕祸福"，古今中外无不如此。如何面对突发性的政治、军事事件与自然灾害等对股市的冲击呢？——这主要是要分析这些突发性事件的影响究竟有多大，持续时间有多长。

要注意，有的突发性事件无法改变一国的政治、经济形势及股市中货币与股票的供求关系，这种事件如果引起股市的突然狂泻、暴跌，实际上至多是先抛一下股票，一旦有见底迹象，就应再立刻买回来。前已述及，1997年2月19日，中国改革开放的总设计师邓小平去世，由于他早已在生前作了人事安排，中国改革开放的事业也不可逆转，宏观政治经济形势也很稳定，对于小平同志的去世，党和政府、军队、人民都早有思想准备。因此，出现几百家上市公司股票的跌停板，应该是坚决买进的好机会。事实证明，那次买进股票的人都是正确的。

又比如，美国前总统里根执政时期，曾发生过里根遇刺事件，中国驻外某经营外汇的一位青年研究员立即意识到，此事会引起美国政治、经济与社会动荡，影响美元走势，于是迅速奔向操作台，发出抛出美元的指令。不久以后，美元果然大幅下跌。该中国研究员不久又从电视上获悉里根被送进医院，没有生命危险，他又立刻意识到"利空出尽就是利好"，"里根总统大难不死，将有助于美国社会的稳定与经济复苏"，于是他又立即指令买进大量美元。果然，不久美元即出现强劲反弹，这一来一去就为国家增加了几百万美元的收入。

笔者在2000年"5·20"陈水扁上台前，曾以"历史的经验值得注意"为题撰文谈到过，这类影响时间不长，凡发生这类影响国内宏观、政治经济大势不大的政治事件时，都是坚决买进股票的机会。

但是，应特别注意的是，如果发生了影响一国政治、经济形势时间较长、较大的突发性事件，则不应该去炒底、抢进，而应该根据具体情况去运作。有的时候，反而必须做空，抛出股票为宜。

这方面一个最典型的例子就是1995年2月下旬英国巴林银行在新加坡炒作日经指数的青年利森所犯的致命错误，他当时就是对突发事件作出了完全相反的判断。日本经济和股市从1988年12

月底达到最高峰，日经指数达到39 800点，经济状况也良好，日本人发了财竟到美国抢购房地产。很多人都认为日本股市到了1989年会冲上4万点，而实际上却是咫尺天涯。以此为顶点，日本泡沫经济开始不断破灭，日本经济与股市就此也走上了一条长达十年下跌的不归路。1995年，日本股市一直处于大熊市的阴云下跌之中。而1995年2月，英国巴林银行在新加坡炒作日经指数的青年利森一厢情愿地将赌注押在日经指数会涨到1.9万点。但事与愿违，日本阪神大地震突然爆发，这使日本经济更加雪上加霜，日经指数突破长期下跌的平台，直线下泻。利森理应闻风后反手做空，然而他竟认为这一突发事件是个偶然事件，所以他就继续做多，放大倍数地做多，结果一错再错。事实上，由于日本经济与股市本已处于长期弱势之中，阪神大地震只会加剧其向下的态势。利森的判断大错特错，形成了巨大亏损，并最终导致了具有200年历史的世界著名的巴林银行的破产。——这对世人是一次铭心刻骨的教育。

可见，具体情况具体对待在应对股市中的突发事件时十分重要。

第十节　社会调查是基本分析必备的硬功夫

很多投资者，甚至大券商，明明可以，也完全做得到去进行社会调查，但却不知为什么就是不肯去走一走，看一看，最后都吃了大亏。以1995年轰动中外的国债期货“327”事件为例，多空双方争论的最大问题就是对于1992年发行的三年期国债，有没有从1993年7月10日—1995年6月30日近2年贴息5.48元的问题。这个问题，实际上只要到北京财政部国债司去请教几次，搞一些调研，就可以迎刃而解。万国证券公司当时直接管了十几亿资金，将此问题请教清楚，真是举手之劳。但就是不去调研，结果凭主观想象及长官意志，最后判断完全错误，导致一天巨亏16亿、万国被重组、管金生银铛入狱（据悉，管金生主要还犯有其他罪行）。恐怕管金生至今都不知他究竟错在哪个环节，至今还没弄懂居民存款的物价保值贴补公式。

笔者当时仅去调查过一次，就已坚信补贴5.48元无疑，否则就不叫保值国债了。这件事的裂变及结果对我的影响和教育极深。从那以后我就始终牢牢记住：要注重调查。没有调查就没有发言权，没有调查就不敢随便买股票。

与在股市、债市因做错、做反而亏损的钱相比，搞社会调查的经费是十分经济、十分小的，也是非常值得的。我们曾搞过多次社会调研，下面我就介绍一下我们在1997年秋天进行的那次调研。

一、制订计划，兵分两路

1997年8月我们在《广州日报》上登出一则启事，“我们想去搞上市公司调研，缺少经费，希望寻找合作者。”第二天，就有一位总经理打来电话，并亲自飞到上海与我面谈，同意给我们5万元调研经费，希望我们能为他们找到1只一年股价涨50%的好股票。

1997年9月，按复旦大学规定，一个学期中可以换一次课，即可以出差、调研两周。于是，我和研究生倪勇、上海某大报记者赵先生，经过周密研究，决定兵分两路，倪勇去湖北跑5—7家上市公司，我和赵记者去东北，也跑5—7家上市公司。当然，我们事先已经开过会并进行了反复筛选，把重点放在有可能出现奇迹的公司上。

二、海南急行，否决一个谣传

临行前，我们曾听说，海南一家上市公司业绩奇好，每股税后利润可达1元。但我对此却有怀疑：一家以水果、饮料为主业的公司怎会有如此好的效益？于是我决定先单飞海口。当天，在一家券商的热情帮助下，我很快就找到了该公司的董秘，他早已在杂志上看过我写的文章，故十分热情地介绍了公司情况（都是可以公开的信息）；经他一介绍，我再一计算，发现该公司由于组建不久，业绩还不可能太高，与传闻相差甚远。顿时，我松了一口气，因为当时我还曾一激动想重仓介入呢！

虽然海口之行没有发现瑰宝，但很快就否决了一个谣言，减少了一次投资失误，冷静地想想还是很值得的。

三、直飞沈阳，炎夏变深秋

由于1997年9月中旬恰逢中秋节，所以我原本是想一调查完这家上市公司就飞回上海。但等调查完毕已经到了下午，一打听，由于是中秋节，飞沪机票已全部订完。怎么办？再问有没有去沈阳的机票，回答有，几十分钟后起飞。于是我立即在这家海南上市公司朋友的帮助下，匆匆赶往机场。50分钟后，我就坐上了海口飞往沈阳的麦道飞机，飞机中等，速度快，飞得很平稳。在万米高空，月光如镜，很美很美。美丽的北方航空公司小姐不断地送着饮料、水果，并向大家祝贺中秋节快乐。当飞机飞过北京与天津之间时，小姐让我们向左右看看，一边是伟大祖国的首都，一边是渤海门户的天津。当时，我的心情非常好，感慨自己能在飞机上度过这么一个奇特的中秋节，可谓美极了，幸福极了！

可是当麦道飞机准时、稳稳地下降在沈阳机场时，一件麻烦事情发生了。我突然发现外边天气很冷，海口是椰树丛林的炎夏，而这里已是寒风逼人的深秋了。我等着最后一个下机，空姐们很善良，立即给我一条毯子，送我到最近的民航招待所去住；并约好次日一早就用民航工作人员的班车送我去百货商店买衣服。

我用毯子裹着进了招待所，立即钻进了被窝，一晚上看着电视，不敢出来。次日，热情的空姐及小伙子们将车开到门口，看到我裹着毯子，他们都笑了。班车一直开到一个大超市前，我才向他们告别，15分钟后我就买齐了全部秋衣、秋裤，并立马全副武装起来。当时我只是感到祖国太大了，这个经历太奇特了，多好呀，四处都是亲人！然后我就直奔东北大学宾馆。

上海某大报赵记者闻讯，也于次日赶到沈阳。

四、东大阿尔派不管饭，记者拂袖而去……

9月18日是66年前日本侵华军进攻沈阳的日子。而66年后这一天，我们为改革开放而来到沈阳。进入现代化的豪华的东大阿尔派办公大楼后，我们很快就见到了赫赫有名的总经理刘绩仁教授——刘绩仁四十多岁，精力充沛，年富力强，是位博士生导师——他与我们一谈就是两个小时；从公司的主业和医用CT机等说到市场前景，又一直说到财务状况。他说，他们正在干世纪之交最伟大的一件事（就是发展中国的软件事业），正在争分夺秒地分享世纪之交世界上最好的一块蛋糕。他高度重视人才，他手下的几百名员工全是大学生、研究生。他拿出一个如火柴盒般大小的手机，说：“以后软件的需求会越来越大的，像这种新产品，市场无限大。”他还说：“我们就是要拼命把企业业绩搞上去，业绩上去了，自己的股价也就上去了，我只重视生产、市场，不重视二级市场，因为二级市场是公司业绩与发展潜力的反映。况且我自己也有5万股东大阿尔派股票，会不关心自己的企业吗？”他说：“比尔·盖茨的微软以最短的时间创造出了世界上最多的百万富翁，我们也要朝这个方向努力。”这句话给我留下了很深的印象。对于他的介绍，我是相信的，但我提醒了他一句：除了高科技还要加强金融意识，有时股市上运作的利润比上市公司业绩还上得快。比如1996年1月买进青岛海尔才四五元钱，现在已28元了，等于利润翻了五六倍。他听了大吃一惊，问董秘小王：“海尔跌到过5元吗？”小王点头。刘教授当即表示，要注意理好财。

他建议我们去软件园看一看，因为有外事活动，11时就先告辞了。董秘小王又与我们谈了20

分钟，看了看表说："谢教授、赵记者，上午的活动到此结束，下午刘总已派了车送你们去软件园，中午你们自己找点饭吃。"——这就意味着他们中午不管饭。

我和赵记者怔怔地走了出来，我还沉浸在刘绩仁介绍的公司的美好前景中，赵记者却生起气来："看，多么骄傲！我跑了200多家上市公司，没见过这么不礼貌不管饭的。这种公司以后一定会摔跤，算了，我不去软件园了。"我劝他："我们千里迢迢自费来到沈阳，还在乎一顿饭吗？这也许正是东大阿尔派的好呢。"赵记者坚决不去软件园，一个人回宾馆去了。我吃了个盒饭，下午一人坐车冒着大雨去了软件园。

一进软件园工作室，我就被这里紧张、忙碌、安静的场面给深深地打动了！这不是北大、清华、复旦的计算机房吗？每人面前一台电脑，每人都在看盘思考；一个小小的会议室中，研究员们在热烈而小声地讨论着，一问，清一色的大学、研究生毕业。

我与他们的领班一一进行交谈，他们一个个都显得自信又自豪，对自己的公司充满希望。有位研究员看了东大阿尔派的情况，出国也推掉了，决定留下来创业。而刘绩仁则在他们中享有很高的威望。而且大多数人都舍不得抛掉自己持有的已上市的内部职工股。有的抛了，又追高买回来。——一个几乎不近人情的事又发生了，任何人打电话都要自费，即便是市内电话。这时我才发现，他们的节约已是一种企业文化了。

此时，离股市收盘还有10分钟。但因我对该企业已很有信心，即用手机通知上海证券公司小姐，以27元买进5 000股东大阿尔派。当时我想，陪陪刘总吧，他有5万股呢，我怕什么！（后来，东大阿尔派在几个月后涨到40元；我抛了，赚了7万多元，是这次来回差旅费的三四倍。实际上，如果不抛，后边还会赚得更多。）

五、东大宾馆餐厅：守着金山要饭吃

天很凉，我和赵记者都有点不习惯沈阳，但晚上出去转转，发现东北大学的大学生与北大、清华、复旦的同学一样，一个个都很可爱、聪明、充满活力。深夜，一对对恋人在林阴道下，在宿舍楼下相依相偎；寒冷的深秋，他们根本不怕。

但东三省正和全国一样，经历着百年未遇的通货紧缩，经济萧条，下岗工人很多，有的家里夫妇二人一起下岗。在东大宾馆餐厅，随便与服务员谈起，一问，才知道是下了岗才来这里打几个月工的，收入也不高，一个月400元。我问："家里有存款吗？""有一点，两三万吧。"我问："全拿出来买点股票吧。""买什么股？""东大阿尔派呀。""就咱们这个东大阿尔派呀？能行吗？"她们有点不屑。"能！"我说。但她们茫然地看着我，不相信，"赔了怎么办？""不会赔。"她们还是不相信。我悲哀地看看她们，回房后与赵记者谈起此事，说："没有金融意识的人真是可怜，守着金山要饭吃。"赵记者虽然不像我这么高地评价东大阿尔派，但也同意这一看法。在市场经济的社会中，人主要靠自己，"从来就没有什么救世主，也没有神仙与皇帝……要创造人类的世界，全靠我们自己。"尤其是各行各业的领导，你除了懂本行，还必须懂金融，因为只有懂金融的人才能大富。不懂金融只懂本行的人，一个外汇品种选择上的错误，就会搞垮一个厂。我可以不懂你的专业，但你必须学好我的金融学。

六、环保股份：我们的公司以后会非常好

1997年9月19日，我们又去了另一家上市公司，但还没进行调查就停下来了。因为给董事长开车的司机告诉我们，他本人的工资仅400元，公司已很困难了。一滴水能折射出太阳的光芒，从董事长司机的工资这么低这一点就可以看出这个公司的窘迫了。

这样，我们就直奔沈阳环保股份公司（0730），当时它的股价仅10元多一点。董事长是一位传奇人物——50多岁的刘桂琴女士，她热情地欢迎了我们，一谈就是两个小时。

她的名片上印着：全国劳动模范，三八红旗手，世界妇联主席团成员……环保股份是由十几家街道小企业合起来的，创业初期，刘桂琴坐着一辆旧吉普车在东三省打市场，吃了很多苦。后来终于成功，成了全国环保总局的第一家上市公司及环保基地。

可能是由于创业时吃苦留下的，刘桂琴的手有点颤抖，她以一种"老太太"的身份给我们娓娓道来，声音不大，但一字一句却都很有分量。我很快地记着，归纳起来有如下几点：

1. 她的产权观念很强，她说上边写了条让她为国企贷款担保，她就是不同意担保，"国企的体制怎么行？大锅饭，不赔钱才怪呢！市长来条的话，我也不敢担保。"

2. 她的市场意识很强，说，人家搞房地产都亏，我们就挣钱，我们把新房盖在沈阳的公园的旁边，空气、绿化这么好，人家能不抢吗？她把十多家厂全搬了一下，空出很多地皮搞房地产。

3. 她的环保意识很强，说环保是大事，以后政府会越来越重视环保，"我们这行是选对了，决不动摇！"

4. 她的政治觉悟也很高，公家发给她一笔很大数额的奖金，她收下了又不自用，专门作为奖励基金，看谁干得好，就给谁发些奖金。

5. 她预测两三年后，环保股份的业绩会增长2—10倍。"10倍?!"我和赵记者吃惊地看着她，怀疑听错了。她就一五一十地算给我们听，如果"承包"一个大城市的大污水池处理，她们请了一些专家、教授，把成本降低了，一年可增加利润不少，大连的污水池肯定要承包过来了，因为都是一个省的；如果外省外市的一个个去承包，弄成一个，利润就会增加不少，弄成10个，不就是增长10倍了吗？当然这只是一种最好的情况。但至少也会有两倍。

她还向我们介绍了公司的成长远景，说："两三年以后会非常好，不过，今年的情况不太好，因此，现在不要去买它。"（就是这句话使我们错失良机。）

两个小时的和风细雨式的谈话使我们意识到，我们可能来到了一座金矿。——因为刘桂琴女士以东北妇女特有的坚毅、实在、自信及朴素又充满哲理、经济学原理的语言给了我们一种信任。临了，她请董秘留我们吃饭。——我真的对这位实实在在的劳模肃然起敬。她又叮嘱了一句："现在不太好，两三年以后会非常好。"

——可是，环保股份的股价从10.5元起步，一直涨到18元，出中报时来了一个跌停板，我还想等它一个跌停板的，不料收盘前15分钟，它被400多万股买盘一扫而空。第二天我只好在19元买了1万股，等了一周在21元卖了。谁知1999年，两年以后它竟涨到155元（复权后），真是后悔不已！（后来环保股份由于部分基金的介入与退出，走势又不太好了。）

七、倪勇：湖北之行，连过七关，觅金矿

倪勇是个相当能干的人，他早已涉足股市，对技术分析炉火纯青，对基本分析、社会调查也十分重视；因此调研资金一到，他的劲头就来了。

他一共跑了七个上市公司：多佳、康赛、沙隆达、幸福实业、湖北兴化、活力28、天发股份。回上海一谈，他推荐出两个公司：沙隆达与幸福实业。沙隆达有B股，当时凡有B股的都不活跃，被我们否定了。幸福实业盘子不大，但10:10送股后，利润几乎还可以照旧，不会摊薄，是一家乡镇企业，而股价竟然只有9.8元（即送股后之价）；人们对它利润增长之快竟没有注意到。这引起了我们的注意，显然，它的股价是可以翻番的。后来幸福实业股份果然涨了200%多。（幸福实业后来由于经营战略不当，贷款过大而被人收购，但那又是后话了。）

此外，倪勇还带回来一个令人警惕的消息，股价还在38—40多元的湖北兴化效益滑坡，工资大幅度下降。所以我后来再也没敢碰它，尽管它当时还以绩优股的面目在股市中如日中天。

八、推荐三家公司，超额完成任务

几天后，三份分析报告出来了，那就是：环保股份、东大阿尔派、幸福实业。后来这三家公司的股价也都分别从10.8元、27元、9.8元涨到155元、100元和29元。真是三块沉甸甸的金子呀！而湖北兴化则一路阴跌直至15—16元，令人惨不忍睹。

那次调研，我们还去了哈秋林、大庆联谊、阿城钢铁（科利华）、哈高科、金帝建设等公司，实地考察了公司，并交了不少朋友。可惜放过了一只大黑马——阿城钢铁，其实，当时我已看出，他们显然有强烈的思变要求。

九、社会调查心得小结

1. 要找到支持我们的调查资金。机构与超大户、大户应毫不吝惜这点调研费。

如果一直有公司支持，我现在带的十几名博士生、硕士生，还可以做很多调研工作（今天借本书发出这个信息，有心者请与上海复旦大学管理学院谢百三联系，E－mail：xiebaisan@163.com）。

2. 事先选好调研对象，最好能顺路多跑几家。

3. 最好事先向董秘通报一下，钱龙软件中的F10有所有上市公司的地址、电话、E－mail。

4. 要找董事长、总经理、常务副经理谈，不行的话就找董秘谈。不要问不该问的问题，因为他们只能谈可以披露或已经披露过的信息。不要强人所难。

5. 要尊重上市公司董秘及领导，不要计较上市公司的接待如何，因为每个地方、公司都有自己的纪律、特色、企业文化，故应客随主便，不要带个人偏见。

6. 最好以股东身份去进行调查——第二年环保股份开股东大会时，我就是又买了100股环保股份后才去开会的——因为董事会向股东介绍情况是合情合理、天经地义的。

7. 要注意从员工、工程师、工作人员的言谈举止中发现问题，如湖北兴化即将衰退的大事就是在与工人进行交谈中发现的。

8. 去的人不要太多，一两个人就足矣。要工作效率高的，要既懂财务分析又懂市场的。

9. 要选择成长性好，有一定垄断性的，投入少、产出大的大盘蓝筹股或是股本扩张能力强的。对那些有些与众不同的公司，如老少边穷地区的，如乡镇企业、私营企业、高科技公司要十二分地重视。（阿城钢铁当时在搞一种奇怪的劳动竞赛制，大冷天，工人衣服上都汗湿了，很累。有点太过了，引起了我对工人们的同情与对公司的疑虑；故没有将它列为重点关注对象。其实，这虽然有不足之处，但也许正说明了这家公司的不安分。）

10. 对上市公司总经理、董事长、董秘的话也不可迷信，他们往往是了解公司而不了解市场。比如，我们曾与方正董事长张玉峰长谈四小时，他对方正的未来十分看好，但方正当时正在从26—27元向15元的方向跌下去——直到2000年初，它才涨到33元（等于复权后的57元）——从中长期来看，张玉峰的话是对的，但从一个短期来看，从市场走势来看，就不对了。但对方正科技（延中）我们一度受董事长的影响很大。

董事长、董秘往往不了解市场、大势，但他们却还往往较自信。某上市公司的老总一直认为其公司股价至多在10元左右就够了，到了10元，他叫全厂工人、干部一起跑。谁知它一直涨到29元，原来它的母公司对它进行了资产重组，将他本人也置换掉了，为此他后来总被人骂。——这又是一个教训。

11. 没有条件搞调研的中小投资者可以多看看别人的调研报告，但要注意，有的报告上讲的上市公司股价已涨到天上去了，这类报告往往是为了配合庄家出货。对于尚未启动，或刚刚启动的股票的上市公司报告，应予重视。但是在2005年开始的牛市中，大的证券公司与基金管理公司的调研分析报告必须认真学习，研读，研究之后将会受益颇丰的。

行业与财务报表分析

复旦大学副教授 杭 行

第一节 行业分析

俗话说得好，“女怕嫁错郎，男怕走错行”。这句话十分确切地说出了一个真理，即无论是人还是上市公司，都要看它是处于什么行业，是处在朝阳行业，还是处在夕阳行业。如果上市公司处于夕阳行业，则一般发展都不会太快。因此基本分析还有一个基本功就是要对行业与个股进行研究与分析。

所谓行业是指生产相类似的产品或密切联系产品，或提供类似劳务或密切相关劳务的企业群体。行业是介于宏观与微观之间的中观部门。在股票的基本分析中，对宏观政治经济环境的认识和分析是第一步，其次是行业分析，再次是对上市公司的分析。也就是说，投资者在买卖股票的时候，不仅要考虑整个国民经济的兴衰，还要考虑该上市公司所属行业的现状和前景，以及该上市公司的目前状况和未来绩效。

行业分析主要包括以下几个方面：行业的市场类型、行业的经济周期、行业的生命周期、影响行业发展的若干因素。通过对这几个方面的分析，可以帮助投资者选择较合适的行业进行股票投资。

其一，行业的市场类型分析。竞争理论根据行业中企业数量、产品性质、价格制定等因素，将各行业分为四种市场类型，即完全竞争、垄断竞争、寡头垄断和完全垄断。这四种市场类型的基本特征可列表如下：

表1　四种市场类型

市场类型	厂商数	产品差异情况	厂商对价格的控制程度
完全竞争	多	产品同质	无控制能力
垄断竞争	多	产品存在实际或想象上的差异	有一定的控制能力
寡头垄断	少	同质或略有差异（如钢铁、汽车等）	有相当的控制能力
完全垄断	一家	单一产品（如公用事业）	有很大的控制能力

在实际情况下，完全竞争市场和完全垄断市场都是极为少见的，大部分行业都是处于完全竞争和完全垄断这两种极端情况之间，并不同程度地具有垄断竞争和寡头垄断市场的特征。一般而言，竞争程度越高的行业，其产品价格和企业利润受供求关系影响就越大，因此该行业的证券投资风险也就越大，如进入世纪之交的我国彩电行业，竞争极为激烈。而垄断程度越高的行业，其产品价格和企业利润受控制程度越大，证券投资风险就相对越小。股票市场上常听人宣传的所谓“行业独特，题材独特”，或“该上市公司产品的市场占有率达到一半以上”等等，如一些稀有金属产业等讲的就是这个意思。即该公司处于垄断程度较高的行业，避开了激烈的市场竞争，其产品的市场和价格的可控度高，股票的风险因而也较小。

其二，经济周期与行业分析。行业的发展与经济周期关系密切，但并不是所有的行业都与经济呈同向变动，某些行业的期望增长率可能比整个经济增长率高，而有些则可能与经济的增长同步或退减；有些行业则具有循环性，即当经济扩张和收缩时，它们也随之扩张或收缩，这类行业主要包括航空、建筑业、汽车制造业、钢铁等；还有一些行业则不受或较少受到一般经济变动的影响，如食品业、公用事业等。

根据行业和经济周期的关系，我们可以把行业分为以下三种类型：（1）增长性行业。这种行业的发展速度经常快于经济平均发展速度，并且其行业的运动状态与经济周期及其预测振幅之间没有必然联系：在经济高涨时，它的发展速度通常高于平均水平；在经济衰退时期，它所受的影响较小，甚至还能继续保持一定的增长。这类行业的持续增长形态主要来源于技术的进步、新产品的开发及更为优质的服务。比较典型的行业如计算机、网络行业。（2）周期性行业。周期性行业的特征是受经济周期的影响很大，当经济繁荣时，这些行业会随之扩张；当经济衰退时，这些行业也相应跌落。建筑材料业、家用电器业、消费品以及其他耐用品制造业均属此列。（3）防御性行业。这种行业的产品需求相对稳定，不易受经济周期的影响，行业往往不因经济周期变化而出现大幅度变动，甚至在经济衰退时也能稳步发展。例如，食品业和公用事业就属于防御性行业，因为需求对其产品的收入弹性小，所以处于这种行业的公司的盈利水平相对也较为稳定。

以上对于行业类型的分析，对股票投资者的意义是：如何据此来选择合适的行业进行股票投资。一般来说，选择增长性行业进行股票投资较为有利，因为这种投资既可以分享行业增长的利益，又不易受经济周期的影响，因而增长型行业的股票备受投资者青睐。在美国股市，涨得最快、幅度最大、持续时间最长的股票几乎都是增长型的高科技行业的股票，也是基于同样的原因。除此以外，我们还可以看出，当经济处于上升、繁荣阶段时，可选择周期性行业，以谋取丰厚的资本利得；而当经济处于衰退阶段时，则可选择防御性行业，以获得稳定、适当的收益，并可减少所承受的风险。

其三，行业的生命周期。每个行业都会经历一个由成长到衰退的发展演变过程，这个过程被称为行业的生命周期。一个生命周期包括四个阶段，即初创期、成长期、稳定期和衰退期。四个阶段显示出了不同的特征。

1．初创期。由于新产品的研制和开发的成本很高，而产品的需求量不大，因此，企业的利润很低，甚至亏损，处于这一时期的行业投资风险很大。但若新产品的开发能获得成功，则其利润水平也有可能成倍增长。

2．成长期。进入这一时期，说明企业产品经过市场检验，已被部分需求者接受，市场需求开始上升，销售量大幅度提高，生产成本急剧下降，企业因而可获得大量利润，这是企业和产品的钻石时代。另一方面，由于该行业厂商的数目也在增加，生产厂商因竞争成败而发生两极分化，有些公司逐渐占领和控制市场，而更多的公司则在竞争中遭到淘汰。因此，处于成长期的行业技术进步迅速，利润丰厚，但风险也较大，股价往往会出现大起大落的现象。

3．稳定期。随着市场需求趋于饱和，产品的销售增长率减慢，大量盈利的机会减少，整个行业便开始步入稳定期。在这一阶段主要由少数大企业控制了整个行业，它们经过了上一阶段的激烈竞争，已成为资金实力雄厚、财务状况良好、竞争力强的一流企业。由于新企业很难进入该行业，所以行业利润因垄断而达到很高水平，而风险也相对较低，公司股票价格基本上稳定上升。但是各个行业稳定期的时间长短却并不相同，一般来说，技术含量高的行业稳定阶段历时较短，而公用事业行业稳定阶段持续的时间较长。

4．衰退期。当一个行业发展到最后阶段，随着新产品和大量替代品的出现，原行业市场需求和产品销售开始下降，某些厂商开始向其他行业转移资金，致使原行业出现厂商数目减少，利润下降的情况，此时，便进入了衰退期。在这一阶段，该行业在国民经济中的地位也逐渐降低。衰退行业的股票行市平淡或有所下跌，那些因产品过时而遭淘汰的行业，股价会受到非常严重的影响。

我们把以上四个阶段的特征列表如下：

表2 行业的生命周期

	初创期	成长期	稳定期	衰退期
厂商数量	很少	增多	减少	很少
利润	亏损	增加	较高	减少乃至亏损
风险	较高	较高	减少	较低

这个表格将行业生命周期四个阶段中的厂商数量、利润、风险情况非常直观地反映了出来。我们研究行业生命周期的主要目的不在于描述行业的一般发展过程，而在于在一定程度上帮助人们选择较合理的行业进行股票投资。行业生命周期对股票投资的影响主要是通过它对上市公司业绩的影响来实现的，因为公司的业绩与行业的发展直接相关。在行业生命周期的不同阶段，股票价格以及投资者收益不尽相同：在初创期，公司的盈利较少，风险较大，因此股价也较低；在成长期，虽然公司的盈利不断上升，但激烈的市场竞争使得公司两极分化严重，股价大起大落的情况非常普遍，投资者的风险仍然很大，此时投资股票的关键是要对处于成长期的行业内的不同上市公司进行区分，选出真正有竞争实力的公司；在稳定期，由于行业内的垄断程度较高，且经过成长期激烈竞争而存活下来的公司普遍质地优良，资金力量雄厚，因此，这些公司的利润较高，因而股价也会稳定上升；到了衰退期，行业内公司普遍处于停滞状态，利润下降，因此股票行市较为平淡，或者有所下跌，那些因产品过时而遭淘汰的行业，其股价会受到更为严重的影响。但是，在中国的特殊情况下，长期没有真正的退出机制，故在效益很差的ST、PT股中，还经常出现枯木逢春、老树发新芽的神话。然而这又是事实。因此，它不会像美国股票这样无限下跌，到了业绩很差，引起政府重视，并以资产重组来挽救之时，人们的预期又变了，股价又会上涨。这一点与国外不同，应引起注意。可见，投资者在做股票投资时，必须注意所投资的上市公司所在的行业的生命周期处在什么阶段上，才能扩大收益，减少风险，跑赢股市。我们可以将各个不同行业标在生命周期曲线上的不同位置上，并以此作为选择投资行业的参考。

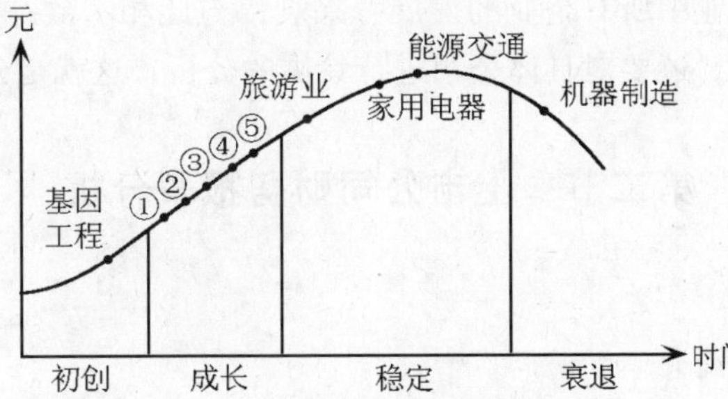

生命周期曲线上的行业抽样

注：图中①、②、③、④、⑤分别是个人电脑、大型计算机、轿车工业、超市、快餐业

最后，是对影响行业兴衰的主要因素的分析。影响行业兴衰的因素有很多，如技术因素、能源因素、人口因素、市场竞争因素、社会因素以及政府干预等。但是主要的因素有以下几个：(1) 政府政策。政府依据社会经济发展需要而制定的产业政策会影响行业的发展和衰退。当政府鼓励某一行业的发展时，它就会相应增加该行业的优惠贷款量，降低该行业的所得税，限制该行业国外产品的进口，所有这些都将促进该行业更快地发展，社会资金向该行业流入；同时，该行业上市公司发行的股票的价格也将被刺激上扬。例如：我国政府已宣布："对中关村地区从事计算机软件开发的企业实行减税优惠，对其他地区的同类企业可以陆续参照此办法进行减税"。这条政策无疑会对从事软件开发的公司起到很好的促进作用，表达了我国政府实施"科教兴国"的决

心；而与此相对应，受此优惠的高科技上市公司，如清华同方、北大方正、实达电脑等的股价走势也都一直十分坚挺并广受追捧。相反，如果政府要限制某一行业的发展，就会对该行业的融资进行限制，提高该行业的税收，并允许国外同类产品进口；与此相对应，该行业上市公司股票的价格就将会有不同程度的滑落。（2）新技术、新产品的开发和研制成功是新兴行业发展的主要原因。科学技术是第一生产力，科学技术的应用推动着新兴行业的发展。19 世纪的铁路业，20 世纪的信息产业，无一不是科技的创新和进步带动了新兴行业的崛起。（3）相关行业变动因素的影响。相关行业主要有以下三类：一是相关产业的产品是该行业生产的投入品，则相关行业产品价格的上涨，会使该行业生产的成本增加，从而导致利润下降，股价也呈下降趋势；二是相关行业的产品与该行业的产品有互补关系，如汽车制造业和汽油生产行业，则相关产业的产品价格上升，会导致该行业产品的需求相应减少，造成公司盈利减少，该行业上市公司股票的价格也有下滑趋势；三是相关行业的产品与该行业的产品有互替关系，则相关行业的产品价格上涨，会使对该行业产品的需求增加，从而公司的盈利水平上升，股价也有上升趋势。因此，相关行业的变动对该行业的影响也是很大的。（4）密切关注加入 WTO 对本行业的影响。中国加入 WTO 已迫在眉睫，WTO 的加入对于中国经济的冲击和影响之大，可以比作孩子重新投胎与姑娘嫁人；相当多的行业会受到很大冲击，也有部分行业会受惠。在这个问题上必须引起高度重视。

分析了以上四个影响行业兴衰的因素后，我们可以得出这样一些基本结论：（1）投资者选择股票，最好是要了解国家的有关产业政策，要选择国家重点扶持的行业的股票，避开那些受国家政策限制的行业的股票；（2）要对高新技术产业，特别是在我国尚处于成长期的电子商务、软件、生物制药等产业加大关注力度，真正的潜力股可能就蕴含其间；（3）当投资者要购买某一行业的股票时，不仅要关注本行业的兴衰情况，还要关注其相关行业的变动，以便及早作出决策。例如，1973 年石油危机爆发后，美国消费者开始偏爱节油型汽车，结果对美国汽车制造业带来了相当大的打击，并致使这些公司股价大幅下挫。投资者如果只关注汽车制造业，而不对其相关产业的情况作些了解，便不能作出准确及时的反应，亏损也就难以避免。

以上对行业的分析，对于投资者来说是十分必要的，但也不是绝对的，这些分析只说明了行业发展的一般情况，并非行业中所有企业的发展、兴衰都与此相一致。因此，我们在研究了宏观经济形势、行业发展情况后，还要对具体公司进行具体的分析，这就是公司分析。

第二节　上市公司财务报表分析

一、上市公司财务报表简介

上市公司财务报表分析，是通过对上市公司报表的有关数据进行汇总、计算、对比，从而综合地分析和评价公司的财务状况和经营成果。财务报表的真正价值是通过对其分析来预测未来的盈利、股利、现金流量及其风险，以帮助报表使用者作出科学决策。

我国上市公司的财务报表，按国际惯例是以资产的自有及负债为依据而编制的，其主要报表有三张，即资产负债表、利润表以及现金流量表，并且，我国上海、深圳两地的上市公司实行每年公布两期财务报表的制度，即中期报表和年度报表。按照《证券法》的规定，上市公司的中期报告（含中期报表）必须在每一会计年度的上半年结束之日起 2 个月内，向国务院证券监督管理机构和证券交易所提交；上市公司的年度报告（含年度报表）应当在每一会计年度结束之日起 4 个月内，向国务院证券监督管理机构和证券交易所提交。

下面对这三个要求公布的财务报表作一介绍。

1．资产负债表。资产负债表是反映公司在某一时点的财务状况的报表。它概括地反映了公司在生产经营中的某一时点（通常是月末、季末、会计年度中期、年末）的资产负债情况，从而表明公司在某一特定日期所拥有或控制的经济资源，所承担的现有义务和公司所有者对净资产的要求权。资产负债表为一静态报表。

按照资产、负债及股东权益各项目在表中位置的不同，资产负债表又可分为账户式、报告式及财务状况式三种不同格式。我国上市公司一般使用账户式资产负债表的形式。账户式资产负债表的格式见表3。

由表3可以看出，资产负债表的一个重要特征是资产总值必须同负债总值和股东权益的总和相等，用一个基本公司可以表示为：资产 = 负债 + 股东权益

或者：资产 = （流动负债 + 长期负债） + 股东权益

因此，资产负债表又被称为资产负债平衡表。表格左边的资产方反映了公司的总资产和各类资产的构成，主要包括流动资产、长期投资、固定资产、无形资产和其他资产，自上而下按其变现能力顺序排列。

表3 账户式资产负债表

资产		负债及所有者权益	
一、流动资产		一、流动负债	
货币资金		短期借款	
应收账款		应付票据	
应收票据		应付账款	
有价证券（短期）		应付税金	
存货		流动负债总额	
待摊费用		二、长期负债	
流动资产总额		长期借款	
二、长期投资		应付债券	
有价证券（长期）		长期负债总额	
向其他单位投资		三、股东权益	
长期投资总额		优先股股本	
三、固定资产		普通股股本	
固定资产原值		股本总额	
减：累计折旧		资本公积金	
固体资产净值		留存收益	
固定资产总额		股东权益总额	
四、无形资产和其他资产			
资产总额		负债和股东权益总额	

首先是流动资产，这是指现金和其他变现能力很强的资产，主要包括货币资金、应收账款、应收票据、短期有价证券、存货和待摊费用。其中：（1）货币资金是反映公司库存现金、银行存款和在途资金的合计数，它是公司最具有流动性的资产，具有转化迅速（即无论何种货币资金，只要一经使用，该项货币资产就消失，相应地会引起存货资产、固定资产或其他资产的增加或公司负债的减少）、占用量不稳定（即货币收支业务有经常性、偶然性的特点）、有一定的投资性等特点。货币资金的管理关系到公司生存、发展以及兴衰成败的全局。一方面，如果公司将资金全部投资于实物资产，虽然可以实现较大的经营规模，但却会使公司失去支付能力，日常开支也难以保证；另一方面，如果过多保留货币资金，又会使相当一部分资金丧失投资增值的机会。因此，如何有效地管理货币资金对于公司来说是相当重要的。（2）应收账款，是反映公司因销售产品、材料、提供劳务等业务，应向购货单位或接受劳务单位收取的那些在一年内或超过一年的一个生

产周期应收账款的数额和收回时间。(3) 应收票据，是反映公司收到既尚未到期也未向银行贴现的应收票据。包括商业承兑汇票和银行承兑汇票。通常不论票据是否带有利息，都按票面金额入账。(4) 短期有价证券，是公司购入可随时变现，并准备随时变现的股票和债券，通常按实际购入时的成本计算。短期有价证券的持有使得公司既能充分利用闲置的资金，又能达到资产的流动性要求，公司持有短期有价证券的目的主要是为了取得更大的投资报酬率，而与公司本身经营业务需要无关。(5) 存货，是指公司期末在生产经营过程中为销售或者供生产用的在库、在途和在加工中的各项资产的实际成本。它包括各种材料、库存产成品、在途产品等。判断存货最根本的依据是所有权的归属，凡是在盘存日期，法定所有权属于公司所有的一切货品，不论其存放地点，都应视为存货；反之，凡所有权不属于公司，即便存放于公司，也不属于本公司存货。储备适量的存货，可保证公司生产经营过程中销售和耗用的及时需要，但存货过量又会造成公司资金的积压和浪费。因此存货的计划和管理，对于公司来说，也是至关重要的。当然，存货占资金比例的大小并没有一定的标准，各个行业对于存货的需求量也不一样。例如，周转速度快的物品需保持较高的存货率，反之则反是。另外，各个公司的不同时期，存货率也可有高有低，例如房地产开发公司，在商品房刚开始投入市场时，可能存货率很高，但是，经过一个时期的销售后，存货率就会变得很低。因此，对于存货要具体问题具体分析，还要结合行业特点，存货率高并不一定是产品滞销。(6) 待摊费用，是反映公司已经支出但应由本期和以后各期分别负担的，分摊期在一年以内的各种费用，它包括低值易耗品的摊销、出租出借包装物的摊销、预付保险费、应由销售产品分摊的中间产品税金、固定资产修理费，以及一次购买的印花税票和一次缴纳印花税税额较大尚需分摊的数额、开办费以及摊销期在一年以上的其他待摊费用。

资产方的第二部分为长期投资。所谓长期投资，是反映公司向其他单位投入的期限在一年以上的资金以及购入一年以内不能变现或不准备随时变现的股票和债券。长期投资包括长期有价证券和向其他单位的投资。公司进行长期投资，可以充分利用闲置资金，获取更大的经济收益，同时，还可能通过控制其他企业，使公司获得特别的好处。

资产方的第三部分为固定资产。固定资产指公司为满足生产经营活动的需要，所拥有的使用期限超过一年的房屋、建筑物、机器、机械、运输工具和其他与生产经营有关的设备、器具、工具等，以及单位价值在规定金额以上的劳动资料。根据我国的有关规定，凡使用期限超过一年的经营性固定资产和单位价值在2 000元以上并且使用期限超过两年的非经营性资产都列为固定资产。

资产方的第四部分为无形资产和其他资产。无形资产，是指公司长期使用而没有实物形态的资产，包括专利权、商标权、专用技术、土地使用权、著作权、商业信誉等。我国有关法律规定，企业在设立股份有限公司、申请公开发行股票前一年末，无形资产（不包括企业土地使用权）在净资产中所占的比例不高于20%，但证券委另有规定的除外。其他资产主要是指开办费和长期待摊费用。

资产负债表的右方，是负债和股东权益。负债包括流动负债和长期负债。流动负债指在一年或者超过一年的一个营业周期内应偿还的债务，其典型特征是偿还期短。在一般情况下，流动负债应以公司的流动资产作为偿还保证。公司流动负债主要包括：应付账款、应付票据、短期借款和应付税金等。

长期负债是指偿还期在一年或超过一年的一个营业周期以上的债务，是可供公司在较长时间加以运用的资金，它具有还款期长、金额较大、利息高于流动负债应计利息等特点。长期负债主要包括长期借款、应付债券等。

股东权益，又称净值，是股东应享有的权益，它包括优先股股本、普通股股本、资本公积金和保留盈余。由于资产应等于负债加上股东权益，所以，股东权益等于总资产减去总负债，成为净资产值，因此，股东权益表明了股东对公司净资产的权利。

以上即为资产负债表的全部内容。由以上的介绍不难看出，资产负债表全面地反映了企业在某一时点上所持有的资产、所负担的债务和资本的存量情况。具体地说，它能反映四个方面的情况：（1）能够提供某一日期资产的总额，表明公司拥有或控制的经济资源及其分布情况，为分析公司生产能力提供重要资料。（2）能够反映某一日期的负债总额以及结构，表明公司未来需用多少资产或劳务清偿其债务。（3）能够反映所有者权益的总量和结构情况，表明投资者在公司资产中所占的份额。（4）能够提供变现能力、偿债能力、获利能力等财务分析所需的基本资料。

上市公司要求公布的第二张财务报表是利润及利润分配表，又称损益表。损益表是反映公司在一定时期内经营成果及其分配的财务报表。它主要通过列示公司在该时期内所取得的收入、发生的费用支出和所获得的利润，揭示公司的经营业绩。根据收入和费用在表中的不同排序，可将损益表分成两种格式，即单步式和多步式，其中多步式损益表因具有层次分明、收与费用配比排列的优点而被广泛使用。

下面即为多步式损益表的一般格式：

表4 （简化）利润及利润分配表

公司名称　　　　　　单位：元

项目	行次	金额	项目	行次	金额
一、主营业收入	1		加：年初未分配利润	16	
减：营业成本	2		上年利润调整	17	
销售费用	3		公积金转入	18	
管理费用	4		五、可分配利润	19	
财务费用	5		减：应交所得税	20	
进货费用	6		提取法定盈余公积金	21	
营业税金	7		提取公益金	22	
二、主营业利润	8		六、可供股东分配利润	23	
加：其他业务利润	9		减：提取任意公积金	24	
三、营业利润	10		已分配优先股股利	25	
加：投资收益	11		已分配普通股股利	26	
营业外收入	12		七、未分配利润	27	
减：营业外支出	13		八、补充资料	28	
			营业成本中有变现	29	
四、利润总额	14		损失准备提取金	30	

从表4可以看出，利润及利润分配表是由两张报表连接而成的：一张是利润表，从“主营业收入”—“利润总额”；一张是利润分配表，从“利润总额”—“未分配利润”。前一张表反映企业的经营成果及构成情况，后一张表反映企业利润分配情况和将要留存的金额。一般来说，上市公司必须公布的为前一张表，后一张表可由上市公司根据各自的需要选择公布。

同时，我们从表4还可看出，此表的编制与资产负债表左右平衡的格式是很不一样的，它是将收入与费用配比排列编制的，可以清晰地反映出各个项目的净利润情况；同时，此表又为一滚动式报表，即前一项经过加或减相应科目，正好等于后一项，并且这样一项一项地向后滚动，显得层次很分明。例如：第一项主营业收入减去营业成本、销售费用、管理费用、财务费用、进货费用、营业税金就等于第二项主营业利润，主营业利润再加上其他业务利润，就等于第三项营业利润，并以此类推。这样，整张表就显得非常完整，且层次分明，便于投资者很快查出某一项目的收入、成本和利润的情况。

表中的“投资收益”，反映公司以各种方式对外投资所取得的收益，其中包括分得的投资利润、债务投资的利息收入以及认购股票应得的股利等。"营业外收入"，是指与公司生产经营没有直接关系的各项收入、罚款收入、确定无法支付按规定应转作营业外收入的应付款项、教育费附加返还款以及其他非营业性收入。"营业外支出"是指与公司生产经营没有直接关系的各项支出，例如固定资产盘亏、报废、毁损和销售的净损失，非季节性和非修理期间的停工损失，职工子弟学校经费和技工学校经费，公益救济性捐赠支出等。

上市公司的盈利多少直接关系到股利和股票的增值，尤其是股利的多少不仅影响到股东的当期收益，还影响着股票价格的变动趋势，因此，投资者在作出投资决策前，首先要审查公司的盈利记录。而损益表的作用正是在于：(1) 能够反映公司在一定期间的收益情况、成本耗费情况和经营成果，明确投资者投入资本的完整性；(2) 投资者通过阅读报表，并将其与本公司前几年的同类报表相比较，可以分析出该公司销售、净利润的增长情况，预测公司未来的发展趋势；(3) 投资者通过分析损益表内各项目与销售收入的比例关系，可以了解该公司的盈利能力，将这个盈利能力与行业水平比较，并结合公司的规模和设备、技术的先进情况，即可判断该公司的盈利上升空间；(4) 损益表还可以为管理当局提供未来的决策信息。

上市公司被要求公布的第三张报表为现金流量表，它以现金的流入和流出反映公司在一定期间内的经营活动、投资活动和筹资活动的动态情况，表明公司获得现金和约当现金的能力。投资者通过阅读现金流量表，能够了解该公司一定期间内现金流入和流出的原因，可以了解公司的偿债能力和支付股利的能力，可以分析公司未来获取现金和约当现金的能力，可以分析公司投资和理财活动对经营成果和财务状况的影响，可以了解不涉及现金的投资和筹资活动的信息。以下是现金流量表的格式（见表5）。

表5　现金流量表

×年×月×日—×年×月×日　　　　单位：元

一、经营活动产生的现金流量：		
销售商品、提供劳务收到的现金		
收到的租金		
实际收到的增值税销项税额及税款退回		
除增值税以外的其他税费返还		
与经营活动有关的其他现金流入		
现金流入小计		
购买商品、接受劳务支付的现金		
经营租赁支付的租金		
支付给职工及为职工支付的现金		
实际支付的增值税		
支付的所得税		
支付的除增值税、所得税以外的其他税费		
与经营活动有关的其他现金流出		
现金流出小计		
经营活动产生的现金流量净额		
二、投资活动产生的现金流量：		
收回投资		
收到的股利		

（续上表）

收到的债券利息收入		
处置固定资产、无形资产和其他长期资产收回的现金净额		
与投资活动有关的其他现金流入		
现金流入小计		
购建固定资产、无形资产和其他长期资产支付的现金		
权益性投资支付的现金		
购买债券支付的现金		
与投资活动有关的其他现金流出		
现金流出小计		
投资活动产生的现金流量净额		
三、筹资活动产生的现金流量：		
吸收权益性投资收到的现金		
发行债券收到的现金		
借款		
与筹资活动有关的其他现金流入		
现金流入小计		
偿还债务所支付的现金		
筹资活动发生的费用		
支付的股利		
支付的利息		
融资租赁支付的租金		
减少注册资本而支付的现金		
与筹资活动有关的其他现金流出		
现金流出小计		
筹资活动产生的现金流量净额		
四、汇率折算差额		
五、现金流量净额		

总之，上市公司的财务报表由资产负债表、利润及利润分配表和现金流量表组成，投资者在阅读分析时必须相互对照。比如利润及利润分配表中最后的未分配利润与资产负债表中的未分配利润是否一致，年度内货币资金余额是否与现金流量表中现金净额一致，本年提取公积金数与资产负债表中公积金增加数是否一致等。只有全面了解财务情况，才能作出正确选择。

二、上市公司财务报表分析

上市公司的财务报表为上市公司的经营者、投资者、债权人和其他报表使用者提供了大量的第一手资料，但是，财务报表能否真正地具有价值，并起到应有的作用，则完全取决于财务报表使用者能否运用科学的方法对其进行分析。一般说来，不同的报表使用者对财务报表进行分析的侧重点会有所不同，从而分析的内容也会不同，例如：公司的债权人较关注公司的偿债能力，可以通过流动性分析，了解公司清偿短期债务的能力；投资者更加关注公司的发展潜力，因而更侧重于公司营利能力及资本结构的分析；而公司的经营者则需了解公司经营活动的各个方面，以便完善本公司的经营管理。

尽管各种不同的财务报表使用者对报表进行分析的侧重点不同，但他们进行分析的方法却基本一致。概括起来，主要有三种方法，即百分比分析、比率分析和图表示意分析。其中，比率分析法被最为普遍地采用。

所谓比率分析法，即以财务报表为依据，将彼此相关而性质不同的项目进行对比，求其比率。不同的比率，反映不同的内容。

按照财务分析的不同内容，比率分析通常可分为：对公司偿债能力比率的分析，对公司资产运用效率比率的分析，对公司盈利能力比率的分析和对公司权益性比率的分析。

1. 对公司偿债能力比率的分析。公司的负债可分为长期负债和短期负债，这里的偿债能力比率主要用来衡量公司的短期偿债能力。这主要通过两个比率来反映：

（1）流动比率。指流动资产与流动负债的比率，用公式表示为：

流动比率 = 流动资产/流动负债

由于公司的流动负债和流动资产之间存在着一种对应关系，即流动负债一般需要用流动资产来偿还，因此，流动比率可分析公司的流动资产是否足以偿付流动负债，这是衡量公司提供流动资金、偿付短期债务和维持正常经营活动能力的主要指标。流动比率过低，说明公司流动资金不足，短期偿债能力较差；而流动比率过高，则说明该公司的管理政策过于保守，过多地将资金用于流动性较强的资产上，从而放弃了某些可以获利的机会。一般认为，流动比率为 2:1 较理想，但是，这个比率也并不是绝对的，分析时还要结合其行业特点和公司的具体情况。例如，对于工业企业来说，流动比率为 2:1 是适宜的，但对于公用事业类公司来说，流动比率适当降低也是可以的，因为这类公司（如水、电、煤气、电话等公司）的账单是按月支付的，其应收款周转速度较工业企业快。再如，对于经营能力和筹措短期资金能力不同的公司来说，流动比率也可不同。对于一个信誉良好，很容易筹措到短期资金的公司来说，即使流动比率较低也不会影响公司资产的安全性和流动性。

（2）速动比率。速动比率又称酸性比率，是速动资产与流动负债的比率。速动资产是流动资产扣除存货后的余额，是指几乎可以立即用来偿付流动性负债的资产，包括现金、银行存款、有价证券等。这个比率反映了公司快速偿付短期债务的能力。其计算公式为：

速动比率 = 速动资产/流动负债 = （流动资产 - 存货）/流动负债

由于存货在快速变现方面存在着许多不确定因素，如价格因素、生产周期因素、是否适销对路等，所以，存货的剔除，使得速动比率比流动比率在衡量公司偿付短期债务能力方面更为准确和科学。

一般认为，速动比率保持在 1—1.5 倍之间比较合适。速动比率过低，表示公司随时面临着无法偿付短期债务的风险，公司应立刻采取措施调整资产结构，并应设法筹措到足够资金以化解风险；速动比率过高则表示公司的资金可能存在某些呆滞的现象，公司的盈利能力将受到影响。当然，运用速动比率分析时，也应结合行业特点，不可一概而论。

2. 对公司资产运用效率比率的分析。资产运用效率反映公司资产利用的效率。主要通过以下四个比率加以反映：

（1）存货周转率，即销售成本与期初期末平均存货之比，是用来衡量公司销货能力强弱和存货是否适量的重要指标，也是衡量企业产供销效率和企业流动资产运转效率的重要参考依据。用公式可表示为：

存货周转率 = 销售成本/存货平均余额

其中，存货平均余额为期初期末之平均存货。

一般认为，存货周转率越高，说明存货周转快，积压的存货少，存货占用的资金越少，利润额越高；反之则反是。但是，存货周转率并非越高越好，太高可能会导致产品供不应求，容易造成脱销，从而对公司的营销带来负面影响。因此，公司的存货周转率应保持在一个适当的水平上，这个合适的水平又因行业不同而不同，投资者要具体情况具体分析。

（2）固定资产周转率，这是销售收入和固定资产的比率，表示固定资产全年的周转次数，用来衡量厂房和机器设备等固定资产的利用程度。其公式为：

固定资产周转率 = 销售收入/固定资产净值

一般来说，该比率越高，表明固定资产周转的速度越快，闲置的固定资产越少；反之，比率越低，则表示固定资产存在闲置现象，或者固定资产的投资过分扩张。但是，由于有固定资产原值、存续时间、折旧等因素影响，不同企业的固定资产周转率有时会出现很大差异，所以这一指标一般只用于本公司不同年份的纵向比较，而很少在不同企业之间作横向比较。

（3）总资产周转率，这是销售收入与资产总额之间的比率，用来衡量公司总资产的利用情况。其计算公式为：

总资产周转率 = 销售收入/总资产

这一比率表明，企业投资的每一元资产在一年之内可产生多少销售额，它从总体上反映了企业利用资产创造收入的效率。这一比率越高，表明公司运用资本的效率越高，企业利润率也越高；反之，比率低，则表明公司资本没有得到充分利用，投资效益差。但是，利用这一比率时，同样要结合行业特点，例如资本密集程度越高的行业总资产周转率越低。因此，总资产周转率在不同的行业间是没有可比性的，投资者不宜就此比率进行跨行业的比较。

（4）应收账款周转率，又称收账率，是反映公司应收账款周转情况的比率。计算公式为：

应收账款周转率 = 销售收入/应收账款平均余额

该比率越高，说明应收账款在一个年度内变现的次数越多；比率过低，则表明应收账款的收现过于缓慢，管理上缺乏效率。但是如果应收账款周转率太高，也可能是企业的信用条件过于苛刻，可能会影响到企业的销售收入和利润的增长。同时，由于受所售商品种类、当地商品往来惯例、竞争环境等因素的影响，该比率并无统一标准。投资者运用这一比率时，须与同行业、同类公司的平均比率进行比较，从而作出自己的判断。此外，公司应收账款的周转情况还可通过“应收账款平均回收天数”来衡量，其计算公式为：

应收账款回收天数 = 365/应收账款周转率

3. 对公司盈利能力比率的分析。通过对公司盈利能力比率的分析，可以了解公司资产利用的结果，即公司利用资产实现利润的状况，进而通过对盈利指标长期趋势的分析，判断公司的投资价值。这种分析主要通过以下财务比率进行：

（1）毛利率，这是考核公司经营状况和财务成果的重要指标，其计算公式为：

毛利率 = 毛利/销售收入

毛利率的高低与公司经营效益同比例显示，即毛利率越高，反映公司的经营效益越高。同样，该比率也只适合于同行业、同类公司之间进行比较，因为不同行业间的毛利率相差很大，资本密集型和尖端技术型、商业等行业的毛利率可能会比其他行业高（毛利是公司的销售收入与销售成本的差额，或是营业收入与营业成本的差额）。

（2）净利率，其计算公式为：

净利润率 = 税后净收益/销售收入

其中，税后净收益是销售收入减去一切生产成本、各项费用和税金后的余额。净利率反映的是每一元销售收入能产生多少纯收益。净利率在行业间的差距也很大，一般不可跨行业比较。在同一行业中，净利率高的公司盈利能力强，股东获利多。

（3）总资产收益率，又称资产报酬率，是税后利润与平均资产总额之比，表示公司每一元钱的资产能获取多少净利润。其计算公式为：

总资产收益率（资产报酬率） = 税后利润/平均资产总额

其中，

平均资产总额 =（期初资产总额 + 期末资产总额）/2

该指标可准确全面地反映企业经营效益和盈利情况，资产报酬率越高，表明公司运用资产的效率越高，获利能力就越强。

（4）净资产收益率，又称股东权益收益率或股本收益率，是税后利润与净资产（股东权益）之比，表明公司每一元钱的净资产可获得多少净利润，反映了公司的所有股东，包括普通股股东和优先股股东投入资本的收益状况。其计算公式为：

净资产收益率 = 税后利润/股东权益

净资产收益率越高，说明公司运用资本的能力越强，经营效率也就越高。

除了上面提到的四个比率外，还有一些比率可被用来对公司的盈利能力进行分析，例如：

每股税后利润率 = 税后利润/发行在外的普通股总数

这个指标一般认为也是越高越好，越高，表明公司的盈利能力越强。

4. 对公司权益性比率的分析。这类比率用来衡量公司的资产负债情况，反映企业长期偿债能力，它包括以下比率：

（1）资产负债比率，是负债总额与资产总额之比，反映公司负债经营的情况。其计算公式为：

资产负债比率 = 负债总额/资产总额

一般认为，公司应该有一定程度的负债经营，才能保证发展的速度和规模。对于公司的股东来说，如果公司不负债或很少负债，那它只能凭自有资金来进行经营，虽然财务风险较小，但资金成本较高，并且没有积极利用财务杠杆作用。因为股东关心的总是全部资本盈利率是否超过借款人款项的利率，即借入资本的代价，在公司所得资本盈利率超过因借款而支付的利息率时，股东所得的利润将随之扩大。在这种情况下，股东所得的好处是双重的，即不仅获得较高盈利率，而且他们在得以付出有限代价的条件下，保持对企业的全部控制权，这就是所谓的财务杠杆作用。因此，对于股东来说，总希望公司能有一定的负债经营，以获得较高的盈利率。对于公司的债权人来说，他们比较注重债权的安全性，过高的资产负债比率往往意味着较高的财务风险，从而威胁到债权的安全，因而，他们总是希望这一比率越小越好。

总的来说，这一比率的高低由公司的经营策略和所处行业决定，并无统一的标准，但一般认为，这一比率在50%左右较为适宜。

（2）长期负债比率，是长期负债与固定资产之比，反映公司固定资产中长期负债所占比率。其计算公式为：

长期负债比率 = 长期负债/固定资产

这一比率过高，则意味着公司过多地依赖长期债务购置固定资产，因此财务风险较大；如果这一比率过低，则又意味着公司没有充分发挥财务杠杆的作用，经营思想过于保守，但同时也反映了公司尚有较大的潜在借债能力。

除了以上两个比率外，还有其他可用作衡量的权益性比率，例如：股东权益比率、股东权益占固定资产比率等，但这些比率都可用上述两个比率推导得出，因此不再赘述。

以上便是财务报表比率分析的主要内容，这种财务报表分析对于了解公司的财务状况和经营业绩，对于评价公司的偿债能力和经营能力，以及帮助制订经济决策等，都有着显著的作用。但是财务分析及其分析方法也有一定的局限性，存在着许多影响财务分析准确性的因素，如信息的时效性问题、通货膨胀的影响、报表数据信息量的限制、报表数据的可靠性问题等。因此，投资者在进行财务报表分析时，要充分注意这些局限性的影响，以保证分析结果的正确性。

第六篇

技术分析篇

技术分析之一般认识

复旦大学博士　倪　勇等

所谓技术分析，是指利用某些历史资料，对整个证券市场或者某一证券价格未来的变动方向和程度，进行分析和研判的各种方法的统称。也就是说，它是直接对证券市场的市场行为所作的分析，其特点在于应用数学和逻辑的方法，对市场过去和现在的行为进行研究，从而探索得出一些规律性的原理和法则，并据此预测证券市场未来的演化趋势。而且，技术分析认为，证券价格是由证券的供给与需求之间的关系来决定的。但是，技术分析只是研究证券的供需状况和证券市场行情表上的变化，而对影响证券供需情况的各种因素并不进行分析。显然，技术分析偏重于证券价格的分析，其目的在于预测证券价格涨跌的趋势。

第一节　技术分析的理论基础——三大假设

技术分析是以预测证券市场价格变化的趋势为目的，运用技术图表对市场行为进行研究的各种方法。早在200多年前，日本人本间宗久针对米市交易而创立了“酒田线法”，即今日人们所熟知的、最为古老的K线理论。此后两个多世纪以来，技术分析的方法和理论层出不穷，日渐丰富。与此同时，在众多市场专家和理论学者的不断努力下，技术分析的有效性得以在一些基本的假设条件下获得确认，从而使技术分析逐渐完善。目前，证券市场的理论学者和市场人士普遍认为，技术分析的理论基础是如下“三大假设”：假设A：市场行为包涵一切信息；假设B：价格沿着趋势运动；假设C：历史经常重现。

假设A：市场行为包涵一切信息

假设A——“市场行为包涵一切信息”，是进行技术分析的基础性因素。换句话说，它是技术分析的基础。这条假设的基本思想是：各种影响股票价格的内外在因素，即相关的一切信息，均无一例外地反映在市场行为中，而对于影响股票价格的具体因素就没有必要去过多地关心了。所谓市场行为，包括价、量、时、空等四个方面，也即股票的成交价、成交量、时间和空间等因素之间的相互关系。市场行为可以有多种表现形式，其中股票的成交价与成交量及价量关系是市场行为最基本的表现形式。可以说，“市场行为包涵一切信息”的假设，是技术分析有效性的基础，如果抛弃这一假设，则技术分析所得出的一切结论都是无效的。

事实上，假设A是有其合理性的。不言而喻，任何一种因素，任何一种信息，对证券市场的影响最终都必然地体现在证券价格的运动与变化之中。股民朋友们都经历和感触过这样的情形：某天，在证券营业部的行情显示屏上，某些股票的价格向上跳空开盘而成交量急剧增加，但有些股票的价格开盘即向下跳空并伴之以增大的成交量。显然，前一种情形一定是有什么利多的信息传出来，而后一种情形则肯定是有什么利空的信息放出来。但是，这些利多或利空的信息到底是什么，我们大可不必去多问，因为它们都已经体现在股票市场行为中了。总之，影响股票价格的内在的、外在的、行业的、公司的、政策的、心理的以及其他的所有信息因素，都已经全部在市场行为中得到了体现。

然而，对于上述假设A的合理性仍然存在争议。有些人认为，既然说“市场行为包涵一切信息”，但是市场行为反映的信息却只是体现在证券价格的变动之中，而这种仅仅通过股价运动所体现出来的信息，与原始信息之间毕竟是有所不同的。也就是说，在市场行为的信息反映过程中，一些原始信息的损失是必然的。据此，他们对假设A的合理性提出了挑战。尽管如此，这并不妨碍将假设A——“市场行为包涵一切信息”作为我们进行技术分析的基础。

假设 B：价格沿着趋势运动

假设B——“价格沿着趋势运动”，是进行技术分析的核心因素。这条假设的基本思想是，证券价格的运动或者说变动是按照一定的规律来进行的，证券价格的运动具有保持原来方向或者说沿着原来方向展开的惯性。趋势，简言之，是一种运动方向，而且它是技术分析的根本所在。但是，我们在谈论趋势、研判趋势时，必须真正理解趋势的意义——究竟是指长期趋势、中期趋势与短期趋势中的哪一种。研究股票价格图表、进行技术分析的目的，就在于寻找股票价格变动的规律，在某一趋势发生的初期及时而准确地加以揭示，从而能够“顺势而为”。

对于假设B的合理性，可以从两个方面得到佐证。一方面，对于一段时间内的一个现有的上升趋势或者下降趋势，因为惯性的作用而在将来一定时期内常常会沿着既有的趋势继续运动下去。只要没有爆炸性的突发因素来干扰现有趋势，就没有理由改变这一既定的运动趋势。另一方面，众多股民对某只股票的市场价格所形成的一致性看法 —— 悲观情绪或者乐观情绪，会对股票价格运动的趋势产生显著的强化性影响。因为他们的悲观情绪或乐观情绪在短时期内不大容易改变，所以股价在今后一段时间内会继续下跌或者继续上扬。“价格沿着趋势运动”的假设，在证券市场上取得了广泛的认同。事实上，如果技术分析没有这一最根本的假设前提，认为即使没有外部因素的影响，股价也可以改变现有的运动趋势，那么，技术分析就成了“无源之水，无本之木”了。

假设 C：历史经常重现

假设C——“历史经常重现”，是进行技术分析的社会性因素。这条假设的基本思想是，证券市场是由大量的人的群体所组成的，其中进行具体交易的是社会性的人，而且是由在某些心理学规律制约下的人来决定最终的股票交易行为。由于人类心理学的规律本身就是从人类心理活动演变历史的经常性重现中总结出来的，因而在某些心理学规律制约下所产生的股票操作行为就会经常性地出现，继而演绎成为不断重现的股市历史。

心理学原理在理论上为假设C的合理性作出了解释——人的心理活动的规律性原理，使交易者的股票操作行为趋于一定的模式，从而使股市历史常常会以相同的或相似的方式重演。

但是，对于“历史经常重现”的假定，不同的人有不同的看法。有人认为，世上本来就没有一模一样的事物，证券市场的市场行为处于不断的变化之中，也不可能有完全相同的情形重演，即便有类似的情况，它们之间总是有或多或少、或大或小的差异的，历史又怎会重现呢？当然，这种看法自然有其道理。但是，从大的、总体的方面来认识和肯定假设C，对于我们从社会的、心理的角度来有效运用技术分析方法，是必需的，也是有益的。

至此，上述三大假设构成了技术分析的理论基础。其中，假设A认为研究市场行为就意味着全面考虑了影响股票市场价格运动的一切因素，而假设B与假设C则支持我们把从股市中总结出来的规律运用到股市的实战之中去。

第二节　技术分析的基本要素——价量时空

在证券市场中，价量时空即成交价格、成交量、时间与空间构成技术分析的基本要素，它们各自的具体情况和相互关系是进行正确的市场研究和分析的基础。

在上述四个基本要素中，价格与成交量是技术分析的最基本的两大要素。从诸如道氏理论、波浪理论或者KDJ、MACD、RSI等技术分析方法和指标中，我们也可以看出这一点，一切技术分析都是以价、量关系作为基本的研究对象。在股市里，市场行为最基本的表现就是价与量及其相互关系。过去的成交价格与成交量涵盖了过去的市场行为，现在的成交价格和成交量反映了现在的市场行为。技术分析正是利用过去的和现在的价量资料，以图表和指标为手段来研判和预测将来的市场价格趋势。而且，价量关系是处于动态变化之中的。这种动态关系，是通过买卖双方在一系列连续的时点上，以共同市场行为的不断演变而实现动态的均衡态势。其中，买卖双方对交易价格的认同程度是以成交量的大小来确认的。一般来说，买卖双方的市场行为呈现如下特点：对价格的认同程度越大，则成交量就越小，而对价格的认同程度越小，那么成交量就越大。这种市场行为反映出一条价量基本规律——价升量增，价跌量减。而时间在技术分析中也具有重要地位，它对于行情研判有着非常的意义，所谓“时间之窗”一说就是强调时间的重要性。一般地说，一个既成的趋势在短线意义上是不会发生根本改变的，中途出现的逆向调整不会影响既有趋势的继续演进。但是，在中线意义上，甚至在长线看来，一个既有趋势是可能会发生改变的，可能随着时间的推移出现新的趋势。同样，空间对于技术分析也是重要的，它有助于我们研判股票价格的上升幅度和下跌幅度。从某种意义上看，空间是价格的一个方面，它讨论的是价格运动可能达到的极限区间。同时，空间又与时间紧密联系在一起，股价运动的极限区间是在一定的时间区间内实现的。比如，我们常说，近期已经启动的某股股价今后一段时间里还有多大的上升空间，指的就是这个意思。

上面我们已经提到过“价升量增，价跌量减”这一价量的最基本规律，由于价与量及其相互关系是市场行为最基本的表现，所以在此有必要对成交量与价格趋势之间的相互关系加以阐释。根据美国证券投资专家格兰威尔（J. Granville）的研究成果，价格与成交量之间的基本关系是：一方面，价格形态的确认者是成交量；另一方面，成交量是股价的先行指标。也就是说，如果价格形态没有得到成交量的确认，那么它就是虚的，其可靠性值得怀疑。而在价和量的趋势中，量通常是价的先行者。当成交量增加时，股价一般会逐渐涨起来，而股价上涨时成交量并不随之而增加，那么价格是迟早会跌下去的。所以，稍具经验的股民朋友都知道“价虚量真”这个道理。除了这种基本关系之外，成交量与价格趋势之间的相互关系具体表现为以下几个方面：(1) 股价随着成交量的逐渐放大而上扬，这是市场行情的正常特性。一般而言，量增价升表示股价将继续上涨。(2) 在一波行情的涨势中，股价随成交量的渐增而上扬，并突破前期的高位而继续上涨，但是这波行情股价上涨的整个成交量水平却较前波上涨行情为低。这种价创新高而量却未同步创新高的涨势，表明这波上涨行情值得怀疑，同时也发出了股价趋势反转向下的潜在信号。(3) 有时随着成交量缓慢放大股价也逐渐上扬，突然股价走势演变为“井喷式”行情，成交量急剧放大，股价飙升。随后，成交量却大幅萎缩，随之而来的是股价走势犹如“高台跳水”。这种情形表明股价上扬行情已到尽头，显示出股价趋势反转向下的兆头。一般地，反转下跌的力度与此前上涨行情中股价上扬幅度的大小和成交量放大的程度之间，是成正比例关系的。此前股价上扬的幅度越大，成交量水平放大的程度越高，则这波反转下跌的力度越强，反之亦然。(4) 经过一波长时间的下跌行情，股价筑底而回升，但成交量并未随之放大，股价上扬乏力而后再探此前谷底。如果再度探底时的成交量水平低于此前谷底时，这就意味着是股价启动上涨行情的信号。(5) 如果股价向下跌破价格形态趋势线或者移动平均线时成交量放大，表明趋势反转形成空头市场行情，这是股价下跌的信号。(6) 经过一段很长时间的下跌，出现恐慌性抛盘，随着成交量的逐渐放大而股价大幅下挫创出低价，但是由于股价反弹而上扬的预期，将不大可能在极短时间内跌破这一低价。通常，恐慌性抛盘之后即意味着空头市场行情的告终。(7) 经过一段时间的持续上涨行情，出现急剧放大的成交量，但股价却上冲乏力而呈现高位盘整态势，表明这一高位价区抛盘沉重，从而构成股价下跌的因素。紧随其后的是股价连续下跌，并在低位放大成交量，但股价却没有进一步下探而仅作窄幅波动，表明股价触底企稳，这是股价反弹而上涨的信号。

第三节　技术分析的运用范畴

在股市里，进行证券投资分析时采用的每一种分析方法，都有一定份额的“股民占有率”，技术分析自然也不例外。但是，技术分析肯定不是万能的，它有一定的运用范畴。

首先，技术分析可以运用于金融市场的任何交易品种。不管是股票、基金、债券，还是外汇、期货、期权等，都可以运用技术分析的理论和方法来研判其行情演变。当然，由于我国金融市场整体上还不发达，除股票市场外的其余子市场都非常落后，所以股民朋友们最为熟悉的是在股票市场上运用技术分析。

其次，在理论上讲，技术分析适用于任何时间长度的市场行情研判，即可以长期到三五年甚至10年、20年，也可以中期到半年、一年、两年，还可以短期到几周、几天、一天甚至1小时、30分钟、15分钟、5分钟。这种理论上的任何时间长度的行情预测在比较成熟和发达的股市上是完全适用的，但就我国目前现实的股市实际来说，技术分析更加适合于短期的行情预测，当然在中期意义上也较具实用价值。一般来说，运用技术分析而得出的结论，仅仅具有一种建设性的意义，是一种建议性的和可能性的参考。

此外，在运用技术分析时一定要坚持“三结合”，以使其预测功能的有效性得到加强。所谓“三结合”，是指技术分析的运用既要同基本分析相结合，又要结合多种技术分析方法进行综合研判，还要与自身的操作实践相结合。技术分析作为一种行情研判的方法论，不是放之四海而皆准的“万灵丹”，总是存在“技术失灵”的情形，尤其是在刚刚发展起来的不成熟不发达的股票市场上。比如，在我国股市里，由于制度不健全，人为操纵市场的因素较多，个股行情的非技术性波动比较普遍，所以在很多时候仅仅依靠过去和现在的数据资料和技术图表去预测将来的行情趋势是不大可靠的。综观我国股市里的千万股民朋友，凡是成功者，大多是既重基本分析，也重技术分析的。

同时，单个技术指标都有一定程度的局限性，必须注意结合多种技术指标的综合分析，多个技术指标分析得出的同一结论发生错误研判的可能性非常小。而且，技术分析的方法大都是前人经过几年、几十年股市实战的经验总结，但现在运用的市场条件和环境已有变化，所以应注意与自身的操作实践紧密结合，在实战中加以验证和丰富。

第四节　技术分析的优缺点

目前，在西方国家股市里，投资管理的方法论在总体上呈现出“三分股市”的格局，运用传统的基本分析和技术分析进行投资管理的操作者各占1/3，而利用数量化方法进行组合管理的操作者也占到1/3。由此可见，这三种投资管理的方法论都占有一定的市场，一方面反映出不同心理行为的投资管理者会选择与其适应的方法论，另一方面也表明这些方法论本身都有一定的运用范畴。那么，技术分析的优点何在，缺点又怎样呢？

比较而言，技术分析的优点在于：与基本分析不同，它与市场接近，考虑问题比较直观；跟数量化方法不同，它的预测功能趋于简单化，不那么繁琐。此外，技术分析在计算机和软件发达的今天更显方便易学，更趋理性分析而能客观冷静地进行操作。由于它对股市的反应比较直接，研判的结论更接近市场的局部情形，因而运用起来可以收到买卖见效快、回报周期短的效果。

太阳与黑子同在，优点与缺点相伴，技术分析也有缺点，具体来说：它往往具有“滞后”的特点，因为信息已经经过技术图表和指标的“过滤”而反映出来；它考虑问题的范围具有局限性，对股市的中长期尤其是长期趋势常常不能作出有益的研判，即便是在短期行情的分析中也由于“指标背离”和“图表陷阱”而会使股民上当受骗。在像我国股市这样不成熟的市场里，技术分析相对更适合于短期研判，但其不确定性比较明显，同一技术指标在沪深两市的适用性可能完全不同，同一技术数据在牛市和熊市里的研判意义可能正好相反，等等。

总之，技术分析是一种极为有用而又不能单纯运用的股市操作方法论。它既有优势所在，又有天生缺陷，尽管不是什么“灵丹妙药”，但又不可不用，毕竟它是前人数年的股市实战结晶，毕竟它至今仍然拥有大量的信徒。

第五节　技术分析的理论简介

自从1602年在荷兰阿姆斯特丹诞生世界上第一个正规意义的股票市场以来，股票买卖的技术性分析研究逐渐兴起。经过无数股市投资专家几百年的实践和探索，作为一种方法论，技术分析在理论宝库的建设上取得了丰硕的成果。至今，技术分析的理论有很多种，主要包括K线理论、道氏形态理论、切线理论、艾略特波浪理论，还有随机漫步理论、循环周期理论、相反理论等等。这里，我们仅对这些技术分析理论作一简要介绍，其中的主要理论将在后面作详尽的讨论。

K线理论：认为股票价格的波动主要体现在开盘价、最高价 、最低价和收盘价等四个价格上，并用一条由影线和实体组成的柱状线条即K线来记录某只股票一天的价格变动情况。该理论由日本人本间宗久所创立，是以研究K线的形状和组合为基础的一种技术分析方法，更多地注重短期市场行情的研究和判断，已经成为人们进行技术分析必不可少的工具。

道氏形态理论：认为股票市场的运行与整个经济的运行一样也存在周期性运动规律，从而具有一定的运动趋势，包括主要趋势、次级趋势和日常波动；并认为市场趋势的方向发生变化有一个过程，因而可以通过研究股价K线图曲线的各种形态来分析股价正在运行的方向，而股价波动的形态主要包括保持平衡的整理形态和打破平衡的突破形态两种，具体而言有多重顶（底）形态、头肩形态、圆弧形态、三角形态、箱形形态等多种形态。该理论是迄今最著名的技术分析理论，创始人是美国人查尔斯·亨利·道，经过后人的补充和完善而成熟起来。道氏形态理论开了股市研究技术分析的先河，主要是一种预测股市中长期趋势的分析方法，为后来技术分析理论及方法的发展奠定了基础。

切线理论：认为股票价格的波动具有一定的趋势，应该以趋势分析为基础来研判市场运行的方向。该理论把趋势的方向分为三个，即上升方向、下降方向和水平方向，把趋势的类型分为主要趋势、次级趋势和短暂趋势三种，并运用支撑线和压力线、趋势线和轨道线、黄金分割线和百分比线等切线进行分析市场波动方向。

艾略特波浪理论：认为股票市场应该按照一定的周期性规律向前发展，股价的波动具有一浪接一浪的波浪式周期循环的规律性，并认为股价运动周期的模式表现为：每个周期都是由八个波浪组成，即上升（或下降）的五个波浪和下降（或上升）的三个波浪，这八个波浪的运行过程结束时即为该周期完成，然后将进入下一个周期，新的周期仍然按照该模式运行。该理论是由技术分析大师R. N. 艾略特创立的，由于它不但与道氏理论与经济周期密切相关，而且运用费波纳奇(Fibonacci）神奇数列，因而可谓所有技术分析方法中最为神奇的一种方法。

随机漫步理论：认为股票价格的波动是随机的（random)，像一个在广场上行走的人一样，股价的未来走势怎么样，是没有规律性的。因为股市中股价的走势受到各个方面因素的影响，即使一个很小的事件也可能对市场产生巨大的影响，但诸多因素的影响使股价上下波动的机会差不多是均等的，所以在某种程度上讲，股价的走势是随机的。

循环周期理论：认为事物发展的过程遵循一种从小到大和由大至小的循环规律，这种规律在股市中体现为——不管什么样的价格运动，都不会始终朝着一个方向进行下去；股价的波动过程必然在局部形成高点和低点，而这些高低点的出现时间是有规律性的。在实战操作中，我们可以选择低点出现的时间买进股票，而在高点出现的时间卖出股票。

相反理论：认为要想获得高的投资回报，投资者一定要与大多数人的操作行为不一致，在股市投资者爆满时离市，而在投资者稀落时入市。这一理论的出发点认为，股市本身并不创造新的价值，没有增值甚至可以说是减值的。如果投资者的操作行为与大多数人的行为一致，则未必是获利最大的，因为在股市里玩的是一种“零和游戏”，不可能大多数人赚钱。

技术分析之主要理论

复旦大学博士　倪　勇等

在本书的“技术分析之理论介绍”部分里，我们已经对技术分析的各种成熟理论有了一个初步的了解。的确，随着世界各国证券市场的形成、发展和壮大，技术分析的各种理论流派也先后在这个市场上“自立门户”，从不同角度来分析、判断和预测市场演变的方向、时间长度、空间距离等多方面的情况，但它们之间也存在或多或少、或紧或松的联系。至今，技术分析的理论宝库非常丰富，包括的理论种类很多，“技术分析之理论介绍”部分所提及的理论是其比较成熟的部分，而在当今世界各国股市上运用最多的还是其主要部分：K线理论、道氏形态理论、切线理论和艾略特波浪理论。

第一节　K线理论

当今的K线理论，可以追溯到18世纪日本米市的一位交易者本间宗久（1724—1803年）所著的《本间宗久翁秘录》一书。该书记载了本间先生在其家乡的出羽（今酒田市）米市和当时的日本首都江户（今东京市）米市的成功交易方法和经验，其中独特的K线研判技术据称对于行情预测的准确性极高。后来有人将本间先生的K线分析技术运用于股票市场，经过100多年的实践、研究和完善，终于在20世纪40年代末形成了今天广为使用的K线理论。为纪念这位成功的米市交易者，人们将以其家乡酒田市为名而将K线技术称作“酒田线法”。因此，“酒田线法”可谓K线理论的始祖。

一、K线理论基础知识

K线理论，作为一种技术分析方法，并不算太难学习和掌握，但是要想融会贯通地运用它，恐怕股民朋友们还得从它的基础知识抓起。那么，我们现在就开始吧！

我们都知道，股价波动是股票市场存在和发展的基础。在股票市场的实际操作中，出于根据市场行为来预测股市未来的运行趋势，而必须准确有效地记录和描述股价波动的市场行为。这种记录和描述的方法就是技术分析的图形理论，其中应用最广的当数起源于日本的K线图和流行于欧美的棒线图，见图1和图2。目前，在我国股票市场上使用的基本上都是日式K线图。

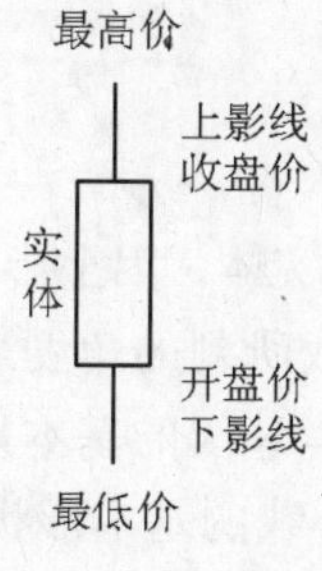

图1　日式K线图

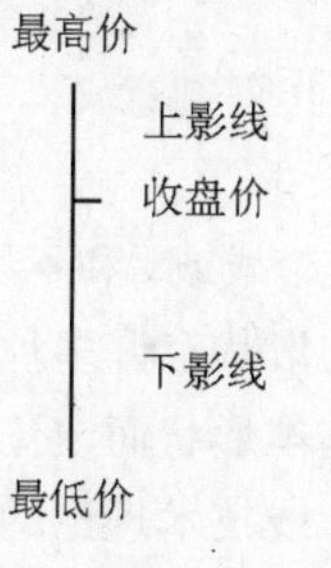

图2　欧美棒线图

所谓K线，是指一条由（上或/和下）影线和/或实体组成的柱状线条，用以记录和描述某只股票在某个交易日里的价格波动情况。在一条K线里，实体上方的影线部分称为上影线，对应地，其下方的影线叫做下影线；而实体本身分为阳线（或称红线）和阴线（或称黑线）。将一只股票上市以来每天的K线按照时间顺序排列在一起，就组成了该股的连续性股价波动情况，这就是人们通常所见的日K线图。如果再将时间和空间两个因素引入K线图的形成过程中，就可以获得非常丰富的K线图形“家族”：5分钟K线图、15分钟K线图、30分钟K线图、60分钟K线图、周K线图、月K线图（当然包括前述日K线图）。

K线是以图形的方式来描述股票市场买卖双方实力对比和转变的过程，记录市场价格波动情况的一种技术分析方法。在股票市场上，股票的买卖双方总是处于对立统一的关系之中，买方占据多头位置，卖方占据空头位置，而多空双方在争夺过程中的每一个时点上都能达成妥协，统一于该时点的成交价格上。多方与空方争夺过程的最现实反映就是股价的波动，而股价波动则主要体现在开盘价、最高价、最低价和收盘价等四个重要价格上，如图3所示。

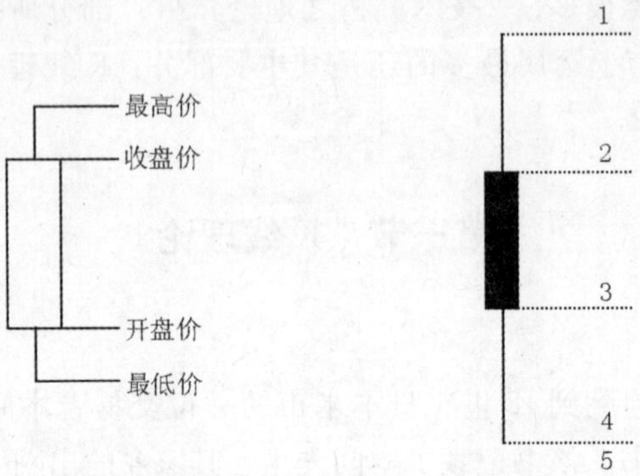

K线“四价”　　K线“五区”

图3　K线“四价”与“五区”

其中，开盘价是每个交易日以集合竞价方式产生的第一个成交价，最高价和最低价是当日盘中交易所达到的最高成交价和最低成交价，而收盘价则是经过多空双方一天的实力对比和较量后最终达成的最后一笔成交价。在这四个价格中，收盘价是最重要的成交价格，反映了股票交易的多方与空方在一个交易日结束时所形成的最终的暂时性平衡价格点位，对于目前的股票价格情况具有极其重要的明示功能。

由图3可见，一般K线可以划分为五个区域，即从区域1到区域5，按照这个顺序指向就表示多方力量逐渐减弱、空方力量渐次加强的过程。一般地说，研判K线的基本原则是：上（或下）影线越长，表明多方（或空方）优势遭遇削弱，就越不利于股票价格未来向上（或向下）变动；阳（或阴）线实体越长，表明多方（或空方）优势越明显，就越是有利于股价上涨（或下跌）；上影或下影线相对实体而言短至一定程度时，则可以认为没有上影线或下影线。

在了解了一些基础知识之后，展现在我们面前将是K线分析技术理论的精华部分——K线图及其组合的研判意义。

二、K线基本形状及其研判意义

严格地讲，因有无上影线或/和下影线，因有无明显的实体，因上影线或/和下影线的长度有别等等，而使单条K线的形状有许多种。但是，从股市实战研判的角度来说，其他多种形状的K线应该说都是基于K线基本形状而演化得来的。因此，了解K线的基本形状有哪些，领会它们的研判意义，是娴熟运用K线技术理论的前提。一般来说，K线的基本形状包括有上下影线的阳线、有上下影线的阴线、光头阳线、光头阴线、光脚阳线、光脚阴线、光头光脚阳线、光头光脚阴线、十字星、T字线、倒T字线、一字线等12种。

1．有上下影线的阳线

（1）K线含义：如图4所示，有上下影线的阳线是一种最普遍发生的K线形状，表示多方与空方之间斗争十分激烈的盘面情形。这种K线形表明，当日盘中曾出现最高价和最低价，但开盘价高于最低价，收盘价低于最高价，而最终的收盘价却高于开盘价，因此表现为带上下影线的阳线。

图4　有上下影线的阳线

（2）研判意义：在盘面里，多空双方都曾占据优势地位，一度将股价拉抬到最高价位和打压至最低价位，但都遭遇对方的顽强反击，直到尾盘时段多方才将优势保持下来，从而使收盘价站到开盘价之上。至于多空双方优势地位的衡量，则应根据上下影线的长度与红色实体的长度来进行研判。首先，从上下影线的长度对比来看，上影线长于下影线表明空方占优，而上影线长短于下影线则表明多方占优。其次，就红色实体的长度来说，实体越长表明多方优势越明显，而实体越短则表明多方优势较为有限。最后，综合而言，上影线越短，下影线越长，红色实体越长，反映出盘势支持多方占据优势，不利于空方，呈现“明显强势”特征；而下影线越短，上影线越长，红色实体越短，则反映出盘势支持空方占据优势，不利于多方，呈现“强中趋弱”特征。

2. 有上下影线的阴线

（1）K线含义：如图5所示，有上下影线的阴线是股市中最常见的一种K线形状，显示空方同多方搏杀鏖战的盘势。当天，盘面一度出现最高价和最低价，但开盘价低于最高价，收盘价高于最低价，而最终的收盘价却低于开盘价，因此表现为带上下影线的阴线。

图5　有上下影线的阴线

（2）研判意义：这种K线形状的研判意义与带上下影线的阳线正好相反。在盘面里，多空双方也都曾占据优势地位，一度将股价拉抬到最高价位和打压至最低价位，但都遭遇对方的顽强反击，只是到尾盘时段空方才将优势保持下来，从而使收盘价“屈居”开盘价之下。至于空方与多方的相对优势的确定，也应根据上下影线的长度与黑色实体的长度来进行研判。总的来说，上影线越长，下影线越短，黑色实体越长，反映出盘势倾向于空方占据优势，不利于多方，“弱势”特征明显；而下影线越长，上影线越短，黑色实体越短，则反映出盘势倾向于多方占据优势，不利于空方，具有“弱中趋强”特征。

图6　光头阳线

3. 光头阳线

（1）K线含义：如图6所示，光头阳线是一种没有上影线而有下影线的先跌后涨型K线形状。在盘面里，一度出现低于开盘价的最低价位，但最终的收盘价不但高于开盘价，而且成为当天的最高价位，因此表现为带下影线的光头阳线。

（2）研判意义：当天开盘之后空方一度出击，但在多方强力反攻之下告败，整个盘势倾向于多方，多方占据优势地位。衡量多方优势的强弱，可以依据实体的长度和下影线的长度来研判。一般地，实体越长，下影线越长，表明盘中多头市场特征明显。因此，在一定程度上，光头阳线是一种涨势信号。

4. 光头阴线

(1) K线含义：如图7所示，光头阴线是一种没有上影线而有下影线的下跌抵抗型K线形状。其中，开盘价就是当天的最高价位，盘中一度出现最低价位，但收盘价虽低于开盘价却站到最低价之上。

图7 光头阴线

(2) 研判意义：当日开盘伊始即受到空方打压，在空方紧逼进攻之下股价节节走低，一度下探最低价位，但遭遇多方反击抵抗。总的来说，盘中空方“火力”较强，占据优势，多方处于守势。空方优势的大小与下影线的长度和实体的长度直接相关，下影线越短，实体越长，则空头优势更加明显。所以，在一定意义上，光头阴线是一种跌势信号。

5. 光脚阳线

(1) K线含义：如图8所示，光脚阳线是一种没有下影线而带上影线的上升压制型K线形状。在盘面上，开盘价成为当天的最低价位，收盘价高于开盘价，但却较当日最高价为低，因而表现为带有上影线的光脚阳线。

图8 光脚阳线

(2) 研判意义：当天开盘后多方就咄咄逼人，尽显优势“火力”而一度将股价拉升至全天最高价位，但此时空头抛盘涌现，大力压制股价升势而留下上影线。多空双方激战的结果是，多方略胜一筹，占据优势地位。从上影线和实体的长度可以判断出多方优势地位的强弱，上影线越短，实体越长，则多方的优势地位越强；反之，上影线越长，实体越短，则多方优势地位越弱。

6. 光脚阴线

(1) K线含义：如图9所示，光脚阴线是一种没有下影线而带有上影线的先涨后跌型K线形状。在盘中，开盘价低于当日的最高价位，而在开盘价之下的是收盘价，也即全天的最低价位，因而K线表现为光脚阴线。

图9 光脚阴线

(2) 研判意义：当天开盘后多方一度占优，但不久即被空方击退而留下上影线，而且空方不断加强抛盘“火力”而尽显优势，股价于是节节下跌，全天盘势以空方占据优势地位而获胜。研判空方优势的大小，主要根据上影线与实体的长度来进行。如果上影线越长，实体越长，则空方的优势越大，反之则反是。

7．光头光脚阳线

（1）K线含义：如图10所示，光头光脚阳线是一种没有上下影线的纯粹上涨型K线形状。在盘中，当天的最低价位就是开盘价格，而收盘价格即为全天的最高价位。

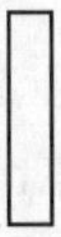

图10　光头光脚阳线

（2）研判意义：这种以全天最低价开盘而以最高价收盘的K线，反映出多方力量强于空方而居于优势地位。但是，多方优势的大小完全依赖于实体的长度——收盘价与开盘价之间的价差大小。一般地说，当收、开盘价差达到3%以上时，称为光头光脚大阳线，表明多头占据明显优势地位，空头力量很弱；当收、开盘价差在1%到3%之间时，称为光头光脚中阳线，表明多头占据优势，而空头力量不容忽视；当收、开盘价差在1%以下时，称为光头光脚小阳线，表明多空双方力量对比悬殊非常小，但多方暂居优势。

8．光头光脚阴线

（1）K线含义：如图11所示，光头光脚阴线是一种没有上下影线的纯粹下跌型K线形状。从盘面可见，当天的开盘价就是最高价位，而收盘价即为最低价位。

图11　光头光脚阴线

（2）研判意义：这种K线的研判意义同光头光脚阳线正好相反，表明空方较多方而言居于优势地位。研判空方优势的强弱地位，只需分析开盘价与收盘价之间的价差：如果该价差达到3%以上时，则称为光头光脚大阴线，表明空头占据明显优势地位，多头力量很弱；如果该价差在1%到3%之间时，则称为光头光脚中阴线，表明空头占据优势，而多头力量并不可忽视；如果该价差在1%以下时，则称为光头光脚小阴线，表明空方与多方之间的力量对比悬殊非常小，但空方暂居优势。

9．十字星

（1）K线含义：如图12所示，十字星是一种既有上影线而又带下影线的、开盘价与收盘价（几乎）相同的K线形状。在盘中，开盘价低于最高价位，收盘价高于最低价位，但开盘价与收盘价（几乎）相等。与前一交易日的收盘价相比，如果股价上涨，则在盘中表现为红十字星（或者说十字阳星）；如果股价下跌，则在盘中表现为黑十字星（或者说十字阴星）。

图12　十字星

（2）研判意义：这种K线反映出多空双方在盘中有较大分歧和激烈鏖战的情形，对其研判意义可以从两个角度来看。其一，从上下影线的长度来说，如果两者均较长，则称为大十字星，表明多空分歧很大、争夺激烈，但最后回到开始时的均衡点。进一步地，若上影线比下影线长，则说明空方占据优势地位；而若下影线比上影线长，则说明多方占据优势地位。如果两者均较短，则称为小十字星，表明多方与空方之间分歧较小，盘面交易清淡而使股价呈窄幅整理之势，双方优势难以定论。其二，从十字星所处价位来看，如果在相对高位出现，则称为“黄昏之星”，研判难以结论。进一步地，若此后连续两个或以上交易日出现股价走高并且升幅达3%以上时，短线可及时买进，相反则应坚决出局。如果十字星出现在相对低位，则称为“早晨之星”，研判同样难以结论。进一步地，若此后一个交易日出现股价一路高走之势，则应坚决跟进，反之则应持观望态度。

10．T 字线

（1）K 线含义：如图 13 所示，T 字线是一种没有上影线而带下影线的、开盘价与收盘价相同的 K 线形状。在盘面里，出现了最低价位，开盘价、收盘价、最高价三价合一而居于最低价之上。

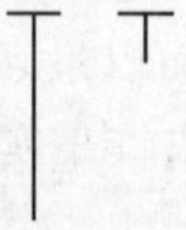

图 13　T 字线

（2）研判意义：一般地说，T 字线表明多方较之空方而言占据优势地位，而且多头优势的大小与下影线的长度成正比例关系。这种图形大多出现在股价的相对低位处，时而也有在中、高位出现的情形，通常其市场意义是抓住逢低进货的机会，或者持观望态度。

11．倒 T 字线

K 线含义：如图 14 所示，倒 T 字线是一种没有下影线而带上影线的、开盘价与收盘价相等的 K 线形状。在盘中出现了最高价位，开盘价、收盘价与最低价三价同一而处于最高价位之下。

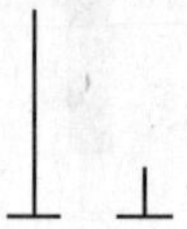

图 14　倒 T 字线

（2）研判意义：通常，倒 T 字线反映出空方居于优势地位。而且，空头优势的大小取决于上影线的长度：上影线越长则空头优势越大，上影线越短则空头优势越小。这种 K 线多出现在股价的相对高位，也有在低位出现的情况，其一般市场意义是把握逢高出货的机会，或是场外观望。

12．一字线

（1）K 线含义：如图 15 所示，一字线是一种非常特殊的、极其难见的 K 线形状。在盘面里，开盘价、收盘价、最低价、最高价四价合一，呈现“一”字形。这种 K 线只是在理论上存在，但在实际中也有两种出现的情形：一是在发行一只事先确定好价格的证券时，二是在制定“涨跌停板”制度的股市中。在我国股市中，ST 股票和 PT 股票，尤其是 PT 股票的价格走势中经常出现一字线。

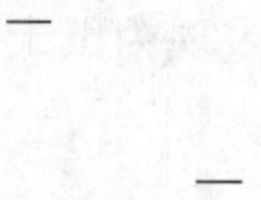

图 15　一字线

（2）研判意义：一般地说，在具有“涨跌停板”制度的股市里，当出现涨停板开盘，并有大量买盘轧空时，表明多方占据绝对优势，短线升势强劲，尤其是在股价的低位或相对低位出现时；当出现跌停板开盘，并有大量卖盘排队待售时，表明空方占据绝对优势，短线跌势迅猛，特别是在股价的高位或相对高位出现时。

三、双 K 线组合研判

在图 3 中，我们将 K 线的区域划分为五个部分，从区域 5 到区域 1 反映出多空双方力量的对比和转化的过程——空方优势减弱，多方优势加强。多空争夺的区域越是抬高，表明盘势越是倾向于多方，就越有利于股价上涨，反之则反是。这一点，在两条或以上的 K 线组合图形的研判中具有重要意义。不管有几条 K 线，都是根据相邻两条 K 线的相对位置的高低及其阴阳来研判未来行情演变的。

双 K 线组合的情形数不胜数，为此我们选择其中几种特定的组合形态研判断其市场意义。希望朋友们能够领会这些双 K 线组合的具体涵义，从而在股市实战里可以融会贯通，举一反三。

1．覆盖线

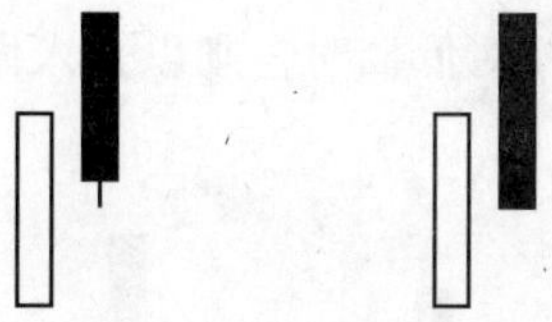

图 16　覆盖线

研判意义：如图 16 所示，覆盖线表明，继昨日收阳线后，今日多头开盘即显示实力高开股价，但很快遭遇空头猛烈摁压而使股价一路低走，全天收盘为近似昨日阳线长度的阴线，仿佛要覆盖昨日阳线一样。出现这种双 K 线组合时，即意味着短期趋势将会改变，上涨的方向可能转为继续下跌。如果今日阴线下探至昨日实体之 1/2 之下时，即表明多方优势遭遇较大削弱，空方力量占据优势；否则，则说明多头元气并未真正受损，反攻随时可能发生。

2．反迫线

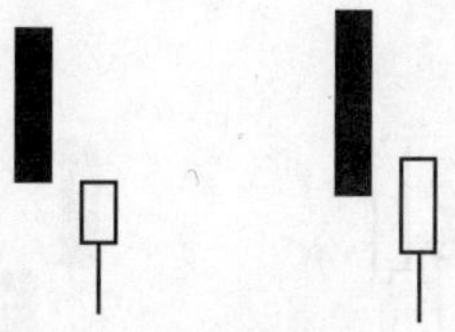

图 17　反迫线

研判意义：如图所示，反迫线表明，继昨日收出一条大阴线后，今日开盘伊始空头优势就一度尽显而使股价低开低走，但不久就受到多头的强力反攻，并最终使全天收盘在昨日阴线最低价附近，形成一条光头小阳线。如果该小阳线的收盘价在昨日收盘价之上，则又称该反迫线为迫入线；如果该小阳线的收盘价等于昨日最低价时，则又称该反迫线为迫切线。这种双 K 线组合表明在低档处多头承接积极，乃行情反弹的前兆，尤其是出现在持续下跌多日之时，但若下一个交易日行情继续下跌，则会使行情继续看空。

3．怀抱线

图 18　怀抱线

研判意义：如图 18 所示，怀抱线表明，由于今日 K 线最低价较昨日 K 线的最低价更高，最高价比昨日 K 线的最高价更低，而使今日 K 线被昨日 K 线犹如胸怀一般地抱住。这种双 K 线组合包括阳抱阴、阳抱阳、阴抱阳和阴抱阴等四种，通常的市场意义是预示行情反转的信号。如果其出现在相对高档时，一般以逢高出货为主，尤其是在行情持续上升已久时；如果出现在相对低档时，则多以积极介入为操作策略，特别是股价长期处于底部运行区域时。

4．包容线

研判意义：如图 19 所示，包容线表明，今日 K 线最低价比昨日 K 线最低价更低，而最高价较昨日 K 线最高价更高，这样今日 K 线就将昨日 K 线完全包容进来。这种双 K 线组合包括四种情形，即阳包阴、阳包阳、阴包阳和阴包阴，其市场意义是发出股价涨跌的趋势将会完全改变的信

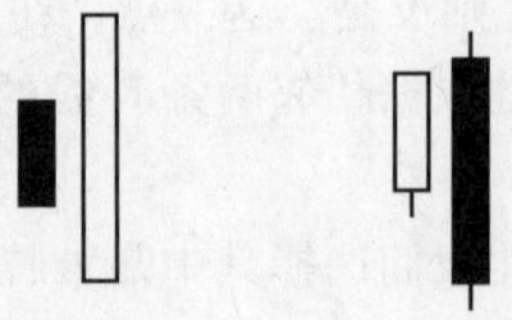

图 19　包容线

号。同怀抱线的研判意义一样，只要这种双 K 线组合出现，当其在股价相对高档时，则可以确立逢高派发的操作对策；而当其在股价相对低档时，则以介入做多为操作对策。

5. 相遇线

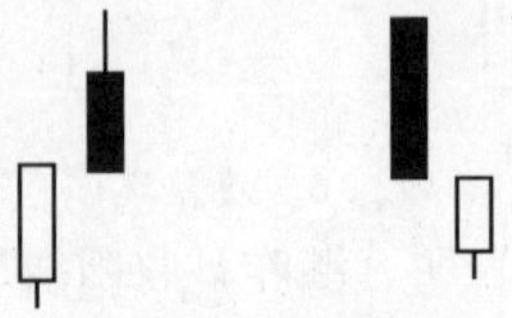

图 20　相遇线

研判意义：如图 20 所示，相遇线表明，昨日股价走势与今日完全不同，昨日低开高走并在最高价附近收盘，而今日则高开低走并在最低价附近收盘，或者昨日高开低走并在最低价附近收盘，而今日则低开高走并在最高价附近收盘，同时两天的收盘价基本接近。这种双 K 线组合多为主力机构短线“作秀”现象，一般预示着短线行情的反转。

6. 平行线

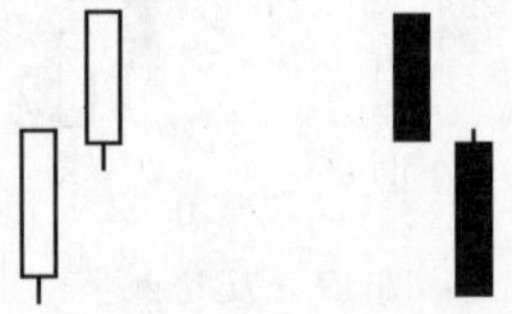

图 21　平行线

研判意义：如图 21 所示，这是一种在连续两个交易日里出现阳线或者阴线的双 K 线组合情形，因而得名“平行线”。如果出现双阳平行线时，则表明多头实力强大，做多意愿坚决，尤其是在今日阳线比昨日阳线长出许多时，更是暗示决定性的多头行情开始展开；如果出现双阴平行线时，则反映空头优势明显，做空动力强大，特别是在今日阴线较昨日阴线长出许多时，更是暗示决定性的空头行情开始展开。

7. 相反线

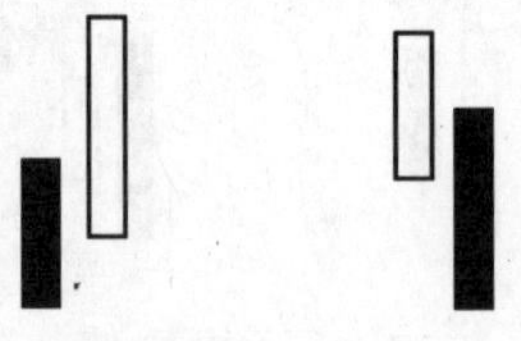

图 22　相反线

研判意义：如图 22 所示，相反线表明，两个交易日的股价走势正好相反，昨日股价高开低走，而今日低开高走并在最高价附近报收，或者昨日股价低开高走，而今日则高开低走并在最低价附近报收。这种双 K 线组合多是主力机构的短线操作手法，预示短线多空行情的反转。

8. 停迷线

研判意义：如图 23 所示，停迷线表明，昨日股价大涨而收出大阳线，今日却在高档出现小阳线或小阴线，从而使股价走势暂时处于停迷状态，因而这种双 K 线组合也称星线。停迷线反映出多方做多意愿减弱，行情因拉高买盘不足而渐趋衰竭。尤其是在相对高档出现时，这种组合更是暗示主力出货的迹象，如果下一个交易日股价没有出现大幅跳空高开情形，则基本上可以确认

图 23 停迷线

空头行情已经开始。

四、三 K 线组合研判

在掌握基本 K 线形状和双 K 线组合的研判意义基础上，我们再来进一步地认识三 K 线组合的研判意义。显然，三条 K 线的组合方式比起双 K 线而言更为复杂、更加多样。而且，由于多了一条 K 线，三 K 线组合所反映的信息就更多些。但是，对于三 K 线组合的研判，仍然是根据最后一条 K 线相对于前面两条 K 的位置（有时最后一条 K 线的上或/和下影线也具有重要意义）来判断和比较多空双方的优势大小。总体来说，研判三 K 线组合所代表的意义具有重要的市场价值，因为它不但是以基本 K 线形状和双 K 线组合为基础的，而且极其有助于我们有把握地研究短期、中期乃至长期行情的演变。

领会了三 K 线组合的研判意义，就能够对多条 K 线组合进行有益的贯通性分析和理解。为此，我们选择几种具有代表性的三线组合式进行重点阐释，希望朋友们能从中获得有助于实战的指导作用！

1. 上升三连阳

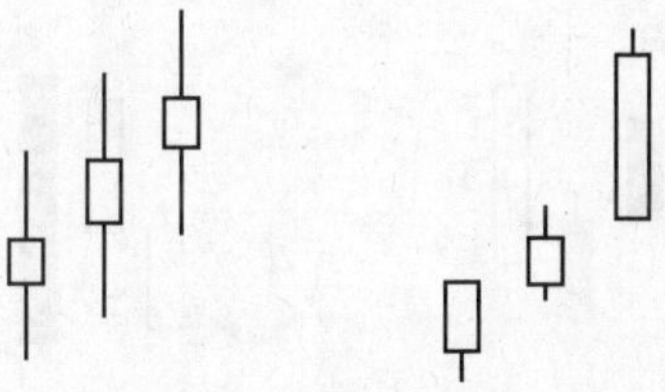

图 24 上升三连阳

研判意义：如图 24 所示，上升三连阳表明，股价连续三天上涨，反映出多方力量逐渐加强，尤其是在低档价区时具有强烈的多头市场特征。但是，至于多方优势大小的衡量，还需要结合三条阳线的上下影线和实体的长度而作研判，主要有以下几种情形：

（1）如果三条 K 线都是中或大阳线，则表明多方优势明显，多头士气“如日中天”，但由于涨幅已大，第四天多应考虑离场或不介入，暂持短线观望态度，当然中线应该看涨。

（2）如果三条 K 线均有较长的上、下影线而实体较小，则表明行情处于粘着微升态势，既有低档承接的吸筹者，又有大量的高档抛压盘。若在股价相对低位出现时，它就意味着多头力量逐渐增强，即将展开“空翻多”行情；若在股价上涨已久的相对高位出现时，它则意味着空头力量已渐增加，后市应该看跌。

（3）如果三条 K 线依次为两小阳加一中阳线或大阳线，表明多方力量迅速加强，后市一般看涨，尤其是在股价低档区域时。但是，如果第四天空方大力掼压，股价回档幅度很大，则应考虑出局观望。

（4）如果三条 K 线依次为一大阳加两小阳，出现在长期上涨后就意味着空头力量逐渐加强，则应警惕随时可能发生反转向下的行情；出现在长期下跌后就意味着多头力量已渐增加，则大多认为行情将反转向上。

2．下降三连阴

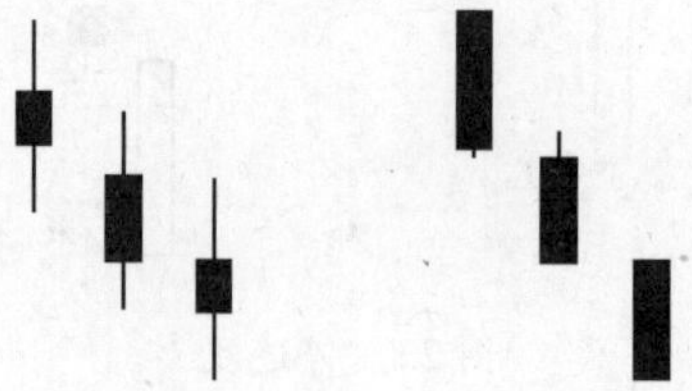

图25　下降三连阴

研判意义：如图25所示，下降三连阴表明，连续三天报收阴线，反映出空方逐渐加大打压股价的力度，特别是在高档价区具有明显的空头市场特征。但是，同上升三连阳的多头市场研判一样，空头市场的趋势之强弱还有待进一步分析，主要有下列几种情形：

（1）如果三条K线都是中、大阴线，则反映出空方来势凶猛，至少中线股价应该继续下跌。不过，在短线上，第四天一般有反弹的机会，可以在续跌的下档"抢帽子"。

（2）如果三条K线都是带较长上、下影线和有小实体的阴线，则表明股价处于粘着微降态势，既有高档抛盘涌现，又有一定低档承接盘出现。若此形态出现在上涨较长时间之后，则反转向下的趋势明显；若出现在下跌已久的行情之中，则意味着下跌即将企稳，开始构筑底部区域。

（3）如果三条K线依次为两小阴加一大阴，则反映出多方在犹豫两天后已经难以招架，空方力量大增，股价呈现瀑布式的下跌形态，预示今后几天股价走势继续看空。

（4）如果三条K线依次为一大阴加两小阴，则表明空方卖压力量减弱，多方抵抗力量有所增强，后市反弹的可能性较大，但反弹力度不会超过该段跌幅的1/2。尤其是在该形态出现在长期上涨行情之后，大多预示"多翻空"行情即将展开，逢高出局是操作首选。

3．反攻成功式

图26　反攻成功式

研判意义：如图26所示，反攻成功式的典型形态是，一大阳（或阴）线成功地反攻击败前两条阴（或阳）线。在上述左图中，最后一条阳线一举高出前两条阴线，表明空方遭遇强有力的反攻"火力"，多方充分调动力量一举击败空方，预示行情由此反转向上；在右图中，局势正好同左图相反，空方反攻成功，多方已经败阵，预示空头行情开始。

4．反攻失败式

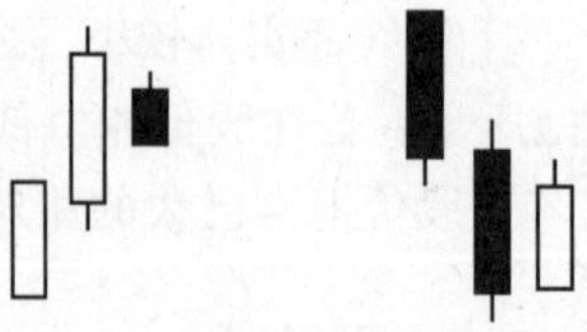

图27　反攻失败式

研判意义：如图27所示，反攻失败式的典型形态是，连续两条阳线（或阴线）之后出现一条小阴线（或小阳线），而且小阴线（或小阳线）被第二条K线所怀抱，见上述左（或右）图。其中，左图表明多方力量占优势而仍然控制局势，空方反击"火力"较弱而告败，多头行情大多继续；右图则表明多头反攻力量比较有限，在空头猛烈抛压下宣告失败，下跌趋势仍将继续。

5．夹击式

研判意义：所谓夹击式，是指两条阳线（或阴线）中间夹着一条阴线（或阳线）的三条K线

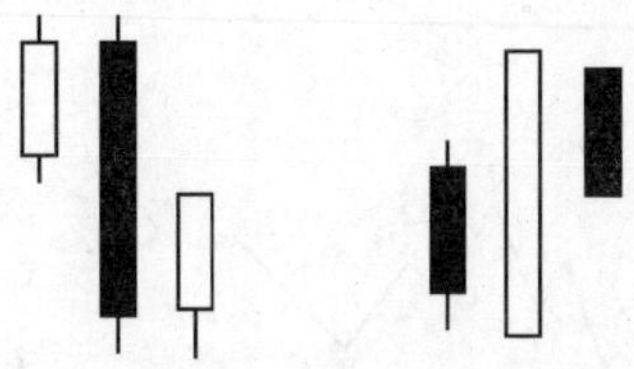

图28 夹击式

组合方式，也就是两阳夹一阴式和两阴夹一阳式，如图28所示。

在两阳夹一阴的夹击式中，若阴线实体较长而两条阳线实体较短并呈走低之势，则表明多方力量遭遇重大损伤，行情将以空头市场为主；若三条K线呈现逐渐走高之势，则表明多头依然控制局势，空头反击乏力，后市将继续看涨。

在两阴夹一阳的夹击式中，若阳线实体较长而两条阴线实体较短而又呈走高之势，则表明空头反击力量比较有限，多头仍然主宰局势，后市将以多头行情为主；若阳线实体较短而两条阴线实体较长，则表明多头反击"火力"较弱，空头打击力量强大，行情将继续看跌。

6. 包容式

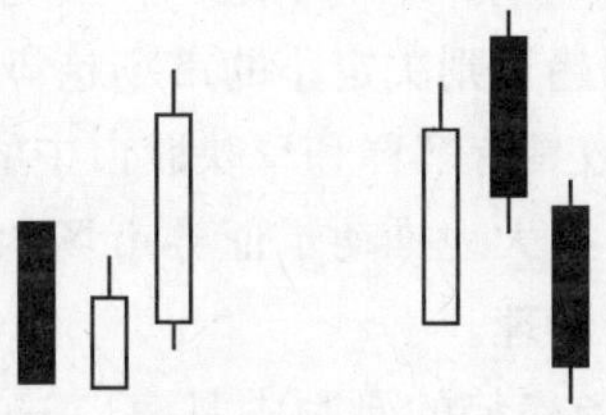

图29 包容式

研判意义：所谓包容式，是指后两条阳线（或阴线）把第一条阴线（或阳线）包容起来的三条K线组合方式，也就是两阳吃一阴式和两阴吃一阳式，如图29所示。

在两阳吃一阴的包容式中，大多情况下第三条K线（阳线）实体比较长，表明多方力量异常强大，占据优势地位，后市多头进攻势头明显，行情继续看涨。有时，第三条K线比较短，而且带有上影线，则表明多方持续进攻力量有所欠缺，反而空方的力量稍微占优，后市不宜看涨。

在两阴吃一阳式的包容式中，大多情况下第三K线（阴线）实体较长，表明空方优势地位明显，后市空方主宰行情而继续看跌。有时也出现第三条K线较短而带有下影线，则表明空方开始向多方反击，多方与空方的力量对比倾向于多方，后市不宜过分看跌。

第二节 道氏形态理论

道氏形态理论是由美国人查尔斯·亨利·道所创立的。为反映美国股市的总体走势，他同爱德华·琼斯一起创立了至今最具全球影响力的道琼斯指数（Dow & Jones Index）。最初，他们在自己的《华尔街日报》上发表有关股市行情分析和预测的文章。后来，有人对他们的方法和观点进行整理，加上多年来股市分析家们不断的修正和完善，终于形成今天的权威性技术分析理论——道氏形态理论。目前，道氏形态理论主要包括两大部分，即道氏原理和股价形态理论。

一、道氏原理

道氏原理基本上是道和琼斯的原创，只是经过后人的整理而集中成为几条基本原理的。道氏原理主要是关于趋势、股价指数、成交量和价格的一些观点。

1. 趋势的划分。所谓趋势，就是股票市场价格运动的方向。尽管市场价格波动的表现形式千差万别，但最终可以按照运动时间的长短和波动幅度的大小将其划分为三种趋势，即主要趋势、

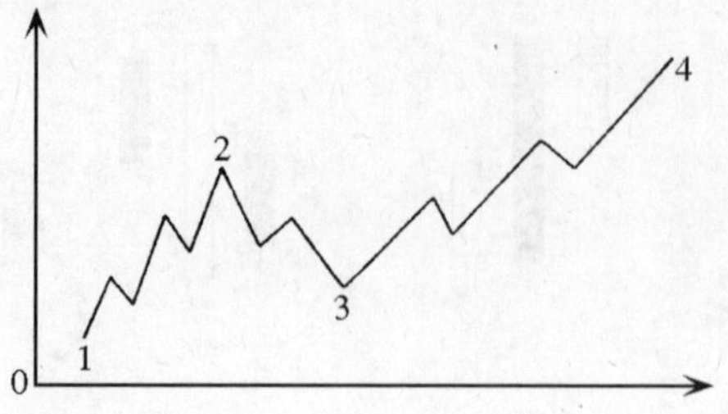

图 30　趋势的划分

次级趋势和短暂趋势。如图 30 所示，1—4 表示一个主要趋势，2—3 表示一个次级趋势，而图中任何最小的一段都表示一个短暂趋势。

其中，主要趋势，又称长期趋势或者基本趋势，是指股价波动趋势的主要方向，也就是说股价波动的大方向，一般持续时间较长。只有认识到主要趋势，才能做到“顺势而为”。次级趋势，也叫中期趋势或者次要趋势，是指在主要趋势中出现的调整，而且这种调整是必然要出现的局部调整和回档。而短暂趋势，又名短期趋势或者日常波动，是指在次级趋势进行的过程中出现的调整，这也是必然要出现的更小的局部调整。进一步地，主要趋势决定大的市场趋势，次级趋势决定大的市场趋势中的小趋势，而短期趋势则决定小的市场趋势中更小的市场趋势。

2. 股价指数。股票市场价格指数具有解释和反映股市中的大部分市场行为的功能。这一观点是道氏原理对证券市场的重大贡献，极大地推动了证券市场的发展。当今世界各国股市所采用的股价指数，其计算方法都是源于道氏原理。

3. 成交量的作用。成交量在市场趋势的研判中具有“决定性”意义。成交量是股票价格的先行指标，股价形态的演变趋势必需成交量的确认。把握趋势的反转对于确定买卖策略来说是至为关键的，而成交量包含的信息有助于我们作出研判。

4. 价格的意义。在所有的市场价格中，收盘价是最重要的价格，甚至可以只用收盘价。收盘价是股市上买卖双方经过一天的力量对比和价格争斗而最终达成的暂时平衡点，具有指明目前价格点位的重要功能。

总体而言，道氏原理对大的市场趋势的研判有较大的指导作用。但是，对于每天都在发生的小波动，道氏原理则显得缺乏研判意义。而且，因其结论滞后于市场价格的波动而在股市实战中缺乏可操作性。

二、股价形态理论

查尔斯·亨利·道可谓股票分析之鼻祖，他开创的股价形态理论至今仍为全球股票市场技术分析派所钟情和厚爱。股票价格的运动是由多空双方的力量对比所决定的，不同时期的力量对比的结果使多条 K 线形成一条上下波动的曲线，以描述股价在此期间的运动轨迹。这条上下波动的曲线所表现出来的图形，用证券语言来讲，就是所谓的“股价形态”。

股价形态理论是通过研究股价曲线的各种形态，分析和发现股价形态所包含的多空双方力量对比结果的信息，从而研判股价运行的趋势，以指导我们的实战操作。从广义的角度看，股价形态主要包括两大类，即持续整理形态和反转突破形态。在本质上，股价运动遵循在保持平衡和打破平衡之间不断转换、循环往复的规律，因而股价形态表现为保持平衡的持续整理和打破平衡的反转突破两种过程。但是，所谓的“平衡”，仅能在相对的意义上进行理解，世上并无绝对的平衡可言。对于股价运动的平衡概念，我们视之为一定范围内的股价波动，即是保持平衡的。这就涉及到“一定范围”的选择和界定，因为它关系到我们对平衡是否被打破的判断。于是，难题摆在我们面前了：如何界定这个“一定范围”呢？对此，在广义的范畴里是仁者见仁，智者见智，更多地在理论意义上进行泛泛而谈式的讨论。如果我们在股市实际操作中运用这种只具理论意义的形态划分来指导行动的话，那么将会陷入无所适从的困境。然而，在广义类型的基础上，从狭义的角度进一步地予以分类，将股价形态划分为一些具体而有指导意义的价格形态，则可以使我们在实战运用中捕捉到有利的交易时机，获取丰厚的投资回报。因此，了解股价形态的具体种类，并掌握每一种具体形态的市场研判要领，是一般中小股民朋友进入股市学堂的一门“必修课”。

一般地，在大类确定的基础上，股价形态的基本种类大致可做如下划分：

持续整理形态的基本种类：三角形、楔形、箱形和旗形等四种；

反转突破形态的基本种类：双重形、三重形、头肩形、圆弧形、喇叭形、菱形、V 字形和潜伏形等八种。

（一）持续整理形态

1．三角形

三角形是由一系列波动幅度越来越小的股价变动所形成的股价持续整理形态。在该形态中，股价变动大多一次比一次小，每次所达顶点都不能超过前一次所形成的顶点，而每次所达底点也不能跌破前一次所形成的底点，将多次的顶点与顶点、底点与底点分别连线（又称为顶线和底线），两线延长相交即构成股价波动的三角形形态。三角形又包括三种，即对称三角形、上升三角形和下降三角形。三角形形态反映了多空双方在三角形区域里的力量对比，这种较量的结果直接决定着股价运动的具体方向。

对称三角形

（1）基本含义：

如图 32 所示，对称三角形的顶点连线与底点连线的角度大致对称，但两条线的长度并不要求相等。这种形态大都出现在一个大的趋势之运行过程中，表示原有趋势暂时处于调整阶段，多空双方的力量对比处于“僵持”状态，将来股价极其可能沿着原有趋势继续运行，即若原有趋势是上升的，则三角形形态结束后股价将寻求突破向上；若原有趋势是下降的，则三角形形态完成后股价将寻求突破向下。此外，形态高度是一个重要概念，它是指对称三角形的“底边”长度，对于研判突破后股价所能达到的目标价位具有测算意义。

（2）研判要领：

①形态的确认：对称三角形的确认至少有四个转折点，即两个顶点和两个底点，而一般应有六个转折点，即三个顶点和三个底点。

②突破的量度：在对称三角形完成后，如果要突破向上，则必须有大的成交量来确认；而如果突破向下，则无此量的要求。

③突破的宽度：对于形态完成后突破的有效性的确认，一般在三角形横向宽度的 1/2 至 3/4 处最为有效。

④突破的价标：如果发生突破（不管是向上的还是向下的），其后股价所能达到的价格目标——高度或深度，从突破点（即脱离顶线或底线的起点）沿垂直方向算起，至少要运动到与对称三角形的形态高度相等的距离处。

⑤突破的幅度：不管是向上的或是向下的突破，突破股价的确认，一般以 3% 作为有效性幅度。也就是说，从突破点算起，当股价涨幅或跌幅超过 3% 时，才能确认突破有效。

⑥在量度、宽度、价标、幅度等方面的情况不符合②—⑤的定性或定量要求时，股价突破基本上视为“假突破”。

⑦如果突破向下时伴随有大的成交量，并在跌破底线之后快速反弹至顶线附近，而后再度下穿底线，那么这些反弹日 K 线被称为“逃命线”。在对称三角形中经常发生这种情形，在股市实战中必须要在“逃命线”里果断离场。

（3）案例研究：

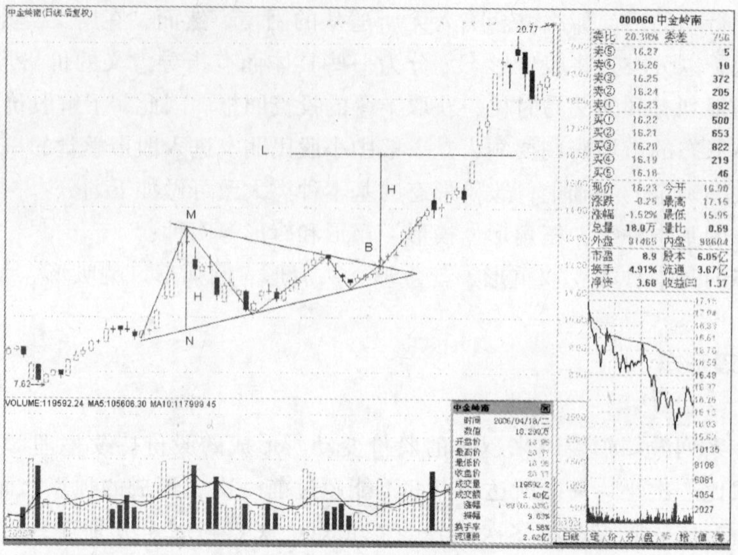

图 32　对称三角形

注解：从图 32 中可见，2006 年 1 月 18 日至同年 3 月 15 日，该股股价运动形成对称三角形，即由上限 M 线和下限 N 线之间的部分所构成的股价形态。在该形态中，形态高度是指对称三角形的"底边"长度 H，在 B（2006 年 3 月 15 日）处，股价向上突破对称三角形的上限 M 线，该点股价上涨幅度 4.39%，并伴随着明显放大的成交量（图中箭头所指处），而且股价突破点与对称三角形的顶端之间尚有一定的距离，因此可以确认股价向上突破有效。其向上突破的有效，预示着该股股价未来走势继续看涨。而且，该突破之后股价上涨所能达到的价格目标，从 B 点（有效突破点）异起，至少向上达到形态高度 H 的高度处，即回中水平线 L 的位置处。

上升三角形与下降三角形

（1）基本含义：

如图 33 和图 34 所示，一般总是存在顶线或底线倾向于或接近水平线，而另一条线向上或向下倾斜：若顶线接近水平线而底线向上倾斜，则称之为上升三角形（图 33）；若底线接近水平线而顶线向下倾斜，则称之为下降三角形（图 34）。有时，也将这两种三角形形态统称为直角三角形。在直角三角形中，多空双方在三角形区域的争斗，反映在上升三角形里多方占据相对优势，反映在下降三角形里则是空方占据相对优势。

（2）研判要领：

①直角三角形可以说是对称三角形的变形体，因此对称三角形的研判要领基本上都适合直角三角形。

②一般地说，上升三角形预示将来股价会延续上涨趋势，下降三角形预示将来股价会延续下跌趋势。

③如果股价的原有趋势是下降的，则出现上升三角形后将来的股价趋势就难以定论了。进一步地，如果原有下降趋势持续的时期较长并已处于末期，那么出现上升三角形后将来的股价趋势仍是以看多为主，此时上升三角形成为反转形态的底部。

④如果股价的原有趋势是上升的，则出现下降三角形后将来的股价趋势也难以研判。进一步地，如果原有上升趋势的时期较长并已处于末期，则在出现下降三角形后将来的股价趋势仍是以看空为主，此时下降三角形成为反转形态的顶部。

（3）案例研究：

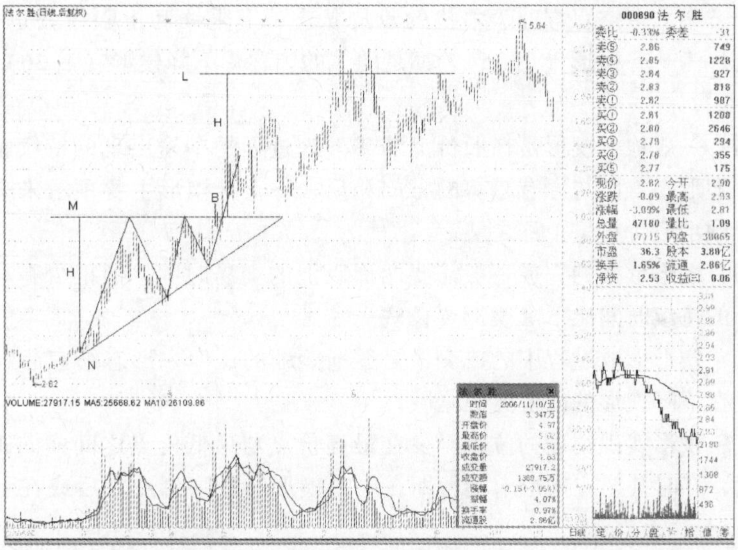

图 33　上升三角形

注解：从图 33 中可见，2006 年 1 月 1 日到同年 5 月 10 日，该股股价运动形成上升三角形（M 线与 N 线之间的部分）。其中，上升三角形较短的直角边的长度 H，为其形态高度。在 B 点（2006 年 5 月 10 日），该股股价以显著增加的成交量（图中箭头处）上涨 5% 以上，在三角形横向宽度的四分之三左右处实现向上的有效突破，预示其股价将呈现上升趋势。而且，其后股价上涨的高度，从突破点 B 算起，至少达到形态高度 H，即股价将至少上升到水平线 L 的位置处。

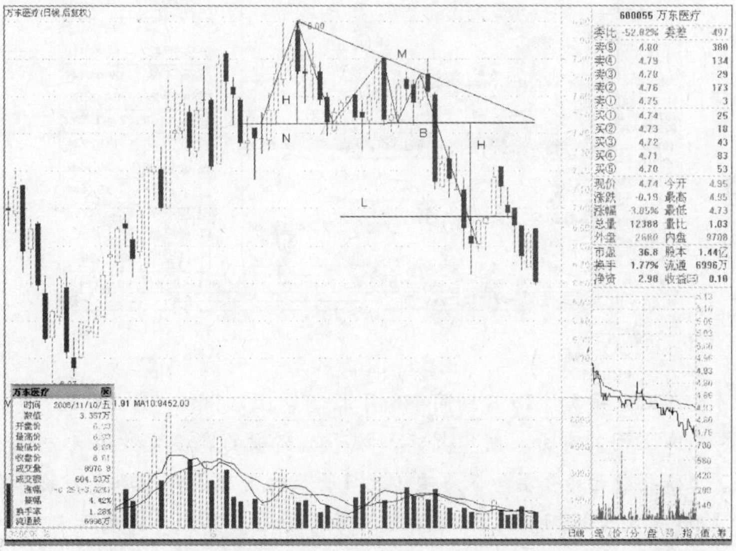

图 34　下降三角形

注解：从图 34 中可见，2006 年 9 月 12 日至同年 10 月 32 日，万东医疗（600055）股价运动构成下降三角形（M 线与 N 线之间的部分）。其中，该形态的形态高度是指下降三角形较短的直角边长 H。在 B 点(2006 年 8 月 22 日)．其股价向下跌破下限的幅度超过 6%，确认了股价有效向下突破，并预示未来股价将延续下跌趋势。并且，股价有效向下突破后的进一步跌幅。至少有与形态高度 H 相等的深度，即至少下跌到水平线 L 所在的位置处。

2．楔形

（1）基本含义：

如图 35 和图 36 所示，楔形是一种股价在两条方向相同并呈收敛特征的直线（即上限线和下限线）之间波动的形态。楔形在股价 K 线图上出现频率最高，因而它是一种最有名的股价持续整理形态。在楔形形态中，多空双方处于争执的盘局状态，上限线和下限线的运行方向是一致的，其中都是向上的则称为上升楔形（图 35），都是向下的则称为下降楔形（图 36）。

（2）研判要领：

①楔形的性质：一般地，楔形是在股价上涨或下跌过程的中途出现的持续整理形态，并具有明确的形态方向，即形态方向与原有趋势的方向相反——上升楔形主要预示未来股价将呈下跌之势，下降楔形主要预示股价将呈上涨之势。

②成形的时间：楔形形态的完成一般需要两周以上的交易时间，但很少有超过三个月的。相对而言，上升楔形的持续时间比下降楔形要长些。

③突破的量度：楔形形成过程中的成交量是逐渐萎缩的，但在形态结束后的突破中必须有大的成交量，尤其是在下降楔形的向上突破之际。

④突破的宽度：楔形实现突破的位置至少在最高价点与最低价点之间横向距离的 2/3 处，经常超过 2/3 的宽度，有时甚至在楔形末端，即在上升楔形的最高价点之后或在下降楔形的最低价点之后。

⑤反转的形态：有时，上升楔形出现在长期向上趋势的末期，则它成为将来行情反转向下的顶部形态；下降楔形出现在长期向下趋势的末期，则它成为将来行情反转向上的底部形态。

（3）案例研究：

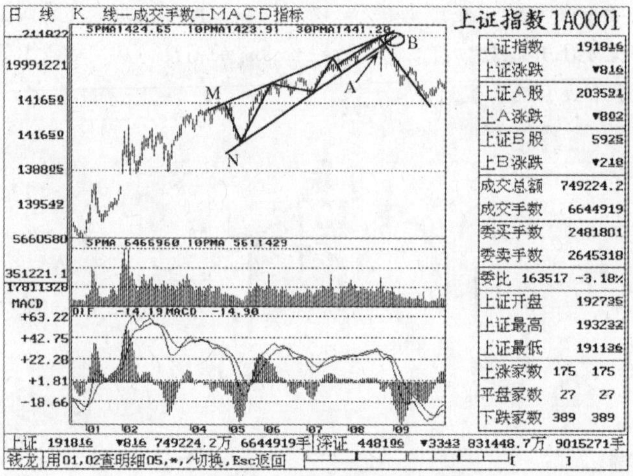

图 35 上升楔形

注解：从图 35 可见，2000 年 5 月 15 日到同年 8 月 22 日，上证指数（1A000 1）运动形成上升楔形，即图中上界线 M 与下界线 N 之间的部分。图中显示，该形态突破的宽度发生在形态的末端，其中在 A 点（2000 年 8 月 23 日），上证指数开始寻求向下突破（此日长长的下影线乃市场主力的刻意攒压），随后四天小幅反弹；在 B 点（2000 年 8 月 30 日），上证指数有效向下跌破下界线 N，预示未来行情将是呈下降趋势的。由于该上升楔形出现在一轮较长时间的慢牛行情的中后期，所以一旦其形态是在较长时间内方才完成的，则意味着未来行情反转向下的力度将会是比较强烈的。

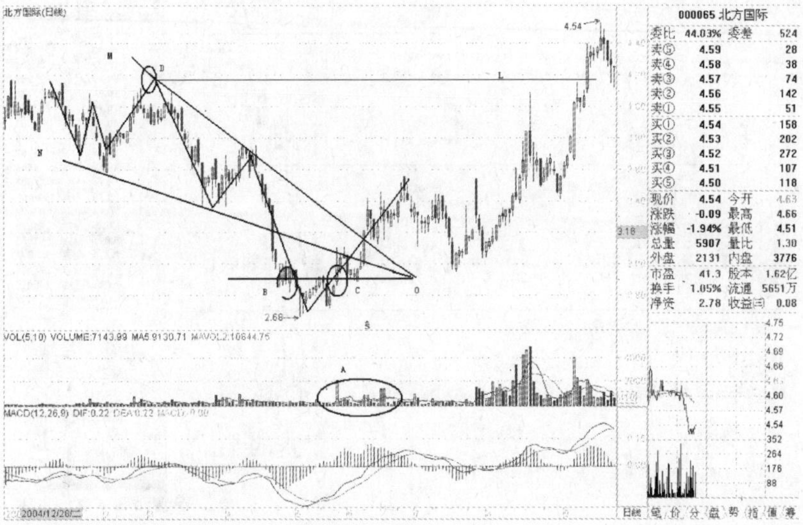

图36 下降楔形

注解：从图36中可见，2005年2月2日到同年4月21日，北方国际（000065）运动形成下降楔形，即图中M线与N线之间的部分。这是一个出现在较长时期向下趋势的末期之股价形态、通常意味着它是一个未来行情反转向上的底部形态。其中，在B点（2005年4月21日），北方国际向下跌破下限N线，并随后再次跌破O线（经过M线和N线的交点O的一条水平线）的支撑．开始进一步探寻底部——应当视为市场主力的故意诱空行为。很快，北方国际探底成功，经过连续多日的成交量放大（图中A处），一举向上突破N线（2005年6月7日）和突破M线（2005年6月8日）的压力，实现有效的向上反转突破（见图中C处）。并且，反转突破所能上升的高度，至少达到经过形态起跌点D的水平线L处。

3．箱形

（1）基本含义：

如图37和图38所示，箱形是一种典型的持续整理形态，股价在两条平行的水平线（又称上限和下限）之间作横向延伸波动，反映多空双方在连续作战中力量对比的“均衡”状态。箱形也称“矩形”，因呈“N”字母状而又得名“N字形”。此外，这里的形态高度，是指箱形的上、下限之间的距离，对于研判突破后股价所能达到的价格目标具有测算意义。

（2）研判要领：

①一般情况下，在箱形形成过程中股票的成交量是逐渐萎缩的。

②确认有效突破，一般以3%（以上限或下限为计算起点）的涨幅或跌幅作为有效突破的确认幅度。

③在箱形结束后出现突破时，向上突破则必须有大的成交量加以确认，向下突破则无此要求。

④当箱形形态完成后，一旦发生突破（向上或者向下），其后股价所能达至的价标——高度或深度，至少会等于箱形的形态高度。

⑤相对而言，在出现突破时，短而宽的箱形较长而窄的箱形更有强度，向上突破将使股价“青云直上”，向下突破将使股价“一泻千里”。

⑥在箱形整理形态进行中，如果股价经常在上限附近收盘的话，则箱形发生突破向上的可能性较大；如果经常在下限附近收盘的话，则箱形发生突破向下的可能性较大。

⑦上、下限之间距离较大（就我国股市国情而论，在理论上这个距离要超过下限股价的2%，一般要达到5%才有意义）的箱形，为实战操作提供了诱人的短线机会。

（3）案例研究：

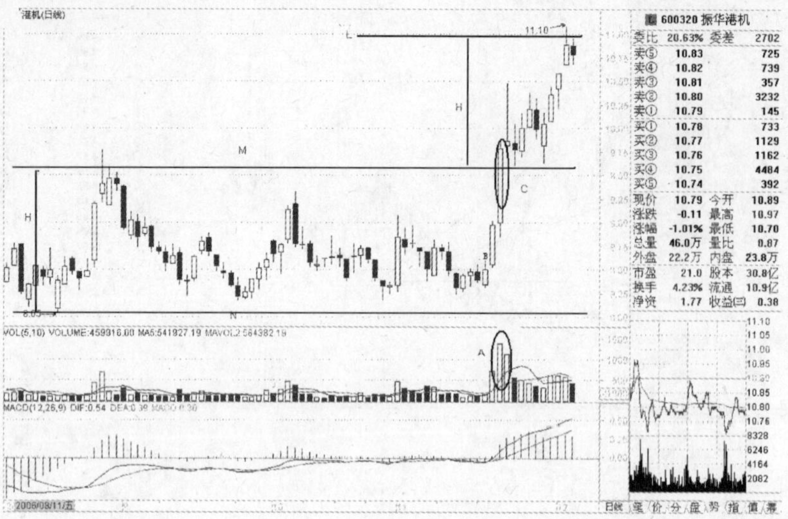

图 37　箱形（向上突破）

注解：从图 37 中可见，2006 年 8 月 10 日到 11 月 21 日，振华港机（600320）股价运动形成箱形，即图中上限 M 线与下限 N 线之间的部分。在该形态中，其形态高度 H 是指上、下限之间的垂直距离。其中，在 B 点（同年 11 月 19 日），该股股价开始放量上涨，并在接下来的两天持续放量大涨，并在 C 点（同年 11 月 21 日）有效突破上限 M 线（此间成交量的变化见图中 A 处）。而且，有效向上突破后，其股价未来的最小上涨空间为箱形的形态高度 H，即至少上升到水平线 L 的位置处。

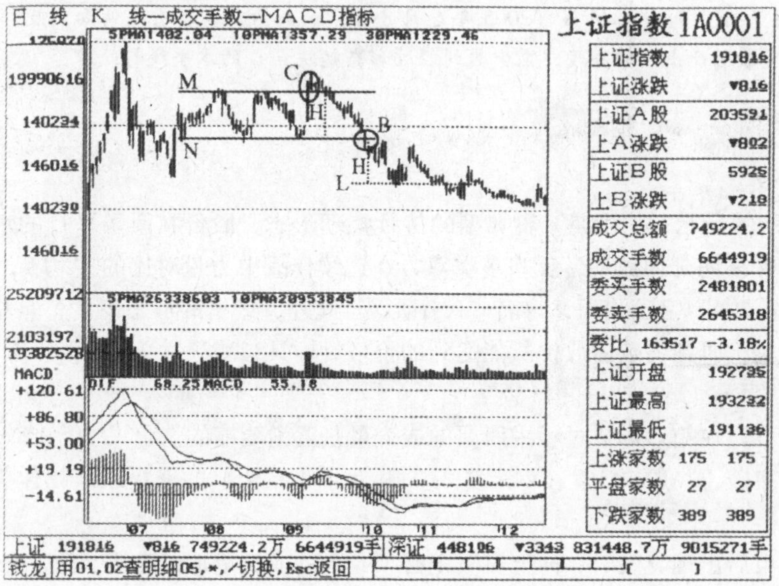

图 38　箱形（向下突破）

注解：从图 38 中可见，2006 年 8 月 28 日到同年 10 月 27 日，胜利股份（000407）运动形成箱形，即图中上限 M 线与下限 N 线之间的部分。在该形态中，其形态高度也是上、下限之间的垂直距离 H。在 A 点（同年 10 月 30 日），胜利股份有效跌破下限 N 线，确认了未来胜利股份运行将呈下降趋势。并且，未来胜利股份下跌的最小深度是箱形的形态高度 H，即至少下跌到水平线 L 处。

4．旗形

（1）基本含义：

如图 39 和图 40 所示，顾名思义，所谓旗形就是指股价运动的图形犹如挂在旗杆上的一面旗帜。从几何学的角度看，旗形应当称为平行四边形，其形状本身就是一个平行四边形。旗形反映多空双方力量对比的悬殊不大，在争斗中使股价波动呈现小幅拉锯般地来回整理，但总有一方优势的略胜一筹，从而使旗形又区分为上升旗形（图 39）和下降旗形（图 40）两种。其中，在上升旗形的整理过程中，多头方力量略微占优，致使股价逐渐小幅上涨，最后空头全力掼压，迅速杀伤多头士气而“制造”一波下跌行情。相反，在下降旗形的整理过程中，则是空头力量略微占优，使得股价小幅下跌，最后多头奋力反攻，一举扭转跌势而发动一轮上涨行情。

（2）研判要领：

①与楔形一样，旗形具有明确的形态方向，即股价的形态方向与原有趋势的方向正好相反。也就是说，上升旗形预示着将来的股价会是下跌的，而下降旗形则预示将来的股价会是上涨的。

②上升旗形一般出现在一轮急速下跌行情之后，下降旗形一般出现在一波快速上涨行情之后。也就是说，一般地，旗形是在一轮急速上涨或下跌行情的中途出现的。

③一般地说，旗形在形成过程中的成交量都是逐渐萎缩的。

④经验表明，旗形持续的时间不宜过长，一般不超过三个交易周。否则，旗形保持原有趋势的有效性就会大大降低。

⑤在旗形发生突破时，不论是突破向上还是突破向下，都必须有大的成交量的确认。否则，该突破将被视为“假突破”。

⑥一般来说，旗形的相邻两边（即平行四边形的两条相邻的边：短边和长边）之边长，呈现正比例的关系。这一点在行情研判意义上具有重要价值，短边代表股价持续波动的大致相同幅度，长边代表股价持续整理的时间长度，股价持续波动幅度越大，则股价持续整理的时间就越长。

（3）案例研究：

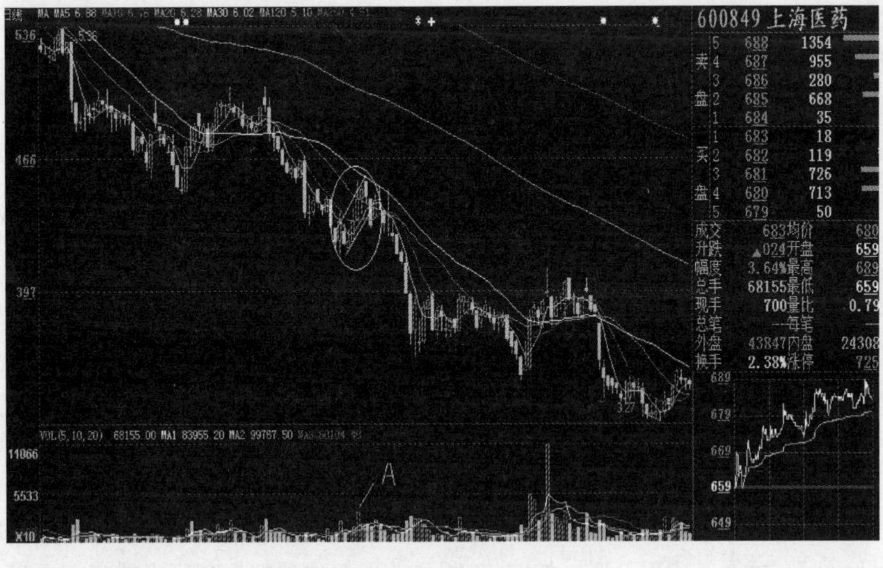

图 39　上升旗形

注解：从图 39 中可见，2005 年 4 月 4 日至同年 4 月 11 日，上海医药（600849）股价运动形成上升旗形，即图中圈内的部分，出现在一轮较强的下降行情之后。图中显示，该形态完成的时间不到两个交易周，持续时间不长。在 A 点成交量突然放大的配合下，其股价有效向下突破下限 N 线，预示着未来股价行情将呈现下降趋势。

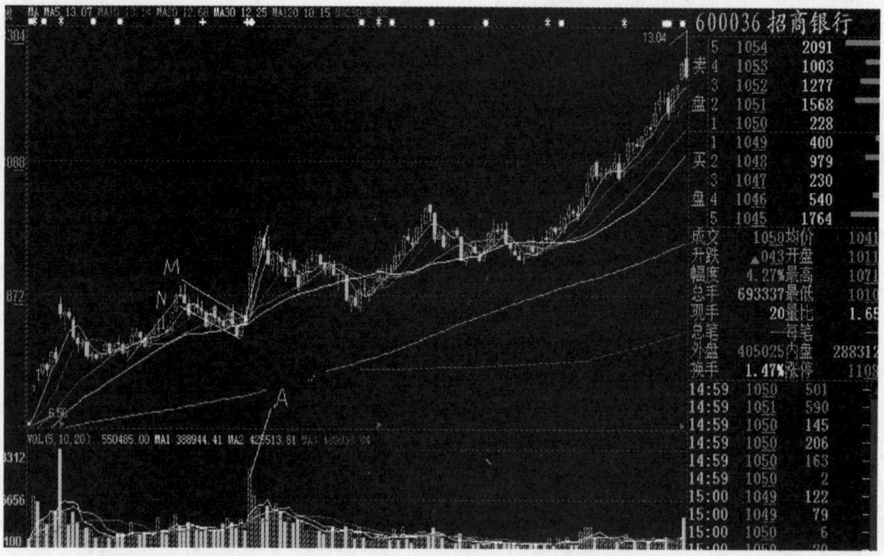

图40　下降旗形

注解：从图40中可见，招商银行（600036）在2006年4月5日至2006年4月26日，正好三周的时间内股价运动呈现下降旗形，即图中M线和N线之间部分，出现在一轮上涨行情之后，通常意味着其形态完成后将会再展升势。图中A点成交量突然放量，其股价向上突破上限M线，从而实现有效向上突破。

（二）反转突破形态

5．双重形

（1）基本含义：

如图41和图42所示，双重形包括两种股价形态——双重顶和双重底，因为它们不但在沿着原有趋势方向上都必须有两个局部的“极值点”（即双重顶的两个局部顶点，双重底的两个局部底点），而且对于未来趋势的研判方法也完全一致，因而统称之为双重形。其中，双重顶是指经过这样一个过程所形成的股价形态：在某一上升趋势过程的末期，股价在成交量放大的基础上上涨达到第一个顶点；之后发生回档，成交量也随之萎缩，股价跌至一定程度后在某一底点企稳；然后继续上涨，但因做多动力不足而使股价仅能冲高至第一个顶点大致等高的第二个顶点处；在空方力量占优的情况下股价再度走低，并迅速跌破此前的最近底点。由此所形成的股价形态，因其形同大写的英文字母“M”而得名“M”头，如图41所示。双重底则正好与双重顶相反，它一般出现在某一下降趋势过程的末期，具有两个局部的最低价位点和一个局部的顶点，在形态上如同大写英文字母“W”而得名“W”底，如图42所示。以双重顶的局部底点或者双重底的局部顶点作一条水平线，即得到一条具有重要研判价值的所谓“颈线”——M线。颈线在双重顶中起着重要的支撑线作用，双重顶反转突破向下必须突破其支撑；在双重底中起着重要的压力线作用，双重底反转突破向上必须突破其压力。此外，还有一个重要的分析高度，即形态高度H，是指双重顶的最高点与颈线之间的垂直距离，或双重底的最低点与颈线之间的垂直距离，它对于反转突破后股价所能达到的价格目标具有重要的测算意义。

（2）研判要领：

①一般地，双重形出现在一轮大涨行情（对于双重顶）或大跌行情（对于双重底）之后，有时也在一轮大涨或大跌行情的中途出现。

②双重顶的两个顶点的位置未必一定等高，双重底的两个底点的位置也未必一定等低。一般地，前者的第二顶点往往较第一顶点高些，但不会超过3%的高度；后者的第二底点常常比第一底点要高些，因市场预期股价将反弹而买盘开始增加。

③双重顶的两个顶点和双重底的两个底点，在形成时间上一般达到一个月左右，有时甚至要两到三个月（太过少于一个月的更短时间，则不能确认双重形）。

④一般地说，双重形的局部顶点和底点之间的百分比幅度要达到7%以上，方能确认双重形的形成。

⑤在双重顶的两个顶点时成交量要明显放大，在双重底的两个底点时成交量要明显萎缩。

⑥在发生反转突破时，在百分比幅度上看，对于双重顶来说要跌破颈线支撑并以超过3%的跌幅收盘，对于双重底而言则要突破颈线压力并以超过3%的涨幅收盘，同时还要有放大的成交量加以确认。

⑦当出现反转突破时，其后股价所能达到的价格目标，自颈线起进行测算，双重顶的股价至少要跌到与形态高度等低的位置，双重底的股价至少要涨到与形态高度等高的位置。

⑧在很多情况下，在双重形发生反转突破颈线后股价会出现短线反抽现象（即股价背离原来方向作反向波动），对于双重顶来说反抽不能高于颈线，对于双重底而言反抽不能低于颈线，否则双重形股价形态会失效。

（3）案例研究：

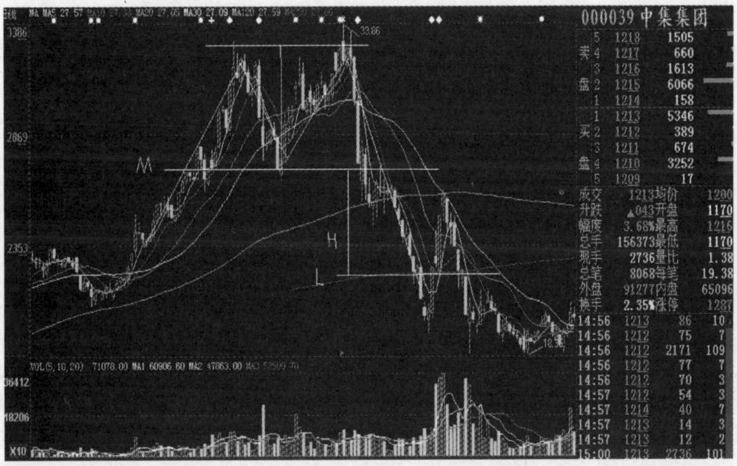

图41　双重顶（“M”头）

注解：从图41中可见，2005年3月14日至2005年4月26日，中集集团（000039）股价运动形成典型的双重顶（“M”头）。其中，经过该形态底点的M线为形态的颈线，最高点与颈线之间的距离H为其形态高度。在B点，其股价有效向下跌破颈线，之后虽有短暂的反弹，但其最小下跌深度仍会与形态高度等长。也就是说，从B点向下，其股价将至少跌倒水平线L的位置处。

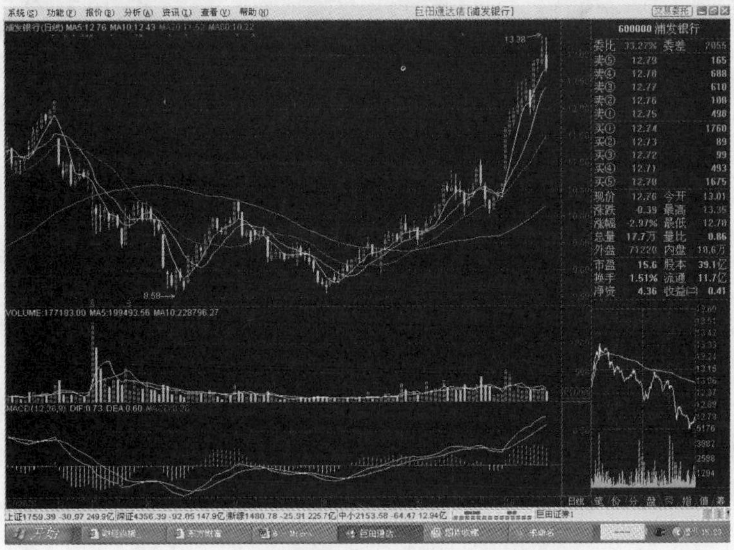

图42　双重底（“W”底）

注解：从图42中可见，2006年2月23日到2006年10月23日，浦发银行（600000）股价运动形成典型的双重底（“W”底）。其中，经过该形态顶点的M线为形态的颈线，形态最低点与颈线之间的距离H为形态高度。在B点，该股以涨停板价格跳空开盘并报收，且成交量极度萎缩，当天即站到颈线上；C点（同年）该股同样以微量和涨停板价格跳空开盘并报收，一举有效向上突破颈线；D点，该股也跳空高开并放出巨量并再次涨停。其后，该股股价至少上涨到水平线L的高度处。

6. 三重形

（1）基本含义：

如图43和图44所示，三重形是由双重形演化而来的。与图41比较可见，三重顶（图43）比双重顶多了一个顶点和一个底点；与图42比较可见，三重底（图44）则较双重底多了一个底点和一个顶点，但三重形比起双重形来说在顶点与顶点之间、底点与底点之间的距离上要大得多。至于颈线（M线）和形态高度H的界定，三重形与双重形是一致的。

（2）研判要领：

①一般地说，三重顶大多出现在一个即将开始的长期下降趋势的顶部，而三重底则大多出现在一个即将出现的长期上升趋势的底部。因此，三重顶形态完成后有效向下突破后，犹如“沙漠之石”，慢慢地被淹没得越来越深，股价走势越来越沉重，整理时间相当之长；而三重底形态结束后正式向上突破后，则有如“厚积薄发”之势，股价走势“直登天堂”，大幅而快速地上涨。

②如同双重形一样，三重形在顶点同顶点之间、底点同底点之间的位置上，并不要求等高或等低，只要大致接近即可，即便在具体股价上也允许存在3%的差距。

③在大多数情况下，就成交量来说，在三重顶形态的第一顶点时要比在后两个顶点时大些，在三重底的第一底点处也要比在后两个底点时大些。

④当在三重顶的第三顶点处成交量明显萎缩时，则预示着股价将会反转向下，呈现下降趋势；当在三重底的第三底点之后成交量逐渐放大时，则预示着股价已经反转向上，呈现上升趋势。

⑤当发生反转突破时，用百分比幅度对突破有效性的确认和其后股价所能达至的价标，研判原则同双重形研判要领之⑥和之⑦。

（3）案例研究：

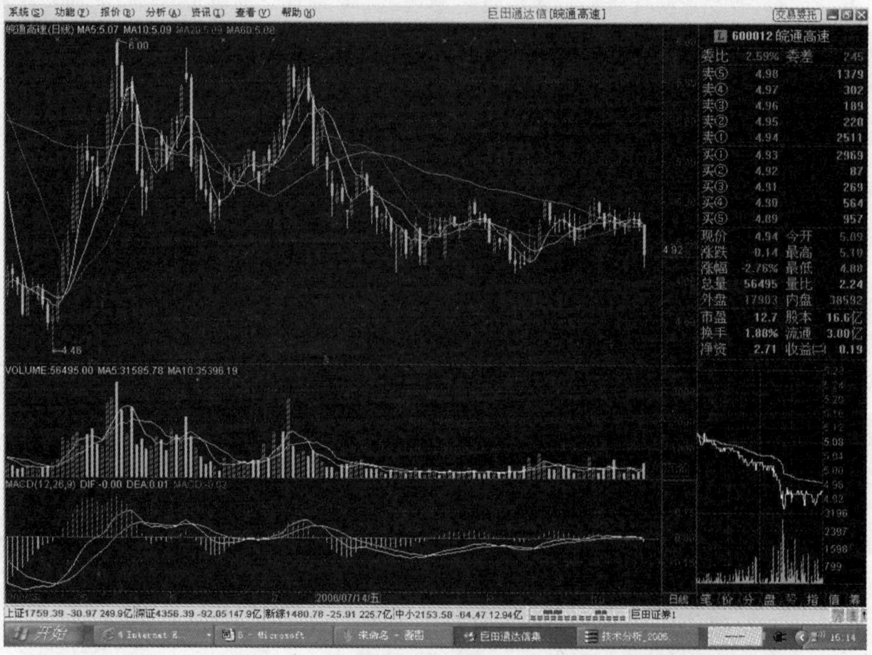

图43　三重顶

注解：从图43中可见，2006年4月20日到2006年8月14日，皖通高速（600012）股价运动形成三重顶。实际上，自4月20日到8月14日，其股价运动形成扩大形态的三重顶。其中，经过两个底点的连线M

线即为该形态的颈线，而形态高度则是形态的最高点与颈线之间的垂直距离 H。在 B 点，股价向下有效跌破颈线，但很快受到支撑，经过数日反弹后再次下跌，并在 C 点跳空低开有效跌破颈线 M，确认了未来股价下跌的趋势。从图 43 中看出，三重顶形态有效向下跌破颈线后的破坏力是相当大的。

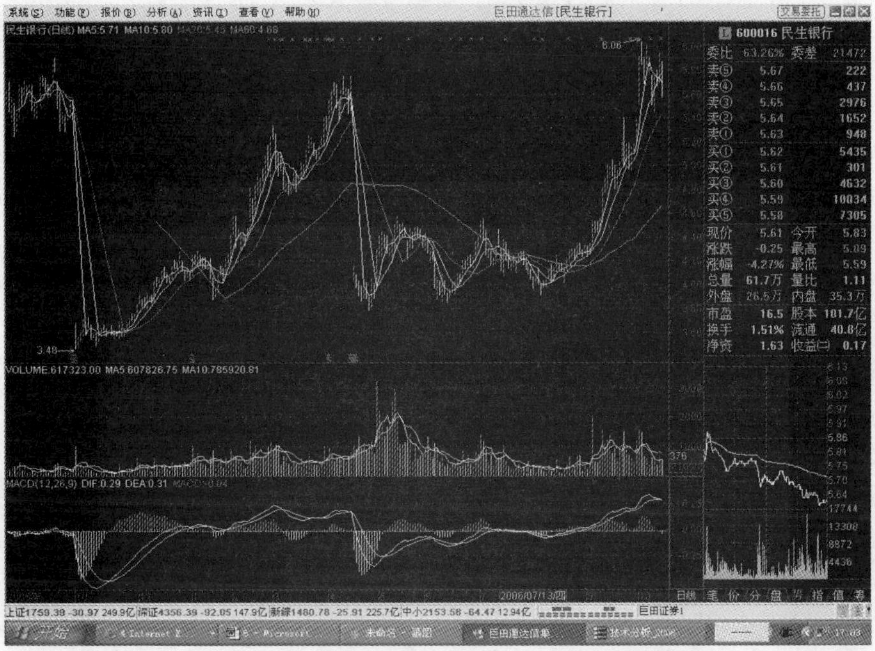

图 44 三重底

注解：从图 44 中可以看出，民生银行（600016）从 2006 年 4 月 14 日到 2006 年 8 月 14 日之间，股价运动形成典型的三重底。其中，经过两个颈点的连线 M 线是该形态的颈线，而形态的最低点与颈线之间的垂直距离是其形态高度 H。在图中 B 处，2006 年 9 月 5 日其股价向上突破颈线，尽管有大的成交量，但收盘价并未有效突破颈线；经过一天的缩量调整（9 月 6 日），9 月 11 日其股价在显著放大的成交量配合下有效突破颈线，而且突破后股价上涨的最小高度应该就是 H。

7．头肩形

（1）基本含义：

如图 45 和图 46 所示，“望文”亦可“生义”，所谓头肩形就是在某一时期内的股价形态中出现了三个顶点（或底点）和两个底点（或两个顶点），其中中间的顶点（或底点）的位置比其他两个顶点（或底点）的位置都要更高些（或更低些），相对的最高顶点（或最低底点）称之为“头”，位置较低（或较高）的两个顶点（或底点）则称之为“肩”（即左肩和右肩），因而股价形态由此得名“头肩形”（对应地，分为头肩顶——图 45 和头肩底——图 46）。头肩形是股市实战中最常见到的一种股价形态，也是最著名和最可靠的一种反转突破形态。至于头肩形的颈线和形态高度的界定，与三重形类似。颈线（M 线）是指头肩顶的两个底点之间的连线——支撑线、头肩底的两个顶点之间的连线——压力线。形态高度是指头肩顶的相对最高顶点至颈线之间的距离、头肩底的相对最低底点同颈线之间的距离。

（2）研判要领：

①头肩形是一个长期趋势的反转突破形态，头肩顶往往是在一轮长期上涨行情的末期出现的，头肩底则常常在一波长期下跌行情的末尾出现。

②一般情况下，当某一波段的顶点比前一波段和后一波段的顶点都更高些，但这三个波段行情的成交量渐次减少时，则极其可能会形成头肩顶形态；当某一波段的底点比前一波段和后一波段的底点都低些，但这三个波段行情的成交量渐次减少时，则极其可能会形成头肩底形态。然而，这里的“成交量逐渐减少”的特征不是绝对的，只是一个充分但并非必要的条件。也就是说，在

出现成交量渐次较少时，则可判断出“极有可能是头肩形”的结论，但是当成交量不是渐次减少时，则未必就不能得出前述结论。

③一般地说，头肩顶的左、右肩的位置大致等高，有时因在右肩附近时市场看跌者较多而使左肩比右肩高些；头肩底的左、右肩的位置也大致等高，有时因在右肩附近时看涨者较多右肩比左肩要高些。

④相对而言，头肩顶形成的时间较短，头肩底形成的时间较长，因而在形状上，头肩顶的顶部比较尖锐，而头肩底的底部则比较圆滑。

⑤在头肩形发生反转突破时，头肩底突破向上必须要有放大的成交量加以确认；头肩顶突破向下则无此要求，只不过放量时会增强突破向下的力度而已。

⑥如果发生反转突破，在头肩顶形态中股价跌至颈线突破点以下超过3%收盘时，在头肩底形态中股价涨到颈线突破点以上超过3%收盘时，标志着头肩顶或头肩底形态完成，确认其为有效突破。

⑦当发生反转突破时，其后股价所能达到的价格目标，从颈线上的突破点算起，至少要涨到（对于头肩底）或跌到（对于头肩顶）与形态高度相等的距离。

⑧由于头肩形是一种长期趋势的反转突破形态，所以一旦头肩形发生有效突破，则意味着整个大趋势的反转，即正式宣告一个长期趋势“寿终正寝”，另一个反向的长期趋势“粉墨登场”！

至于复合头肩形，它只不过是上述头肩形的变形体。与头肩形相比，复合头肩形在头部或/和肩部同时出现两个或以上的头或/和左、右肩，因此在“形式”上显得比较复杂，但在“内容”上基本与头肩形一致。所以，在此我们就不累赘了，只要朋友们理解了头肩顶的研判要领，“举一反二”吧，也是完全可以搞定复合头肩形的！

（3）案例研究：

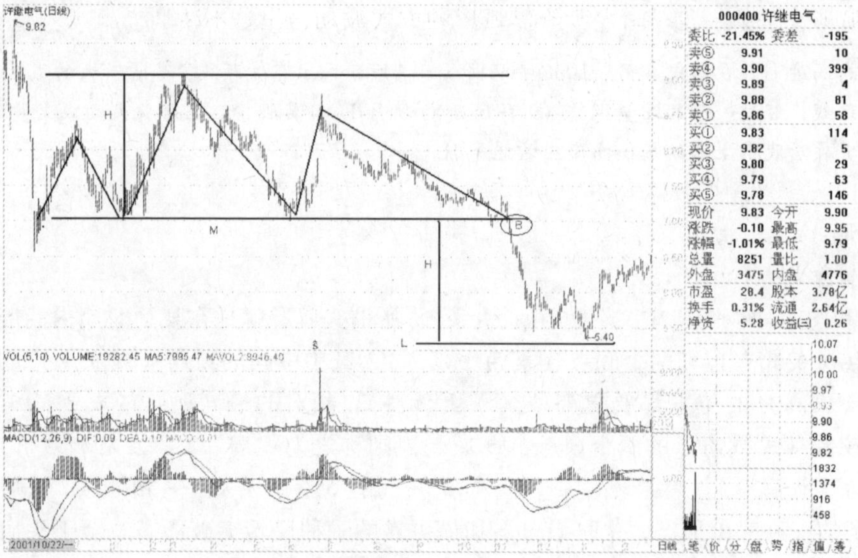

图45　头肩顶

注解：从图45中可见，2001年11月8日到2002年11月11日，许继电气（000400）股价运动形成典型的头肩顶。其中，两个底点之间的连线构成头肩项的颈线（M线），而头部的最高点与颈线之间的垂直距离H为其形态高度，显然，从图中可见，在B点（2002年11月11日），股价向下有效跌破颈线（M线），其后下跌的最小深度为H。也就是说，其股价有效向下突破后至少要跌到水平线L处。

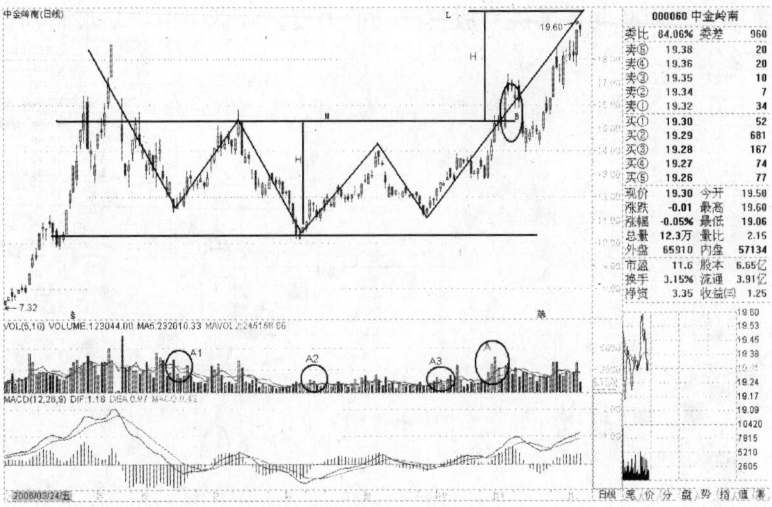

图 46 头肩底

注解：从图 46 中可见，2006 年 5 月 24 日到同年 10 月 31 日，中金岭南（000060）股价运动形成典型的头肩底。在该形态中，左肩、头部和右肩的成交量依此较小（见图中 A1、A2、A3 处所示）。预示着头肩底形态极可能形成。其中，该形态两个顶点之间的连线构成头肩顶的颈线（M 线），而头部的最低点与颈线之间的垂直距离 H 为其形态高度。在 B 点（2006 年 11 月 6 日），伴随着明显增加的成交量（图中 A 处），股价向上有效突破颈线（M 线），其后上涨的最小高度为 H，即其股价将至少上涨到水平线 L 的位置。

8. 圆弧形

（1）基本含义：

所谓圆弧形，是指一段时间内股价以弧形的方式波动，先是不断创出新高（或新低），在达至某一最高顶点（或最低底点）后，股价波动方向发生改变，开始逐渐盘低（走高），由此而来股价运动的轨迹呈“圆弧状”，我们将这种股价形态称为“圆弧形”。这种股价形态的出现，主要是在多空双方力量对比并不明显、股价争夺缓慢展开而优势逐渐转换的过程中。圆弧形也称为圆形、碗形等，包括圆弧顶和圆弧底。至于颈线（M 线）和形态高度的界定，如图 47——圆弧底形态所示，M 线为其颈线，H 为其形态高度。

（2）研判要领：

①一般来说，不管是圆弧顶还是圆弧底，在其形成过程中，成交量的变化都近似“哑铃状”，中间小，两头大。越是靠近最高顶点或最低底点，成交量越是萎缩，不过有时在圆弧底的底点附近可能出现大的成交量（多为市场主力的吸筹行为），但很快就会恢复正常。此外，圆弧顶的成交量变化在不少情况下还表现出不规则性，平均成交量较平时大得多。

②圆弧形的形成在很大程度上是一些机构投资者炒作股票的产物。在炒作过程中，机构投资者往往使用“拉锯战”策略，在低价区域分批逐渐建仓而刻意“画出”圆弧底，在高价区域分批逐渐出货而故意“制造”圆弧顶。

③圆弧形发生反转突破后股价所能达到的价标，从颈线突破点算起，最小幅度与圆弧形的形态高度等距，一般都会超过形态高度的距离。

④圆弧顶在发生反转突破时成交量放大与否并不重要，但在圆弧底出现反转突破时就必须伴随有成交量的放大。

⑤从圆弧形完成所需的时间可以研判反转突破后股价运动的力度：时间越长，圆弧顶向下有效突破后的股价将会下跌得更加惨烈，圆弧底向上有效突破后的股价将会上涨得更加迅猛；反之亦然。

⑥在圆弧形形成过程的末期，股价有时会出现倾斜的或水平的平台整理走势，这种股价形态又称为碟形。在本质上，碟形是圆弧形的变体。因此，碟形的研判要领基本与圆弧形一致。不过，

由于碟形的平台整理过程而减弱了突破后股价波动的力度，降低了突破后股价所能达至的价标。

（3）案例研究：

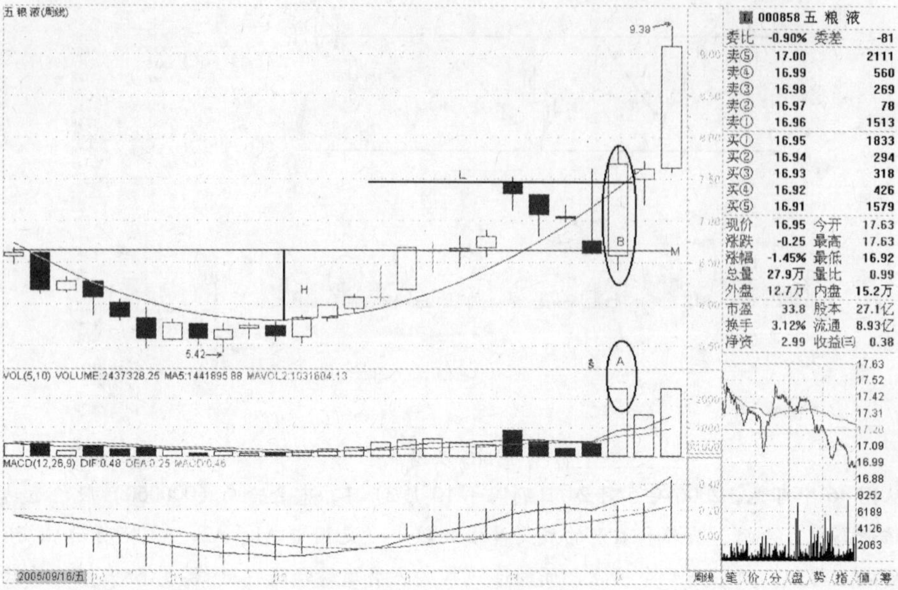

图 47　圆弧形（圆弧底）

注解：从图 47 中可见，2005 年 9 月 16 日到 2006 年 4 月 7 日（周 K 线图），五粮液（000858）周股价运动在大半年时间内形成圆弧底形态。其中，M 线为该形态的颈线，形态的最低点与颈线之间的垂直距离 H 为其形态高度。在 B 点（2006 年 4 月 3 日到 7 日这一周），其股价伴随成交量的放大（图中 A 处）向上有效突破颈线 M，从该形态构成时间很长可知有效突破后的上涨行情将是非常强劲的。此后，其股计上涨的最小高度为 H 即至少会上升到水干线 L 的位置处。

9. 喇叭形

（1）基本含义：

如图 48 所示，这是一种以三角形的变体形式出现的反转突破形态，股价波动的幅度越来越大，形成逐渐走高的三个顶点和逐渐盘低的两个底点，顶点连线（上限）与底点连线（下限）所构成的股价形态呈喇叭状。喇叭形的上限和下限，朝着向左的方向延伸必定相交，表现为三角形，因而也称之为“倒转的三角形”，乃三角形的变形体；沿着从左至右的方向，既不平行，也不收敛，而是发散开来，即上限与下限之间的距离逐渐扩大开来，因而也称之为“扩大形”。由于喇叭形表现为扩大形态，所以它不具有形态高度概念，也没有颈线。

（2）研判要领：

①喇叭形大多出现在股价的相对高位区域，一般都是预示未来股价将呈跌势。因此，在此意义上讲，喇叭形是一种顶部反转突破形态。

②喇叭形的形成，一般是以三个顶点和两个底点为标志的，当股价第三次跌至下限时大多意味着股价形态的完成和突破向下的开端。

③在喇叭形的形成过程中，随着扩大形态的延伸，成交量的变化没有规律可言，具有不规则性，反映出股票的交投非常活跃，股民情绪波动很大，也暗示着“黄昏后的黑夜”将至。

④喇叭形发生反转突破后，股价几乎都会出现强有力的反抽走势。但是，如果反抽的高度没有达到最近下跌幅度的50%时，股价的下跌趋势将会保持不变。

⑤偶尔，喇叭形可能发生突破向上的情形，尤其是在股价突破上限并以超过上限突破点 3% 的升幅收盘时。此时，喇叭形极其可能不成立，因为这一突破意味着打开了股价继续上涨的较大空间。

（3）案例研究：

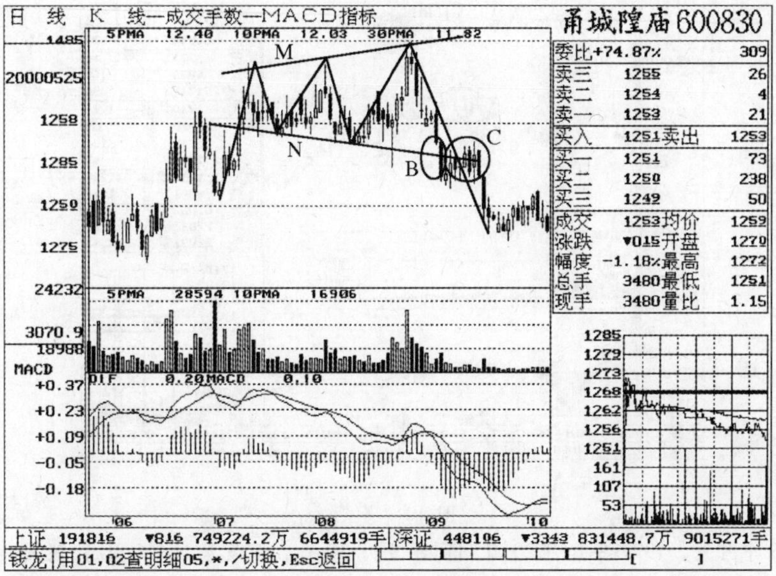

图 48 喇叭形

注解：从图 48 中可见，2000 年 7 月 10 日到同年 9 月 6 日，甬城皇庙（600830）股价运动形成喇叭形，即图中上限 M 线与下限 N 线之间的部分所示。该图中显示，此形态具有比较明显的三个顶点和两个底点，出现在股价的相对高档，而且其成交量极其不规则，表明市场投机气氛较浓，预示着将会发生反转向下的行情。在 B 点（此年 9 月 6 日），股价正式地有效向下跌破形态的下限 N 线，尽管随后几天发生了小幅、持续的反弹（即图中 C 处，应当视为主力的诱多行为），但并不会改变反转向下运行的趋势。

10．菱形

（1）基本含义：

如图 49 所示，在这种股价形态中，左半部分如同喇叭形，而右半部分如同对称三角形，左右两部分合在一起的形状类似于几何学意义上的菱形，因而称之为“菱形”形态。加之它像一颗钻石形状一样，因而菱形也叫钻石形。由于由反转的三角形和对称三角形合并而成，因此菱形具有颈线和形态高度。其中，菱形的颈线呈角度较大的 V 字形，由菱形的两条下边组成；其形态高度则是菱形的上下最宽处的高度。

（2）研判要领：

①菱形大多出现在中期下跌趋势的底部，或者出现在大的成交量的相对高位区域（或者说顶部）。在此意义上讲，它是一种顶部反转突破的形态。

②在观察菱形时，并不要求上面或下面的两条趋势线相交时正好是一个顶点或底点，对于相交位置无需作出要求。

③在菱形的左右两部分中，左边喇叭形之后的趋势应是下降的，而右边对称三角形具有保持原有趋势的性质而有阻止股价下跌的作用，但在总体上菱形之后的趋势是反转向下的。

④在菱形的形成过程中，随着股价变化成交量的变化呈现规律性，即在左半部分先是越来越大，尔后逐渐减小，直到右半部分是越来越小。

⑤当菱形发生股价反转突破时，股价下跌的价格目标是，至少与菱形的形态高度的距离相等。

⑥如果菱形发生反转突破向下，那么其有效性的确认原则为：股价在跌破颈线后，收盘价格至少低于颈线突破点股价的 3%。

（3）案例研究：

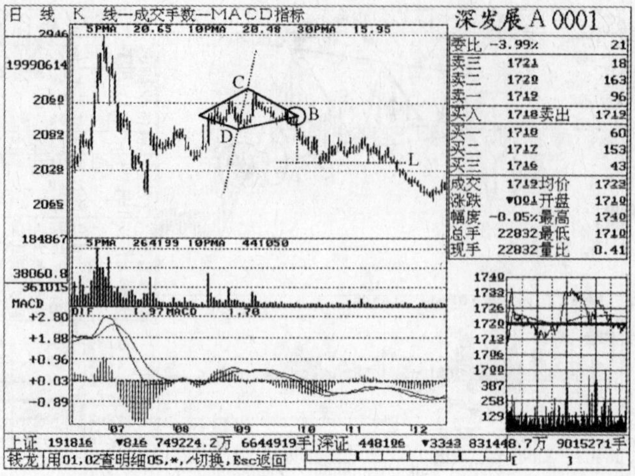

图49 菱形

注解：从图49中可见，1999年8月20日到同年9月30日，深发展A（0001）股价运动形成菱形。其中，以D点为交点的两条下边构成形态的“V”形颈线，形态上下两个最远点之间的连接线段CD成为形态高度。在B点（此年9月30日），其股价向下有效突破颈线的右部分，其后下跌的最小深度是CD长度，即将至少下跌到水平线L的位置处。

11．V字形

（1）基本含义：

如图50所示，V字形是一种在一定时期内股价急剧下跌而后又直线上涨所形成的反转形态。它经常出现在市场发生剧烈波动的情形中，反映多空双方力量对比的快速转换性质，在一段时间空方以绝对性优势大幅掼压股价，接着多方一举扭转乾坤而以压倒性优势大幅拉升股价。对应地，还有一种倒V字形的股价形态，同V字形正好相反，如图51所示。此外，在股价的下跌或上涨的中途，有时会出现一个平台整理区域，由此形成V字形的变形体——V形扩展形态。

（2）研判要领：

①V字形是一种失控的反转突破形态，往往同有关市场或个股的突发性消息的出现密切相关。在我国股市发展初期，股票指数和个别股票都出现过这种股价形态。

②V字形只有一个底点，倒V字形也只有一个顶点。

③在V（或倒V）字形的形成过程中，其顶点（或底点）的成交量一般不会有异常的放大。但是，有时因消息灵通人士的提前交易行为而会使成交量明显放大。而且，如果成交量放大，并且其程度越高，则表明股价反转突破的力度越大。

④在V字形的形成过程中，如果在底点发生反转突破时成交量特别大，则股价突破向上的幅度一般不会太大，即股价不会上涨得太高。

⑤在倒V字形的形成过程中，如果在顶点发生反转突破时成交量特别大，则股价突破向下的幅度一般也不会太大，即股价不至于下跌得过低。

（3）案例研究：

图 50 V 字形

注解：从图 50 可以看出，2006 年 6 月 1 日到 7 月 4 日，上证指数运行形成典型 V 字形。其中，颈线为经过形态起跌点的水平线 M 线，而形态高度则是形态反转点——C 点与颈线之间的垂直距离 H。从图中可看出，其形态反转点 C 处的成交量比较小（图中 D 点）。显然，该形态中股价反转向上至少会涨到颈线 M 的高度处，即图中 B 点。也正是在 B 点，伴随着明显放大的成交量（图中 A 处），价格有效地向上突破颈线。

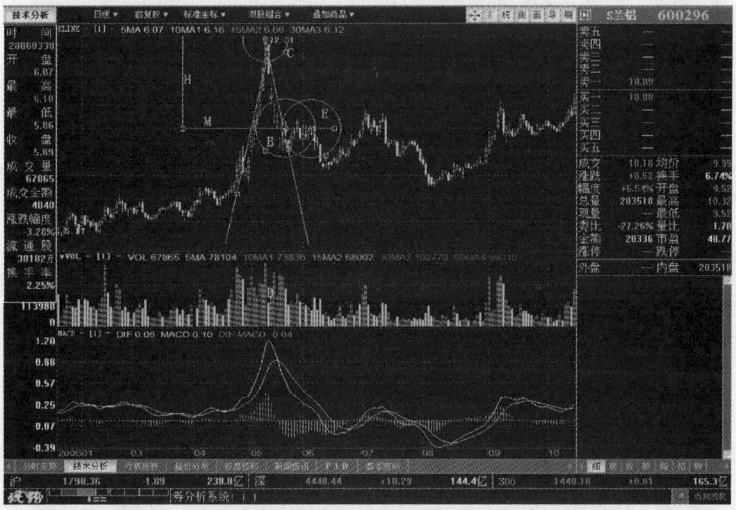

图 51 倒 V 字形

注解：图中可见，2006 年 5 月 8 日至 5 月 24 日，600296 股价运动形成倒 V 字形。其中，经过形态起涨点的水平线 M 构成形态的颈线，而形态的高度则是形态的反转点——C 点与颈线之间的垂直距离 H，而且形态反转点处的成交量非常小，图中 D 处。显然，在该形态中其股价反转向下至少会跌至颈线 M 的位置处，即图中 B 点。然后其股价跳空低开，最终有效跌破瓶颈线 M，尽管此后出现暂时反弹，图中 M 处，但均受到颈线压力而下降。

12. 潜伏形

（1）基本含义：

如图 52 和图 53 所示，股价在一个非常小的幅度内持续波动，构筑成一个长长的整理平台，在某天的突发性消息或盘面刺激下股价一举突破平台而出现大幅上涨或下跌，这样的股价形态称为“潜伏形”。根据反转突破的方向是向上的还是向下的，它分为潜伏顶（图 52）和潜伏底（图 53）两种。至于潜伏形的颈线，是指一个较窄的平面区域，即股价的持续整理平台。此外，因不涉及到突破后上涨或下跌幅度的预测，潜伏形没有形态高度概念。

（2）研判要领：

①潜伏形大多数出现在股市低迷时期，或者出现在一些浮筹较少的冷门股票、小盘股票、绩优投资型股票之中。

②在潜伏形的形成过程中，成交量呈现出特有的规律性，即不但成交量小，而且比较稳定。

③一般地，在发生反转突破之前，潜伏形进行平台整理所需持续的时间至少一个月，有时甚至长达数月之久。

④在股价形态完成后，潜伏底发生反转突破向上时的成交量必须放大，并且需持续放大达三天以上，方可确认这一突破的有效性。但是，如果突破当天即以涨停板开盘并一直封盘，则无需成交量放大来确认。

⑤在股价形态完成后，潜伏顶发生反转突破向下时就必须有成交量的放大来加以确认，但无需持续放大三天的时间来确认。

（3）案例研究：

图 52　潜伏顶

注解：图中可见，2005 年 4 月 22 至 6 月 29 日，000009 股价运动在两个月时间内形成潜伏顶。该形态的颈线是以 M 为下限的整个平台区域，其不具有形态高度。在 B 点 6 月 29 日，股价正式而有效地向下跌破颈线，实现向下突破，行情开始沿着下降趋势运行。显然，在 B 点之前的几天有向上的突破，应当视为主力的诱多行为。

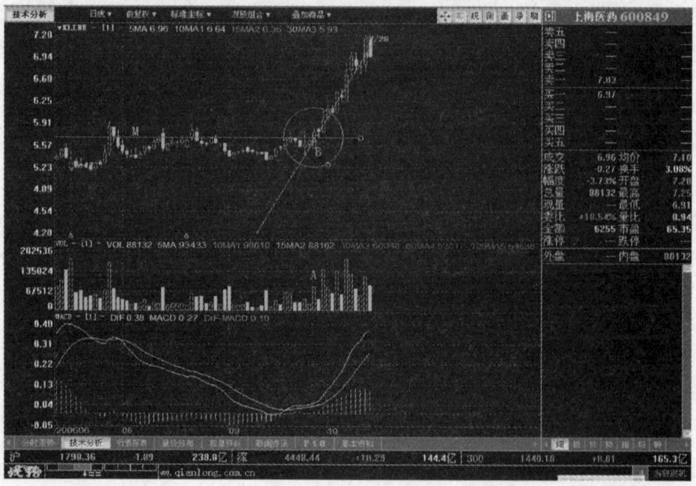

图 53　潜伏底

注解：从图中可以看出，2006 年 7 月 17 至 9 月 27 日，600849 股价在两个月内形成潜伏底。该形态以 M 线为上限的整个平台区域构成颈线，也没有形态高度。在 B 点 9 月 27 日，伴随显著放大的成交量，图中 A 处，其股价向上有效突破颈线，确认正式突破潜伏底形态，从而开始了势头强劲的上涨行情。

第三节　切线理论

切线理论是一种较为重要的技术分析理论，目前已经成为股市中技术分析派指导实战操作的必备“武器”。它是按照一定的方法和原则在股票价格的运动轨迹图（如流行于亚洲的K线图、畅行于欧美的棒线图）中画出一些直线，并根据这些直线来预测和研判股价运行的未来趋势。这些直线是一些顶点或底点的连线，或是以一定的相对高度或角度画出来的，在证券术语上称为“切线”，因而这一理论得名为切线理论。

在切线理论中，切线的作用主要是在股价运行过程中起支撑和压力的作用，即充当支撑线和压力线。支撑线和压力线对于股价运行趋势起着一定的制约作用。一般地，股价在向上涨到压力线附近时就会掉头下跌，在下跌至支撑线附近时就会掉头反弹。但是，股价也经常在上涨达到压力线后继续向上，或者在下跌到支撑线后继续向下。此时，这种股价触及切线后继续保持原有趋势的现象，在证券术语上称为“突破”。股价的突破，在技术分析中改变了切线的具体意义，或将原来的压力线变成新的支撑线，或将原来的支撑线变为新的压力线。可见，切线的确定是至关重要的，它直接关系到对股价未来趋势的预测是否可靠和有效。

自切线理论产生以来，证券界的理论专家和市场人士发明了很多种切线及其具体画法。其中，具有基础意义的是趋势线、支撑线和压力线，而目前运用非常广泛的还有轨道线、黄金分割线、百分比线，以及扇形线和速度线等等。为了透彻地理解切线理论和掌握各种重要切线的分析精髓，我们必须从趋势的基础知识抓起。

一、趋势基础

所谓趋势，简而言之，就是股票市场价格运动的方向。趋势概念，在技术分析中具有核心意义。在讨论技术分析的理论基础时，我们就提到其“三大假设”，其中假设B——“价格沿着趋势运动”明确说明股价运动是有趋势的。股价运动的趋势性质是进行技术分析的根本所在。趋势的产生，根源于在一定时期内多空双方力量对比的总体强弱状况。大家知道，不论在每天的日常波动中，还是在日K线图、周K线图、月K线图中，股价的运动轨迹都是曲折蜿蜒的，不是一条直线，有股价高点形成的峰，也有股价低点形成的谷。这些峰和谷的相对高度决定股价运动的方向，反映市场运行的趋势。而趋势的曲线性质，反映出在短时间内多空双方力量对比的相对优势的转换，但曲线性质并不影响一定时期内趋势的方向性。

既然反映一种方向的趋势不是一条直线，那么，在以成交量为横轴、以股价为纵轴、以（0，0）为圆点的K线图平面上，它就应当有且只能有三个方向可供选择。也就是说，在空间概念上，趋势具有三种方向，即上升方向、下降方向和水平方向，如图54所示。

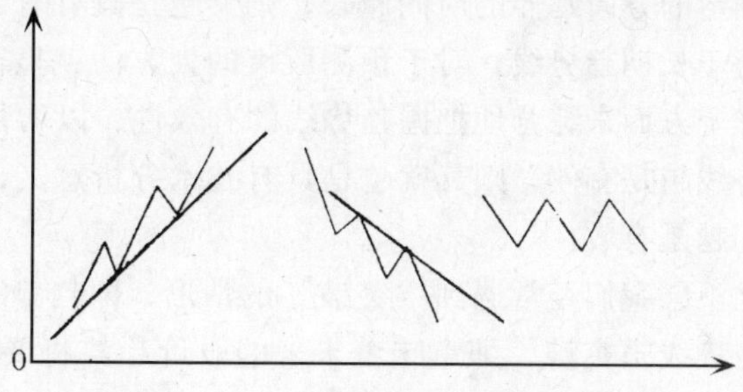

图54　趋势的方向

其中，上升方向是指，在股价K线图上每个峰和谷的位置都对应地比前面相邻的峰和谷的位置高所形成的趋势，也即上升趋势。上升趋势反映出多方较空方而言在一定时期内的总体优势地位。下降方向是指，在股价K线图上每个峰和谷的位置都对应地比前面相邻的峰和谷的位置低所形成的趋势，也即下降趋势。下降趋势反映出空方与多方相比在一定时期内总体上占据优势地位。水平方向是指，在股价K线图上前后的峰和峰、谷与谷之间没有明显的高低之分，几乎在水平方向进行延伸所形成的趋势，也称无趋势。无趋势则反映出多空双方在一定时期内力量对比的相对均衡状况。

现在，我们知道了在空间上股价趋势的三种方向，但是还要看在多长的时间上来讲趋势概念。显然，在一般意义上，股市的时间概念可以界定为三种，即短期、中期和长期。因此，在时间上，股价趋势就可以划分为三类：短期趋势、中期趋势和长期趋势。趋势具有的这三种类型，在本篇的道氏原理中已有详细讨论，这里不再重复。值得指出的是，这三种类型的趋势的最大区别在于时间的长短，也包括波动幅度的大小。而且，在进行技术分析时，必须在一定的时间范畴下进行趋势的研判，方能得出正确的市场结论。比如说，前面提到的问题的研判结论：短期趋势的方向是向下的，即短期下降趋势。

二、趋势线

尽管趋势是曲折蜿蜒的，但趋势的方向在K线图上表现为一条连接股价的峰与峰或谷与谷的直线，我们称之为趋势线。对应地，根据上面提及的趋势方向和类型，趋势线可以分为：上升趋势线和下降趋势线，或者短期趋势线、中期趋势线和长期趋势线等等。

趋势线代表股价波动的方向，根据其方向可以研判股价运动的趋势。在上升趋势中，连接股价的谷与谷所得的直线即为上升趋势线；在下降趋势中，连接股价的峰与峰所得的直线即为下降趋势线，如图54所示。显然，从图54中可见，上升趋势线位于一个上涨行情波段中股价的下方，对股价的波动起着支撑作用，而下降趋势线位于一个下跌行情波段中股价的上方，对股价的波动起着压制作用。

在股市实战中，要画出一条趋势线是很容易的，但是要使它能够有效地指导我们对行情的研判，则需要对其加以验证。验证一条趋势线的有效性，必须从方向、频率和时间三个方面来进行全面分析。首先，从方向上来看，必须确认趋势的存在，即股价波动的确具有方向性，也就是说，在验证上升趋势线时，需要找出两个依次上升的股价之谷，两个谷之间的连线是向上的；在验证下降趋势线时，则需要找出两个依次下降的股价之峰，两个峰之间的连线是向下的。其次，从频率上来讲，必须确认趋势线至少被触及过三次或以上，才能说明趋势线是有效的。这同几何学的观点有所不同，在几何学上两点可以确定一条有方向的直线。但是，在股市上，一条趋势线在股价波动中被触及的次数必须达到三次以上，才能验证趋势线的有效性。一般地，触及频率越高，趋势线的有效性越是被确认，则该趋势线对于研判行情就越是具有指导价值。最后，从时间上来说，一条趋势线沿着一个确定的方向延伸的时间越长，则其越是具有有效性。此时，这条趋势线可能演变成为一条中期甚至于长期趋势线，对于预测股市的大方向就显得更加重要了。总之，在实际运用中，必须从上述三个方面来综合地把握趋势线的有效性，以增强行情研判的准确性和有效性。一般地说，一条趋势线越是有效，则其就越是具有技术分析意义，它对股价波动所起的支撑或压力作用就越是准确、越是有效。

在一条有效的趋势线之下，我们经常遇到“突破”的情形，即趋势线遭到突破，行情发生反转（见图55）。一般地，趋势线被突破，即意味着未来的股价趋势将要反转：趋势线越是有效，则发生反转的信号越是强烈；反转的发生将引起趋势线作用的改变——原有上升趋势线将起压力作用，原有下降趋势线将起支撑作用。进一步地，同以前我们谈到的突破一样，趋势线的突破，也必须确认其有效性。

趋势线突破的有效性，可以从价格波动的百分比幅度和成交量的放大与否两个方面来加以确

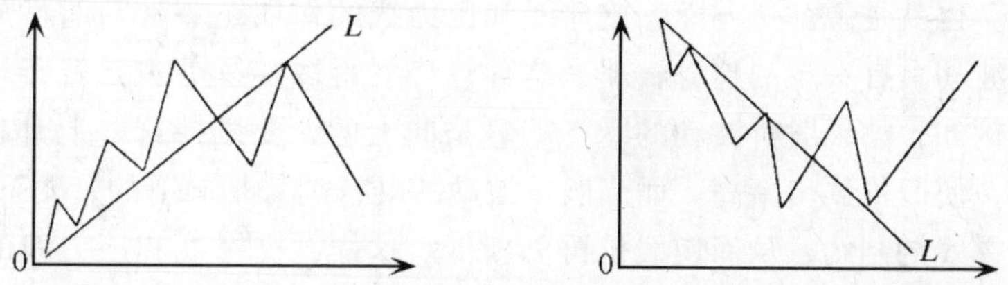

图 55 趋势线的突破

认。其一，就百分比幅度来说，必须达到超过趋势线突破点 3% 的幅度，一般能够达到 2% 并持续两个交易日即可。其二，从成交量上来看，股价突破下降趋势线而向上时，必须有放大的成交量来加以确认，即使突破当天成交量没有大增，只要次日能够维持强势加以“补量”上涨，也可加以确认；股价突破上升趋势线而向下时，对成交量的变化不作要求。否则，没有上述两个方面确认的所谓突破，只能视为骗线的“假突破”，对此要加以警惕。

在前面我们一再提到，趋势线的作用在于对股价波动的支撑或压力。用股市行话来说，这种对股价波动起支撑作用的趋势线又叫支撑线，而对股价波动起压力作用的趋势线也叫压力线。支撑线和压力线，在股市行情的预测和研判中具有极其重要的技术意义，这正是我们在下面将要展开的话题。

三、支撑线与压力线

1. 概念与作用

经常看盘的朋友都知道，当股价跌到某一较低的价位时，随即出现较强的买盘，股价停止下跌，有时还会出现反弹；当股价涨到某一较高的价位时，马上会出现较大的卖单，股价随即停止上涨，或者转而下探。实际上，在一个行情波段中，一系列的股价之谷的连线，就是所谓的支撑线，而一系列的股价之峰的连线，就是所谓的压力线。支撑线代表多头对空头掼压股价的抵抗，起着阻止股价继续下跌的作用，因而又叫抵抗线。而压力线则代表空头对多头拉抬股价的阻止，因而又叫阻力线（见图 56）。

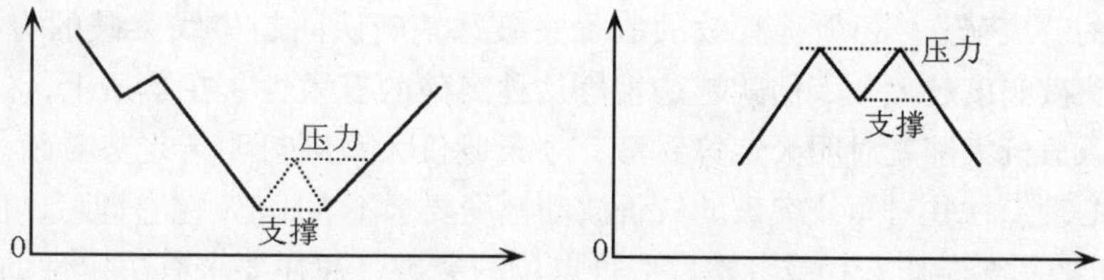

图 56 支撑线与压力线

显然，我们在趋势线部分所提到过的上升趋势线和下降趋势线，对应地，只是一种支撑线和压力线而已。有一点要注意，就是不要将支撑线简单地看作只在下跌行情中存在，也不要将压力线仅仅视为上涨行情的独有。事实上，在下跌行情中固然存在支撑线，然而在上涨行情里也有支撑线，在上涨行情中虽有压力线，但在下跌行情中同样有压力线。只是因为人们在下跌（或上涨）行情中更关注的是股价将跌（或涨）到什么价格位置，更希望股价在下跌（或上涨）到一定价格时就可能获得支撑（或遭到压力），所以就更加关注支撑线（或压力线）罢了。而在上涨（或下跌）行情里，股价也有回档（或反弹）的时候，往往在这种回档（或反弹）时股价就会在一定价位处寻求支撑（遭遇阻力），自然就可画出支撑线（或压力线）了。

支撑线和压力线具有非常重要的技术意义。前面已有提及，支撑线和压力线对于股价波动起着制约作用（支撑作用或者压力作用），阻止股价沿着眼下正在进行的方向继续运动下去。究竟怎样理解这一作用呢？对于支撑线和压力线的作用的完整理解，既要认识到它们的暂时性，又要看到它们的彻底性。也就是说，一方面，支撑线和压力线的作用是一种暂时性质的制约作用。这是因为，既然股价波动具有一定的趋势，那么这种趋势要得以继续下去，就必须突破阻止该趋势继续前进的障碍。例如，如果股价波动的既有趋势是向上的，要维持这一上升趋势，就必须向上突破压力线的制约，使股价创出新高。而当股价波动的既有趋势是向下的，要下降趋势得以继续，就必须向下突破支撑线的制约，从而使股价再创新低。这样，支撑线和压力线的作用只是使股价得以暂时保持眼下的变动方向。另一方面，支撑线和压力线的作用又是一种彻底性质的制约作用。它们的彻底性发生在一个趋势的完成时：当一个上升趋势结束时，股价未能再次创出新高，压力线就将彻底地阻止股价按照既有的上升趋势继续下去，接下来可能是股价向下突破上升趋势的支撑线而转向一个下降趋势；而当一个下降趋势结束时，股价未能进一步创下新低，支撑线就将彻底地抵制股价按照既有的下降趋势继续进行，接下来可能是股价向上突破下降趋势的压力线而反转为一个上升趋势。可见，支撑线和压力线的彻底性制约作用发生时，就意味着市场趋势的反转突破，具有强烈的技术分析意义。

2. 转化与确认

正如我们在讨论支撑线和压力线的作用时所提及，其作用既有彻底性的一面，也有暂时性的一面。其中，暂时性的一面，讲的就是支撑线和压力线的转化问题。一个上升趋势要继续维持下去的话，股价就必须向上突破压力线的阻止制约，这种突破一旦确立，原来的压力线就转化成为股价上升趋势在今后一段时间内的支撑线；而当一个下降趋势要继续进行下去的话，股价就得要向下突破支撑线的抵抗制约，一旦这一突破确立，则原来的支撑线就转化成为股价在将来一段时间内的压力线（见图 57）。

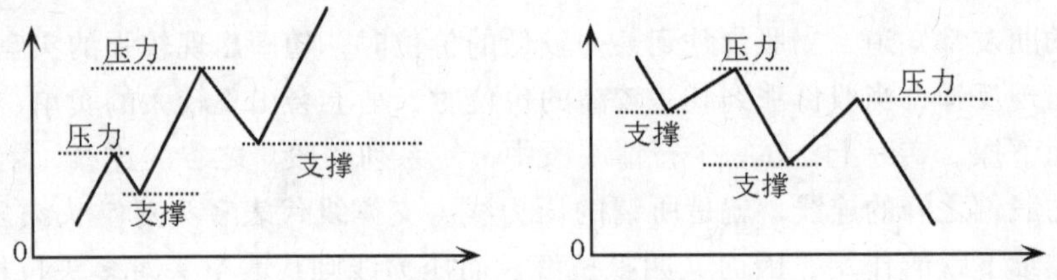

图 57　支撑线与压力线的转化

注意，这里的“突破”，必须是有效的股价突破，其确认同趋势线突破的有效性是一致的。一般来说，股价突破幅度越大，人们就越是相信这种突破的有效性。在本质上，这是一种人类心理行为，认为今天股价大涨就对明天走势看涨，今天股价大跌则对明天走势看跌。这样，在实际操作中，人们在心理上往往对短线突破的股价波动幅度要求不大，3% 左右即可，但对中长线突破（着眼于股价的历史高点和低点）或者整数股价点位的突破，往往要求有决定性的股价波动幅度，一般在 10% 上下。

支撑线与压力线之间的相互转化，表明了它们的地位是相对的，仅仅相对于一定时间内的一定趋势而言。因此，在运用支撑线和压力线时，就必须在对将来行情研判最具价值的一段时间内确认支撑线和压力线的有效性。

股市是一个大舞台，人们在其中扮演着各种角色，人们的交易活动就是舞台上的剧。因此，股市的变化就是剧情的发展，集中反映了人的各种心理活动的轨迹。上面讲过，支撑线和压力线，只不过是人的这些心理活动的技术性描述。换句话说，支撑线和压力线对股价波动所发挥的支撑作用和压力作用，简单地说即是人的心理活动的写照。大家都认为股价跌到一定价位暂时已不可能再跌了，股价就在这里获得支撑了，而人们都以为股价涨到一定价位暂时已不可能再涨了，股价就在此遭遇压力了。那么，怎样从技术分析的角度来确认人们的这种心理活动呢？实际上，这是一个确认支撑线和压力线的问题。

支撑线和压力线的确认，是就它们对于当前行情研判的重要性来说的。在由股票价格和成交量所构成的 K 线图平面上，一条支撑线和一条压力线都会处于一个局部的区域之中，在技术分析上我们把这样的区域称为支撑区和压力区。确认一条支撑线或压力线对当前行情影响的重要性，就是对这个支撑区或压力区的一些技术参数进行分析。一般地说，这些技术参数主要包括停留时间、成交量和距离。也就是说，支撑线和压力线的确认，需要考虑三个因素，即“三因素确认原则”：（a）股价在支撑区或压力区停留时间的长短；（b）股价在支撑区或压力区发生的成交量的大小；（c）在K线图平面上，支撑区或压力区距离当前位置的远近。具体而言，股价在支撑区或压力区停留的时间越长，表明股价波动在这一区域保持既有趋势的时间越长，则该支撑线或压力线的作用发挥越强烈，对于当前行情的研判就越是具有技术意义，反之亦然。股价在支撑区或压力区发生的成交量越大，表明多空双方在该区域的斗争越是激烈，对股价波动的分歧越大，则该支撑线或压力线在技术上就越是有效，就越能保障当前行情按照既有趋势继续进行，反之则反是。支撑区或压力区发生的位置距离当前越近，表明股价趋势的方向越能维持下去，则该支撑线或压力线的技术性价值越大，对当前行情影响的重要性越明显，反之亦然。总之，在确认支撑线和压力线时，必须全面考虑到上述三个因素，缺一不可。

在股市实战中，常常会碰到原来确认的支撑线或压力线可能起不到支撑或压力作用的情况。这个时候，一般都可以发现早先确认的支撑线或压力线不完全满足“三因素确认原则”。于是，就要对支撑线或压力线进行调整和修正。这一修正过程本身就是一个确认过程，是对现有各个支撑线或压力线的重要性所进行的重新确认。只要严格遵守“三因素确认原则”，就可以使重新确认后的支撑线或压力线的有效性大大增强，具有强烈的技术意义。

四、轨道线

在切线理论中，懂得了趋势线，那么对于轨道线就迎刃而解了。简而言之，轨道线是基于趋势线的一条技术切线。我们知道，趋势线对于股价波动具有制约作用，上升趋势线抵制股价的向下波动，而下降趋势线阻止股价的向上波动。如果在一个确定的趋势中同时将上升趋势线或下降趋势线同与其平行的峰与峰的连线或谷与谷的连线画出，我们就可以看见股价的波动被限制在一个范围之内了。其实，这个范围正是一个轨道，股价的波动就是在这个轨道中进行的。用股市的行话来讲，所谓轨道线，又称管道线、通道线，是在根据一条既有的趋势线所作出的一条平行线，见图58中虚线所示。

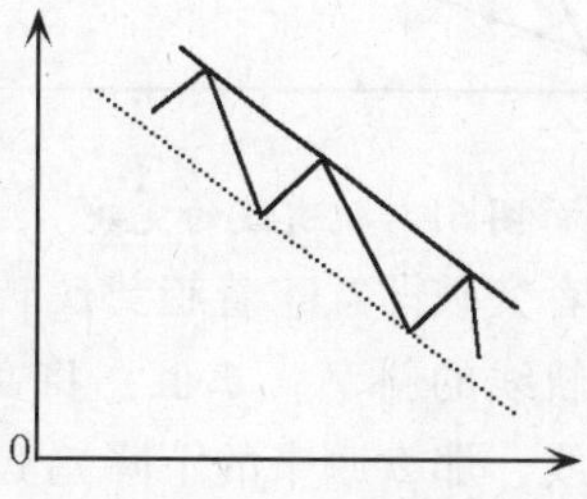

图58　轨道线

如果既有趋势线是上升的，则这条平行线就是股价的峰与峰之间的连线。其中，既有上升趋线是一条支撑线；这条平行线是一条压力线，又叫上轨线。由它们组成的这一轨道，则称为上升轨道，如图59所示。如果既有趋势线是下降的，则这条平行线就是股价的谷与谷之间的连线。其中，既有趋势线是一条压力线；这条平行线是一条支撑线，也叫下轨线。由这两条平行线所组成的这一轨道，则称为下降轨道，如图60所示。大家要注意，在股市里，轨道线是“寄生”于趋势线的，它们之间的关系不是“‘先有鸡，还是先有蛋’的问题”，而是肯定地，先有趋势线，后有轨道线。换句话说，趋势线是独立存在的，而轨道线只是与趋势线相对应而存在的。而且，当我们谈到上轨线时，是仅仅对应于上升趋势的，没有下降趋势中的上轨线；而提到下轨线，是对应于下降趋势的，也没有上升趋势中的下轨线。

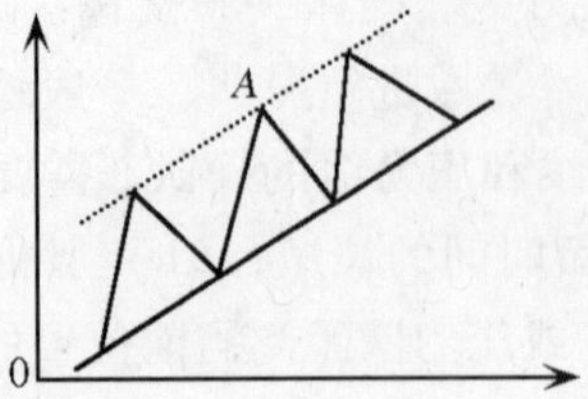

图 59 上升轨道

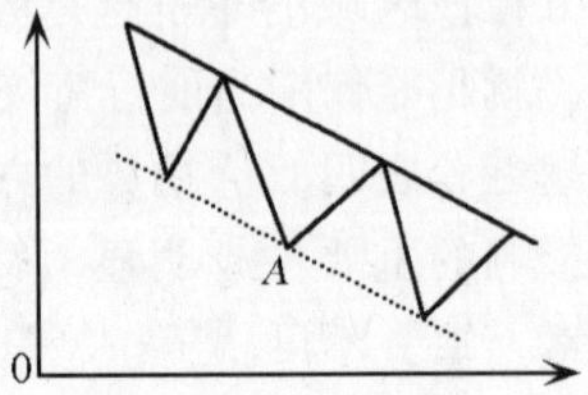

图 60 下降轨道

轨道线的作用在于，与趋势线一起构成一条轨道，将股价的波动限制在一个大致的范围之内。一旦一个轨道确立，则股价一般都将在这个通道中运行，除非形成突破。“突破”？在这里应当分清两种情况。其一，在一个上升轨道中，如果股价出现向下突破上升趋势线，往往构成“空头陷阱”，意味着短线买进的信号；而在一个下降轨道中，如果出现向上突破下降趋势线，则常常构成“多头陷阱”，意味着短线卖出的信号。也就是说，这种情况的出现并不影响轨道的方向性和斜率，只不过为短线获利或减亏提供了机会而已。其二，就是对轨道线的突破，这种突破意味着既有趋势的加速进行（见图 61）。

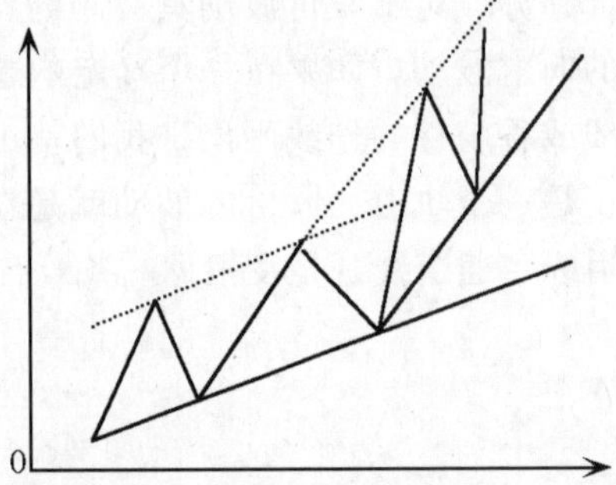

图 61 轨道线的突破

它与趋势线的突破正好相反，后者突破即意味着趋势反转的开始。如果在上升轨道中突破轨道线，则原来的上升趋势线和新的上轨线的斜率（正值）将变大，上升方向更加陡峭，股价将加速上涨；如果在下降轨道中突破轨道线，那么原来的下降趋势线和新的下轨线的斜率（负值）将变小，下降方向也更加陡直，股价将加速下跌。对于轨道线突破的有效性，其确认原则同趋势线相同。对于轨道线突破后股价的波动空间，其研判方法是，一旦突破有效，则沿着突破的方向，股价波动的空间至少会达到与轨道的宽度相等的距离。例如，如果一个上升轨道的价格宽度为 3 元，当上轨线被有效突破时，那么下一步股价的上涨空间至少会是 3 元钱。

此外，轨道线还具有发出趋势反转信号的作用。如果在一个上升轨道中，股价在一段波动中远离上轨线的地方就开始掉头向下，则表明空头开始在与多头的力量对比中占据上风，往往就是趋势将要反转向下的信号。反之，在一个下降轨道中，股价在一段波动中远离下轨线的地方即开始掉头向上，则反映多头在同空头的较量中开始占据优势，经常就是趋势将要反转向上的信号。

五、黄金分割线

黄金分割是一个古老而神秘的数学方法。公元前6世纪，古稀腊数学家毕达哥拉斯发现了毕达哥拉斯定理，就是我们在初中课本中所学过的那个著名的“勾股定理”。然后，毕氏将这一定理运用于几何作图，又发现了把单位长度的线段分成长度为（$\sqrt{5}-1$）/2（约为0.618）和（$3-\sqrt{5}$）/2（约为0.382）的两部分的方法，称为黄金分割法，从而提出“黄金分割律”概念。后来，古稀腊著名哲学家柏拉图认为0.618是一个具有神奇作用和非凡魔力的“黄金数字”，将“黄金分割律”运用于美学领域，从而使其成为一种形式美的著名法则。逐渐地，“黄金分割律”被广泛运用在建筑和绘画艺术等许多领域之中，如断臂维纳斯雕像、埃及金字塔、选美大赛对身材的评选等等。

自从股票交易流行起来后，有人将黄金分割律成功地运用到股市分析中，提出了著名的“黄金分割线”。黄金分割线是一种技术分析切线，注重研究支撑线和压力线所在的价位，但对分析什么时间达到这一价位则无能为力。对于黄金分割线，必须记住一些特殊的数字，如0.191、0.382、0.618、0.809、1、0.191、1.382、1.618、1.809、2、2.618、4.236等等 。其中，0.382、0.618、1.382和1.618这四个数字最为重要。股市实践证明，股价最容易在由它们确定的黄金分割线处产生支撑作用或压力作用。更经常地，人们习惯于仅仅使用0.382和0.618这两个数字，因为它们简单得更适合于快速心算，在即时的股票交易中更方便觅得机会。

如何运用这些神秘数字呢？首先，必须确定一个股价基点。这个股价基点，应当是一个既定趋势的转折点。也就是说，它应是在一定范围内，当一个上升趋势（或下降趋势）已经完成或暂时结束所形成的局部最高价位（或最低价位）。其次，在这个股价基点的基础上，乘以0.382、0.618、1.382和1.618等几个“黄金数字”，从而确定出几个价位。在这几个价位处就可以画出对应的几条黄金分割线，股价在这些线处即可能获得支撑或遭遇压力（如图62所示）。

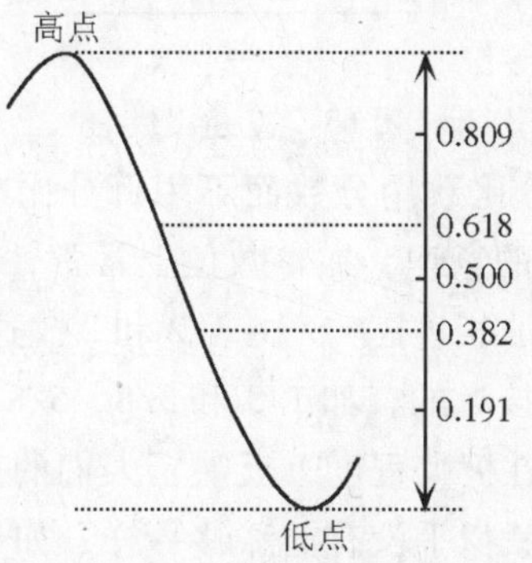

图62 黄金分割线

由此可见，要使黄金分割线对于行情研判具有准确性和有效性，关键就在于股价基点的选择。这个股价基点，一定要是在与所要研判的行情直接相关的范围内，并且是这一范围内的最高价点或最低价点。

有了黄金分割线后，还要会懂得使用。一般说来，在股市的回档过程中，运用越小的“黄金数字”得来的黄金分割线越具有强势技术意义，反之则反是；在股市的反弹过程中，则是运用越大的“黄金数字”画出的黄金分割线越具有强势技术意义，反之则反是。比如在图62中，一波上涨行情中，在0.382黄金分割线以上的回档被称为强势回档，而在0.618黄金分割线以下的回档则被称为弱势回档，但在这两条线之间则需要进一步观察。

六、百分比线

与黄金分割线一样，百分比线也是关注股价支撑线和压力线的位置，而对达到这些线的时间并不具有研判能力。顾名思义，百分比线就是以一定的百分比乘以股价基点所得出的一些股价点位，由此而画出的一些直线。可见，百分比线同黄金分割线之间并无质的区分，它们考虑问题的角度是一致的，都注重研究未来支撑位和压力位可能出现的股价位置。但是，它们所使用的数字却大不相同，在黄金分割线那里是一些特殊的神秘数字，如最重要的 0.382、0.618、1.382 和 1.618 等，而在百分比线这里是一组特殊的百分比，即 1/8、1/4、1/3、3/8、1/2、5/8、2/3、3/4、7/8、1 等 10 个。

那么，如何运用百分比线呢？首先，需要确定一个计算基数。在百分比线中，计算基数是指一轮上涨行情的起点（局部的最低股价）与开始向下回档的最高点（局部的最高股价）之间的价差，或者一轮下跌行情的最高点（局部的最高股价）和开始向上反弹的最低点（局部的最低股价）之间的价差。其次，将计算基数分别乘以上述百分比数，从而得到将来股价可能获得支撑或遭遇压力的股价位置。对应地，可以画出一系列百分比切线（见图 63）。

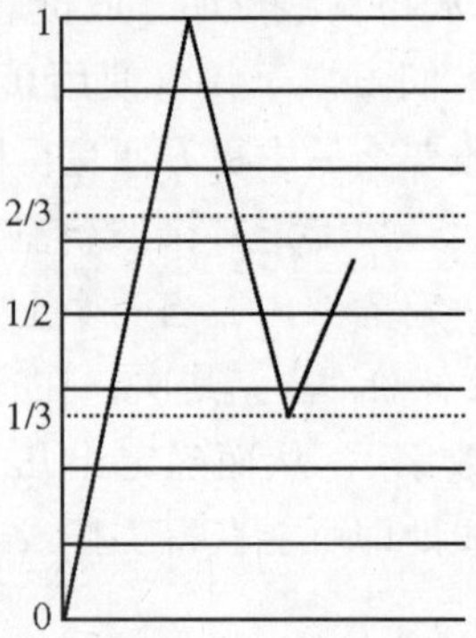

图 63　百分比线

为什么把上面所列的 10 个百分比数用分数而不用百分比来表示呢？这是为了突出整数的习惯，人们往往对整数具有一种特别的意识，在整数位上常常“稍作停留”，如今天银行存款有项“零存整取”服务。而且，在这些百分比中，1/3、1/2 和 2/3 这三个百分比是最重要的。一方面，我们不难看出其中有些数字是非常接近的，如 1/3 和 3/8，5/8 和 2/3，所以在实际运用中，常常以 1/3 和 2/3 为主；另一方面它们在极大程度上反映了人们的一种心理倾向。在股价的上涨行情中，如果股价没有涨到 1/3 处时，就似乎没有上涨够一样；如果已经上涨到了 2/3 的位置，则人们自然会认为已经涨够了。在股价的下跌行情中，当股价没有回档到 1/3 处时，就好像没有回档够一样；当股价回档到 2/3 时，则人们也自然认为已经回档够了。这种心理倾向，大概源于传统上人们习惯于三局两胜制的确定胜负法则。

在具体的行情研判中，百分比线的技术意义何在呢？一般说来，在股市的回档过程中，运用越小的百分比数得来的百分比线越具有强势技术意义，反之则反是；在股市的反弹过程中，则是运用越大的百分比得出的百分比线越具有强势技术意义，反之则反是。

七、扇形线

扇形线是一种与趋势线密切联系的切线。它是在趋势线的基础上，随着股价的波动（即高点或低点的出现）连续进行切线调整而画出的三条直线，形如一把展开的扇子，因而得名“扇形线”。

扇形线的画法如下：在一个上升趋势中，首先以两个股价低点画出一条上升趋势线；然后，如果股价向下调整，跌破了先前所画的上升趋势线，则连接新的股价低点与原来的第一股价低点而得出第二条上升趋势线；最后，如果再出现第二条上升趋势线被跌破的情况，则以相同的方法画出第三条上升趋势线。这三条上升趋势线越来越平坦，共同构成一组扇形线。对于一个下降趋势线的扇形线，画法与此相同（如图64所示）。

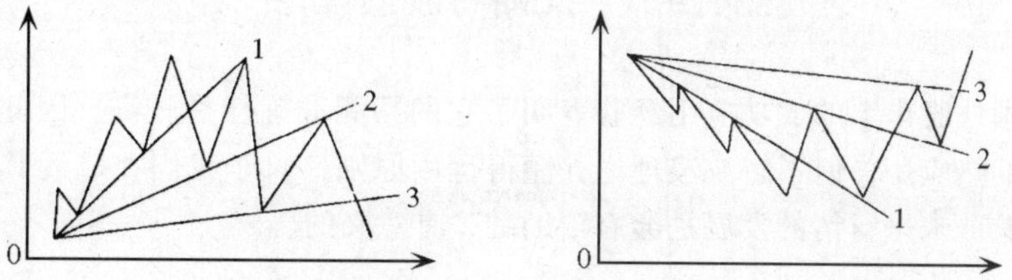

图64　扇形线

不难看出，扇形线是由连续画出的几条上升趋势线或下降趋势线所组成的，这些趋势线就是未来可能成为支撑线或压力线的切线。扇形线是对趋势线的补充，丰富了趋势线的研判意义，它明确地提出了趋势反转的信号。也就是说，对于未来的行情，扇形线的研判关键在于，一旦三条趋势线被有效突破，则意味着趋势即将反转。

我们知道，趋势的反转必须突破多重支撑力或阻止力，也即趋势要实现向下反转，就必须突破多条支撑线，而趋势要发生向上反转，就必须突破多条压力线。只有在有效消除了所有制约股价反转的力量，方能确认突破的有效性，从而最终确认反转的正式开始。扇形线正是从这一特殊的角度来研判趋势反转问题的，当三条连续的上升或下降趋势线被有效突破，就表明已经消除了制约股价按照原来趋势运动的力量，则意味着大势（趋势）开始发生反转。

八、速度线

速度线是一种重要的切线，用来在一个确定的趋势中研判趋势反转的问题。它既吸收了扇形线的一些方法，又融合了百分比线的一些思想。一方面，同扇形线一样，速度线也会随着股价的高点或低点的出现而相应作出调整；另一方面，与百分比线相同，速度线将每个上升幅度或下降幅度进行三等分，即有1/3分界线和2/3分界线。

那么，怎样画出速度线呢？首先，需要确定一个基本距离，作为画切线的基准。这个基本距离，是指一段上升行情（上升趋势）或下降行情（下降趋势）的最高价位与最低价位之间的垂直距离。然后，将这个基本距离进行三等分，确定出1/3分界点和2/3分界点。最后，（在上升趋势中）将股价最低点与1/3分界点和2/3分界点分别连接起来，或者（在下降趋势线中）将股价最高点与1/3分界点和2/3分界点分别连接起来，于是得到两条速度线（见图65）。

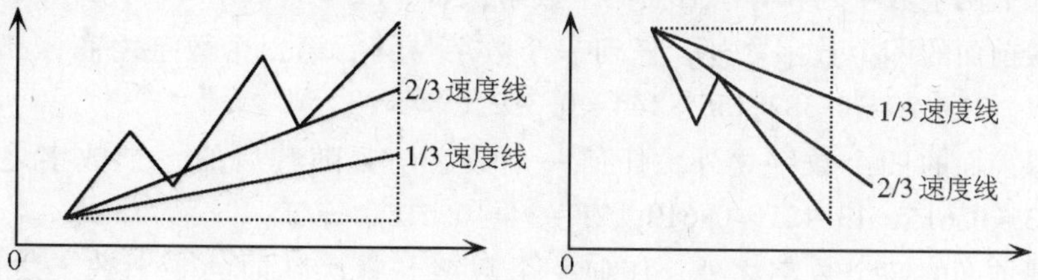

图65　速度线

在分析未来行情的演变时，速度线的研判精要在于，它能够判断一个既有的趋势是被暂时突破还是将发生反转。具体地说，在一个上升趋势的调整中，若向下回档的幅度突破2/3速度线，则股价将继续向下试探1/3速度线；进一步地，若1/3速度线被有效突破，则股价将“一泻千里”，就意味着原有的上升趋势即将发生反转，股价运行进入一个新的下降趋势。否则，这一调整就只能视为趋势被暂时突破。而在一个下降趋势的调整中，若股价向上反弹的幅度突破2/3速度线，则股价会继续向上摸高1/3速度线。进一步地，若1/3速度线被有效突破，则股价将“直步青云”，就意味着原有的下降趋势将要发生反转，股价运行进入一个新的上升趋势。否则，这一调整就仅能看做趋势被暂时突破。

第四节 艾略特波浪理论

波浪理论在国外股市上的成功应用经验表明了它的预测准确性是较高。因此，尽管我们可以不求深刻理解和娴熟应用，但了解波浪理论，懂得运用原则，对于我们在应用其他技术分析理论时辅之以预测和验证未来行情的发展是会有帮助的、有意义的。

一、理论基础

波浪理论（Wave Theory），最初是由美国人艾略特（R. N. Elliott）首先发现并应用于股市的。那是在1939年前后，他将有关股票市场价格趋势分析的研究成果陆续发表在当时美国的《财经世界》（*Financial World*）杂志上，但并未引起证券理论界和投资界的广泛关注。后来，经过许多研究人员的多年努力，终于在20世纪70年代由美国人柯林斯归纳整理成专著《波浪理论》加以出版，才正式确立了波浪理论。为了纪念这位伟大的创立者，人们把该理论称为“艾略特波浪理论”，简称“波浪理论”。

严格地讲，波浪理论的理论基础包括三个部分，即经济周期、道氏形态理论和费波纳奇（Leonardo Fibonacci）数列。当初，艾略特发现股价不断在重复着上涨与下跌的过程，试图找出其中的规律性。而他又想到了社会经济大系统有一个经济周期现象，与大自然的潮汐一样具有周而复始的周期循环的必然规律。由此，艾略特认为股价的波动也具有一浪接着一浪周期循环的规律性。同时，艾略特认为，道氏形态理论是非常重要的，其中关于股价运动趋势的划分和股价运动的形态是分析波浪周期的基础。关于道氏形态理论，我们在本篇已有详尽讨论，这里就不多谈了。不过，波浪理论比道氏形态理论更具有准确性和可操作性，它不但找出了道氏原理的各种趋势，而且还能进一步地找出这些趋势发生的时间和位置。

此外，艾略特在股市趋势分析中，用以确定波浪的数目和数法的方法，完全来自意大利数学家费波纳奇发明的数列。公元13世纪，在研究兔子的生殖繁殖率时，费氏发现兔子的繁殖数量呈现出一种奇特的增长规律，即从1开始，到2、3、5、8、13、21、34、55、89、144、233……直至无穷。于是，后人把“1、2、3、5、8、13、21、34、55、89、144、233……”数列称为“费波纳奇数列”，因其神奇的规律性而又被称之为“神奇数列”。它的神奇规律性体现在以下几个特点上：

（1）任何相邻两个数字之和等于后面一个数字，如$1+2=3$，$2+3=5$，$21+34=55$，等等；

（2）除了最前面的四个数字之外，任何一个数字与其后第二个数字之商，都约等于0.382，如$8\div21\approx0.381$，$21\div55\approx0.382$，$55\div144\approx0.382$，等等；

（3）除了最前面的四个数字之外，任何一个数字与紧随其后的一个数字之商，都约等于0.618，如$8\div13\approx0.615$，$13\div21\approx0.619$，$21\div34\approx0.618$，等等；

（4）除了最前面的四个数字之外，任何一个数字与紧接其前的一个数字之商，都约等于1.618，如$13\div8\approx1.625$，$21\div13\approx1.615$，$34\div21\approx1.619$，等等；

（5）除了最前面的四个数字之外，任何一个数字与其前第二个数字之商，都约等于2.618，如$21\div8\approx2.625$，$34\div13\approx2.615$，$55\div21\approx2.619$，等等。

由此可见，费波纳奇数列内涵着0.382、0.618、1.618、2.618等一系列“黄金数字”，反映了黄金分割的两个美妙数字0.382和0.618。这一点，我们在切线理论的黄金分割线中已有充分讨论。在研究波浪的调整比例时，艾略特波浪理论也正要用到这些“黄金数字”。

二、基本思想

在进行股市趋势分析时，最初艾略特是以经济周期为基础，认为股价的波动犹如潮汐一般，具有一浪接一浪的周期循环规律，并进一步地提出了波浪理论的基本思想。

他将一个大的股价波动周期，按照时间长短的不同划分为大的周期、小的周期和更小的周期。并且认为，在一个大的周期之中，可能存在一些小的周期，而一个小的周期，可以再分为更小的周期。不管大的周期、小的周期还是更小的周期，其股价运动都是按照同一种模式来展开的。这个共同的模式就是依次进行的8个过程，即每个股价运动周期都是由上升（或下降）的5个过程和下降（或上升）的3个过程组成的。只有当这8个过程完成之后，方能说这个周期已经结束，将要开始下一个新的周期。而且，接下来依次进行的一个又一个的新的周期，总是遵循8个过程的模式。这就是艾略特波浪理论的基本思想，其中的“过程”也即所谓的“波浪”。这一基本思想，是艾略特作为波浪理论创立者所作出的最杰出的贡献，也构成了波浪理论的最为核心的内容。

在基本思想的指导下，波浪理论首先而且主要考虑的是三大因素，即形态、比例和时间。具体地说，所谓形态，就是股价运动所形成的形态。它是波浪理论得以存在的基础，是指波浪的形状和构造。所谓比例，就是在股价走势图形中各个股价高点与股价低点之间的相对位置。这种相对位置，是波浪理论中各个波浪的开始位置或结束位置。明确这些相对位置，就能够找出各个波浪之间的比例关系，在行情研判中就可以预测股价波动中的支撑位和压力位。所谓时间，是指完成一个股价形态所经历的时间长短。在波浪理论中，各个波浪之间在时间上是相互联系的，费波纳奇数列就是用来描述这种关系的。在运用中，可以以时间来验证某一波浪形态是否已经结束，从而使我们能够预测某个大的趋势是否即将发生。总之，形态、比例和时间三大因素是波浪理论分析的基本内容，是波浪理论基本思想的具体展开。在这三大因素中，形态是最重要的一个因素，因为它是进行波浪分析的根本所在。

三、基本形态

在阐述波浪理论的基本思想时，艾略特就指出，不管多大的一个股价波动周期，都遵循由上升（或下降）的5个过程和下降（或上升）的3个过程所组成的8个过程模式。只有在这8个过程完成时，我们才能说该周期结束，将进入下一个新的周期。其中，每一个过程，犹如大自然里潮汐起落中的一个浪。在波浪理论中，将这8个过程称为8个浪，将一个股价波动周期称为8浪结构。也就是说，不论是在多头市场中还是在空头市场中，一个完整的股价波动周期都是一个8浪结构。而波浪理论所考虑的最重要的一个因素，就是体现波浪的形状和构造的股价形态。因此，由上升（或下降）的5浪和下降（或上升）的3浪组成的8浪结构，成为波浪理论中股价运动的基本形态（如图66所示）。

在图66中，8浪结构是多头市场（或称上升行情）中股价运动的基本形态。其中，0—1是第1浪，1—2是第2浪，2—3是第3浪，3—4是第4浪，4—5是第5浪；5—a为a浪，a—b为b浪，b—c为c浪。

在多头市场中，第1、第3、第5浪是向上的，因而被称为上升主浪，也叫推动浪，而第2、第4浪分别是对第1、第3浪所进行的调整，则被称为调整浪。在这5浪完成之后，接着会出现一个3浪的向下调整，即a浪、b浪和c浪，其中b浪又是对a浪所进行的调整。因此，多头市场中股价运动的基本形态是由上升的5个浪和下降的3个浪组成的8浪结构。

在空头市场中，第1、第3、第5浪是向下的，因而被称为下降主浪，亦称推动浪，而第2、第4浪分别是对第1、第3浪所进行的调整，也被称为调整浪。同样地，在这5浪完成之后，接着

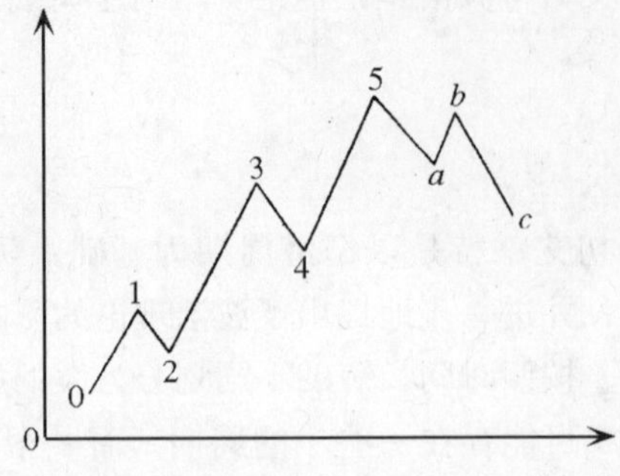

图 66　波浪理论股价运动的基本形态

会出现一个 3 浪的向上调整，即 a 浪、b 浪和 c 浪，其中 b 浪又是对 a 浪所进行的调整。因此，空头市场中股价运动的基本形态是由下降的 5 个浪和上升的 3 个浪组成的 8 浪结构。如同趋势可以按照时间的长短划分为不同的层次（即主要趋势、次级趋势和暂时趋势）一样，波浪也存在层次问题。一个完整的股价运动周期的规模有大有小，时间越长的周期规模越大，时间越短的周期规模越小。在一个股价运动周期中，其规模越大则波浪越大，波浪的层次也就越高；其规模越小则波浪越小，波浪的层次也就越低。注意，波浪的层次是一种相对的划分，某一层次的浪，对于其他更高层次的浪来说就算小浪了，而对于其他层次更低的浪而言就算大浪了。因此，在不同长度的时间内研究一个股价运动周期的波浪时，就会遇到将层次较低的小浪合并为层次较高的大浪或者将层次较高的大浪细分为层次较低的小浪的问题，也即“浪中有浪”问题。举个例子来说吧，图 67 显示的是一个多头市场中浪的层次问题，图中有三个不同层次的浪。

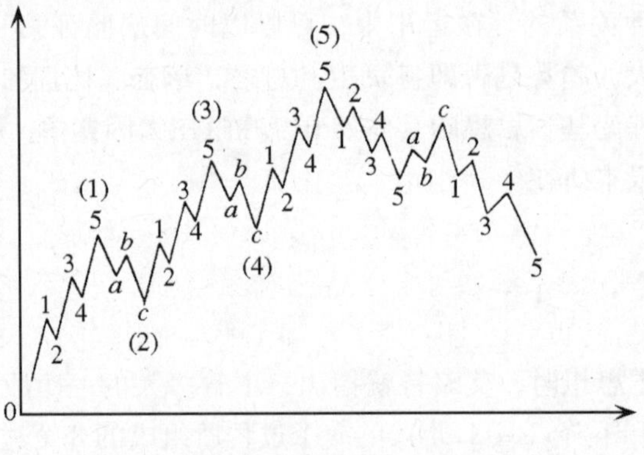

图 67　波浪的层次

其中，层次最高的浪是 2 浪，即第［1］浪和第［2］浪，显然处于一段较长的时间内。第［1］浪是上升主浪或推动浪，第［2］浪是对第［1］浪的调整，是调整浪。进一步地看，第［1］浪可以细分为第（1）、第（2）、第（3）、第（4）和第（5）浪等5 浪，第［2］浪可以细分为（a）、（b）、（c）浪等3 浪。可见，这是一个较长时间内的股价运动周期，表示一个较高层次的8 浪结构，包括上升的5 浪和下降的3 浪。再进一步，将这个较高层次的 8 浪结构细分为最低层次的小浪，就是图中的各个第1 浪、第2 浪、第3 浪、第4 浪和第5 浪，以及 a 浪、b 浪和c 浪，共计 34 个小浪。这就是波浪的细分过程。反过来，要将最低层次的浪合并为较高层次的浪，或者进一步合并为最高层次的浪，则只需将前面的过程逆向操作一遍就可以了。但是，在浪的合并和细分中，至于（并或分）5 浪与（并或分）3 浪的选择，要遵循一个原则，那就是：如果相邻两个层次的浪的（上升或下降）方向一致，则合并或细分5 浪，反之则合并或细分3 浪。

然而，不管波浪的层次有多高还是有多低，对于一个完整的股价运动周期来说，其股价运动的基本形态都是相同的，即8 浪结构：在多头市场中是上升的5 浪和下降的3 浪组成的8 浪结构，在空头市场中是下降的5 浪和上升的3 浪组成的8 浪结构。

四、浪的特征

上面讲过，对于一个完整的股价运动周期而言，其股价运动基本形态都是8浪结构。但是，这些浪不但位置不同，而且特征各异。各个浪的特征是重要的，弄清楚它们，对于研判目前行情的阶段和未来行情的演变是大有裨益的。为了讨论的方便，这里我们仅以多头市场中的8浪结构为例来讨论各浪的特征，参考图66。

第1浪：第1浪一般出现在空头行情的末期，是一个8浪结构的股价运动周期的开始，又称“初升浪”。它经常是上升的5浪中最短的一浪，因为在空头行情的末期多头力量并不强大，空头仍有一定的抛盘存在。但是，如果在它之前曾出现过一个较大的股价整理形态，并且股价下跌幅度也不小时，则它的升幅依然不错。

第2浪：第2浪是对第1浪所进行的调整，经常把第1浪的升幅跌掉不少，有时甚至来个“阴吃阳”，但不能跌到第1浪的最低点价位之下。一般地，在股价回档到第1浪的最低价位附近时，市场惜售心理增强，抛盘较少，成交萎缩，于是第2浪的调整宣告结束。由于在该浪中股价回档幅度往往较大，成交量也大幅度萎缩，因此经常出现道氏形态理论中的头肩底、W底等底部反转形态。

第3浪：第3浪通常是上升的5浪中最长的一浪，是整个上涨行情中最具爆发力的波段，因而又称“主升浪”。在第3浪中，各种技术指标大都发出买进信号，市场人气大增，交投活跃而使成交量急剧放大，往往出现急拉股价的高开跳空缺口。与此同时，由于第3浪涨幅很大，持续时间较长，因此盘中经常出现股价回档和震荡的情形，从而使第3浪出现延伸或者说是放大的现象。

第4浪：第4浪是对第3浪大涨行情所进行的调整，因而常常是多空双方进行复杂斗争的一浪，其股价形态也多以三角形出现。然而，第4浪调整的深度，不能低于第1浪的最高价位。而且，第4浪经常是一些弱势股票上升行情的“终结浪”。

第5浪：第5浪是一个8浪结构的股价运动周期的上升波段的末段，因而又称“末升浪”。一般地，第5浪的涨幅小于第3浪，而且它很少出现震荡的情形，但股价经常创出新高。但是，由于股价在主升浪后经调整而又再续升势，市场往往还沉浸在牛市的乐观情绪之中，殊不知这时“只是近黄昏”罢了。

a浪：a浪是对前面第1、第2、第3、第4、第5浪的上升过程所进行的总调整的开始，是第一个下降浪。但是，大多数人还继续沉浸在5浪上升的喜悦之中，仅仅把a浪的股价下跌视为是暂时的回档行情。正因为此，a浪的股价波动经常进行平台整理或呈“之”字形态。

b浪：b浪是对下降的a浪所进行的调整，呈现上升趋势 。b浪进行时的成交量往往不大，但股价上涨的情绪化色彩较浓，通常形成所谓的“多头陷阱”，有时甚至假性突破第5浪的最高价位而创出新高以诱使多头跟进，再到c浪中大力摁压股价而展现“一泻千里而后快”的悲壮场景。

c浪：c浪是一个8浪结构的股价运动周期中最具有杀伤力的下降浪。c浪的特征与第3浪正好相反，股价下跌幅度很大，延续时间较长，市场一片恐慌，空头以排山倒海之势杀低股价。

此外，从股价空间和时间长度上看，各浪之间大都蕴含黄金分割律。比如，第2浪对第1浪进行的调整，通常使得第2浪的长度达到第1浪长度的0.618倍或者以上有时甚至到达0.809倍；第3浪的长度常常为第1浪的1.618倍甚至2.618倍；第1浪至第5浪的整个上升主浪的长度通常为第1浪的3.236倍或以上；c浪通常是a浪的1.618倍或者以上；等等。

就空头市场中的8浪结构而言，8个浪各自的特征与上述多头市场中的界定正好相反，5个主浪向下运动，3个调整浪向上运动，读者不妨一试，自己描述一下，反而可以加深理解和增进掌握。

五、理论精髓

从前面对波浪理论的理论基础、基本思想、基本形态和浪的层次等内容的讨论中，我们已经基本搞清楚了波浪理论的主要内容。这里，为了方便大家抓住重点，精雕细刻，笔者将波浪理论的精髓用标题的形式阐述如下：

（1）“8浪结构”：是波浪理论最核心的内容，认为一个完整的上升或下降股价运动周期是由8个浪组成的，其中5个浪是主浪，3个浪是调整浪。具体地说，在牛市中，8浪结构是指上升5浪，下降3浪；在熊市中，8浪结构是指下降5浪，上升3浪。

（2）“浪之层次”：1个波浪可以细分为时间更短、层次更低的若干个小浪，而8个波浪可以合并为一个时间更长、层次更高的大浪。

（3）“分合原则”：波浪的合并与细分应当遵循一定的原则，即如果相邻两个层次的浪的（上升或下降）方向一致，则合并或细分5浪，反之则合并或细分3浪。

（4）“费氏浪数”：一个完整的股价运动周期的波浪数目与费波纳奇数列紧密联系。在图67中，区分浪的层次时，可以数出浪的数目：2、3、5、8、13、21、34……这些数字都是费波纳奇数列中的数字。

（5）“主调二分”：所有的波浪由两部分组成，即主浪和调整浪，也就是说，任何一个波浪，要么是主浪，要么是调整浪。比如在多头市场中，8浪中只有上升的主浪（5个）和下降的调整浪（3个）两种波浪。

（6）“黄金分割”：8浪结构中各个浪之间，在股价运动的空间和时间上都可以依据黄金分割律来进行预测和推算。黄金分割律本身也就是蕴涵在费波纳奇数列之中的，它在波浪理论中的适用性在本质上与（4）“费氏浪数”是一致的。

六、运用原则

在我国股市上，波浪理论大体上有以下一些运用法则：

（1）相对而言，用波浪理论来研判大盘指数的运行周期，比起研判个股行情来说更为有效些。

（2）费波纳奇数列内涵的黄金分割律，用于研判一轮行情的上升浪中的回档比例和调整浪中的反弹比例，是比较有效的。

（3）弄清楚股价目前所处位置，首先也是最重要的工作，就是确定当前位置是5浪结构还是3浪结构。5浪结构和3浪结构具有完全不同的市场预测意义。一般地说，一个上升或下降趋势中的5浪结构，通常是一个更高层次的浪中的1浪，一旦它中途遭遇调整，就可以预测这个调整只会以3浪结构展开；如果目前股价处于这个5浪结构的末尾，同时又是更高层次浪的末尾，则可以大胆地判断即将出现一个更深的更大规模的3浪结构。

（4）由于“浪中有浪”和浪的变形，往往引起确定8浪结构的困难，因此确认浪的起点和确定浪的层次成为运用波浪理论的关键所在。当然，这也是一大难题啊！

（5）由于波浪理论关于浪的起点确认和浪的层次确定存在主观性，加之我国股市的不健全、不完善和不成熟，建议仅仅把它看作一种辅助技术工具。

技术分析之研判指标

复旦大学博士　倪　勇等

本章中，从国内股市流行的即时行情显示软件系统出发，既考虑基础性又注重实用性，我们选择24个技术研判指标作为分类讨论的对象，基本分类如图68所示。这里，我们要特别指出的是，每一个技术指标都有其运用范围和条件，并非“放之四海而皆准”，单一技术指标的运用法则主要是一种指导性或者说参考性的买卖依据，因此在具体实战中应当注意多种技术指标的结合运用，以提高研判的准确性和有效性，比如MACD、KDJ与RSI相互结合运用等。

- 常用技术指标基本分类（24）
  - 趋向指标
    - MA　移动平均线
    - MACD　平滑异同移动平均线
    - DMI　动向指标
    - DMA　平均线差
    - EXPMA　指数平均线
    - TRIX　三重指数平滑移动平均线
  - 超买超卖指标
    - KDJ　随机指标
    - CCI　顺势指标
    - ROC　变动速率指标
  - 强弱指标
    - RSI　相对强弱指标
    - W%R　威廉指标
  - 停损指标——SAR　抛物线指标
  - 压力支撑指标
    - MIKE　麦克指标
    - BOLL　布林线
  - 大盘专用指标
    - ADL　腾落指标
    - ADR　涨跌比率指标
    - OBOS　超买超卖指标
  - 能量指标
    - BRAR　意愿人气指标
    - CR　中间意愿指标
    - VR　容量比率
  - 量价指标
    - OBV　能量潮
    - ASI　振动升降指标
    - EMV　简易波动指标
    - WVAD　威廉变异离散量

图68　常用技术指标基本分类

这里，为思路清晰、简明扼要起见，对于24个技术指标的讨论，我们将以分类顺序按照基本涵义、计算公式、运用法则和案例示意等四个步骤依次展开。尤其是，在计算公式部分，我们采取演绎方式也即从指标的直接算式到其中的变量界定之方式，让读者对计算公式有一个明明白白的了解。其中，符号“＝”表示等于的意思（在计算公式中），也代表对某一事物进行界定或解释。

第一节　趋向指标

一、移动平均线（MA）

1．基本涵义：

移动平均线（Moving Average，MA），是由美国人葛兰威尔（Granville）根据道氏原理而创立的，用以预测未来股价的运动趋势。简言之，移动平均线就是连续若干个交易日的收盘价格的算术平均值。“若干个交易日”就是我们常说的时间参数，在运用中可以取5日、10日、20日、30日等等，也就是所谓的5日均线或MA（5）、10日均线或MA（10）、20日均线或MA（20）、30均线或MA（30）等等。

MA的基本出发点在于消除股票价格随机波动的影响，用来描述价格运动的趋势。因此，MA具有以下一些特点：（1）相对稳定性。由MA的定义可知，将若干天的收盘价格进行平均化处理，结果就会使某天大的价格变动“摊小”、某天小的价格变动“摊大”，于是MA表现出相对稳定的特点。（2）跟踪趋势性。MA描述的就是价格运动的趋势，这一性质决定了它将与股价图形中的趋势线在方向上保持一致性，从而表现出跟踪趋势的性质。（3）助涨助跌性。这种特点是指，如果MA遭遇突破，则MA具有推动股价继续沿着突破方向运动的惯性。（4）支撑压力性。也就是说，MA在股价走势中起着支撑线和压力线的作用。MA遭遇突破，就是支撑线和压力线遭遇突破。（5）参数调整性。MA的时间参数的作用在于，从时间长短上对上述几个特点进行调整。一般地说，时间参数选择得越大，前面四个特点所表现出来的力度就越大。

2．计算公式：

MA（n）＝∑P/n

其中，　MA＝算术平均值

　　　　P＝收盘价格

∑P＝连续n个交易日的收盘价格之和

n＝时间参数，取值有5、10、15、20、30、60、120等等

3．运用法则：

（1）葛氏八大法则

关于MA的运用法则，最有名的是葛兰威尔法则，通常简称葛氏八大法则。该法则的具体内容是：

关于买进信号的四种情形：

（a）当MA从下降开始趋于平缓，股价自下而上穿越MA时；

（b）当股价持续上涨而远离MA，然后突然下跌，但是在MA附近再度上涨时；

（c）当股价已经位于MA下方，但MA仍然保持上升趋势，不久股价又向上突破MA时；

（d）当股价跌破MA，并持续暴跌而远离MA时。

关于卖出信号的四种情形：

（e）当MA从上升开始趋于平缓，股价自上而下穿越MA时；

（f）当股价持续下跌而远离MA，然后突然上涨，但是在MA附近再度下跌时；

（g）当股价已经位于MA上方，但MA仍然保持下降趋势，不久股价又向下突破MA时；

（h）当股价上穿MA，并持续暴涨而远离MA时。

不过，要特别加以注意的是，在行情的盘整阶段、趋势形成后中途的休整阶段、行情的局部反弹和回档时，MA非常容易发出错误的信号。

（2）金叉死叉法则

在实际运用中还有基于 MA 的两个重要概念，即黄金交叉和死亡交叉。这两个概念是根据不同时间参数的两条 MA 之间相互关系来界定的。假定两条平均移动线 MA（m）和 MA（n），其中 m<n，比如 m=10，n=30，则我们常称 MA（m）为快速移动平均线或快线，MA（n）为慢速移动平均线或慢线。如果 MA（m）和 MA（n）都是向上的，则将 MA（m）自下而上穿越 MA（n）的现象称为两线的“黄金交叉”或“金叉”，大概因为这种现象的出现意味着买进就可淘金而得“金叉”之名吧；如果 MA（m）和 MA（n）都是向下的，则将 MA（m）自上而下穿越 MA（n）的现象称为两线的“死亡交叉”或“死叉”，大抵由于这种现象的出现意味着持股就会大把亏钱“死悄悄”而得“死叉”之名吧。

根据前人的研究成果，黄金交叉与死亡交叉的运用法则为：

①出现黄金交叉即为买进信号，出现死亡交叉即为卖出信号。

②时间参数越大的两条 MA 出现黄金交叉时，股价发生回档的可能性及回档幅度将会越大；时间参数越大的两条 MA 出现死亡交叉时，股价发生反弹的可能性及反弹幅度也将越大。

③一般地说，当 MA（5）、MA（10）、MA（30）三线出现黄金交叉时，就可以判断目前行情为多头市场，可以积极买进；当 MA（5）、MA（10）、MA（30）三线出现死亡交叉时，就可以判断目前行情为空头市场，可以大胆卖出。

④当出现黄金交叉时，股价经常会发生回档现象，此为买进时机；当出现死亡交叉时，股价经常会发生反弹现象，此为卖出时机。

4. 案例示意：

在此，以图 69、图 70 和图 71 作为案例对移动平均线 MA 进行说明。

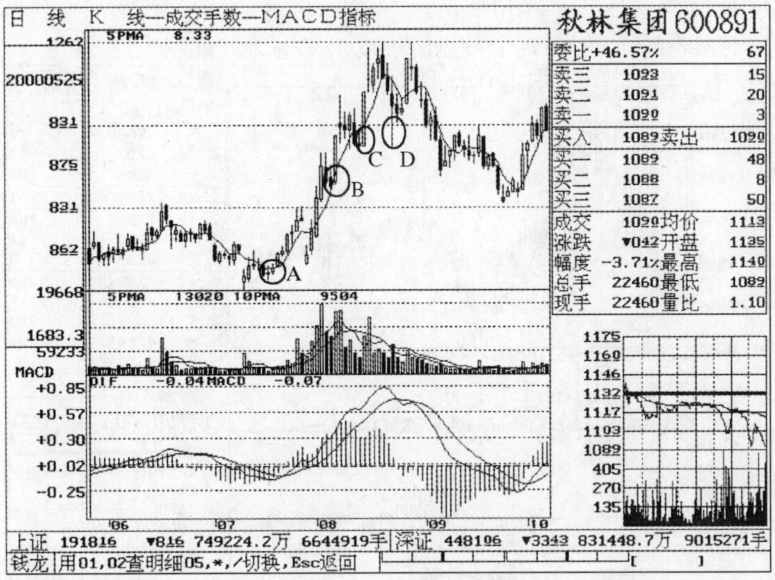

图 69 移动平均线 MA

注解：如图 69 所示，秋林集团（600891）在 2000 年 5 月 25 日至同年 10 月 13 日期间股价运动所形成的日 K 线图，这里以 5PMA 为例，A（7 月 19 日）、B（8 月 7 日）、C（8 月 15 日）、D（8 月 23 日）四点是对应于葛氏八大法则中前四个买进法则 a)、b)、c)、d) 的买入点。因为是以 5 日均线为例，所以 A、B、C、D 四点都是短线操作的买进时机。

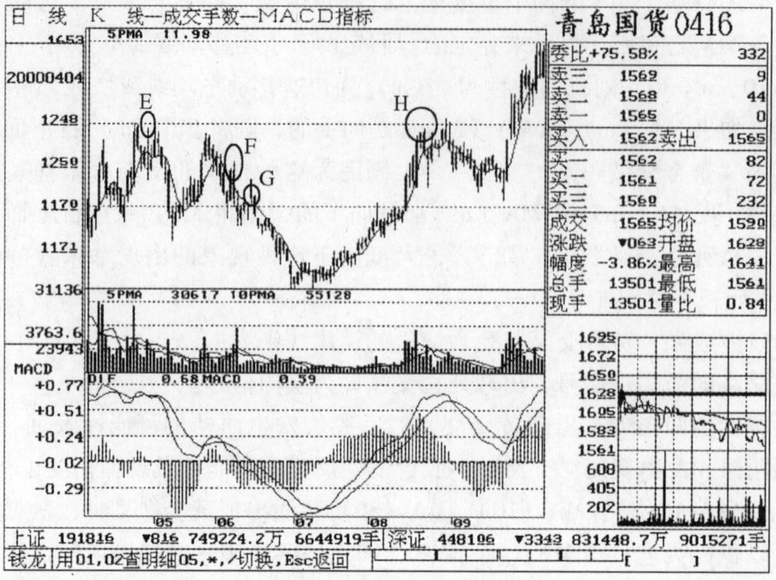

图 70　移动平均线 MA

注解：如图 70 所示，青岛国货（0416）在 2000 年 4 月 4 日到同年 10 月 13 日期间的股价日 K 线图，这里以 5PMA 为例，E（4 月 27 日）、F（6 月 8 日）、G（6 月 16 日左右）、H（8 月 21 日左右）四点是对应于葛氏八大法则中后四个卖出法则 e)、f)、g)、h）的卖出点。因为是以 5PMA 为例，所以 E、F、G、H 四点均是短线操作的卖出价时机。

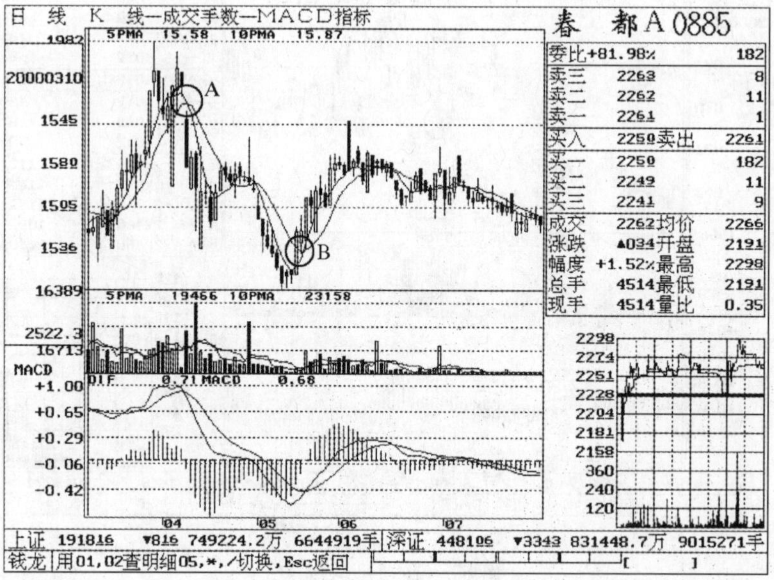

图 71　移动平均线之金叉与死叉

注解：如图 71 所示，春都 A（0885）在 2000 年 3 月 10 日到同年 7 月 31 日期间的股价日 K 线图，这里以 5PMA 和 10PMA 为例，在 A 点（4 月 10 日）处，5PMA 自上而下跌破 10PMA，称为“死叉点”，是明显的短线卖出点；在 B 点（5 月 19 日）处，5PMA 自下而上穿越 10PMA，称为“金叉点”，是明显的短线买进点。

二、平滑异同移动平均线（MACD）

1. 基本涵义：

平滑异同移动平均线（Moving Aerage Convergence and Divergence，MACD），是由美国人阿佩

尔（Gerali Appel）和海茨切尔（Hitschler）两人共同提出的。它是一种中、长线技术指标，基于移动平均线 MA 理论而建立起来，根据快速移动平均线收敛于慢速移动平均线，或者快速移动平均线从慢速移动平均线向外发散的两线相互验证和相互背离的原理，来计算这两条线之间的离差状况，再计算离差的平均值。在这里，快线和慢线的时间参数一般分别取 12、26，而离差平均值的时间参数一般取 9。由于 MACD 既吸收了 MA 的精髓，又利用快慢两线来计算其离差状况，还包含有趋势的概念，因此它在股市上倍受重用，是机构投资者的一大利器。

在实际图形中（参见案例示意），有两类线：一类是离差值 DIF 线和离差平均值 MACD 线；另一类是柱状线（BAR 线，BAR = DIF - MACD），包括红色柱状线（表示 BAR 为正值）和绿色柱状线（表示 BAR 为负值）。这两类线的正负值都以 0 轴线为界。其中，柱状线代表 DIF 和 MACD 之间的离差程度，反映一种上升或下降的力道，当 BAR > 0 时表示 DIF 线位于 MACD 线之上方，当 BAR < 0 时则表示 DIF 线位于 MACD 线的下方。

2．计算公式：

今日 MACD = 昨日 MACD + 0.2（今日 DIF - 昨日 MACD）

其中，MACD = ∑DIF（9）/9

∑DIF（9）= 连续 9 个交易日的 DIF 之和

DIF = EMA（12）- EMA（26）

DIF = 正负差，或者离差

EMA = 平滑移动平均线

EMA（12）= 快速平滑移动平均线

EMA（26）= 慢速平滑移动平均线

今日 EMA（12）= 2/13 X P + 11/13 X 昨日 MA（12）

今日 EMA（26）= 2/27 X P + 25/27 X 昨日 MA（26）

P = 今日收盘价

3．运用法则：

（1）如果 DIF 和 MACD 都为正值或说在 0 轴线之上，则行情为多头市场。其中，当 DIF 向上突破 MACD 时，是买进信号；当 DIF 向下跌破 MACD 时，仅能视为回档，可以暂时卖出获利。

（2）如果 DIF 和 MACD 都是负值或说在 0 轴线之下，则行情为空头市场。其中，当 DIF 向上突破 MACD 时，仅能视为反弹，可以暂时补空逐利；当 DIF 向下跌破 MACD 时，是卖出信号。

（3）背离法则：如果股价连续两次或三次创出新低，但 DIF 并不配合创新低时，行情 可能由此企稳而筑底，此为所谓的“正背离”或“牛背离”，可以逢低买进；如果股价连续两次或三次创出新高，但 DIF 并不配合创新高时，行情可能由此为止做头，此为所谓的“负背离”或“熊背离”，可以逢高卖出。

（4）当在 0 轴线之上 DIF 连续两次向下跌破 MACD 时，意味着行情可能会出现大跌，应当注意及早卖出；当在 0 轴线之下 DIF 连续两次向上突破 MACD 时，则意味着行情可能会出现大涨，可以伺机买进。

（5）柱状线法则：当红色柱状线越来越长时，表示买盘越来越大，股价上攻力道越来越强，反之则越来越弱；当绿色柱状线越来越长时，则表示卖盘越来越大，股价下探力道越来越强，反之则越来越弱。

（6）一般地说，MACD 对于几天的短线行情或者盘整行情缺乏技术意义，最适于中长线行情的研判。

4．案例示意：

在此，以图 72 作为案例对平滑异同移动平均线 MACD 进行说明。

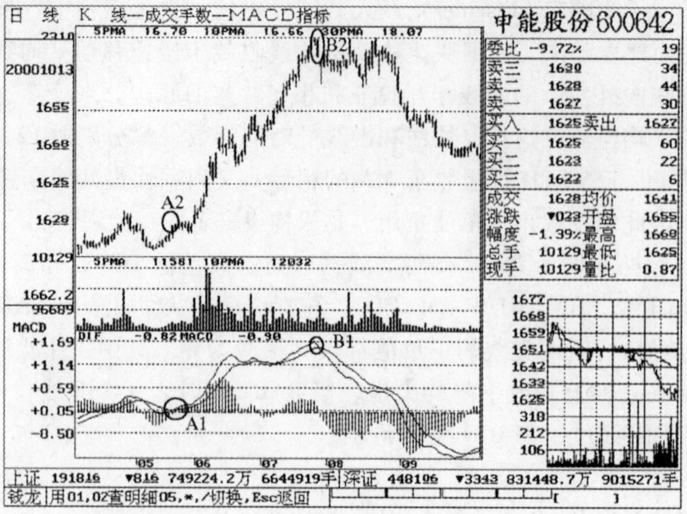

图 72 平滑异同移动平均线 MACD

注解：如图 72 所示，中能股份（600642）在 2000 年 4 月 4 日至同年 10 月 13 日期间的股价日 K 线图，以此为例来说明 MACD 指标的运用。其中 A1 点，在低档区域 DIF 向上突破（交叉）MACD，发出买进信号，对应的 A2 点（5 月 23 日）为买进点；B1 点，在高档区域 DIF 向下跌破（交叉）MACD，发出卖出信号，对应的 B2 点（7 月 27 日）为卖出点。

三、动向指标

1. 基本涵义：

动向指标（Direction Movement Index，DMI）是由美国技术分析大师威尔士·维尔德首先提出来的，又称为趋势指标或方向移动指标。动向指标是根据每个交易日的最高价、最低价和收盘价三者之间的波动关系，通过分析股价创新高或者创新低的动能来研判多空双方的力量对比状况，从而判断多空较量的暂时均衡点。它包括四个指标值：+DM、-DM、ADX、ADXR，用以综合研判多空较量之暂时均衡点的形成。这里，+DM 表示上涨动向值，-DM 表示下跌动向值，ADX 表示平均动向值，ADXR 表示平均动向值评估值。动向指标的功能在于，通过指标交叉时发出的买卖信号来研判行情是否开始启动。

2. 计算公式：

今日 ADXR =（今日 ADX + 7 日前 ADX）/2

今日 ADX =（今日 DX + 昨日 ADX6）/14

DX = 100 × DI 差/DI 和

DI 和 = +DI（7）+（-DI（7））

DI 差 = +DI（7）-（-DI（7））

+DI（7）= 100 祝 +DM（7）/TR（7）]

-DI（7）= 100 祝 -DM（7）/TR（7）]

其中，

ADXR = 平均动向值评估值，一般从第 14 天开始计算

ADX = 平均动向值，一般从第 8 天开始计算

+DI = 上涨动向值，一般以连续交易日数 7 为参数

-DI = 下跌动向值，一般以连续交易日数 7 为参数

+DM（7）= 连续 7 个交易日的 +DM 值之和

-DM（7）= 连续 7 个交易日的 -DM 值之和

TR（7） = 连续 7 个交易日的 TR 值之和

+DM = P1 - P1′

-DM = P2 - P2′

TR = max（｜P1 - P2｜，｜P1 - P0｜，｜P2 - P0｜）

其中，

+DM = 上涨动向变动值，并且当 +DM 小于 0 时，则 +DM = 0

-DM = 下跌动向变动值，并且当 -DM 小于 0 时，则 -DM = 0

TR = 真实的价格波动值

max = 若干个数字中最大的一个

P0 = 昨日收盘价

P1 = 今日最高价

P2 = 今日最低价

P1′ = 昨日最高价

P2′ = 昨日最低价

｜X - Y｜ = X 与 Y 之差的绝对值

3. 运用法则：

（1） +DM 上涨动向值越大，表示买盘积极，上涨势头强烈； -DM 下跌动向值越大，表示卖盘沉重，下跌势头明显。

（2）当 +DM 自下而上突破 -DM 时，为买进信号。进一步地，此时若 ADX 也向上攀升的话，则上涨势头将比较强劲。

（3）当 +DM 自上而下跌破 -DM 时，为卖出信号。进一步地，此时若 ADX 也向下续探的话，则下跌势头将比较凶悍。

（4）当 ADX 值从持续上升（或下降）方向转为下降（或上升）方向时，表明行情将改变原有趋势而发生反转。

（5）当 ADX 处于低位（如 20 左右）时，表明 +DM 和 -DM 比较靠近，多空双方的较量难分难解，此时股价处于“牛皮”整理阶段，不宜介入。尤其是在 ADX 下探至 +DM 和 -DM 之下方时，更是不宜入市。

（6） ADX 在高位出现掉头向下的情形时，只有在 ADXR 同时向下的条件下才能确认股价运动趋势的反转。

（7） ADX 自低位脱离 20 — 30 这一区域向上攀升时，不管股价将会上涨还是下跌，都将延续一段行情，此为买进或者卖出信号。究竟是买进信号还是卖出信号，需要结合其他技术指标（如 KDJ、SAR 等）加以辅助判断。

4. 案例示意：

在此，以图 73 作为案例对动向指标 DMI 进行说明。

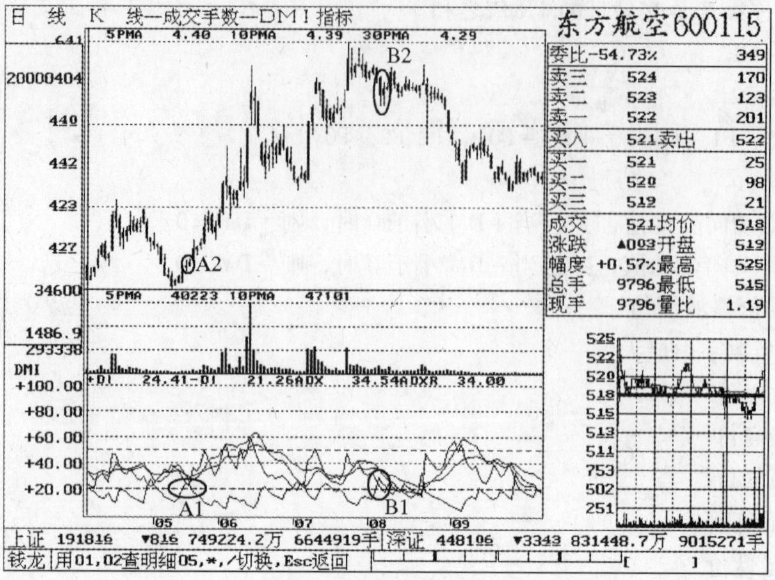

图 73　动向指标 DMI

注解：如图 73 所示，东方航空（600115）在 2000 年 4 月 4 日至同年 10 月 13 日期间的股价日 K 线图，以此为例来说明 DMI 指标的运用。其中，A1 点，+DI 自下而上突破 -DI，发出买进信号，对应的 A2 点（5 月 19 日）为买进点，尤其是在 A1 点附近 ADX 向上攀升，更是预示着股价上涨势头较强；B1 点，+DI 自上而下跌破 -DI，发出卖出信号，对应的 B2 点（8 月 4 日）为卖出点。

四、均线差指标（DMA）

1. 基本涵义：

均线差指标（Difference of Moving Average，DMA），是通过计算两条不同时间参数的移动平均线之间的差值（DMA），再以其中较小的时间参数为基础计算平均线差的平均值（AMA）而得来的。它以 DMA 与 AMA 之间的相对关系来研判股价未来之趋势。从计算公式来看，DMA、AMA 同 MACD 具有相似之处。不过，DMA 所取大小不同的时间参数分别为 10 和 50。而且，在实际股价图表中，DMA 是一根实线，AMA 是一根虚线。

2. 计算公式：

DMA = MA（10）- MA（50）

AMA = DMA /10

其中，

DMA = 平均线差，通常为短期平均值减去长期平均值

MA（n）= 周期为 n 天的平均值，一般短的周期 n 取 10 日而长的周期 n 取 50 日

AMA = 平均线差均值

3. 运用法则：

（1）当 DMA 自下而上突破 AMA 时，是买进信号。

（2）当 DMA 自上而下跌破 AMA 时，是卖出信号。

（3）如果 DMA 在高档两次向下跌破 AMA，则未来股价下跌的幅度将会较大。

（4）如果 DMA 在低档两次向上突破 AMA，则未来股价上涨的幅度将会较大。

（5）背离法则：若股价连续两次或三次创出新低，而 DMA 并未相应出现新低，则视为买进信号，此为“牛背离”；若股价连续两次或三次创出新高，而 DMA 并未相应出现新高，则视为卖出信号，此为“熊背离”。

（6）在实际运用中，由于 DMA 出现信号的时间会提前以及出现信号的次数较多，因此应当结合其他技术指标进行综合研判。

4．案例示意：

在此，以图 74 作为案例对平均线差 DMA 进行说明。

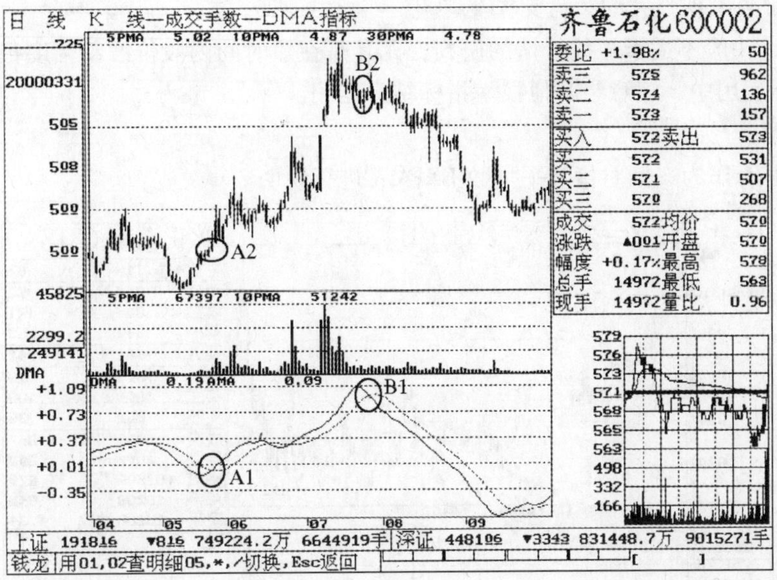

图 74　平均线差 DMA

注解：如图 74 所示，齐鲁石化（600002）在 2000 年 3 月 31 日至 10 月 13 日期间的股价日 K 线图，以此为例来说明 DMA 指标的运用。其中，A1 点，DMA 向上突破 AMA，发出买进信号，对应的 A2 点（5 月 25 日）是买进点；B1 点，DMA 向下跌破 AMA，发出卖出信号，对应的 B2（7 月 26 日）是卖出点。

五、指数平均数（EXPMA）

1．基本涵义：

指数平均数（Exponentially Moving Average，EXPMA）是以当天收盘价与昨天指数平均数之间的相对关系来反映股价运动趋势的，其目的在于降低移动平均线（MA）的滞后性对行情研判的影响程度。我们知道，使用移动平均线所产生的买卖信号往往落后于行情好几个交易日，这样势必会影响到对买卖时机的把握。为了解决这一问题，一些技术分析派人士提出用指数平均数来取代移动平均线，于是 EXPMA 流行起来。

2．计算公式：

EXPMA1 =（P－昨日 AI）2/（N1＋1）＋昨日 AI

EXPMA2 =（P－昨日 AI）2/（N2＋1）＋昨日 AI

其中，

EXPMA1 = 今日第一条（12 日）指数平均数线

EXPMA 2 = 今日第二条（50 日）指数平均数线

N = 时间参数，一般地，N1 取 12 日，N2 取 50 日

P = 今日收盘价

AI = 指数平均数

3．运用法则：

（1）当 EXPMA1 自下而上突破 EXPMA2 时，为买进信号；进一步地，在股价短暂攀升尔后回

档至 EXPMA1 附近时乃最佳买进点。

（2）当 EXPMA1 自上而下跌破 EXPMA2 时，为卖出信号；进一步地，在股价短暂下跌尔后反弹至 EXPMA2 附近时乃最佳卖出点。

（3）当股价自下而上触及 EXPMA 时，经常会出现强大的抛盘压力；当股价自上而下触及 EXPMA 时，则常会出现强大的买盘支撑。

（4）EXPMA 一般不适于短线行情的研判，尤其是在短时间内股价波动幅度很大时。

（5）在实际运用中，注意与其他技术指标结合运用。

4．案例示意：

在此，以图 75 作为案例对指数平均数 EXPMA 进行说明。

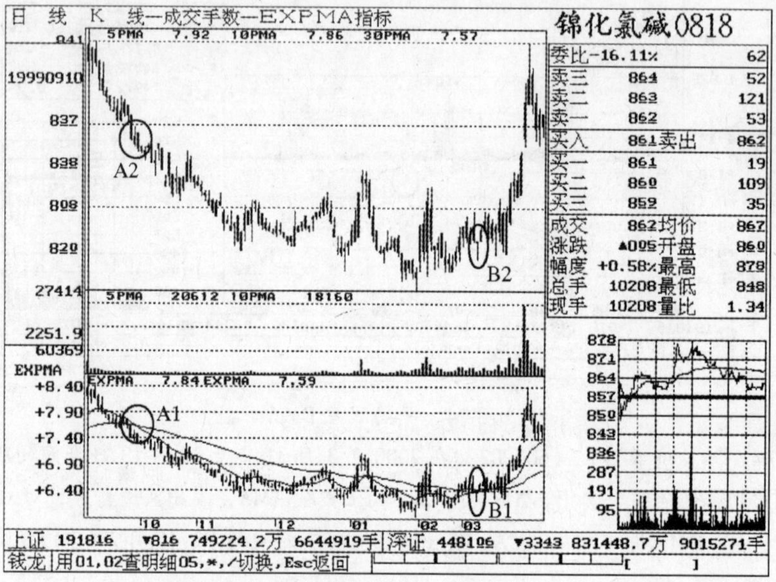

图 75　指数平均数（EXPMA）

注解：如图 75 所示，锦化氯碱（0818）在 1999 年 9 月 10 日至 2000 年 3 月 3 1 日期间的股价日 K 线图，以此为例来说明 EXPMA 指标的运用。其中，A1 点，EXPMA1 向下跌破 EXPMA2，发出卖出信号，对应的 A2 点（1999 年 9 月 29）为卖出点；B1 点，EXPMA1 向上突破 EXPMA2，发出买进信号，对应的 B2 点（2000 年 3 月 7 日）为买进点。

六、三重指数平滑移动平均线指标（TRIX）

1．基本涵义：

三重指数平滑移动平均线（Triple Exponentially Smoothed Moving Average，TRIX），是在指数平均数（EXPMA）的基础上发展起来的，将每天的收盘价连续进行三次指数平均数处理就得到 TRIX。同时，还需要对 TRIX 计算成为移动平均值，得到 TMA。TRIX 指标以其在长期趋势中消除股价短期波动的干扰而著名，加之在短期行情或盘整行情中经常产生假信号，因而此乃一长线操作指标，适合于没有时间密切关注股市的投资者。

2．计算公式：

AX→BX→TRIX→TMA

其中，

AX = 单个指数平均值，即将每日收盘价计算为 12 日指数平均数（EXPMA）

BX = 双重指数平均数，即自第 13 日始将每日 AX 计算为 12 日指数平均数

TRIX = 三重指数平均数，即自第 25 日始将每日 BX 计算为 12 日指数平均数

TMA = TRIX 移动平均值，即自第 33 日始将每日 TRIX 计算为 9 日移动平均值

3. 运用法则：

（1）当 TRIX 自下而上突破 TMA 时，为买进信号。

（2）当 TRIX 自上而下跌破 TMA 时，为卖出信号。

（3）当 TRIX 与股价产生背离现象时，应随时注意行情可能发生反转。也就是说，若股价连续两次或三次创出新高时，TRIX 并未相应出现新高，此时当是卖出信号；若股价连续两次或三次创出新低时，TRIX 亦未相应出现新低，此时当是买进信号。

（4）在 TRIX 与 TMA 发生交叉之后，不管市场趋势如何，在短期行情中都可以不予理会 。

（5）TRIX 是一个长线操作指标，不适合于短期行情和盘整行情。

4. 案例示意：

在此，以图 76 作为案例对三重指数平滑移动平均线 TRIX 进行说明。

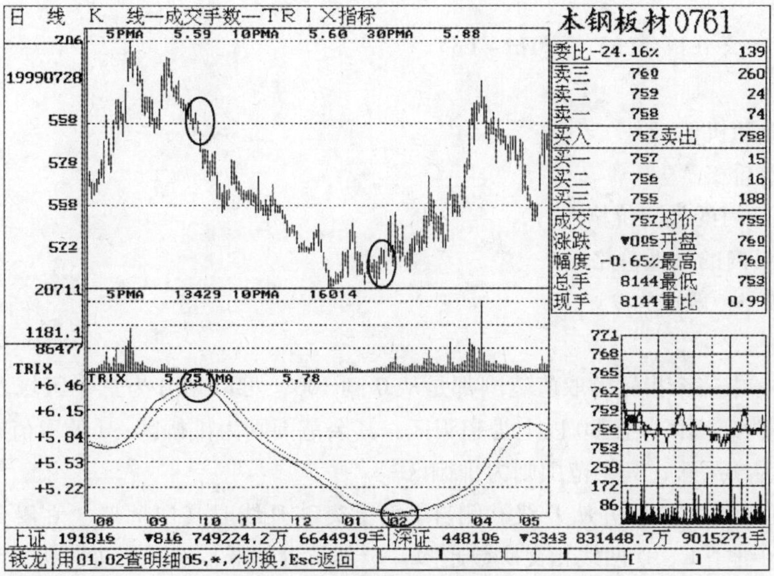

图 76　三重指数平滑移动平均线（TRIX）

注解：如图 76 所示，本钢板材（0761）在 1999 年 7 月 28 日到 2000 年 5 月 24 日期间的股价日 K 线图，以此为例来说明 TRIX 指标的运用。其中，A1 点，TRIX（图中实线）自上而下跌破（交叉）TMA（图中虚线），发出明确的卖出信号，而实际上在交叉点之前 TRIX 曲线由上升转而持续走平并与 TMA 曲线粘合，因此对应的 A2 区域各天（1999 年 9 月 27 日、9 月 28 日、9 月 29 日和 10 月 8 日）都是卖出点；B1 点，TRIX 自下而上突破（交叉）TMA，发出明确的买进信号，而实际上在交叉点之前 TRIX 曲线由下降转而持续走平并与 TMA 曲线粘合，因此对应的 B2 区域各点（2000 年 1 月 27 日、2 月 14 日、2 月 15 日、2 月 16 日和 2 月 17 日）都是买进点。

第二节　超买超卖指标

七、随机指标（KDJ）

1. 基本涵义：

随机指标（Stochastics，KDJ），是由美国人乔治 · 拉恩首先提出的。它综合了相对强弱指标（RSI）、移动平均线（MA）和动量等概念的优点，结合快速移动均线（K）、慢速移动均线（D）和辅助线（J）等来研判短期行情的趋势。在实际图表中，KDJ 指标表现为三条曲线，即 K 线、D

线和J线。其中，K线移动快速，对股价变动十分敏感，D线移动缓慢，对股价波动的反映较为迟缓，而J线则是对买卖信号进行确认的反应线。此外，KDJ指标对于研判中长期行情作用不大，但它却是一个非常有用的短线操作指标。今天，短线买卖活动依然在国内股市上继续流行，从而使KDJ指标得到了广泛运用。

2. 计算公式：

今日K值 = 2/3 × 昨日K值 + 1/3 × 今日RSV

今日D值 = 2/3 × 昨日D值 + 1/3 × 今日K值

J值 = 3 × D值 − 2 × K值

其中，

K = 快速移动线值，计算首日取为50

D = 慢速移动线值，计算首日取为50

J = 辅助线值

n日RSV = 100 ×（Pt − Ln）/（Hn − Ln）

其中，

RSV = 未成熟随机值

Pt = 今日收盘价格

Hn = 最近n日内的最高价格

Ln = 最近n日内的最低价格

n = 时间参数，一般取为9

3. 运用法则：

（1）KDJ指标中三个指标的取值范围都是从0到100，可以划分为三个区域。一般地说，K、D取值在20以下为超卖区，在80以上为超买区，其余范围则为徘徊区；J的取值在0以下为超卖区，在100以上为超买区，其余范围则为徘徊区。

（2）当K值在20左右，并从D线右侧自下而上突破D线时（即所谓“右侧金叉”），为短线买进信号。进一步地，K、D两线相交次数越多，金叉位置越低，越是买进时机。

（3）当K值在80左右，并从D线左侧自上而下跌破D线时（即所谓“左侧死叉”），为短线卖出信号。进一步地，K、D两线相交次数越多，死叉位置越高，越是卖出时机。

（4）当K、D值都在50以上时，表明行情处于多头市场；当K、D值都在50以下时，表明行情处于空头市场。

（5）D线是一条慢速移动均线，其技术意义较强。一般地，当D值低于20时，处于超卖区，短线股价将可能发生反弹；当D值高于80时，处于超买区，短线股价将可能发生回档。

（6）当KD处于高档（50以上），并连续两次形成依次向下的峰，而股价却继续上涨时，即为“顶背离”现象，是卖出信号；当KD处于低档（50以下），并连续两次形成依次向上的谷，而股价却继续下跌时，即为“底背离”现象，是买进信号。

（7）除非KD指标出现钝化现象，如果K、D两线同时进入超买区（或者超卖区），则可以视为明显的卖出信号（或者买进信号）。

（8）当KD指标出现高位钝化现象，而K线又两次穿越D线时，可以视为明显的卖出信号；当KD指标出现低位钝化现象，而K线又两次穿越D线时，可以视为明显的买进信号。

（9）当J值小于0时，股价将会形成底部，应当伺机买进；当J值大于100时，股价将会形成头部，应当逢高卖出。由于J线的买卖信号不常出现，因此一旦出现，其技术性可靠度相当高。

4. 案例示意：

在此，以图77作为案例对随机指标KDJ进行说明。

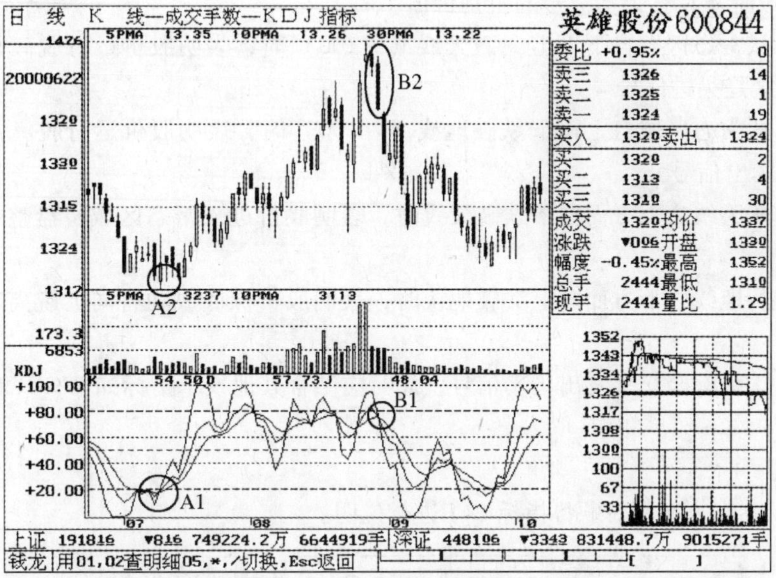

图 77 随机指标（KDJ）

注解：如图 77 所示，英雄股份（600844）在 2000 年 6 月 22 日至同年 10 月 13 日期间的股价日 K 线图，以此为例来说明 KDJ 指标的使用。在该图中，A1 点，K 值和 D 值均在 20 以下，处于超卖区域，而且 K 线从 D 线右侧自下而上突破 D 线，形成“右侧金叉”，发出买进信号，对应的 A 2 点（7 月 11 日）为买进点；B1 点，K 线从 80 以上从 D 线左侧自上而下跌破 D 线，形成“左侧死叉”，发出卖出信号，对应的 B 2 点（8 月 30 日）为卖出点。

八、顺势指标（CCI）

1．基本涵义：

顺势指标（CCI）是一种研判股票价格是否超出常态分布范围的技术分析方法。它的基本出发点在于，为投资者提供一种既不错过每次上涨行情而又能够缩短持股时间的技术工具。在实际操作中，不少人经常买了就套而被迫捂股，不但没有抓住“金牛”，反而与熊长路作伴。对此，美国一些技术分析人士经过深入研究和定量分析，提出了一些解决问题的方案。其中，顺势指标 CCI 就是一个比较有名的技术性方案。它要求投资者只在行情出现明显买进信号时方可入市，以打一场漂亮的闪电式“收银”仗，否则宁可持币观望。此外，CCI 的常态区域在 －100 至 ＋100 之间，在此范围之外则称为异常区域，而上下限的两条线分别称为天线（＋100）和地线（－100）。

2．计算公式：

CCI＝［An－B（n）］/［α×C（n）］

其中，

CCI＝顺势指标，理论上的波动范围为（－∞，＋∞）

但是常态行情区域为（－100，＋100）

An＝第 n 日的中间价格

B（n）＝最近 n 日中间价格的移动平均值

C（n）＝最近 n 日中间价格的一阶均差

α＝系数，一般取值为 15%

n＝时间参数，一般地取 14

3．运用法则：

（1）一般地，CCI 在常态区域不具有技术分析意义，其间股价运行视为盘整阶段，而只有在

CCI 突破常态区域时才具有买卖信号的研判价值。

（2）当 CCI 从常态区域自下而上突破天线（+100）时，表明股价运行脱离常态区域而进入异常波动阶段，这是买进信号。

（3）当 CCI 从常态区域自上而下跌破地线（-100）时，表明股价运行脱离常态区域而继续向下探底，这是卖出信号。

（4）当 CCI 从天线之上方而向下跌破天线时，表明股价进入常态区域将盘整运行，此为卖出信号。

（5）当 CCI 从地线之下方而向上突破地线时，表明股价探底成功将向上脱离底部，此为买进信号。

（6）有时 CCI 指标会交叉发出买卖信号，此时应结合其他技术指标如 W%R 和 MACD 等来进行综合研判。

4. 案例示意：

在此，以图 78 作为案例对顺势指标 CCI 进行说明。

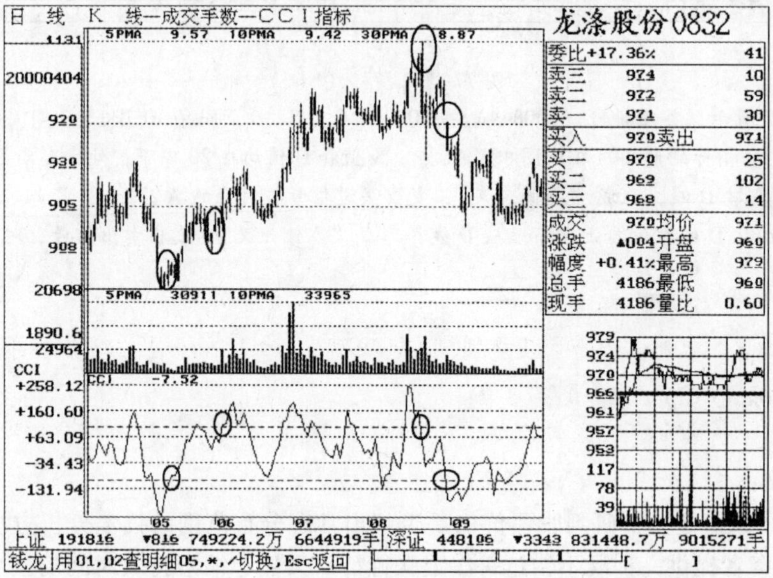

图 78　顺势指标（CCI）

注解：如图 78 所示，龙涤股份（0832）在 2000 年 4 月 4 日至同年 10 月 13 日期间的股价日 K 线图，以此为例说明 CCI 指标的运用。在图中 CCI 指标区，上方的细长虚线称为天线（CCI = +100）。下方的细长虚线称为地线（CCI = -100）。其中，A1 点，CCI 由地线下方向上突破地线，发出买进信号，对应的 A2 点（5 月 16 日）为买进点；B1 点，CCI 从常态区域向上突破天线，发出强势信号，对应的 B2 点（6 月 5 日）处应继续持有手中的股票或适当逢低加仓；C1 点，CCI 从天线上方向下跌破天线，发出卖出信号，对应的 C2 点（8 月 22 日）为卖出点；D1 点，CCI 从常态区域向下跌破地线，发出极度弱势信号，对应的 D2 点（8 月 31 日）处应当果断清仓。

九、变动速率指标（ROC）

1. 基本涵义：

变动速率指标（ROC）是一种通过计算不同交易日收盘价之间的差异增减比率来研判买卖时机的技术方法。其理论基础是基于一种股价形态 —— 箱形的形态意义，它研究的是在股价突破箱形后行情将如何演变的问题。在股价图形中，ROC 指标通常设有以 0 轴线为中心的天线（即超买线）和地线（即超卖线）各 3 条，位置越高的天线的技术意义越强，位置越低的地线的技术意义也越强。一般地说，第一条天线和第一条地线的位置大致在 +6.5和 -6.5 处。通常地，ROC 在0轴线上下波动，当在0轴线上方时，若继续向上运行，表示股价的上涨动能继续增强，而若向下运行，则表明股价上涨动能正在减弱；当在0轴线下方时，若继续向下运行，表示股价的下跌动能继续加强，而若向上运行，则表明股价下跌动能正在减弱。

2. 计算公式：

ROC = AX/BX

其中，

AX = P - BX

P = 今日收盘价

BX = N 天前的收盘价

N = 12，一般地

3. 运用法则：

(1) 在常态区域内，若 ROC 自下而上突破第一条天线时，一般应是卖出信号；若 ROC 自上而下跌破第一条地线时，一般应是买进信号。

(2) 如果 ROC 在向上有效突破第一条天线后继续朝向第二条天线上行，则表明股价将极其可能继续上涨，但在触及第二条天线后上涨行情往往就会结束，此时可以卖出；如果 ROC 在向下有效跌破第一条地线后继续朝向第二条地线下行，则表明股价将极其可能继续下跌，但在触及第二条地线后下跌行情往往就会告终，此时可以买进。

(3) 如果 ROC 继续向上突破第三条天线，则表明上涨行情将进入快速拉升阶段，此时即使回档也要持股以继续坐轿；如果 ROC 继续向下跌破第三条地线，则表明下跌行情进入急剧掼压阶段，此时即使反弹也要持币以继续观望。

(4) 当 ROC 向上或向下突破天线和地线时，突破有效性的确认可以结合布林线（Bolling）来进行研判。

(5) 当 ROC 向上或向下突破第三条天、地线时，确认买卖信号可以结合抛物线指标（SAR）来进行研判。

4. 案例示意：

在此，以图79 作为案例对变动速率指标 ROC 进行说明。

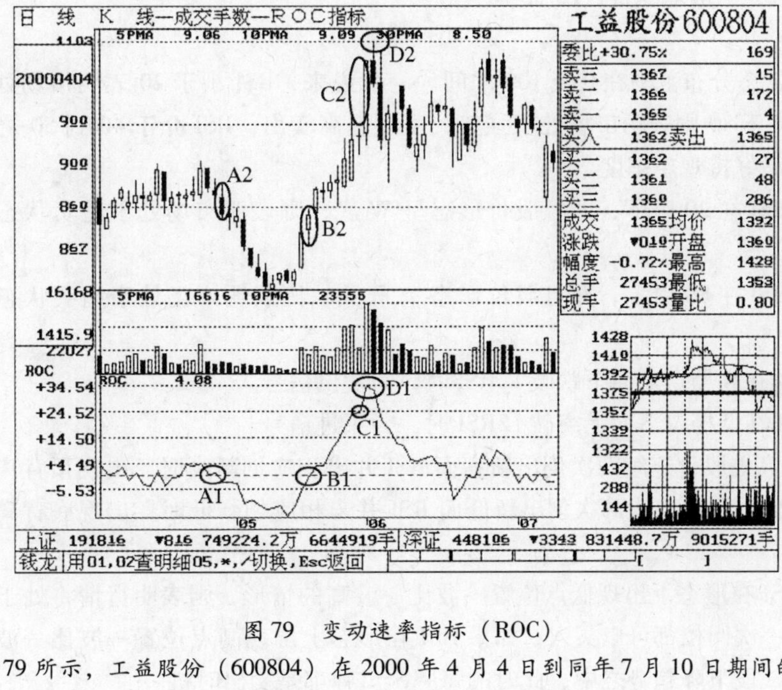

图79 变动速率指标（ROC）

注解：如图79 所示，工益股份（600804）在2000 年4 月4 日到同年7 月10 日期间的股价日 K 线图，以此为例说明了ROC指标的运用。在图中ROC曲线区，细虚线为O轴线，O轴线上方的四条点画线都是天线——由下向上依此称为第一、二、三、四条天线，O轴线下方的一条点画线为地线。其中，A1点，ROC由上而下跌破0轴线，发出卖出信号，对应的A2点（4月27日）为卖出点；B1点，ROC自下而上突破0轴线，发出买进信号，对应的B2点（5月23日）为买进点；在先后向上突破第一条和第二条天线之后，在C1点（ROC＝24.33）接近第三条天线（ROC＝24.52），技术指标已经进入高档区，应当注意股价风险，在C2点（6月1日）应考虑卖出股票；D1点，（ROC＝34.54）达到第四条天线（ROC＝34.54），对应的D2点（6月2日）应是坚决的卖出点，必须清仓了结。

第三节　强弱指标

十、相对强弱指标（RSI）

1. 基本涵义：

相对强弱指标（Relative Strength Index，RSI），是由美国技术分析大师雷伍先生（Robert Levy）所首创的，乃一短中线操作的先行指标。它是以一定时期内股价的波动关系为基础，来研判未来股价运行的趋势。RSI指标不但具有MACD、KDJ、OBV等技术指标的优点，而且股市实战证明极其适合于短中线尤其是中线操作，因此它已经成为一般投资者常用的中线趋势研判工具。此外，在股价技术图形中，RSI指标设有两条线，即快线和慢线。一般地，快线的时间参数取为6日即6RSI，而慢线的时间参数则取为12日即12RSI。

2. 计算公式：

RSI＝100×A／（A＋B）

其中，

RSI＝相对强弱指标，一般有6RSI、12RSI两个

A＝连续N日内所有上涨日价差之和

B＝连续N日内所有下跌日价差之和

N＝时间参数，一般取6日、12日

3. 运用法则：

（1）RSI的常态分布范围在0至100之间。一般说来，RSI小于20表明市场处于弱势，可以伺机买进；RSI大于80则表明市场处于强势，可以逢高卖出；RSI介于40到50之间则表明市场处于盘整阶段，最好持观望态度。

（2）如果6RSI在20以下，并且股价形态呈W底，则表明市场处于超卖状态，此乃买进信号。

（3）如果6RSI在80以上，并且股价形态呈M头，则表明市场处于超买状态，此乃卖出信号。

（4）当6RSI在高档自上而下跌破12RSI时，为卖出信号。

（5）当6RSI在低档自下而上突破12RSI时，为买进信号。

（6）如果在高档股价连续两次创出新高而RSI并未相应创新高时，出现顶背离现象，此为卖出信号；如果在低档股价连续两次创出新低而RSI并未相应创新低时，出现底背离现象，此为买进信号。

（7）如果RSI在形态上出现低点位置一波比一波高的情形，则表明行情将处于一段上升趋势之中，此时的每一次回档都可以买入；如果RSI在形态上出现高点位置一波比一波低的情形，则表明行情将处于一段下降趋势之中，此时的每一次反弹都是卖出时机。

（8）在极强势市场中，当 RSI 在高档出现指标钝化现象而连续“碰顶”（即向上限 100 逼近），且碰顶次数达到 3 次以上时，应当逢高清仓。

（9）在 RSI 发生指标钝化现象时，应结合其他技术指标加以综合研判。

4．案例示意：

在此，以图 80 作为案例对相对强弱指标 RSI 进行说明。

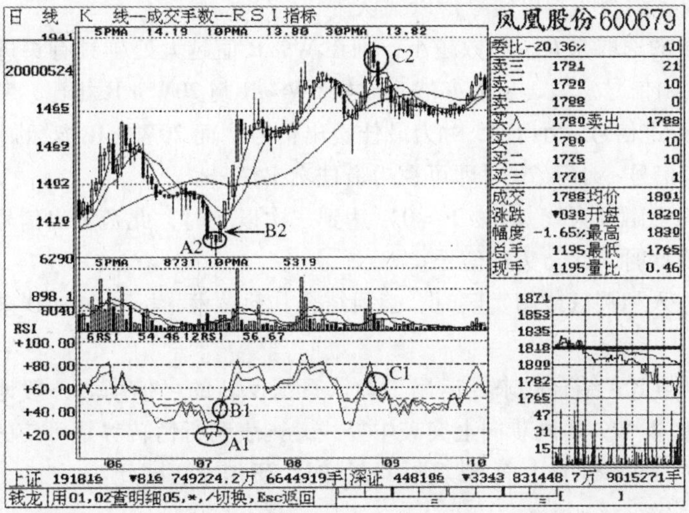

图 80 相对强弱指标（RSI）

注解：如图 80 所示，凤凰股份（600679）在 2000 年 5 月 24 日到同年 10 月 13 日期间的股价日 K 线图，以此为例来说明 RSI 指标的运用。在图中，A1 处，6RSI（即 6 日参数的 RSI 指标）小于 20，市场处于极度超卖状态，对应的 A2 处两天（7 月 7 日和 7 月 10 日）都是买进点；在 B1 点，6RSI 在低档自下而上突破 12RSI（即 12 日参数的 RSI 指标），发出明确的买进信号，则对应地在 B 2 处可以买进加仓；在 C1 点，6RSI 在高档自上而下跌破 12RSI，发出卖出信号，对应的 C 2 点（8 月 31 日）为卖出点，但是，实际上在 8 月 30 日 6RSI 和 12RSI 呈现出明显的交叉趋势，在经验上此日也应视为卖出点。

十一、威廉指标（W% R）

1．基本涵义：

威廉指标（Williams Overbought/Oversolj Index，W% R），是美国技术大师威廉先生（Larry Williams）首创的。它根据股价波动的相对关系来研判市场人气是否处于超买或者超卖状态，从而预测股价未来的运动趋势，因此它是一个既具超买超卖特性又有强弱分界性质的指标。在实际股价图形中，W% R 值分布在 0 至 100 之间，以 50 为中界线，0 在顶部形成天线，100 在底部形成地线。同时，在理论上 W% R 指标可以用于任何时间周期的技术研判，但在股市实战中对时间参数的选取，一般多以 10 日或 14 日为主，也有以 5 日为短线、20 日为中线、60 日为长线的取值方法。

2．计算公式：

n 日 W% R = 100 ×（Hn − Cn）/（Hn − Ln）

其中，

W% R = 威廉指标

Hn = 最近 n 日内的最高股票价格

Cn = 当日股票收盘价格

Ln = 最近 n 日内的最低股票价格

n＝时间参数，在实际运用中常取10日

3. 运用法则：

（1）一般地说，当W%R进入100—80区域（超卖区）后再度上行至80以上时，为买进信号；当W%R进入20—0区域（超买区）后再次下行至20以下时，为卖出信号。

（2）当W%R在中界线附近时，若其自下而上突破中界线，则表明买进信号得以确认；若其自上而下跌破中界线，则表明卖出信号得以确认。

（3）从时间参数的选取来看，参数越小，则在W%R值越大处越具有买进信号意义，在W%R值越小处越具有卖出信号意义，反之亦然。比如5W%R与20W%R相比，5W%R指标在W%R值大于85时为最佳买进信号，小于15时为最佳卖出信号，而20W%R指标则在W%R值大于80时就可视为最佳买进信号，小于20时即可视为最佳卖出信号。

（4）当W%R向上触及天线（W%R＝0）达到三次以上时，此乃卖出信号；当W%R向下探及地线（W%R＝100）时，此乃买进信号。

（5）当W%R进入超买区或超卖区时，必须结合其他技术指标如MACD来进行买卖信号的研判。

（6）W%R可以与RSI结合起来，运用于确认行情反转的可信度。一般地，当RSI自下而上突破50中界线时，如果W%R同步向上突破中界线，则表明行情转势是可信的，否则需要结合其他技术指标进行研判；当RSI自上而下跌破中界线时，研判方法同此。

4. 案例示意：

在此，以图81作为案例对威廉指标W%R进行说明。

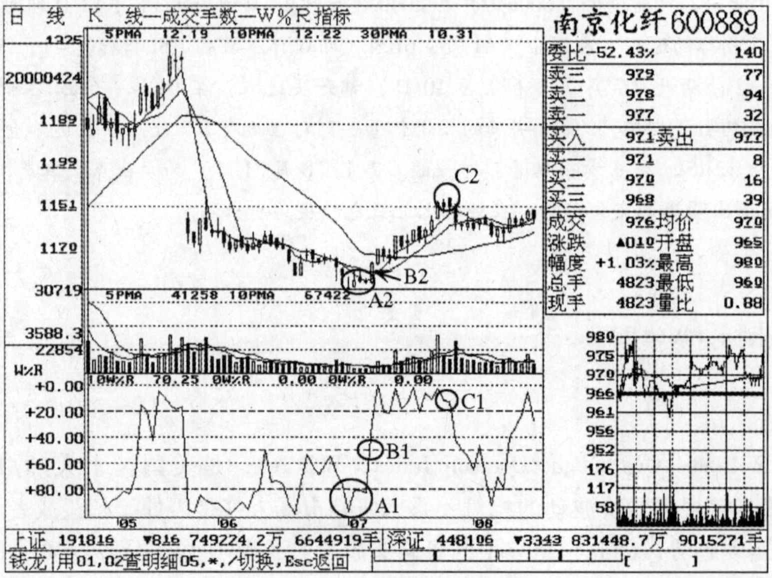

图81　威廉指标（W%R）

注解：如图81所示，南京化纤（600889）在2000年4月24日至同年8月15日期间的股价日K线图，以此为例来说明W%R指标的运用。在图中A1处，W%R进入80%～100%之间后再度上升到80%以上，发出买进信号，对应的A2处的四天都是买进点；在B1点，W%R自下而上突破50%中界线，进一步确认买进信号，在B2点（7月7日）应当继续持股；在C1处，W%R已经进入0%—20%之间并第四次（几乎）触及0线，发出卖出信号，在C2处两天（7月25日和7月26日）应都是卖出点。

第四节 停损指标

十二、抛物线指标（SAR）

1. 基本涵义：

抛物线指标（Stop And Reverse，SAR），是一种以移动平均线为基础、将价格与时间结合起来研判未来行情的技术分析方法。它代表买进或卖出的明确转向点，是良好的短线操作工具。在实际股价图形中，SAR 结合收盘价运用，分成红绿两种圆圈，简单明了。其中，红色圆圈表示股价正在向上升方向运动，SAR 位于收盘价线的下方；绿色圆圈表示股价正在向下降方向运动，SAR 位于收盘价线的上方。SAR 指标的技术意义在于提供股价（特指收盘价）向上或向下穿越 SAR 圆圈时所提供的买卖信号。此外，从其计算公式可知，SAR 是一种先行指标，在当天交易结束时即显示出次日的 SAR 圆圈，从而可以作出次日的买卖决策。

2. 计算公式：

今日 SAR = 昨日 SAR + AF ×｜昨日 Pe − 昨日 SAR｜

其中，

SAR = 停损点抛物线指标，其计算参数一般设定为 4 日

若行情看涨，则首日 SAR 取当日最低价格

若行情看跌，则首日 SAR 取当日最高价格

Pe = 最高价格或最低价格，

若行情看涨，Pe 均取最高价格

若行情看跌，Pe 均取最低价格

｜昨日 Pe − 昨日 SAR｜ = 昨日 Pe 与昨日 SAR 之差的绝对值

AF = 调整系数，第二日调整系数为 0.02

若行情看涨，股价每创新高一次，AF 在昨日基础上递加 0.02

若行情看跌，股价每创新低一次，AF 在昨日基础上递加 0.02

否则，AF 都与昨日相同，但 AF 不得超过 0.2

3. 运用法则：

（1）如果收盘价位于 SAR 之上方，则为多头市场，可以买进做多，尤其是在收盘价节节走高时。

（2）如果收盘价位于 SAR 之下方，则为空头市场，应当持观望态度，不宜介入。

（3）当股价自下而上突破 SAR 时，此为买进信号。

（4）当股价自上而下跌破 SAR 时，此为卖出信号。

（5）SAR 指标可以单独运用，但是在盘整行情中缺乏技术意义。

4. 案例示意：

在此，以图 82 作为案例对抛物线指标 SAR 进行说明。

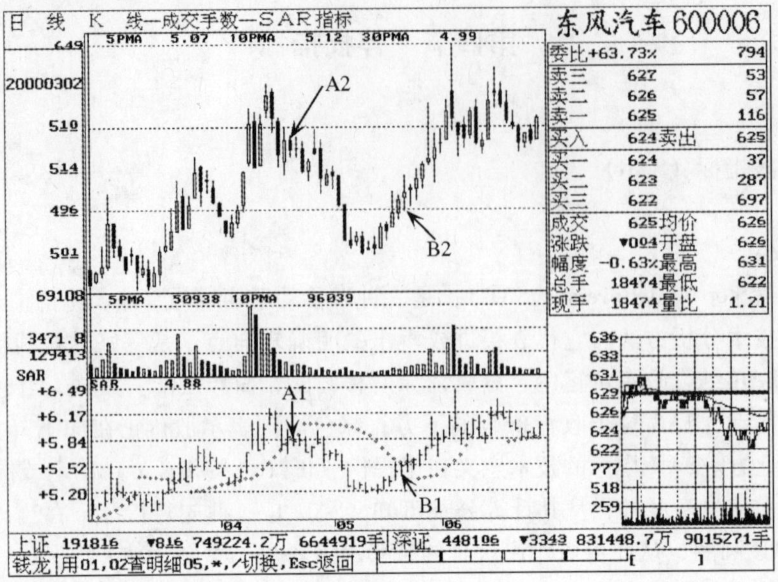

图 82 抛物线指标（SAR）

注解：如图 82 所示，东风汽车（600006）在 2000 年 3 月 2 日至同年 6 月 23 日期间的股价日 K 线图，以此为例来说明 SAR 指标的运用。在图中，SAR 指标区的股价图为欧美棒线图。在 A1 点，收盘价为 5.84 元，小于该点 SAR 值（=5.85 元），发出卖出信号，则对应的 A2 点（4 月 19 日）为卖出点；在 B1 点，收盘价为 5.57 元，大于该点的 SAR 值（=5.56 元），发出买进信号，则对应的 B2 点（5 月 24 日）为买进点。显然，从图中不难看出，SAR 指标提供的买卖点并不是最佳的买卖点，可见运用该指标时宜与其他指标结合使用。

第五节 压力支撑指标

十三、麦克指标（MIKE）

1. 基本涵义：

麦克指标（MIKE）是一种压力支撑指标。它随着股价波动幅度大小而变化，能够在股价上涨过程中提供参考上升空间或者在股价下跌过程中提供参考下降深度。实际上，麦克指标为我们研判股价波动范围提供了压力位和支撑位的可能位置。在实际股价图表中，麦克指标以表格的形式显示出来，包括从小到大的三组压力位和支撑位（依次为初级、中级和强力），如果股价处于盘整阶段，则对应的压力位和支撑位会相互缩短距离；如果股价发生上涨或下跌，则对应的压力位和支撑位会相互拉开差距。此外，我们常常在最小的一组压力位和支撑位之间设定一条中界线，作为在研判中寻求支撑位还是压力位的参考线。

2. 计算公式：

$WR = TPY + (TPY - N1 \times L)$

$MR = TPY + N1 \times (H - L)$

$SR = N2 \times H - N1 \times L$

$WS = TPY - (N1 \times H - TPY)$

$MS = TPY - N1 \times (H - L)$

$SS = N2 \times L - N1 \times H$

其中，

WR = 初级压力

MR = 中级压力

SR = 强力压力

WS = 初级支撑

MS = 中级支撑

SS = 强力支撑

TPY = 真实值

TPY = （H + L + P）/3

H = 最高价格

L = 最低价格

P = 收盘价格

N1 = 时间参数，一般取值为 12

N2 = 时间参数，一般取值为 24

3. 运用法则：

（1）一般地说，股价处于中界线上方时，在行情研判中参考压力位；而股价处于中界线下方时，在行情研判中参考支撑位。

（2）当股价波动摆脱盘整势道而进入上涨行情中时，三个依次增大的压力位是研判压力的参考价格。

（3）当股价波动摆脱盘整势道而步入下跌行情中时，三个依次增大的支撑位是研判支撑的参考价格。

（4）当股价在上涨过程中首次触及初级压力位时，一般在短线上股价将会出现回档现象，此时可视为卖出信号。

（5）当股价在下跌过程中首次探至初级支撑位时，一般在短线上股价将会出现反弹现象，此时可视为买进信号。

4. 案例示意：

在此，以图 83 作为案例对麦克指标 MIKE 进行说明。

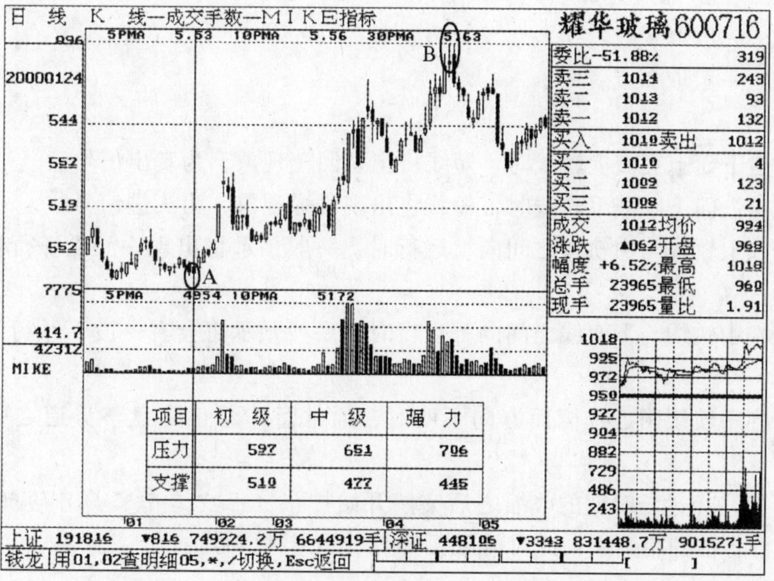

图 83 麦克指标（MIKE）

注解：如图 83 所示，耀华玻璃（600716）在 1999 年 12 月 21 日到 2000 年 5 月 26 日期间的股价日 K 线图，图中列表是该股在 2000 年 1 月 24 日的 MIKE 指标值。其中，在 A 点（2000 年 1 月 24 日），其股价因受到5.10元的初级支撑，而在此点处股价曾回落到5.19元时即止跌，随后便开始了长达半年之久的上涨行情，因此A点为极佳的买进点；在B点（2000年4月20日），因遭到8.96元的初级压力，股价冲高8.95元之后开始了两周多的2波回调行情，因此B点为卖出点 。

附表　图83中B点的MIKE指标值

项目	初级	中级	强力
压力	8.96	10.27	11.58
支撑	6.18	4.71	3.24

十四、布林线指标（BOLL）

1. 基本涵义：

布林线（Bollinger Bands，BOLL）是美国人布林（John Bollinger）首先提出的。它将股价波动的范围以三条曲线来划分为四个区域，其中这三条曲线分别称为上轨线（即压力线）、中轨线（即股价平均线）和下轨线（即支撑线）。在实际股价图形中，股价正是在这三条曲线之间进行上穿、下破、缠绕运行的，从而使布林线为我们准确研判股价的波动提供了有力的保障。

2. 计算公式：

中轨值 $MA = \sum Ci / n$

上轨值 $UP = MA + D \times M1$

下轨值 $DW = MA - D \times M2$

其中，

Ci = 收盘价

∑Ci = 连续n个交易日的收盘价之和

D = 由Ci与MA建立的样本方差

n = 时间参数，一般取值为5、10、20等，这里取20

M1 = 上倍数，一般取2或者3

M2 = 下倍数，一般取2或者3

3. 运用法则：

（1）当股价自下而上突破上轨线时，短线将出现回档现象，为卖出信号。

（2）当股价自上而下跌破下轨线时，短线将出现反弹现象，为买进信号。

（3）当股价在上轨线与中轨线之间向上运行时，一般预示将出现一波上涨行情，可以积极参与。

（4）当股价在中轨线与下轨线之间向下运行时，一般预示将会有一波下跌行情，应当果断出局。

（5）当股价在中轨线附近徘徊而方向不明时，通常意味着正在盘整势道之中，应持观望态度。

（6）当上下轨线经过长时期的收缩之后突然开始扩张（至少三个交易日的确认），一般意味着一波强劲的上涨行情即将到来，此时可以视为明显的买进信号。

4. 案例示意：

在此，以图84作为案例对布林线BOLL进行说明。

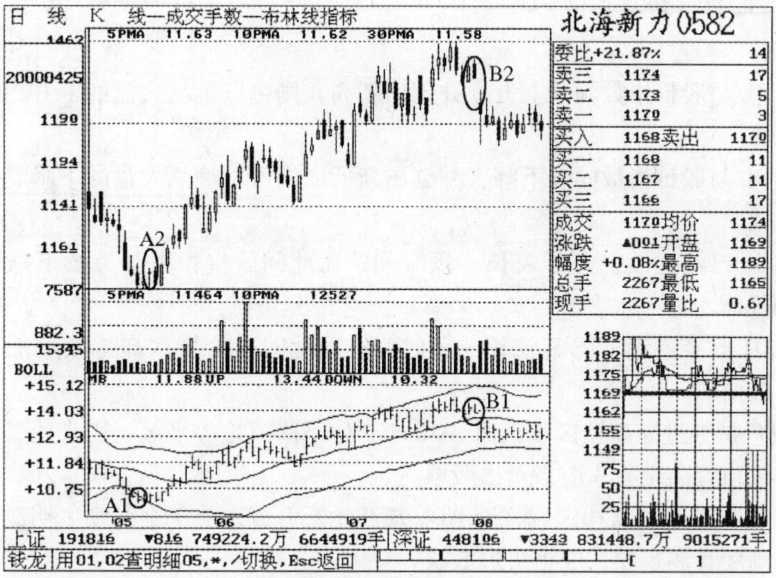

图84　布林线（BOLL）

注解：如图84所示，北海新力（0582）在2000年4月25日到同年8月16日期间的日K线图，欧美棒线股价图在其下方的BOLL指标区内。其中，在A1点，股价从下轨线下方向上突破下轨线，并在下轨线上方获得支撑，发出买进信号，则对应的A2点（5月16日）为买进点；在B1处，股价已在中轨线上方附近徘徊数日，继而由上而下有效跌破中轨线，表明行情正在转弱，发出卖出信号，则对应的B2处（8月2日和8月3日）都是卖出点。

第六节　大盘专用指标

十五、腾落指标（ADL）

1．基本涵义：

腾落指标（Advance Decline Line，ADL），是通过计算每个交易日价格上涨股票数和价格下跌股票数之间差值的累计结果，将其与综合指数进行对比，来研判大盘未来趋势的一种“人气”指标，也叫上升下降曲线。它可以弥补股价指数在采用总股本或流通股本加权计算时对小盘股的“歧视”缺陷，降低股价指数受到少数大盘权重股左右的程度，从而更加真实地预测未来大盘的走势。从其定义或计算公式中见，腾落指标重在对大盘未来相对趋势的研判，而不看中取值的绝对大小。此外，它具有领先大盘出现上涨或下跌的趋势，但不能发出明显的买卖信号，仅供研判大盘走势之用。

2．计算公式：

$ADLt = \sum Nr - \sum Ng$

$= ADLy + Nrt - Ngt$

其中，

ADL＝腾落指标

Nr＝一个交易日内价格上涨股票的数量

Ng＝一个交易日内价格下跌股票的数量

$\sum Nr$＝自开始交易以来所有Nr的总和

$\sum Ng$＝自开始交易以来所有Ng的总和

t = 今日，y = 昨日（脚标）

3．运用法则：

（1）如果 ADL 与股价指数同步上升，并创出新高，则可以确认大盘的上升趋势，在短期内股价指数将继续看涨。

（2）如果 ADL 与股价指数同步下降，并创出新低，则可以确认大盘的下降趋势，在短期内股价指数将继续看跌。

（3）如果 ADL 已经连续上升了较长一段时间，而此间股价指数却持续下跌，此乃底背离现象，则可以买进股票。

（4）如果 ADL 已经连续下降了较长一段时间，而此间股价指数却持续上涨，此乃顶背离现象，则应当卖出股票。

（5）如果股价指数进入高档区域，而 ADL 却开始下降或走势平缓，则表明股价指数的上升趋势即将结束，呈现顶背离现象，应当卖出股票。

（6）如果股价指数步入低档区域，而 ADL 却开始上升或走势平缓，则表明股价指数的下降趋势即将告终，呈现底背离现象，应当买进股票。

（7）如果 ADL 和股价指数都保持着上升趋势，但股价指数却在中途发生回档现象，随后又回复到上升趋势之中并创出新高，则表明多头市场特征明显，回档时为买进信号。

（8）如果 ADL 和股价指数都保持着下降趋势，但股价指数却在中途发生反弹现象，随后又回复到下降趋势之中并创出新低，则表明空头市场特征明显，反弹时为卖出信号。

（9）从法则（1）至（8）可见，ADL 不能独立运用，必须与股价指数结合起来才具有技术意义。

（10）市场经验告诉我们，在运用 ADL 指标时，它对于多头市场的技术研判比空头市场要更加有效些。

4．案例示意：

在此，以图 85 作为案例对腾落指标 ADL 进行说明。

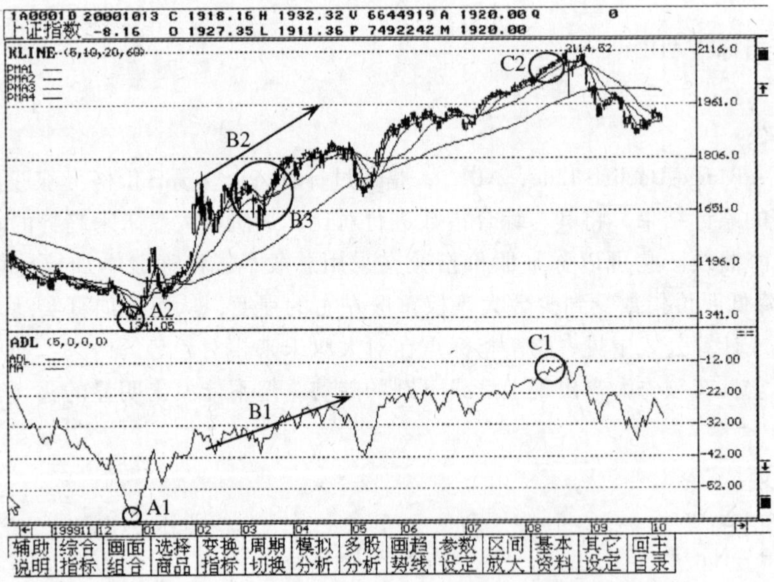

图 85　腾落指标（ADL）

注解：如图 85 所示，上证指数（1A0001）在 1999 年 10 月 27 日至 2000 年 10 月 13 日期间的指数日 K 线图，以此为例来说明 ADL 指标的运用。其中，在 A2 处，上证指数已经处于低档区，但在 A1 处 ADL 却开始上升，呈现底背离现象，发出买进信号，因而在 A2 处应当买进证券；在 B1 与 B2 所指示的区域，ADL 和上证指数都保持上升趋势，但上证指数在途中发生回档现象而后又回复到上升趋势并创出新高（见 B3 处），表明多头市场特征明显，则相应地在B2指示区应当继续持有证券；在C2处，上证指数已经处于高档区，而对应地在C1处ADL却开始走势趋于平缓，并有间断性的下降走势，构成顶背离现象，则在C2处应当卖出证券。

十六、涨跌比率指标（ADR）

1. 基本涵义：

涨跌比率指标（Advance Devline Ratio，ADR），是通过计算连续多个交易日价格上涨股票累计数与价格下跌股票累计数之间的比值，来研究和判断多空两大阵营的比较优势地位，从而预测未来大盘运行趋势，因此又称为回归式腾落指数，也叫上升下降比。与ADL指标一样，它也是仅供研判大盘走势之用的指标。对于ADR来说，其时间参数的选取一般以10为主，而其本身的取值在实际运用中一般以1为多空分界线（或波动中心）、在0至3之间波动，其常态区域通常为0.5—1.5。而且，时间参数越大则常态区域越小，反之，时间参数越小则常态区域越大。

2. 计算公式：

ADR（n）＝（∑Nr）／（∑Ng）

其中，

ADR＝涨跌比率指标

Nr＝一个交易日内价格上涨股票的数量

Ng＝一个交易日内价格下跌股票的数量

∑Nr＝n个交易日内所有Nr的总和

∑Ng＝n个交易日内所有Ng的总和

n＝时间参数，一般取值为10

3. 运用法则：

（1）一般地说，ADR在常态区域0.5—1.5之间时，表明多空双方大致势均力敌，股价指数波动不大；而ADR在0.5以下时，表明市场进入超卖状态，意味着大盘将筑底而后上涨，应伺机买进股票；而ADR在1.5以上时，表明市场进入超买状态，意味着大盘将做头而后下跌，应逢高卖出股票。

（2）如果ADR与股价指数同步上升，则可以确认股价指数的上升趋势，在短线上股价指数将继续看涨。

（3）如果ADR与股价指数同步下降，则可以确认股价指数的下降趋势，在短线上股价指数将继续看跌。

（4）如果ADR处于上升趋势之中，而股价指数却呈现下跌势头，表明出现底背离现象，则在短线上股价指数将会发生反弹行情，可以伺机回补。

（5）如果ADR处于下降趋势之中，而股价指数却呈现上涨势头，表明出现顶背离现象，则在短线上股价指数将会出现回档行情，可以逢高出局。

（6）如果ADR自下而上突破0.5，并在0.5附近来回徘徊一段时间，则意味着空头市场即将进入末期，可以视为买进股票的信号。

（7）如果ADR首先下降至常态区域下限0.5附近，然后很快就上升到常态区域上限1.5附近，则意味着多头力量异常强大，一般股价指数将会出现一轮凌厉的上涨行情。

4. 案例示意：

在此，以图86作为案例对涨跌比率指标ADR进行说明。

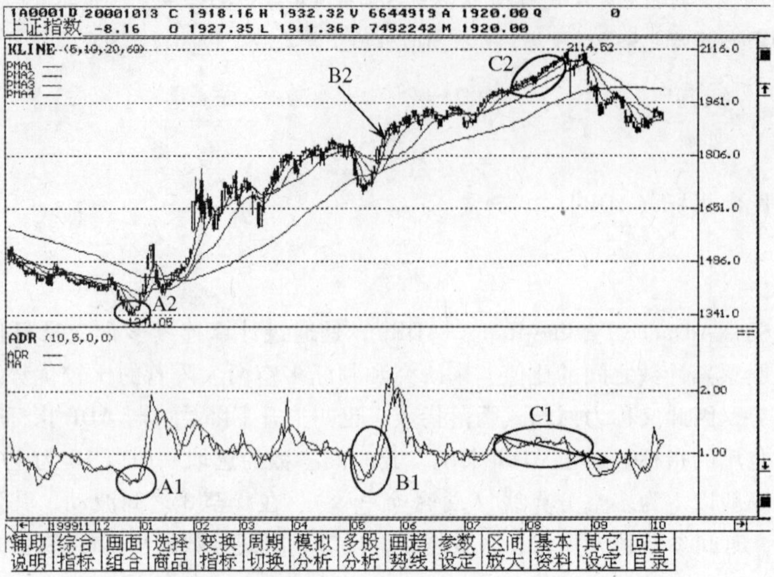

图 86 涨跌比率指标（ADR）

注解：如图 86 所示，上证指数（1A0001）在 1999 年 10 月 27 日至 2000 年 10 月 13 日期间的指数日 K 线图，以此为例来说明 ADR 指标的运用。其中，在 A1 区域，ADR 从 0.5 以下向上突破 0.5，并在 0.5 附近来回徘徊（即 1999 年 12 月 27 日的 ADR = 0.48，28 日 ADR = 0.57，29 日 ADR = 0.54，30 日 ADR = 0.51；2000 年 1 月 4 日 ADR = 0.72），预示着大盘的空头行情正进入尾声，对应地在 A2 区域应是买进证券的时机；在 B1 区域，ADR 下降到常态区域下限 0.50 附近，而后很快就上升到常态区域上限 1.50 附近，意味着多头力量异常强大，市场将呈现强势上升行情，对应地在 B2 处应继续持有证券；在 C1 区域，ADL 处于下降趋势之中，但相应地在 C2 区域上证指数却在高档区继续呈现上涨势头，表明出现顶背离现象，发出卖出信号，则在 C2 处应当逢高减磅直至清仓。

十七、超买超卖指标（OBOS）

1. 基本涵义：

超买超卖指标（Over Bought and Over Sold，OBOS），是以一定时期内价格上涨股票的累计数与价格下跌股票的累计数之间的差值，来研判目前市场的强弱状况，从而预测市场运行的短期趋势。这里的“一定时期”，也就是时间参数，通常界定为 10 个交易日。既然是差值，那么就不难知道 OBOS 的平衡位置是 0，即多空双方势均力敌。如果 OBOS 大于 0 的话，则表明多方占据优势地位，反之，如果 OBOS 小于 0 的话，则是空方占据优势地位。而且，OBOS（10）的常态区域一般在 -600 — +700 之间，超出这一区域则视为非常态区域。此外，从 OBOS 的定义可知，它也是一个仅供分析大盘运行短期趋势之用的技术指标。

2. 计算公式：

$OBOS(n) = (\sum Nr) - (\sum Ng)$

其中，

Nr = 一个交易日内价格上涨股票的数量

Ng = 一个交易日内价格下跌股票的数量

∑Nr = n 个交易日内所有 Nr 的总和

∑Ng = n 个交易日内所有 Ng 的总和

n = 时间参数，一般取值为 10

3．运用法则：

（1）一般地说，当 OBOS 大于 0 时，表明大盘处于多头市场，而且其值越大大盘越是强势；当 OBOS 在 0 上下徘徊时，表明大盘处于盘整阶段；当 OBOS 小于 0 时，表明大盘处于空头市场，其值越小大盘越是弱势。

（2）如果 OBOS 与股价指数同步上升，且 OBOS 大于 0 的话，则预示大盘将继续看涨，应采取做多策略，即买进持股。

（3）如果 OBOS 与股价指数同步下降，且 OBOS 小于 0 的话，则预示大盘将继续看跌，应采取做空策略，即卖出持币。

（4）如果 OBOS 低于－600 的话，则表明市场进入超卖状态，可以考虑买进股票。

（5）如果 OBOS 高于＋700 的话，则表明市场进入超买状态，可以考虑卖出股票。

（6）如果 OBOS 在高档形成 M 头的话，为卖出信号；如果 OBOS 在低档形成 W 底的话，为买进信号。

（7）如果股价指数连续上涨，而 OBOS 却呈下降之势，出现背离现象，则表明小盘股票下跌居多，大盘可能将会转弱，应当考虑卖出股票。

（8）如果股价指数连续下跌，而 OBOS 却呈上升之势，出现背离现象，则表明小盘股大多上涨，大盘可能将会转强，应当考虑买进股票。

4．案例示意：

在此，以图 87 作为案例对超买超卖指标 OBOS 进行说明。

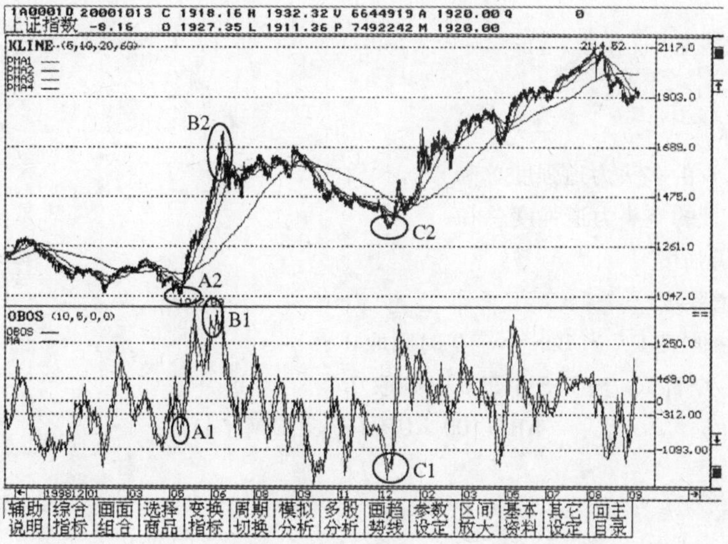

图 87 超买超卖指标（OBOS）

注解：如图 87 所示，上证指数（1A0001）在 1998 年 10 月 28 日至 2000 年 10 月 13 日期间的日 K 线图，以此为例来说明 OBOS 指标的运用。其中，在 A1 区域，OBOS 值持续大大地低于－600，表明大盘进入超卖状态，发出买进信号，对应地在 A2 区域应当买进证券；在 B1 区域，OBOS 值持续地远远大于＋700，表明大盘持续处于超买极区，发出明显的卖出信号，对应地在 B2 区域应当择机减磅直至清仓；在 C1 区域，OBOS 值大大低于－600，表明大盘已经进入超卖极区，发出明显的买进信号，对应地在 C2 区域应当买进证券。

第七节 能量指标

十八、意愿人气指标（BRAR）

1. 基本涵义：

意愿人气指标（BRAR）实际上是两个技术指标的拼合，指意愿指标（BR）和人气指标（AR）。其中，意愿指标（BR）以相反理论为基础，选择昨日收盘价格作为多空双方力量对比的均衡点，通过相对价格的波动与市场买卖意愿之间的相互关系来研判未来行情的演变。在它的指导下，投资者可以采取“人进我退，人退我进”的交易策略，在大多数人看好市场行情时卖出股票，而在大多数人看淡市场行情时买进股票。人气指标（AR）则以今日开盘价作为多空双方力量对比的均衡点，并根据市场积聚的人气（或者说能量）来反映和预测未来行情潜在的发展趋势。可见，意愿指标与人气指标只是从不同角度来选择买卖人气强弱的均衡点，都是根据相对均衡点的距离远近来描述多空双方的买卖气势，从而预测市场的未来走势。因此，它们都是买卖气势指标，通常两者结合运用。此外，从取值上看，BR与AR的均衡点都是100，BR（或AR）大于100表示多头占据优势，而BR（或AR）小于100则表示空头占据优势。不过，BR指标可能会小于0，此时则将BR视为0来处理。

2. 计算公式：

BR = 100 × BuS（n）/ BeS（n）

其中，

BR = 意愿指标

BuS（n）= n日的多头力道强度总和

BeS（n）= n日的空头力道强度总和

BuS = 多头力道强度

BeS = 空头力道强度

BuS = 今日H－昨日F，当BuS小于0时则取0

BeS = 昨日F－今日L，当BeS小于0时则取0

$$AR = 100 \times UP(n) / DW(n)$$

其中，

AR = 人气指标

UP（n）= n日的向上推力总和

DW（n）= n日的向下重力总和

UP = 向上推力

DW = 向下重力

UP = 今日H－今日S

DW = 今日S－今日L

H = 最高价格

L = 最低价格

S = 开盘价格

F = 收盘价格

n = 时间参数，一般取值为26

3. 运用法则：

（1）经验数据表明，当BR在70—150之间时，表明市场处于盘整阶段，多方仅仅稍占优势；

当 AR 在 80 —120 之间时，表明市场处于盘整阶段，不表示明显的趋势。

（2）一般地说，当 BR 小于 40 时，表明空方力量极强，但却预示随时可能发生反转上涨行情，可以考虑买进；而当 BR 大于 400 时，表明多方力量极强，但却预示随时可能出现反转下跌行情，应当考虑卖出。

（3）一般来说，当 AR 小于 60 时，应当考虑买进股票；而当 AR 大于 180 时，应当考虑卖出股票。

（4）如果 BR（或 AR）在高档转而下降，而股价仍然继续上涨，形成顶背离现象，则视为卖出信号；如果 BR（或 AR）在低档转而上升，而股价依然继续下跌，形成底背离现象，则视为买进信号。

（5）如果 BR 连续出现两个依次下降的峰，而股价却相应出现两个依次上升的峰，形成顶背离现象，则是卖出信号；如果 BR 连续出现两个依次上升的谷，而股价却相应出现两个依次下降的谷，形成底背离现象，则是买进信号。

（6）BR 通常运行于 AR 之上方，一旦 BR 跌破 AR 并在 AR 之下运行时，则表明市场开始筑底，视为买进信号，尤其是在 AR 小于 50 的情形下。

（7）如果 BR 快速上升，而 AR 并未相应上升而是小幅下降或横盘，出现两个指标背离运行现象，则视为卖出信号。

（8）如果 BR 与 AR 都呈快速上升势头，则表明股价正在冲顶，应当考虑卖出股票。

（9）如果 BR 与 AR 之间出现由离散走向收敛的趋势，则预示行情将会发生反弹，可以积极买进。

（10）如果 BR 在由低至高冲顶后转而下降一半，则意味着行情将会出现反弹，可以积极买进；如果 BR 在由高至低探底后转而上升一半，则意味着行情将会出现回档，应当坚决卖出。

（11）提请注意：AR 指标可以单独运用，但 BR 指标要与 AR 指标结合运用才有更佳效果。

4．案例示意：

在此，以图 88 作为案例对意愿人气指标 BRAR 进行说明。

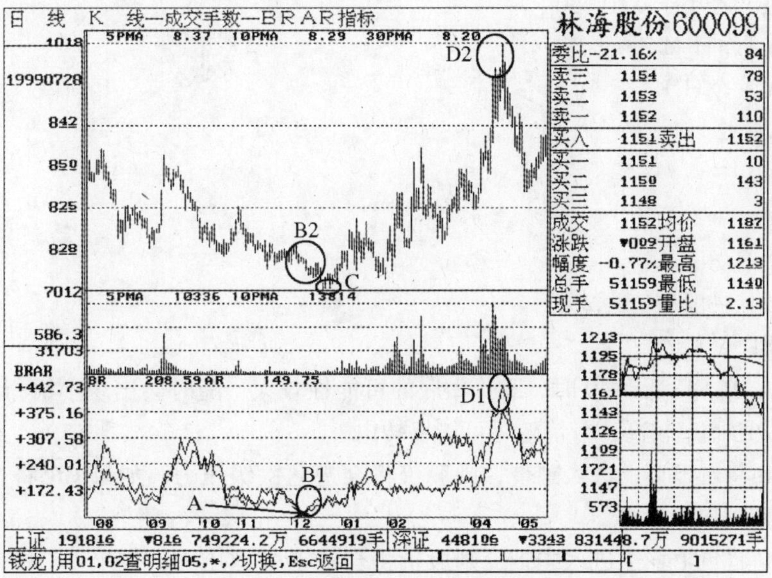

图 88　意愿人气指标（BRAR）

注解：如图 88 所示，林海股份（600099）在 1999 年 7 月 28 日至 2000 年 5 月 24 日期间的股价日 K 线图，以此为例来说明 BRAR 指标的运用。一般地，BR < AR，且尤其是 AR < 50 时，发出买进信号；BR > 400，AR > 180 时，发出卖出信号。但是，根据对中国股市的实证研究发现，当 BR < AR，且 AR 在 100 左右时即可视为发出买进信号。在图 87 中，在 A 点（1999 年 12 月 7 日），BR（=106.21）< AR（=104.86），

且BR、AR都处于100左右，似乎可以视为买进信号，但随后出现指标与股价之间的“底背离”现象（见图中B1和B2所示），此时可参考其他技术指标来研判，在出现底背离之后的C处应是买进时机。在D1处，2000年4月19日，BR＝420.89，AR＝348.94；4月20日，BR＝442.73，AR＝381.08，指标都已进入高价圈，发出卖出信号，对应地在D2处应当卖出股票，尤其是4月20日为最佳的卖出点。

十九、中间意愿指标（CR）

1. 基本涵义：

中间意愿指标（CR）与BA、AR指标的基本原理是一致的，不同之处在于它是以昨日中间价格作为多空较量的均衡点。在股价图形中，除了CR线之外，还有比CR提前若干个交易日的四条CR平均线（即A线、B线、C线和D线，其时间参数分别为10、20、40、62），它们对CR形成压力和支撑作用。正因为如此，CR对未来市场趋势具有一定的预知性，从而可以弥补BRAR的一些缺陷。从取值上看，CR也是以100为均衡点的，CR大于100表明多头占据优势，而CR小于100则表明空头占据优势。但是，CR较易出现小于0的情形，此时则取值为0。此外，对于A、B、C、D四条CR平均线而言，将A、B两线之间的区域称为“副地震带”（简称副带），代表次级性压力支撑；将C、D两线之间的区域称为“主地震带”（简称主带），代表强力性压力支撑。

2. 计算公式：

CR＝100×UP（n）/DW（n）

其中，

CR＝中间意愿指标

UP（n）＝n日累计上涨值总和

DW（n）＝n日累计下跌值总和

UP＝上涨值，若小于0则取0

DW＝下跌值，若小于0则取0

UP＝今日H－昨日M

DW＝昨日M－今日L

M＝（H＋L）/2

M＝中间价格

H＝最高价格

L＝最低价格

n＝时间参数，一般取值为26

3. 运用法则：

（1）一般地，当CR低于40时，股价做底的可能性较大，随时会出现上涨行情；当CR高于300时，股价做头的概率较高，行情随时可能反转向下。

（2）如果CR将自下而上进入副带，则股价将会遭遇次级压力；如果CR将自上而下跌进副带，则股价将会获得次级支撑。

（3）如果CR将自下而上进入主带，则股价将会遭遇强力压力；如果CR将自上而下跌进主带，则股价将会获得强力支撑。

（4）当CR跌到40以下，而后重返副带（即A、B两线之间），同时A线自下而上运行时，为买进信号。

（5）当CR向上运行至主带和副带的上方，而A线自上而下运行时，为卖出信号。

（6）当CR向下运行到主带和副带的下方，而后从低点向上爬升160%时，此乃短线卖出良机。

（7）如果A、B、C、D四条线大致同时相交（即形成一个粗略的交点），并且该交点位于CR前方若干天的位置，则此交点为股价的起涨点或起跌点。

（8）与BR、AR一样，CR在研判股价底部时效果不错，但在研判股价顶部则需结合其他技术指标（如VR）进行分析。

4．案例示意：

在此，以图89作为案例对中间意愿指标CR进行说明。

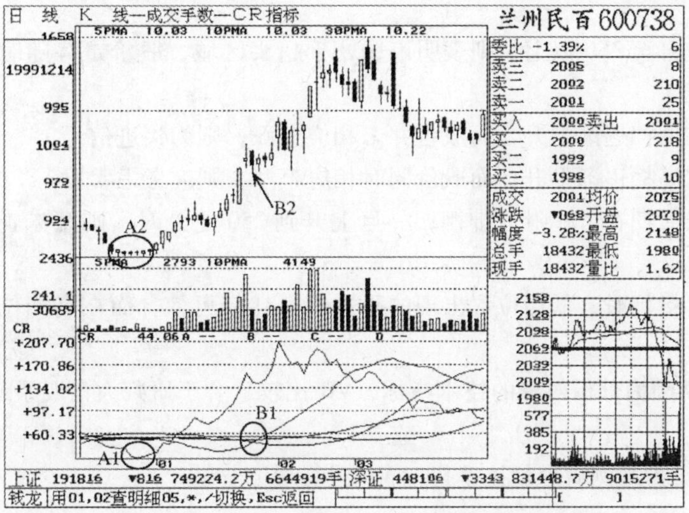

图89　中间意愿指标（CR）

注解：如图89所示，兰州民百（600738）在1999年12月14日到2000年3月29日期间的股价日K线图，以此为例来说明CR指标的运用。在图中A1区域，CR持续处于40以下，表明股价正在构筑底部，对应地在A2处（1999年12月23日至2000年1月4日期间）的任何一天均是买进点，应当买进股票；在B1点，图中A、B、C、D四条线大致相交构成一个交点，并且该交点明显位于CR前方，进一步确认当前行情的上升趋势，相应地在B2点（2000年1月25日）应当坚决继续持有股票或适当逢低加仓。另外，CR指标对于研判行情的底部比较有效，但在研判行情的顶部时必须结合其他技术指标使用。

二十、容量比率指标（VR）

1．基本涵义：

容量比率指标（Volume Ratio，VR），是以量先于价而行、量价同步或背离的量价原理为基础，通过计算一定时期内上涨日成交额总和与下跌日成交额总和的比值，来研判市场买卖气势从而提供买卖时机的一种技术分析指标。它是一种比较特殊的技术指标，以成交额作为分析对象，能够真实地反映买卖双方的力量对比和气势强弱状况。就容量指标的取值来看，理论上是大于0而趋于正无穷大的，但在实际中它可以按照VR值的大小划分为四个区域，即低价区域（VR在40—70之间）、安全区域（VR在80—150之间）、获利区域（VR在160—450之间）和警戒区域（VR大于450）。

2．计算公式：

$VR = 100\ (\sum Vup + 0.5 \times \sum Vcon)\ /\ (\sum Vdw + 0.5 \times \sum Vcon)$

其中，

VR＝容量比率指标

$\sum Vup$ = N日内所有上涨日的成交额之总和

$\sum Vdw$ = N日内所有下跌日的成交额之总和

$\sum Vcon$ = N 日内所有平盘日的成交额之总和

N = 时间参数，一般取值为 24

3. 运用法则：

（1）一般地说，当 VR 处于低价区域时，可以买进；当 VR 处于安全区域时，应当持股；当 VR 处于获利区域时，可以逢高卖出；当 VR 处于警戒区域时，应当坚决卖出。

（2）如果 VR 下降至 40 以下，则表明市场处于超卖极区，股价走势将就此构筑底部，应当伺机买进。

（3）如果 VR 上升至 350 以上，则表明市场处于超买区域，股价走势随时可能发生反转，要多加警惕头部的形成。

（4）如果 VR 在低档逐渐上升，而股价并未相应上涨，则为买进信号。

（5）如果 VR 在高档逐渐上升，而股价同时相应上涨，则应考虑卖出。

（6）如果 VR 长时期在 150 附近徘徊，一旦上升到 250 之上时，则意味着将出现一波上涨行情，应积极买进。

（7）在运用 VR 指标时，低档位置出现的买进信号比较可信，而在高档位置时应结合其他技术指标综合研判。

（8）作为以成交额为分析对象的技术指标，VR 比较适合于研判大盘股票或热门股票。

4. 案例示意：

在此，以图 90 作为案例对容量比率指标 VR 进行说明。

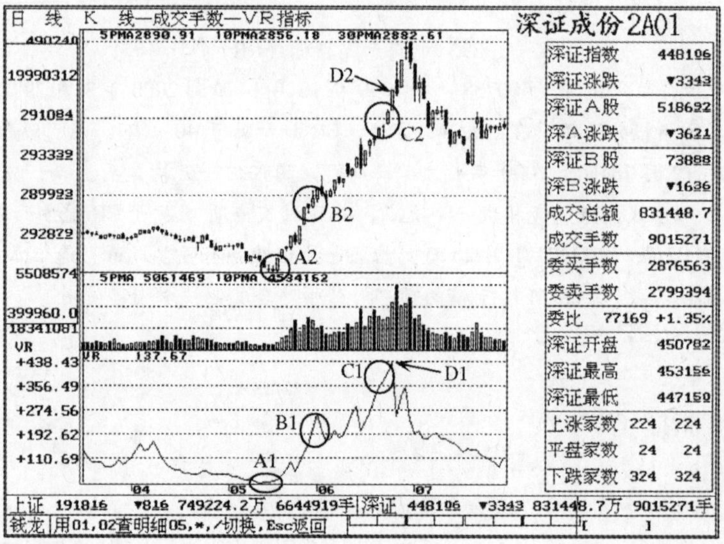

图 90 容量比率（VR）

注解：如图 90 所示，深证指数（2A01）在 1999 年 3 月 12 日到同年 7 月 29 日期间的指数日 K 线图，以此为例来说明 VR 指标的运用。其中，在 A1 区域，VR 都处于 40 以下，表明市场处于超卖极区，对应地在 A2 处（5 月 16 日至 19 日期间）大盘就此构筑底部，可以择机买进股票；在 B1 区域，VR 在 150 附近徘徊三天之后一举上升到 250 以上（即 6 月 1 日，VR = 263.56），预示着股价将继续上升趋势，对应地在 B2 处（5 月 27 日至 6 月 1 日）应当坚决继续持有证券或适当加仓；在 C1 区域，VR 都处于 350 以上，表明市场已经处于超买区域，则在 C2 处（6 月 21 日、22 日、23 日）应注意股价风险，考虑卖出证券减仓；在 D1 点（VR = 438.43），VR 达到警戒区域附近，预示市场走势随时将可能发生反转，在 D2 点（6 月 24 日）及随后几天里应伺机卖出证券。

第八节 量价指标

二十一、能量潮指标（OBV）

1. 基本涵义：

能量潮指标（On Balance Volume，OBV），是由美国著名技术大师葛兰威尔在继“葛氏八大法则”之后创立的又一大技术指标。它以上涨日和平盘日的成交量与下跌日的成交量之增减或者说起落情况来反映多空双方力量对比的变化，从而预测未来行情的演变趋势。OBV 指标的理论基础是“量先于价而行”原理，也就是说股价的变动必须要有成交量的配合 —— 价升量增，价降量减。对于验证目前股价运行的趋势和研判趋势可能的反转信号，它具有比较强烈的技术意义。因把每天的成交量看作海的潮汐，将股市比喻成一个潮水的涨落过程，而形象化地将 OBV 叫做能量潮。在实际股价图形中，OBV 曲线经常出现 N 字波，N 字波对于未来行情的研判具有重要的技术价值。

2. 计算公式：

OBVt = OBVy + sgn × Vt

其中，

OBV = 能量潮指标，基准日的 OBV 值即当日的成交量

V = 成交量

Sgn = +1，当今日股价上涨，即今日收盘价≥昨日收盘价

Sgn = -1，当今日股价下跌，即今日收盘价 < 昨日收盘价

t = 今日，y = 昨日（脚标）

3. 运用法则：

（1）一般来说，如果 OBV 曲线呈上升趋势，则表明股价将会出现一波上涨行情，其间若出现股价回档现象，应采取买进策略；如果 OBV 曲线呈下降趋势，则表明股价将会出现一波下跌行情，其间若出现股价反弹现象，应采取卖出策略。

（2）如果股价上涨（或下跌），而 OBV 曲线也相应上升（或下降），则可以确认目前的行情的上升（或下降）趋势。

（3）如果股价上涨（或下跌），而 OBV 曲线并未相应地上升（或下降），则意味着出现背离现象，预示行情将可能会发生反转，应是卖出（或买进）信号。

（4）当股价进入盘整状态，OBV 曲线将会率先发出突破信号，一旦发生突破，其有效性较强。

（5）一般地，OBV 曲线经常以 N 字波作为分析中介，结合背离原理来研判未来行情的发展。

（6）当 OBV 曲线显示累计出现 5 个逐渐上升的 N 字波时，视为短期回档信号。

（7）当 OBV 曲线显示累计出现 5 个逐渐下降的 N 字波时，视为短期反弹信号。

（8）当 OBV 曲线显示累计出现 9 个逐渐上升的 N 字波时，视为中期回档信号。

（9）当 OBV 曲线显示累计出现 9 个逐渐下降的 N 字波时，视为中期反弹信号。

（10）当 OBV 曲线显示出现不规则小型 N 字波，并且小型 N 字波持续横向盘行达到 21 天之后，一般意味着股价将会向上突破，为买进信号。

4. 案例示意：

在此，以图 91 和图 92 作为案例对能量潮 OBV 进行说明。

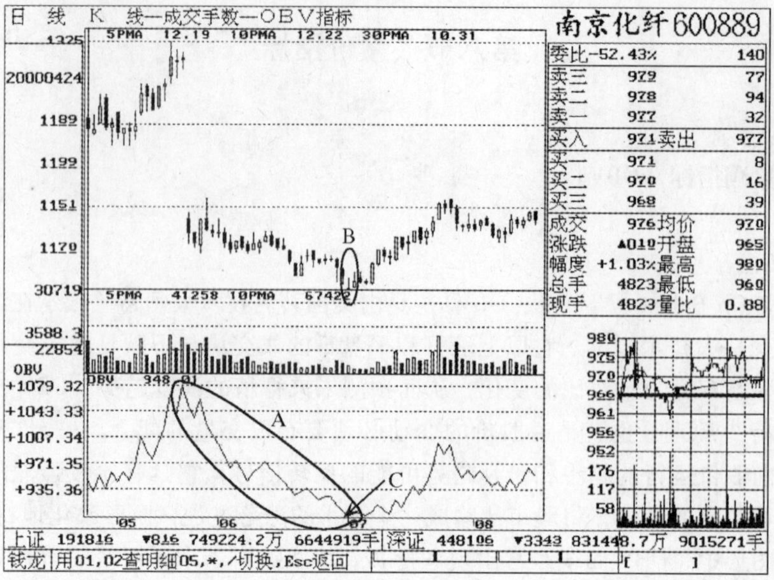

图 91 能量潮（OBV）之一

注解：如图 91 所示，南京化纤（600889）在 2000 年 4 月 24 日到同年 8 月 15 日期间的日 K 线图，以此为例来说明 OBV 指标的运用。在 A 区域，OBV 曲线的运行显示累计出现 5 个逐渐下降的 N 字波，在第五个 N 字波完成时即 C 点处发出短期反弹信号。对应地，在图中 B 点（7 月 3 日）为买进点，应当买进股票。

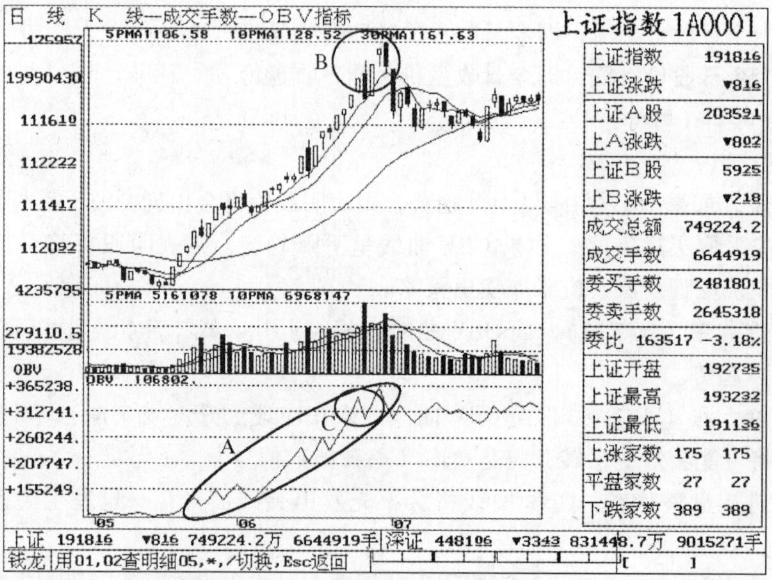

图 92 能量潮（OBV）之二

注解：如图 92 所示，上证指数（1A0001）在 2000 年 4 月 30 日到同年 7 月 29 日期间的指数日 K 线图，以此为例来说明 OBV 指标的运用。其中 A 区域，OBV 曲线的运行显示累计出现 6 个逐渐上升的 N 字波，在第五个 N 字波完成时即发出短期回档信号，尤其是在出现第六个 N 字波（图中粗线小椭圆 C 处所示）时，更是进一步确认其短期回档信号。对应地，在 B 处数日（6 月 24 日、25 日、28 日和 29 日）都是卖出点，应当伺机卖出证券。

二十二、简易波动指标（EMV）

1．基本涵义：

简易波动指标（EMV），是由美国人阿姆斯·基斯（Arms Js）提出的。它以等量图原理为基础，用平均价差与成交量之间比值的累加量之平均数来反映市场人气的强弱状况，从而研判未来行情的发展趋势。简易波动指标要求采取相反理论操作策略，逆市场情绪而动，将会有良好的投资效果。在实际股价图形中，简易波动指标有两条曲线，即白线 EMV 和黄线 EMVMA，它们都以 0 轴线（绿色虚线）为波动中心。

2．计算公式：

EMV = ∑（DEP/Vp）/n

EMVMA = EMV（m）/m

其中，

EMV = 简易波动指标

EMVMA = m 日平均 EMV

DEP = EPt − EPy

EP =（H + L）/2

Vp = Vt /（Ht + Lt）

DEP = 均价差

EP = 平均价格

Vp = 价量值

EMV（m）= m 日 EMV 值之和

H = 最高价格

L = 最低价格

∑ = 时间参数为 n 的累加求和

t = 今日，y = 昨日

n = 时间参数，一般取值为 14

m = 时间参数，一般取值为 9

3．运用法则：

（1）一般地说，较小成交量推动股价上涨会使 EMV 上升；股价下跌而成交量较小会使 EMV 下降；股价处于盘整阶段或其涨跌伴有较大成交量，则会使 EMV 接近 0 轴线。

（2）如果 EMV 自下而上穿越 0 轴线，则为买进信号。

（3）如果 EMV 自上而下跌破 0 轴线，则为卖出信号。

（4）如果 EMV 自下而上突破 EMVMA，则可以视为买进信号。

（5）如果 EMV 自上而下跌破 EMVMA，则可以视为卖出信号。

（6）主要根据 EMV 曲线来研判买卖点，它与 EMVMA 之间的交叉现象不具普遍的技术意义，但以 EMVMA 上穿或下破 0 轴线作为研判买卖点的依据，常常效果更佳。

4．案例示意：

在此，以图 93 作为案例对简易波动指标 EMV 进行说明。

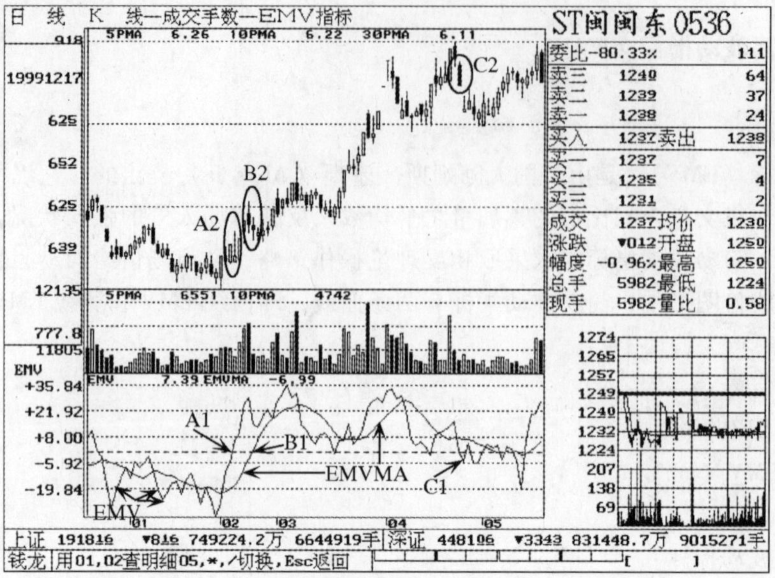

图93 简易波动指标（EMV）

注解：如图93所示，ST闽闽东（0536）在1999年12月17日至2000年5月24日期间的日K线图，以此为例来说明EMV指标的运用。在该图中，EMV指标区内凸凹不定的那条曲线为EMV曲线，而比较平滑的那条曲线则是EMVMA曲线。其中，在A1点，EMV自下而上穿越0轴线，发出买进信号，对应的A2点（2000年2月17日）为买进点；在B1点，EMVMA自下而上突破0轴线，也发出买进信号（以此法则研判行情，常常效果更佳），对应地在B2点（2000年2月23日）应继续持股或适当加仓；在C1点，EMV自上而下跌破0轴线，发出卖出信号，对应的C2点（2000年4月24日）为卖出点。

二十三、威廉变异离散量（WVAD）

1．基本涵义：

威廉变异离散量（WVAD）是一种成交额加权指标。其理论依据是，以收盘价与开盘价之间的价格区间作为多空对比均衡区域，在此区域之上的股价视为压力，而在此区域之下的股价视为支撑，通过研究成交额在均衡区域的分布状况来对未来行情进行研判。在实际股价图形中，只有一条白线WVAD，理论上它在0轴线（绿色虚线）上下波动。一般地，WVAD在0轴线之上，表示在均衡区域之下存在较大支撑，买方力量强大，而WVAD在0轴线之下，表示在均衡区域之上存在较大压力，卖方力量强大。

2．计算公式：

WVAD（n）=∑［（A/B）譜］

其中，

A = F − S

B = H − L

V = 今日成交额

F = 今日收盘价

S = 今日开盘价

H = 今日最高价

L = 今日最低价

∑ = 累加求和

n = 时间参数，一般取值为6、12、24等，这里取24

3. 运用法则：

（1）如果 WVAD 自下而上突破 0 轴线，则是长线买进信号。

（2）如果 WVAD 自上而下跌破 0 轴线，则是长线卖出信号。

（3）如果 WVAD 在 0 轴线附近徘徊，则意味着股价处于盘整势道之中，应采取观望策略。

（4）WVAD 应与其他技术指标结合运用，尤其是在以 WVAD 买进信号做多之后，可以依靠 SAR 指标提供卖出信号。

（5）应当注意的是，WVAD 作为一个长线指标更有技术意义。

4. 案例示意：

在此，以图 94 作为案例对威廉变异离散量 WVAD 进行说明。

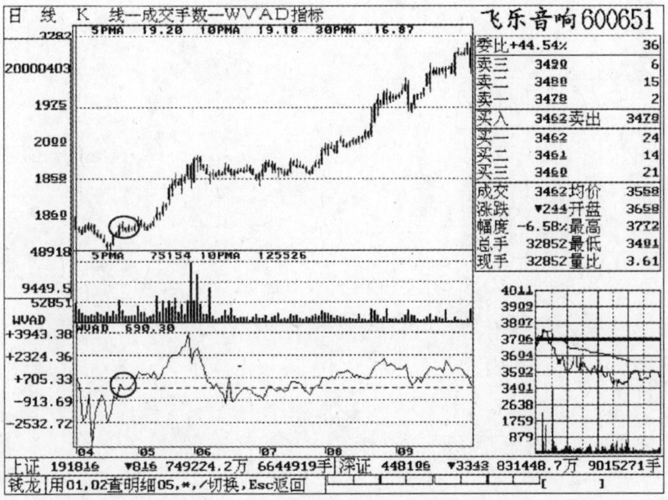

图 94　威廉变异离散量（WVAD）

注解：如图 94 所示，飞乐音响（600651）在 2000 年 4 月 3 日至同年 10 月 13 日期间的日 K 线图，以此为例来说明 WVAD 指标的运用。在该图 WAVD 指标区，靠中间的细虚线为 O 轴线。其中，A1 处，WVAD 初次自下而上突破 0 轴线（即 4 月 21 日，WVAD＝326.92），而后又回到 0 轴线下方附近，最后再次向上突破 0 轴线（即 4 月 27 日，WVAD＝201.99），发出明显的长期买进信号，对应地在 A2 处的五个交易日内（即从 4 月 21 日到 27 日期间）都是长期投资的买进点。值得说明的是，该指标对于研判多头行情更有意义，因此更加适于研判买进时机，而对于卖出时机的研判尚需结合其他技术指标综合运用。

第七篇

闲庭信步论股市

中国像辆呼啸前行的磁悬浮列车

——谈盛世问题兼谈股市

复旦大学教授　谢百三

笔者于2006年12月14日来到香港凤凰卫视，与两位当地教授辩论关于中国是否处于五千年来的又一个盛世初期之中的问题，现作如下几点说明：

1. 为什么讨论这个问题，是否会引起“民族主义”？其实在亚洲，持有狭隘“民族主义”而被批评的只应是日本少数军国主义分子。日本在1894年发动甲午战争侵略中国，在一战、二战中继续侵略中国和整个东南亚国家，至今尚未正式道歉。对于日本我们要防止其出现狭隘的“民族主义”。而中国从1840年以来一直遭人欺侮，经历过两次鸦片战争、中日甲午战争、八国联军侵华战争，前后多次被迫割地赔款；仅在1931—1945年抗日战争期间，中国就死伤军民2 000万人。那么中国何来民族主义呢？中国需要的是爱国主义与民族自豪感、民族凝聚力、民族自信心。中国处于盛世初期符合事实，也有利于震慑“台独”分子。

2. 笔者多年来一直认为“21世纪的中国将是世界上发展最快的大国”。笔者于1997年在新加坡出版的《投资中国》、2001年在北大出版社出版的《中国当代经济政策及理论》这两本书的第一章中都写明“21世纪的中国将是世界上发展最快的大国”。其实，这与“盛世”之说已经很近了，这不是什么邀功请赏，而是基于经济学的分析和合理的预测。中国历史上的盛世既有长达130年的“康乾盛世”，也有区区32年的“永宣盛世”。中国改革开放已经28年了，正处于盛世初期。1996年2月2日，瑞士达沃斯第26届世界经济论坛年会上，2 000名来自世界各国的企业界人士在回答“未来五年经济增长最快的是哪个国家？作为企业家，你准备首先在哪个国家投资？”时，结果得票最多的是“中国”。2004年9月27日，美国《华尔街日报》对12个诺贝尔经济学奖获得者、顶级经济学家调查“75年后，谁将是世界最大的经济体，美国、欧盟还是中国？”有七名顶级经济学家肯定地说“中国”。他们看好中国今后75年的发展，何以我们自己反而就不看好呢？

3. 中国处于盛世初期是不争的事实。1978—2005年，中国GDP从3 000亿元人民币上升到18.3万亿元；今年将达到20万亿元，年均增长9.5%，GDP总量高居世界第四位（按中国当前汇率水平计算）；国际货币基金组织按购买力平价汇率计算出的中国GDP高达6万亿美元，高居世界第二；进出口总额也是世界第二。这是何等辉煌的成就！有人居然说这不能说明什么，将改革开放、中国人民几十年打拼的成绩一笔勾销，这是什么心态？有人怀疑这些数字有水分，是虚报的。这是20年前计划经济时代的思维方式，当时地方政府和国有企业领导虚报高数字，可以升官。但是现在经济结构发生很大变化，市场经济下的企业只会少报增长率，这样可以少缴税；地方政府为应对中央对经济过热的宏观调控，也有少报的必要。

28年来，中国钢铁产量从5 000万吨上升到4亿吨，粮食产量从6 000亿斤上升到9 000亿斤，贫困人口从2.5亿下降到2 300万，人均GDP从300美元上升到1 700美元（长三角地区人均为3 500美元，上海则高达6 500美元）。在世界15个国际金融中心城市中，上海四年时间盖了4 000幢高楼，是发展最快的，广州、大连、深圳、青岛、天津等城市的发展都非常快。只要尊重事实，出去走一走看一看，无论是经济发达的珠三角、长三角还是比较落后的地区，这几年经济发展都很快。一位诺贝尔经济学奖得主说：“中国的统计数据是可信的，只要到中国各地区走走看看就会得出这一结论。”

中国的外交政策日益娴熟，在处理朝核问题、海湾危机方面可见一斑；48个非洲国家领导人云集北京开会；中国的话语权越来越大，全世界愿意倾听中国的声音，中国在世界各国受到前所未有的尊重。中国没有恐怖主义、没有战争，是最安全的地方。这都是中国古代盛世所不多见的。

体育事业是国力的反映，我国从历史上的“东亚病夫”发展成亚洲第一体育强国。在2004年的雅典奥运会上，中国健儿一举夺得32金，金牌数排名世界第二。在正在举行的多哈亚运会上，中国稳居奖牌榜首位。2008年奥运会将在北京举行，2010年亚运会将在广州举行。每次运动会，我国都派出几百名优秀运动员组成的强大阵容，这在过去是不可想象的（1932年奥运会中国仅派出一名运动员参加比赛）。

4. 盛世中的问题应以发展的眼光对待。目前中国仍然存在大量问题：贫富分化严重（这已经成为中国最大问题之一）；看病太贵，因病致贫、因病返贫现象在城乡都大量出现；股市中黑幕仍然很多；失业问题仍在困扰民众。对于这些问题，我们都在研究、分析，给各级政府撰写分析报告（该呼吁的一定要呼吁，长期以来，笔者坚持实事求是的态度，对股权分置未解决前的中国股市批评多，赞扬少，这是人所共知的事实）。

其实，历史上的所谓“盛世”也都存在很多问题。“朱门酒肉臭，路有冻死骨”，我们查过，这是大诗人杜甫在安史之乱前写的，说明当时社会贫富差距也很大。“和珅跌倒，嘉庆吃饱”，和珅贪污的资产相当于清政府15年的财政收入，这说明了当时的腐败问题很严重。康熙时的“文字狱”更是令人不寒而栗。这些都是发生在所谓“盛世”中的现象。无论古今中外，问题从来都存在，关键是我们怎样认真严肃地处理这些问题。当我们将蛋糕做大，深化改革开放、调整产业结构后会逐步解决问题的。例如，我国免除了几千年来一直实行的农业税制度，而且对种地农民进行补贴；我国已经实施真正的九年制义务教育，免除一切学费。1994、1995、2006年我三访新加坡，那里规定男性满65周岁、女性满60岁才能退休，劳动力远远不够，中国早晚会有这一天。关于医疗费用太贵的问题，我们也写了很多报告，并且得到重视，药价降了两次，但是治疗费用上涨过快，我们认为以往的改革是失败的。

5. 调查表结果是辩论以前就出来的。本周四，笔者在凤凰卫视与香港两位教授辩论之前，主持人告诉我，网上调查表明：支持我的观点的人不是很多。但是，辩论结束后，我也接到很多支持、鼓励我的电话。我并不很在意支持率的多少。作为经济学者，我们有必要向公众阐述自己的学术观点，因为这些学术观点对我国今后的经济决策会有参考价值。当然，有时候真理往往掌握在少数人手中。例如从1994年起，我就根据我的调查研究，在各种媒体上撰文表述人民币的含金量很高。当时很多人不以为然，现在的事实印证了我的观点。

由于经济发展还不平衡，人们对所处的环境不满，有很多怨言，笔者也身有同感。中国仍有太多令人不快、不满、不平之处，而正是这种对现实的不满，构成我们前进的动力。例如贪污腐败，民众怨气很大，中国正在认真清理。据统计，2005年中国清理处罚的贪污腐败分子高达11万人。只要警钟长鸣，有贪必清，中国就有希望。

总之，在战略上，长期看好中国的发展，包括看好中国的证券市场；在战术上、策略上认真研究、分析、处理好种种矛盾。中国像一辆高速前行的磁悬浮列车，尽管车上有人扔废纸、讲粗话，但是列车始终在高速向前。

中国股市创出历史新高，从基本面来看，中国经济高速发展，出口势头仍然旺盛，又由于外汇占款所引起的流动性过剩依然存在，所以股市长期向好是有保证的。

那位香港学者用20世纪50年代计划经济下的经济增速很高来否定中国改革开放以来受到全世界公认的GDP增速，这明显是胡搅蛮缠的辩论技巧。中国GDP增长率是世界各国看好中国经济的重要依据。但他们将中国今天牛气冲天的股市与美国1929年经济危机前的股市相比，更说明他们对中国股市现状了解不深，中国股市的蓬勃发展是有扎实的基础的，是中国五年来的经济积累所成就的。

（原文发表于《金融投资报》，2006年12月）

中国证券史上的宏观调控及本次股市大幅调整

复旦大学教授　谢百三

编者按： 本文在sohu经济学人谢百三博客（http：//xiebaisan. blog. sohu. com/）发表后，立即为各网站、报刊转载，仅这一网页就有92 000多人阅读，影响很大。后边的事态发展也见证了本文的分析。

2007年1月30日—2月6日，中国股市终于出现深幅调整，几天之内下跌439点。1月31日是300指数有史以来单日最大跌幅。很多投资者，尤其是新入市的股友，被突如其来的灾难打懵了，完全不知所措。他们痛不欲生，还说“等涨回来就跑，以后再也不敢入市了”。

由于从1999年6月以来股市不断上涨，尤其是近几个月涨得较快，近日遭到了海内外学者和外国投资银行的一片批评（注意，它的特点是，外国人和港澳台人士批评为多）。同时国内也有领导同志和学者对此深表不安，如国资委主任李荣融说，国营企业是搞实业的，不是助长搞泡沫经济的（大意）。此外，还有谢国忠、罗杰斯也表示忧虑。（一直有点搞不懂，罗杰斯一个外国人，他买的是什么股票，是中国的A股吗？B股价格低很多。难道他是QFII的操盘手？还是有其他的什么特殊原因？）

其实世界各国的历史上都出现过股市上涨较快的情况，如前几年的美国，NASDAQ市场从1 000点涨到5 000点，市盈率变成了“市梦率”，高得出奇。遗憾的是未见有几个外国学者对美国股市严加批评，也未见他们对美国证监会SEC和格林斯潘和克林顿总统多加指责，反而全世界都以美国为榜样，跟风大炒网络股。津津乐道，乐此不疲，此外还花了大量的人力和物力去研究。比如中国有人把一个送水的梅林当作网络股，炒到30多块。那些愚蠢狂热的专家学者把巴菲特这种实实在在的价值投资者嘲笑为愚钝，我估计这些洋枪洋炮洋思维的外国人现在还在不加分析地批评中国股市是泡沫。对于3块美元两个小馄饨的波士顿物价、33块港币一碗菜汤面的香港物价，他们却从未想过是泡沫经济。

中国股市真难啊，一旦涨得较高，关心批评我们的人就比比皆是，于是有时宏观调控也就因此而起。如1992年6月，股市涨到了1 400点，香港的一位经济学家给中央写了一封信，谈到中国沪深股市快速上涨，这种情况日本、香港、台湾都发生过，他担心是否有大资金换成人民币进入股市，炒高获利以后会席卷而去，最后损失的还是中国内地老百姓，希望政府加以调控。这封信立即引起重视，几位领导同志都做了批示，决定：“不停地增加供给”，加快发新股，平抑沪深股市。当时的股市规模很小，调控立竿见影。股市很快一浪一浪地向下跌去，直到1992年11月392点。

在这种情况下，笔者通过新华社上海分社给中央写了一份内参（第2238期），在信中反映到我国股市应该有涨有跌，但不应该持续下跌，否则后果不堪设想。一会影响股份制的试点，二会打击长期投资者。股价不能人为硬压。这封信引起了中央的重视。后来，在党中央国务院的关注下，上海市证交所和证管办又想了各种办法，如在全国更多的中小城市开设网点，吸引城乡投资者入市；如希望上市公司拿出募集资金的十分之一来托市；如打算给老股东送红利；如让有影响的老股民出来带头买股票等等——这样，经过非常困难的艰苦努力的向上调控，1992年11月18日起的半个月中，在392到400点一带徘徊了半个月，成交量极度萎缩。一些大中机构默默吸纳股票，两周以后，股市止跌回升。人们由害怕、解套就跑，又反过来追涨入市，由小涨到大涨，短短两个月又涨到了1 500点。一些大户在证券公司门口放起了鞭炮，仰天大笑，也有一些妇女，喜欢得掉下了眼泪。（也有个别人，在这个过程当中，受不了巨亏的打击和调整的压力，以身殉职——这是极其不对的。黑暗终将过去，曙光一定到来。）

中国股市的这种调控发生过多次，又如1994年7月底，股市跌到325点的时候，国务院出了“三大政策”救市。但由于当时的银行利率很高，三年期存款的保值贴补率高达20%—25%左右，居民宁可存款也不愿去炒股。政府向上调控的效果就很差，股市从325点一度涨到1050多点。但仅仅在1 000点上逗留了两天，就一路向下跌去，再次跌到500点一带，真可谓无可奈何花落去。

到1996年12月，股市涨到1 200多点时，人民日报发表了《关于当前的股票市场形势》一文。周日晚上向全国广播，市场反应极为激烈。周一周二周四三天，多数股票跌停板。五天当中深圳股市下跌了28%，上海股市下跌了20%。记得是周日深夜，笔者与北京一位中国证监会副主席通了电话，认为有几点意见可供领导参考。一是股市暴涨肯定有银行国有企业的违规资金进入，但80%应该是老百姓带来的。800万新股民人均带入3万元就是2 400亿，老股民每人每年加2万元，又是2 600亿，股市哪能不涨。成千上万股民入市，更深层次原因是因为银行取消了保值贴补并两次降息。大量资金开始寻找新的投资方向。这些资金进入A股、B股、法人股、邮市、收藏品市场，甚至苏州无锡的墓穴也涨了300%，因此这是一种货币现象——我认为“治大国如烹小鲜”，股市连着几千万的家庭，每家又连着几个亲戚，影响到几亿人。故应该慎之又慎。这位副主席告诉我，我们主要是为了打击泡沫经济，我们别无选择，虽然一再警告，但股市就是涨个不停。

1996年12月这次调控，在跌到800多点时，管理层又出来救市向上调控。沪深证交所总经理于12月17日，同时在各自交易所发表谈话。指出：“我们要提醒投资者，无论在何种情况下，要冷静地保持理性，切忌追涨杀跌。”而当时最受人尊敬的是上海的颇有水平的股评家应建中等人，在声讯台发出了“手中有股、心中无股、调整到位、越跌越买”，后来的事实证明他是完全正确的。

这样的调控以后又发生过多次，给人的感觉是：

第一，中国证券市场中政府的调控能力很强。

第二，政府一度也把调控股市的涨落当作一项重要工作来抓。

第三，大多数机构也学会了跟着调控走。

第四，随着市场规模的扩大，参加资金的增多，后来出现的几次调控，其作用不断变小，如停止国有股从市场减持，只涨了两天又跌了下去。

第五，新股发行的快慢多寡，往往是宏观调控的重要方式和手段。股市规模较小时，不停地发放新股，股市大多一路狂泻；但规模大了以后，发新股的影响越来越小。

第六，股市的调控与市场的利率、货币政策关系最大。银行利率处于降息周期时，向下调控作用不大。例如1996年12月，银行利率从10．89%降到7．47%，并还在继续下降，股市经调控暴跌之后，到1997年2、3月份，股市又顽强地涨起来，迈入新的牛市之中。通涨和利率处于高位时，或遇到国有股高价减持时，证券市场的向上调控大多是不成功的。故宏观调控能否成功主要看其是否符合经济规律和中国国情。

第七，宏观调控下的股市，比较深的跌幅有时会达到25%—30%，时间可长达几个月。但有时在跌10%—15%即可止住，时间也相对较短。

第八，最终投资者在这种调控前会否免于陷入灭顶之灾，最主要还是要看自己。一看有没有借钱炒股票（这是很犯忌的）；二是看股票选得好不好，质地好的股票虽然也会跟着大盘下跌，最终还是能够逆着风浪，长期上涨；三是看能否控制好仓位，保持一定的现金流，以便高抛低吸。

2007年1月31日股市当天大跌144点后，下午四点，本人接受了中央电视台采访。对于现在的股市是否存在泡沫这个争议很大的问题，笔者谈了如下看法，即这轮牛市的上涨行情主要由以下几个原因造成：

第一，党中央国务院的呵护；

第二，中国宏观经济发展极快；

第三，股权分置改革使股民恢复了信心，得到了实惠；

第四，本届证监会工作出色，打掉了很多庄家，追回了不少大股东欠款；

第五，人民币升值引起的流动性过剩。

笔者特别谈到，所谓的“泡沫”不“泡沫”，是很难界定的。市盈率的合适不合适主要与本国国情有关，并不是哪个外国人能说了算的。如，美国的利率是4%—5%，它的市盈率是15—25倍左右。日本利率接近于0，市盈率是60倍，更高时达到过80倍。1995年新加坡利率是3%，市盈率是33倍。中国1994年利率是10.89%，加上保值贴补率是20%—25%，由于国债市场是可以随时买卖兑现的，因此当时的市场利率也高达20%—25%，没有几个人愿意冒险买股票，当时股市的市盈率就很低，只有8—12倍。

笔者还指出，流动性过剩问题应该引起重视，它所引起的后果和对付它的办法主要是如下几种：

第一，如果疏忽，弄得不好，可能会引起全国全面的较严重的通货膨胀，象20世纪90年代中期那样，百分比在两位数以上。国人肯定反对。

第二，另找一个疏导地方，比如让房地产市场重新亢奋，每年上涨10%—20%，这也不妥。

第三，人民币快速升值，一步到位，但可能会导致几百万家外贸出口型企业倒闭，引起大量失业。

第四，提高利率，但是在本币升值时提高利率是不妥的，也是很少见的，有可能会吸引外资热钱更快的涌入境内，并且用处也不大，因为升息不可能太高。

第五，让股市温和上涨，让更多的民营企业和国营企业来上市，募集资金，促进经济的发展。我认为这是无奈的没有办法的办法，也是唯一的较好的选择。

我一直觉得很奇怪，股市跌了五年，跌到了998点，那么多的外国经济学家，港澳台同胞，不来帮我们呼吁呼吁，怎么一涨到30倍市盈率左右，就遭到了全世界的普遍批评？我非常尊敬前美联储主席格林斯潘的为人及其金融判断和调控能力，他最近建议中国政府不要过多干预股市，应该放手让市场按其自身轨道发展——这可真是疾风知劲草！此时此地，就可以看出世界级金融大家的水准和风范来了。

对于这次股市大调整，应该说还是可以理解的。既完成一次技术调整（现在调整还在继续之中），很多踏空的投资者有机会可以逢低进入，又可以理直气壮的回答很多批评者，我们的股市也是可涨可跌的。至于调整到什么时候是很难说清楚的。但是有一点必须注意，引起股市上涨的几大因素尤其是流动性过剩的问题依然存在，高位跑出去的资金还在股市旁边窥测方向等待机会。此外对沪深股市有领头羊影响的招商银行，1月31日跌到16.8元，与H股价基本拉平（笔者发现许多含金量极高成长性极好的股票也在狂跌不止，真是城门失火，殃及鱼池）。笔者认为，其实内地股价比香港高一些是完全合理的。因为香港没有流动性过剩问题，香港实行联系汇率，货币能够完全自由兑换，港元正在随美元贬值，香港不存在流动性过剩问题。持有港币的人可以买全世界股票，当招商银行A股和H股价格一致时，这意味着什么呢？中国大陆人民币不可以完全自由兑换，又处于持续升值之中，并且每天不得不发出去大量的基础货币，以应对外资热钱的涌入。中国内地的股市是封闭的，宛如天山上的天池，比连着五大洋的海平面还高一些，还有什么不能理解的呢？

总之，这次的宏观调控是可以理解的，政府的政策总应该是反周期的，总不应该是火上浇油的。选好个股，控制好仓位，只要股票质地好，我们一定能挨过风雪弥漫的严冬，迎来下一个春天。

（修改完成于复旦园，2007年2月7日）

我爱人民币　我爱中国

复旦大学教授　谢百三

编者按：早在1994年1月，笔者就在《万科》周刊上发表了《不存美元》一文，认为人民币已成为强势货币。这一看法比朱镕基总理在亚洲金融危机中表示人民币不会贬值早了三年多。而《我爱人民币　我爱中国》发表于亚洲金融危机形势最严峻的时刻。日元汇率狂跌，由于人民币汇率政策实际上是一种类似盯住美元的不洁净（Dirty）汇率制度，这对人民币形成了较大的压力。全亚洲、全世界都注视着中国。新加坡资政李光耀说："人民币能坚持16个月不贬值，我们就能战胜亚洲金融危机。"因此，1998年12月，人心浮动，黑市美元暴涨，股市动荡。《证券市场》周刊主编方泉约我就此再写一篇文章。我反复推敲，写出此文，文章发表以后影响颇大，收到很多来信来电。文章一定程度上起了一些安定人心、稳定形势的作用。很多年过去了，现在重读此文，依然闪烁着真理的光辉；而这是在京城经济学界一片惊呼"人民币应该贬值"的时期。

本周，当日元与美元汇率再一次跌到1∶140以下时，亚洲股市、汇市又一次呈现惊恐之状，中国A、B股市场也再次受到波及。周四，沪市A股跌到1 381点，周五又下探1 377点（深市类似）；B股又向40点的历史底部退却。甚至连一些原来较有信心的机构及研究人员也沉不住气了，来电问及是否要换美元。

我是1993年底开始研究这一问题的。

"人民币是世界上最强势货币之一，我不存外币，当然也不存美元。"我对这个问题态度坚定，绝不是管理层表示"人民币不会贬值 "后，与中央保持一致的需要，而是从内心深处，切切实实认为人民币不会贬值，它的含金量很高。此外，中国在世界金融风暴中一再表示人民币不会贬值，也是中国根据中国经济的实际情况及亚洲经济、世界经济的困难作出的正确判断，对世界经济、对亚洲经济作出了重大贡献。这一态度，不仅赢得了亚洲人民深深的感激与尊敬，也将会更多地吸引外资进入中国来投资与开发，将会更好地保持中国在亚洲金融危机中的"根据地"地位，为在危机过后中国经济的崛起与腾飞奠定了扎实的基础。

在这世纪之交，金融风暴卷土重来的危难之际，我为自己是一个中国人而自豪，应该再说一遍：我爱中国，我爱人民币。

我认为人民币不会贬值，也不应贬值的理由主要如下：

一、中国经济一直处于高速增长期，20年来，平均以9%—11%的速度增长，是世界增长最快的国家之一，只是在1994年11月底中央采取措施抑制通胀与过快增长后，才有所回落。但目前的回落是主动调控的结果，也是中国经济中的一次调整与休息。中国经济在进行了产业结构调整，寻找到新的经济增长点后，仍会进入高速增长时期。总的上升趋势决不会改变。这就为人民币币值稳定奠定了最根本的基础。

二、人民币购买力很强，含金量很高。在成千上万种商品中，各国都挑选一些商品进行物价统计调查。我国选了与人民生活与工农业生产关系最密切的325种商品进行调查，其中粮食与劳务价格工资是权重最大的物价调查对象。因此，通过粮价与工资（劳务价格）的比较，我们就可以大体看出各种货币的购买力（含金量）。大米，我国前一段在政策调控下涨到1.40元/斤，现在已回落到1.20—1.30元/斤；而美国大米每斤为80美分左右（合6.63元人民币）；韩国货币贬值前为15元/斤（已折算成人民币），现在约为7—8元/斤。再来看看很关键的工资收入（包括奖金与补贴）的情况：上海工人为800—900元/月，复旦大学教授为1 500—2 000元左右/月，进入三资企业的名牌大学的大学生、研究生约为3 000元/月；四川、贵州、河南、江西、东三省地区，工资远不如上海。而美国最低工人月工资1 200美元（合9 948元人民币），美国教授开一次讲座即为上千美元；新加坡高级讲师月收入合人民币1.6万—2.4万元，工人工资合4 000—6 000元人民币；日本普通工人月收入可达2万元人民币；法国工人月收入为5 000法郎（合9 000多元人民币）；韩国工人现在月收入合6 600元人民币，银行员工月收入合1.5万—2万元人民币；俄罗斯工人平均工资为2 000元人民币。

三、中国的外汇储备很高，近期为1 409亿美元，世界第二，仅次于日本；而1994年底仅为516亿美元，1995年底为780亿美元，1996年底为1 070亿美元。美元等外汇在近几年大量流入中国，如果人民币是弱势货币，他们疯了吗？他们是看中了中国大量价廉物美的优秀人才及潜力巨大的市场，同时，也意识到人民币有很高的含金量。这是人民币不贬值的物质基础。

四、中国外债1 088亿，但其中85%以上是长期低息贷款，相当合理，相当安全（韩国、印尼的外债比例太大，尤其是短期债务比例过高）。由于中国在金融危机中成为亚洲与世界的一方绿洲，因此，仍是世界公认的最好的投资国家之一。

五、中国通胀奇迹般地消失，已从1995年的21%下降到3%—4%，目前呈进一步下降状态，权重最大的居民消费价格指数竟下降到1.4%。

六、银行利率一降再降，已从11.83%下降到5.25%。实际上，由于通胀较低，目前的利率是新中国建立以来最高的正利率时期。因此，1995年企业敢以20%的利率借款，而现在6%—7%的利率许多企业家都不敢借钱。而且从今年三月下旬以来，中央对下调利率决心更大，同时下调了乘数效应最大的准备金率及央行的准备金存款利率。

中央下决心改变商业银行"借贷"的局面：1998年将增加信用总量1.68万亿。这些资金将流向企业与社会，最终启动国内市场。这一切均不是货币疲软时的金融政策，而是货币坚挺时的金融政策。

七、国泰民安，没有任何惊慌不安的迹象，无人认为会发生什么货币贬值的事件，也无人会去抢购美元。

八、人民币与美元至今在资本项目下不可自由兑换。很多人担心一自由兑换，人民币就坚守不住了。实际情况很可能正好相反，一旦可以完全自由兑换，很可能是美元大幅贬值人民币升值。

笔者甚至认为几年以后美元会降中有贬。这几年中，亚洲及欧洲七国均在抢购美元以防止本币贬值的损失。大约有几万亿美元流向欧洲与亚洲。等欧元完全稳定后，美元就会被各国缓缓吐出，此时，美元就可能下跌。

我想借影响颇大的《证券市场》周刊说一句话：谁有美元可借给笔者，笔者愿以房屋为抵押，并给他以高于银行1个百分点的利息。道理很简单，我将立即把美元换成人民币，去干最笨最保险的事：打新股，年收益约为18%—28%（去年为35%—40%）。因此，如果可以自由兑换，外国人立即会去抢人民币、打新股。

九、中国是物价与工资的盆地区域，人民币贬无可贬，人民币贬值等于出口商品还会更便宜。但目前，中国商品中不少已被国外判定为"廉价倾销"而不能进入该国市场。据了解，中国的自行车与彩电由于太廉价已无法进入美国市场了。

如人民币再贬值，等于世界上最低物价与工资地区的货币贬值，这必然带动印尼、马来西亚、菲律宾、台湾、韩国、日本的货币贬值，世界就会进入A贬、B贬、大家全贬的多米诺骨牌效应恶性循环中。因此，中国退无可退，人民币贬无可贬。实际上，人民币不贬值确实是中国货币政策的最佳选择，也为亚洲和世界作出了重大贡献。

最后谈一谈日元贬值对中国股市的影响。对B股肯定有负面影响，B股是嫁出去的灰姑娘，祖国无法很好地照顾她。对A股的影响主要是心理上的。A股是一个相对封闭的证券市场，只能做多不能做空，国家股、法人股又没上市，整个大盘的涨跌取决于资金与股票进入市场的多少。因此，在银行利率下降的趋势下，在有4.8万亿居民存款与2万多亿企业存款的背景下，只要少上几只新股，股市就会止跌上涨。无论世界金融风暴如何凶险，中国A股市场都会得到管理层的珍惜与呵护。因此，任何一次由于外界风云引发的心理性因素大跌，都是理智者抄底的机会。中国是世界股市中一道独特的艳丽的风景线，中国真是太好了。

（原载于《证券市场周刊》，1998年12月）

闲庭信步谈股市

复旦大学教授　谢百三

编者按：这可能是笔者的第一篇关于股市的文章，发在青岛《公共关系导报》上，同版还发了颜滔约请王沪宁教授（他后来去了中共中央政研室）谈政治学的文章。本文虽然只写了中国股市前两年的历史，但读来依然叫人亲切，仿佛回到了那个买绿色认购证的动荡、初创、喧嚣股市年代。后边的11条建议，至今看来还是光辉闪耀的。对未入市的人们，我还是那句话："不入股市，一辈子没有亏损的风险，但却会冒一辈子贫困的风险。"勇敢入市，小心操作，勤奋学习，与时俱进。

对中国的股份制改革与股市风浪，每个经济学工作者和投资者都有很多话要说，笔者也常常心潮起伏，想为它写些什么。1993年夏，复旦大学新闻系毕业生、青岛《公共关系导报》记者颜滔多次来长途电话索稿，即以两天时间写下此稿。这也是平生第一次写有关股市的文章，谁知从此一发而不可收。文章发表后颇得好评，被香港《环球中华》以《充满魅力的中国股市》为题予以转载。

1992年1月19日起，上海市的各家银行、储蓄所、信用社、证券公司业务部前都贴出了引人注目的海报，向人们推销一种绿底金边的"股票认购证"，每份收费30元。海报上写明：要买1992年原始股票，就得凭这份"认购证"，在公证处监督下摇号，中签者方可购买 。打开这一式三联的"认购证"，人们又惊讶地看到上边赫然印着几句警言："股市风险莫测，敬请入市谨慎"，以及"未中签者，除扣除工本费外，其余全部支援中国残疾人福利基金会"。这份后来引起轩然大波的"股票认购证"，在它刚面市时，竟受到了上海1 000多万人民中98%以上的人的冷遇。各销售点前，人们嘲笑着那些多买了几张的人为"傻瓜"。银行推销员也悄悄地劝人们别买，说："能中几张?"甚至连大名鼎鼎的股票专家杨百万——杨怀定都坚决不买，他认为这是在变相募捐。

作为复旦大学经济学副教授，作为几年来一直热情支持、宣传股份制的我，当时几次来到银行门口，作了一些调查。在美国留学的同学来信提到，大洋彼岸每年的收入不过2万美元，但买股票的收入往往可达到10万美元，尤其是他们说过一句话："不懂股市的人就不能算经济学家。"这句话深深地刺激了我。我想，要了解中国的股份制，就非得买股票不可。随后，我又到几个销售点，看到买的人实在太少了，而卖出的号码最高仅190多万号。这时，我心里突然亮了一下，买的人越少，中签的概率越大，认购证就越有价值。最后一天下午，我拿出存款的几分之一买了一些股票认购证；同时我又打电话给我的两位老同学，劝他们买，结果他们中一人听了我的话买了10张。说句心里话，以这么贵的价格买"认购证"，我心中也有些不安，但反过来一想，中不了的话，就等于捐给福利基金会了，"学了一次雷锋"。这样，我的心也就安定下来。

后边的事情，大家也都知道了。2月1日，上海各大报纸宣布，此次共售出207.76万份认购证，比预计的少很多，"认购证"的中签率比原先高出几倍。未买"认购证"的精明的上海人慌了，不顾有关禁令，黑市炒卖这份认购证，从2月份的30元，炒到3月份的300元，5月份的1 400元，价格上升了46倍（实际上即使1 400元买下，到后来也是合算的）。

我自己也没想到，后来竟也中了几个签。这样，我除了将储蓄全部投入买股票外，还向亲友借了些钱买这些原始股。随着原始股的一家家上市，我一次次将股票卖出，所借的钱已全部还清，同时还有了一定增收。记得1999年7月1日，受青岛市委书记俞正声同志之邀，要去岛城讲学，担心在讲学中股市下跌，我和朋友一起去抛"二纺机"股票。在人山人海的文化广场中，我们听了10分钟行情报告，就很不贪心地、很知趣地写了一个低卖出价——258.8元（谐音"让我发发"）就走了。半小时后，我们惊喜地从160问询小姐处获悉，股票已全部卖掉了。第二天，我兴冲冲地去交割，算账，取款，映入眼帘的数字竟是"259.3元"成交价，扣掉8‰的税费，我实际拿回的钱是30 867元；而在2月份，我为了买这120股"二纺机"股票交给企业的仅4 560元，即4 560元变成了3万元，相隔才5个月啊！望着这么一大堆钱，我这个工作才五六年的"穷教授"，即高兴又惊讶，毫无思想准备。

像我这样去买认购证的教师在高校中不多；而像我这样的上海、深圳股民却是很多的。一个个发财的故事，似神话一般在上海、在华东、在华南、在全国传开了，掀起了中国股市一次次的狂潮，演出了一幕幕的喜剧，但也造成了不少人的痛苦，流泪，甚至牺牲……

毛泽东曾批准关闭上海证券交易所

其实，早在本世纪初，中国就有过股市。20年代初，蒋介石就在虞洽卿、戴季陶、张静江这些帮派头脑的带领下一起炒过股票，赚过一笔大钱。当时的上海证券交易所就在外滩附近九江路上的一幢八层高楼里，号称为远东最大交易所。据平襟亚老先生回忆，当时的证交所内"人如蚁集，中间拍板，台下经纪人、场务员等伸臂喊嚷，一片喧声，有如雷震。开始哄抬，只听得买进之声万马奔腾……到第二盘开拍时忽听一片卖出之声，趋势便一泻而下，愈泻而吐者愈多，竟然狂泻……获利者狂笑，丧资者暗泣。一些投机狂人，眼睛发红，额汗雨下，如吃死人之疯狂。更有前盘吃进，二盘吐不出之失败者立于一旁掩面发抖。彼等大都为靠薪水生活之小市民，被引诱来投机，受此巨大损失，如何得了！所以都呆在那里，回不得家。假使明天再跌，只有死路一条——跳黄浦江。"平老先生对上海股市的高度投机性作了淋漓尽致的描绘，而其实质，他不便多言，那就是蒋、宋、孔、陈与黑社会势力勾结在一起，用超经济的手段控制着股票行情，在大起大落中赚取大批小市民的利润。自然，作为股市，其中市场经济的一些共性也是存在的。但是，当时股市的巨大的得益者，不是人民，而是人民的敌人，即问题的实质是，在当时的历史条件下，它成了"四大家族"剥削人民的工具。这当然会导致中国共产党对其采取坚决的取缔措施。

应该指出的是，毛泽东主席当时同意下令关闭旧证交所的直接原因主要不是"股市"本身，而是旧证交所成了解放初近30万人炒美元、炒银元、炒金条、哄抬物价的黑司令部。一浪高过一浪的物价涨潮，迫使新中国政府下了这个决心。上海在1949年5月27日解放时，100元人民币可换1银元，但在旧上海证交所黄牛头目们的操纵下，竟在10天之后炒到1 800元换1银元；随之而来，造成布价涨，煤价涨，米价涨，危及人民生活，危及新生的红色政权。在这种情况下，6月7日晚，陈毅市长邀请即将离沪攻打四川的第二野战军刘伯承、邓小平举行华东局紧急会议，与会者一致同意"干掉它"。陈毅想到了毛泽东不久前关于把武器拿在手里，考虑一下，再打，不到不得已的时候暂不动手的指示，又迅速将现实的严峻情况及华东局会议的提议向中共中央电话汇报。毛泽东主席反复思考，于12个小时后才亲自回电话表示赞成。可见，当时关闭旧证券交易所的重大决策是十分慎重的，是在十分不得已的情况下作出的。陈毅在动员会上讲道："我们是'先礼后兵'，一再进行说服教育，完全无效。上海人民不能再容忍了。"他指出："这次行动，要作为经济战线的淮海战役来打。……当然，还要区别对待，讲政策！"1949年6月10日上午，陈毅命令上海公安局长李士英及公安总队师长刘德胜带两个营的解放军战士和400名便衣公安人员，分五路出动，突然包围了整座证券大楼，宣布：立即停止一切买卖，不许进出，禁止打电话与外界联系，原地等候讯问和搜查。楼内2 000余人全傻了。各组人员迅速进入房间查点。两天一夜中，先后释放了1 800名普通商人、小贩，将250名主犯扣押下来。这里边有百万、千万富翁的炒币掮客，也有妻妾成群的流氓头子。证券大楼外，观看的群众围得里三层外三层，人们拍手称快。"大亨鼠垮台了！""共产党到底厉害！"6月11日，消息迅速传遍了上海、江浙，传遍了华东各省，影响波及全国，银元从1 800元泻到1 200元，大米跌价一成；第三天，大米又跌价一成，食油跌价一成半。上海人民喜气洋洋。

历史翻过了近40年，究竟应该如何评价毛泽东批准的查封行动呢？应该说，在当时的历史条件下，为了稳定物价，稳定人民币币值，稳定上海政治局势，这次行动是完全必要和正确的，这与1950年后实行的高度集中的计划经济体制也是吻合的。令人感到隐隐不安的是，当时的做法还是有点矫枉过正了，人们忘记了1949—1956年，中国还实行了一段国家资本主义与相当一部分的市场经济；人们忘记了，“股市”实际上是一个“中性”的东西，它不仅可以为人民的敌人所用，也可以为人民所用；人们忘记了，股市可以筹集资金，可以搞活证券业，可以改善国有企业效益。如果当时在查封、整顿之后，再搞一个社会主义的股市该多好啊！当然，这在当时已是不可能的事了。

股份制——中国社会主义改革的关键一仗

“似曾相识燕归来”。历史终于又向社会主义商品经济、社会主义市场经济露出了笑容，股票也开始躲躲闪闪地在人民生活中出现了。

当代中国最早提出股份制试点的是我在北京大学读研究生时的一位老师——厉以宁，他对中国经济有着入木三分的观察。在1980年5月中共中央书记处政策研究室及国家劳动人事部召开的一次学术会议上，厉以宁老师就提出了“股份制”的思想。当时，有人曾问他：“这么看来，以后中国还会出现股市与证券交易所了？”厉以宁老师坚定地回答：“对，这是肯定的，毫无疑问的。”一些年来，不断有人攻击股份制，将它当作经济战线的“自由化”来批，在股份制改革当中，总要问上一个姓“社”姓“资”的问题。

然而，厉以宁与北京大学另一位著名经济学家萧灼基，始终坚信中国只有实行公有制为主的股份制，改革才会最终成功。他们对一切来自“左”的、右的抨击不予理会。“实践是检验真理的唯一标准”，让历史来回答吧。

历史对厉以宁、萧灼基以及一大批支持股份制的经济学家——马洪、吴敬琏、童大林、孙尚清等都给了一个满分，因为改革需要股份制，人民需要股份制。

1984年7月，北京天桥商场售卖了当代中国第一张股票，面值1元；同年12月，上海工商银行信托投资公司静安证券业务部向社会出售了上海第一张股票——飞乐音响股份公司股票，面值50元。当时，人们是那么糊里糊涂，将信将疑地买下这一大堆不声不响，不知以后是否会化为灰烬的“纸头”。1993年5月24日，天桥商场股票在上海上市，开价22元。放了9年，投资者获益巨大，也就由糊涂变得清醒，由怀疑变为坚定了。毕竟，十年的定期存款利息有多少呢？

也是在1984年，在胡耀邦总书记“集资办实业”指示的鼓舞下，深圳郊区万丰村党支部决定集资参股办工业村，32名共产党员带头买了25万元股票，而绝大多数村民仅仅是半信半疑地看看。1985年，每个股东获利20%，这一下子打动了群众。第三年时，这个股份制的村子已筹资达4 000万元，办起了17家工厂。从此，深圳出现了很多股份制工业村，它们成了深圳特区的一个特色，成了富甲一方的富源。1990年12月19日上午11时，上海证券交易所成立；12月1日，素有“敢为天下先”的深圳人抢先成立了深圳证券交易所。（注：但正式挂牌则是1991年7月，据说是在等上海老大哥先成立。）

中国股市开始了其艰难而又充满希望的历程。从世界上第一张股票出现在荷兰的阿姆斯特丹街头，到1982年英国颁布股份公司法，足足用了200多年时间，而中国从厉以宁教授提出股份制到现在，仅花了13年时间。万事开头难，我们现在这个开头比荷兰、英国、美国都要好上几十倍。

中国为什么要试行股份制，要试行股市呢？应该说，这是由国有企业经济效益大幅度滑坡所造成的。作为经济支柱的预算内的国有工业企业（大多为大中型企业），其经济效益竟一年不如一年，亏损面一度竟达到1/3。据了解，这还只是明的，而暗的未能统计上来的亏损企业数还远没加进去。一个奇怪而有趣的现象是，相当多的外资企业明明不亏损却大呼亏损，而一部分国有企业则千方百计将亏损企业搞成“盈利企业”。实际上，中国国有企业的亏损面不止这个比例。

这种情况令人吃惊。江泽民总书记多次指示，要把搞活搞好大中型国有企业当作党的一项重要工作来抓，不仅把它视为经济问题，而且要视为政治问题。

中国的经济学家们提出过不少的治病药方，如承包、租赁、资产经营责任制等等。

它们的效果如何呢？绝大多数国有企业都在四年前就学着农村土地大包干的样子搞起了承包经营责任制。应该说，一时间确实有搞得很好的，如闻名遐迩的首都钢铁公司。但是，承包的优点，一般两三年后就淡化了。它存在着明显的缺点：首先，在中国从计划经济向市场经济过渡的转折时期，外部环境变化很多，很难给承包企业定出合理、科学的利税指标；往往是原材料大幅度涨价，企业领导就到上级主管局去“磨”，要求降低利税指标。其次，有相当一部分国有企业由于只承包四年，出现了拼机器、拼设备、拼人才的短期行为。再次，承包后仍有大量企业没有自主权，行政干预频频，长官意志依然严重。最后，绝大多数企业承包后仍是包盈不包亏，即盈利了总经理一定要发奖金，亏损了就赖账：“要钱没有，要命有一条。”国有企业这个“儿子”对国家这位“父亲”脸阴嘴硬心肠软的本性摸得一清二楚。中国搞了这么多年承包，有谁真正因为亏损而被罚过款？因此，承包一轮之后，其弊病就日益显示出来，初期的积极效应终于消退了。

于是经济学家们又提出了租赁制的方案。结果，除了承包制的弊病外，还多了两个毛病：一是承租者与党政工团的关系大多处理不好；二是它只适合小企业、小商店，对大中型企业不适用。

有些中青年经济学家还提出了资产经营责任制的方案，得到了中央的认可。国务院决定在重庆、武汉、沈阳试点，但效果也未如人们原来预期的那么好。

几年过去了，虽然包比不包好，但大中型国有企业效益滑坡的局面仍未改变，于是就出现了一个令人难堪的局面：预算内国有企业的明亏到了1990年竟高达30%。

这样，很多中央领导和地方政府官员把目光转移到厉以宁教授的股份制观点上。厉以宁教授这位多年来为研究中国改革不辞劳苦地奔波于祖国各地；兢兢业业地调研讲学、著书撰文的经济学家，从80年代初开始，到1986年春系统地提出了中国所有制改革的总体方案——实现公有制为主的股份化改革。到1990年，厉以宁的主张不仅在中国经济学界成了最强音之一，而且为越来越多的企业家和省市领导所接受。从小心翼翼地搞试点到充满热情地要求扩大试点，中国的股份制试点从沈阳到上海，越搞越多，越搞越大。到1990年，作为二级市场的深圳、上海股市已初具规模。到1992年春，这两地的股民已达到百万人左右。

1992年2月底，韩中贸易协会的负责人发现我的英文版的《中国经济改革》是厉以宁老师写的序言后，惊喜地追出来，让翻译告诉我，几年前，他还在韩国大学读书时，就非常敬慕厉以宁教授，韩国教授们称他为中国经济改革的主流派领导之一、中国完善公有制的产权学派的领导。他希望我能转达他对厉老师的敬意，并邀请厉老师共进一次晚餐。在韩国客人的一再邀请下，厉以宁教授及夫人何玉春老师和他见了面。那个晚上我印象最深的事，就是厉以宁教授高兴地挥手做了一个动作：“公有制为主的股份制改革不可逆转，中国的社会主义改革不可逆转。”原来他刚从广州等地调研回来，对深沪两地的股份制改革充满信心。我同意这样的观点：在物价改革已基本成功的情况下，股份制改革的成败实际上就成了中国经济改革成败的关键。

与承包制相比，股份制的优点是不言而喻的：它使经理、厂长再也不会只作三四年的短期考虑了，厂长、工长们拿出自己的储蓄买股票，下了长期投资的决心，作了与企业同生死共命运的准备。它使得企业的员工、经理、总经理与企业联股联心，血肉相连。上海联毛股份公司一次失火，人们奋力抢救，牵动了千百万股东的心。它使得“婆婆”再也不用去干预和管卡“媳妇”了，不用为“放权”、“还权”而争执了。“父亲”与“儿子”、“婆婆”与“媳妇”已心心相印。企业家必须是内行的“明白人”，因为它的上级再也不是公司、局等行政机构，而是每天注视着股市行情变化的千百万毫不留情的股东。如果你不善经营，不尊重股东权益，股东们就会抛股而走，导致你的股价大泻，造成企业声誉大减，并可能导致改组董事会，罢免不称职的经理、厂长。它使得企业更注意与下属工人的关系，使企业必须更具凝聚力、向心力。它将更高层次的商品

——企业产权推入市场交易，因而使中国的社会主义市场经济更趋成熟。中国十多亿人民的一万几千亿元存款及几千亿元现金现在有了两个市场，即不仅可去买各种消费品，而且可以投资参加建设。它大大推迟、缓解、消化了中国近年中潜在的一次次通货膨胀危机。因此，无论怎么说，以公有制为主的股份制是中国经济改革的非常重要的主战场，它甚至决定了中国经济改革的成败，决定了中国社会主义事业的生死存亡，因为它正在拯救、振兴中国社会主义经济建设的支柱部分——公有制企业。

能成功吗？——能成功。纵观世界工业化历史，美、英、法、德、日、俄都出现过大型国有（甚至大型私有）企业产权不明，效率不高，缺少活力的问题，使这些国家首脑及企业大伤脑筋。后来，从美国开始，这些国家都在这些大企业实行了股份制试点，而且大多效果甚好。美国逼迫员工买股票，实行股份制，称之为“人民资本主义”；德国也搞，称之为“将雇主与雇员绑在同一辆战车上”；英国在“铁娘子”撒切尔夫人连任三届时也大搞国有资产股份化，大大缓解了多年不愈的“英国病”。俄国、日本也这么干。既然西方各工业国家以股份化改革，改善了国有企业和大型企业的内部管理及效益，中国为何不能仿效呢？中国也可以以同样的方式来完善社会主义大中型国有企业。

股份制会瓦解公有制经济吗？会导致全盘私有化吗？——不会。因为国有股、社会发起人法人股、社会个人股总是同股、同权、同利的。国有股、法人股都是公有制性质，且总是占很大的比例，个人股分红利、分红股，公有制股份也会以同样比例增长。例如北京天桥商场，一度公有股比例小于社会个人股了，但由于个人股是分散的，公有股总是最大的一股，实际是更多的个人股资金被公有股率领着共同发展。中国现在已经有了几万家股份制公司，并没有出现“私有化”的变化。

惊涛骇浪的二级股市

无数次讲习班上都有人提问：“股份制是好，但为什么要搞一个股市？那么多人炒股票，不是很影响人们的生产、生活吗？”“只搞一级市场多好，风险小，盈利大，企业、个人、国家均得利。”

同样的问题也出现在国外。早在60年代，捷克斯洛伐克的著名经济学家——副总理奥塔锡克就提出了用企业内部职工股方式改善企业经营管理的方案。只搞内部股份制，不搞二级市场的股市，就不存在投机与暴利，就不存在资本主义的剥削。这和当时的国际形势也是相吻合的。

中国一开始也是这样考虑的。1985年，沈阳市就选了几家企业搞内部股的股份制试点。开始反映不错，但后来就不行了。1988年4月，我在北京京西宾馆参加全国经济改革理论研讨会，与沈阳市体改委副主任同屋。那天在同主张搞承包的经济学家杨培新辩论完之后，沈阳这位副主任半开玩笑半认真地对我说：“谢老师，您大力支持股份制，咱沈阳的股票就是发不出去，只卖了一部分就没人要了。您如果要的话，咱们可以八折优惠。”——什么原因？关键是当时沈阳只有股票发行的一级市场，没有可随时交易的二级市场。人们买了几千几万元的股票，只能藏在箱底，万一遇到个天灾人祸、红白喜事，连兑换成现金也不行。私下买卖，它有时甚至跌至原始价以下。同时它还具有银行存款不存在的风险性，只要企业垮台，股票就成了一堆废纸。“流水不腐”，就是说，只有运动，只有在不断的变化之中，才能保持事物的生命力。没有二级市场的股市无疑是一潭死水，一级市场也会窒息的。

精明的上海人从老一辈股民中知道，股票的生命力在于要有一个允许公开买卖的股市。他们在1984年12月发行“飞乐音响”股票后，又于第二个月发行了第二种股票，即延中实业股份公司的股票。在此后一年多时间里，这两种股票都未公开上市交易，但出现了民间的私下交易，地点就在上海市信托投资公司静安证券业务部附近的街道里。然而，这种私下交易是长不了的。上海市经济学界、市体改委以及证券业务部的同志很快就向当时的江泽民市长反映，希望正式成立允许股票上市的交易市场。江泽民同志十分关心支持此事，亲自召开座谈会，正式批准了“飞乐音响”、“延中实业”两种股票于1986年9月26日上市交易。1988年，静安证券业务部还根据当时上市的六种股票市场成交价格，编制发布了静安股价，同一年又编制了上海股票年报（深圳股市是从1987年开始形成的）。

历史应该记住这些日子：

1986年9月26日，新中国当代的股票市场正式形成。

1990年12月1日，深圳证交所成立。由于怕人议论，铜板上还挂了块红布。

1990年12月19日，上海证交所在朱镕基市长的支持下，鸣锣成立。

至此，中国真正有了自己的股市。深圳、上海的股市时而如一潭静水，缓缓下滑，无人问津，时而又如狂风巨浪，一浪涨过一浪；时而如黑熊下山，气势汹汹扑压下来，时而又牛角顶人，豪气冲天。

上海的股市沉寂期为1986年9月至1990年5月。从1990年5月到1992年5月21日，上海的股市虽然时涨时跌，但基本上是一浪高过一浪的，到5月21日达到400点，为近六年的最高点。从1992年5月21日到1993年11月，上海股市向下狂泻，直泻到390多点；经过半个月的盘整后，股市又向上猛涨，一直涨到1993年3月，达到1 536点；然后又向下滑动，直到1993年4月的926点；以后又直冲1 370点，于1993年5月又在三天之内暴跌了近200点，跌到1 110点，又于5月26日跌到967点。

在上海股市处于牛市时，不少股民放鞭炮，普天同庆，举杯祝贺。有人靠股市的盈利办起了商店、饮食店，买下了房地产。而在熊市时也有个别人因想不开，抛下妻儿，悄然离开了人世。深圳的股市也是几度春秋。1987年发展银行股票上市，人们一度十分冷漠，股票发行计划只完成了49.9%，一些机关只好请共产党员、干部带头认购；1988年12月，万科股票发行，一位厂长给深圳大学一老师送去3000股的认购证（每股1元），被该老师婉言谢绝了。直到1990年3月，“发展银行”分红、拆股，人们发现买下1 000股股票（1 000元），3年以后居然获利20万元。这个消息轰动了深圳。因此，当“原野”股打着“春种一粒粟，秋收万颗籽”的广告出现时，深圳以及珠江三角洲人民的购股热情高涨起来，买“原野”股的队伍排成了长龙。此后，深圳股一路上涨。到1990年6月，发展银行股票已涨到35元，即当年买下1万元“发展股”，现在已是35万元的富翁了。当时，尽管市政府一次次警告市民股市已涨得十分离谱，不能不注意其风险了，但无人相信。1990年11月17日，市政府采取严厉措施，明令党政干部不能买卖股票，买股票得征印花税等等。1990年11月20日，股市开始狂泻，“大熊市”真的来到深圳。这一段痛苦的时间，一直维持了近10个月。1990年11月初，以100元买入的“发展银行股”此时已跌到15元。一些股民看着电脑终端哭泣着，有的昏倒在证券交易门市部。而最令人痛心的是深圳证券交易所总经理王健在“救市会战”上猝然栽倒，突发大面积心肌梗死，这使深圳人民忧上加忧。直到1991年10月7日，深圳才又突然兴冲冲地步入“牛市”，无数“壮士割腕”的股民，一觉醒来才发现股价大涨了，看不懂了，又一个个欢天喜地地跑去购买股票。于是，又一个春天到来了。1993年5月，深圳股市又一次缓缓下滑到275点，人们又一次陷入了是春天还是秋天的争论之中。股票二级市场就是这样潮涨潮落，月盈月亏，充满魅力，神奇无比。

跟股民们说几句心里话

第一句话：“无论风险有多大，都要勇敢买一点。”

股市风险莫测，入市务请谨慎。中国股市的风险是很大的，机会也是很多的。但无论风险多大，我仍然劝大家，拿出存款的1/4—1/3，在适当时候买一点股票。主要原因有三点：

（1）中国经济仍处于高速增长期，每年以8%—9%的速度增长，经济增长了，企业效益好了，股票就会增值。（编者按：好的公司，随中国经济增长而大发展的公司，如招商银行、贵州茅台、烟台万华、盐湖钾肥……现在回头看，股价也涨了几倍、十几倍。）

（2）中国正处于计划经济向市场经济转轨时期，有风险，但机会更多。如果总是以传统计划经济眼光来看世界，亦步亦趋，求稳怕险，老是不入股市，那么你虽然回避了眼前股市上的风险，却会冒一辈子贫困的风险。看看十年前那些勇敢地辞掉公职干个体的人吧，背水一战，才会死而后生。

（3）中国1993年已有15个大中城市通货膨胀率超过15%，虽然国家已采取了提高利率、紧缩银根的措施，但总的趋势还是不会低于10%。这几乎是所有体制转轨国家的通病了。因此，请记住：买了股票，就等于买了一份资产——机器、厂房或商店。“存银行是保本保息不保值；买股票是不保本，不保息，但能保值。”只要不抛股，或抛后又在低价时买进，这份资产价值永存。

第二句话：买股票要择时、择股又择地。

在确定要买股票的前提下，不要心急，不要焦躁，要静候股市下跌的时候去买。例如，1992年11月，上海股指从1 400点跌到392点；又如今年3月，上海股指从1 536点下跌到926点；最近又从1 370点跌到967点。可见买股票一定要选时间，在便宜时去买。一般来说，应该与大多数股民逆着行动：当牛气冲天，连退休工人、农村妇女都挤进证券业务部时，当股市里人潮如涌，人们忘乎一切时，当股价在全面上涨后，暂时下跌，投机家们在一只只地选“黑马”炒作时，说明资本总量已经不够了。此时，股价往往已进入最高段了，决不应该进市。已进去有所盈利的，应坚决退出。反之，当证券业务部门可罗雀，人气惨淡，人们谈股色变，心情悲痛，时闻有人自尽，而股价一跌再跌，又跌不下去，此种情形已维持了两三周甚至更长时间时，就可以勇敢地入市了。这和当年深圳买发展股、万科股，上海买认购证的道理一样。

买股票应选择经济效益好、信誉高的股票。效益好的公司十分尊重股东权益，董事长决不做大多数股东不希望做的事，他们既考虑股东们的长远利益，又注重股市的实际情况。当然，要买仍要在股市大势下跌时去买，能买到廉价的，何必急急忙忙买高价的呢?!

买股票还要选择地点。如果你的时间比较多，就可以去买上海的股票，因为上海股市与全国250多个城市联网，辐射面广。全国在买，资金也多。但上海股价涨得过高了，已过多地背离了价值。因此，下跌时也跌得惨，属于大起大落型，比较适宜做中短期投资。深圳的股市联网城市相对少一些，资金少，股价比上海便宜，因此涨得较慢，但也跌得较慢，并且股民较为成熟，适宜长期投资。自然，上海与深圳的情况也在变，深圳不久将有几百个城市与之联网，将来还会与上海联网。那时，上海与深圳的股价就会拉平了。

第三句话：盈利莫狂喜，亏本莫自杀，千万莫借钱。（编者按：新警世恒言!）

中国的股市还属于第三世界的初级股市，宛如一个刚竣工的大水库，正在哗哗地往里注水：股票进得（上市）快，资金进得少，股价下跌，股市就变为熊市；相反，资金进得多，股票进得（上市）慢，股价上涨，股市就变为牛市。因此，任何投资者都应切记，赚钱盈利莫狂喜，因为这是纸上富贵，并未兑现。即使你一赚点小钱就跑，但充满魅力的股市又会将你拉回来再投资。所以，必须时刻保持冷静而清醒的头脑，争取在大熊市到来之前撤出来。此外，一旦中高价买进股票，被套住了，如果发现仍处于大跌势之始，就应果断地“割腕”而去。但必须在更低价时补进，否则，就真正亏了。但如果被套得很深，“割腕”损失太大，那就捂着吧。月亏总有月盈时，中国目前城乡居民存款11 500亿元，而社会流通的个人股约300亿元，随着更多人的金融意识的觉醒，股市总会从熊转牛的；而且只要你的股票选得好，每年送配股、分红利，你早晚会被解放的——权当长期存银行。存三年，收益大多会高于银行利息。因此，千万千万莫因亏损而自寻短见。上海自杀的三位股民所买的股票，后来均涨了上来，被解放了，人们无不为那三个亡灵惋惜。

最后奉劝各位不要借钱买股票。因为没有一定的证券操作水平，借钱买股票是很危险的。借来的钱多是高利率，对你总有心理压力，总是不敢做空或做长期投资者，买了就想跑，亏了又不敢捂。尤其是不要借证券公司的钱做“信用交易”。上海不少股民辛辛苦苦三四年，一次信用交易就会亏掉“半壁江山”。千万别借钱，千万别透支，遵纪守法，才会财源滚滚。

中国的股市还很年轻，中国的股民也很年轻，年轻就难免会走些弯路。但是，年轻就是有朝气，有活力，就会在实践中走向成熟。中国公有制为主的股份制改革，一定会在不远的将来取得胜利！

（原载于青岛《公共关系导报》，1993 年 6 月 19 日）

毛泽东思想指导我们在股海中搏击

——为纪念毛泽东诞辰100周年而作

复旦大学教授　谢百三

编者按：这是笔者很喜欢的一篇文章，写于1993年12月24日。次日匆匆赶去发传真，终于在毛泽东诞辰100周年纪念日发表了。无论毛主席的晚年有多少错误，中国人民中的多数都对他怀有深深的敬意与怀念之情；他的哲学思想、军事思想如今真的成了许多股民债友的强大思想武器。“他关于抓主流，抓主要矛盾，重战略决策的思想，使很多人在股海债市中从胜利走向胜利。”——这是近日，一位从国债期货市场中获利600余万元的普通平民的肺腑之言，也完全是笔者的心声。

毛泽东最杰出的是他的军事思想，那震动世界的三大战役一环紧扣一环，以弱攻强，以少胜多，转劣势为强势，其宏伟与精密之处，令一切军事家感叹不已。毛泽东军事思想之精髓又源于他的哲学思想。《矛盾论》、《实践论》是毛泽东最著名的“两论”。遗憾的是，当年不少“天天读”毛主席书的“学毛选积极分子”，早已忘了这“两论”了。毛泽东军事、哲学思想能指挥我们在社会主义市场经济和股海波涛中胜利前进。下面，我谈几点学习体会，希望能起到抛砖引玉的作用。

一、分清战争的性质，决定是否要投身于商战股海

毛泽东指出：“一切进步的战争都是正义的，一切阻碍进步的战争都是非正义的。”对于正义的战争“我们共产党人不但不反对，而且积极地参加”。对于帝国主义之间的“非正义战争”，在战争爆发前，极力阻止其爆发；在爆发后，只要有可能，就用战争反对战争。

摆在大家面前的第一个问题是，是否应“入市买股”。回答是肯定的。因为从总体上来讲，中国经过14年改革后，终于基本上完成了艰难的物价改革，现在能否最终胜利就看股份制改革了。承包、租赁、资产经营责任制，一切办法都试了，都不行。尽管一些公司是单纯冲着从股市筹钱而上市的，但他们总有一天会像延中公司老总们那样明白：股份制是一场真正的革命。股份制可以转变为企业机制，联邦联心，可以消除通胀压力。买股票是“不保本，不保息，但保值、增值”，在通胀20%以上的今天，一般的存款是“保本保息不保值”的。因此，无论风险有多大，都要勇敢买一些。

二、看清敌我力量之比，弄清大势是弱势还是强势

毛泽东在三次国内革命战争初期和抗日战争初期均正确地指出：人民力量处于暂时弱势之中。1927年大革命失败以后，革命的主要力量确实大为削弱了。因此，他坚决反对王明“在一省与数省暴动”的左倾路线，主张退却到农村去。抗战开始时，他看清大势，日本必败，但速胜论也不对，主张七八年的抗战。毛泽东一生嫉恶如仇，但当他看清敌强我弱的大势后，将“反蒋抗日”口号改成“联蒋抗日”。他在抗战胜利后，还不得不去同蒋介石谈判。但最后，他总能转弱为强，夺得胜利。

今天的中国股市，多头力量将长时间处于弱势（从本质上讲一切股民都是多头），GR不是企业业绩不好，不是某种技术性问题，而是股票在相当长时间里供过于求。全国居民存款1.48万亿

元，其中8 000亿元为农民所有，绝大多数城市人民也未醒悟过来；而上百成千家新股（异地股、法人股）的上市却是有计划有组织大批地进行，因此，股市在几年之内会处于总体上的低迷状态。因此，人们首先要有打游击战、运动战、持久战的思想准备。一切“大牛市”的想法均勿轻易相信（注：真正的大牛市发动于三年后的1996年1月）。待到股价大多数为3—4元时，待到全国人民金融意识增强之时，待到外币资金自由入市之时，“大牛市”才真正出来。

三、相信散户还是相信大户机构，相信人民还是相信权、钱、势

上海《赛德》杂志股评对大户、中小散户的调查是非常值得看的。股市有时是按散户意见发展的，有时则是按大户意见前进的。毛泽东一生非常热爱人民，他说：“人民，只有人民，才是创造世界历史的动力。”因此，他的一生就是发动工人农民，教育、领导工人农民。解放前后，他一直把工作放在人民身上，解放后相当长时间不与美国、日本当权者来往。但是后来，他注意到，当权者掌握着军队和政权，左右着国家大局，反过来又影响着人民。正是这样，在西安事变中，他力主放蒋介石返宁；在1970年，以乒乓外交邀尼克松访华，打开了联合国大门。因此，当散户与大户意见相左时，根本上应相信散户意见，散户是真正的大户；但在具体操作上千万别忘记大户与机构的力量。长期投资、捂股，要捂散户看好的；炒短线要跟大户、机构走。

毛泽东军事思想指导我们在股海中前进

四、沉着冷静，机智灵活

毛泽东说：“敌进我退，敌退我进，敌驻我扰，敌疲我打。”我们可以在大量新股上来前先退（清仓、半仓、减仓）；当股市跌得很低时，再大量吃进（70%仓）；当大势盘位时，做做差价，每天收市前买进（平仓盘），次日清晨开盘吃；当人们谈股色变，出现大熊市时，全部满仓，“黑暗即将过去，曙光就在前头”。

毛泽东说：“打得赢就打，打不赢就走”，采取运动战略。当股市明显开始出现弱势市场时，就坚决撤退，割腕就走。部分的、暂时的损失，是“为了全体的永久的保留所必需的”。

毛泽东说：“先打分散和孤立之敌，后打集中和强大之敌。”弱势市场买小盘绩优股，切忌买板块大之股，宜买“孤立”小股。

“每战集中绝对优势兵力（两倍、三倍、四倍，有时甚至是五倍或六倍于敌之兵力），”毛泽东说，“在全体上，我们是劣势，但在每一个局部上，在每一具体战役上，我们是绝对占优势”。发现有主力加入操作、炒绩优股，悄然跟进；“大盘无涨势，个股有行情”；全国500万股民在局部、具体战役上，会有绝对优势。

毛泽东说，“我们看事情必须要看见它的实质，而把它的现象看做入门的向导”。凡事必须好好想一想：为什么有一些股票总跌不涨？为什么量放大而价不增？为什么1994年12月三周不上新股，股市仍跌不涨（必有巨大利空消息，应逃跑）？为什么“申能”能中流砥柱，坚守在“8.18元”岗位上？为什么管理层要提前警告，要压“四小龙”？

毛泽东说：“我们总要努力奋斗，我们总要拼命向前，我们的光辉灿烂的世界就在眼前。”任何时候都不要悲观绝望，不要自杀，要“相信群众，相信党”。党和政府要将改革开放与社会主义市场经济搞到底，总会采取政策搞活股市的。——从某种意义上来讲，全国股民的身上肩负着中国改革的希望与未来。“道路是曲折的，前途是光明的。”

（原载于《万科》周刊，1993年12月26日）

司马迁、范蠡、计然的思想与炒股

复旦大学教授 谢百三

司马迁，西汉陕西韩城人，他作为一个大史学家、大文学家，早已是妇孺皆知了，但很少有人知道他有丰富、深刻的经济思想。我在灯下，细细研读《史记》，逐句体会，还深感他的经济思想能指点我们炒股呢。

司马迁说："积蓄之理，务完物，无息币。"这句话是说，要使自己的财产金钱能积聚增加，关键在于要购买完好的商品，同时千万不要让钱闲置在那儿。联系股市，我们购股票，就是买产权，买企业的生产资料，买中百一店的柜台或陆家嘴的土地。要买这种产权商品，自然要选绩优股、潜力股、蓝筹股，干吗要选垃圾股啊？正如司马迁所说："腐败而食之货勿留，无敢居贵。"不好的问题股（如未停牌前的"原野"）、垃圾股、高价股（如"水仙"因某报错登税后利润而突涨），不敢再等高价，快逃跑。司马迁的"无息币"思想很值得我们重视，他讲道："财币欲其行如流水。"即无论是财产、金钱都不能闲置在那儿。一家公司40%车间停产了，能好吗？用不了的旧家具要卖了，不要闲置几年放在家。钱币也一样。由于股市总体上处于低迷状态，因此应该在有机会时买股票，没机会时换成国库券（或期货）。证券市场上的国库券年实际收益率已高达13.5%—17.4%，且基本上平均每月上涨1—1.5元，股市风险大时就换成国库券；待股市越跌越低时，再抛了国库券买股票。如果这样还不放心，就买点保值商品吧，但不宜换外汇。总之，千万不要将钱"息"着。

司马迁还指出："贵出如粪土，贱取如珠玉。"多好的股票都忌贵：30—42元的"延中"，60—70元的"申华"怎么能吃啊？它们是粪土啊，快跑，快跑！多差的股票（其实有的也不差）贱时都应抢进：八九元的"陆家嘴"（当时曾长时间不涨），1.30元的"马钢"、"石化"，五六元的"东方"，多便宜啊，它们是珠玉啊，吃进，吃进！

司马还有不少深刻的经济思想，就不一一道来了。

值得指出的是司马迁非常谦虚，他一直说，这是辅佐过越王勾践的范蠡的思想（其实，根据司马迁的许多文章看，自由主义的市场经济思想是他本人的主张）；而范蠡又谦称这是他的老师计然的思想。不管是谁的思想，反正是闪光的思想。

《史记》称："计然之计策七，越用其五而得意。"后来范蠡"用之家"，以"鸱夷子皮"、"朱公"之名带美女西施遨游行商于如今湖北、山东一带，在19年中"三致千金"并"富为行其德"。范蠡年迈后子孙继其业，按其法行之，"遂致巨万"。我想，既然司马迁、范蠡、计然的思想经商能成功，股友们按此策炒股，在十几、二十几年中几致千金的可能性也不是不存在的。

（原载于《壹周投资》，1994年2月5日）

中国大陆股市已持续下跌16月，不少股票含金量已很高

——历史性盈利机会正悄悄向人们走来

复旦大学教授　谢百三

1994年7月，笔者正在新加坡讲学，每天早上起来，第一件事，就是索要《新加坡联华早报》，看上海、深圳股市消息及评论，天天为不断加速下跌的中国股市着急。笔者在很多场合建议友人们购买中国B股，指出“中国不少股含金量已很高，历史性的盈利机会正悄悄走来”。希望更多的新加坡华人早日投资中国股市，也希望中国的朋友们密切关注此事。下文，即是笔者于7月23日为此所做的一场报告会的讲稿。八天以后，8月1日，中国证监会关于“救市”的三大措施发表了，上海、深圳股市高开高走，中国股市轰轰烈烈的新的一页开始了。

中国大陆股市以上海、深圳两个交易所为主，同时还有北京的法人股交易系统STAQ与NET交易市场，此外，在东北沈阳、华中武汉、山东淄博还有三个柜台交易的地区市场，近三年来发展极为迅速。上海证交所、深圳证交所的分支已遍及全中国400多个城市，直达新疆乌鲁木齐及世界屋脊西藏拉萨，参加二级市场交易的股民多达600万人；拥有企业内部股、随时可参加交易的股东——股民多达2 500万人；规范化上市的公司上海约有166家（A股），深圳约有106家（A股）；外国友人立即可以买的B股，上海有28家，深圳有14家；此外上海与深圳还各有12家与10家基金及几家国债（金边债券）上市；北京的法人股市场STAQ有10家上市公司；NET市场有8家上市公司；武汉有5种国债（金边债券）上市交易。

中国股票市场真正合法的出现是在1986年9月。经当时上海市长江泽民亲自批准，上海有六家股票可上市交易。股民人数很少，处于朦胧状态。深圳股市是1987年出现的。1992年邓小平同志视察南方，发表了坚决支持开放股市的讲话之后，大批人士入市，少则几千元（RMB），多则几千万元，股市兴起了一阵阵惊涛骇浪。上海证交所的上证指数1992年3月为378点；5月21日冲到1 400多点，然后缓缓下滑到1992年11月的392点，在此点附近悄悄盘整了半个月，又突然起动，不断上冲，到1993年2月达1 536点。不少人用从股市中赚的钱办起了商店、工厂，买了房产。自然在熊市中也有个别人没经验，心情悲痛，抛下妻儿离开人世（人数极少，见报的有三个）。值得人们注意的是上海、深圳及STAQ、NET股票市场从1993年2月至今是一浪一浪向下调整的，今日（7月12日）竟跌到429点；深圳指数从去年2月360多点跌到110点；法人股市场亦然。这种情况是异常的，其主要原因是中国自去年以来为了抑制高速经济增长（去年经济增长13%，乡镇企业增长70%）带来的通胀，一直收紧银根不放，几次调高利率。从长远看，这只是暂时的。因为中国正在朝市场经济转轨，潜力很大，全国经济持续高速增长，而且全国城乡居民存款达1.6万亿元，在深圳、上海股市流通的资金仅400亿元左右，潜力极大。由于长期下跌，有的股票价格已跌得很低，含金量很高了。闻名中外的青岛啤酒从15元跌到4.23元，号称“中国杜邦”的上海石化从8元跌到1.55元（相当于新币0.33元左右），沈阳金杯汽车从14元跌到1.89元，被人们誉为中国曼哈顿、中国银座的上海浦东陆家嘴股也从30多元跌到12元了，上海南京路上最好的商业股第一百货及北京王府井股也全部跌入发行价以下。同时，既在香港上市，亦在内地上市的股票，内地价也大多比香港的价低。中国股民很年轻，没经验，人们不知会跌到何处，还在抛，不少股票含金量越来越高。上海股“市盈率”（新加坡称“本益比”）在20以下的达70.12%；深圳股这一比例更高，其中本益比在8—10以下的比比皆是；北京STAQ系统市场的股票本益比全部在3—6；NET系统除广州电力股较高外，其他股的本益比均在1.8—4.1之间。由于股市低迷，股价较低，1993年9月以来中国股市上频频发生收购、控股的龙虎相争事件，已多达10起。有战略眼光的实业家正悄悄将本公司股票收回，有的正在吞食其他股。这种异常情况

与1970年新加坡股市很相似。也许，今明两年中，有一个历史性的赚钱机会正在悄然走来。依照中国法规，外国朋友可以立即以美元购买中国的B股。受A股市场影响，现在深沪两地B股不断跟跌，有的股如“浦东金桥”、“外高桥”B股都是很有前景的地产股，应密切注意。此外，随着中国复关（GATT）的临近，AB股并轨近几年中也有可能出现，那时外国朋友可以认购的股种就多达200余种了。目前，中国股市还在缓跌之中，但交易量已越来越小，从原来的日成量20亿—30亿元下降到2亿—3亿元。目前，形势还不明朗，有心入市的朋友以静观为宜；但应密切注意其发展，可分批建仓。因为中国上海、深圳股市几次从300多点与100多点起步上冲时，都是悄然而起，没有多大原因就轰轰烈烈地冲了上来。

新加坡的友人们，您的北部友好邻邦，可是一个拥有2 500万股民（二级市场股民有700万），1.6万亿元存款作股市后备的神秘的地方啊！

国债市场价格居高不下，原因何在？

——与吉林先生等商榷

复旦大学教授　谢百三

编者按： 这是一篇逻辑严密、后来被人称为“字字千金”的好文章，它是在一片唱空的中国国债市场中，最早提出“1992 年发行的三年期国债有贴息 5.48 元可能”的文章。作者在写此文时，专门在京、沪两地查阅了财政部文件及大量报刊资料，并结合中国近年来的经济政策进行了认真的分析研究。本文决不是针对吉林先生个人的，只是借此向市场空方主力发出警告与劝解，时间是 1994 年 12 月 3 日，离“327”裂变的 1995 年 2 月 23 日差两个半月。可惜，我们的少数机构主力却不读书，不看报，不研究，宛如不懂电者去修高压电网，其危险其可怕不言而喻，巨亏十几亿，也就不难理解了。

吉林先生《期望该建立在什么基础上——债市几个似是而非观点辨析》的文章发表之后（见 1994 年 11 月 25 日《上海证券报》第 4 版），市场立即作出了强烈反应，国债各种现券、期货全告下跌，并引出一些中小投资者的恐慌性割肉抛盘。

在笔者见到的几篇唱空文章中，以吉文的理论分析较深，影响也较大，故就他谈到的几个敏感问题，谈谈我们的看法，供大家参考。

一、国债是否保值

正如吉文中所提，按理，“国债作为固定利率的金融工具，本无保值可言”。但中国的情况太复杂了，通胀率居高不下，每年以相当的百分比上升。从 1992 年看，商品零售物价总指数与 1978 年、1985 年、1990 年、1991 年相比，分别是上述各年的 225.2%、175.7%、108.5%和 105.4%。1993 年，中国政府将反通胀作为重点工作来抓，强化了国家与地方物价局的工作职能，物价仍居高不下，又比 1992 年上涨了 13.2%（城镇为 14.2%，农村为 12.6%，居民消费价格全国上涨 14.7%）。1994 年以来，物价更居高不下，月通胀率竟出现了 24%以上的两位数。

正是在这种异常情况下，“为了使国债持有者的利益不受侵犯，也为了新的国债能顺利发行，财政部 1993 年 7 月 10 日在《关于调整国库券发行条件的公告》中规定：‘对于 1992 年发行的五年期国库券和三年期国库券及 1993 年发行的三年期、五年期国库券均参照人民银行《关于实行人民币储蓄存款保值的有关规定》，从 1993 年 7 月 11 日起实行保值。保值贴补率按兑付时人民银行公布的保值贴补率计算’。”（见吉林文）实际上，吉文的这段引言已清楚地告诉人们：①鉴于中国高通胀的异常情况，决定对国债放弃其利率不变的一般做法。②1992 年、1993 年发行的三年期以上国库券均从 1993 年 7 月 11 日起保值。③计算方法同人民银行规定的办法。即最重要的一点是，三年期以上的国债均与银行同期到期定期存款一样是保值的。

吉文自己引用得这么清楚，后边的结论又是否定的，认为现行国债与同期银行储蓄之间存在的较大的息差是不应该补足的，否则就是“忽视了国债与银行储蓄根本属性的不同”。这又是否定中国异常情况下放弃国债一般规则的自相矛盾的语言。

以市场多空双方搏斗最激烈的 192 券（1992 年 3 年期国债）及与之对应的期货品种 327 看，其到期本息为 128.5 元，年利率仅 9.5%；而同时到期的银行定期存款的年率已上升到 12.24%；如按真正保值计算，其 1993 年 7 月 11 日后的息差 2.74 元 + 2.74 元 = 5.48 元，是应补上的，即 128.5 元 + 5.48 元 = 133.98 元；再按银行同期存款加到期月的保值贴率，假定为 5—7，则 192 国债到期本息应为133.98+52或62或72，分别应为143.98元、145.98元、147.98元，这才是真正的保值。但吉文则自相矛盾地认为，国债与银行储蓄的根本属性不同，这其中的2.74元息差，不会补上。按吉文之观点，只能有一个同期保值率补贴。试问，如真的这么规定，则购国债者仍比存银行者吃亏，这样的保值有何意义？所以要么不补，要么完全补足。尽管财政部尚未对此明确规定，但笔者认为这个息差是应该补足的，否则国债仍是不保值的，必将影响1995年新国债之发行（财政部也未发文说不补息差）！

吉文还说，如果要求补足息差，是“强调持券人利益的同时，忽略了发券主体的承受能力”。那么人们不禁要问，如果不补足息差，岂不是让爱国的人们购买国债仍比一般人存银行吃亏吗？何况，即使是补足息差，真正保值，作为发券主体的国家利益仍未受损，它在与通胀率抵消后，保率实际为零。至于“发券主体的承受能力”，笔者坚信是可信的。全国存款2万亿元，每上升一个百分点的保值补贴，就要多拿出180亿—200亿元，但中国政府仍是坚定地实事求是地在给以补足。实际上，只有补足，人们才会坚决地参加三年以上长期存款及购买国债，通胀才可能被抑制住。不给予补足，不如完全不补；补了一部分，又不补另一部分，岂不荒唐？

二、关于提前兑付问题

吉文认为，1995年到期的三年期以上国债提前兑付的可能性不大，当时“完全是为了适应新国债顺利发行的需要，而与对投资者的补券和贴息无关”。吉文认为明年国债如得以顺利发行，“国家对现有国债贴补政策”就将受到影响。笔者认为吉文的这些观点，恰恰又与财政部公告之“国债要保值”的精神相悖。其实，1993年7月10日的财政部公告意义深远，它表明了中国金融政策一大变化，即以发行国债，以向全国人民2万亿元存款作定期借贷的方式，代替过多投放新货币的做法。这一做法参照了国际上与通胀斗争的成功经验；如要这一政策坚定地实行下去，国债的信誉极为重要，国债持有者的利益决不能受到侵害，至少不能比存银行者吃亏。国家决不会因为一时国债发行的顺利而搞短期行为，侵害持券人利益。否则，后一年的国债发行将困难重重。国债明年发行之所以会顺利进行，就是因为它可信赖，可保值。至于是提前兑付还是保值补贴，则是无关紧要的。从制止通胀，减少现金支出的角度来看，提前兑现不失为一个良策。

三、关于保值贴补率之预测

吉文认为，“国债现、期货市场价格的定位，如果过多地依赖眼下公布的保值贴补率”是非理性的，“其产生的杀伤力将是巨大的”，即不能对1992年三年期国债明年7月兑付时的保值贴补率预计过高。——这种提醒固然是善意和有益的，但又会造成误解，令不少人提前将现、期券抛向市场，向他人转嫁风险。明年7月份的贴补率应以何数字为准呢？无法预计。请看今年的通胀形势：今年上半年全国消费价格比去年上涨了22%，可查到的商品零售物价指数分别是：1月19%，2月20.9%，3月20.2%，4月19.5%，5月19.9%，6月是20%以上，9月达24.6%。其中蔬菜价格下降两个月（季节性降价）后又趋回升，猪肉价达到历史最高水平，大米市场价达到1.65元/斤。今年1—9月全国商品零售价格和居民消费价格分别比去年同期上涨20.9%和23.3%，这是否是最高点，是否很快会回落，很难预测。据《中国工商时报》载，10月份的零售物价指数又比9月份高，10月与9月环比指数为101.7%（即12月初的保值贴补率有可能高于前一月）。人们有什么理由认为明年7月的贴补率会降得很低呢？

中国解放后物价迅速回落的仅有三年，最近一次为1990年。当时为了制止由1988年抢购风引起的高通胀，采取了紧急制动的“治理整顿”措施，但同时出现的却是数以百万计的工人下岗待业等经济萧条现象。故中国政府今年对通胀的斗争是既坚决，又稳妥，力免经济受损。今年的反通胀的工作难度在于建材、钢材等生产资料价格早已持续下跌很久，而居民消费价格指数则逆行上升；如果再以激烈措施紧急制动，则经济很可能会受更多伤害。我们处于两难境地。这就是政府不得不放弃今年初政府工作报告中关于将物价上涨总水平控制在10%以下，以及后来中国政府高层关于力求把通胀控制在13%以下的目标的原因。

当人们无法预测明年物价走势及7月份的贴补率时，以现时的贴补率来作参照指标，就可以理解了。

当然，为了避免风险，人们应坚决反对恶炒。另一方面，在高通胀时期做国债期货，对做空亦应慎之又慎，否则杀伤力亦是巨大的。最后提醒一句：国债市场不是股市，它有通胀率与贴补率支持，与股市的升五浪跌三浪等技术走势，风马牛不相及；有人以股市操作法来炒国债，那是十分荒谬的。上月当保值贴补率公布为8.79时，人们以股市的“出好消息即出货”方法，使326与327期券全线从134元与136元下跌0.70元左右，但不久它们又上涨到142元与144元，令做空者后悔不迭。因此，以股市法操作债市是不科学的。

（原载于《证券市场周刊》，1994年12月3日）

股市走熊也不好

复旦大学教授 谢百三

编者按：1997年8月，股市仍在阴阴下跌之中，中国不知不觉发生了一件大事，最高领导人对股市态度改变了。当时几位经济学家访美回来，向中央汇报了美国股市与美国经济相互支持、相得益彰的情况。朱镕基总理视察东三省，又为大量国企的歇业和困难感到不安。笔者正好放暑假在北京，有朋友来电要我以学者身份发表一篇文章，向市场暗示这一巨变。

这篇文章，是中国股市十年中管理层思想发生180度变化的见证之一。

上海股市从1 510点跌到1 066点，跌幅达29.4%（深圳类似），从国际股市来看，这已是相当深的跌幅了。实际上，由于绩优股较抗跌，加上深发展占的指数权重太大，相当大部分的股票已跌得惨不忍睹了。以3.45元发行价发出来的马钢又回到了2.90元左右，石化从8.00元跌到4元，净资产高达2.56元的北满特钢价格仅3.60元。上海最有发展前景的地产股陆家嘴、张江、金桥、外高桥也深幅回落。股市一旦再向下滑去，2 700万—2 800万股民信心可能丧失殆尽，牛市就完全成了熊市。

熊市好吗？泡沫经济没有了，但股市的正常功能也没有了，国有企业改革的最后希望没有了，企业的融资渠道没有了，国家的税收减少了，千军万马的资金又要涌回银行，造成四五万亿甚或是六万亿元的储蓄存款，每一个百分点要付400亿、500亿、600亿元利息。通胀会迅速反弹，造成邮市涨，磁卡涨，苏州的墓穴也涨的异常状态。同样也是有百害而无一利的。近日轻骑B股与本钢B股在上市后不久就相继跌破发行价，中国的B股市场是看A股脸色行事的，这么好的轻骑B股连跌10多天，跌破发行价，这是一个危险的讯号，给外国投资者造成了很可怕的印象。另一个危险的讯号是，新股上市后，要么开价很低（如最近上市的云天化，效益不错，仅8元多，只涨30%左右），要么开盘后连跌10多天，如南风化工、中视股份、同仁堂、锌业股份、五矿发展、清华同方、北京化二。不少人屡买屡套，情况很凄惨。

如果说，1 500点与6 000点（深市）是过于投机与泡沫经济的话，则目前大部分股价已处在500—700点的位置，则是很低的压缩经济状态了。

几家绩优股价格也不高。长虹以1997年预测每股税利1.70元，目前市盈率仅20—21倍；深发展作为一家金融股，市盈率为40倍，也不高。

应该说，国家对于股市降温的宏观调控目标已完全达到了，现在的主要矛盾应转向“稳定”，再也不能让股市泻下去了。

世界各国政府都怕股市暴涨，泡沫经济无助于一国经济实力的增长，确无好处。但它们更怕股市暴跌，怕一熊几年的大熊市，国家经济也会深受其害。新加坡是主张全民持股的。有一点股，人们就关心国家，爱惜安定局面。新加坡股市开始时一跌再跌，从1 000点跌到300点，李光耀号召大家都去买，结果跌到150点；后来宣布公民可以拿公积金买股，这样股市才慢慢爬上来，在1 800—2 000点处徘徊。

在大机构停止自营、国企与上市公司退出、银行资金撤走的情况下，只有散户与小机构资金在股市里赴汤蹈火，此时再让股市一沉再沉就不妥了。人们需要调控上的放松，而最最要紧的是千方百计把住新股质量关，放慢发行与上市速度。

（原载于《证券市场周刊》，1997年8月）

中国仍将是世界上发展最快的大国

复旦大学教授　谢百三

前两天去成都讲学，有位博士生在谈及中国经济时非常悲观：下岗人数多，收入低，市场疲软，国企效益低下……我告诉他说，你讲的情况都存在，中国可能有很多不尽如人意的地方，但中国却实实在在是世界上最有希望、发展最快的大国，世界政治家、经济学家、企业家们都看好中国。中国是一列呼啸向前的特快列车，尽管它里边有不少毛病，如火车上有垃圾、有痰、充满烟味等等。我们自己不了解祖国，是由于“不识庐山真面目，只缘身在此山中”。看中国的明天，应该紧紧盯住几件大事。

一、中国是世界上政治局势最稳定的国家

这一点极为重要。墨西哥金融危机的导火线就是执政党领袖遇刺，30 多个乡镇发生农民起义；俄罗斯政局动荡，总统与国会矛盾不断，休克疗法彻底失败。而中国，自 1978 年改革开放以来，人心思定，人心思富，小平同志的理论深入人心。1989 年以后中国的政局日趋稳定；中国政府在刚刚过去的特大洪灾及亚洲金融危机中表现出来的坚定、果断，以及高超的政治经济策略令全国与世界人民振奋，中国已经以自己高度的责任心及自立自强的精神，傲然挺立于世界。政局稳定是中国经济得以较快发展的根基。

二、众多优秀人才和劳动力使中国成为世界上最大的加工厂

到 1998 年，进入中国的外资企业已达 32 万多家，其中一个极重要的原因就是中国有世界一流的科学家和劳动力，而他们的工资又十分低廉。中国教授的工资约为 1 500—2 000 元/月，而美国同类教授的工资则为 5 000—8 000 美元/月，约为中国的 25—30 倍。新加坡教授的工资为 1 万—2 万新元/月（1 新元 =5 元人民币），香港教授的工资为 7 万—8 万港元/月。从普通制造业看，美国工人的工资为 1 200 美元/月（法定的最低工资）。日本工人月薪 15 万—16 万日元，约合 1 300 美元；大学毕业生月薪 20 万日元。法国工人月薪 5 800 法郎，约合 1 000—1 200 美元。香港工人月薪 7 000—8 000 港元；新加坡工人月薪约 1 000 新元。而中国浦东地区熟练工人的月薪为 800—1 000元人民币，约合 100—130 美元！

中国的普通劳动力更是充裕。中国有 12 亿人口，一年进入就业年龄的青年高达 1 500 万；加上农业改革，大量中青年农民从土地中解放出来，一年约有 6 000—8 000 万民工流向京津沪、深珠汕等东部地区，使东部地区的工资成本始终十分低廉。外商之所以到中国直接投资，是因为中国的工资成本太便宜了。现在，中国已连续五年是仅次于美国的外资直接投资最多的国家，合同外资金额 5 605 亿美元，实际利用外资金额达 2 577 亿美元。由此可见，今日之中国，是世界上最大的工厂，也是投资环境最好的国家之一。

三、中国将成为世界上最大的市场

市场经济的生命力在于市场。当今世界各国无不为产品过剩、市场疲软而忧心忡忡。虽然中国目前也出现了通缩现象，但主要是结构性过剩，从中长期看，中国市场的潜力十分巨大。

假定不考虑我国的外汇储备及居民的外币存款，1984 年居民存款为 1 400 亿元人民币，按当时汇率 1∶2. 7 计算，折合成美元为 518. 5 亿美元；而 1998 年城乡居民存款为 5. 1 万亿元人民币，

按1∶8.28汇率计算，兑换成美元为6 159亿美元，即1998年国民的购买力为1994年的11.89倍。

中国的进出口贸易总额也在快速增长：1985年为696亿美元，1991年为1 356亿美元，1996年为2 808亿美元，1998年1—10月份达到2 591亿美元，预计全年可达3 109亿美元。

全世界500多家最大的跨国公司，绝大多数已投资中国，他们是冲着今天中国的优秀人才和廉价劳动力以及明天中国15亿人口的巨大市场而来的。

1996年2月2日，在瑞士达沃斯举行的第26届世界经济论坛年会上，主持人向到会的2 000多名世界著名企业家、政界要员提出了两个重要问题：（1）未来五年，经济增长最快的是哪个国家？（2）作为企业家，你首先在哪个国家投资？结果，两个问题得票最多的都是中国。

1998年11月，日本媒体对几百个大中型日本企业家重提上述问题，即未来10年中经济增长最快及投资环境最好的是哪个国家？结果66%的日本企业家选择中国。

1998年11月，在纽约举行的350家跨国公司财务执行总裁会议上，巴西和中国被推选为海外最佳投资国（印度、墨西哥和英国名列第三）。

综上所述，中国经济在经历了10多年9.5%—11%的高速增长后，虽然目前的增长速度有所回落，但仍然可以维持40—50年的较高速增长速度，因为影响中国经济发展的三大因素将长期不变。

（原载于《证券市场周刊》，1998年12月）

通货紧缩下的投资饥渴症

——谈有效需求不足情况下的高价配股问题

复旦大学教授　谢百三

按经典经济学理论，投资狂热与投资饥渴只会发生在通货膨胀、经济过热的时期。而通货紧缩、经济萧条总是与严重失业混合发生。但在中国，却发生了罕见的通货紧缩下的投资饥渴症，这种情况在股市的高价发新股、高价配股中表现得淋漓尽致。笔者特别希望那些只懂美国、香港股市而对中国A股市场知之甚少的洋顾问、洋博士好好读一读本文以及后边的反对高价发新股的文章，读一读大经济学家柯尔耐的《短缺经济学》，否则，瞎参谋下去，早晚会酿成大错。

我国的物价已连续12个月进入负增长，绝大多数产品“供过于求”，笔者竟在超市中买到了一元一把的大剪刀与剃须刀。几个月不去菜场了，偶尔一去，吃了一惊，大多数肉菜价格都明显下跌。商店竞相削价，超市一家比一家便宜。最典型的是房地产市场，靠福利分房末班车带动起来的最后一次公费买房热过去后，5 900万平方米的空置房面临着继续空置的问题。通货紧缩对生产者的打击是沉重的，对国民经济发展是不利的，因为社会财富的增长放慢了。

西方企业家在通胀时投资，其主要驱动力就是利润，“为了100%的利润可以冒上法庭的危险，为了300%的利润，可以冒上绞刑架的危险”。一旦市场紧缩，没了利润，他们就会戛然而止，反复计算盈亏，甚至不惜割腕断臂，让已开工的项目停下来，停止追加投资，以免陷入更深的灾难。

但是，当中国从传统的计划经济逐步转向市场经济，在出现了建国以来少有的通货紧缩、有效需求不足、流动性陷阱的局面时，为什么相当一部分企业家，尤其是上市公司中的一部分国企还希望高价配股，还有投资饥渴的强大冲动呢？

他们为什么不像西方国家企业那样收缩投资，稳住阵脚，而仍然希望高价发行新股、配股，以便募集巨资呢？

1998年，我国股市中起码有20多家国企上市公司，高价配股不能完全配出去，或配完后又跌破了配股价，将几十万股民甚至券商深套其中。

何以在产品过剩的情况下，还要扩大再生产，还要搞重复生产呢？江泽民同志在一次重要谈话中尖锐地问道：没有市场前景的投资，一个私人工厂会不会干？一个私人企业已经亏了本，能不能还发奖金？他强调，提出这些问题绝不是讲资本主义私人企业比我们的国有企业优越，而是说必须改革那些不适应生产力发展的生产关系和上层建筑（见《一个历史性的课题》，1999年1月《半月谈》）。

为什么要在通货紧缩情况下高价配股，搞投资饥渴症那一套呢？不可否认，有不少企业这么做是为了企业发展、扩大生产、向社会提供高科技新产品。这种配股往往也会得到股东们的支持。但相当一部分企业却非如此。所以还得从企业内在的产权机制及我国股市的不规范性上寻找原因。

1. 国企上市公司（或国有资产控股上市公司）仍然存在着产权不清的问题。社会公众股、流通股一块是明晰的，国有股一块含糊不清，分不清是国家的、企业的还是工人的。

2. 企业领导者搞投资，扩大再生产，只有市场风险，没有个人风险。成功了，击败了市场竞争者，可以成为大企业家，得到政府褒奖，可以个人加薪；不成功、产品卖不出去，也就多了个重复项目，个人不会受经济或法律上的追究。

3. 扩大投资可以挤占市场份额，可以促进本地经济增长（GDP），可以吸收本地青年就业，满足企业家的荣耀感。

4. 由于国家股占了大头，即使投资失败了，股价下跌了，也不能被人收购。于是总经理照当，小车照坐，高级房照分，宴会照赴。

5. 风险的承担者全在股民、社会投资者及其他法人股股东，其中最大的风险承担者是中小散户。对于上市公司来说，发新股影响不了自己大股东地位，募集的资金不用还本付息，因此，能高价配股就高价配。

当一个个公司配股配不出去了，按理来说他们应该清醒了，而实际情况相反，他们更着急了，都想早日以高价配出去，竟然一次次强行推出人见人厌的高价配股方案。

年末将至，为了挤进净资产收益率10%的大限，有些公司竟然卖房卖地、砸锅卖铁，以期能在1999年通过配股配得几个亿。

红光事件使成千上万小股东恨之入骨，其本质还是制造假报表，以图挽救濒临倒闭的国企；实质上还是争额度，争发新股。红光领导眼中只有自己一个企业，而千百万买红光股的老百姓的利益，在他们眼中则是无所谓的。不募白不募啊！这与一般贪污性质不同，其客观效果更加害人。

通货紧缩与投资饥渴症同时出现的怪现象，其根源还是由国企产权不清，责权利相分离，责任不大，风险不大，利益不挂钩所造成的。高价配股已成为企业不可抗拒的本能、渴望与冲动，成了相当一部分上市公司梦寐以求的永恒追求。

这一现象给中国经济学家们提出一个新课题，这个问题不解决，中国改革与发展很难前进。

（原载于《证券市场周刊》，1999年1月）

第八篇

中国股市深层次问题研究

日元、人民币升值对两国宏观经济及股市的影响之比较分析

谢百三　　杨筱燕

编者按：这是我们花了很多心血的文章，他山之石，可以攻玉，希望大家能够从中悟出人民币升值对股市产生的影响。

2005年7月21日，中国人民银行发布公告，美元对人民币交易价格调整为1美元兑8.11元人民币，升值2%，同时中国开始实行以市场供求为基础、参考一篮子货币进行调节、有管理的浮动汇率制度。人民币汇率不再盯住单一美元，形成更富弹性的人民币汇率机制。随后，人民币对美元价格一路走高。到2007年1月，人民币汇率已升至1美元兑7.80元人民币。

汇率改革对于一个国家的经济、政治、社会生活等各个方面均会产生重大影响。人民币的升值及汇率制度的改变，无疑会对中国的各项工作带来影响，尤其是对经济的各个方面产生深刻影响。上世纪日元升值对日本经济造成了毁灭性打击，而此次人民币升值时中国的背景情况与日本当时有众多相似之处，再加上中国目前仍然是一个发展中国家，金融市场尚不完善成熟，发展建设中还一定程度上依靠外资，经济增长的三驾马车——出口、投资、消费中还较倚重出口，这就令很多人不得不担忧人民币升值的前景。

当然，中国和日本当时的国情也有许多迥异之处，而且有了日本的前车之鉴，中国更应该要取其所长，弃其所短，利用好人民币升值、汇率改革的机会，推动国内产业结构的调整和提升，贯彻以内需为主的经济可持续发展战略，切实加强中国的国际竞争力。

一、日元、人民币汇率走势的历史回顾

1. 日元汇率走势的历史回顾

日元的汇率升值走势可以分为三个阶段。第一个阶段是1971年8月从1美元兑360日元升值为308日元；第二个阶段为1973年2月到1985年9月，逐步升值为1美元兑240—250日元；第三个阶段为自1985年“广场协议”至今，日元升值为1美元兑90—140日元。

图1　日元汇率走势（1962—2004年）

（数据来源：日本调查统计局）

（1）第一阶段（1971年8月至1973年2月）

第二次世界大战结束前夕，世界各主要国家签订了“布雷顿森林协议”，实行了与美元直接

挂钩，而美元与黄金挂钩的固定汇率体制，各国可以用美元向美国换取黄金，日元当时的汇率是1美元兑360日元。正是这种较低的固定汇率极大地促进了日本经济的发展，帮助日本在20世纪60年代实现了GDP每年10%增长的奇迹。

日本的迅速崛起，尤其是其出口的大幅增长，成了美国的贸易赤字不断增加的一个主要因素。为了减少贸易逆差，避免黄金的大量流出，美国再三要求外国货币尤其是日元对美元升值。1971年8月15日，在日本投降26周年纪念日，美国总统尼克松单方面宣布停止美元和黄金的兑换，实际上是无奈地宣布了布雷顿森林体系的瓦解；这也迫使日本和西欧先进国家提高对美元的汇率。紧接着，在同年12月，西方十国财政部长在华盛顿史密森博物馆召开会议，决定将日元汇率提高16.88%，达到1美元兑308日元，日元由此开始逐步升值。

（2）第二阶段（1973年2月至1985年9月）

日元经第一阶段升值之后，美国贸易逆差继续扩大。为了扭转这种不利局面，1973年2月，美国再宣布美元对黄金贬值10%，即意味着其他货币对美元升值。这样日元被迫进入升值的第二阶段，到1985年，日元逐渐升至1:250的水平。

此时，日本许多产业已经达到国际先进水平，日本企业更是开发出了许多核心技术，即日本的出口增长不再依赖低成本，而是主要靠高水平高质量的产品在国际市场立足。这也使得日本企业能够承受日元升值带来的压力，即这一阶段的日元升值并没有阻碍日本经济蓬勃发展的势头。

（3）第三阶段（1985年9月至今）

从20世纪80年代开始，日本出现了巨额的贸易顺差，1981年顺差为87亿美元，到1985年顺差已增至461亿美元，4年之间增加了4倍多，其中对美国出口的增加率达到74%。而另一方面，1985年，美国在出现1 244亿美元巨额贸易赤字的同时，又出现了财政赤字，从而产生了所谓的“双胞胎赤字”。

美国又将这些归罪于美元汇率过高。于是，1985年9月22日，在美国的纽约广场饭店签订了令日本人至今仍耿耿于怀的“广场协议”。其主要内容为，美元对世界其他主要货币在两年内贬值30%，从而逼迫日元再次升值。

此后，日元开始迅速上升，在1985年到1996年的10年间，日元兑美元比率由250:1升至约80:1，升值近3倍。广场协议后来被众多学者尤其是日本经济学家们公认为是引发日本泡沫经济，并导致日本经济衰退的罪魁祸首之一。

2. 人民币汇率走势的历史回顾

新中国成立后，在传统的计划经济体制下，人民币汇率由国家实行严格的管理和控制。直到1994年汇率改革之前。中国的汇率体制的情况如表1①所示。

表1 中国汇率体制变动情况

时间	汇率体制
1949—1952	单一浮动汇率制
1953—1972	单一固定汇率制
1973—1980	单一浮动汇率制（以“一篮子货币”计算）
1981—1984	汇率双轨制（官方汇率与贸易外汇内部结算价并存）
1985—1993	汇率双轨制（官方汇率与外汇调剂价格并存）

1993年底，人民币官方汇率为1美元兑5.8元人民币，但是外汇调剂市场1美元兑换高达8元人民币以上，黑市价格就更高了。这种汇率体制显然是不适合，也不利于中国的发展和稳定。

① 参考中国人民银行有关汇率政策整理而成。

于是，1994年1月1日，中国取消官价与市场价并行的汇率双轨制，即实行汇率并轨，实施以市场供求为基础、单一的、有管理的浮动汇率制和外汇指定银行结售汇制。汇率并轨后，人民币与美元间的汇价一度冲到1美元兑换13余元人民币；后经干预，回落到变为1美元合8.7元人民币左右。自此，人民币汇率保持基本稳定，并且汇率稳中有升。尽管1997年爆发了亚洲金融危机，但中国内地金融运行保持平稳，人民币兑美元的汇率基本稳定在1美元兑换8.28元左右。具体走势参见图2。

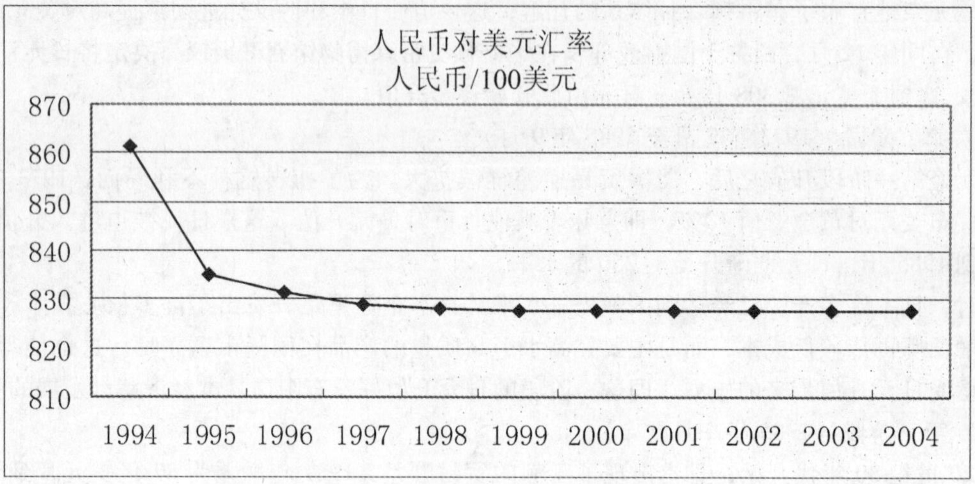

图2 人民币汇率走势（1994—2004年）

（数据来源：《中国统计年鉴2005》）

10多年来，中国经济高速增长，1∶8.28的独特的汇率对中国经济发展及改革开放功能卓越，功不可没。但也使经常项目和资本项目双顺差持续扩大，加剧了国际收支失衡。2005年，中国的贸易顺差达到1 019亿美元，外汇储备达到8 188.72亿美元。中国政府面临着美国等贸易伙伴不断要求人民币升值的压力，人民币出现了相当大的升值预期。

2005年7月21日中国人民银行宣布，美元对人民币交易价格调整为1美元兑8.11元人民币，人民币升值2%。并且，中国宣布开始实行以市场供求为基础、参考“一篮子货币”进行调节、有管理的浮动汇率制度。每日银行间外汇市场美元对人民币的交易价仍在人民银行公布的美元交易中间价上下3‰的幅度内浮动。这是一个战略变化的开始，它标志着中国的货币政策20多年来出现了重大变化。

从图3来看，宣布升值之后，人民币对美元价格一路走高。（*编者注：2007年初，人民币汇率已升到了1∶7.80左右*）

应当说，央行公告不单单是宣布人民币升值，更重要的意义在于汇率机制的改革。此番改革主要有三项内容，首先即是人民币对美元汇率升值2%到8.11元的水平，其次是人民币不再盯住美元，改为参考“一篮子货币”，再有就是中心汇率以前日收盘价为基础。从而使人民币真正与固定汇率体制告别，走向有管理的浮动。

二、20世纪80年代日元升值对日本经济的重大影响

1. 举世瞩目的“广场协议”

20世纪80年代初期，美国贸易逆差逐年扩大，到1984年，美国的经常项目赤字达到创纪录的1 000亿美元。与此同时，政府预算也开始出现赤字。在双赤字的阴影下，美国政府提高了国内利率，以此吸引国际资本来发展经济。外资的大量涌入使得美元不断升值，美国出口商品的竞争力持续下降，又进一步扩大了外贸逆差。在这种经济危机的压力下，美国便寄望以美元贬值来增

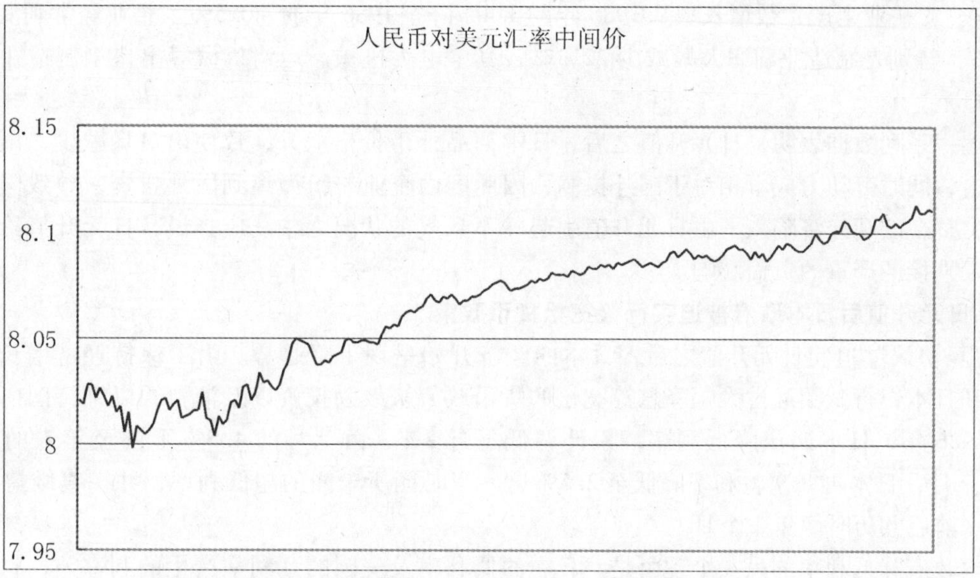

图3 人民币对美元汇率（2005－07－21—2006－05－31）
（数据来源：中国人民银行）

加美国产品的对外竞争力，以改善国际收支不平衡的状况。

1985年9月，美国、日本、联邦德国、法国、英国五个发达工业国家财政部长及五国中央银行行长在纽约广场饭店举行会议，达成五国政府联合干预外汇市场，使美元对其他主要货币下调，以解决美国巨额的贸易赤字问题。这就是著名的“广场协议”。

“广场协议”签订后，五国联合干预外汇市场，各国开始抛售美元，继而引发市场投资者的抛售狂潮，导致日元等货币持续大幅度升值。1985年9月，美元兑日元在1美元兑250日元上下波动，协议签订后，在不到3个月的时间里，快速上涨到200日元附近，涨幅达到惊人的20%。在这之后，美国政府当局仍不断地对美元进行口头干预，表示美元汇率水平依旧偏高，还有下跌空间。在美国政府的强硬态度下，日元对美元继续大幅度上涨。1986年底，上升到1美元兑152日元，1987年，最高到达1美元兑120日元。在不到3年的时间里，日元升值近一倍。

日元的大幅升值，对日本的出口产业产生了相当不利的影响，出口产业开始萎缩。日本政府便通过降低利率等宽松的货币政策来维持国内经济的景气。从1986年起，日本的基准利率大幅下降，这使得资金大量投入股市、房地产等行业，从而形成了泡沫经济。但之后，日本政府为打压经济过热的情况，大幅提升利率，从而在1991年捅破了泡沫，之后日本经济便陷入战后最大的不景气状态，一直到2002年8月，日本经济长达10多年仍在低谷徘徊，2002年8月以来，略有好转。

2. 日元大幅升值后日本出口、就业、宏观经济均遭受重大打击

“广场协议”之后，日元快速升值。1986年下半年，日元升值到1美元兑150日元，日本产品的美元价格大幅上升，这明显削弱了日本产品在国际市场上的竞争力，导致其出口增长减缓。1985年10—12月期间与前一年相比，出口呈负增长。1986年4—6月期间，名义出口额减少了19.5%，实际出口额减少了7.8%。

强势日元还对就业造成很坏的影响。日元的升值导致了国内劳动力成本与国外劳动力价格相比急剧升高。在这种背景下，大批日本传统的劳动密集型制造业企业向海外转移，期望利用海外廉价的劳动力来降低生产成本。日本在海外的大举投资，相应地缩小了国内的生产规模，致使国内产业空洞化现象逐渐加深。这导致日本企业在国内大量裁员，大批中小企业破产，国内失业率逐年升高。

日元的升值使得日本的宏观经济遭受重大打击。1986年的经济增长率由1985年的4.4%降低至3.0%。工矿业生产指数增长率从1985年的3.4%降至1986年的-0.5%。企业经常利润同比下降3.1%，特别是制造业利润大幅减少22.2%，其中电力机械、运输机械等出口型制造业利润下降尤其严重。

上述一系列数据表明，日元升值之后，日本商品外币价格上升，致使出口量减少，出口行业遭受打击，同时劳动力成本相对于国外提高，因此国内企业纷纷撤离到国外投资，导致国内失业率上升，整个宏观经济陷入了由日元升值引起的不景气的状况之中。应当说，日元升值给日本经济带来了直接的严重的负面影响。

3. 日元升值后日本政府被迫实行极宽松货币政策

“广场协议”迫使日元升值之后，日本的经济开始呈现下降趋势。为了保持经济增长，日本大藏省和日本银行试图通过大幅降息等宽松的货币政策来鼓励投资以及消费，以维持国内经济的景气。1986年，日本四次降低利率，累计调低了近2%，由1月的4.5%下调至年末的3.0%，1987年2月，日本再一次将利率降低至2.5%这一当时闻所未闻的超低利率，并一直维持到1989年5月。前后共历时两年3个月。

日本政府降低利率的另一个理由是，日本的低利率及美国的高利率产生的利率差，将有助于缓解日元的升值压力。经过日本政府的几次降息，以及美国在此期间连续三次上调利率，1987年9月，美国官方利率上调到5.5%—6%，美日间的利率差不断扩大。利率差的增加，在一定程度上抑制了美元资本进入日本，使得日元国际需求量降低，从而减缓日元升值。扩大美日两国利率差的政策暂时起到了效果，在1987—1990年期间，日元走低，从1987年1美元兑120日元到1990年初的1美元兑160日元。

总之，日本政府面对日元升值造成的经济不景气，不得不实行极其宽松的货币政策，不断下调的利率，对人们给出明显的信号鼓励投资和消费；也希望通过不断扩大的美日间利率差来缓解日元升值的压力。

4. 大量游资导致日本股市、房地产价格狂涨

日本银行利率的大幅下降，使得国内剩余资金大量投入股市及房地产等非产业上。此期间日本国内生产总值名义增长率（以日元计算）每年只有5.7%，而股票（1986—1989年）、住宅用地（1987—1990年）、商业用地（1987—1990年）的价格年均增长率分别高达31.3%、14.41%和15.6%。

房地产公司利用低息贷款投机，抢购有限的城市房地产，致使日本的房地产价格疯狂上涨。1986—1989年，东京市中心地价提高了2.7倍。如果将东京23个区的土地全部卖了，可以买下整个美国。1988—1990年的3年间，大阪、名古屋的地价，也分别暴涨了2.2倍和1.6倍。

与此同时，日本的股市也创出令人咋舌的纪录。日本股票市场从1986年1月开始正式进入大牛市，当时日经指数为13 000点，到1989年底飙升到最高点39 000点，四年上涨3倍。

自“广场协议”后的10年间，日元汇率平均每年升值5.2%。这意味着，如果国际资本在日本买入某一资产，如股票、房地产、债券、日元，即使这一资产没有盈利，它也可以通过汇率的变化获得每年5.2%的增值。因此，日元的升值，股市、房地产的上涨，吸引了越来越多的国际资本进入日本。这又进一步刺激了日元的升值，使日本国内货币供应量过度增加，再加上当时日本国内实行的是非常宽松的低利率（甚至是零利率）货币政策，这些因素的共同作用刺激了日本的地价、股价持续看涨。价格的持续上涨，助长了投机行为，最后终于在1988年到1989年间发生了无法用市场经济本身条件来解释的飞涨。

5. 日本政府对于宏观调控的两难选择及矛盾心理

日元的不断升值大大减少了日本的对外出口，并导致日本宏观经济严重不稳定。在经济全球化条件下，日元升值严重恶化了日本本国的投资环境，使国内外投资者的投资成本大幅上升，投资大量外流，国内投资急剧下降。从而进一步导致日本国内通货紧缩和价格下降，如1985年2月到1988年2月日元名义有效汇率升值40%，而同期日本出口价格指数下降31%，批发价格下降

17%，消费物价仅上涨2%。

面对如此局面，日本政府在对待日元升值的问题上，处于两难的困境：若以内需主导型经济为发展战略，则从稳定国内物价的角度希望日元升值；而若以出口主导型经济为发展战略，则从提高产品竞争力、扩大出口量的角度希望日元贬值。

另一方面，日元的升值也给日本经济带来了一些利益。由于日本的进出口均以美元计价，因此美元的贬值、日元的升值使日本在进口原材料和石油等方面节省了大量外汇。日元升值还使日本的国内总产值以美元计价相应增加，经济实力迅速接近美国。1986年以后，日本甚至还掀起了"购买美国"热，他们将其巨额海外投资转向美国国债和房地产，开始大量购买美国企业，购买帝国大厦，购买夏威夷的不动产。

日本政府一方面试图通过采取降低利率的货币政策来刺激投资和消费，以达到消除汇率上升对宏观经济的影响，另一方面又为日元升值带来的虚假繁荣和其他短期利益所迷惑和欣慰。这造成了日本政府在调控方面的矛盾心理。

6. 日本过度调控对泡沫经济的鲁莽挑破

日元的大幅升值还使日本人手中的日元资产价值猛涨，助长了全社会的虚假繁荣现象。1990年，日本人均GNP和资产都超过美国，成为世界最大的资产净收入国、头号债权大国和金融大国。

泡沫经济在1989年底达到顶峰。日本政府和经济学家逐渐认识到土地价格严重偏离实际价值，便开始实行紧缩货币政策来阻止银行向投机者贷款。1989年11月25日，日本银行将贴现率提高到4.25%，1990年8月再次提高到6%，宣告了金融缓和时代的终结。但这一切都来得太猛烈了。

霎时如晴天霹雳一般，日经225指数从1989年底的39 000点暴跌到1990年初的29 000点，而这仅仅只是日本股票市场噩梦的开始。1997年的日经指数下滑到16 000点上下，到了2003年3月12日，更是跌破8 000点大关，收于7 862.3点，跌破20年来的最低点。与1989年的最高点相比，日本股市跌掉了近80%的价值。

与此同时，房地产市场的泡沫也开始破灭。自1990年4月开始，日本土地价格开始了漫长的跌势。据统计，1991年至1992年，东京地区住宅土地的下降幅度为22%，大阪地区的跌幅为36%，名古屋地区为13%。到2002年，与1990年的最高点相比，日本六大城市（东京、横滨、名古屋、京都、大阪和神户）的土地价格下跌了约80%，与股票市场的跌幅相近，基本回到了20年前的价格水平。

泡沫经济在1991年被挑破后，日本经济随之进入长达10年之久的衰退之中，至今仍没有恢复，日本人称此10年为"失去的10年"。

日元升值初时，对日本的出口、就业、宏观经济带来了明显的不利影响，日本政府为此数度下调基准利率，实行极为宽松的货币政策，期望能缓解日元升值的压力。事实上，如此调控导致资本急剧涌入股票、房地产等非生产市场，造成股票、房屋价格猛涨，造成经济虚假繁荣的假象，最终形成经济泡沫。在泡沫形成之后，日本政府又没能采取合理合适的措施，而是把利率一下从高位拉下，鲁莽地挑破了泡沫，致使日本经济长期低迷。

三、日元、人民币升值时日中两国历史背景的相似之处

1. 相似之处一：日中两国的政局在本币升值时均较为稳定

古往今来，一个国家的兴起、一种文明的孕育，无不依赖于国内局势的长治久安。稳定，才可能发展，才可能有财富和文明成果的积累。仔细观察中日两国可以发现在本币升值时期，两个国家的政局均较为稳定，为经济发展起到了保驾护航的作用。

先看日本，"二战"后美苏冷战格局形成，因为日本地处东北亚，临近苏联、中国，是美国

对抗社会主义国家的伙伴，所以美国先对日本军事管制继而实行扶植日本的政策，向日本提供了大量的援助和贷款。在战后的头6年中，美国向日本提供了大约20亿美元，这为日本的战后崛起注入了一笔巨额资金。在随后的朝鲜战争和越南战争期间，日本更是成为美军的后勤供应地，两场战争期间，美军向日本订货多达100亿美元，极大地刺激了日本的经济发展。在日本取得经济支援的背后，隐藏着美国对其政治、社会的控制及战略图谋。在日本政局“稳定”的背后，是美国政府在起作用，但无论怎么说，当时日本的形势是相对稳定的，这促进了其经济之稳定，对本币升值也构成了较强的承受力。

再看中国，中国共产党作为拥有十几亿人口大国的领导核心，比任何人都更懂得稳定对于中国和中国前途的重要性。“文化大革命”十年动乱结束后，一代伟人邓小平成为党和国家的领导核心。他的治国方略可以高度概括为“改革、发展、稳定”。“稳定压倒一切”，是他的至理名言。党中央历届领导集体，恪守邓小平的告诫，把维护党的团结和社会稳定放在头等重要的位置，正确处理改革、发展和稳定三者关系，使中国多年来始终充满生机活力，经济迅猛发展，人民安居乐业，生活不断改善，综合国力不断增强。可以说，稳定的思想，在中国已深入党心、民心；维护稳定，已成为国家的意志，人民的共识。

同样是稳定，但两者也有不同：日本的政局稳定是建立在美国的强权政治之下的，为了换得美国在经济上的支持，日本政府不得不屈从于美国的霸权，这种稳定其实是高压下的稳定；而中国的稳定是人民的意愿，因为历史已经表明动荡的社会是不可能发展前进的，只有政局稳定，人民才能安居乐业，所以说中国的稳定是人心所向，是得到人民出自内心的自发维护的。但国家稳定对本币升值形成的冲击的承受力是最重要的了。

2. 相似之处二：日中两国均拥有价廉物美的人才、劳动力市场

在经济发展时期，中日两国都有着廉价的且素质又高的充裕的劳动力市场，这为两国吸引国外投资、发展国内经济提供了良好的基础。

当时日本提出赶超欧美的口号，政府长期奉行“高积累、低消费”的政策，被称为“勤勉型”经济机制，再加上当时1美元兑300日元的低汇率，日本工人的工资比较低，这些都是日本产品能够以低成本低价格打入国际市场的有利因素。日本政府和企业也一直把发展教育、培养人才作为经济发展的重大战略问题，即使在经济比较困难的时候也保证对教育的投资。日本是世界上文盲率最低、国民受教育水平最高的国家之一，教育的发达使国民的平均素质得到提高。（20世纪80年代时，日本工人中的大学生比率已达40%多。）

中国经济自改革开放以来保持了20多年的高速增长，成功的因素是多方面的，廉价劳动力无疑是其中不可忽视的最重要因素之一。据统计，我国每小时的劳动力成本不到美国的4%。以中国上海的制造业工人为例，工资约为1 000—1 500元人民币，而美国最低工资为1 200美元，约合人民币9 000元。而在中国内地，工人的工资还会比上海低20%—40%。正是凭借低廉的劳动力成本和良好的基础设施，中国形成了制造业的比较优势，成为世界上最重要的产品加工和制造基地之一。中国不但劳动力资源充沛、劳动力价格低廉，而且拥有多层次的劳动力和科技、管理人才。从廉价的劳工，到一般的工程技术人员，再到高级尖端职业精英，应有尽有。且各个层次的劳动力、人才的工资都只有发达国家的10%—5%。加之，中国历来提倡科教兴国，近年来，更是狠抓各级学校建设，教育水平不断得到提高，培养的人才也向复合型高素质的目标靠拢。

当年的日本和今天的中国，两国在人才方面都非常有优势，但是日本由于人口基数较小的问题导致其劳动力价格很快上升，逐渐失去了在这方面的优势，日本继而转向培养高素质高技能的人才，从提高人才质量上下工夫；中国目前的低廉劳动力应该还可以维持相当长一段时间，因为中国人口总数庞大，另外农村富余劳动力充足，这都是对劳动力市场的有力补充（约有2亿劳动力过剩）。同时，中国正在全力发展技术工人教育及高等教育，大学招生已从1987年的20万，增加到2005—2006年的300万—400多万。中国的劳动力与人才优势几十年之内不会变化。

3. 相似之处三：日中两国均全力推进市场经济进程

日本是个后起的资本主义国家，直到明治维新，日本资本主义的发展才正式起步。与西欧相比，晚了一大截，但是值得注意的是，日本资本主义的形成和发展的速度却是惊人的。从明治维新到20世纪初资本主义制度的确立，仅仅用了40多年的时间，而西欧大体花了100年。上述情况说明，日本市场经济的发育避免了许多弯路和错路，吸收了欧美资本主义发展经验。日本的市场经济虽然起步晚，但是更多地借鉴了其他国家的经验。

中国对于推进社会主义市场经济建设十分坚定、不遗余力。十四届三中全会以来，中国就以建立社会主义市场经济体制为目标，推动各项改革不断深化。中国共产党的十四大明确提出，中国经济体制改革的目标是建立社会主义市场经济体制。党的十五大提出，要把建立比较完善的社会主义市场经济体制，保持国民经济持续快速健康发展，作为21世纪前10年必须解决好的两大课题。中国共产党的十六大进一步提出，完善社会主义市场经济体制，仍然是21世纪头20年经济建设和改革的主要任务之一。

日本和中国同为市场经济，其中亦有不同。最大的不同在于日本的市场经济是资本主义的市场经济，中国的市场经济则是社会主义的市场经济，两者服务的对象不同。另外，日本的市场经济从明治维新发展至今，已经非常系统和完善；而中国的市场经济从改革开放开始到和平崛起大力发展经济，还有许多地方有待改进和探索完善。

4. 相似之处四：日中两国居民均勤奋工作，有拼搏精神

中日两国都地处亚洲，有着很多相似的传统、观念和价值标准，这表现在经济建设中，两国人民在工作劳动中都十分勤奋，有拼搏精神。这对于两国的发展起到了相当重要的作用，因为一个国家的发展归根结底是各个居民勤奋劳动的加总。

相当一段时间里，日本人把战争、拼命及武士道精神带到了战后的经济建设中，“工作狂”一度成为日本人的代名词。一些日本企业把中国的儒家思想和日本的武士道精神与企业管理结合起来，运用所谓的廉耻守信和儒家的齐家治国、忠孝仁爱等思想来协调企业内部的关系，加强企业内部的凝聚力。从20世纪50年代开始，一些大企业还推行终身雇佣制、年功序列工资制，把职工的利益和企业的利益结合起来，鼓励职员把公司的事当作自己的事业去做。勤奋的国民和较高素质的劳动力是日本能够建成世界第二经济大国、在许多方面走在世界前列的重要基础条件。

而有五千年文明史的中华民族以勤劳勇敢、吃苦耐劳、自强不息而著称于世。在千年的历史长河中，中华民族以自己繁荣的经济、灿烂的文化艺术和辉煌的科学技术成就蜚声于全世界，对于人类社会的进步产生过深远的影响。在改革开放的新历史时期，中国人民也同样发扬着这些优良传统。目前，中国人民的生活水平仍比较低下，尤其是农村地区和偏远山区，贫困人口众多，但这也使得人民更加勤奋、刻苦、拼搏、创新。随着国家综合国力的提高，人民的生活水平大幅提升。尤其是改革开放以来，在新的合理分配制度下，在个人利益与劳动付出成正比的激励下，中国人民更是充分发挥自身的聪明才智，既为个人生活谋幸福，也为国家建设作贡献。此外，与日本相比，中国人民从来没有侵略过别国，近代以来总是饱受外国列强的压迫侵略。因此，倍加珍惜今天的安定盛世，人们都带着对过去民族受辱的雪耻精神和对今天的民族自豪感在拼命工作。而这些，对于我国币制改革具有很积极的意义。

5. 相似之处五：日中两国当时均已成为公认的世界加工厂

日中两国另一个相似点就是，两国凭借自身的成本优势和制造业水平顺利成为当时的世界加工厂。外商把工厂设在国内，资本、人才、技术等都跟进来，加速了外商制造业在日中两国的发展，这不但能提高本国的出口额，还能引进国外的先进技术和管理手段，而且还能提供大量的就业岗位。

在20世纪70年代末到80年代初，从纺织到机械、家电各个领域，日本都打败了美国，成为名副其实的世界工厂。日本靠引进西方先进技术，并真正消化吸收后，形成了较强的自主研发能力，再加上自己特有的高效率、高质量要求等因素，使其制造业产品一度横扫全球市场，罕遇对手。

再观中国，到目前为止，世界500强跨国企业中有400多家即80%已进入中国，39万家外商投资企业在中国开展业务。世界上顶尖的彩电大企业如松下、东芝、三洋、三菱四大公司，都已将彩电生产主要基地迁至中国。中国共有包括家电、电子、医药等十多个制造行业共80余种产品产量位居世界第一。

日中两国都被称为世界工厂，为全世界提供了大量的制造产品，这与两国廉价而优质的劳动力有紧密联系。而日本在日元大幅升值之后就失去了这一优势，但凭借其自主创新能力，依旧能立于不败之地。由于中国制造业有比较雄厚的基础，又有劳动力成本便宜的优势，巨大的市场潜力对外国投资者有吸引力，投资环境在继续改善，在国际产业转移的大趋势下，中国制造业有可能获得比较大的发展空间。目前中国在加工业的主要优势就是劳动力价格低廉，市场巨大，政局稳定。当然，在科技与管理上，还要向发达国家学习，只有拥有研发能力，拥有领先的技术，才能占有一席之地。

6. 相似之处六：日中两国宏观经济状况也较类似

(1) 日中两国本币升值前GDP均持续高速增长

战后日本经济发展非常迅猛，从20世纪50年代开始到1971年日元第一次升值前，衡量经济最重要的指标之一的GDP增长率保持了惊人的速度，平均达到9.7%。在1951—1955年、1956—1960年、1961—1965年和1966—1970年各个五年时段，日本的GDP增长率分别为8.2%、8.7%、9.7%和12.2%，为世界上增长最快的国家之一。

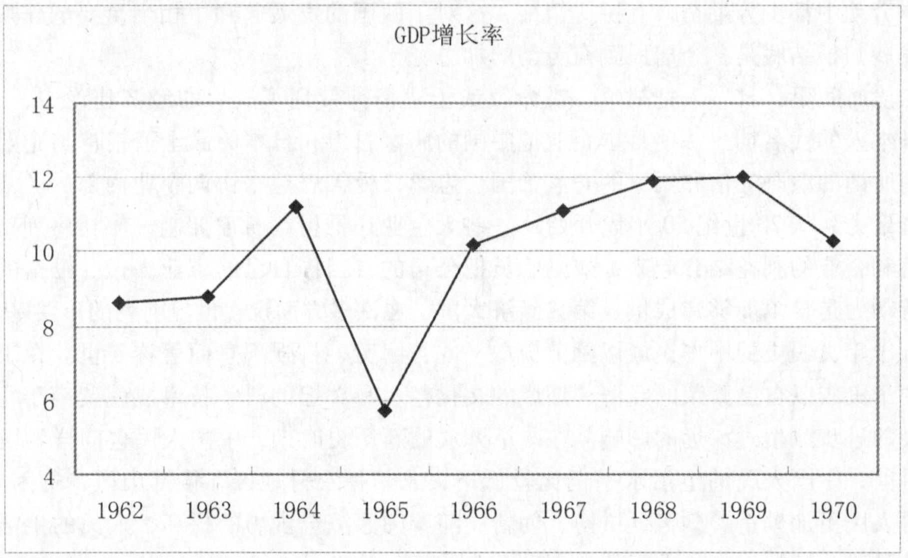

图4 日本GDP增长率（1962—1970年）

（数据来源：日本统计调查局）

同样，中国在2005年人民币升值前的20年间，也经历了飞速发展。从1986年到2005年的GDP增长率均值也达到了9.065%。① 中国全国GDP总量也从1977年的3 000多亿元上升到2007年的20万亿元。如果按官方汇率计算，约为2.5万亿美元，按国际货币基金的购买力平价计算法，则为6万多亿美元，已雄居世界第二。

从数据中不难看出，日本和中国在本币升值前的经济发展速度、态势都是较为喜人的，GDP增长率都稳定在很高的水准。应该说两个国家的经济迅猛发展，长期维持低汇率也是最重要原因之一，在经济高速增长之后，本币升值实际上也是经济规律使然。

① 1986—1988年数据为国民生产总值。

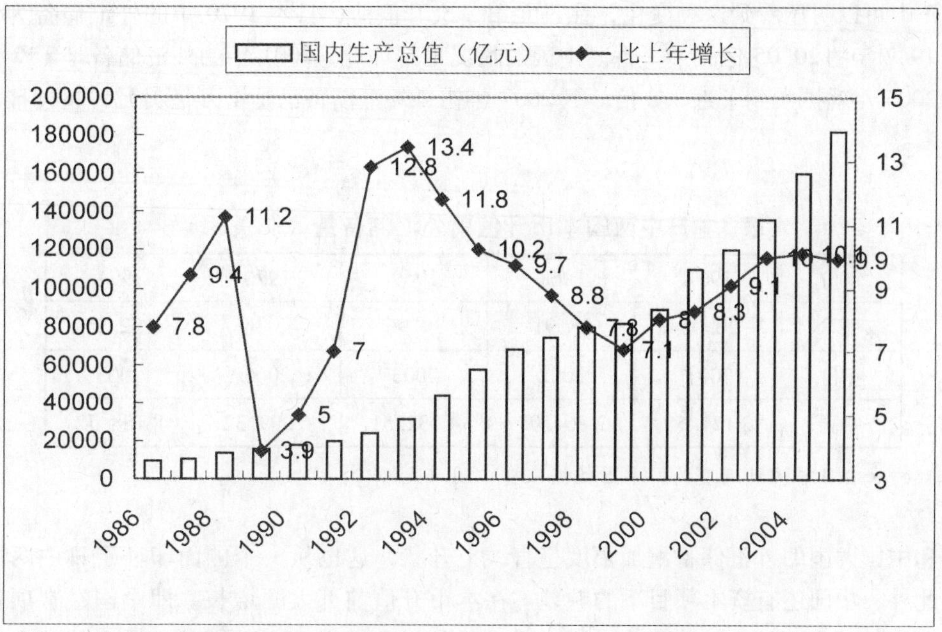

图5 中国国内生产总值及增长率（1986—2005年）

（数据来自国家统计局。其中1986—1988年数据为国民生产总值）

（2）日中两国本币升值前均有巨额贸易顺差

本币升值前，日本和中国的贸易均呈顺差状态，且连年增加。其中，对美国的贸易顺差更是尤为巨大。日本在1982、1983、1984年对美国的顺差分别占到了总额的70%、60%、80%；中国则有过之而无不及，近5年来对美国的贸易顺差都超过了贸易顺差的总额。具体数据见表2。

表2 日中两国本币升值前贸易顺差情况（亿美元）

年份	1981	1982	1983	1984	1985
日本	200	181	315	443	560
对美国贸易顺差	/	121.5	181.8	330.8	/
年份	2001	2002	2003	2004	2005
中国	226	304	256	320	1 019
对美国贸易顺差	281	427	586	802	1 142

（中国数据来自国家统计局；日本数据来自银行国际局《国际收支统计月报》日本银行调查统计局《经济统计年报》）

不断增加的贸易顺差虽然在拉动经济增长、增加外汇储备等方面发挥了十分积极的作用，但相应地也带来了一些比较明显的负面影响。主要表现在：一是易引发新的贸易摩擦。国与国之间的贸易不平衡引起了频繁的贸易摩擦。1985年，美国就是在日美贸易中摩擦很大，忍无可忍情况下，拉英、德、法等逼迫日本签下“广场协议”的。此外，近年来，美国与欧洲、日本等欧美国家一直对我国顺差增长过快反映强烈，引发了较多的贸易摩擦。二是增加了人民币升值压力，为人民币汇率机制改革增加了成本和难度。

（3）日中两国本币升值前均持有大量外汇储备

日元和人民币升值前，日中两国贸易顺差都不断增加，这也体现在当时两国的外汇储备量上，在本币升值前均有大幅增长。

从表3中可以明显看到这种变化，在日元第一次升值前，日本1970年的外汇储备为43.99亿美元，比1967年的20.05亿翻了一番。中国的情况也是如此，2001年的外汇储备是2 121.65亿美元，到了2005年就扩大到了近3.8倍。到2007年初，外汇储备已达1万亿美元，超过日本，为世界第一。

表3　日中两国本币升值前外汇储备量（亿美元）

年份	1967	1968	1969	1970	1971
日本	20.05	28.91	34.96	43.99	152.35
年份	2001	2002	2003	2004	2005
中国	2 121.65	2 864.07	4 032.51	6 099.32	8 188.72

（日本数据来自日本统计调查局；中国数据来自中国人民银行）

日本和中国两国的外汇储备增加幅度呈直线上升状，这也从一个侧面印证了日中两国的贸易顺差大。此外，中国还有资本项目下的顺差。在本币升值前都大幅增长。即中国经常项目与资本项目下出现罕见的双顺差，这里有赌中国本币升值的，有赶末班车心理的。涌入的其中不乏大量套利、投机的海外热钱。

四、日元、人民币升值时的日中两国经济的不同之处

1. 不同之处一：日中两国社会政治不同

日中两国最突出的不同点在于两国的社会政治制度不同。

日本作为资本主义国家，其经济体制是以私有制为主体的混合经济。在这种私有制经济下，日本经济的国有部分只占10%不到，合作社所有制、工会所有制的分量更小，其余90%以上均属私有制。

而中国则是社会主义国家，这决定了中国的国民经济中公有制还占有相当大的比重和主导地位。国有经济在关系国民经济命脉的重要行业和关键领域占支配地位，支撑、引导和带动了整个社会经济的发展。

社会制度的不同表现在经济上的差别就是，中国的经济发展是为广大人民群众谋福利的，企业固然有其自然利益，但中央政府更注重的是整个国家的整体利益；而日本企业在这方面则是更多地考虑自身的盈利情况和个体利益，完全是商业行为。这种根本性差别，使得日元升值时，日本政府采取了震动较大的“休克疗法”。开始几年日元升值速度很快，幅度也很大，基本上不考虑企业与国民承受能力。而中国一定会千方百计为人民和千百万家外贸企业着想，考虑人民与企业的承受能力。

2. 不同之处二：日中两国经济的成熟程度不同

在本币升值时期，日中两国的经济成熟程度也大相径庭。日本早在20世纪已经步入发达国家的行列，而中国今时今日仍然是一个发展中国家。

1975年，日本第三产业的就业人员比率首次超过50%，标志着日本早在20世纪70年代就逐步进入了以服务业为中心的“后工业化”时代。

表4　按三次产业划分就业人数（百分比）

	年份	第一产业（%）	第二产业（%）	第三产业（%）
中国	2004	46.9	22.5	30.6
日本	1985	8.8	34.3	56.5
	2004	4.5	27.5	66.9

（中国数据来自中国国家统计局；日本数据来自日本统计调查局）

相比之下，中国直到1992年才真正提出把市场经济体制的建设作为经济改革的核心内容。2005年，中国的三次产业结构是12.4:47.3:40.3。按国家统计局的工业化定义，一个国家工业化全部实现的标志：一是农业产值在15%以下，这条线中国可以说刚刚跨过；二是农业就业在20%以下，中国目前仍高达40%以上，可以说还远远不够线；三是城镇人口比重须在60%以上，中国目前刚刚超出40%，亦有很大的距离。

改革开放以来，经过20多年的努力，中国的社会主义市场经济体制框架初步建立，市场在资源配置和经济运行中开始较大程度地发挥基础性作用。但是，应当清醒地认识到，这样的市场经济仍然是发育程度较低、不健全、不完善的市场经济，是传统计划经济遗留下来的深层矛盾尚未得到根本性解决、转轨过程中又面临诸多新问题的市场经济，是随着经济发展、科技进步和对外开放而需要不断创新的市场经济。但这也从一个侧面证明，中国市场经济发展潜力很大。

3. 不同之处三：日中两国经济的国际化程度不同

在本币升值时，中日两国经济的国际化程度存在着较大的差异。

从两国占世界贸易额的比重来看，1963年日本的对外贸易额占世界的1.5%，1973年达到6.4%；而中国在1983年这个比值仅为1.2%，1993年为2.7%，在2003年也只有5.1%。从两国出口占美国进口额的比重来看，日本在1986年即占到美国进口的10.4%，而中国的出口到2002年也只占美国进口份额的10.7%。① 由此可见，不论是从占世界贸易份额还是占美国的进口份额来看，中国现在都不及当年的日本，都存在着一定的差距。在经济全球化的今天，这一差距既是压力也是动力，也预示着中国无穷的发展潜力。但对本币升值的承受力，也预示着其不同。

另外，战后几十年日本的出口产品基本都是日本本国企业生产的，但我国的出口更大程度上依靠的是外资企业。2004年中国出口商品中，有57%是由外资企业提供的。所以中国的发展一定程度上也关系到许多跨国公司的利益。中国的经济发展不但是本国最为重视的，也会影响世界各国在华企业的前景。

在国际协约中，日本1995年才成为GATT/WTO的成员，应该说在日本的发展过程中，难以通过国际多边解决机制来处理问题。我国已经在2001年成为WTO的成员了，应该更多地运用WTO贸易争端解决机制等多边机制来更有效地处理贸易摩擦等有关问题。

日中两国经济在国际化程度上的较大差异，也决定了日本对日元升值的能力要强过今天的中国，中国在人民币升值的路上要慎重再慎重。

4. 不同之处四：日中两国在世界经济中地位不同

日本和中国在本币升值前，两个国家的经济地位也有很大差别。

日元在1971年2月第一次升值时，日本已成长为世界第三大汽车出口国。到20世纪80年代中期，日本工业总产值占世界的份额达到10%左右。早在1968年，日本的GDP就已经位居世界第二位，成为除美国之外最强大的经济实体，这一年日本的人均GDP排在世界的第20位。按照世界银行的衡量标准，人均GDP超过1万美元是公认的从发展中状态进入发达状态的标志线。日本人均GDP在1984年达到了这一标准，这是日本敢于同意日元升值的重要因素。

① 根据商务部数据计算。

经过战后几十年的发展，日元升值之前，日本已经成为世界经济大国，具备了影响世界经济的实力。

而反观中国，按世界银行统计，2003 年，中国的 GDP 为 1.4 万亿美元，居全球第七位。2005 年，中国 GDP 为 2.3 万亿美元，居全球第四位。从总量上来说，中国也算是世界经济强国了，但一旦考虑到中国庞大的人口基数，人均数额就少得可怜了。据统计，2005 年中国人均 GDP 仅 1 700美元，只有全球人均 GDP 的五分之一，世界的排名在 100 位之后。中国还有近 1 亿农村较贫困人口，城市还有 2 000 多万需要政府给予最低保障补贴的人口。（其中 2 300 万是十分贫苦的城乡居民，位于世界与中国政府规定的贫困线以下的人群。）城乡加起来，全国还有 1.2 亿生活困难人口。从这些情况来看，在一个较长的时期内，中国仍将是发展中国家，国内有许多问题亟待解决。因此，中国政府对于人民币升值及由此带来的出口及外商投资的减少，及失业问题的加剧保持着很高的警惕性。

5．不同之处六：日中两国人口结构不同

经济发展的基本要素是劳动力，劳动适龄人口规模和人口年龄结构的变化，势必从各个层面对社会经济发展产生直接的影响。

按照惯例，一个国家 65 岁以上的人口占到总人口的 7% 以上，就表明是老龄化国家。1970 年，日本的这一指标就达到 7%，早早步入了老龄化国家的门槛；到 1985 年，日本 65 岁以上老人占总人口的比重已经上升为 10.3%。老年人口所占比重上升，意味着劳动力人口减少。人口高龄化的迅速发展，使年轻劳动力大为减少，使日本面临劳动力不足，严重影响了日本经济的发展。

相对于日本 1 亿 2 000 万左右的人口数，中国的一大优势在于人口总量的庞大。中国总人口目前约为 13 亿 3 000 万人，在日本的 10 倍以上。在结构方面，中国也显得更为合理，中国在 2005 年 65 岁以上人口占总人口的 7.69%，刚刚进入老龄化国家行列。①

中国劳动适龄人口较日本也更有利于经济发展。1962—1982 年是中国出生人口数量最为庞大的 20 年，1982 年中国人口共 10 亿 800 万，同 1964 年的 6 亿 9 400 万人相比，18 年间增长 45.1%，平均每年增加 1 700 万人。这批人现在正处于青壮年时期，均属于最佳的就业年龄。② 1982—1990 年，中国劳动适龄人口平均递增率为 2.48%。进入 20 世纪 90 年代，中国劳动适龄人口以每年净增 1 100 多万人的速度递增。随着我国人口的进一步增长，劳动适龄人口还将保持增长趋势，到 2010 年达到峰值时，劳动适龄人口将达到 9.4 亿人。因此从人力资源利用的角度来看，中国未来 20—30 年将是利用劳动力要素的相对优势实现经济快速发展的黄金时期。即中国经济中享有所谓的“人口红利”，而日本没有。这是中国的优势。但一旦人民币升值，引发出口企业成批倒闭，受影响最大的还是中青年劳动力；这是中国政府必须考虑的社会因素。

五、从日元升值经验教训看人民币升值对宏观经济之影响

通过前文对日元升值对日本经济的影响来看，可以发现人民币升值也将对中国宏观经济产生多方面的影响。人民币升值对中国经济而言是一把双刃剑，人民币不断升值可能会造成通过紧缩，降低对外资的吸引力，减少外商直接投资，对出口造成比较大损害，会降低企业利润率，加大社会就业压力，并增加财政赤字等；但同时也一定程度上有利于进口，增强国内企业海外投资能力，减轻外债压力，并对股票市场、债券市场、房地产市场都产生十分有利的影响。

现就负面影响和正面影响分别进行分析。

1．人民币升值对中国经济的负面影响

（1）过快的不断升值会造成物价下跌，通货紧缩，银行加息可能减少。

---

① 2005 年全国 1% 人口抽样调查主要数据公报。

② 第二次全国人口普查公报，第三次全国人口普查公报。

在人民币不断升值的条件下，中国国内的商品价格并未受到影响；而进口商品降价，出口商品的涨价，最终将带动整个社会的商品价格下降，进而形成通货紧缩。在此种背景之下，人民币利率将不得不保持现有水平，甚至会下调来促进内需和投资。

另外，由于人民币的升值幅度呈小步缓跑之势，人民币升值预期依然存在，国外资本仍然会想方设法进入中国获取升值利益。一旦银行升息，这种势头将会更为猛烈，因此考虑到维持稳定，银行加息可能性不大。两次加息的结果看，收缩流动性过剩的效果并不明显，反而鼓励和加速了外资热钱的涌入。央行的替代“中立化”政策只能不断地增发央行票据（利率约为2.8%）。为了节省利息，央行还多次提高准备金率。这样做，一是有乘数效应，二是准备金存款利率计1.89%，可以节省一个百分点利息支出。

（2）过快而且从2004年10月及2006年的不断升值将导致对外资吸引力下降，最终将减少外商对中国直接投资。

如果过快地使人民币升值，最终将使外商在中国投资的成本大大提升，因此人民币升值会使即将到中国投资的企业家裹足不前。而中国的发展经验证明，缺少外资，或者是外资骤减，将对中国的持续发展非常不利。

但由于至今为止人民币升值较慢，从1∶8.28升至1∶7.79，用了一年半时间，比日本当年慢得多，但这会给人们带来更大的升值心理预期。因此，近一两年进入中国的外资不但不会减少，反而会越来越多。很有可能会吸引更多的非直接投资的短期资本流入，各种热钱的蜂拥而入，增加对房地产、股市等的投资和投机，甚至会制造出虚假繁荣和泡沫，误导宏观经济向非理性方向发展。日本“广场协议”后日元升值与日本股市、房地产价格上涨的前例已证明了这一切。这也是必须引起警惕的。

（3）人民币过快升值将会给中国外贸出口造成较大伤害。

人民币过快升值会对中国的出口产业产生严重损害。相对于发达国家以研究开发和服务业为主来讲，中国作为发展中国家是以制造业为主的，这种贸易结构极易受到汇率水平变动的影响。

中国出口量较大的行业主要是劳动密集型、加工贸易产业，是以劳动力成本为优势的，产品档次不高，附加值含量低，商品主要以价格优势打进世界市场。人民币和过度快速升值，中国出口商品价格上涨，原有的低成本优势将丧失殆尽，削弱了中国商品在国际市场上的竞争能力。因此说单纯依靠价格优势的产业将受到极大的冲击。

当然，由于中国员工的工资目前只有美国和其他发达国家工人的5%—10%，因此，因人民币升值初期，出口商品的价格优势不会改变。但如果升得较快、较猛，这一优势将会递减。

（4）人民币快速升值会降低中国企业利润率，造成不景气。

人民币快速升值之后，中国企业和跨国公司的原料成本、各项费用、工人工资折算成外币都在提高，这将直接降低企业的盈利水平，导致企业的利润率下降。尤其是初级产品加工、劳动密集型出口行业，将遭受严重打击，发展态势也将最终出现衰退。

以纺织行业为例，据研究，人民币每升值1%，纺织行业销售利润率就下降2%—6%。如果人民币升值5%—10%，行业利润率将下降10%—60%。可见，人民币升值对纺织业等诸类产业的负面影响不可小视。

（5）人民币快速升值会造成更大就业压力，使失业问题雪上加霜。

人民币快速升值对出口企业和境外直接投资的影响，最终将体现在就业上。

因为我国出口产品的大部分是劳动密集型产品，如果本币升值过快过猛引致出口受阻将会引发部分企业裁员甚至倒闭，这必然会加大就业压力。

外商投资企业对吸收国内劳动力是一个重要的渠道。我国的外资企业和中外合资、合作企业是提供新增就业岗位最多的部门之一。国外对中国投资增长的放缓，将会使国内就业形势更为严峻。而每年约800万—1000万年轻人进入就业市场（其中大专院校毕业生为400万—500万人），对各级政府都形成了巨大压力。这是中国领导人最关心的事，也是中国在人民币升值问题上坚持主权意识，坚持缓慢渐进方式的最重要原因。

（6）中国的财政赤字由于人民币升值而增加。

由于中国国内财政不平衡的状况，包括严重的银行坏账、社保基金的缺口、政府债券发行累积的国内债务约达 3.5 万亿元等等，人民币升值之后，中国财政赤字也会相应增加。

2．人民币升值对中国经济的正面影响

（1）有利于中国进口，原材料进口型企业成本下降，大进大出，两头在外企业影响不大。

由于经济高速增长，原料、能源对中国至关重要，中国的进口额非常高。人民币升值以后，进口产品的人民币价格便宜了，对于原材料进口型企业则是有利的；对于原材料依靠进口，产品销售主要出口的两头在外的企业影响不大。这是由于中国工人工资在产品中的比例不高，工资上升影响不大。

但由于中国国内目前房地产行业时冷时热，钢铁、水泥等产能过剩问题也时隐时现、时高时低，原材料进口额波动较大，人民币升值带来的有利因素也处于动态中。

（2）国内企业在海外投资能力增强，内企到海外上市受欢迎，在华的外商（港澳台）盈利增加。

人民币升值之后，中国国内企业的资本转换为外币将更为值钱，中国企业海外收购成本降低，这将大大刺激国内企业到海外投资的积极性，有利于中国企业走出国门，参与国际竞争。

人民币升值也将使国内企业在海外上市更受欢迎，因为资产折合为外币数量更为可观。且还有巨大的升值潜力下，中国现在在海外上市的企业已有 2 万亿人民币的市值，随着人民币升值及上市公司的增加，这一数字将更为扩大。

另外，目前在华投资的外商也将得到实惠，他们的盈利额转换为外币将会增加。几乎是 10 家上市 9 家价格大涨，成了世界各国人民心目中的黄金股。

（3）外债还本付息减少，中国税收提高，中国 GDP 计算提高，这也是外资继续大量进入的原因。

中国目前有外债 1 800 亿美元，人民币升值后，外债总额将显著减少，还本付息压力降低。

另外中国的税收、居民存款余额中的实际价值“含金量”等都将大大提高，中国政府、企业、居民的国际购买力大大增强。

而且人民币升值，会使中国的 GDP 计算也有所提高，这有利于提升中国经济在国际上的地位。例如，多年来，世界银行国际货币基金一直在计算中国 GDP 时采用 PPP（购买力平价法），这样，他们计算的中国 2005 年的 GDP 总量已达 6 万多亿美元，为世界第二了。

（4）对股市、债市、房地产市场都构成重大利好。

人民币升值对中国的股市、债市、房地产市场都是重大利好消息。下面就它对这三个市场之影响作一一分析。

①人民币升值对股市影响：

人民币升值，会使大量外来资金投到股票市场上去，有利于市场资金的扩容，活跃股票市场，增强市场信心。同时，通过带动直接投资直接进入各行业，形成资本投入、购并和重组的热潮，为上市公司注入资本的同时也提供了无穷的想象空间和题材，成为刺激股价上涨的另一条途径。尤其是不断升值的预期对不断上扬的股市起到进一步推波助澜的作用。本币升值——热钱流入——股市上涨——吸引更多热钱流入——加大升值压力，如此循环往复，也就意味着人民币升值可能是一个不断持续的过程，也是一个中国股市不断上涨的过程。当年日元升值前半时期（5 年时间），日本股市涨了 3.9 倍，房地产涨了 3.4 倍。中国房地产被压抑了，股市可能会涨得更高。

②人民币升值对债市影响：

人民币升值对国债市场，尤其是长期债券构成重大利多。美国国债 30 年期的收益为 4% 左右，中国国债 20 年期的收益率也为 3.6%—3.7%，而人民币几年内升值 5%—10% 的可能性极大，因此，中国国债明显优于美国国债。如果人民币升值引发通缩，对债市也构成利多。

③对房市的影响：

人民币升值对房地产市场也是一个利好消息。由于房地产属于不动产，属于人民币资产，因此，面临着可能长达10年的渐进式升值过程。在人民币资本项目下不能自由兑换的情况下，大笔兑换人民币的最好办法，就是以外币买进中国房地产，或换成人民币买房产。

再加上几年来宏观经济调控的矛头直指地产过热现象，一些城市房价出现明显的滑坡。目前房价在宏观调控作用下正处于一个相对较低的水平，对于投资者也有相当大的吸引力。

六、结论

前文我们已经了解了日元升值对日本经济的重大打击，比较了中日两国的异同点，也分析了人民币升值可能对中国宏观经济产生的影响。从中我们可以得出一些经验教训，使中国尽量避免重蹈日本的覆辙。

1. 日元升值对日本经济的痛苦大于收益，教训及警戒

日元的汇率变化对日本的经济发展产生了至关重要的影响。战后，日本的产业发展、经济振兴是建立在长达20多年的低水平的固定的日元汇率的背景下的。这期间，日本经济实现了高速增长，从1951年到1970年的20年间，日本的年国民经济增长速度达到了惊人的9.7%。

从1971年的宣布终止布雷顿森林体系的“尼克松冲击”开始出现的日元逐渐升值，随后的“史密森协议”，1973年美元对黄金贬值，直到1985年的“广场协议”逼迫日元大幅升值。这之后的10年间，日元汇率平均每年上升5.2%。

在日元升值的早期，只有少量国际资本进入日本，买入日本的股票。此后日元升值，股票上涨，吸引更多的国际资本进入日本。这种状况进一步刺激了日元的升值，并致使日本国内货币流通量过度增加，再加上当时实行的非常宽松的低利率货币政策，这些因素的共同作用刺激了日本房地产、股票价格继续大幅上升，日本的泡沫经济也因此生成。到1989年底达到顶峰：日经指数上涨到38 915.87点的历史最高水平，东京市中心地价提高了2.7倍。

1990年起，日本金融机构和房地产公司倒闭破产现象时有发生，泡沫开始破灭。这一悲剧后来被公认为是引发日本经济衰退至今尚未复苏的罪魁祸首之一。泡沫经济崩溃后，日本经济陷入战后持续时间最长的经济萧条。日本GDP增长率在极低的水平游走，甚至出现负增长，参见图6。

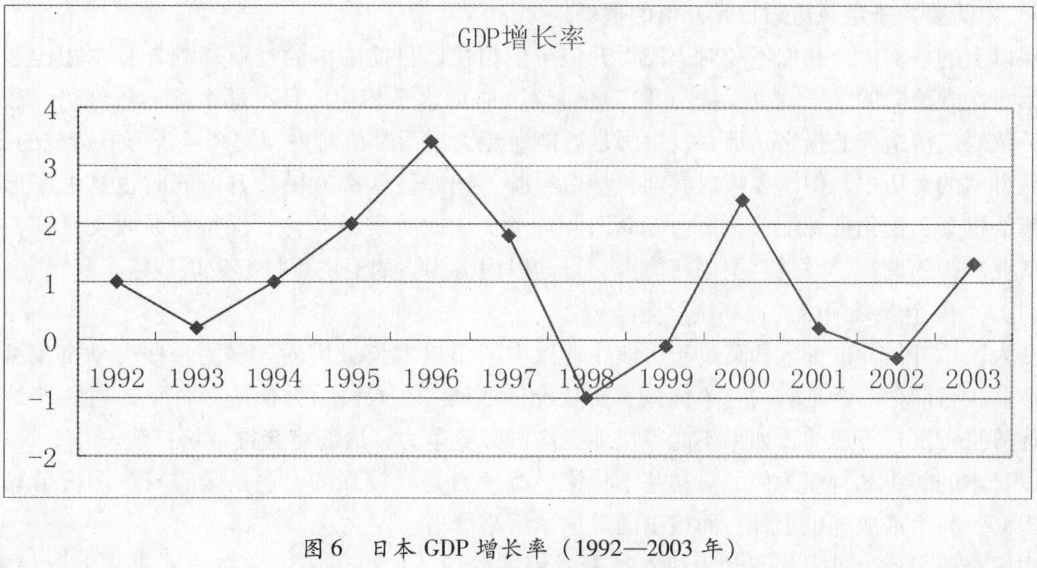

图6　日本GDP增长率（1992—2003年）

日本政府为刺激经济，从1992年8月到1995年9月，日本政府先后6次实施景气对策，动用的财政资金达60多万亿日元。然而，从前6次财政政策的效果来看，失业率并没有下降，经济回升极为乏力。1993年，经济接近零增长。1996年，在“提前消费”等因素的作用下，日本GDP实际增长率一度达3%以上。但是接踵而至的是更加严重的需求不足，又适逢1997年的亚洲金融危机，1998和1999年，出现了连续两年的负增长。为了促使景气回升，日本政府采取了更大规模的财政刺激政策。如果将1997年以来为稳定金融秩序等所采取的对策包括在内，1997—1999年末，日本政府为刺激经济回升而动用的财力多达120多万亿日元。但这并未能使日本经济走出挣扎的泥潭。

泡沫经济破灭后，日本经济元气大伤，随后陷入了一种长期的衰退过程。日本政界更是更迭频繁，从1987到2002年，日本首相已先后换了11任，这种情况一直维持到2002年。历届政府都使出了浑身解数，但即使采用“零利率”刺激国内消费也收效较微。

2. 人民币长期被低估，升值压力早已存在

20世纪90年代初，基辛格及加拿大经济学家戈登都曾作过社会调查，他们认为美元与人民币，按照购买力平价，真实的比价应该是1∶1，最多为1∶1.5。美国兰德公司及国际货币基金组织也认可了这种调查。

在上海外汇交易中心，可以发现每天都是在大量买进美元，这是本币人民币强势的最重要理由。

再有就是中国外汇储备的与日俱增，从1994年的516亿美元，到2005年的8 188亿美元，增幅惊人。（到2007年初，外汇储备已达1万多亿美元。）

这些都表明人民币长期以来都是被低估的，人民币的实际含金量是相当高的，虽然汇率的决定因素是多方面的，但升值的压力早已存在。所以说人民币升值是难免的。

3. 人民币与日元升值相似的背景值得引起关注

从前文的分析，我们已经清晰地看到了中国和日本在本币升值时期有着相当多的相似背景。尤其是国家宏观经济情况非常接近，如本币升值前，两国经济均保持了持续高速增长，GDP一度稳定在10%左右，贸易顺差逐年增加，与美国的贸易摩擦时有发生，外汇储备也不断上升等等。

而日本在这些社会经济背景下，日元升值之后，由于对情况估计不准确，采取的措施未能起效，最终造成了泡沫经济的破灭，日本经济曾长期在低谷徘徊。这些深刻的经验教训应当引起中国政府的重视，中国要力免日本经济受到日元升值的损害，取其所长，避其所短，争取搞好人民币汇率改革。

4. 中国要力争避免重蹈日元升值的覆辙

从以上的事实中，我们不免对人民币升值产生担忧。目前中国的产业基础与日本相比远不及日元第一次升值时的水平，更无法与“广场协议”时的水平相比。日本那么好的条件仍无法避免日元升值对经济造成的损害，那么，中国是否能避免人民币升值对中国宏观经济可能造成的损害？

从日本的经历中，中国要吸取教训，学习经验，把握住此次人民币升值同时也是汇率形成机制改革的机会，优化资源配置，努力提高国际竞争力，改善贸易条件，保持贸易收支平衡，推动国内产业结构的调整，增强自主创新能力，贯彻以内需为主的经济可持续发展战略。

（1）中国企业必须尽力提高国际竞争力。

受人民币升值冲击最大的莫过于出口企业。中国出口增长最快的大多为一些劳动密集型、加工型产业，目前他们所具有的竞争优势主要是价格低廉。在人民币升值的条件下，再一味地依靠价格优势是肯定行不通的，如果不能很快地提高国际竞争力，最终将会被市场打败。

以日本的纺织品行业为例，最初基于价格，竞争力是比较强的，但是随着日本国内劳动力成本的提高，其生产成本也上升，而被中国等国家后来居上。

中国企业目前也进入到劳动力成本逐渐看涨的阶段，如果不能迅速在技术进步上取得突破，其国际竞争力将会逐渐消失。因此，中国企业应抓住这一时机，积极探索先进技术，向高技术、高附加值要竞争力。

（2）要全力推动国内产业结构的调整和提升。

中国是一个经济转轨国家，经济结构本身存在内在缺陷。中国要在人民币升值的背景下，化被动为主动，积极利用外部力量推动国内产业结构的调整。

还是以日本为例，日美20世纪50年代出现纺织品贸易摩擦，紧接着相继出现了60年代的钢铁贸易摩擦，70年代的彩电，80年代的汽车、机床贸易摩擦等等。这在表面上看，是日美贸易摩擦不断，但深入地分析，可以发现产生贸易摩擦的产业后边的发展中，大多化压力为动力，在加工程度、附加值和技术密集度方面不断提高。应当说日本利用日元升值的契机，很好地调整了国内的产业结构。

这点是十分值得中国学习的。中国应该利用此次人民币升值的机会，全力推动国内产业结构的不断的调整和提升，真正完善国内的经济结构，大力发展高科技、创新型、高附加值，世界先进及高中档产品的产业。

(3) 逐步贯彻以内需为主的经济可持续发展战略。

人民币升值后会导致出口下降，外需下降，应通过扩大内需的政策来进行弥补。中国要逐步由“出口导向型”发展战略转变为“以内需为主”的可持续发展战略。

值得一提的是，这种内需战略在人民币汇率机制改革之后，正为越来越多的人所关注。中国人民银行行长周小川曾表示，鉴于贸易顺差迅猛增长，如何看待人民币汇率水平的合理与均衡与否，需及早研究、认识和解决。他还认为，减少贸易顺差的最佳途径是鼓励内需，内需对贸易平衡的影响，甚至远大于汇率的作用。央行副行长吴晓灵也提出了“建立公共财政制度提高劳动力的成本”的内需发展两翼战略。财政部副部长肖捷也表示，财政资源用于教育和卫生领域的支出都应当重点向农村倾斜，进一步落实促进就业及保障政策等等。

(4) 应注意人民币升值初期的几个问题。

①要全力以赴防止因人民币升值引起的外资、热钱涌入。

②要全力以赴防止、缓解因人民币升值引起的股票市场狂热、狂涨，尽量增加高质量新股的发行上市，力保慢升态势。

③要注意在人民币升值初期，外资急于进入中国，引起出口与外资投资反而更快进入，即赶“末班车”心理及现象。

④力挽加息措施，可采用提高准备金率等变通措施。

⑤注意房地产市场由于人民币升值而重新亢奋。

5. 总结

综上所述，我们可以得出结论，人民币升值预期早已存在，从我国经济发展情况看，人民币升值会带来一定的正效应，但也会有较大的负效应。从长远来看，适度升值是不可避免的，是经济规律使然。中国应以日本日元升值的运作、历史经验教训为镜，冷静、谨慎、灵活地处理好目前遇到的一系列问题，尽量避免、减少负效应，以确保中国经济的持续繁荣，避免走日本的老路。中国人民有能力、有信心，有可能达到这一目标。

新台币升值对台湾股市的影响

复旦大学博士　吴秀波

一、新台币升值的背景

20世纪五六十年代，台湾地区外汇严重短缺，所有外汇均由"中央银行"统筹运用。70年代，随着经济的起飞和出口的快速扩张，台湾的经济体制和金融环境发生了巨大变化，从过去的资金、外汇"双短缺"转变为资金与外汇"双过多"的状况，外贸顺差不断扩大，外汇储备迅速积累，形成新台币升值压力。

20世纪80年代，台湾的储蓄占GNP的比重一直保持在30%以上，1986年、1987年均超过38%。高额储蓄的另一面就是贸易顺差，1986年、1987年台湾的经常项目顺差分别为162亿美元和179亿美元，分别比1985年增加76.96%和95.68%。同时，台湾的外汇储备也由1981年的72亿美元增加到1989年的732亿美元，仅1987年一年外汇储备就增加300多亿美元。台湾大量的贸易顺差中，有80%来自美国，这引起了美国方面的高度关注。

美国贸易逆差不断扩大，美国政府认为原因之一是一些亚洲国家和地区对汇率实行操纵，因此强迫这些亚洲国家和地区让汇率自由浮动，否则将对它们实施301条款进行报复。台湾一开始坚决拒绝美国的胁迫。台湾认为，如果新台币汇率升至35元兑1美元（20世纪80年代初新台币与美元的汇率大致为40:1），台湾的产业出口将严重受挫，台湾经济将面临崩溃。同时，新台币升值会使美国进口的台湾产品价格上扬，并抬高美国消费者物价，最终损害美国的利益。

然而，美国对此却置之不理。同时，台湾的外汇供给不断增加，也对新台币产生了极大的升值压力。虽然台湾"中央银行"力拒新台币升值，提出新台币兑美元汇率以32:1为底线，否则台湾出口将萎缩，造成台湾经济倒退，但负责与台湾谈判的美国财政部副部长不为所动，仍公开宣称新台币尚未升足，并指责台湾"中央银行"仍在不公平地操纵汇率。此言一出又造成市场恐慌，美元卖压涌现，推动新台币继续升值。

面对持续的美元卖压，台湾出口商为寻求汇率避险，纷纷与银行订立远期预售契约，一旦收到美元货款，则立刻以合约价卖掉。在美国的压力下，新台币兑美元汇率最终由1982年底的39.91:1升至1989年底的26.61:1。其中1986底至1987年底的一年之中新台币升值接近7元，升幅达19.5%。

二、台湾地区应对新台币升值压力的主要措施

1. 取消相对严格的管制和保护措施，实行全面的经济自由化。1987年11月，台湾当局对经济政策尤其是经贸政策进行较大调整，实行经济自由化。在贸易自由化方面，除了主动降低关税增加进口、开放岛内市场外，还注意调整出口的国别结构，对美国的出口额占比从1985年的48.1%逐年下降到1990年的32.3%，从而也减少了对美贸易顺差。在投资自由化方面，一方面鼓励岛内私人投资，台湾地区的国民投资率从1986年的17.69%增加到1990年的20.16%，而同期国民储蓄率却从38.46%下降到29.15%，从理论上减少了国际收支顺差增加的压力；另一方面则针对岛内经济总体规模较小，经济发展受内需制约明显的实际，主动开展产业结构调整，对外转移具有技术优势的制造业，鼓励对外直接投资。由于产业结构升级，新台币升值后台湾进出口均呈大幅增长之势，继续保持较大贸易顺差。

2. 实行经常项目可兑换，并逐步实行以自由议价为基础的浮动汇率制度。1986年和1987年，

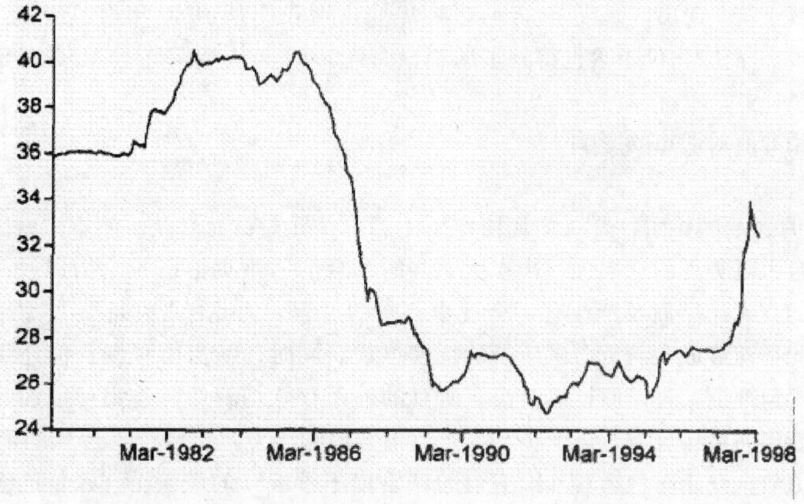

图 1　1979—1998 年新台币兑美元汇率

新台币分别升值 12.25% 和 24.34%。1987 年 7 月，台湾开始实施新的外汇管理政策，1987 年 7 月台湾修订《外汇管理条例》，大幅放宽外汇管理。其要点包括：第一，允许个人及厂商自由持有、购买及运用外汇，同时开放远期外汇市场，但对银行的外币放款业务仍采取专案审核方式；第二，短期资金的汇入仍予以管制，规定每人每年汇出、汇入限额各为 500 万美元及 5 万美元；第三，《外汇管理条例》的精神改为"原则自由，必要时政府可以随时恢复管制"。台湾外汇管理的自由化架构大致为：进出口外汇收付不再管制，劳务性收付大多不管制，资本流动则大幅放宽管制。同时，远期汇率由商业银行根据资金成本自行决定，取消实需原则，"中央银行"也不再实行头寸管理。1989 年 4 月，台湾取消新台币对美元的加权平均中心汇率制度及汇率波动的幅度限制，实行以自由议价为基础的新汇率制度，汇率由外汇市场供求关系决定。1988 年和 1989 年，新台币分别升值 1.35% 和 7.64%，升幅明显缩小。

3. 实行紧缩的货币政策和宽松的财政政策，减少通货膨胀压力。国际收支持续顺差，外汇储备大量增加，导致货币供给大幅攀升，通货膨胀压力增加。为了抑制货币供给的急剧增长，台湾"中央银行"接二连三地实行紧缩性货币政策，包括提高存款准备金率，限制金融机构办理购地贷款、土地担保放款，继续通过公开市场对冲操作减少货币供给。在利率方面，台湾于 1989 年废除了《利率管理条例》。

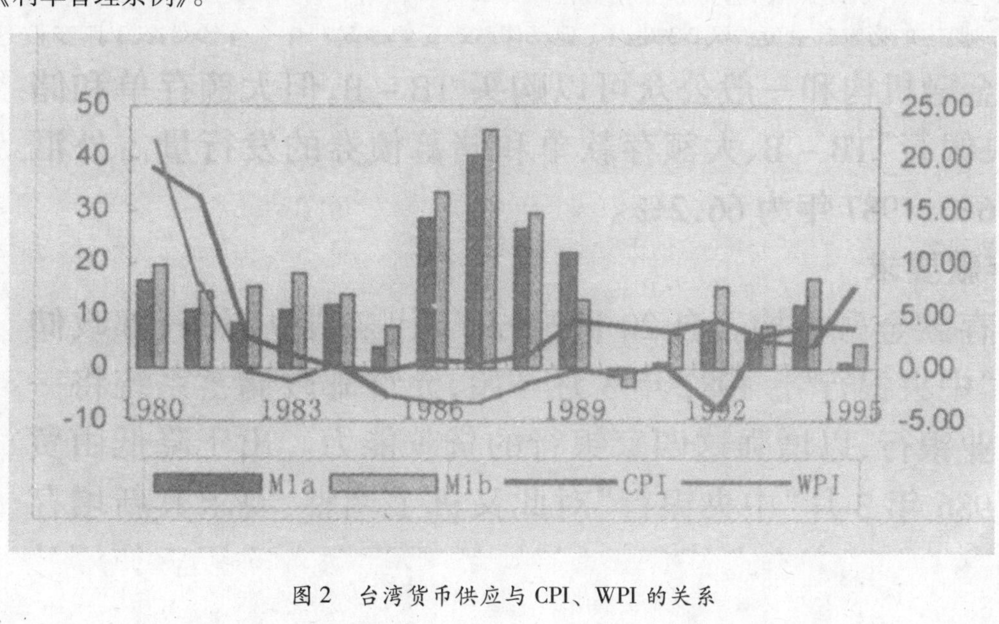

图 2　台湾货币供应与 CPI、WPI 的关系

同时，实行宽松的财政政策，扩大公共支出，维持经济增长。在这一系列措施作用下，台湾货币供给额持续下降，MIB（通货净额+存款货币）增长率从1986年最高峰的51.42%下降到1989年的6.06%，消费物价指数也得到了遏制，而且1989年依然保持了7.2%的经济增长速度。

三、新台币升值对股市的影响

1985年7月，七国集团签署《广场协定》之后，美元对日元暴跌，使本来就因贸易顺差而有升值压力的新台币对美元的涨幅进一步扩大。当时，台湾“中央银行”全力以赴，希望采取让新台币缓慢升值的方式让厂商及产业有一个逐步调整的过程。为此，“央行”大力干预外汇市场并买进外汇，但此举却造成台湾货币供应量的快速增加。同时，新台币缓慢升值还引起严重的投机套汇。出口商提前押汇，进口商推迟结汇，所有的外币存款均解约，连银行也加入了新预售外汇的行列。这一连串的市场反应，进一步加大了台币升值的压力，导致“央行”的汇兑损失惨重。

新台币升值后，在当时台湾对外汇实行的“管出不管进”的政策下，大量的短期资金涌入台湾外汇市场，以期赚取新台币升值的差价，结果造成货币供应量的快速上升，1986年、1987年、1988年的增速分别达到51.4%、37.8% 和24.4%。这些热钱又在台湾股票市场和房地产市场中大肆炒作，造成了股票及房地产价格飙升，形成泡沫经济。

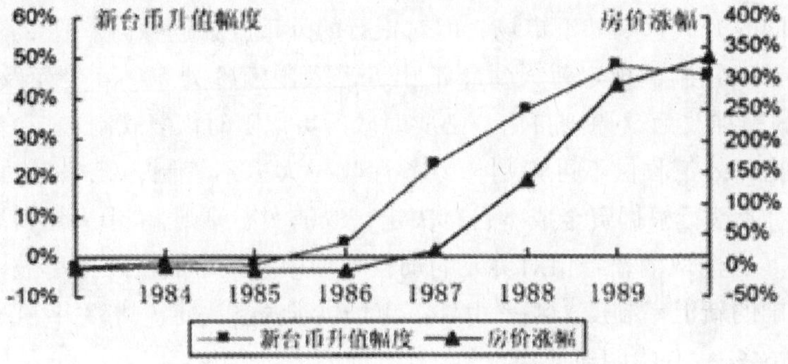

图3　新台币升值与大台北区房价波动

台湾股票市场加权股价指数从1985年7月的600点逐渐上升，1986年9月达2 505点，1987年8月，台湾放开外汇管制，台币升值19.8%，当年台湾加权指数劲升125.17%，从年初的1 093点涨到2 339点，从此狂飙不止，次年指数再涨118.78%，到1987年10月1日升至4 600点。此时受全球股灾的影响曾一度跌至2 298点。但稍作整理后便回复升势，至1988年9月26日达8 870点。当年9月24日，由于开征证券交易所得税，股指于12月底跌至5 119点。但随后市场充裕的资金和投资热潮又推动股价止跌回升，连破数千点大关。1989年4月，台湾开始实行自由浮动汇率制，台币再次升值7.37%，推动当年加权指数上扬88%，到9 624点，并于1989年6月24日突破万点大关，连续三年大幅攀升。可见，从1985年的636点开始启动上涨，至1990年2月28日，台湾加权指数创下了11 983.461点的历史新高，涨幅高达17.84倍。台湾股市交易额在国际股市中排名也从1987年的第7位一跃为1989年的第3位，仅次于纽约和东京。其股票周转率是同期日本股市的3倍多。可以说，从1985年至1992年台币大幅升值推动台湾股市步入了一轮为期7年的大牛市（从1983年算起）。

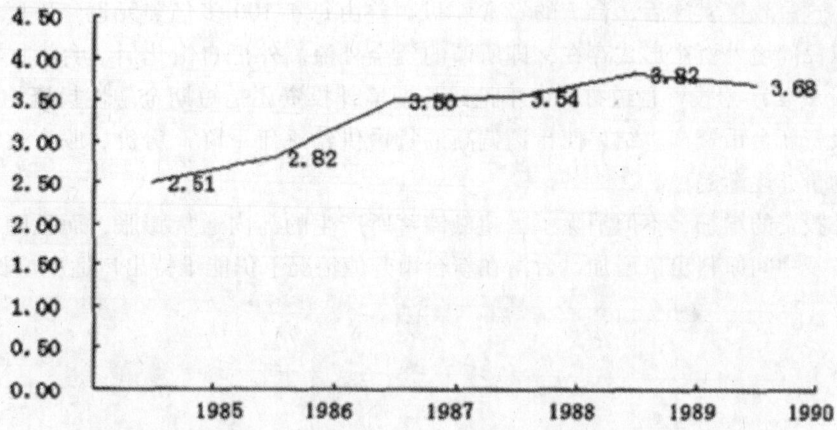

数据来源：IMF《国际金融统计》，1992.

图4 1985—1990年新台币升值趋势

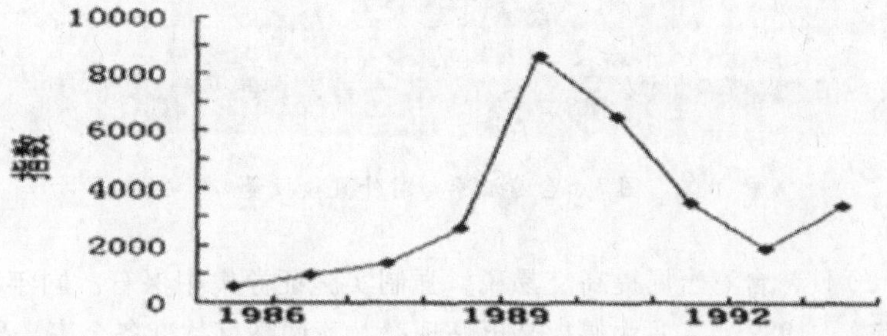

数据来源：CEIC Asia Database

图5 1985—1994年台湾股市指数

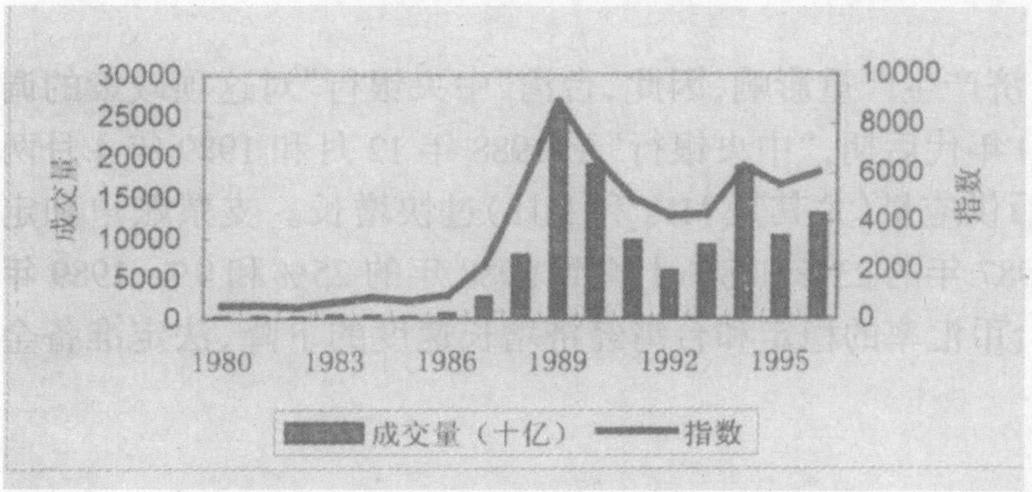

图6 台湾股市的成交量和股票指数

四、浮动汇率制最终使股市步入萧条

过多的外汇存底与相应释出的巨额货币供给迫使台湾“中央银行”不得不考虑改变原有的外汇管理政策。

1989年，台湾实行汇率制度改革，由有管理的浮动汇率制度改为浮动汇率制度，并实行外汇交易自由化。这一政策实施后，台湾的经常项目顺差由每年100多亿美元逐年下降为50亿美元，而且大部分以民间境外资产形式存在，即所谓的资金外流。外汇自由化后，台湾民间超额储蓄资金（经常项目顺差）的投资管道打开，不论是长期境外投资还是短期金融性投资均大幅增加，不必再局限于投资新台币资产。结果使台湾偏高的货币供给逐年下降，房价、股市逐渐回归经济基本面，消费物价亦逐渐趋稳。

台湾对外投资的增加，不但消除了因超额储蓄所产生的岛内通货膨胀，而且随着台湾企业外移，机器设备及中间原料出口增加，台湾在新台币升值情况下仍能维持出口适度成长。

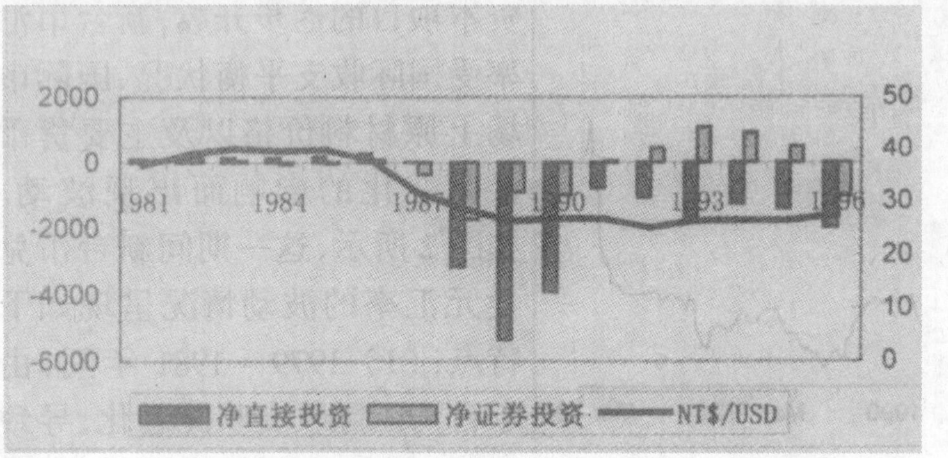

图7　台湾汇率与对外直接投资

1989年12月20日，台湾当局提高交易税，强制实施证券集中保管。同年台湾“中央银行”采取收缩资金的措施，1989年4月大幅提高再贴现率，又调高存款准备金率，导致货币供应量下降，股市进入萧条阶段。1990年2月股价开始下跌，至10月15日的2 565点为止。8个月内跌落11 000余点，跌幅达80.4%。

中国B股问题研究

复旦大学硕士　马众钰

编者按：马众钰对B股问题及其预后有相当深刻的见解，这是我指导下的一篇优秀学位论文。

一、中国B股市场发展历程的历史沿革

1. B股与B股的定义与概述

B股，也称人民币特种股票或境内上市外资股，是指中国内地股份有限公司发行的以人民币标明面值，按人民币汇率折算成外币，专供境外投资者用外币购买和交易，在我国境内上市的记名外资股票。在上海、深圳两地证券交易所上市的B股分别以美元和港元交易。2001年B股市场对境内持有外币的居民开放。

B股市场是我国在人民币资本项目严格管制的情况下，设立的一个特别针对境外投资者的市场。我国于20世纪90年代初期设立B股市场的初衷，是为内地企业寻求外资，以求在人民币不能自由兑换，外资不能进入A股市场的情况下，达到既从国外筹集资金，又避免外资给处于起步阶段的国内证券市场造成冲击，同时希望能够达到B股市场作为我国证券市场国际化的桥梁，达到建设离岸金融市场的目的。

中国B股市场发行首先从香港开始。1990年内地开始进行B股市场试点，允许国有企业和部分中外合资企业以私募方式在香港发行B股，由境外投资者以外币认购，并在内地的证券交易所上市交易。

但B股市场可谓命运坎坷，1993年后，随着H股、N股等内地企业直接到境外上市的步伐加快，内地企业投入B股市场吸引外资的意向越来越少。特别是自1997年红筹股、H股大量发行上市以来，B股市场为内地企业筹集外资的功能已经大大弱化。无论市场总体规模还是单个股票流通规模，均不能与红筹股、H股相比。

据相关统计资料分析，B股市场自诞生后15年以来，累计筹集不过50亿美元，而内地企业近年来通过海外上市所筹集资金已经大大超过B股融资额的十几倍，其市值达2万亿元。这一数据表明，B股在吸引外资方面其功能已经边缘化。

2. 中国B股市场发展的历史沿革

总体看来，中国B股市场设立以来可以分为三个显著的阶段。

（1）第一阶段：中国B股市场初创阶段（1992年2月至1993年底）

1991年11月29日，上海真空电子器件股份有限公司向境外投资者发行了面值100元人民币、总共100万股的人民币特种股票，这是中国证券市场上的第一只B股。在随后的12月18日，不甘人后的深圳一次发行了深南玻B、深中华B等9家B股。1992年2月，真空B股在沪发行上市，深南玻B在深发行上市，由此正式宣告了我国B股市场的诞生。作为分享中国经济高速成长成果的“中国概念股”，B股一经正式推出，立即受到境外投资者的大力追捧，新股发行大多享有较高的发行溢价，筹集资金量充足。从二级市场表现看，B股指数由最初设立的100点起步，当年就创下了139.44点的高峰，虽然由于当时市场的扩容产生了一定的资金分流压力、技术调整等因素的影响，上证B指在1993年仍旧走出了涨幅高达98%的行情，指数由52点升至103点，而同期的深圳B股指数表现基本相似。在1992年2月—1993年底，上海、深圳市场共发行41家B股。

（2）第二阶段：中国B股市场低迷阶段（1993年12月至1999年初）

在经历了创立初期的高速增长后，B股市场很快进入了长达6年的下降通道。上证B股指数由1993年的103点一直下跌到1999年3月的21.25点的历史低位，上海、深圳两个B股市场的流

动性差不多丧失。

那么到底是什么因素诱发了B股市场短暂的投资辉煌之后，便出现了长期退败的大转折呢？从里昂证券的分析资料可以看出在这一发展规律阶段B股市场的基本情况：

由于1993年以后B股二级市场颓靡、交投清淡，所以B股市场市盈率一直处于一种不断回落的进程之中。

而1995年《国务院关于股份有限公司境内上市外资股的规定》曾经规定国内居民不得投资B股。为了规范国内居民参与B股市场的问题，1996年6月28日，中国证监会发布《关于严格管理B股开户问题的通知》，重申境外投资者才能持有B股。当年的9月20日，中国证监会又发布《关于清理B股账户的通知》，对不符合规定的B股账户，进行了清理和规范。这些法规对B股市场的投资主体进行了规范，限定B股市场的投资者限于外国、中国香港、澳门、台湾地区的自然人、法人和其他组织以及定居在国外的中国公民等投资者。

由于1997年开始H股、红筹股的大量发行，B股市场的国际融资功能明显在减弱。B股市场容量狭小，B股上市公司虽然经过规范其信息披露水平有所提高，但仍达不到境外投资者的要求，再加上上市公司质量等的问题，境外投资者逐渐退出B股市场，B股市场二级市场日渐低迷。1998年、1999年的东南亚金融风暴更使各大境外证券基金纷纷减持包括B股在内的亚洲股票，使得B股市场进一步走低。B股上市公司面临着再融资问题，这一问题制约了部分公司的进一步发展。如何搞活B股市场以及B股市场的出路成为迫在眉睫的问题摆在管理层的面前。

（3）第三阶段：中国B股市场开放和重新定位阶段（1999年3月至今）

在经历多年的持续低迷时期之后，中国证券市场管理层为了规范和发展B股市场，相继推出了多项政策措施，主要包括：

●允许多种所有制企业发行B股

●允许B股上市公司通过发行A股解决再融资问题

●允许B股非上市外资股上市流通

●开通即时成交回报（T+O回转交易）

●降低交易结算费用

●缩小申报价位最小变动单位

这些政策措施对于B股市场的流动性和B股上市公司基本面的提高起到了一定的积极作用，有助于当时B股股价的理性回升和B股市场的流动性，并提高B股市场的运行效率。同时管理层的这些政策措施比较明确地向市场各方表达了发展、做大B股市场，进而重塑B股市场对外融资功能的信息。

2001年2月20日，国家外管局、中国证监会发布《关于境内居民个人投资境内上市外资股若干问题的通知》，宣布B股市场对国内自然人开放，但2月19日起存入的外币，只能在6月1日以后入市。这一政策的出台造成了B股市场历史上鲜见的暴涨暴跌。B股市场开放之后的3个月时间内，两市B股指数涨幅达到200%，但是6月1日过后，B股市场反而一路狂跌，上证B股指数的最大跌幅一度高达46.15%，深证B股的最大跌幅也达到45.89%，已远远超过了同期A股市场的下跌幅度。

开放后B股市场强大的赢钱效应，吸引了国内居民在6月1日后大批进入这一市场，但境外投资者相继逢高减持离场，此次开放的最终结果是解放了被套近10年之久的外资股东，而此时逢高入市的投资者却蒙受了惨重损失。据里昂证券当时的研究，外资除了一些小机构少量资金参与热身炒作外，其余已全部退出。此后B股市场的政策再一次停顿下来。

2003年，QFII制度正式实行，大量境外机构投资者得以合法进入A股市场。从供求关系来看，QFII的通道已打开，国际资本的一个重要投资重点已经开始向中国A股资产进入，使得外资目光从B股转移到A股市场。但是，2003年到2004年4月B股市场表现分化，深证B股一枝独秀，这主要是由于深市B股基本面显著强于沪市，当时平均市盈率沪B股为深B股的1.7倍。此外，内地和香港建立更紧密经贸关系的安排、美元贬值而港币升值、QDII、香港创业板与深圳 B 股“一板两市”的讨论以及深港资本流动相对方便，在推动香港股市特别是 H 股指数节节上扬的同时，对深圳 B 股形成一定的利多刺激。而上工 B 股 2003 年 11 月成功定向增发 1 亿 B 股，则为投资者带来管理层启动发展 B 股市场的憧憬。

但是 2004 年以来，B 股发行、B 股增发一直没有进行，国家宏观调控因素又使得投资者重新考虑 B 股的投资价值。毕竟，B 股从根本上难以摆脱 A 股市场的影响，而同期 A 股市场的疲软走势也使得 B 股市场流动性风险加大，再加上政策预期的偏淡，因此 B 股市场逐波走低。到 2005 年 7 月，上证 B 指甚至创下了自 2001 年 6 月摸高 241.61 点以来的新低 50.32 点，跌幅达到 79.17%，原来高位被套的投资者损失惨重。

截止到 2007 年 2 月 4 日，B 股市场上市公司还停留在原来的 100 多家，不足 A 股市场的 10%，沪深两市 B 股总市值 150 亿美元左右，只有 A 股的 8%，换手率也远远落后于 A 股，B 股的融资功能几乎丧失。面对这样的局面，无论是管理层还是市场人士，对 B 股市场的去留问题都不得不认真考虑。

3. 中国 B 股市场的历史重大政策的发布背景与作用

B 股市场从开始设立，就是一个过渡性的市场，其发展模式、途径及最后的归宿均具有不确定因素，定位不明确曾经给市场带来了较大的政策风险。

1992 年 2 月 21 日，上海真空电子 B 股挂牌交易，标志着中国 B 股市场诞生。当时设立 B 股市场的初衷是为内地企业寻求外资，以求在人民币不能自由兑换、外资不能进入 A 股市场的情况下达到既能从国外募集资金，又避免外资给处于起步阶段的国内证券市场造成冲击的目的。

1993—1999 年期间出台了一系列关于鼓励 B 股市场发展的技术层面的措施。但是管理层对 B 股市场的态度始终徘徊不定。

2000 年 7 月，中国证监会首席顾问梁定邦先生在香港表示准备用 18—24 个月的时间实现 A、B 股的自然接轨；时任证监会主席的周小川在 2001 年 3 月 7 日又称 A、B 股 5—10 年内不会合并。

2001 年 2 月宣布 B 股对境内开放，同年 3 月 27 日，时任证监会秘书长屠光绍表示将研究 B 股公司继续增资发行。

2002 年 5 月，国家计委在白皮书中提到了推进 B 股的再融资；一年多后，随着上工 B 股与京东方 B 股增发，市场认为管理层将对 B 股市场扩容，而实际上它对改变市场定位并没有起什么作用。

2003 年下半年到 2004 年初，B 股市场有所回暖，但这种恢复性的上涨主要还是与 A 股市场和 H 股市场的回暖一脉相承的。

2004 年，专门针对 B 股市场的政策面处于真空，境外倒是传来了有关 B 股市场关闭的消息，管理层忙于澄清，由此引发了新一轮大讨论。而且国家宏观调控等因素也使得 B 股市场逐波走低。

2005 年 5 月以来，对含 B 股的公司股改工作慎之又慎。《关于上市公司股权分置改革的指导意见》规定：对于同时存在 B 股的 A 股上市公司，由 A 股市场相关股东协商解决股权分置问题。因此，B 股股东将不会获得对价补偿，但是相关 A 股公司在股权分置改革中不得侵犯 B 股股东的利益。

从以上的历史不难看出 B 股市场政策的轨迹：设立——观望——发展——停滞——观望。

2001 年“2·19”政策开放后，4 年多来 B 股的后续政策及措施一直难产，使得目前的市场无所适从。B 股向何处去？不明确的政策期待已成为困扰 B 股走势的最大不确定因素。其间曾有业内人士多次呼吁 B 股市场制度建设问题，但都泥牛入海，杳无音信。

许多业内人士均认为，2001 年 2 月 20 日 B 股向国内投资者开放后，4 年多以来 B 股市场的后续政策措施一直难产，这已成为困扰 B 股走势的最大不确定因素。

一些市场人士认为，B 股市场应该重新定位于“为境内的外汇资金创造投资渠道，为境内的公司提供外汇资本”。理由是在资本项目完全自由兑换还不能实现的情况下，人民币升值的压力以及由此导致的外汇占款急剧增加也将长期存在，还有人认为B股市场应该继续进行政策创新，允许国内机构投资者进入，以激活市场。

但是多数学者与市场有识人士认为，中国B股市场已经走完了自己的历史轨迹，应该为它寻找合理的关闭道路。

4. A股股权分置改革对B股市场的影响与挑战

股权分置改革对目前的沪市B股和深市B股而言又是一个全新的挑战。

股权分置，是指由于早期的制度设计，只有占股票市场总量1/3的社会公众股可以上市交易（流通股），另外3/2的国有股和法人股则暂不上市交易（非流通股）。

长年的股权分置格局深刻地影响到证券市场预期的稳定和价格发现功能，使公司治理缺乏共同的利益基础，已成为完善资本市场基础制度的一个重大障碍。因此中国证券市场的体制性革命——市场期待已久的股权分置改革于2005年5月启动。

证监会、国资委、财政部、中国人民银行、商务部等五部委于2005年8月23日联合发布了《关于上市公司股权分置改革的指导意见》，对含B股及H股的上市公司股改作出了明确的规定：对于同时存在H股或B股的A股上市公司，由A股市场相关股东协商解决股权分置问题。何况在B股上市时，A股非流通股股东并没有与之有任何的承诺和约定，况且获得流通权后的股票也不在B股上市流通。

所以，目前市场上的主流看法基本认定，B股和H股股东将不会获得对价补偿，但是相关A股公司在股权分置改革中不得侵犯B股、H股股东的利益。

目前，在沪深两市1 398家国内上市公司中，有B股的公司109家，其中，纯B股公司24家，兼有A股的B股公司85家。两市B股的流通市值合计约80亿美元左右。股权分置改革只涉及将非流通A股股份转为流通A股，只要不增加公司的总股本，不采用公积金送股和滚存利润分红的对价方式，非流通股股东向流通股股东支付对价不会损害B股股东的利益。加上A、B股在两个不同市场买卖，是两种产品，人民币也未自由兑换，故不存在摊薄或影响B股股东权益的问题。

另外，对价重组对于B股来说是一大利好。B股上市公司均是一些老牌上市公司，因上市前的先天性不足，不少B股上市公司业绩如“王小二过年，一年不如一年”，甚至有的个股沦为T股。统计显示，B股上市公司中，沦为ST的个股有12只。根据股改《指导意见》，对于绩差公司，鼓励以注入优质资产、承担债务等作为对价解决股权分置问题。因此，可以预期，未来将有一批含B股的绩差上市公司将以“重组”为对价进行股改。这将使得B股有望“坐享其成”。

目前含B股的公司股改正在酝酿破题。虽然从2005年5月股改开始一直到当年的10月之前，没有一家股改公司是含B股的公司。但在2005年9月26日，股权分置改革领导小组一行就到上海进行了股改工作调研，其中特别请来了“A+B”、“A+H”股上市公司或大股东进行交流，共同探讨含B、H股上市公司股改破题，会上还传出了“B股公司股改条件已成熟”的声音。上交所的有关人士也表示，含B、H股公司的股改在充分协商论证基础上，才会稳妥推行。

有消息透露，已有含B股的公司向两交易所上报股改方案，只待国务院法制办关于“含B、H股公司股改指引”的文件一公布，此类公司将尽快启动股改。

与此同时，有专家建议在股改过程中采用一些变通的方法来解决B股问题。例如对于部分同时含A、B股的公司，可以通过缩股或者大股东回购B股方式来支付流通A股对价，这样既没有直接对B股支付对价，B股股东又获得了一定程度的补偿。

虽然不排除这种变通方法的出现，但推广起来的可能性不大，B股问题的解决最好是在A股股改完成之后进行。

5. 人民币汇率升值对B股市场的潜在深度影响

7月21日，央行宣布启动汇率改革，汇率作为一种价格调控机制正式登上中国宏观经济的舞台。汇改启动至今，人民币升值幅度已超过2%，而且从目前的形势来看，人民币继续升值的趋势短期内很难改观，其对B股市场的影响也不容忽视。

其一，从2001年2月B股对境内个人投资者开放以后，国内投资者逐渐成为B股市场的重要投资主体，人民币的升值将会给B股投资者的外汇资产带来一定损失。

其二，由于B股股权代表的是以外汇计价的人民币资产，如果人民币升值后这些人民币资产也应相应上涨。

其三，人民币汇率机制改革对上市公司而言，将从两方面影响上市公司的业绩：一方面，人民币汇率机制改革在短期内改变上市公司的资产、负债、收入、成本等账面价值，通过外汇折算差异影响其经营业绩；另一方面，因人民币汇率机制改革所导致的资本成本和收入的提升在长期内改变经济结构，重新赋予行业不同的成长速度。

其四，通过进出口这个链条传递，进出口依存度越大的企业，对人民币汇率的变化越敏感，进而影响上市公司的基本面及经营业绩。

二、中国B股市场前景分析及对策建议

B股市场的本来定位，一是为国有企业和国有经济吸引境外的外汇资金的特殊场所，二是在我国人民币尚未实现资本项目下可兑换的情况下，防止国际资本对我国证券市场造成直接冲击。B股市场和H股市场一样，在为我国经济建设筹集外汇资金方面功不可没。

但是随着我国证券市场国际化进程的不断加快，特别是2001年2月B股市场对境内投资者开放和2002年实施QFII制度，深刻地改变了B股市场模式的外部条件。B股市场原有的功能在逐渐丧失，新的功能定位又未明确，市场一时间失去了发展方向。鉴于2001年开放B股市场造成的负面影响，管理层对B股市场的改革还没有提出明确说法，从目前管理层的态度上看，B股市场的改革还没有明确的时间表。但是在我国证券市场体系不断完善，对外开放力度不断加强的大背景下，B股市场难以维持现状，总是要寻找自身的出路。否则B股市场怎么处理？B股市场上市公司怎么办？B股市场的投资者又怎么办？既然B股市场已对内开放，就更应该进一步发展这个市场，必须对这个市场的参与者负责。

在2004年3月22日，有海外媒体报道称，中国证监会正在对一系列方案进行研究，以决定采用何种手段来关闭B股市场，才能既保护上市公司又保护投资者的利益。次日，中国证监会有关人士就对此予以澄清，表示证监会没有研究过“关闭”的问题。但是，从目前情况来看，关闭B股市场将是其最好的出路，但是如何平稳地关闭，是非常值得深思的问题。

1. 中国B、H股合并的构想

B、H股合并取得可能性是存在的。安邦咨询公司也曾经提出过一个赞同的观点，其设想的步骤是：现用美元计价的上交所B股可考虑改用港元计价，而深交所考虑B股与港交所实现相互挂牌。深交所相互挂牌的实现就等于B股与H股合并了，为什么呢？因为实现了B股与H股同股同权的目的。深交所考虑B股与港交所“一板两市”的设想已经有过讨论，关键问题在于人民币的可兑换问题上。但是在香港开办人民币业务之后，由于香港的人民币可以自由兑换成港元，因此实际上已经解决了这个问题。随着交易规模的扩大，兑换问题的障碍会越来越小。但是目前关键的障碍在于监管的协调、制度性冲突的协调问题，这就需要今后拿出实质性的解决方案来。

但是B、H股如果要真正实现合并，其难度要大大高于A股与B股之间的合并。主要原因如下：

（1）B股在未对境内投资者开放之前，将B股与H股合并的方案是有可行性的。但是鉴于目前80%以上的B股投资者为境内投资者，加上人民币还未能自由兑换，中国的居民就不能投资境外的有价证券，这种方案已失去可行性。即便今后国内正式推出QDII制度，境内投资者对境外证券市场的直接投资限制也不会取消，其投资渠道也只能通过QDII在国内设立的境外投资基金来进行。因此，B股和H股合并的历史机遇已经丧失。

（2）香港开设人民币业务，依然没有改变人民币资本项目不可兑换的管制，因此内地投资者

依然不能合法地介入H股市场，所以无法由此论及B股与H股市场的合并。

(3) B股与H股分属大陆与香港不同的市场，具有不同的监管机构与监管体制，结算方式制度法规等也与国内均不尽相同。如果有个别的公司作为个案处理是可以操作的，但是如果是整个市场的合并，对于B股公司而言，就有了首次IPO性质，协调的成本就更高。

(4) B股上市公司与H股相比，公司质量业绩相差很多，很可能不符合香港H股的上市标准。

(5) 从市场利益的角度来看，B股市场的投资者更加愿意B股与A股合并而不是与H股合并。因为价差的存在，B股有溢价的预期，B股投资者会更容易接受。

从以上的分析来看，要让B、H股合并不大能够行得通。因此，A、B股合并成为本文重点考虑的方向。

2. 中国A、B股合并的构想

(1) A、B股估值水平的历史差异及演变趋势

通过对1994年以来A、B股每股收益与市盈率的对比走向可以看出，业绩、A股走势是影响B股估值水平的重要因素，而近几年有关A、B股并轨呼声的提高，也是推动B股行情的一个重要方面。基于这种估值水平差异的套利预期，资金介入B股的信心有所增强，从而在一定程度上压缩了A、B股的价格差距，这说明A、B股间套利机会的实现与政策动向关系极大。A、B股并轨的套利机会在于二者之间的相对估值差别，只要B股市场还独立于A股市场，这种差别就始终存在，之所以没有引发套利资金的明显介入，就在于政策预期的不确定性使得这种套利行为的时间成本难以评估。但从B股估值的历史演进特征和最终归宿看，这种潜在的套利机会是客观存在的，政策行为影响的只是这种机会的实现时间。

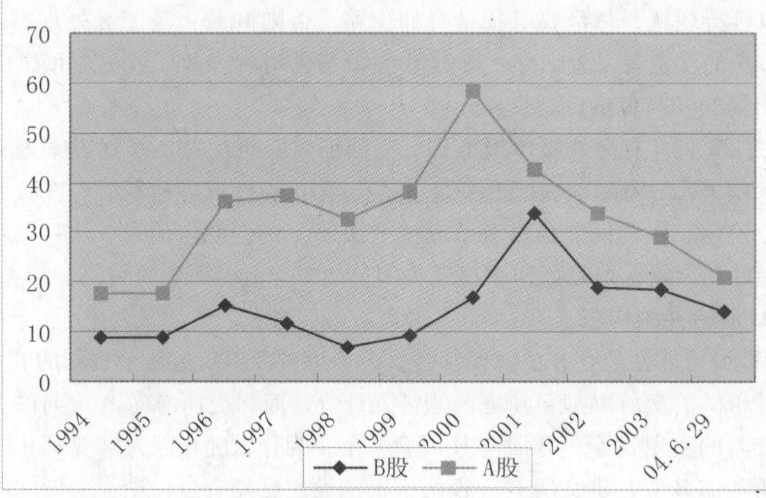

图1 A、B股加权平均市盈率（剔除亏损）对比走势

（资料来源：通过数据采集制作）

(2) 股价并轨的案例考察及趋势判断

相关研究表明，B股市场和A股市场的一体化程度已相当高。

目前随着A股市场国际化步伐的加快，A股与外资股的联动性也在加强。由于价值理念开始主导国内股市，因而绩优股的价格联动效应表现得尤为明显。2003年10月青岛啤酒、海螺水泥等绩优H股股价先后超越其A股，开创了外资H股与A股股价自然接轨的先例，标志着海外机构投资者对国内绩优公司价值的认同。作为国内背景更为深厚的B股市场，没有理由与A股市场保持更大的距离。事实上，B股股价向A股靠拢的趋势也已经出现，海航B股、茉织华B、苏威孚B、万科B、鲁泰B等股价均曾与其A股有接轨的趋势。尽管目前股价并轨的现象仍为个别，但它

所发出的市场信号是强烈的：只要政策定位明确，凭借市场的力量完全可以实现同股同价。

对前期内外资股股价并轨的案例分析，可以发现两个较为明显的特征：

①股价并轨遵循价值理念的准则，即绩优股的股价优先并轨。这是国内投资理念向海外主流投资理念趋同的结果。青岛啤酒和海螺水泥均在行业内具有龙头地位，业绩增长稳定，是典型的蓝筹概念股，因而受到海外机构投资者的垂青，从而促成其H股股价的不断扬升。B股市场由于近几年基本以境内散户投资者为主，股价并轨的价值特征表现得不如H股，但从其能源、航空、工程机械、地产龙头等分布特征看，仍能反映出景气回升、行业地位强等价值型特点。

②股价并轨所产生的财富效应是巨大的。据统计，在2003年4月，青岛啤酒A股股价最高为9.78元，相当于其H股价格的5倍，当年的10月8日A股收盘价为8.94元，而H股的收盘价则合人民币9.1元，半年内H股股价翻了4倍多。海南航空A股股价在2000年6月约为其B股股价的3倍，一年后二者股价并轨，获利空间也很惊人。

毫无疑问，丰厚的盈利预期和现实的示范效应是促成A、B股股价并轨的内在推动力。可以预见，在价值理念继续引导投资行为的市场环境下，A、B股并轨的股价运行态势将延续价值型特征，即有内在价值支撑的B股股价先行并轨。目前，绩优A股市盈率已处于较低水平，股价回调空间不大，A、B股股价并轨基本上表现为B股股价向A股股价的单方面靠拢。绩差A股仍会受到市场的打压，股价还会缩水，A、B股并轨可能表现为股价共同往下汇拢。二线股股价的演变方向将出现分化，部分公司会转变为绩优股或绩差股，维持二线状态的将在绩优股之后实现并轨。A、B股并轨的趋势必然为A、B股的合并创造良好的基础。

（3）中国A、B股的合并稳妥可行

A、B股的合并是与中国资本市场国际化相一致的。而且综合各方面情况看，A、B股的合并依然是较为稳妥可行的解决方案，但在人民币不能自由兑换、目前A股与B股差价依然较大的情况下，现阶段实施A、B股合并将面临诸多阻力。币种兑换可以作出特别处理，尚不是根本性的阻力所在，但目前A、B股价格的差额则不宜通过政策性的措施加以弥补，而应当创造条件通过市场的力量实现二者股价的并轨，进而达到A、B股合并的目的。可能的选择方案有两种：一是加快人民币汇率机制改革与外汇制度改革的进程，待人民币实现自由兑换后，达到A、B股的自然接轨；二是采取适当措施，激活B股市场，促使B股价格向A股靠拢，进而实现双方合并。两种方式殊途同归，最终都是达到A、B股同股同价的目标。但两种方式的时间成本是不同的，前者涉及到国内外经济、金融、国际关系等方面的诸多因素。我国在1996年实现了人民币经常项目下可兑换，资本项目可兑换正积极有序推进。按国际货币基金组织划分的43个资本交易项目，目前我国将近一半的资本项目交易已基本不受限制或有较少限制，有四成多交易项目受较多限制，严格管制的项目仅有一成多。2005年7月人民币汇率机制改革启动。后者则是一种较为积极可行的合并措施，牵扯的利益主体较少，操作相对容易，能够有效加快A、B股股价接轨的速度，尽快解决这一历史遗留问题，因而被采取的可能性较大。从股价并轨的方向看，由于B股的流通市值很小，不到A股的7%，因此二者的合并不会撼动A股的股价基准。B股价格向A股靠拢将是股价并轨的主体趋势。

A、B股合并的关键是要制订一个比较明确的合并方案，给投资者以明确的政策预期，同时辅以必要的政策措施，如允许机构资金介入、设立B股基金等，以增强B股市场的活跃度，才能将A、B股的差价逐步转化为投资者的持股信心，促进B股市场的稳定运行，为合并创造条件。当然，激活B股市场的出发点应当是为A、B股的自然接轨创造条件，而不是B股市场的盲目扩容。另外要注意机构准入条件的把握，避免市场的过分投机。

A、B股市场合并需要的条件如下所述：

①时间因素。A、B股市场的合并并非是一两年短期之内就可以完成的，它应该是一个比较长的过程。从管理层的角度看，目前并没有一个具体的时间表；从市场的角度看，A、B股的合并也并非一拍即合、一蹴而就的事，必须考虑到市场的稳定。其实，A、B股市场的合并不是静止的结

果，而是一个循序渐进的过程。除了管理层的政策倾向外，它还受到我国对外开放的进度、股权分置改革、人民币完全自由兑换等一系列因素的影响。其中，人民币何时实现完全自由兑换，将是一个重要的外生变量。

笔者认为，人民币的完全自由兑换是A、B股市场合并的充分但非必要条件，在人民币完全自由兑换之前，也可以进行市场合并。这不但在理论上行得通，而且在实践中也是有先例可循的。从国外已有的经验来看，韩国、瑞士、新加坡等国家在发展之初都曾有过内资股和外资股分立挂牌交易的历史，其最初目的大多也是为了本国公司筹措外资的便利，但最终出于防止上市资源的浪费和节约成本，都纷纷与其内资股交易市场合并了。所以当人民币实现完全自由兑换之后，单纯的B股就没有存在的必要了。

②制度因素。A、B股合并还需要制度上的接轨，现阶段特别需要修改并颁布执行统一的财务会计制度与资产评估体系。虽然目前国内的财会制度和资产评估体系正在逐步向国际惯例靠拢，但在具体操作上仍存在诸多差异，集中体现在稳健性原则的应用、会计稽核制度以及国有资产评估问题上。这造成的后果是：按照《国际会计准则》要求对按照中国会计制度要求编制的报表进行调整后，上市公司的利润水平大幅下降。假设我国完全与国际会计制度接轨，则接轨后具有内外资股的公司的利润水平将下降16.4%，单纯的A股公司利润水平则下降更大，只有20%的公司利润出现增长，而80%的公司净利润将出现不同程度的下降。这说明通过规范会计制度和资产评估体系，可以除去上市公司的泡沫，有利于抑制A股市场过分投机，另一方面可以促进A、B股在内在价值基础上的价格回归，使A、B股股价差异仅仅表现为不同币种的比价关系，从而有利于两市的合并。

③应允许B股回购。B股回购是A、B股并存的上市公司顺利合并股份的有效途径。由于B股市场的再融资功能实际上已经非常微弱，不少上市公司出于长远发展的需要，希望调整股本结构，此时上市公司通过市场交易购回自己的股份，便可解决A、B股并存的上市公司未来出路的问题。国际证券市场大多许可上市公司进行股份回购，成功的回购案例也不胜枚举。但是目前股份回购在我国尚是一种金融创新，主要是由于我国证券市场发展时间短，有关法规对股份回购的条件作了比较严格的规定。因此，B股回购尚需要政策的进一步配合，管理层应相应加强对股份回购的立法及监督工作。

3. 通过A股回购B股达成A、B股合并的构想

根据我国《公司法》，公司只有在注销股份或与持有本公司股份的公司合并时才可回购股份。由此可以看出两点：首先，回购本公司股票在我国法规上是允许的；其次，我国法规还不允许公司拥有“库藏股”。

而到了2005年6月6日，中国证监会又出台了《上市公司回购社会公众股份管理办法（试行）》，允许上市公司回购流通股，这有利于稳定市场，实现公司价值的合理回归，恢复投资者信心，也为上市公司通过股份回购改善股权结构与债权结构提供了灵活的资本运作手段。该《回购办法》规定可被回购的股份仅限于社会公众股份，即二级市场上的流通股。而B股也在二级市场上流通，该《回购办法》对B股也同样适用。

近期A股市场上因为股价纷纷跌破净资产，上市公司因为股价低估而纷纷推出回购计划，如银基发展、华菱管线、邯郸钢铁、山鹰纸业，甚至韶钢松山的回购是股改方案中的一项“承诺”。目前B股普遍跌破净资产，投资价值突出。统计显示，所有含B股的上市公司市净率仅1.29倍，其中30只B股跌净资产，占比36%，且不乏绩优股，如本钢板B、机电B等。因此，在股改期间回购B股，不但可以稳定B股股价，减少B股因无对价补偿而承受的损失，而且可提高上市公司每股收益，逐渐解决B股市场这一历史遗留问题。

其实，通过A股回购B股可达到以下目的：

(1) 当公司认为其股价已跌至低于公司的内在价值时，同时为防止一些投资者大量抛售公司股票导致股价进一步下跌，上市公司进行B股回购，并通过收购价格传递公司价值的信号，对市场具有一定的示范作用，可促使其股价（包括A、B股股价）回升，从而提升公司的形象。

（2）可以提高股票内在价值，改善公司财务指标，有效发挥财务杠杆效应。回购股份并注销，公司股本减少，能够使公司每股盈利增加，净资产收益率提高，资本结构得以调整和优化，从而提高B股的内在价值，同时降低公司未来权益资本的融资成本，有利于公司有效发挥财务杠杆效应。

（3）对B股整体市场来看，B股回购可以有效地抑制B股市场交投的清淡，活跃B股整体市场的交易。

（4）可通过A股回购B股达成A、B股合并，从而成为A、B股合并的一大有效方式。

但B股回购也存在这样一些弊端：在短期内会缩小目前本来规模偏小的市场；可能会引起资金和外汇的流出；B股回购一般只会通过交易所在二级市场上操作，具体操作过程中的诸多问题难以把握，如信息的公开与顺利实现回购目的之间的关系。按现有法规规定，若董事会通过B股回购方案，须在三天内上报中国证监会，证监会同意后三天内必须向社会公布。这样就很可能难以达到回购目的，因为B股持有者得知公司回购后必然会惜售，导致股价猛涨而无成交。股价过高公司又会放弃回购。所以，回购B股有待于在试点过程中的制度创新和方式创新。

其实，对于回购B股，现在也有这样一个建议：现在进行之中的股权分置改革同时为A股回购B股提供了一个新的契机，可以借股权分置改革之机，上市公司A股大股东回购B股转换成A股，作为对价支付给A股流通股股东。但是倘若这样做，将关系到B股流通股股东的利益，会加大相关上市公司股权分置改革的复杂性。因为股权分置改革只涉及将非流通A股股份转为流通A股，一旦牵涉到B股流通股股东的利益，股权分置改革就可能需要B股流通股股东参与表决，这样的方案不大能行得通。B股问题的解决最好还是在A股股改完成之后进行。

三、结论

从长远分析，将B股与另外一个市场合并将是一种趋势。原先考虑的让B、H股合并已经不大能行得通，A、B股合并就成为本文重点研究的方向。

通过上述多方面的分析与研究工作，对于B股市场的未来发展和归宿，笔者倾向于以A股回购B股的方式达成A、B股合并，这也是有关B股市场出路问题的最佳解决办法。但是以A股回购B股有待于在试点过程中的制度创新和方式创新。

参考文献：

1. 赵锡军：《B股市场存在的问题及出路》，《国际金融研究》，2000年第8期。
2. 何诚颖、卢宗辉、杨宏亮、陶鹂春：《中国股市A股、B股、H股投资价值的比较研究》，《证券市场周刊》，2003年12月7日。
3. 孙明宇：《论我国B股市场的低迷与发展》，《宏观经济研究》，2003年7月。
4. 余斌：《中国B股市场A股化》，新加坡《联合早报》，2001年6月28日。
5. 安邦集团研究总部：《关闭B股已经进入方案研究阶段》，《中港台金融》研究简报，总第1483期，2004年3月22日。
6. 王子恢：《中国B股市场如何谢幕》，《南方周末》，2004年4月1日。
7. 焦强：《中国B股市场日趋边缘化》，《财经时报》，2005年3月12日。
8. 谢飞：《流通B股补偿权之辩》，《21世纪经济报道》，2005年6月7日。
9. Steven Shuye Wang, Li Jiang: "Location of Trade, Ownership Restrictions, and Market Illiquidity: Examining Chinese A - and H - Shares".

中国股市股权分置若干问题研究

复旦大学硕士　沈　强

编者按：股权分置改革是中国证券市场的一场革命，在党中央、国务院的领导下，在证监会的辛勤工作以及8 000万投资者的全力支持下已经取得重大成就，但是“行百里半九十”，全流通要到2008年以后才能完成，“革命尚未成功，同志仍须努力”。沈强是笔者指导的研究生，这篇学位论文较完整地记录了这次改革进程，辑入本书特作历史纪念。

一、股权分置是中国股市最大的制度性缺陷

1. 股权分置的含义

股权分置是指中国股市因为特殊历史原因和在特殊的发展演变中，国内A股市场的上市公司内部普遍形成了流通的社会公众股和非流通的国家股和法人股“两种不同性质的股票”，这两类股票形成了“同股不同权”的市场制度与结构。

近几年来围绕着解决股权分置问题，市场先后有三个基本提法，第一种叫国有股减持，第二种叫股份全流通，第三种就是现在的解决股权分置问题。

我国股票市场的建立初期，改革措施没有配套，制度设计存在局限导致上市公司股权被人为地割裂为非流通股和流通股两个部分。从目前的上市公司的股权结构来看，非流通股股东（其中大部分为国有股）持股比例较高，约为2/3，处于控股地位。有数据显示，截至2005年底，我国上市公司总股本为7 744亿股，其中国家股股份2 160亿股，占上市公司总股本的27.9%；流通A股股份2 315亿股，受限流通股股份819亿股。上市公司1990—2005年的股变动情况如图1所示。

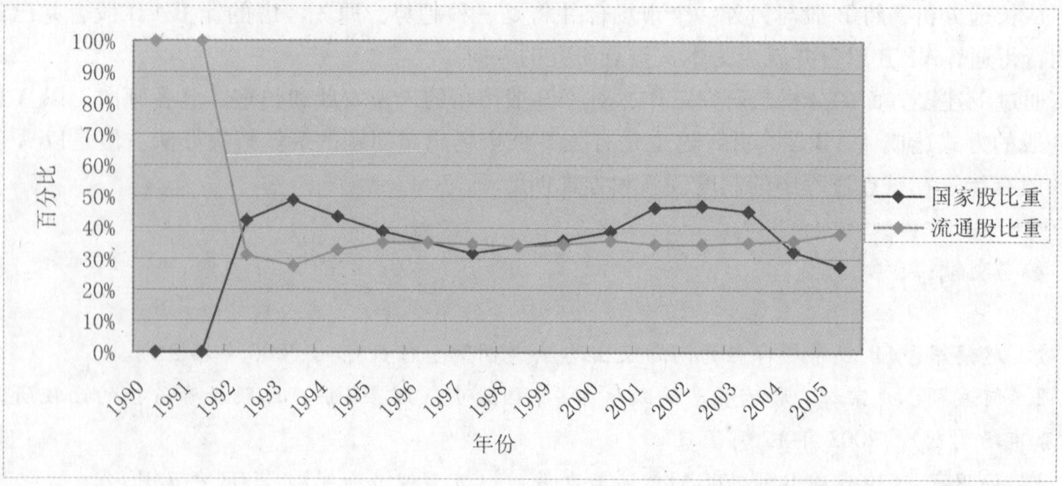

图1　上市公司历年股本变动情况（1990—2005年）

数据来源：历年《中国证券期货统计年鉴》，中国证券监督管理委员会编。

（注：2005年流通股比重未包括受限流通股比重10.58%）

2002年起，我的导师谢百三教授和他指导的一些博士、硕士生论文股中指出了这个问题，即在“股权分割”的情况下，即使是产权明确的民营企业，也宁可多让流通股股东高价配股、增发圈钱，而不愿在实业上多努力。详见谢百三教授主编的《证券市场的国际比较》（清华大学出版社，2003年初版）一书中陈霆博士、谢曙光博士等的文章。

2003年底，证监会主席尚福林、副主席屠光绍在公开的谈话中，首次认可了中国股市与西方

股市存在显著的差异性，承认中国股市存在特殊的“股权分置”问题。

如今的经济学界认为中国资本市场存在着三个重大问题：股权分置、资金多元化以及透明度问题。其中重中之重的问题就是股权分置，因为这个问题一旦解决，将从制度层面开创了规范化市场的先河，起着举足轻重的作用。

（1）中国股市出现股权分置问题的历史原因

在国外股市，上市公司的股份则是完全上市的，原则上是全流通的。但在总股本中也有少量股份是被公司章程锁定的。被锁定的少量股份，主要是职工持股计划部分或是对关键职工奖励部分（如职工股票期权计划或职工股票购买计划等）。这部分股票只是暂时不可以上市流通转让，但在锁定期满后（比如三年或五年），公司有权直接决定这部分股票何时可上市流通转让。

上世纪90年代初期上海证券交易所设立时，由于当时对股份制是私是公、股权收益如何分配尚存在激烈争论，担心国有资产“私有化”的思潮还影响很大，为了避嫌，减少争论与阻力，尽快成立规范的资本市场，这些问题必须回避，因此采取了“国有存量股份不动，增量募集股份流通”的模式。这是在当时历史背景下的不得已的办法。

我国大部分上市公司从股份制改造到募资上市时，先是国家（或法人）投资兴建的企业经资产评估后按一定比例折股，然后在符合上市条件后向社会公众溢价发行，企业股票上市后则分为可流通部分（即公众股）和不可流通部分（国家股或法人股）。每个上市公司的募股招股书中都明确表明了国家股暂不流通，并一直沿袭到20世纪90年代末期民营上市公司招股书中表明的发起人股暂不流通。

（2）2001—2005年中国股市持续低迷的原因

股权分置是造成股市连续5年持续低迷，危机重重的内在原因。

一方面在股票发行时，流通股股东付出了每股高于非流通股几倍几十倍乃至上百倍的钱去认购，而涉及到发言权、表决权、监督权等方面，流通股股东却处于绝对弱势，他们的声音太微弱了而被大股东忽视，他们的权益随意被大股东侵占和践踏。另一方面，在股权分置的资本市场内，非流通股股东对圈钱的重视甚于对上市公司的资产经营，他们热衷于一轮又一轮的融资，乐此不疲且唯恐赶之不及。上市公司股本结构中的占大头的部分与资本市场没有利害关系，这正是中国股市的畸形结构与国际上的正常股市的主要区别。

20多年来，中国连年保持GDP的高速增长，被外界誉为推动世界经济发展的发动机，增长形势喜人，相反中国股市却连年阴跌，萧条惨淡，市场参与者损失惨重，股市危机日甚一日。2003年的中国股市甚至被评为全世界表现最差的市场之一。而中小板上市、IPO、QFII、金融和保险基金入市、新股询价制等等一系列政策的推行，市场却每次都毫无例外地应声下跌。为什么管理层解决问题的方案出台越多，市场内外的问题反倒越来越多呢？关键是管理层一直没有把解决股权分置这一根本性问题放在首要位置。事实上，它就是市场发生危机的真正根源，既给中国股市发展造成重大隐患和严重障碍，又是使中国股市拾级而下，“跌跌不休”，与整个国家良好的经济形势发展反向运行的内在原因。

总之，中国股市缺乏投资吸引力等种种弊病，就是由于股权分置使利益“明显向国有股、法人股倾斜”所造成的。

（3）股权分置是中国股市的内在根本性缺陷

证监会主席尚福林曾表示：“股权分置在诸多方面制约中国资本市场的规范发展和国有资产管理体制的根本性变革。这是作为历史遗留问题的制度性缺陷。”

按理说，国有股、法人股、公众股，同样一股价值应该相同，“同股同权”是股市的基本原则，但我国的股票实际上却是同股不同权。公众股由于在市场上流通，它是利用市场的定价机制。而非流通股则不能运用市场机制来解决问题。

在国内股票市场上，除了“三无概念”的几个股票之外，几乎所有的上市公司都处于股权分置的状况，这使得中国股市的系统风险居高不下。有研究表明，中国股市的系统风险占到全部风险的70%，这造成市场的波动幅度较大，即便是投资组合也只能规避30%的风险。无怪乎中国股市有“猴市”“赌场”之称。

中国股市中，各类大股东侵害中小股东权益的事件屡见不鲜，不时地见诸报端。从国内的已上市公司来看，常常是国有股一股独大，这直接使得中小股东表面上可以参与投票，但实质上并不具备“用手”投票权。而作为第一大股东的国有股，由于制度规定，这些股权却不得在二级市场流通。因而对于国有股而言，其所有者实际上也被剥夺了“用脚”投票的权利。

股权分置的存在导致中小股东无法参与上市公司的经营决策和分配决策，只能更多地依靠二级市场的低买高卖来赚取资本利得，这种行为直接加剧了市场的投资氛围。与此同时，虽然大股东不具备“用脚”投票权，但很多公司仍然致力于上市圈钱。吸引这些公司上市的主要原因就在于上市后大股东的权力不会得到稀释，仍然可以通过各种手段（如占用资金、增发配股等）侵占中小股东的权益，这种行为由于制度上的缺陷而成为大股东的必然选择。

由于股权分置这一制度性的缺陷存在，我国股市并不具备股指期货等金融衍生产品以及做空机制，投资者只能通过二级市场的股票投资并依靠股市的持续上涨获得收益。一些证券投资基金一直以来宣扬价值投资理念，呼吁长期投资，但由于股权分置的原因缺乏有效的风险控制工具，基金必须维持高于整个市场的股票周转率来频繁操作，交易越活跃，其获得的收益可能就会越大。由此可见，市场上的投资者只能以投机操作才能实现盈利，这也势必进一步加大股民投资股市的风险。

（4）股权分置激化了中国股市诸多矛盾

制度性和结构性这两类矛盾在中国股市并存。股权分置是最主要的制度性矛盾。

2001年6月以来，中国股市在国有股减持和全流通的恐慌中拾级而下，走出了与国民经济整体趋势背道而驰并且是自股市建立以来周期最长的大熊市。持续5年的低迷所带来的一个重要结果就是激化了各类矛盾并使其向证券市场集中，这些矛盾体现在以下几个方面：

①在发行与非流通股流通中现实与法律的矛盾。

我国《公司法》第130条明确规定，股份的发行，必须同股同权，同股同利。同次发行的股票，每股的发行条件和价格应当相同。但事实上中国股票的IPO发行是同股不同价的，一级市场社会公众股股东以几倍几十倍甚至几百倍的价格认购，而非流通股股东的认股价却只有一元左右，这显然不符合法律规定。

另外，发起人在发行股票时非流通股有“暂不流通”的承诺，“暂不流通”是一个具有约束力的合同条款。如果要对该条款进行更改，按照《合同法》的规定，只有“当事人协商一致，可以变更合同”（第77条），这就是说，非流通股要合法变更当初的约定，需要征得流通股份持有者的同意。在没有达成一致之前，非流通股不具有流通权。

②大小股东间利益的矛盾。

由于股权分置，非流通股股东一方面通过发行、配股、增发等融资手段及关联交易，将二级市场投资者的资产转移到自己名下实现套利。有数据表明，曾创下中国股市最高指数的2001年内，有55.1%的上市公司与控股股东之间存在关联交易，从关联交易的资金流向来看，有1 129亿元资金流出上市公司而流入关联方，仅有426亿元资金流入上市公司，资金净流出高达703亿元。大股东及其关联方占用上市公司资金的现象也较为普遍，其比例达到26.8%，而还款形式主要为非现金还款，包括以房地产、商标、实物资产及土地使用权等形式，这表明确实有相当一部分大股东将上市公司当成“提款机”，恶意占用上市公司资金。此外，有6.8%的样本公司为控股股东及其关联方提供担保，有些公司因此涉及诉讼，还被法院判决承担连带责任，严重危害了上市公司本身的资产安全。由于股东之间利益取向的不同，一些控股大股东在淘空公司资产后，上市公司业绩也连年下滑（见图2）。

③行政部门职能重叠的矛盾。

在中国证券市场上，目前能在政策面上影响市场走势的，除了证监会外，还有央行、财政部、

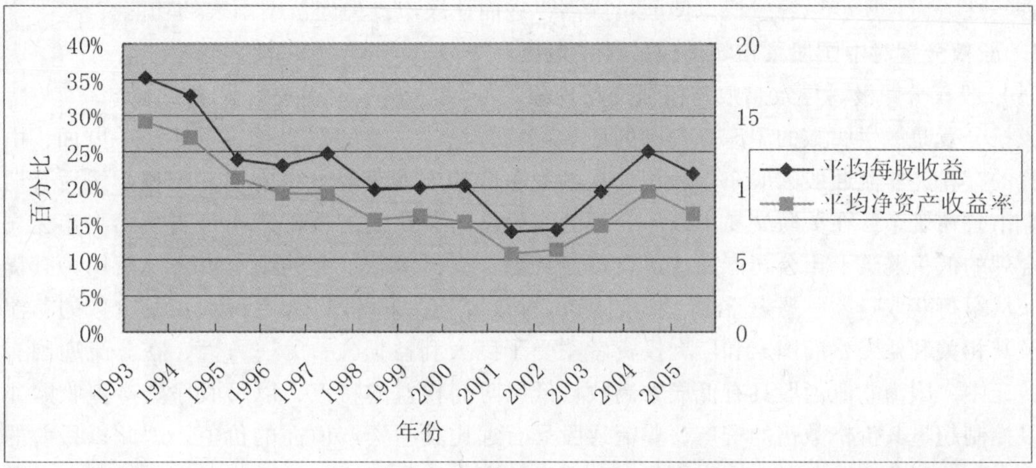

图 2　上市公司历年业绩（1993—2005 年）

数据来源：刘鸿儒等，《探索中国资本市场发展之路——理论创新推动制度创新》，中国金融出版社，第 36 页。

（注：左侧纵轴刻画的是平均净资产收益率；右侧纵轴刻画的是平均每股收益）

银监会、保监会、国资委、税务局等多个部门。而每个部门站在不同的利益角度，有不同的政策取向。比如证券交易所、期货交易所、结算所作为关键的金融机构，扮演的角色和履行的主要功能没多大的区别，开发新产品也缺乏相互协调。

由于缺乏一种站在更高角度的、对整个证券市场的宏观规划，中国证券市场难以形成一种综合协调的局面。发布政策前的论证及是否严格论证都没有让市场知道，老百姓时常被蒙在鼓里。政策的随意性很大，这就难以保证市场的公正性。

④股市的对外开放可能使投资者蒙受损失。

而那些海外上市的公司回归国内 A 股市场融资，更是大手大脚地将国内投资者的资金送给国外投资者。譬如说 H 股回归融资，H 股的发行几乎是净值发行，H 股股东可以毫不费力地坐享国内高价发行 A 股带来的净资产增值，让国内投资者白白为外国投资者作贡献。可见，不及时解决股权分置问题，那么相当多的对外开放举措将会使国内二级市场投资者的利益受到损害。

可以说，产生这些矛盾的原因与股权分置问题有着直接或者间接的关系，因此市场上有了“股权分置是中国股市的原罪”之说。

（5）股权分置是转轨时期股份制改造的畸形儿

20 世纪 80 年代末期，我国经济领域的改革开放进行得如火如荼，取得了初步成效，但改革开放在潜意识里依然有着“社会主义计划经济”的影子，还未真正向市场经济转变。因此，国家财产为全国人民所有这个公有制概念仍被认为社会主义优越性的一种体现，仍被视作是一个社会主义制度的重要标志。

在 80 年代末的股份制改造试点过程中，为了不让社会主义公有制“变质”，有两种极端做法：一是优先让城镇集体所有制企业试点改制；二是在改制过程中尽可能使公有股份占绝对控股的地位，且不允许流通转让。所以在中国股市建立之始，就有了国有股、法人股和社会公众股之分。

这种有“中国特色”的股权结构，在制度设计上导致了一系列的恶劣后果。国有股、法人股的一股独大，扭曲了上市公司法人治理结构，导致国企产权结构改革上的“换汤不换药”。占多数的国有股与法人股不能上市流通转让，使国有资产存量的盘活和保值增值成为一句空话，更谈不上国有资本的自由进退。更为严重的是，它阻碍了股市发挥资源配置功能，使股市沦为简单的国企融资场所。仅占上市公司总股本 1/3 多一点的社会公众股上市流通交易，这不仅歪曲市场供求的真实性，而且还会纵容投机，使股价虚高，进而让股市丧失经济晴雨表的功能。

2. 股权分置对中国股票市场造成的种种危害

(1) 股权分置极易导致腐败与权钱交易现象

股权分置是滋生腐败的温床。我国的证券市场曾经是主要的权力寻租场所。一方面，由于股权分置的存在，非流通股大股东以远比公众股股东低的成本获取上市公司支配权，然后长期挪用占用上市公司资金，在关联交易中以不合理的高价将其产品或劣质资产出售置换给上市公司，或以不合理的低价购买上市公司产品或优良资产甚至不支付价款，或利用上市公司信用为其提供巨额担保从银行获取贷款、恶意重组、掏空上市公司，在这些腐败行为中得利的是少数的非流通股股东及其相关利益人，而国家和广大投资者蒙受了巨大利益损失；另一方面，在非流通国有股的协议转让中，因为非流通股具有低成本高收益低风险高权益的特点，以每股净资产值收购非流通股可以控制超过其价格数倍的资产，非流通股具有远比其净资产值高的价值，因此以目前的净资产价格水平购买非流通股对国家来讲是一种严重的资产流失行为，对受让者来说就是一种超乎寻常的暴利行为。比如国有股在场外协议转让给民营企业，这其中就隐藏有严重的腐败行为。

(2) 股权分置导致大股东长期侵占公众股权益

股权分置的存在使每次分红都成为伤害流通股投资者的行为。照理说，股票的分红派息都是上市公司对投资者回报的行为。唯独在我国，分红派息成了处于控股地位的非流通股股东伤害社会公众投资者利益的行为。对于非流通股股东来说，分红是一个实实在在的投资回报行为，但对于流通股股东来说，其所得分红金额其实已被股价除权在市值里抵消了，但由于存在要上交20%的所得税，公众投资者所得的现金比其市值除权部分还少20%。也就是说公众投资者没有从分红中获得财产增加，反而减少了，上市公司分红越多越大，投资者的损失就越多越大。

股权分置也使我国社会加速两极分化。世界银行发展报告中公布的中国基尼系数，在中国股市设立之初的1990年仅为0.30，而2005年数据显示已扩大至0.47，处在了国际上确定的收入分配不公平警戒线之上。很显然，我国的两极分化现象是伴随着证券市场发展而恶化的。在股市中，民营上市公司就是活生生的例子。民企上市的IPO高溢价和再融资造就了一批亿万富翁。

(3) 股权分置助长投机，阻碍市场有序发展

股权分置助长二级市场的投机气氛，助长股价操纵行为。

由于股权分置，非流通股大股东与二级市场的股票价格变化不存在直接联系，大股东可通过制造和利用内部信息配合庄家炒作自己的股票，在股价处于低位时出利空消息配合庄家打压吸筹，在股价高位出利好消息配合庄家出货。这些现象在我国股市很常见，已经见怪不怪。另外，由于中国股市没有投资价值，唯一的获利方式就是低买高卖股票获取资本利得，像券商自营盘和基金这些握有几千亿资金的机构只有靠参与做庄获取利润，在股市中大鱼吃小鱼，小鱼吃虾米，鲸吞蚕食中小股民，广大中小投资者任人鱼肉。“基金黑幕”的披露就是证明。

对融资方来说，询价制的推行使得A股市场高市盈率发行的优势不复存在，以后的再融资又面临种种障碍，控制发行节奏又大大延缓了上市进程。这种状况不得到改变，相信未来越来越多的优质公司会选择海外上市。

面临优质上市资源的流失，如果股权分置问题不解决，国内股市边缘化只是时间问题。

(4) 股权分置使企业内部治理紊乱

股权分置给我国上市公司的内部治理结构带来了严重的不利影响。

由于流通股股东和非流通股股东利益上的差异，双方在股权的价格、如何实现股东价值最大化以及如何融资等方面都存在利害冲突，这使控股的非流通股股东往往采取有利于自己但不利于流通股股东的行为。同时由于股权分置人为割裂了股票市场，流通股的比例过低导致市场化的敌意收购无法进行，资本市场的运作效率、运作质量和空间都受到很大的限制。

我国的上市公司绝大部分是由国有企业改造而成，在股权分置情况下，国有企业有国有单位控股和第一大股东越权这两大特点，原先国有企业效率低下的治理结构和管理模式基本被原封不

动地搬到了上市公司中，可能会重走原有国企的衰败老路。

另外，在上市公司的管理层中，许多董事长和总经理是原有国企领导或是通过行政任命来的，他们许多是官员而不是企业家，没有通过市场竞争筛选和培养，缺乏在复杂的经济市场中生存和竞争的素质和能力。但在以人才为本的现代社会，一个国家优秀企业家和职业经理人的缺少，将直接影响到国家和企业的竞争力。这可从最新世界经济论坛公布的2005至2006年全球竞争力报告中得到求证：中国的成长竞争力指数在117个国家和地区中名列第49位，较2004年的第46位又略有下滑，而2003年及2002年中国分别排在第44位和33位。

（5）股权分置阻碍资本市场对外开放

股权分置的存在，使得境内外资本市场的定价标准迥然不同。推出QDII、大型国企和银行的境内外同时发行上市等举措，由于都与资本市场国际化相关联，可能导致境内外市场股价的强制并轨，从而影响境内公众投资者的利益。而且，以股票价格为基础的金融衍生产品创新，如股指期货等也因缺乏做空机制而迟迟未能推出。而在成熟市场，作为重要的金融避险工具，指数期货的交易量常常达股票交易量的两倍。

3. 本轮股改之前中国的三次国有股减持

对国有股流通问题，证监会没有明确的禁止性规定，因此，我国证券市场开设以来曾进行过三次国有股流通的试点。

国有股早在1993年就悄然尝试流通。1993年1月，经批准，嘉丰股份（今金丰投资）国家股突然上市交易。在减持23 908股后，由于市场反应欠佳，停止出售。嘉丰股份的国家股由5 913.18万股减少至5 889.272万股。嘉丰股份国家股的上市和停止减持，事先均无公告。并且，嘉丰股份国家股是直接上市的，减持价格就是二级市场价格。

国有股减持的试点在1999年底公开进行。1999年12月，中国嘉陵社会公众股东按0.8361的比例和每股4.5元的价格配售中国兵器装备集团公司所持国家股，黔轮胎A社会公众股东按0.159097的比例和每股4.8元配售贵阳市国有资产管理局所持国家股。两者分别自2000年1月11日和12日起上市。这次国有股减持试点，信息披露较充分，改变了国有股直接上市的做法。

2001年6月6日，国务院颁布《减持国有股筹集社会保障资金管理暂行办法》，国有股减持的步子迈大。7月22日，中国石化公布招股说明书称："本次募集资金部分将用于收购集团公司下属的新星公司，集团公司已向财政部承诺，将出售新星公司获得的部分资金按照本次募集资金额的10%上交全国社会保障基金。"7月24日，江汽股份推出招股说明书，首次提出按新股发行量的10%存量发行国有股，减持价则与发行价"捆绑"。此后，华纺股份、北生药业、烽火通信、贵州茅台、冰山橡塑、浏阳花炮、狮头股份、洪城股份、天房发展、安阳钢铁、新安化工、上海能源等在发行新股时，均采用这一办法减持国有股。由于数月内上证综指下跌31.33%等原因，证监会在10月22日晚紧急声明：停止执行《减持国有股筹集社会保障资金管理暂行办法》第5条关于"国家拥有股份的股份有限公司向公共投资者首次发行和增发股票时，均应按融资额的10%出售国有股"的规定。境内证券市场的国有股减持就此停止。这次国有股减持的目的，是筹集社会保障资金。

三次减持都对股市造成了冲击，尤其是第三次，虽然按照通常的企业发行股票的速度计算，国有股减持的量并不是太大，但是它的不合理之处体现在减持价格上：按照流通股的价格减持。这种高定价的政策是市场所不能接受的。在方案实施头一天，中国股市就从历史高位2 245点掉头向下，一举击穿半年线、年线，再加上上市公司存在的问题不断暴露和被查处等等因素，终于导致连续四年的阴跌。

4. "国九条"标志着政府决心解决股权分置问题

国务院于2004年1月31日发表了《国务院关于推进市场改革开放和稳定发展的若干意见》（简称"国九条"）。"国九条"将解决股权分置问题提上了议事日程。

"国九条"明确提出：要规范上市公司非流通股份的转让行为，防止国有资产流失，稳步解决目前上市公司股份中尚不能上市流通股份的流通问题。在解决这一问题时必须尊重市场规律，切实保护投资者特别是公众投资者的合法权益。

在股改实施的过程中，"规则先行"这一原则被特别强调。即在明确规则的前提下，上市公司的投资各方进行利益的博弈，并且引入国外的股东表决机制，通过建立回避制度，保证中小投资者的利益不受到损害。同时为防止上市公司的控股股东在方案实施过程中弄虚作假、转移或者隐匿资金，最高人民法院出台了一个司法解释，明确指出，证券监管机构可以申请冻结上市公司账户，为保护中小投资者的利益提供司法保障。

二、股改前的争论、方案及试点

1. 股改前的激烈争论

本轮股权分置问题讨论已久，方案之多、争论之激烈，绝无仅有。随着市场传言不歇，股市也随之上下波动。在这场讨论中，证监会收到了来自市场各方的共计四五千个股改解决方案。2005 年 4 月 12 日，证监会负责人终于宣布，已经具备启动解决股权分置试点的条件。也就是说，国内股市解决股权问题总算尘埃落定。

2. 首批股改公司之一清华同方股改方案分析

2005 年 5 月 11 日，首批四家股改公司之一清华同方（600100）的试点方案在万众瞩目下出台。该公司董事会通过了 10 转增 10 的全流通方案。根据该方案，清华同方将采用资本公积金转增股本的方式，向该公司的流通股股东每 10 股转增 10 股，即流通股 1∶1 扩股，而非流通股股东放弃转增的权力。

清华同方 1999 年有过一次 10 配 3，并在 2000 年 12 月有过 46 元的高价增发，大股东清华控股早已赚得钵满盂满（见图 3）。

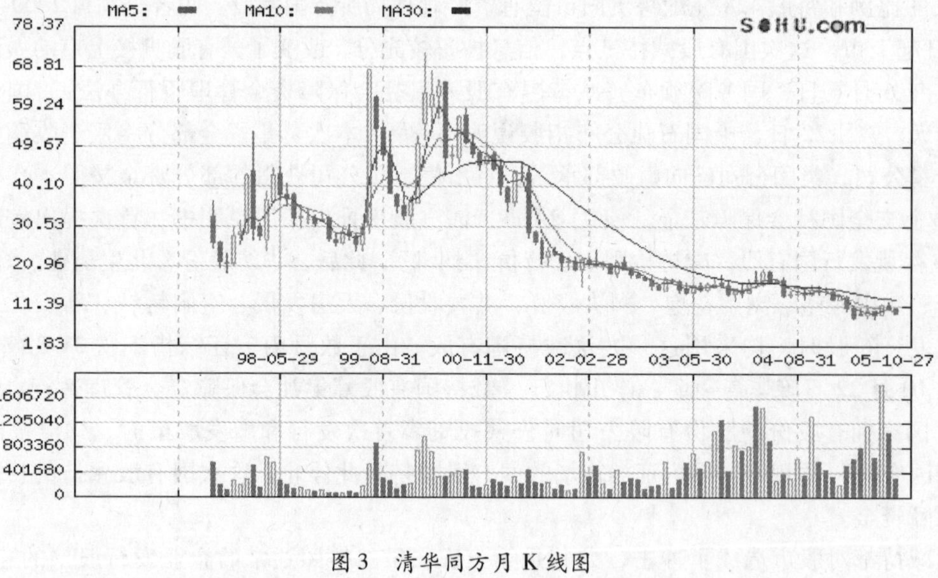

图 3　清华同方月 K 线图

（数据来源：搜狐财经）

因此尽管该公司的方案在首批试点的 4 家公司中最优惠，但实际上该公司从流通股股东那里获得的利益最大。事实上，经过配股和增发，清华同方的非流通股股东持股成本不过 0.2 元，流通股股东的持股成本却高达 6.29 元，两者相差 30 倍。目前，清华同方的净资产是 5.23 元，而市价却在 9 元至 10 元之间。清华同方 10 送 10 的方案之所以被否决，以公积金送股愚弄流通股股东是一个因素，而原始持股成本相差太大则是另一个因素。

3. 股改至今一些典型性的特色方案分析

(1) 包含股权激励计划的试点方案

第二批股权分置试点改革中，中信证券、金发科技、恒生电子、中化国际等几家公司提出了股权激励计划。

按照中信证券股权分置改革方案，中信证券非流通股股东在向流通股股东支付每10股3.2股的对价后，按改革前所持股份相应比例1.441 3%，以不低于最近一期经审计的每股净资产作价，向公司管理层及业务骨干提供总量为3 000万股的股票，作为首次实行股权激励机制所需股票的来源。

在许多上市公司，针对管理层或者员工的股票期权激励措施已经不是新鲜事，但一提起股权激励，人们就容易想起上市公司管理层中饱私囊的MBO。所以，股权激励遭到国有股股东和中小股东的一致反对，基本上处于暗箱操作。在股改方案中，股权激励只能算是配套措施，并没有给流通股股东带来直接的补偿，但纳入激励计划的股份大部分都是上市公司的资产，直接摊薄的是每一个股东的权益，给多少、激励谁以及如何定价也是中小股东非常关心的问题，而这四家上市公司的试点方案对此都没有详尽披露。

(2) 包含认股权证的股改方案

作为大盘蓝筹的标杆企业，长江电力的试点方案引发了激烈的争论。在10送1股外加权证的草案被中小投资者普遍斥为“吝啬”之后，长江电力修改了股改表决方案。在原方案“以目前的总股本为基数，向方案实施股权登记日在册的全体股东以资本公积金每10股转增0.421股，非流通股股东将获转增股份全部送给流通股股东，流通股股东每10股获送1股，流通股股东每10股实得1.421 0股；向方案实施股权登记日在册的全体股东每10股派送现金1.74元，非流通股股东将所获现金转送流通股股东，流通股股东每10股获送4.14元，流通股股东每10股实得5.88元”的基础上，又增加了一个权证方案，即“每10股获派1.5份认股权证，行权价格为5.5元，认股权证存续期限为自权证上市之日起18个月。同时承诺，在权证行权日，上市流通的认股权证持有人有权将所获派权证以1.80元/份出售给三峡总公司。同时增加对非流通股股东获派权证的交易限制，三峡总公司及其他非流通股股东所获派权证不上市流通，仅可在行权日行权”。长江电力同时提高分红比例。公司承诺在2010年以前每年的现金分红比例将不低于当期实现可分配利润的65%。

方案中出现的“认股权证发行计划”引起了各方关注。该发行计划募集资金用于收购三峡机组。这无疑就是一个配股的再融资计划，只不过是变脸成认股权证的新面孔。认股权证作为全新的投资品种本无可厚非，但长江电力将其作为支付补偿的方式，让人颇为反感。许多投资者将这含有不确定性的权证视为废纸一张。

(3) 包含内部职工股的股改方案

内部职工股和沪市本地股中的募集法人股是股改中的历史遗留问题。

在华发股份试点方案中，首次出现了两个对价支付方法，引起人们的特别关注。原来华发股份是含有内部职工股的试点公司，所以在方案中就涉及到不同性质的流通股股东，补偿方式自然不尽相同。

华发股份方案显示，非流通股股东及暂不上市流通内部职工股股东向流通股股东按每10股送3股的比例支付对价、向发行三年后上市流通内部职工股股东按每10股送0.7股的比例支付对价。控股股东华发集团承诺无偿代暂不上市流通内部职工股股东支付对价。乍一听的确有些复杂，作为遗留下来的内部职工股，既有已经上市流通的，也有尚未流通的，这样特殊的股权结构让上市公司的股改面临一定阻力。

华发股份算是为内部职工股的股改开了先河，但每家上市公司的情况各异，华发股份只能作为个案而无法复制，还需要配套的规范和标准。

还有一个历史遗留问题更让人头痛，那就是募集法人股。所谓募集法人股，就是按照流通股的发行价买入，但没有流通的股份。在上海本地，就有60多家公司在1992年至1993年发行了募集法人股，时过境迁，许多募集法人股的股东已经不知去向。而到了股改的时候，这个陈谷子烂芝麻的问题终于见了阳光。宏盛科技、东方明珠、申能股份、豫园商城等试点都面临这样的麻烦，如何处置这部分股份？让其支付股份和得到补偿似乎都解释不通。

（4）缩股加派现的股改方案

在所有股改方案中，吉林敖东第一个采用了缩股加派现的方式。具体方法是：吉林敖东的非流通股按照1:0.607 4的比例缩股，同时由上市公司向全体股东派现（按缩股前股份比例），经过再次调整追加后，流通股股东所得合计为每10股4.0元。

缩股本质上与送股方式一样，缩股方式对市场的扩容压力并不小，如果方案通过并实施，禁售期满后，即使缩股后的非流通股数量也是不小的，直接上市交易后，对市场的冲击较大，而且由于现有的流通股股东没有得到送股的除权效果，这样平白增加一大部分的低成本的新股票来上市交易，对现有流通股的股价冲击就更大。

吉林敖东的保荐机构民生证券列了一个计算公式来计算其非流通股大股东的持股历史成本：持股历史成本总额=初始投入持股成本+参与配股投入资金额-分红收回股息-转让股份收回资金额。根据这一公式计算，吉林敖东的第二大非流通股股东在股权分置改革前的平均持股成本为每股-1.07元。由于股价不管怎样跌都不会跌到零以下，这就意味着，在任何时候，它的第二大股东都有套利空间和足够的套利动机。

（5）没有送股只有承诺的股改方案

农产品公布的股改方案颇为独特，其控股股东深圳市国资委只作出承诺：在股改方案实施之日起的第12个月的最后5个交易日内，所有流通股股东有权以4.25元/股的价格将持有的流通股票出售给深圳市国资委，并且公司其他法人股股东承诺，为对公司核心管理层、核心业务骨干进行有效长期激励，其他法人股股东将其拥有的农产品股份的50%部分，按照不低于股权分置改革试点前的收盘价3.4元/股且不高于3.66元/股的价格出售给公司管理层，从而实施管理层股权激励计划。在实行股权激励计划的同时管理层必须预先交纳0.8元/股的风险责任金，如不能完成董事会制定的业绩考核任务，则交纳的风险责任金不予退还。

三、现阶段股权分置改革的深远影响

1. 股改对中国股市的直接影响

（1）股改后中国股市逐渐步入良性循环

2006年随着全面股改进行到第57批，沪、深两市股改市值的比重超过97%，年底可望全部结束。这标志着，中国股市面临的最大制度瓶颈——同股不同价、同股不同权的股权分置难题已基本得到妥善解决，中国证券市场开始与国际证券金融市场接轨。

从2005年6月至今，中国股市在股改的大背景下走出了一波牛市启动行情。上证综合指数从最低的998点上升到11月的1 900点。随着股权分置改革基本结束，中国股市中长期大牛市的信号渐已明朗，大牛市的时代已经到来。

伴随人民币的逐步缓慢升值，中国股市将中长期处于温和上升的趋势之中。事实上，因人民币升值预期而带来的资产重估效应已成为当前牛市行情的一个主要推动力。地产指数在近两个月来连续上扬，并创出两年多来的新高点。另外从沪、深两市上市公司公布的2006年半年报来看，净利润同比上升了8.9%，业绩相对乐观几成定局。因此，在中国劳动力成本还偏低、人民币汇率未大幅提升的支撑下，未来股市即使上升一定幅度，也不会存在股价估值过高的现象。

中国经济良好的发展态势也为中国股市向牛市纵深发展提供了坚实的基础。连续三年两位数增长的中国经济至今仍未出现明显放缓迹象，经济发展推动股市上升，这才是正常的经济现象。只有这样，才能真正推动国内消费市场整体良性发展，经济才可能进一步腾飞。显然，股市的经济规律已经得到管理层的认同，在多项新政策构筑下，资本市场透明度在不断提高，这是一个非常积极的信号。

可以预见，中国股市中长期回暖上升而产生的财富效应，对提振我国未来潜在的巨大居民消费市场，对分流我国银行系统16万亿元人民币的高额储蓄，回避因资金流动性过剩、回避国家金融风险，都具有战略性意义。

随着中国加入WTO后金融市场的全面对外开放，沪深A300股指等金融期货的推出等长期利好配套，我国证券投资市场将进一步规范有序。

后股权分置时期，上市公司的运作将更加规范，内幕交易等违规事件将会大大减少，及时的信息披露使股票价格更快地趋近理论水平，操纵股价将会变得越来越困难。今后几年内，我国证券市场的大发展包括股票市值的成倍增加是一个必然的结果。在国民经济总体健康快速增长、人民币稳定升值的大背景下，代表国民经济的航母和骨干企业在A股平稳登陆，可以使境内投资者分享经济增长和本币升值的收益，增加投资选择性。因此，优质公司上市、市值增长与投资者投资回报将是一个双赢的过程。

(2) 股改后市场潜在风险也在逐渐积累

2005年4月29日，证监会的《通知》规定，参加股权分置改革试点的上市公司，通过证券交易所挂牌交易出售获得流通权的股份，应当做出分步上市流通承诺。也就是大股东在其股权分置改革方案获得股东大会通过后，前12月内不上市交易或转让任何股份，在12个月期满到24个月期间通过证券交易所挂牌交易出售的股份不超过总股本5%，在24至36个月期间，挂牌交易出售的股份不能超过总股本的10%。

事实上，目前上市公司支付的对价只取得了部分股份的流通权。这对减少市场的扩容压力、稳定市场预期发挥了一定的作用。然而，按逻辑推理，三年后剩余的所有股票就获得了流通权。三年后一旦打开这个闸门，一千多个股票的非流通股同时上市，后果难以预计。在通知中，没有出现相关的约束条款，这将会使两三年后市场隐含巨大的风险。2006年底以前，两市合计有184家公司约104.25亿股的限售流通股解禁，解禁的限售流通股市值超过700亿元。对于2006—2008年各月可能解禁的规模，2007年四五月份是单月解禁规模的最高峰，随后会有所下降。但最大可能的解禁规模会在2007年下半年加速上扬，2008年下半年达到最高峰，到时将会面临数以千亿的解禁资金压力。

股改进行以来，A股市场明显形成指数牛市特征，即上涨力量主要来源于指标股的推动，指并主要体现在地产股、金融股。此类个股都为人民币资产股，其上升动力主要源于海外资金对人民币升值的预期强劲。因此，本轮行情与其说是指数牛市，不如说是人民币升值牛市。人民币升值固然可以带来人民币资产的上升动力，但海外市场的经验也显示，资产价格的涨升与否最终还是受制于估值束缚。如果涨幅过分超越估值束缚，就会形成资产泡沫，对股市造成沉重打击。

另外在估值较高的背景下，苏宁电器发起人减持筹码套现的举动，也迫使更多的资金考虑目前A股市场的估值情况，更理性地理解人民币升值的做多动力。

截止到2006年11月，沪深两市未股改的公司只剩下100多家，后股改时代的来临标志着由股改引发的估值优势将不复存在。作为本轮行情最原始的推动力，股改使估值这一价格评判标准深入人心，因此在股改完成、业绩成长性预期兑现后，大部分个股不可避免地迎来了二级市场价格的回归，近期大量题材股、微利股出现的大幅调整就是最好的证明。

从宏观角度来看，全流通意味着要增加一倍至两倍于目前市场股份的供给，这从本质上来说是一种扩容，而且是非常巨大的扩容。股权分置改革的最大成本，是政府在现有经济环境下托市的成本。政府投入程度的多寡，将始终伴随着股改进程，并成为这场改革能否成功的关键因素。

(3) 股改给中国股市带来理念及思维方式变化

首先，上市公司的融资理念将出现根本性变化，大股东无节制的融资行为将大幅减少，圈钱运动可能会退潮。其次，价值投资理念将得到普遍认同。原来所谓的股票甄选，无非是矮子里挑高个，只存在股票的相对投资价值，而今后会向绝对的投资价值过渡。伴随着中国资本市场的投资者多样化，对应的不同投资理念也会出现，一切都将围绕价值投资展开。

在全流通之后，上市公司治理结构将趋于优化，非流通股股东与流通股股东对立的局面将消失，公司治理理念将改变这种对立的局面。

上市公司在收购兼并、资产重组中的换股收购等收购方式在全流通后会真正出现，上市公司的收购会逐渐转为产业链整合收购，这会带来整个行业集中度的提高。真正的股票期权激励将所有者与经营者融合在一起。资本市场金融创新工具将层出不穷。市场将形成真正的创新思维和理念。

股票定价理念也将发生变化，定价将以市净率为标准，发行价与每股净资产相当接近。好的公司，其发行价会比发行前每股净资产略高，新股定价不再是高高在上。预计正常情况下，新股首发的市盈率不会再轻易超过20倍。

2. 股改对市场各方的影响

（1）股改对流通股股东影响

2005年5月9日，伴随着股权分置改革试点正式推出，上证指数以单日28点的跌幅再创6年来的新低。虽然市场对于流通权的价值认识存在较大的偏差，但不管怎样，在4年的大熊市里，非流通股股东都是大赢家。首先，股票上市之前的资产评估使资产大幅增值。IPO、增发又使流通股的资产大量转移到了非流通股，非流通股持仓成本低。送股利用了市场对其的幻觉，大股东进一步稀释了流通股东的权益。

数据显示，持续4年的熊市里，2001年的市场平均每股净资产是2.6元，2004年市场平均每股净资产仍为2.6元，而4年的累计市场送股率则达到了30%以上，这30%的利润均为大股东净赚。

股改的推进必须以保护流通股股东的利益为前提，就要看是谁的权益得到了真正的增厚。第一批股改公司的结果充分说明，流通股股东实际上是最大的输家。

举例来说，第一批试点的中三一重工，自方案通过后非流通股股东的权益已经增加了82%，流通股股东的权益增加30%，非流通股股东增加的权益是流通股股东的两倍多。而金牛能源的非流通股股东权益增加则高达180%，流通股股东的权益仅增加25%，前者的权益增加是后者的7倍多。清华同方上市8年来，清华同方非流通股股东投入1.077亿元，历年分红已经获得1.66亿元，按此次方案改革后仍有高达11.18亿元的权益；而流通股东8年共投入17.17亿元，分红仅获得1.398亿元，股权分置改革后也只有19.2亿元的股东权益。这个给流通股股东否决的改革方案是毫无公平可言。

（2）股改对上市公司影响

股权分置改革方案实施后，将对上市公司运行机制和经营模式、股东关系及股东行为产生深远影响。

①有利于上市公司治理结构的优化。在股权分置情况下，流通股股东和非流通股股东两者利益经常发生冲突。当非流通股股东的利益取向与上市公司和流通股股东的利益取向不一致时，非流通股股东的行为就有可能扭曲，导致上市公司无法形成良好的治理结构。

在股权分置改革之后，股东之间的利益趋于一致，有利于改善上市公司治理结构。

②上市公司管理层真正成为公司价值管理者，有利于公司可持续发展。而公司大股东更加关心股价的长期增长，将积极参与到上市公司的价值管理中去。

在股权分置条件下，存在内部人控制，股东会和监事会形同虚设，董事会不能有效行使决策权，监督机制失效和激励机制不足等问题。上市公司管理层一般不太关心公司股价，其管理目标主要是任期内的利润增长和净资产的增值。但是全部股份变成可流通股后，大股东的利益便和股价息息相关，管理层的目标就会相应地转变为公司价值的最大化，更注重公司的市场表现。由于影响公司市值的因素不仅仅是净资产和净利润等财务数据，还包括公司的长远发展战略、品牌、团队、财务的透明和稳健、投资者关系乃至公司的整体形象等，因此对于管理层而言，其目标将由单一逐步过渡到多重。这不但有利于公司综合素质的提升，也有利于公司的长期发展。

另外，解决股权分置问题后，上市公司更能通过股票价格这一综合指标来评价管理层的工作，也更容易实施期权等激励方式。

③上市公司在资本市场可通过定向发行股权来实行并购，从而实现企业快速成长。公司的成长除了自我积累之外，通过并购进行扩张是非常重要的一个方式。在股权分置问题没有得到解决的情况下，上市公司进行并购主要靠现金支付。收购方往往受到现金规模限制，难以开展收购活动。

随着股改的进行和股市的健康发展，可以预见，多数公司更规范的运作、不良公司的退市和优质公司的上市，上市公司整体业绩将得以提高。

（3）股改对国有资产管理影响

2003年12月，国资委发布《关于规范国有企业改制工作的意见》，规定上市公司国有股转让价格在不低于每股净资产的基础上，参考上市公司盈利能力和市场表现合理定价。但由于净资产的评估和计算方式本身存在差异，而且上市公司盈利能力和市场表现也缺乏明确标准，这在实践中可操作性较差。

2004年2月，《企业国有产权转让管理暂行办法》颁布实施。虽然《办法》对国有股股权转让规定了更为市场化的方式（如拍卖、招标），但对于上市公司股权转让来说，其市场化程度还是不高。而股改后上市公司国有股权在场内以公开竞价方式交易，这是一种市场化的定价方式。其定价标准是对资产所能够带来的未来收益的判断，并参考其他资产收益情况，这种定价机制显然更为合理。

目前国资委在评估国有资产时的主要依据是净资产，并不包括市值的变化。然而股改后，上市公司国有股权的市值将会很大地提升，在股改中如果采用送股、缩股等方式向流通股股东出让部分国有股，或进行现金补偿，则以评估成本计价的上市公司国有资产会减少。因此，股改将促使国资管理部门将市值纳入评估国有资产和计算净资产的范围之中，从而建立与社会主义市场经济相适应的包括产权界定制度、产权配置制度和产权流转制度一系列现代产权制度。

在关系国家安全、国民经济命脉的重要行业和关键领域，以及国民经济基础性和支柱性行业中，国有资本在一定时期内还要保持较高的控股比例。对属于控股股东主业范围，或对控股股东发展具有重要影响的国有控股上市公司，也要在一定时期内保证国有股东的控股地位。这促使此类国有上市公司将直面反收购的问题。另外，随着入世步伐加快，外资将通过各种方式收购国有上市公司股权。为保证国家经济安全，国资委有必要会同其他职能部门尽快建立外资进入国有上市公司的监控制度。比如通过总体数量与持股比例限制，对某些行业的外资进入实施限制，以防外资过度进入资本市场带来金融风险。

四、股权分置改革中暴露出的缺陷与不足

1. 非流通股股东利用分类表决弊端联手寻租

2005年4月29日，证监会发布了《关于上市公司股权分置改革试点有关问题的通知》。其主要内容之一就是规定临时股东大会的通过决议必须经参加表决的股东所持表决权的2/3以上通过，并经参加表决的流通股股东所持表决权的2/3以上通过。

这个制度就其实质而言，是调和流通股股东和非流通股股东两种利益的妥协性制度。在这个制度下，流通股股东和非流通股股东都要作出让步。非流通股股东有权提出股权分置改革方案，流通股股东有权表决是否通过。

现行制度对大股东行为实质上约束有限。分类表决制度只是设置了一道门槛，给社会公众股股东以话语权和表决权，遏制大股东的某些行为。一旦大股东的提案在分类表决中通过，那就能

继续享有由股权分置制度缺陷所"创造"的利益。分类表决前花好桃好，分类表决后可能根本就是另一回事。所以在股东大会中无论采用"一股一权"，还是分类表决制度，中小股东都是弱势群体。

由于流通股大股东以基金为主，有些保荐机构可能也就成了流通股大股东，它们在投票中具有举足轻重的作用。如果非流通股股东利用公司利益来换取流通股大股东的同意，则较容易使方案通过，最终还是会侵犯中小散户的利益。

由于非流通股股东持有的股份经过多年的送股分红之后，成本已经很低，一旦流通上市将获暴利，所以，控股大股东肯定有强烈的驱动力促使全流通方案获得通过，甚至不惜与投资基金等流通股大股东联手设计，以确保方案获得通过。截至目前，基金规模已超过3 000亿元，相当于股市流通市值的25%左右，市场已进入了以基金为首的机构时代。以往上市公司再融资往往出现"大股东举手，小股东掏钱"的现象，在实行社会公众股股东表决机制后，由于符合再融资条件的多是基金持有的蓝筹股，中小散户面对的将是以基金为主的"一股独大"，如果上市公司搞定了基金等流通股大头，那么众多小股民还是一样被鱼肉。这不是没有先例的。市场中一直有传闻，某著名大公司在表决增发方案之前，向多家基金公司许诺，将增发获得的巨额资金拿出一部分购买投赞成票的基金公司新发行的基金，从而成功搞定几家基金。在正式表决增发方案时，正是这几家基金的赞成票让增发方案得以顺利通过。

2. 仓促推出权证市场带来的巨大风险

坦率地讲，权证是很好的证券品种，它能促进交易的活跃和市场效率的提高。但在股改中仓促推出权证，由于制度设计有不妥之处，有些事与愿违。所幸上交所事后实施了权证创设制度，在一定程度上起到了平抑市场波动、挤压泡沫的作用。但这种补救毕竟是在投机氛围已然形成的情形下进行的，并且权证投资者与创设者也明显处于不平等的地位，在后来市场对创设一事出现了较多的争议。

相比而言，像＊ST吉炭、大冶特钢等公司推出认沽权利，不仅保证了股改的顺利进行，同时也避免了二级市场上对权证的恶炒。

以事后眼光来看，权证市场在推出初期应设立较高的进入门槛，以面向专业机构为主，之后再逐步放宽进入限制，这样可以给中小投资者一个认识和适应的过程。我国证券市场的投机气氛本就很重，如果不加限制地向大众开放权证市场，不仅会助长投机氛围，而且也不利于市场的健康发展。

深交所统计显示，98.5%的权证交易量是由散户或民营大户完成，另外1.5%的交易来自机构账户，而且主要为将所持权证单方向卖出。不言而喻，散户及民营大户成为权证市场泡沫破灭、价值回归的埋单者。权威的统计数据进一步显示，深市权证投资者盈亏状况极为悬殊，单个账户最大浮动盈利为5 694万元，而单个账户最大浮动亏损为6 652万元，单个账户最大收益率为549%，单个账户最低收益率为－96.2%。

目前股指期货即将推出，发展金融衍生品必须防范过度投机。而在金融衍生品市场上，期权的重要性和风险性毫不逊于期货。

就目前的权证市场而言，一方面因为股改权证的逐个到期而规模缩减，另一方面股指期货的临近也意味着权证的魅力濒于丧失。在新的备兑权证及股本权证推出之前，这个市场的吸引力将不断降低，而潜在的风险也不可忽视。

3. 在股改方案表决中流通股股东民意被压抑

分类表决的核心是让广大社会公众股即流通股股东能表达自己的意愿。每个公司的流通股一般都数以万计。《公司法》中规定，在有限责任公司中，重大事项需要2/3的多数通过才能生效。但在股份公司，由于股东众多，中小股东一般不到场参加投票。如果要求全体的多数，往往连一个决议也通不过。因此，《公司法》要求的仅是到会者票决的多数。我国启用的流通股股东分类表决，目前也是沿用这个到会投票权的多数，从而出现了到会表决的极少数人决定大多数人命运的情况。现在把它运用到全流通方案这样涉及巨大利益的事宜中来，如果仅仅是到会表决的多数，将导致不可避免的操纵和舞弊，非流通股大股东很容易指使他人购买少量流通股或收买某些出席会议的流通股股东来操纵投票结果，流通股股东的民意必然会被压抑。

4. 股改后出现大量信息不对称现象

从股改开始后市场各种股改方案的传闻满天飞及各类市场热点的炒作看，中国股市的信息不对称仍客观存在。这种现象的形成就是上市公司股改方案从制定、协商到公布之前的时间差所引起的。因为方案的通过需要分类表决，而股改信息的形成从提案就开始了，上市公司的大股东以及保荐人有提案权，因此从一开始就掌握了方案的原始信息。这就形成了从原始方案到最终公告之间的时间差。

在“指导意见”中投资者的“知情权”被重点强调了，并且颁布了利用内幕信息炒作的禁止性措施，显然管理层也意识到了市场目前这种信息不对称的局面。这些意见虽然是十分有针对性，也是十分及时的，但目前的监管力量在有效地杜绝相关行为方面仍力有不逮。

信息不对称留下的投机机会以及监管力量不足留下的空白，在目前市场中客观存在，市场当中有些现象已经说明了这个问题。虽然信息不对称的局面在市场当中一直就存在着，但是没有像现在这样出现大规模、整体化的倾向。

五、完善股权分置改革的建议及对策

1. 股改后期市场化步伐需加大

中国即将完成加入 WTO 过渡期，国内市场化程度逐渐提高，中国股市必须顺应市场的需求，以市场机制为主要调节手段，加大市场化力度，只有健康的市场化步骤如期推出，才能取得好的效果。因此，解决股权分置问题也应该瞄准市场化方向，市场能解决的事情就应尽量交给市场来解决。令人可喜的是，从出台的融资融券以及股指期货即将出台等一系列政策来看，中国股市走向市场化的脚步也越来越坚决。

2. 后股改时代加强中小股东权益保护

在后股权分置时代，随着市场机制的强化和市场运行规则的改变，上市公司原有制衡机制将面临调整，股东之间的主要矛盾将由股权流动性冲突转变为股份优势、资金优势和信息优势上的冲突，这些变化必然对中小股东权益保护带来新的挑战：分类表决制等保护性规则失效对如何保障中小股东的知情权、话语权及参与公司事务管理权等构成挑战；控股股东自利模式转变对如何保障中小股东的公平交易权构成挑战；股权激励机制实施在增强管理层积极性和归属感的同时，也对如何防范其通过盈余管理、选择性信息披露、内幕交易等手段，强化内部人控制、侵占上市公司和中小股东利益提出了挑战；上市公司并购日趋活跃对如何防范虚假、恶意收购行为对中小股东权益造成的损害提出了挑战。

中小股东权益保护直接影响公司价值并决定资本市场能否可持续发展。中小股东的行权便利性及中小股东受侵害时的诉讼便利性应受法律保护。

3. 政府部门应该互相协作

中国证监会、公安部、中国人民银行、国务院、国资委、海关总署、税务总局、工商总局、中国银监会等九大部委联合发布了《关于进一步做好清理大股东占用上市公司资金工作的通知》，将对限期内未完成清欠的上市公司全面立案稽查，查清占用原因、占用责任人及未完成清欠任务的责任人，并根据占用行为性质、占用情节轻重给予行政处罚和市场禁入措施；对上市公司存在配合、掩盖大股东或实际控制人及其所属企业占用上市公司资金违规行为的，中国证监会要依法予以查处；涉嫌犯罪的移交公安机关查处，依法追究刑事责任。

4. 实现国有股份有序上市

从股票市场构成来看，国有控股公司是上市公司的主体，国有股份在非流通股中占有绝大比例，因此，获得上市流通权的国有股（包括国家股和国有法人股）能否稳妥而有序地上市交易，就成为股改能否平稳推进、顺利完成的关键。

一方面，国有股份上市的规模和节奏须得到控制。所有上市公司国有股持有单位，应根据国家关于国有经济结构战略调整规划的要求，结合上市公司股权结构和经营状况，确定其所持有的国有股份在未来一两年内拟上市转让减持的数量。中央企业的减持计划要经国务院国资委批准，地方企业经省级国资委批准并报国务院国资委备案。另一方面，国有股份要有计划、选择适宜的时机上市。每年度上市转让的国有股数量，要在批准的计划内进行，因主客观条件变化而需要突破原定计划时，应报国务院国资委批准。国有股上市应选择股市行情高涨时期，行情低迷时应推迟上市计划。此外，有必要促进市场形成长期预期。上市公司国有控股或第一大股东应当公布未来三五年内的最低持股比例，促使市场形成长期预期，培育公众投资理念。

应当说明，对国有股上市交易进行规制，并不违背国有资本保值增值的管理运营目标，也不是重走政企不分、政资不分的老路。

5. 外资并购规则应尽快制定

WTO 保护期即将于年底结束，中国内地的绝大多数产业都将随之失去最后一道保护屏障，面临着与实力雄厚的外国资本的残酷竞争。今年以来，外国资本对中国企业，尤其是一些行业的龙头企业频频出手，引发了一阵外资并购风暴。从最开始的水泥行业开始，一直延续到后来的钢铁、工程机械等，实力强大的外资在诸多行业上演着一场又一场并购大戏。

商务部等六部门颁布的《外国投资者并购中国境内企业规定》已于 2006 年 9 月 8 日正式实施。近期在 SEB 收购苏泊尔案中，商务部在国内针对外资并购启用了反垄断审查听证会。在苏泊尔并购案中，刚刚付诸实施的《规定》中个别条款有待细化成为关键一环。由于缺乏细则，外资并购某种程度上缺乏一定的可操作性。此次收购案的争论也正始于不够明确的数据和行业标准之争。商务部等有关部门正在就外资并购新规细则进行讨论。除了条款的细化，关于重点行业、经济安全的界定还需要有关部门具体明确，并且随着我国不同产业竞争力的变化，每隔一段时间作出修订。

6. 加快股指期货等金融衍生品的推出

随着股改工作向纵深推进，市场因缺乏做空机制，投资者无法有效地规避风险。股指期货作为有效的金融避险工具，它的出现有助于规避股改时所带来的市场风险。

另外，我国金融衍生品市场由于还刚起步，利率、汇率没有完全市场化，利率和汇率衍生品还处于萌芽状态，股权类金融衍生品处于研究筹备阶段。当前，政府要加快调动各个市场主体的积极性，搞好制度建设，形成宽松的外部环境和有效的监管体系，充分论证各种方案，先搞试点，然后下大力气发展金融衍生产品。

到 2006 年，投资业快速发展，基金市场规模已经达到了五六千亿的规模，交易所在围绕资产管理推进 EDF，推动 IBS，推动货币市场的产品，为满足我们国家资产管理需要，需要推出更多衍生品的开拓空间，这个衍生品的发展成为现货市场同为重要的工具。当前在管理资产方面，现货市场规模非常有限。金融衍生品的推出限制条件更多，结构化产品，人才、产品设计方面都面临很多问题。

在产品创新方面，权证作为股权分置改革中对价安排的手段之一，得到了市场的广泛应用。随着改革的深入和配套措施的出台，权证产品以及股指期货、利率期货、ETF 期权、指数期权和股票期权等新的金融衍生品将适时推出。金融衍生产品市场的价格发现、套期保值、分散风险和转移风险等功能，将得到初步发挥。

7. 加强股改承诺监管

在目前完成或进入股改程序的上市公司中，绝大多数上市公司的股改方案在承诺遵守法定的“锁一爬二”流通限制之外，还附加了各种有利于流通股股东的承诺。由于承诺事项大多属远期事项，这些承诺能否得到彻底地落实，如果上市公司大股东违背承诺，有关部门有什么监管和约束措施来保障中小股东的利益，许多投资者对此仍然心里没底。

按照《股权分置改革管理办法》的规定，非流通股股东在改革方案中作出的承诺，应当与证券交易所和证券登记结算公司实施监管的技术条件相适应，或者由承诺方提供履行承诺事项的保证，并承担相关法律责任。

目前有些规定还需要进一步完善，比如说承诺人没有履行承诺时，仅仅是责令改正、通报批评或者是公开谴责等，这些处罚相对于违反承诺的收益来说，可能不对称。在对待上市公司的不诚信上，监管部门与交易所应该学习成熟市场的做法，一旦发现上市公司不恪守承诺，就应该立即停牌，为投资者主持公道。一支强有力的监管队伍也是必需的，监管者与执法者的携手能够对上市公司恪守股改承诺真正产生震慑力量。

美国等国家目前已制定了有利于保护消费者的集体诉讼制度和法律适用制度，即一旦有一个消费者从诉讼中得到赔偿，其他消费者无须再经诉讼就可获得同等赔偿。健全的集体诉讼制度和法律适用制度不仅可以最大限度地节约司法资源、减少诉讼成本，还有利于将弱小群体组织起来共同对抗强势群体。

当前我国还没有实施集体诉讼制度，但不妨碍投资者联合起来一起监督上市公司，更期待社会上的一些律师事务所和律师，能积极参与对履行股改承诺的监督。

参考文献：

1. 刘纪鹏：《论股权分置改革中的国有资产保值增值》，《中国经济时报》，2005 年 7 月 21 日。

2. 程义全：《后股权分置时期股市将现新特征》，《中国证券报》，2006 年 11 月 13 日。

3. ［美］亨利·汉斯曼（Henry Hansmann）：《公司所有权论》，于静译，中国政法大学出版社，2001 年。

4. 董波：《后股改时代加强投资者关系管理》，《证券日报》，2006 年 10 月 23 日。

5. 谢百三：《赤裸裸巧取豪夺 少付对价就是侵占民财》，《四川金融投资报》，2005 年 9 月 25 日。

6. 胡汝银：《股指期货对市场的影响将超股权分置改革》，《中国证券报》，2006 年 11 月 8 日。

中国证券市场开放相关问题研究

复旦大学硕士　陈旭鲁

编者按：中国证券市场是否急于开放，是否允许外资企业马上到A股上市融资一直是个有争议、涉及到民族国家利益的大事。笔者反对在人民币未自由兑换、股权分置改革问题未解决的情况下对外资企业开放股票市场，并多次给党中央、国务院、证监会写信、报告。这一观点受到经济学家华生等的支持，后来证监会中止了外企在A股直接上市，使中国的巨资流入外人之手的悲剧停止了。笔者前后指导过的三篇研究生论文研究过此课题，以本文写得较好，较完整地表达了笔者的思想。不仅是外企在A股上市，还有中国企业到海外上市等问题都研究得比较深入，逻辑严谨，思路清晰。

一、引言

2001年11月中国正式加入世界贸易组织（WTO）前后，我国证券市场也有加快对外开放的趋势。从2001年2月21日B股市场向境内投资者开放开始，中国证监会和有关部委共15次颁布了20个相关文件以加快我国证券市场的对外开放。对此，国内大多数学者持肯定态度，认为中国证券市场加快对外开放，有利于中国证券市场的长远发展。与之相反，我的导师谢百三教授则认为，凡事必须具体问题具体分析，在病态股市环境下开放一定要慎之又慎，实体经济开放越彻底越好，而股市则不然，股市的完全开放取决于人民币的完全自由兑换以及股权分置的完成。之后，他曾多次在有关媒体撰文指出，主动加快证券市场开放，特别是允许外资企业在国内A股市场发行上市隐藏着巨大风险。本篇论文正是在这一观点基础上，对我国加快证券市场开放的风险加以系统论述。其中对外国投资者转让国有非流通股的巨大风险以及解决全流通所涉及的公平和效率问题是以前国内外文章中较少论及的，希望能够起到抛砖引玉的作用。

二、世界各国各地区证券市场开放的历史经验、教训

1. 一些发达国家证券市场的开放历史及其启示

（1）几开几关的美国证券市场及其启示

美国证券市场是当今国际上规模最大、交易最活跃以及对外开放程度最高的证券市场。截至2005年12月31日，纽约证券市场交易所上市公司总市值21.2万亿美元，是全球第二大证券市场东京证券交易所的4.63倍；其中453家非美国公司，市值7.9万亿美元，占总市值37.26%；2 219家为美国本土公司，市值13.3万亿占总市值的62.64%①。然而200多年来美国证券市场国际化的进程，并非一帆风顺，它是经历了数次加速开放和短期关闭的反反复复以后才逐步成为全球证券交易的中心的。透视美国证券市场的开放历史，可以对我国新兴证券市场的对外政策的制定带来有意义的启示。

纵观美国证券市场的开放历程，可以大致划分为以下几个阶段。

①初级开放阶段：从证券市场成立到1914年第一次世界大战以前——以政府战争国债的国际化发行为开始，私人企业的股票融资为契机，迅速壮大实体经济发展。

1776年美国独立战争后，百废待兴。为了支付战争费用和振兴经济，美国政府着手大力发展资本市场。1778年，美国同法国正式结盟，并开始从法国政府那里获得补贴和贷款。这是外国资

① 《纽约证券2005年年报》，数据不包含纳斯达克市场。

本首次进入美国，真正揭开了外国在美国投资的历史。1794 年，华盛顿总统派遣特使亚当斯前往荷兰，寻求外国投资①。1795 年，美国联邦政府开始向外国投资者发行国债。从 1776 年到 1914 年，外国资本不断流入美国。在这期间，以南北战争前后为界，美国对外资的利用又有着截然不同的特点。南北战争前，政府是主要的借款人，外国投资者主要通过购买政府发行的战争债券、提供银行贷款等间接融资的方式向美国投资。如 1795 年，美国联邦政府开始向外国投资者发行美元公债；1801 年，英国银行家布洛斯（Baring Bross）家族出资 400 多万英镑购买美国国债，这是美国历史上第一笔有确切记录的外国投资②。到 1803 年外国投资者持有美国联邦债务的达到 56%，持有美国公司股票的达到 33%③。从南北战争到 1914 年第一次世界大战爆发之间，私人企业逐步取代了政府部门成为外国投资者主要的投资对象，外国直接投资有大幅度的增长，与此同时，利用外资的形式也从政府债券逐步过渡到外资对私人企业的股票投资。特别是 19 世纪末期，美国铁路的发展，直接促进了欧洲对美国的直接投资。到 1913 年，仅伦敦股票交易所交易的美国铁路证券总额就高达 84 亿美元，占美国全部铁路资本的 40%④。

美国资本市场的开放在美国这段历史上发挥了积极的作用。首先，帮助美国赢得了独立战争。1777 年，美国取得萨拉托加战役的胜利后，利用有利的军事和政治形势，陆续和法国、西班牙和荷兰结盟，并获得了这些国家的财政和军事支持。这些资金是美国赢得独立战争的关键。其次，美国领土面积的扩张和外国资本密不可分。1802 年以前美国国土面积为 231 万平方公里。1803 年，通过英国和荷兰银行为美国政府融资，使美国以 1 125 万美元成功从法国购买了面积达 215 万平方公里的路易斯安娜地区，以后美国又分别从西班牙手中买下佛罗里达，从墨西哥手中买下得克萨斯和加德森，从俄罗斯手中买下阿拉斯加，领土才和现在差不多大。最后，外国资金支持了美国经济的迅速发展，美国的土地开垦、银行、运河公路、铁路、采矿业等部门的发展都是利用了外国资本。这些资金最初的主要形式都是利用联邦政府或州政府的债券形式获得的，而后又发展成为对美国企业的直接投资。⑤

美国资本市场的第一次开放帮助美国经济获得了前所未有的发展。当时的证券市场处于初级的、极端开放的状态。为了吸引外资，政府对在证券市场从事交易的外国投资者几乎没有特别限制措施。

②第一次限制开放：1914—1919 年第一次世界大战期间。美国资本市场有史以来第一次对资本的国际间流动进行管制，与之相对应的是，证券市场也第一次采取严厉地限制对外开放的措施。

1914 年 8 月 1 日，由于第一次世界大战已爆发，来自欧洲的投资者疯狂抛售其在美国的证券。为了缓解资本迅速外流带来的压力，美国政府被迫采取了关闭纽约证券交易所的措施，并一直延续到 1914 年 12 月 12 日。1916 年 4 月，美国参战后，随即冻结了敌对国在美国的资产（其中包括有价证券），这也可以看作美国证券市场限制对外开放的极端措施。1919 年，美国政府又实施了《1918—1919 年外国资产没收法》（Alien Property Custodian），没收了德国和奥地利在美国的资产，其中有价证券占了将近一半。⑥

美国政府首次的“百日闭市”，虽然对当时相对弱小的美国证券市场起到了一定的保护作用，但是应该看到，这种单一的关闭证券交易所的办法，对证券市场的保护是极其有限的，甚至是不利的。1914 年 12 月 12 日，纽约交易所首日复市，即创下了有史以来道琼斯指数下跌 24. 39% 的单日最大跌幅纪录（纪录保持至今）。美国对来自欧洲盟友——英法等国的资本流出未加以限制，

---

① 〔美〕威廉 · A. 德格雷戈里奥（William A. Degregorio）：《美国总统全书》，1993 年英文版，95 页。

② 宿景祥：《美国经济中的外国投资》，时事出版社，1995 年第 1 版，3 页。

③ 据宿景祥：《美国经济中的外国投资》数据整理，时事出版社，1995 年第 1 版。

④ 据〔美〕米拉 · 威尔金斯（Mirra Wilkins）：《1914 年以前在美国的外国投资》，剑桥大学出版社，1989 年英文版整理。

⑤ 据宿景祥：《美国经济中的外国投资》数据整理，时事出版社，1995 年第 1 版。

⑥ 宿景祥：《美国经济中的外国投资》，时事出版社，1995 年第 1 版，17 页。

正是这些国家的资本回流造成了当时道琼斯指数巨大的波动。据美国商务部的统计（U. S. Department of Commerce Bureau），整个第一次世界大战期间，英法等国出售了在美国的70%的投资①。

③第二个开放阶段：第一次世界大战之后到1929年经济危机以前。

美国证券市场重新采取了开放政策。伴随着第一次世界大战之后经济的重新繁荣，美国证券市场发展迅速。到1929年，外国在美国投资有了较大幅度的增长。据美国商务部的报告，到1929年，外国在美国的投资达到45亿美元，比1919年33亿美元增长了36%。和美国初级的证券市场开放时期比较，这段时期美国对外开放的政策变化并不大。但是，由于没有政府监管，投机成风是当时证券市场的显著特点，加上整个经济的通货紧缩，这些因素综合在一起造成了1929年股市的大崩盘。

④1929年经济危机时期第二次限制证券市场开放。

1929年，资本主义国家第一次大规模的全球性经济危机开始了。为了摆脱经济衰退的局面，美国证券市场第二次采取了限制开放的策略。当时的美国证券市场投机成风，恶意操纵股价，信息虚假披露不断被揭露，加上经济形势的恶化，失业率上升，道琼斯指数在1929年到1930年这两年间竟然跌去了89%，民众对证券市场信心丧失殆尽。为了恢复经济，整顿金融市场，罗斯福政府出台一系列法律来规范证券市场的发展，《格拉斯——斯蒂格尔法》、《证券法》、《证券交易法》等多部法律诞生，标志着美国证券市场法制监管的开始。由于经济危机，欧洲国家从美国撤回了大部分短期资本，美国则从1930年开始停止对外贷款，并且实行了外汇管制措施，以帮助美国尽快摆脱经济危机。

这些措施成效显著，帮助美国股市度过了这段黑暗的历史时期，此后世界各国在美国的投资显著增加。1934年，美联储决定以1盎司黄金等于34美元平准美元币值，从而使美国成为世界资本的避难所。1935年到1936年，美国经济远比欧洲繁荣，导致大量欧洲资本流入美国，证券市场也得到迅速恢复和发展。

⑤第二次世界大战以后，有限制的对外开放政策开始主导美国证券市场。

1944年，布雷顿森林体系的建立确立了美国作为国际资本中心的地位，大量资本的流入使得美国证券市场迅速发展。至1984年，美国道琼斯平均工业指数从第二次世界大战结束时的150点水平上升到1984年的1 200点水平，涨幅高达7倍。值得引起注意的是，在此期间，美国证券市场的对外开放一直是不完全和不彻底的。1964年前后，美国证券市场甚至一度采取外汇管制来限制资本流出。后迫于国际社会的压力取消了外汇管制。但是很快代之以对外国企业在美国发行证券收取利息平衡税来限制国外企业在美国筹资。这项政策延续了10年，直到1974年才被取消。可同年，美国政府实施征收预扣税以限制资本市场的国际化，一直到1984年才正式取消预扣税。直到这时，美国证券市场在经历了一百多年的几次开放和限制的反复之后，才算比较正式地和比较完全地对外开放。

纵观美国证券市场的整个对外开放进程，其中有四点值得我们特别注意。

①美国证券市场之所以能够很早就形成国际化趋势，并在随后的发展过程中快速发展，并最终形成高度发达的证券市场，究其实质与该国的实体经济高度市场化密切相关。

美国是一个后起的资本主义强国。在独立战争以前，美国的国内资本积累非常少，这就使得美国的经济发展必须借助外国资本来进行；美国高度发达的市场经济以及早期极度自由的金融政策使得私营企业、股权交易十分活跃；再加上美国和老牌资本主义强国英国“千丝万缕”的血缘关系，第一次世界大战以前外资（主要是欧洲资本）大量流入美国，这直接促进了美国经济的快速发展。

美国的金融政策基本上以强调市场的自由化为主线。在整个美国证券开放史上，除了在第一

① 数据来源：美国商务部 http：//www. commerce. gov/。

次世界大战、1929 年大危机和第二次世界大战时，美国采取过临时的较大规模的限制证券市场对外开放的措施以外，其他时间基本上还是以自由开放为主。这主要基于美国国内高度发达的市场经济基础。

证券市场是市场经济高度发达的产物，因此证券市场的开放力度显然取决于其国内经济市场化的程度。

②即便如此，在一百多年美国证券市场国际化的进程中，美国证券市场的开放政策也不是盲目地、无条件地、快速地推进，而是因地制宜，根据历史情况时紧时松、时快时慢地推进。

第二次世界大战以后，对货币市场和税收政策有限度的管制，成为美国证券市场开放进程的一个重要手段。这种有限制的开放政策主要表现在对外资流出方面的限制，外汇管制、利息平衡税以及预扣税都是一个目标，一定范围内限制资本的流出。第二次世界大战之后，参与世界银行成立的美国经济学家怀特（Harry White）和英国的凯恩斯均认为，资本外逃将破坏第二次世界大战后福利国家税收与金融政策的自主性。这些观点被美国政府所采纳，美国通过税收控制的手段来限制资本的外流。事实证明，这项政策取得了成功，资本管制对吸引长期资本、防范短期资本有较好的效果，有利于改善国内资本流入的结构。美国实体经济也得益于大量长期资本的流入而迅猛发展，并最终成为世界经济的火车头。

③证券市场管制措施和货币市场政策需协调一致。

1914 年、1933 年和 2001 年，纽约证券交易所分别采取过多达百余日、十日和四日三次长短不等的停市政策，试图缓解当时资本外流的危局。但是复市之后都出现了大暴跌，由此可见，停市政策对短期资本的流动影响很小。

其主要原因在于，证券市场的管制措施和货币市场外汇政策目标不一致，一旦恢复交易，短期资本便会通过证券市场变现、出逃，从而冲击国内的金融体系。这种冲击不仅对美国，而且对其他新兴发展中国家也是一样的。本文后面提到的墨西哥、阿根廷和韩国都是因为短期资本的冲击，结果酿成经济危机。

④同时，美国和大多数国家一样，政府对于证券市场的监管措施具有滞后性。

1929 年大危机才直接促进了美国证券市场的法制监管。同进缺乏对危机的预警能力是全球证券监管部门的通病，即便资本市场最发达的美国也不例外。美国证券市场几次惨重的大暴跌都与此有关。这种监管政策的滞后性，使得监管成本大增，有时结果往往是灾难性的，因此如何加强证券市场加强风险预警机制，是摆在所有证券监管部门面前的有着实际意义的重大课题。

（2）几松几紧的欧洲各国证券市场及其启示

欧洲是现代证券的发源地，400 多年前，荷兰的阿姆斯特丹就出现了现代第一家证券交易所。英国和德国则是欧洲颇具代表性的证券市场，目前其市场规模分别排名世界证券市场的第三和第四位。特别是近年来欧洲证券有一体化的趋势，作为全球第二大经济实体的欧共体各证券交易所一旦联合，将会给世界证券市场的格局带来重大改变。而研究英国证券市场的兴衰、德国证券市场的崛起都和他们的证券市场开放政策密不可分。

英国证券市场对外开放的历史，主要分为以下三个重要阶段：

①从初创期到第一次世界大战之前：英国证券市场是世界各国股票的交易中心，也是世界各地主要的债券融资和交易的市场。

18 世纪 60 年代工业革命后，英国日益强大，伦敦也迅速成为世界的金融中心，外国政府和私人企业纷纷到伦敦筹资，造成了其发达的证券交易市场。和美国的证券市场开放是以引入外资发展经济的目标截然相反，英国的证券市场开放，是以资本输出为主要形式的。由于英国内部强大的银行体系，通过证券市场直接融资的国内企业并不多，相反工业革命后资本的充裕使得伦敦成为各国债券的主要发行地，特别是美国债券大量在英国发行融资。到 1913 年，仅伦敦股票交易所交易的美国铁路证券总额就高达84亿美元，占美国全部铁路资本的40%。[①] 在伦敦证券交易所上市的证券中有80%是海外证券，这充分显示了当时伦敦在国际证券市场中的地位。[②]

②第一次世界大战后，英国在国际上的经济地位有所下降，英国的资本市场在国际上的地位也随之削弱。

1929年经济危机后，各主要资本主义国家都加强了对证券市场的管制，因此海外发行的上市公司也日益减少，加上英国经济的衰弱和其对保守传统的固守，其证券市场的国际化程度大大降低。在1929—1933年新发行的证券中，国内证券上升到82.6%，外国证券下降到17.4%。[③] 第二次世界大战以后，英联邦联合体不断瓦解，英镑地位不断下降，最终使得英国伦敦国际金融中心的地位被美国纽约所取代。同时证券市场的地位也开始逐渐下降。

③20世纪80年代中期开始，为使证券市场的发展顺应世界经济发展的潮流以增强其竞争力，英国政府采取了一系列改革措施加强证券市场的对外开放。

首先是1981年英国开始允许非交易所成员收购成员公司股份的29.9%，这样外国资本大量进入英国证券业，交易所股东中外资股权比重迅速上升。接着，1986年英国做出了被称为"大爆炸"（Big Bang）的重大改革：取消固定佣金制，允许商业银行直接进入证交所交易，放宽对会员资格的审查，允许非交易所会员100%地收购交易所成员的股份，允许批发商和经纪人业务兼营，以"双重法定资格"制度取代"单一法定资格"制度，以全新的电子计算机交易系统开始取代传统的面对面交易，交易手段实现了电子化。为适应改革举措，伦敦证交所和原先不属于它的国际证券业机构达成协议，合并成立了国际证券交易所。这一系列措施的出台使英国证券市场的现代化和国际化程度大大提高，巩固了其在国际证券市场中老三的位置（市场规模仅次于美国和日本），保持了其在欧洲交易所中的老大的地位。至2006年3月31日，在伦敦交易所主板上市的公司1 668家，总市值1.78万亿英镑，海外上市公司数仅次于美国居世界第二，股票总市值落后于日本居世界第三。[④]

总结英国证券市场的几起几落，可以给我们以下启迪：

①英国证券市场从1793年第一家证券交易所在乔纳斯咖啡馆成立到1984年的"大震"前后历经了191年。和美国一样，市场经济同样高度发达的资本主义国家——英国，其证券市场的开放并不是一蹴而就，其中的反复和波折的过程跟国内政治、经济形势联系紧密。

②第一次世界大战以前的证券市场开放，帮助英国国内大量的剩余资本迅速在海外找到了投资的对象。这种开放政策一方面和英国殖民扩张的国家战略息息相关；另一方面，这种剩余资本的溢出对于国内货币市场保持合理的利率，进而提升国内企业的经济效益，改善其国内市场竞争环境是相当有帮助的。凭借这种对外开放的政策，英国的证券市场在第一次世界大战以前在全球一直占有核心地位。

③第一次世界大战以后英国在国际上的地位日趋衰弱，英国殖民扩张的国家战略政策也出现了较大的调整。战后的经济复苏成为当时国内经济政策的中心，国内的保守势力在这段时间得以抬头，英国的证券市场国际化地位也日渐下降。第二次世界大战之后，英国证券市场的老大地位不但被美国超越，而且被日本后来居上。值得我们沉思的是，英国在第二次世界大战之后和美国采取了大同小异的资本市场有限度的管制政策，但是效果却不尽相同，可见资本市场管制的负效应不容忽视。究其实质恐怕还在于：两国的货币国际地位不同而形成的两国在货币流量上的差异。

---

① 据〔美〕米拉·威尔金斯（Mirra Wilkins）：《1914年以前在美国的外国投资》，剑桥大学出版社，1989年英文版整理。

② 吴蕾：《证券市场国际化的国际经验比较和借鉴》，《中国经济时报》，2001年12月25日。

③ 吴蕾：《证券市场国际化的国际经验比较和借鉴》，《中国经济时报》，2001年12月25日。

④ 数据来源：伦敦证券交易所 http：//www.londonstockexchange.com/default.htm，《主板市场数据统计》2005年12月；《伦敦证券交易所2006年年报》。

由于布雷顿森林体系的建立，确立了美元相对英镑的强势地位。因此通过美国的货币流量远比英国要多，这使得美国的资本管制政策发挥了吸引长期资本流入的正效应；而英国由于货币流量相对较少，则更加加深了限制资本流入规模的负效应。这一点在以后的发展中国家也得到了印证，上海社会科学院博士刘继广曾撰文指出："尽管在20世纪90年代资本管制对消费、经常账户和实际汇率的影响很小，但是它能够降低资本流动的总规模和改变它们的期限结构。事实上，智利、捷克和马来西亚在实行资本管制的一年中，其资本账户就分别缩减了7.6、3.5和15.1个百分点。"①

④基于第二次世界大战后的政策实行效果，伦敦开始着手重新加速市场国际化的进程。应该指出的是，英国开放政策的出台也是较为犹豫的。从1969年伦敦证券交易所允许非会员公司持有会员公司10%的股份开始到1979年取消了外汇管制，最后到1984年撒切尔夫人实行"大震"，前后整整花了15年时间。

欧洲另一个值得一提的证券市场是德国法兰克福证券交易所。17世纪初，德国就开始出现股份公司，1685年成立了第一家证券交易所——柏林证券交易所，比伦敦证券交易所的历史还要长92年。以后随着德国经济的强盛，各地证券市场纷纷出现，经过一系列集中的过程，最后才形成以法兰克福为交易中心的德国证券市场格局。如今法兰克福证券交易所也是如今欧洲内陆最大的资本市场。

德国证券市场的发展一直是采取务实的态度。第一次世界大战以前，德国政府采取了一系列新经济政策来壮大其资本市场，最为著名的就是首创银行证券的混业经营的模式，证券市场也随着银行业务的扩张而逐步壮大起来。到1914年，法兰克福证券交易所已经发展成为欧洲内陆最大的证券市场。

第二次世界大战以后，德国的资本市场陷于瘫痪，证券市场也一蹶不振。直到1957年，德国经济重新起飞，证券交易才又重新开始活跃。1980年以后，随着全球经济一体化的浪潮，德国政府采取了一系列开放证券市场的举措，促进了证券市场的发展。

总结英国和德国两国证券市场对外开放历史，可以发现以下几点对我国开放证券市场的有意义的启示：首先，和美国放松和限制证券市场对外开放的节奏差不多，英国和德国的开放政策的变化也和两次世界大战的爆发有着极强的相关性。显然，这些国家市场经济发达，除非突然的政治因素，其保持证券市场较高程度的开放对其国内经济的发展较为有利。其次，两个资本主义国家的证券市场对外开放都是在其国家证券市场成立和发展之后很久才实现的。英国前后历时191年，而德国更漫长。如果从柏林证券交易所成立开始算起，整整超过了300年。可见证券市场的对外开放并不是一蹴而就的，即便在市场经济高度发达的国家也有很长的一条路要走。再次，寻找一个适合自己发展的路是市场成功开放的关键因素。英国在第一次世界大战以后的错误的保守战略使其丧失了在国际证券市场的领跑地位，而德国在第一次世界大战以前独特的混业经营模式获得了巨大的成功。可见成功的证券市场的政策并不是靠简简单单重复别人走过的路就行的。接着，从英国和美国采取同样的资本管制政策却得到不同的结果来看：由于政策执行环境的差异，同样的政策在不同的国家执行的效果可能是截然相反的。这就要求政府在制定政策时，实事求是，从本国的实际出发，科学地分析。最后，英国和德国都采取了迅速和直接的开放策略。1984年的英国和20世纪80年代初的德国都是依靠一系列相关开放政策的出台迅速开放证券市场。这和日本以及其他新兴证券市场从有限制的开放过渡到完全开放有着明显的区别。

值得一提的是，近些年来欧洲各国证券市场有加速开放的趋势。欧洲一体化的进程促进了欧洲证券市场的统一进程。特别是2002年1月1日，实行欧元统一货币以后，合并证券市场所的呼声日益强烈，目前欧洲的布鲁塞尔、巴黎、法兰克福和伦敦证券交易所正积极地对合并进行着研

① 刘继广：《国际资本流动：机制分析、风险防范与危机化解》，《经济学家》，http://www.jjxj.com.cn。

究和准备。一旦欧洲形成统一的资本市场，其证券市场的规模将远远超过日本而仅次于美国，对欧洲实体经济的提升作用巨大。

（3）日本证券市场开放的曲折进程及其启示

日本证券市场历史悠久，最早可以追溯到明治维新时期。1837 年，日本第一国立银行公开发行了 100 万日元的股份，是日本第一家股份制公司。1878 年 6 月，日本成立东京证券交易所（TSE）。

尽管日本证券发展历史悠久，但是其国际化的进程却是缓慢而曲折的。下面分别从日本债券的海外筹资、海外投资者投资日本股票、日本居民对外股票投资、外国企业在日本发行上市这四个方面来分析日本证券市场对外开放的进程。

20 世纪 60 年代中期以后，国际金融市场的动荡加速了日本企业海外发行债券的进程，开始了日本证券市场国际化步伐。

1967—1969 年，美元和西欧货币受到冲击，布雷顿体系出现崩溃征兆。1971 年再次爆发美元危机后，尼克松政府宣布了布雷顿森林体系的瓦解。之后浮动汇率制替代了固定汇率制。1973 年以后，更是发生了石油危机，带来了全球性的通货膨胀，受此影响，各国普遍采取了紧缩性的金融政策。日本也不例外。1974 年，日本出现战后首次国民经济的负增长。为抑制总需求，日本政府提高了贷款利率，同时逐步紧缩信贷。受此影响，股票市场出现萧条局面，发行数量大幅减少。为了解决企业的融资需要，日本政府着手大力发展债券市场，实行国债发行利率市场化。同时，当时日本的国际收支持续顺差，而固定利率又由浮动利率替代，日元开始升值。此时对于日本企业而言，海外资本市场具有利率低、汇率风险小和发行手续简便等特点。因而日本企业纷纷涌向海外发行债券。到 1982 年，日本企业在海外发行的债券占其债券发行总量的 60%。①

日本证券市场在国际化过程中对外资本的严格限制。

从 20 世纪 50 年代末开始，日本对于海外投资者投资日本国内股票一直有着严格的限制。为了防止经济被国外企业所控制和资本的外流，日本分别对外国投资者持股的最高比例和股票收益汇出国作出了严格的限制。具体见表 1、表 2。

表 1　日本政府对外国投资持有股份比例的最高限额

年份	50 年代	1967	1970	1973
对限制性的行业	10%	15%	15%	取消限制
对非限制性的行业	20%	20%	25%	取消限制

表 2　日本政府对股票收益汇出的限制

50 年代前半期	分 5 年每年 20%
50 年代后半期	分 3 年每年 33.3%
1961 年	1 年 100%

资料来源：吴蕾：《证券市场国际化的国际经验比较和借鉴》，《中国经济时报》，2001 年 12 月 25 日。

1980 年，日本颁布了《外汇管理法》，使外国投资者在日本的交易从“原则禁止”到“原则自由”，即原则上允许外国投资于日本股票。这个法案的出台宣布日本证券市场经过 102 年漫漫长路正式对外开放。但这种开放也是有限制的，《外汇管理法》规定，外国投资者可以通过指定的日本证券公司购买日本公司 10% 的股票，如果不通过证券公司购买，则需要向日本大藏省报告。

① 李硕远：《中韩日证券市场研究比较》，上海交通大学出版社，2003 年第 1 版，62 页。

由于条件比较烦琐，因此在日本证券市场投资者的海外投资者并不多。1979 年，外国法人持有股票占日本股票总市值的 2.4%，1982 年这一比例才上升到 5%。[①] 1984 年，日本大藏省公布了题为《日本金融市场自由化和日元国际化的现状和概览》的报告，日本证券市场国际化发才有了实质性发展。

对于日本本国投资者对海外投资，日本政府亦有严格的限制。

1971 年以前，日本居民的每笔海外股票投资均要获得有关部门的批准。同时规定，只有通过信托投资公司才可以代为购买。这种规定是为了限制资本的外流。直到 1971 年，国际货币市场危机加剧，日元汇率攀升。为了抑制对日元的大量需求，缓解日元的升值压力，日本政府允许互助基金以外的本国居民购买外国股票，购买数量不限。

而外国公司在东京证券交易所发行和上市的条件，要比日本本国的公司更加苛刻和烦琐。

1972 年 9 月，美国通用电话公司在东京成功地发行了 75 万股普通股票，这是外国公司在日本证券市场的首次公开发行。1973 年，TSE（东京证券交易所）开始上市海外股票。到 20 世纪 80 年代末，有 113 家海外公司在日本发行和上市。虽然当时日本的证券市场的总额已经超过英国成了世界第二大证券市场，但是其对外开放的程度和英国不能比肩，这和其世界第二大证券交易市场的地位是不相称的。事实上，在东京证券交易所交易的外国公司很少，1990 年，在东京证券交易所交易的外国公司股票只有 2 万亿元，仅占可交易的日本国内股票的 1.07%。[②]

日本作为一个后起的发达资本主义国家，其证券市场的对外开放政策甚至比许多新兴的发展中国家还要苛刻和谨慎。表现为，限制严格：对外资国内股票持股比例、日本居民海外投资、外资企业国内上市均有严格的限制；条件烦琐，如交易指定券商制度、向大藏省的报告制度；整个开放过程的历时时间长：从 1950 年准备开放到 1984 年正式对外开放前后历时 30 多年。这些措施对于日本吸收境外长期资本投资国内实体经济，限制短期资本流入本国证券市场是有益的。日本国内的经济借此也得到了迅速的发展，经济实力在第二次世界大战后迅速跃居世界第二；其股票市场的规模也超过了英国，排在全球第二。但是这种严格限制负面影响也是巨大的，表现在企业融资结构配比失当：证券市场中间接融资（债权）远高于直接融资（股权），国家经济发展过度依赖银行体系，这也就是日本 20 世纪 90 年代经济泡沫破灭后大量银行不良资产产生的直接原因。这一点在中国金融资产结构中，表现得更为突出。据中国人民银行 2003 年 7 月公布的报告，“今年上半年，国内非金融企业部门贷款、国债、企业债、股票融资四项与去年同期相比，贷款比重上升 8.8 个百分点，其他三项分别下降 6.1、0.4 和 2.3 个百分点。从统计的整体情况看，上半年企业的股票融资额同比减少 67 亿元人民币，降幅为百分之十六点一。”证券市场直接融资的比例不断下降，证券市场的低迷已经影响到整个金融资产的结构，隐藏着较大的金融风险隐患。近年我国国内居民储蓄不断上升，目前已占整个 GDP 的 40% 左右[③]，除了养老、教育和医疗等社会配套不完善以外，证券市场缺乏财富效应也是一个重要的原因，这就不能不引起我们对于以往制定的证券市场政策作出深刻反思，而其中证券市场的对外开放政策就是其中一个重要的方面。

2. 发展中国家证券市场的开放艰难历程

（1）韩国证券市场开放的经验教训

从 1956 年 3 月首尔成立大韩证券交易所到 1992 年 1 月 3 日韩国政府宣布“股市正式向外国投资者开放”，韩国证券市场经过 35 年的艰难发展才步入对外开放的快车道。研究韩国证券市场的开放历史能够发现，它的成长历程和目前国内证券市场有颇多相似之处，因此韩国证券市场对

---

① 李硕远：《中韩日证券市场研究比较》，上海交通大学出版社，2003 年第 1 版，62 页。

② 日本证券交易所：《1991 年东京证券交易所年报》（日本文版），http://www.tse.or.jp/data/examination/tanshin/tantai0303.pdf。

③ 一韦、凤琳：《中国人民银行行长周小川表示加大力度发展直接融资》，《中国证券报》，2003 年 8 月 23 日。

外开放的成功经验以及惨痛的教训对于制定我国的开放政策极有帮助。

纵观韩国证券市场开放历史，其政府曾尝试过直接、间接、有限制的开放等多种策略，但总体来说还是先通过有限制的开放然后再过渡到直接开放的。由于成功实现了证券市场开放，对韩国经济提升作用巨大。下面我们从三点来分析韩国证券市场成功开放的经验：

①证券市场成立到正式开放前10年，韩国政府的工作重心是放在本国证券市场的规范发展方面。

韩国证券市场成立之初，国内股份制企业规模不大，许多基础工业企业和中国一样属于国营性质，首次上市只有12个股票和3个政府债券，市场成交清淡。1962年1月15日，韩国政府颁布了《证券交易法》和《商法》以促进证券市场的规范发展，市场才开始出现明显的繁荣景象。但是和大多数新兴证券市场一样，企业负债水平极高、市场规模极小、供求失衡引起了市场的大起大落。最终1963年韩国政府修订了证券法，对市场施行更为严格的监管措施，并于同年5月重组开办新的韩国证券交易所。

在国民经济方面，韩国为摆脱贫困发展经济，大力吸收外国的资本，结果造成国内严重的通货膨胀。20世纪60年代以后，国内物价指数每年以13%的速度增长。此后，经过一系列的经济结构的调整，80年代初终于实现了物价相对稳定下的高增长。1981年，韩国的国民生产总值达到了455 281亿韩元（668亿美元），比1962年的67亿美元增长了将近9倍，年均增长12.87%。①

②20世纪80年代后，韩国开始尝试以有限制的证券市场的对外开放的过渡并于1992正式直接对外开放。

经过一系列的经济改革和证券市场的整顿，到1981年，韩国上市公司总数已达451家，市价总值24 102亿韩元（35亿美元）②，占当年GNP的5.29%。同时由于经济连年高速发展，国内资本已经不能满足企业对资本的需求。因此在1981后，韩国政府宣布了《促进证券市场国际化综合对策》，尝试有限制的证券市场对外开放。开放过程是分阶段并且谨慎的“试水”过程，表3列出了开放过程中的主要政策变化。

表3　韩国证券市场对外开放主要政策时间表

年份	内容	目的
1981年	《促进证券市场国际化综合对策》	有限制地实行国际投资信托业务，并允许本国企业在国外发行证券
1981年	发行3 000万美元的基金股票	通过这种方式间接允许外国投资者投资韩国证券
1981年	允许外国投资者进行债券投资	
1984年	在美国设立韩国基金，发行6 000万美元的基金股票	
1985年	韩国企业被允许在国际市场上发行可转换债券	
1988年	提案允许外国投资者参与国内股票市场	
1991年	公布了新外汇管制法案	打破了韩国30多年来的外汇管制
1991年	允许外国证券公司设立分支机构，同年证券服务业对外国证券公司开放	

① 数据来源：韩国证券交易所，http://www.kse.or.kr/webeng/tong/tong_index.jsp。

② 数据来源：外经贸部国际电子商务管理司《国别数据库——韩国》。

（续上表）

年份	内容	目的
1992 年	股市正式向外国投资者开放	
1994 年	允许外国投资者购买小公司的可转换债	
1997 年	取消外国投资者的债券投资限额	
1998 年	取消外国投资者的股票投资限额	

资料来源：根据李硕远：《中韩日证券市场研究比较》，上海交通大学出版社，2003 年第 1 版整理。

1992 年的正式对外开放是有限制的，主要是针对单个股票的外资持股上限和每单位外国人持有每个股票比例限制。以后逐年放开，到 1998 年，除公用事业股以外，其他证券完全消除了对外国投资者的限制。

从执行效果来看，20 世纪 90 年代开放期间，证券市场总体呈资金净流入状态，至 1998 年止，外国资金的净流入为 225 亿万美元，即便在 1997 年亚洲金融危机的时候，资金也呈净流入状态，只是从 1996 年的 45.7 亿元，下降到 10.8 亿元，在 1998 年又迅速恢复到 49.7 亿元。①

应该说，韩国证券市场从间接开放过渡到直接开放的策略是成功的，对实体经济的提升作用巨大。首先，韩国的国民生产总值保持加速的增长，1996 年韩国的 GNP 达到 4 926 亿美元，比之 1981 年的 668 亿美元，年均增长 14.25%。这个数字比 20 世纪 80 年代前的年均增长率 12.87% 还要高出 1.38 个百分点，成绩惊人。人均 GNP 从 1981 年的 1 734 美元增长到 1996 年过万美元，证券市场的上市公司总价值也从 1981 年的 35 亿美元上升到 1996 年的 559 亿美元。在 1997 年的亚洲金融危机之前，韩国的经济情况非常好，是东亚地区经济实力最强的发展中国家。

③1997 年亚洲金融危机爆发后，韩国也未能幸免。资本市场的迅速开放既带来了韩国经济的繁荣，也为 1997 年亚洲金融危机在韩国爆发埋下了伏笔。

（a）20 世纪 80 年代以后，韩国的经济进入自由化阶段，1984 年韩国颁布了关税改革法案，加速贸易自由化，特别是 1988 年 1 月美国取消了韩国的普惠制特权（GSP）后，在其压力下韩国大幅削减关税。其关税平均水平从 1983 年的 23.7% 降到 1994 年的 7.9%。与此同时，进入 80 年代，韩国还实施了金融自由化。主要有银行私有化，1985 年对外国银行实行国民待遇，外资银行大量进入。贸易和资本流入高速增长，国内投资、房地产和股市兴旺。②

（b）韩国的汇率体制和它的出口导向型的经济模式不匹配。1996 年，日元对美元大幅贬值，而韩元又是紧盯美元的，导致韩国出口增长率从 1995 年的 31.6% 下降到 1996 年的 3.9%，从而导致经常项目下的逆差突增 170%。这给韩国的企业和银行带来了巨大的困难。1997 年 1 月，韩宝钢铁宣布无力偿还借款，引起经济震动，随后韩国政届贪污受贿丑闻不断，前任总统全斗焕被起诉，现任总统的儿子被拘捕。韩国政治、经济动荡加剧。

（c）1997 年 7 月 2 日，泰国经济危机爆发，泰铢贬值后，国外投资者和本国居民纷纷通过韩国证券市场兑现手中的有价证券，资本迅速外流。1997 年第三季度，外资大量抛售韩国股票和债券以换取美元，韩元兑美元跌破 1000∶1，股指跌破 500 点，进入 11 月，国民纷纷挤兑，约提取了 100 亿—200 亿美元，至 1997 年 12 月 23 日，韩元兑美元更是跌到 1995∶1，和 7 月 1 日泰铢危机开始前 870∶1 相比，共跌去 125%。到 1997 年底，韩国的失业率上升到 11%，全年的经济增长率降到 5.5%，证券市场上的财富缩水一半以上。

资本市场是一把双刃剑，这一点从韩国证券市场的开放成功经验和惨痛教训中就可以得到很好的注解。总结韩国证券教训，有 6 点应引起我们警惕：

---

① 李硕远：《中韩日证券市场研究比较》，上海交通大学出版社，2003 年第 1 版，53 页。

② 王德祥：《经济全球化条件下的世界金融危机研究》，武汉大学出版社，2002 年 9 月第 1 版，95 页。

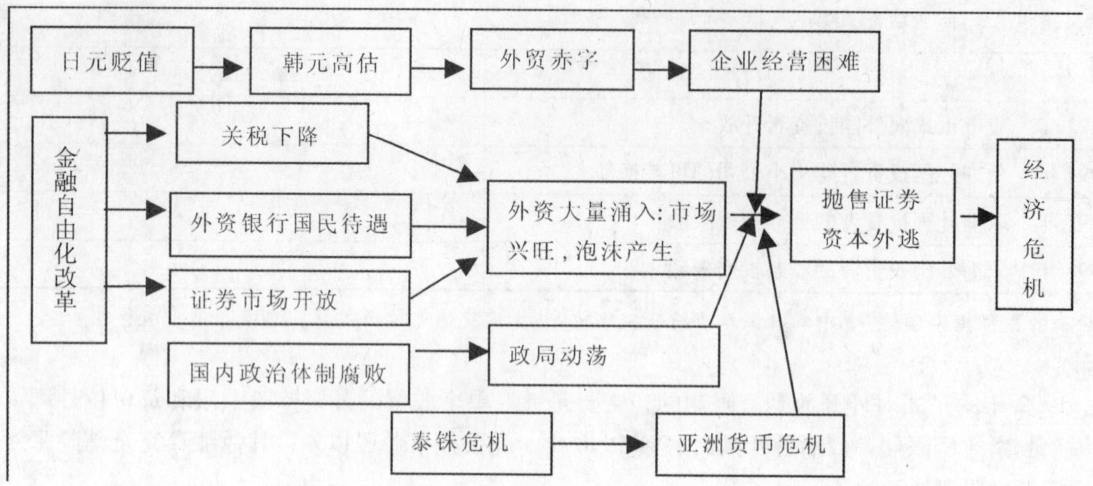

图1 韩国经济危机示意图

①证券市场开放程度一定要和金融体系的完备程度相匹配。

短期资本的流动性是惊人的，它会像海啸那般来势汹汹，去势滔滔。短期资本大量流入时会造成国内证券、地产的价格泡沫；大量流出又会造成国内资本空洞，形成国内商品价格的大幅波动，负面影响巨大。这就要求一个国家在证券市场完全开放以前必须有足够健全的金融体系，只有这样，才能够抵御其可能带来的负面冲击。

②证券市场开放的同时，要注意从政策上引导资本流入结构。

短期资本的大量流动的危害是如此巨大，就是美国、英国等发达工业化国家在其证券市场发展的历史上也未曾幸免，这就要求我们从政策上对资本流入的结构加以引导。韩国在证券市场开放中，只强调了对证券市场的有限制开放，而忽视了对货币市场政策对资本流入结构的调节作用，教训是十分深刻的。

③危机开始后，对本国金融体系的冲击并不完全是境外短期资本。

资本项目下可以执行自由兑换后，本国居民也能迅速将流动资产变现，兑换成外币资产，造成资本外流，这一行为对本国金融体系的冲击也不可小视。据估计，韩国居民在1997年金融危机爆发后的11下旬约提取了100亿—200亿美元的存款。

④资本市场的开放和实体经济的对外开放不需要同步。

韩国是出口导向型经济，对于国际汇率、资本流动、国与国外贸争端和国际经济形势变化十分敏感，但这都只是经常项目下的资本流动，与资本市场下的自由兑换关系不大。韩国在降低关税开放市场的同时，也加大了资本市场的开放力度。这虽然对其经济发展起到了助推作用，但是也使经济的不确定性增强。其资本市场开放的力度越大，经济的不确定性也越强，一旦受到外部不利因素的影响，动荡就会加剧。

⑤汇率政策错误往往是经济危机的诱因。

韩国错误的汇率政策主要表现在两方面。其一，出口导向型的经济政策和固定汇率之间的矛盾。以美国学者克鲁格曼（Krugman）为代表的一些经济学家认为，货币危机来源于国内经济政策与固定汇率之间的矛盾。如果某个国家试图通过发行货币来为财政赤字筹资，那么国内扩张性的货币政策必然导致通货膨胀，出口产品价格上升，竞争力下降。为了维持出口，货币必然贬值，和固定汇率发生冲突。在这种情况下，国际金融市场上的投机者会判断该国货币即将贬值，从而发动攻击。当金融投机集团大肆抛出本币之机，该国中央银行为了维持汇率稳定，只好动用外汇储备来打一场几乎是毫无希望的汇率保卫战。最终耗尽了外汇储备之后，汇率体制全线崩溃。其二，固定汇率和资本项目开放的矛盾。1997年，韩国的资本项目下的自由兑换已经完全放开，这时再利用固定汇率政策作为稳定本国汇率的手段不仅无法实现均衡，而且很有可能成为国际游资冲击的对象，相比之下浮动汇率似乎更有优势。

⑥错误高估本币的风险极大。

如果韩国政府能在第一时间随着日元贬值本币的话，可能不至于造成如此严重的后果。同时，汇率的错误定价，不仅影响了汇市通过资本市场的传导，也影响了证券、银行等金融体系诸多方面，随着影响面的加大，汇市、股市暴跌，银行挤兑，风险又被进一步放大，形成恶性循环。由此可见证券市场开放的风险并不是一个单一的证券市场风险，它涉及货币市场、证券监管、银行体系、国家金融体系各方面，是一个综合性的复杂工程。这更提醒我们，在制定证券市场的开放政策时，要注意整个金融体系内相关政策的协同一致，在证券市场开放时间点安排上，注意和国内金融体系成熟程度相匹配。

发展中国家由于证券市场开放政策不当，引起的金融危机既有共同性，也有区别。除了亚洲金融危机中韩国的教训发人深省以外，进入20世纪90年代后，拉美地区连续三次金融危机更需要我们耐心解读。

（2）墨西哥、巴西、阿根廷证券市场的风险警示

进入20世纪90年代，拉美地区成为金融危机的重灾区，分别在1994年的墨西哥、1999年的巴西、2001年的阿根廷爆发了三次金融危机。其中尤以1994年墨西哥的金融危机影响面大，波及面广。何以拉美地区金融危机一再爆发？对我国证券市场开放又有何警示作用呢？由于这几次拉美危机有共同性，因此下面我们以1994年的墨西哥金融危机为例，着重加以分析。

1994年12月19日，墨西哥南部恰尔帕期发动政变，反政府武装占领了6个城镇。这成为金融危机的导火索，引起了墨西哥金融市场剧烈的反应。外国投资者担心墨西哥政府无法兑现到期的国债，于是大量抛售比索兑换美元，股市和汇市应声大跌。12月20日，为了缓和人们对美元的巨大需求，上任伊始的新政府被迫宣布比索贬值15%，但这仍无法阻止资本外逃；48小时以后比索只得再贬15%，但仍无济于事，短短两日之内墨西哥央行就损失了50亿美元的外汇储备，剩下的60亿美元的外汇储备根本无法兑付将于1995年第一季度到期的100亿美元的国债。由此，12月22日，墨西哥被迫宣布放弃固定汇率，让比索自由浮动，之后比索降至5.5—6.7比索兑1美元。要知道1994年初1美元兑3.3左右，几日之内国民财富缩水一半，引起世界震惊。墨西哥危机的后果是严重的，在爆发危机的不到一个月的时间里引发了日益严重的经济萧条。1995年国民生产总值下降7%，通货膨胀率上升近50%，就业人口的25%面临失业，工资购买力丧失55%，250多万人进入“超贫”行列。同时墨西哥危机还引发拉美国家连锁危机。阿根廷、巴西、智利和秘鲁的股市和汇市都受到重大打击。至1995年3月底，这些国家的股指分别下跌了40%、40%、20%和36%。[①] 直到6月份，依靠IMF（国际货币基金组织）提供的紧急贷款才渐渐缓解了危机。

墨西哥爆发的金融危机教训是极其深刻的，同时金融危机也像瘟疫一样极具传染性。在这次危机爆发后的1997年又连续爆发了东亚金融危机、1999年巴西金融危机、2001年阿根廷金融危机，引起20世纪末世界经济形势的极度动荡。

造成墨西哥金融危机的主要原因除了当地经济形势恶化造成的政局不稳以外，还有以下四点原因都和墨西哥证券市场过快开放的政策有关：

①经济结构不合理导致国内储蓄水平低、巨额外债，投资过度依赖于外资。

20世纪70年代，墨西哥开始新自由主义的经济改革，推行消费主导性经济政策。国内大力发展消费品和中间品生产，基础工业很薄弱，许多产品只能依靠进口替代。由于国内的经济以消费为主，居民储蓄率不高，投资和储蓄存在巨大的缺口，国内资本无法满足投资需要，这就造成墨西哥需要过度依靠外资发展本国经济的局面。

---

① 王德祥：《经济全球化条件下的世界金融危机研究》，武汉大学出版社，2002年9月第1版，60—74页。

墨西哥政府的外汇积累主要依靠石油出口，石油价格的波动对政府的偿债能力影响很大，加上贸易逆差，其外债总额迅速上升。墨西哥的外债总额从1982年的195亿美元迅速上升到1994年底的1 656亿美元①。而同期墨西哥的外汇储备才254亿美元②。

事实上，在本次危机受冲击最大的几个拉美国家，无一例外的是资本开放程度高，外资依赖程度高的国家。阿根廷是拉美地区公认的经济相对较好的国家之一，其经常项目下的赤字只占GDP的0.8%，但阿根廷仍然受到很大的冲击，其中一条最主要的原因就是，阿根廷是当时拉美仅次于墨西哥和巴西的第三大外债国。

墨西哥和阿根廷过度依赖外资发展本国经济的局面，使得其政府"顺理成章"地加快了证券市场的开放步伐，为金融危机埋下了隐患。

②证券市场的过度开放使得资本流入结构不合理，政府又缺乏监督和引导能力。

1990年墨西哥颁布新的金融法，大大加快了证券市场对外开放的力度。新的金融法允许外国人拥有墨西哥商业银行和证券公司30%的股份，拥有保险公司49%的股份，允许外国银行在墨西哥建立分支机构承担非居民的金融业务。1990年以后，墨西哥还建立了新的证券交易所，允许建立各种证券投资基金和外国投资者在证券市场投资。当年，墨西哥股票总市值在375亿美元左右，外国投资者的持股就占到8%左右。1990年以后，随着金融市场不断开放和国有企业的私有化，许多国有企业的股票通过证券市场上市，证券市场成为墨西哥吸收外资的主要方式。随着贸易自由化和市场开放程度的加大，流入墨西哥的外资不断增多，其中尤以流入证券市场的直接投资为最多，1991年为127亿美元，1992年为180亿美元，1993年为289亿美元，分别占到总流入资金的10%、71.64%和76.8%。在政府发行的200亿国债中，竟然有85%为外资持有。③这个政策失误和韩国在东南亚金融危机时未利用货币市场调节工具对资本流入结构加以引导极其类似，造成了相同的危机。加上墨西哥金融监管体系不健全，对短期资本流动的风险又估计不足，终于在当年美联储6次加息之后，资本出现大量外逃。

③国内市场过度开放，造成巨额贸易逆差。

1986年墨西哥加入关税及贸易总协定（GATT），1998年后墨西哥大幅度降低平均进口关税水平、缩小非关税壁垒范围，大力推进贸易自由化，1992年墨西哥和美国、加拿大签订了北美自由贸易协定。这对于墨西哥来说无疑是发展战略的重要转变，但是在贸易自由化的过程中，美国凭借其强大的贸易与资本实力向墨西哥市场输出了本国的大量产品，而墨西哥本国的产业结构造成了其生产资料、原材料根本无法和美国产品竞争，导致本国巨额贸易逆差。据世界银行统计，1991到1994年，贸易赤字由73亿美元增加到185亿美元，经常项目赤字由149亿美元增加到297亿美元。

这些巨额贸易逆差更加重了本国经济对外资的依赖，为金融危机的爆发埋下了祸根。

④金融政策失误。

拉美国家普遍采用紧盯美元的固定汇率制度，这和拉美国家的资本结构之间有着不可调和的矛盾。拉美国家充斥着短期投机资本，一旦美元汇率升值，为了维护固定汇率，防止资本外逃，拉美国家央行就需要动用外汇储备，而外汇储备的大幅减少，会引发加息、通货膨胀等一系列问题，特别是会动摇人们对国家偿债能力的信心，反过来更加速资本的外逃。这对于外债远比外汇储备高的拉美国家是无法想象的。其金融市场迟早会为汇率政策和国家经济特点的不相适应的矛盾付出沉重的代价。而实际上，以后的东亚危机、巴西危机和阿根廷危机都是由汇率问题引发的。

墨西哥引发的拉美金融危机对我们证券市场开放政策的制定有极强的警示作用，其中最主要的一条就是，国家经济的开放要充分利用各种资源，决不可过分依赖外国资本。墨西哥金融风险

---

① IMF, World Economic Outlook, May 1995, http: //www. imf. org.

② IMF,《International Financial Statistics》, Dec. 1995, http: //www. imf. org.

③ IMF, World Economic Outlook, May 1995, http: //www. imf. org.

之所以能在拉美地区迅速蔓延，其中最主要的一条就是拉美国家普遍储蓄水平偏低，使得经济发展只能依赖美国和加拿大资本；而拉美国家储蓄水平过低，又是和有错误的产业发展政策息息相关的。因此监管层制定政策需要"标本兼治"才能防患于未然。其二，证券市场的开放不能过度，引进外资的结构要合理，要特别注意防范短期投机资本的冲击。证券市场的开放不可避免地带来短期投机资本的流入，但同时过度的开放也为生产性资本带来更大的流动性，两者合力会对市场造成极大的不稳定性，所以更加需要在政策和制度上加以约束和引导。在这一点上可以借鉴美国在二战后对资本流动的限制，可惜无论是韩国还是墨西哥政府都没有意识到这一点。其三，反政府武装暴动是墨西哥金融危机的导火索，因此国家政治经济改革要依靠一个公正、公平的社会环境，保持社会稳定。在稳定中求发展已是共识，创造一个公平、公正的竞争环境是保持社会稳定和经济的健康发展的基础，对比我国证券市场存在的种种不公平现象，尽快化解其中的矛盾已刻不容缓。其四，要提高对资本市场风险预警能力，加强政策制定的科学性和合理性，增加对资本市场的宏观监控能力。其五，金融政策的制定要科学。一项错误的政策，往往会引起一场大的金融风暴。货币市场和证券市场互相牵制、互相影响，在证券市场的开放过程中要特别注意保持汇率政策的科学性、合理性。

艾其格林（Barry Eichengreen）在墨西哥金融危机后研究指出，发展中国家在市场国际化中汇率走向可能受到来自"北方利率"① 变化的重大不确定性，使得发展中国家的汇率面临极大的风险，当"北方汇率"上升时，会吸引资本回流，同时增加对"南方"银行的"逆选择"：高利率只吸引过度乐观的"南方"借款者，从而加剧金融危机的爆发。无论是克鲁格曼用来解释韩国金融危机的汇率假设，还是艾其格林对墨西哥汇率问题的研究，其实质说明：在发展中国家，固定汇率和资本项目下自由兑换之间有着难以调和的矛盾。汇率的变化，对资本流动影响巨大，而开放的证券市场正好成为资本流动的主要通道。在没有很好的解决办法前，资本管制是发展中国家证券市场开放中值得借鉴的手段。如何在资本管制条件下实现证券市场的开放呢？中国台湾为我们提供了一个解决办法——QFII。

（3）QFII 制度在台湾地区证券市场对外开放中的意义及其借鉴

在本地区证券市场相对不成熟的情况下，如何保护国内弱小的证券市场不受外来巨额投机资本的冲击，如何在资本项目不能自由兑换货币的条件下，循序渐近地开放本国证券市场，最终达到全面开放的目的，中国台湾地区首创的 QFII 制度有相当的借鉴作用。

QFII（Qualified Foreign International Investors）即合格境外投资者制度。它是指，政府采用资格控制方式控制外国投资者身份和投资资金规模的审批制度。台湾地区通过对外国机构投资者限制的放松，逐步开放最终过渡到"外国专业投资机构"直接投资，成功地解决了在资本项目管制条件下向外资开放本土证券市场的问题。QFII 是一项渐进式的间接开放策略，随着国家资本账户自由化的条件日趋成熟，证券市场的完全开放也将成为自然而然之事。在台湾证券市场对外开放中，QFII 具有十分重要的地位和作用。

①QFII 制度实施前的台湾证券市场对外开放过程。

台湾证券市场对外开放是从 20 世纪 80 年代开始的。1982 年，台湾制定"引进华侨外资投资证券市场计划"，1983 年 5 月 26 日允许华侨外资间接投资台湾股票，台湾陆续成立了四家证券投资信托公司。其具体做法是：由台湾的证券投资信托公司在海外发行受益凭证，让该证券信托公司来经营。此阶段，国家只对个股的持股比例规定为 10%，并规定募集基金满一年可汇出本金及利得，而对总的持股比例、投资总额、个别投资额度未作限制。1986 年后台币处于大幅升值走势，为避免投机性资本流入冲击本地区汇率，主管机关严格控制发行额度，8 年之间核准募集额度仅为 1.56 亿美元。②

---

① 发达资本主义国家利率。

② 傅艳：《QFII 和台湾证券开放》，《大鹏证券》，2001 年第 9 期。

1990年，台湾证券市场在经历了10年的大牛市之后，开始步入熊市。股指的大幅下降严重地打击了投资者的信心。为了稳定市场，恢复投资者信心，台湾当局开始考虑引入外资入市。1990年"行政院"通过修正了"华侨及外国人投资证券及其结汇办法"规定，允许外国机构投资者在政府的核准下投资台湾证券市场。由此，台湾证券市场通过引入QFII制度慢慢融入了国际资本市场。

②QFII在台湾证券市场开放中具体实施的过程。

台湾对外国机构投资者限制和审查的内容主要为资格条件、投资金额、持股比例、资金汇出汇入期限等方面。其中，资格条件是指投资主体范围及投资主体包括基金管理机构、银行、保险公司、证券商、退休基金等进入台湾证券市场的条件。投资金额包括投资总额、个别投资额度。持股比例为：总持股比例、个别持股比例。资金汇出汇入期限、循环汇入期限。其他资金运用限制包括货币市场、期货市场、债券市场、认购权证等投资比例限制。具体开放的内容和步骤见表4至表7：

表4　向各类投资机构开放时间表和资格要求

时间	增加机构类型	资格要求
1991年1月	银行、保险公司、基金管理公司	总资产排名世界前500名，持有证券资产3亿美元以上；基金管理机构的资格要求为成立满5年，经营证券投资基金资产5亿美元以上
1993年	外资证券商、台湾岛内证券商拥有控股权的海外证券商	公司净值1.5亿美元以上且具国际证券投资经验。台湾证券商于海外转投资50%以上的证券子公司；银行的要求为总资产排名世界前1000名，且具国际金融证券信托经验。把保险公司经营保险业务年限低为5年以上；基金管理机构成立时间为满3年，经营投资基金资产3亿美元以上
1995年7月	台湾投信公司海外转投资50%以上的基金管理公司	台湾证券商于海外转投资50%以上的证券子公司或其再转投资额100%的证券公司；台湾证券商投资额100%的海外证券子公司或其再转投资51%以上的证券公司
1995年8月	外国政府投资机构及成立满2年的退休基金	保险公司资格降低为经营保险业务3年，持有证券资产3亿美元以上；基金管理机构的标准为：公司净值1亿美元以上且具有国际证券投资业务经验
1996年2月	共同基金、单位信托或投资信托	增加成立满3年、基金资产2亿美元以上

表5　各时间段投资金额的限制

年份	投资总额（亿元）	个别投资额（百万）
1991年1月	25	5—50
1993年1月	25	5—100
1993年11月	50	5—200
1994年4月	75	5—200
1995年2月	取消	5—200
1995年12月		5—400

表 6　对资本金汇出、汇入时间的要求

年份	本金汇入＊	本金汇出＊	利得汇出＊	循环汇入＊
1991 年	3	3	12	
1991 年 11 月	6	3	12	
1993 年 11 月			3	
1995 年 2 月	4			
1995 年 8 月	6			
1996 年 1 月		取消	取消	6
1997 年				12；5000 万美元以下免审

注释：＊本金汇入指自资格批准后汇入时间；＊本金汇出指汇入后多少月可汇出；
＊利得汇出指资本利得多少月可汇出一次；＊循环汇入指汇出本金后多少月可以重新汇回。

表 7　非股票、国债投资品种开放时间及比例

年份	可投资品种	占资金比例
1991 年 12 月	3 个月的定期存款	10%
1992 年 2 月	90 天内的货币市场工具	10%
1994 年 2 月	6 个月的定期存款	10%
1995 年 2 月	货币市场工具、定期存单及公债	30%
1997 年 6 月	投资现金结算型认购权证	10%
1998 年 7 月	避险型期货	30%＊
2000 年 3 月	可转换公司债	

注释：＊以期货市值加货币市场投资额占总资金的比例不超过 30%

数据来源：台湾证监会网站 http：//www. sfe. gov. tw/；台湾证券交易所，http：//www. tse. com. tw/。

③1996 年 3 月至今，全面开放"境内外华侨及外国人"直接投资。

从 1996 年起，台湾开始允许外国自然人直接投资台湾股票，同时全面放开投资信托业。台湾当局于 1996 年 3 月对境内外国人投资台湾股没有作限制，对境外外国人的限制为：自然人 500 万美金，法人 2 000 万美金。境外外国人投资货币市场、定期存单及公债总额不能超过汇入资金 30%。1997 年 6 月对境外法人投资台湾股票条件放松为 5 000 万美金。台湾证券市场开始实现全面对外开放。①

④台湾证券市场实施 QFII 后的评价。

台湾自引入 QFII 制度以后，市场机构化程度渐渐加快。到 2000 年 8 月底，QFII 申请者共 551 家，其中，欧洲为 38%，美洲为 41%，亚洲为 19%，其他为 2%。② 市场各类机构的增加使市场的稳定性增强，表现在换手率降底，投机程度下降。至 2001 年底，台湾境内机构投资者所持有的上市公司股份约占 38% 的市场份额，同期国外机构投资约占 9% 的市场份额。③ 机构投资者的崛起，尤其是实力相当、专业化的机构投资者间的博弈，在决定股价变动中的表现变得尤其重要。台湾境内机构投资者主要为各类公司，而外资机构投资者则主要以信托基金和养老基金为主，这

① 傅艳：《QFII 和台湾证券开放》，《大鹏证券》，2001 年第 9 期。

② 杨岚春：《新兴证券市场对外开放模式及外资进入对市场影响的分析》，东吴证券网，http：//www. dwjq. com. cn/szyj/ylcindex. asp。

③ 数据来源：台湾证券交易所，http：//www. tse. com. tw/。

样内外资的投资者结构存在差异，这种差异决定了市场趋同行为的减少、市场稳定性的增加，对培养投资理念和发挥市场资源配置功能是有相当帮助的。同进 QFII 深入的实施，外资机构在台湾市场的影响力也越来越大。各类机构在投资理念上的碰撞对证券市场的价值发现功能，作用也是巨大的。

⑤台湾地区实施 QFII 对大陆证券市场开放的借鉴意义。

台湾地区实施 QFII 制度的过程对内地证券市场的对外开放有着重要的借鉴意义，主要有以下五条：第一，证券市场的开放是一个循序渐近的过程，不可操之过急。证券市场开放涉及众多方面，造成决策难度加大，而决策失误造成的风险更大，因此缓慢的循序渐近的开放过程，有助于降低风险水平。第二，证券市场的开放是一个复杂的系统工程，要在资本市场、货币市场通盘考虑，制定政策，特别要注意对短期资本流动性的制约。在东亚金融危机中，台湾所受的损失远比韩国要小，其中除了台湾本身外汇储备较多、外资持股比例不大以外，最主要的原因就是台湾在资本管制的基础上对资本汇入汇出有着严格的限制，这对于减少短期资本对市场的冲击是有着相当好处的。第三，在证券市场开放中加强对机构投资者的培养，特别是发展大量力量均衡，但是又能相互制约的投资力量，这样有助于市场的稳定，树立投资理念，发挥证券市场多种根本功能。这种现象类似"鱼缸效应"，当一个鱼缸中已经有好多条差不多大的大鱼以后，再进入一条大鱼所引起的波动远比全是小鱼的鱼缸要小。第四，在资本项目不完全开放的情况下，QFII 制度对证券市场完全开放能起到良好的过渡作用。这种小幅推进的过程，有助于监管层积累经验，制定正确的开放政策，最后平稳过渡到完全开放。第五，实践证明，QFII 对资本项目下自由兑换的可控性，较好地规避了发展中国家证券市场开放中的"三难选择"①，有助于证券市场循序渐近的开放。

三、中国多年来证券市场封闭管理的历史原因

1. 限制人民币完全自由兑换与资本市场暂不开放是中国经济特定发展阶段的必然选择

改革开放 20 多年来，我国的实体经济取得了巨大的发展，特别是近 16 年来（1991—2006 年），国家经济实力不断增强，人民生活水平逐步提高，国内生产总值平均每年增长近 10%。1978 年中国的国内生产总值仅为 3 624 亿元人民币。到 2005 年末，我国全年的国内生产总值达到 23 000 亿美元，人均 GDP 达到 1 700 美元。按照国际货币基金组织的购买力评价（PPP）计算法，中国 GDP 总量已超过 6 万亿美元，高居世界第二。截至 2006 年 11 月末，中国国家外汇储备余额已经超过 1 万亿美元。

中国实体经济取得的惊人成就，是在人民币在资本项目下不自由兑换、资本市场暂不开放的情况下取得的。人民币在资本项目下暂不进行自由兑换、资本市场暂不开放在我国有其内在合理性。

第一，对于经济高速增长的中国，人民币在资本项目暂不自由兑换、资本市场暂不开放，有利于我国吸引长期资本。美国和英国第二次世界大战后资本管制政策的对比结果表明，在一个国家资本总流量增长的情况下，实行资本管制政策有利于吸引长期资本，限制短期资本流入，从而促进经济实体的健康发展。这和我国经济高速增长的情况相吻合。第二，资本项目下暂不自由兑换的货币政策保证了我国汇率稳定，而汇率稳定是我国保持出口竞争力、外汇储备连年递增的关键，是我国实体经济取得巨大成就的基础。结合拉美国家和韩国证券市场开放中遇到的"三难选择"，就可以发现在固定汇率制度下实现资本项目下的自由流动会给国民经济带来巨大的风险。如果我国的证券市场开放过程中，选择固定汇率保持本币稳定，就有可能重蹈韩国、墨西哥等新

---

① 蒙代尔—弗莱明模型，指的是下述三个目标中，只能达到两个，不能三个目标同时实现：各国货币政策的独立性；汇率的稳定性；资本的完全流动性。

兴国家证券市场开放中的覆辙；如果实行浮动汇率，就有可能加大我国人民币的升值预期，出口产品竞争力下降，最终以牺牲实体经济的持续发展为代价。台湾的 QFII 政策虽然能够规避固定汇率和资本自由流动的矛盾，但是其是建立在对外资各方面严格限制基础上，是间接的、有限制的、缓慢的对外开放制度。现阶段，虽然我国引入了 QFII 制度，以推动证券市场开放，但是在我国只能是用来更加谨慎和缓慢地推进证券市场开放，而不能加快我国证券市场开放步伐，否则对于我们实体经济的负面影响是巨大的。同样的政策如果用于不同的环境和不同的目标，效果是完全不一样的。前文所述的英国和美国在第二次世界大战以后采用相同的限制资本流动的政策，却达到截然相反的效果就是很好的例证。

虽然我国经济发展取得了巨大的成就，但是同时我们还应该清醒地认识到，我国的金融体系还很脆弱，这也是目前我国资本项目不能马上开放的另一个重要原因。截至 2006 年 6 月，我国城乡居民存款已超过 16 万亿人民币，加上企业与金融机构存款超过 33 万亿人民币。① 储蓄总量占 GDP 总量约为 38% 左右，是全球储蓄率最高的国家之一，这从侧面说明我国企业的发展严重依赖于间接融资，经济活动产生的风险大量向仅有的数十家国内银行聚集。同时，如此庞大的储蓄存款使国内出现货币流动性过剩，如果开放资本项目下的自由兑换，一方面会造成境外资本的大量流入，推动人民币升值，影响出口；另一方面也会造成国内实际利率水平下降，企业的投资供给增加，通货膨胀和通货紧缩并存的局面，损害国民经济的长期稳定的健康发展。对于我国证券市场而言，则会因为人民币资产对于境外资本强大的吸引力，引发大量境外资本流入，容易形成金融商品的价格泡沫②。2003 年以前我国银行体系的不贷款率大约在 20% 左右，国家拿出巨额外汇储备向国有银行注资，使国有银行得以进行股份制改造，目前银行体系的不良货款已经大幅下降。可是，资本市场不发达的现状仍然没有彻底改变，间接融资的比例远高于直接融资比例。日本资本市场开放的经验教训告诉我们，当一个国家的经济发展严重依赖于银行体系（表现在企业的融资活动主要是间接融资），这个国家经济的风险承受力，将会是多么脆弱。一旦经济反向运行，则我国银行的不良货款率很有可能重新回升到以前的水平，损失将是巨大的。因此在相当长的阶段内，应坚持人民币在资本项目不自由兑换、资本市场暂不开放的货币政策：加快国内证券市场化改革，加快股权分置改革和全流通改革，消除长期积累的各种历史矛盾；大力发展直接融资，均衡资本市场的融资结构；鼓励国内银行进行现代化企业改制，增加银行风险定价水平、提高整体资本市场的监管水平才是当务之急，等条件完全成熟后，才可加快资本市场的对外开放步伐。

2. 中国证券市场监管体系不健全也不宜加速开放

（1）上市公司信用担保体系不健全。

迄今为止，在我国，企业信用担保的方式很少被银行所接受。上市公司除了通过其他企业为其担保的方式以外，较少可能从银行获得中长期信贷（抵押担保受资产规模限制不可能被大量采用）。如，2000 年证券市场的“中科系”③事件，其中就涉及中科创业（原康达尔）、中西药业，岁宝热电、莱钢股份、鲁银投资等多家上市公司的互保行为，当中科创业炒作失败后引发了巨大的连带偿还责任，直接导致多家上市公司陷入财务困境、银行坏账增加。

自从中国加入 WTO 以后，银行业的改革已经悄然加快，股东多元化、提高银行资本充足率已经在加快进行，但是离真正适应证券市场国际化的要求还差得很远。

（2）国有上市公司的“代理人风险”。

在我国的证券市场中，最大的股东是国家。国家是一个抽象的概念，而股东是个具体的人，这就造成了我国上市公司存在产权不明晰、政企不分的现象。同时这种产权主体的非人格化，很容易造成“代理人风险”。即管理层追求自己利益最大化，而非股东利益最大化。

---

① 《金融机构本外币信贷收支表》，2006 年 8 月，中国人民银行。

② 人民币长期升值预期使得人民币资产成为全球受追捧的资产之一。

③ 中科系是投资者对中科创业直接控股或者间接控股上市公司的统称。

(3) 对于企业发行、上市的监管。

改革和完善发行制度一直是中国证券监会着力解决的问题，其中信息披露的及时、真实、全面以及首发招股定价公平的问题一直是监管工作努力的目标。但由于我国股权分置的制度缺陷造成的企业上市巨大的利益诱惑，许多不符合上市条件的公司通过虚假信息，造假上市，如郑百文、ST东源、ST金泰、ST红光、琼民源虚假上市案等，这严重影响了投资者对证券市场的信心，形成极大的上市公司“道德风险”。

解决这类问题，除了要解决股权分置的制度缺陷①以外，还需要在信息披露规范和法律制度约束上做文章。

首次发行的新股招股价问题也是困扰我国证券市场的难点。这个在市场经济条件下不成问题的问题在我国的证券市场却成了一个大问题。原先，我国按照公司公募前3年加权平均30倍市盈率招股，后来市场化发行，结果出现了闽东电力88倍市盈率的奇高发行价格，然后，引入战略投资者，结果出现上市公司和投资法人内外勾结、虚假申购的现象，最后又回到20倍市盈率的老路上来。而要从根本上解决，只有打破这种股权分置的局面，实现全流通，真正实现同股同权。

(4) 对机构投资者的监管。

对机构投资者的监管方式和手段仍需改革，我国证券公司的问题和银行有些类似，都缺乏有效的公司治理结构和内控制度。“南方证券公司的倒闭危机”就集中反映了其中存在的风险，为此2001年中国证监会发布了《证券公司内部控制指引》，以规范证券公司的内部控制制度。

(5) 对市场交易行为的监管。

内幕交易和操纵市场在中外证券市场都难以避免，也是各国法律所打击的主要对象。能对市场做实时监控是证券交易所，以前上海和深圳交易所存在竞争，竞争的主要内容是上市量和行情的活跃程度。甚至还发生交易所为活跃行情而“造市”的事件。在当时两家证券交易所，都不愿意因为查处违规行为而影响市场的活跃。管理层远离交易市场，因此也只有在部分操纵市场的行为造成严重后果时，才进行曝光。

(6) 监管政策的滞后性。

由于诸多历史原因，我国多次形成市场泡沫。加强监管的核心在于打击部分机构和上市公司的违规行为，保护中小投资者的利益。但是以往监管措施的出台是以股价出现向下较大幅度的调整为代价的，结果最先打击的却是中小投资者的利益，政策出台成本很大。究其原因，主要在于监管政策出台的滞后。

(7) 证券法律体系不完善。

我国的证券法确立了证券市场监管体系的新框架，要建立法制监管核心、行政监管、自律监管、中介监管相结合的体系，从目前的情况来看，证监会的职能得到了加强，协会和交易所的自律监管职能体现得还不明显；更重要的一条是，证券法律体系还很不完善，相关法律出台仓促、缺乏可操作性和有些法律条文的前后矛盾等现象还很突出。

3. 上市公司股权分置，企业法人治理结构不完善

截至2003年9月30日，共有1 281家上市公司在深沪两地交易所挂牌交易。总市值3.8万亿元，而流通市值仅有1.2万亿元，占31.07%，这其中扣除未上市的内部职工股和战略配售的股票以外，非流通的国有股和法人股也占到2/3强。中国证券市场这一特有的股权分置的现象，造成国内证券市场的交易价格不能客观、公正地反映上市公司的真实价值。“交易价格围绕价值波动”这一市场经济的一般规律在我国证券市场失效，并由此引发国内证券市场一系列“顽疾”：企业内部治理结构不合理；非流通股股东侵占流通股股东利益；非流通股股东和流通股股东的利益尖锐对立，对大股东缺乏制约机制，上市公司“多数服从少数”；公司价格虚增，系统性风险极大，整体市场缺乏长期投资价值基础；“壳资源”成为“稀缺商品”，证券市场资源配置效率低下；证

① 在本文“上市公司股权分置，企业法人治理结构不完善”部分有论述，这里不重复展开。

券市场的公平和效率存在不可调和的矛盾。可喜的是证监会清楚地认识到了这一点。经过三年多的市场化改革，特别是一年多的股权分置的改革，截至2006年9月30日，共有1 398家上市公司在沪深两地交易挂牌交易，总市值5.2万亿，流通市值1.8万亿，占33.46%①，流通股比例相应有所提高，但是离真正的全流通还有很长的一段路要走，市场化改革任重道远。

四、近年来我国证券市场对外开放似有加快趋势

1. 20个相关文件加快了证券市场对外开放的进程

国内资本项目不能自由兑换的货币政策、脆弱的金融体系、落后的监管方式以及制度上的根本缺陷要求我国证券市场的开放步伐越慢越好。事实上，中国证券市场对外改革开放的进程在成立的最初十年也一直是遵循缓慢而谨慎原则进行的。在此期间，我国的实体经济取得了空前巨大的发展。1997年12月29日，国务院批准修订了《外商投资产业目录》，规定了鼓励、限制和禁止外商进行投资的产业，以合理引导外商投资，发展国内经济国内实体经济。同时，中国加紧了加入世界贸易组织（WTO）的谈判，并于2001年11月11日正式加入WTO。在我国加紧入世谈判的2001年初，我国证券市场的对外开放步伐也在大幅度地加快，有关部门从2001年2月21日B股开放开始，分15次公布了共20个相关文件加快证券市场的对外开放。

2001年2月21日，中国证监会发布了《关于境内居民个人投资境内上市外资股若干问题的通知》。通知中第二条规定："增内居民可以用2月19日以前的外币现汇和现钞存款进行B股投资，2001年6月1日后，允许境内居民个人使用2001年2月19日后存入境内商业银行的现汇存款和外币现钞存款以及从境外汇入的外汇资金从事B股交易。"这标志着B股市场正式对境内投资者开放。2001年2月22日，证监会印发了《境内上市外资（B股）公司非上市外资股上市流通的办理程序的通知》。通知规定："凡发行上市前属于中外合资企业的B股公司，应就非上市外资股上市流通的问题征求原中外合资企业审批部门的意见，在获得原审批部门同意后，向中国证监会报送非上市外资股上市流通的申请方案。经中国证监会核准，B股公司外资发起人股，自公司成立之日起三年后，可以在B股市场上流通；外资非发起人股可以直接在B股市场上流通。"这个通知的出台，为外资股东通过资本市场套现发了通行证。相对于中资发起人股不准流通而言，这个通知可谓是典型的B股市场对外资企业的"超国民待遇"。2001年11月5日，外经贸部和证监会联合发出《关于上市公司涉及外商投资有关问题的若干意见》，对外商首发上市和受法上市公司非流通股都有了明确的规定。其中对外资控股比例要求不低于10%，相对于7月份的《通知》而言，条件放宽了许多。至此，合资企业上市的法律标准已经十分明确，外商投资企业大规模进入我国证券市场仅仅只是时间问题了。

2002年3月11日，国家计委、国家经贸委和外经贸部联合发布新的《外商投资产业指导目录》及其附件。

2002年3月28（19）日，证监会公布了《公开发行证券的公司信息披露编报规则》第17号通知《外商投资股份有限公司招股说明书内容与格式特别规定》。该特别规定的出台，意味着大量外商投资企业的上市公司招股、上市工作已经实质性展开，紧锣密鼓地展开了。

2002年6月1日，中国证券监督管理委员会公布了第8号令《外资参股证券公司设立规则》。2002年6月1日，中国证券监督管理委员会公布了第9号令《外资参股基金管理公司设立规则》。

2002年6月19日，深圳证券交易所颁布《深圳证券交易所境外机构B股席位管理规则》、《深圳证券交易所境外特别会员管理规定》。2002年7月14日，上海证券交易所颁布《境外证券经营机构申请B股席位暂行办法》、《上海证券交易所境外特别会员管理暂行规定》。

2002年8月16日，外经贸部发布《关于外商投资股份有限公司非上市外资股转B股流通有

① 数据来源：深圳证券交易所，上海证券交易所网站。

关问题的补充通知》。

2002年10月8日，证监会颁发了《上市公司收购管理办法》。该办法未对上市公司的收购主体做出特别规定，只要是投资者，包括自然人与法人，都可以成为收购主体。这实际上是放宽了上市公司的收购主体范围，境外投资者也可以成为收购主体。此前，2001年11月发布的《关于上市公司涉及外商投资有关问题的若干意见》仅仅在第四条规定了外商投资企业投资受让国内上市非流通股的一般原则，而《上市公司收购管理办法》则规定了具体操作细则。该文件的出台将大大加快我国证券市场外资并购的进程。

2002年11月3日，财政部、证监会、国家经贸委联合发布《关于向外商转让上市公司国有股和法人股有关问题的通知》。该通知是对《关于上市公司涉及外商投资有关问题的若干意见》和《上市公司收购管理办法》中外商受让国有非流通股部分的补充说明；同时明确了监管部门和手续要求，对外商而言有极强的针对性和可操作性，进一步加强了我国证券市场开放的进程。

2002年11月7日，中国证券会和中国人民银行联合发布了《合格境外投资者境内证券投资管理办法》，允许合格的境外机构投资者直接投资国内A股市场等渐次展开的全方位开放局面，和其他九份文件一起构成了我国入关一年之后的全方位开放的格局。

2002年11月28日，国家外汇管理局发布了《合格境外机构投资者境内投资外汇管理暂行规定》。

2004年7月，国务院明确由央行牵头制定《允许外国金融机构发行人民币债券的管理办法》。

2005年3月1日，央行等四部委正式发布《国际开发机构人民币债券发行管理暂行办法》，对国际机构发行人民币债券进行规范。《办法》明确，由央行、财政部、发改委和证监会在各自的领域分别进行监管。

2005年12月31日，商务部、证监会、税务总局、工商总局、外汇管理局等五部委联合发布《外国投资者对上市公司战略投资管理办法》。

2. 中外合资企业、外资企业A股上市会对实体经济造成冲击

在我国证券市场设立之初其实就有中外合资企业上市，最早上市的中外合资企业是联华合纤（600617），1992年上市时外方发起人香港佳运集团就持有17.08%的股权。其后有福建豪盛（现利嘉股份，600696），1993年12月上市时，豪盛（香港）持股44.84%，并且还是第一大股东。到了2002年底，深沪上市的合资企业不下70家。2003年9月上市的三元股份（600429），第一大股东北京企业（食品）有限公司（外资法人股）持股更是达到54.99%，占绝对控股地位。

2001年以前，我国对于合资企业的上市并没有明文的政策规定。只是1995年9月国务院办公厅转发了《关于暂停将上市公司国家股和法人股转让给予外商请示通知》，虽未明确禁止合资企业上市，但是一度也使合资企业上市的步伐受阻。1996年之后，合资企业的上市又悄悄开展起来，如东大阿派（现东软股份，600718）等就是1996年6月上市的。2000年，中国证监会取消了上市的额度限制，行政审批制被核准制所取代。中外合资企业上市的速度更快了。

2001年5月，对外贸易经济合作部发出的《对外贸易经济合作部办公厅关于外商投资股份有限公司有关问题的通知》指出，外商投资股份有限公司申请上市发行A股或B股，需获得外经贸部同意，而且要按规定和程序设立或改制，还需符合外商投资产业政策。上市后，公司中非上市外资股比例应不低于总股本的25%。同年11月，外经贸部和证监会联合发出《关于上市公司涉及外商投资有关问题的若干意见》，其中对外资控股比例要求不低于10%，条件放宽许多，同时对外商（投资性企业除外）受让境内上市公司非流通股也作了明确规定。至此，合资企业上市的法律标准已经十分明确，合资企业大规模入市已经“名正言顺”了。事实上，同年各地方部委都加紧了相关工作的准备，2001年11月，据《上海证券报》载文披露，有柯达、联合利华、米其林等14家跨国公司设立的中外合资或完成股份制改制或完成辅导期工作，正等待上市。

在股权分置问题解决之前，监管部门出台法规加快了合资企业上市步伐，事实上是为境内股东的财富向境外股东转移创造了条件。和H股增发A股、B股增发A股造成国内资本流失一样，其实质是封闭市场环境中的股权分置造成国内A股股价相对于外围市场的畸高股价，资本的逐利性很有可能使国内证券市场变成海外公司“圈钱”的场所，资本的溢出效应又使得国内资本外流。在股权分置问题开始解决之后，人民币在资本项目下自由兑换、全流通彻底解决之前也不宜允许合外资资企业大规模上市。一则是中国股市在2006年11月，绝大部分股份公司依然是股权分置的，整个市场总态势是43%流通，57%不流通（股改前分别是33%和67%），依然有一个制度性的溢价，外资企业如果上市将可能比发达国家正常股市圈走更多资金，不利于中国民族利益；二则中国正处于大发展阶段，有几千家企业在排队等待上市，不能将这么稀缺的资源让与别人；三则由于人民币正处在升值过程中（2007年1月18日为1美元兑7.776元人民币），外资如来A股上市，其资产将以7.776计算，明显高于购买力水平所代表的真实价值，对我国投资者和国家利益都是不利的。

3. B股向境内人士开放是引发理论争议的

2001年2月19日，中国证监会发布通知，允许境内投资者从事B股交易。2月21日又发布了《关于境内居民个人投资境内上市外资股若干问题的通知》，通知中第二条规定：“境内居民可以用2月19日以前的外币现汇和现钞存款进行B股投资，2001年6月1日后，允许境内居民个人使用2001年2月19日后存入境内商业银行的现汇存款和外币现钞存款以及从境外汇入的外汇资金从事B股交易。”2月22日又印发了《境内上市外资（B股）公司非上市外资股上市流通的办理程序的通知》，2月23日又发布了《关于证券经营机构从事B股业务若干问题的通知》。三项通知一出，2月28日B股复牌后，随即单边涨停，上证B指从2月19日的83.2点一口气涨到6月1日的最高点241.61点，涨幅高达190%；深圳B指从127.72点涨到432点，涨幅更是高达238.24%。此后，国内B股市场外资股东减持公告频频，大江B（900919）、联华B（900913）、粤照明B（200541）和金泰B（900935）等先后发布外资股东减持公告，境外股东趁机套现，外资抽逃一发不可收拾。国内B股市场也就此一蹶不振，上证B指于2003年9月19日，跌到97.55点，深圳B指于2003年1月3日，跌到184.25点，两地几乎都差不多回到原地。

我们再来看下组数字：“继小天鹅、粤高速、深中集的外资股东相继减持其股份外，江铃汽车公司的一位外资股东也已通过二级市场将所持有的占总股本5.35%的4 620万股悉数卖光。除去这些战略投资者相继撤离外，参与二级市场的境外资金也终于在享受到了中国证券市场的‘政策红利’后，基本上‘胜利大逃亡’了。”（《证券日报》，2001年8月16日，谢衡）据统计，沪B股市场截止到2001年3月底，个人开户数为59.15万户，已占投资者总数的98.55%；机构开户数为0.87万户，仅占1.45%。B股市场的投资者呈现出个人化和本土化的特点。境外投资者所占的比重已经由开放政策实施前的30%左右骤减到目前的不足10%。

显然，B股开放的直接后果就是“解放”了被套多年的境外投资者，另外就是有利于国内违规入市的外汇资金获大利而逃，相反按国家规定在2001年6月1日以后买入的境内投资者无一例外地全线被套，亏损累累。与管理层活跃于B股市场，增加其资源配置功能的初衷相背，外资大量抽逃的直接后果是，B股从2001年以来根本没有新发一家公司也没有一家公司通过B股市再融资。B股现在倒变成了一个没有资源配置功能的“鸡肋”了。

B股向境内投资者开放，造成资本流失的主要原因来自两个方面：第一，由于我国封闭的证券市场管理体系，B股向境内投资者开放后，国内外汇大量涌入，供求失衡，使得B股股价被推高；第二，境内B股开放后相对境外证券市场的价格虚增①，必然引发外资抽逃。B股开放后的教训深刻之极。在我国证券市场中，B股是唯一的一个资本项目下向境外开放的市场，但因为开放前相对于国内A股市场相对独立和封闭，没有发生重大的资本外逃事件。而开放之后，这种封

① 2003年9月30日，上证B股指数99.12点相对市盈率28.10倍，同期H股市盈率18倍；2001年6月，B股市场开放后指数最高达到241.61点，是现在的2.43倍。数据来源于上海证券交易所、深圳交易所，2003年9月市场统计月报；市盈率为按2002年业绩静态平均，H股为国泰君安研究所报告。

闭的环境一被打破，就造成国内境外资本的大量外逃。这对我们也是一个警示，证券市场开放的步子绝对不能像实体经济那样越快越好，而应具体情况具体对待，小心谨慎。

4. 内地企业到海外上市应尽量限制，防止优质资源廉价外流

2006 年初，在召开全国“两会”期间，经济学界曾经爆发过一场激烈争论：一方是中国人民大学校长纪宝成，主张尽量限制内地企业到海外上市，因为这会造成国有资产流失，他估计已经达到几百亿美元的损失；另一方是中国社会科学院的易宪容，强烈反驳纪宝成的主张，仍坚持应许中国企业海外上市。

对此，我们坚决支持纪宝成的观点。道理是显而易见的。因为，在相当长时间内，人民币仍处于升值态势中（这一过程在日本持续 10 年之久），而世界银行在 2000 年和 2001 年测算出的人民币购买力评价约为 1 美元相当于 1.79 和 1.83 元人民币。尽管购买力平价与一国的汇率有差异，但是，人民币处于升值阶段是不争的事实，因此，无论按 1:8.27 还是 1:7.77 计价，企业资产都是低估的，按现时汇率计价，到海外上市，必然造成国有资产被贱卖的事实。国内财富将通过非经济的方式向境外转移，这只要看看大部分中资股在香港上市后的表现，就可以悟出很多真谛。

表 8　部分在港上市的国内公司发行后股价表现（港元）

公司名称	发行价格	发行时间	2007 年 1 月 19 日
中国移动	11.68	1997 年 10 月	70.80
中国联通	15.84	2000 年 6 月	10.06
中国石化	1.59	2000 年 10 月	6.54
中海油	5.95	2001 年 2 月	6.70
中国人寿	3.59	2003 年 12 月	24.45
蒙牛乳业	3.93	2004 年 6 月	22.80
平安保险	10.33	2004 年 6 月	37.25
中国国航	2.98	2004 年 12 月	5.80
交通银行	2.5	2005 年 6 月	8.57
建设银行	2.35	2005 年 10 月	4.78
中国银行	2.95	2006 年 6 月	4.06
招商银行	8.55	2006 年 9 月	17.38

数据来源：香港联合交易所，市价除特别说明外均为当日市价，不计历年股息派发之红利复权。

注释：中海油 2004 年 1 股拆细为 5 股，此为复权价。

5. 中国证券市场的开放已超越加入 WTO 时之承诺，应慎之又慎

其实，证券市场实质性开放不属于加入世贸组织谈判的范畴。但我国在开始履行入世谈判所作相关承诺后，大多数实体经济领域的对外开放将使资本管制的效力有逐渐趋于下降之势，而加入 WTO 后对国际收支的负面影响也将使资本账户开放的压力增大。与开放银行信贷市场相比，证券市场的开放可以考虑引进外资，因此容易成为决策者优先考虑的对象。但这很可能只是一厢情愿。

加入世界贸易组织（WTO）并不意味着我国证券市场的实质性开放，它仅仅要求加入国削减或取消关税及非关税壁垒，并依据《服务贸易总协定》（GATS）和《金融服务协议》（FSA）有关条款，同时结合本国实际情况向外资开放电信、金融、保险和证券等有关服务性行业市场，因此 WTO 对一国国际收支的影响更多地体现在经常项目上。而证券市场的开放属于资本项目的开放范畴，由和世界贸易组织地位相等的国际货币基金组织（IMF）管辖，与 WTO 无关。WTO 只规定了缔约国开放金融市场遵循“逐步自由化”一般原则，因此加入世界贸易组织和开放证券市场是两码事，风马牛不相及。

加入WTO之后，我国经济开放程度明显提高，经济金融环境也发生重大变化，资本管制的效力及国际收支也会受到显著影响，管理层有部分同志欲加快证券市场的开放步伐。但是，中国的国情和西方发达资本主义市场经济国家完全不同，前一阶段加快证券市场开放的步伐，非但不利于解决各种矛盾，反而由于过快的开放政策引起的大量短期资本流入以及财富向境外投资者转移，加速国际收支的负效应。如果简单地认为加入WTO就应该加快开放证券市场的进程，将给我国的资本市场和实体经济带来重大风险和损失，其负面影响将远远抵消绝对比入世给我国带来的正效应。回顾新兴发展中国家证券市场开放的历史，韩国、墨西哥都是在加入WTO之后，迅速开放国内证券市场的。固定汇率和资本项目自由流动的矛盾使他们双双遭遇金融危机的冲击。而我国的情况比他们更特殊，我国股权分置的上市公司结构绝无仅有，人民币正处于升值之初，而这正是我国证券市场诸多矛盾的根源，因此在这两个矛盾彻底解决之前，我们对待证券市场开放的问题应该慎之又慎。

中国的证券市场不同于目前世界上任何一个市场经济体制下的证券市场，简单地模仿世界发达国家的模式在我国经济发展的实践中被证明是行不通的。这和解放战争取得胜利的经验是一致的，就是必须结合中国的实际情况，走适合中国自己发展的道路。我国26年来的改革，使我国实体经济得到了举世瞩目的发展，就是因为实事求是、科学地坚持了这一重要原则。任何急功近利的短期行为，对我国经济的发展都有百害而无一利。

五、过快开放证券市场的现实风险

我国证券市场过快开放的问题集中相关配套改革尚在进行之中，需要一个稳定的市场环境；表现在人民币在资本项目不能自由兑换、汇率制度改革尚在进行、股权分置改革尚未完成、资本市场市场化的监管体系尚未建立。目前开始进行解决股权分置问题，仅仅只是制度建设的第一步，在相关制度建设尚未完成之前就贸然加快证券市场的开放步伐，弊远远大于利。

1．允许外企A股上市将引发外企资圈钱热潮

除去风险极大的商品期货以外，狭窄的投资渠道和实体巨大发展带来的居民储蓄、收入大幅增加的矛盾在我国股权分置造成的供求失衡在证券市场得到了集中的反映，因此造成我国上市公司投资价值被长期虚假高估。虽然，国内股市已经开始了长达两年之久的价值回归路程，但是截至2003年9底，我国国内证券市场的中，深圳A股市盈率36.74倍，上海A股市盈率32.97倍，高于上海B股市盈率28.10，H股平均18倍的市盈率，深圳B股市盈率16.64倍。①

在这种情况下，如果允许外资企业首发A股上市，将造成其价值被错误高估，这种巨大的利益诱惑还将诱发大量的外资企业大量申请上市的“投机上市综合征”，从而带来危害我国证券市场长健康发展的一系列问题：引发“圈钱效应”，损害我国证券市场长期融资功能；短期热钱的流出流入，扰乱国内金融秩序，影响实体经济健康发展；“财富转移”、“资本外流”等一系列的金融风险，而且会使本已孱弱的证券市场雪上加霜，增加证券市场的系统性风险，危害极大。

经过一年多的股权分置改革，目前国内股市市盈率过高的现象已经有所改变，香港和内地市场的市盈率水平已经基本接轨，但是由于看好人民币的长期升值潜力，境外短期热钱希望投机我国证券市场的热情非但没有消退，反而有愈演愈烈之势。在这种时候，如果过快开放证券市场，允许外资参股企业在国内证券市场首次发行上市，会造成大量流资冲击国内证券市场，增加人民币升值压力，冲击我国的实体经济。

---

① 数据来源：上海证券交易所、深圳交易所，2003年9月市场统计月报；市盈率为按2002年业绩静态平均，H股为国泰君安研究所报告。

2. 要保证证券市场长期融资功能，必须严格控制证券市场开放速度

在过去15年中，我国证券市场制度缺陷造成的分置的股权结构，决定了我国证券市场的融资功能，是以牺牲流通股股东利益为代价的。这一点已经毋庸置疑。这种状况，现在已经开始改变，但目前仍是股权分置的。外资企业在国内A股首发上市越多，则对境内流通股股东的利益侵占也就越厉害，宝贵的财富将会迅速集中于上市外资企业的外资股东手中，从而从根本上损害我国证券市场的长期融资功能。同样的道理，如果允许向外资转让国有非流通股，利用股权分置的制度缺陷，外资同样可以通过占用非流通股，进而以增发、配股等再融资手段来实现资本增值。

“圈钱”现象无论是对国有企业、民营企业还是外资企业首发上市都是一样的。所不同的是，如果外企大量上市，巨额财富占有的主体将从国人转变为外国人。到那时，损害的可不仅仅是证券市场中流通股股东的利益，而是中华民族的利益。

我国的投资资本并不富裕。虽然我国的外汇储备居世界第一，但是投资资本并不多。教育、医疗、养老等社会保障因素的不确定性使得居民不愿意拿出更多的钱来进行投资，这从居民储蓄存款增长速度连续超过居民收入的增长速度就可以看出端倪①。这也是直接导致我国的资本市场融资体系过于依赖银行的中长期信贷，直接融资远比间接融资要低的原因。这种融资结构的不合理，不仅给企业，也给整个银行体系带来巨大风险隐患。在这种情况下，如果允许外资企业大量上市和向外企转让国有非流通股，将流失本已十分宝贵的直接融资资源，损害我国证券市场的持续融资功能。

3. 维护金融秩序稳定，必须控制中国证券市场开放速度

我国是世界上吸引外资最多的发展中国家，但曾经也是世界上第四大资本外逃国。为了获得超国民待遇，已经形成一批来自港、澳、台地区的伪外资，如果现阶段允许合资企业大规模上市和向外资大量转让上市公司国有股股权，则很有可能引发一轮假投资真“圈钱”的投机狂潮。

这种投机狂潮可能来自两个方面：

（1）国内资金非法出境，变成外资身份在通过回流国内“上市圈钱”或低价收购股权。

有学者认为我国是仅次于委内瑞拉、墨西哥和阿根廷的世界第四大资本外逃国。据财政部课题组研究资料显示，1997年、1998年、1999年我国资本外逃分别为364.74亿美元、386.37亿美元、238.3亿美元。由于我国对外资企业实行的是超国民待遇，各地政府对引入外资都有不同程度的税收和政策优惠，因此部分国内资本通过香港和台湾地区回流我国成为伪外资，这不仅对在国内守法经营的正常企业极不公平，同时也形成我国引进外资的虚假繁荣，影响我国的金融秩序。如果现阶段允许大量外资企业首发上市和大量向外资转让上市国有股股权，资本的这种循环流动将有加快的趋势，增加资本流动的不确定性，冲击我国的实体经济健康发展。

（2）国际短期资本的流入，影响国内资本结构。

自我国加入WTO之后，特别是2003年，人民币的升值压力增大，已有大量国际游资以各种途径流入我国，反过来推动人民币升值。如果现阶段允许外企首发上市和向外资转让国有股，会增加投机性外资流入量。因为我国大多数A股的市盈率仍比香港同类股票的平均市盈率高，虽然经过多年的调整，平均30多倍的市盈率和美国股市的市盈率差不太多，但股权分置的制度缺陷造成的超额利润同样会吸引国外游资的注意，巨大的利益诱惑会增加国际游资流入的速度冲击我国的实体经济。至少表现在以下三个方面：①增加人民币升值压力，人民币一旦升值，对我国实体经济的巨大负面影响是显而易见的；②国际短期投机资本的大量流入，会影响国内利率的期限结构，造成企业预期收益降低。这又进而影响到在我国的实业资本投入，从而扰乱正常的国内金融秩序，最终影响我国国民经济的健康发展。③短期资本的过量流入，会损害我国的资本结构，冲击我国的金融体系；同时巨额投机性短期资本的流入会造成国内融资结构的不合理，形成价格泡

---

① 央行《2003年一季度货币政策执行报告》，“改革开放以来，中国居民储蓄存款的增长速度一直高于经济增长和居民收入增长的速度。”

沫。目前已经允许外资银行开办人民币业务，增加了投机性资本变相流动的可能（例如通过经常项目的本外币掉期），短期资本涌入后产生的价格泡沫，流出后造成的资本空洞，将增加证券市场的价格的不确定性，增大市场的风险。拉美金融危机和韩国金融危机都是因为先有巨额外资流入，后有大量外资抽逃，最后引发整体金融危机，因此不可不防。

另外，我国证券市场投机气氛浓厚，股权分置改革之前暴露的欺诈上市、虚假信息披露、利润操纵、资产转移和滥用募集资金等违法违规行为从侧面反映了国内证券监管力量的薄弱。而韩国和拉美金融危机之所以有如此大的危害，很大程度上是和其监管体系对短期资本流动的控制不力联系在一起的，证券市场的开放超前于监管体系的建设已经被证明是不可取的。在这种情况下，我国如果突然加快证券市场开放的节奏，将会影响到我国民经济持续健康的发展。

从产业安全和产品的市场控制来看，重要产业被外商控制，主导产品长期被外企占领，其结果也必将是产业发展受制于人，政府的经济政策制定权旁落。在东欧私有化过程中，一些西方著名财力和跨国公司乘机而入，大量购买重要企业股份，如匈牙利原有国有企业的2/3落入外国人手中，全国200家最大企业中，有100家企业被外国财力控制，15家最大商业银行已有9家被外资占大部分股份①。为保护本国产业，许多国家包括美国、日本等发达国家在开放证券市场时也对外资的投资规模和投资领域加以限制。

4. 国内企业财富的保值增值需要限制证券市场的开放速度

证券市场应该是一个公开、公平、公正的市场。拉美国家的金融危机已经明确地告诉我们，一个公平竞争的市场对于社会稳定的重要性。而我国证券市场最大的问题恰恰就是非流通股股东对流通股股东的不公平，在这种制度没有根本解决前，加快证券市场的开放无异于“开门迎狼”，引起国内巨额社会财富损失的风险，损害证券市场生存的根基。具体表现在以下两个方面：

（1）财富以非经济方式向境外转移。

前文已经证明，现阶段加快证券市场开放，允许外资企业的首发上市将引起发行方——外资股股东资本的迅速增加。同样的原因，如果允许向外资转让国有非流通股，通过利用股权分置的制度缺陷，外资同样可以通过占用非流通股，进而以增发、配股等再融资手段来实现资本增值。这种资本增值，并不是由社会总财富增加带来的合理回报，而是通过占有非流通股股东的利益实现财富转移，是境内投资者对境外投资者的财富输送，是整个证券市场的损失。B股向境内投资者开放、B股增发A股、H股国内上市都已经明确地证明了这一点②。

（2）国内企业资产有被贱卖的风险。

从1990年至2004年15年间，共有12年为双顺差，累计经常账户顺差为2 569亿美元，资本账户顺差为3 178亿美元，2005年和2006年上半年继续保持这种局面。持续的双顺差对人民币产生了升值压力，国际上采用的购买力平价法，按方法计算人民币对美元大约在2:1左右。例如，根据英国《经济学人》杂志的“汉堡包（Big Mac）”指数，人民币1995年初至今被低估了大约55%。对于人民币低估多少，学术界有不同看法，但是人民币低估却是全世界经济学家的共识。受此观点影响，人民币资产成为全球最热门的资产。在香港的中资股从2000年开始大幅上涨，至今已经走了6年的牛市，在美国招股的中资企业也受到热捧。2003年我国证券市场QFII制度执行以来，申请增加额度的外国投资银行不断大幅增加。在人民币升值的背景下，如果贸然加快证券市场开放，向境外资本向出售股权，国内资产有大幅贱卖的风险，国内财富会通过非经济手段向境外转移。

5. 过快开放引发短期资本注入影响实体经济的发展

中国经济体制改革进入21世纪以后，国有资产退出绝大多数竞争性领域已是深化经济体制改

---

① 张颖主编：《中东欧国家经济转轨的若干理论与实践问题》，中国社会科学院东欧中亚研究所，1997年10月整理。

② 股权分置改革完成前见表8。

革的重要环节，而其中的国有股流通、转让却一直是困扰证券市场已久的难点。每一次有关国有股减持政策的出台，都引发了证券市场的系统性风险。因此2002年6月24日，管理层不得不宣布无限期推迟国有股通过证券市场减持，将这一矛盾暂且搁置。但随即于10月和11月份分别发布《上市公司收购管理办法》、《关于向外商转让上市公司国有股和法人股有关问题的通知》，增加了国有股向外资转让这一新的途径。虽然，这种变通从表面上看似合理，但是其实质却是增加了解决我国证券市场股权分裂矛盾的难度，应引起足够重视。

因此，国有股通过协议转让给外商，国家并不是最大的受益者，真正最大受益者是外资。首先，价格并不高，目前公布的公股转让的价格都停留在净资产附近，甚至还低；其次，外资可以通过极其便宜的价格获得对资源的垄断，社会财富也将迅速被转移；最后，外资通过占有非流通股，反过来侵占流通股股东的利益。这种对国家和人民都无利的事情，我们为什么急着做呢？

六、关于限制中国证券市场过快开放的相关问题研究及建议

1. 采取分阶段科学地循序渐进式的开放战略

在证券市场对外开放这个重大问题上，无论是发达的资本主义国家——美国、英国和日本还是新兴发展中国家（地区）——韩国、中国台湾都是采取非常谨慎的做法，表现在开放的准备时间都很长，限制条件严格。即使如此，大多数发展中国家在开放中还是遇到了各种各样的问题。拉美各国、韩国以及中国台湾等新兴发展中国家（地区）在资本市场的开放过程中都受到金融风暴的冲击，但仔细分析他们所受到的损失，可以发现这和资本市场开放限制条款是正相关的。限制最严格的中国台湾，所受的冲击最小；相反，限制最少的拉美国家所受的冲击也最大，危机发生的频率也越高（从1994年开始，连续三次发生金融危机）。这些国家的经验、教训告诉我们，在对待资本市场的开放问题上，谨慎地、科学地采取分阶段、渐进式的证券市场开放策略，是我国证券市场开放的较好选择。

在对待证券市场开放的具体内容上，我们应该更严格限制，区别对待。对于金融服务业，我们可以遵照加入WTO的承诺的时间表，采取分阶段、科学地、循序渐进式的开放策略。对待资本项目下的证券市场开放问题，我们可以借鉴中国台湾地区的QFII的经验。但是由于国内特有的股权分置的制度缺陷，所以我们应该比台湾更谨慎、限制条件更严格、开放周期更长。在股权分置问题开始解决之际为我国的证券市场的制度建设创造了良好的契机，目前阶段应该先着力解决制度和监管方面的缺陷。在全流通问题解决之前，应该坚持资本项目不自由兑换，无限期推迟外资企业在国内首发上市和向外资转让上市公司非流通股，避免酿成巨大的金融风险。

2. 改革证券监管体系，提高监管水平，增强抵御金融风险能力

发展中国家证券市场开放后，爆发金融危机的一个很重要的原因就是，其金融监管体系对于资本项目下的短期投资束手无策。因此建立一个高效、科学和合理的证券监管体系显得尤为重要，对于我们防范证券市场开放过程中可能带来的巨大风险，其作用不言而喻。

（1）通过一个真正公开、公平、公正的证券市场，保持市场的健康发展。

“信息公开、竞争公平、法律公正”的“三公”原则，是市场健康发展的基础。而我国证券市场现状告诉我们，我们离“三公”原则还差得很远。从信息公开角度上讲，我们只是刚刚从虚假上市进步到延迟披露，上市公司离信息完全、准确、及时披露的规范要求还差得很远，这就造成目前证券市场上内幕交易行为众多，证券市场的弱有效；市场公平竞争对投资者来说则更加困难，股权分置造成了我国证券市场根本上的不公平，短期内还难以彻底解决；而给予投资者公正的法律待遇，我们同样没有做到。

（2）改变监管理念，保护中小投资者利益。

管理层一定要做真正的裁判，不应成为任何一个强势主体的保护伞。应该通过保护最弱势群体——中小投资者，树立广大投资者对证券市场的信心。这符合最广大人民的利益。

（3）建立高效的监管体系和完备预警机制。

证券市场开放后，带来最大风险的是投机性强的短期资本。这一点从韩国、墨西哥和阿根廷的危机中可窥一斑。短期资本巨有流动性强、反应迅速和对金融安全冲击力大等特点。这就要求建立起一套高效的监管体系、完备的预警机制来加以监督，同时还需要一种有针对性的政策制约来减少其对资本市场的冲击。这套监管体系和预警机制还要能根据环境的变化不断地自我完善，以适应市场不断的变化。

（4）和外汇管理局、中国银监会、央行一起多部门加强协作，构建交叉的防范体系。

证券市场和货币市场紧密联系，是构成资本市场最重要的两大市场，而这两大市场又是天然的互相影响、互相渗透的。单一市场的有效监督很难使其效用最优化，这就要求相互市场间的监管机构互相协调，交叉防护来提高监管效率。特别是在证券市场的开放进程中，这一点显得尤为重要。

（5）加强政策研究广度和深度。

我国目前的证券市场监管水平还不高，政策出台的随意性很大，经常会引起反作用。对此，我们一定对政策加强研究的深度和广度。加强研究广度是为了保持政策的连续性和前瞻性，防止出现头痛医头，脚疼医脚的毛病；加强深度研究是为了能够真正做到对症下药。

附录

附录1：中国财政收入、财政支出和GDP（1981—2005年）情况表

年份	财政收入（亿元）	财政支出（亿元）	支出－收入（赤字：亿元）	GDP（亿元）	赤字÷GDP（财政赤字率，%）
1981	1 176	1 138	－37	4 862	－0. 761
1982	1 212	1 230	18	5 295	0. 34
1983	1 367	1 410	43	5 935	0. 725
1984	1 643	1 701	58	7 171	0. 809
1985	2 005	2 004	－1	8 964	－0. 011
1986	2 122	2 205	83	10 202	0. 814
1987	2 199	2 262	63	11 963	0. 527
1988	2 357	2 491	134	14 928	0. 898
1989	2 665	2 824	159	16 909	0. 94
1990	2 937	3 084	147	18 548	0. 793
1991	3 150	3 387	237	21 618	1. 096
1992	3 483	3 742	259	26 638	0. 972
1993	4 349	4 642	293	34 634	0. 846
1994	5 218	5 793	575	46 759	1. 23
1995	6 242	6 824	582	58 478	0. 995
1996	7 408	7 938	530	67 885	0. 781
1997	8 651	9 234	583	74 463	0. 783
1998	9 876	10 798	922	78 345	1. 177
1999	11 444	13 188	1 744	82 068	2. 125

（续上表）

年份	财政收入（亿元）	财政支出（亿元）	支出 - 收入（赤字：亿元）	GDP（亿元）	赤字 ÷ GDP（财政赤字率,%）
2000	13 395	15 887	2 491	89 404	2. 786
2001	16 371	18 844	2 473	95 933	2. 578
2002	18 904	22 053	3 150	116 694	2. 699
2003	21 715	24 650	2 935	121 103	2. 424
2004	26 396	28 487	2 091	136 515	1. 532
2005	31 628	33 708	2 080	182 321	1. 141

注：

1. 在国家财政收支中，价格补贴 1985 年以前冲减财政收入，1986 年以后列为财政支出。为了可比，本表将 1985 年以前冲减财政收入的价格补贴改列在财政支出中。

2. 财政收入中不包括国内外债务收入。

3. 从 2000 年起，财政支出中包括国内外债务付息支出。

4. 数据来源：国家统计局《中国统计年鉴》。

5. 本届证监会近年来除弊兴利做了大量工作，这一点已明显改善。

附录 2：世界主要证券市场周波动率比较

国家或地区	换手率（%）	国家或地区	换手率（%）
中国	11. 89		
亚洲		拉丁美洲	
中国香港	4. 32	智利	3. 19
印度尼西亚	7. 65	墨西哥	4. 76
韩国	5. 15	委内瑞拉	7. 75
马来西亚	5. 52		
菲律宾	4. 77		
中国台湾	5. 35		
泰国	5. 89		
欧洲发达国家		G7	
丹麦	2. 49	加拿大	1. 86
芬兰	3. 37	法国	2. 57
爱尔兰	2. 59	德国	2. 68
挪威	3. 38	意大利	3. 51
葡萄牙	2. 79	日本	3. 72
西班牙	2. 93	英国	2. 26
瑞典	3. 09	美国	1. 94

数据来源：Graciela Kaminsky，Sergio Schmukler：Short – Run Pain，Long – Run Gain：The Effects of Financial Liberalization，2002。

附录3：世界主要证券市场部分开放与全面开放的时间跨度

国家或地区	成立时间	证券市场开放时间	金融市场部分开放时间	金融市场全面开放时间	部分开放到全面开放的时间
亚洲新兴市场					
中国香港	1891年	1973年以前	1973年1月	1994年8月	21年
印度尼西亚	1912年	1988年12月	1983年1月	1988年12月	6年
韩国	1956年	1991年1月	1993年1月	1996年1月至1998年12月	3年
马来西亚	1973年	1988年1月	1979年6月至1998年8月	1991年2月至1993年12月，1994年9月至1997年12月	12年
菲律宾	1927年	1986年3月	1986年3月	1994年1月	8年
中国台湾	1961年	1987年1月	1987年1月	1997年1月	10年
泰国	1974年	1990年1月	1990年1月	1992年1月至1997年4月，1998年1月至今	2年
欧洲中等发达国家					
丹麦	1681年	1973年以前	1973年1月至1975年12月，1978年3月至今	1998年10月	15年
芬兰	1912年	1990年1月	1987年1月	1990年1月	3年
爱尔兰	1793年	1992年1月	1985年5月	1992年1月	7年
挪威	1819年	1989年1月	1985年9月	1989年1月	3年
葡萄牙	1825年	1973年以前至1975年12月，1986年1月	1986年1月	1990年3月	4年
西班牙	1831年	1973年以前	1974年1月	1980年1月	6年
瑞典	1863年	1980年1月	1980年1月	1985年1月	5年
G7成员国					
加拿大	1874年	1973年以前	1973年1月	1973年1月	0年
法国	1700年	1973年以前	1985年1月	1985年7月	0年
德国	1585年	1973年以前	1973年1月	1973年1月	0年
意大利	1904年	1973年以前	1974年1月至1974年12月，1981年1月	1987年5月	13年
日本	1878年	1985年1月	1980年7月	1985年1月	5年
英国	1802年	1973年以前	1973年10月	1981年1月	7年

（续上表）

国家或地区	成立时间	证券市场开放时间	金融市场部分开放时间	金融市场全面开放时间	部分开放到全面开放的时间
美国	1792年	1973年以前	1973年1月	1973年7月	0年
拉丁美洲新兴市场国家					
阿根廷	1985年	1977年1月至1982年6月，1987年10月至今	1977年1月至1982年3月，1989年1月	1978年12月至1982年3月，1989年12月	1年
巴西	1891年	1991年6月	1976年1月至1979年1月，1989年1月至今	1991年6月至1993年12月，1995年3月至今	15年
智利	1893年	1987年1月	1979年6月至1982年11月，1987年1月	1990年4月至1991年5月，1992年1月至今	11年
哥伦比亚	1928年	1991年1月	1991年1月	1998年9月	8年
墨西哥	1894年	1989年1月	1974年1月至1982年7月，1989年4月至今	1991年11月	18年
秘鲁	1951年	1992年1月	1991年1月	1992年1月	1年
委内瑞拉	1840年	1977年1月至1987年12月，1990年1月至1993年6月，1995年6月至今	1977年1月至1984年1月，1989年3月至1993年12月，1996年4月至今	1981年8月至1983年1月，1990年1月至1993年6月，1996年4月至今	4年

数据来源：陆梅婷《中国股票市场开放绩效的实证分析及相关问题研究》。

附录4：世界主要证券市场开放与资本市场开放的时间跨度

国家或地区	资本账户开放时间	证券市场开放时间	证券市场开放到资本账户开放
亚洲			
中国香港	1973年1月	1973年以前	1年以上
印度尼西亚	1988年1月至1991年2月	1988年12月	5年
韩国	1993年1月	1991年1月	2年
马来西亚	1979年6月至1993年12月，1994年9月至1998年8月	1988年1月	先开放资本账户
菲律宾	1976年1月至1982年12月，1994年1月至今	1986年3月	先开放资本账户
中国台湾	1997年1月	1987年1月	10年

（续上表）

国家或地区	资本账户开放时间	证券市场开放时间	证券市场开放到资本账户开放
泰国	1979 年 1 月至 1981 年 12 月，1992 年 1 月至 1997 年 4 月，1998 年 1 月至今	1990 年 1 月	先开放资本账户
欧洲中等发达国家			
丹麦	1988 年 10 月	1973 年以前	15 年
芬兰	1987 年 1 月	1990 年 1 月	先开放资本账户
爱尔兰	1992 年 1 月	1992 年 1 月	7 年
挪威	1980 年 1 月至 1981 年 12 月，1988 年 1 月至今	1989 年 1 月	先开放资本账户
葡萄牙	1992 年 8 月	1973 年以前至 1975 年 12 月，1986 年 1 月	6 年
西班牙	1980 年 1 月	1973 年以前	6 年
瑞典	1984 年 1 月	1980 年 1 月	4 年
G7 成员国			
加拿大	1975 年 3 月	1973 年以前	2 年以上
法国	1990 年 1 月	1973 年以前	17 年以上
德国	1981 年 3 月	1973 年以前	8 年以上
意大利	1987 年 5 月	1973 年以前	14 年以上
日本	1980 年 7 月	1985 年 1 月	先开放资本账户
英国	1973 年 10 月	1973 年以前	1 年以上
美国	1973 年 7 月	1973 年以前	1 年以上
拉丁美洲			
阿根廷	1978 年 12 月至 1982 年 3 月，1989 年 12 月至今	1977 年 1 月至 1982 年 6 月，1987 年 10 月至今	2 年
巴西	1990 年 1 月至 1993 年 12 月，1995 年 3 月	1991 年 6 月	先开放资本账户
智利	1979 年 6 月至 1982 年 12 月，1991 年 7 月至今	1987 年 1 月	先开放资本账户
哥伦比亚	1991 年 1 月	1991 年 1 月	0 年
墨西哥	1973 年以前至 1982 年 7 月，1991 年 11 月至今	1989 年 1 月	4 年
秘鲁	1973 年以前至 1986 年 12 月，1991 年 11 月至今	1992 年 1 月	先开放资本账户
委内瑞拉	1973 年用前至 1983 年 1 月，1989 年 3 月至 1993 年 12 月，1996 年 4 月至今	1977 年 1 月至 1987 年 12 月，1991 年 1 月至 1993 年 6 月，1995 年 6 月至今	先开放资本账户

数据来源：陆梅婷《中国股票市场开放绩效的实证分析及相关问题研究》。

中国企业海外上市问题研究

——成就、遭遇

复旦大学硕士　沈文莹　　复旦大学博士　赵明勋

编者按：本文是在笔者指导的沈文莹的硕士论文及赵明勋的博士论文基础上合作编写的。由于问题很重要，对不少准上市企业都有启迪，故篇幅较重。两作者均年青才俊、十分优秀，文章也写得相当好。

一、中国企业海外上市的历史背景

1990 年 12 月 19 日和 1991 年 7 月 3 日，上海证券交易所、深圳证券交易所才分别设立。这标志着中国证券市场进入集中交易、集中过户、计算机配对竞价交易的证券市场的形成。证券交易由场外分散交易进入场内集中交易，各地证券公司、证券业务部的股票委托买卖、自营买卖，均需通过交易所才能成交，力图杜绝上市股票的一切场外交易和黑市交易。与此同时，中国证券市场的国际化过程也开始起步了。

在当时的情况下，由于外汇管制较严，不可能允许外国的投资者或者外国的中介机构直接进入到中国这个市场里来进行交易。同时，又因为中国企业股份制改革才刚刚起步，当时没有公司法，而且实行的是国有企业的会计制度。这必然使国外投资人对企业的经营业绩、治理结构发生怀疑，从而对其投资能否受到保护，能否得到相应回报缺乏信心。为解决这一问题，由香港联交所和证监会以及中国内地当时的中国人民银行、国务院港澳办、国家体改委有关的专家共同组成国务院证券事务内地香港联合工作小组，甚至还牵涉到其他部门一起讨论这个问题，进行体制上的突破。中国企业海外上市面临的问题主要是三个方面。第一个是法律问题，当时我们没有公司法，连企业法都没有颁布，所有的企业都叫国有企业。企业的股份资产没有折成任何股份，产权也不清楚，没有董事会、股东会、监事会，只有党委会、职代会、工厂委员会。解决的办法就是“老三会”不废，“新三会”加进去。第二个大的障碍就是会计制度，当时国内会计制度和国际会计制度有很大的差异。第三个方面，上市过程中引进的境外资金，这些资金如何自由进出的问题。通过国务院证券事务内地香港联合工作小组的谈判，然后由国务院的各个部门形成专门的文件，才打开了中国企业到海外上市之路。

1998 年 12 月通过的《中华人民共和国证券法》第 29 条规定：境内企业直接或间接到境外发行证券或者将其证券在境外上市交易，必须经国务院证券监督管理机构批准。

国务院 1994 年发布的《关于股份有限公司境外募集股份及上市的特别规定》规定：公司在发行计划确定的股份总数内，分别发行境外上市外资股和内资股的，应当分别一次募足。分别发行计划应当在公司募集股份的招股说明材料中全面、详细披露。公司可以与包销商在包销协议上约定，在包销数额之外预留不超过该次拟募集境外上市外资股数额 15% 的股份。境外上市外资股，可以采取一般上市形式，即采取记名股票形式，以人民币标明面值，在境外公开的证券交易所由境外投资人以外币认购，也可以采取境外存股证形式或者股票的其他派生形式。

中国证监会 1999 年发布的《关于企业申请境外上市有关问题的通知》中规定，公司申报境外上市须具备如下条件：净资产不少于 4 亿元人民币，过去一年税后利润不少于 6 000 万人民币，并有增长潜力，按合理预期市盈率计算，筹资额不少于 5 000 万美元（俗称“456”要求）；具有规范的法人治理结构及较完善的内部管理制度，有较稳定的高级管理层及较高的管理水平；上市后分红派息有可靠的外汇来源，并符合国家有关的管理规定；证监会规定的其他条件。对于到海外创业板上市也作了简要规定：依法设立并规范运作的股份有限公司；公司及主要发起人在最近两年内没有重大违法违规行为；国家科技部认证的高新技术企业优先批准。

由于境内企业以本公司名义直接向境外证券主管部门申请发行登记注册，发行股票（或其他衍生金融工具），并向当地证券交易所申请挂牌上市交易（如在香港上市的H股、新加坡上市的S股、美国纽约上市的N股等）程序繁复，成本高、时间长，所以许多企业，尤其是民营企业为了避开国内复杂的审批程序，选择到境外注册公司，再以境外公司以收购、股权置换等方式取得国内资产的控股权，然后将境外公司拿到境外交易所上市。这种间接上市方式一定程度上能够规避政策监控，还可能利用避税岛政策，实现合理避税。针对这种情况，中国证监会希望把境内企业通过重组后在境外上市的行为纳入正常的监管范围。2000年6月9日，中国证监会对境内各律师事务所发出了《关于涉及境内权益的境外公司在境外发行股票和上市有关问题的通知》（证监发行字［2000］72号），简称证监会“72号文”，对境内企业境外上市的合法性进一步作出规定。这一通知成为境内企业（包括民营企业）境外上市必须遵循的条例。2003年4月1日中国证监会《关于取消第二批行政审批项目及改变部分行政审批项目管理方式的通知》已取消中国律师出具的关于涉及境内权益的境外公司在境外发行股票和上市的法律意见书审阅（也称“无异议函”）；2003年11月20日中国证监会《关于废止部分证券期货规章的通知（第四批）》（证监法律字［2003］15号）废止了证监会“72号文”。至此，中国企业海外上市的“无异议函时代”随之宣告终结。这大大促进了境内企业采用“红筹模式”海外上市的进程。

二、中国企业海外上市的历程

1984年，华润集团与中银集团通过新琼有限公司注资香港上市公司康力投资有限公司，控制了康力投资67%的股权，迈出了中国企业进入海外证券市场的第一步。1993年7月，青岛啤酒成为首家直接在海外挂牌上市的国有企业。中国经济持续高速发展，中国企业对海外投资者的吸引力也不断增强。大批国有企业、民营企业纷纷到海外上市。据香港联合交易所统计，截至2005年底，中国共有120家H股公司、89家红筹股公司和126家境外非国有企业在香港上市，在港上市企业总市值达到31 920亿港元（如果以1:1.06的汇率计算，折合人民币33 835.2亿元），超过了内地沪深股市32 430亿元人民币的总市值，更远远超过同期沪深股市10 629亿人民币的流通市值（是其3倍）。并且，这还不包括在新加坡、美国、英国、加拿大、新西兰等地区上市的内地企业（如中国森林在加拿大，海王制药、天津制药在澳大利亚，太平洋投资在爱尔兰上市，还有6家在伦敦证券交易所主板上市，5家中国内地公司在伦敦创业板上市）。中国企业海外上市形成了一波高过一波的浪潮，主要经历了以下几个阶段：

1. 1992年底—1994年：制造业企业海外上市浪潮。1992年底中国证监会成立后，批准第一批国内企业到海外上市。1993年7月，第一家内地企业青岛啤酒在港挂牌上市，随后上海石化、马鞍山钢铁等6家大陆国有企业当年在港成功发行H股并上市。他们的主挂牌在香港，但通过全球存股证方式（GDR）和美国存股证方式（ADR）分别在全球各地和美国纽约证券交易所上市。这是中国公司第一次在海外上市，很快在香港和纽约的证券交易所形成一股热潮。受1994年下半年的墨西哥金融危机影响，以及企业自身体制缺陷，第一次浪潮很快褪去。

2. 1995年，以基础设施类企业海外上市为主。“九五”期间，中国大力发展制约国民经济发展的电力、交通等基础设施产业，华能电力国际、中国东航、南方航空、大唐发电等公司就是这股浪潮的代表。这些公司的上市，很快吸引了那些想购买中国基础设施股票的投资者的注意，因为他们认为中国在基础设施领域具有广阔的发展前景，纷纷购买这类股票。然而好景不长，由于受当时国内市场经济疲软，许多项目被迫停建、缓建，以及基础设施领域恶性竞争等因素的影响，此类企业亏损严重，致使国外投资人抛售这些公司股票，造成股价狂跌。

3. 1996—1997年：在海外注册成立并由内地政府机构控股的红筹股海外上市浪潮。航天科技、招商局、上海实业、北京控股、广东粤海等在香港注册的内地控制公司，上市后再次成为海外投资者的追捧对象。红筹股指数从1996年下半年到1997年上半年上涨了198%，远远超过恒生指数39%的上涨幅度。股价上涨引发了新一波的红筹股上市浪潮，1996年新上市红筹股5家。

1997年的涨势没有维持多久，东南亚金融危机来临，波及范围很广，香港、新加坡、美国等地股市都受到了不同程度的冲击，H股指数从1997年8月26日的高峰1 783点跌至年底的732点，跌去了2/3。1998年全年，只有华能国际、兖州煤矿2家H股公司挂牌。美国股市对中国股市大门紧闭长达15个月。1998年国企股基本上呈单边下跌趋势，41只香港H股除了科龙外，全部跌破发行价，有的甚至跌破面值。1999年，H股走势和恒指走势再次发生明显背离。恒指在2000年已经突破17 000点大关，H股却还在不断走低。

4. 1999年开始，美国掀起高科技企业热，纳斯达克指数1999年涨幅超过60%，是道琼斯指数增幅的3倍，内地的中华网、新浪网、侨兴环球（内地第一家境外上市的民营企业）等就在这一背景下，在美国纳斯达克市场上市。

由于受到亚洲金融风暴等因素影响，H股股市长期萧条，发行H股的企业融资能力受到影响。2000年下半年，中国证监会开放了“一企一股”的政策，鼓励H股企业在国内增发A股。随后广州药业、宁沪高速等多家H股企业开始在国内增发A股筹资，2001年6月，仅中国石化一家，28亿招股意向书正式发布，在国内证券市场就一次性筹资118亿元。这种“一企两股”的做法，由于国内股价是美国、香港市场上的几倍，很快产生了国内A股权益向H股、N股转移的问题，对H股、N股股东是有利的，这就造成了2001年3月至6月，H股价格普遍上涨，交易活跃，国企指数亦上升约40%。

5. 2000年至今：大型国有企业、高科技企业、民营企业竞相海外上市。这些企业中既有以石油、电信、金融保险类为代表的大型的、带有垄断性的企业，如中国电信、中国海洋石油、中国人寿；也有我国第一家境外上市的民营高科技企业，如侨兴环球、无锡尚德；还有以互联网、电子商务为特色的企业，如中华网、新浪网、网易。这些股票在海外市场上均有不凡的表现。不过，也有的公司遇到了一些问题，有的企业受到证券监管部门的处罚，有的企业则面临着股东的集体诉讼。

表1是中国证券监督管理委员会统计的中国企业在香港以及（部分）新加坡上市的筹资情况，尽管这些数据并未包括所有类别上市公司（如红筹股、境外注册内地个人控股企业），以及所有上市地（如英国、美国、加拿大）的上市公司，但这些数字也基本上反映了中国企业在海外上市情况和走势。从表中可以看出，2000年以来，中国企业在海外上市的浪潮呈愈演愈烈之势。统计显示，截至2004年底，中国公司在新加坡上市的有47家，在美国上市的有36家，在香港上市的公司更多，其中H股109家，红筹股84家。伦敦、多伦多、东京等交易所也出现了不少中国公司的身影。海外上市的中国企业已经形成了不小的规模。截至2004年底，海外上市公司总流通市值达到22 098亿人民币，已经远远超过国内深沪两市11 688亿人民币流通市值。2005年竟达206.47亿美元，是此前12年总和的一半以上（60%）。

表1　境外上市外资股筹资统计简表

年度	家数			退市家数	筹资额（亿美元）
	首次发行	增资发行	可转换债券		
1993	6				10.49
1994	12				22.34
1995	2	1			3.79
1996	6	1	1		12.12

（续上表）

年度	家数			退市家数	筹资额（亿美元）
	首次发行	增资发行	可转换债券		
1997	17	2	2		46.85
1998	1	2			4.57
1999	3				5.69
2000	5				67.90
2001	8	1		1	8.82
2002	16	1			23.23
2003	18	3	2		64.92
2004	18	8			78.26
2005	12	12		1	206.47
合计	124	31	5	2	555.44

说明：从中国证券监督管理委员会公布的境外上市公司名录来看，显然仅包括了内地在香港上市公司和部分新加坡上市公司，并且，筹资总额还包括了增资发行和可转债的发行。因此，其他统计方式得出的数据与这一统计结果可能不一致。

来源：中国证券监督管理委员会（www.csrc.gov.cn）。

三、中国企业海外上市地区分布及方式

1．中国企业海外上市的地区分布

中国海外上市企业已达400多家（含内地政府机构和内地个人控制的在境外注册公司），主要分布于香港、新加坡、美国和英国。其中，由于地缘和文化关系，在香港上市的公司最多。仅内地来港上市公司就有335家，市值超过3万亿港元，平均每家超过95亿港元。由于在后文会专门研究香港上市公司，这里对香港上市内地公司情况不再深入介绍。

表2　中国企业海外上市主要上市地分布情况

上市地	上市家数	市值	平均市值
香港	335①	31 921亿港元	95.29亿港元
纽约证券交易所	16③	3 553.39亿美元	222.09亿美元
纳斯达克交易所	18②	141.956 8亿美元	7.9亿美元
美国OTC公告板	33②	8.907 964亿美元	0.27亿美元
新加坡	88	156亿新元	1.77亿新元
伦敦交易所	6	74.7亿英镑	12.45亿英镑

注：①2005年香港交易所统计数据。②截止日期2004年12月1日。纽约交易所上市公司市值来自雅虎财经网站汇总所得，计算未包括香港注册的内地公司。③截止日期2006年1月14日。因有的上市公司为双重或多重上市（见下文），以上数据不可加，并且一些交易所上市公司统计不完全。

资料来源：伦敦证券交易所（http：//www.londonstockexchange.com），纽约证券交易所（http：//www.nyse.com），香港联合交易所（http：//www.hkex.com.hk），《中国证券报》（2006.1.17），雅虎财经（http：//cn.biz.yahoo.com/stock/overseas.html）。

（1）纽约交易所上市中国企业

在纽约交易所以美国存托凭证（ADR）方式 IPO 上市公司 16 家，总市值达到 3 553 亿美元，平均每家达到 222 亿美元，一般都是大型国有企业转制而来。如中国石油、中国石化、中国电信、中海油、中国人寿等都有数百甚至上千亿美元的市值。刚刚在纽约交易所上市的民营企业无锡尚德市值也达到 49 亿美元。这些公司通过首次发行（IPO）筹资达到 244 亿美元。

表 3　纽约上市中国内地公司情况

名称	所属行业	上市日期（IPO）	IPO 筹资（亿美元）#	市值（亿美元）*	第一大股东	第一大股东持股比例
中国石油	石油、天然气开采	2000 年 4 月 6 日	29	1 589.98	中石油集团	90%
中国石化	石油、石油化工	2000 年 10 月 18 日	30	478.16	中国石化集团	55.06%
华能国际	电力供应	1994 年 10 月 6 日	6.25	84.48	华能国际电力开发公司	43.12%
上海石化	石化	1993 年 7 月 26 日	3.43	33.26	中国石油化工股份有限公司	55.56%
中国铝业	冶炼业	2001 年 12 月 11 日	4.86	84.81	中国铝业公司	44.4%
广深铁路	铁路交通	1996 年 5 月 13 日	5.44	15.66	广州铁路集团	66.9%
兖州煤业	煤炭开采	1998 年 3 月 31 日	2.68	34.92	兖矿集团	54.33%
东方航空	航空业	1997 年 2 月 4 日	2.82	8.00	中国东方航空集团	61.64%
南方航空	航空业	1997 年 7 月 30 日	7.19	13.16	中国南方航空集团	50.3%
中国电信	通信业	2002 年 11 月 14 日	15.2	319.36	中国电信集团	77.78%
中国网通	通信业	2004 年 11 月 16 日	11.4	112.58	中国网络通信集团	70.5%
中国联通	通信业	2000 年 6 月 21 日	56.5	111.87	中国联合通信有限公司	77.47%
中国人寿	金融保险	2003 年 12 月 17 日	34.7	269.79	中国人寿保险集团	72.7%
中芯国际	半导体制造	2004 年 3 月 17 日	18	27.79	上海实业控股有限公司	12%
中海油	石油、天然气开采	2001 年 2 月 27 日	12.6	320.35	中国海洋石油总公司	70.6%
无锡尚德	太阳能制造	2005 年 12 月 14 日	4	49.22	施正荣	46.89%
合计				244.07	3 553.39	

注：* 市值的计算以 2006 年 1 月 14 日已收盘价格为准。"#" IPO 筹资金额为海外 IPO 筹资金额，对两地以上 IPO 公司只计算 IPO 的总集资额。

来源：纽约证券交易所，雅虎财经，媒体信息整理。

从表 3 可以看出，在纽约交易所上市的 16 家中国企业中，有 12 家为国有绝对控股上市公司，2 家为国家相对控股，中芯国际的第一大股东为国有控股上市公司，只有无锡尚德一家为个人相对控股。这些上市公司主要集中于对国民经济发展极为重要的能源、交通等等瓶颈产业，有一定垄断性的通信产业，以及新技术行业。能源行业如中国石油、中海油、中国石化、中国铝业、兖州煤业、华能国际等等，这些企业有一定的垄断性，是国民经济中的瓶颈产业。交通行业中有东方航空、南方航空、广深铁路三家上市公司，通信行业为中国电信、中国联通、中国网通，这些企业也是具有垄断性的大企业。可见，纽约交易所庞大的市场规模决定了融资承受能力强，因而其对于那些大型的、业绩较为稳定的上市公司具有较强的吸引力。

（2）纳斯达克交易所上市中国企业

在纳斯达克上市公司17家，多为网络高科技股，一般属于规模不大，筹资规模较小，15家公司仅筹资14亿美元左右。但是，由于这些公司多属网络高科技股，增长速度很快，市值较高，总市值超过140亿美元，平均每家公司市值约8亿美元。因此，纳斯达克对网络、高新技术公司吸引力较大，这些公司成长性好，并且能够得到市场专业分析师的评估，是中国创业类高科技公司上市的理想地点之一。

表4　2004年底中国在纳斯达克上市公司情况

名称	所属行业	上市日期（IPO）	IPO筹资（亿美元）	市值（亿美元）	第一大股东③	大股东持股占比
中华网	网络股	1999年7月13日	0.86	4.881	股权分散	–
亚信	信息技术	2000年3月3日	1.2	2.788	联想集团	15%
UT斯达康	通信技术	2000年3月3日	2	22.33	日本软银	52.3%
新浪	网络股	2000年4月13日	0.66	18.64	盛大网络	19.5%
网易	网络股	2000年6月30日	0.695	16.77	丁磊	58.5%
搜狐	网络股	2000年7月13日	0.598	6.186	张朝阳	27.3%
携程网	网络股	2003年12月9日	0.75	7.43	日本乐天	20.4%
掌上灵通	无线增值	2004年3月5日	0.7	2.327	股权分散	
侨兴电话	制造业	1999年2月17日	0.089	1.532	吴瑞林	不详
盛大网络	网络股	2004年5月13日	1.5	28.47	陈天桥家族	60%
汤姆在线	通讯	2004年3月10日	1.94①	6.992	李嘉诚	不详
空中网	网络股	2004年7月9日	1	4.676	中国资本（香港）	不详
前程无忧	网络股	2004年9月30日	0.735	9.537	甄荣辉	30.6%
e龙	网络股	2004年10月28日	0.621	2.977	Inter Active Corp	30%
中国节能技术	能源	2004年12月3日②	–	2.28	Sun Li	不详
中国汽车系统	制造	2004年8月24日②	–	3.598	不详	不详
金融界	网络股	2004年10月15日	0.806	2.463	美国IDG	不详
合计			14.154	143.877		

注：①在香港和纳斯达克两地上市筹资额。②由美国柜台交易公告板（OTCBB）转移到纳斯达克小型资本市场。③由于全流通，大股东及持股比例只是参考。市值的计算以2006年1月14日收盘价格为准。

此外，在美国柜台交易公告板（OTCBB）上市公司33家，这些公司属于高风险的创业板块，一般规模较小，这些公司总市值也只有8.9亿美元（2006年1月14日收盘价）。OTCBB本身并没有融资功能（即使能筹集到资金，数额也很小），企业上市后仅是获得了参与美国小额资本市场交易的资格而已。如果企业在交易价格等达到了一定的水平，则可以转到纳斯达克市场交易或者美国证券交易所（AMEX），通过增发、配股等筹资。如中国节能技术和中国汽车系统就是在

OTCBB借壳上市后转到纳斯达克市场交易的，飞鹤乳业、天津天狮等则是在美国证券交易所交易。因此，对于中国企业来说，通过OTCBB上市融资有限，只有通过更好的业绩和更好的股票价格才能实现到纳斯达克市场或美国证券交易所上市，这对企业无疑是一种挑战。

（3）伦敦交易所上市中国企业

从1997年3月24日北京大唐发电股份有限公司成功上市到现在，共有6家公司在伦敦交易所上市。这些公司有中国石化、中国国际航空、浙江高速、东南电力、大唐电力和江西铜业，可见，都是属于电力、交通、石化、有色金属等能源资源和交通运输等在国民经济中处于瓶颈或者支柱地位的产业企业。这些公司通过IPO共筹资49.58亿美元，有力地支持了中国瓶颈产业、支柱产业相应企业的发展。这6家公司有4家是由国有集团公司绝对控股，其他两家公司是相对控股，这反映了这些企业由原来的国有企业改制上市而来，也反映了我国对于海外上市的资源、交通等关系在国民经济处于重要地位的企业进行了必要的控制。此外，还有部分在海外注册成立的中国企业在伦敦交易所高增长板块上市（AIM），这些公司均为技术类、高增长公司，一般融资规模很小。如2005年，在伦交所创业板挂牌的11家中国公司，总融资约2.5亿美元，平均仅2 000多万美元（中国证券报2006年1月17日）。

表5　中国在伦敦交易所（主板）上市公司情况

名称	所属行业	上市日期（IPO）	IPO筹资额（亿美元）	市值（亿美元）	第一大股东	大股东持股比例
中国国航	航空、机场	2004年12月15日	10.8	10.094	中航集团	51.16%
中国石化	化工、材料	2000年10月18日	30	91.445	中国石化集团	55.06%
大唐电力	电力	1997年3月20日	4.46	10.408	中国华北电力集团公司	35.43%
江西铜业	有色金属	1997年6月12日	2.02	5.763	江铜集团	52.4%
浙江高速	交通建设	2000年5月5日	①	8.923	浙江交通投资集团	56%
东南电力	电力	1997年9月23日	2.3	1.776	浙江电力公司	39.8%
合计			49.58	128.409		

注：市值为2005年底伦敦交易所统计；IPO筹资额未考虑两地上市情况，只计IPO筹资总额；①1997年5月香港IPO，伦敦为第二上市地。市值为伦敦证券交易所公布的数字，按2005年12月30日英镑兑美元汇价折算。

资料来源：伦敦证券交易所（http：//www.londonstockexchange.com）以及媒体公开披露信息搜集整理。

（4）新加坡上市内地企业

海外上市目的地中，新加坡股票交易所是中国企业海外上市较集中的地点之一。资料显示，在新加坡新上市的中国企业数量增长极其迅猛，2003年为14家，2004年为31家。2005年有24家中国企业在新加坡交易所IPO。到2005年底，共有88家中国大陆公司在新加坡挂牌上市，总市值约156亿新元。在新加坡上市的企业筹资额和市值一般较小，其中，到新加坡挂牌的中资企业平均筹集的资金是1 700万美元（《联合早报》2006年1月3日），市值一般在1亿—2亿新币（1新币约合5元人民币）。

从中国在新加坡上市企业的行业类别来看，差不多七成属于制造业，剩下的有服务业、农业、基础设施业，此中又形成了一些包括食品、化纤行业、环保行业、包装印刷行业等板块。这与新加坡上市中国企业主要为民营企业有关，企业经营规模较小，市场地位也不高。同时，在新加坡上市的中国企业中，国有企业较少，这与新加坡交易所自身规模较小，融资能力有限有关，从而对于大型的中国国有企业缺乏吸引力。

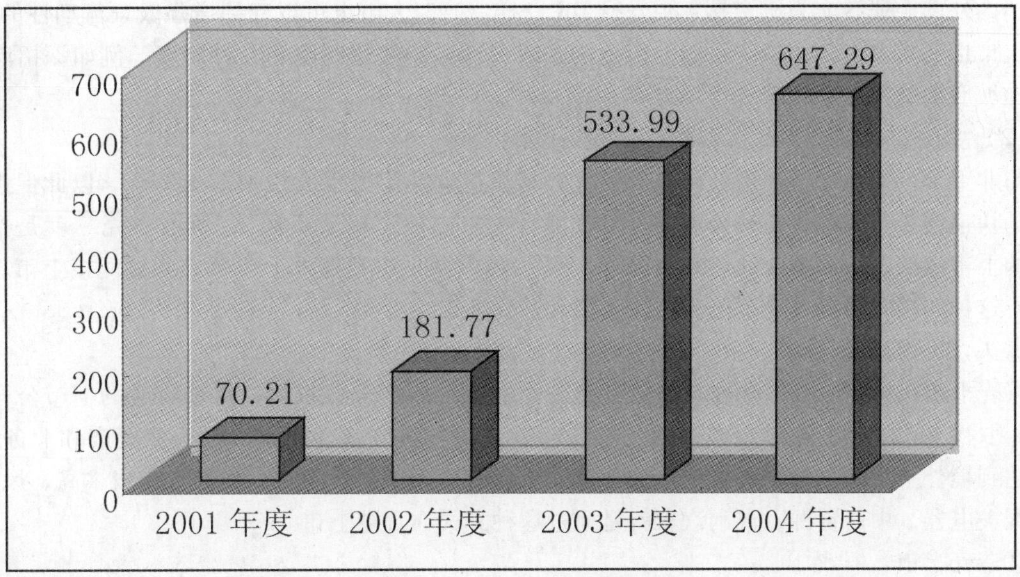

图 1 历年 H 股股票发行筹资额（单位：亿元）

数据来源：根据国研网和中国证监会网站公布的数据整理得到。

2. 中国企业海外上市的方式

中国企业海外上市的方式多种多样。海外上市企业按上市公司的名义主要可分为直接上市和间接上市两类。

（1）中国企业海外上市方式之一：直接上市

直接上市是指国内公司名义在海外上上市，其主要形式有以下几种：

①在海外证券交易所直接挂牌。

它是指国内公司在海外证券交易所直接挂牌，做第一上市。直接挂牌要求上市公司遵守上市国家或地区的法律制度和会计标准，要求符合上市证券交易所的上市规定。

②发行存股证（DR）和可转换债券（CB）模式。

存股证（Depositary Receipt，简称 DR），又称为存券收据或存托凭证，是指某国上市公司为使其股份在国外流通，将议定数据的股票委托某一中国的存托银行在外地发行代表该股的一种替代证券。如，在美国发行的存股证叫做美国存股证（ADR）。1993 年 12 月起，上海二纺机股份有限公司、上海轮胎橡胶股份有限公司、上海氯碱化工股份有限公司三家发行 B 股的公司首先在美国发行了存股证。2004 年，通过发行存托凭证前往美国纽约交易所和纳斯达克上市融资的中国公司达到了 12 家，平均每月就有一家。DR 融资明显升温，正成为中国企业走向国际市场的一个重要手段。发行 DR 的好处在于：一是扩大了投资者的范围，为公司筹资提供了更为广泛的基础；二是提高了公司在发行国家或者地区的知名度。

可转换债券（Convertible Bond，简称 CB）是公司发行的一种债券，它规定债券持有人在债券条款规定的未来某一个时间内可以将这些债券转换成发行公司一定数量的普通股票。在海外发行可转换债券上市模式具有以下优点：其一，便于国内企业低成本在海外债券市场筹集资金，既可以降低融资成本又可以增加财务控制机会。其二，可转债具有股票的某些性质，为外国投资者投资中国公司的股票提供回避风险的方法，受到了广大外国投资者的欢迎。但是可转债在海外上市对国内企业的信用等级要求极高，一般国内企业很难满足要求。中国海洋石油有限公司 2004 年在香港曾经发售过总值为 8.5 亿美元、2009 年到期的零息可转换债券。这是迄今为止中国公司在国外发行的最大规模的可转换债券。

③第二上市。

所谓第二上市指以上上市公司名义上到海外证券交易所上市。第二上市意味着同样的股票同时在国内外两个证券交易所交易。跟发行DR一样，第二上市也可以起到增强股票流动性的作用。第二上市也要求上市公司遵守目标上市地国家或者地区的法律制度和会计制度。例如深招港B股在新加坡股票交易市场作第二市场。

（2）中国企业海外上市方式之二：间接上市

与非上市公司相比，上市公司最大的优势是能在证券市场上大规模筹集资金，以此促进公司规模的快速增长。因此，上市公司的上市资格已成为一种“稀缺资源”，所谓“壳”就是指上市公司的上市资格。国内企业通过利用国外“壳”的资源，达到海外上市目的叫做间接上市。通常来说，这种间接式的海外上市分为买壳上市和造壳上市。

①买壳上市。

买壳上市指国内企业收购在境外已上市公司的全部或部分股权后，将被收购的上市公司作为外壳，取得上市地位，通过定向配股、发行新股或债券等方式，注入国内企业资产和业务管理，从而达到境外上市的目的。买壳上市的手续简单，获得上市的时间短，但是上市成本高、风险大。例如国美电器、中信资源、吉利汽车就是通过这种方式在香港上市。

②造壳上市。

造壳上市指国内与上市的公司首先通过控股、合资或直接设立附属公司等方式，与境外未上市公司确定一定的产权联系，然后由该境外关联公司申请上市，取得上市地位后，国内企业再通过这家上市公司进行增资扩股，注入国内企业的资产与业务，达到境外上市的目的。造壳上市按境内企业与境外公司关联方式的不同，又可分成四种形式：控股上市、附属上市、合资上市、分拆上市。

控股上市一般指国内企业先在境外注册一家公司，然后由该公司建立对国内企业的控股关系，再以该境外控股公司的名义在境外申请上市，最后达到国内企业在境外间接挂牌上市的目的。这种方式又可称为反向收购上市。如，广西玉柴实业股份有限公司就是通过这种方式在纽约上市，蒙牛乳业也是通过这种方式在香港上市的。

附属上市是指国内企业先在境外注册一家附属机构，使国内企业与之形成母子关系，然后将境内资产、业务或分支机构注入境外附属机构，再由该附属公司申请境外挂牌上市。例如国内的四通集团即是采用附属上市的方式达到在香港联交所间接挂牌的目的。

合资上市一般适用于国内的中外合资企业，这类企业在赴境外上市的实践中，一般是先由合资企业的外方在境外的控股公司申请上市来实现国内企业间接上市的目的的。易初中国摩托车有限公司在美国上市即是采用了这种模式。

分拆上市模式适用于国内企业或企业集团已经是跨国公司或在境外已设有分支机构的情况。它是指从现有的境外公司中分拆出一个子公司，然后注入国内资产分拆上市，由于可利用原母公司的声誉和实力，因而有利于成功上市发行。国内富益工程在境外的间接上市就是采用这种模式的。

企业在海外造壳上市的基本做法是：首先，国内企业独自或与他人合作在百慕大群岛、开曼群岛等地注册一家控股公司，然后让该控股公司购买国内企业的控股权，并选择某一地证券交易所上市。造壳上市的手续较复杂，在选择境外公司作壳后还要申请该公司上市，所以时间比较长。与买壳上市相比，造壳上市的成本相对低些，投资风险也相对较低。

3. 中国企业在美国、新加坡、香港三地上市分析

日前海外上市的中国企业已经形成了不小的规模。美国、新加坡、香港是中国内地企业海外上市最集中、最重要的地点。统计显示，截至2004年底，中国公司在新加坡上市的有47家，在美国上市的有36家，在香港上市的公司更多，其中H股109家、红筹股84家。而三地的证券市场亦存在很大的差别，故本论文接下来就对美国、新加坡、香港这三个内地企业主要的海外上市地进行较深入详尽的分析和对比。

（1）中国企业在美国上市情况分析

美国的证券市场历史悠久，拥有全球规模最大、透明度最高及流通量最大的市场。至2004年底，美国的三大交易所——纽约证券交易所（NYSE）、纳斯达克证券交易所（NASDAQ）和美国证券交易所（AMEX）各有特色，并且在全球交易所的上市公司市值排名分别为第1、2和12位，集资量排名分别为第1、10位（美国证券交易所在42位之后）。纽约证券交易所是目前世界上规模最大的有价证券交易市场。在二百多年的发展过程中，纽约证券交易所对美国经济的发展、社会化大生产的顺利进行、现代市场经济体制的构建起到了举足轻重的作用。除了纽约证券交易所之外，美国证券交易所（American Stock Exchange）过去曾是全美国第二大证券交易所，它跟纽约证券交易所一样，坐落于纽约的华尔街附近，现为美国第三大股票交易所。美国证券交易所（American Stock Exchange）大致上的营业模式和纽约证券交易所一样。但是不同的是，在那里上市的公司偏重在中小企业。因此，一般在美国证券交易所上市的股票价格偏低，而且交易量也较小。纳斯达克证券市场（NASDAQ）由全美证券交易商协会（NASD）创立并负责管理。它是1971年在华盛顿建立的全球第一个电子交易市场。纳斯达克实际上并非平常意义上的二板市场。由于它吸纳了众多著名的高科技企业，而这些高科技企业又成长迅速，因此，纳斯达克给人一种扶持创业企业的印象。它已经成为全美发展最快的资本市场。

美国的证券市场以成熟的法律环境、完善的证券市场机制、高效的市场运作效率而闻名于世，吸引着全世界各地的公司到美国市场上市。美国资本市场汇聚的投资资金最多，大规模的筹资往往需要到美国市场挂牌。截至2005年2月，纽约证券交易所拥有2 295家上市公司，其中国外的公司457家，占上市公司总数的19.91%；美国纳斯达克市场拥有3 212家上市公司，其中国外的公司337家，占上市公司总数的10.49%。

中国公司开始在美国上市，与中国企业在香港证券市场的变动周期类似，中国企业在美国证券市场上市经历了极大的起伏，大致经历了4个阶段。①第一阶段为20世纪90年代初，中国公司在美国上市有两类形式。一类是在香港上市的国企H股以美国存托凭证的方式（ADR）在美国纽约证券交易所上市，如青岛啤酒、上海石化、马鞍山钢铁等；另一类为外资或中资的公司以境外的公司收购中国国内的资产，境外公司直接在美国上市，如华晨金杯汽车、中国中策轮胎和正大易初摩托。首批在美国上市的中国公司几乎都是制造业公司。②第二阶段为1997年香港回归带来的红筹股和H股的热潮。这一阶段上市的主体一类为航空、公路、电力等基础设施的公司，例如华能电力、中国东航等；另一类为从事垄断业务的公司，例如中国移动。这些公司在香港上市的同时，又在美国以ADR方式上市或在OTC市场挂牌交易。③第三阶段为1999年来的高新技术产业赴纳斯达克上市热潮。内地的侨兴环球、中华网、新浪、搜狐和网易相继在纳斯达克市场挂牌上市。④第四阶段为2001年以来，由于内地市场不景气，很多企业寻求海外融资的道路。中国互联网业务在纳斯达克市场掀起了第二次浪潮。2004年共有掌上灵通、盛大娱乐等10家国内的公司赴美上市，总共筹集资金35.73亿美元。2004年在美国新上市的中国公司中，通信/IT（互联网）类的企业最多，占到所有公司数目的90%，其次为电子类企业，占到10%。

值得注意的是，美国的市场监查环境是非常严格的。美国的法律体系和资本市场的要求与国内差距很大，所以一些中国企业错误地低估了赴美上市的风险和难度。自2001年6月，中华网被海外投资者告上美国法庭以来，先后有网易、中国人寿、中航油、UT斯达康、新浪、前程无忧等7家公司在美遭遇了集体诉讼。除了网易以赔偿435万美元的代价与投资者达成庭外和解之外，其余6家至今尚未结案。这些案例充分暴露了国内一些上市公司的产权不清晰、法人治理结构不完善、法制不严格等种种新兴市场国家的弊病。

此外，随着越来越多的中国公司赴美上市，LJSX中国指数应运而生。2004年10月，美国证券交易所（美交所）正式发布了由沃特财务集团编制的、专门跟踪在美上市中国公司的LJSX中国指数。构成LJSX中国指数的公司市值必须超过5 000万美金，并且必须得到甄选委员会的批准。委员会考虑所有现有和潜在的因素，包括是否在美国主要证交所（纽约证交所、纳斯达克证交所和美国证交所）之一交易，股票数额，流动性及经营基本状况。随着中国公司不断地在美国上市，

LJSX 中国指数最终将包含 50 只股票。目前入选 LJSX 中国指数的 30 多家公司包括中国联通、东方航空、华能国际、中国移动、中国石化等国有大型企业，也包括亚信控股、新浪、网易和搜狐这样的 IT 类公司。

（2）中国企业在新加坡上市情况分析

新加坡建国于 1965 年，但对发展资本市场十分重视，在百废待兴的建国初期就着手创建了与国际接轨的金融体系与证券市场。新加坡证券交易所成立于 1973 年 6 月 14 日，经过多年发展，已经成为亚洲主要的证券市场。相对于亚洲其他证券市场，新加坡证交所具有如下特征：第一，制造业公司所占比例大。截至 2005 年 2 月底，共有 646 家公司在新加坡上市，其中制造业上市公司达到了 254 家，占所有在新加坡上市公司的 39.32%，同亚洲其他证券市场相比，新加坡市场对制造业公司更为青睐。第二，外国企业比重高，国际化程度高。新加坡证券市场是一个更为开放和国际化的市场。截至 2005 年 2 月底，外国公司在新加坡上市的数量达 97 家（其中中国公司达到 47 家），占到上市公司总数的 15.11%，远远高于香港证券交易所和日本证券交易所。第三，有大量的机构投资者。这些机构拥有众多的投资专家、基金经理，以及各类专业投资分析员，市场相对有效成熟。第四，由于新加坡证券市场相对比较成熟，在信息披露完全的条件下，已上市的公司增发融资相对中国国内容易。这对于一些快速成长急需资金的中小企业及立志于快速扩张的公司而言，具有很大的吸引力。

中国企业在新加坡上市根据上市时间可分为两个阶段。在 2002 年前，在新加坡上市的主要是国内大型国有企业；2003 年，在国内股市已大跌两年的情况下，中国企业赴新上市形成了热潮，上市企业以民营企业为主。从上市方式看，国内企业赴新上市大致可分为以下三种：①直接主板上市，例如中新药业。这一类公司的注册地仍在中国内地，企业业务活动受中国法律的监管，部分外资股在海外上市，所以此类上市申请须先获得中国证监会的批准。国内国有大中型企业一般采用直接上市方式。②以红筹股形式上市，例如联合食品、大众食品。“红筹模式”是指境内公司将境内资产以换股等形式转移至在境外注册的公司，然后以境外的公司名义在新加坡上市。由于以此类方式申请上市无须获中国证监会的审批，手续较为简单，所以国内很多无望在内地市场上市的中小民营企业多采用这种方式。③通过买壳实现间接上市，例如中远投资、招商亚太等。由于新加坡市场的上市公司“壳”资源价值较其他市场要低，一般与直接 IPO 的成本差不多，因此通过买壳实现企业在新加坡上市也是一个比较适宜的选择。

与中国企业在美国上市情况一样，2004 年在新加坡新上市的中国企业数量增长极其迅猛，达到 31 家（2002 年为 0 家，2003 年为 14 家），总共募集资金达到 5.89 亿美元。在新加坡新上市的中国公司中，食品/农业、制造业与通信 IT 的企业最多，占到所有公司数目的 63%，其次是环境、消费品、药业保健品、包装、纺织等行业的企业。这几年，新交所加大了在中国内地的宣传力度，鼓励内地的中小民营企业赴新加坡上市。与美国证券交易市场、香港证券市场相比，新加坡市场的整体规模较小，上市费用较低。

（3）中国企业在香港上市情况分析

香港是通往中国内地的重要门户，且与亚洲其他经济体系有密切的经贸往来，根据国际结算银行 2004 年的统计，香港已经成为世界上第六大外汇交易市场。香港日渐发展为国际知名的金融中心，为许多亚洲企业以至跨国公司提供集资的机会。据世界交易所联会的统计，截至 2004 年 11 月，香港是全球总市值排名第九大股票交易市场，在亚洲仅次于日本（详见表 6）。与新加坡、美国市场相比，香港对内地企业更具有地理、文化、语言与资金方面的优势。因为靠近中国大陆，香港与内地具有基本相同的文化传统。香港市场在为中国企业上市服务方面，已经积累了十多年的经验，培养了众多对中国企业有深刻理解和把握的投资银行专才。即使是在美国上市的中国公司，大部分的中介团队也都来自香港。这是其他国际资本市场无法相比的优势。因此，香港成了很多中国大型国有企业海外上市的首选。

表 6 香港交易所在全球及亚太的排名情况

	全球排名	亚太区排名
总市值	9	2
成交量	16	5
筹资额	3	1

资料来源：国际证券交易所联会。

由于内地宏观实体经济发展迅速，中国企业在香港市场也备受瞩目，交投活跃。根据香港联交所统计资料显示，从 1999 年至 2005 年底香港主板 H 股和红筹股的市值从 9 988.3 亿港币上升至 19 445.6 亿港币，香港创业板 H 股和红筹股的市值从 12.6 亿港币上升至 72.0 亿港币（详见表 7 和表 8）。H 股全年总成交金额从 1995 年的 1 729 亿港元上升至 2004 年的 9 410.6 亿港元，红筹股全年总成交金额从 1995 年的 458.6 亿港元上升至 2004 年的 6 147.6 亿港元，内地企业占香港股本市场全年总成交金额百分比从 1995 年的 8% 攀升至 2004 年的 49%。中国内地企业在香港股市的地位可见一斑。香港联交所为了鼓励内地大型企业，特别是国有企业赴港上市，于 2004 年初专门修改了上市规则。放宽大型企业赴港上市在盈利与业绩连续计算方面的限制，在一定程度上为这些大型国有企业赴港上市创造了更为便利的条件。

表 7 香港主板 H 股和红筹股的市值统计

年底	H 股		红筹股		合计	
	市价总值（百万港元）	占股份总市值%	市价总值（百万港元）	占股份总市值%	市价总值（百万港元）	占股份总市值%
1999	41 888.78	0.89%	956 942.33	20.24%	998 831.11	21.13%
2000	85 139.58	1.78%	1 203 551.95	25.10%	1 288 691.53	26.87%
2001	99 813.09	2.57%	908 854.82	23.39%	1 008 667.91	25.96%
2002	129 248.37	3.63%	806 407.41	22.66%	935 655.78	26.29%
2003	403 116.50	7.36%	1 197 770.75	21.87%	1 600 887.25	29.23%
2004	455 151.75	6.87%	1 409 357.12	21.26%	1 864 508.88	28.13%
2005	495 051.16	7.28%	1 449 507.49	21.31%	1 944 558.65	28.59%

表 8 香港创业板 H 股和红筹股的市值统计

年底	H 股		红筹股		合计	
	市价总值（百万港元）	占股份总市值%	市价总值（百万港元）	占股份总市值%	市价总值（百万港元）	占股份总市值%
1999	–	–	1 255.50	17.35%	1 255.50	17.35%
2000	991.69	1.47%	806.00	1.20%	1 797.69	2.67%
2001	1 888.75	3.10%	1 010.60	1.66%	2 899.35	4.76%
2002	2 393.01	4.58%	830.80	1.59%	3 223.81	6.17%
2003	5 063.25	7.21%	–	–	5 063.25	7.21%
2004	6 376.35	9.56%	727.56	1.09%	7 103.92	10.65%
2005 *	6 383.69	9.59%	812.78	1.22%	7 196.47	10.81%

* 截至 2005 年 2 月底　　数据来源：香港证券交易所网站。

截至2005年12月31日，在香港上市的H股公司有120家，占香港上市内地公司总数的35.8%；红筹股公司89家，占26.6%；境外非国有上市公司126家，占37.6%。三类在港上市内地公司总数达到335家。自1993年1月至2005年底，内地企业在香港上市通过发行股份集资总额达10 974亿港元。

表9 历年在香港上市中国公司家数

年度	H股上市公司	H股新上市家数	红筹股上市公司	红筹股新上市家数	境外非国有企业公司	境外非国有企业新上市家数	上市企业总数	当年新上市公司总数
1995	17		41		2			
1996	23	6	46	5	2	0	71	11
1997	39	16	59	13	3	1	101	30
1998	41	2	63	4	8	5	112	11
1999	44	3	68	5	12	4	124	12
2000	50	6	69	1	23	11	142	18
2001	58	8	69	0	41	18	168	26
2002	74	16	72	3	68	27	214	46
2003	92	18	72	0	85	17	249	35
2004	109	17	84	12	111	26	304	55
2005	120	11	89	5	126	15	335	31

注：H股公司是指在中国内地注册成立并由内地政府机构或个人控制的公司。红筹股公司是指在中国内地以外地区注册成立并由内地政府机构控制的公司。境外非国有企业是指在中国内地以外地区注册成立并由内地个人控制的公司。

数据来源：香港联合交易所。

表10 内地企业香港历年筹资额（单位：百万港元）

年度	主板				创业板				总额
	H股		红筹股		H股		红筹股		
	首次招股筹资	再筹资额	首次招股筹资	再筹资额	首次招股筹资	再筹资额	首次招股筹资	再筹资额	
1993	8 141.52	–	950.52	14 128.71	–	–	–	–	23 220.75
1994	9 879.81	–	1 541.37	11 685.17	–	–	–	–	23 106.35
1995	2 011.35	980.00	1 569.75	5 103.86	–	–	–	–	9 664.96
1996	6 834.16	1 037.50	3 427.30	15 581.81	–	–	–	–	26 880.77
1997	32 037.52	1 046.70	39 394.82	41 589.99	–	–	–	–	114 069.03
1998	2 072.36	1 480.16	142.38	17 232.47	–	–	–	–	20 927.37
1999	4 263.69	–	1 985.53	53 191.82	–	–	404.24	–	59 845.28
2000	51 750.69	–	44 096.46	249 562.21	644.18	–	–	–	346 053.54
2001	5 570.84	497.25	12 060.08	7 021.19	763.99	–	–	–	25 913.35
2002	16 873.60	–	20 950.56	31 771.67	1 059.60	113.00	–	–	70 768.43

（续上表）

年度	主板				创业板				总额
	H股		红筹股		H股		红筹股		
	首次招股筹资	再筹资额	首次招股筹资	再筹资额	首次招股筹资	再筹资额	首次招股筹资	再筹资额	
2003	46 252.59	592.04	2 962.40	1 930.15	1 217.91	204.00	–	0.68	53 159.77
2004	40 016.78	19 229.95	14 548.60	11 816.68	693.60	459.33	92.00	–	86 856.94
2005	137 184.78	21 075.62	1 037.45	17 321.10	175.48	272.90	–	39.53	177 106.86

数据来源：香港联合交易所，笔者整理。

随着内地企业在香港上市公司家数增加，内地企业在香港上市公司股份市值也在增加。从表9可以看出，尽管受市场指数的影响，香港上市各类内地公司市值在一些年份有所减少，但总市值却处于增加的趋势之中。2005年12月31日，在港上市内地企业总市值达31 920.9亿港元，占香港股本证券总市值的39%。其中，H股占在港上市内地公司总市值的40.3%，红筹股公司市值占53.6%，境外非国有上市公司仅占6.1%（见图2）。2005年H股公司平均市值107亿港元，红筹股公司平均市值192亿港元，境外非国有企业平均市值仅为15亿港元。因此，从各类上市公司数目和市值来看，红筹股和H股平均规模较大，它们多数为原来的大型国有企业改制而来，而境外非国有企业规模较小。

表11　历年在香港上市的各类内地公司总数与市值情况（单位：亿港元）

年度	H股市值	H股市值增加额	红筹股市值	红筹股市值增加额	境外非国有企业市值	境外非国有企业市值增加额	内地在港上市公司总市值	内地在港上市公司总市值增加额
1995	164.6	NA	1 107.0	NA	4.3	NA	1 275.9	NA
1996	315.3	150.7	2 633.3	1 526.3	5.8	1.5	2 954.4	1 678.5
1997	486.2	170.9	4 729.7	2 096.4	8.3	2.5	5 224.2	2 269.8
1998	335.3	–150.9	3 349.7	–1 380.0	43.1	34.8	3 728.1	–1 496.1
1999	418.9	83.6	9 582.0	6 232.3	52.1	9.0	10 053.0	6 324.9
2000	861.3	442.4	12 043.6	2 461.6	181.6	129.5	13 086.5	3 033.5
2001	1 017.0	155.7	9 098.7	–2 944.9	376.0	194.4	10 491.7	–2 594.8
2002	1 316.4	299.4	8 072.4	–1 026.3	432.1	56.1	9 820.9	–670.8
2003	4 081.8	2 765.4	11 977.7	3 905.3	737.4	305.3	16 796.9	6 976.0
2004	4 615.3	533.5	14 100.8	2 123.1	1 488.4	751.0	20 204.5	3 407.6
2005	12 869.2	8 253.9	17 108.0	3 007.2	1 943.8	455.4	31 920.9	11 716.4

资料来源：香港联合交易所。

（4）中国内地在香港上市公司的行业分布

在香港上市的内地公司，行业分布相当广泛，几乎所有行业都有内地上市公司。但是，内地在港上市公司分布却较为集中，H股主板上市公司主要集中于采矿业、制造业和交通运输业，这些上市公司大多为国内大型的带有垄断性质企业改制而来，如中国石油、中国石化、中国移动、中国电信、中国铝业。H股创业板上市公司一般是新技术特征的公司，主要集中于制造业和电子

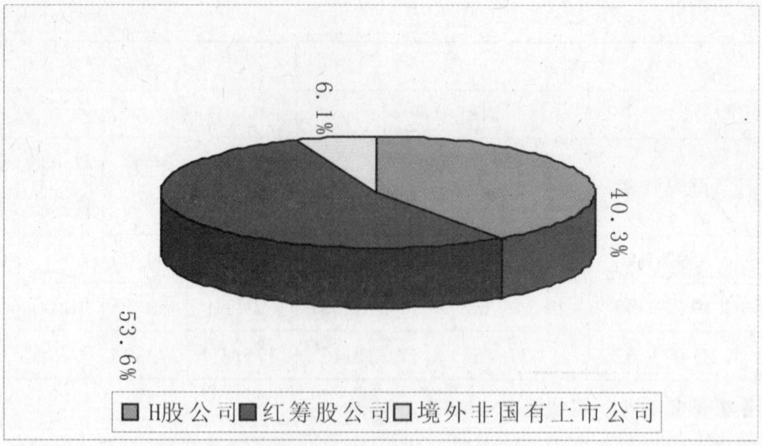

图2　香港上市各类内地公司市值占比

资料来源：笔者计算整理。

信息技术业。红筹股主板上市公司则集中于制造业、电子信息技术业和综合行业。这些红筹股主板上市公司多为大型企业集团，以投资控股方式进行多种经营，资产规模十分庞大（这一点从其192亿元的平均市值可以看出）。表12是笔者按照中国证券监督管理委员会2005年3月25日发布实施的《上市公司分类与代码》，以上市公司公开信息为依据进行的统计结果。

表12　内地在港上市公司（H股和红筹股）的行业分布

行业	H股		红筹股		总数
	主板	创业板	主板	创业板	
采矿业	7	0	3	0	10
制造业	31	18	22	0	71
电力、燃气、及水的生产供应	5	2	4	0	11
建筑业	0	0	3	0	3
交通运输、仓储、邮政	18	0	7	0	25
电子信息技术业	5	15	17	3	40
批发零售业	1	1	2	0	4
金融业	5	0	6	0	11
房地产业	5	0	4	0	9
社会服务业	2	3	6	0	11
文化体育和娱乐业	1	1	0	0	2
综合类	0	0	12	0	12
总数	80	40	86	3	209

资源来源：笔者统计整理。

（5）中国内地在香港上市公司的所有权结构

内地在香港上市公司中，红筹股是由国有机构控制的上市公司，境外非国有企业则是由境内个人控制的上市公司。而H股，尤其是主板H股公司，主要由原来的国有企业改制而来的上市公司，少数公司为民营企业。笔者对H股上市公司（主板）的股权结构进行了统计，发现80家H股公司中，有70家公司控股股东所持股权为国有或国有法人性质，国有控股公司占比为87.5%。

其中，47家为国有或国有法人股股东绝对控股（超过50%），占比58.75%；国有股或国有法人股东相对控股（第一大股东股权性质为国有或国有法人股，且低于50%）公司有23家，占28.75%；由非国有股东控股公司有10家，占比12.5%。股权结构是对上市公司治理产生影响的重要因素之一（甚至一些研究者直接把股权结构视为公司治理的内容）。国有股东控股上市公司中，公司经营者是受公司股东委托，而公司股东主要是国有资产管理机构或者国有法人企业，这些机构负责人或企业经营者最终还是全体民众的代理人（国有资产属于全民所有），这样，这些公司委托代理关系链要长于私营企业。因此，国有控股上市公司的代理成本可能较民营上市公司要高。

4．中国企业在美国、新加坡、香港三地上市的比较分析

从2004年中国内地企业在香港、新加坡和美国三地IPO的情况看，香港由于独特的地理位置和成熟的市场环境成为中国内地企业海外上市的首选地。2004年在香港首发上市的中国内地企业总共有43家，筹资总额达到69.9亿美元，远远超过美国和新加坡市场。从发行的市盈率看，2004年，在香港新上市的中国公司市盈率一般维持在10—20倍之间；在新加坡新上市的中国公司市盈率比较低，一般维持在10倍左右；而在美国新上市的中国公司数量相对较少，因此市盈率分布并不规律，但是在美国新上市市盈率比香港与新加坡略高，一般在30—50倍之间。从发行上市的内地企业性质看，在新加坡上市的一般都是规模比较小的民营企业，而在美国和香港上市的有一部分是国有企业，而且一般规模都比较大。从准入门槛和上市费用看，一般内地企业在新加坡上市的准入门槛和费用比其他两个市场低，由于这一特点，这两年有大量的中国内地民营企业赴新加坡上市（详见表13）。

表13　2004年香港、新加坡与美国三地中国公司IPO特征

	香港	新加坡	美国
筹资规模	69.9亿美元	5.89亿美元	35.73亿美元
新上市数量	43	31	10
主要发行市盈率	10—20倍	10倍左右	30—50倍
投资者偏好	制造业、通信/IT	制造业、通信/IT、食品/农业	通信/IT（互联网）等高科技类公司
国企新上市数量占当地上市比重	30%	0%	20%
中国政策影响力	强	一般	一般
准入门槛	较高	较低	较高
上市费用	较高	较低	较高

来源：2004年中国企业海外上市调查报告，国研网，http：//www.drcnet.com.cn。

四、中国企业海外上市的作用及成就

1．企业海外上市弥补了内地股市融资难的缺陷

众所周知，相较于西方成熟的证券市场，中国的证券市场起步比较晚，从1990年12月19日上海证券交易所正式挂牌营业算起，我国证券市场从无到有，从小到大，经历了一个曲折的发展过程。不可否认，中国的证券市场在社会主义市场经济体制确立和发展的过程中起到了不可替代的积极作用。自1992年至2005年3月，中国股市上市公司数从18家扩容为1 379家；流通市值从3亿扩大到10 996.5亿元，增加了3 664.5倍，成为亚洲第二大证券市场。但我国证券市场通过新发、增发等方式的扩容速度过快。因为，同样上市达到800只股票，美国用了100年，香港用了33年，而中国只用了8年时间。中国内地证券市场的新股发行速度过快，必然对二级市场产生消极影响。加之中国股市存在股权分置等一系列根本性缺陷，内地的上证指数从2001年的2 200多点一路下跌至2005年3月的1 100多点，跌去了将近50%，中小投资者损失将近85%—90%。股票市场呈现不断萎缩之势，股市的融资和资源配置功能也极度弱化。投资者对新股发行极度厌恶。2005年1—3月份，内地证券市场股票发行筹资金额为64.19亿元，较2004年同期减少了134.31亿元，下降幅度67.66%。2005年宣布股权分置改革后暂停新股发行一年。直到2006年5月才重启IPO。

在这种情况下，中国证监会不得不放慢并尽量控制新股发行上市的节奏。一般企业在国内A股市场发行上市的排队审批的时间比较长，一般都要两年半以上，而在美国、新加坡、香港等境外上市的操作时间反而短，一般在9个月至1年内完成。这样很多中国企业纷纷选择海外上市。截至2004年底，海外上市公司总流通市值达到22 098亿人民币，已远远超过国内深沪两市11 688亿人民币流通市值。而且随着中国沪深股指的走低，中国企业海外上市的步伐明显加快。2004年海外新上市的数量为84家，筹资金额111.51亿美元。在海外新上市数量上，2004年比2003年增长了75%；在海外发行筹资额方面，2004年比2003年增长了59%。所以笔者认为，中国企业近年来大量海外上市相当程度上弥补了由于内地股市不景气，造成的新股上市难、股市融资难的缺陷，满足了中国企业发展过程中的融资需求，对我国宏观经济发展功不可没。

2．海外上市为中国的中小企业开辟了新的融资途径

中小民营企业在中国内地融资难表现在两个方面。其一，由于国有商业银行在确定信贷计划时，授信额度的绝大部分安排给了国有企业。民营企业不仅较难获得国有商业银行的贷款支持，而且在同等条件下贷款的使用成本也较高，导致中小企业无法从大型国有银行获得自身发展的必要资金来源。其二，在深、沪两个交易所股票发行上市过程中，部分效益不佳的国有企业能得到包装上市的优先权，而资信程度较高、业绩显著的大型民营企业却难以获得上市融资的机会。2004年深圳中小企业板建立以来，虽然给中小企业上市提供了一个平台，但是由于中国股市整体性缺陷的存在，中小企业板投机气氛浓重，中小企业板的规模小、筹资功能有限，而且企业排队审批的时间长，终究无法满足广大中小企业的融资需求。与股票市场相类似，债券市场也基本上未向民营企业开放。这样就造成了目前这种不合理的融资现状，即对工业增加值贡献率不到30%的国有部门却占用了70%以上的银行信贷，相反民营经济对国民生产总值新增部分的贡献已达60%，但只获得30%的金融支持。这是非常不合理的。

而企业海外上市为中小企业的发展开辟了一条新的融资途径。目前浙江已有100家符合上市要求的民营企业等待赴新加坡证券市场上市。

3．海外上市有利于规范内地企业的法人治理结构

正如中国国资委主任李荣融所说，提倡国有企业到海外上市，一个重要的目的就是使我们的企业从一开始就走上一条比较规范的股份制之路，能有一个比较好的公司治理结构。

企业海外上市是有成本的。而海外投行和机构投资者对上市公司治理结构的要求很全面，机构投资者的层层审查非常严格。想获得国际买家的认可，国内企业必须把公司的治理结构做到透明、公开、诚信、负责任的披露，必须全面整改和重构公司治理机制。不少中国企业通过海外上市完善了公司治理结构，扩大了产品的海外市场份额，提高了企业经营效率，引进了国外先进的管理技术经验，使得企业向国际化、规范化迈进了一大步。

4．海外上市有利干企业实行股权激励制度

股票期权（Stock Options）是现代企业中剩余索取权的一种制度安排，是指企业所有者向经营者提供的一种在一定期限内按照某一既定价格购买一定数量该公司股份的权利。在海外，通常股票期权和股票购买计划将雇员和公司的利益紧密结合起来，是对员工激励机制中最经济的措施。

如果硬性推行股票期权激励制度，经营者为了获取高额期权收益，可能会制造种种题材，想方设法把股票价格推高，会造成对股票市场和上市公司的破坏。而国内企业通过海外上市就能够较好地实现对公司高管人员的股票期权激励计划。

5. 海外上市有利于提高公司与股东的价值

在美国等比较成熟的市场上，二级市场流动性很好，这为投资者提供了转让和买卖证券的机会，较好的市场流通性也便于提高交易价格。国外学者米勒（Miller）的研究表明，新兴市场企业在纽约证券交易所和纳斯达克上市后一般会具有超常收益。

公司的原股东可以适时地抛股套现，企业的创业者则可以在公司海外上市后，选择通过抛售股份的形式退出公司。而在中国内地的资本市场上，目前中小民营企业的创业者想通过这种途径退出是不可想象的。公司的原股东也可以选择继续持有股份，而这些股份是可以随时兑现的，这就造就了网易公司丁磊、盛大网络陈天桥等人的财富神话。此外，海外上市公司的高管收入一般远高于内地A股公司高管薪酬。内地A股公司高管最高年薪也不过400万元人民币，海外上市企业高管持有股票期权，所以年收入远远高过大陆A股公司高管的薪酬。例如在纳斯达克上市的中国互联网企业新浪（NASDAQ：SINA），公司运营长官（COO）林欣禾在2004年光兑现的期权价值就相当于6 158万元。这是相当一部分内地公司管理层热衷于让企业赴海外上市的一个重要原因。

6. 海外上市有利于提高中国企业的国际知名度

我国的许多中小企业将走出国门，与其花费大额广告费用提高国际知名度，还不如在国际资本市场一试身手。例如金益食品在新加坡上市就是中国民营企业通过海外证券市场拓宽国际市场的一个典型案例。金益食品在新加坡上市，除了希望在海外证券市场募集资金，更是希望通过新加坡上市打响金益食品在新加坡乃至整个东南亚市场的知名度。

7. 海外上市企业成了中国经济开放的“窗口”

中国企业海外上市也有利于中国经济实施“走出去”的战略。但一味地以贸易方式扩大出口，难免会受到种种限制。近年来，我国企业屡遭国外反倾销调查，贸易摩擦已经成为影响双边或多边正常经贸关系，甚至产生政治影响的重要因素。例如在香港上市的TCL通讯科技控股有限公司（2618. HK）。该公司2003年移动手机的销售总数已经达到980万部，已成为中国第二大国内手机制造商。

五、中国企业海外上市中存在的问题

1. 海外上市企业存在股权分置的问题

除却红筹股公司已经是全流通，在海外上市的国有H股、N股、S股公司股份都是只有部分能上市流通，还有部分则是不能流通的国有股、法人股。

目前这种股权分置的情况，造成了同一家公司在海内外不同市场上市的巨大差价。国内发行价格高，国外发行价格低，引得很多境外上市的企业争相到国内增发A股，摊薄了国内投资者手中股份的净资产。此外，如果不能尽快解决股权分置问题，将有越来越多的境内国有企业赴海外上市，这样内地的股票价格将慢慢被海外市场稀释，这将必然造成国内市场强行与海外市场实现价格接轨，这样国内投资者的损失很惨重。（编者按：此问题正在解决之中。）

这种相对集中的股权结构，使得H股市场被境外投资者操控成为可能。大部分H股为其母公司持有，非流通股所占比重较大，其余在外流通股份大部分由机构投资人所持有，易被控制。再者，有些股份如中国石油、中国石化、中国电信，在恒生指数及恒生指数国企指数中所占比重较大，那么通过操纵这些个股，就能够实现对恒生指数及恒生国企指数的操纵，从而实现外资投资机构在恒生指数期货及H股指数期货市场上获利的目的。

2. 海外上市企业存在内部控制失灵的问题

强化内控已经成为发达国家治理公司的重要手段，国际上比较有名的内控模式有英国的Cadbury、美国的COSO和加拿大的COCO。它们从不同的角度剖析公司的经营管理活动，为营造良好的内控框架提供了一系列趋于一致的政策和建议。其中美国的COSO模式从理论到操作方法上阐述了一整套完整的内控框架。它是一个由董事、管理层及其他人员在公司内部进行的，旨在为经营的有效性、财务报告的可靠性、适用法律法规的遵循性提供合理保证的过程。内部控制包括五个基本要素：控制环境、风险评估、控制活动、信息与沟通和监督。有效的内部控制能从源头上杜绝上市公司违规操作，从而构成对投资者进行保护的一道防护墙。

对于在海外挂牌上市的中国企业来说，由于它们处于一个与国内不同的政治、经济、文化、法律环境，跨国投资、跨国经营、国际税务、外汇交易等问题使这些跨国上市的公司业务更复杂、风险更大。因此，更需要健全内部控制制度，及时发现问题，并予以纠正。

而近年来，海外上市公司高管的违规、违法事件屡屡曝光，例如2003—2005年发生的中航油事件、创维事件、欧亚农业事件等。这些丑闻充分暴露出了中国海外上市企业内部控制失灵、管理层缺乏有效监督的问题。2005年1月，在新加坡上市的中航油被美国律师事务所告上法庭。美国律师事务所Murray, Frank & Sailer LLP，代表通过新加坡经纪商购买中航油股票的美国投资者，在新加坡对中航油提起集体诉讼。起诉书列举的中航油罪状，包括：中航油在相应期间没有为期油对冲及交易建立必要的风险管理系统，与招股书不符；该公司为掩盖买卖衍生产品亏损5.5美元导致的债项，提供虚假营运数据；中航油高管——总裁英长斌和首席执行官陈久霖，利用职位之便而操纵季度报告等公司文件，并隐藏了应当向公众披露的信息等问题。创维数码董事局主席黄宏生挪用上市公司4 800万资金被香港廉政公署拘捕。欧亚农业管理层为了在股市融资圈钱，向投资者提供虚假的财务信息，操纵二级市场价格而被香港廉政公署传讯。

企业出现内控失灵有四种可能：其一是国有企业存在着产权不清晰，所有者缺位等问题；其二是公司缺乏一套完善的内控体系；其三是员工不遵守内控制度；其四是企业最高管理层的权力缺乏制约，无视内控程序。在这种情况下，设计得再完美的内控制度也形同虚设。以中航油为例，这家大型国有企业拥有一个非常独立的风险管理部门和由安永会计师事务所为其制定的《风险管理手册》，但遗憾的是，公司最高管理者所拥有的决策权力缺乏有效监控，凌驾于整个内控体系之上，管理层决策随意，使得整个内控制度流于形式，最终出现了由于内控失灵引发的公司巨亏，舆论称之为“自1995年里森搞垮巴林银行以来新加坡最大的金融丑闻”，致使中国企业在海外的形象大受损害。

3. 海外上市企业存在着信息披露失真的问题

与中国的IPO实行核准制不同，美国的IPO实行注册制。只要证券发行人向证券监管部门——美国证监会（SEC）提交的注册文件满足法定的条件，就可以向公众发行证券，并依据各证券交易所的上市规则在各交易所上市交易。这种制度下，美国证监会的职责是审查证券发行方的披露信息是否合规。这种发行制度的核心是“完全信息披露”，对证券发行人信息披露的透明度和要求非常高。根据相关的法律，上市公司的信息披露“不能有遗漏，不能有错误，不能有虚假称述”。一旦在信息披露方面有疏漏，上市公司就可能遭到股民的集体起诉。1929年股灾后，美国政府相继颁布了《1933年证券法》和《1934年证券交易法》，对证券欺诈行为进行严格的法律规制。除两大基本法律外，还拥有专门针对证券诉讼的《1995年证券诉讼改革法》等一系列法律法规，保护投资者的利益。自安然事件后，美国监管机构更是加强了对上市公司的监管，并于2002年推出了著名的《萨班斯—奥克斯雷法案》（*Sarbanes - Oxley Act*）。该法案对公司治理的要求作出了修订：在公司治理中增加了董事会的独立性、审计委员会和独立董事的权利等，以增加财务数据的透明度和保护投资者的利益。提高了公司与管理层及主要股东有关的经济业务的披露要求，包括公司管理层和主要股东的权益证券交易情况，重大的未合并实体或者与其他人之间的关系、财务主管的道德守则、公司向高管人员贷款或者担保的情况等。除披露要求外，美国国会、美国证监会及纽约证券交易所等还对公司行为作出了一系列限制性规定，如不得向公司高级管理人员贷款等。为了保护中小投资者，美国的法律制度极严，甚至连加拿大帝国银行、诺基亚、北电网络和壳牌石油等多家全球知名企业都被告上了法庭。

在美国上市的一些中国企业也遇到了同样的麻烦，自从2001年6月29日中华网被告上美国法庭以来，先后有网易、中国人寿、UT斯达康、中航油、新浪、前程无忧等6家公司遭遇了集体诉讼。中国企业在美国上市屡屡被报负面新闻，那是因为美国的证券市场监管、信息披露的要求、相应的会计制度、法律法规及对企业公司治理的要求等与中国内地存在很大差别。单是首次公开发行（IPO）就存在招股说明书包含不当陈述、遗漏、误导，IPO定价不当，重要信息泄露等可能引起诉讼的风险。上市后，公司还可能因为股价下跌、未达到盈利预期、财务报表失真、重大事件披露不当等被告上法庭。这对于对美国法律和监管条例并不熟悉、内部监管制度尚不完善的中国企业而言，的确是不小的挑战。

4. 海外上市过程中存在着国有资产流失的问题

中国企业海外上市过程中的国有资产流失现象主要表现在以下两个方面：第一，海外买壳上市中的国有资产流失。由于买壳上市能够绕过正常申请上市规定的限制，在注入业务和资产的时间上有较大的选择性，因而一度是国内公司境外上市的重要途径。由于壳资源有限，有些内地国有企业为了尽快拿下壳公司，相互竞价，这样抬高了“壳”公司的价格，甚至使得买壳的成本已大大高于直接申请上市的成本，造成了国有资产的流失。此外，买壳上市的操作方式在美国等西方发达的资本市场已有几十年的历史，20世纪90年代以来平均每年都有至少500起案例发生，但是真正成功的案例屈指可数。因为买壳上市虽然很快，是企业通向股权融资的一条捷径，但是存在很多问题。企业买到的壳中可能隐藏着财务黑洞，隐含债务和法律诉讼等问题。在这种情况下，买壳的企业如果没有经过专业、严谨的尽职调查就贸然对其进行收购，很有可能会一脚陷入一个财务陷阱而从此一蹶不振。有学者从1999至2001年间在美国发生的买壳案例中选取了50起规模较大的进行分析，发现在同一时期内标准普尔小盘股指数增长了11%，而这50家公司的平均价值却下跌了67%。内地企业面对陌生的海外经济、法律环境，购买海外的“壳”资源更是存在严重的信息不对称问题，所以应谨慎而行，防止海外买壳上市过程中的国有资产流失问题。

第二，造壳上市中的国有资产流失。能够在海外上市的国有企业一般都是资金实力雄厚、外界贸易往来频繁，甚至有些是行业垄断性企业或者享有特权的国家直属企业。试想，此等国有企业管理层手握几亿资产和立项权、对外经营权等多种特殊权力，如果没有严格的法律对其行为进行制约，很容易造成管理层为所欲为，而使得国有资产大量流失。例如中航油事件，按照中航油的规定，任何导致50万美元以上损失的交易都会被自动平仓，可是在“一把手”陈久霖的操控下，中航油在损失数千万美元后依然孤注一掷。此外，公司共有10位有国际背景的专业期货交易员，可事实上的操盘手只有陈久霖一人，最终导致5.5亿美元的巨亏，国有资产损失惨重。这应该得到有关监管机构的高度关注和警惕。

5. 香港部分中资股份存在被机构投资者操控的问题

市值过分集中于少数股份是香港股市的一大特点。以恒生指数为例，其中列前三位的汇丰控股、中国移动及和记黄埔三只股票的市值就分别占到恒生指数总市值的34%、12%和7%，这种失衡的结构使得恒指期货大行其道。一种常见的做法是：一些大行只须用少量资金将汇丰控股、中国移动等重磅股推高以带动指数上涨，接着在高位做空恒指期货，然后抛售股票打压大盘，同时炒作恒指期货牟利。有关学者研究发现，在香港上市的部分中资股份（例如中国移动、中国联通、中国电信等）存在着被境外机构投资者操纵的问题，并对境外机构投资者2003年大炒H股的事实进行了论证。在2000年时，中国移动由于市值庞大占了恒生指数的20%的市值，因此机构投资人通过制造假消息操纵（沽空）中国移动就能够操纵恒生指数获利。2001年，机构投资人联合操纵中国移动和中国联通以操控恒生指数期货。2003年，随着中国电信上市，机构投资者又同时操纵中国电信、移动和联通以操纵MSCI指数而获利。境外的投资机构者之所以频频得手，根本原因在于香港股市市值过分集中。如果这一现状不改观，那么类似的投机行为在H股市场、红筹股市场将不可避免。

2003年12月8日，香港联交所推出了H股指数期货，目的是为有意投资香港上市的中国内地企业的投资者提供有效的交易及风险对冲工具，从而加强香港作为内地企业筹集国际资金的中心地位。但是由于H股市场存在市值过度集中的问题，一些境外投资机构投资者得以更容易地操纵市场——国企指数侧重于几只成分股（例如中石油、中石化），故市场主力可单靠控制某几只成分股，便足以控制国企指数，最终加剧国企股的波动性，从中获利。

截至2005年3月31日，香港主板市场共有72家H股上市公司和83家红筹股上市公司，H股市场和红筹股市场的市价总值分别为461 391 168 759港币、1 399 298 930 980港币。但是，这两个市场都有市值过分集中的特点，具体体现在H股市值排名前6位的公司总市值占到H股总市值的57.14%，红筹股市值排名前6位的公司总市值占到红筹股总市值的73.24%，详见表14和表15。

表14　H股市场市价总值前6位的公司列表

公司名称	市价总值（港元）	所占百分比
中国石油天然气股份有限公司	85 274 727 300	18.48%
中国石油化工股份有限公司	52 858 537 200	11.46%
中国人寿保险股份有限公司	38 694 110 000	8.39%
中国电信股份有限公司	37 815 942 250	8.20%
中国平安保险（集团）股份有限公司	31 599 249 670	6.85%
华能国际电力股份有限公司	17 415 451 680	3.77%
其余66家公司总市值	197 733 150 659	42.86%
H股市场总市值	461 391 168 759	100%

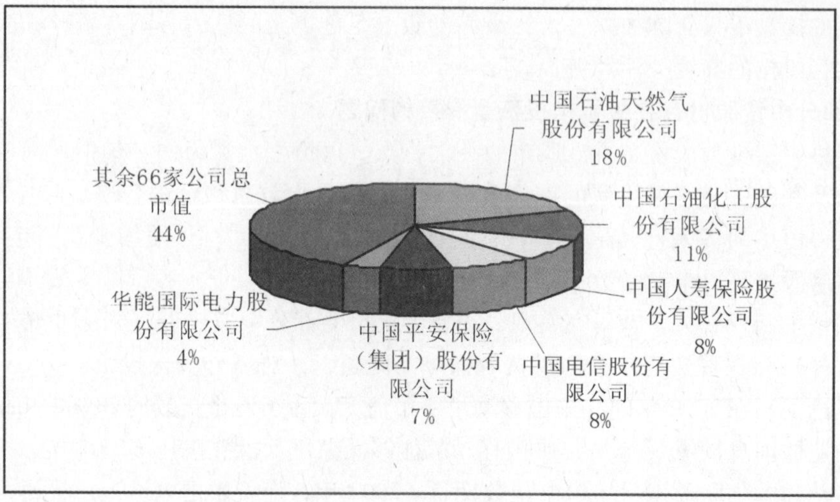

表 15　红筹股市场市价总值前 6 位的公司列表①

公司名称	市价总值（港元）	所占百分比
中国移动（香港）有限公司	502 417 489 550	35.90%
中国海洋石油有限公司	172 429 636 575	12.32%
中银香港（控股）有限公司	151 719 396 817	10.84%
中国联通股份有限公司	76 032 414 684	5.43%
中国网通集团（香港）有限公司	72 199 142 550	5.16%
中信泰富有限公司	50 089 717 156	3.58%
红筹股其他 77 家公司市价总值	374 411 133 648	26.76%
红筹股市场总市值	1 399 298 930 980	100.00%

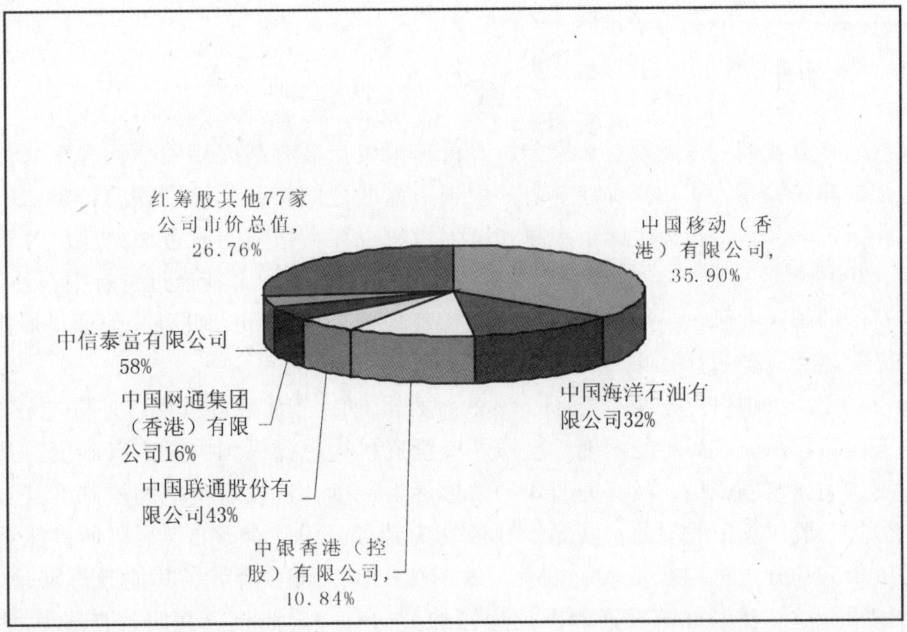

笔者选取了红筹股市值前两位的中国移动（0941. HK）、中海油（0883. HK），H 股市值前四位的中石化（0386. HK）、中国电信（0728. HK）、中石油（0857. HK）、中国人寿（2628. HK）的股价，和恒生指数、恒生国企指数，并对其从 2004 年 3 月 15 日至 2004 年 12 月 31 日的股价进行了相关性分析（运用软件 Eviews），分析结果详见表 16。

表 16　股价相关性分析

	HENGSENG	CA0883	CA0941	H0386	H0728	H0857	H2628
HENGSENG	1	0. 870 454 9	0. 908 594 6	0. 861 762 1	0. 786 492 3	0. 916 843 3	0. 907 482 4
CA0883	0. 870 454 9	1	0. 783 629	0. 869 887 3	0. 663 060 7	0. 942 952 7	0. 907 482 4
CA0941	0. 908 594 6	0. 783 629	1	0. 826 351 6	0. 902 427 9	0. 808 886 4	0. 812 451 7
H0386	0. 861 762 1	0. 869 887 3	0. 826 351 6	1	0. 756 526 4	0. 808 886 4	0. 812 451 7
H0728	0. 786 492 3	0. 663 060 7	0. 902 427 9	0. 756 526 4	1	0. 717 287 6	0. 726 140 2
H0857	0. 916 843 3	0. 942 952 7	0. 808 886 4	0. 808 886 4	0. 717 287 6	1	0. 835 316 5
H2628	0. 907 482 4	0. 907 482 4	0. 812 451 7	0. 812 451 7	0. 726 140 2	0. 835 316 5	1

① 数据来源：根据香港联交所网站公布的数据整理得到。

	HSCI	HENGSENG	H0386	H0728	H0857	H2628
HSCI	1	0. 826 268	0. 803 486	0. 732 311	0. 806 751	0. 890 694
HENGSENG	0. 826 268	1	0. 861 762	0. 786 492	0. 916 843	0. 907 482
H0386	0. 803 486	0. 861 762	1	0. 756 526	0. 936 7	0. 756 188
H0728	0. 732 311	0. 786 492	0. 756 526	1	0. 717 288	0. 726 14
H0857	0. 806 751	0. 916 843	0. 936 7	0. 717 288	1	0. 835 317
H2628	0. 890 694	0. 907 482	0. 756 188	0. 726 14	0. 835 317	1

注：HSCI 代表恒生国企指数（恒生 H 股指数）；HENGSENG 代表恒生指数；CA0883 代表中海油；CA0941 代表中国移动；H0386 代表中石化；H0728 代表中国电信；H0857 代表中石油；H2628 代表中国人寿。

时间选取：2004 年 3 月 15 日至 2004 年 12 月 31 日之间的 200 个交易日。

数据来源：Yahoo 财经信息，经个人整理得到。

从上面的表格，我们可以发现这 6 家公司股价与恒生指数有高度相关性，这 6 家公司股价之间也存在很强的相关关系，即 6 家香港上市的中资大盘股之间存在同涨同跌的特点。H 股市值前四位的中石化（0386. HK）与恒生国企指数和恒生指数也存在很强的股指相关性。对于很多境外投资者而言，2004 年是一个“丰收年”。全球第二大富豪沃伦·巴菲特通过持有中石油 13. 35% 的 H 股成为中石油的第四大股东，炒中石油 H 股巴菲特净赚 65 亿港元。此外，他通过炒作中石化 H 股 BP 赚了 27 亿港元，通过炒作中石化 H 股美孚赚了 56 亿港元。

在香港市场上，出现以上现象的原因：其一，香港是一个金融自由港，外资能够自由进出；而内地市场人民币自由兑换尚不能实现，这样外资投资机构想操纵国内股市有难度。其二，香港股市的监管不如美国市场严格，没有美国式的集体诉讼制度，也没有类似的机制。其三，H 股仍然存在股权分置、股权集中的现象，大部分 H 股均为其母公司持有，非流通股所占比重较大，其余在外流通股份大部分由机构投资人所持有，易于被控制。而香港市场其他股份都是全流通的，而且股权结构很分散，外资机构投资者操控这样的公司有一定难度。其四，有些 H 股或者红筹股，如中石油、中石化、中国电信，在恒生指数及恒生指数国企指数中所占比重较大，那么通过操纵这些个股，就能够实现对恒生指数及恒生国企指数的操纵，从而在恒生指数期货及 H 股指数期货市场上获利。

6. 海外上市企业存在与境外投资者不平等关系的问题

近年来，中国的民营企业蓬勃兴起，但是中国的民营企业存在融资困难问题。正如著名经济学家吴敬琏说的那样：“相比国有企业，民营企业和大量的中小企业融资非常困难，尽管从风险来看，前者的偿还能力更低。”相比国有企业而言，民营企业无论是向国有银行贷款还是想在内地股票市场进行股权融资或者债券融资都是非常困难的。为了融资，内地中小企业只有走出国门，到海外市场上去融资。为了实现海外上市，中小企业必须依靠境外的投资者对其进行私募上市。但是，由于中国内地的民营企业家国际资本运作经验奇缺的现实，有些中小民营企业为了求生存，只能被动接受外国投资者苛刻的“不平等条约”。

7. 企业多重上市的问题

众所周知，中国的股市长期以来存在着股本结构畸形的弊病，这种畸形的股本结构造成中国证券市场难以与国外市场接轨。特别是 2001 年、2002 年，国内股市存在一定的泡沫，内地股票价格虚高，同一个公司在境内和境外发行的价格存在很大的价差。很多境外上市的企业在国外增发、配股比较难，所以 2000 年后境外上市企业特别是 H 股公司国内增发 A 股升温，2001 年共有广州药业、中国石化、华能国际、深高速、江西铜业、海螺水泥及中新药业等 7 家境外上市企业“海归”。其中中国石化发行 A 股 28 亿股，融资金额高达 118. 16 亿元。对外资股股东而言，增发 A 股意味着每股净资产提高；而对国内股东而言，“海归股”募资后的每股净资产远不及国内首发的A股上市公司。这种做法无异于将国内投资者的资金共收转让给了境外投资者，这对国内的投资者是很不公平的。

从2001年6月开始，国内深沪指数一路下跌，股价一路下滑，国内企业海外上市的步伐加快。关于“A+H”同时发行的争论开始升温。有些业内人士称，“A+H”同时发行是能够让大型蓝筹、战略性资源股留在国内的一个选择，但是“A+H”同时发行会带动整个大盘价值中枢的走低。笔者对国内证券市场中同时发行过H股的30只A股股票价格进行对比后发现，同一个公司的A股价格仍然是其香港上市的H股价格的2倍左右。

H股价格低于A股的原因如下：其一，香港是一个典型的离岸市场，香港的上市公司基本来自香港以外，市场的资金主要也来自香港以外。按照国际资本市场的普遍规律，离岸市场的投资者风险意识是最强的，这个市场股票的定价也是最低的。所以H股与A股存在一定的价差是可以理解的。其二，中国证券市场是在股权分置导致的高价值中枢的基础上发展起来的，无论配股还是增发都是以这个市场价值中枢为标准的。所以本身A股的价格是偏高的。其三，在人民币无法自由兑换的环境下，境内外投资者无法自由进出不同的市场，无法在两个市场实现套利，价格差异是必然存在的，而实现价格的国际接轨必然要以不同市场之间的资金可自由流动为前提。所以，现在A股和H股同时发行就会给内地的投资者一种错觉：A股与H股股价要接轨了。在这种预期下，A股价值中枢会进一步走低。

但是，如果设定H股先发，那么H股的价格自然会成为A股市场发行价的比较标准，但这时的H股价已经是二级市场的买入价，是第一轮价差已经被境外投资者赚走后的价格；但如果先发A股，H股发行价格肯定要比A股价格低，发行完以后A股的每股净资产立即被海外投资者分摊了，就相当于国内投资者的钱凭空补贴给了国外投资者，这对国内投资者是很不公平的。所以，在目前的国内的证券市场环境下，“A+H”的新股发行模式陷入了两难的困境当中。

六、大批企业海外上市致使国内资本市场面临边缘化危机

1. 国内证券市场存在根本性缺陷

在中国的股票发行市场上，国有企业明显处于优先地位，国有上市公司处于垄断地位。在上市股权结构安排上，国有股往往就是第一大股东，又处于垄断地位，且国有上市公司中占主导地位股份的持有者是非人格化的。公司内部又不存在对第一大股东的制衡力量，外部的证券法律法规不健全，证券市场又缺乏优胜劣汰的严格的退市机制，这就造成现在上市公司的“一股独大”，大股东侵犯小股东权益的事情时有发生。

从证券交易所角度看，中国的证券交易所从一开始就是作为执行某一国家管理部门或者地方政府命令的机构，而不是作为市场自身的管理者而存在的。在现行的垂直、集中的监管体系下，证监会承担了很多本应由交易所来承担的工作，这一方面导致证监会和证券交易所角色错位，另一方面导致某些环节出现监管真空，证券交易所缺乏自律性和竞争动力。在现有的市场格局下，沪深两地证券交易所功能高度重叠，彼此间不存在具体业务、功能的分工和层次性，造成了市场间的消极竞争，又弱化了两个交易所参与国际竞争的能力和潜力。中国的证券交易所起步比较晚，规模还比较小。国际证券交易所联合会统计资料显示，截至2005年2月底，美国纽约证券交易所上市公司数为2 295家，市价总值为128 678.94亿美元；纳斯达克市场的上市公司数达到3 212家，市价总值达到33 682.78亿美元；纳斯达克市场的上市公司数达到3 212家，市价总值达到33 682.78亿美元；伦敦证券交易所的上市公司数达到2 865家，市价总值达到28 956.63亿美元；中国的沪深两市证券交易所上市公司数分别为838家、536家，市价总值分别为3 258.61亿美元、1 386.25亿美元，远远小于海外大型的证券交易所。此外，从国际证券化率对比来看，中国证券市场起步比较晚，总市值占GDP的比重较低。我国的股票市场总市值仅占GDP的15%，而美国

证券市场市值占 GDP 的比重高达 95%，英国证券市场市值占 GDP 比重为 124%，香港证券市场市值占 GDP 比重为 213%，详见表 17。

表 17　中国与其他国家和地区的成立时间与证券化率情况

国家或地区	成立时间	市值/GDP	国家或地区	成立时间	市值/GDP
中国	1990 年	15%			
亚洲			拉丁美洲		
中国香港	1891 年	213%	阿根廷	1854 年	13%
韩国	1956 年	40%	巴西	1890 年	21%
马来西亚	1973 年	177%	智利	1893 年	81%
菲律宾	1927 年	61%	墨西哥	1894 年	28%
泰国	1974 年	52%	秘鲁	1951 年	19%
欧洲发达国家			G7		
丹麦	1681 年	38%	加拿大	1874 年	67%
芬兰	1912 年	58%	法国	1700 年	42%
爱尔兰	1793 年	26%	德国	1585 年	30%
挪威	1819 年	28%	意大利	1904 年	24%
葡萄牙	1825 年	24%	日本	1878 年	85%
西班牙	1831 年	37%	英国	1802 年	124%
瑞典	1863 年	75%	美国	1792 年	95%

再者，从证券交易所的微观结构来看。从国际证券市场的实践看，交易、监管和产品实际上是证券市场竞争的主要环节，即某个证券市场的功能越全面、越强大，则竞争力越强。证券市场的竞争战略常常可以概括为“TSP 三维战略”。“T”、“S”、“P”分别代表证券市场竞争的三个维度，“T”表示交易（trading），“S”表示市场监管（surveillance），“P”表示交易产品（Products）。到目前为止，我国的证券市场仍然是单边市场，即投资者只能在市场上涨时才能获利，在市场下跌时则出现损失或者盈利减少。造成这种现象的主要原因在于：一是缺乏相应的避险产品，如期货、期权等；二是缺乏做空机制。在这种状况下，投资者只有做多才能赚钱。若遇到熊市，投资者除了暂时退出市场别无选择。从市场稳定的角度看，由于证券的供给有确定的数量，其本身没有替代品，如果证券市场仅限于现货交易，那么势必造成证券市场早单边运行，在供求失衡的时候，股价必然是涨跌不定或者暴涨暴跌。此外，市场的透明度和交易信息披露是证券市场价格形成的重要环节之一，也是形成公平、合理价格必不可少的一个环节。相较于国外证券市场，中国的股市对上市公司信息披露的监管尚有欠缺之处。所以，在全球证券交易所的角逐中，中国的证券交易所显得缺乏竞争力，越来越多的中国企业选择海外上市。

2. 大批企业海外上市致使国内资本市场面临边缘化危机

近年来，大型优质企业源源不断地到海外上市，海外上市公司总流通市值达到 22 098 亿人民币，已远远超过国内深沪两市 11 688 亿人民币流通市值，证券业界惊呼，“我国所需的资本市场服务已主要外包到了海外，国内的资本市场已渐渐被边缘化了”。而且由于内地股市前段时间不景气，国内企业到海外上市还有加快的势头。我们知道的就有建行、中行、交行、上汽集团、东风汽车、华为等等。此外，民生银行、招商银行这样已在 A 股上市的公司正打算在海外寻找第二上市地。内地资本市场的发展前景不容乐观。在当今日益互联的世界里，各种外包非常普遍。各证券交易所都在竭尽所能吸引国际投资者和发行人，从而使交易所之间的竞争更加激烈。而国内企业通过到美国、新加坡、香港等海外市场上市完善了公司治理，规范了公司行为。因此，外包资本市场服务并非一定就是坏事。但是，这样大规模的资本市场外包存在着下面几个重大问题：

（1）资本市场外包导致国内大量价值流失。目前我国在海外上市的企业，大部分是在国内各行业处于领头羊地位的超大型国有企业，其经营规模、盈利能力远远高于一般企业。但一部分企业之所以有这么强的盈利能力，并非真正源于其管理水平高或者是营销能力强，而是得益于政府的政策扶持以及相应而来的市场垄断，例如中石油、中石化、中国移动等。2004 年，中石油全年利润 1 000 多亿，中移动 600 多亿，1 380 多家 A 股上市公司的利润总和也不及这两家。现在它们都到海外上市，在募得资金的同时势必给海外投资者以相应回报，这无异于将其在国内特殊市场背景下所形成的垄断利润拱手让给海外投资者。此外，尽管这几年中国经济增长速度很快，已成为世界的热点和亮点，但国内公司的股票在海外发行往往价格很低，并要答应投资者非常苛刻的条件，这其实是我国资产的一种贱卖。

（2）中国丧失了资产的定价权，资产价格被整体性降低。不久前，业界对定价权丧失有过争论，但未触到问题的本质。我们知道，在到海外上市的公司中，现在有不少公司的主上市地在香港，但在上海也有少量 A 股上市。比如中石化，在香港上市 167 亿股，在上海上市 28 亿股。那么结果可想而知，中石化上海的股价渐渐向香港的股价靠拢。推而广之，不到 12 000 亿流通市值的内地市场，其价格如何能抵抗得住超过 22 000 亿流通市值的海外市场的牵引定价权丧失后，必然的结果是我国公司的价值被整体性低估。像中石油、中移动这类我国业绩最好的公司，在海外的股票也只能卖到 8—12 倍市盈率。这无论在外资并购我国公司，还是在我国公司并购外国公司的时候，对我们都很不利。

（3）随着证券市场的日益开放，内地机构资金很有可能即将涌向海外。人民币资本眼下尚不可自由兑换，这是现阶段国内资本市场发展的一个优势。但由于国内资本市场的一些制度性缺陷，机构资金在国内市场投资的效果不理想，导致它们要求到海外投资。全国社保基金负责人已经去香港作过考察，估计社保基金到海外投资将是很快的事了。相对于国内千疮百孔的证券市场而言，海外的证券市场投资风险相对小些，上市公司质量更高，监管更严。例如，香港有几分钱的股票，而内地没有，同一家公司 H 股股价又比 A 股便宜很多。

（4）损害国内投资者的利益并动摇其信心。目前我国有不少国有大型企业同时在海外市场和内地市场上市。在海外市场，监管方对企业上市有着极为严格的财务规定和信息披露规定，由于害怕受到海外投资者的集体诉讼，这些企业不得不想方设法去满足海外投资者对于投资回报的要求；而在国内市场，由于相应的证券法律法规不健全，所以部分上市公司的行为存在很多违规行为，对广大国内投资者可以说是不负责任。于是，国内投资者在与海外投资者同等付出的情况下，所享有的权益和获得的回报却要差很多。这一状况对国内投资者极不公平。据统计，1992 年至 2004 年 6 月这 12 年中，上市公司通过新发、增发、配股的融资额为 8 431 亿元，但是流通股股东仅仅得到了 780 亿元的利息，2003 年末上市公司流通股的股息率只有 1.11%（未扣所得税），还不如存银行。这极大地打击了国内投资者的信心和投资热情。

（5）内地资本市场发展不起来，大量中小企业无法得到国内资本市场的服务，高科技企业的融资也有困难。主要企业和资金都去海外市场的结果就是国内资本市场发展不起来。这在国际上是有先例的，巴西就是这样。根据上证所研究中心最近的一篇研究报告，2003 年巴西人均国民收入已接近 3 000 美元，远远超过我国，但其资本市场很不发达，全国最大的 10 家公司中，有 8 家在美国上市，这使得巴西的中小企业发展受到阻碍，高科技企业发展不起来。同样的道理，我国的大型企业也许都可以到海外上市，但广大的中小企业将难以在海外上市，它们将因此得不到资本市场的服务。尽管我国有一些高科技企业已经在海外上市，但融资依然很困难。比如中芯国际，应该说这是我国目前规模比较大，前景比较好，又很缺资金的一家高科技公司。它虽然已在海外上市了，但再融资很困难。这将影响我国自主创新能力的提高。

（6）从产业结构的角度看，资本市场服务的大量外包加剧了中国产业结构的不合理性。2003年中国第一、二、三产业占GDP的比重分别为14.6%、52.3%和33.1%，其中工业增加值占GDP的比重为45.3%。而世界银行的统计显示，目前全球第一、二、三产业平均构成约为4%、32%和64%，其中工业增加值占GDP的比重平均为21%左右。由此看出，我国的第三产业比重过低，而工业增加值占GDP的比重过高。此外，2003年，中国GDP占世界的4%，而石油消耗占世界的7.4%，原煤消耗占世界的31%，钢铁消耗占27%，氧化铝消耗占世界的25%，水泥消耗占世界的40%。这说明中国目前的工业和经济增长是资源消耗型的粗放式增长，而这种经济增长方式是无法长期持续的。要实现中国经济增长方式的转型，必须发展高附加值的第三产业。资本市场服务属于高附加值的第三产业，但是目前由于国内资本市场根本性缺陷的存在造成了内地资本市场不景气，大量中国企业赴海外上市，这样高附加值产业大量外包到海外资本市场，不仅不利于我国国民收入的提高，而且加剧了我国产业结构的不合理。

七、建议及对策

1．积极稳妥地改革内地股市防止中国股市“边缘化”

中国是世界上储蓄率最高的国家之一（截至2005年2月，居民储蓄余额已达到12.87万亿元），并且经济增长速度很快，具备了建立一个规模大、效率高的资本市场的条件。我国庞大的储蓄资源若能够得到充分利用，可为我国经济平稳快速增长几十年提供强有力的支撑。但是在过去几年中，内地证券市场的种种制度性缺陷使目前国内证券市场股指一路走低，上证股指从2001年6月的2 200多点一路下跌至2005年3月的1 100多点，并且仍有继续下跌的趋势。内地资本市场的不景气，使得大批国有企业、民营企业赴海外上市，2004年，沪深两市总共发行新股98只，募集资金353.46亿元，约为42.7亿美元，创下1997年以来首发募资额的最低点；而同期海外IPO的中国企业数量为84家，共募集资金111.5亿美元。海内外TO募集资金比为1∶3。资本市场“外包”，大量优质的上市资源流失海外，着实令人担忧。此外，由于国内股市的不景气，股票市场下跌将导致居民出现消费收缩效应，进而影响整个宏观经济。美国经济学家对1929年和1987年美国股市重挫对消费支出影响的研究表明：股价每上涨1美元，可能拉动消费增长4美分，这笔支出可使美国年GDP增长1个百分点；而股价每下跌1美元，可能减少消费支出7美分，股价的下跌对消费的负面影响表现得更为显著。所以，如果国内的股市不能搞好，将很可能拖整个宏观经济发展的后腿。因此，加快内地证券市场的改革，尽快解决股权分置问题，引入证券卖空交易，完善股市退市机制，完善上市公司治理结构，保护中小投资者利益，增强股市的吸引力是当务之急。具体做法如下：

（1）应统一部署，尽快解决股权分置问题

股权分置是目前国内资本市场存在的最大问题，股权分置是指上市公司的一部分股份上市流通，一部分股份暂不上市流通。诚然，在计划经济向市场经济的发展过程中，股权分置的安排使得股票市场克服了观念和制度上的障碍而生存下来。但是经过10多年的发展，随着中国股市规模的扩大，股权分置的问题日益突出，股权分置导致非流通股长期侵占流通股权益，也严重影响了证券市场的稳定和价格发现功能，使公司治理缺乏共同的利益基础，不利于国有资产管理体制改革的深化，已经成为完善资本市场基础制度的一个重大障碍，需要积极稳妥地加以解决。截至2003年底，中国股市上市公司股份总额6 428亿股，其中流通股只有2 267.58亿股，仅占总数的35.2%。全流通问题一日不解决，中国证券市场上非流通股股东侵犯流通股股东利益的问题也没有办法解决。长此以往，投资者的信心受到打击，股市日益低迷，形成恶性循环。上市公司之所以能够通过增发、配股等形式到资本市场上去圈钱，根本原因也在于股权分置，在于非流通股与流通股同股不同权、同股不同价。所以，这是一个无法回避的问题，尽快稳妥地解决股市全流通问题是中国股市走出当前困境的出路。

近年来，业内专家学者针对股权分置改革展开了轰轰烈烈的大讨论，股权分置改革已经提上了日程。2005 年 4 月 29 日，中国证监会颁布了《股权分置改革试点问题的通知》，希望通过试点的方式渐进式地改革上市公司的股权分置问题。股权分置改革的成败直接关系到中国股市的命运，而中国股市的兴衰成败又将对中国宏观经济的未来走向产生深远影响。对此我们深受鼓舞。

（2）应适时引入证券卖空机制推出金融期货产品

从我国目前的情况来看，推出股指期货的证券市场规模和投资者构成条件初步具备，但我国股票市场方面存在的一些问题也严重制约着股指期货的推出。例如，法律上的障碍，国有股减持问题，股票市场单向交易的约束等问题的存在。所以股指期货的推出还需要特定的市场环境和适合的时机，并建立相应的完善的风险控制体系。

（3）尽快完善中国股市退市机制，实现资源优化配置

健全证券市场退市机制。完善退市机制最重要的意义在于，使上市公司珍惜自己的上市地位，并认识到这一地位的保持取决于改善经营提高效益的不懈努力。实际上，在任何规范化的证券市场，公司对上市都是慎重的。上市地位的取得固然要达到一定标准，上市地位的保持更需要兢兢业业，否则就会被市场“淘汰”。完善退市机制将有利于实现资源的优化配置，降低投资风险。据中国证券网数据中心统计，截至 2003 年 9 月，退市制度实施 10 年来从主板退市的公司仅有 14 家。相比较而言，成熟发达的证券市场都有较为完善的退市机制。以美国纳斯达克为例，它并不直接面对上市公司制定标准，而是通过市场交易来判断公司的质地。纳斯达克的退市标准中，最著名的就是“一美元退市法则”，即上市公司股价 30 个交易日低于一美元，则必须在 90 个交易日内回升到一美元，并连续稳守 10 天，否则就将被除名退市。2002 年、2003 年两年中，纳斯达克累计新上市公司 176 家，退市公司数目却达到 945 家；同期纽约证券交易所公司上市公司达到 258 家，退市公司数目达到 251 家。正是在这种激烈而残酷的退市制度下，上市公司才会有竞争的压力，才会规范自己的行为，这无形中保护了投资者的利益。中国证券市场也应该严把上市公司质量关，完善符合本国证券市场情况的退市机制，确保证券市场规范、高效、稳健地发展。

（4）尽快完善中国股市法律法规，保护公众投资者权益

要完善相应的证券法律法规，规范上市公司的行为。这一点，我们也许可以借鉴美国的做法，给予中小投资者证券集体诉讼的权力，保护自身的权利，同时迫使上市公司公开自己的信息，减少上市公司暗箱操作、侵犯广大股民权力的行为。或者可以设立证券市场投资者保障中心，支持投资者通过司法程序对侵害投资者权益的行为予以纠正，并请求民事赔偿。这样不仅有利于保护中小投资者的利益，而且使得中国股市环境透明化、公开化。

2. 选择海外上市地点及方式要慎之又慎

企业要认识到赴海外上市是企业寻求更大发展的一条途径，但并不是唯一途径，也不是所有的企业都适合海外上市。企业海外上市之前应该慎重考虑以下问题：企业是否急需资金及取得上市地位？企业是否有意拓展海外市场？企业是否有意吸引国外专业的人才加盟？公司是否需要尽快实施管理层持股计划以吸引人才？选择主板市场上市还是选择二板市场上市？上市成本占筹集资金的比重？等等。企业要明确海外上市的目的，不能为了上市而上市，盲目跟风。

此外，在选择上市地点的时候，应该考虑各个市场的不同特点。如纽约证券交易所主要是一个大型蓝筹股的市场，电讯科技业是纽约交易所最重要的部分；纳斯达克交易所是一个偏重于高科技企业的市场，所以高科技类公司备受纳斯达克市场的青睐；加拿大多伦多证券交易所（TSX）的企业 90% 属于矿业类，所以矿产、石油、天然气等能源型的生产企业是 TSX 很欢迎的；新加坡证券交易所比较偏好制造业企业到其市场上市。香港联交所是中国企业海外融资的本土市场，香港市场从地理位置上、文化上与大陆最接近，香港市场对内地企业的接受度最高，所以很多内地企业首选香港为海外上市地。在上市费用方面，美国市场比较高，而新加坡、香港市场的上市费用比较低；在公司治理要求方面，美国市场的要求最高，美国市场上市公司信息披露要求非常高，相应的证券法律最严格。企业应该根据自身的特点，选择适合企业发展的海外市场进行融资。在

选择海外上市的方式上，企业应该充分比较海外直接挂牌上市、发行 ADR 或者 CB 形式上市、买壳上市、造壳上市等方式之间的区别，选择一种最适合本企业的方式上市。

3. 中国企业应积极完善公司法人治理结构

上市公司是股市的基石，上市公司法人治理结构问题的存在是造成目前股市低迷的一个重要原因。之所以中国企业海外上市过程中屡屡受到集体诉讼，很大一部分原因在于他们对国外的证券市场很不了解，国内的公司治理还远远不能达到国际市场的要求。例如，在国内上市公司的信息披露要求远远低于美国、香港等市场，企业会计制度也存在一定的差异。只有加快上市公司治理结构与国际接轨，才能够减少类似丑闻发生，才能提高中国企业在海外市场的信誉和知名度，真正实现企业海外上市的目的。

4. 发掘本国投资银行潜力，协助中国企业海外上市

在推动国内企业海外融资，利用国际资本市场谋求更好的发展，除了企业要不断提高自身的竞争实力外，投资银行的作用不可低估。我国的投资银行业务在 20 世纪 80 年代就已开展，当时的中国国际信托公司、中国银行在境外设立的商业银行以及一些证券公司在一定层次和程度上扮演投资银行角色。目前，在我国从事投资银行业务的金融机构主要是证券公司、信托投资公司，此外还有财务公司、金融租赁公司。这些金融机构发展迅速、潜力较大，但由于其尚在初创阶段，不可避免地会有这样或那样的缺陷，与真正的现代投资银行有相当的差距。例如在资金实力上看，中国较小的证券公司、财务公司资产额仅有几千万元人民币，较大的证券公司注册资本也不过 10 亿元左右；国际上大型的投资银行拥有十几亿甚至几十亿美元的资本金。此外，在国际业务的操作经验、人才竞争、国际声誉方面，很多国内投行是无法与摩根、高盛这样的国际大投行相比的。所以中国企业要想在美国等境外市场发行上市，目前只能够依赖国外投行的声誉，以让境外投资者接受中国的公司，使得中国企业成功实现海外上市。

这样，政府应该采取措施保护和发展国内券商，鼓励海外投资银行和证券公司参与发行 H 股、N 股、S 股的同时，创造条件促进中资投资银行介入，在合作中培育中资投行的国际竞争力。随着越来越多的中国企业海外上市，中国的投资银行应该利用这一千载难逢的发展契机，积极争取国内企业的海外发行承销业务和与国际投行合作的机会，提升自身的国际竞争力，提高自己的国际知名度。

5. 宜逐步推进深圳和香港的证券市场渐进性融合

在现有的格局下，深沪两市表现出了高度同质性。这种功能的重叠导致资源的浪费和市场之间的消极竞争。同时，仅一江之隔的深圳与香港这两个地区存在两个主板交易市场和两个创业板交易市场。我们可以对现有的市场格局进行结构性重组和业务分工，即促进深港股市的渐进融合。这样不仅有利于加快内地证券市场的改革，增强内地与香港经济上的往来，也有利于增强香港在亚太乃至欧美地区作为资金聚集分配的中心地位。从当前亚太地区证券交易所的竞争态势看，由于东京证券市场日益“空心化”，目前新加坡、澳大利亚和中国香港三家交易所正在竞相角逐亚太区域中心的地位。而深圳和香港市场的渐进性融合，将使香港证券市场获得更多的市场资源和空间，成为中国证券市场参与国际竞争的先导，并发展成为亚太地区证券交易中心。但是深港股市一体化的前提是人民币实现自由兑换。

美国、英国、日本、加拿大、香港、新加坡新股上市条件

复旦大学博士　李云飞　蔡文洁

纽约证交所

对美国以外公司上市的考察内容

1．社会公众持有股票数不少于250万股。

2．拥有100股以上的股东人数不少于5000名。

3．公司的股票市值不少于1亿美元。

4．公司必须在最近3个财政年度里连续盈利，且盈利在最后1年不少于250万美元、前两年每年不少于200万美元或在最后1年不少于450万美元，3年累计不少于650万美元。

5．公司有形资产净值不少于1亿美元。

6．对公司的管理和操作方面有多项要求。

7．其他有关因素，如公司所属行业的相对稳定性、公司的行业地位、产品市场情况、公司前景、公众对公司股票的兴趣等。

美国证交所

1．最少要有50万股的股票为自然人流通股。

2．市值要在美金300万元以上。

3．最少要有800名股东（每名股东需拥有100股以上）。

4．上个会计年度税前收入至少为75万美元。

纳斯达克

非美国公司可选择的上市标准

选择1：

1．最近3个财年税前总盈利超过1 100万美元，最近2个财年每年税前盈利超过220万美元，并且最近3个财年每年税前盈利大于0。

2．每股股价不低于5美元。

3．有3名证券经纪人。

4．有公司监管。

选择2：

1．最近3个财年总现金流超过275万美元并且每一财年现金流大于0。

2．过去12个月内平均资本市值超过5.5亿美元。

3．上一财年总收入大于1.1亿美元。

4．每股股价不低于5美元。

5．有3名证券经纪人。

6．有公司监管。

选择3：

1．过去12个月内平均资本市值超过8.5亿美元。

2．上一财年总收入大于9 000万美元。

3．每股股价不低于5美元。

4．有4名证券经纪人。

5．有公司监管。

多伦多证券交易所

主板上市条件

1. 财务最低要求：申请上市的公司被分为如下三类：工业（综合）、矿业、石油和天然气。这三类公司中的每一类都有特定的最低上市条件。

2. 管理层要求：无具体要求，但交易所有权根据递交给交易所的文件，评定管理者、董事、推广者、大股东或任何其他人或公司（这些人持有公司大量股票，足以影响公司的控股权），以确保他们能够公正地保护股东和投资者的最大权益，指导公司的业务发展。

3. 保荐人要求：所有申请上市的公司都需要交易所的参与机构提供的保荐人，保荐人将作为交易所评估时的一个重大因素。

香港主板

对中国公司上市的要求

1. 目标公司的目的：目的众多，包括为较大型、基础较佳以及具有盈利记录的公司筹集资金。

2. 主线业务：并无有关具体规定，但实际上，主线业务的盈利必须符合最低盈利的要求。

3. 业务记录及盈利要求：上市前3年合计盈利5 000万港元（最近1年须达2 000万港元，再之前2年合计）。

4. 业务目标声明：并无有关规定，但申请人须列出一项有关未来计划及展望的概括说明。

5. 最低市值：上市时市值须达1亿港元。

6. 最低公众持股量：25%（如发行人市场超过40亿港元，则最低可降低为10%）。管理层、公司拥有权：3年业务记录期须在基本相同的管理层及拥有权下营运。主要股东的售股限制：受到限制。

7. 信息披露：1年两度披露财务报告。

8. 包销安排：公开发售以供认购，必须全面包销。

9. 股东人数：于上市时最少须有100名股东，而每100港元的发行额须由不少于3名股东持有。

香港创业板

1. 目标公司的目的：目的众多，包括为较大型、基础较佳以及具有盈利记录的公司筹集资金。

2. 主线业务：必须从事单一业务，但允许有围绕该单一业务的周边业务活动。

3. 业务记录及盈利要求：不设最低盈利要求。但公司须有24个月从事“活跃业务记录”（如营业额、总资产或上市时市值超过5亿港元，发行人可以申请将“活跃业务记录”减至12个月）。

4. 业务目标声明：须申请人的整体业务目标，并解释公司如何计划于上市那一个财政年度的余下时间及其后两个财政年度内达到该等目标。

5. 最低市值：无具体规定，但实际上在上市时不能少于4 600万港元。

6. 最低公众持股量：3 000万港元或已发行股本的25%（如市值超过40亿港元，最低公众持股量可减至20%）。

7. 管理层、公司拥有权：在“活跃业务记录”期间，须在基本相同的管理层及拥有权下营运。

8. 主要股东的售股限制：受到限制。

9. 信息披露：按季披露，中期报和年报中必须列示实际经营业绩与经营目标的比较。

10. 包销安排：无硬性包销规定，但如发行人要筹集新资金，新股只可以在招股章程所列的最低认购额达到时方可上市。

伦敦证交所

1. 公司一般须有3年经营记录，并须呈报最近3年的总审计账目。如没有3年经营记录，某些科技产业公司、投资实体、矿产公司以及承担重大基建项目的公司，只要能满足伦敦证交所《上市细则》中的有关标准，亦可上市。

2. 公司的经营管理层应显示出为其公司经营记录所承担的责任。

3. 公司呈报的财务报告一般须按国际或英美现行的会计及审计标准编制，并按上述标准独立审计。

4. 公司在本国交易所的注册资本应超过70万英镑，已至少有25%的社会公众股。实际上，通过伦敦证交所进行国际募股，其总股本一般要求不少于2 500万英镑。

5. 公司须按伦敦证券交易所规范要求（包括欧共体法令和1986年版金融服务法）编制上市说明书，发起人须使用英语发布有关信息。

伦敦高增长市场（AIM）

AIM对上市公司不做3年业绩的要求，这不单单是指盈利水平，而是企业不需要有3年业绩，没有规模限制。AIM对上市公司也没有公众持股比例的硬性要求。

1. 任命一名经许可的任命保荐人。

2. 任命一名指定经纪人。

3. 对其股票的自由转让不设任何限制。

4. 注册为公共有限公司或同类公司，并且依照其注册地的法律合法成立。

5. 编制一份上市文件——该文件包括投资者所需要的、有关该公司和其业务活动的相关信息，如财务信息以及所有董事的详细情况。该文件应提供给所有预期投资者，从而让他们决定是否投资于该公司的股票。该公司的董事则负责上市文件的准确性，并且确保这些文件无重大遗漏。伦敦证券交易所也需要以下事项的资料，如主要股东、所有股东的以往记录和流动资金。

6. 根据当前收费标准向伦敦证券交易所付费，公司再次增发不需另缴费。

新加坡交易所

1. 公司要在主板上市首先需通过税前盈利要求，近3年累积税前盈利需要超过新币750万元，并在这3年里每年税前盈利不低于新币100万元。如果近2年累积税前盈利超过新币1 000万元也可以达到盈利要求。

2. 公司在新加坡创业板（SESDAQ）上市，没有盈利要求，但有盈利会有助于上市申请。

3. 在计算税前盈利时，特殊收益将不会考虑在内。如果有特殊损失，而这些特殊损失不会再发生，交易所可以给以适当的调整，但需是与公司直接有关的因素，像美国“9·11”事件或洪水带来的损失，就不会考虑。

4. 申请上市盈利来源需要稳定，带来盈利的业务要继续，已转移走或终止的业务所带来的利润可能不会被考虑，并从累积盈利上扣除。

5. 财务要求：（主板或SESDAQ）财务要健全，流动资金不能有困难。公司如果向股东或董事借钱，需先还清或以股抵债。

6. 管理层需基本稳定，也就是说近几年为公司带来利润的管理层基本不变，如有要员离开，公司须证明其离开不影响公司的管理。

东京交易所

东京证券交易所制定上市标准的特点是：在交易所内分设第一部和第二部，其中，第二部的上市标准低于第一部。也就是说，第一部上市的都是收益好的一流企业，而新上市公司股票一般要先在第二部挂牌，然后才有可能进入第一部。反之，如果第一部上市的公司股票指标下降到低于第一部的上市标准，则有可能降至第二部。

外国公司到东京证券交易所上市的主要条件为：

1. 公司提出上市申请日前1年的公司净资产必须达到100亿日元以上。

2. 公司最近3年的税前利润每年都要达到20亿日元以上。

3. 公司提出上市的前1年必须进行红利分配，而且要能显示公司今后具有良好的红利分配前景；

4. 至公司提出上市申请的前一年度最后一天为止，该公司应设立股份有限公司至少5年，但若是民营企业，则需有5年经营业绩，且提交了东京证交所认为合适的财务文件，才可申请上市。

5. 公司的上市股数须按超过以下标准交易单位区分的股数标准进行交易：2 000万股的交易单位为1 000（余下类推），1 000万股为500，200万股为100，100万股为50，20万股为10，2万股为1。

6. 公司股票如已在其他交易所上市，且流通状况良好，上市时的公司股东人数须达到1 000人以上；如仅在东京证交所上市，在日本国内的股东人数须达到2 000人以上。

7. 公司必须提供近3年每年的年度和中期财务报告，且要有注册会计师签字的审计报告，所有财务报告不能有虚假的记载。

8. 公司必须承诺，对公司股票的转让不作任何限制。

9. 公司须制定符合东京证交所规定的股票样式。

10. 公司须提交经认可的各种有重要影响的合并、收购和分离的财务文件。

图书在版编目（CIP）数据

中国巴菲特：中国股市传奇人物北大复旦演讲录 / 谢百三主编.

—广州：南方日报出版社，2007.9

ISBN 978-7-80652-603-3

Ⅰ.中… Ⅱ.谢… Ⅲ.股票-证券投资 Ⅳ.F830.91

中国版本图书馆 CIP 数据核字（2007）第 040464 号

中国巴菲特——中国股市传奇人物北大复旦演讲录

主　　编：谢百三

出版发行：南方日报出版社

地　　址：广州市广州大道中 289 号

电　　话：（020）87373998-8502

经　　销：全国新华书店

印　　刷：佛山市浩文彩色印刷有限公司

开　　本：787mm×1092mm　1/16

印　　张：38.5　　　彩插：0.25

字　　数：1100 千字

版　　次：2007 年 7 月第 1 版

印　　次：2015 年 6 月第 11 次印刷

定　　价：78.00 元

投稿热线：（020）87373998-8503　读者热线：（020）87373998-8502

网址：http://www.nanfangdaily.com.cn　　http://www.southcn.com/ebook